국어 음운론 용어 사전

이 저서는 2012년 정부(교육부)의 재원으로 한국연구재단의 지원을 받아 수행된 연구임
(NRF- 2012S1A6A4021145, 원과제명: 국어 음운론 용어사)

국어 음운론 용어 사전

이진호

역락

머리말

저자가 국어 음운론을 전공하겠노라고 마음을 굳힌 것은 학부 2학년 무렵이었다. 국어학이나 언어학에 대한 기초 지식이 충분하지 않은 시절부터 음운론 전공서를 읽다 보니 모르는 개념들이 부지기수로 나왔다. 그때마다 당시에 나온 언어학 사전이나 영어학 사전을 찾곤 했다. 그런데 아무리 두꺼운 사전도 정작 알고 싶은 항목이나 내용은 잘 안 나오는 경우가 많았다. 아마 이런 경험은 국어 연구자들이라면 누구나 겪었으리라 생각된다. 그런 점에서 친절한 용어 사전은 어느 학문 분야든지 꼭 필요한 존재라고 할 수 있다.

지금까지 국어학과 관련된 용어 사전은 여러 권이 나왔다. 1970년대 이래로『국어 국문학 사전』, 『언어학사전』, 『영어학사전』, 『국어학·언어학 용어사전』 등이 나왔고 최근 10년 이래로도 몇 권의 용어 사전이 나왔다. 그렇지만 국어학의 하위 분야에 대한 전문적 용어 사전은 이 책이 처음이라고 할 수 있다. 특히 이 책은 기존의 다른 용어 사전과 비교하여 두 가지 두드러진 차이가 있다고 자신한다.

하나는 용어의 변이형들을 출처와 함께 자세히 제시했다는 점이다. 국어 음운론은 학술 용어의 변이형이 그 어떤 학문 분야보다도 다양하다. 이러한 학술 용어들을 모아서 정리하는 것은 국어 음운론이라는 학문 분야의 역사를 정리하는 것과 다름없을 만큼 의미 있는 일이다. 19세기 말엽의 연구물부터 가장 최근의 연구물까지 1세기가 넘는 기간 동안 이루어진 연구를 가급적 많이 참고하여 용어들을 수집하였다. 참고 대상에는 국내 연구물뿐만 아니라 일본과 중국에서 나온 논저까지도 포함하였다. 이 책에 나오는 용어들은 당대의 연구 상황을 알 수 있게 해 줄 뿐만 아니라 향후 표준 문법 용어를 정하는 데에도 도움이 되리라 생각한다.

또 다른 차이점은 개념에 대한 설명을 가급적 자세하게 했다는 점이다. 많은 전문 용어 사전의 경우 개별 표제항에 대한 설명이 자세한 것도 있지만 그렇지 않은 것도 많다. 특히 음운론과 관련된 항목들은 소략한 경우가 대부분이다. 이 사전은 국어 음운론만을 대상으로 하기 때문에 기존 일반 언어학 사전의 한계에서 자유롭게 벗어날 수 있었다. 그리하여 어떤 개념에 대해 일반 언어학에서의 쓰임은 물론이고 국어 음운론에서는 어떻게 활용되었으며 그와 관련된 국내외의 쟁점은 무엇인지까지도 서술하고자 했다.

이 책을 완성하는 데에는 대단히 많은 시간과 노력이 필요했다. 2002년에 학과 조교를 하면서 틈틈이 용어들을 모았던 것이 시작이었으니 거의 15년 가까운 시간이 흘렀다. 2009년까지 조사한 내용 중 일부는『국어 음운 교육 변천사』(2009년)의 한 장으로 소략하게 구성한 적도 있었다. 그 후 한국연구재단의 저술 연구비 지원을 받으면서 본격적인 집필 작업에 들어갔고 약 5년 정도의 작업

끝에 결과물을 낼 수 있게 되었다. 비록 주마간산 격으로 여러 책이나 논문을 훑어보기는 했지만 검토 대상의 수는 엄청나게 많아서 정확히 어느 정도인지 가늠도 되지 않는다. 참고 문헌에는 직접 인용된 것만 담았는데도 약 2,600편이 넘는 논저가 실려 있다. 열심히 검토했지만 아무런 소득을 얻지 못한 논저까지 포함하면 꽤 많은 글들을 살핀 것은 사실이다.

개인적으로 많은 땀을 흘려 책을 썼지만 그럼에도 불구하고 여러 가지 측면에서 아쉬움이 남는다. 우선 최대한 용어를 많이 수집하여 출처를 밝히려 했지만 빠뜨린 것이 있을 수밖에 없을 것이다. 특히 표제항으로 늦게 선정된 경우에 더욱 그러하다. 모든 용어들을 다 수록한다는 것은 애초부터 불가능한 일이었지만 빠진 용어나 출처가 나중에라도 발견된다면 자책감이 적지 않게 들 것 같다. 또한 어떤 개념의 대표 용어를 선정함에 있어 주관성이 들어간 것도 사실이다. 동일한 개념이지만 그것을 지칭하는 용어가 많게는 60개가 넘는 경우도 있다. 수백 개의 개념을 다루면서 표준적인 용어를 선정하는 단일 기준을 마련한다는 것은 너무나 어려운 일이었다. 개념마다 사정이 다 달라서 전체를 일관하는 기준은 엄두도 낼 수 없었다. 그렇다고 해서 아무렇게나 표준 용어를 정한 것은 아니지만, 저자와 생각이 다른 연구자의 눈에는 표제항으로 선정된 용어가 탐탁지 않게 느껴지기도 할 것 같다.

학교 연구실과 집, 그리고 작년 후반기부터는 대학 본부의 사무실까지 전전하며 틈틈이 작업한 결과를 하루에도 몇 차례씩 이메일로 보내며 작업을 마무리 지었다. 그 과정에서 새롭거나 기묘한 용어를 발견했을 때의 기쁨, 기존 용어에 숨겨진 진실을 알게 되었을 때의 설렘, 원고가 조금씩 축적될 때의 뿌듯함, 작은 글씨로 된 방대한 검토 자료에 압도되었을 때의 막막함, 이렇게 설명을 해도 되는지에 대한 불안함, 진척이 잘 되지 않을 때의 조바심 등 수많은 감정들을 느꼈다. 적어도 최근 몇 년 동안 이 책을 쓰는 과정은 저자에게 있어 삶의 매우 중요한 일부분을 차지했다. 그래서 막상 작업을 마칠 순간이 되니 시원함과 섭섭함의 감정이 교차를 이룬다.

올해 사회에 키워드가 되었던 것 중의 하나가 인공 지능을 대표하는 '알파고'였다고 생각한다. 인공 지능이 하지 못하는 일을 해야만 된다는 이야기가 무수히 들려 왔다. 그런 상황을 접하면서 과연 이 작업은 인공 지능이 할 수 있을지를 생각해 본 적이 있다. 내심 각각의 용어가 같은 개념인지를 판단해야 하고 세부적인 내용을 비판적으로 검토해야 하므로 인공 지능이 하기는 어렵지 않을까 결론을 지었다. 설령 인공 지능이 이런 일을 할 수 있게 된다고 해도 적지 않은 시일이 걸리지 않을까 한다. 적어도 그 시기까지는 이 책이 국어 음운론의 용어나 개념을 찾고자 하는 사람들에게 도움이 되었으면 하는 바람을 가진다.

재작년에 쓴 책에서 그 당시 두 가지 장기 연구를 진행하고 있다고 밝힌 적이 있다. 그중 하나를 마친 결과물이 이 책이다. 이제 5학년(!)이 되기 전에 두 번째 연구의 결실을 맺기 위해 본격적인 노력을 기울일 때가 되었다. 국어 음운론의 유형론적 연구, 이 주제는 훨씬 더 품이 들 뿐만 아니라 어떤 결과가 나올지 예측할 수 없어 연구자로서는 불안하기 짝이 없다. 그렇지만 한 걸음씩 꾸준히 해 나가면 언젠가 끝이 오리라 생각한다. 그 순간 느낄 보람과 희열을 상상하면서 마음을 다잡아 본다.

2016년 여름의 중턱에서
이진호 적음

차례

01 각 표제항은 크게 용어의 변이형, 개념 설명, 용어 설명, 관련 표제항이라는 네 부분으로 구성되어 있다. 용어의 변이형은 국어로 된 것과 외국어로 된 것이 구분된다. 외국어 중 일부는 특정 개인만 쓰는 것도 없지 않으나 이런 것도 의미가 있다고 보고 포함하였다.

02 용어의 출처 또는 참고 문헌에는 외국에서 이루어진 연구도 있다. 출처가 한자로 되어 있는 것은 일부를 제외하면 해당 연구물이 일본어 또는 중국어로 되어 있다. 한국인에 의한 연구라도 그 출처가 한자로 되어 있으면 외국어로 쓴 연구물이다. 외국어 논저 중에는 일본어로 된 것이 압도적으로 많다. 비록 일본어에 대한 연구물이라고 하더라도 학술 용어가 한자로 된 것은 국어 음운론과 무관하지 않기 때문에 검토의 의의가 충분하다.

03 용어의 변이형이 나오는 출처는 일부만 제시하였다. 간행 연도를 기준으로 앞선 것을 제시하되 국어로 된 출처와 외국어로 된 출처를 가급적 3개 이내로 제한하였다. 그렇지만 저자의 부주의로 어떤 용어의 최초 출처를 빠뜨렸을 수도 있다. 그러므로 용어 변이형의 출처는 확인 가능한 이른 시기의 논저 정도로 이해하길 바란다.

04 동일한 연구자의 연구 업적이 같은 해에 여러 개가 나오면 간행 순서에 따라 'ㄱ, ㄴ, ㄷ, …' 등의 부호로 구별하는 것이 원칙이다. 그러나 대상 논저가 너무 많아서 선후 관계를 일일이 확인할 수 없었기 때문에 여기서는 편의상 검토한 순서에 따라 'ㄱ, ㄴ, ㄷ, …' 등으로 구분했다. 독자들의 양해를 구한다.

05 이 책에는 수많은 학술 용어가 나온다. 일반적인 용어 찾아보기에는 해당 용어가 나오는 페이지를 제시하지만 이 책에서는 해당 용어가 나오는 표제항을 제시했다. 외국어 용어 역시 마찬가지이다. 그러므로 영문 색인의 경우 해당 영문 옆에 나오는 표시는 그 영문의 번역어가 아님에 주의할 필요가 있다. 아무튼 용어 색인에는 국어 음운론 연구에 쓰였던 거의 모든 용어가 제시되어 있으므로 용어 찾아보기를 잘 활용한다면 여러 가지로 도움을 얻을 수 있으리라 생각한다.

'ㄱ' 약화

① 용어의 별칭

> **국어** 'ㄱ' 탈락(나진석 1958, 허웅 1958, 남광우 1961ㄴ), 'ㄱ' 묵화[默化](조명숙 1959), 'ㄱ' 음 탈락(김영신 1974, 朴甲洙 1983), 'k'의 탈락(김완진 1975ㄱ), 'ㄱ' 묵음화(오종갑 1981, 이태욱 1988), 'ㄱ~ㅇ'의 교체(서종학 1986), 'ㄱ' 묵음(이덕흥 1986), 'ㄱ~ㅇ' 교체(최태영 1989), 'ㄱ' 없애기(이근영 1990), 'ㄱ'의 빠지기(류렬 1992), 'ㄱ'의 약화(권인한 1995, 이명규 1997), 'ㄱ' 약화·탈락(이승재 1996, 장영길 1998ㄴ, 김성규 2001), 'ㄱ'의 유성 후음화(이상신 1998), 'ㄱ' 약화(이진호 2002)

② 개념 설명

'ㄱ'이 특정한 조건에서 후음으로 바뀌는 음운 변화를 가리킨다. 'ㄱ'이 'ㅎ'으로 약화되는 경우와 'ㄱ'이 유성 후두 마찰음 'ㅇ'으로 약화되는 경우를 구분할 수 있다. 이 중 전통적으로 'ㄱ' 약화라고 부르는 현상은 후자이므로 여기서도 'ㄱ'이 'ㅇ'으로 약화되는 현상을 중점적으로 살피기로 한다.[1]

'ㄱ' 약화는 중세 국어 시기에 널리 나타나는데 적용 환경에 따라 두 가지를 구분할 수 있다.

> (가) 반모음 'j'나 자음 'ㄹ' 뒤에서의 'ㄱ' 약화
>   예 믈+과→믈와, 알+고→알오, ᄃᆞ외+거늘→ᄃᆞ외어늘
> (나) 모음으로 끝나는 체언 뒤에서의 'ㄱ' 약화
>   예 혀+과→혀와, 나+곳→나옷, ᄒᆞᄅᆞ+곰→ᄒᆞᄅᆞ옴

(가)는 음운론적 조건 아래에서 'ㄱ'이 'ㅇ'으로 약화되는 경우이다.[2] 반모음 'j'나 자음 'ㄹ' 이외

---

[1] 전자의 예로는 'ㅎ' 말음 체언의 'ㅎ'이 기원적으로 'ㄱ'에서 변화한 경우를 비롯하여 '듣글>(듣홀)>드틀' 등 여러 가지가 있는데 대체로 단어에 따라 산발적으로 일어나는 양상을 보인다.

에 서술격 조사 '이-'나 선어말 어미 '-리-' 뒤에서도 'ㄱ'이 약화된다.³⁾ 이러한 'ㄱ' 약화는 체언 뒤에 조사가 결합하거나 용언의 활용에서는 물론이고 합성어 형성에서도 보인다.⁴⁾ (나)는 일부 조사의 두음 'ㄱ'이 모음 뒤에서 약화되는 경우이다. (가)와 비교할 때 (나)에서는 '모음 뒤'라는 음운론적 조건 이외에 '체언 뒤'라는 비음운론적 조건도 관여한다.

이처럼 (가)와 (나)는 'ㄱ'이 약화되는 조건에도 차이가 있지만 'ㄱ' 약화가 소멸된 이후의 양상도 상당히 다른 모습을 보인다. 즉 16세기 이후 'ㄱ' 약화가 사라지면서 (가)는 다시 'ㄱ'이 복원되어 '믈와, 알오, ᄃᆞ외어늘' 등은 '믈과, 알고, ᄃᆞ외거늘'로 바뀌지만 (나)는 그렇지 않은 것이다. 이러한 사실들을 감안하면 (가)와 (나)의 'ㄱ' 약화는 실제로는 동일한 음운 현상이 아닐 가능성이 높다.⁵⁾

지금까지는 'ㄱ'의 약화로 보아 왔지만 논의에 따라서는 'ㄱ' 약화 대신 'ㄱ' 탈락으로 보기도 한다. 이것은 'ㄱ' 자리에 대신 나타나는 'ㅇ'을 어떻게 해석할 것인지와 직접적인 관련이 있다. 'ㅇ'을 음가가 없는 형식적 초성으로 보면 'ㄱ' 탈락이 되고 중세 국어의 유성 후두 마찰음 'ㅇ'으로 보면 'ㄱ' 약화가 된다. 그런데 (가)에서 '믈와, 알오'의 'ㄹ'이 연철되지 않거나 'ᄃᆞ외어늘' 대신 'ᄃᆞ외여늘'이 나타나지 않는 사실은 '믈와, 알오, ᄃᆞ외어늘'에서 나타나는 'ㅇ'이 자음의 기능을 한다고 보지 않을 수 없다. 'ㄱ' 탈락보다 'ㄱ' 약화를 주장하는 가장 중요한 이유는 여기에 있다.

한편 현대의 방언 중에는 (가), (나)와 전혀 다른 특수한 'ㄱ'의 약화가 존재하기도 한다. 가령 임석규(2007)에서는 경북 북부 방언에서 나타나는 '집구서어(집구석에), 엊저녁에 → 어쩌여어(엊저녁에), 부뚜마아(부뚜막에)'에 대해 역사적으로 'ㄱ'의 약화·탈락이 적용되었다고 해석하고 있다. 이러한 자료는 다른 방언에서도 나타나는데 (가)와 같은 음운론적 조건이 존재하지도 않으며 (나)와 달리 조사가 아닌 체언에 속하는 'ㄱ'이 없어졌다는 점에서 일반적인 'ㄱ' 약화와는 구별된다.

③ 용어 설명

'ㄱ' 약화를 가리키는 용어들의 차이는 이 현상을 약화로 볼 것인지 탈락으로 볼 것인지와 깊은 관련이 있다. 탈락설을 주장하는 경우에는 '탈락, 묵화, 묵음화, 없애기, 빠지기' 등의 표현을 사용하고 약화설을 주장하는 경우에는 '약화, 교체, 유성 후음화' 등의 표현을 사용한다.⁶⁾ 경우에 따라서는 '약화·탈락'과 같이 약화설과 탈락설 중 어디에도 속하지 않는 표현을 사용하는 것도 있다.

---

2) 이러한 'ㄱ'의 약화는 前間恭作(1924)에서 처음 언급이 되었기 때문에 일본에서는 'Maema's law' 또는 '前間氏 음운 법칙'이라고 불러 왔다.

3) 그래서 '이-'나 '-리-'의 단모음 '이'가 'ij'와 같이 반모음 'j'로 끝나는 이중 모음이라고 분석하는 경우도 있다.

4) 합성어에 (가)의 'ㄱ' 약화가 적용된 예로는 '딜+것 → 딜엇, 몰애+고개 → 몰애오개(沙峴)' 등을 들 수 있다.

5) 동일한 음운 변화라면 적용 조건이 다르다거나 소멸 이후 차이 나는 모습을 보이는 것을 설명하기 어렵다.

6) 'ㄱ~ㅇ 교체, ㄱ~ㅇ의 교체'와 같은 용어에서 '교체'는 실체가 있는 음들 사이에 일어나는 것이므로 이 용어들은 'ㅇ'을 자음으로 보는 약화설과 통한다고 보아야 할 것이다.

④ 관련 항목

　　약화, 음운 규칙

각자병서

① 용어의 별칭

> **국어** 각자병서[各自並書](『훈민정음』), 제몸받침(리봉운 1897), 동자병서[同字並書](최현배 1936ㄴ), 쌍자병서[雙字並書](정인승 1940ㄱ), 한자 갈바쓰기(최현배 1957), 쌍서[雙書](허웅 1958), 한 글자 갈바쓰기(최현배 1961), 한자 갈바씨기(최현배 1970), 쌍초성[雙初聲](권재선 1992), 쌍글자(권재선 1992), 같은 글자 나란히 쓰기(류렬 1992)

② 개념 설명

　　『훈민정음』에서 규정한 초성자의 합자 방식 중 하나로 같은 글자를 두 개 나란히 써서 만든 'ㄲ, ㄸ, ㅃ, ㅆ, ㅉ'와 같은 글자 또는 그러한 표기법을 가리킨다. 15세기에는 다섯 글자 이외에 'ㆅ'도 있었으며 특수한 환경에서는 'ㆀ, ㅥ'도 쓰였다.[7] 이 외에 20세기 초기에는 주시경을 비롯한 몇몇 학자들에 의해 'ㄹㄹ'이라는 각자병서도 제안된 적이 있다.[8] 각자병서로 쓰인 글자들은 기본적으로 경음을 나타낸다. 원래 각자병서는 자음을 나타내는 데 사용하지만 20세기 들면 일부 장모음을 각 자병서 형식으로 표기하자는 논의도 없지는 않았다. 가령 장모음 'ㅏ'는 'ㅐ', 장모음 'ㅓ'는 'ㅔ'와 같이 표기하는 것이다.[9]

③ 용어 설명

　　'각자병서'를 가리키는 용어의 별칭은 그리 다양하지 않으며 대체로 원래 개념을 충실히 뒷받침 하는 방식을 취하고 있다. 미세한 차이를 고려하면 크게 두 부류로 나눌 수 있다. 하나는 '동일한 글 자를 나란히 쓴다'는 사실을 중시한 것으로 '각자병서, 제몸받침, 동자병서, 쌍자병서, 한자 갈바쓰기, 한자 갈바씨기, 같은 글자 나란히 쓰기'가 여기에 속한다. 다른 하나는 각자병서의 결과 '같은 글자 가 두 개 겹친다'는 사실을 중시한 것으로 '쌍서, 쌍초성, 쌍글자'가 여기에 해당한다.

---

7) 최현배(1970)에서는 'ㆅ'과 'ㆀ'을 각각 '짝히읗', '짝이'라고 표현했다. 'ㆅ'과 달리 'ㆀ'의 명칭을 '짝이'와 같이 두 음절로 한 이유는 명확하지 않다.

8) 이 글자는 유음 중 설측음을 나타내는 데 쓰였다. 즉 설측음은 'ㄹㄹ'로 표기하고 탄설음은 'ㄹ'로 표기하여 이 둘을 구분하는 것이다. 자세한 것은 '설측음, 유음' 항목을 참고할 수 있다.

9) 'ㅏ, ㅓ'와 같이 글자의 모양이 종(縱)으로 된 것은 각자병서의 방식으로 두 글자를 나란히 배열하지만 'ㅗ, ㅜ'와 같이 횡(橫)으 로 된 것은 'ㅛ, ㅠ' 방식으로 장모음을 표기한다. 'ㅛ, ㅠ'는 같은 글자를 가로로 나란히 적은 것이 아니므로 각자병서에 포 함될 수는 없다.

④ 관련 항목

거듭소리, 경음, 합용병서

간극 동화

① 용어의 별칭

국어 간극의 동화(허웅1961), 간극 동화[間隙 同化](이병선 1967ㄴ, 허웅 1968ㄱ, 박형달 1969), 공깃길 닮기 (허웅 1985ㄴ, 이근영 1990, 김형춘 1994), 틈 닮음(황인권 1985), 개구도 동화(성희제 2001, 백두현 외 2013), 간격 동화(신승용 2001), 간극 닮음(임홍빈·한재영 2003), 열림도 동화(임홍빈·한재영 2003), 공깃길 닮음(권재일· 고동호 2004)

② 개념 설명

인접한 음의 간극 또는 개구도에 동화되는 현상을 가리킨다. 이론적으로는 간극(개구도)이 다른 음들 사이에서 매우 다양하게 일어날 수 있지만 실제로는 주로 자음이 인접한 음의 간극에 동화되어 그 간극이 더 커지는 양상으로 나타난다.[10] 지금까지 국어의 간극 동화로 제안된 현상은 다음의 몇 부류로 나눌 수 있다.[11]

(가) 자음 약화 예 돕+아→도와, 듣+어→들어
(나) 자음 탈락 예 낳+은→나은, 가마니>가마이
(다) 설단 자음의 마찰음화 예 빚이, 빚은, 빚을>빗이, 빗은, 빗을
(라) 활음조 현상 예 관념>괄렴, 안녕>알령, 기념>기렴
(마) 자음 동화 예 칼+날→칼랄, 국+민→궁민, 능+력→능녁

(가)는 소위 불규칙 용언에서 'ㅂ'이 'w'로 바뀌거나 'ㄷ'이 'ㄹ'로 바뀌는 현상이다. 모음 사이에서 모음의 간극에 동화되어 'ㅂ'이나 'ㄷ'이 좀 더 큰 간극의 반모음이나 공명음으로 바뀌었다는 해석이다.[12] (나)는 후음 'ㅎ'이 탈락하거나 비모음화를 일으킨 비음이 탈락하는 이유를 간극 동화에서 찾은 것이다.[13] (다)는 체언 중 'ㅈ, ㅊ, ㅌ' 등으로 끝나는 경우에 그 말음이 'ㅅ'으로 재구조화되

---

10) 국어 음소들의 간극에 대해서는 개구도 항목에서 다루고 있다.
11) (가)~(마)는 모두 동화를 입는 대상, 즉 피동화음이 자음이다. 자음에 비해 드물기는 하지만 모음의 변화를 간극 동화로 설명하는 경우도 없지는 않다. 가령 이병선(1971)에서는 경상도 방언의 '묵+어라→무우라, 굽+어라→꾸우라'에서 보이는 모음의 동화가 두 모음 사이의 간극 동화라고 해석한 바 있다. 즉 어미의 모음 '어'가 어간 모음의 간극에 동화되어 간극이 더 작은 '우'로 바뀌었다는 것이다. 황인권(1985)에도 모음에 일어났다고 주장하는 간극 동화의 예가 제시되어 있다.
12) 이병선(1985ㄴ)에서는 한자음의 'ㄷ' 입성음이 'ㄹ'로 바뀐 것도 간극 동화 때문이라고 해석한 적이 있다.
13) 동화의 결과 자음이 탈락했다는 점에서 매우 특이하다.

는 변화로서, 파열음이나 파찰음이 간극 동화에 의해 마찰음 'ㅅ'으로 바뀌었다고 보고 있다.[14] (라)는 'ㄴ' 또는 'ㄴㄴ'이 유음 'ㄹ'이나 'ㄹㄹ'로 바뀐 것으로 비음이 모음의 간극에 동화되어 유음이 되었다고 해석한 것이다.[15] (마)의 자음 동화도 조음 방식의 변화를 인접 자음의 간극에 동화된 결과라고 본 것이다.[16]

이처럼 국어의 간극 동화로 분류되는 현상은 상당히 다양한 편이다. 자음의 조음 방식이 바뀌면 간극이나 열림도의 변화가 동반되므로 상당히 많은 자음의 변화가 간극 동화에 포함될 수 있다. 그러나 간극 동화의 예들을 보면 그 범위가 너무 넓음을 알 수 있다. 전통적으로 자음의 약화로 분류한 (가)는 물론이고 (나)와 같은 탈락, (마)와 같은 동화까지도 모두 간극 동화에 들어 있다. 문제는 이러한 현상들의 성격이 동일한 음운 현상으로 묶기에는 상당히 이질적이라는 점이다. 게다가 인접한 음의 간극에 동화된다는 강력한 음성적 동기에 비해 그 규칙성은 상당히 떨어지고 있다. (나)와 (마)를 제외하면 동일한 조건의 일부 단어에서만 변화가 일어나고 있다. 그나마 규칙성이 높은 (마) 역시 인접한 자음의 조음 방식에 직접 동화된 것으로 볼 경우 굳이 간극 동화라고 할 필요가 없다.

이상에서 볼 수 있듯이 간극 동화는 그 성격이 불분명하고 너무 포괄적이다. 이것은 간극 동화를 음운 변동의 한 유형으로 설정해야 할 설득력을 떨어뜨린다. 간극 동화를 음운 현상의 한 부류로 인정하는 경우가 많지 않은 것은 이러한 측면에서 비롯된다.

③ 용어 설명

'간극 동화'를 나타내는 용어들은 공통적으로 '동화 대상+동화'의 표현 구조를 지닌다. 용어의 차이는 동화 대상과 동화를 지칭하는 부분이 다른 데서 나타난다. '동화의 대상'은 '간극, 공깃길, 틈, 개구도, 간격' 등으로 표현하고 '동화'는 '동화, 닮기, 닮음' 등으로 표현하면서 여러 가지 용어가 구분될 뿐이다. 그런 점에서 용어들 사이의 성격 차이는 거의 없다고 할 수 있다.

④ 관련 항목

개구도, 동화, 자음 동화

---

14) (다)와 같은 변화는 간극 동화와 같은 음운론적 요인에 의해 일어났다고 보는 경우보다는 유추를 비롯한 비음운론적 요인에 의해 일어났다고 보는 경우가 좀 더 일반적이다. 자세한 것은 이진호(2004)를 참고할 수 있다.
15) (라)는 일부 방언에서 산발적으로 일어나는 변화이다.
16) '능+력→능력'에서 보이는 'ㄹ'의 비음화는 다른 예들과 달리 간극이 더 작아지는 방향으로 바뀌었다는 점에서 특이하다. 그런데 이 현상은 자음 동화로 보기 어려운 측면이 존재한다. 자세한 것은 해당 항목을 참고할 수 있다.

간략 전사

① 용어의 별칭

국어 광의적 표기법[廣義的 表記法](조선어학회 1941), **간략 표기**[簡略 表記](服部四郎 1951, 유만근1970, 日本音聲學會 編 1976, 정연찬 1980, 남광우 외 1982, 龜井孝 外 編 1996), **조략 전사**[粗略 轉寫](김완진 역 1958), **음소적 표기법**[音素的 表記法](이기문 1963ㄱ), **간략 표기법**[簡略 表記法](이기문 1963ㄱ, 차현실1967), **간이 표기**[簡易 表記](小泉保·牧野勤 1971, 김영석 1987, 전상범 2004), **광의의 표기법**(정인섭 1973), **관식 표음**[寬式 表音](日本音聲學會 編 1976), **관식 표음법**[寬式 表音法](日本音聲學會 編 1976), **간략 기호**(이영길 1983), **간략 전사법**(이현복·김기섭 역 1983), **간이 표기법**(조성식 편 1990), **일음소 일기호주의 표기**[一音素 一記號主義 表記](이철수 1994), **음소 표기**[音素 表記](이철수 1994), **간략 전사**[簡略 轉寫](이호영 1996, 이문규 2004), **음소 전사**[音素 轉寫](이호영 1995), **간략식 어음 표기**(서상규·박석준 2005), **일반 전사**(박시균·권병로 2008)

영어 broad transcription

② 개념 설명

음성을 표기하는 추상화의 정도와 관련되는 개념으로, 음성을 전사할 때 지나치게 세밀하거나 정밀한 특성은 제외하여 음성적 상세화를 덜 추구하는 음성 표기의 한 방식이다. 반대 개념은 음성적 상세화를 추구하는 '정밀 전사'이다. 원래 간략 전사와 정밀 전사의 차이는 음성 표기의 구체성 정도와 관련되지만, 때로는 이 둘의 차이를 '음소' 전사와 '음성' 전사와 같이 전사 대상의 차이로 이해하기도 한다.[17] 이는 음성에 비해 음소의 경우 그 구체성이 떨어진다는 사실과 관련된다. 조성식 편(1990)에서 간략 전사에 대해 의미 차이를 가져오는 음소 형태만을 기술하는 표기법이라고 한 것이나, 龜井孝 外 編(1996)에서 음소의 구별에 관여하지 않는 미세한 특징은 무시하고 간략히 적은 것이라고 한 것은 모두 이러한 용법을 담은 것이다.[18] 물론 이것은 원 개념에서 조금 벗어난 것이다. 음성 전사라고 하더라도 구체성의 정도는 차이가 날 수 있다. 또한 전통적으로 음소 표시는 '/ /' 속에 하고 음성 표시는 '[ ]' 속에 하는데 간략 전사는 '[ ]' 속에 하는 것이 일반적인 것이다. 이런 점에서 간략 전사도 기본적으로는 음성 전사의 한 방식이다. 따라서 간략 전사와 정밀 전사를 각각 음소 전사 및 음성 전사와 동일시하기는 어렵다.

③ 용어 설명

'간략 전사'를 나타내는 용어들은 크게 세 계열로 나눌 수 있다. 첫 번째는 영어 'broad'를 그대로 직역한 것으로 '광의적 표기법, 광의의 표기법'이 여기에 속한다. 두 번째는 음성적 구체성이 떨어진다는 사실을 반영한 것으로 '간략 표기, 조략 표기, 간이 표기, 관식 표음, 일반 전사' 등이 여기에 속한다.[19] 이 부류에 속하는 용어의 수가 가장 많고 다양하다. 마지막은 전사 대상이 음소라는 사

---

17) 服部四郎(1955)에서는 간략 전사와 정밀 전사가 곧 음운론과 음성학의 구별에 있어 맹아가 된다고 평가하기도 했다.
18) 이럴 경우 '정밀 전사'는 변이음들의 차이까지 표기하는 방식으로 정의하게 된다.

실을 담은 것으로 '음소 표기, 음소 전사' 등이 여기에 해당한다. 원 개념을 고려한다면 두 번째 부류가 좀 더 타당하다고 할 수 있다.

④ 관련 항목
　정밀 전사

간음

① 용어의 별칭

> **국어** 간음[間音](『四聲通攷』, 『華東正音通釋韻考』, 지석영 1905, 藥師寺知曨 1909, 임규 1912ㄴ, 안확 1922), 사이 음 (리필수 1923, 강길운 1959), 중간음[中間音](小倉進平 1923, 박승빈 1931, 이극로 1937ㄱ, 김형규 1948, 寺川喜四男 1950, 東條操 1965), 중성음[中性音](小倉進平 1923), 사이소리(최현배 1929, 이숭녕 1947ㄴ), 가온대소리(최현배 1929), 중간소리[中間소리](이윤재 1933ㄱ, 幸田寧達 1941, 이현복 1979ㄱ), 사잇소리(문교부 1952), 혼합음(이은정 2005)
> **영어** mid sound, mixed sound

② 개념 설명

'간음'은 여러 가지 개념으로 쓰이고 있다. 그중 가장 널리 쓰이는 용법은 어떤 음의 음가를 설명할 때 기준점이 되는 음들의 사이에 해당하는 음임을 가리키는 것이다. 이것은 특히 외국어와 국어를 대비하거나 이미 사라져 버린 글자들의 음가를 언급할 때 흔히 찾아볼 수 있다. 『화동정음통석운고』에서 'ㅸ, ㅿ'의 음을 설명하면서 '華音之수者 수우之間音 붕者 부우之間音'과 같이 표현하거나 藥師寺知曨(1909)에서 국어의 '어'를 일본어 'ㅊ'와 'ㅎ'의 간음과 유사하다고 한 것이 모두 여기에 해당한다.[20] 金澤庄三郎(1917~1918)에 나오는 '중간 모음'의 개념도 '간음'과 통하는 바가 있다. 한때는 'ㆍ'의 음가론에서도 '간음'의 개념이 널리 활용되었다. 가령 'ㆍ'를 '아'와 '오'의 간음이라고 볼 것인지 '아'와 '으'의 간음으로 볼 것인지와 관련된 1950년대의 논쟁은 국어학사에서 매우 유명하다.

'간음'은 두 개의 단모음이 축약되어 나온 모음을 가리킬 때에도 쓰인다. 가령 '아이＞애, 오이＞외' 등에서 모음 축약의 결과인 '애, 외' 등을 간음이라고 하는 것이다. 이것은 두 모음이 축약되면서 그 중간적인 성격을 가진 음으로 바뀌었다는 의미를 나타낸다.[21] 경우에 따라서는 두 개의 단모

---

19) '관식 표음, 관식 표기법'은 모두 중국에서 쓰이는 용어들이다.
20) 『사성통고』의 범례에서 중국어와 국어 모음의 음가를 비교하는 부분에도 '間音'이라는 표현은 안 나오지만 '間'이라는 표현이 등장한다.
21) 그래서 이러한 변화를 '간음화'라고 부르기도 한다.

음이 합류되었을 때 합류된 모음을 '간음'이라고 하기도 한다. 가령 조성문(2002)에서는 '애'와 '에'가 합류된 모음에 대해 이 개념을 사용하고 있다.[22] 이것은 '애'와 '에'의 합류가 어느 한 쪽으로 일방적으로 일어난 것이 아니고 두 모음의 중간으로 일어났다는 해석에 기반하고 있다.

이 밖에 드물기는 하지만 사잇소리를 '간음'이라고 하기도 한다. 이는 사잇소리가 두 말 사이에 끼어 들어간다는 사실을 고려한 용법이다. 한편 안 확(1922)에서는 용언 어간 뒤에 나타나는 어미의 두음 '아, 으' 등을 간음이라고 하기도 했고 이필수(1922)에서는 중모음(重母音)이나 중자음(重子音)을 간음이라고 하기도 했는데, 모두 일부 논의에서만 나타나는 특수한 용법에 불과하다.

③ 용어 설명

'간음'을 나타내는 용어들은 모두 '사이' 또는 '가운데'라는 개념을 담고 있다. 이 중 '간음, 사이음, 중간음' 등은 '공간적'으로 두 음의 '사이, 가운데'라는 사실을 표현한 용어들이고, '중성음, 혼합음'은 '성질상'으로 두 음의 '사이, 가운데'라는 사실을 표현한 용어들이다.

④ 관련 항목

간음화, 사잇소리, 중모음¹, 중자음¹

간음화

① 용어의 별칭

> **국어** 수약[收約](이숭녕 1935ㄱ), 사이소리 되기(최현배 1937ㄱ), 간음화[間音化](최현배 1937ㄱ, 이상춘 1946, 이영철 1948), 사잇소리 되기(이영철 1948), 중간소리 되기(허웅 1968, 유재원 1985ㄱ, 김종규 1986), 중간 홀소리 되기(김영선 1997)

② 개념 설명

두 개의 단모음이 축약되어 제삼의 단모음으로 바뀌는 현상을 주로 간음화라고 한다. 그렇다고 해서 모음 축약 전체를 가리키는 것은 아니고 주로 '아+이, 어+이, 오+이'와 같이 '후설 모음+이'가 전설 모음으로 바뀌는 변화를 가리킨다.[23] '사이>새, 오이>외' 등과 같은 예가 있다. 이러한 변화는 두 모음의 중간적 성격을 가진 간음으로 축약되었다고 보기 때문에 간음화라고 한다.

최현배(1937ㄱ), 이영철(1948), 허웅(1952)에서는 이 현상을 상호 동화의 일종으로 보기도 했다. 두 단

---

22) '애'와 '에'가 합류된 모음은 흔히 'E'로 표기한다.
23) 윤병태(1983)에서는 방언에서 '주+어, 두+어, 누+어'가 각각 '조ː, 도ː, 노ː'로 실현되는 것도 간음화의 예로 본 적이 있다. 이것은 '우'와 '어'가 결합하여 중간의 단모음인 '오'로 실현되었다는 해석이다.

모음의 거리가 너무 멀어서 앞의 모음은 뒤를 닮고 뒤의 모음은 앞을 닮은 결과 그 중간의 단모음으로 바뀌었다는 것이다.[24] 음운 변화의 입력형과 출력형을 비교하여 중간적인 성격의 모음이 되었다는 점을 강조하면 '간음화'가 될 수 있을지 모르지만, 음운의 변화 양상을 본다면 모음 축약과 별반 다를 바가 없다.

③ 용어 설명

'간음화'를 가리키는 용어는 크게 두 가지로 나눌 수 있다. 하나는 두 음운의 중간적 성격을 가진 음운으로 바뀐다는 의미를 담은 것이다. '간음화, 사이소리 되기, 사잇소리 되기, 중간소리 되기, 중간 홀소리 되기'가 여기에 속한다. 특히 '중간 홀소리 되기'는 간음화의 대상을 모음으로만 국한했다는 점에서 다른 용어와 구별된다. 다른 하나는 두 음이 녹아 붙는다는 축약의 성격을 반영한 것으로 '수약'이 여기에 해당한다.

④ 관련 항목

간음, 단모음화, 축약

간접 동화

① 용어의 별칭

국어 간접 동화[間接 同化](이희승 1955, 허웅 1968ㄱ, 日本音聲學會 編 1976, 이병근 1977), 비인접 동화[非隣接 同化](이병근 1967ㄱ, 竹林滋・橫山一郎 譯 1970, 이근규 1983, 이기문 외 1984), 간격 동화[間隔 同化](허웅 1968ㄱ, 황희영 1979, 조세용1981), 건너 닮기(배달말학회 1975, 권재일・고동호 2004, 서상규・박석준 2005), 이격 동화[離隔 同化](日本音聲學會 編 1976, 이은정 2005), 원격 동화[遠隔 同化](林榮一・間瀨英夫 譯 1978, 권인한 1984, 이기문 외 1984, 정철 1984), 격음 동화[隔音 同化](이기문 외 1984, 박종희 1985ㄴ, 국립국어연구원 1996), 확장 현상[擴張 現象](이기문 외 1984), 격리 동화[隔離 同化](정인상 1984), 원접 동화[遠接 同化](이철수 1994), 떨어져 닮음(국립국어연구원 1996, 임홍빈・한재영 2003, 권재일・고동호 2004), 월타 동화[越他 同化](이은정 2005), 불연 동화[不連 同化](류해리 2015)

영어 non-contiguous assimilation, non-adjacent assimilation, in-contiguous assimilation, long-distance assimilation, distant assimilation, dilation

---

② 개념 설명

동화에 속하는 현상들 중 동화음과 피동화음이 서로 인접하지 않고 반드시 그 사이에 다른 음소

---

24) 그렇지만 동화의 결과 음운의 수가 줄어든다는 것은 인정하기 어렵다. 동화는 일반적으로 음운 수의 변동을 초래하지는 않기 때문이다. 자세한 것은 '동화' 항목에서 다루고 있다.

가 개재되는 경우를 가리킨다. 반대 개념은 동화음과 피동화음이 나란히 놓이는 직접 동화이다. 언어 보편적으로 간접 동화에 속하는 현상들은 주로 모음들 사이의 동화인데 가장 대표적으로 거론되는 현상에는 모음 조화가 있다. 모음 조화에 의한 동화는 모음 사이에 자음들이 끼어 있어도 특별한 영향을 받지 않기 때문이다.[25] 그러나 모음 조화는 간접 동화의 전형적인 사례라고 보기는 어렵다. 모음 조화는 모음과 모음 사이에 다른 자음이 개재해도 적용되지만 모음과 모음이 인접해도 적용이 가능하다. 즉 직접 동화적인 모습도 보이는 것이다. 이처럼 모음 조화는 동화음과 피동화음 사이의 개재 음소가 필수적인 것은 아니므로 온전한 간접 동화로 분류할 수는 없다.[26]

국어 음운론에서 '간접 동화'로 해석되어 온 현상은 그리 많지는 않다.

> (가) '이' 모음 역행 동화 예 손잡이>손잽이, 어미>에미, 도련님>되련님
> (나) 활용형에 적용되는 유음화 예 앓+는→[알른], 훑+는→[훌른]

(가)는 국어의 가장 대표적인 간접 동화의 예로서 특별한 이견이 없다. 이 현상이 일어나기 위해 피동화음인 후설 모음과 동화음인 'ㅣ, j' 사이에 변자음(邊子音), 즉 양순음이나 연구개음이 놓여야 한다는 것은 이미 일찍부터 언급이 되어 왔다.[27] 동화음과 피동화음 사이의 개재 자음이 중자음(中子音)이 아닌 변자음이어야만 한다는 점이 특징으로 거론되었다.[28]

(나)는 순행적 유음화 현상의 정밀화 과정에서 나온 것으로 한자어나 복합어와 달리 용언의 활용형에서는 표면적으로 동화음인 'ㄹ'과 피동화음인 'ㄴ' 사이에 다른 개재 자음이 있을 때에만 유음화가 적용된다는 관찰에서 비롯되었다. 가령 '알+는→[아:는], 살+는→[사:는]'에서 보듯 'ㄹ'로 끝나는 어간 뒤에 'ㄴ'으로 시작하는 어미가 결합하면 유음화 대신 유음 탈락만이 일어날 뿐이다. 반면 '앓+는→[알른], 훑+는→[훌른]'과 같이 'ㄹ'로 시작하는 겹받침을 가진 어간 뒤에서만 순행적 유음화가 적용되고 있다. 그리하여 활용형에 적용되는 유음화는 간접 동화라는 해석이 나오기에 이른 것이다.[29] 그러나 이러한 처리는 유음화의 역사적 발달 과정이나 공시적 기술에 적

---

25) 新村出(1943)에서는 간접 동화를 'harmony'라고 부르는 경우가 있다고 했는데, '모음 조화'의 '조화'가 'harmony'에 대응하고 있어 모음 조화와 간접 동화의 관련성을 엿볼 수 있다.

26) 더욱이 모음 조화는 순수한 동화 현상으로 보기 어려운 측면도 있다. 가령 국어의 경우 '막-' 뒤에는 '아'로 시작하는 어미가 오고 '먹-' 뒤에는 '어'로 시작하는 어미가 오는데, 문제는 이때 어미 첫 모음의 기본형이 무엇인지를 확정하기 어렵다는 데 있다. 만약 '아'가 기본형이라면 '막-' 뒤에 '아'가 오는 것은 아무런 변화가 없는 것이고 '먹-' 뒤에 '어'가 오는 것만 '아'가 '어'로 동화되었다고 해야 한다. 물론 '어'가 기본형이라면 반대의 설명이 이루어진다. 그런데 어미 첫 모음의 기본형이 '아'인지 '어'인지를 결정할 수 있는 객관적 근거를 제시하기 쉽지 않다. 진정한 동화가 되려면 피동화음이 무엇인지 확정이 되어야 하는데 모음 조화의 경우 그것이 어렵다.

27) 변자음이 아닌 자음 중 예외적으로 'ㄹ'이 개재 자음으로 있을 때에는 '다리다>대리다, 도련님>되련님' 등에서 보듯 '이' 모음 역행 동화가 일어나기도 한다.

28) 이것을 '[grave]' 자질과 결부시켜 만약 중자음이 개재 자음으로 작용한다면 '이' 모음 역행 동화가 일어났을 때 '동화의 결과(전설 모음), 개재 자음(중자음), 피동화음(ㅣ, j)'의 연속된 세 음소가 모두 '[−grave]'를 갖게 되어 부자연스러운 연쇄가 나오기 때문이라고 해석한 경우도 있었다.

29) 이후에는 한자어나 복합어에서 보이는 순행적 유음화의 경우 동화음과 피동화음 사이에 단어 내부 경계인 '#'이 있으며 '자음'과 '#'은 동일한 기능을 하는 경우가 많으므로 '#' 사이에서 적용되는 한자어나 복합어에서의 유음화도 간접 동화라고 해석하는 논의까지 등장하게 되었다.

지 않은 부담을 준다는 지적이 이어지면서 현재는 순행적 유음화를 직접 동화로 처리하는 견해가 더 우세하다.[30]

③ 용어 설명

'간접 동화'를 가리키는 용어들은 동화음과 피동화음이 붙어 있지 않다는 사실을 어떻게 표현하느냐에 따라 조금씩 다른 형태를 지니게 된다. 즉 동일한 사실을 동화음과 피동화음이 떨어져 있다고 표현할 수도 있고, 중간의 개재 음소를 뛰어넘어 동화가 일어난다고 표현할 수도 있는 것이다. 전자에 속하는 용어로는 '간접 동화, 비인접 동화, 간격 동화, 이격 동화, 원격 동화, 격음 동화, 격리 동화, 원접 동화, 떨어져 닮음, 불연 동화' 등이 있고, 후자에 속하는 용어로는 '건너 닮기, 월타 동화'가 있다.

④ 관련 항목

유음화, '이' 모음 역행 동화, 직접 동화

감염

① 용어의 별칭

> **국어** 교착[交錯](金田一京助 1932, 河野六郎 1968), **혼교[混交]**(增山節夫 譯 1959, 龜井孝 外 編 1996), **착합[錯合]** (서재극 1961), **혼태[混態]**(서재극 1961, 김규선 1969, 장태진 1969), **혼효[混淆]**(서재극 1961, 田中春美 外 1975, 龜井孝 外 編 1996, 전순환 2001), **혼성[混成]**(남풍현 1967, 김규선 1969, 노명희 2010), **감염**(김현 2006, 소신애 2007ㄱ), **전염** (박진호 2015)
>
> **영어** contamination, contagion

② 개념 설명

유추에 의해 형태가 바뀌는 변화의 일종으로 형태상 또는 의미상 관련이 있는[31] 다른 대상

---

30) 자세한 내용은 '유음화' 항목을 참고할 수 있다.

31) 형태상 또는 의미상 관련이 있다는 것은 바꾸어 말하면 소위 계열 관계(paradigmatic relation 또는 choice relation)를 이루는 것이라고 할 수 있다. 계열 관계를 가리키는 용어에는 '대립 관계(太田朗 1959, 허웅 1968ㄱ, 최윤현 1993), 계합적 관계[系合的 關係](이병근 1971, 이승재 1980), 선택 관계(小泉保·牧野勤 1971, 이정민·배영남 1987, 최윤현 1993), 연합 관계(林榮一·間瀨英夫 譯 1978, 최윤현 1993, 龜井孝 外 編 1996), 연합적 관계(林榮一·間瀨英夫 譯 1978), 선택적 관계(梅田博之 1983), 계열 관계(이정민·배영남 1987, 최명옥 2004), 계립[系立] 관계(조성식 편 1990), 계립적 관계(조성식 편 1990), 계합 관계(최임식 1990ㄷ, 곽충구 1994), 계열적 관계(민현식 1991), 기억상의 관계(최윤현 1993), 범례 관계[範例 關係](龜井孝 外 編 1996), 세로 관계(권재일·고동호 2004)' 등이 있다. 한편 계열 관계와 대립되는 통합 관계(syntagmatic relation 또는 chain relation)를 지칭하는 용어에는 '통합[統合] 관계(太田朗 1959, 小泉保·牧野勤 1971, 林榮一·間瀨英夫 譯 1978, 이승재 1980, 최임식 1990ㄷ, 김경아 1992), 통합적 관계(林榮一·間瀨英夫 譯 1978, 이승재 1980), 통합적인 관계(梅田博之 1983), 결합[結

에 이끌리어 그와 비슷하게 형태가 바뀌는 변화[32]를 가리킨다. 일상 발화에서는 발화 실수 등에 의해 일시적으로 이런 현상이 잘 나타나는데, 이것이 완전히 굳어져서 형태소의 재구조화를 일으킬 때 감염이 일어났다고 말할 수 있다. '감염'은 산발적으로 일어나는 현상이므로 규칙화하여 설명하기가 어려우며 그 사례도 그리 많다고 볼 수는 없다. 감염의 사례로는 다음을 들 수 있다.[33]

표준어 형태	감염 전	감염 후	감염의 대상	비고
얕-(淺)	야트-	야프-	기프-(深)	반의 관계
꽂-[揷]	꽂-	꼽-	뽑-(拔)	반의 관계
네모나-(四角)	네모나-	네모낳-	동그랗-(圓)	같은 단어장

'얕-'에서 바뀐 '야트-'는 '깊-'에서 바뀐 '기프-'와 반의 관계에 있어 매우 가까운 관련성을 지닌다.[34] 그래서 '기프-'에 감염된 결과 '야트-'의 'ㅌ'이 'ㅍ'으로 바뀌어 '야프-'로 변했다. 마찬가지로 '꽂-'과 '네모나-'도 의미상 관련을 맺고 있는 '뽑-'과 '동그랗-'에 감염되어 각각 '꼽-'과 '네모낳-'으로 바뀌었다.

이상의 사례는 모두 감염을 통해 형태가 바뀌는 변화가 초래되었다. 그런데 때로는 형태의 변화 없이 의미만 바뀌는 감염의 유형도 존재한다고 본다. 박진호(2015)에서는 '다리가 얇다, 팔이 두껍다'와 같이 '가늘다, 굵다'가 쓰여야 할 자리에 '얇다, 두껍다'가 쓰이는 것을 의미의 감염으로 본 바 있다. 두께와 굵기가 의미상 서로 가깝다 보니 의미상의 감염이 일어났다는 것이다. 이런 경우 형태에는 아무런 변화도 동반되지 않는다.

'감염'의 개념을 한자음의 변화에 활용하는 경우도 없지는 않다. 동일하거나 비슷한 성부(聲符)를 가진 음에 영향을 받아 한자의 음이 바뀌는 것을 '감염'으로 설명하는 방식이 河野六郎(1968) 이래로 널리 퍼져 있다.[35] 예를 들어 '斛(곡), 莖(경)'은 초성이 후음인 갑모(匣母)에 속하므로 'ㅎ'에 대응하는 것이 원칙이지만 'ㄱ'에 대응하여 예외가 된다. 이러한 예외는 '斛'이 '角(각)'에, '莖'이 '經(경)' 또는 '輕(경)'에 감염된 결과로 보는 것이다. 이돈주(2002)에서는 이런 방식으로 변화한 한자의 음에 대해 '혼태음(混態音)'이라는 용어를 사용한 적도 있다.

'감염'은 그 개념상 '혼효(blending)'와 흡사한 측면이 있다.[36] 혼효란 둘 이상의 말을 부분적으로

습] 관계(이정민·배영남 1987, 최윤현 1993), 연쇄[連鎖] 관계(이정민·배영남 1987, 최윤현 1993), 연립[連立] 관계(조성식 편 1990), 연립적 관계(조성식 편 1990), 선조상[線條上]의 관계[최윤현 1993], 가로 관계(권재일·고동호 2004)' 등이 있다.

32) 龜井孝 外 編(1996)에 나오는 '동음 견인(同音 牽引), 유음 견인(類音 牽引)'과 같은 용어는 이처럼 형태가 비슷해진다는 측면을 고려한 것이라고 할 수 있다.

33) 아래에서 감염의 결과 나온 '야프-, 꼽-, 네모낳-'은 모두 표준어로 인정되는 형태는 아니다.

34) '야트-'와 '기프-'는 모두 방언에서 흔히 보이는 형태이며, 폐음절로 끝나는 어간에 '으'가 덧붙어 형태가 확장된 모습을 보인다.

35) 河野六郎(1968)에서는 '술'로 나타나야 할 '睟, 恤'의 한자음이 '휼'로 나타나는 것에 대해 원래의 '술'이 '睟, 恤'의 성부인 '血(혈)'에 감염된 결과라고 했다. 이후 伊藤智ゆき(2007)에서는 감염의 개념을 더 적극적으로 활용하고 있다.

결합하여 새로운 말을 만들어 내는 방식을 가리키는데, 이것은 보기에 따라 감염이라고 할 수도 있는 것이다.[37] 가령 'AB'라는 단어가 'CD'라는 단어에 영향을 받아 'AC'로 바뀌었다고 할 때, 이 것은 'AB'가 'CD'에 감염되어 바뀐 것이라고 해석할 수도 있고 'AB'와 'CD'의 일부가 합쳐져 'AC'가 되었다고 할 수도 있는 것이다. 그래서 金田一京助(1932), 市河三喜·河野六郎(1949), 서재극(1961), 남풍현(1967) 등 일본이나 한국에서 나온 논의들에서는 '감염'과 '혼효'를 특별히 구분하지 않는 경우가 많다.

그러나 '감염'과 '혼효'를 개념상 구분하기도 한다. 김현(2006)에서는 감염이 어느 하나가 다른 것과 유사해지는 것임에 비해 혼효는 두 어형이 하나로 합쳐지는 것이므로 구분된다고 보았다. 단어 형성의 측면에서 본다면 '감염'은 기존 단어의 형태만 바뀌므로 새로운 단어를 만드는 과정이라고 볼 수 없지만 '혼효'는 새로운 단어를 만드는 과정이므로 뚜렷하게 구분되는 측면이 있다.

③ 용어 설명

'감염'을 지칭하는 용어들은 영향을 주고받는 방식을 어떻게 표현하느냐에 따라 차이를 보인다. '감염, 전염'과 같이 어느 한쪽이 다른 쪽으로 일방향적인 영향을 준다고 표현하는 용어도 있지만 대다수 용어들은 '교착, 혼교, 착합, 혼태, 혼효, 혼성'에서 보듯 영향이 양방향적으로 일어난다거나 둘이 뒤섞인다는 의미를 담고 있다. 이것은 '감염'과 '혼효'를 특별히 구분하지 않았던 상황에서 비롯된 것이다. 앞에서 살핀 것처럼 원래 개념상으로 보면 감염은 그 방향이 일방향적이고 혼효는 양 방향적이다. 그러나 이 두 개념을 명확히 구별하지 않는 경우가 많았으므로 두 가지 부류의 용어가 공존하게 되었다.

④ 관련 항목

교체, 유추적 평준화, 재구조화

---

36) 감염과 혼효의 관련 양상에 대해서는 김현(2006)을 참조할 수 있다.

37) 혼효를 지칭하는 용어도 다양한 편이다. 가령 '혼혈[混血](河野六郎 1945), 혼효[混淆](河野六郎 1945, 田中春美 外 1975, 이기동 1993, 김경아 2000), 혼성[混成](增山節夫 譯 1959, 남풍현 1967, 日本音聲學會 編 1976, 전상범 2004, 노명희 2010), 혼태[混態](김규선 1969, 이기백 1991, 백두현 외 2013), 합성(김종훈 1990)' 등과 같은 별칭이 존재한다. 국어 혼효의 예로는 '날호야'와 'ᄌᆞᄂᆞᆨ기'가 결합된 '날혹ᄌᆞᄂᆞ기', '괴외히'와 '줌줌ᄒᆞ-'가 결합된 '괴외줌줌ᄒᆞ-', '거러지'와 '비렁뱅이'가 결합된 '거렁뱅이', '입담배'와 '엽초'가 결합된 '입초' 등이 예전부터 언급되었다.

강약

① 용어의 별칭

> **국어** 강약[強弱](주시경 1909, 神保格 1927, 安藤正次 1927, 최현배 1929, 심의린 1935, 東條操 1965), 세고 여림(주시경 1914, 김윤경 1948ㄱ), 힘(최현배 1929), 세기(최현배 1929, 허웅 1958, 배주채 1996ㄱ), 크기(최현배 1929), 역[力](최현배 1929), 대소[大小](최현배 1929), 소리의 세여리(김두봉 1932), 음세[音勢](金田一京助 1932, 寺川喜四男 1950), 강음[強音](편집실 1938ㄷ), 강세[強勢](河野六郎 1944, 太田朗 1959, 박창해 1963, 이기문1963ㄱ, 日本音聲學會 編 1976, 원경식 1977), 강약[強弱] 악센트(이숭녕 1954ㅂ, 강신항 1960, 김성근 1995), 호기압[呼氣壓](이희승1955), 식압[息壓](이희승 1955), 강세 음소[強勢 音素](太田朗 1959), 강세 음운(박창해 1963), 중독[重讀](日本音聲學會 編 1976), 강도(고병암 역 1986), 음강[音強](이철수 1994, 배주채 1996ㄱ, 고언숙 2005), 세기 마루(김성근 1995), 힘 주기(고도흥 1998), 세기 악센트(이은정 2005), 힘의 악센트(이은정 2005), 호기[呼氣] 악센트(이은정 2005), 중음[重音] (엄익상 2007)
>
> **영어** stress, intensity

② 개념 설명

소리의 세기를 이용하여 단어의 뜻을 구분하는 운소이다. 전통 문법 시기에서부터 그 존재가 인식되었으며 주시경(1909)에서는 파장의 진폭과 관련이 된다는 사실까지도 정확히 지적하고 있다. 강약은 유무의 차원에서 접근할 수도 있고 정도의 차원에서 접근할 수도 있지만 대체로 후자를 택하고 있다. 즉 강약은 실현 여부의 문제가 아니라 어느 정도 세기로 실현되느냐의 문제로 보는 것이다. 정도의 측면에서 보더라도 강세의 등급을 두 가지만 나누는 견해와 셋 이상으로 나누는 견해가 모두 존재한다.[38]

강약은 실현 영역에 따라 단어 차원, 구 차원, 문장 차원을 구분하기도 한다. 단어 차원은 한 단어에서의 특정 음절, 구 차원은 구에서의 특정 요소, 문장 차원은 문장에서의 특정 성분에 강약이 실현되는 것을 말한다. 단어 차원의 강약은 '어(語) 강세, 강(强) 악센트', 구 차원의 강약은 '구(句) 강세', 문장 차원의 강약은 '문 강세' 등의 용어를 사용한다.

'강약'을 하나의 음운으로 볼 경우 다른 운소와 구별하기 위해 'stroneme'이라는 용어를 사용하기도 한다. 'stroneme'은 '강세소, 강세 음소, 강음소' 등으로 불리고 있다. 장단, 고저와 같은 다른 운소에 대해서도 각각 'chroneme', 'toneme'과 같은 독자적 명칭을 부여하는데 'stroneme'은 이와 대등한 자격을 가진다.[39]

---

38) 두 등급만 나눌 경우 '큰 소리(센 소리) : 작은 소리(여린 소리, 약한 소리)'(김윤경 1948ㄱ), '주세(main stress) : 부세(secondary stress)'(김진우 1985), '주강세(major stress) : 부강세(minor stress)'(박병학 1989)와 같은 용어가 제안되었다. 셋 이상의 등급을 나눌 때에는 '제1강세, 제2강세, 제3강세' 등의 용어를 흔히 사용하지만 최현배(1929)에서는 '센힘(强力), 가온대힘(中力), 여린 힘(弱力)'이라는 독자적 용어를 선보이기도 했다.

39) 林榮一·間瀬英夫 譯(1978), 龜井孝 外 編(1996)에서는 '음소(phoneme) : 음성(phone)'의 관계와 평행하게 '강세소(stroneme) : 강세소음(strone)'을 구분하기도 한다. '강세소'는 추상적인 것이며 이것이 구체적으로 실현된 것이 '강세소음'이다.

강약을 이용하지 않는 언어는 존재하지 않으며 국어도 예외는 아니다. 그러나 국어의 '강약'은 단어의 의미를 변별하는 기능을 가지고 있지는 않다.[40] 다만 부차적으로 다른 기능을 수행할 뿐이다. 국어의 '강약'이 담당하는 기능에 대해서는 논의에 따라 조금씩 차이를 보인다. 이희승(1955)에서는 강약을 감정적 강세(또는 심리적 강세)와 어법적 강세(또는 수사적 강세)의 두 가지를 구분했다. 전자는 흥분, 격노, 감사, 참회 등의 감정을 표현하는 데 사용하고 후자는 '명령, 금지, 의문, 추측'과 같은 어법의 구분에 사용된다.[41] 이호영(1996)에서는 강약의 기능을 좀 더 다양하게 분류했는데 강조의 기능, 준변별의 기능,[42] 리듬 패턴 형성의 기능, 억양을 이끄는 기능, 경계 표시의 기능, 돋들림의 기능, 음운 현상의 촉발 기능[43] 등으로 구분했다.

강약은 대체로 모음 또는 모음에 준하는 단위와 관련하여 논의하는 것이 일반적이지만 幸田寧達(1941)에서는 국어의 자음에 대해서도 강약을 논의했다는 점에서 특이하다. 여기에 따르면 강약에 따라 약음(弱音)인 'ㅁ, ㄴ, ㅇ, ㅅ, ㅆ', 중강음(中强音)인 'ㅂ, ㄱ, ㄷ, ㅈ, ㄹ, ㅃ, ㄲ, ㄸ, ㅉ, ㄹㄹ', 강음(强音)인 'ㅎ, ㅍ, ㅌ, ㅋ, ㅊ'으로 구분된다. 더욱이 이러한 구분이 성대의 진동폭과 관련이 있다고 하고 있어 기본적으로는 강약의 원개념과 상통하고 있다. 다만 이러한 입장은 다른 논의에서는 찾기 어렵다.

③ 용어 설명

'강약'을 지칭하는 용어들은 크게 세 가지 부류로 나눌 수 있다. 첫 번째는 '강약, 세고 여림, 대소, 소리의 세여리, 강약 악센트' 등과 같이 소리의 세기에서 대조되는 '셈'과 '약함'의 의미를 모두 조합하여 만든 것이다. 두 번째는 소리가 센 쪽을 중시한 용어들로서 '강음, 강세, 강세 음소, 중독, 강도, 음강, 세기, 크기, 음세, 세기 마루'가 여기에 속한다.[44] 세 번째는 세고 여린 것에 있어 가치 중립적인 성격을 지닌 것으로 '힘, 역, 호기압' 등이 있다.

④ 관련 항목

강약 악센트, 악센트, 운소

---

40) 논의에 따라서는 경상도 방언에서 '강약'이 단어의 의미 변별을 한다고 주장하는 경우도 예전에는 있었다. 그러나 현재는 경상도 방언의 경우 '강약'이 아닌 '고저 악센트'가 의미 변별의 기능을 한다고 해석하는 것이 일반적이다.
41) 이희승(1955)에 따르면 '명령, 금지' 등은 강약을 강하게 실현하고 '의문'이나 '추측'은 약하게 실현한다.
42) 가령 강약에 따라 합성어인 '큰엄마'와 구인 '큰 엄마'가 구별된다고 보고 이를 준변별 기능이라고 했다.
43) 모음의 길이가 짧아지는 단모음화가 강약의 실현 양상과 관련된다고 설명하고 있다.
44) 이 중 '중독(重讀)'은 중국의 용어이다.

강약 악센트

① 용어의 별칭

국어 식압[息壓] 악센트(小倉進平 1923), 압[壓] 악센트(小倉進平 1923), 강약[强弱] 악센트(神保格 1927, 有坂秀世 1940, 新村出 1943, 이극로 1947, 심의린 1949ㄴ, 이숭녕 1949ㄱ), 올림(최현배 1929), 힘올림(최현배 1929, 김석득 1960), 압력[壓力] 악센트(최현배 1937ㄱ), 역적[力的] 악센트(심의린 1949ㄴ), 강[强] 악센트(寺川喜四男 1950, 市河三喜 · 河野六郎 1951, 이인모 1954, 服部四郎 1954~5), 강약 액슨트(허웅 · 박지홍 1971), 호기 중음[呼氣 重音](日本音聲學會 編 1976), 역중음[力重音](日本音聲學會 編 1976), 강세[强勢] 액센트(김방한 1977, 정국 1994, 강현주 1999), 강세 악센트(변광수 1987ㄴ, 유재원 1988, 龜井孝 外 編 1996), 강약 역점[力點](전학석 1995), 세기 마루(고도흥 1998, 이호영 1998), 힘의 악센트(이은정 2005), 세기 악센트(이은정 2005)

영어 stress accent, dynamic accent, force accent

② 개념 설명

단어의 특정 음절을 두드러지게 만드는 악센트가 강약의 형태로 실현된 것을 가리킨다.[45] 어떤 음절을 주위 음절보다 돋들리게 만드는 요소에는 강약, 고저, 길이 등 여러 가지가 있는데 그중 강약이 악센트 실현에 중심적인 역할을 할 때 강약 악센트라고 부르는 것이다. 강약 악센트가 단어의 의미를 변별하는 기능을 하는 언어에서는 보통 한 단어를 기준으로 하여 가장 강한 악센트의 위치가 어디냐에 따라 단어의 의미가 구별된다. 국어의 경우 '강약'은 단어의 의미 구별에 관여하지 않으므로 강약 악센트도 따로 설정하지는 않는다.

③ 용어 설명

'강약 악센트'를 가리키는 용어들은 '강약'을 가리키는 용어 뒤에 '악센트'를 지칭하는 용어가 뒤따르는 구조로 되어 있다. 대체로 '강약' 항목과 '악센트' 항목에 나오는 용어들이 등장한다. 다만 '강약'에 해당하는 부분은 '강약' 항목에 나오지 않던 '압력, 역적, 강, 힘올림' 등의 표현이 보인다.

④ 관련 항목

강약, 고저 악센트, 악센트

---

45) 따라서 '강약'의 실현 영역은 단어, 구, 문장이 모두 가능한 데 반해 '강약 악센트'의 실현 영역은 단어 또는 그에 준하는 단위로 한정된다.

강음

① 용어의 별칭

국어 경음[硬音](小林英夫 1935, 服部四郎 1951, 강윤호 1959, 太田朗 1959, 지준모 1965), **강음[强音]**(幸田寧達 1941, 新村出 1943, 太田朗 1959, 김방한 1978, 전상범 1985ㄱ, 김동소 1995), **격강음[激强音]**(이태국 1956, 김혜숙 1991), **강자음**(김완진 역 1958, 日本音聲學會 編 1976, 전학석 1993, 최한조 1993), **경성[硬聲]**(배양서 1969ㄱ, 이철수 1994), **긴장자음**(이승환 1970, 조경하 2012), **경자음[硬子音]**(小泉保·牧野勤 1971, 김차균 1975, 日本音聲學會 編 1976, 전상범 1985ㄱ, 성철재 1995), **굳은 소리**(김영송 1972), **날카로운 소리**(김영송 1972), **센소리**(김영송 1972, 표진이 1975, 김시중 1997), **강음[剛音]**(日本音聲學會 編 1976, 이은정 2005), **된소리**(日本音聲學會 編 1976, 이용재 1978, 오원교 1979, 이현복·김기섭 역 1983), **세찬 소리**(유만근 1985), **긴장음**(김영송 1992, 신지영·차재은 2003), **경성 자음**(조진관 2003), **긴장성음[緊張性音]**(이은정 2005)

영어 fortis, tense consonant

② 개념 설명

발음 기관의 근육을 긴장시켜 기류의 압력을 높임으로써 조음점에서의 기류 저항이 커지게 하여 강하게 발음하는 음을 가리킨다. 반대 개념으로 '약음(lenis)'이 있다.[46] 이론적으로는 자음과 모음 모두에 적용될 수 있지만 전통적으로는 주로 자음, 그중에서도 장애음 계열에 대해 사용해 왔다.[47]

한 언어에서 강음이 되는 자음은 음소 체계에 따라 약간 차이가 있다. 영어와 같이 유성과 무성이 구별되는 언어에서는 주로 무성음이 강음이 된다. 국어의 경우에는 평음과 대립되는 경음이나 유기음이 강음으로 분류되고 있다.[48] 龜井孝 外 編(1996)에 따르면 '강음'과 비슷한 개념에 세음(細音, tenius)이 있다.[49] 세음은 근육의 긴장을 동반하여 발음되는 무성 자음을 가리킨다.[50]

③ 용어 설명

'강음'을 나타내는 용어로는 '경음'이나 '긴장음'도 많이 쓰이고 있다. 그러나 '경음'은 된소리를 뜻하는 다른 용법으로 매우 널리 쓰이고 있어서 구분할 필요가 있다. 또한 '긴장음'은 자음은 물론

---

46) 자음을 '강음'과 '약음'으로 분류하는 방식 중에는 조음 방식의 강도와 무관한 경우도 있다. 이차 조음(secondary articulation)으로서의 구개음화가 활발하게 일어나는 슬라브어 계통에서는 구개화가 일어난 자음과 구개화가 일어나지 않은 자음의 차이를 '강약 관계로 표현하는 것이 일반적이다. 이때 '강음'에 해당하는 것은 구개화가 일어나지 않은 음으로 '강음, 경성, 경음, 경자음' 등으로 부른다. 심지어 구개화되지 않은 모음에 대해서도 '경모음'이라고 부르는 경우가 있다. 이때의 강음은 영어로 'hard consonant'라고 하며 'fortis'나 'tense'와는 의미가 완전히 다르다. 'hard'는 러시아어를 번역 차용한 영어 표현이라고 한다.

47) 영어 용어에 'fortis' 외에 'tense consonant'가 더 있는 것은 이러한 상황과 무관하지 않다.

48) 자음의 '강약'에 따라 구별되는 대립항은 두 가지이다. 그런데 국어의 장애음은 '평음 : 경음 : 유기음'의 세 대립항이 존재한다. 그래서 '강음 : 약음'의 개념으로는 국어의 장애음 대립을 효과적으로 드러내지는 못한다. 다만 '경음'과 '유기음'이 '평음'에 비해 강한 자음이라는 점을 나타내는 데에는 유리하다.

49) '세음'의 반대 개념은 '중음'이다. 자세한 것은 '약음' 항목을 참조할 수 있다.

50) 河野六郎(1944)에서는 '세음'을 청음(淸音)이라고 하여 무성음과 동일시하고 있다. 그러나 '세음'과 '무성음'은 정확히 대응하는 개념은 아니다.

모음에 대해서도 사용하는 경우가 많아서 '강음'과 다른 별도의 항목으로 설정할 필요가 있다. 이런 사정을 고려할 때 '강음'이 대표 용어로 가장 적절할 듯하다.

'강음'을 가리키는 용어들은 세 계열로 구분할 수 있다. 그중 가장 많은 것은 '소리가 강하다'는 의미를 담고 있는 것으로 '강음, 격강음, 센소리, 날카로운 소리, 세찬 소리' 등이 있다. 또한 발음할 때 긴장이 동반된다는 의미를 담고 있는 것도 있다. '긴장음, 긴장성음' 등이 거기에 속한다. 마지막으로 '경음, 된소리, 굳은 소리' 등과 같이 '되다, 굳다'라는 의미를 담은 것도 눈에 띈다. 한편 '강자음, 긴장 자음, 경자음'과 같이 '자음'이라는 표현을 포함한 용어들이 적지 않은데, 이는 앞서 지적한 것처럼 전통적으로 이 구분을 자음에 많이 활용해 온 것과 관련된다.

④ 관련 항목

긴장음, 약음, 이완음

강화

① 용어의 별칭

> **국어** 강화[强化](허웅 1958, 김차균 1971, 김종훈 1990), 강화 작용(유창균 1960), 음운 강화(허웅·박지홍 1971), 전면적 과정(김경아 1996ㄱ)
> **영어** fortition, strengthening

② 개념 설명

음의 강도가 더 세어지는 쪽으로 일어나는 변화를 가리킨다. 반대 개념에는 '약화'가 있다. 조음적인 관점에서 보면 자음의 경우와 모음의 경우 강화의 방향이 서로 다르다. 자음에서의 강화는 자음의 음운론적 강도를 높여야 하므로 개구도나 공명도가 더 작아지는 방향으로 강화가 일어난다. 개구도나 공명도의 변화가 없다고 하더라도 후두 근육의 긴장이 높아지거나 성대의 울림이 없어지는 변화가 일어나면 음운론적 강도가 더 강해진 것이므로 강화로 볼 수 있다. 반면 모음에서의 강화는 모음의 음운론적 강도를 높여야 하므로 개구도나 공명도가 오히려 더 커지는 방향으로 강화가 일어난다. 강화는 비어두보다 어두, 돋들림이 약한 위치보다는 강한 위치에서 잘 일어난다.

국어의 강화 현상으로는 흔히 다음과 같은 현상들이 언급되었다.[51]

---

51) 강화의 예는 허웅(1958)에서 매우 광범위하게 제시되어 있다.

(가) 유성음 뒤에서 일어나는 경음화 예 등불[등뿔]

(나) 어두 경음화 또는 유기음화 예 곳>꽃, 갏>칼

(다) 사잇소리 현상으로서의 'ㄴ' 첨가 예 콧날[콘날]

(라) 2음절 이하에서 'ᄋ'가 '으'로 바뀌는 변화 예 사슴>사슴

(가)~(다)는 자음의 변화이다. 이 중 (가)와 (나)는 평음이 더 강한 경음이나 유기음으로 바뀌는 변화이므로 강화라는 점이 자명하다. 그러나 (다)는 어떤 점에서 강화인지가 그리 명확하지 않다.[52] (라)는 'ᄋ'를 모음 중 매우 약한 것으로 보고 'ᄋ'가 다른 모음으로 바뀌는 변화를 강화로 파악한 것이다.[53]

일반적이지는 않지만 강화를 조음적 측면이 아닌 다른 측면에서 정의하는 경우도 없지는 않다. 가령 오정란(1991)에서는 입자 음운론(particle phonology)의 관점에서 입자 표시가 적은 모음이 입자 표시가 더 많은 모음으로 바뀌는 변화를 강화로 보고 있다. 여기에 따르면 국어의 경우 '으'는 입자 표시가 없는 무표 모음인데 이것이 전설 모음화 또는 원순 모음화에 의해 '이'나 '우'로 바뀌는 변화는 입자 표시가 늘어나기 때문에 강화로 해석될 수 있다. 또한 이화(dissimilation)를 강화의 일종으로 보기도 하는데 이화가 일어나면 음성적 성질이 달라지면서 청각적 효과가 두드러진다는 점을 고려한 결과이다. 조음적 차원이 아닌 청각적 차원의 강화라는 점에서 구별된다.

③ 용어 설명

'강화'를 지칭하는 용어는 그 수도 적고 '전면적 과정'을 제외하면 '강해진다'는 의미를 담고 있을 뿐이다. '전면적 과정'은 음의 발화와 인식을 구분하는 특정한 이론적 배경에서 쓰인 것으로 영어 표현 'foregrounding process'를 번역한 것이다.

④ 관련 항목

상음, 약음, 약화

---

52) 강화의 반대인 약화는 가장 극단적인 현상이 음운의 탈락이다. 따라서 약화의 반대인 강화의 경우에는 가장 극단적인 형태가 음운의 첨가라고 할 수 있다. 이럴 경우 (다)의 'ㄴ' 첨가는 강화에 속할 여지가 없지는 않다. 그러나 모든 음운의 첨가를 강화라고 할 수는 없으므로 (다)의 'ㄴ' 첨가도 어떤 점에서 강화라고 하는지에 대한 명시적 해명이 필요하다.

53) 그러나 '으' 역시 'ᄋ' 못지 않게 음운론적 강도가 약하기 때문에 'ᄋ'가 다른 모음이 아닌 '으'로 바뀌는 것을 강화로 단정할 수 있을지는 의문이다. 실제로 服部四郎(1974)에서는 'ᄋ'의 개구도가 '으'보다 더 크다는 점을 들어 'ᄋ'가 '으'로 바뀌는 변화를 약화로 해석한 적도 있다. 더욱이 'ᄋ'가 '으'로 바뀌는 변화는 강화보다는 약화가 일어나기 쉬운 비어두에서 일어난다는 점도 고려해야 한다.

개구도

① 용어의 별칭

국어 열달(김두봉 1922), 악각[顎角](小倉進平 1923, 배동식 1964, 日本音聲學會 編 1976), 구각[口角](小林英夫 1935), 입열기(최현배 1937ㄱ, 이영철 1948), 개구도[開口度](이숭녕 1939ㄴ, 주왕산 1948, 김완진 역 1958, 日本音聲學會 編 1976, 大橋保夫 1977), 간극(이숭녕 1939ㄴ, 김일웅 1966, 최임식 1990ㄷ), 악간각[顎間角](新村出 1943), 악각도[顎角圖](주왕산 1948), 입열림(이탁 1961), 간극도[間隙度](유구상 1975, 이기문 외 1984, 이효근 1994), 개폐도[開閉度](日本音聲學會 編 1976, 강현숙 2002), 턱벌림(황희영 1979), 개강도[開腔度](황희영 1979), 입벌림의 각도(황희영 1979), 벌림도(이창우 1983), 악도[顎度](이근수 1985), 공기길(이병선 1985), 틈(황인권 1985, 국립국어연구원 1996), 조음 간극(김덕호 1986, 이석재 1995, 박선우 1998), 개구(이정민·배영남 1987), 열림도(김차균 1991ㄱ, 이효근 1994, 이근열 1997ㄱ), 간극 도수(김차균 1991ㄴ), 좁힘도(김형춘 1991), 구강 간극도[口腔 間隙度](이기백 1991), 입의 벌림(류렬 1992), 구강 간극(서보월 1992), 조음 높이(고영진 1994), 턱벌림 정도(김성근 1995), 공깃길(국립국어연구원 1996), 김승곤 1996), 구경[口徑](국립국어연구원 1996), 개악도[開顎度](신지영·차재은 2003)

영어 angle of jaws, degree of openness, degree of aperture, aperture

② 개념 설명

'개구도'는 광의의 개념과 협의의 개념이 있다. 광의의 개념은 조음체와 조음점 사이의 벌어짐을 가리키며 이럴 경우에는 자음과 모음 모두에 적용할 수 있다.[54] 자음의 경우 '파열음, 파찰음, 마찰음' 등의 순서로 개구도가 커지며 모음의 경우에는 혀의 높이에 반비례한다. 협의의 개념은 모음의 조음에 관여하는 입의 벌어짐을 가리킨다.[55] 즉 광의의 개념 중 모음에 해당하는 용법으로만 쓰이면 협의의 개념이 되는 것이다. 협의의 개념으로 쓰면 모음을 '개모음, 반개모음, 반폐모음, 폐모음' 등으로 분류하게 된다. 아무튼 개구도는 음의 가청도 또는 공명도와 직접적인 관련이 있다. 개구도가 클수록 가청도와 공명도도 커진다.

③ 용어 설명

'개구도'를 가리키는 용어는 크게 세 계열로 나눌 수 있다. 하나는 '입의 열고 닫음'을 지칭하는 것으로 '열달, 입 열기, 입 열림, 턱벌림, 개구, 입의 벌림'이 여기에 속한다. 다음으로는 '입의 벌어지는 정도'를 뜻하는 용어인데 '구각, 개구도, 악간각, 악각도, 간극도, 개폐도, 개강도, 입벌림의 각도, 벌림도, 악도, 열림도, 간극 도수, 좁힘도, 개악도' 등을 들 수 있다. 마지막으로는 '개구도에 의해 벌어지는 틈' 그 자체를 지칭하는 것으로 '간극, 공깃길, 틈, 조음 간극, 구강 간극, 조음 간극, 구경' 등이 있다.

---

54) 영어 용어 중 'degree of aperture, aperture'가 여기에 가깝게 쓰인다.
55) 영어 용어 중 'angle of jaws, degree of openness'가 여기에 가깝게 쓰인다.

④ 관련 항목

개모음, 공명도, 반개모음, 반폐모음, 폐모음

개구음

① 용어의 별칭

> **국어** 개구음[開口音](安泳中 1906, 藥師寺知矓 1909, 小倉進平 1931, 이조헌 1934, 유창균 1963), 개음[開音](金澤庄三郎 1917~1918, 中田祝夫 1972), 개모음[開母音](천민자 1926), 중음[重音](유창균 1971)

② 개념 설명

전통적인 성운학에서 운모를 개합(開合)에 따라 둘로 나눌 때의 한 부류로 합구음의 반대 개념이다. 개구음과 합구음의 차이는 입술 모양과 관련이 있다.[56] 입술 모양이 동그랗게 오므라들지 않는 쪽이 개구음이다. 원순성 반모음이 포함되지 않은 운모를 모두 개구음으로 보기도 하고 경우에 따라서는 원순성 반모음이나 원순 고모음이 포함되지 않은 운모를 개구음이라고 보기도 한다.

이러한 개념을 활용하여 20세기 초창기의 국어 연구에서는 단모음을 입술 모양에 따라 구분하면서 원순 모음이 아닌 쪽을 '개구음'으로 분류하는 경우가 있었다. 이러한 태도는 일본 학자들의 논의에서 먼저 나타나는데, 가령 金澤庄三郎(1917~1918)에서는 '아'와 같이 입을 넓게 벌려서 발음하는 모음을 개구음이라고 정의하고 '어, 으' 등도 여기에 포함시켰다. 小倉進平(1931)도 마찬가지이다. 이후 이희승(1955)와 같은 국내 학자들의 논의에서도 비슷한 용어를 사용한 바 있다.[57]

③ 용어 설명

'개구음'을 가리키는 용어들은 '중음'을 제외하면 모두 '개(開)'로 시작하고 있다. 이것은 전통적인 성운학의 용어를 그대로 수용한 결과이다. 한편 '중음'의 경우 유창균(1971)에서 원순성 반모음 'w'의 유무를 '경중(輕重)'의 차이로 나타낸 데서 비롯되었다. 그래서 'w'가 없는 개구음은 '중음', 'w'가 포함된 합구음은 '경음'이 된다.

---

56) 전통적인 성운학에서는 개구음과 합구음의 차이를 입의 벌림과 오무림의 문제로 보았다. '개합(開合)'이라는 용어도 여기에서 비롯되었다. 이것을 현대 관점에서 보면 입술 모양에 따른 차이에 잘 대응한다.

57) '개구음'이라는 용어를 성운학에서의 '개합'과 전혀 다른 개념으로 사용하는 경우도 있다. 가령 寶迫繁勝(1880b), 島井 浩(1902)에서는 국어의 모음을 입의 벌림(이것을 '개합'이라고 지칭)에 따라 개구음(아, 야), 인후음(어, 여), 설음(오, 요), 순음(우, 유), 아음(으, 이, ㅇ)으로 분류하고 있는데 이때의 '개구음'은 입술 모양에 따른 부류라고 하기는 어렵다.

④ 관련 항목

원순 모음, 평순 모음, 합구음

개모음

① 용어의 별칭

국어 열홀소리(김두봉 1922, 이극로 1932ㄴ), 개구음[開口音](安藤正次 1927, 박승빈 1931), 광모음[廣母音](安藤正次 1927, 服部四郎 1951, 김완진 역 1958, 日本音聲學會 編 1976, 황희영 1979, 양원석 1993), 개구모음[開口母音](이극로 1934), 연홀소리(최현배 1937ㄱ, 이영철 1948, 유구상 1971), 개모음[開母音](최현배 1937ㄱ, 이영철 1948, 寺川喜四男 1950, 小林智賀平 1952, 黑川新一 譯 1958, 김완진 1965), 전개모음[全開母音](편집실 1938ㄷ, 김영신 1977), 대각음[大角音](이극로 1941), 연소리(박종우 1946, 정재도 1952, 김영신 1977), 아주 열음의 소리(김윤경 1948ㄱ), 대개모음[大開母音](심의린 1949ㄴ, 寺川喜四男 1950, 東條操 1965, 日本音聲學會 編 1976), 열은 소리(최현배 1970), 개원음[開元音](日本音聲學會 編 1976), 관원음[寬元音](日本音聲學會 編 1976), 개음[開音](日本音聲學會 編 1976, 레프 콘체비치 2001, Erdenetuya 2011), 열린 모음(김민수 1978ㄱ, 남광우 외 1982, 이현복 1989), 대간극 모음(한문희 1979), 턱열린 홀소리(황희영 1979), 열린 홀소리(황희영 1979), 큰벌림 모음(류렬 1992), 개모음소(최명옥 2004), 광구 모음[廣口 母音](이은정 2005), 넓은 모음(이은정 2005)

영어 open vowel[58]

② 개념 설명

단모음의 분류할 때 입의 벌림(개구도)을 기준으로 분류한 부류 중 하나로서 입을 가장 많이 벌려서 발음하는 모음을 가리킨다. 개구도는 혀의 높낮이와 직접적인 관련이 있으며 혀의 높낮이를 기준으로 하면 저모음에 해당한다. 초창기 국어 음운론 연구에서는 혀의 높낮이보다 개구도를 중시했는데 그 시기에 널리 쓰이던 개념이다.

국어의 개모음에 어떤 단모음이 속하는지는 개구도에 따라 구별되는 부류를 몇 개로 설정하느냐와 직접적으로 관련이 있다. 개구도에 따라 네 부류를 나누면 개모음에는 '아'만 속한다. 그러나 세 부류만 구별할 경우에는 개모음에 '아'와 '애'의 두 개가 포함된다. 예전에는 네 부류를 나누는 것이 일반적이었지만 지금은 세 부류만 나누는 것이 보통이다.

---

58) 모음 조화에서의 모음 대립이 ATR(Advanced Tongue Root)에 따라 이루어지는 언어에서는 '[−ATR]'에 해당하는 'ɪ, ɛ, ʊ, ɔ'에 대해 'open vowel'의 개념을 사용하기도 한다. 이것은 '[−ATR]'의 단모음들이 '[+ATR]'에 비해 개구도가 좀 더 크기 때문이다. 강현주(1999)에서는 이런 용법의 'open vowel'을 '개방 모음'으로 번역한 바 있다. 아무튼 이때의 'open vowel'에는 여기서 말하는 개모음만 포함되는 것이 아니므로 그 용법이 전혀 다르다.

③ 용어 설명

　'개모음'을 나타내는 대다수의 용어들은 '입이 열린다'라는 의미를 담고 있다. '열홀소리, 개구음, 개구모음, 연소리, 열은 소리, 개음, 열린 모음' 등이 그러하다. 경우에 따라서는 '전개모음, 대개모음, 큰벌림 모음'처럼 단순히 '입이 열리는' 것이 아닌 '크게' 열린다는 의미를 담기도 한다. 엄밀히 말하면 모든 모음을 발음할 때 입이 안 열릴 수는 없으므로 크게 열린다고 하는 것이 더 정확하다고 할 수 있다. '대각음, 대각극 모음, 대간극 모음' 등은 입을 크게 벌림으로써 악각이 크다는 사실을 담고 있다. 그 외에 '광모음, 광구 모음, 넓은 모음'은 입을 많이 벌려서 그만큼 공간이 넓다는 점을 부각한 용어라고 하겠다.[59] 중국의 용어인 '관원음'도 '광모음' 계열에 속한다.

④ 관련 항목

　개구도, 반개모음, 반폐모음, 저모음, 폐모음

개음

① 용어의 별칭

> **국어** 개모[介母](강신항 1960, 문선규 1964, 유창균 1965, 河野六郎 1968, 小泉保・牧野勤 1971, 龜井孝 外 編 1996), 운두(강신항 1960, 김무식 1992ㄷ), 개음[介音](河野六郎 1939, 문선규 1964, 강신항 1972), 부음[副音](강신항 1977), 개모음[介母音](강신항 1978ㄷ, 김영만 1987, 龜井孝 外 編 1996), 부모음[副母音](龜井孝 外 編 1996), 운두음[韻頭音](강신항 2001)
>
> **영어** medial, medial vowel

② 개념 설명

　성운학에서 운모의 제일 앞자리인 운두에 오는 음을 가리킬 때 사용하는 개념이다. 개음 앞에는 성모가 오고 개음 뒤에는 운복이 오므로 개음은 다른 음들 사이에 끼어 있을 수밖에 없어서 '개음'이라고 부른다. 개음으로는 반모음이 오게 된다.[60] 반모음이 혀의 전후 위치와 입술 모양에 따라 'j, w, ɥ, ɰ'의 네 가지가 가능하듯 개음도 동일한 기준에 따라 여러 가지가 구분된다. 성운학에서는 개음의 존재 유무와 종류에 따라 운모를 개구호(開口呼), 합구호(合口呼), 제치호(齊齒呼), 촬구호(撮口呼)의 소위 사호(四呼)로 구분한다.

---

59) '광모음'이라는 용어는 'wide vowel'의 번역어로 이완 모음을 가리키는 데 사용되기도 하는데, 이것은 '개모음'의 의미와는 상당히 다르다. 자세한 것은 '이완음' 항목을 참고할 수 있다.

60) 반모음은 운모의 운미(韻尾)에도 올 수 있지만 운미는 음절의 끝에 오므로 다른 음들 사이에 낀다고 볼 수 없어서 운미의 반모음에 대해서는 개음이라고 하지 않는다.

③ 용어 설명

'개음'을 가리키는 대표적인 용어는 '개음, 개모, 개모음'과 같이 끼어 있다는 의미를 나타내는 것들이다. 이 계열의 용어가 오래 전부터 널리 쓰여 왔다. '운두, 운두음'은 개음이 운모의 첫머리인 '운두'에 온다는 사실을 강조한 것이다. '부음, 부모음'은 개음이 음절 부음으로서 성절성을 지니지 않는다는 점을 반영하고 있다.

④ 관련 항목

반모음, 운모, 음절 부음

개음절

① 용어의 별칭

국어 단음[單音](安泳中 1906, 藥師寺知曨 1909, 崔在翊 1918), 평음[平音](魯璣柱 1924), 개음절[開音節](安藤正次 1927, 金田一京助 1932, 有坂秀世 1940, 이희승 1955, 허웅 1968ㄱ, 정연찬 1980), 받침 없는 낱내(최현배 1929, 이응호 1958), 열힌 낱내(최현배 1929), 개방 음절[開放 音節](주왕산 1948, 이숭녕 1954ㅂ, 김계원 1967), 열린 낱내(이응호 1958, 배달말학회 1975, 김승곤 1982), 개모음[開母音](이병선 1965), 여는 소리마디(김계원 1967), 열린 음절(이근규 1981, 임용기 1986, 김영석 1987), 열린 마디(김용환 1988, 류렬 1992, 서상규·박석준 2005), 열린 소리마디(김차균 1991ㄱ, 김성근 1995, 고도흥 1998), 비억지성[非抑止性](이철수 1994), 비폐쇄음절(백두현 외 2013)
영어 open syllable, free syllable, unchecked syllable[61]

---

② 개념 설명

종성의 유무에 따라 음절의 유형을 둘로 나눌 때 종성이 없는 음절 유형을 가리킨다. 반대 개념은 '폐음절'이다. 종성이 없으므로 개음절을 발음할 때에는 기류가 자유롭게 흐른다. 그래서 개음절에 놓인 모음을 자유 모음(free vowel 또는 unchecked vowel)이라고 부르기도 한다.

③ 용어 설명

'개음절'을 나타내는 용어 중 가장 많은 것은 영어인 'open syllable'의 'open'을 그대로 직역하여 '開, 열리다'로 표현한 경우이다. '개음절, 개방 음절, 열린 낱내, 여는 소리마디, 열린 음절' 등이 모두 그러하다. 때로는 '비폐쇄음절, 비억지성'과 같이 폐음절을 가리키는 용어 앞에 부정 접두사 '비(非)'를 덧붙여 동일한 사실을 표현하기도 한다. 그 외에 종성이 없다는 사실을 직접 반영하여 '받침

---

61) 'free syllable, unchecked syllable'은 개음절에 놓인 모음을 'free vowel' 또는 'unchecked vowel'이라고 부르는 것과 관련이 있다.

없는 낱내'라고 표현하는 경우도 드물지만 존재한다.

　'단음'이나 '평음'은 다른 용어들과 계통을 전혀 달리하는 것으로 종성이 없다는 개음절의 특성을 직접 반영하지는 않는다. '단음'과 '평음'은 예전에 일본어학적 관점에서 사용한 용어로 각각 폐음절을 나타내는 '복음(複音)'과 '중음(重音)'에 대립된다. 이것을 볼 때 '단음'과 '평음'은 복합적이지 않다는 의미로 생각된다. 일본어의 개음절은 모두 하나의 가나(假名)로 단순하게 표시된다는 사실과 관련을 맺지 않을까 추측된다.

④ 관련 항목

　음절, 폐음절

개재 자음

① 용어의 별칭

국어 중개 자음(이숭녕 1935ㄱ, 이숭녕 1940ㄱ), 개재 자음(이돈주 1969, 이병근 1976ㄱ, 전광현 1976), 개재음(이병근 1977, 기세관 1983, 이원직 1996), 중간 자음(이덕흥 1986, 김성렬 1991), 매개 자음(안상철 1991), 중간의 닿소리 (이근열 1995)

영어 intervening consonant

---

② 개념 설명

　두 음소의 사이에 끼어 있는 자음을 가리킨다. '개재 자음'은 크게 두 가지의 쓰임을 가진다. 하나는 간접 동화에서 동화음과 피동화음 사이에 오는 자음을 가리킬 때이다. 국어의 '이' 모음 역행 동화에서 양순음이나 연구개음과 같은 변자음들이 개재 자음으로 작용하는 것이 대표적인 예이다.[62] 다른 하나는 '가히'의 'ㅎ'이나 'ᄆᆞ슴'의 'ㅿ'과 같이 후대에 탈락하여 모음 충돌이 일어나게 하는 자음을 가리키는 경우이다.

③ 용어 설명

　'개재 자음'을 가리키는 용어는 '개재 자음, 개재음'과 같이 '끼어 있다'는 의미를 담은 것, '중개 자음, 매개 자음'과 같이 앞과 뒤의 음을 '이어 준다'는 의미를 담은 것, '중간 자음, 중간의 닿소리'처럼 '가운데에 놓인다'는 의미를 담은 것으로 나눌 수 있다.[63] 이러한 차이는 동일한 취지를 약간

---

62) 순행적 유음화를 간접 동화로 해석하는 경우에는 'ㄹ'과 'ㄴ' 사이에 놓이는 자음도 개재 자음에 속한다.
63) '중간 자음'이라는 용어는 유성 마찰음 'ㅸ, ㅿ, ㅇ'과 같이 현대의 여러 방언에서 'ㅂ, ㅅ, ㄱ'을 가진 형태와 자음이 없는 형태로 반사된 자음을 가리킬 때에도 종종 사용한다.

씩 달리 표현한 것에 지나지 않는다.

④ 관련 항목

　간접 동화, 유음화, '이' 모음 역행 동화

거듭소리

① 용어의 별칭

> **국어** 합음[合音](지석영 1905, 주시경 1906, 朴重華 1923, 小倉進平 1923), 탁음[濁音](주시경 1906, 장지영 1937), 중음[重音](주시경 외 1907~1908, 최현배 1929, 박상준 1932, 今西春秋 1958), 겹소리(주시경 1910ㄱ, ㄴ, 이규영 1913, 장지영 1937), 화음[化音](김희상 1911), 거듭소리(주시경 1913ㄴ, 강매·김진호 1925, 최현배 1929), 복음[複音](강매 1921, 이상춘 1925, 박상준 1932), 겸음[兼音](안확 1922), 합성음[合成音](이필수 1922, 김중록 1925), 합병음[合併音](魯璣柱 1924), 거듭된 솔애(김희상 1927), 복합음[複合音](박상준 1932, 服部四郞 1951, 金田一春彦 1967, 竹林滋·橫山一郎 譯 1970, 최세화 1983), 중성[重聲](최현배 1937ㄴ), 복합 음소[複合 音素](太田朗 1959, 이현규 1965, 林榮一·間瀨英夫 譯 1978, 長嶋善郎 譯 1980, 장영길 1994), 거듭 음운(김석득 1960), 복합 음운(유창균 1960, 유창돈 1962, 김영송 1963), 복음소[複音素](허만길 1967, 최세화 1971), 복합 분절음(박종희 1988, 국립국어연구원 1995, 김정숙 1996), 겹음소(유재원 1988), 동시 복음(김정숙 1996)
>
> **영어** compound sound, complex segment, compound primary phoneme

② 개념 설명

　개념상으로는 여러 요소들이 결합하여 이루어진 음을 가리킨다. 달리 말해 둘 이상의 음으로 더 분석할 수 있다고 생각하는 음을 거듭소리라고 한다. 이 개념은 20세기 초의 국어 연구에서 많이 활용되었다. 가장 대표적인 학자는 주시경이다. 주시경은 자음과 모음 모두 홑소리와 거듭소리를 구분할 수 있다고 보았다. 자음의 경우 유기음, 경음, 자음군을 거듭소리라고 했고 모음은 주로 중모음(重母音)을 거듭소리라고 했다.[64]

　주시경의 거듭소리에 대한 인식은 특히 자음에서 두드러진다. 주시경은 자음의 거듭소리를 세 가지 유형으로 나누었다. 첫째, 유기음은 'ㅎ'과 평음이 순서와 상관없이 결합된 거듭소리라고 분석하고 이를 '섞임거듭소리'라고 했다.[65] 유기음을 두 개의 음소가 결합된 거듭소리로 보는 입장은

---

64) 모음의 경우 표기에 얽매여 '애, 에'와 같이 당시 명백한 단모음을 '아'와 '이', '어'와 '이'가 결합한 거듭소리로 분석하기도 했다.

65) '섞임거듭소리'를 가리키는 용어로는 '혼합음[混合音](주시경 외 1907~1908, 김희상 1911, 장지영 1937), 혼탁음[混濁音](주시경 외 1907~1908), 차청[次淸](주시경 외 1907~1908), 차경[次輕](주시경 외 1907~1908), 반청[半淸](주시경 외 1907~1908), 반경[半輕](주시경 외 1907~1908), 반탁[半濁](주시경 외 1907~1908), 혼합탁음[混合濁音](주시경 1908ㄱ), 탁음[混音](주시경 1909, 김원우 1922, 이규방 1922, 鄭國采 1926), 혼화음[混和音](藥師寺知矓 1909), 섞임소리(주시경 1910ㄱ,

당시 藥師寺知曨(1909) 등과 같은 외국인의 국어 연구에도 영향을 주었다. 섞임거듭소리는 1970년대의 문법 교과서에서도 나올 정도로 오랜 기간 유지되었다. 둘째, 경음을 포함하여 동일 자음의 연쇄는 같은 소리가 거듭된 것이라고 보고 '짝거듭소리'라고 했다.[66] 특히 경음이 이 부류에 포함된 것은 'ㄲ, ㄸ, ㅃ, ㅆ, ㅉ' 등과 같은 각자병서 표기를 고려한 결과이다. 그러나 경음은 1930년대에 이르면 거듭소리 목록에서 제외된다.[67] 셋째, 겹받침을 포함하여 동일하지 않은 자음이 순서대로 이어진 연쇄도 거듭소리로 보고 이를 '덧거듭소리'라고 했다.[68] 사실 덧거듭소리로 분류된 것은 단순한 자음 연쇄로서 하나의 소리라고 볼 수는 없지만 주시경의 이론에서는 거듭소리의 한 유형을 이룬다.

주시경의 경우 자음과 자음, 모음과 모음처럼 같은 성질의 소리만이 결합하여 거듭소리를 이룬다고 보았지만 김희상(1911)은 다른 사고를 보인다. 김희상(1911)에서는 홀소리에 대응하는 원음(原音)의 반대 개념으로 거듭소리에 해당하는 화음(化音)을 두었는데, 화음의 하위 유형에는 자음과 모음이 결합된 '자음(子音)'과 '전연음(轉連音)'이 포함되어 있다.[69] 한편 박상준(1932)에서는 거듭소리에서 앞에 오는 요소를 선합음(先合音), 뒤에 오는 요소를 후합음(後合音)이라고 하여 구성 요소의 명칭을 구분하기도 했다.

이상에서 볼 수 있듯이 국어 연구의 초창기에 널리 퍼진 '거듭소리'의 개념은 단순히 하나의 음소에만 국한되지 않고 자음 연쇄나 이중 모음 또는 자음과 모음의 결합 등 상당히 다양한 음소 결합을 포괄하고 있다. 두 개의 구성 성분으로 분석이 가능한 음의 단위는 거듭소리의 범주 안에 들 수 있었다. 이와 별개로 국외의 음운론 연구에서도 거듭소리에 준하는 개념이 활용되었다. 가령 파

이규영 1913, 강매·김진호 1925), 석임거듭소리(주시경 1914), 섞임거듭(김두봉 1916, 이규영 1920, 백세명 1930), 석이어 되는 복음[複音](강매 1921), 석임소리(강매 1921), 연합음[軟合音](이필수 1922, 김중록1925), 혼복음[混複音](이상춘 1925), 겹닿소리(이병기 1929~1930), 섞김거듭닿소리(최현배 1929), 혼성중자음[混成重子音](최현배 1929, 신명균 1933ㄱ, 김근수 1947), 복자음[複子音](이병기 1929~1930), 혼합음[混合音](백세명 1930), 'ㅎ' 중음[重音](박상준 1932), 서쯔힘거듭소리(박승빈 1932), 섞임거듭소리(이극로 1932ㄴ), 석음거듭소리(최현배 1934ㄴ), 섞김거듭(최현배 1934ㅁ), 섞인 겹소리(이상춘 1946), 섞김겹닿소리(김근수 1947), 센 소리(김윤경 1948ㄱ), 섞임겹소리(이인모 1949, 이은정 1969, 허웅·박지홍 1971), 혼성복자음[混成複子音](이인모 1949, 고창식 외 1965, 강윤호 1968), 혼성중음[混成重音](김민수 1962), 겹거센소리[이은정 1969)' 등이 있다. 섞임거듭소리가 만들어지는 방식을 '혼합, 섞임거듭'이라고 부른다.

66) '짝거듭소리'를 지칭하는 용어로는 '쌍음[雙音](주시경 1906, 김원우 1922, 이규방 1922), 쌍탁음[雙濁音](주시경 외 1907~1908), 짝소리(주시경 1910ㄱ, 이규영 1913), 짝거듭소리(주시경 1914, 이극로 1932ㄴ), 짝거듭(김두봉 1916, 이규영 1920, 김윤경 1925), 짝하야 되는 복음[複音](강매 1921), 강합음[强合音](이필수 1922, 김중록 1925), 쌍복음[雙複音](이상춘 1925), 짝거듭닿소리(최현배 1929), 병성중자음[并成重子音](최현배 1929, 김민수 1962), 쌍소리(조선어연구회 1930), 병합음[並合音](백세명 1930), 쌍초성[雙初聲](박상준 1932), 쌍성중자음[雙成重子音](신명균 1933ㄱ), 짝겹소리(이상춘 1946), 쌍거듭[김윤경 1948ㄱ], 된소리(김윤경 1948ㄱ), 쌍겹닿소리(이인모 1949), 쌍복자음[雙複子音](이인모 1949)' 등이 있다. 짝거듭소리가 만들어지는 방식은 '쌍합, 짝거듭, 짝하여 거듭함' 등이라고 한다.

67) 주시경의 거듭소리 개념을 충실히 수용한 최현배도 최현배(1929)까지는 짝거듭소리를 설정하다가 최현배(1937ㄱ)에 이르면 더 이상 설정하지 않는다.

68) '덧거듭소리'를 지칭하는 용어로는 '배음[配音](주시경 1906), 첩음[疊音](주시경 1909, 김원우 1922, 이규방 1922), 첩탁음[疊濁音](주시경 외 1907~1908), 덧소리(주시경 1910ㄱ, 이규영1913, 강매 1921), 덧거듭소리(주시경 1914), 덧거듭(김두봉 1916, 이규영 1920, 장지영 1937), 덧하야 되는 복음[複音](강매 1921), 탁합음[濁合音](이필수 1922, 김중록 1925), 중복음[重複音](이상춘 1925), 덧거듭닿소리(최현배 1929), 차성중자음[次成重子音](최현배 1929, 김근수 1947, 이영철 1948), 덛거듭(김윤경 1932ㄱ), 병성중자음[並成重子音](신명균 1933ㄱ), 첩합음[疊合音](장지영 1937), 덧겹소리(이상춘 1946), 덧겹닿소리(김근수 1947, 이인모 1949), 이은정 1969), 차성복자음[次成複子音](이인모 1949, 고창식 외 1965, 강윤호1968), 차성중음[次成重音](김민수 1962)' 등이 있다. '덧거듭소리'가 만들어지는 방식은 '첩합, 덧거듭, 덧하여 거듭함' 등이라고 한다.

69) 김희상(1911)에서는 화음의 하위 유형으로 '자음(子音), 중부음(重父音), 중모음(重母音), 전연음(轉連音), 혼합음(混合音)'의 다섯 가지를 두었다.

찰음을 파열음과 마찰음이 결합된 거듭소리로 분석하는 전통은 매우 오래 전부터 있어 왔다.[70]

　자립 분절 음운론(autosegmental phonology)의 발달은 거듭소리의 개념을 더 세분할 수 있는 토대를 마련했다. 여기서는 시간적 선후 관계를 가진 두 요소가 결합된 거듭소리를 굴곡 분절음(contour segment),[71] 복수의 조음이 동시에 일어남으로써 시간적 선후 관계를 가릴 수 없는 거듭소리를 복합 분절음(complex segment)[72]이라고 하여 구분한다. 굴곡 분절음의 대표적인 예는 파찰음이며 복합 분절음의 대표적인 예는 'k͡p, ŋ͡m' 등과 같이 두 개의 조음점에서 동시에 조음이 일어나는 자음을 들 수 있다.

③ 용어 설명

　'거듭소리'를 나타내는 용어들은 대체로 '복합적인 음'이라는 의미를 담고 있는 것들이 많다. '합음, 중음, 겹소리, 거듭소리, 복음, 겸음, 합성음' 등이 모두 그러하다. 예외에 속하는 용어로는 '탁음, 화음'을 들 수 있다. 이 두 용어의 특수성은 '거듭소리'와 대립되는 '홑소리'를 어떻게 지칭하느냐와 결부지어 생각해야 한다. '탁음'은 홑소리와 거듭소리의 차이를 '청탁'의 차이로 본 데서 연유한다. 주시경(1910ㄴ)에서는 홑소리는 맑고, 가볍고, 쉬운 반면 거듭소리는 흐리며, 무겁고 어렵다고 했다. 그리하여 홑소리는 '맑다'는 의미의 청음, 거듭소리는 '흐리다'는 의미의 탁음이 된다. '화음(化音)'은 홑소리를 '원음(原音)'이라고 한 것에 비추어 볼 때 원래의 음에서 바뀌었다(化)는 의미를 담았다고 생각된다. 즉 홑소리가 근본이 되고 거듭소리는 홑소리가 결합하여 다른 것으로 변했다는 인식이 담긴 것이다.

④ 관련 항목

　재음소화, 파찰음, 홑소리

---

70) 자세한 것은 '파찰음' 항목을 참고할 수 있다.
71) '굴곡 분절음' 대신 '연쇄 복음(김경란 1990, 이해봉1995, 김정숙1996), 연쇄 복합 분절음(유복순 1997), 연쇄 분절음(김희성 1998)' 등으로 번역하기도 한다.
72) '복합 분절음' 대신 '동시 복합음(김경란 1990), 동시 복합 분절음(유복순 1997), 동시 복음(유복순 1997), 복분절음(이범진 2008)' 등으로 번역하기도 한다.

거울 영상 규칙

① 용어의 별칭

> **국어** 거울 영상 규칙(이병건 1976, 이병근 1980ㄴ, 김병욱 1983), **경상 규칙[鏡像 規則]**(전상범 1977ㄴ, 林榮一・間瀨英夫 譯 1978, 이상억 1979ㄱ, 이현복・김기섭 역 1983), **인접 규칙[隣接 規則]**(전상범 1977ㄴ, 이기문 외 1984), **면경상 규칙[面鏡像 規則]**(이혜숙 1980), **영상 규칙**(이상규 1984, 김진식 1990), **동상 규칙**(이학문 1986), **방향성 없는 규칙**(이학문 1986), **이웃 규칙**(이학문 1986), **거울 규칙**(김영선 1997), **경상 규약**(김무림・김옥영 2009)
>
> **영어** mirror image rule, mirror rule, neighborhood rule

② 개념 설명

음운 규칙 중 변화를 겪는 입력형과 조건이 되는 적용 환경의 순서와 상관없이 그 둘이 서로 인접하기만 하면 일어나는 것을 가리킨다. 가령 'A'가 'B'로 바뀌는 음운 규칙이 'C'의 앞이나 뒤에서 모두 일어난다면 'AC'든 'CA'든 모두 'A'가 'B'로 바뀌는데, 이러한 규칙이 거울 영상 규칙이다. 이처럼 거울 영상 규칙은 두 개의 하위 규칙으로 이루어지며, 이 둘을 별개의 규칙으로 분리하는 것보다는 하나의 규칙으로 통합하는 것이 언어학적 일반성을 포착하는 데 유리할 때 설정하게 된다.

국어의 음운 규칙 중 거울 영상 규칙의 후보로 흔히 거론되어 온 것은 세 가지이다.

> (가) 유음화 예 칼+날 →[칼랄], 논+리→[놀리]
> (나) 유기음화 예 놓+고→[노코], 입+학→[이팍]
> (다) '으' 탈락 예 크+어서→[커서], 가+으면→[가면]

(가)는 자음 동화의 하나인 유음화이다. 주시경 이래로 끊임없이 'ㄹ'에 인접한 'ㄴ'이 유음으로 바뀐다고 설명해 왔다. 유음화는 동화의 방향성에 따라 순행적 유음화와 역행적 유음화를 구분하기도 한다. 그런데 순행적 유음화와 역행적 유음화는 성격이 상당히 다르다. 순행적 유음화는 단어 경계를 사이에 두고도 적용될 수 있지만 역행적 유음화는 그렇지 않다. 순행적 유음화는 음소 배열 제약과 관련되지만 역행적 유음화는 음절 배열 제약과 관련된다. 또한 순행적 유음화와 달리 역행적 유음화만이 'ㄹ'의 비음화와 경쟁 관계에 놓여 있다. 이것은 순행적 유음화와 역행적 유음화가 하나의 거울 영상 규칙으로 통합하기에는 매우 이질적이라는 사실을 말해 준다.[73]

(나)는 유기음화로서 유음화와 더불어 거울 영상 규칙으로 많이 언급되는 음운 현상이다. 'ㅎ'이 장애음 중 평음과 인접하면 언제든 유기음화가 일어난다는 것이다. 유기음화도 유음화와 마찬가지로 'ㅎ'의 위치에 따라 'ㅎ'이 앞에 놓이는 순행적 유기음화와 'ㅎ'이 뒤에 놓이는 역행적 유기음화

---

73) 순행적 유음화와 역행적 유음화의 차이점에 대해서는 이진호(1998)을 참조할 수 있다.

를 나누는 경우가 있다. 거울 영상 규칙으로서의 면모는 유기음화가 유음화보다 더 강하게 지니는 것처럼 보이지만 여기에도 미묘한 문제가 없지는 않다.

가령 순행적 유기음화는 평파열음화보다 더 먼저 적용된다는 규칙순이 일관되게 유지된다. 만약 평파열음화가 먼저 적용된다면 'ㅎ'이 'ㄷ'으로 바뀌므로 순행적 유기음화는 일어날 수가 없다. 그러나 역행적 유기음화는 평파열음화와의 규칙순이 유동적인 모습을 보인다. '비슷하다 [비스타다], 꽃+하고[74] → [꼬타고]' 등에서는 유기음화가 평파열음화보다 늦게 적용되지만 '잊히다'와 같은 경우에는 유기음화가 평파열음화보다 먼저 적용된다. 거울 영상 규칙으로 통합되는 규칙이라면 다른 음운 규칙과의 적용 순서에서 상이한 모습을 보일 수는 없다.[75]

더욱이 순행적 유기음화는 모든 방언에서 동일하게 적용되지만 역행적 유기음화는 방언에 따라 적용되지 않는 경우가 있다. 서남 방언을 비롯한 여러 방언에서는 '비슷하다, 꽃하고'는 '[비스다다], [꼬다고]'와 같이 발음하여 유기음화 대신 단순한 'ㅎ'의 탈락을 겪는 것이다. '떳떳하다, 육학년' 등을 '[떧떠다다, 유강년]'으로 발음하는 것도 같은 현상이다. 순행적 유기음화는 예외 없이 적용되고 역행적 유기음화에 대해서만 이러한 방언적 차이가 존재한다는 것은 두 가지 유기음화를 거울 영상 규칙으로 묶는 데 장애물로 작용한다.

(다)는 '으'의 탈락 현상으로 모음에 인접한 '으'가 탈락한다고 볼 경우 거울 영상 규칙으로 묶게 된다. 그런데 뒤에 있는 '으'가 탈락하는 현상은 '알+으면 → [알:면], 살+으면 → [살:면]' 등에서 보듯 모음뿐만 아니라 'ㄹ' 뒤에서도 일어난다. 또한 이러한 소위 매개 모음 어미의 두음 '으'는 논의에 따라 기저형의 일부로 인정하지 않는 경우도 있다. 그러므로 '으'의 탈락을 거울 영상 규칙으로 묶는 것 역시 쉬운 일이 아니다.

이상에서 보듯 국어의 거울 영상 규칙으로 널리 언급되던 것들은 모두 나름대로의 문제점을 지니고 있다. 거울 영상 규칙으로 묶인다는 것은 규칙들의 형식을 단순화하는 것 이상의 의미를 가지고 있다. 즉 거울 영상 규칙을 이루는 두 개의 하위 규칙은 실제로도 다른 측면에서 마치 하나인 것처럼 기능해야 하는 것이다. 그런데 (가)~(다)의 사례들은 거울 영상 규칙으로 묶고자 하는 두 개의 하위 규칙이 여러 가지 차이점을 보이고 있다. 이러한 문제점을 극복할 수 있을 때 국어에 거울 영상 규칙이 존재한다고 단언할 수 있다.

③ 용어 설명

'거울 영상 규칙'을 가리키는 용어들은 크게 세 가지 부류로 나눌 수 있다. 대표적인 것은 '거울

---

74) 접속 조사 '하고'를 가리킨다.
75) 다만 역행적 유기음화가 평파열음화보다 늦게 적용되는 것처럼 보이는 사례들은 내부 단어 경계 또는 단어 경계가 사이에 놓인다는 사실에 주목할 필요가 있다. '비슷하다'는 '비슷'과 '하다' 사이에 내부 단어 경계를 부여할 수 있고 '꽃하고'는 조사 '하고'가 기원적으로 용언 활용형이었으므로 그 앞에 단어 경계가 놓인다. 단어 경계가 놓이면 당연히 다른 음운 규칙들에 앞서 평파열음화가 먼저 적용되어야 한다. 반면 그러한 경계가 없는 '잊히다'는 역행적 유기음화가 평파열음화보다 먼저 적용된다. 이러한 점을 고려할 때 단어 경계라는 외부 변수가 없는 한 원래는 역행적 유기음화든 순행적 유기음화든 평파열음화보다 먼저 적용되었을 가능성이 높다.

영상 규칙, 경상 규칙, 면경상 규칙, 경상 규약과 같이 '거울'에 빗대어 표현하는 것이다. 거울에 비쳐 실물의 좌우가 뒤바뀌는 것이, 입력형이 되는 음과 적용 환경이 되는 음의 순서가 뒤바뀌어도 적용이 가능하다는 거울 영상 규칙의 속성과 동일함을 반영하고 있다. 다음으로는 '인접 규칙, 이웃 규칙'과 같이 입력형과 적용 환경이 순서와 상관없이 서로 인접하기만 하면 된다고 표현한 용어들이 있다. 마지막으로는 '방향성 없는 규칙'이 있는데 이것 역시 근본적으로는 입력형과 적용 환경의 배열 순서는 규칙의 적용과 무관하다는 의미를 담고 있다. 그러나 단순히 방향성이 없다고만 표현하면 마치 변화의 방향성이 없는 것처럼 오인될 수 있어서 표현의 완결성이나 정확성은 다소 떨어진다.

④ 관련 항목

유기음화, 유음화, '으' 탈락, 음운 규칙, 음운 현상

경구개

① 용어의 별칭

국어 센입웅(김두봉 1916, 최현배 1929), **경구개[硬口蓋]**(김두봉 1916, 小倉進平 1923, 安藤正次 1927, 김윤경 1934ㄱ, 최현배 1937ㄴ, 上村幸雄 1972), **상악[上顎]**(정렬모 1927ㄷ), **앞입웅**(최현배 1929, 권재일·고동호 2004), **전구개[前口蓋]**(小倉進平 1923, 鄭國采 1926, 최현배 1929, 박상준 1932, 寺川喜四男 1950, 권재일·고동호 2004), **센입천장**(이극로 1932ㄱ, 이희승 1933, 정인승·유열 1947), **센입천정**(김윤경 1934ㄱ), **앞닙천장**(장지영 1937), **센이붕**(최현배 1937ㄱ, 주왕산 1948, 허웅 1958), **앞입천장**(이상춘 1946, 이인모 1949), **구개[口蓋]**(심의린 1949ㄱ), **입천장**(심의린 1949ㄱ, 김형기 1970), **단단한 입천장**(김형기 1970), **전경악[前硬顎]**(日本音聲學會 編 1976), **굳은 입천장**(김영송 1977ㄱ, 김성근 1993), **된입천장**(김진우 1985), **경악[硬顎]**(김무식 1993), **앞천장**(정국 1994), **단단입천장**(신지영 2000ㄱ, 이문규 2004)

영어 hard palate

---

② 개념 설명

입천장에 해당하는 구개(palate)의 앞부분을 가리킨다. 구개의 뒷부분과 비교할 때 해당 부위가 상대적으로 단단하므로 경구개라고 부른다. 구개의 뒷부분은 연구개라고 한다. 경구개 부위에 혀의 앞부분을 대서나 근접시켜 발음하면 경구개음이 된다.

③ 용어 설명

'경구개'를 가리키는 용어는 크게 두 계열로 나뉜다. 하나는 '단단한' 입천장이라는 의미를 나타

낸 것으로 '센입웅, 경구개, 센입천장, 단단한 입천장, 굳은 입천장, 된입천장' 등이 여기에 속한다. 다른 하나는 '앞에 있는' 입천장이라는 의미를 담은 용어로 '앞입웅, 전구개, 앞천장'과 같은 예가 있다.[76]

한편 '구개, 입천장, 상악'과 같은 용어도 경구개를 가리키는 용어로 사용된다. 원래 이 용어들은 연구개까지 포함한 더 넓은 부위를 의미한다. 그러나 '구개음'이 연구개음을 제외한 경구개음만을 가리키는 데 자주 쓰이듯 '구개, 입천장, 상악'도 경구개라는 한정된 부위를 가리키는 데 쓰이고 있다.

④ 관련 항목

　　경구개음, 구개, 구개음, 연구개

경구개음

① 용어의 별칭

|국어| 전구개음[前口蓋音](小倉進平 1923, 金田一京助 1932, 泉井久之助 譯 1936), 경구개음[硬口蓋音](安藤正次 1927, 홍기문 1933, 주왕산 1948, 심의린 1949ㄴ, 服部四郎 1951, 東條操 1965), 악음[顎音](허영호 1931, 金田一京助 1932), 구개음[口蓋音](新村出 1943, 이상춘 1946, 김윤경 1948ㄱ, 주왕산 1948, 寺川喜四男 1950), 경악음[硬顎音](홍기문 1947), 센입천정소리(김윤경 1948ㄱ), 이붕소리(최현배 1948, 권재선 1992), 입천장소리(이인모 1949, 장하일 1949, 정인승 1949ㄷ), 중악음[中顎音](寺川喜四男 1950, 日本音聲學會 編 1976), 경구개자음(服部四郎 1951, 黑川新一 譯 1958, 竹林滋・橫山一郎 譯 1970, 곽충구 1994, 신승용 2003, 이문규 2004), 설면음[舌面音](이희승 1955, 이은정 1968, 이기백 1991), 전구개자음(유창돈 1959ㄴ), 구개자음(유창돈 1963ㄴ, 이병선 1966, 이혜숙 1970, 奧村三雄 1972), 센입천장소리(허웅 1964, 박지홍 1975, 이문규 2004), 천장소리(김형기 1970), 고구개음[高口蓋音](橋本萬太郎 1973ㄴ), 혀센입천장소리(황희영 1979), 센이붕소리(권재선 1992), 앞혓바닥소리(양순임 1995), 구개성 자음(박종희 1997), 앞입천장소리(고도흥 1998), 설면경구개음(오정란 1999), 전설자음(김경아 2001), 혀중간소리(김요섭 역 2001), 경구개음소(최명옥 2004, 이상신 2007ㄴ, 이현정 2008), 굳은입천장소리(류해리 2015)

|영어| palatal

---

② 개념 설명

　　전설 또는 설면 부위를 경구개 부근으로 근접하거나 대어서 발음하는 음을 가리킨다. 일반적으로 자음을 조음 위치에 따라 분류할 때 설정하는 부류이지만 경우에 따라서는 단모음 '이'나 전설모음 계열을 경구개음이라고 부르기도 한다. 국어의 경우 'ㅈ, ㅊ, ㅉ'을 흔히 경구개음으로 분류한

---

76) '전경악'은 중국에서 쓰이는 용어로서 '단단하다'라는 의미와 '앞에 있다'라는 의미를 모두 담고 있다.

다. 그러나 여기에는 이견도 없지 않다. 이러한 이견은 크게 두 가지로 구분된다.

하나는 국어에는 경구개음이 없으며 'ㅈ, ㅊ, ㅉ'은 경구개보다 앞쪽에서 발음되는 경구개치조음 (palato-alveolar) 또는 치조경구개음(alveo-palatal)이라는 것이다. 'ㅈ' 계열의 자음에 대응하는 음성 기호는 흔히 'ʧ' 또는 'ʨ'를 사용하는데 엄밀하게 말하면 'ʧ' 또는 'ʨ'는 경구개음보다 앞에서 발음되는 자음을 가리킨다. 다른 하나의 이견은 'ㅈ, ㅊ, ㅉ' 이외에 'ㅅ, ㅆ'도 경구개음으로 보는 입장이다.[77] 이렇게 되면 경구개음의 목록은 더 늘어나게 된다. 한편 'ㅈ, ㅊ, ㅉ' 이외에 반모음 'j'를 경구개음 목록에 포함하는 경우도 있다.

③ 용어 설명

'경구개음'을 지칭하는 용어는 크게 조음점을 중심으로 하는 용어와 조음체를 중심으로 하는 용어로 나눌 수 있다. 조음점을 중심으로 하는 용어는 다시 '경구개음, 경악음, 센입천정소리, 경구개자음, 센입천장소리, 센이붕소리, 굳은입천장소리' 등과 같이 경구개에서 발음된다고 표현하는 것, 경구개와 연구개를 구분하지 않고 '악음, 구개음, 이붕소리, 입천장소리, 구개자음'과 같이 구개에서 발음된다고 표현하는 것, '전구개음, 전구개자음'과 같이 구개의 앞부분에서 발음된다고 표현하는 것,[78] '고구개음'과 같이 구개의 높은 곳에서 발음된다고 표현하는 것이 구분된다. 조음체를 중심으로 한 용어에는 '설면음, 앞혓바닥소리, 전설자음, 혀중간소리' 등이 있는데 전설 또는 설면을 활용한다는 사실이 들어 있다. 특히 '전설자음'과 같은 용어는 전설 모음화를 일으키는 동화음으로서의 경구개음을 강조하고 있다. '혀센입천장소리, 설면경구개음'은 조음점과 조음체에 대한 정보가 모두 들어 있다.

④ 관련 항목

경구개, 구개음, 설면, 전설

---

77) 'ㅈ, ㅊ, ㅉ'과 'ㅅ, ㅆ'의 조음 위치를 구분하지 않는다고 하더라도 구체적인 방식에는 다양한 입장들이 존재한다. 'ㅈ, ㅊ, ㅉ'과 'ㅅ, ㅆ'의 조음 위치를 전혀 구분하지 않고 모두 경구개음으로 묶는 입장, 'ㅈ, ㅊ, ㅉ'과 'ㅅ, ㅆ'을 경구개음으로 보더라도 'ㅈ, ㅊ, ㅉ'은 혀의 중설면을 이용하고 'ㅅ, ㅆ'은 전설면을 이용한다고 보아 두 계열의 자음이 조음점은 같지만 조음체는 다르다고 해석하는 입장, 'ㅈ, ㅊ, ㅉ'과 'ㅅ, ㅆ'을 경구개음이 아니라 경구개치조음이나 치조경구개음으로 보는 입장, 'ㅈ, ㅊ, ㅉ'과 'ㅅ, ㅆ'을 'ㄴ, ㄷ, ㅌ, ㄸ, ㄹ' 등과 통합하여 전체를 전설음 또는 중자음으로 묶는 입장 등이 구분된다.

78) 구개의 중간에서 발음된다는 의미의 '중악음'도 여기에 속한다고 할 수 있다.

경구개치조음

① 용어의 별칭

> **국어** 치악음[齒顎音](金田一京助 1932), 전부구개음[前部口蓋音](新村出 1943), 오치경음[奧齒莖音](寺川喜四男 1950, 日本音聲學會 編 1976), 경구개치경음[硬口蓋齒莖音](服部四郎 1951, 日本音聲學會 編 1976, 전상범 1977ㄴ, 강신항 1978ㄱ, 박종희 1983ㄱ, 龜井孝 外 編 1996), 천장께소리(김형기 1970), 설엽음[舌葉音](강신항 1978ㄷ, 권오선 1990, 권인한 1995), 구개치경음[口蓋齒莖音](정연찬 1980, 이기문 외 1984, 권재선 1992), 전경구개음[前硬口蓋音] (전상범 1985ㄱ, 양순임 1997), 구개치조음(황귀룡 역 1986, 이정민·배영남 1987, 권재선 1992), 입천장-잇몸소리 (김영송 1987), 구개치음(이정민·배영남 1987), 경구개치음(국립국어연구원 1996), 경구개치조음(국립국어연구원 1996, 오정란 1999), 소음[嘯音](龜井孝 外 編 1996), 후치경음[後齒莖音](양순임 1997, 신지영 2000ㄱ, 정인호 2003), 혀끝뒤소리(고도흥 1998), 후부 치조음(한재영 외 2003, 박경래 2008), 후치조음[後齒槽音](이문규 2004, 김현 2009, 陳文備 2012), 전부경구개음(이은정 2005)
>
> **영어** palato-alveolar, post-alveolar, pre-palatal

② 개념 설명

　자음을 조음 위치에 따라 구분할 때 치조와 경구개 사이에 있으면서 좀 더 치조에 가까운 부위에서 발음되는 부류를 가리킨다. 비슷한 위치이되 경구개에 더 가까운 위치에서 발음되는 자음은 치조경구개음(alveo-palatal)이라고 한다.[79] 'ʃ, ʒ, ʧ, ʤ'와 같은 자음들이 경구개치조음에 속한다. 국어의 경우 경구개치조음을 따로 설정하지 않는 경우가 일반적이다. 그러나 논의에 따라서는 경구개음으로 분류되는 'ㅈ, ㅊ, ㅉ'을 경구개치조음으로 보는 입장도 존재하기는 한다. 실제로 국어 'ㅈ, ㅊ, ㅉ'의 조음 위치는 경구개보다는 좀 더 앞쪽에 놓이며, 이 자음들을 가리킬 때 사용하는 음성기호 'ʧ, ʧ', ʧʰ'도 경구개치조음에 해당한다.

③ 용어 설명

　'경구개치조음'을 가리키는 용어들 중 상당수는 세 종류의 영어 단어에 대한 번역어라고 보아도 무방하다. 즉 '경구개치경음, 구개치경음, 구개치조음, 경구개치조음, 입천장-잇몸소리, 구개치음, 경구개치음'은 'palato-alveolar'에 대한 번역어, '오치경음, 후부 치조음, 후치조음, 후치경음'은 'post-alveolar'에 대한 번역어, '전부구개음, 전경구개음, 전부경구개음'은 'pre-palatal'에 대한 번역어라고 할 수 있는 것이다. 'palato-alveolar'는 경구개치조음이 경구개와 치조 사이에 있되 치조에 더 가깝다는 의미이다. 'post-alveolar'는 경구개치조음이 치조를 기준으로 그 뒤에 있다는 뜻이고, 'pre-palatal'은 경구개를 기준으로 그 앞에 있다는 뜻이다.

　여기에 속하지 않는 용어에는 '치악음, 천장께소리, 설엽음, 소음' 등이 있다. '치악음'이나 '천장

---

79) 경구개치조음과 치조경구개음은 학자에 따라 구분하기도 하지만 구분하지 않고 하나의 부류로 통합하기도 한다.

께소리'는 조음 위치를 다소 애매하게 표현한 용어이다. '설엽음'의 '설엽'은 '설면'과 비슷한 부위로 조음체를 중시한 용어이다. '설엽음'으로 경구개치조음을 가리키는 용법은 주로 전통적인 한자음 연구에서 나타난다. '소음(嘯音)'은 경구개치조음이 휘파람 소리(hushing sound)와 비슷한 것을 고려해 이를 의역한 것이다.

④ 관련 항목

경구개음, 치조경구개음, 치조음

경음

① 용어의 별칭

국어 중성[重聲](지석영 1905), 쌍음[雙音](주시경 1906, 이규방 1922, 홍기문 1927), 경음[勁音](安泳中 1906, 崔在翊 1918, 李完應 1926), 된시옷(주시경 외 1907~1908, 조선총독부 1912, 金澤庄三郞 1917~1918), 중탁음[重濁音](주시경 외 1907~1908), 쌍자음[雙子音](주시경 1908ㄴ), 격음[激音](유길준 1909, 안학 1923, 김진호 외 1927), 병음[並音](김규식 1909), 강음[強音](藥師寺知朧 1909, 朴重華 1923, 심의린 1936, 김우불 1937, 장지영 1937), 힐음[詰音](前間恭作 1909), 중부음[重父音](김희상 1911), 된바침(김희상 1911), 거듭 밧침(남궁억 1913), 짝소리(김두봉 1916, 이상춘 1925), 농음[濃音](金澤庄三郞 1917~1918, 朝鮮總督府 1917, 小倉進平 1923, 신명균 1933ㄴ, 이희승 1949, 김민수 1953), 된ㅅ(朝鮮總督府 1917), 지음[支音](小倉進平 1923), 쌍초성[雙初聲](鄭國采 1926, 박상준 1932, 정경해 1953), 경음[硬音](박승빈 1927, 이윤재 1929, 장지영 1930, 日本音聲學會 編 1976, 梅田博之 1983), 된음[音](박승빈 1927, 김병제 1933), 중자음[重子音](김희상 1927), 된받침(김희상 1927), 중초성[重初聲](李完應 1926, 이완응 1929, 심의린 1936), 된소리(장지영 1930, 조선어연구회 1930, 강매 1932), 되인 음[音](박승빈 1931), 특별음[特別音](박승빈 1931), 꼭닫이(이탁 1932), 강자음[強子音](홍기문 1933), 복자음[複子音](豊島武彦 1933), 되인시옷(박승빈 1935ㄴ), 경자음[硬子音](최희 1936), 촉음[促音](편집실 1938ㄴ), 성문 폐쇄음[聲門 閉鎖音](정인승 1940ㄱ), 경탁유[硬濁音](이상춘 1946, 이연철 1948), 딴딴한 소리(심의린 1949ㄱ), 된 말근소리(정경해 1953), 전탁음[全濁音](『훈민정음』, 이숭녕 1954ㅂ), 경성[硬聲](허웅 1958, 리의도 1981, 김형춘 1991), 성문화음[聲門化音](이기문 1961ㄱ, 梁昊淵 1970, 정연찬 1980), 중첩 단자음[重疊 單子音](전재호 역 1964), 후두화음[喉頭化音](이재오 1972, 정연찬 1980, 梅田博之 1983, 송민 1986, 大江孝男 1991), 성음화 저해음(이병건 1976), 긴장 음운(김준배 1977), 된닿소리(김석득 1984ㄱ), 무기 경음[無氣 硬音](전상범 1985ㄱ), 성문 긴장화음(전재호 1989), 후두 긴장화음(전재호 1989), 방출음(김무림 1992), 센소리(김성근 1995), 긴장음(박창원 1996, 배문정 2003, 류해리 2015), 경음소(서영석 1997, 최명옥 2004, 권시현 2008), 긴장 자음(김철 2009)

영어 fortis, reinforced consonant, tensed consonant, tense consonant, tense sound, glottalized sound, constricted obstruent, tensional consonant

② 개념 설명

국어의 장애음에서 나타나는 특징적인 자음 부류로 평음, 유기음과 함께 소위 삼지적 상관속을 이룬다. 현대 국어의 경음에 'ㄲ, ㄸ, ㅃ, ㅆ, ㅉ'이 속한다는 사실은 이견이 없으나[80] 이러한 경음의 음성적 속성이 무엇인지에 있어서는 여러 가지 학설과 이견이 존재한다. 현재까지 어느 정도 합의가 된 경음의 음성적 특징으로는 다음을 들 수 있다.

　　　　(가) 후두 주위 근육의 긴장을 동반한다.
　　　　(나) 구강 및 성문 아래의 압력이 높다.
　　　　(다) 공기를 충분히 밀폐시켰다가 강하게 발음한다.
　　　　(라) 기식성이 약하다.
　　　　(마) 자음의 길이가 길다.

(가)～(다)는 경음을 소위 긴장음(tense) 또는 강음(fortis)으로 분류하는 중요 논거가 된다. 근육의 긴장과 더불어 높은 압력으로 강하게 발음하므로 경음은 긴장음이나 강음이 될 수밖에 없다. 다만 (라)는 일견 (가)～(다)와 약간 모순되는 것처럼 보일 수 있다. 강하게 발음한다면 기식성이 강해야 하는데 의외로 약한 것이다. 이것은 경음을 발음할 때의 성문 크기와 밀접한 관련이 있다. 경음을 발음할 때에는 유기음이나 평음에 비해 성문 크기가 매우 작기 때문에 성문을 통과하는 기류의 양이 많지 않다. 그래서 경음에 후행하는 모음의 경우 성대 진동 시작 시간의 지연이 거의 없이 발음과 동시에 성대가 울릴 수 있다. (마)는 특히 파열음이나 파찰음과 같은 폐쇄 과정을 가진 경음에 해당하는 것으로 폐쇄 구간이 유지되는 시간[81]이 길기 때문에 전체적인 자음의 길이도 길어진다.

(가)～(마)와 달리 경음의 음성적 실체와 관련하여 이견이 존재하는 측면도 없지 않다.

　　　　(바) 성대의 진동 여부
　　　　(사) 후두 파열 과정의 유무

(바)와 (사)는 모두 발성부에 해당하는 후두 또는 성대의 상태와 관련된다. (바)와 관련해서는 경음이 유성음이라고 보는 입장, 무성음이라고 보는 입장, 유성음과 무성음의 중간이라고 보는 입장이 구분된다. 일반적으로는 경음을 무성음이라고 본다. 그러나 최현배(1937ㄱ)에서는 경음을 발음할 때 마지막의 터짐 또는 개방 단계와 동시에 유성음이 된다고 보면서 앞부분은 무성음이고 뒷부분은 유성음이라고 보고 있다.[82] 이러한 사실을 중시할 경우 문교부(1952)에서와 같이 '반흐린소리(半

---

80) 한때는 최현배(1929)에서 보듯 'ㄹ'의 변이음인 설측음 'l'를 'ㄹㄹ'로 표기하면서 이것을 'ㄹ'의 경음이라고 분석하는 적도 있었다.
81) 이것을 흔히 '폐쇄 지속 시간'이라고 부른다. 여기에 대해서는 별도의 항목을 참고할 수 있다.
82) 최현배(1937ㄱ)에서 경음의 유성성에 대해 취한 태도는 좀 더 복잡하다. 폐쇄 단계를 거치지 않는 'ㅆ, ㆅ'은 무성음인 '된맑은소리(硬淸音)'라고 하고 폐쇄 단계가 있는 'ㄲ, ㄸ, ㅃ, ㅉ'은 비록 앞부분이 무성음이고 가장 뒷부분만 유성음이지만 뒷부분의 조음이 중요하다고 보아 '된흐린소리(硬濁音)'라고 했다. 이처럼 부분적인 유성음을 나타내는 '된흐린소리'는 온전한 유성음인 '예사흐린소리(平濁音)'와 구별된다.

濁音)’ 또는 ‘반맑은소리(半淸音)’와 같은 용어를 사용하기도 한다. 小倉進平(1928)에서 경음 뒤에 모음이 올 때 그 사이에 유성의 전이음이 온다고 한 것도 경음의 뒷부분이 유성음과 가깝다는 사실과 통하는 측면이 있다.

(사)와 관련해서는 후두 파열이 있다고 보는 입장과 없다고 보는 입장이 나뉜다. 후두 파열이 있다고 볼 경우 후두 폐쇄는 파열 전에 자동적으로 동반된다. 즉 후두를 막았다가 터뜨리는 것이 경음의 중요 특징이라는 것이다.[83] 후두 파열이 없다고 보더라도 구체적으로는 후두 파열 대신 협착이 일어난다거나 또는 후두의 진동이 일어난다고 보는 입장이 구분된다. 후두가 폐쇄될 정도는 아니더라도 협착 또는 진동의 과정을 거친다는 것은 결국 경음을 발음할 때 특별한 후두의 움직임이 있음을 인정하는 셈이다.

국어 음운론 연구의 초창기에는 경음을 하나의 자음이 아니라 두 개의 동일한 자음이 결합하여 이루어진 거듭소리로 다루는 태도가 널리 퍼졌었다.[84] 주시경에서 비롯된 이러한 태도는 오랜 기간 동안 명맥을 유지했다. 현재는 주시경의 분석 방식을 수용하는 경우가 별로 없다. 그러나 가령 악센트 규칙에서 경음은 마치 선행하는 개음절을 폐음절처럼 기능하게 한다는 점 등을 근거로 하여 경음을 중복 자음(geminate)으로 보는 입장이 여전히 존재하기도 한다. 경음을 두 자음의 결합체로 분석하면 경음이 초성에 올 경우 자음군이 초성에 오지 못한다는 국어의 음절 구조 제약을 포기해야 하는 문제가 생긴다. 또한 경음이 종성에서 평파열음 중 하나로 바뀌는 것은 자음군 단순화가 적용된 결과로 보아야 한다.[85]

한편 원래부터 경음인 자음과 평음이 경음화의 적용을 받아서 나온 자음을 구분하는 입장도 존재한다. 일찍이 이극로(1936ㄱ)에서 원래부터 경음인 것을 ‘본질적 경음’, 장애음 뒤에서 경음화의 적용을 받은 것을 ‘영향적 경음’이라고 구별한 것이 대표적이다. 최근에는 실험 음성학적 차원에서 경음화의 적용을 받은 자음의 음성적 특징이 원래부터 경음이던 자음과 다르다는 지적도 있었다. 김현(2011ㄱ)에 따르면 장애음 뒤의 평음은 실제로는 경음으로 바뀌는 것이 아니고 무성 무기음으로 실현될 뿐이라고 했다. 일본인 학자인 小倉進平이나 河野六郎의 방언 전사 자료에서 원래부터 경음이었던 것과 상애음 뒤에서 경음화에 의해 나타난 경음의 음성 전사가 서로 다른 것도 이와 관련이 있을지 모른다.[86]

③ 용어 설명

‘경음’을 나타내는 용어는 매우 다양한데 그 성격에 따라 크게 표기법을 기준으로 한 것과 음성적 특징을 기준으로 한 것의 두 부류로 나눌 수 있다. 표기법을 기준으로 한 용어들은 다시 그 성

---

83) 경음을 발음할 때 후두 파열이 동반된다면 파열음의 경음(ㅃ, ㄸ, ㄲ)은 구강에서의 파열과 후두에서의 파열이라는 두 가지 파열 과정을 모두 거치게 된다. 김성근(1993)에서는 이러한 자음들을 ‘겹터침소리’라고 하여 ‘홑터침소리’인 ‘ㅂ, ㄷ, ㄱ’과 구분하고 있다.

84) 여기에 대해서는 거듭소리 항목을 참조할 수 있다.

85) ‘ㅆ’이 종성에서 ‘ㄷ’으로 바뀌는 것은 자음군 단순화와 평파열음화가 모두 적용되었다고 해석해야 할 것이다.

86) 원래부터 경음이었던 것은 거의 완벽하게 경음으로 음성 전사를 하지만 장애음 뒤에서 경음화의 적용을 받은 경음은 대부분 무성의 평음과 동일하게 음성 전사를 하고 있다.

격에 따라 다음과 같이 구분된다.

(가) 중성, 쌍음, 쌍자음, 병음, 중부음, 짝소리, 쌍초성, 중자음, 복자음
(나) 된시옷, 된ㅅ, 되인시옷

(가)는 경음이 주로 'ㄲ, ㄸ, ㅃ, ㅆ, ㅉ'과 같이 동일한 자음자를 연속하여 표기한다는 사실을 중시한 용어들이다. '중(重), 쌍(雙), 병(竝), 복(複)' 등의 표현은 모두 동일 자음자의 중복을 나타내기 위함이다. (나)는 전통적으로 경음이 'ㅅ' 계열의 합용 병서인 'ㅺ, ㅼ, ㅽ' 등으로 표기되었던 사실을 고려한 것이다.[87]

음성적 특징을 기준으로 한 용어들도 다음과 같이 세분할 수 있다.

(다) 경음, 격음, 강음, 힘음, 농음, 된음, 지음, 농음, 된소리, 강자음, 딴딴한 소리,
　　경성, 된닿소리, 센소리, 긴장음
(라) 성문 폐쇄음, 성문화음, 후두화음, 성음화 저해음, 성문 긴장화음, 후두 긴장화음,
　　방출음
(마) 중탁음, 경탁음, 전탁음

(다)는 경음의 조음적 또는 청각적 특성을 다소 불분명하게 드러내고 있다. '강하다, 세다, 단단하다' 등의 의미가 들어 있다. (라)는 경음을 발음할 때의 후두 상태를 용어에 반영한 것으로 '성문 폐쇄음'처럼 후두 폐쇄가 일어난다고 명시하는 것도 있지만 대부분은 후두에서 일어나는 구체적인 과정을 밝히지 않은 채 다만 어떤 작용이 일어난다고만 하고 있다. (라)의 용어 중 경음의 음성적 특징을 가장 구체화한 것은 '방출음(ejective)'이다. 그런데 국어에는 성대가 발동부로 작용하는 음소는 존재하지 않는다고 보므로 경음을 '방출음'이라고 할 수는 없어 보인다.[88]

(마)는 모두 용어 속에 청탁과 관련된 '탁'이 포함되어 있다.[89] 성운학에서의 청탁은 성대 울림과 관련되지만 (마)의 용어는 모두가 그렇지는 않다. '경탁음'은 실제로 경음을 유성음으로 보았기 때문에 '탁'을 넣은 것이고,[90] '전탁음'은 경음에 해당하는 소리가 『훈민정음』 이래로 '전탁' 계열에 속했기 때문에 이를 따른 것이다. 반면 '중탁음'에서의 '탁'은 경음을 거듭소리로 분석했기 때문에 나온 것으로 유성음과는 아무런 관련이 없다.[91]

---

87) '된시옷'이라는 용어는 'ㅺ, ㅼ, ㅽ'과 같이 'ㅅ'으로 시작하는 합용병서 전체를 나타내기도 하고 합용병서 중 앞에 오는 'ㅅ'만을 나타내기도 한다. 물론 경음을 된시옷이라고 부를 때에는 합용병서 전체를 고려한 것이다.
88) '방출음'의 음성적 특징에 대해서는 '방출음' 항목을 참고할 수 있다.
89) '된 말근소리'와 같이 '탁'의 반대인 '청'에 해당하는 표현이 들어 있는 용어도 있다. 앞서도 지적했듯이 이러한 차이는 경음을 유성음 또는 무성음 중 어느 것으로 볼 것인지와 관련된다.
90) 藥師寺知曨(1909)에서는 '경탁음(輕濁音)'이라는 용어를 'ㄱ, ㄷ, ㅂ, ㅈ'이 유성음화의 적용을 받아서 나온 음에 대해 사용한 바 있다. 이것 역시 유성음과 관련된 용법이다.
91) '거듭소리' 항목에서도 언급했듯이 주시경은 홑소리와 거듭소리의 차이를 '청탁'으로 표현하여 홑소리는 '청음'이라고 하고 거듭소리는 '탁음'이라고 한 적이 있다. '중탁음'의 '탁'은 이러한 용법과 관련된다.

④ 관련 항목

경음화, 삼지적 상관속, 유기음, 장애음, 평음

경음절

① 용어의 별칭

> **국어** 약음절[弱音節](이현복·김기섭 역 1983, 이철수 1994, 손창용 2005), **가벼운 음절**(유재원 1988, 원경식 1993, 이호영 1996), **경음절**[輕音節](김종훈 1990, 정국 1994, 김종규 2010ㄱ)
> **영어** light syllable, weak syllable

② 개념 설명

　음절을 구성 요소의 수와 종류에 따라 무게 차원에서 구분한 개념으로 보통 초성을 제외한 나머지 부분, 즉 운모의 구조가 단순한 음절을 가리킨다. 경우에 따라서는 하나의 모라로 이루어진 음절이라고 정의하기도 한다. 반대 개념은 중음절이다.

　경음절과 중음절을 구분하는 구체적인 기준은 논의에 따라 조금씩 다르다. 운모가 짧은 단모음(單母音)만으로 이루어진 것은 별다른 이견 없이 경음절로 분류되지만,[92] 짧은 단모음 뒤에 종성으로 자음이 하나 더 오는 음절은 경음절이라고 보기도 하고 중음절이라고 보기도 한다. 보통 '짧은 단모음+단일 종성'으로 이루어진 음절은 경음절로 보는 편이 좀 더 우세하다. 이럴 경우 경음절은 운모의 구성 요소인 중성과 종성이 모두 단일한 요소로 이루어진 것이라고 일반화할 수 있다.[93]

　경음절과 중음절의 구분은 국어와는 무관한 것으로 알려져 있다. 그러나 한편으로는 이러한 음절의 무게가 국어의 악센트 실현과 관련이 있다는 논의도 없지는 않았다. 다만 악센트가 국어에서 단어의 의미 변별에 관여했다면 악센트 실현에 관여하는 음절의 무게도 중시되었겠지만 악센트는 국어에서 단어 변별의 기능을 갖지 않으므로 음절 무게에 대한 논의도 그리 깊이 있게 이루어지지는 못했다.

③ 용어 설명

　'경음절'을 나타내는 용어는 음절의 무게가 가볍다고 표현하는 계열과 음절이 약하다고 표현하는 계열의 두 가지가 존재한다. 이것은 영어에 존재하는 'light, weak'의 두 가지 표현 중 어느 것을

---

92) 물론 이 경우도 짧은 단모음(單母音)이 긴장 모음인지 이완 모음인지를 구별하여 긴장 모음일 때에는 중음절이라고 보는 입장이 있기는 하다.

93) 중성이나 종성이 단일한 요소가 아닌 복합적인 요소로 이루어지려면 중성에 중모음(重母音) 또는 장모음이 오거나 종성에 자음군이 와야 한다.

번역하느냐와 관련된다.

④ 관련 항목

운모, 음절, 중음절

경음화

① 용어의 별칭

국어 경음화[硬音化](최현배 1932ㄱ, 이극로 1935, 양주동 1939ㄱ), 굴러된 된소리(김윤경 1934ㄱ), 전화[轉化]된 된소리(김윤경 1934ㄱ), 강음조[强音調](홍기문 1947), 연경음[連硬音](심의린 1949ㄴ, 이은정 2005), 농음화[濃音化](이인모 1954, 河野六郞 1955, 이희승 1955, 靑山秀夫 1960, 김형주 1961, 志部昭平 1988), 된소리화(이희승 1955, 이기문 1963ㄱ, 최학근 1963), 되어짐(김석득 1962ㄴ), 된소리 되기(이명권·이길록 1968, 허웅·박지홍 1971, 이상태 1976), 된닿소리(허웅 1968ㄴ), 강음화[强音化](김형규 1971), 후두음화[喉頭音化](박병채 1971ㄴ, 송민 1986), 된소리 현상(유구상 1971, 전상범 1977ㄴ, 박창원 1987ㄴ), 된음화(정인섭 1973), 성음화[聲音化](이병건 1976, 강성로 1978), 된소리로 바뀜(황희영 1979), 경음소화(서영석 1998, 최명옥 2004, 김춘자 2006), 연접 경음화(이은정 2005), 긴장자음화(김철 2009)

영어 fortition, fortisization, glottalization, reinforcement, tensification

② 개념 설명

평음이 일정한 환경에서 경음으로 바뀌는 음운 현상을 가리킨다. 경음은 음절 종성에서는 발음될 수 없기 때문에 경음화는 초성에 놓인 평음에만 일어난다. 국어의 경음화는 다양한 유형으로 나눌 수 있다.

(가) 평파열음 뒤의 경음화 **예** 잡+고→[잡꼬], 막+다→[막따]

(나) 용언 어간말 비음 뒤의 경음화 **예** 안+지→[안ː찌], 감+고→[감ː꼬]

(다) 한자어 'ㄹ' 뒤의 경음화 **예** 발+사→[발싸], 몰+두→[몰뚜]

(라) 관형사형 어미 '-을' 뒤의 경음화 **예** 갈 곳→[갈꼳], 올 데→[올떼]

(마) 사잇소리 현상에 의한 경음화 **예** 안+방→[안빵], 길+가→[길까]

(가)는 국어의 가장 대표적인 경음화 현상이다. 평파열음인 'ㅂ, ㄷ, ㄱ' 뒤에서 평음이 경음으로 바뀌는 현상으로 어떠한 예외도 허용하지 않는 가장 강력한 경음화 현상이다.[94] 그런데 이 현상의 본질에 대해서는 여러 가지 이견이 있다. 선행 자음의 미파화에 동반된 후두 상태에 동화된 것이라

---

94) '젖+고→[젇꼬], 있+다→[읻따]'와 같이 경음화에 앞서 평파열음화가 먼저 적용된 이후 평파열음 뒤에서 경음화가 적용되기도 한다.

는 주장, 두 개의 평음 결합에 이화가 일어난 것이라는 주장, 후두 파열음이 첨가된 것이라는 주장 등 상이한 해석들이 존재한다. 경음의 본질에 대한 이견이 다양한 것만큼 (가)와 같은 경음화에 대해서도 여러 주장들이 맞서고 있다.

(나)는 용언 어간말 비음 뒤에서 어미의 첫 음이 경음으로 바뀌는 현상이다. 이 현상은 '용언 어간, 어미' 등과 같은 비음운론적 제약이 중요하다. 이 조건을 어기는 경우에는 경음화가 잘 일어나지 않는다.[95] 비음이 어간의 마지막에 놓여야 한다는 조건도 중요하다. '앉-, 얹-'과 같은 어간 뒤에서 일어나는 경음화는 이 어간들의 'ㄴ'이 어간의 마지막에 놓이지 않기 때문에 (나) 부류에 속한다고 볼 수 없다.[96] 오히려 'ㄴ' 뒤에 오는 'ㅈ'에 의한 경음화이기 때문에 (가) 부류라고 보아야 한다.

(다)는 주로 'ㄹ'로 끝나는 한자 뒤에 설정성 계열의 자음, 즉 'ㄷ, ㅅ, ㅈ'으로 시작하는 한자가 결합할 때 일어나는 경음화이다. 'ㄷ, ㅅ, ㅈ' 앞의 'ㄹ'은 유음 탈락이 잘 일어난다는 점을 고려할 때 유음 탈락과 (다)의 경음화가 모종의 관계를 맺고 있을 가능성도 배제할 수 없다. 즉 'ㄷ, ㅅ, ㅈ'이 경음화의 적용을 받으면 평음에서 경음으로 바뀌어 유음 탈락을 일으키지 못하므로 경음화가 유음 탈락을 막기 위해 일어났다는 해석도 가능한 것이다.

(라)는 미래 시제를 나타내는 관형사형 어미 '-을' 뒤에서 경음화가 일어나는 경우이다. (라)의 경음화는 필수적으로 일어나는 것은 아니며 다만 어느 정도의 적용 경향성을 포착할 수 있을 뿐이다. 대체로 관형어와 그 관형어의 수식을 받는 체언의 긴밀도가 경음화의 적용 여부에 중요한 역할을 한다고 알려져 왔다. 그래서 (라)의 경음화는 관형어 뒤에 오는 말이 의존 명사일 때 잘 일어난다. 의존 명사는 자립성이 약하므로 선행하는 관형어와의 긴밀도가 매우 높을 수밖에 없다.

(마)는 명사와 명사가 결합하여 합성 명사를 이룰 때 일어나는 경음화이다.[97] (마)의 경음화가 어떤 조건에서 일어나는지를 예외 없이 설명하기는 쉽지 않다. 그러나 합성 명사를 이루는 두 구성 요소 사이의 의미 관계가 중요하다는 점은 예전부터 지적되었다. 가령 명사 'A'와 명사 'B'가 결합하여 합성 명사를 이룰 때 'A'와 'B'의 의미 관계가 '시간, 장소, 기원/소유주, 용도' 등이면 경음화가 일어나고 그렇지 않으면 경음화가 일어나지 않는다.

이상 (가)~(마)는 현대 국어에서 끊임없이 적용되는 경음화의 예이다. 이 외에 특별한 음운론적 조건 없이 어두에서 일어나는 경음화도 존재한다.[98] 가령 '곶'이 '꽃'으로 바뀌거나 '겼다'가 '껵다'

---

95) '용언의 어간 뒤'에서 일어난다는 비음운론적 조건은 예외가 없이 잘 지켜진다. 그러나 '어미의 첫 음이 경음화된다'는 조건은 단어에 따라 지켜지지 않기도 한다. 어미의 첫 음 이외에 접미사의 첫 음이 경음화되는 경우도 있는 것이다. 가령 파생어 '신기다'와 같은 단어는 상당히 많은 방언에서 '[신끼다]' 또는 [신키다]로 발음되고 있다. '[신키다]'는 '[신끼다]'에서 어중 'ㄲ'이 'ㅋ'으로 바뀐 결과일 가능성이 높다는 점을 고려하면 '[신끼다], [신키다]'는 모두 어미가 아닌 접미사의 첫 음이 경음화의 적용을 받은 예외에 속한다.

96) 이러한 사실은 (나) 부류의 경음화가 존재하지 않는 경상도 동해안 부근의 방언에서도 '앉-, 얹-' 뒤에서는 경음화가 일어난다는 점을 통해 확인할 수 없다. 이런 방언에서는 용언 어간의 'ㄴ'에 의한 경음화는 존재하지 않으므로 '앉-, 얹-' 뒤에서 적용되는 경음화는 'ㅈ'에 의한 것이 될 수밖에 없다. 이 자료들은 (나) 부류의 경음화를 일으키는 비음이 용언의 마지막에 놓여야 한다는 사실이 타당함을 잘 말해 준다.

97) 합성 명사를 이룰 때 일어나는 경음화나 ㄴ-첨가를 묶어서 사잇소리 현상이라고 부른다. 그래서 (마)의 경음화도 사잇소리 현상에 의한 경음화라고 부른다.

98) 이러한 경음화는 '두음 강화[頭音 强化](강윤호 1959), 두음 경음화(강윤호 1959), 어두 자음 농음화(최학근 1962), 어두 된소리 현상(유구상 1971), 어두 경음화 현상(유구상 1971, 전광현 1979, 서종학 1986), 강음화[强音化](김형규 1971), 후두음화[喉

로 바뀌는 사례가 국어사에서는 많이 발견된다. '꽃, 꺾다'에서는 이미 경음화가 적용된 형태가 표기에도 반영되었다. 반면 '닦다'를 '딲다', '(머리) 감다'를 '깜다'라고 발음하는 어두 경음화는 표기에까지 반영되지는 않았지만 현실 발음에서 빈번하게 나타난다. 이런 사례들을 통해 어두 경음화가 현재도 계속 진행 중임을 알 수 있다.

③ 용어 설명

　'경음화'를 가리키는 용어들은 대부분 경음(된소리)으로 바뀐다는 의미를 담고 있다. 다만 경음을 가리키는 용어가 '경음' 이외에 '강음, 농음, 된소리' 등으로 다양하여 용어상의 차이가 있게 된다. '연경음, 연접 경음화'는 경음화가 음소들의 결합 과정에서 일어나는 현상임을 강조하고 있다. 이 외에 '후두음화, 성음화, 긴장자음화'는 경음화뿐만 아니라 유기음화까지도 포함할 수 있기 때문에 적절하다고 보기는 어렵다.

④ 관련 항목

　경음, 자음 접변

고모음

① 용어의 별칭

> **국어** 닫홀소리(김두봉 1922), 천구음[淺口音](천민자 1926), 고모음[高母音](安藤正次 1927, 박승빈 1935ㄱ, 정인승 1938ㄴ, 新村出 1943, 服部四郎 1951, 허웅 1968ㄱ), 전모음[前母音](박승빈 1931)), 폐음[閉音](홍기문 1933, Batkhishig 2009), 고설음[高舌音](이극로 1941, 이기문 외 1984), 혀높은홀소리(정인승 1949ㄱ), 고설모음[高舌母音](정인승 1956ㄴ, 유창돈 1959ㄴ, 문도열 1983, 龜井孝 外 編 1996), 고부모음[高部母音](이기문 1961ㄱ, 김동언 1980), 혀높은소리(이탁 1961), 고원음[高元音](董同龢 1972, 日本音聲學會 編 1976, 김경숙 1993, 엄익상 2007), 승원음[升元音](日本音聲學會 編 1976), 고계모음[高階母音](日本音聲學會 編 1976), 혀올린 홀소리(황희영 1979), 상설모음[上舌母音](황희영 1979), 고위모음[高位母音](김진우 1985, 조창규 1994, 소신애 2002), 고단 모음[高段 母音](고병암 역 1986, 황귀룡 역 1986, 안지원 1994), 높은 모음(김성근 1987, 권오선 1990, 김수길 1991, 류렬 1992), 올린 모음(김수길 1991), 상모음[上母音](김형춘 1991), 높은 홀소리(신연희 1991, 이근열 1996, 구현옥 1997), 고모음소(최명옥 2004)
> **영어** high vowel

② 개념 설명

　혀의 높낮이로 모음을 분류할 때 혀의 높낮이가 가장 높은 부류의 모음을 가리킨다. 정확히는 혀의

頭音化](송민 1986), 말머리 된소리되기(이근열 1997ㄱ, 박동근 2000)' 등으로 부르고 있다.

최고점 위치가 가장 높은 모음이 고모음이다. 개구도를 기준으로 분류할 경우 폐모음에 대응한다. 국어의 고모음 목록은 논의에 따라 약간 차이가 나지만 대체로 '이, 으, 우, 위'의 4개를 설정하는 것이 일반적이다. 이 중 '위'를 단모음으로 인정하지 않으면 '이, 으, 우'의 3개만 남는다.[99] 예외적으로 정인승(1949ㄱ)에는 '어, 에, 우, 으, 이'의 5개를 고모음으로 분류하고 있어 그 수가 가장 많다. 정인승(1949ㄱ)에서 고모음의 수가 많은 이유는 혀의 높낮이에 따라 구별되는 부류를 둘만 인정했기 때문이다.

③ 용어 설명

'고모음'을 나타내는 용어들은 수적으로는 적지 않으나 질적으로는 상당히 단순하다. '高, 上, 높다'와 같이 혀의 높낮이를 직접 노출시키는 용어들이 대부분이다. '승원음, 올린 모음'은 혀를 높인다는 의미를 담고 있어서 역시 혀의 높낮이와 무관하지 않다.[100] '닫홀소리'와 '폐음'은 개구도와 관련되는 용어이지만 이것을 혀의 높낮이에 따른 부류에 사용하고 있다.

이처럼 대부분의 용어는 혀의 높낮이 또는 개구도처럼 고모음의 음성적 특징과 관련된 측면을 반영한다. 그러나 예외도 없지는 않다. '전모음'은 상하 높이가 아닌 전후 위치를 반영했다는 점에서 특이하다. 또한 '천구음(淺口音)'은 깊이의 차원에서 고모음을 표현했다는 점에서 독특하다.[101]

④ 관련 항목

중모음, 저모음, 폐모음

고모음화

① 용어의 별칭

> **국어** 고모음화[高母音化](김완진 1967, 이광호 1977, 최태영 1978), 모음 상승[母音 上昇](김진우 1971, 최전승 1981, 민원식 1983), 고설화(정호완 1976), 고설 모음화[高舌 母音化](최갑순 1978, 기세관 1981, 조성귀 1983), 상승화 규칙(최전승 1981), 모음의 상승(김완진 1985), 높은 홀소리 되기(정영주 1985, 박덕철 1993, 박정수 1999), 상승 작용(조항근 1986, 임미숙 1993, 조철규 1994), 협모음화[狹母音化](志部昭平 1988), 모음 상승화(이병근·정승철 1989, 김봉국 2003ㄱ, 한영목 2003), 상승 모음화(이원직 196, 한영목 2003), 폐구조 모음화(조성미 1996, 한영목 2003), 홀소리 상승 규칙(박정수 1999), 상승 작용(김철 2009)
>
> **영어** vowel raising, high-vowelization, vowel heightening

---

99) '위'는 논의에 따라 단모음으로 인정하기도 하고 그렇지 않기도 한다. 표준 발음법에서는 '위'를 단모음으로 발음하는 것이 원칙이되 이중 모음으로 발음하는 것도 허용하고 있다.

100) 이 중 '승원음'은 중국의 용어이다.

101) '천구음'이라는 용어를 사용한 천민자(1926)은 국어 단모음 체계의 대립 관계에 관한 한 당시의 논의 중 가장 주목할 만한 업적이라고 평가할 수 있다.

② 개념 설명

혀의 높낮이가 낮은 모음이 고모음으로 바뀌는 음운 현상을 가리킨다. 대체로 중모음(中母音)이 고모음으로 바뀌게 되는데, 이것은 중모음과 고모음이 혀의 높낮이에 있어 인접한 모음 부류이기 때문이다. 국어의 고모음화 예로는 다음과 같은 것들이 제시된 바 있다.

(가) '에'가 '이'로 바뀌는 변화 예 베다>비다, 세수>시수
(나) '어'가 '으'로 바뀌는 변화 예 없다>읎다, 썰다>쓸다
(다) '오'가 '우'로 바뀌는 변화 예 돈>둔, 못하다>뭇하다, 고초>고추, 나모>나무

고모음화는 모음의 길이 또는 단어에서의 위치 등에 영향을 받는 것으로 알려져 있다. 가령 (가), (나)의 고모음화는 장모음인 경우에 잘 일어난다. (다)의 고모음화는 비어두에서 주로 일어나며 중앙 방언에서는 '오'가 장모음인 경우에 한해 어두에서도 일어나고 있다.[102] (가)~(다) 중 고모음화가 적용된 형태가 표준어로 인정받는 것은 (다) 중 비어두에서 일어난 몇몇 단어에 국한된다.[103]

고모음화는 국어의 중모음(中母音) 중 '외'를 제외한 나머지 모음에서 모두 일어났다. '가마괴>까마귀'와 같은 자료에서는 '외'도 고모음화의 적용을 받은 것처럼 보이지만 실제로는 '외'가 이중모음 'oj'이던 시기에 '오>우'의 적용을 받은 결과일 뿐이다. '외'가 고모음화의 적용을 받지 못한 이유로는 고모음화의 입력형인 '외'와 출력형인 '위'가 단모음(單母音)으로 정착된 시기가 오래되지 않았다는 점, '외'와 '위'가 단모음이 된 뒤에도 그 지위가 불안정하여 이미 이중 모음으로 바뀌고 있다는 점 등을 들 수 있다.

'고모음화'의 반대 개념으로 '저모음화'를 언급하는 경우가 종종 있다.[104] 그런데 저모음화의 사례들을 보면 표준어 형태가 방언형으로 바뀌었다는 일방적인 전제 아래 표준어와 방언형을 단순 대조하여 저모음화가 일어났다고 판단하는 경우가 대부분이다. 가령 '깨끗이'와 '깨깟이', '배추'와 '배차', '이쪽'과 '이짝'을 단순 대조하여 '으, 우, 오'가 저모음으로 바뀌었다는 것이다. 이러한 입장은 전제도 타당하지 않고 변화에 대한 해석도 정확하지 않으므로 인정할 수 없다.

③ 용어 설명

'고모음화'를 가리키는 용어는 크게 두 계열로 나눌 수 있다. 하나는 '고모음'으로 바뀐다는 사실을 직접 반영하는 것으로 '고모음화, 협모음화, 높은 홀소리 되기, 고설 모음화' 등이 여기에 속한다. 다른 하나는 모음을 발음할 때 혀의 높이가 '높아진다'는 사실을 반영한 것으로 '모음 상승, 상승화 규칙, 상승 작용' 등이 있다. 고모음으로 바뀌면 혀의 높이가 높아지므로 이 두 계열의 용어는

---

102) 장모음은 비어두에는 나타나지 않는 것이 원칙이므로 (다)와 같은 고모음화가 비어두에서 일어날 경우에는 길이가 짧은 단모음에 적용될 수밖에 없다.

103) 비어두에서 일어난 '오>우'라고 하더라도 '삼춘(<삼촌), 부주(<부조), 사둔(<사돈)' 등은 표준어로 인정받지 못한다.

104) '저모음화' 대신 '역고설 모음화(조성귀 1983), 하강 작용(김철 2009), 중모음화(배영환 2009), 모음 하강(최현정 2011)' 등의 용어를 사용하기도 한다.

공통점도 있지만 명확한 차이가 존재한다. 즉 '고모음화' 계열의 용어는 음운 변화의 결과가 고모음으로 국한됨에 비해 '모음 상승' 계열의 용어는 저모음이 중모음으로 바뀌는 변화까지도 포함할 수 있는 것이다. 이 현상의 적용 사례는 앞에서 본 것처럼 중모음이 고모음으로 바뀌는 경우로 한정된다는 점에서 단순히 '모음 상승'이라고만 해서는 그 범위를 정확히 규정해 주기 어렵다.[105] 물론 저모음이 중모음으로 바뀌는 변화들이 충분히 확보되어서 고모음화와 함께 하나의 음운 현상으로 묶고자 한다면 그 경우에는 오히려 '모음 상승'이라고 하는 편이 더 적절할 것이다.[106] 한편 '폐구조 모음화'는 국어의 음운 현상 중에 입을 적게 벌려 발음하려는 소위 '폐구 조음 원칙'을 따르기 위해 적용되는 것이 있음을 고려한 용어로서, 고모음화도 이 원칙을 따르는 음운 현상이라는 사실을 강조하고 있다.

④ 관련 항목

고모음, 중모음²

고저

① 용어의 별칭

<blockquote>

국어 음죠[音調](山田美妙 1892, 최현배 1929, 金田一京助 1932, 寺川喜四男 1950, 허웅 1958, 김차균 1970, Ramsey 1974), 고뎌(리봉운 1897), 고저[高低](지석영 1907, 주시경 외 1907~1908, 左久間鼎 1919, 神保格 1927, 安藤正次 1927, 심의린 1935), 놉고 낮고(주시경 1914), 높이(김두봉 1916, 최현배 1929, 허웅 1958), 어조[語調](李完應 1926, 성광수 1972), 높낮이(김희상 1927, 허웅 1958, 김영송 1977ㄱ), 가락(최현배 1929, 이은정 2005), 소리의 높낮(김두봉 1932), 억양[抑揚](이윤재 1936, 편집실 1938ㄷ), 높고 낮음(김윤경 1948ㄱ, 이현복 1991), 음고[音高](박창해 1963, 차현실 1967, 황희영 1979), 음도[音度](이계순 1966, 이돈주 역 1966, 양동휘 1967), 소리 높이(오미라 1983, 황귀룡 역 1986), 성조[聲調](전상범 1985ㄱ, 조신애 1986, 소강춘 1989), 음 높이(이정민·배영남 1987, 신지영 2000ㄱ, 안병섭 2010), 음정[音程](정국 1994), 피치(고도흥 1998), 고저 음고(박진혁 2014)

영어 pitch

</blockquote>

② 개념 설명

소리의 높낮이를 이용하여 단어의 뜻을 구분하는 운소이다. 음향적으로는 소리의 진동수와 관련

---

105) 논의에 따라서는 저모음이 중모음으로 바뀌는 사례가 제시되기도 한다. 그런데 이런 예들 중 대부분은 중앙어와 방언을 단순 대조하여 저모음과 중모음이 대응하는 자료들을 표면적으로 '모음 상승'이라고 하는 경우가 많아서 실제로 그런 음운 변화가 있었다고 단정하기에는 어려움이 많다.

106) 가령 정승철(1996)에 따르면 제주도의 젊은 층 방언에서는 'ㅇ>오'나 '애>에'와 같은 모음 변화가 일어난다고 하는데, 이러한 변화는 고모음화가 아니므로 오히려 모음 상승이라고 보아야 할 것이다. 다만 이런 변화는 다른 방언에서 널리 확인되지 않는다는 점이 문제이다.

이 있어서 진동수가 높으면 소리도 높고 진동수가 낮으면 소리도 낮다. 소리의 높이가 높은 고조(高調),[107] 높이가 낮은 저조(低調)[108]가 구별되며 이 외에 논의에 따라 중조(中調)[109]를 더 설정하기도 한다. 또한 언어에 따라서는 높낮이가 중간에 바뀌는 상승조(上昇調)나 하강조(下降調), 승강조(昇降調) 등을 더 설정하기도 한다. 고조, 저조, 중조와 같이 높이가 일정하게 유지되는 고저 유형을 평판조(平板調), 상승조, 하강조, 승강조 등과 같이 중간에 높이가 바뀌는 고저 유형을 굴곡조(屈曲調)라고 한다.

고저에 속하는 운소는 그 성격에 따라 성조, 고조 악센트, 억양의 세 가지를 나눌 수 있다.

	성조	고저 악센트	억양
어휘 변별성	유	유	무
고저 유형의 제약	무	유	무

성조, 고저 악센트, 억양의 기본적인 차이는 실현 단위에 있다. 성조는 원칙상 음절을 실현 단위로 한다. 따라서 각 음절마다 성조 실현은 독자적으로 이루어지며 각 음절의 고조 또는 저조는 모두 대등한 자격을 가진다. 고저 악센트는 단어를 단위로 실현된다. 한 단어에서 실현된 여러 고저 중 의미 있는 것은 한두 개로 국한될 뿐 그 이외의 고저는 일종의 잉여적인 성격을 가진다.

---

107) '고조(high tone, high pitch)'를 가리키는 용어에는 '높은 소리(김두봉 1916, 박지홍 1975, 김성렬 1991), 고음[高音](이완응 1929, 심의린 1936, 幸田寧達 1941, 남광우 1954), 오르막 가락(최현배 1929), 높은 가락(최현배 1937, 허웅 1955, 김영만 1966), 고평성조[高平聲調](服部四郎 1951, 龜井孝 外 編 1996), 고조[高調](허웅 1955, 이숭녕 1956ㄹ, 정연찬 1960, 橋本萬太郎 1973ㄱ), 고음조(木坂千秋・郡司利男 譯 1957, 竹林滋・横山一郎 譯 1970, 林榮一・間瀨英夫 譯 1978, 임성규 1988, 곽동기 2000, 김기호 2000), 고평조[高平調](佐伯梅友 1959, 金田一春彦1967), 거성[去聲](이기문 1963ㄱ), 고음도[高音度](양동휘 1967), 고조소[高調素](金田一春彦 1967, 日本音聲學會 編 1976, 김춘자 2003, 최명옥 2006ㄴ), 높은 음조(신익성 1968ㄱ, 전학석 1993, 배주채 1996ㄱ), 높은 음도(양동휘 1975), 고평판조(日本音聲學會 編 1976, 龜井孝 外 編 1996), 고성조[高聲調](日本音聲學會 編 1976, 윤병택 1986, 이철수 1994, 龜井孝 外 編 1996, 이동명 2003), 고조 성조(박창원 1983), 상음조(고병암 역 1986), 고음소(김무림 1992), 높어조(이영길 1992), 고단 소리 높이(국립국어연구원 1996), 고성(손형숙 1997)' 등이 있다.

108) '저조(low tone, low pitch)'를 가리키는 용어에는 '낮은 소리(김두봉 1916), 저음[低音](이완응 1929, 幸田寧達 1941, 남광우 1954, 서정범 1982), 내리막 가락(최현배 1929), 낮은 가락(최현배 1937ㄱ, 허웅 1955, 김영만 1966, 日本音聲學會 編 1976), 저평성조[低平聲調](服部四郎 1951, 龜井孝 外 編 1996), 저조[低調](허웅 1955, 이숭녕 1956ㄹ, 정연찬 1960, 橋本萬太郎 1973ㄱ), 저평조[低平調](佐伯梅友 1959, 奧村三雄 1972), 평성[平聲](이기문 1963ㄱ), 저음도[低音度](양동휘 1967), 저조소[低調素](金田一春彦 1967, 日本音聲學會 編 1976, 김춘자2003, 최명옥 2006ㄴ), 낮은 음조(신익성 1968ㄱ, 전학석 1993, 배주채 1996ㄱ), 저음조[低音調](竹林滋・横山一郎 譯 1970, 林榮一・間瀨英夫 譯 1978, 長嶋善郎 譯 1980, 김기호 2000), 낮은 소리(박지홍 1975, 김성렬 1991, 전학석 1993), 낮은 음도(양동휘 1975), 저평판조[低平板調](日本音聲學會 編 1976, 龜井孝 外 編 1996), 저성조[低聲調](日本音聲學會 編 1976, 윤병택 1986, 이철수 1994, 龜井孝 外 編 1996, 이동명 2003), 하음조(고병암 역 1986), 저음소[低音素](김무림 1992), 저성[低聲](손형숙 1997)' 등이 있다.

109) '중조(middle tone, middle pitch)'를 가리키는 용어에는 '이사 소리(김두봉 1916), 예사 소리(김두봉 1922, 박지홍 1975), 중음[中音](小倉進平 1923), 가운대 가락(최현배 1937ㄱ), 중평성조[中平聲調](服部四郎 1951, 龜井孝 外 編 1996), 가운데 가락(허웅 1955, 정연찬 1971, 김영만 1972), 중조[中調](허웅 1955, 이익섭 1967, 橋本萬太郎 1973ㄱ, 권재선 1974), 중간 가락(김영만 1966), 중음조(木坂千秋・郡司利男 譯 1957, 竹林滋・横山一郎 譯 1970), 중음도[中音度](양동휘 1967), 중음조(中音調](신익선 1968), 중간음[中間音](전상범 1985ㄱ), 중간 음조(고병암 역 1986), 가운데 높이 소리(전학석 1993), 가운데 높이 음조(전학석 1993), 중간 성조[中間 聲調](이철수 1994), 중간 높이 소리(김성근 1995), 보통소리(김성근 1995), 중성조(국립국어연구원 1996, 龜井孝 外 編 1996, 이동명 2003), 중평판조(龜井孝 外 編 1996)' 등이 있다.

성조와 달리 개별 음절에 실현된 고조나 저조는 대등한 것이 아니고 중요도에서 차등이 있는 것이다. 억양은 단어는 물론이고 그보다 큰 어절이나 구, 문장에도 실현될 수 있다는 점에서 차이가 있다.

성조와 고저 악센트는 단어의 의미를 변별할 수 있다는 점에서 공통적이다. 반면 억양은 그런 기능이 없다. 즉 억양의 차이에 따라 서로 다른 단어가 되는 일은 없는 것이다. 그 대신 억양은 문장의 종류를 구분해 주거나 화자의 태도 등을 전달하는 언어적 기능을 가지고 있다.

성조와 고저 악센트의 차이는 고저 유형의 제약 유무에 달려 있다. 성조는 원칙상 고저의 실현이 자유로워서 음절마다 고조(高調) 또는 저조(低調) 등이 실현될 수 있다. 반면 고저 악센트는 그렇지가 않다. 가령 한 단어 내에 올 수 있는 고조의 수에 제한이 있다든지 특수한 고조 또는 저조 뒤의 고저 실현에 제한이 있을 수도 있다. 이것은 성조와 고저 악센트의 실현 단위가 각각 음절과 단어로 구분된다는 점과 무관하지 않다.

고저 중 억양은 모든 언어에 존재한다. 그러나 성조나 고저 악센트는 존재하는 언어도 있고 그렇지 않은 언어도 있다. 국어의 경우 중세 국어에는 성조 또는 고저 악센트가 존재했다고 알려져 있다. 그러나 현대 국어에서는 경상도 방언이나 함경도 방언 등에 남아 있을 뿐이고 다른 방언에서는 모두 사라졌다.

고저는 모음 또는 모음이 포함된 단위들을 대상으로 논의하는 것이 일반적이지만 幸田寧達(1941)에서는 국어의 자음도 고저에 따라 구분하고 있다. 즉 평음과 유기음은 고저에 비추어 저음이고 경음은 고음이라는 것이다. 그에 따르면 자음의 고저는 성대의 진동 속도와 관련이 있다고 한다. 幸田寧達(1941)은 국어의 자음을 강약의 차원에서 구분한 적도 있어서 자음 분류에 여러 가지 운소를 적극적으로 활용했음을 알 수 있다.

③ 용어 설명

'고저'를 지칭하는 용어들은 크게 세 가지 부류로 나눌 수 있다. 첫 번째는 '고저, 높고 낮음, 높낮이, 소리의 높낮, 억양, 높고 낮음' 등과 같이 소리의 높이에서 대조되는 양쪽을 조합하여 만든 것이다.[110] 두 번째는 소리가 높은 쪽을 중시한 용어들로서 '높이, 음고, 소리 높이, 음 높이'가 여기에 속한다. 세 번째는 높고 낮은 것에 있어 가치 중립적 성격을 지닌 것으로 '음조, 가락, 음도, 성조, 음정' 등이 있다.

④ 관련 항목

고저 악센트, 성조, 악센트, 운소

---

110) '억양'에서 '억'은 낮은 쪽을 가리키고 '양'은 높은 쪽을 가리킨다.

고저 악센트

① 용어의 별칭

국어 악조[樂調] 악센트(小倉進平 1923, 최현배 1937ㄱ), 조[調] 악센트(小倉進平 1923, 築島裕 1964), 고저[高低] 악센트(神保格 1927, 金田一京助 1932, 有坂秀世 1940, 이극로 1947, 심의린 1949ㄴ, 이숭녕 1954ㅂ), 가락 올림(최현배 1929, 김석득 1960), 악조[樂調] 악센드(최현배 1929), 음악적[音樂的] 악센트(심의린 1949ㄴ, 김민수 1978ㄱ, 龜井孝 外 編 1996, 이은정 2005), 고[高] 악센트(寺川喜四男 1950, 市河三喜·河野六郎 1951, 服部四郎 1954~5), 액센트(이익섭 1967), 음조[音調] 악센트(이기문 1972, 이상억 1979ㄴ, 변광수 1987ㄴ), 높낮이 액센트(박지홍 1975), 높이 액센트(박지홍 1975, 황희영 1979), 음도 강세[音度 强勢](양동휘 1975), 성조 중음[聲調 重音](日本音聲學會 編 1976), 높이 가락(日本音聲學會 編 1976), 고조 액센트(박지홍 1977), 양음[揚音] 악센트(황귀룡 역 1986), 높이 악센트(김영만 1987, 이은정 2005), 음조[音調](이상억 1987ㄴ), 운율 악센트(유재원 1988), 음조 악센트(임성규 1988), 음악 악센트(김성근 1990, 전순환 2003), 선율 악센트(김성근 1990), 높낮이 악센트(김성근 1990), 음정 액센트(정국 1994, 강현주 1999), 높이 마루(김성근 1995, 고도흥 1998, 이호영 1998), 선율 소리마루(김성근 1995), 고저 역점(전학석 1995), 음고(차재은 1999), 피치 악센트(김기호 2000, 황보영식 2005), 고저 액센트(최영미 2001), 음고 악센트(김성규 2009, 박진혁 2014)

영어 pitch accent, musical accent, tonic accent

② 개념 설명

단어의 특정 음절을 두드러지게 만드는 악센트가 고저로 실현되는 경우를 가리킨다. 고저 악센트가 운소의 기능, 즉 단어 의미를 변별하는 기능을 하는 언어의 경우에는 한 단어에서 핵심적인 역할을 하는 고조가 어느 위치에 오느냐가 중요하다. 고저 악센트는 단어를 실현 단위로 하기 때문에 'word pitch'와 그 의미가 비슷하다.[111] 'word pitch'는 '단어 성조(이기문 1972), 어사 성조(정연찬 1980), 단어 음조(김성환 1983), 낱말 음조(임성규 1988), 어성조[語聲調](福井玲 1998)' 등으로 번역되고 있다.

국어의 경우 중세 국어의 고저 또는 현대 국어의 경상도, 함경도 방언의 고저와 같이 전통적으로 성조라고 다루었던 것을 고저 악센트로 다루어야 한다는 입장이 오래 전부터 있어 왔다. 중세 국어의 경우에는 이른바 '율동 규칙'이라는 독특한 고저 실현 장치가 존재하여 한 단어의 높낮이를 음절 수에 따라 일정하게 조정한다. 또한 현대 국어의 여러 방언들은 음절 수에 따라 고저의 유형이 몇 가지로 한정되어 있어 고저 실현에 상당한 제약이 있다.[112] 이러한 제약들은 성조 언어에서는 찾아보기 어렵다.[113] 그래서 국어의 고저는 성조보다는 고저 악센트에 더 가깝다고 보는 것이다.

---

111) 고저 악센트가 어절이나 구를 단위로 실현될 때에는 '어절 음조(김차균 1977), '구 음조(전학석 1993)' 등의 용어를 사용하기도 한다.

112) 이 외에 한 단어나 어절 내에서 고조로부터 저조로 이동한 후에는 다시 고조로 높낮이가 변하지 않는다는 제약도 있다.

113) 성조 언어라고 하더라도 성조 배열 제약 등이 존재하기는 하지만 중세 국어나 현대 국어의 여러 방언들만큼 제약이 심하지는 않다.

③ 용어 설명

‘고저 악센트’를 가리키는 용어들은 대개 ‘고저’를 가리키는 용어 뒤에 ‘악센트’를 지칭하는 용어가 덧붙은 구조를 가진다. 용어의 변이는 ‘고저’나 ‘악센트’를 어떻게 표현하느냐와 관련된다.[114] ‘악조 악센트, 가락 악센트, 음악적 악센트, 선율 악센트’ 등은 음악에서의 음정이 음의 고저와 관련된다는 사실을 감안한 것으로 ‘musical accent, tonic accent’의 번역어에 해당한다.

④ 관련 항목

강약 악센트, 고저, 성조, 악센트

공명도

① 용어의 별칭

> 국어 똑똑함(최현배 1929, 김영송 1974, 日本音聲學會 編 1976, 려증동 1977), 양도[亮度](최현배 1929, 泉井久之助 譯 1936, 新村出 1943, 이숭녕 1954ㄷ, 유창돈 1959ㄴ, 日本音聲學會 編 1976), 향도[響度](金田一京助 1932, 유창식 1956, 김진우 1970ㄱ), 낭도[朗度](이강로 1956ㄴ, 김영만 1987), 음량[音量](허웅 1958, 정인섭 1973, 최윤현 1966), 음향도[音響度](김형규 1961ㄱ, 오종갑 1981, 이덕흥 1986), 울림도(양동휘 1967, 김차균 1976, 신상진 1977), 가청도[可聽度](도수희 1975, 정호완 1976, 日本音聲學會 編 1976, 김영만 1987), 홍양도[洪亮度](日本音聲學會 編 1976), 영이도[盈耳度](日本音聲學會 編 1976), 들림(원경식 1977, 고도흥 1998), 청도[聽度](日本音聲學會 編 1976), 간극도(김동언 1980), 공명도[共鳴度](이승재 1980, 이혜숙 1980, 강창석 1984), 명음도[鳴音度](정연찬 1980, 박종희 1983ㄱ, 이철수 1994), 향명도[響鳴度](김차균 1984ㄱ, 이정민・배영남 1987, 이기백 1991), 들림성(공일주 1987), 향명성(김성련 1992ㄴ), 음향감[音響感](최윤현 1993), 간극[間隙](김진규 1995), 공깃길(최한조 1998)
>
> 영어 sonority

② 개념 설명

사전적으로는 울림의 크기를 뜻하는데, 구체적으로는 동일한 조건에서 지니는 소리들의 상대적인 크기를 가리킨다. 공명도는 청자의 귀에 들리는 소리의 크기에 해당하므로 가청도(可聽度)와 거의 같은 개념이라고 할 수도 있다.[115] 공명도는 여러 가지 요인에 의해 결정되는데 특히 성대의 울림 및 조음체와 조음점 사이의 간극이 중요하다. 성대가 울리는 음일수록 공명도가 높으며 조음체와 조음점 사이의 간격이 넓을수록 공명도가 높다.

---

114) ‘고저’와 ‘악센트’를 지칭하는 다양한 용어들은 해당 항목을 참고할 수 있다.
115) ‘가청도’는 ‘음향도[音響度](이숭녕 1939ㄴ, 주왕산 1948), 음운의 양도[音韻의 亮度](이숭녕 1939ㄴ), 양도(亮度)(주왕산 1948), 감각량[感覺量](주왕산 1948), 가청도[可聽度](김영송 1972, 이원식 1992)’ 등으로 불린다.

음들의 공명도 위계를 보면 자음보다는 모음의 공명도가 크다. 자음의 경우에는 파열음, 마찰음, 파찰음과 같은 장애음의 공명도가 유음이나 비음과 같은 공명음의 공명도보다 더 낮다. 장애음 중에는 폐쇄의 과정을 거치는 파열음의 공명도가 가장 낮고 공명음 중에는 비음이 유음보다 공명도가 낮다.[116] 이처럼 자음의 공명도는 자음의 음운론적 강도와 반비례 관계에 있다. 자음적인 성격이 강할수록 공명도는 더 낮아진다. 모음의 경우에는 혀의 높낮이와 공명도가 직접적인 관련이 있다. 저모음에 가까울수록 공명도는 더 커진다. 혀의 높낮이가 낮으면 그만큼 입이 많이 벌어져서 구강의 공간이 넓어지므로 울림이 더 클 수밖에 없다.

최근에는 공명도의 음성적 실체에 대해 의문을 제기하기도 했다. 가령 김현(2011ㄴ)에서는 '공명도'의 개념이 명확한 음성학적 척도를 지니지 못한다는 비판을 제기하고 공명도에 의존하여 설명하던 현상들도 다른 방식으로 해결하고자 했다. 그런데 설령 공명도를 음성학적 차원에서 정확히 정의하기 어렵다는 문제가 있다고 하더라도 공명도를 통해 해석해 온 여러 현상들은 많은 언어들에서 강한 경향성을 보이는 것이 사실이다. 그런 점에서 공명도라는 개념을 포기하기는 쉽지 않다.[117]

③ 용어 설명

'공명도'를 가리키는 용어는 크게 세 계열로 나눌 수 있다. 가장 일반적으로 쓰이는 계열은 '향도, 음향도, 홍양도, 공명도, 향명도, 명음도, 향명성, 음향감' 등과 같이 '울리는 정도'라는 의미를 가진 용어들이다.[118] 이 계열은 '공명도'의 원래 개념을 충실히 담고 있다고 하겠다. '음량'은 의미는 약간 다르지만 음의 양이 곧 울리는 정도와 직결되므로 같은 성격을 가진다고 할 수 있다.

다음으로 '가청도, 영이도, 들림, 청도, 들림성'과 같이 '귀에 들리는 정도'를 의미하는 계열의 용어들도 있다.[119] 이와 비슷한 성격의 용어에는 '명확성의 정도'를 나타내는 '똑똑함, 양도, 낭도'도 있다. 두 번째 계열의 용어는 대체로 청취의 측면을 중시하고 있다. 세 번째 계열은 '간극도, 간극, 공깃길'이다. 이 용어들은 공명도가 조음점과 조음체 사이의 간극과 관련이 있음을 중시하고 있다. 이 계열의 용어는 조음 과정을 중시하고 있어서 두 번째 계열과 대립된다고 할 수 있다.

④ 관련 항목

공명음, 장애음

---

116) 이호영(1996)과 같이 비음과 유음의 공명도를 동일하게 설정하는 경우도 없지 않으나 국어의 여러 음운 현상을 설명하는 데 있어서는 유음이 비음보다 공명도가 더 높다고 보는 편이 유리하다. 자음 중 유음이 모음에 가장 가까운 성격을 지닌다고 보는 것도 유음의 공명도가 자음 중 가장 높다는 것과 무관하지 않다.

117) 이 문제의 해결은 공명도의 개념을 포기하기보다는 오히려 공명도의 음성적 실체를 구체화하려는 노력을 통해 이루어져야 할 것으로 생각된다.

118) '홍양도'는 중국에서 쓰이는 용어이다.

119) '영이도'는 중국에서 사용되는 용어이다.

공명음

① 용어의 별칭

국어 낭음[朗音](小倉進平 1923, 박승빈 1931, 홍기문 1935, 이희승 1955), 무애음[無碍音](홍기문 1935), 공명음[共鳴音](이극로 1932ㄷ, 服部四郎 1951, 太田朗 1959, 김완진 1967, 竹林滋·橫山一郎 譯 1970, 양동휘 1975), 울림소리(이극로 1932ㄷ, 심의린 1949ㄱ, 류렬 1992), 양음[亮音](泉井久之助 譯 1936), 악음적 자음[樂音的 子音](有坂秀世 1940), 탁음[濁音](이상춘 1946, 한국국어교육연구회 1964ㄴ), 평탁음[平濁音](이상춘 1946), 향음[響音](심의린 1949ㄱ, 허웅 1968ㄱ, 최세화 1971, 日本音聲學會 編 1976), 무장애음[無障碍音](寺川喜四男 1950), 무마찰음[無摩擦音](太田朗 1959), 울림닿소리(이강로 1961, 김영신 1977), 명음[鳴音](양동휘 1967, 日本音聲學會 編 1976, 長嶋善郎 譯 1980, 정철 1984, 龜井孝 外 編 1996, 이은정 2005), 자명음[自鳴音](筧壽雄·今井邦彦 1971, 小泉保·牧野勤 1971), 비조음[非噪音](小泉保·牧野勤 1971, 長嶋善郎 譯 1980), 명향음[鳴響音](日本音聲學會 編 1976), 향명음[響鳴音](日本音聲學會 編 1976, 김차균 1985, 허삼복 1990, 최윤현 1993), 유향 자음[有響 子音](김민수 1978ㄱ, 김성근 1990, 菅野裕臣 1993ㄱ), 유성음(김민수 1978ㄱ), 자향음[自響音](김방한 1980), 향명성 자음(김차균 1984ㄱ), 악음[樂音](이기문 외 1984, 국립국어연구원 1996), 공명자음[共鳴子音](이철수 1994, 정국 1994, 배주채 1996ㄱ), 향명성 닿소리(이근열 1997ㄱ), 비장애음(김광웅 2001), 공명음소(이상신 2008)

영어 sonorant, resonant

② 개념 설명

사전적 의미로는 공명을 동반한 음을 가리키는데, 실질적으로는 공명의 정도, 즉 공명도가 높은 음들을 묶는 개념으로 쓰인다. 공명도 항목에서 언급한 것처럼 공명도 자체의 음성학적 근거가 다소 미약한 측면이 있고, 공명도의 위계 중 어느 단계 이상을 공명음이라고 부를 수 있는지에 대한 객관적 준거는 마련하기 어렵다. 그렇지만 자음의 경우 비음을 포함하여 그보다 공명도가 높은 음들을 공명음으로 분류한다. 따라서 자음 중에는 비음과 유음이 공명음에 속한다. 또한 반모음과 모음은 전부 공명음에 해당한다. 이처럼 반모음과 모음은 공명음이 아닌 경우가 없으므로 실제로 공명음의 개념은 자음과 관련된 현상을 설명하는 데 유용하다. 자음에는 공명음과 대립되는 부류로 장애음이 존재한다.

공명음에 속하는 음들은 공명도가 높다는 점 이외에도 음성학적으로 몇 가지 특징이 있다. 우선 발음할 때 기류의 방해 또는 장애 과정이 현저히 약하다. 논의에 따라서는 공명음을 발음할 때 기류가 장애를 받지 않는다고 말할 정도로 공명음을 발음할 때에는 기류가 순탄하게 흐른다.[120] 또한 공명음을 발음할 때에는 성대의 진동이 자동적으로 동반된다. 즉 특별한 제약 조건이 개입하지 않으면 공명음은 곧 유성음이 되는 것이다. 음향 음성학적으로는 음형대 구조가 뚜렷하여 음향 에너지가 상대적으로 크다는 특징도 지닌다.[121]

---

120) 이러한 특징은 小倉進平(1923)이나 박승빈(1931)에서 이미 언급할 정도로 일찍부터 인식되었다.
121) 여기서의 상대적인 비교 기준은 장애음이 된다.

국어의 공명음은 음운론적 차원에서도 공통적인 모습을 몇 가지 보인다. 우선 공명음은 음절 종성에서의 실현이 자유롭다. 장애음의 경우 종성에서 'ㅂ, ㄷ, ㄱ' 중 하나로 발음되어야 하며 이러한 제약 때문에 'ㅂ, ㄷ, ㄱ'에 속하지 않는 자음은 평파열음화의 적용을 의무적으로 받아야 한다. 반면 공명음에 속하는 비음과 유음은 모두 음절 종성에서 발음될 수 있다. 그래서 공명음은 평파열음화의 적용을 받지 않는다.

공명음은 장애음 뒤에 오지 못한다는 특징도 있다. 국어에는 선행하는 자음의 공명도가 후행하는 자음의 공명도보다 더 작으면 안 된다는 제약이 있다. 만약 장애음이 공명음보다 앞에 오면 이러한 제약을 어기므로 비음화, 'ㄹ'의 비음화 등과 같은 음운 현상이 적용된다. 한편 자음군 단순화의 역사적 적용 과정을 보면 공명음이 선행하는 어간말 자음군은 장애음이 선행하는 어간말 자음군보다 적용 시기가 더 늦다는 특징도 지닌다. 그래서 중세 국어의 경우 공명음이 선행하는 자음군은 'ㄽ'을 제외하면 대체로 자음군 단순화가 적용되지 않았다. 이처럼 국어에서는 공명음이 장애음과 구별되는 음운론적 기능을 수행하는 경우가 적지 않다.

③ 용어 설명

'공명음'을 가리키는 용어는 다양한 편인데 다음의 몇 부류로 나눌 수 있다.

(가) 낭음, 공명음, 울림소리, 향음, 울림 닿소리, 명음, 자명음, 명향음, 향명음,
   유향 자음, 울림, 자향음, 향명성 자음, 공명 자음, 향명성 닿소리, 공명음소
(나) 무애음, 무장애음, 무마찰음, 비장애음
(다) 악음적 자음, 비조음, 악음
(라) 탁음, 평탁음, 유성음
(마) 양음

(가)는 공명음이 울림을 동반하는 소리라는 의미를 반영한 용어들이다. 공명음을 지칭하는 대표적인 용어라고 할 수 있다. (가)에 속하는 용어 중 '울림소리'는 유성음을 가리킬 수도 있어 주의를 기울여야 한다.[122] (나)는 공명음을 발음할 때 기류의 장애가 없거나 미약하다는 사실을 중시한 용어이다. (다)는 음향 음성학적 특징에 따라 악음(樂音)과 조음(噪音)을 구분할 때 공명음은 악음에 가깝다는 점과 관련되는 용어들이다. 다만 '악음' 항목에서 언급한 것처럼 자음 중 공명음은 '조음'이라고 보는 입장과 '악음'으로 보는 입장이 공존하고 있어 (다)와 같이 '악음'이라고 단정하는 데 다소의 문제는 있다. (라)는 공명음이 성대의 진동을 동반하는 유성음이라는 의미를 담고 있다. (라)의 경우 장애음도 음성적으로는 유성음으로 실현될 수 있기 때문에 공명음을 정확히 한정하기 어렵다는 단점이 있다. (마)는 '공명도'를 '양도(亮度)'라고 부르므로 '공명음'도 '양음'이라고 부르게 된 경우이다. 음성적 성격상 (마)의 '양도'는 (가) 계열에 속한다고 할 수 있다.

---

122) '울림소리'라는 용어의 이중적 용법에 대해서는 '유성음' 항목을 참고할 수 있다.

④ 관련 항목

공명도, 음형대, 장애음

과도 교정

① 용어의 별칭

> **국어** 부정 회귀[不正 回歸](허웅 1958, 박홍길 1961, 서재극 1961), **역유추**[逆類推](유창돈 1961ㄴ, 이성연 1984, 김동언 1990), 그릇된 회귀(김철헌 1963), 잘못 돌이킴(허웅 1968ㄱ, 권재선 1992, 백두현 1992ㄴ), 과잉 정확[過剩 正確](배양서 1969ㄴ), 과도 정확[過度 正確](정명우 외 역 1973), 정확 과잉[正確 過剩](小松英雄 1981), 오유추[誤類推](장영해 1983), 역현상[逆現象](김주필 1985), 과도 교정[過度 矯正](전상범 1985ㄱ, 최전승 1985, 백두현 1989), 과잉 수정[過剩修正](송민 1986, 권인한 1987, 백두현 1992ㄴ, 龜井孝 外 編 1996), 과정확 어법[過正確 語法] (이정민·배영남 1987), 과잉 교정[過剩 矯正](박창원 1989, 조성식 편 1990, 백두현 1992ㄴ, 龜井孝 外 編 1996), 과도 수정[過度 修正](김상돈 1991), 과교정[過矯正](김주필 1994, 김규남 1998), 틀린 복귀(국립국어연구원 1996), 과잉 순응[過剩 順應](龜井孝 外 編 1996), 역변화[逆變化](우민섭 2000), 과오 역행(위진 2002), 교정 강화(최전승 2004), 잘못된 회귀(소신애 2007ㄴ), 과도 교정형의 산출(소신애 2007ㄴ), 과도 분석(소신애 2013), 오교정[誤校正] (차익종 2014)
>
> **영어** hyper-correction, over-correction, false regression, hyper-form, hyper-analysis

② 개념 설명

어떤 음운 변화가 있을 때 여기에 대한 반작용이 지나쳐 새로운 형태로 변화가 일어나는 현상을 가리킨다. 예를 들어 'A'라는 음이 'C'라는 음 앞에서 'B'로 바뀌는 변화가 있다고 할 때 이 변화는 'AC'를 'BC'로 바꾸는 역할을 하게 된다. 이러한 변화가 진행되는 도중에는 새로운 변화에 대한 저항으로 'BC'의 'B'를 'A'로 되돌리는 경향이 종종 나타나곤 한다. 이때 'BC'의 'B'가 원래 'A'로부터 바뀐 것이면 이것을 'A'로 되돌린다고 해도 변화 이전의 형태로 되돌아갈 뿐이다. 문제는 'BC'의 'B'가 'A'로부터 바뀐 것이 아니고 원래부터 'B'였다든지 또는 'A'가 아닌 다른 음으로부터 변화한 것이라면 'B'를 'A'로 바꿈으로써 그 이전에는 존재하지 않는 새로운 'AC'라는 형태가 만들어지게 된다. 이러한 변화를 과도 교정이라고 한다. 문헌 표기에 반영된 과도 교정에 대해서는 '역표기[逆表記]'라고 부르는 경우도 있다.

국어를 대상으로 한 과도 교정은 구개음화에 대한 반작용을 가리키는 데 많이 활용되었다. 특히 'ㄱ' 구개음화에 대한 과도 교정이 많다. 가령 '질삼>길쌈, 짗>깇, 치>키' 등은 모두 'ㅈ, ㅊ'이 'ㄱ' 구개음화의 적용을 받은 것으로 잘못 해석하여 과도 교정을 한 결과이다. 이 외에 문헌에 나타나는 '효쥬(<쇼쥬), 흉산(<슝산)' 등은 'ㅎ' 구개음화에 대한 과도 교정의 예이다. 구개음화에 대한 과도

교정은 특별히 '역구개음화'라는 용어를 주로 사용하기도 한다.[123] 이 외에 전설 모음화에 대한 과도 교정은 '역구개 모음화',[124] '이' 모음 역행 동화에 대한 과도 교정은 '역움라우트'라고 부르는 경우가 있다. 이처럼 특정 음운 현상의 과도 교정 현상에는 음운 현상의 명칭 앞에 '역'을 붙이고 있다.

과도 교정을 교정 대상이 되는 음의 기원에 따라 두 가지로 세분하는 경우도 있다. 즉 다른 음으로부터 바뀌지 않은 음을 과도 교정하는 경우와 다른 음으로부터 바뀐 음을 과도 교정하는 경우를 구분하는 것이다. 가령 김주원(1997)에서는 'ㄱ' 구개음화에 대한 '과도 교정'을 '과도 교정'과 '과도 오교정(過度 誤矯正)'으로 나눈 바 있다. 과도 교정은 구개음화의 적용을 받지 않은 'ㅈ, ㅊ, ㅉ'을 'ㄱ, ㅋ, ㄲ'으로 되돌리는 것이고, 과도 오교정은 'ㄷ' 구개음화의 적용을 받아서 나온 'ㅈ, ㅊ, ㅉ'을 'ㄱ, ㅋ, ㄲ'으로 잘못 되돌리는 것이다. '딤치'로부터 바뀐 '짐치'가 '김치'로 바뀐 것이 과도 오교정에 해당한다.[125]

지금까지 언급한 '과도 교정'은 변화의 동기가 한 방언 내부에 있었다. 즉 동일한 방언에서 일어난 내적인 변화에 대해 과도한 유추가 작용하여 또 다른 변화가 일어났던 것이다. 그런데 과도 교정의 동기를 서로 다른 방언에서 찾는 경우도 있다. 표준어나 중앙어 또는 좀 더 높은 지위를 가졌다고 인식하는 방언을 과도하게 인식하여 그것을 따르는 과정에서 잘못된 변화가 일어날 수도 있는 것이다.[126] 이러한 현상에 대해서는 과도 교정과 구분되는 용어를 사용하기도 한다. 영어로는 'hyper-urbanism, over-elegant variant', 국어로는 '과도시 어법[過都市 語法]'(이정민·배영남 1987), 과도한 도시화[都市化](소신애 2007ㄴ)' 등의 표현이 쓰이고 있다.

③ 용어 설명

'과도 교정'을 가리키는 용어는 크게 세 계열로 나눌 수 있다. 하나는 '과도 교정' 계열로 교정의 정도가 지나치다는 정도성에 초점을 두고 있다. '과도 교정, 과잉 수정, 과잉 교정, 과도 수정, 과교정, 과도 분석'이 여기에 속한다. '교정 강화'도 같은 계열이되 다만 '과도하다'고 표현하지 않고 '강하다'로 표현한 점이 다르다. 이 용어들은 모두 'hyper-correction'의 번역어라고 할 수 있다. 만약 'hyper-correction'의 'correction'을 '정확'으로 번역하면 '과잉 정확, 과도 정확, 정확 과잉, 과정확 어법'과 같은 용어가 된다.

---

123) 다만 '역구개음화'는 두 가지 서로 다른 현상을 가리키는 데에도 쓰인다. 우선 중세 국어의 치음인 'ㅅ, ㅆ'이 근대 국어 시기에 잠시 경구개음 부근으로 조음 위치를 이동했다가 다시 현재와 같이 치조음으로 되돌아간 현상을 '역구개음화'라고 부르는 경우가 있다. 경구개음이 치조음으로 바뀌었다는 점에서 역구개음화(depalatalization)라고 부르는 것이다. 같은 개념을 탈구개음화(脫口蓋音化)라고 부르기도 한다. 다른 하나는 'ㅈ, ㅊ, ㅉ'과 같은 경구개음 뒤에서 반모음 'j'가 탈락하는 현상을 '역구개음화'라고 부른다. 이것을 역구개음화라고 하는 이유는 분명치 않다. 아무튼 이상의 두 가지 현상은 과도 교정으로서의 역구개음화와는 완전히 구별되는 현상이다.

124) '전설 모음화'를 '구개 모음화'라고 부르기도 하는데, 그럴 경우 전설 모음화에 대한 과도 교정은 '역구개 모음화'가 된다.

125) 강희숙(2010ㄱ)에서는 '과도 교정'은 '너무 돌이킴'으로, '과도 오교정'은 '잘못 돌이킴'으로 풀이하고 있다.

126) 이러한 측면을 강조할 때에는 '과잉 순응(過剩 順應)'이라는 표현을 사용하기도 한다. 龜井孝 外 編(1996)에 따르면 '과잉 순응'의 반대로 '과잉 자기 주장'이라는 개념이 있다고 한다. 최전승(2009)에서 말한 '과도 방언형(hyper-dialectalism)'도 과잉 순응과는 정반대 현상과 관련된다. '과잉 자기 주장'이나 '과도 방언형'은 모두 자신의 방언이나 말에 대한 우월 의식을 표출한 것이다.

다른 하나는 잘못된 형태로 되돌아갔다는 의미를 담은 것으로 '부정 회귀, 그릇된 회귀, 잘못 돌이킴, 틀린 복귀, 과오 역행, 잘못된 회귀, 오유추, 오교정' 등을 들 수 있다. 이 용어들은 'false regression'의 번역어라고 할 수 있다. 이 계열의 용어는 과도 교정이 '잘못'이라는 데에 초점을 두고 있다. 초창기에는 '부정 회귀' 계열의 용어가 많이 사용되었다. 그러나 언어 변화에서 '잘못'이란 없으며 다만 이전과 다른 형태로 바뀌었을 뿐이라는 인식이 강해지면서 이 계열의 용어는 점차 덜 쓰이게 되었다.

마지막은 '역유추, 역현상, 역변화'와 같이 변화 방향에 초점을 둔 용어들이다. 정상적으로 일어난 음운 변화를 다르게 해석하여 원래의 방향과 반대로 변화가 일어났다는 사실을 강조하고 있다. 이 계열의 용어는 다른 계열과 달리 영어 표현의 번역이라기보다는 그 의미를 고려하여 새로 만든 것이라고 할 수 있다.

④ 관련 항목

구개음화, 음운 현상, 재분석, 전설 모음화

교체

① 용어의 별칭

> **국어** 교체[交替](이숭녕 1935ㄴ, 河野六郎 1945, 안병희 1959, 김석득 1960, 牧野成一 譯 1970), 교체 현상[交遞 現象] (홍기문 1962), 바뀜(지춘수 1971), 변동[變動](허웅·박지홍 1971, 이현복·김기섭 역 1983, 정국 1994), 형태 음운론적 교체[形態 音韻論的 交替](송민 1986, 배주채 1996ㄱ), 번갈이(정국 1994), 교번[交番](정국 1994), 음운론적 교체 (배주채 1996ㄱ), 형태 교체(김유범 2001), 이형태 교체(황화상 2011)
> **영어** alternation, allomorphy

② 개념 설명

사전적으로 '교체'는 어느 하나가 다른 것으로 바뀌는 일련의 현상을 가리키므로 지시 범위가 매우 넓다. 실제로 언어 연구에서도 교체는 한 음이 다른 음으로 바뀌는 현상에서부터 어휘의 변동까지 많은 현상들을 의미하는 데 널리 쓰이고 있다. 이 중 가장 대표적인 용법은 두 가지이다. 하나는 한 형태소가 조건에 따라 서로 다른 이형태로 실현되는 현상을 가리키는 것이고, 다른 하나는 음운 현상 중 한 음운이 다른 음운으로 바뀌는 소위 '대치'에 속하는 현상을 가리키는 것이다. 그런데 두 번째 용법의 경우 '대치'라는 별도의 용어가 마련되어 있으므로 여기서는 형태소의 이형태 실현을 가리키는 의미로서의 '교체'에 한정하여 논의하기로 한다.127)

대부분의 언어에서는 동일한 형태소라고 하더라도 사용되는 환경에 따라 음운론적 형태가 달라지는 경우가 많은데 이것을 전통적으로 '교체'라고 불러 왔다. 특히 국어의 경우 교착어라는 유형론적 특성상 한 형태소가 다른 형태소들과 결합하는 과정에서 많은 음운 현상이 일어난다. 이처럼 음운 현상이 일어나면 변화를 겪는 음운이 속한 형태소의 실현도 함께 변화를 겪음으로써 교체가 일어날 수밖에 없다.

형태소의 교체를 설명하는 데에는 세 가지 요소가 필요하다. 우선 교체가 일어나기 전의 형태, 즉 형태소의 기본적인 형태를 가리키는 기본형 또는 기저형이 있어야 한다. 또한 교체가 일어나서 구체적으로 실현된 형태인 이형태에 대한 개념도 필요하다. 마지막으로 교체는 대체로 특정한 조건 아래에서 일어나므로 여기에 대한 고려도 필요하다.

교체는 여러 가지 기준에 따라 하위 분류를 한다. 우선 교체의 동기에 따라 자동적 교체(automatic alternation)와 비자동적 교체(non-automatic alternation)를 구분한다. 자동적 교체는 국어의 강력한 음운론적 제약을 따르기 위해 일어나는 교체이다. 형태소끼리 결합하면서 국어의 음운론적 제약을 어기는 형태가 만들어지면 음운론적 제약을 지키기 위해 반드시 교체가 일어나야 한다. 이것을 자동적 교체라고 부른다.[128] 가령 '값'이 자음으로 시작하는 조사와 결합할 때 'ㅅ'이 없어진 '갑'의 형태로 바뀌는 것은 음절 종성에 자음군을 허용하지 않는 음절 구조 제약을 지키기 위해 일어난 교체이다. 또한 조사 '도'가 장애음으로 끝나는 형태소 뒤에서 '또'로 바뀌는 것은 장애음 뒤에 평음의 장애음이 오는 것을 막는 음소 배열 제약을 지키기 위해 일어난 교체이다. 만약 필연적으로 일어나야 하는 동기가 없는데도 교체가 일어났다면 그 교체는 비자동적 교체이다.[129]

교체의 성격 또는 양상에 따라서는 규칙적 교체와 불규칙적 교체를 구분한다. 규칙적 교체와 불규칙적 교체를 구분하는 기준은 논의에 따라 상당한 편차가 있는 편이다. 지금까지 제안된 기준으로는 교체 대상의 일반화 여부, 교체 양상의 동일성 여부, 형태론적 조건의 유무, 음운 규칙에 의한 설명 가능성, 일반적 교체 방식의 준수 여부 등이 있다.[130] 이 중 어느 방식을 택하느냐에 따라 동일한 교체에 대한 규칙성 판단이 달라질 수 있다. 대체로 동일한 조건 아래에서 일반적인 원칙을 따름으로써 그 결과를 음운 규칙으로 설명할 수 있으면 규칙적 교체이다. 반면 국어의 일반적 원칙

---

127) '교체'라는 용어의 이중적 쓰임 및 그와 관련된 문제점은 '대치' 항목을 참고할 수 있다.

128) '자동적 교체'는 '자동적 교체[自動的 交替]'(김완진 1972ㄴ, 전광현 1979, 이익섭·임홍빈 1983), 자동 교체[自動 交替](이익섭 1972, 龜井孝 外 編 1996), 자동적 변동(이현복·김기섭 역 1983), 음운적 조건[音韻的 條件](이철수 1994), 보편적 교체(고영근 2005)' 등으로도 불린다. '자동적'이라는 표현이 많은 것은 'automatic alternation'의 'automatic'을 직역한 결과이다. '음운적 조건'은 자동적 교체의 조건이 순수 음운론적 성격을 가진다는 점을 고려한 것이고, '보편적 교체'는 자동적 교체의 경우 예외 없이 반드시 일어난다는 점을 고려한 것이다.

129) '비자동적 교체'는 '비자동적 교체[非自動的 交替]'(김완진 1972, 이익섭·임홍빈 1983, 홍윤표 1987), 형태적 조건[形態的 條件](이철수(1994), 비자동 교체(龜井孝 外 編 1996), 한정적 변동(고영근 2005), 개별적 변동(고영근 2005)' 등으로도 불린다. '비자동적'이라는 표현이 들어 있는 용어는 모두 'non-automatic alternation'의 'non-automatic'을 번역한 것이다. '형태적 조건'은 비자동적 교체의 조건은 형태론적인 성격이 많다는 점을 감안한 것이고, '한정적 변동'은 비자동적 교체가 동일한 음운론적 조건을 가진 일부 형태소에만 일어난다는 점을 고려한 것이다. 한편 '비자동적 교체'를 뒤에서 살필 '불규칙적 교체'와 동일시하는 경우가 예전부터 있어 왔는데, 이는 그다지 타당하지 않다. '비자동적 교체'와 '불규칙적 교체'는 분류의 기준 자체가 다르기 때문에 개념상으로도 구분해야 한다.

130) 형태소 교체의 규칙성을 정의하는 다양한 방식에 대해서는 이진호(2014ㄱ)을 참고할 수 있다.

을 어겨서 그 결과를 음운 규칙으로 설명할 수 없으면 불규칙적 교체이다.[131] 한편 이진호(2014ㄱ)에서와 같이 교체의 규칙성은 유무의 문제가 아니므로 그 정도성을 포착할 수 있는 방식으로 사고의 전환이 필요하다고 주장하는 논의도 있었다.

마지막으로 교체가 일어나는 조건에 따라서 교체를 구분할 수도 있다. 교체가 일어나는 조건은 매우 다양하다. 이진호(2015ㄴ)에 따르면 교체의 조건은 음운론적 조건, 형태론적 조건, 통사론적 조건, 어휘론적 조건, 화용론적 조건, 문체론적 조건으로 세분할 수 있다. 이 중 교체 조건으로 가장 널리 쓰이는 것은 음운론적 조건이다. 따라서 여러 조건들을 음운론적 조건과 비음운론적 조건으로 묶고, 여기에 따라 교체를 음운론적 교체와 비음운론적 교체로 나누기도 한다. 음운론적 교체는 교체의 조건이 순수하게 음운론적 정보만으로 이루어진 것이고, 비음운론적 교체는 교체의 조건에 형태소의 부류, 품사, 문법 정보 등 음운론이 아닌 다른 문법 분야에 대한 정보가 포함된 것이다.

③ 용어 설명

'교체'를 가리키는 용어들은 모두 바뀐다는 의미를 담고 있다. '형태 음운론적 교체, 음운론적 교체, 형태 교체, 이형태 교체' 등에서는 '교체' 앞에 다른 의미를 추가하고 있는데, 이는 교체의 성격을 명확히 드러내기 위함이다. '형태 음운론적 교체'는 형태소의 교체가 '형태 음운론'의 주된 설명 대상임을 나타내고, '음운론적 교체'는 형태소의 교체가 음운의 변동으로 구체화된다는 사실을 나타낸다. '형태 교체, 이형태 교체'는 모두 교체가 형태소의 이형태 실현과 관련됨을 가리킨다.

④ 관련 항목

기본형, 기저형, 이형태, 형태 음운

---

131) '규칙적 교체'와 '불규칙적 교체'를 가리키는 용어들은 한결같이 '규칙, 규칙적', '불규칙, 불규칙적'이라는 표현을 담고 있는데 이는 각각 'regular'와 'irregular'의 번역에 충실한 결과이다.

구강음

① 용어의 별칭

국어	구강음[口腔音](小倉進平 1923, 장지영 1937, 홍기문 1947, 심의린 1949ㄴ, 寺川喜四男 1950), 橋本萬太郞 1977), 입소리(최현배 1927ㄷ, 김근수 1947, 주왕산 1948), **구음[口音]**(최현배 1927ㄷ, 安藤正次 1927, 김근수 1947, 홍기문 1947, 日本音聲學會 編 1976, 龜井孝 外 編 1996), 닙소리(장지영 1937), 구음운[口音韻](有坂秀世 1940), 출구음[出口音](박병채 1966), 비비음화음[非鼻音化音](원경식 1977), 통구음[通口音](조용국 1981, 서영석 1998), 구두음[口頭音](김진우 1985), 입안소리(김성근 1995), 비비음[非鼻音](이은정 2005)
영어	oral, oral sound

② 개념 설명

발음할 때 구개범(velum)을 위로 올려 비강으로 가는 통로를 막음으로써 공기가 구강[132]으로만 흐르게 하는 음을 가리킨다. 비강으로 공기가 흐르면서 발음되는 비음과 대립된다. 국어에서는 구강음과 비음의 차이가 자음과 모음 모두에서 나타난다. 자음의 경우 '비음'을 제외한 '파열음, 마찰음, 파찰음, 유음'이 구강음이며 모음의 경우에는 방언에서 나타나는 비모음에 대립되는 것이 구강음이다.[133]

③ 용어 설명

'구강음'을 나타내는 용어는 두 가지로 나뉜다. 하나는 '입에서 나오는 소리'라는 사실을 직접 밝힌 것으로 비율상 압도적으로 높은 편이다. '구강음, 입소리, 구음, 출구음, 통구음' 등이 이 부류에 속한다. 다른 하나는 '비음이 아니다'라는 사실을 반영한 것으로 구강음의 특성을 간접적으로 드러내는 용어인데, '비비음화음, 비비음'이 여기에 해당한다.

④ 관련 항목

비모음, 비음

---

132) '구강'을 가리키는 용어에는 '구강[口腔](김두봉 1916, 金澤庄三郞 1917~1918, 小倉進平 1923, 安藤正次 1927, 홍기문 1947, 양동휘 1967), 입안(김두봉 1916, 최현배 1929, 이극로 1932ㄷ), 조성관[調聲管](이극로 1932ㄷ), 입굴(최현배 1937ㄱ, 日本音聲學會 編 1976, 문효근 1978, 이성연 1984), 입안울림통(김성근 1995, 고도흥 1998)' 등이 있다.
133) 구강음을 자음과 모음으로 나누어 '구자음[口子音](이병선 1967ㄴ, 林榮一・間瀨英夫 譯 1978)'과 '구모음[口母音](林榮一・間瀨英夫 譯 1978)'으로 지칭하는 경우도 있으나 일반적으로 쓰이는 용어는 아니다.

구개

① 용어의 별칭

국어 입웅(김두봉 1916, 이윤재 1929, 최현배 1929), **구개[口蓋]**(김두봉 1916, 홍기문 1947, 新村出 1943, 주왕산 1948, 寺川喜四男 1950, 東條操 1965), **입천정**(김두봉 1922, 홍기문 1947, 이숭녕 1949), **입안 천장**(리필수 1923), **입천장**(강매・김진호 1925), **입천장**(조선어연구회 1930, 주왕산 1948, 정인승 1949ㄱ), **이붕**(최현배 1937ㄱ, 허웅 1958), **상악[上顎]**(東條操 1965, 日本音聲學會 編 1976)
영어 palate

② 개념 설명

경구개에서 연구개에 이르는 입의 천장 부분을 가리킨다. 그러나 경구개만을 지칭하는 용법으로도 많이 쓴다. 이것은 마치 '구개음'을 연구개음은 배제한 채 경구개음만 지시하는 데 쓰는 경우가 많은 것과 비슷하다.

구개는 보통 경구개와 연구개의 두 부분만 나누는 경우가 일반적이다.[134] 그러나 경우에 따라서는 더 세분하는 경우도 없지 않다. 가령 服部四郞(1951)에서는 구개를 '경구개, 고구개(高口蓋), 연구개'의 셋으로 구분했고 이숭녕(1954ㅂ)에서는 '경구개, 구개정(口蓋頂), 연구개'의 셋으로 구분했다. 경구개와 연구개 사이에 있는 '고구개'나 '구개정'은 대체로 중설면이 닿는 위치라고 보아도 무방하다.

③ 용어 설명

'구개'를 가리키는 대부분의 용어는 입의 천장이라는 의미를 담고 있다. '상악'이 유일한 예외인데 '상악'의 사전적 의미는 '위턱'으로 되어 있어 구개와는 상당한 차이를 보인다.

④ 관련 항목

경구개, 구개음, 연구개

---

134) 두 부분만 나눈다고 해서 구개의 절반을 정확히 구분하여 각각 경구개와 연구개로 보는 것은 아니다. 日本音聲學會 編(1976), 垣田邦子(1977)에 따르면 경구개는 구개의 전반부 2/3, 연구개는 구개의 후반부 1/3에 해당한다고 하여 그 범위를 명시하고 있는데 여기에 따르면 경구개가 연구개보다 훨씬 넓은 구역을 차지한다.

구개음

① 용어의 별칭

> [국어] 구개음[口蓋音](김규식 1909, 이상춘 1946, 김윤경 1948ㄱ, 寺川喜四男 1950), 입천정소리(김윤경 1948ㄱ, 류렬 1992), 입천장소리(이인모 1949, 정인승 1949ㄱ, 이강로 1961), 악음[顎音](寺川喜四男 1950), 이붕소리(문교부 1952, 허웅·박지홍 1971), 혀가운데소리(고도홍 1998)

② 개념 설명

혀를 구개(口蓋, palate)에 대거나 근접시켜 내는 자음 부류를 가리킨다. 개념상으로는 경구개음과 연구개음 모두를 지칭하지만, 실제로는 경구개음만을 가리키는 경우가 더 많다. 이숭녕(1949ㄱ), 박지홍(1975)는 경구개음과 연구개음을 포괄하는 상위 개념으로 사용하고 있으며 寺川喜四男(1950)에서는 구개음을 전악음(前顎音), 중악음(中顎音), 후악음(後顎音)의 셋으로 나누기도 했다.[135] 그러나 대부분의 논의에서는 경구개음을 지칭하는 용법으로 한정하고 있다.

③ 용어 설명

'구개음'을 가리키는 용어는 대체로 조음점에 해당하는 '구개'를 반영하고 있다. '구개음, 악음'은 한자어 계열이고 '이붕소리'는 고유어 계열이다. '입천장소리'는 고유어와 한자어를 결합한 용어이다. 예외적으로 '혀가운데소리'는 구개음을 발음할 때 관여하는 조음체를 고려한 용어이다.

④ 관련 항목

경구개음, 연구개음, 치조경구개음

---

135) 전악음은 치조경구개음(alveo-palatal)을 가리킨다.

구개음화

① 용어의 별칭

국어 구개음화[口蓋音化](小倉進平 1923, 최현배 1929, 이극로 1932ㄴ, 조선어학회 1933, 河野六郎 1945, 上村幸雄 1972), 설요음화[舌腰音化](김진호 외 1927), 경구개음화[硬口蓋音化](安藤正次 1927, 金田一京助 1932, 전재호 1966, 허웅 1968ㄱ, 강신항 1983), 입웅소리 되기(최현배 1929), 설면음화[舌面音化](박상준 1932, 강신항 1983, 오정란 1999, 劉振中 2013), 구개화[口蓋化](金田一京助 1932, 有坂秀世 1940, 寺川喜四男 1950, 이기문 1977ㄴ, 이준환 역 2013), 악음화[顎音化](金田一京助 1932, 日本音聲學會 編 1976), 전구개음화[前口蓋音化](金田一京助 1932), 습음화[濕音化](泉井久之助 譯 1936, 신승용 2003), 이붕소리 되기(최현배 1937ㄱ, 박홍길 1961, 허웅·박지홍 1971), 센입웅소리 됨(정렬모 1946), 입천정소리로 됨(김윤경 1948ㄱ), 입천장소리 되기(장하일 1949, 이인모 1949, 정인승 1949ㄱ), 경구개화(小泉保·牧野勤 1971, 桑原輝男·根間弘海 譯 1980, 김성근 1995), 악화[顎化](董同龢 1972, 권인한 1995, 엄익상 2007), 경악화[硬顎化](日本音聲學會 編 1976), 센구개화 현상(城生佰太郎 1977), 경구개자음화(곽충구 1984), 경구개파찰음화(강신항 1987ㄱ), 입천정소리 되기(류렬 1992), 구개파찰음화(김무림 1993, 김양진 1998, 박진석 1999), 센입천장소리 되기(박덕철 1993, 이진호 2009), 굳은입천장소리 되기(김성근 1995), 입천장소리화(고도흥 1998, 김정숙 외 2005), 설면구개음화(오정란 1999), 치조경구개음화(오정란 1999), 설면치조경구개음화(오정란 1999), 구개자음화(장영길 1999), 파찰음화(강신항 2000, 박종희 2006, 한수정 2008), '지, 치'로 되기(이주행 2004), 구개음소화(최명옥 2004, 이상신 2008, 이현정 2008), 경구개음소화(최명옥 2004)

영어 palatalization

② 개념 설명

단모음 '이'나 반모음 'j' 앞에서 경구개음이 아닌 자음이 경구개음으로 바뀌는 현상을 가리킨다. '이'나 'j'는 조음되는 위치가 경구개 부근이기 때문에 구개음화는 선행하는 자음이 후행하는 모음이나 반모음의 조음 위치에 닮아 가는 동화 현상으로 이해하는 것이 일반적이다. 이러한 사실을 강조하기 위해 동화음인 '이'나 'j'를 각각 구개 모음, 경구개 반모음[136]이라고 부르기도 한다. 이처럼 구개음화는 모음적 성격의 동화음에 자음이 동화되는 역행 동화에 속한다.[137]

구개음화를 동화로 해석하는 것은 조음적 측면을 고려한 결과이다. 그런데 구개음화를 인식의 측면에서 해석하는 경우도 없지 않다. 정인호(2003)에서는 구개음화에 대해 '이'나 'j' 앞에서 실현되는 자음의 변이음과 경구개음이 음성적으로 유사하여 변이음을 경구개음으로 재해석한 결과가 구개음화라고 보고 있다. 가령 'ㄷ, ㄱ'이 '이'나 'j' 앞에서 'ㅈ'으로 바뀌는 구개음화는 순수한 조음상의 동화 때문만이 아니고 '이, j' 앞에서 실현되는 'ㄷ, ㄱ'의 변이음을 'ㅈ'으로 재해석한 결과라는

---

136) 반모음 'j'는 이 외에도 다양한 명칭을 지니는데, 여기에 대해서는 '반모음' 항목을 참고할 수 있다.

137) 구개음화를 동화가 아닌 이화로 해석하는 논의도 있다. 즉 정반대의 해석도 존재하는 것이다. 가령 幸田寧達(1941)에서는 구개음화의 피동화음과 동화음이 모두 착출음(搾出音)에 속하며 착출음끼리 만나면 발음이 어려워져 구개음화가 일어난다고 설명하고 있다. 幸田寧達(1941)에서 '이화'라는 표현을 사용하지 않았을 뿐 그 설명 내용은 이화에 정확히 대응한다. 매우 독특한 해석인 셈인데, '착출음'의 정체가 불분명할 뿐만 아니라 구개음화를 이화로 보는 것은 언어 보편적인 경향성에 비추어 보아도 그다지 타당하다고 하기 어렵다.

것이다. 여기에 따르면 비록 음성적으로 '이, j' 앞에서 동화에 준하는 현상이 일어나 변이음이 경구개음과 비슷해지지만, 실제로 구개음화가 일어난 이유는 이 변이음을 인식 차원에서 경구개음으로 해석했기 때문이다.

국어의 구개음화는 그 성격에 따라 여러 가지 유형이 구분된다. 우선 음소들 사이에 일어나는 구개음화와 변이음 실현과 관련된 구개음화가 구분된다. 구개음화는 'ㄷ, ㅌ, ㄸ'이나 'ㄱ, ㅋ, ㄲ'이 'ㅈ, ㅊ, ㅉ'으로 바뀌거나 'ㅎ'이 'ㅅ'으로 바뀌는 것과 같이 음소 차원의 변동을 초래하기도 하고, 단지 한 음소의 변이음이 음성적으로 구개음으로 실현되는 데 작용하기도 한다. 음소 변동으로서의 구개음화를 '음소적 구개음화, 형태 음운적 구개음화' 등으로 부르고 변이음 실현으로서의 구개음화를 '이음적 구개음화, 음성적 구개음화, 구개 변이음화' 등으로 부른다.

음성적 차원의 구개음화는 엄밀히 말하면 다시 두 부류로 세분된다. 하나는 치조음인 'ㄴ, ㄹ, ㅅ'의 변이음이나 후음인 'ㅎ'의 변이음이 각각 구개음화의 환경에서 'ɲ, ʎ, ʃ, ç'로 실현되는 것으로, 이러한 구개음화는 자음의 조음 위치 자체가 구개음으로 이동한 경우이다.[138] 반면 'ㅂ, ㅍ, ㅃ, ㅁ'과 같은 양순음이나 'ㄱ, ㅋ, ㄲ'과 같은 연구개음의 경우 비록 구개음화의 환경에서 구개음으로 조음 위치가 바뀌지는 않아도 이차 조음으로서의 구개음화를 겪는다.[139] 이처럼 음성적 구개음화는 주된 조음 위치 자체가 경구개음으로 바뀌는 것과 이차 조음으로서의 구개음화가 부가되는 것으로 구분된다.

음소적 변동으로서의 구개음화는 피동화음의 종류에 따라 'ㄷ' 구개음화, 'ㄱ' 구개음화, 'ㅎ' 구개음화로 나뉜다. 'ㄷ' 구개음화는 국어의 구개음화를 대표하는 현상으로서 '티다>치다, 디혜>지혜(智慧)' 등 고유어와 한자어를 가리지 않고 일어났다. 현재도 '밭+이 → 바치, 끝+이다 → 끄치다'와 같이 형태소 경계 사이에서는 계속 적용되고 있다.[140] 다만 형태소 내부의 경우는 세력이 크게 약화되어서 새로 차용하는 외국어에는 전혀 적용되지 않으며 고유어라고 하더라도 '디디다, 잔디, 마디, 티끌' 등과 같은 단어는 구개음화의 예외로 남아 있다. 특히 고유어의 예외는 대체로 동화음인 '이'가 이전 시기에 다른 모음으로부터 바뀌었다는 공통점이 있다.[141]

'ㄱ' 구개음화는 어두 음절의 구개음화 환경에서 'ㄱ, ㅋ, ㄲ'이 'ㅈ, ㅊ, ㅉ'으로 바뀌는 현상이다. 'ㄱ' 구개음화는 'ㄷ' 구개음화와 달리 어두에서만 일어난다는 제한이 있으며, 나타나는 방언의 분포도 'ㄷ' 구개음화에 비해 좁은 편이다. '기름>지름(油), 겨울>저울(冬)' 등이 'ㄱ' 구개음화의 예이다. 'ㄱ' 구개음화가 적용된 형태는 표준어로 인정되지는 않는다.

---

138) 구개음화는 일반적으로 자음이 초성에 놓일 때 적용되지만 'ㄴ, ㄹ'의 음성적 구개음화는 종성에서도 일어난다. 특히 종성에서 일어나는 'ㄴ, ㄹ'의 구개음화는 자음 앞에서도 일어난다. 가령 'ㄴ, ㄹ' 뒤에 경구개음이 오거나(예 안정, 날짜 등) 'ㄴ, ㄹ'의 변이음 중 경구개음이 오면(예 안녕, 달력 등) 종성의 'ㄴ, ㄹ'은 경구개음인 'ɲ, ʎ'로 실현된다.

139) 가령 'ㅂ, ㄱ'이 '이'나 'j' 앞에서는 이차 조음으로서의 구개음화를 겪으며 이러한 'ㅂ, ㄱ'은 정밀한 음성 전사를 할 때 'ʲ'을 덧붙여 'pʲ, kʲ'로 표기한다. 이차 조음으로서의 구개음화가 적용된 자음을 '구개화음(palatalized sound)'이라고 불러서 주된 조음 위치가 경구개인 '경구개음(palatal)'과 구분하기도 한다.

140) 'ㄷ' 구개음화가 형태소 경계 사이에서 적용될 때에는 후행하는 형태소가 문법 형태소여야 한다는 조건이 덧붙는다.

141) '디디다, 잔디, 마디, 티끌'은 각각 '듸듸다, 잔듸, 마듸, 틀글'에서 바뀌었다. 그런데 자료에 따라서는 다른 모음으로부터 바뀐 '이' 앞에서도 구개음화가 일어나는 경우가 있다고 한다. 자세한 것은 최전승(1986)을 참고할 수 있다.

'ㅎ' 구개음화는 어두에서만 일어난다는 점에서는 'ㄱ' 구개음화와 같지만 구개음화의 결과인 'ㅅ'이 경구개음이 아니라는 점이 특징적이다. 그래서 다른 구개음화와 달리 'ㅎ' 구개음화에 대해서는 '설단음화[舌端音化](이희승 1955), 치경음화(이상억 1979ㄱ), 치조음화(박선근 2006), 역구개음화(박선근 2006)[142]'와 같은 별개의 용어가 사용되기도 한다. 'ㅎ' 구개음화의 결과가 치조음인 'ㅅ'인 데에는 'ㅅ'의 조음 위치와 관련된 역사적 변화가 관여되어 있다.[143] 'ㅎ' 구개음화의 예에는 '힘>심(力), 형>성(兄)' 등이 있으며 표준어로 인정되지 않는다는 점에서 'ㄱ' 구개음화와 동일하다.[144]

이처럼 음소 변동으로서의 구개음화에는 'ㄷ, ㄱ, ㅎ' 구개음화라는 세 가지 종류가 있다. 앞서 살핀 바와 같이 이 세 가지 구개음화는 '이, j' 앞에서 일어난다는 공통점은 있지만 그 이외의 측면에서는 적지 않은 차이가 있다. 어두에서만 적용된다는 제약의 유무는 물론이고 지역적 분포나 표준어 인정 여부에서 다른 모습을 보인다.

그뿐만 아니라 'ㄷ, ㄱ, ㅎ' 구개음화는 변화 양상의 음운론적 성격에서도 구별된다. 김경아(2001)에서는 이 문제를 변별적 자질의 차원에서 검토한 바 있다. 'ㄷ' 구개음화는 피동화음이 동화음의 '[고설성(High)]' 자질 값에 동화되지만 'ㄱ' 구개음화는 피동화음의 '[고설성]' 자질 값이 그대로 유지된 채 동화음의 '[저음조성(Grave)]' 자질 값에 동화된다고 했다.[145] 또한 'ㅎ' 구개음화는 피동화음의 '[고설성]'과 '[저음조성]' 자질 값이 모두 바뀌지만 '[저음조성]'의 변화가 더 본질적이라고 했다. 여기에 따르면 'ㄷ' 구개음화는 '[고설성]' 자질의 변화와 관련되고 'ㄱ' 구개음화와 'ㅎ' 구개음화는 '[저음조성]' 자질 값의 변화와 관련된다.[146] 한편 'ㄷ' 구개음화는 동화의 결과 조음 위치가 뒤로 이동하지만 'ㄱ' 구개음화와 'ㅎ' 구개음화는 동화의 결과 조음 위치가 앞으로 이동한다는 점을 지적하는 논의도 존재한다.[147]

역사적으로는 중세 국어 시기에 치음이었던 'ㅈ(ʦ), ㅊ(ʦʰ), ㅉ(ʦ')'이 현대 국어로 이행되면서 경구개음으로 바뀐 것도 구개음화의 범주에 들 수 있다. 재음운화에 속하는 이러한 구개음화는 '구개화음(이명규 2000), 치음의 구개음화(이명규 2000, 조오현 2005), ㅈ-구개음화(김동소 1998), 설면음화(오정란 1999)' 등으로 지칭되어 왔다. 'ㅈ, ㅊ, ㅉ'이 경구개음으로 바뀐 변화는 '이, j' 앞에서만 일어난 것이 아니고 모든 환경에서 일어났다는 점에서 다른 구개음화와 차이가 난다. 그러나 이러한 변화 역시 애초에는 '이, j'에서 시작되었으며 '이, j' 앞에서 치음(ʦ, ʦʰ, ʦ') 대신 경구개음(ʧ, ʧʰ, ʧ')으로 실현되

<hr/>

142) '역구개음화'는 여러 가지 다양한 현상을 가리키는 데 쓰이고 있다. 뒤에서 후술할 'ㅅ, ㅆ'의 조음 위치 변화는 물론이고 구개음화에 대한 과도 교정을 가리킬 때에도 '역구개음화'라는 용어를 쓴다.

143) 'ㅅ, ㅆ'은 근대 국어 시기의 어느 시점에 'ㅈ, ㅊ, ㅉ'과 더불어 경구개음으로 이동했다가 다시 치조음으로 되돌아가는 변화가 있었을 가능성이 예전부터 제기되었다. 김주필(1985)에서는 이러한 변화를 '역구개음화(depalatalization)'라고 부르고 있다.

144) '뒷심'과 같은 단어에서는 예외적으로 '힘'이 '심'으로 바뀐 형태를 표준어로 인정하고 있다.

145) 치조음은 '[고설성]' 자질 값이 '一'이며 경구개음과 연구개음은 '十'이다. 또한 '[저음조성]'의 경우 치음부터 경구개음까지 구강의 중간에서 발음되는 자음들은 '一'이지만 나머지는 '十'이다.

146) 김경아(2001)에서는 '[저음조성]'의 자질 값이 변하는 'ㄱ, ㅎ' 구개음화를 '전설 자음화'라고 부를 수 있다고 했다. 'ㄷ' 구개음화는 '[저음조성]' 자질 값에 아무런 변화를 일으키지 않으므로 '전설 자음화'가 될 수 없다.

147) 가령 도효근(1990), 장영길(1996)에서는 'ㄷ' 구개음화를 '순행적 구개음화' 또는 '후진적 구개음화'라고 하고 'ㄱ, ㅎ' 구개음화를 '역행적 구개음화' 또는 '전진적 구개음화'라고 한 바 있다. 여기서 '순행적, 후진적'은 구강의 앞에서 뒤로 가는 것을 가리키고 '역행적, 전진적'은 구강의 뒤에서 앞으로 가는 것을 가리킨다.

던 음가가 다른 환경의 'ㅈ, ㅊ, ㅉ'으로 확대되면서 변화가 완료되었다는 점에서 구개음화와 무관하다고 할 수는 없다.[148]

한편 구개음화의 범위를 넓게 보는 입장에서는 어두의 'ㄴ' 탈락(예 니마>이마, 녀름>여름)이나 경구개음 뒤의 반모음 'j' 탈락(예 쳔>천, 쥭>죽)도 구개음화에 포함하는 경우가 있다. 물론 이러한 현상들이 구개음화의 환경에서 일어나므로 구개음화와 무관하지는 않다. 그러나 어두에서 'ㄴ'이 탈락되는 것은 'ㄴ'이 음성적 구개음화를 거친 후에 새로 일어난 변화이고, 경구개음 뒤에서 'j'가 탈락하는 것은 경구개음과 'j'의 조음 위치가 서로 중복되어 나타난 결과이다. 즉 구개음화의 부수 효과에 의해 별도로 일어난 변화일 뿐이므로 이러한 음소의 탈락 자체를 구개음화라고 부르기는 어려운 것이다.

구개음화는 그 명칭에서도 드러나듯이 기본적으로 자음의 조음 위치가 변동하는 현상이다. 그런데 'ㄷ' 구개음화나 'ㄱ' 구개음화의 경우 경구개음으로 바뀌면서 조음 방식 역시 파열음에서 파찰음으로 바뀐다.[149] 그래서 구개음화의 본질을 조음 위치의 변화가 아닌 조음 방식의 변화에서 찾기도 한다. '구개음화'를 '파찰음화'라고 부르는 경우가 여기에 해당한다.[150]

구개음화로 볼지 파찰음화로 볼지는 조음 위치와 조음 방식의 변화 중 어느 쪽을 더 중시할 것인지에 달려 있다. 그런데 조음 방식의 변화로 보려면 자음이 '이, j'의 어떤 특징에 영향을 받아서 파찰음이 되었는지를 해명할 수 있어야 한다. 조음 위치의 변화로 보는 입장에서는 이 부분에 대해 비교적 명쾌한 해명을 하고 있음에 비해 조음 방식의 변화로 보는 경우에는 그렇지 못하다. 게다가 조음 방식의 변화로 보면 'ㄷ, ㄱ' 구개음화와 나머지 구개음화를 구분해야 한다는 점도 부담스럽다. 'ㅎ' 구개음화나 음성적 구개음화는 모두 조음 방식의 변화와는 무관하기 때문이다. 이런 여러 가지 점들을 고려하면 구개음화의 본질은 역시 조음 위치의 변화에서 찾는 것이 타당하다고 판단된다.

국어의 구개음화는 모든 방언에서 나타나는 것은 아니다. 대표적으로 평안도 방언은 구개음화를 겪지 않은 것으로 매우 잘 알려져 있다. 이러한 사실을 가리켜 '비구개음화, 미구개음화' 등의 표현을 사용하는 경우가 있다.[151] 그런데 이러한 용어는 그리 적절해 보이지는 않는다. '비구개음화'나 '미구개음화'는 구개음이 다른 조음 위치의 자음으로 바뀌는 현상을 가리킨다고 오해할 우려가 높은 것이다. 이러한 문제를 피하기 위해 한성우(2005)에서는 '구개음화 회피'라는 용어를 사용하기도

---

148) 20세기 초의 육진 방언 자료를 보면 '이, j' 앞에서는 'ㅈ, ㅊ, ㅉ'이 경구개음으로 실현되고 그 이외의 환경에서는 치음으로 실현되는 양상을 확인할 수 있다. 이것은 'ㅈ, ㅊ, ㅉ'이 경구개음으로 완전히 정착되기 이전 단계의 모습을 보여 주는 것으로 추측된다. 자세한 것은 곽충구(2001)를 참고할 수 있다.

149) 이것을 현대 국어의 경구개음 중에는 파열음이 없기 때문이라고 설명하기도 하지만 결과론적 해석에 불과할 뿐이다. 구개음화에 의해 조음 방식까지 바뀌는 결과 자체에 대한 근본적 해명은 될 수 없다. 다만 이현복·김기섭 역(1983)에 따르면 언어 보편적으로 구개음화가 일어난 후에는 조음 방식이 파찰음으로 바뀌는 과정이 수반되는 경우가 적지 않다고 한다.

150) '파찰음화'라는 용어는 구개음화와 무관한 현상을 가리키는 데에도 사용되는 경우가 있다. 가령 중국 음운사에서는 설상음(舌上音)이 파찰음으로 바뀌는 변화를 '파찰음화'라고 부르며, 박선우(2006ㄱ)에서는 체언 말음의 재구조화 과정에서 '밭이, 밭은, 밭에' 등이 '밫이, 밫은, 밫에'로 바뀌는 일종의 유추 현상을 '파찰음화'라고 했다.

151) 이와 비슷한 경우로 경음화가 일어날 환경에서 일어나지 않는 것을 '비경음화'라고 한다든지, '평음+ㅎ'의 연쇄에 적용되는 유기음화가 방언에 따라 일어나지 않는 것을 '비유기음화'라고 부르는 것을 들 수 있다.

했다. 이것은 구개음화가 일어나지 않았다는 사실을 효과적으로 표현할 수 있다. 그러나 구개음화가 이미 존재하는데 이것을 회피한다는 의미로도 해석될 수가 있어서 처음부터 구개음화가 존재하지 않는 것을 가리키는 데 최선의 대안이라고 하기는 어렵다.

③ 용어 설명

'구개음화'를 가리키는 용어는 크게 조음 위치의 변화를 중시하는 것과 조음 방식의 변화를 중시하는 것으로 양분할 수 있다. 이 중 절대 다수는 조음 위치의 변화를 반영한 용어들이다. 조음 위치의 변화를 반영한 용어는 다시 조음점에 대한 정보를 담은 것과 조음체에 대한 정보를 담은 것으로 나뉜다.

조음점에 대한 정보가 포함된 용어는 '구개음화, 경구개음화, 입웅소리 되기, 구개화, 악음화, 전구개음화, 이붕소리 되기, 경구개화, 센입웅소리 됨, 악화, 경악화, 경구개자음화, 입천정소리 되기, 센입천장소리 되기, 굳은입천장소리 되기, 입천장소리화, 구개자음화, 구개음소화, 경구개음소화' 등 수적으로 매우 많다. 세부적인 차이를 무시하면 이 용어들은 '구개음화' 계열과 '경구개음화' 계열로 구분된다. 엄밀히 말하면 '구개음'에는 경구개음뿐만 아니라 연구개음도 포함되므로 경구개음으로 바뀌는 현상은 '경구개음화'로 명시하는 것이 낫다. 그러나 전통적으로는 '구개음화' 계열의 용어가 널리 쓰였다.[152]

조음체에 대한 정보가 포함된 용어에는 '설요음화, 설면음화(舌面音化)' 등이 있다. 주로 경구개음을 발음할 때 혓바닥이 관여한다는 점을 고려한 용어들이다.[153] 특히 '설면음화'는 '구개음화'라는 용어의 문제점을 해결하고자 몇몇 논의에서 제안되었다.[154] 드물게는 '설면구개음화, 설면치조경구개음화'와 같이 조음점과 조음체에 대한 정보를 모두 반영한 용어도 쓰인다.

조음 방식의 변동을 중시한 용어에는 '파찰음화'가 있다. 이미 앞에서도 설명했듯이 구개음화의 본질은 조음 방식의 변화보다는 조음 위치의 변화에 있으므로 '파찰음화'라고만 해서는 구개음화의 성격을 제대로 나타낸다고 보기 어렵다. '경구개파찰음화, 구개파찰음화'와 같이 조음 위치와 조음 방식의 변동을 모두 반영한 용어도 없지는 않다. 다만 일반적으로 쓰이지는 않는다.

한편 이상의 여러 용어들과 근본적으로 성격을 달리하는 용어도 있다. '습음화'가 여기에 해당한다. '습음화'는 국어 음운론에서는 거의 쓰이지 않고 슬라브어 계통의 언어를 설명하는 데 가끔

---

152) '구개음화'를 자음과 모음의 변화 모두를 지칭하는 용어로 사용하기도 한다. 장영길(1999)에서는 자음의 구개음화는 '구개자음화', 전설 모음화는 '구개모음화'라고 하고 이 둘을 합쳐 '구개음화'라고 했다. 구개자음화와 구개모음화는 동화음이 경구개 부근에서 발음된다는 공통점을 지니므로 이 둘을 '구개음화'로 통합하는 방식을 취한 것이다.

153) 김진호 외(1927)에 나오는 '설요음화'의 '설요음'은 '치음'을 가리킨다. 구개음화의 출력형인 'ㅈ, ㅊ, ㅉ'이 예전에 치음이었다는 사실을 고려한 용어이다.

154) '설면음화'라는 용어를 사용해야 한다고 보는 이유는 크게 두 가지를 들 수 있다. 첫째, 구개음화가 단순히 수동적인 조음점의 변화로 그치는 것이 아니라 능동적인 조음체가 변화하는 현상이라는 사실을 강조할 필요가 있다는 것이다. 그래서 '설면음화'라는 용어를 사용하면 구개음화가 혀의 높이와 관련된 동화라는 점을 잘 부각할 수 있다고 본다. 둘째, 'ㅎ' 구개음화처럼 동화의 결과 치조음 'ㅅ'으로 바뀌는 것은 엄밀히 말해 조음점이 경구개음으로 바뀌는 것은 아니므로 'ㅎ' 구개음화와 'ㄷ, ㄱ' 구개음화를 하나로 묶기 위해서는 다른 용어가 필요한데, 'ㅎ' 구개음화와 'ㄷ, ㄱ' 구개음화의 출력형인 'ㅅ, ㅈ'은 설면음이라는 공통점이 있으므로 '설면음화'가 더 타당하다는 것이다.

씩 활용되는 용어이다. 슬라브어 계통에서는 이차 조음으로서의 구개음화가 많이 나타나며 이러한 이차 조음이 동반되는 자음을 '습음'이라고 한다. 그래서 구개음화를 '습음화'라고 부르게 된 것이다.[155]

④ 관련 항목

경구개음, 구개음, 동화, 자음 동화

굴곡조

① 용어의 별칭

국어 기복식[起伏式](左久間鼎 1919, 宮田幸一 1927, 神保格 1927, 한재영 외 2003), 전이조[轉移調](정연찬 1960), 승강조[昇降調](이기문 1961ㄱ, 진단학회 1962, 김영만 1972, 龜井孝 外 編 1996), 곡선 억양 조직[曲線 抑揚 組織](장태진 1963ㄴ), 기복형[起伏型](金田一春彦 1967, 日本音聲學會 編 1976), 굴곡[屈曲] 토님(허웅 1968ㄱ), 굴곡조[屈曲調](허웅 1968ㄱ, 정연찬 1971, 김영만 1988), 기복 성조[起伏 聲調](정연찬 1970ㄱ, 김무림 1992), 기복 성조 체계(정연찬 1970ㄱ), 승강조[昇降調] 체계(이기문 1972, 정연찬 1977), 변동조(정인섭 1973), 굴곡 성조[屈曲 聲調](전상범 1977ㄴ, 이현복·김기섭 역 1983, 정인교 1986), 곡선조 높이(황희영 1979), 구부러진 소리 가락(황희영 1979), 곡선적 성조(박병채 1980), 기복 체계[起伏 體系](정연찬 1980, 박혜정 2002), 승강 성조[乘降 聲調](박종희 1983ㄱ, 배주채 1996ㄱ, 龜井孝 外 編 1996, 이정일 1999), 성조 곡선(박종희 1983ㄱ), 곡성조[曲聲調](이혜숙 1985), 곡선조 성조[曲線調 聲調](황귀룡 역 1986, 김무림 1992), 곡사형[曲斜型](龜井孝 外 編 1989), 굽이치는 가락(권재선 1992), 곡선 음조[曲線 音調](원경식 1993), 추이성 성조[推移性 聲調](龜井孝 外 編 1996), 곡절 성조[曲折 聲調](龜井孝 外 編 1996), 곡선 성조[曲線 聲調](龜井孝 外 編 1996), 복합 성조[複合 聲調](이진호 2001), 동조[動調](이은정 2005)
영어 contour tone, gliding tone, kinetic tone

---

② 개념 설명

'고저'에 속하는 운소가 중간에 높낮이의 변화를 동반하여 실현된 것으로 높낮이 변화가 없는 '평판조'와 대립된다. 특히 성조소 중에서 높낮이가 변하는 것을 가리킨다고 할 수 있다. 구체적인 성조소를 나타내는 데에서 나아가 그러한 성조소로 이루어진 성조 체계를 '굴곡조'라고 부르기도 한다. 상승조(Rising)[156] 또는 하강조(Falling)[157]가 굴곡조의 대표적인 사례이며 때로는 승강조(Rising-Falling)와

---

155) 일반적으로는 슬라브어에서 구개음화가 된 자음을 '연음, 약음'과 같이 약한 자음이라고 표현한다. 자세한 것은 '약음' 항목을 참고할 수 있다.

156) '상승조'는 '상승적[上的](左久間鼎 1919, 國語研究所 1960), 오르막 가락(최현배 1929), 승음조[昇音調](심의린 1949ㄴ), 승조형[昇調形](심의린 1949ㄴ), 상승조[上昇調](寺川喜四男 1950, 河野六郎 1951, 三根谷徹 1953, 이숭녕 1959ㄱ, 문효근 1963, 양동휘 1967), 저고조[低高調](河野六郎 1951, 손용주 198), 김완진 1990), 선저후고조[先低後高調](이숭녕 1959), 승조[昇調](國立國語研究所 1960, 이기문 1972, 김완진 1973ㄴ, 권재선 1974, 龜井孝 外 編 1996), 올라가는 가락(김영만 1966), 오

76

같이 오르내림이 모두 동반되는 것도 있다. 물론 상승조나 하강조라 하더라도 '저조＋고조(상승조의 경우)' 또는 '고조＋저조(하강조의 경우)'로 재분석할 수 있는 경우에는 굴곡조로 보지 않는다. 중세 국어 시기의 상성(上聲)을 평성과 거성이 결합된 복합 성조로 분석하여 중세 국어 성조를 평성과 거성의 이원적 평판조 체계로 해석하는 입장이 대표적인 경우이다. 이처럼 순수한 굴곡조는 고조나 저조와 같은 평판조의 결합으로 분석할 수 없는 경우로 국한된다.

③ 용어 설명

'굴곡조'를 가리키는 용어들은 대부분 소리의 높낮이에 변화가 있다는 사실을 반영하고 있다. 다만 구체적인 표현 방식에서 약간씩 차이가 있을 뿐이다. '곡선, 굴곡조, 곡선조, 곡사형, 곡성조, 곡사형' 등과 같이 직선이 아닌 곡선이라는 의미를 담은 것이 수적으로 많고 '기복식, 승강조' 등과 같이 소리의 높이가 오르내린다는 의미를 담은 것도 적지 않다. '전이조'나 '동조'는 소리의 높이가 변한다는 사실을 '움직임'의 관점에서 표현한 용어이다. '복합 성조'는 굴곡조가 둘 이상의 평판조가 결합된 것이라는 해석이 전제된 것으로, 앞서 지적한 것처럼 순수한 굴곡조는 평판조의 복합 성조로 보기 어렵다는 점에서 정확성이 다소 떨어진다.

④ 관련 항목

고저, 성조, 평판조

름 가락(김영만 1966), 오르막 변동조(정인섭 1973), 상승 억양[上昇 抑揚](최명옥 1976ㄱ), 승어조[升語調](日本音聲學會 編 1976), 상승 성조[上昇 聲調](日本音聲學會 編 1976, 龜井孝 外 編 1996), 올림 가락(황희영 1979), 상승적 음조(이병근 1986), 오름 억양(이현복 1989, 윤일승 1992, 이호영 1996), 전승형[全昇型](龜井孝 外 編 1989), 오름 가락(권재선 1992), 오름조(윤일승 1992, 이호영 1996, 한새영 외 2003), 올림류형(김성근 1995), 상승 음조[上昇 音調](龜井孝 外 編 1996, 신승원 2000), 상승 어조(고도흥 1998)' 등으로도 불린다.

157) '하강조'는 '하강적[下降的](左久間鼎 1919), 내리막 가락(최현배 1929, 日本音聲學會 編 1976), 강음조[降音調](심의린 1949ㄴ), 강조형[降調形](심의린 1949ㄴ), 하강조[下降調](寺川喜四男 1950, 三根谷徹 1953, 佐伯梅友 1959, 양동휘 1967, 허웅 1968ㄱ, 김영만 1972), 강조[降調](國立國語研究所 1960, 김완진 1973ㄴ, 권재선 1974, 박병채 1980, 龜井孝 外 編 1996), 내림 가락(김영만 1966), 하강 음조[下降 音調](허만길 1971, 藤崎博也・杉藤美久子 1977, 신승원 2000), 내리막 변동조(정인섭 1973), 강어조[降語調](日本音聲學會 編 1976), 하강 성조[下降 聲調](日本音聲學會 編 1976), 하강적 음조(이병근 1986), 내림 억양(이현복 1989, 윤일승 1992, 이호영 1996), 전강형[全降型](龜井孝 外 編 1989), 내림류형(김성근 1995), 내림조(이호영 1996, 김무식 2003, 한재영 외 2003), 하강 어조(고도흥 1998)' 등으로 불리기도 한다.

권설음

① 용어의 별칭

국어 권설음[捲舌音](임규 1912ㄴ, 安藤正次 1927, 김철헌 1958, 허웅 1958, 董同龢 1972, 橋本萬太郞 1973ㄴ), 곡설음[曲舌音](편집실 1938ㄷ, 이은정 2005), 반전음[反轉音](寺川喜四男 1950, 박홍길 1961, 양동휘 1967, 日本音聲學會 編 1976, 林榮一・間瀨英夫 譯 1978, 박영수 1981), 혀 미끄러지는 음(임환 1959), 반전[反轉](양동휘 1967), 권설소리(허웅 1968ㄱ, 국립국어연구원 1996), 뇌음[腦音](日本音聲學會 編 1976), 교설음[翹舌音](日本音聲學會 編 1976, 엄익상 2007, 劉振中 2013), 후굴음[後屈音](원경식 1977), 후굴설음[後屈舌音](박병채 1979, 이정민・배영남 1987), 혀구부림소리(황희영 1979), 혀말아올린 닿소리(황희영 1979), 반설음[反舌音](황희영 1979, 우민섭 2000), 권설자음(황희영 1979, 이현복・김기섭 역 1983), 권설성모(이돈주 1980), 설음[舌音](長嶋善郞 譯 1980), 반전자음[反轉子音](이영길 1983), 혀말이소리(이정민・배영남 1987, 국립국어연구원 1996, 구현옥 1999), 혀말음소리(이현복 1992), 설첨후음[舌尖後音](정철주 1996, 劉振中 2013), 설첨경악음[舌尖硬齶音](정철주 1996)

영어 retroflex, supra-dental, cerebral

② 개념 설명

혀끝을 뒤로 젖혀서 치조와 경구개 사이에 대거나 근접하여 발음하는 자음을 가리킨다. 이때 혀를 뒤로 젖히는 정도는 차이가 있다. 극단적으로는 혀를 말아서 혀끝의 아랫부분이 치조 부위에 닿기도 하고 혀끝을 뒤로 움츠리는 정도에서 그치기도 한다. 자음의 조음 위치로 볼 때 치조경구개음(alveo-palatal)과 상당히 가깝다고 할 수 있다.[158] 경우에 따라서는 자음이 아닌 모음에 대해서도 '권설 모음(retroflexed vowel 또는 r-colored vowel)'이라고 부르는 경우가 있다. 가령 영어에서 'r'의 색채를 가진 모음을 권설 모음이라고 한다. 국어의 자음 중에는 권설음이 없다.[159]

③ 용어 설명

'권설음'을 가리키는 용어 중에는 권설음의 조음적 특징, 즉 혀를 말아서 낸다는 사실을 그대로 반영한 것이 제일 많다. 다만 구체적인 표현 방식은 조금 다르다. '권설음, 혀말아올린 닿소리, 혀말이소리, 혀말음소리'와 같이 혀를 만다는 사실을 직접 드러내기도 하고 '곡설음, 후굴음, 혀구부림소리'와 같이 혀를 구부린다고 표현하기도 하며 '반전음, 반설음'과 같이 혀를 뒤집는다고 하기도 한다. 이런 부류를 제외한 용어는 일부에 불과하다. '설첨후음, 설첨경악음'은 조음체와 조음점을 모두 반영한 용어로서 설첨을 뒤쪽에 대기 위해서는 권설음이 될 수밖에 없다는 점이 고려되었다. '설음'은 권설음이 설음에 가깝다는 점을 나타내지만 이렇게만 표현하면 권설음이 아닌 설음들도 모두 포함하기 때문에 적절한 용어라고 보기는 어렵다. '뇌음'은 'cerebral'을 직역한 것으로 권설음

---

158) 국제 음성 기호에서는 경구개치조음(palato-alveolar)과 경구개음 사이에 권설음을 위치시키고 있다.
159) 임규(1912ㄴ)처럼 국어의 'ㄹ'이 권설음이라고 주장하는 경우도 있기는 하다.

의 특징과는 무관한 용어이다.

④ 관련 항목

경구개치조음, 설단, 치조구개음

규칙 단순화

① 용어의 별칭

국어 규칙의 간결화(이승환 1970), 규칙 간편화(문양수 1974ㄴ, 신수송·오례옥 1977), 규칙 단순화[規則 單純化] (문양수 1977, 신수송·오례옥 1977, 오종갑 1981), 간단화[簡單化](林榮一·間瀨英夫 譯 1978), 규칙의 단순화(최명옥 1982), 규칙 간소화[規則 簡素化](이기문 외 1984, 김영석 1987), 규칙 간단화(김방한 1988), 규칙의 간소화(박창원 1989, 신승용 2003), 단순화(龜井孝 外 編 1996, 소신애 2006)

영어 rule simplification

② 개념 설명

생성 음운론에서 설정한 음운 규칙의 변화 유형 중 하나로 규칙의 구조 기술이 바뀌는 변화를 가리킨다. 구체적으로는 규칙의 구조 기술이 간단해지는 변화이다.[160] 가령 입력형이나 출력형 또는 적용 환경에 포함되는 정보가 더 일반화되거나, 음운 규칙의 적용에 관여하는 제약이 없어지면 규칙이 단순화되었다고 할 수 있다. 국어의 규칙 단순화에 대해서는 그다지 많은 논의가 되지는 않았다. 이진호(1998)에서는 'ㄹ'의 비음화가 처음에는 'ㄹ, ㄴ'을 제외한 자음 뒤에서 적용되다가 이후 'ㄹ'을 제외한 자음 뒤에서 적용된 것을 규칙 단순화의 예로 제시한 바 있다. 곽충구(2003)에서는 동북 방언의 원순 모음화인 '으>우'가 양순음뿐만 아니라 연구개음 뒤에서도 적용되는 것을 규칙 단순화라고 했다. 이 두 가지 사례는 모두 음운 규칙의 적용 환경이 확대되면서 규칙이 단순화된 경우이다.

그런데 음운 규칙의 구조 기술은 항상 단순화만을 지향하는 것은 아니다. 가령 국어의 경우 용언 활용형에 적용되는 유음 탈락이 중세 국어 시기에는 'ㄴ, ㅅ, ㄷ, ㅈ, ㅿ' 등과 같은 많은 자음 앞에서 일어나다가 현재는 'ㄴ, ㅅ' 앞에서만 일어나도록 바뀐 것은 규칙 단순화의 개념으로는 설명할 수 없다. 오히려 중세 국어의 경우 유음 탈락의 적용 환경을 일반화하기 쉽지만 현대 국어의 경우는 더 어려워졌다.[161] 이와 비슷한 사례에는 여러 가지가 있다.

---

160) 음운 규칙의 구조는 입력형, 출력형, 적용 환경으로 이루어진다.

161) 중세 국어 유음 탈락의 환경은 'ㄹ'을 제외하면 평음 계열의 중자음(中子音)이라고 그 공통점을 제시할 수 있지만 현대 국어 유음 탈락의 환경은 전혀 공통점이 없다.

이처럼 규칙이 단순해졌다고 보기 어려운 변화는 '규칙 단순화'라는 개념으로는 포괄하기 어렵다. 그런데 생성 음운론에서는 규칙의 구조 기술이 바뀌는 유형으로 규칙 단순화만을 설정했을 뿐이다. 이러한 문제점을 해결하기 위해 이진호(2008ㄴ)에서는 규칙 단순화 대신 '규칙 적용 환경의 변화'라는 유형을 설정했다. 여기에는 규칙이 단순해지거나 복잡해지는 모든 유형의 변화가 포함된다. 규칙이 새로 생기거나 소멸하지 않으면서도 구조 기술에 변화가 생겼다면 '규칙 적용 환경의 변화'라고 할 수 있다.

③ 용어 설명

'규칙 단순화'를 가리키는 용어들은 모두 'rule simplification'을 그대로 직역하고 있어서 양적으로나 질적으로 단순한 편이다.

④ 관련 항목

규칙 소멸, 규칙 첨가, 음운 규칙, 음운 현상

규칙 소멸

① 용어의 별칭

> **국어** 규칙의 탈락(이승환 1970), 규칙 상실[規則 喪失](문양수 1974ㄴ, 신수송·오례옥 1977, 박종희 1983ㄱ), 규칙 소실[規則 消失](林榮一·間瀨英夫 譯 1978, 소신애 2006), 규칙 소멸(오종갑 1981, 박창원 1989), 규칙의 상실(최명옥 1982), 규칙의 소실(龜井孝 外 編 1996)
> **영어** rule loss

② 개념 설명

생성 음운론에서 설정한 음운 규칙의 변화 유형 중 하나로 기존의 규칙이 없어지는 변화를 가리킨다. 규칙이 새로 생기는 규칙 첨가에 대립되는 개념이다. 박창원(1990)에서는 규칙의 소멸을 두 가지로 구분하고 있다. 음운 규칙이 완전하게 적용됨으로써 더 이상 입력형이 존재하지 않아서 규칙이 소멸된 경우는 규칙 소멸, 아직 입력형이 남아 있는데도 불구하고 규칙이 소멸된 경우는 규칙 상실이다. 국어의 경우 규칙 소멸이라고 볼 만한 경우는 별로 없다.

이진호(2008ㄴ)에서는 규칙 소멸을 규칙 자체의 성격에 의한 소멸과 다른 변화에 의해 규칙의 입력형이 사라져 버림으로써 생기는 소멸로 나누었다. 전자에는 무조건 변화 및 형태소 내부에만 적용되는 변화가 속한다. 이러한 변화는 처음부터 입력형이 한정되어 있기 때문에 한정된 입력형이 사라지면 음운 규칙은 소멸할 수밖에 없다. 후자의 예로는 'ㄷ' 구개음화를 들었다. 'ㄷ' 구개음화는 체언의 재구조화, 파생 접사의 생산성 저하 등으로 인해 입력형이 줄어서 거의 소멸 단계에 있다.[162]

존재하던 규칙이 소멸하면 환경에 따라 다른 영향을 미친다. 형태소 내부 또는 이미 하나의 단위로 굳어진 복합어 등에서는 규칙이 소멸해도 규칙이 적용된 상태가 그대로 유지된다. 반면 생산성이 높은 형태소들의 결합 과정에서 적용되던 음운 규칙이 소멸하면 규칙이 적용되기 이전 상태로 복원된다. 이러한 차이는 '이' 모음 역행 동화의 소멸 과정에서 명확히 드러난다.[163] '남비>냄비, 자미>재미(滋味)'에서와 같이 형태소 내부 또는 한 단어로 굳어진 복합어에서는 규칙 소멸이 되어도 '이' 모음 역행 동화가 적용된 형태가 그대로 유지된다. 반면 주격 조사나 서술격 조사와 같은 형태소가 결합될 때 적용되는 '이' 모음 역행 동화는 '뱁이(밥+이), 벱이(법+이)' 등이 '밥이, 법이'로 바뀐 것에서 보듯이 규칙의 소멸과 함께 그 형태도 규칙의 적용을 받기 이전으로 되돌아갔다.

③ 용어 설명

'규칙 소멸'을 가리키는 용어들은 모두 'rule loss'를 직역한 것이라서 매우 단순하다.

④ 관련 항목

규칙순, 규칙 첨가, 음운 규칙

규칙순

① 용어의 별칭

국어 규칙 순서[規則 順序](김민수 1960, 최명옥 1978ㄴ, 이현복·김기섭 역 1983), 규칙의 순위(이승환 1970), 적용 순서(橋本萬太郎 1973ㄱ, 이병건 1976), 적용 순위[適用 順位](이병근 1976ㄱ), 순서 매김(이병건 1976), 규칙순[規則順](전상범 1977ㄱ, 오종갑 1981, 박종희 1983ㄱ), 규칙 적용 순위(이광호 1978, 이병근 1978), 규칙 적용 순서(이광호 1978), 규칙 순위(이병근 1978, 강창석 1982, 이영길 1983), 차례 지키기(김윤학 1987)

영어 rule ordering

---

② 개념 설명

생성 음운론에서 설정한 음운 규칙들이 적용되는 순서를 가리킨다. 생성 음운론에서는 기저형으로부터 표면형을 도출하기 위해 음운 규칙을 적용하게 되는데, 이러한 음운 규칙들은 일정한 순서

---

162) 이러한 해석은 현실 발음을 기준으로 한 것이다. 표준 발음의 경우 'ㅌ'으로 끝나는 체언 뒤에 주격 조사나 서술격 조사가 올 때 'ㄷ' 구개음화가 반드시 적용되어야 하므로 규칙이 소멸되었다고 할 수 없다.

163) '이' 모음 역행 동화가 소멸 단계에 있다는 점에 대해서는 해당 항목을 참고할 수 있다.

에 따라 적용된다. 음운 규칙의 순서를 정할 때에는 크게 두 가지를 고려하게 된다. 하나는 올바른 표면형을 도출하도록 규칙순을 정하는 것이다. 이것은 규칙순 설정의 가장 중요한 기준이다. 다른 하나는 음운 규칙들의 순서를 일관되게 유지하는 것이다. 동일한 두 규칙의 적용 순서가 경우에 따라 달라지는 것은 바람직하지 않다.

규칙순은 일관되게 유지되어야 하지만 국어에는 몇 가지 예외가 존재한다. 자음군 단순화와 경음화는 '경음화 → 자음군 단순화'의 순서로 적용된다. '읽+고 → 일꼬'나 '넓+다 → 널따'에서 자음 군 단순화와 경음화가 모두 적용되는 것은 이러한 규칙순 때문이다.164) 그런데 '여덟과[여덜과]'와 같이 체언의 경우에는 경음화가 안 되며, 이런 경우를 설명하기 위해서는 자음군 단순화를 경음화 보다 먼저 적용해야 한다. 결과적으로 경음화와 자음군 단순화가 단어에 따라 서로 다른 규칙순을 가지게 되는 것이다. '잊히다[이치다]'와 '빚하고[비타고]'에 관여하는 평파열음화와 유기음화도 비슷한 상황이다. '잊히다'에서는 평파열음화보다 유기음화가 먼저 적용되지만 '빚하고'에서는 평파 열음화가 유기음화보다 먼저 적용된다.165) 이러한 예외도 일부 있지만 규칙순의 일관성은 대체로 잘 지켜진다.166)

규칙순은 몇 가지 기준에 따라 유형을 분류할 수 있다. 우선 규칙순이 규칙들 자체의 속성에 따라 자동적으로 정해지는 내재적 규칙순(internal ordering)과, 언어학자들이 인위적으로 부여하는 외재적 규칙순(external ordering)으로 나눌 수 있다.167)

(가) 엎+다 ─(평파열음화)→ 업다 ─(경음화)→ 업따
(나) 읽+고 ─(경음화)→ 읽꼬 ─(자음군 단순화)→ 일꼬

(가)의 도출에 필요한 평파열음화와 경음화의 경우, 경음화는 'ㅂ, ㄷ, ㄱ' 뒤에서 적용되어야 하므로 장애음을 'ㅂ, ㄷ, ㄱ' 중 하나로 바꾸어 주는 평파열음화가 적용되기 전에는 적용될 수 없다. 이러한 순서가 내재적 규칙순이다. 반면 (나)의 경음화와 자음군 단순화는 자음군 단순화가 경음화 보다 먼저 적용될 수도 있지만 올바른 표면형을 도출하기 위해 인위적으로 경음화가 자음군 단순 화보다 먼저 적용되도록 순서를 정했다. 이러한 경우가 외재적 규칙순에 속한다.

규칙순을 맺고 있는 두 규칙이 서로의 적용 여부에 어떤 영향을 미치느냐에 따라서 급여순(給與順, feeding)168)과 출혈순(出血順, bleeding)169)을 나누기도 한다. 급여순은 먼저 적용된 규칙으로 인해 뒤의

---

164) 만약 반대의 순서로 적용이 되면 'ㄹ' 뒤에서는 경음화가 적용될 수 없으므로 '*일고, *널다'라는 잘못된 표면형이 나오게 된다.
165) 평파열음화와 유기음화 사이의 규칙순 문제는 '거울 영상 규칙' 항목에서도 다루고 있다.
166) 규칙순의 일관성에 대한 예외는 체언과 용언이라는 범주의 차이와 관련이 있는 듯하다. 자음군 단순화와 경음화, 평파열음화 와 유기음화의 규칙순이 체언인 경우와 용언인 경우에 서로 다른 모습을 보이고 있는 것이다. 임석규(2013)에서는 이 문제의 해결 방안으로 체언은 자립할 수 있으므로 체언에는 종성의 제약과 관련된 음운 규칙(평파열음화, 자음군 단순화)을 우선적 으로 적용해야 한다는 원리를 제시하기도 했다. 여기에 따르면 규칙순의 일관성이 지켜지지 않는 예들을 어느 정도 해명할 수는 있다.
167) '내재적 규칙순'은 '자급적(自給的) 순서'라고 부르기도 하며, '외재적 규칙순'은 '명시적 순서 매김, 외적 순서'라고 부르기 도 한다.

82

규칙이 적용의 기회를 새로 얻는 경우이다. 가령 앞서 살편 (가)의 경우 평파열음화가 먼저 적용되지 않았더라면 경음화가 적용될 수 없으므로 급여순에 해당한다. 출혈순은 급여순과 반대로 먼저 적용된 규칙 때문에 뒤의 규칙이 적용 기회를 잃는 경우이다. 유음 탈락과 유음화는 유음 탈락이 먼저 적용되는 규칙순을 맺는다. 그런데 '알+는→[아ː는]'에서는 유음 탈락이 적용되어 유음화가 적용되지 못하는 결과가 초래된다. 이런 경우가 출혈순에 해당한다.170) 한편 급여순이나 출혈순 어느 쪽에도 속하지 않는 경우 역시 존재한다. 林榮一·間瀬英夫 譯(1978)에서는 이를 '중립 순서(neutral ordering)'라고 했다.

'급여순'이나 '출혈순'과 관련되지만 이와 구분되는 규칙순의 유형으로 '역급여순(counter-feeding)'171)과 '역출혈순(counter-bleeding)'172)이 있다. 이 두 개념은 모두 실제로 적용되는 규칙순을 뒤바꾸어 적용한다고 '가정'했을 때 급여순과 출혈순 중 어디에 속하는지를 살피는 것이다. 앞서 검토한 (나)의 경우 자음군 단순화를 먼저 적용한다고 가정하면 경음화가 적용될 수 없으므로 역출혈순에 속한다. 역출혈순에 반대되는 역급여순은 국어에서 그 사례를 찾기가 어렵다.173)

③ 용어 설명

'규칙순'을 가리키는 모든 용어는 '규칙의 적용 순서'라는 기본적인 취지를 반영하고 있다. 예외는 전혀 없다. 이것은 'rule ordering'을 충실히 번역했기 때문이다.

---

168) '급여순'을 '공급 순위(이승환 1970), 투여 순서[投與 順序](筧壽雄·今井邦彦 1971, 林榮一·間瀬英夫 譯 1978), 급입[給入](전상범 1975, 문양수 1977), 급여(전상범 1977ㄴ, 김영석 1987), 먹어 살리는 관계(이광호 1978), 먹이기 순서(이병건 1978), 급여 순서(최전승 1979), 공급(이혜숙 1980), 급입 순서(박종희 1983ㄱ), 급여하는 순서(이현복·김기섭 역 1983), 급여순(이현복·김기섭 역 1983), 급입순[給入順](박종희 1984), 공급 순서(김덕호 1986), 투여[投與] 서열 관계(이철수 1994), 먹여주는 순서(박종희 1999), 급입 관계(이은정 2005)' 등으로 부르기도 한다.
169) '출혈순'을 '출혈 순위(이승환 1970), 탈취 순서[奪取 順序](筧壽雄·今井邦彦 1971, 林榮一·間瀬英夫 譯 1978), 급외[給外](전상범 1975, 문양수 1977), 출혈(전상범 1977ㄴ, 김영석 1987), 피를 보는 규칙(이광호 1978, 이경희 1993), 출혈 순서(최전승 1979, 소강춘 1989), 급외 순서(박종희 1983ㄱ), 출혈하는 순서(이현복·김기섭 역 1983), 출혈순(이현복·김기섭 역 1983), 조성식 편(1990), 탈취순(조성식 편 1990), 탈취 서열 관계(이철수 1994), 급외 관계(이은정 2005)' 등으로 부르기도 한다.
170) 'ㄹ+ㄴ'의 경우 유음 탈락과 유음화 중 어느 것이 먼저 적용되든 상대 규칙은 적용될 수 없다. 이것은 유음 탈락과 유음화가 동일한 입력형에 적용되기 때문이다. 이러한 경우는 출혈순 중에서도 특히 '상호 출혈 순서(mutual bleeding)'라고 부른다. '상호 출혈 순서' 대신 '상호 급외(전상범 1975), 서로 피 보이는 순서(이병건 1977ㄴ)' 등의 용어도 쓰인 바 있다.
171) '역급여순'은 '역급입[逆給入](전상범 1975), 역자급순[逆自給順](김수곤 1977), 역급여(전상범 1977ㄴ), 먹이기를 거슬리는 순서(이병건 1977ㄴ), 거꾸로 먹이기 순서(이병건 1978), 반급입 순서(박종희 1983ㄱ), 역급입순[逆給入順](박종희 1984), 역투여[逆投與] 관계(이철수 1994)'로도 부른다.
172) '역출혈순'은 '역급외[逆給外](전상범 1975), 역출혈(전상범 1977ㄴ), 역탈취[逆奪取] 순서(이철수(1994)'로 부르기도 한다.
173) 이기문 외(1984)에서는 '본의(本意)'의 기저형 'ponij'가 음성적으로 'poni'와 같이 'ㄴ' 구개음화의 적용을 받지 않는 것을 '구개음화→모음 축약(ij→i)'이라는 규칙순으로 설명했다. 또한 이러한 규칙순을 반대로 적용할 경우 모음 축약이 된 후 구개음화가 적용될 수 있으므로 역급여순에 해당한다고 했다. 그러나 이러한 분석은 세 가지 해명해야 할 문제를 지닌다. 하나는 이중 모음 '의(ij)'를 '이'로 변화시키는 모음 축약을 공시적 음운 규칙으로서 도출 과정에 사용할 수 있는가 하는 문제이다. 이 규칙은 다른 공시적 규칙과 달리 형태소 경계 사이에서는 일어날 수 없다. 다른 하나는 모음 축약과 'ㄴ' 구개음화의 성격이 상이하므로, 이 둘을 대등하게 보고 서로의 규칙순을 논의하기 어렵다는 점이다. 모음 축약은 음소와 음소 사이의 변동에 속하지만 'ㄴ' 구개음화는 단순한 변이음의 실현에만 관여하므로 이 둘은 동등한 자격을 가지지는 않는다. 마지막으로 변이음 실현에 관여하는 음운 현상은 음소의 변동을 초래하는 음운 현상보다 늦게 적용되는 것이 일반적인데 '본의'가 'poni'로 실현되는 것을 설명할 때에는 음성적 구개음화를 모음 축약보다 먼저 적용하고 있다. 이러한 점에 대한 해결이 이루어진다면 '본의'가 'poni'로 실현되는 것을 역급여순의 사례로 볼 수 있을 것이다.

④ 관련 항목

규칙순 재배열, 도출

규칙순 재배열

① 용어의 별칭

국어 규칙의 순위 변경(이승환 1970), 규칙 순위 변경(이승환 1970), 규칙 재배열[再配列](문양수 1974ㄴ, 전상범 1975, 최전승 1979), 순서의 재배열(이병건 1976), 재순위화[再順位化](이병근 1976ㄱ, 송철의 1977, 정승철 1996), 규칙 재순위화[規則 再順位化](이병근 1976ㄱ, 소신애 2002), 규칙 순서 역전(林榮一·間瀨英夫 譯 1978), 규칙의 순서 바뀜(이병건 1979ㄴ), 재배열(오종갑 1981, 김진우 1985, 최전승 1986), 규칙 적용 순서의 재배열(최명옥 1982), 규칙의 재순위화(박창원 1989), 규칙 적용 순위의 재순위화(정승철 1996)

영어 rule reordering, reordering

---

② 개념 설명

생성 음운론에서 설정한 규칙의 통시적 변화 유형 중 하나로 기존에 맺고 있는 두 규칙의 적용 순서가 정반대로 바뀌는 변화를 가리킨다. 가령 'A'라는 규칙과 'B'라는 규칙이 'A→B'의 적용 순서로 적용되다가 'B→A'의 순서로 적용될 때 규칙순 재배열이 일어났다고 할 수 있다. 생성 음운론의 초창기에는 여러 가지 언어 변화를 설명하는 데 이 개념을 유용하게 사용해 왔으며 국어의 경우도 1970년대에 방언의 차이를 설명할 때 이 개념을 활용한 적이 있다. 규칙순 재배열이 각광을 받던 시기에는 재배열되는 방향성을 결정하는 원리에 대해서도 논의가 된 바 있다. 그래서 규칙순 재배열은 규칙의 적용이 최대한으로 이루어지거나[174] 또는 규칙 적용에 예외가 없도록 이루어진다[175]는 주장이 제기되기도 했다.

그런데 국어 음운론에서는 규칙순 재배열이 이론적으로 존재할 수 없다는 지적이 몇 차례 이루어진 바 있다. 이러한 비판은 크게 두 가지 측면에서 이루어졌다. 우선 박창원(1990)에서는 'A→B'의 순서로 적용되다가 규칙순 재배열이 일어나서 'B→A'의 순서로 적용된다면 결과적으로 음운 규칙이 'A→B→B→A'의 순서로 적용되었다고 보아야 하는데 이러한 순서 자체가 성립할 수 없다는 부분을 지적하였다. 실제로 규칙순 재배열이 일어났다고 분석하는 사례 중 'A→B→B→A'와 같은 규칙 적용의 양상을 보이는 것은 전혀 존재하지 않는다. 지금까지 규칙순 재배열이 일어났

---

174) 즉 규칙순 재배열은 급여순 또는 역출혈순을 지향하는 것이다. 급여순이나 역출혈순에 대해서는 '규칙순' 항목을 참고할 수 있다.

175) 규칙 적용에 예외가 없다는 것은 주어진 조건에서만 규칙이 적용되며, 그 조건에서는 반드시 적용된다는 것을 의미한다. 이 것을 흔히 규칙 적용의 투명성(transparency)이라고 한다.

다고 설명되던 예들은 'A →B'로 적용되던 것이 'A→B' 대신 'B→A'로 적용되었을 뿐 'A→B→ B→A'와 같은 적용을 보이는 것은 없다.

이진호(2002)에서는 음운 변화가 표면 층위에 존재하는 표면형에 적용된다는 사실을 바탕으로 규칙순 재배열의 존재를 부인하고 있다.[176] 가령 '고삐＋앙이'의 형태론적 구성을 갖는 두 개의 방언형 '고뺑이'와 '괴뻥이'의 차이는 흔히 '이' 탈락과 '이' 모음 역행 동화의 규칙순 재배열로 설명되어 왔다. 그런데 이것은 규칙순 재배열이 표면 층위에 적용된 것이 아니라는 점에서 문제가 있다는 것이다.

	(가)		(나)	
기저형	고삐＋앙이[177]	기저형	고삐＋앙이
'이' 탈락	고뺑이	'이' 모음 역행 동화	괴삐앙이
'이' 모음 역행 동화	–	'이' 탈락	괴뺑이
표면형	고뺑이	표면형	괴뺑이

(가)는 규칙순 재배열이 일어나기 전이고 (나)는 규칙순 재배열이 일어난 후이다. (나)의 규칙순 재배열이 정상적인 음운 변화라면 변화 전인 (가)의 표면형 '고뺑이'에 재배열된 규칙순으로 음운 규칙이 적용되어야 한다. 그런데 (나)를 보면 재배열된 규칙순은 (가)의 표면형이 아닌 기저형 '고삐＋앙이'에 적용되고 있다. 이것은 음운 변화의 속성을 거스르는 것이다. 지금까지 규칙순 재배열로 설명해 오던 예들은 모두 이와 동일한 문제점을 가진다. 이 때문에 규칙순 재배열의 실재성이 심각하게 의심을 받는 것이다.[178]

③ 용어 설명

'규칙순 재배열'을 가리키는 용어들은 구체적인 표현만 다를 뿐 규칙의 적용 순서가 바뀐다는 단일한 의미를 담고 있다. 이것은 '(rule) reordering'을 그대로 번역한 결과이다.

④ 관련 항목

규칙순, 음운 규칙

---

176) 이 문제는 이진호(2002, 2008ㄴ)에서 자세히 다루어진 바 있다.
177) '-앙이'는 원래 '-앙이'에 '이' 모음 역행 동화가 적용된 형태인데, 이것은 여기서의 논의와 무관하기 때문에 논의의 편의를 위해 기본 형태를 '-앙이'로 설정한다.
178) 그래서 이진호(2008ㄴ)에서는 음운 규칙의 변화 유형에서 '규칙순 재배열'을 제외하였다.

규칙 첨가

① 용어의 별칭

> **국어** 규칙의 첨가(이승환 1970, 이병근 1977, 최명옥 1982), 규칙 첨가(規則 添加)(문양수 1974ㄴ, 신수송 · 오례옥 1977, 전상범 1977ㄴ), 규칙 삽입(진상범 1977ㄴ), 규칙 부기(規則 付加)(林榮 · 間瀨英大 譯 1978), 규칙의 발생(최임식 1984), 규칙 추가(변광수 1987ㄴ), 규칙의 도입(소강춘 1991ㄱ), 규칙 생성(기세관 1992), 규칙의 부가(龜井孝 外 編 1996)
> **영어** rule addition

② 개념 설명

　생성 음운론에서 설정한 음운 규칙의 변화 유형 중 하나로서 기존에 없던 음운 규칙이 새로 생기는 변화를 가리킨다. 존재하던 규칙이 없어지는 규칙 소멸과 반대된다. 규칙 첨가는 음운 규칙의 개념을 다소 느슨하게 적용할 때에만 성립할 수 있다. '음운 규칙' 항목에서도 언급했듯이 음운 규칙을 엄밀하게 규정하여 입력형, 출력형, 적용 환경이 일반화될 수 있는 현상으로만 한정하면 음운 규칙이 새로 생기는 것은 있을 수 없다. 어떤 음운 변화든 처음 생겼을 때에는 일부 단어에만 적용되므로 입력형, 출력형, 적용 환경 등을 일반화할 수 없기 때문이다.[179]

　새로 생긴 규칙이 기존 음운 규칙들과 어떤 규칙순을 맺는지는 매우 흥미로운 주제이다. 생성 음운론에서는 새로 생긴 규칙이 기존 규칙보다 먼저 적용될 수도 있고 마지막에 적용될 수도 있다고 보았다.[180] 이기문 외(1984)에서 '규칙 삽입'과 '규칙 첨가'를 구분하여 '규칙 삽입'은 기존 규칙들의 중간에 끼어드는 것이고 '규칙 첨가'는 기존 규칙들의 마지막에 놓이는 것이라고 한 것은 이러한 사정을 잘 말해 준다. 그러나 이진호(2002)에서는 음운 변화가 항상 표면형에 적용된다는 것은 첨가된 규칙이 항상 규칙순의 마지막 위치에 있어야 함을 의미한다고 보아서 기존 규칙보다 첨가된 규칙이 먼저 적용되는 가능성을 원천적으로 배제한 바 있다.

③ 용어 설명

　'규칙 첨가'를 가리키는 용어들은 모두 'rule addition'을 직역하고 있어서 매우 단순한 편이다.

④ 관련 항목

　규칙 소멸, 규칙순, 음운 규칙

---

179) 이진호(2008ㄴ)에서는 이것을 '태풍의 발생'에 비유하여 설명한 바 있다. 태풍의 발생은 바다의 수증기가 상승 기류를 타면서 이루어진다고 설명하지만 실제로 그 단계는 태풍이 아니다. 태풍이 되려면 더 발달하여 일정 세력 이상이 되어야 한다. 그럼에도 불구하고 바다의 수증기가 상승되는 것을 태풍의 발생이라고 보는 것은, 처음 생겼을 때에는 음운 규칙의 자격을 가지지 않지만 이것을 '규칙 첨가'라고 부르는 것과 동일하다.

180) 물론 첨가된 규칙은 마지막에 적용되는 경우가 대부분이고 기존 규칙보다 앞서는 사례는 매우 제한된 경우에나 가능하다고 했다.

기능 부담량

① 용어의 별칭

> **국어** 기능적 부담량(服部四郎 1955), 기능 부담량[機能 負擔量](木坂千秋・郡司利男 譯 1957, 黑川新一 譯 1958, 정연찬 1969ㄴ, 小泉保・牧野勤 1971, 이기문 1972, 김영진 1976), 기능 산출량[機能 産出量](黑川新一 譯 1958), 기능 부하량[機能 負荷量](太田朗 1959, 竹林滋・横山一郎 譯 1970, 城生佰太郎 1977, 김병욱 1983), 기능 부담[機能 負擔] (이기문 1963ㄱ, 정연찬 1969ㄴ, 문안나 2005), 정보 부담량[情報 負擔量](上村幸雄 1972), 기능 효율[機能 效率] (龜井孝 外 編 1996), 기능량[機能量](이기동 1987)
>
> **영어** functional load, function yield, functional burden, functional burdening

② 개념 설명

음운의 대립이 단어의 의미 구별에 관여하는 정도를 가리킨다. 어떤 음운의 기능 부담량이 많다는 것은 그만큼 그 음운이 많은 단어의 구별에 쓰인다는 것이다. 기능 부담량이 많은 음운은 음운 체계 내에서의 지위가 확고하다. 반면 기능 부담량이 적은 음운은 그렇지 못하므로 다른 음운으로 바뀌거나 음운으로서의 지위를 잃어버릴 가능성이 있다. 가령 현대 국어의 장단은 기능 부담량이 많지 않은 것으로 알려져 있는데 이것이 음운으로서의 지위가 흔들리는 데 중요하게 작용했다고 보기도 한다.

기능 부담량은 대체로 최소 대립쌍의 수를 세는 방식으로 이루어지는 것이 일반적이다. 물론 현실적으로 이런 과정을 거쳐 국어의 음운들이 각각 어느 정도의 기능 부담량을 가지는지 재어 본 논의는 별로 없다. 그러나 기능 부담량의 개념을 볼 때 최소 대립쌍의 수가 기능 부담량 측정에 중요한 척도가 된다는 것은 부인하기 어렵다. 물론 城生佰太郎(1977)에서와 같이 해당 음운이 포함된 단어의 총량으로 기능 부담량을 측정하는 경우도 없지는 않다.

③ 용어 설명

'기능 부담량'을 나타내는 용어들은 '정보 부담량'을 제외하면 모두 영어의 번역어라고 할 수 있다. 유일한 예외인 '정보 부담량'은 단어의 의미 구별 기능을 일종의 '정보'라고 해석함으로써 나온 용어이다.

④ 관련 항목

음운, 최소 대립쌍

기본 모음

① 용어의 별칭

국어 기본 모음[基本 母音](安藤正次 1927, 金田一京助 1932, 寺川喜四男 1950, 허웅 1958, 이현복 1970, 정연찬 1980), 기준 모음[基準 母音](김선기 1938ㄱ, 정인섭 1973, 日本音聲學會 編 1976, 송기중 1991), 으뜸 홀소리(한글학회 1968), 표준 원음[標準 元音](日本音聲學會 編 1976), 기본 홀소리(김영송 1977ㄷ, 구현옥 1999)

영어 cardinal vowel

② 개념 설명

단모음(單母音)의 표준을 정하여 분류나 기술에 유리하도록 만든 단모음 목록을 가리킨다. D. Jones에 의해 제안된 것으로 알려져 있다. 모음은 자음에 비해 발음되는 영역도 불분명하고 정도성의 차이도 모호하여 그 특성을 절대적으로 기술하거나 분류하기가 쉽지 않다. 그래서 기준이 되는 단모음을 정한 후 이것을 기준으로 하여 상대적으로 단모음의 특성을 설명하고자 한 것이다. 1차 기본 모음(primary cardinal vowel) 8개(i, e, ɛ, a, ɑ, ɔ, o, u)와 2차 기본 모음(secondary cardinal vowel) 8개(y, ø, œ, ɶ, ɒ, ʌ, ɤ, ɯ) 그리고 중설 고모음 2개(ɨ, ʉ)의 총 18개 단모음으로 이루어진다. 1차 기본 모음 중 전설 모음 계열은 모두 평순 모음이고 후설 모음 계열은 모두 원순 모음이다. 반대로 2차 기본 모음의 경우 전설 모음은 모두 원순 모음이고 후설 모음은 모두 평순 모음이다.[181] 이처럼 1차 기본 모음과 2차 기본 모음의 차이는 입술 모양과 직접적인 관련이 있다. 중설 고모음 2개도 입술 모양에 따라 구분된다. 한국어 교육에서는 간혹 '아, 야, 어, 여, 오, 요, 우, 유, 으, 이'를 기본 모음이라고 부르기도 하는데 이것은 10개의 모음자가 가리키는 모음을 지시하는 것으로 원래의 '기본 모음'과는 그 의미가 전혀 다르다.

③ 용어 설명

'기본 모음'을 가리키는 용어들은 모두 '기본' 또는 '기준'이 되는 모음이라는 의미를 담고 있다. 이것은 'cardinal vowel'의 의미를 잘 반영한 번역어라고 할 수 있다.

④ 관련 항목

단모음¹, 모음

---

181) 2차 기본 모음은 '혼합 모음[混合 母音](金田一京助 1932), 부기준 모음[副基準 母音](日本音聲學會 編 1976), 비정칙 원음[非正則 元音](日本音聲學會 編 1976)'과 같이 별도의 명칭을 부여하고 있다. 1차 기본 모음이 언어 보편적으로 더 일반적인 모음이고 2차 기본 모음은 1차 기본 모음의 입술 모양을 변형시킨 것이기 때문에 '혼합 모음, 부기준 모음, 비정칙 모음'과 같이 기본이 아니라는 의미의 표현들이 덧붙어 있다.

기본형

① 용어의 별칭

국어 기본형[基本形](박승빈 1931, 최현배 1932ㄱ, 심의린 1936, 勇康雄 譯 1959, 中村完 1962, 竹林滋・橫山一郞 譯 1970), 원음[原音](박승빈 1931), 원단음[原段音](박승빈 1931), 원단[原段](박승빈 1931), 원단 원음[原段 原音](박승빈 1931), 원형[原形](박승빈 1931, 조선어학회 1933, 최현배 1935), 으뜸꼴(최현배 1932ㄱ, 박창해 1946, 유재헌 1947), 원꼴(김윤경 1932ㄱ), 근본형[根本形](최현배 1933ㄴ, 정경해 1953), 으뜸줄(최현배 1933ㄴ), 활용의 원형(심의린 1936), 본형(장하일 1947), 본상[本相](최현배 1937ㄴ), 원형어(정경해 1953), 웃음꼴(정경해 1953), 중심형[中心形](정경해 1953), 대표형[代表形](정경해 1953, 김민수 1955ㄴ, 황화상 2011), 기본적 형[基本的 形](강길운 1958), 기본적 이형태(안병희 1959), 기본 교체형[基本 交替形](勇康雄 譯 1959, 이병근 1967ㄱ, 林榮一・間瀬英夫 譯 1978, 김현 2006), 기체형[基體形](勇康雄 譯 1959), 기체 형식(增山節夫 譯 1959), 기본 형태소(김형규 1962), 기본 형태[基本 形態](허웅 1961, 김석득 1962ㄴ), 으뜸 바뀐꼴(이강로 1963), 기본 대표 형태(정연찬 1970ㄷ), 고정 형태(이현복 1979ㄴ), 대표 형태(허웅 1985ㄴ), 기본 교체 형식(이정민・배영남 1987), 밑꼴(권재선 1992), 어기형(국립국어연구원 1995), 대표 이형태(송철의 2000)

영어 basic form, basic alternant, basic allomorph

② 개념 설명

두 가지 약간 다른 개념으로 쓰인다. 하나는 교체를 보이는 형태소의 여러 이형태 중 가장 중심적인 것을 가리킨다.[182] 이때의 기본형은 다른 이형태들로의 교체를 음운론적으로 잘 설명할 수 있는 형태로 정하는 것이 일반적이다.[183] 드물기는 하지만 표면에 실현되는 이형태 중 어느 것과도 일치하지 않는 형태를 기본형으로 설정하기도 한다. 이것을 흔히 이론 기본형(theoretical base form, artificial base form)이라고 한다.[184] 현대 국어의 경우 'ㅎ'으로 끝나는 용언 어간의 기본형이 대표적인 이론 기본형의 예이다.[185]

형태소 교체를 설명하기 위한 기본형은 생성 음운론에서의 기저형과 매우 흡사한 개념이다. 다만 기저형의 경우 이형태 실현을 음운론적으로 설명할 수 있는지를 가장 중시하지만 기본형은 그렇지 않을 수도 있다는 차이가 있다. 가령 주격 조사와 같이 불규칙적 교체를 하는 경우 이형태들의 실현을 음운 규칙으로는 설명할 수 없다. 이때 '기본형'의 측면에서는 편의상 어느 한

---

182) 기본형을 제외한 나머지 이형태를 지칭하는 개념도 존재한다. 가령 허웅(1968ㄱ)에서는 '비기본 형태', 강창석(1995)에서는 '변이형'이라는 용어를 사용하여 기본형 이외의 이형태들을 가리키고 있다.

183) 분포가 더 넓은 것을 기본형으로 정하는 경우도 있다. 분포가 더 넓은 것은 출현 환경의 제약을 덜 받음을 의미한다. 그러나 분포가 넓다고 해서 반드시 다른 이형태들로의 교체를 잘 설명할 수 있는 것은 아니다.

184) '이론 기본형'은 '가상적 기본 형태[假想的 基本 形態](허웅 1968ㄱ, 박형달 1969), 이론적 기본 형태[理論的 基本 形態](허웅 1968ㄱ), 가공 기본형[架空 基本形](이익섭 1972), 이론 기본형(이익섭・임홍빈 1983), 인위적인 기본형(박종희 1993ㄴ), 이론적 기본형(김정태 2004)' 등으로도 불린다.

185) '놓-, 낳-, 쌓-'과 같은 어간은 표면에서 'ㅎ'이 직접 드러나는 경우가 전혀 없다. 원래 중세 국어 시기에는 어간의 말음 'ㅎ'이 모음으로 시작하는 어미와 결합할 때 표면에 그대로 실현되었기 때문에 이론 기본형이 아니었는데, 이후 후음 탈락이 어간 말음 'ㅎ'에 예외 없이 적용되면서 'ㅎ'이 표면에 나타나지 않게 되었다.

이형태를 기본형으로 설정하기도 하지만 기저형은 그렇지 않다. 설정하고자 하는 기저형에 음운 규칙을 적용하여 다른 이형태로의 실현을 설명할 수 없다면 그 형태는 기저형이 될 수 없는 것이다. 그래서 기본형의 차원에서는 주격 조사의 이형태인 '이'와 '가' 중 어느 하나를 기본형으로 정하기도 하지만, 기저형의 차원에서는 그런 방법을 쓰지 않고 그 대신 복수 기저형을 설정하게 된다.[186]

기본형의 또 다른 개념은 용언의 여러 활용형 중 가장 기본이 되는 형태를 가리키는 것이다.[187] 이 경우의 기본형은 활용형 전체가 되기 때문에 어간과 어미라는 복수의 형태소로 이루어진다.[188] 일반적으로는 어미 '-다'와 결합한 형태가 기본형이 된다. 그러나 다른 태도도 존재한다. 최현배(1935)에서는 당시 존재하던 용언 어간의 기본형 설정 태도를 다섯 가지로 정리한 바 있다. 여기에 따르면 예컨대 '먹-'의 경우 '먹-', '머그-', '먹는다', '먹기', '먹다'의 다섯 가지가 있다고 한다. '먹-, 머그-'[189]는 어간만을 고려한 것이고 나머지는 어간에 어미가 결합된 형태를 고려한 것이다. 이 외에 양주동(1939ㄴ)에서는 '머글'과 같이 어간에 '-을'이 결합된 형태를 기본형으로 설정하기도 했는데 이것은 『천자문』을 포함한 전통적 한자 학습서에서 용언류를 제시하는 형태를 고려한 것이다.

기본형이 이상과 같은 두 가지 개념으로 쓰이기 때문에 간혹 혼란이 일어나기도 한다. 가령 현행 학교 문법에서는 첫 번째 의미의 기본형은 언급하지 않고 두 번째 의미의 기본형을 주로 언급하고 있다.[190] 그런데 기본형의 두 가지 의미에 대한 언급 없이 활용형의 기본형인 '어간+다'만을 기본형으로 삼는다고 함으로써, 기본형을 이형태의 대표로 이해하고 접근하는 경우 혼란을 주게 된다. '어간+다'는 이형태의 대표와는 상당히 동떨어진 것이므로 기본형이 아니라고 오해를 할 수 있는 것이다.

③ 용어 설명

'기본형'을 가리키는 용어의 대부분은 '기본, 대표, 근본, 으뜸' 등의 표현을 담고 있다. 여러 형태들 중 가장 중요한 형태임을 가리킨다. '기본형,[191] 원형, 원꼴, 근본형, 으뜸줄, 활용형의 원형, 본형,

---

186) 복수 기저형에 대해서는 해당 항목을 참고할 수 있다.
187) 체언에 대해서도 가장 기본적인 곡용형을 고려하여 기본형이라고 하는 경우가 있다. 가령 김민수(1955ㄱ)에서는 체언의 경우 조사와 결합하지 않는 단독형이 기본형이라고 하고 있다. 그 이전의 최현배(1937ㄴ)에서는 체언의 기본형은 '본상', 용언의 기본형은 '으뜸꼴'이라고 하여 체언과 용언의 기본형을 명칭상 구분하기도 했다. 물론 이러한 구분은 매우 엄격하게 유지된 것은 아니다.
188) 교체를 하는 이형태 중의 대표를 가리키는 개념으로서의 기본형은 개별 형태소를 단위로 설정한다는 점에서 차이가 난다.
189) '먹-'과 '머그-'의 차이는 소위 매개 모음 어미 '으'의 분석에 달려 있다. 당시에는 '으'를 어간의 일부로 보는 입장도 없지 않았다.
190) 이것은 현행 학교 문법에서 형태소의 이형태 실현에 대해서는 다루지 않기 때문이다. 따라서 이형태를 대표하는 기본형에 대해서도 언급하지 않는 것이다.
191) '기본형'이라는 용어를 여기서 다룬 용법과 완전히 다르게 사용하는 경우도 있다. 최현배(1932ㄴ)에서는 동일한 조음 위치를 나타내는 초성자들의 공통된 모양을 기본형이라고 한 적이 있다. 가령 아음의 경우 'ㄱ' 또는 'ㅣ', 설음은 'ㄴ', 순음은 'ㅁ', 치음은 'ㅅ', 후음은 'ㅇ'이 기본형이다. 이것은 유창균(1996)으로 이어진다. 또한 정연찬(1971)에서는 음절 수에 따른 성조형의 패턴을 기본형이라고 하기도 했다.

본상, 원형어, 중심형, 대표형, 기본적 형, 기본적 이형태, 기본 교체형, 기본 형태소, 기본 형태, 대표형태, 대표 이형태' 등이 모두 여기에 속한다. 이 중 '기본적 이형태, 기본 교체형, 대표 이형태'는 앞서 살핀 기본형의 두 가지 의미 중 첫 번째만을 가리키고 '으뜸줄, 활용형의 원형'은 두 번째만을 가리킨다. 나머지 용어는 두 가지 의미 어느 쪽으로든 사용할 수 있다. 여기에 해당하지 않는 용어로는 '원단음, 원단, 원단 원음'이 있다. 주로 박승빈에 의해 사용된 이 용어들은 일본어 문법에서 용언활용을 설명할 때 사용하는 소위 '단 활용설(段 活用說)'에 기반하고 있다.[192]

④ 관련 항목

교체, 기저형, 이형태

기식

① 용어의 별칭

국어 단기[斷氣](橋本進吉 1928), 유기[有氣](橋本進吉 1928, 太田朗 1959), 대기[帶氣](橋本進吉 1928, 양동휘 1967, 桑原輝男・根間弘海 譯 1980, 전상범 1985ㄱ, 김영석 1987), 호기[呼氣](청람새 1938, 지준모 1969), 출기[出氣](有坂秀世 1940), 기음[氣音](寺川喜四男 1950, 服部四郎 1951, 市河三喜・河野六郎 1951, 박병채 1966, 최학근 1976ㄱ, 문양수 1977), 숨띰(김진우 역 1959, 최현배 1961ㄴ, 배양서 1966), 기[氣](허만길 1967, 유만근 1970, 김영송 1971ㄱ), 기식[氣息](김한곤 1968ㄱ, 서재극 1970, 도수희 1971, 筧壽雄・今井邦彦 1971, 日本音聲學會 編 1976), 숨소리(배양서 1969ㄱ), 기성[氣聲] (배양서 1969ㄱ, 표진이 1975, 최임식 1986ㄷ), 입김(배양서 1969ㄴ), 기음성(小泉保・牧野勤 1971, 김재민 1973, 이기동 1982, 소강춘 1983), 거세기(박지홍 1975), 기식음(田中春美 外 1975, 박지영 1987, 조진관 2003), 거센 소리(日本音聲學會 編 1976), 기성[氣聲](김동언 1980), 숨의 힘(김석득 1980), 유기성(이상신 1983, 소강춘 1989, 이기동 1993), 기식성 (이경희 2000ㄱ)

영어 aspiration

---

② 개념 설명

좁은 의미로는 폐쇄음을 발음할 때 폐쇄가 개방된 후에 나타나는 날숨에 의한 소음 또는 무성(無聲)의 구간을 가리킨다. 이런 정의대로라면 폐쇄음이 아닌 자음이나 모음에 대해서는 기식이 없다고 해야 하며, 기식은 반드시 어떤 음의 뒷부분에만 나타난다고 보아야 한다. 그러나 폐쇄음이 아닌 마찰음이나 파찰음도 기식이 나타나며 심지어 모음도 기식을 가지고 발음할 수 있다. 더욱이 기식은 어떤 음의 앞부분에도 나타날 수 있다.[193] 이런 점을 감안할 때 기식은 '날숨에 의한 소음이나

---

192) 박승빈은 어간에 '으'가 결합된 형태를 기본형으로 보았다. 그래서 '먹-'을 예로 든다면 '머그'를 '원단 원음', '먹'을 '원단 약음(略音)', '머거'를 '변동 단음'이라고 했다. '원단 약음'은 '원단 원음'의 형태가 줄어든 것을 의미하고 '변동 단음'은 '원단 원음'이 바뀐 것을 의미한다.

무성의 구간'이라고 정의하는 편이 더 나을지 모른다. 어떤 음이 뒷부분에 기식을 가지면 이로 인해 뒤에 오는 모음의 성대 진동 시간이 지연되는 결과를 초래한다. 기식의 정도가 셀수록 성대 진동 시간의 지연은 길어진다.

기식은 주로 자음, 그 중에서도 장애음에 동반되어 나타나는 경우가 일반적이다.[194] 장애음은 기식의 유무에 따라 유기음(aspirate)과 무기음(unaspirate)을 구분할 수 있다. 유기음은 다시 기식의 정도에 따라 중기음(重氣音, heavily aspirated)과 경기음(輕氣音, slightly aspirated)을 나누기도 한다. 국어의 경우 삼지적 상관속에 속하는 '평음, 경음, 유기음'은 '기식'을 기준으로 할 때 '경기음(평음), 무기음(경음), 중기음(유기음)'에 해당한다. 특히 평음은 음성학적으로 약한 기식을 가지지만 음운론적으로는 무기음으로 분류한다.

③ 용어 설명

'기식'을 나타내는 용어들은 대부분 '공기' 또는 '숨'이라는 의미를 담고 있다. 이것은 기식의 정의에 잘 부합한다고 볼 수 있다. 여기에 대한 예외로는 '거세기, 거센 소리'가 있다. 둘 다 '강하다'는 의미를 담고 있는데, 이는 기식을 가진 소리가 격하고 센 느낌을 준다는 사실을 감안한 것이다.

④ 관련 항목

경음, 유기음, 장애음, 평음

---

193) 유만근(1995)에서는 앞에 오는 기식(pre-aspiration)을 '선행 기식', 뒤에 오는 기식(post-aspiration)을 '후행 기식'이라고 했다.
194) 'http://phoible.org/'에 따르면 조사가 이루어진 2,100여 개의 언어 중 장애음이 아닌 공명음에 기식이 동반되는 분절음을 가진 언어는 10개 미만에 불과하다. 특히 모음에 기식이 동반된 분절음은 1개 언어에서만 나타나고 있다.

기식군

① 용어의 별칭

국어 기식 집단[氣息 集團](有坂秀世 1940), 호흡 단락[呼吸 段落](寺川喜四男 1950, 양동휘 1967, 김차균 1988ㄱ, 임성규 1988), 식단락[息段落](寺川喜四男 1950, 太田朗 1959, 日本音聲學會 編 1976), 호기 단락[呼氣 段落](服部四郎 1951, 竹林滋·橫山一郎 譯 1970, 梅田博之 1973), 기식군[氣息群](이승녕 1955, 김완진 1973ㄴ, 日本音聲學會 編 1976, 이병근 1980ㄱ), 숨의 단락[段落](이희승 1955), 기식 단위(유창식 1956), 어절[語節](허웅 1958, 김완진 1973ㄴ, 김영만 1974, 龜井孝 外 編 1996), 말의 토막(허웅 1958), 호기 소절[呼氣 小節](東條操 1965), 음소적 구(김영송 1971ㄴ), 발음 단락(김완진 1972ㄴ, 한영균 1980, 배주채 1989), 잠재적 단락(김완진 1973ㄴ), 음운론적 단어(김완진 1973ㄴ), 호흡군[呼吸群](日本音聲學會 編 1976, 조성식 편 1990), 기군[氣群](日本音聲學會 編 1976), 기식 단락[氣息 段落](이철수 1980, 정연찬 1980, 남광우 외 1982), 숨마디(남광우 외 1982, 임용기 1986, 이철수 1994), 기식절(김영만 1987, 차재은 1999), 호흡 단위(신기상 1990, 곽충구 1994, 김정원 1995), 대분절(배주채 1989), 소리 매듭(이현복 1991), 숨덩이(권재선 1992), 음조군(정인호 1995), 호흡덩이(임규홍 1997), 말토막(권경근 1999), 발화구(소신애 2002), 성조군(임석규 2004ㄱ), 음운론적 구(김봉국 2006)

영어 breath group

② 개념 설명

한 번의 숨으로 중간에 쉬지 않고 발음하는 말소리의 단위를 가리킨다. 논의에 따라 미세한 차이가 있기는 하지만 기식군의 내부에는 휴지가 끼어들 수 없다고 보는 것이 일반적이다. 그렇다고 해서 기식군과 기식군의 경계에 명백한 휴지가 나타난다고 단정할 수는 없다.[195] 기식군과 기식군을 발음할 때 그 사이에 반드시 휴지가 오는 것은 아니므로 김완진(1973ㄴ)의 지적처럼 각각의 기식군은 꼭 끊어서 발음한다기보다는 끊어서 발음해도 발화의 자연성을 해치지 않는다고 보는 편이 합리적일 것이다.[196]

기식군의 크기는 발화의 속도나 화자의 의도, 발화 상황 등에 영향을 많이 받는다. 그래서 동일한 문장이라도 기식군의 크기를 달리하여 발음하는 것이 얼마든지 가능하다. 국어의 경우 적어도 기식군이 되려면 하나 이상의 음운론적 단어로 구성되어야 한다. 즉 조사나 의존 명사와 같이 자립성이 없는 단위는 그 자체로 기식군을 이룰 수는 없는 것이다.

기식군은 대체로 운소의 실현과 밀접한 관련을 맺는다. 성조소의 배열 제약이나 성조의 실현 등이 기식군을 단위로 하는 경우가 많다. 국어의 장모음 분포도 기식군과 관련이 있다. 대체로 장모음은 단어의 첫 음절에서만 나타나지만, 해당 단어가 구나 절을 이루면서 다른 단어 뒤에 놓이면 장모음이

---

195) 服部四郎(1951)에서는 음성의 끊김에 의해 그 경계가 구분되며 그 중간에는 끊김이 없는 음성의 연속을 기식군이라고 했는데, 여기에 따르면 기식군의 경계에는 휴지가 와야 한다.

196) 자연 발화에서는 다소 긴 문장도 한 번의 숨으로 말하는 경우가 적지 않다. 그런 경우 기식군 사이에 휴지가 온다고 보기는 어렵다. 이희승(1955)에서 한 번의 숨으로 둘 이상의 기식군도 발음할 수 있다고 한 것은 이런 측면을 감안한 것이다.

단모음(短母音)으로 바뀐다. 즉 엄밀하게 말하면 기식군의 첫머리에서만 장모음이 나타나는 것이다.

③ 용어 설명

　'기식군'을 가리키는 용어 중 상당수는 'breath group'의 번역어가 차지하고 있다. '기식 집단, 호흡 단락, 호기 단락, 숨의 단락, 호흡군, 숨마디, 기식절, 숨덩이, 호흡덩이' 등이 모두 여기에 속한다. 이 계열에 속하는 용어를 제외한 나머지는 기식군의 크기 또는 기능을 반영하고 있다. '어절, 말의 토막, 음소적 구, 음운론적 단어, 대분절, 소리 매듭, 말토막,[197] 말마디, 발화구, 음운론적 구'와 같은 용어는 기식군에 해당하는 단위의 크기를 고려한 것이다. '어절, 단어, 구'와 같이 그 크기가 비교적 명확하게 정의되는 경우도 있지만 '말의 토막, 대분절, 소리 매듭' 등과 같이 불분명하게 표현된 것도 있다. '발음 단락, 잠재적 단락'도 기식군을 일종의 단락이라는 단위와 결부시켰다는 점에서 이 계열의 용어에 속한다. 한편 기식군의 기능을 반영한 용어로 '음조군, 성조군'이 있다. 이것은 기식군이 억양이나 성조와 같은 운소의 실현과 관련된다는 점을 고려한 용어이다.

④ 관련 항목

　음운론적 단어, 휴지

기저형

① 용어의 별칭

[국어] 기저형[基底形](김민수 1968, 이승환 1971, 전상범 1975, 田中春美 外 1975, 林榮一·間瀨英夫 譯 1978, 龜井孝 外 編 1996), 원형(김진우 1970ㄱ), 기저 표시[基底 表示](牧野成一 譯 1970, 이기문 1972, 문양수 1974ㄱ, 황희영 1979), 기저 음운 표시(牧野成一 譯 1970, 강옥미 2003), 하층형[下層形](이기문 1971), 하층 표시(이기문 1971), 기저 형태(양동휘 1975, 한수정 2014), 기저 형식[基底 形式](油谷幸利 1978, 황희영 1979), 기저 표상[基底 表象](이상억 1979ㄴ, 박창원 1987ㄴ, 이기백 1991), 바탕 표시(황희영 1979), 기저 음소 표시(곽충구 1985), 대표 형태(허웅 1985ㄴ, 구현옥 1999), 기저 표상(김차균 1986ㄱ), 밑꼴(임용기 1986), 기저 표현형(유복순 1996)
[영어] underlying form, underlying representation

---

② 개념 설명

　생성 음운론에서 표면에 실현되는 이형태들을 음운론적으로 설명하기 위해 설정하는 형태이다. 도

---

197) '말토막'이라는 용어는 '기식군'과 구별되는 다른 단위를 나타내는 데 쓰이는 것이 더 일반적이다. 이현복(1974ㄱ)을 비롯한 많은 논의에서는 '말토막'이라는 용어를 'rhythm unit'을 가리키는 데 사용한다. 'rhythm unit'은 음조구 또는 말마디 등으로 도 불리는데, 길이와 리듬 패턴을 지닌 단위이다.

출 과정에서의 출발점이 되며, 기저형에 음운 규칙이 적용되어 최종적으로 표면형이 나오게 된다. 즉 생성 음운론에서는 기저형이 음운 규칙을 통해 표면형과 연결되는 구조를 가지게 되는 것이다. 이런 점에서 기저형은 한 형태소를 음운론적 측면에서 대표하는 형태라고 할 수 있다.

형태소들 중 교체를 하지 않는 것, 즉 환경에 상관없이 항상 단일하게 나타나는 형태소는 기저형 설정을 고민할 필요가 없다. 단일하게 나타나는 표면형 그 자체가 기저형이 된다.[198] 그러나 형태소가 교체를 하는 경우에는 기저형을 따로 정해 주어야 한다. 이때 기저형은 표면형의 실현을 기존의 음운 규칙으로 잘 설명할 수 있는 형태로 설정해야 한다. 구체적으로는 한 형태소들의 이형태들을 정리하여 각각의 이형태들이 기저형이라고 가정한 후 음운 규칙을 적용하여 다른 이형태들을 도출할 수 있는지를 살핀다. 대체로 이 과정을 거쳐 가장 적절한 기저형을 정할 수 있다. 물론 이형태 중 어느 것도 기저형 후보로 적절하지 않을 경우에는 다른 형태를 기저형으로 설정하게 된다.[199]

때로는 기저형의 후보가 하나가 아니라 둘 이상일 수도 있다. 이런 경우 최적의 기저형 후보를 제외한 나머지는 소위 추상적 기저형일 가능성이 높다. 추상적 기저형은 화자들의 인식과도 동떨어지고 언어 현실과도 부합하지 않는다. 게다가 문법 기술을 불필요하게 복잡하게 만드는 경우가 많기 때문에 피하는 것이 좋다.

추상적 기저형의 설정 문제는 1960년대 말부터 1970년대 초까지 음운론 이론에서 매우 중요한 문제로 다루어져 왔다. 국어 음운론에서는 이 문제가 1980년대 이후 쟁점화되었다. 특히 교착어라는 국어의 특징을 고려하여 기저형의 추상성을 막기 위한 몇몇 조건들이 제안되었다.[200] 대체로 어떤 형태소가 교체를 하지 않거나 또는 교체를 한다고 하더라도 표면에서 바뀌지 않는 부분은 표면형과 기저형이 동일해야 한다는 사실이 중시되었다. 또한 최근에는 교체를 하는 부분이라도 추상적 기저형을 설정할 수 있다는 점을 고려하여 여기에 대한 보완책을 제시하기도 했다.[201]

한 형태소의 기저형은 하나인 것이 일반적이다. 그러나 때로는 한 형태소라 하더라도 기저형을 둘 이상 설정해야 하는 경우가 있다. 기저형이 하나인 경우를 단수 기저형, 기저형이 둘 이상인 경우를 복수 기저형이라고 한다. 복수 기저형은 흔히 불규칙적 교체를 하는 형태소에 대해 설정한다. 불규칙직 교체를 한다는 것은 음운 규칙으로 이형태들의 관계를 설명할 수 없음을 의미하므로 단수 기저형으로는 표면형들을 설명할 수 없다.[202]

③ 용어 설명

'기저형'을 가리키는 용어들은 기본적으로 'underlying'의 번역 양상에 따라 차이를 보인다. 'underlying'은 '기저, 하(下), 바탕'의 의미로 번역하는 경우가 많다. 표면형과 비교해 더 깊으면서도 원

---

198) 만약 교체를 하지 않는데도 기저형을 표면형과 다르게 설정하면 소위 추상적 기저형(abstract underlying form)이 나오게 된다. 추상적 기저형에 대해서는 후술한다.
199) 이것은 이론 기본형과 거의 비슷하다고 할 수 있다.
200) 이러한 조건을 흔히 '기저형 설정 조건'이라고 부른다.
201) 국어를 대상으로 추상적 기저형을 막기 위해 제안된 여러 방안들에 대해서는 이진호(2008ㄴ)을 참고할 수 있다.
202) 자세한 것은 '복수 기저형' 항목에서 다루고 있다.

형에 더 가깝다는 의미를 담고 있다. '기저형, 원형, 하층형, 바탕 표시, 밑꼴' 등 대부분의 용어가 여기에 속한다. 이 외에 '대표 형태'는 기저형이 곧 형태소를 대표하는 형태임을 가리킨다. 기저형이 해당 형태소를 대표하는 형태이자 사전에 실리는 표제항이 되기 때문에 이러한 용어도 충분히 가능하다.

④ 관련 항목

　기본형, 도출, 중간형, 표면형

긴장음

① 용어의 별칭

국어 긴장음[緊張音](양동휘 1967, 전상범 1985ㄱ, 배주채 1996ㄱ, 龜井孝 外 編 1996), 경음[硬音](김차균 1974), 긴음[緊音](橋本萬太郞 1974)
영어 tense

---

② 개념 설명

　조음 기관의 긴장과 높은 압력을 이용하여 발음하는 음의 부류를 가리킨다. 음향적으로는 더 오랜 지속 시간과 더 큰 에너지를 가지게 된다. 반대 개념으로 이완음이 있다. 전통적으로 자음보다는 모음에 대해 이 개념을 활용해 왔다.[203] 따라서 여기서도 모음을 중심으로 설명하도록 한다.

　긴장음에 속하는 모음을 흔히 '긴장 모음'이라고 한다.[204] 긴장 모음은 후두 부위의 압력과 혀의 긴장도가 높다고 알려져 있다.[205] 그 결과 모음도 상에서 좀 더 가장 자리에서 발음된다.[206] 모음 체계에서 짧은 모음보다는 긴 모음, 혀뿌리가 좀 더 전진한 모음이 긴장 모음에 속한다. 그래서 여러 언어를 분석할 때 짧은 모음에 대립되는 장모음을 긴장 모음이라고 하거나, 설근 전진성

---

203) 비슷한 개념을 자음에서는 '강음(fortis)'이라고 부른다.
204) '긴장 모음'을 가리키는 용어로는 '긴장 모음[緊張 母音](주왕산 1948, 양동휘 1967, 日本音聲學會 編 1976, 林榮一·間瀨英夫 譯 1978, 최명옥 1980), 세모음[細母音](김영송 1959), 경음[硬音](성백인 1968), 긴장음(竹林滋·橫山一郞 譯 1970, 田中春美 外 1975), 긴장(김영송 1972), 긴음 모음[緊音 母音](橋本萬太郞 1973ㄴ), 협모음[狹母音](日本音聲學會 編 1976), 긴장성 모음(日本音聲學會 編 1976), 켕김 홀소리(이근열 1997ㄱ), 긴장 홀소리(이근열 1997ㄱ)' 등이 존재한다. '세모음[細母音]'을 빼면 대체로 비슷한 취지의 용어이다. '세모음'은 공기의 통로가 좁아서 긴장이 유발되는 모음이라는 의미를 담고 있다. '긴장 모음'을 가리키는 영어로는 'tense vowel' 또는 'narrow vowel'인데, 'narrow vowel'이 '세모음'에 대응한다.
205) 龜井孝 外 編(1996)에 따르면 성대의 긴장이 강조될 때에는 '긴후(緊喉) 모음'이라고 부르기도 한다. 그 반대 개념은 '이후(弛喉) 모음'이다.
206) 긴장 모음은 모음도에서 가장자리에 놓이기 때문에 단모음(單母音)이 중모음(重母音)으로 바뀌는 변화가 일어나는 데 유리하다.

(Advanced Tongue Root)에 있어 '+'에 속하는 모음을 긴장 모음이라고 보고 있다.

국어 연구에서는 긴장음의 개념을 그다지 널리 활용하지 않는다. 다만 '장단'이라는 운소 대신 긴장 모음과 이완 모음을 별개의 음소로 설정하는 방식이 도입된 적이 있다. 또한 표면적으로 동일한데 모음 탈락에서 차이를 보이는 경우가 있을 때 이 개념을 활용하여 긴장 모음은 탈락하지 않고 이완 모음만 탈락한다는 해석도 이루어진 바 있다.[207] 이 외에 중세 국어의 '희여' 등에서 보이는 'oo'에 대해 후행하는 반모음이 긴장음임을 나타낸다고 해석하는 경우가 있는데 모음이 아닌 반모음에 대해 이 개념을 적용했다는 점에서 특이하다.

③ 용어 설명

'긴장음'을 가리키는 용어는 매우 소략하다. 모두 해당 음이 '긴장되다' 또는 '강하다'라는 의미를 담고 있다.

④ 관련 항목

강음, 약음, 이완음

---

207) 가령 중세 국어 시기에는 용언 어간말 'ㄹ' 뒤에서 탈락하는 '으/으'와 탈락하지 않는 '으/으'가 공존하는데 이러한 차이를 모음의 '긴장성'과 결부 짓는 것이다.

'ㄴ' 첨가

① 용어의 별칭

국어 구개음화[口蓋音化](심의린 1949ㄱ), 'ㄴ' 소리 덧나기(오원교 1979), 'ㄴ' 덧나기(허웅 1985ㄱ, 성낙수 1987, 유재원 1988), 'ㄴ' 삽입(이상억 1990, 엄태수 1995, 이병근·최명옥 1997), 'ㄴ' 첨가(기세관 1992, 김무림 1992, 서보월 1992), 'ㄴ' 끼우기(김세진 2009)

영어 'n' epenthesis, 'n' insertion

② 개념 설명

자음으로 끝나는 형태소 뒤에 단모음 '이'나 반모음 'j'로 시작하는 형태소가 결합할 때 후행 형태소의 첫머리에 'ㄴ'이 첨가되는 현상을 가리킨다. 이때 후행 형태소는 실질 형태소이거나 또는 한자어(漢字語) 접미사이어야 한다는 제약이 있다. 고유어 계열의 문법 형태소가 후행할 때에는 높임의 조사 '요'를 제외하면 'ㄴ' 첨가가 일어나지 않는 것이 원칙이다.

'ㄴ' 첨가는 다양한 환경에서 일어난다.

> (가) 솜+이불→솜ː니불, 색+연필 →생년필
> (나) 덧+양말→던냥말, 신+여성→신녀성
> (다) 식용+유→시콩뉴, 작업+용→자검농
> (라) 간 일→간 닐, 한국 요리 →한ː궁 뇨리

(가)는 합성어, (나)는 접두 파생어, (다)는 접미 파생어에서 일어나는 'ㄴ' 첨가의 예이다. 앞서 언급했듯이 (다)는 후행 형태소가 한자어 접미사인 경우에만 'ㄴ'이 첨가된다. (가)~(다)와 같은 복합어 이외에 (라)에서처럼 단어와 단어 사이에서도 'ㄴ'은 첨가된다.

이처럼 'ㄴ' 첨가가 일어나는 환경은 다양하지만 'ㄴ' 첨가 자체는 필수적으로 적용되는 현상은 아니다. 가령 아래의 (마)와 같은 합성어나 (바)와 같은 파생어에서는 'ㄴ' 첨가가 일어나지 않고 있다.

       (마) 맛있다, 눈인사, 목요일
       (바) 첫인사, 한국인, 경축일

'ㄴ' 첨가가 일어나는 원인은 아직 명확하게 밝혀졌다고 보기는 어렵다. 다만 일찍이 이완응 (1929)에서는 'ㄴ' 첨가가 두음 법칙에 의한 'ㄴ'의 탈락과 무관하지 않다고 보았다. 즉 'ㄴ'의 두음 법칙에 반대되는 현상이 일어나서 어중의 'ㄴ' 첨가가 일어났다는 것이다. 이러한 해석은 현재도 가끔씩 찾아볼 수 있다. 이 외에 '절음'의 경향 때문에 'ㄴ'이 첨가되었다고 보기도 한다. 앞말을 끊어서 읽다 보니 'ㄴ'이 첨가되었다는 것이다.[1] 그러나 이러한 해석은 첨가되는 음이 'ㄴ'인 이유, 'ㄴ'이 첨가되는 음운론적 환경이 단모음 '이'나 반모음 'j' 앞으로 제한되는 사실을 충분히 설명했다고 보기 어렵다.

표면적으로는 'ㄴ' 첨가가 일어날 환경에서 'ㄴㄴ'이 첨가된 것처럼 보이는 예들도 존재한다. '나무+잎→나뭇잎[나문닙], 뒤+일→뒷일[뒨닐], 뒤+윷→뒷윷[뒨눈]'과 같은 예가 여기에 속한다. 사이시옷 표기를 중시하는 입장에서는 이 단어들의 경우 사이시옷이 먼저 개입한 후 'ㄴ'이 첨가되면서 평파열음화, 비음화 등의 적용을 받아 결과적으로 'ㄴㄴ'이 되었다고 해석하기도 한다. 그러나 사이시옷은 합성어의 후행어가 자음으로 시작할 때 첨가된다는 점을 고려하면 이러한 설명은 받아들이기 어렵다.[2] 역사적으로 '나뭇잎'은 '나무+닢'에서 사이시옷이 첨가된 것에 불과하다. 즉 '나뭇잎'의 경우 애초부터 'ㄴ' 첨가는 없었던 것이다. '깻잎, 댓잎'에서 'ㄴㄴ' 첨가가 일어난 것처럼 보이는 것 역시 '나뭇잎'의 경우와 동일하다. '뒷일, 뒷윷' 등은 '나뭇잎' 유형과는 성격이 다르지만 '나뭇잎' 등에 'ㄴㄴ'이 첨가되었다고 재분석하고 여기에 유추가 작용하여 'ㄴㄴ'이 첨가되었을 가능성이 없지 않다.[3]

한편 여기서 다룬 'ㄴ' 첨가와는 전혀 다른 환경에서 'ㄴ'이 첨가되는 경우가 있다.

       (사) 코+날→콧날[콘날], 이+몸→잇몸[인몸]
       (아) 앚->앉-(坐), 까치>깐치[4]

(사)는 사잇소리 현상의 일종으로 사이시옷 표기와 밀접한 관련이 있다. 발음상으로 보면 비음으

---

1) 기세관(1992)에서는 첨가되는 'ㄴ'의 기능에 대해 후행어의 자립성을 확보하여 후행어의 형태소 인식에 도움이 되게 하는 것이라고 해석한 바 있는데, 이러한 해석도 'ㄴ' 첨가를 절음과 결부 지으려는 시도의 하나라고 볼 수 있다.
2) 사이시옷이 첨가되지 않으면 'ㄴ' 첨가도 일어날 수 없고, 'ㄴ'이 첨가되지 않으면 비음화도 일어날 수 없다.
3) 물론 이것은 어디까지나 하나의 가정에 불과하다.
4) '앚->앉-'은 대부분의 방언에서 일어났지만 '까치>깐치'는 일부 방언에서만 일어났다. 방언에 따라서는 'ㄴ' 대신 다른 비음이 첨가되기도 한다.

로 시작하는 형태소 앞에서 'ㄴ'이 첨가되었다고 할 수 있다. 이러한 'ㄴ' 첨가를 학교 문법에서는 (가)~(라)의 'ㄴ' 첨가와 동일한 현상으로 묶는 경우가 종종 있다. 그러나 이 둘은 완전히 구별되는 현상이다. 'ㄴ'이 첨가되는 위치, 음운론적 조건, 비음운론적 제약의 유무, 첨가가 일어나는 영역 등 많은 측면에서 차이를 보이기 때문에 두 가지 'ㄴ' 첨가는 별개의 현상으로 구분하는 것이 타당하다.[5] 한편 (아)는 산발적으로 일어나는 'ㄴ' 첨가로 'ㅈ, ㅊ, ㅉ'과 같은 자음 앞에서 일어난다는 점에서 다른 'ㄴ' 첨가와 성격이 구분되는 음운 변화이다.

③ 용어 설명

'ㄴ' 첨가를 나타내는 용어는 대부분 'ㄴ'이 첨가된다는 의미를 담고 있다. 동일한 사실을 '덧나기, 삽입, 첨가, 끼우기' 등으로 달리 표현할 뿐이다. 논의에 따라서는 이러한 용어들의 미세한 의미 차이를 구분하기도 한다. 가령 김유범 외(2002)에서는 'ㄴ' 첨가의 경우 어중이 아닌 환경에서 일어나는 현상을 지칭할 수도 있다는 점, 'ㄴ 덧나기'의 경우 첨가 현상이 아니고 어떤 형태의 이중적 출현을 의미할 수 있다는 점이 문제라고 보고 'ㄴ 삽입'이 타당하다고 했다. 그러나 음운 현상 중 음소가 첨가되는 유형을 항상 '삽입'이라고 불러야 할 필연적 이유가 없는 한 어떻게 표현하든 큰 문제는 없어 보인다.

이상의 여러 용어와 달리 '구개음화'는 성격이 완전히 다른 용어이다. 이것은 'ㄴ' 첨가의 조건 중 후행 형태소에 대한 조건이 구개음화가 일어나는 조건과 동일하기 때문에 나온 용어이다. 주왕산(1948)에서도 'ㄴ' 첨가를 광의의 구개음화 중 하나라고 언급한 바 있다. 설령 그렇다고 하더라도 '구개음화'라는 용어는 전혀 다른 현상을 가리키는 데 일반적으로 쓰이기 때문에 'ㄴ' 첨가를 지칭하기에는 부적절하다.

④ 관련 항목

사잇소리 현상, 첨가

---

5) 여기에 대해서는 이진호(2012ㄱ)에서 자세히 다루었다.

내파음

① 용어의 별칭

> **국어** 내파열음[內破裂音](河野六郎 1945), 입파음[入破音](服部四郎 1951, 김철헌 1962, 김영송 1972, 長嶋善郎 譯 1980, 이기문 외 1984, 龜井孝 外 編 1989), 내파열[內破裂](이숭녕 1954ㅂ), 내파음[內破音](허웅 1958, 筧壽雄·今井邦彦 1971, 日本音聲學會 編 1976, 황희영 1979, 이영길 1983, 龜井孝 外 編 1996), 내파폐쇄음[內破閉鎖音](竹林滋·橫山一郎 譯 1970, 이철수 1994), 성문적 흡착음[聲門的 吸着音](日本音聲學會 編 1976), 성문적 흡인 폐쇄음[聲門的 吸引 閉鎖音](日本音聲學會 編 1976), 흡입 파열음(문학준 1985, 조성식 편 1990), 흡기 파열음(조성식 편 1990), 속터침소리 (김성근 1995, 이현복 1995ㄱ, 고도흥 1998), 들숨 목소리(이호영 1996), 먹소리(구현옥 1999)
>
> **영어** implosive, glottalic clicks, glottalic suction stop, ingressive stop, suction stop

② 개념 설명

성대를 발동부로 하되 들숨을 이용해서 내는 폐쇄음(stop)을 가리킨다. 구강의 어느 부위를 막은 상태에서 성대를 붙여 아래로 내리면 성대와 구강 폐쇄 부위 사이에 있는 공기의 압력이 낮아진다. 이때 막았던 구강의 폐쇄를 개방하면 외부의 기류가 압력 차이에 의해 안으로 들어오게 되는데 이런 과정으로 발음되는 자음이 내파음이다. 성대를 발동부로 하되 성대를 위로 올려 바깥으로 공기를 내보내며 발음하는 방출음(ejective)과 반대되는 개념이라고 할 수 있다.

국어에는 성대를 발동부로 하는 음이 없으므로 내파음도 존재하지 않는다. 그러나 '내파음'이라는 용어는 국어 음운론에서 매우 오래 전부터 사용되었다. 국어 음운론에서 쓰이는 '내파음'이라는 용어는 내파음의 원래 개념에 부합하는 것이 아니고 파열이 되지 않는 미파음을 가리킨다.[6] '미파음' 항목에서도 언급하겠지만 Saussure의 음성 이론을 수용하는 과정에서 '미파음'을 '내파음'으로 번역하면서 이러한 오해가 빚어졌다. 파열이 되지 않는 음과 파열될 때 기류가 입안으로 들어오는 음은 전혀 다른 개념이므로 '미파음'과 '내파음'은 엄격히 구분해야 한다.

③ 용어 설명

'내파음'을 가리키는 용어 중 가장 오래 전부터 널리 쓰여 온 것은 '안으로 파열된다'는 의미를 가진 '내파열음, 입파음, 내파열, 내파음, 내파폐쇄음, 흡입 파열음, 흡기 파열음, 속터침소리' 등이다. 이 용어들의 의미는 내파음의 특성을 어느 정도 드러내고 있지만 완벽하다고 보기는 어렵다. 가령 흡착음(click)의 경우에도 안으로 파열되는 소리이므로 '내파음' 계열의 용어로는 흡착음을 배제하기 어려운 것이다. 이러한 문제점은 '성문적 흡착음, 성문적 흡인 폐쇄음, 들숨 목소리'와 같은

---

6) 예전 논의 중에는 중세 국어의 음절 종성에 놓인 'ㅅ'이 마찰음적 성격을 약하게 지니는 것에 대해서도 '내파음'으로 실현된다는 설명을 한 경우가 있다. 이처럼 이전의 국어 연구에서는 어떤 자음이 특히 종성에서 원래의 조음 과정을 온전하게 거치지 않으면 모두 '내파음'이라고 불렀다.

용어에서는 발생하지 않는다. 이 용어들은 '성문, 목'과 같이 발동부에 대한 정보를 담고 있으므로 연구개가 발동부로 관여하는 '흡착음'은 효과적으로 배제할 수 있다. 다만 그 쓰임이 일반화되지 못했다는 문제가 있다. '먹소리'는 단순히 목에서 나는 소리라는 의미라서 내파음의 특징을 제대로 드러내기에는 한계가 있다.

④ 관련 항목

   미파음, 발동부, 방출음, 외파음, 파열음, 폐쇄음, 흡착음

단모음(單母音)¹

① 용어의 별칭

국어 청음[清音](주시경 1908ㄴ, 김원우 1922, 이규방 1922, 魯璣柱 1924), 단음[單音](김규식 1909, 鄭國采 1926, 김희상 1927, 이인모 1949), 단모음[單母音](김규식 1909, 前間恭作 1909, 이상춘 1925, 천민자 1926), 홋홀소리(주시경 1914, 김두봉 1916, 이윤재 1929), 단양절[單陽切](이필수 1922), 원모음[元母音](안확 1923), 맑은소리(강매·김진호 1925), 원모음[原母音](김중록 1925), 홑홀소리(박상준 1932, 최현배 1937ㄱ, 이상춘 1946), 단중성[單中聲](심의린 1936), 순수 모음[純粹 母音](橋本進吉 1937, 日本音聲學會 編 1976, 신승원 1982, 소강춘 1983, 이동화 1984ㄴ), 단순 모음[單純 母音](有坂秀世 1940, 河野六郎 1945, 이남덕 1953, 이희승 1955, 유창균 1959, 日下部文夫 1962), 기본 양음[基本 量音](幸田寧達 1941), 단양음[單量音](幸田寧達 1941), 정모음[正母音](홍기문 1947), 정모음[静母音](주왕산 1948, 정인섭 1973), 홑소리(이인모 1949), 단일 모음(장태진 1963ㄴ, 小泉保·牧野勤 1971, 김원보 1999, 김원회 외 2007), 순모음[純母音](小泉保·牧野勤 1971, 日本音聲學會 編 1976, 정철 1991, 최한조 1993), 단원음[單元音](董同龢 1972, 김경숙 1993, 엄익상 2007), 으뜸 홀소리(日本音聲學會 編 1976), 정지 모음[静止 母音](日本音聲學會 編 1976), 지속 모음[持續 母音](日本音聲學會 編 1976), 홑모음(김민수 1978ㄱ, 김용환 1988, 권오선 1990, 전학석 1996), 순정 모음[純正 母音](박종희 1983ㄴ, 김종규 1986), 순모음 음소(정철 1991), 홑중성(권재선 1992), 단모음소(최명옥 2000, 이상신 2008, 이현정 2008), 기본 모음(성비락 2002)

영어 monophthong, simple vowel, pure vowel, static vowel, held vowel

② 개념 설명

모음 중 발음할 때 혀의 위치나 입술 모양이 바뀌지 않는 모음을 가리킨다. 단모음은 하나의 음소로 이루어져 있으며 조음 기관들이 일정 기간 동안 고정되어 있기 때문에 입의 모양이나 혀의 위치가 변하지 않는다. 둘 이상의 음소로 이루어진 중모음(重母音)과 대립되는 개념이다.

현대 국어의 단모음 목록은 논의에 따라 이견이 많다. 20세기 초에는 문자와 발음을 구별하지 못하면서 '아, 어, 오, 우, 으, 이'의 여섯 개만 단모음으로 인정하던 논의도 존재했다. '애, 에, 외, 위'

는 '아, 어, 오, 우'에 '이'가 결합된 구조의 글자이므로 단모음이 아닌 중모음을 표시한다고 본 것이다.[1] 물론 이러한 입장은 이후 없어지지만 설정되는 단모음의 수에는 차이가 난다. 가령 기존의 6개 단모음에 '애, 에'를 더 포함한 8개의 단모음 목록을 주장한 경우도 있고 여기에 '외'를 더 넣은 9개의 단모음 목록을 주장한 경우도 있다. 현재의 표준 발음법에서 원칙으로 삼는 것은 9모음에서 '위'를 더한 10모음 체계이다. 이러한 10모음 체계는 일찍이 정렬모(1927ㄱ)에서 찾아볼 수 있다.[2]

한편 제주도 방언은 다른 방언에는 존재하지 않는 중세 국어 'ᄋ'에 대응하는 독특한 단모음이 존재하고 있다. 중세 국어의 'ᄋ'와 제주도 방언의 'ᄋ' 음가가 서로 동일한지를 확신할 수는 없지만 이 둘이 동일한 기원을 가지고 있었다는 사실은 부인하기 어렵다. 또한 일본의 한국어 연구자 중에는 '어'를 두 개의 단모음으로 구별하여 'ə'와 'ɔ'를 별개의 단모음으로 설정하는 경우도 있다. 한국에서는 'ə'와 'ɔ'를 장단에 따른 변이음으로 보고 있지만 梅田博之(1983)에서는 이 두 모음의 분포를 항상 장단으로 설명할 수 있는 것은 아니라는 점, 두 모음의 변이음 실현을 음성학적으로 설명하기 어렵다는 점을 들어 서로 다른 단모음으로 분석해야 한다고 주장했다. 아무튼 현대 국어의 단모음 목록은 시기, 방언, 연구자의 태도 등 여러 가지 변수에 따라 차이를 보이는 것이 사실이다.

앞서 지적했듯이 표준 발음법에서 원칙으로 삼는 단모음의 수는 10개이다. 그러나 현실 발음에서는 10개의 단모음이 온전하게 실현되지는 않는다. '외'와 '위'는 이중 모음으로 발음되는 경우가 훨씬 많으며 젊은 세대로 갈수록 이러한 경향은 훨씬 강하다.[3] '외'는 '웨' 또는 '왜'로,[4] '위'는 'wi'로 발음된다. 여기에 더해 '애'와 '에'가 구별되지 않고 그 조음 영역이 합쳐지면서 하나의 단모음으로 바뀌었다.[5] 그 결과 대부분의 현대 국어 방언에서 현실 발음의 단모음은 7개만 남게 되었다.

단모음들은 여러 가지 기준에 의거해 분류를 시도하게 된다. 단모음의 분류 기준은 크게 혀의 위치와 입술 모양이라는 두 가지로 나눌 수 있다. 『훈민정음』에서 중성을 나눌 때 사용한 '축(縮)'과 '구축(口蹙)/구장(口張)'도 각각 혀의 위치와 입술 모양에 대응한다.[6] 다만 현대 언어학에서는 혀의 위치를 혀의 전후 위치와 상하 높이의 두 측면으로 세분하는 방식이 일반화되어 있다. 결과적으로 단모음의 분류 기준은 세 가지가 된다.

혀의 전후 위치에 따라서는 전설 모음과 후설 모음의 두 가지를 구분한다. 예전에는 중설 모음을

---

1) 최희(1936)에서는 '애, 에, 외, 위'와 같이 '아, 어, 오, 우+ㅣ'의 구조로 된 것을 '윈소리(變母音)'라는 매우 특이한 용어로 지칭하기도 했다.
2) 현대 국어의 단모음 목록을 12개까지 설정한 논의도 있다. 천민자(1926)에서는 10모음 체계에 'ᄋ'와 '의'를 더한 12개의 단모음 목록을 제시했다. 천민자(1926)에서는 음격(혀의 전후 위치)에 따라 2부류, 음상(입술 모양)에 따라 2부류, 음자(혀의 높낮이)에 따라 3부류를 구분하여 총 12종류의 단모음이 나올 수 있도록 모음 체계를 설정한 후 실제로 아무런 빈칸이 없도록 12개의 단모음을 모음 체계 속에 채워 넣고 있다. 이러한 태도는 어디서도 찾아볼 수 없는 매우 독특한 것으로 단모음의 대립 관계를 극대화한 이상적인 목록이라고 할 수 있다.
3) 표준 발음법에서 '외'와 '위'를 이중 모음으로 발음해도 표준 발음으로 허용하는 것은 이와 관련된다.
4) 단모음 '외'가 이중 모음으로 발음될 경우에는 '왜'보다는 '웨'가 더 적절하다. '외'가 중모음(中母音)인 이상 이것을 이중 모음으로 발음할 때에도 중모음 '에'가 포함된 '웨'가 저모음 '애'가 포함된 '왜'보다는 더 타당한 것이다. 다만 뒤에서 언급하겠지만 '에'와 '애'가 하나의 단모음으로 합류되는 변화가 진행되어서 '왜'와 '웨'를 구분하여 발음하지 못하게 되었다.
5) '애'와 '에'가 합류된 단모음의 음성 기호로는 흔히 'E'를 사용하고 있다.
6) '구축, 구장'은 입술 모양 대신 개구도를 나타낸다고 보는 경우도 있다. 그뿐만 아니라 '구축, 구장'이 입술 모양과 개구도를 함께 나타낸다고 해석하기도 한다. 그럴 경우 '구축, 구장'은 입술 모양과 개구도를 동시에 나타내는 복합적인 분류 기준이라고 할 수 있다.

더 설정하기도 했으나 현재는 중설 모음과 후설 모음을 구분하지 않고 하나로 묶는 방식이 보편화되어 있다.[7] 혀의 높낮이에 따라서는 고모음, 중모음, 저모음의 세 가지를 구분한다. 그 전에는 혀의 높낮이보다 개구도를 중시하여 '폐모음, 반폐모음, 반개모음, 개모음'의 네 가지를 나누는 방식도 흔했지만 현재는 그렇지 않다. 입술 모양에 따라서는 원순 모음과 평순 모음의 두 가지를 구분한다.[8]

이러한 음성학적 기준과 무관하게 20세기 초에는 국어의 단모음을 일본어와 비교하여 '표준 모음'과 '중간 모음'으로 구분하기도 했다. 가령 金澤庄三郞(1917~1918)가 그러한데 '표준 모음'은 일본어에도 존재하는 단모음이고 '중간 모음'은 일본어에는 존재하지 않는 단모음이다. '중간 모음'이라는 용어는 일본어에 없는 국어의 단모음이 일본어에 존재하는 모음들의 중간에 위치한다는 의미를 담고 있다. 그런 점에서 '중간 모음'은 '간음(間音)'과 비슷하다.

③ 용어 설명

'단모음'을 가리키는 용어는 상당히 다양해서 다음의 몇 부류로 나눌 수 있다.

> (가) 단음, 단모음, 홋홀소리, 단양절, 단중성, 단순 모음, 단양음, 홑소리, 단일 모음,
>   단원음, 홑모음, 홑중성, 단모음소
> (나) 원모음(元母音), 원모음(原母音), 기본 양음, 정모음(正母音), 으뜸 홀소리, 기본 모음
> (다) 순수 모음, 순모음, 순정 모음, 순모음 음소
> (라) 정모음(靜母音), 정지 모음, 지속 모음
> (마) 청음, 맑은소리

(가)는 '단모음'을 나타내는 가장 대표적인 용어들이다. 하나의 음소로 이루어진 모음이라고 하여 모음의 구성 요소 수를 중시한 용어이다. 단모음의 원 개념을 가장 명확히 드러내는 용어라고 할 수 있다. 영어 용어 중 'monophthong, simple vowel'에 대응한다. (가)에 속하는 용어 중 가장 널리 쓰이는 것은 '단모음'이다. 그런데 이 용어는 길이가 짧은 '단모음(短母音)'과의 구분이 한자에 기대지 않는 한 어렵다는 문제점을 안고 있다.[9]

(나)는 단모음이 모음의 기본임을 드러내고 있다. 중모음(重母音)과 비교할 때 단모음이 더 기본적 모음이라는 것은 충분히 수긍할 수 있다. (다)는 단모음은 발음할 때 다른 음이 끼어들지 않는 순수

---

7) 혀의 전후 위치에 따라 최대 네 부류를 나눈 논의도 존재한다. 이런 방식은 정렬모(1927ㄱ)에서 찾을 수 있으며 북한의 국어 연구에서도 나타난다. 정렬모(1927ㄱ)에서는 혀의 위치 순서에 따라 '이, 에, 애', '위, 외', '으, 어, 아', '우, 오'의 네 부류를 나누었다. 그 당시에는 '위, 외'를 단모음으로 잘 인정하지 않던 시기였는데 정렬모(1927ㄱ)에서는 '위, 외'를 단모음 목록에 포함하면서 전설 모음과 중설 모음 사이에서 나는 '앞가온대소리'로 분류하였다. 또한 이현복(1991)에 따르면 북한에서는 '끝모음(이), 앞모음(애, 에, 외, 위), 가운데모음(으), 뒤모음(아, 어, 오, 우)'으로 나누는 경우가 있다고 한다.
8) 입술 모양에 따라 세 부류를 나누는 입장도 없지는 않은데 이것은 주로 평순 모음을 두 가지 하위 부류로 나누었을 때 나타난다. 그러나 음운론적으로는 원순 모음과 평순 모음의 두 부류만 나누는 것으로도 충분하다. 여기에 대해서는 '평순 모음' 항목을 참조할 수 있다.
9) 그래서 이병근·최명옥(1997:45)에서는 '단순 모음'과 같은 용어가 더 적절하다고 지적하기도 했다.

한 모음이라는 점을 강조한 용어이다. 다른 음이 더 끼어들면 중모음이 되므로 단모음과 성격이 구별된다. 영어 용어 중 'pure vowel'에 대응한다.

(라)는 단모음의 조음 과정을 중시한 것으로 단모음을 발음할 때 입술 모양이나 혀의 위치가 일정하게 유지된다는 사실을 반영하고 있다. 영어 용어 중 'static vowel, held vowel'에 대응한다. (마)는 단모음(單母音)과 중모음(重母音)의 차이를 '청 : 탁'의 대립에 빗대어 표현한 경우로 주시경이 주로 사용하던 용어이다. 주시경은 모음뿐만 아니라 자음도 홑소리와 거듭소리로 나누어 그 둘의 차이를 '청탁'에 의한 것으로 해석하였다.[10]

④ 관련 항목

단자음¹, 모음, 중모음¹, 홑소리

단모음(短母音)²

① 용어의 별칭

> **국어** 단모음[短母音](小倉進平 1923, 윤치호 1928, 有坂秀世 1940, 新村出 1943, 남광우 1955ㄴ, 최학근 1958), 단모음음소(太田朗 1959), 짜른 모음(이숭녕 1960ㄱ), 이완 모음(김완진 1972ㄴ), 짧은 모음(이현복 1989, 권오선 1990), 단음절(김차균 1993ㄱ), 단모음소(이금화 2007, 이상신 2007ㄴ), 단단모음소[短單母音素](하신영 2010)
> **영어** short vowel

② 개념 설명

'장모음'에 대립되는 개념으로 길이가 짧은 모음을 가리킨다. 현대 국어에는 단모음(短母音)과 장모음이 구분되며 단모음(短母音)의 수는 단모음(單母音)의 수와 일치한다. 다만 단모음(單母音)의 수가 유동적이기 때문에 짧은 모음의 수 역시 그에 따라 바뀌게 된다.[11]

③ 용어 설명

'단모음'을 가리키는 용어들은 일부 예외를 제외하면 모두 길이가 짧은 모음이라는 의미를 담고 있다. 그중 '단단모음소'는 '길이가 짧은 단모음(單母音)'이라는 의미를 담고 있다. 즉 중모음(重母音)을 제외한 단모음(單母音)에 대해서만 장단을 언급하는 것이다. 이 용어를 사용하면 '단모음'이라고만 했을 때 길이가 짧은 모음과 홑소리인 모음 중 어느 것을 가리키는지 용어상 혼동된다는 문제

---

10) 자세한 것은 '거듭소리, 홑소리' 항목을 참고할 수 있다.
11) 단모음(單母音)의 목록이 유동적이라는 사실은 '단모음¹' 항목에서 자세히 언급한 바 있다.

점을 피할 수 있다.

'이완 모음'은 길이와 관련을 짓지 않았다는 점에서 유일한 예외이다. '이완 모음'은 장단보다 긴장성이 더 중요하다고 해석함으로써 나온 용어이다. 여기에 따르면 모음의 장단은 긴장성 유무로부터 자동적으로 예측되는 잉여적인 요소에 불과하다. 이완된 모음의 길이가 더 짧으므로 이완 모음이 짧은 모음에 대응한다.

④ 관련 항목

단모음¹, 모음, 장단, 장모음

단모음화(單母音化)¹

① 용어의 별칭

국어 단순 모음화[單純母音化](有坂秀世 1940, 河野六郎 1945, 유재원 1985ㄴ, 박명순 1987, 이현복 1989), 단모음화[單母音化](河野六郎 1945, 허웅 1952, 이숭녕 1954ㅁ, 김형주 1961, 李康民 1993), 단모화[單母化](문선규 1973), 홑모음화(김민수 1978ㄱ, 김성근 1995), 복모음의 단모화(김재문 1978), 단음화[單音化](최명옥 1978ㄱ, 김완진·이병근 1979), 간음화(박종희 1983ㄱ), 전설 모음화[前舌 母音化](이기문 외 1984, 도수희 1985ㄱ, 장영길 1994), 홑홑소리되기(정영주 1985, 허웅 1985ㄴ, 김형춘 1994), 단조화[短調化](신기상 1990), 홑중성 되기(권재선 1992), 홑모음되기(이현복 1997), 단일 모음화(김원보 1999), 홑홑소리화(박정수 1999), 단모음소화(최명옥 2004, 이금화 2007, 하신영 2010)

영어 monophthongization, smoothing

---

② 개념 설명

단모음(單母音)이 아닌 음이 단모음으로 바뀌는 현상을 가리킨다. 이론적으로는 자음이나 반모음이 단모음으로 바뀌는 '대치'도 단모음화에 속할 수 있지만 국어 음운론에서의 단모음화는 모두 이중 모음이 단모음으로 바뀌는 현상으로 국한된다. 따라서 음소의 수가 필연적으로 줄어든다. 단모음화의 범주에 들 수 있는 현상으로는 다음을 들 수 있다.

(가) 단모음의 연쇄가 제삼의 단모음으로 축약 예 사이>새, 보이다>뵈다
(나) 이중 모음이 단모음으로 축약 예 aj, əj, oj, uj>ɛ, e, ö, ü / 별>벨, 꿩>꽁
(다) 이중 모음을 이루는 반모음이 탈락 예 쟈, 져, 죠, 쥬>자, 저, 조, 주

(가)는 모음 충돌을 이루는 두 개의 단모음이 축약되어 다른 단모음으로 바뀌는 변화이다. 이

러한 단모음화는 필연적으로 음절 수의 감소를 불러 온다. (가)는 대체로 '후설모음＋이'의 모음 연쇄에 적용되어 전설 모음으로 축약되는 양상을 보인다. 역사적으로는 (가)의 경우도 단모음 연쇄가 곧바로 축약이 되었다기보다는 후행하는 '이'가 반모음 'j'로 바뀌면서 먼저 하향 이중 모음을 이룬 후,[12] 이것이 (나)에서 살필 축약을 거쳐 단모음화가 완성되었을 가능성이 적지 않다.

(나)는 (가)와 달리 원래부터 이중 모음이었던 것이 단모음으로 바뀌므로 음절 수의 변동은 동반되지 않는다. (나)는 'j'로 끝나는 하향 이중 모음이었던 '애, 에, 외, 위'가 전설 모음으로 바뀌는 단모음화와 '여', '워'와 같은 상향 이중 모음이 각각 '에'와 '오'로 바뀌는 단모음화가 구분된다. 이중 하향 이중 모음의 단모음화가 국어 음운론에서 가장 일반적으로 말하는 단모음화의 예이다.[13] 하향 이중 모음의 단모음화는 국어의 단모음 체계가 그 이전 시기와 달리 혀의 전후 위치에 따른 '전설 : 후설'의 대립으로 변모하게끔 한 매우 중요한 음운 변화이다.

(다)는 축약이 일어나는 (가), (나)와 달리 반모음이 단순히 탈락하는 경우에 해당한다. 이중 모음의 구성 요소 중 하나인 반모음이 탈락하면 자동적으로 단모음이 될 수밖에 없으므로 (다)도 단모음화에 속한다. 중세 국어 시기의 치음 'ㅅ, ㅆ, ㅈ, ㅊ, ㅉ' 뒤에 오던 반모음 'j'는 이후 근대 국어 시기를 거치면서 모두 탈락하는데 이것이 (다)에 속하는 대표적인 사례이다. 이 외에 경상도 방언 등 몇몇 방언에서는 자음 뒤에 상향 이중 모음이 결합하지 못함으로써 반모음이 탈락하기도 하는데 이것 역시 (다)에 속한다.[14]

③ 용어 설명

'단모음화'를 가리키는 용어 중 압도적 다수는 말 그대로 '단모음으로 바뀐다'는 의미를 담고 있다. '단순 모음화, 단모음화, 단모화, 홑모음화, 홑홀소리 되기' 등이 모두 그러하다. 이것의 예외로는 '간음화, 전설 모음화'가 있다. '간음화'와 '전설 모음화'는 앞서 제시한 (가)~(다) 중 (가), (나)의 일부만을 대상으로 한 용어이다. 이러한 단모음화는 축약에 해당하는 것으로서 축약이 된 두 음소의 속성이 합쳐져서 전설 모음이 생성되었다. 이때 두 음소의 속성이 합쳐져 그 중간적 성격이 되었다는 점을 중시하면 '간음화'가 되고, 축약의 결과를 중시하면 '전설 모음화'가 된다.[15]

④ 관련 항목

간음화, 단모음[1], 이중 모음, 축약

---

12) 이 단계는 일종의 반모음화가 일어나면서 음절 수가 줄어드는 것으로서, 河野六郎(1951)에서는 단음절화(單音節化)라고 부르기도 했다.

13) 'j'로 끝나는 하향 이중 모음이 전설 모음으로 바뀌는 단모음화를 다른 단모음화와 구분하기 위해 '전설 단모음화(권재선 1983, 장영길 1997), 전설 모음화(이기문 외 1984), 전부 모음화(최임식 1984)'와 같은 용어를 사용하기도 한다.

14) 가령 '과자'를 '가자'라고 한다거나 '돼지'를 '대지'라고 말하는 경우가 여기에 해당한다.

15) 다만 '전설 모음화'는 단모음화와는 전혀 무관한 음운 변화를 가리키는 데 훨씬 더 많이 쓰인다는 문제점이 있다. 자세한 것은 '전설 모음화' 항목을 참고할 수 있다.

단모음화(短母音化)²

① 용어의 별칭

국어 단음화[短音化](金田—京助 1932, 남광우 1954, 이익섭 1967, 이병근 1975), **단모음화[短母音化]**(이숭녕 1959ㄴ, 外山映次 1972, 김완진 1973ㄱ, 이병근 1975), **이완화 규칙**(김완진 1972ㄴ), **짧은 소리 되기**(허웅 1985ㄱ, 김형춘 1994, 구현옥 1999), **단음절화**(김차균 1993ㄱ), **장모음 단축화**(최성원·전종호 1998), **장음 삭제**(신승원 2000), **단모음소화**(최명옥 2004, 최창원 2006, 이금화 2007), **모음 단축**(유춘선 2013)

영어 vowel shortening

---

② 개념 설명

장모음(長母音)의 길이가 짧아져 단모음(短母音)으로 바뀌는 운소의 변동을 가리킨다. 장모음화와 반대 방향으로 일어나는 음운 현상이다. 다만 장모음화가 반모음화나 모음 탈락, 모음 축약과 같은 분절음 차원의 음운 현상에 수반되어 나타남에 반해, 단모음화는 분절음의 변동과 무관하게 독립되어 나타날 수 있다는 점이 특징이다.

국어의 단모음화 현상은 크게 세 가지 환경에서 일어난다.

> (가) 알:+아서 → 알아서, 살:+아도 → 살아도
> (나) 알-:⇒ 알리다, 살-:⇒ 살리다
> (다) 눈:(雪) ⇒ 함박눈, 밟:다 ⇒ 짓밟다

(가)는 장모음을 가진 어간 뒤에 모음으로 시작하는 어미가 결합하는 경우, (나)는 동일한 어간에 피동·사동의 접미사가 결합하는 경우 단모음화가 일어나는 예이다. (가), (나)와 같은 단모음화는 일부 예외도 있어서 '없다, 벌다, 떫다, 썰다'와 같은 용언들은 뒤에 모음으로 시작하는 어미나 피동·사동의 접미사가 결합해도 항상 어간의 모음이 장모음으로 실현된다. (다)는 장모음을 가진 단어가 복합어의 후행 요소로 쓰일 때 일어나는 단모음화이다. 이러한 단모음화는 장모음의 실현이 어두로 제한된다는 제약과 관련된다.[16]

(가)~(다)에서 보이는 단모음화 중 특히 (가), (나)의 경우는 역사적으로 성조 변동과 직접적인 관련이 있다. 즉 성조가 변별적 기능을 수행하는 중세 국어 시기에는 (가), (나)의 환경에서 장단 변동 대신 상성이 평성으로 바뀌는 성조 변동이 일어났던 것이다. 심지어 단모음화의 예외에 속하는 어간과 성조 변동의 예외에 속하던 어간이 거의 일치하기도 한다.[17] 상성이 대체로 후대에 장음으로

---

16) 논의에 따라서는 (가), (나)와 달리 (다)에서는 모음의 길이가 조금 덜 짧아진다고 보기도 한다. 그래서 이철수(1999)에서는 장모음이 비어두에서는 반장모음(半長母音)이 된다고 했다.

17) 중세 국어의 경우 상성이 평성으로 교체하는 어간을 유동적 상성 어간이라고 하고, 이러한 평성화를 겪지 않고 항상 상성으로 실현되는 어간을 고정적 상성 어간이라고 한다. 유동적 상성 어간은 (가)와 (나)로 이어지고 고정적 상성 어간은 단모음화의

남아 있고 평성이 단음(短音)으로 남아 있음을 고려하면 (가)~(나)의 음장 변동은 실제로는 성조 변동의 흔적이라고 말할 수 있다.

(가)~(다)는 단모음화의 적용을 받는 장모음의 존재를 실제로 확인할 수 있다. 표면에서 장모음으로도 나타나고 단모음으로도 나타나는 형태소의 기저형을 장모음으로 설정하여 단모음화 규칙을 적용하는 것이다. 반면 표면에서는 결코 장모음으로 나타나는 경우가 없고, 다만 도출 과정 도중에 이론적으로만 나타나는 장모음에 대해 단모음화 규칙을 적용해야 하는 상황도 있을 수 있다. 가령 '이기-, 마시-, 깨뜨리-'와 같이 2음절 이상으로 된 용언 어간에 반모음화가 일어나는 경우, 만약 반모음화가 보상적 장모음화를 필수적으로 동반한다고 해석하게 되면 이들 어간은 반모음화가 적용되었을 때 나오는 장모음을 단모음으로 바꾸어 주는 단모음화 규칙이 필요해진다. 이때의 장모음은 표면에서는 결코 실현되지 않고 도출 과정의 중간형에서만 출현할 뿐이다. 물론 반모음화에 동반되는 장모음화는 어간이 1음절인 경우로 국한된다는 제약을 부여하면 중간형에 장모음이 새로 출현하지 않으므로 단모음화 규칙도 불필요하다.[18]

한편 단모음화는 음운 현상의 유형 중 대치에 속한다고 보는 입장과 탈락에 속하다고 보는 입장이 공존한다. 만약 장모음과 단모음을 별개의 음소로 인정하면 단모음화는 한 음소가 다른 음소로 바뀌는 대치로 해석해야 한다. 그런데 장모음을 단모음(單母音)에 긴 음장소(chroneme)가 결합되었다고 해석하면 긴 음장소가 없어진다고 보아서 탈락이라고 할 수도 있다. 물론 이 경우도 긴 음장소가 짧은 음장소로 바뀌었다고 해석한다면 대치가 된다. 이 문제는 장모음과 단모음(短母音)의 음운론적 분석 방법과 직접적인 관련이 있다.[19]

③ 용어 설명

'단모음화'를 가리키는 용어는 길이가 짧아진다는 의미를 담은 것과 그렇지 않은 것으로 양분할 수 있다. 길이가 짧아진다는 의미를 지닌 용어라고 하더라도 짧아지는 소리의 단위를 무엇으로 보느냐에 따라 몇 가지가 구분된다. '단음화, 짧은 소리 되기'와 같이 단순히 소리가 짧아진다고 보는 용어도 있고 '단모음화, 장모음 단축화, 모음 단축'과 같이 모음이 짧아진다고 보는 용어도 있다. 자주 쓰이지는 않지만 '단음절화'처럼 음절이 짧아진다고 표현한 용어도 존재한다. '장음 삭제'는 기본적으로는 길이가 짧아진다는 의미에 가깝지만 장음이 없어진다고 하여 차이를 보인다. 이것은 앞서 살핀 것처럼 단모음화를 긴 음장소의 탈락으로 해석하는 입장을 반영하고 있다. '이완화 규칙'은 가장 이질적인 용어로 모음의 장단을 긴장성의 관점에서 파악하여 단모음은 이완 모음이라고 본 결과이다.[20]

예외로 이어졌다.

18) 1음절 어간이라고 하더라도 '오-, 지-, 치-, 찌-'에 반모음화가 적용되면 보상적 장모음화가 일어나지 않는다. 이런 사실을 보아도 보상적 장모음화가 반모음화에 필수적으로 수반되는 현상은 아님을 알 수 있다.

19) 특히 장모음에 실린 운소의 음운론적 분석이 관건이다. 자세한 것은 '장모음' 항목에서 다루고 있다.

20) 모음의 장단과 긴장성 사이의 관련성은 '긴장음', '단모음²', '이완음', '장모음' 항목을 참고할 수 있다.

④ 관련 항목

단모음², 단음, 장단

단음

① 용어의 별칭

국어 단음[短音](주시경 외 1907~1908, 현공렴 1911, 崔在翊 1918, 김원우 1922, 小倉進平 1923, 金田一京助 1932), 이사소리(김두봉 1916), 보통음[普通音](김두봉 1916), 나즌ᄌ(朝鮮總督府 1917, 奧山仙三 1928), 저자[低字](朝鮮總督府 1917, 奧山仙三 1928), 연음[聯音](강매 1921), 예사소리(김두봉 1922), 짜른 소리(최현배 1929, 윤창두 1934), 단성[短聲](이조헌 1934), 평음[平音](장지영 1937), 짧은 소리(이희승 1939ㄹ, 허웅 1958, 한국국어교육연구회 1964ㄱ, 日本音聲學會 編 1976), 짧은 음(김민수 외 1960ㄱ), 단조[短調](신기상 1990)

영어 short sound

② 개념 설명

길이가 짧은 음을 가리킨다. '장음'에 대립된다. 자세한 것은 '단모음², 단자음², 장음' 항목을 참조할 수 있다.

③ 용어 설명

'단음'을 가리키는 용어는 '단음, 짜른 소리, 단성, 짧은 소리, 짧은 음, 단조'와 같이 길이가 짧다는 의미를 담고 있는 것이 많다. '나즌ᄌ, 저자'는 '장단' 대신 높낮이의 차원에서 '단음'을 표현하고 있는데, 장음을 '놉흔ᄌ, 고자'라고 표현한 것과 대립된다. '이사소리, 예사소리, 평음'은 장음과 단음 중 단음이 더 무표적이고 일반적임을 뜻하는 용어라고 할 수 있다. '연음'은 그 의미를 명확히 알기 어려운 용어이다.

④ 관련 항목

단모음², 단자음², 장단, 장음

단자음(單子音)[1]

① 용어의 별칭

② 개념 설명

표면적으로는 단일한 요소로 이루어진 자음이라는 의미인데 실제로는 세 가지 서로 다른 용법을 가진다. 이 중 두 가지는 일반 언어학적 용법인데, 하나는 중복 자음(geminate)에 대립되는 개념이고 다른 하나는 자음군(consonant cluster)에 대립되는 개념이다. 중복 자음이나 자음군은 모두 둘 또는 그 이상의 자음으로 이루어진 연쇄이므로 여기에 대립된다는 것은 곧 하나의 자음임을 가리킨다. 나머지 한 가지 용법은 국어 연구에서 쓰였던 것으로 주시경에서 비롯된 '중자음'에 대립되는 것이다. 주시경은 유기음이나 경음과 같은 하나의 음소도 두 개의 구성 요소로 이루어진 '거듭소리'로 분석한다.[21] 따라서 이 자음들을 제외한 나머지 자음들이 단자음에 속한다. 여기에 따르면 국어의 단자음은 'ㄱ, ㄴ, ㄷ, ㄹ, ㅁ, ㅂ, ㅅ, ㅇ, ㅈ, ㅎ'의 10개가 된다.

③ 용어 설명

'단자음'을 가리키는 용어들은 대부분 '자음'을 가리키는 표현 앞에 단일한 요소로 이루어졌음을 가리키는 '홑, 단, 단일, 단순' 등이 결합된 구조로 되어 있다. 유일한 예외는 '본자음'이다. 이것은 단자음이 자음의 기본이라는 의미로서 중자음(重子音)과 비교한다면 '단자음'이 당연히 더 기본적인 단위라고 할 수 있다.

④ 관련 항목

거듭소리, 중복 자음, 중자음[1], 홑소리

---

21) 여기에 대해서는 '거듭소리' 항목과 '중자음[1]' 항목을 참고할 수 있다.

단자음(短子音)²

① 용어의 별칭

국어 단자음[短子音](有坂秀世 1940, 이희승 1955, 김영만 1976, 日本音聲學會 編 1976, 김진우 1985), **짧은 자음** (김영만 1976)
영어 short consonant

② 개념 설명

'장자음'에 대립되는 개념으로 길이가 짧은 자음을 가리킨다. 국어에는 자음에 장단 구별이 없기 때문에 거의 언급하는 경우가 없다. 간혹 김영만(1976)에서와 같이 폐쇄 지속 시간이 긴 유기음과 경음을 장자음이라고 부르고, 이에 비해 상대적으로 폐쇄 지속 시간이 짧은 평음을 단자음이라고 부르기도 한다.

③ 용어 설명

'단자음'을 가리키는 용어들은 모두 길이가 짧은 자음이라는 의미를 담고 있다.

④ 관련 항목

단음, 장음, 장자음

대립

① 용어의 별칭

국어 대립[對立](河野六郎 1945, 홍기문 1947, 服部四郎 1954~5, 黑川新一 譯 1958, 이숭녕 1960ㄱ, 허웅 1968ㄱ), **맞섬** (최현배 1970, 권재일·고동호 2004)
영어 opposition

② 개념 설명

음운 체계 내에서 어떤 기준에 있어 서로 맞서는 음운들의 관계를 일컫는다. 유럽의 Prague 학파에서 발전시킨 개념으로 국어 음운론 연구에도 적극적으로 수용된 바 있다. 가령 1940년대 이후 국어 음운사 연구에서 각광을 받았던 모음 조화, 'ㆍ'의 소멸, 모음 체계의 변천 등과 같은 주제들은 모두 대립을 바탕으로 한 음운 체계의 관점에서 언어 변화를 살핀 결과라고 할 수 있다. 물론 서구의 언어 이론과 무관하게 독자적인 대립의 관점에서 음운 체계를 살필 사례도 없지는 않다. 가령 천민자(1926)은 음격(音格), 음지(音地), 음상(音相)이라는 세 가지 기준에 따라 단모음을 분류하고 그 대립 관계를 논의한 바 있는데, 인위적이라는 느낌이 들 만큼 이상적인 대립 체계를 설정하고 있다.[22]

대립은 여러 가지 기준에 따라 하위 분류를 할 수 있다. 우선 두 음소 사이의 대립을 전체 대립 체계의 관점에서 볼 경우 양면 대립(bilateral opposition)[23]과 다면 대립(multilateral opposition),[24] 비례 대립(proportional opposition)[25]과 고립 대립(isolated opposition)[26]을 구분한다. 양면 대립은 대립하는 두 음소의 공통 특징을 체계 내의 다른 음소는 지니지 않는 경우이고, 다면 대립은 대립하는 두 음소의 공통 특징을 다른 음소도 지니는 경우이다. 가령 국어의 'ㅅ : ㅆ'의 대립은 치조 마찰음이라는 공통점을 'ㅅ, ㅆ' 이외의 다른 음소는 지니지 않으므로 양면 대립이고, 'ㅂ : ㅃ'의 대립은 양순 파열음이라는 공통점을 지닌 음소로 'ㅍ'이 더 존재하므로 다면 대립이다. 비례 대립은 대립을 이루는 두 음소의 관계가 체계 내의 다른 대립에서도 발견되는 경우이고 고립 대립은 오로지 두 음소의 대립에서만 발견되는 경우이다. 가령 'ㅂ : ㅃ'과 같은 '평음 : 경음'의 대립은 'ㄷ : ㄸ', 'ㄱ : ㄲ'에서도 확인되므로 비례 대립이고, 'ㄴ : ㄹ'과 같은 '비음 : 유음'의 대립은 다른 경우에는 찾을 수 없으므로 고립 대립이다.

다음으로 전체 대립 체계를 고려하지 않고 대립하는 두 음소만을 고려할 때 유무 대립(privative opposition),[27] 등차 대립(gradual opposition),[28] 등치 대립(equipollent opposition)[29]으로 나눌 수 있다. 유무 대립은 어떤 대립이 음성적 특징의 유무에 의해 이루어지는 것으로 가령 'ㄱ : ㅋ'은 유기성의 유무에 의한 대립의 예이다. 등차 대립은 두 음소의 대립이 음성적 특징의 정도성에 의해 이루어지는 것으로 가령 '아 : 어'는 혀의 높낮이 또는 개구도의 정도에 의해 대립하는 경우이다. 등치 대립은 대립을 이루는 두 음소가 어떤 음성적 특징의 유무나 정도와 상관없이 서로 대등한 경우이다.

---

22) 더욱이 이러한 대립 관계에 기반하여 모음 조화나 '이' 모음 역행 동화를 설명하고 있다. 1920년대에 이러한 설명이 국내에서 자생적으로 나타났다는 것은 획기적인 일이다.

23) '양면 대립'은 '양면 대립(정연찬 1968, 김무림 1992), 일원적 대립(小泉保・牧野勤 1971, 이은정 2005), 쌍변 대립(전상범 1977ㄴ), 양변적 대립(林榮一・間瀨英夫 譯 1978, 龜井孝 外 編 1996), 양면적 대립(정연찬 1980, 龜井孝 外 編 1996), 일원 대립(허웅 1985ㄱ, 구현옥 1999), 일차원적 대립(龜井孝 外 編 1996), 이항 대립(龜井孝 外 編 1996)' 등으로 불린다.

24) '다면 대립'은 '다면 대립(정연찬 1968, 김무림 1992), 다원적 대립(小泉保・牧野勤 1971, 이은정 2005), 다변적 대립[林榮一・間瀨英夫 譯 1978], 다면적 대립(정연찬 1980, 龜井孝 外 編 1996), 다원 대립(허웅 1985ㄱ, 구현옥 1999), 다차원적 대립(龜井孝 外 編 1996), 다항 대립(龜井孝 外 編 1996)' 등으로 불린다.

25) '비례 대립'은 '비례 대립(정연찬 1968, 허웅 1985ㄱ), 비례적 대립(정연찬 1980, 龜井孝 外 編 1996), 평행적 대립(小泉保・牧野勤 1971, 龜井孝 外 編 1996), 병행적 대립(林榮一・間瀨英夫 譯 1978)'이라고 부른다.

26) '고립 대립'은 '고립 대립(정연찬 1968, 허웅 1985ㄱ), 고립적 대립(小泉保・牧野勤 1971, 林榮一・間瀨英夫 譯 1978, 정연찬 1980)'이라고 부른다.

27) '유무 대립'은 '유무 대립(정연찬 1968, 허웅 1985ㄱ), 유무적 대립(정연찬 1980), 결여적[缺如的] 대립(小泉保・牧野勤 1971, 林榮一・間瀨英夫 譯 1978), 결여 대립(최윤현 1993)'이라고 부른다.

28) '등차 대립'은 '점진 대립(정연찬 1968, 문양수 1993), 점차적 대립(小泉保・牧野勤 1971, 이은정 2005, 龜井孝 外 編 1996), 점진적 대립(林榮一・間瀨英夫 譯 1978), 등차적 대립(정연찬 1980), 계단 대립(허웅 1985ㄱ, 최윤현 1993), 점차 대립(김무림 1992), 등차 대립(최윤현 1993), 점층 대립(최윤현 1993)'이라고 부른다.

29) '등치 대립'은 '균형 대립(정연찬 1968), 등가적 대립(小泉保・牧野勤 1971), 양극적 대립(林榮一・間瀨英夫 譯 1978), 등치적 대립(정연찬 1980, 龜井孝 外 編 1996), 등치 대립(김무림 1992, 최윤현 1993), 균형적 대립(최윤현 1993)'이라고 부른다.

'ㅂ : ㄷ'의 대립은 평파열음으로서 두 음소가 서로 대등한 자격을 가지므로 등치 대립에 속한다.

마지막으로 두 음소의 변별력이 작용하는 범위에 따라 불변 대립(constant opposition)[30]과 가중화 대립(neutralizable opposition)[31]을 나눌 수 있다. 불변 대립은 두 음소 사이의 대립이 어떤 환경에서든 그대로 유지되는 경우이다. 가령 '으 : 아'의 대립은 어떤 경우든 그대로 유지되므로 불변 대립에 속한다. 가중화 대립은 특정한 환경에서 두 음소의 대립이 유지되지 못하는 경우이다. 가령 'ㄱ : ㄲ'의 대립은 음절 종성에서는 유지되지 못하므로 가중화 대립에 해당한다.

한편 대립과 관련된 개념으로 '상관쌍(correlative pair)',[32] '상관(correlation)',[33] '상관속(correlation bundle)[34]'이 있다. '상관쌍'은 양면 대립, 비례 대립, 유무 대립의 관계에 있는 두 음소를 말한다. 종래 국어의 대표적인 상관쌍으로 흔히 거론되어 온 것은 'ㄱ : ㅋ' 또는 'ㄱ : ㄲ'과 같이 '평음 : 유기음' 또는 '평음 : 경음'의 대립쌍이다. 그런데 이러한 대립쌍은 엄밀히 말하면 양면 대립에는 속하지 않는다. 가령 'ㄱ : ㅋ', 'ㄱ : ㄲ'은 모두 연구개 파열음이라는 공통점을 지니는데 이러한 공통점은 'ㄱ, ㅋ, ㄲ'의 세 음소에서 확인되므로 'ㄱ : ㅋ', 'ㄱ : ㄲ'은 양면 대립이 아닌 다면 대립이 된다. 만약 이런 음소의 대립쌍을 상관쌍으로 보려면 상관쌍의 성립 조건에서 양면 대립을 제외해야 한다.[35]

상관쌍을 형성하게 하는 음성적 특징을 상관 징표 또는 상관 표식(correlation mark)이라고 한다. 동일한 상관 징표에 의해 대립하는 상관쌍을 모두 모아 놓은 것이 '상관'이다. 가령 'ㄱ : ㄲ', 'ㄷ : ㄸ', 'ㅂ : ㅃ', 'ㅈ : ㅉ', 'ㅅ : ㅆ'은 '평음 : 경음'의 대립에 관여하는 경음성을 통해 대립하는 상관쌍의 집합이 된다. 또한 'ㄱ : ㅋ', 'ㄷ : ㅌ', 'ㅂ : ㅍ', 'ㅈ : ㅊ'은 유기성으로 대립하는 상관쌍의 집합으로 역시 상관이 된다.

한편 둘 이상의 서로 다른 상관이 어느 한 계열을 공통으로 가질 때 이 상관들은 공통 계열을 바탕으로 서로 연결되므로 밀접한 관계를 가진다. 이것을 상관속이라고 한다. 가령 앞서 살핀 경음성에 의한 상관과 유기성에 의한 상관은 평음 계열을 공통으로 가진다. 따라서 평음을 중심으로 한 상관속을 이룬다고 할 수 있다. 특히 평음, 유기음, 경음의 세 계열이 평음을 중심으로 상관속을 구성하기 때문에 이것을 특별히 삼지적 상관속이라고 한다.

---

30) '불변 대립'은 '고정 대립(정연찬 1968), 불변적 대립(小泉保・牧野勤 1971, 林榮一・間瀨英夫 譯 1978), 불변 대립(정연찬 1980, 최윤현1993), 항구 대립(이기문 외 1984), 항상적 대립(龜井孝 外 編 1996)'이라고 부른다.

31) '가중화 대립'은 '중화 대립(정연찬 1968), 중화적 대립(小泉保・牧野勤 1971, 林榮一・間瀨英夫 譯 1978), 중절적[中絶的] 대립(林榮一・間瀨英夫 譯 1978), 가중화 대립(정연찬 1980), 가변[可變] 대립(김무림 1992), 중화 가능 대립(龜井孝 外 編 1996)'이라고 부른다.

32) '상관쌍'은 '상관뭇(최현배 1959ㄱ), 상관쌍[相關雙](허웅 1968ㄱ, 정연찬 1980), 상관적 쌍(이기문 외 1984)'이라고 한다.

33) '상관'은 '상관성[相關性](이숭녕 1954ㄷ, 김민수 1960), 상관[相關](木坂千秋・郡司利男 譯 1957, 黑川新一 譯 1958, 허웅 1968ㄱ, 小泉保・牧野勤 1971, 정연찬 1980, 김무림 1992)'이라고 한다.

34) '상관속'은 '상관속[相關束](이숭녕 1954ㄷ, 木坂千秋・郡司利男 譯 1957, 黑川新一 譯 1958, 최현배 1959ㄱ, 日下部文夫 1962, 허웅 1968ㄱ), 상관 묶음(권재일・고동호 2004)'이라고 한다.

35) 실제로 허웅(1985ㄱ)에서는 '상관쌍'의 조건에서 '양면 대립'을 제외한 바 있다. 여기서도 일단 '양면 대립'은 제외하고 논의하기로 한다.

③ 용어 설명

　'대립'을 가리키는 용어는 너무 단순하여 언급할 만한 점이 별로 없다. 'opposition'의 의미를 충실히 번역했다고 할 수 있다.

④ 관련 항목

　변별적 자질, 삼지적 상관속, 음운 체계

대치

① 용어의 별칭

> **국어** 음운 교체[音韻 交替](金田一京助 1932, 川喜四男 1950, 이병근 1980ㄴ), 변이[變異](강윤호 1960), 교체[交替] (김석득 1962ㄴ, 황희영 1979, 최명옥 1995), 자질 변경 규칙(이병근 1976ㄱ, 박창원 1987ㄴ, 원경식 1993), 섞바뀜(황희영 1979), 소성 변경 규칙(桑原輝男·根間弘海 譯 1980, 이은정 2005), 대치(이유미 1985, 김성련 1992ㄱ, 김성규 1996), 자질 변화 규칙(이기백 1991), 변화(이기석 1992, 김아영 1994), 자질 바꿈(안지원 1994), 치환[置換](龜井孝 外 編 1996, 이혁화 2002ㄴ), 변화(이근열 1994), 자질 변환 규칙(최명옥 2004), 특징 변경 규칙(이은정 2005), 대체(소신애 2006)
> **영어** change, alternation, replacement, substitution

② 개념 설명

　음운 현상을 음운 변동의 양상에 따라 나눌 때 'A'라는 음운이 'B'라는 음운으로 바뀌는 유형을 가리킨다. 즉 음운의 수적인 변동은 초래하지 않고 다만 질적으로 다른 음운으로 변동하는 현상이 대치이다. 보편적으로 볼 때 음운 현상 중에는 대치에 속하는 현상이 가장 많다. 동화나 이화 등이 모두 대치에 속하며 음절 종성에 놓인 자음이 다른 자음으로 바뀌는 현상 역시 대치에 속한다. 국어에도 다양한 대치 현상이 존재한다. 비음화, 유음화 등과 같은 자음 동화는 물론이고 경음화, 반모음화, 평파열음화 등도 모두 대치에 해당한다.

③ 용어 설명

　'대치'를 가리키는 용어들은 대체로 질적인 변화가 생겨 다른 음으로 바뀐다는 의미를 담고 있다. '음운 교체, 교체'를 비롯하여 '섞바뀜, 대치, 변이, 변화, 대치, 치환, 대체' 등이 모두 그러하다. 이 중 전통적으로는 '교체'라는 용어가 많이 쓰였고 특히 학교 문법에서는 이 용어를 대부분 사용하고 있다. 그러나 '교체'라는 용어는 한 형태소가 환경에 따라 그 형태를 달리하는 현상을 가리키는 데에도 쓰고 있다. 동일한 용어를 두 가지 서로 구별되는 개념으로 사용하는 것은 그리 바람직한 일이 아니기 때문에 기술 문법에서는 최근에 '교체'보다는 '대치'라는 용어를 좀 더 선호하고 있다.[36]

한편 이와는 조금 다른 계열의 용어로 '자질 변경 규칙, 소성 변경 규칙, 자질 변화 규칙, 자질 바꿈, 자질 변환 규칙, 특징 변경 규칙'이 있다. 이 용어들에 들어 있는 '자질, 소성, 특징'은 모두 변별적 자질(distinctive feature)을 가리킨다. 대치가 일어난다는 것은 곧 한 음운을 이루는 변별적 자질 중 최소 하나 이상의 자질 값이 바뀐다는 것을 의미한다. 그러므로 대치를 '자질 값이 바뀐다'는 의미로 표현할 수 있다.

④ 관련 항목

교체, 음운 현상, 첨가, 축약, 탈락

대표 변이음

① 용어의 별칭

국어 기본음[基本音](편집실 1939ㄱ, 육효창 1995ㄱ), 본바탕 소리값(이인모 1949), 대표적 단음[代表的 單音] (服部四郎 1951), 주음[主音](한글학회 1959, 최현배 1961ㄴ, 日本音聲學會 編 1976, 徐翰秀 1981, 박선우 1998), 대표음 (박홍길 1961, 박종덕 2007), 으뜸 가닥(최현배 1961ㄴ, 배양서 1970), 주변이음[主變異音](허웅 1964, 서재극 1970, 김영배 1976), 대표 변이음[代表 變異音](허웅 1968ㄱ, 이호영 1992, 최윤현 1993), 기본 이음[基本 異音](小泉保・牧野勤 1971, 林榮一・間瀬英夫 譯 1978, 배주채 1996ㄱ, 龜井孝 外 編 1996), 주요음[主要音](日本音聲學會 編 1976), 규범음[規範音](日本音聲學會 編 1976), 기본적 변이음(林榮一・間瀬英夫 譯 1978), 으뜸 가닥소리(배양서 1979), 으뜸 변이음(허웅 1985ㄱ, 김형철 1994, 육효창 1998), 기본 음운(김성근 1995), 대표 이음[代表 異音](배주채 1996ㄱ), 기본 음가(육효창 1997), 대표적 변이음(고도흥 1998), 기본 변종(고도흥 1998)

영어 principal member, principal variant, norm, basic variant

---

② 개념 설명

한 음소의 여러 변이음 중 가장 기본적이면서 중심이 되는 것을 가리킨다. 한 음소의 변이음이 여러 개라고 해서 이 변이음들이 모두 대등한 것은 아니다. 그 음소의 가장 중심되는 음성적 특징을 가진 것이 있는가 하면 그렇지 않은 것도 있다. 예를 들어 국어의 평파열음인 'ㅂ, ㄷ, ㄱ'의 변이음은 환경에 따라 매우 다양하다. 어두에서는 무성 외파음, 음절 종성에서는 무성 미파음, 유성음

---

36) 학교 문법에서는 형태소의 교체(alternation)를 따로 다루지 않기 때문에 '대치' 대신 '교체'라는 용어를 사용해도 같은 용어를 이중적 의미로 사용하는 문제점이 발생하지 않는다. 그러나 기술 문법에서 형태소의 교체와 대치라는 별개의 개념을 모두 다룰 때에는 두 현상을 가리키는 용어도 구분해야만 한다.

사이에서는 유성 외파음이 실현된다. 이 중 가장 중심인 대표 변이음은 무성 외파음이다. 'ㅂ, ㄷ, ㄱ'은 음운론적으로 파열음이므로 '폐쇄-지속-파열'의 단계를 모두 거치는 변이음이 기본이며, 유성음으로 실현되는 것은 '유성음 사이'라는 특수한 조건에 국한되므로 무성음으로 실현되는 변이음이 기본일 수밖에 없다.

일반적으로 대표 변이음이 설정되면 나머지 변이음들은 대표 변이음이 특정한 조건에서 바뀐 것으로 실명이 가능하다.[37] 앞서 'ㅂ, ㄷ, ㄱ'의 대표 변이음인 무성 외파음은 음절 말에서는 미파화를 거쳐 무성 미파음이 되고, 유성음 사이에서는 유성음에 동화되어 유성 외파음으로 실현된다고 설명할 수 있다. 만약 무성 외파음이 아닌 다른 변이음을 대표 변이음으로 설정하면 나머지 변이음의 실현을 명확히 설명하기 어렵다. 이런 점에서 대표 변이음의 설정 방법은 기본형이나 기저형을 설정하는 것과도 비슷하다. 기본형이나 기저형의 설정에서 우선적으로 고려해야 할 사항도 다른 이형태 또는 변이형의 실현을 잘 설명할 수 있어야 한다는 점이다.

이처럼 대표 변이음으로부터 나머지 변이음들의 실현 과정을 잘 설명할 수 있는 것은 대표 변이음의 속성과 무관하지 않다. 대표 변이음은 해당 음소의 음성적 특성을 온전히 지니고 있다. 또한 실현되는 분포에 있어 음성적 환경의 제약을 가장 적게 받는다. 반면 나머지 변이음들은 특수한 조건에서만 실현된다는 제약이 있다. 곧 대표 변이음을 제외한 나머지 변이음은 대표 변이음이 특정한 음성적 환경에서 바뀐 결과에 다름 아닌 것이다.

대표 변이음은 해당 음소를 음소 체계 내에서 분류하는 데 있어 중요한 의미를 지닌다.[38] 음소 체계에서 어떤 음소를 분류할 때에는 해당 음소의 모든 변이음의 특성을 고려하는 것이 아니라 대표 변이음의 음성적 특성을 고려한다. 가령 'ㅂ, ㄱ'의 변이음 중에는 앞서 언급한 무성 외파음, 무성 미파음, 유성 외파음 이외에 유성 마찰음도 있다.[39] 만약 'ㅂ, ㄱ'의 모든 변이음을 고려한다면 'ㅂ, ㄱ'을 파열음으로 분류할 수 없게 된다. 그런데 대표 변이음이 무성 외파음이기 때문에 마찰음으로 실현되는 경우는 음소 분류에서 고려하지 않는다.

'ㅎ'을 자음 체계에서 후음으로 분류하는 것도 마찬가지이다. 국어의 'ㅎ'은 후행하는 모음의 종류에 따라 양순음, 경구개음, 연구개음, 후음의 네 가지 조음 위치에서 변이음이 실현된다. 그런데도 'ㅎ'을 후음으로 분류하는 것은 후음이 대표 변이음이기 때문이다. 만약 'ㅎ'의 모든 변이음이 가진 특성을 고려하여 'ㅎ'을 자음 체계 내에서 분류하려 한다면 'ㅎ'의 조음 위치는 하나로 고정시키는 것이 불가능할 것이다.

---

37) 대표 변이음을 제외한 나머지 변이음들은 '부변이음[副變異音](허웅 1964, 김무식 1993, 서영석 1998), 버금 변이음(허웅 1968ㄱ, 권재일·고동호 2004), 종음[從音](日本音聲學會 編 1976), 부음[副音](日本音聲學會 編 1976, 徐翰秀 1981, 이은정 2005), 부차 이음[副次 異音](日本音聲學會 編 1976), 부차적 변이음[副次的 變異音](林榮一·間瀨英夫 譯 1978), 제이 변이음[第二 變異音](권재일·고동호 2004), 부수 이음[付隨 異音](龜井孝 外 編 1996)' 등으로 불린다. 영어로는 'subsidiary member, submember, secondary variant'이다.

38) 대표 변이음은 분절음인 음소에 대해서 주로 설정한다. 초분절음인 운소의 대표 변이음을 언급하는 경우는 없지는 않으나 흔하지 않다. 자세한 것은 '변이음' 항목에서 다룬다.

39) 'ㅂ, ㄱ'의 변이음이 유성 마찰음으로 실현되는 조건은 유성 외파음으로 실현되는 조건과 동일하다. 유성 외파음 대신 수의적으로 유성 마찰음이 실현되는 경우가 있다.

국어의 대표 변이음 설정은 대부분 이견이 없다. 다만 'ㄹ'만큼은 이견이 있다. 'ㄹ'의 변이음 중 탄설음인 'ɾ'을 대표 변이음으로 설정하는 입장과 설측음인 'l'을 대표 변이음으로 설정하는 입장이 나뉘고 있다. 특히 'l'을 대표 변이음으로 보는 경우에는 자음을 조음 방식에 따라 구분할 때 '유음' 대신 '설측음'이라는 용어를 사용하기도 한다. 그러나 'ㄹ'의 대표 변이음으로는 'ɾ'이 더 적절한 듯하다. 'ɾ'이 대표 변이음이라고 하면 음절 종성에서 설측음으로 실현되는 과정이 장애음의 미파화와 비슷하여 쉽게 설명이 가능하다. 또한 자음은 대체로 음절 초성에 오는 것이 대표 변이음에 가까운데 유음의 경우 'ㄹ 뒤'라는 특수한 조건이 아니면 음절 초성에서 탄설음이 실현되므로 탄설음이 대표 변이음이라고 보는 편이 더 유리하다.

ㄷ

③ 용어 설명

'대표 변이음'을 가리키는 용어들은 형태상의 차이에 따라 '일차적인 변이음'이라는 의미를 담고 있는 '대표적 단음, 대표음, 으뜸 가닥, 대표 변이음, 으뜸 가닥소리, 으뜸 변이음, 대표 이음, 대표적 변이음', '기본적인 변이음'이라는 의미를 담고 있는 '기본음, 기본 이음, 기본적 변이음, 기본 음운, 기본 변종, 본바탕 소리값, 규범음, 기본 음가', '주된 변이음'이라는 의미를 담고 있는 '주음, 주변이음, 주요음'으로 나눌 수 있다. 약간의 차이는 있지만 근본적으로는 변이음 중 가장 중심된 것이라는 의미를 담고 있다는 점에서 공통적이다.

④ 관련 항목

변이음, 음성, 음소, 음운

도출

① 용어의 별칭

국어 파생[派生](牧野成一 譯 1970, 林榮一・間瀬英夫 譯 1978, 桑原輝男・根間弘海 譯 1980, 김정우 1994, 국립국어연구원 1995), 파생 과정(筧壽雄・今井邦彦 1971), 유도[誘導](김진우 1976, 강성로 1978, 이영길 1983), 도출(이병건 1976, 김차균 1992ㄴ, 국립국어연구원 1995), 생성(전상범 1976ㄴ), 유도 과정[誘導 過程](이상억 1979ㄴ, 이혜숙 1980, 국립국어연구원 1995), 전개(황희영 1979, 국립국어연구원 1995), 도출 과정(박종희 1983ㄱ, 김영석 1987, 김경아 1992)
영어 derivation

② 개념 설명

생성 음운론에서 기저형으로부터 표면형을 이끌어 내는 과정을 말한다. 기저형이 아무런 변동

없이 표면형에 그대로 나타난다면 도출은 따로 존재하지 않는다. 그러나 기저형과 표면형이 일치하지 않으면 그 중간에 조정 과정이 일어났음을 의미하며 바꿔 말하면 '도출'이 이루어졌다고 할 수 있다. 도출에서 중요한 것은 음운 규칙이다. 기저형을 표면형으로 바꾸는 역할을 하는 것이 음운 규칙이기 때문이다.

도출 과정을 거쳐 나온 형태를 도출형(derived form)이라고 한다.[40] 도출형은 표면형이 될 수도 있고 중간형이 될 수도 있다. 도출이 모두 완료된 시점의 형태를 기준으로 하면 도출형은 표면형과 일치한다. 그러나 도출이 완료되지 않은 시점에서 일부 음운 규칙이 적용되어 나온 형태를 기준으로 하면 도출형은 중간형 중 하나가 되는 것이다.

도출에는 일정한 원칙이 있다. 이 원칙은 세 가지 측면에서 살필 수 있다. 하나는 도출의 의의와 관련된 것이다. 도출은 기저형을 발음 가능한 표면형으로 이끌어 내는 것이므로 기저형에서 표면형으로 갈수록 더 자연스러운 형태가 만들어지도록 도출이 이루어져야 한다. 만약 도출을 거치면서 오히려 음운론적 제약을 더 어기는 형태가 나온다면 그러한 도출은 타당하다고 볼 수 없다.

두 번째는 음운 규칙들의 적용 순서와 관련된다. 여러 규칙들을 동시에 적용할 수는 없으므로 적절한 규칙순을 정해야 한다. 고정되고 일관된 순서로 적용되는 규칙들을 통해 도출이 이루어져야만 한다.

세 번째는 음운 규칙의 적용 방식과 관련된다. 음운 규칙들은 도출 과정에서 한 번만 적용되어야 하며, 적용 조건을 만족하는 한 일관성 있게 적용되어야 한다. 올바른 표면형 도출과 무관하다고 해서 적용되어야 할 규칙을 적용하지 않는다거나 적용되면 안 되는 규칙을 적용할 수는 없다. 또한 수의적인 규칙은 가장 나중에 적용되어야 한다. 그래야 수의적 규칙이 적용된 형태와 그렇지 않은 형태가 모두 표면에 나타난다는 사실을 잘 반영할 수 있다.[41]

③ 용어 설명

'도출'을 가리키는 용어들은 모두 영어 'derivation'을 어떻게 번역하느냐에 따라 차이를 보인다. 대체로 기저형으로부터 표면형을 이끌어 낸다는 의미를 반영하는 번역어를 택하고 있다. '도출, 유도, 파생'이 모두 그러하다. 다만 '파생'의 경우 단어 형성법의 한 유형을 가리키는 데에 많이 쓰고 있으므로 같은 용어를 음운론에서 다른 용법으로 사용하면 혼란을 초래할 수 있다. '생성'이나 '전개'는 'derivation'의 원래 의미에서 다소 멀어졌는데 '도출'의 음운론적 기능을 고려하여 의역을 한 결과라고 할 수 있다.

---

40) 때로는 '유도형'이라고 부르기도 한다. '도출'을 가리키는 용어가 여럿이므로 '도출형'을 가리키는 용어도 여러 가지가 있다.
41) 예를 들어 '믿고'가 [믹꼬]로 실현되는 것을 설명하기 위해서는 경음화와 위치 동화가 필요하다. 또한 위치 동화는 수의적 규칙이다. 이 두 규칙은 어느 것을 먼저 적용하든지 기저형에서 올바른 표면형을 도출할 수 있다. 그러나 수의적 규칙인 위치 동화를 먼저 적용하면 위치 동화가 적용되기 전인 '믿고'나 적용되고 난 후인 '믹고' 모두 표면에 실현될 수 없는 형태이다. 반면 수의적 규칙인 위치 동화를 나중에 적용하면 위치 동화가 적용되기 전인 '믿꼬'나 적용된 후인 '믹꼬' 모두 표면에 실현될 수 있는 형태이다. 수의적 규칙은 적용이 된 형태와 그렇지 않은 형태가 모두 표면에 나타날 수 있어야 하므로 이러한 사실을 잘 반영하는 도출 방식이 더 타당하다.

④ 관련 항목

기저형, 중간형, 표면형

도치

① 용어의 별칭

국어 상환[相換](안확 1923), 교환[交換](鄭國采 1926), 전환[轉換](이완응 1929, 朝鮮總督府 警察官講習所 編 1943, 河野六郎 1945, 박창원 1986, 이기석 1992), 음운 환치[音韻 換置](小倉進平 1929ㄴ), 음운 전도[音韻 顚倒](金田一京助 1932, 이숭녕 1939ㄴ, 市河三喜・河野六郎 1949, 川喜四男 1950), 음운 전위[音韻 轉位](小林英夫 1935, 이숭녕 1939ㄱ, 이철수 1994, 이호영 1996), 음운 치환(이숭녕 1939ㄱ), 환치[換置](이숭녕 1939ㄱ, 전상범 1976ㄴ), 음운 도치[音韻 倒置](이숭녕 1949ㄱ, 이기문 1964, 이병근 1967ㄴ, 志部昭平 1992), 전도[顚倒](寺川喜四男 1950, 이희승 1955, 서재극 1961, 이병근 1967ㄴ, 門脇誠一 1976, 日本音聲學會 編 1976), 음위 전환[音位 轉換](小林智賀平 1952, 增山節夫 譯 1959, 양동휘 1967, 牧野成一 譯 1970, 김차균 1974, 최임식 1984), 치환[置換](김완진 역 1958, 이승재 1980, 이영길 1983), 전위[轉位](허웅 1958, 이강로 1961, 김석득 1962ㄱ), 교체[交替](이기문 1960), 음운 전환[音韻 轉換](김민수 1961, 전상범 1977ㄴ), 자리 바꿈(김석득 1962ㄴ, 이병근 1967ㄴ, 최현배 1970), 도치(이병근 1967ㄴ, 배주채 1996ㄱ), 도치 현상[倒置 現象](이병근 1967ㄴ), 소리의 뒤바뀜(이은정 1969), 음성 전환[音聲 轉換](日本音聲學會 編 1976), 전치[轉置](日本音聲學會 編 1976), 전위 현상[轉位 現象](문양수 1977), 뒤바꿈(황희영 1979), 바꿔 놓음(황희영 1979), 음전환(이영길 1983), 소리의 엇바뀜(이현복・김기섭 역 1983, 국립국어연구원 1996), 자리 바꾸기(김완성 1987, 최임식 1994ㄱ), 음의 치환(도수희 1987), 음전위[音轉位](김무림 1992), 음위 전위(이효근 1994), 위치 전환(정국 1994), 음소 도치(김정태 1996), 음전치[音轉置](龜井孝 外 編 1996), 음위 전도(이은정 2005)

영어 metathesis, inversion, hyperbaton, transposition, anastrophe

② 개념 설명

음운 현상의 유형 중 두 개의 음소가 서로 자리를 바꾸는 것을 가리킨다. 때로는 음소보다 단위가 큰 음절끼리 자리를 바꾸는 것도 포함하는 경우가 있다. 그러나 도치는 대치, 탈락, 첨가, 축약과 더불어 음소의 변동 유형 중 하나이므로 음소들의 자리 바꿈 현상에 국한하는 편이 타당할 듯하다. 다른 언어도 비슷하지만 특히 국어의 경우 도치는 매우 산발적으로만 일어난다. 형태소가 서로 결합하는 과정에서 규칙적으로 일어나는 도치 현상은 발견되지 않는다.[42] 개별 단어별로 일부에서만 확인될 뿐이다.

도치는 몇몇 기준에 따라 하위 분류를 하기도 한다. 그중 가장 일반화된 것은 도치되는 두 음 사

---

42) 간혹 순행적 유기음화를 설명할 때 도치가 규칙적으로 일어난다고 해석하는 경우도 있지만 타당한 입장이라고 보기 어렵다. 자세한 것은 '유기음화' 항목을 참고할 수 있다.

이의 거리에 따른 분류이다. 서로 인접한 음들이 도치되는 것을 인접 도치(inversion)라 하고 서로 떨어져 있는 음들이 도치되는 것을 비인접 도치(metathesis)라고 한다.[43]

도치가 일어나면 형태소의 모양이 바뀌는 재구조화가 일어나지만 때로는 언어 변화를 수반하지 않고 일시적으로만 나타나는 도치 현상도 있다. 특히 단어의 어두음이 서로 도치되는 것을 두음 전환(spoonerism)이라고 한다. 두음 전환은 일시적인 말실수의 성격을 가질 뿐, 그 형태대로 언어가 변화하는 것은 아니다.

국어의 도치 사례로 거론되는 것은 소수에 불과하다. '빗복>빗곱'은 둘째 음절의 초성과 종성이 서로 도치된 사례로 많이 들며, '하야로비>해오라비'는 둘째 음절과 셋째 음절의 모음이 도치된 사례로 많이 거론된다.[44] 이 외에 '딸꾹질'의 방언형 '깔딱질'을 자음의 도치로 보기도 하고 중세 국어의 '낯'과 '낡'을 도치로 보기도 하지만 단정할 수는 없다.[45] 경우에 따라서는 'ㅎ'과 평장애음이 만나서 유기음화가 되는 것을 도치라고 하기도 한다.[46]

이상 그리 많은 예는 아니지만 도치의 사례를 살펴보면 국어의 도치는 자음과 자음 또는 모음과 모음 사이에서 일어나는 것이 일반적이다. 자음과 모음이 서로 도치를 일으키는 경우는 이제껏 보고된 적이 없다. 이것은 자음과 모음의 차이를 고려하면 쉽게 이해할 수 있다. 모음은 자음이 있던 자리로 옮겨도 아무런 문제가 없지만 자음은 음절 중성 역할을 하지 못하기 때문에 모음의 자리에 옮겨 오기가 어렵다. 이런 이유 때문에 도치는 대부분 음운론적 성격이 비슷한 음소들 사이에서 일어나게 된다.

③ 용어 설명

'도치'를 나타내는 용어들은 수적으로 매우 많지만 질적으로는 단순한 편이다. 모두 자리를 바꾼다는 도치의 원래 의미를 그대로 담고 있다. 별다른 예외는 찾기 어렵다.

④ 관련 항목

음소, 음운 현상

---

43) 이은정(2005)에서는 '인접 도치'와 '비인접 도치' 대신 '인접 전도'와 '이격(離隔) 전도'라는 표현을 쓰고 있다.
44) '하야로비>해오라비'에는 둘째 음절의 반모음 'j'가 첫째 음절로 옮겨 가는 음절 조정 과정이 더 들어 있다.
45) '딸꾹질'과 '깔딱질'은 어느 한쪽에서 다른 쪽으로 도치가 되었다기보다는 처음부터 서로 다른 의성어로 존재했을 가능성이 더 높다. 또한 '낯'과 '낡'은 전자가 명사, 후자가 동사 어간으로 품사 자체가 다르기 때문에 도치가 일어난 것인지 원래부터 형태가 달랐던 것인지 확정하기 어렵다. 도치는 단순한 음운 변화이므로 도치가 일어난다고 해서 품사가 달라지거나 의미가 달라질 수는 없다. 만약 '낯'과 '낡'이 도치의 결과라면 도치가 일어나기 전에는 두 단어가 소위 영파생(zero derivation)의 관계에 있었다고 할 수 있다.
46) 여기에 대해서는 '유기음화' 항목에서 더 자세히 다룬다.

돋들림

① 용어의 별칭

국어 음성 탁립법[音聲 卓立法](심의린 1949ㄴ), 강조법[強調法](심의린 1949ㄴ), 탁월[卓越](黑川新一 譯 1958), 탁립 강조[卓立 強調](金田一春彦 1967), 어세[語勢](金田一春彦 1967), 강세[強勢](정명우 외 역 1973, 日本音聲學會 編 1976, 김이영 1988), 탁립[卓立](日本音聲學會 編 1976, 이영길 1983, 전상범 1985ㄱ, 황귀룡 역 1986), 탁립도[卓立度](日本音聲學會 編 1976, 김종훈 1990, 김진균 1990, 고영욱 1991), 탁립법[卓立法](日本音聲學會 編 1976), 두드러짐(박영배 1981, 왕문용 1982, 강순경 1999), 돌출(오미라 1983, 고병암 역 1986, 곽충구 1994), 탁음[卓音](이영길 1983), 소리 돌기[突起](이현복·김기섭 역 1983), 탁월성[卓越性](이기문 외 1984, 김영만 1997), 프로미넌스(이병근 1986, 강인선 1996), 두각성(조학행 1985), 강조성(이정민·배영남 1987), 현저성(최정순 1987, 임성규 1988, 이재영 1998), 돋들림(문양수 1988, 이영길 1992, 임성규 1992), 두드러진 소리(박병학 1989), 음절 우위(이윤동 역 1991), 우세음(최윤현 1993), 최정점[最頂点](곽충구 1994), 음절 현저도[音節 顯著度](이철수 1994), 현저도[顯著度](이철수 1994), 우세(정국 1994, 국립국어연구원 1996), 돌출도(강옥미 1996), 탁월도(김영만 1997, 정수희 1999), 돌출음[突出音](김영만 1997), 우세(강현주 1999), 강조(정수희 1999), 돌출성(김영만 2000), 탁립성(김남미 2004), 돌립 강세[突立 強勢](정인호 2013)
영어 prominence, salience, privilege

② 개념 설명

사전적으로는 발화 중의 어느 단위, 가령 음소나 음절, 단어 등이 주위의 다른 단위보다 더 두드러지는 것을 가리킨다. 그러나 실제로는 그렇게 두드러지게 만들어 주는 요소를 지시하는 데 더 많이 사용한다. 돋들림의 기능은 주로 운소가 담당한다. 강약, 고저, 장단이 모두 돋들림과 관련을 맺는다. 돋들리는 요소는 더 강하고 더 높으며 더 긴 소리로 발음되는 경향이 있다. 특히 강약, 고저, 장단 중에는 강약이 돋들림과 가장 긴밀한 관련성을 맺는다. 운소 이외의 요소 중에는 '음질 (quality)'에 따라 돋들림의 정도가 달라진다. 음질은 주로 공명도와 관계된다. 자음의 경우 장애음보다는 공명음의 돋들림이 높으며, 모음은 개구도가 클수록 돋들림이 높다.

③ 용어 설명

'돋들림'을 가리키는 용어의 대부분은 '두드러진다'는 의미를 담고 있다. 특히 '음절 우위, 음절 현저도'와 같은 용어는 돋들림의 실현 단위를 '음절'로 한정하고 있다. 주위 음보다 두드러진다는 의미를 담고 있지 않은 예외는 '강세, 어세' 정도를 들 수 있다. '강세, 어세'는 모두 강약을 나타내는 용어에 더 가깝다고 할 수 있다. 앞서 언급한 것처럼 돋들림을 실현하는 가장 주된 요소가 강약이라는 점에서 '강세, 어세'는 강약과 돋들림을 동일시한 용어라고 할 수 있다.

④ 관련 항목

   강약, 고저, 운소, 장단

동기관적

① 용어의 별칭

> **국어** 동기관적(泉井久之助 1944, 竹林滋・橫山一郎 譯 1970, 이병건 1976, 이병근 1980ㄱ, 桑原輝男・根間弘海 譯 1980, 송철의 1987), 동위치[同位置](양동휘 1967, 문순단 1990), 동위[同位](김진우 1970ㄱ), 동일조음부(이현복 1974ㄱ), 동조음점(황희영 1979), 소리내는 자리 같음(황희영 1979), 동조음기관적(박종희 1984, 곽동기 1992), 동일 조음점(박영순 1985), 동기관[同器官](전상범 1985ㄱ, 최한조 1986, 龜井孝 外 編 1996, 이은정 2005), 동기음적[同器音的](조항근 1986, 국립국어연구원 1996, 김영진 2000), 동위적[同位的](최전승 1986, 기세관 1992), 동기음의[同器音의](이정민・배영남 1987), 동일 구조(문순단 1990), 동음위치적[同音位置的](조항근 1990), 동조음적(박종희 1993ㄴ), 동기관음적(석종환 1996), 같은 기관(최한조 1997), 동기관의(이은정 2005)
>
> **영어** homorganic

② 개념 설명

   조음 위치가 동일한 두 자음 사이의 관계를 가리킬 때 사용하는 개념이다. 조음 방식의 차이는 동기관적인지 여부를 판단할 때 아무런 영향을 주지 않는다. 동기관적인 성질(homorganicity)은 '동기성[同器性](林榮一・間瀬英夫 譯1978), 동기관음성[同器官音性](송민1986), 동기관성(김종규 2013)'이라고 부르고 그러한 관계에 있는 음들은 '동위치음[同位置音](양동휘 1967, 이현복・김기섭 역 1983, 서명숙 1988), 동위음[同位音](김진우 1971, 도수희 1971, 장태진 1976), 동기관음(이은정 1975, 조성식 편 1990, 이재숙 1994), 동기음[同器音](황희영 1979, 황귀룡 역 1986, 이은정 2005)' 등으로 부른다. 동기관적 관계에 있는 자음은 조음 위치가 동일하므로 조음 과정에서 상호 의존적인 경향을 지닌다. 즉 후행하는 자음의 경우 선행하는 자음의 조음 위치를 그대로 유지하면 되므로 선행 자음을 발음할 때 관여하는 조음체가 다른 위치로 이동하는 과정을 겪지 않는 것이다. '동기관적'의 반대 개념은 '이기관적(heteroganic)'이다.[47] 인접한 두 자음의 조음 위치가 달라서 서로 독립적으로 발음되는 관계를 가리킨다.

   국어에서는 다양한 현상을 설명할 때 '동기관적'이라는 개념을 활용한다.

     (가) 유음 탈락의 동기 예 알+는→아는, 살+시다→사시다
     (나) 중복 장애음 탈락 또는 첨가 예 먹+고→(먹꼬)→머꼬, 오빠→옵빠

---

47) 이기관적 관계에 있는 음들에 대해 이은정(2005)에서는 '이기음(異器音)'이라는 용어를 사용한 바 있다.

(다) 위치 동화 예 산+보다→삼보다, 닫+고→(닫꼬)→닥꼬

(라) 평파열음화의 적용 양상

(마) 반모음 첨가에서 첨가되는 반모음 예 피+어→피여, 보+아→보와

(바) 경구개음 뒤에서의 'j' 탈락 예 쟈, 져, 죠, 쥬>자, 저, 조, 주[48]

(사) 동기관적 평파열음화와 동기관적 비음화 예 나막식>나박신, 버버리>버머리[49]

(아) 중철 예 녀크→녁크(녘에), 기픈→깁픈(깊은)

(자) 비음 'ㅁ, ㄴ'의 변이음 성격 예 'ㅁ, ㄴ'이 각각 'ᵇm, ᵈn'으로 실현

(차) 'ㅂ, ㄱ'의 변이음 성격 예 'ㅂ, ㄱ'이 유성음 사이에서 'β, ɣ'로 실현

(가)는 유음 탈락의 동기 중 하나로 일컬어지는 '동기관적 이화'에 해당한다. 'ㄹ'과 후행하는 자음의 조음 위치가 동일하여 이를 피하기 위해 유음이 탈락한다는 것이다. (나)는 경음이나 유기음 앞의 평파열음이 탈락하거나 또는 없던 평파열음이 첨가되는 현상이다. 탈락 또는 첨가되는 자음은 후행하는 경음이나 유기음과 동기관적 관계에 있다. (다)는 위치 동화의 예로서 위치 동화가 일어나면 피동화음과 동화음은 동기관적으로 바뀐다. (라)는 'ㄲ, ㅋ', 'ㅍ', 'ㅌ, ㅅ, ㅆ'이 평파열음화의 적용으로 각각 'ㄱ, ㅂ, ㄷ'이 되는 경우로 평파열음화가 일어나면 동기관적인 관계에 있는 평파열음으로 바뀐다는 것이다.[50]

(마)는 반모음 첨가에서 선행하는 모음과 비슷한 속성을 가진 반모음이 선택되는 경우로 이것을 동기관적 첨가라고 부르기도 한다. (바)는 (마)와 반대로 경구개 근처에서 조음된다는 공통점 때문에 경구개음 뒤에서 'j'가 없어지는 경우로 동기관적 탈락이라고 부르는 경우가 있다. (사)는 소수 변화의 하나로 비음은 평파열음, 평파열음은 비음으로 바뀐다. 이때 조음 위치는 그대로 유지되기 때문에 여기에도 '동기관적'이라는 표현이 덧붙는다.[51] (아)는 근대 국어 시기의 중철 표기에 해당한다. 이때 선행 음절 종성에 표기되는 자음은 후행하는 자음과 조음 위치가 동일하다.

이상 (가)~(사)는 모두 음소가 다른 음소로 바뀌는 과정에서 '동기관적'이라는 관계가 작용을 하는 경우이다. 그런데 변이음 실현 과정에서도 '동기관적'이라는 개념이 필요하다. (자)는 비음인 'ㅁ, ㄴ'이 방언에 따라 선파열성 비음(pre-stopped nasal)으로 실현되는 경우로 이때 선파열 과정은 후행 비음과 동기관적인 관계에 있다. (차)는 'ㅂ, ㄱ'이 유성 외파음으로 실현될 환경에서 동기관적인 유성 마찰음으로 실현되는 예이다.

③ 용어 설명

'동기관적'을 가리키는 용어는 예외 없이 모두 동일한 기관 또는 동일한 조음 위치라는 의미를

---

48) 흥미롭게도 강위(1869)에서는 'ㅈ, ㅊ, ㅈ' 뒤에 'j'가 있는 음('쟈, 져, 챠, 쳐' 등)은 신설음(伸舌音), 'j'가 없는 음('자, 저, 챠, 쳐' 등)은 축설음(縮舌音)으로 구분하기도 했다.

49) 이러한 변화는 모두 방언에서 산발적으로 나타날 뿐이다.

50) 이것을 '동기관적 중화'라고 부르기도 한다. 그런데 평파열음화가 일어난다고 해서 모두 동기관적 평파열음으로 변동하는 것은 아니다. 경구개음인 'ㅈ, ㅊ'이나 후음인 'ㅎ'이 평파열음화의 적용을 받으면 조음 위치가 달라지면서 치조음 'ㄷ'으로 바뀐다.

51) 이 현상에 대해서는 이진호(2013)에서 자세히 다룬 적이 있다.

나타내고 있다. 다만 구체적인 표현이 약간씩 다를 뿐이다.

④ 관련 항목

　　조음 위치, 중복 자음

동시 조음

① 용어의 별칭

국어 동시 조음[同時 調音](허웅·박지홍 1971, 김차균 1974, 이병근 1980ㄱ, 龜井孝 外 編 1996), 이중 조음(허웅·박지홍 1971, 이병근 1980ㄱ, 전상범 1985ㄱ), 공동 조음(김재민 1972, 황희영 1979, 송경희 1981), 조음 결합[調音 結合](日本音聲學會 編 1976, 龜井孝 外 編 1996), 중조음[重調音](林榮一·間瀨英夫 譯 1978), 함께 소리냄(황희영 1979, 권재선 1992), 상호 조음[相互 調音](황희영 1979), 동조음(박종희 1983ㄱ), 복합 조음(김영석 1987), 공조음[共調音](이정민·배영남 1987, 박종희 1993ㄴ)

영어 coarticulation

---

② 개념 설명

　　인접한 음이 영향을 끼쳐 두 음의 조음 동작이 겹치는 현상을 가리킨다. 서로 붙어 있는 음을 발음할 때 발음의 편이를 위해 한 음의 조음적 특성이 다른 음의 조음 과정에 반영되면 동시 조음이 이루어지게 된다. 가령 비음에 인접한 모음이 비음성을 획득하여 비모음이 되는 현상이라든지, 원순 모음에 선행하는 자음이 원순성을 얻는 현상이 모두 동시 조음에 해당한다. 영향을 받는 음의 위치에 따라 순행적 동시 조음과 역행적 동시 조음을 구분하기도 한다.[52] 동시 조음은 주로 변이음 실현과 관련된다. 그러므로 국어 음성학에서는 중시하지만 국어 음운론에서는 그다지 활발하게 쓰는 개념은 아니다.

③ 용어 설명

　　'동시 조음'을 가리키는 용어들은 두 개의 조음 과정이 함께 이루어진다고 표현하는 것과 두 개의 조음 과정이 결합되어 있다고 표현하는 것으로 세분된다. 전자에는 '동시 조음, 공동 조음, 상호 조음, 동조음, 공조음' 등이 있고 후자에는 '이중 조음, 조음 결합, 중조음, 복합 조음' 등이 있다.[53] 이것은 조음의 동시성에 초점을 두는지, 복합성에 초점을 두는지의 차이일 뿐, 복수의 조음 과정이

---

52) 국어의 다양한 동시 조음 현상에 대해서는 이호영(1996)을 참고할 수 있다.

53) 이 중 '이중 조음'은 'coarticulation'과는 구별되는 'double articulation'을 나타내는 데 더 많이 사용된다. 자세한 것은 '이중 조음' 항목을 참고할 수 있다.

하나의 음소에서 나타난다는 점을 반영하고 있으므로 크게 다르지 않다.

④ 관련 항목

　변이음, 이중 조음

동음

① 용어의 별칭

국어 동음[東音](『奎章全韻』, 中村完 1967, Dormels 1999, 정 광 2004), 아음[我音](주시경 1908ㄴ, 신명균 1927ㄱ),
한음[韓音](주시경 외 1907~1908, 前間恭作 1909), 아한음[我韓音](주시경 1910ㄱ, 최현배 1929), 조선 어음[朝鮮
語音](신명균 1927ㄱ), 조선음[朝鮮音](안확 1922, 이숭녕 1932, 鮎貝房之進 1956ㄴ, 河野六郎 1968), 한국 한자음
(장영길 1994, Dormels 1999, 강신항 2000), 고려 역음[高麗 譯音](강신항 2000), 조선 한자음(강신항 2001, 정광 2004),
한한음[韓漢音](강신항 2000)

영어 sino-Korean pronunciation, eastern pronunciation

② 개념 설명

　한자가 중국에서 한국으로 수용되면서 그 음이 국어의 음운 체계에 정착되어 한국화한 것을 가
리킨다. 중국의 한자음을 가리키는 '화음'과 대립된다. 동음의 형성 과정은 크게 두 단계로 나눌 수
있다. 첫 단계는 한자가 중국에서 한국으로 처음 수용되면서 두 언어 사이의 음운 체계 차이 등에
근거하여 변화를 입는 과정이고, 다음 단계는 국어 자체의 음운 변화에 영향을 받아 그 음이 변화
를 입는 과정이다. 물론 여기에 다시 유추를 비롯한 여러 가지 변화 기제가 개입히면서 개별적인
변화를 겪기도 한다.

③ 용어 설명

　모든 용어는 '한국'의 한자음이라는 의미를 담고 있다. 다만 '한국'을 표현하는 방식이 '동(東), 아
(我), 한(韓), 아한(我韓), 조선(朝鮮), 한국(韓國)' 등으로 다양하게 나타나고 있을 뿐이다.

④ 관련 항목

　속음, 정음, 화음

동음 충돌

① 용어의 별칭

국어 동음 중출[同音 重出](金田一京助 1932), 동음 중복[同音 重複](新村出 1943, 오종갑 2007), 동음 충돌[同音 衝突](河野六郎 1945, 박홍길 1961, 허웅 1970ㄱ, 中田祝夫 1972, 강길운 1978, 龜井孝 外 編 1996), 동음 배열[同音 配列] (정철 1991), 같은 소리 부딪침(권재일·고동호 2004)

② 개념 설명

같은 음이 연이어 나타나는 배열 상태를 가리킨다.[54] 자음이든 모음이든 동일한 음이 연속되면 동음 충돌에 해당한다. 이러한 현상에 '충돌'이라는 표현을 사용한 것은 동음 충돌을 회피하기 위한 변화가 일어나기도 하기 때문에 그 동기를 명확히 밝혀 주기 위함이다. 그러나 같은 음이 나란히 놓인다고 해서 항상 변화가 일어나는 것은 아니며, 오히려 자음의 경우에는 동일한 자음의 연쇄가 상당히 안정적인 상태를 유지하기 때문에 '충돌'이라는 표현을 사용하는 데 다소 부담스러운 측면이 있는 것도 사실이다.

③ 용어 설명

'동음 충돌'을 가리키는 용어들은 모두 같은 음이 나란히 놓인다거나 서로 충돌한다는 의미를 담고 있다. 전자에는 '동음 중출, 동음 중복, 동음 배열'이 속하고 후자에는 '동음 충돌, 같은 소리 부딪침'이 속한다. '동음 중출' 계열의 용어들은 단순히 같은 소리가 인접한다는 상태를 있는 그대로 표현한 것이고 '동음 충돌' 계열의 용어들은 이러한 음소 배열이 회피의 대상임을 표현한 것이다.

④ 관련 항목

동기관적, 동음 탈락, 중복음, 중복 자음

---

54) '동음 충돌'을 음운 변화로 말미암아 동음 이의어가 발생하는 상황을 가리키는 데 사용하기도 한다. 이것은 여기서 말하는 동음 충돌과는 전혀 다른 현상이며 영어로는 'hormonic clash, hormonic collision'이라고 한다. 용어상의 구분을 위해 동음 이의어가 생기는 상황에 대해서는 '동음 충돌' 대신 '동음어 충돌'이나 '동형 충돌' 또는 '동음화'라고 부르기도 한다.

동음 탈락

① 용어의 별칭

국어 중복음 약음[重複音 略音](임규 1912ㄴ), 동음 생약[同音 省約](金田一京助 1932), 동음 생략[同音 省略] (이숭녕 1939ㄴ, 허웅 1954, 유창돈 1959ㄱ), 축약[縮約](이숭녕 1939ㄴ), 음절 생략(市河三喜·河野六郎 1949), 중음 생략 [重音 省略](增山節夫 譯 1959, 이강로 1963, 허웅 1968ㄱ, 日本音聲學會 編 1976), 중음 탈락[重音 脫落](김형규 1960, 양동휘 1967, 이영헌 1974, 龜井孝 外 編 1996), 단화 작용[單化 作用](김민수 1961), 동음 탈락(최명옥 1974, 조항근 1980, 국립국어연구원 1995), 단순화[單純化](이기문 1975), 유음 생략[類音 省略](김영석 1987, 안지원 1994), 어중 유사음 생략[語中 類似音 省略](이정민·배영남 1987), 동일음 삭제(이효근 1993), 같은 소리 없앰(권재일·고동호 2004), 동음절 탈락(유라영 2008), 중복음 탈락(이진호 2011)

영어 haplology

② 개념 설명

동일한 음이 연속되거나 또는 가까이 있을 때 둘 중 하나를 없애는 음운 변화를 가리킨다. 동음 충돌을 막기 위한 수단의 하나라고 할 수 있지만, 서로 인접하지 않고 떨어져 있는 경우에도 동음 탈락이 적용될 수 있다는 점에서 약간의 차이가 존재한다. 일반적으로는 동일한 음소 중 하나가 탈락하는 경우를 동음 탈락이라고 하지만 동일한 음절 중 하나가 탈락하는 경우도 동음 탈락에 포함하는 경우가 있다. 동음 탈락은 일부 예외를 제외하면 단어에 따라 매우 산발적으로 일어나고 있다. 동음 탈락을 이화의 일종으로 해석하는 경우도 있는데, 이화가 '탈락'이라는 극단적 형태로 일어났다고 본다면 가능한 설명이다.[55]

지금까지 언급된 국어의 동음 탈락은 상당히 종류가 다양한 편이다.

(가) 간난>가난, 듣니다>다니다, 출렴>추렴

(나) 가+아→가, 서+어→서

(다) 비얌>ᄇᆞ얌, 괴외>고요

(라) 평양>펴양, 종용히>조용히

(마) 니르르시고>니르시고, 니르르샤>니르샤

(가)와 (나)는 동음 탈락의 가장 대표적인 유형이다. (가)는 동일한 자음이 인접할 때, (나)는 동일한 모음이 인접할 때 동음 탈락이 일어난 경우이다. 특히 (나)는 다른 동음 탈락과 달리 현재에도 형태소의 결합 과정에서 매우 규칙적으로 일어나고 있다.[56] (다)는 반모음 'j'가 연속될 때 탈락한 경우이

---

55) 유음 탈락의 동기 중 하나로 '동기관적 이화'를 드는 경우 역시 이화가 '탈락'이라는 형태로 표출되는 사례에 속한다. 다만 일반적인 이화는 탈락이 아닌 대치의 방식으로 나타난다.

56) (나)는 '동일 모음 탈락' 항목에서 자세히 다룬다.

다. (라)는 'ㅇ'이 서로 인접하지 않고 다른 음절에 놓여 있음에도 불구하고 동음 탈락이 일어났으며, (마)는 음소가 아닌 음절 차원에서 동음 탈락이 일어났다는 점에서 (가)~(라)와는 구별된다.

경우에 따라서는 완전히 동일하지는 않고 매우 비슷한 두 음이 연속할 때 그중 하나가 탈락하는 현상도 동음 탈락의 범주에 넣는 경우가 있다. 가령 '도와, 추워'의 반모음 'w'가 탈락하여 '도아, 추어'로 바뀌는 경우가 적지 않은데 이는 원순 모음과 'w'의 공통성 때문에 일어난 동음 탈락으로 보기도 한다. 또한 '먹고[먹꼬], 밥보다[밥뽀다]'를 수의적으로 '머꼬, 바뽀다'라고 발음하는 것과 같은 소위 중복 장애음 탈락 역시 비록 평음과 경음이라는 차이에도 불구하고 연속된 두 자음이 동기관적 파열음이라는 점에서 동음 탈락의 일종으로 해석하는 경우가 있다.

③ 용어 설명

'동음 탈락'을 가리키는 대부분의 용어들은 같은 음 중 하나가 탈락한다는 의미를 지닌다. 경우에 따라서는 '음절 생략, 동음절 탈락'과 같이 탈락의 대상이 음절이라고 명시하는 것도 있고, '유음 생략, 어중 유사음 생략'과 같이 동일한 음뿐만 아니라 비슷한 음이 탈락한다는 의미를 담은 용어도 있지만 그 취지는 대체로 통하는 바가 있다. 여기에 속하지 않는 용어는 '단화 작용, 단순화'를 들 수 있다. 두 용어 모두 두 개의 음 중 하나가 없어지면서 단순해졌다는 사실을 반영하고 있다.

④ 관련 항목

동음 충돌, 동일 모음 탈락, 탈락

동일 모음 탈락

① 용어의 별칭

> **국어** 중음 생략[重音 省略](이강로 1963), 동모음 생략(문곤섭 1981), 동음 삭제(최명옥 1982, 백두현 1983, 문곤섭 1984), 동음 탈락(윤병택 1983, 최한조 1985, 신기상 1987), 동모음 삭제(성인출 1984, 고창운 1987, 이동화 1987), 동음 축약(유재원 1985ㄱ), 'ㅓ' 없애기(허웅 1985ㄱ), 동일 모음 탈락(김종규 1989, 소강춘 1989, 김영선 1993), 동모음 탈락(배주채 1991, 김성규·정승철 2005, 임석규 2007), 'ㅓ' 모음 삭제 규칙(이기백 1991), 같은 홀소리 탈락(김영선 1997), 같은 홀소리 없애기(박정수 1999), 동일 모음 삭제(박숙희 2001), '아/어' 탈락(신지영·차재은 2003, 한재영 외 2003), 동일 모음소 탈락(최명옥 2006ㄱ, 하신영 2010), 어간말 '아'나 '어' 탈락(하신영 2010)

② 개념 설명

어간의 마지막 모음과 어미의 첫 모음이 동일할 때 두 모음 중 하나가 탈락하는 현상을 가리킨다. 동음 탈락의 하위 유형이자 모음 탈락의 한 종류이다. 가장 일반적으로 인정되는 동일 모음 탈락은 '아'나 '어'로 끝나는 어간 뒤에 '아/어'로 시작하는 어미가 결합하는 경우이다.

> (가) 가+아→가, 서+어→서, 켜+어→켜
>
> (나) 낳+아→나아, 넣+어→너어, 젓+어→저어

(가)가 동일 모음 탈락의 전형적인 예이다. '켜-'는 표면상 '여'로 끝났지만 '여'는 반모음 'j'와 단모음 '어'의 결합이므로 '어'로 끝나는 어간과 동일하다. 한편 (나)와 같이 어간의 모음과 어미 모음 사이에 자음이 원래 있었는데 어떤 과정을 통해 탈락하는 경우에는 동일 모음 탈락이 일어나지 않는다.

매개 모음과 관련된 어미의 기저형을 어떻게 설정하느냐에 따라서는 다음과 같은 현상도 동일 모음 탈락에 추가될 수 있다.

> (다) 크+으니→크니, 쓰+으면→쓰면

(다)는 어간과 어미의 모음이 모두 '으'라는 점에서 (가), (나)와는 차이가 난다. 그러나 두 모음이 동일하다는 점에서 동일 모음 탈락의 범주에 포함할 수도 있다. 다만 어미의 기저형에 매개 모음 '으'를 포함하지 않으면 동일 모음 탈락으로 보기 어렵다.[57]

중세 국어 시기에는 또 다른 유형의 동일 모음 탈락이 존재한다.

> (라) 보+오니→보니, 두+움→둠

중세 국어 시기에는 선어말 어미로 '-오/우-' 또는 '오/우'로 시작하는 어미가 존재했다. 이런 어미들이 '오/우'로 끝나는 어간과 결합하면 동일한 두 개의 모음 중 하나가 탈락했다. 따라서 (라)도 동일 모음 탈락에 해당한다. 다만 (라)의 경우 동일 모음 탈락이 일어나면서 성조 변동이 동반된다는 점에서 초분절음 차원의 변동이 일어나지 않는 (가)~(다)와는 차이가 난다. '보니'의 경우 어간인 '보-'는 평성, 어미인 '-오니'는 '거성+거성'의 성조를 지니는데 동일 모음 탈락 후에 남는 '보'는 상성으로 실현된다. 이것은 어간의 평성과 어미의 거성이 축약되어 상성이 된 결과이다. 분절음 차원에서는 모음이 탈락했지만 성조라는 초분절음 차원에서는 평성과 거성이 그대로 유지되면서 상성으로 합쳐졌다고 해석된다.

논의에 따라서는 동일 모음 탈락에 대한 해석이 상이한 경우도 있다. 가령 이병근·최명옥(1997)에서는 어간의 마지막 모음 '아, 어, 으'가 어미의 첫 모음 '어' 앞에서 탈락한다고 처리했다. 이것은 '-아/어, -아서/어서, -아도/어도' 등과 같이 첫 모음이 '아'와 '어'로 교체하는 어미의 경우 그 기저형을 '어'로 삼고 '어' 앞에서는 후설의 평순 모음이 탈락한다고 해석하는 방식이다. 이 외에 이기백(1991)에

---

57) 매개 모음과 관련된 여러 문제점은 '매개 모음' 항목을 참고할 수 있다.

서는 '아, 어'로 끝나는 어간 뒤에서 어미의 첫 모음 '어'가 탈락하는 규칙을 설정하기도 한다. 이것 역시 어미의 기저형을 '어'로 시작한다고 보는 것은 동일하지만 어간의 모음 대신 어미의 모음이 탈락한다고 해석하고 있다. 이상의 두 가지 방식은 모두 어간의 모음과 어미의 모음이 같아야 한다는 조건이 필요 없으므로 동일 모음 탈락이라고 할 수도 없다.

동일 모음 탈락에서는 어간의 모음과 어미의 모음 중 어느 것이 탈락하는지에 있어 이견이 존재한다. 앞서 동일 모음 탈락이 아닌 다른 해석 태도를 취하는 논의를 살피는 과정에서도 확인했듯이 어간의 모음이 탈락한다는 논의와 어미의 모음이 탈락한다는 논의가 모두 존재한다. 성조 실현의 양상, 형태소 보존의 원리58) 등을 동원하여 어간 또는 어미의 모음이 탈락한다고 주장하고 있으나 탈락하는 모음이 무엇인지 완전히 해명되었다고 보기는 어렵다.

③ 용어 설명

'동일 모음 탈락'을 가리키는 용어 중 가장 많은 수는 동일한 모음이 이어질 때 그중 하나가 탈락한다는 의미를 담고 있는 것이 차지하고 있다. '동모음 생략, 동모음 삭제, 동일 모음 탈락, 동모음 탈락, 같은 홀소리 탈락' 등이 모두 여기에 속한다. 이 외에 '중음 생략, 동음 삭제, 동음 탈락, 동음 축약'처럼 같은 음이 탈락한다고 표현하는 용어들도 존재한다. 그러나 이 부류의 용어는 자음이나 모음 또는 반모음 중 어떤 것이 탈락하는지가 명시되지 않아서 '동음 탈락'과 구별되지 않는다는 문제점을 지닌다.

남은 용어들은 동일 모음 탈락에서 탈락하는 모음이 어간의 모음이라고 보는 것과 어미의 모음이라고 보는 것으로 구분된다. '어간말 '아'나 '어' 탈락'이라는 용어는 어간의 모음이 탈락한다는 입장을 반영하고 'ㅓ 없애기, 어 모음 삭제 규칙'과 같은 용어는 어미의 모음이 탈락한다는 입장을 반영한다.59) 물론 '아/어 탈락'과 같이 탈락하는 모음이 어간과 어미 중 어디에 속하는지를 명시하지 않은 용어도 있다.

④ 관련 항목

동음 충돌, 동음 탈락, 모음 탈락

---

58) 형태소 보존의 원리란 특정한 기능을 하기 위해 쓰인 형태소가 통째로 없어지는 것은 불합리하다는 것이다. 가령 '가+아→가'에서 어미가 탈락한다고 보면 어미는 완전히 사라지는 셈이므로 이 원리에 따르면 받아들이기 어렵게 된다. 따라서 어간의 모음이 탈락한다고 보는 편이 적절하다는 결론이 나온다.

59) 탈락의 대상을 '아'가 아닌 '어'로 국한하는 것은 어미의 기저형이 '어'로 시작한다고 설정하고 이것이 어간 모음 뒤에서 탈락한다는 입장을 반영한다.

동화

① 용어의 별칭

국어 동화[同化](小倉進平 1915, 金澤庄三郎 1917~1918, 최현배 1929, 小林英夫 1935, 이희승 1955), 동화 작용[同化作用](안확 1922, 小林英夫 1935, 泉井久之助 譯 1936, 有坂秀世 1940, 주왕산 1948, 이숭녕 1949ㄴ), 닮음(최현배 1929, 김윤경 1948ㄱ, 김석득 1962ㄴ), 동화 전음[同化 轉音](박상준 1932), 음운 동화(金田一京助 1932, 市河三喜·河野六郎 1949, 허웅·박지홍 1971), 동화음 법칙[同化音 法則](심의린 1949ㄱ), 닮음소리(심의린 1949ㄱ), 닮은 바뀜(정인승 1949ㄱ), 동화 접변(정인승 1956ㄴ), 닮아 바뀜(이은정 1969), 소리의 닮음(허웅·박지홍 1971), 적응[適應](이기문 외 1984), 소리 닮기(류렬 1992, 이주행 2004), 말소리 닮기(김성근 1995), 닮기(김성근 1995), 대치(신승용 2013)

영어 assimilation

---

② 개념 설명

한 음이 인접한 다른 음의 특성에 닮아 가는 음운 현상을 가리킨다.[60] 인접한 소리들은 끊임없이 상호 영향을 미칠 수밖에 없는데 그중에서도 어느 한 쪽이 다른 쪽을 닮는 현상이 가장 일반적으로 일어난다. 인접한 음들의 성질이 비슷해지면 발음하기 편하므로 화자의 입장에서는 매우 유리해진다. 동화에 속하는 음운 현상이 수적으로 많을 뿐만 아니라 광범위한 언어에서 발견되는 것은 이 때문이다.

동화 현상에는 동화를 야기하는 음과 동화를 입는 음이 존재한다. 전자를 동화음, 후자를 피동화음이라고 한다. 동화가 일어난다는 것은 동화음은 그대로 있고 피동화음이 동화음의 특성에 전부 또는 일부가 닮아 감을 의미한다. 이러한 동화의 속성상 동화는 음운 현상의 유형 중 음소의 수는 그대로 유지되고 질적인 변화만 일어나는 '대치' 현상에 속하는 것이 정상적이다. 그런데 논의에 따라서는 대치가 아닌 유형에 대해서도 동화로 분류하는 경우가 종종 있다.

가령 최현배(1937ㄱ)에서는 '샤/쟈/챠, 셔/져/쳐, 쇼/죠/쵸, 슈/쥬/츄'가 '사/자/차, 서/저/처, 소/조/초, 수/주/추'로 바뀌는 'ㅅ, ㅈ, ㅊ' 뒤에서의 반모음 'j'의 탈락을 동화로 보았다. 이 현상은 'ㅅ, ㅈ, ㅊ'과 반모음 'j'의 조음 위치가 가까워서 일어나기 때문이라는 것이다. 또한 전통적으로 '피+어 → 피여, 되+어 → 되여'와 같이 반모음 'j'가 첨가되는 현상은 '이' 모음 순행 동화로 다루어져 왔다.[61] 게다가 '아이>애, 오이>외' 등과 같은 모음 축약도 두 모음이 서로 닮는 동화 현상으로 해석하는 경우가 있다.[62] 이 현상들은 탈락, 첨가, 축약으로서 대치에는 속하지 않는다. 사실 이런 예들은 동화음과 피동화음을 명시하기도 어렵고 피동화음이 동화음에 닮아갔다고 해석하기도 어려워 동화의 일종이라고 해석하기는 부담스러워 보인다.

---

60) 차용어 음운론에서는 외국어가 수용되면서 해당 자국어의 음운 체계나 음절 구조에 맞추어 조정되는 과정도 동화라고 부른다.
61) 현재의 표준 발음법에서도 이 현상은 동화 항목에 포함되어 있다.
62) 여기에 대해서는 '간음화'와 '상호 동화' 항목을 참조할 수 있다.

동화에는 많은 하위 현상들이 있기 때문에 여러 가지 기준을 통해 분류하는 방식이 널리 퍼져 있다. 우선 동화의 방향에 따라 순행 동화와 역행 동화가 구분된다.[63] 순행 동화는 동화음이 피동화음보다 앞에 있는 것이고 역행 동화는 동화음이 피동화음보다 뒤에 있는 것이다.[64] 동화의 정도에 따라서는 완전 동화와 부분 동화가 구분된다. 완전 동화는 피동화음이 동화음과 동일해지는 것이고 부분 동화는 피동화음이 동화음의 일부 특성만 닮아 가는 것이다.[65] 마지막으로 동화음과 피동화음의 거리에 따라서는 직접 동화와 간접 동화가 구분된다. 직접 동화는 동화음과 피동화음이 인접한 경우이고 간접 동화는 동화음과 피동화음 사이에 다른 음소가 개재한 경우이다.

동화의 유형 분류는 이 외에도 여러 가지가 더 존재한다. 동화의 필수적 적용 여부에 따라 필수적으로 적용되는 절대 동화와 수의적으로 적용되는 상대 동화를 구분하기도 한다. 동화를 입는 음의 수를 기준으로 하여 단일 동화, 이중 동화, 삼중 동화를 나누는 경우도 있다.[66] 동화가 일어난 발음의 공인 여부에 따라서는 확립 동화[67](established assimilation)와 임시 동화(occasional assimilation)[68]를 구분한다.[69] 확립 동화는 정상적인 발음으로 확립되어 공인된 현상이며 역사적으로 일어난 지 오래되었고 확고하게 굳어졌기 때문에 역사적 동화, 사적 동화(historical assimilation) 또는 항구 동화(permanent assimilation)라고 부르기도 한다. 반면 임시 동화는 공인되지 않았으며 가끔씩 적용되는 현상이다. 임시 동화는 병렬 동화(juxtapositional assimilation) 또는 문맥 동화(contextual assimilation)라고 부르기도 한다.

이 외에 개별 논의에서 매우 독특하게 유형 분류를 한 경우도 있다. 가령 김성근(1995)에서는 동화음과 피동화음의 성격이 유사한 것과 이질적인 것을 구분하여 각각 '닮기'와 '따르기'로 구별하고 있다. '닮기'에는 자음과 자음 사이, 또는 모음과 모음 사이의 동화가 속하고 '따르기'에는 자음과 모음 사이에 일어난 동화가 속한다. 최명옥(2006ㄱ)에서는 동화의 기능에 따라 순수 음운론적 기능을 가지는 '음운 위주 동화'와 의미론적 기능을 가지는 '의미 위주 동화'를 구분하기도 했다.[70]

---

63) 이 외에 '상호 동화'라는 부류를 더 두는 경우도 많지만 적어도 국어의 경우 상호 동화로 볼 만한 현상은 없어 보인다. 자세한 내용은 '상호 동화' 항목에서 다룬다.

64) 동화음이 피동화음의 앞과 뒤에 모두 있는 동화에 대해서는 '이중 동화'라는 용어를 사용하기도 한다. '이중 동화'는 별도의 항목으로 설정되어 있다.

65) 부분 동화가 일어나면 자음의 경우는 조음 위치나 조음 방식 중 하나, 모음의 경우는 혀의 전후 위치, 높낮이, 입술 모양 중 하나 또는 두 가지 기준이 닮게 된다.

66) 삼중 동화는 세 개의 음이 바뀌는 동화이다. 삼중 동화의 예로는 '안기다'가 '앵기다'로 바뀌는 변화를 든 적이 있는데 여기에는 위치 동화, 'ㅣ' 모음 역행 동화, 'ㄱ'의 유성음화라는 세 가지 동화가 적용되었다는 것이다. 이 중 유성음화는 음소와 음소 사이의 변동이 아니므로 나머지 두 개의 동화 현상과 대등한 자격을 지니지는 않는다. 조성식 편(1990)에서는 변이음 차원에서 일어난 동화에 대해 이음 동화(allophonic assimilation)라고 했다.

67) '확립 동화'는 '확정 동화'라고 하기도 한다.

68) '임시 동화'를 우연 동화, 우발 동화(accidental assimilation)라고 부르는 경우도 있다.

69) '확립 동화'와 '임시 동화'는 전자를 통시적인 현상, 후자를 공시적인 현상으로 정의하기도 한다.

70) 의미 위주 동화는 음운의 과도한 탈락으로 인한 의미 파괴를 막는 기능을 한다. '훑+는→훌른, 앓+는→알른'과 같은 활용형에서 자음군 단순화가 적용된 후 유음 탈락 대신 적용되는 순행적 유음화가 의미 위주 동화의 대표적인 사례이다. 만약 유음 탈락이 일어나면 자음군 단순화와 유음 탈락에 의해 두 개의 자음이 탈락하는 상황이 벌어지므로 이를 막기 위해 순행적 유음화가 적용된다는 것이다.

③ 용어 설명

 '동화'를 지칭하는 용어는 거의 대부분 음운 현상이 적용되어 두 음이 서로 같아진다거나 비슷해진다는 의미를 담고 있다. 예외로는 '적응'과 '대치'가 있다. 이 중 '적응'은 앞에서 언급한 '따르기'와 마찬가지로 자음이나 모음처럼 성격이 서로 다른 음들 사이의 동화를 가리키는 특별한 용법을 가진다. '대치'는 동화가 결과적으로 대치에 속할 뿐만 아니라 대치에 속하는 상당수의 음운 현상이 동화라는 점을 반영하고 있다.

④ 참고 항목

 간접 동화, 동화음, 부분 동화, 상호 동화, 순행 동화, 역행 동화, 완전 동화, 직접 동화, 피동화음

동화음

① 용어의 별칭

> [국어] 작인[作因](小林英夫 1935), 동화주[同化主](김완진 1967, 전광현 1979, 곽충구 1986), 동화주음[同化主音](조항근 1980), 결정소(이근규 1983, 오종갑 2007), 조건음[條件音](김아영 1986, 김영석 1987, 문순단 1990), 조절음(이학문 1986), 유발음(주상대 1990, 조담옥 2002), 결정자(기세관 1992), 동화음[同化音](배주채 1996ㄱ, 김성규·정승철 2005), 동화소(오정란 1999), 동화자(이석재 1999), 동화 촉발음(이재영 2005), 결정주(노채환 2007)
>
> [영어] determinant, conditioning sound, conditioning segment, assimilating sound, assimilator, trigger, triggering segment[71]

② 개념 설명

 동화 현상에서 동화를 일으키는 음을 가리킨다. 동화음은 동화 현상에서 아무런 변동을 겪지 않고 단지 인접한 음에 영향을 주기만 할 뿐이다.

③ 용어 설명

 '동화음'을 가리키는 용어는 '동화주, 동화주음, 동화음, 동화소, 동화자, 동화 촉발음'과 같이 동화를 일으킨다는 의미를 담고 있는 것이 많다. 이 중 '동화소, 동화자, 동화음'은 엄밀하게 말하면 '동화되는 음 또는 요소'로도 해석될 수 있어서 동화를 일으킨다는 의미를 명확히 전달하지는 못한

---

71) 'determinant'는 '결정소(구인애 1983, 이근규 1983, 오종갑 2007), 결정 요소(김병욱 1983), 결정자(송철의 1977, 기세관 1992)' 등으로 번역되는데, 음운 현상을 일으키는 동인을 가리키기 때문에 동화 현상에서의 동화주는 물론이고 동화가 아닌 음운 현상에서의 적용 환경에 대해서도 사용할 수 있다. 가령 송철의(1977)에서는 유음 탈락을 일으키는 음을 '결정자'라고 한 바 있다. '촉발음(김신효 2003, 이병훈 2009, 김신효 2011), 발단음(김정숙 1996)' 등으로 번역되는 'trigger' 또는 'triggering segment'도 마찬가지이다.

다.[72] 그런 점에서 '동화주'라는 표현이 널리 쓰이고 있다. '동화주'는 동화를 일으키는 주체라는 의미를 담고 있기 때문이다. '동화주'라는 용어를 사용하면 반대 개념인 피동화음은 '피동화주'라고 해야 한다. 그런데 동화를 입는 음은 작용의 주체가 아니므로 '피동화주'로 표현하기 어렵다. 이것을 고려하면 '피동화음'에 맞추어 '동화음'이라고 하는 편이 나을 듯하다.[73] '작인, 조건음, 조절음, 유발음, 결정주'라는 용어는 그 개념상 동화에만 국한되는 것이 아니고 적용 조건이 있는 음운 현상에는 모두 쓰일 수 있어서 동화 현상에서의 동화음만을 지칭하기에는 정확성이 다소 떨어진다.

④ 관련 항목

　동화, 피동화음

두음 법칙

① 용어의 별칭

국어 두음 규칙[頭音 規則](최현배 1927ㄴ, 小倉進平 1929ㄱ, 김선기 1932, 이희승 1941, 靑山秀夫 1960, 河野六郎 1968), 첫소리법(최현배 1936ㄱ, 배달말학회 1975, 임용기 1991), 두음 법칙[頭音 法則](최현배 1937ㄱ, 심의린 1949ㄱ, 정인승 1949ㄱ), 머릿소리(심의린 1949ㄱ), 첫소리 법칙(정인승 1949ㄴ, 김민수 외 1960ㄴ), 머리소리 법칙(정인승 1956ㄴ, 이은정 1969, 허웅·박지홍 1971), 어두 제약(강성로 1978, 서보월 1990), 머리소리 규칙(권주예 1978, 황희영 1979, 허웅 1985ㄴ), 머릿소리 규칙(이상태 1981), 단어 구조 제약(박창원 1987ㄴ, 서보월 1992, 이진호 2005ㄱ), 어두 기피 현상(최돈국 1987, 김만기 1992), 어두음 제약(김종진 1989, 김수현 2004), 두음 제약(오정란 1993ㄴ, 이동석 2002, 이은규 2003), 어두음 법칙[語頭音 法則](龜井孝 外 編 1996), 두음 현상(김시중 1997), 말머리 제약 현상(이근열 1997ㄱ, 이병운 2000), 어두 회피 제약(이진호 1999), 두음 회피 현상(최중호 2005), 단어 적형 제약(소신애 2006)

영어 law of initial sound, Anlautgesetz

---

② 개념 설명

　단어의 첫머리에 오는 음의 종류를 제한하는 제약 또는 그러한 제약을 만족시키기 위해 적용되는 음운 현상을 포괄하는 개념이다. 여기서 말하는 '단어'는 엄밀히 말하면 자립성을 가지고 있는 '음운론적 단어'를 가리킨다.[74] 국어의 의존 명사나 조사와 같이 자립성이 없는 단어에 대해서는

---

72) 실제로 '동화음'의 경우는 동화를 입는 피동화음을 가리키는 데 쓰이기도 한다.

73) 논의에 따라서 '동화주'와 '피동화음'이라는 대립어를 사용하기도 한다.

74) 음운론적 단어(phonological word, prosodic word)는 여러 측면에서 정의된다. '휴지'를 근거로 앞뒤에 휴지가 오는 단위라고 하기도 하고 연접(juncture)을 기준으로 내부에 개방 연접(open juncture)이 오지 않는 단위라고 하기도 한다. 일부에서는 음운론적 단어를 '어절'과 동일시하는 경우도 있다. 어떠한 정의를 하든 음운론적 단어가 홀로 발음될 수 있는 자립성을 가지는 단위라는 점에서는 차이가 없다. '음운론적 단어'를 가리키는 용어에는 '음운론적 어[音韻論的 語](有坂秀世 1940, 이인모 1954, 金田一春彦 1967), 음소적 어[音素的 語](太田朗 1959, 筧壽雄·今井邦彦 1971), 음운론적 단어(한영균 1980, 곽동기

두음 법칙이 작용하지 않는다.

　단어의 첫머리에 오지 못하는 음의 종류는 많지만 그렇다고 해서 그것을 모두 두음 법칙이라고 보아서는 안 된다. 가령 연구개 비음 'ㅇ'이나 자음군은 어두에 오지 못하지만 이것을 두음 법칙의 내용으로 인정할 수는 없다. 왜냐하면 'ㅇ'이나 자음군은 어두뿐만 아니라 비어두의 음절 초성에도 올 수 없기 때문이다.[75] 사실 이러한 문제는 어두가 음절 초성에 포함되기 때문에 발생한다.[76] 그래서 음절 초성에 대한 제약은 모두 어두에도 적용되는 것이다. 만약 어두에서의 제약이 순수하게 어두에만 적용되는 것이 아니고 음절 초성 전체에 적용되는 것이라면 그것은 두음 법칙이라기보다는 음절 구조 제약이라고 보는 편이 더 합리적이다. 이런 관점에서 현대 국어의 두음 법칙에는 다음 두 가지 내용이 포함된다고 할 수 있다.

　　　(가) 어두에 'ㄹ'이 올 수 없다.
　　　(나) 어두에 'ㄴ+이, j'가 올 수 없다.

　(가)와 (나)는 고유어와 한자어에서 확인할 수 있는 국어의 대표적인 두음 법칙이다.[77] 고유어는 이미 (가)와 (나)의 제약을 반영하기 위해 형태 자체가 바뀌었고, 한자어는 (가)와 (나)를 충족하기 위해 특정 한자가 단어의 첫머리에 가면 그 음이 바뀐다. 가령 '근로(勤勞)'의 '로(勞)'가 어두에 놓이면 '노동(勞動)'과 같이 '노'가 되고 '남녀'의 '녀(女)'가 어두에 놓이면 '여자(女子)'와 같이 '여'가 되는 것이다.

　경우에 따라서는 두음 법칙이 마치 단어의 첫머리가 아닌 위치에서도 작용하는 것처럼 보이기도 한다. 합성어 또는 접두사가 결합된 파생어가 그러하다. 예를 들어 '단순노동(單純勞動)'이나 '신여성'과 같은 복합어에서 '노동'과 '여성'은 단어의 첫머리가 아님에도 불구하고 두음 법칙을 따르는 것이다. 이러한 사례는 두음 법칙이 비어두에서 작용한 것이 아니고 '노동'과 '여성' 자체가 두음 법칙의 적용을 받은 형태로 단어 형성 과정에 참여한 결과라고 보아야 할 것이다.

　두음 법칙은 국어가 알타이 어족에 속한다는 근거 중 하나로 흔히 거론되어 왔다. 그런데 (가)와 (나) 중 (나)는 근대 국어 시기를 거치면서 형성된 새롭게 형성된 제약일 뿐이다. 15세기에는 'ㄴ+이, j'가 얼마든지 단어의 첫머리에 올 수 있었기 때문에 알타이 어족의 특징과는 무관하다. 또한 (가)의 경우는 15세기 이전부터 존재했으나 굳이 알타이 어족에서만 관찰되는 특징은 아니다.[78] 그

1992, 엄태수 1995), 운율어(김아영 1988, 강옥미 1994ㄴ, 이석재 1995), 음운 단어(김종훈 1990, 이기석 1992, 한선희 1993), 음소어(조성식 편 1990), 음운어(정국 1994), 음운적 단어(시정곤 1993, 차재은 1997, 김태경 2005), 운율적 어휘(안상철 1995), 음운론적인 단어(최정순 1995), 운율 단어(차재은 1997, 이봉원 2002ㄱ, 김옥영 2006), 소리 토막(강진철 1991, 한경남 1996), 어절(김영만 2000), 음운론적인 낱말(강홍구 2003)' 등이 있다. 모두 영어에 대한 번역어의 성격을 가진다.

75) 그럼에도 불구하고 20세기 전반기에 논의된 국어의 두음 법칙에는 'ㅇ'이나 자음군이 오지 못한다는 내용이 포함되는 경우가 적지 않다. 심지어 小倉進平(1934ㄴ)에서는 국어의 어두에 유성 장애음이 오지 못한다는 것을 두음 법칙으로 본 적이 있으며 한때 이러한 기술을 국내 학자들이 그대로 수용하기도 했다. 유성 장애음이 어두에 오지 않는 것이 사실이기는 하지만 이는 변이음의 분포와 관련된 것이라서 두음 법칙에 포함할 수는 없는 문제이다.

76) 어두는 항상 음절 초성이 되기 때문에 어두가 음절 초성에 포함된다고 할 수 있다.

77) 외국어의 경우에는 대체로 두음 법칙의 적용을 받지 않는다.

런 점에서 두음 법칙은 국어를 알타이 어족으로 분류하는 중요 근거라고 하기는 어려워 보인다.[79]

③ 용어 설명

‘두음 법칙’을 가리키는 용어의 차이는 두 가지에서 기인한다. 하나는 ‘두음’ 부분을 단순히 ‘앞머리’라고만 표현할 것인지, 아니면 ‘단어의 앞머리’라고 명확히 밝혀줄 것인지의 측면이다. 정확한 표현은 ‘단어의 앞머리’라고 하는 편이 맞지만 단순히 ‘앞머리’라고 표현한 용어도 적지 않다.[80] 다른 하나는 ‘법칙’ 부분을 어떻게 표현하는가와 관련된다. ‘규칙’ 또는 ‘법칙’이라고 한 용어와 ‘제약’이라고 한 용어가 구분된다. ‘규칙’이나 ‘법칙’은 어떤 음소를 다른 음소로 바꾸는 역동적 기능을 지니고, ‘제약’은 음운론적 단위의 특정한 구조나 배열을 제한하는 정적인 기능을 지닌다. 두음 법칙의 경우 음운론적 단어의 첫머리에 대한 ‘제약’의 성격을 지니면서 동시에 한자어의 경우 어두의 한자음 ‘ㄹ’을 ‘ㄴ’으로 바꾸거나 ‘ㄴ, ㄹ’을 탈락시키기도 하는 ‘규칙’의 성격을 지니기도 한다. 그래서 두 가지 성격의 표현이 양립하고 있다.

④ 관련 항목

말음 법칙, 어두, 음운론적 단어

---

78) 이처럼 (가)는 역사가 비교적 오래 되었고 (나)는 후대에 생겨났다. 박병채(1976)에서는 (나)에 대해 ‘2차적 두음 법칙’이라고 한 바 있는데 이것은 시기의 선후 관계를 고려한 결과이다.
79) 여기에 대해서는 박진호(2014)를 참고할 수 있다.
80) 가장 널리 쓰이는 ‘두음 법칙’이라는 용어도 사실은 단순히 ‘앞머리’라는 의미만 담고 있다.

'**ㄹ**'의 비음화

① 용어의 별칭

국어 '**ㄹ**'이 '**ㄴ**'으로 바꾸임(이극로 1935), '**ㄹ**'이 '**ㄴ**'으로 동화(심의린 1949ㄴ), 유음 비음화(이병건 1977ㄴ), '**l**'의 코소리화(배양서 1979), '**ㄹ**' 비음화(신문자 1980, 강옥미 1994ㄷ, 엄태수 1995), '**l**' 비음화(신문자 1980, 곽동기 1992, 손일권 1999), 유비음화[流鼻音化](조항근 1980), '**ㄹ**'의 '**ㄴ**' 되기(허웅 1985ㄱ, 이근영 1990, 신연희 1991), 비강자음화(성낙수 1987)), 폐음화(김동언 1990), 비음화(서보월 1992, 오정란 1995ㄱ, 김혜영 1996), 비유음화[非流音化](서보월 1992), 비설측음화[非舌側音化](서보월 1992), 측음의 비음화(김경란 1993), 비음 동화(민병준 1995), 유음의 비음화(이호영 1996, 김선희 2003, 한재영 외 2003), '**ㄹ**'의 비음화(이진호 1998, 조성문 2000, 이문규 2004), 순행적 비음화(김경아 2000), 설측음의 비음화(조성문 2000, 신지영·차재은 2003, 장향실 2008), 측음 비음화(황인권 2000), 비자음화(박시균·권병로 2003), 치조비음화(김성규·정승철 2005, 한성우 2008, 박기영 2010), '**ㄴㄹ**'의 비음화(박선우 2006ㄴ), 유음의 비음 동화(이미향 2006ㄴ), 유음의 '**ㄴ**'화(변용우 2012)

영어 '**l**' nasalization

---

② 개념 설명

'**ㄹ**'을 제외한 자음 뒤에서 '**ㄹ**'이 '**ㄴ**'으로 바뀌는 음운 현상이다. '능력, 독립, 법리' 등의 단어에서 둘째 음절 초성의 '**ㄹ**'이 '**ㄴ**'으로 바뀌는 현상이 그 사례이다.[1] 고유어에서는 '**ㄹ**'을 제외한 자음으로 끝나는 형태소와 '**ㄹ**'로 시작하는 형태소가 결합하는 경우가 없기 때문에 이 현상은 한자어나 외래어에서만 적용된다. '**ㄹ**'을 제외한 자음은 이론적으로 18종류가 있으나 실제로 '**ㄹ**'의 비음화가 일어나는 환경으로 작용하는 자음은 '**ㄱ, ㄴ, ㄷ, ㅁ, ㅂ, ㅇ**'의 6종류로 제한된다.[2] 다른 자

---

1) 한때 두음 법칙에 의해 '**ㄹ**'이 '**ㄴ**'으로 바뀌는 것도 이 현상에 포함시킨 논의가 있었으나 타당하다고 보기 어렵다.

2) 이 중 '**ㄴ**'이 '**ㄹ**'에 선행할 때에는 '**ㄹ**'의 비음화 대신 역행적 유음화가 적용되기도 한다. 따라서 순수하게 '**ㄹ**'의 비음화만 일어나는 환경은 5가지로 줄어든다. 게다가 한자음 중에는 '**ㄷ**'으로 끝나는 것이 없다. 그러므로 외래어를 제외하면 '**ㄱ, ㅁ, ㅂ, ㅇ**'의 네 자음 뒤에서만 '**ㄹ**'의 비음화가 온전하게 일어난다. 표준 발음법에서 '**ㄹ**'의 비음화가 '**ㅁ, ㅇ, ㄱ, ㅂ**' 뒤에서 일어난다고 제한한 것은 이러한 사정에 말미암은 것이다.

음들은 음절 종성에서 발음될 수 없기 때문이다.

'ㄹ'의 비음화와 관련해서는 두 가지 측면에서 이견이 존재한다. 하나는 적용 환경과 관련된다. 'ㄹ'을 제외한 자음 뒤에서 일어난다고 보는 견해가 우세하지만 비음 뒤에서만 일어난다고 보는 견해도 존재한다. 후자와 같은 입장을 취하는 주된 이유는 이 현상을 비음에 의한 동화로 해석하기 위함이다.[3] 그러나 역사적 자료를 보면 'ㄹ'의 비음화는 비음 뒤에서뿐만 아니라 'ㄱ, ㅂ' 등과 같은 장애음 뒤에서도 일어났기 때문에 'ㄹ'의 비음화가 비음 뒤에서만 일어난다고 제한하는 것은 그다지 타당하지 않다.

또 다른 이견은 적용 동기와 관련된다. 구체적으로는 'ㄹ'의 비음화가 동화라고 보는 입장과 그렇지 않다고 보는 입장이 나뉜다. 주시경 이래로 'ㄹ'의 비음화는 자음 접변의 대표적인 현상으로 처리되어 왔다. 또한 자음 접변은 자음 동화와 거의 비슷하기 때문에 'ㄹ'의 비음화도 대체로 자음 동화의 일종으로 다루어졌다. 그러나 'ㄹ'의 비음화가 선행 자음의 어떤 음성적 특징에 동화되었는지는 명시적으로 언급된 바가 없다.[4] 'ㄹ'의 비음화를 일으키는 동화음들의 공통점을 찾기 어려운 이상 이 현상을 동화로 단정하기는 어려워 보인다.[5]

③ 용어 설명

'ㄹ'의 비음화를 가리키는 용어들은 대체로 비음으로 바뀌었다는 사실을 반영한다. 절대 다수의 용어가 그러하다. 다만 입력형인 'ㄹ'에 대한 정보를 용어에 포함한 것도 있고 그렇지 않은 것도 있다. 가령 'ㄹ의 비음화'를 비롯하여 '유음 비음화, 유비음화, 유음의 비음화' 등은 입력형 정보가 들어 있고 '비강자음화, 비음화, 비음 동화'는 입력형 정보가 들어 있지 않다. 한편 '비유음화, 비설측음화'와 같이 비음으로 바뀐다는 사실을 유음이 아닌 음으로 바뀌었다고 표현하기도 하지만, 이런 용어들은 출력형을 구체화하지 않았다는 문제점을 지닌다.[6]

이상과 전혀 다른 계통의 용어로 '폐음화'가 있다. '폐음화'는 이 현상이 적용되면 'ㄹ'이 그보다 개구도가 더 낮은 'ㄴ'으로 바뀐다는 점을 반영하고 있다. 개구도가 낮은 음으로 바뀐다는 것은 더 닫히는 음이 됨을 의미한다. 그러나 '폐음화'라고만 하면 개구도가 낮아지는 모든 변화를 포괄할 수 있기 때문에 이 현상만을 한정하여 지칭하는 데에는 어려움이 있다.

사실 'ㄹ'의 비음화는 합당한 용어를 찾기가 매우 어려운 편에 속한다. 일반적으로 음운 현상의 명칭을 정할 때에는 입력형과 출력형을 비교하여 달라진 점을 반영한다. 유음화, 경음화, 원순 모음화 등이 모두 그러한 원칙을 따르고 있다. 이것을 고려하면 입력형인 유음에 대한 정보를 담은 명

---

3) 여기서 더 나아가면 후행하는 비음에 의해 선행하는 평파열음이 비음으로 동화되는 현상과 'ㄹ'의 비음화를 하나의 현상으로 묶기도 한다. 두 현상 모두 출력형이 비음이라는 공통점을 가진다는 것이다. 그러나 입력형이나 적용 환경이 완전히 다른 두 현상을 하나의 현상으로 통합한다는 것은 타당하다고 볼 수 없다.

4) 이런 사정을 극복하기 위해 앞서 지적했듯이 'ㄹ'의 비음화를 비음 뒤에서 일어난다고 해석하는 견해가 등장했다고 볼 수 있다.

5) 자음이 서로 인접한다고 해서 동화가 필연적으로 일어나야 하는 것은 아니므로 'ㄹ'의 비음화가 자음 동화가 아니라도 이상할 것은 별로 없다.

6) 유음이 아닌 음은 비음뿐만 아니라 파열음, 마찰음, 파찰음 등 여러 가지가 있으므로 단순히 유음이 아닌 음으로 바뀌었다고만 표현해서는 출력형이 정확히 무엇인지 알기 어렵다.

칭들은 모두 결함을 지니고 있다. 그렇다고 해서 '비강자음화, 비음화' 등과 같이 입력형에 대한 정보를 빼면 '먹+는→[멍는], 밥+만→[밤만]' 등과 같이 평파열음이 비음에 동화되는 현상을 지칭하는 것으로 오해할 수 있다는 문제가 발생한다. 이러한 혼란을 막기 위해 'ㄹ'의 비음화를 '치조비음화'라고 부르기도 한다. 그러나 '치조비음화'라는 용어를 쓰려면 치조음도 아니고 비음도 아닌 자음이 'ㄴ'으로 바뀌어야 하는데 'ㄹ'의 비음화가 적용되어도 조음 위치는 변화가 없기 때문에 '치조비음화' 역시 최선의 용어라고 하기는 어렵다.

④ 관련 항목

　동화, 비음화, 상호 동화, 자음 접변

마찰음

① 용어의 별칭

국어 연음[連音](김규식 1909), 갈이소리(김두봉 1916, 최현배 1927ㅁ, 김윤경 1948ㄱ), 마찰음[摩擦音](金澤庄三郎 1917~1918, 안확 1922, 小倉進平 1923, 鄭國采 1926, 정렬모 1927ㄱ, 安藤正次 1927), 갈리소리(이상춘 1925, 이극로 1932ㄴ), 갈림소리(이극로 1934, 장지영 1937, 한국국어교육연구회 1964ㄴ), 마찰음운(有坂秀世 1940), 갈리는 소리(심의린 1949ㄱ), 마찰음 음소(服部四郎 1955, 太田朗 1959), 찰음[擦音](木坂千秋·郡司利男 譯 1957, 董同龢 1972, 日本音聲學會 編 1976, 박동규 1995, 이장희 2002, 이은정 2005), 협착음[狹窄音](日本音聲學會 編 1976), 취음[吹音](日本音聲學會 編 1976), 지속음[持續音](김민수 1978ㄱ), 마찰 자음(日本音聲學會 編 1976, 金善姫 1995), 문지름소리(황희영 1979), 갈음(박지홍 1981), 스치미(유만근 1985), 스침소리(양하석 1990, 김차균 1991ㄱ, 류렬 1992, 조오현 1995), 좁히는 소리(최명옥 1992ㄴ), 찰성[擦聲](우민섭 2000), 마찰음소(최명옥 2004, 이금화 2007)

영어 fricative, constrictive, spirant

② 개념 설명

조음체와 조음점이 가깝게 근접하여 그 틈 사이로 공기가 마찰을 일으키며 발음되는 자음 부류를 가리킨다. 마찰음의 가장 큰 특징은 공기의 흐름이 단절되지 않고 그대로 이어진다는 점이다. 공기의 흐름이 중간에 잠시라도 끊어지면 마찰음으로 발음되지 않는다. 현대 국어의 마찰음에는 'ㅅ, ㅆ, ㅎ'이 있다. 중세 국어 시기에는 'ㅸ, ㅿ, ㅇ, ㆅ' 등이 더 추가된다.[1] 일반 언어학에서는 반모음도 마찰음의 일종으로 분류하며 국어 연구 초창기에도 반모음을 자음으로 분류하면서 마찰음에 포함한 적이 있다.[2] 그러나 현재는 마찰음을 자음 중 장애음으로 국한하여 반모음은 제외하는

---

[1] 국어의 유형론적 특징으로 마찰음의 수가 적다는 사실을 드는 경우가 종종 있다. 이것은 현대 국어의 마찰음 수가 3개에 불과하다는 점을 고려한 것이다. 그런데 언어 유형론적으로 보면 마찰음 수가 2개 또는 3개인 경우가 다수를 차지하고 있어 현대 국어의 경우도 마찰음 수가 결코 적은 편이라고 할 수 없다. 더욱이 중세 국어로 시야를 확대하면 오히려 마찰음 수가 많다는 것을 유형론적 특징으로 제시해야 할지도 모른다.

[2] 이 외에 유음 'ㄹ'이나 파찰음 'ㅈ, ㅊ, ㅉ'을 마찰음 목록에 포함한 적도 있었다. 유음을 마찰음에 포함하는 것은 김두봉(1922),

것이 일반적이다.

마찰음은 몇 가지 기준을 가지고 하위 분류를 행하기도 한다. 이 중 널리 사용되는 기준으로는 마찰이 일어나는 부위와 기류가 흐르는 통로의 모양을 들 수 있다.[3] 마찰이 일어나는 부위에 따라서는 국부 마찰(局部 摩擦, local friction)이 일어나는 마찰음과 강부 마찰(腔部 摩擦, cavity friction)[4]이 일어나는 마찰음으로 나눌 수 있다.[5] 국부 마찰이 일어나는 마찰음은 마찰의 부위가 뚜렷하여 그 위치가 특정됨에 비해 강부 마찰이 일어나는 마찰음은 마찰 부위가 불분명하다고 한다. 현대 국어의 'ㅅ, ㅆ'은 전자에 해당하고 'ㅎ'은 후자에 해당한다.

기류가 흐르는 통로의 모양에 따라서는 균열 마찰음(slit fricative)과 홈통 마찰음(grooved fricative)을 나눈다.[6] 균열 마찰음은 가로로 길고 좁은 통로로 기류가 나가는 마찰음이다. 반면 홈통 마찰음은 세로로 깊고 좁은 통로로 기류가 흐르는 마찰음이다. 균열 마찰음과 홈통 마찰음의 개념은 국어의 마찰음을 구분하는 데에는 적극적으로 활용된 적이 별로 없다.

③ 용어 설명

'마찰음'을 가리키는 용어 중 대다수는 조음점과 조음체 사이를 공기가 흐르면서 마찰이 일어난다는 의미를 담고 있다. 물론 구체적인 표현 방식은 달라서 마찰을 일으킨다고 직접 표현하는 '마찰음, 찰음, 찰성, 마찰음소', 갈리는 과정을 거친다고 표현하는 '갈이소리, 갈리소리, 갈림소리, 문지름소리, 갈음', 공기가 스치면서 발음한다고 표현하는 '스치미, 스침소리'가 구분된다. 또한 앞서 언급했듯이 마찰음은 공기의 흐름이 계속 이어지는데 이러한 사실을 반영한 용어도 있다. '연음, 지속음' 등이 여기에 속한다. 이 외에 마찰음을 발음할 때 조음점과 조음체 사이의 간극이 좁다는 사실을 고려한 '협착음, 좁히는 소리'도 존재한다. '취음'은 마찰음을 발음하는 것이 마치 입으로 바람을 부는 것과 비슷하다는 점을 나타낸다.

④ 관련 항목

반모음, 장애음, 지속음, 치찰음

파찰음을 마찰음에 포함하는 것은 정렬모(1927ㄱ), 장지영(1937)에서 찾아볼 수 있다.

3) 이와 별개로 김두봉(1922)에서는 국어의 마찰음을 독창적으로 분류한 적이 있다. 김두봉(1922)에서는 마찰의 양상에 따라 마찰음을 '갖갈이소리, 날갈이소리, 옆갈리소리'로 구분한 후, 갖갈이소리는 한결같이 갈아서 내는 소리로 'w, y, ㅎ'이 있고, 날갈이소리는 날카롭게 갈리는 소리로 'ㅅ, ㅆ'이 있으며, 옆갈이소리는 혀끝이 잇몸에 닿으면서 그 옆으로 갈아서 나오는 소리로 'ㄹ'이 있다고 했다.

4) 이문규(2004)에서는 '강부 마찰' 대신 '전강 마찰(全腔 摩擦)'이라는 용어를 사용하고 있다.

5) 김영송(1991)에 따르면 국부 마찰이 일어나는 마찰음은 '갈이소리', 강부 마찰이 일어나는 마찰음은 '스침소리'로 부르는 경우가 있다고 한다.

6) '균열 마찰음'과 '홈통 마찰음'은 조성식 편(1990)의 번역 술어이다.

마찰음화

① 용어의 별칭

국어 마찰음화(이현복 1974ㄱ, 이병근 1980ㄱ, 최명옥 1982), 갈이소리 되기(김형춘 1994, 이찬주 2006, 박종덕 2007), 지속음화(오종갑 2000ㄴ), 마찰음소화(이현정 2008)

영어 spirantization, fricativization

---

② 개념 설명

표면적으로는 마찰음이 아닌 자음이 동일한 조음 위치의 마찰음으로 바뀌는 음운 현상을 가리킨다. 즉 자음의 조음 방식이 바뀌는 현상이 곧 마찰음화인 것이다. 그런데 지금까지 마찰음화라고 부르는 현상을 보면 변이음 실현의 차원에서부터 일종의 유추적 변화에 이르기까지 상당히 다양한 현상들이 포함되어 있다.

(가) 'ㅂ, ㄱ'이 유성음 사이에서 수의적으로 유성 마찰음 'β, ɣ'로 실현
　　例 두부[tubu~tuβu], 아가[aga~aɣa]

(나) 종성의 'ㄷ, ㅎ'이 'ㅅ'으로 실현 例 놓+소→[놋소], 들+소→[듯소]

(다) 'ㅂ'이 유성 마찰음 'ㅸ'으로 변화 例 글발>글왈, 대범>대웜

(라) 체언의 말음 'ㄷ'이 'ㅅ'으로 변화 例 뜯>뜻, 벋>벗

(마) 체언의 말음 'ㅊ, ㅌ, ㅈ' 등이 'ㅅ'으로 변화 例 꽂>꽃, 밑>밋, 빚>빗⁷⁾

(바) 중국어 음운사에서 일모(日母)가 비음에서 마찰음으로 변화

(가)는 평파열음 'ㅂ, ㄱ'의 변이음이 유성 마찰음으로 실현되는 경우이다. 유성 외파음이 실현될 자리에서 수의적으로 유성 마찰음이 나타난다.⁸⁾ (나)는 'ㄷ, ㅎ'으로 끝나는 어간 뒤에 'ㅅ'으로 시작하는 어미가 올 때 'ㄷ, ㅎ'이 음절 종성에서 마찰음 'ㅅ'으로 실현된다고 보는 입장에서의 마찰음화 예이다. 이런 환경에서의 음성 실현은 (나)와 같이 분석하는 입장도 있지만 실제로는 평파열음화, 경음화, 'ㅆ' 앞에서의 'ㄷ' 탈락이 적용된다고 보는 경우도 많다. 즉 '놓+소→놏소→놋쏘→[노쏘]'와 같은 도출 과정을 밟는 것이다.⁹⁾ 그럴 경우에는 (나)와 같은 마찰음화는 인정할 수 없다.¹⁰⁾ (다)는 'ㄹ'이나 반모음 'j' 뒤에서 'ㅂ'이 'ㅸ'으로 바뀌는 역사적 변화로 이것 역시 마찰음화

---

7) 이러한 변화가 일어나면 '꽃이, 꽃을', '밑이, 밑을', '빛이, 빛을'을 '꼬치, 꼬츨', '미치, 미틀', '비지, 비즐'로 발음하지 않고 '꼬시, 꼬슬', '미시, 미슬', '비시, 비슬'로 발음한다.

8) 논의에 따라서는 'ㄷ'의 변이음도 유성 마찰음으로 실현되는 경우가 있다고 보기도 한다.

9) '놓소, 들소'는 표준 발음으로는 '노쏘, 들쏘'가 맞고, 현실 발음에서는 '노쏘, 드쏘'로 발음된다. '놓소, 들소'가 '놋소, 듯소'로 발음된다고 보는 것은 (나)와 같은 마찰음화를 인정하는 입장을 취하는 경우로 국한된다. 또한 마찰음화를 인정하더라도 '놓소'와 '들소'의 발음을 '놋소, 듯소'가 아닌 '놋쏘, 듯쏘'라고 보는 경우 역시 존재한다.

10) (나)에서 가장 걸림돌이 되는 것은 종성에서 'ㅅ'이 발음된다고 인정해야 한다는 점이다. (나)와 같은 분석을 하면 현대 국어의 음절 종성에서 발음될 수 있는 자음은 'ㄱ, ㄴ, ㄷ, ㄹ, ㅁ, ㅂ, ㅇ'의 7가지로 제한된다는 음절 구조 제약을 수정해야만 한다.

라고 부르는 경우가 있다.

이상의 (가)~(다)는 음운론적 성격을 가지고 있음에 비해 (라)와 (마)는 비음운론적 성격의 변화이다. 즉 순수한 음운 변화로 보기 어려운 것이다. (라)는 대부분의 체언에서 일어난 변화로 예전에 'ㄷ'으로 끝나던 체언의 말음이 현대에 와서 'ㅅ'으로 바뀐 변화이다. (마)는 모든 방언에서 일어나지는 않았으며, 표준어로 인정받지 못한다는 점에서 (라)와 차이가 난다. 그렇지만 현실 발음에서 (마)와 같은 체언 말음의 변화는 흔히 발견할 수 있다.[11] (바)는 국어 음운론이 아닌 중국어 음운사에서 활용하는 개념으로 일모(日母)가 역사적으로 비음에서 유성 마찰음으로 변했다고 볼 경우에 성립되는 '마찰음화'이다.[12]

③ 용어 설명

'마찰음화'를 가리키는 용어는 '마찰음화, 갈이소리 되기, 마찰음소화'와 같이 마찰음으로 바뀐다는 사실을 표현한 것과 '지속음화'와 같이 지속음으로 바뀐다는 사실을 표현한 것으로 나눌 수 있다. 마찰음은 모두 지속음이지만 지속음에는 마찰음뿐만 아니라 유음 또는 모음 등도 포함된다. 그런데 앞서 살핀 마찰음화의 유형을 보면 모두 마찰음으로 바뀌는 현상만 포함된다는 점에서 '지속음화'라는 용어는 지시 대상을 적절히 한정하기에 어려움이 따른다.

④ 관련 항목

마찰음, 변이음

말음 법칙

① 용어의 별칭

국어 말음 법칙[末音 法則](최현배 1927ㄴ, 이희승 1933, 大野晋 1977, 정연찬 1980), 종성 법칙[終聲 法則](최현배 1927ㄴ), 바침 원리(이희승 1933), 어말음 법칙[語末音 法則](龜井孝 外 編 1996)
영어 Auslautgesetz
---

② 개념 설명

단어의 끝부분인 어말에 대한 제약 또는 그러한 제약으로 인해 일어나는 음운 현상을 가리킨다.

---

11) (라)와 (마)는 동일한 변화로 묶기도 하고 서로 다른 변화로 분리하기도 하는 등 이견이 있으며, 변화 이유에 대해서도 여러 가지 주장이 제기되었다. 자세한 것은 이진호(2004)를 참고할 수 있다.

12) 일모(日母)가 마찰음으로 변하기 전의 형태를 비음이 아닌 '비음+마찰음'의 연쇄로 보기도 한다. 그럴 경우에는 마찰음화를 인정할 수 없고 단순히 비음이 탈락했다고 보아야 한다. 자세한 것은 반치음 항목을 참고할 수 있다.

단어의 첫머리에 적용되는 두음 법칙과 대립되는 개념이다. 국어의 경우 순수하게 단어의 말음에만 적용되는 음운 현상은 존재하지 않는다. 그 대신 음절의 끝소리 규칙에 해당하는 현상을 예전부터 말음 법칙이라고 불러 왔다.[13] 이것은 어말 위치가 음절의 종성에 포함되기 때문이다. 즉 모든 어말은 음절의 종성이 되는 것이다. 그러나 모든 음절의 종성이 어말은 아니므로 그 역은 성립하지 않는다. 이처럼 어말과 음절 종성은 동일한 개념이 아니므로 음절 종성에 적용되는 음절의 끝소리 규칙을 말음 규칙이라고 부르는 것은 받아들이기 어렵다.

③ 용어 설명

'말음 법칙'을 가리키는 용어는 '말음 법칙, 어말음 법칙'과 같이 원래 개념을 그대로 반영하는 것과 '종성 법칙, 바침 원리'처럼 음절의 종성과 관련된 현상으로 표현하는 것의 두 가지가 있다. 이 중 두 번째는 국어에서 '말음 법칙'이라는 개념을 음절의 끝소리 규칙을 가리키는 용법으로 사용한 데 말미암은 것이다.

④ 관련 항목

두음 법칙, 어말, 음절의 끝소리 규칙

매개 모음

① 용어의 별칭

국어 조음[助音](藥師寺知朧 1909, 朴重華 1923), 조성 조사[調聲 助詞](前間恭作 1924), 종성 어미[終聲 語尾] (鄭國采 1926), 조음부[調音部](이희승 1931), 소리 고루는 홀소리(최현배 1937ㄱ, 김진우 1970ㄱ), 조음소[調音素] (최현배 1937ㄱ, 양주동 1939ㄱ, 장하일 1947), 고룸소리(최현배 1937ㄱ, 이인모 1949, 정인승 1956ㄱ), 보조 모음[補助 母音](편집실 1938ㄱ), 중개 모음[仲介 母音](이숭녕 1939ㄱ), 조성[調聲](전몽수 1941ㄴ, 정인승 1959), 사이소리 (장하일 1947), 소리고룸(김윤경 1948ㄱ), 조모음[調母音](김형규 1948, 유창식 1956, 한국국어교육연구회 1964ㄴ), 조음 요소[調音 要素](이숭녕 1949ㄱ), 조음[調音](이숭녕 1949ㄱ, 정경해 1953, 대한어문연구회 1954), 매개 모음 [媒介 母音](이숭녕 1949ㄴ, 김계곤 1957, 강길운 1958), 접합음[接合音](문교부 1954), 매개음[媒介音](강길운 1956, 이은정 1969), 조성 모음[調聲 母音](유창식 1956, 김계곤 1957, 강길운 1958), 조음사[調音辭](유창돈 1959ㄱ), 소리 고름 소리(정인승 1959), 소리고춤(정인승 1959), 말음 모음[末音 母音](이병선 1965), 고름소리(이은정 1969), 고룸홀소리(허웅 1972, 박덕철 1993, 최남희 1994), 연결 모음[連結 母音](이기문 1972, 강창석 1982, 김동소 2000), 결합 모음[結合 母音](志部昭平 1972, 大工孝男 1976, 김방한 1980, 최응구 1984, 권오선 1990, 류렬 1992), 개입 모음

---

13) 음절의 끝소리 규칙은 평파열음화와 자음군 단순화의 두 가지 현상으로 이루어져 있다. '말음 법칙'은 음절의 끝소리 규칙과 동일하게 사용하기도 하고 음절의 끝소리 규칙 중 평파열음화만 가리키는 데 사용하기도 한다.

[介入 母音](도수희 1980ㄱ), 조절 모음[調節 母音](강창석 1982), 삽입 모음(강창석 1982, 김성화 1992, 고도흥 1998), 련접모음(권오선 1990), 고름 홀소리(최남희 1995), 잠재 모음(박종희 2004), 매개 모음소(이상신 2008)

영어 euphonic vowel, bind vowel, connecting vowel, union vowel, Bindevokal

② 개념 설명

원래는 자음과 자음이 인접하면서 충돌이 일어날 때 이것을 막기 위해 첨가되는 모음을 가리킨다. 그러나 실제로는 어미나 조사와 같은 문법 형태소의 첫 모음 중 선행 형태소의 말음에 따라 나타나기도 하고 나타나지 않기도 하는 것을 가리킨다. 현대 국어의 매개 모음으로는 '으'가 있다. 매개 모음으로 시작하는 어미를 흔히 매개 모음 어미라고 부른다. 국어 연구 초창기에는 서술격 조사의 일부인 '이'도 매개 모음으로 보았지만 현재는 받아들이지 않고 있다.[14] 중세 국어에서는 '으'의 모음 조화 대립짝인 'ᄋᆞ'가 매개 모음 목록에 추가된다.

매개 모음의 음운론적 해석은 첨가설과 탈락설로 크게 나뉜다. 첨가설은 '으'가 없는 형태를 기저형으로 하여 특정한 환경에서 '으'가 덧붙는다고 설명하는 입장이다. 초기 연구에서는 매개 모음의 기능에 대해 소리를 고르게 하여 조화롭게 한다고 보는 견해가 많은데 이것은 모두 첨가설을 기반으로 하고 있다. 사실 '매개 모음'이라는 용어 자체가 이미 첨가설을 반영한다고 할 수 있다. 그런데 첨가설을 취할 경우 형태소에 따라 '으'가 첨가되는 것과 그렇지 않은 것의 차이를 해명하기 어렵다. 가령 '니'의 경우 연결 어미로 쓰일 때에는 매개 모음 '으'가 나타나지만 의문문의 종결 어미로 쓰일 때에는 매개 모음 '으'가 나타나지 않는 것이다.

탈락설은 첨가설이 가진 문제점을 해결하기 위해 등장했다. 탈락설에서는 '으'가 있는 형태를 기저형으로 설정하고, '으'가 모음 또는 'ㄹ' 뒤에서 없어진다고 해석한다. 특히 이러한 매개 모음의 탈락 이유에 대해 '모음 충돌 회피'라는 매우 개연성 높은 경향성을 제시하기도 한다.[15] 그러나 '으' 탈락이라는 규칙의 자연성에 대한 문제 제기가 지속적으로 잇따르고 있다. 대표적으로 강창석(1982)에서는 추상성, 간결성, 우연성, 적극적 검증의 네 가지 측면에서 탈락설이 지닌 문제점을 다양하게 언급하였다.

만약 첨가설과 탈락설의 문제점을 모두 인정할 경우에는 매개 모음의 출현을 음운 규칙으로 설명하는 방법을 포기할 수밖에 없다. 그럴 경우 나오는 대안은 복수 기저형을 설정하는 방식이다. 김성규(1988)에서 살핀 바와 같이 '으'가 있는 형태와 '으'가 없는 형태를 모두 기저형으로 설정하는 방식도 매개 모음에 대한 음운론적 해석으로 충분히 고려할 수 있는 방법이다.

---

14) '으'와 '이'의 기능을 동일시하는 입장은 일찍부터 나타난다. 藥師寺知曨(1909)에서는 매개 모음에 대해 발음의 조화를 이루기 위해 폐음절 단어에 첨가하는 것이라고 하고 명사에는 '이', 동사나 형용사에는 '으'가 들어간다고 했다. 홍기문(1927)에서도 '이'와 '으'에 대해 음을 조화하기 위한 것 외에는 별다른 의미가 없다고 했다. 양주동(1939ㄴ)에서는 선행어의 말음에 따라 '이, 으'가 첨가되는 현상을 해음법(諧音法), 홍기문(1947)에서는 동형조(同形調)라고 부르고 있다.

15) 'ㄹ'은 모음이 아니지만 자음 중 모음에 가장 가까운 성격을 가지므로 충분히 모음과 함께 묶일 수 있다고 주장한다.

150

③ 용어 설명

'매개 모음'을 가리키는 용어들 중 가장 많은 것은 '조음, 조성 조사, 조음부, 소리 고루는 홀소리, 조음소, 고룸소리, 조성, 소리고룸, 조모음, 조성 모음, 조음사' 등과 같이 매개 모음의 기능에 초점을 둔 용어들이다. 모두가 소리를 고른다는 것으로 앞서 언급했듯이 자음 충돌을 해소하여 소리를 고르게 한다는 의미이다. 그 다음으로 많은 것은 '매개 모음, 중개 모음, 매개음, 연결 모음, 결합 모음, 사잇소리'와 같이 자음과 자음 사이에 끼어든다는 의미를 지닌 용어이다. 이것은 매개 모음이 첨가된다는 사실을 중시한 용어라고 할 수 있다. '삽입 모음, 개입 모음'도 이와 동일한데, 특히 첨가된다는 것을 직접 표현에 반영하고 있다.

이 외에 특이한 것으로 '보조 모음, 잠재 모음, 종성 어미, 말음 모음'이 있다. '보조 모음'은 '으'가 특별한 문법적 기능을 가지지 않고 소리를 고루는 보조적인 역할만 한다고 해석한 용어이다. '잠재 모음'은 '으'의 기저 표시에 자질 기하학(feature geometry)을 활용하여 뿌리 마디(root node)가 없도록 함으로써 나온 용어이다. 정상적인 음이라면 뿌리 마디가 있어야 하며 그것이 없는 매개 모음은 일종의 '잠재적'인 요소라는 것이다. '종성 어미'는 종성이 있는 형태소 뒤에서만 '으'가 나타난다는 의미를 담고 있다. '말음 모음'은 매개 모음 '으'가 어미가 아닌 어간에 속한다고 보고 어간의 마지막에 놓인 모음이라고 표현한 용어이다.

④ 관련 항목

복수 기저형, '으' 탈락, 첨가, 탈락

매개 자음

① 용어의 별칭

> 국어 조음[助音](新庄順貞 1918), 첨음[添音](新庄順貞 1918), 삽입 자음[揷入 子音](寺川喜四男 1950), 매개 자음[媒介 子音](이숭녕 1954ㄱ, 강길운 1956, 장태진 1963ㄱ), 기생음(허웅 1964, 송광희 1983), 결합 자음(류렬 1992, 백응진 1999), 결속 자음(백응진 1999)

② 개념 설명

넓게는 두 음 사이에 끼어드는 자음을 모두 지칭하고 좁게는 모음 충돌을 막기 위해 첨가되는 자음을 가리킨다. 현실적으로는 후자의 용법으로 많이 쓰인다. 그런데 후자의 경우 실제로는 자음만 포함하지 않고 반모음까지도 포함한다. 즉 모음 충돌 환경에서 첨가되는 비(非)-모음적인 음소를 매개 자음이라고 하는 것이다.

국어의 매개 자음으로 가장 흔히 드는 것은 '철수+아→철수야' 또는 '하+어→하여' 등에서 첨가되는 반모음 'j'이다. 이 외에 '붕어(鮒魚), 잉어(鯉魚)'와 같이 '魚'가 포함된 단어에서 덧붙는 연구개 비음 'ㅇ'도 매개 자음으로 보는 경우가 있다.[16] 극단적으로는 합성어 형성 과정에서 개입하는 사이시옷도 매개 자음으로 보는 입장이 있으나 그리 일반적이지는 않다. 매개 자음의 예로 드는 것들은 규칙적으로 첨가되는 반모음 'j'를 제외하면 단어에 따라 산발적으로 나타날 뿐이다. 그리고 반모음은 굳이 '매개 자음'이라는 이름으로 지칭할 필요도 별로 없다. 그래서 '매개 자음'이라는 개념은 현재 그다지 널리 활용되지는 않는다.

③ 용어 설명

'매개 자음'을 가리키는 용어에는 '매개 자음, 결합 자음, 결속 자음'과 같이 둘을 이어 준다는 의미를 담고 있는 것이 많다. 첨가되는 자음이 두 모음 사이에 놓여 있는 상태를 가리킨다고 할 수 있다. 비슷한 취지의 용어에는 '첨음, 삽입 자음, 기생음'도 있다. 이것은 첨가된 음이라는 의미를 직접 드러내고 있다.[17] 한편 '조음'은 모음이 인접하여 충돌하는 것을 막아서 발음을 돕는다는 의미를 담고 있다. 이처럼 표현하는 의미는 조금씩 다르지만 '매개 자음'을 가리키는 용어들은 대체로 자음이 첨가된다는 공통의 취지를 지닌다고 할 수 있다.

④ 관련 항목

모음 충돌, 모음 충돌 회피, 첨가

모라

① 용어의 별칭

국어 박[拍](日下部文夫 1962, 日本音聲學會 編 1976, 藤崎博也·杉藤美大子 1977, 김승한 1984, 강인선 1992, 권경근·박종승 2004), 모라(이기문 1963ㄱ, 김방한 1977, 전상범 1985ㄱ, 龜井孝 外 編 1996), 음백[音拍](日本音聲學會 編 1976, 이철수 1994, 강영숙 1995)

영어 mora

② 개념 설명

짧은 음절이 차지하는 시간의 길이를 가리킨다. 그래서 짧은 음절은 1개의 모라, 긴 음절은 2개

---

16) 그런데 '魚'는 예전 한자음이 '어'이다. 그래서 초성에 있는 연구개 비음 'ㅇ'이 '붕어', '잉어' 등의 첫 음절 종성에 흔적으로 남아 있을 뿐 첨가된 것은 아니라는 해석도 존재한다.

17) '기생음'에 대해서는 '첨가' 항목에서 다루고 있다.

의 모라로 이루어진다고 분석한다. 일본어의 경우 촉음 또는 발음(撥音)과 같은 자음적 성격의 음에도 모라를 부여하는 경우가 있다. 모라의 수는 음절의 길이뿐만 아니라 음절의 무게와 관련되기도 한다. 즉 운모가 두 개 이상의 모라로 이루어진 음절은 중음절(重音節)이 되어 하나의 모라로 이루어진 경음절(輕音節)과 대립되는 것이다.[18]

국어 음운론에서의 모라는 중세 국어 상성의 본질을 설명하거나 또는 고저 실현 양상을 설명할 때 언급된다. 가령 중세 국어의 상성이 장음으로 발달하는 것에 대해 평성과 거성의 복합 성조로 이루어져 있어서 2개의 모라를 지니고 있었기 때문이라는 해석이 현재 주류를 이룬다. 또한 일본인들에 의한 국어 고저 연구에서도 모라가 중요한 단위로 이용된다. 이것은 일본어 음운론에서 '모라'가 유용한 역할을 하기 때문이다. 그러나 국어 음운론에서 '모라'는 그다지 널리 활용된다고 할 수는 없다.

③ 용어 설명

'모라'는 외래어인 'mora'를 그대로 음역한 용어가 가장 일반적으로 쓰인다. '박'이나 '음박'은 모라와 결부된 시간 단위가 박자의 실현과 관련된다고 본 용어이다. 박자는 동일한 시간을 단위로 실현되므로 '모라'와 비슷하다.

④ 관련 항목

단모음², 단음, 장단, 장모음

모음

① 용어의 별칭

국어 자음[子音](寶迫繁勝 1880a, b), **모음[母音]**(山田美妙 1892, 주시경 1897, 島井 浩 1902, 최재익 1906, 이승교 1908, 安藤正次 1927), **중성[中聲]**(주시경 외 1907~1908, 박상준 1932, 심의린 1936), **단순음[單純音]**(최광옥 1908, 송헌석 1909, 임규 1912ㄴ), **웃듬소리**(주시경 1910ㄱ, ㄴ, 이규영 1913, 김원우 1922), **홀소리**(주시경 1913ㄱ, 김두봉 1916, 리필수 1923), **단음[單音]**(박중화 1914), **모운[母韻]**(임규 1912ㄴ, 박중화 1914, 日本音聲學會 編 1976), **자발음[自發音]**(강매 1921), **양음[陽音]**(이필수 1922), **양절[陽切]**(이필수 1922, 김희상 1927), **자명음[自鳴音]**(최현배 1927ㄷ, 安藤正次 1927), **중성음[中聲音]**(박승빈 1931), **열소리씨**(이탁 1932), **양음[良音]**(홍기문 1933), **개음소[開音素]**(이갑 1935), **어머니소리**(최현배 1937ㄴ), **양음[量音]**(幸田寧達 1941), **모음 음운[母音 音韻]**(有坂秀世 1940, 木坂千秋·郡同利男 譯 1957, 박창해 1963,

---

18) 음절 무게에 대해서는 '경음절'과 '중음절' 항목을 참고할 수 있다.

北村甫 1980), 모재[母字](이복용 1948), 가운댓소리(심의린 1949ㄱ), 모음 음소(服部四郎 1951, 유창식 1956, 黑川新一 譯 1958, 太田朗 1959, 서재극 1961, 柴田武 1962), 열소리(김선기 1968), 벌임소리(김선기 1972ㄱ), 벌임소리(김선기 1972ㄴ), 원음[元音](董同龢 1972, 日本音聲學會 編 1976, 공재석 1985), 가운데소리(고도흥 1998), 모음소(최명옥 2000, 김춘자 2006, 이금화 2006), 가락소리(서상규·박석준 2005)

영어 vowel

② 개념 설명

분절음 중에서 공기의 흐름이 방해를 받지 않으며 홀로 음절의 중성 역할을 할 수 있는 음의 부류를 가리킨다. 조음체와 조음점 사이의 간격이 넓기 때문에 발음할 때 기류가 장애를 받지 않고 통과할 수 있으며 울림이 크기 때문에 음절에서 중성으로 쓰일 수 있다. 음향 음성학적으로는 소리의 파동이 규칙적이라는 특징을 지닌다.[19] 이러한 모음의 특징은 자음과는 완전히 상반되는 모습을 보인다.[20]

모음은 여러 가지 기준에 의해 분류할 수 있다. 가장 흔한 분류 방식은 모음의 구성 요소 수에 따라 단모음(單母音)과 중모음(重母音)을 구분하는 것이다. 단모음은 하나의 음소로 이루어졌으며 발음할 때 입의 모양이나 혀의 위치가 바뀌지 않는다. 반면 중모음은 둘 이상의 음소로 이루어졌으며 따라서 발음할 때 입의 모양이나 혀의 위치가 바뀐다. 모음의 장단에 따라서는 길이가 긴 장모음과 길이가 짧은 단모음(短母音)을 구분한다. 또한 비강으로 공기가 흐르지 않는 구강 모음과 비강으로도 공기가 흐르는 비모음을 나누기도 한다. 이 외에 그리 일반화되어 있지는 않지만 같은 음절 내의 종성 유무에 따라 자유 모음(自由 母音, free vowel)과 억지 모음(抑止 母音, checked vowel)을 구분하기도 한다.[21] 자유 모음은 종성이 없는 음절의 모음으로 개음절에 있는 모음이라고 할 수 있고 억지 모음은 종성이 있는 음절의 모음으로 폐음절에 있는 모음이라고 할 수 있다.[22]

③ 용어 설명

'모음'을 가리키는 용어는 종류도 다양하고 성격도 상당히 이질적이다.

---

19) 파동이 규칙적인 소리를 음향학에서는 '악음(樂音, musical sound)'이라고 부른다. 자세한 것은 '악음' 항목을 참고할 수 있다.

20) '자음'과 '자음류(contoid)'를 구분하는 것과 동일하게 '모음'과 '모음류(vocoid)'를 구분하기도 한다. 즉 미국 구조주의 음운론에서는 음절 중성의 역할을 하는가와 같은 음운론적 측면은 배제하고, 기류가 장애를 받지 않으며 소리의 파동이 규칙적이라는 음성학적 측면만 고려하여 이 기준을 충족하는 소리들은 모두 '모음류'라고 했던 것이다. 모음과 모음류를 구분하면 반모음의 처리에서 유리한 측면이 있다. 반모음은 모음과 매우 유사함에도 불구하고 이 둘을 묶을 만한 개념이 마땅치 않다. 만약 모음류를 설정하면 기존의 모음과 반모음을 모두 모음류로 묶을 수 있다. 여기에는 반모음과 모음의 차이가 오로지 음운론적 기능, 즉 중성 자격의 유무에만 있으므로 음성학적으로 동일하게 볼 수 있다는 사고가 들어 있다. '모음류'를 가리키는 용어에는 '모음류[母音類](服部四郎 1951, 太田朗 1959, 전상범 1977ㄴ, 황희영 1979), 음성학적 모음(金田一春彦 1967, 황희영 1979, 이정민·배영남 1987), 모성[母聲](정연찬 1968), 모음성(이광호 1978), 목홀소리(황희영 1979), 모음상음[母音狀音](竹林滋·橫山一郎 譯 1970, 筧壽雄·今井邦彦 1971), 음성적 모음(문양수 1988), 모음적인 소리(김차균 1992ㄷ)' 등이 있다.

21) '억지 모음'은 '구속 모음[拘束 母音](이은정 2005), 억제 모음[抑制 母音](이영길 1983)'이라고 부르기도 한다.

22) 개음절과 폐음절을 각각 'free syllable, unchecked syllable'과 'checked syllable'이라고 부르기도 하는 것은 이와 관련된다.

(가) 자음, 모음, 모운, 어머니소리, 모자

(나) 단순음, 양음(陽音), 양절(陽切), 열소리씨, 개음소, 열소리, 벌임소리

(다) 홀소리, 자발음, 자명음

(라) 중성, 중성음, 가운뎃소리, 가운데소리

(마) 웃듬소리, 원음

(바) 단음(單音), 양음(量音), 가락소리

(가)는 '자(子)' 또는 '모(母)'와 같이 모음의 음성적 특징과는 무관하게 인륜 관계를 가지고 '모음'을 지칭하는 용어들이다.[23] 대체로 모음은 '모(母)'에 속한다고 보지만 특이하게도 寶迫繁勝(1880a, b)에서는 '자(子)'에 속한다고 해서 정반대의 태도를 보인다. 아무튼 모음을 인륜 관계에 빗대어 나타내는 용어의 사용이 매우 오래 된 것임을 잘 말해 주고 있다.[24] 한편 '모음 음운, 모음 음소, 모음소'는 음운으로서의 지위를 강조한 용어이다. '모음'이라고만 하면 이것은 음성에 불과한 것이므로 음성으로서의 모음과 음운으로서의 모음을 용어에서 구별하고자 한 것이다.[25]

(나)는 모음을 발음할 때 공기의 흐름이 방해를 받지 않는다는 음성학적 특징을 고스란히 담고 있다. '단순음'은 방해를 받지 않고 단순하게 난다는 의미이다. '양음, 양절'은 모두 '양(陽)'이 공통적으로 들어 있는데 '양(陽)'과 음성학적 특징 사이의 명확한 관련성은 알 수 없으나 이 용어를 사용한 논의들에서는 모음에 대해 공기의 방해 작용이 없다고 설명하고 있다.[26] '열소리씨, 개음소, 열소리, 벌임소리'는 조음점과 조음체 사이의 간격이 넓어서 공기의 흐름이 방해를 받지 않는다는 사실을 직접 드러내고 있다.

(다)~(마)는 모음의 음성학적 특징보다는 음운론적 쓰임새에 더 초점을 맞추었다고 할 수 있다. 이 중 (다)가 모음의 특성을 가장 명료하게 드러낸다. 즉 (다)는 모음이 홀로 발음될 수 있다는 사실을 용어에서 직접 알게 해 주는 것이다. (라)는 모음이 음절의 중성 역할을 한다는 점을 가리킨다.[27] 이는 『훈민정음』 이래로 오랜 기간 쓰여 온 용어이다. (마)는 모음이 홀로 발음되며 음절의 중성 역할을 하므로 소리의 으뜸이라고 표현한 것이다. '원음'은 중국에서 주로 사용하는 용이이다.

(바)는 그 성격이 다른 용어와 완전히 다르고 그다지 일반화되지도 않은 용어이다. 단음(單音)은 일본어 문법을 설명할 때 사용한 용어이다. 예전의 일본 문법에서는 50음도에 속하는 음절 유형 중 모음으로만 된 것을 단음(單音) 또는 청음(淸音)이라고 보는 입장이 존재했는데 여기서 모음을 단음

---

[23] 주시경(1910ㄴ)에서는 '모음'이라는 용어도 스스로 발음된다는 특징을 감안하여 중국과 일본에서 사용하는 용어라고 했는데, 여기에 따르면 '모음'은 (다) 계열과 비슷해진다.

[24] 주시경 외(1907~1908)에서는 '자음, 모음'과 같은 용어들은 100년 이래로 쓰이고 있다고 했다. 또한 日本音聲學會 編(1976)에서는 메이지(明治) 시대에 서구에서 들어온 문법 용어를 번안하면서 처음에는 '자운, 모운'이 많이 쓰이다가 그 이후 '자음, 모음'으로 굳어졌다고 했다.

[25] 이러한 태도는 음성학적 측면을 고려하는 '모음류(contoid)'와 음운론적 기능까지 고려하는 '모음(vowel)'의 구분을 연상시킨다.

[26] '양음, 양절'을 사용하는 논의에서는 모음에 반대되는 자음에 대해서는 '음음(陰音), 음절(陰切)'이라는 용어를 사용한다. 자음과 모음의 대립을 '음양'에 빗대어 용어로 표현하고 있다.

[27] 박승빈(1931)의 '중성음'은 『훈민정음』의 중성에 대한 설명 부분을 활용한 것으로 가령 'ᆞ 如吞字中聲'의 마지막 부분인 '중성'에 '음'을 더 결합한 것이다. 박승빈(1931)에서는 자음은 '발성음'이라고 하는데 이는 『훈민정음』의 초성에 대한 설명 부분을 활용한 것으로 가령 'ㄱ 如君字初發聲'에서 마지막의 '발성'에 '음'을 덧붙인 것이다.

이라고 부르는 입장이 나왔다고 할 수 있다. '양음(量音)'은 幸田寧達(1941)에서 세상의 만물을 '질량(質量)'의 불가분 관계로 인식하여 모음은 '양음', 자음은 '질음(質音)'이라고 부른 데에서 나온 용어이다. '가락소리'는 모음에 장단, 고저, 강약 등의 운소가 얹힐 수 있다는 사실을 감안한 용어라고 할 수 있다. 한편 이상과 별개로 日本音聲學會 編(1976)에 따르면 실담 문자를 담고 있는 「悉曇字記」에는 모음을 '체문(体文)'이라고 부른다고 하는데 정확한 의미는 알 수 없다.

④ 관련 항목

분절음, 음소, 자음¹

모음 교체

① 용어의 별칭

> **국어** 모음의 교체(小林英夫 1935), 모음의 전환[轉換](장지영 1937), 모음적 음운 교체(泉井久之助 譯 1937), 모음 교체[交替](이숭녕 1949ㄴ, 김방한 1964, 田中春美 外 1975, 日本音聲學會 編 1976, 이현희 1987, 龜井孝 外 編 1996), 모음 대응법[母音 對應法](김형규 1963), 전모음[轉母音](日本音聲學會 編 1976), 모음의 바꿈(김민수 1978ㄱ), 모음 전환[母音 轉換](신문자 1980, 이기문 외 1984, 조성식 편 1990), 내부 굴절[內部 屈折](이기문 외 1984), 모음 변이(안우구 1985, 국립국어연구원 1995, 이동국 2005), 음모 변차(전상범 1987), 모음 전이(조성식 편 1990), 모음 바꿈(류렬 1992), 모음 변차(국립국어연구원 1995)
>
> **영어** ablaut, gradation, vocalic alternation, apophony[28]

② 개념 설명

모음을 변화시켜 문법적 기능을 표시하는 현상을 가리킨다. 즉 어간이나 어근의 모음이 바뀌면서 그에 따라 문법적 기능도 달라지는 것이다.[29] 굴절어에 속하는 언어에서 주로 나타난다. 모음 교체는 음질의 교체와 음량의 교체를 구분하는 경우가 많다.[30] 음질의 교체는 모음을 다른 모음으로 바꾸는 것이고 음량의 교체는 장단, 고저, 강약과 같은 운소를 바꾸는 것이다.[31] 이 중 모음 교체에서 논의의 초점은 음질의 교체에 맞추어져 왔다. 운소의 변동은 모음 교체라고 보기 어렵다는 점을 고려하면 이것은 당연한 결과이다.

모음 교체는 그 개념상 교착어에 속하는 국어에 사용하기는 곤란하다. 그런데 국어의 경우에는

---

28) 'apophony'는 독일어인 'ablaut'를 직역한 프랑스어 'apophonie'를 다시 영어화한 술어라고 한다.
29) 모음 교체가 일어나기 전의 원래 모음을 신명균(1928ㄴ)에서는 '근모음(根母音)'이라고 부르기도 했다.
30) 이정민·배영남(1987)에서는 음질의 교체를 'apophony', 음량의 교체를 'metaphony'라고 부른다고 했다. 그러나 'apophony'는 음질의 교체에만 국한되지 않고 모음 교체 전체를 가리키는 데에도 쓰일 수 있다.
31) 일반적으로 '음량'은 장단만을 지칭하므로 '고저, 강약'까지 포괄하기 위해서는 '음량의 교체'라는 표현을 수정할 필요가 있다.

원래의 개념에서 벗어나는 현상을 모음 교체라고 부르기도 한다. 모음 조화에서 대립되는 모음들에 의해 어휘가 분화되는 현상을 모음 교체라고 하는 경우가 있는 것이다.[32] '퐁당퐁당~풍덩풍덩, 촐랑촐랑~출렁출렁' 등과 같은 의성·의태어는 물론이고 '얇다~엷다, 하얗다~허옇다' 등의 일반 어휘에 이르기까지 이러한 예는 상당히 많다. 이처럼 모음을 바꾸어 어휘를 분화하는 것은 '음상' 이라고 부르는 현상이다.[33] 아무튼 이러한 어휘 분화에 이용되는 모음들은 모음 조화에서 서로 대립하는 부류에 속하는 경우가 대부분이다. 그러나 정인호(2013)에서는 방언에서 보이는 '쪼까~쬐까, 후딱~휘딱, 말짱하다~맬짱하다' 등을 근거로 '전설 모음'과 '후설 모음'의 대립을 활용한 어휘 분화도 존재한다고 했다.[34]

③ 용어 설명

'모음 교체'를 나타내는 용어는 '내부 굴절'을 제외하면 모두 모음이 바뀐다는 사실을 표현하고 있다. 모음 교체가 담당하는 문법적 기능은 고려하지 않고 단지 모음이 변한다는 결과만을 고려하고 있다. '내부 굴절'은 모음의 교체가 굴절(inflection)과 관련되며 한 단어 내부의 변화임을 나타낸 것이다. 이 용어는 'ablaut'의 개념을 의역한 것이라고 할 수 있다.

④ 관련 항목

단모음¹, 모음, 음상

모음 동화

① 용어의 별칭

| 국어 | 모음 동화[母音 同化](前間恭作 1909, 이숭녕 1939ㄴ, 고영근 1966, 배주채 1996ㄱ), 홀소리의 닮음(최현배 1929), 홀소리 어울림(허웅·박지홍 1971), 홀소리 닮음(박정수 1999), 같은 홀소리 되기(박정수 1999), 모음소 동화[母音素 同化](하신영 2010) |
| 영어 | vowel assimilation |

② 개념 설명

동화 현상 중 피동화음이 모음인 음운 현상을 포괄하는 개념이다. 동화음이 모음인 경우와 자음

---

32) 이러한 용법의 '모음 교체'는 'ablaut'에 대응한다고 보기는 어렵다.
33) 박은용(1959ㄱ)에서는 이것을 '모음 상징'이라고 했다. 이병근(2000)에서는 이러한 단어의 분화를 가리켜 '음성 상징에 의해 모음 교체를 보인 내적 파생'이라고 설명했다. 자세한 내용은 '음상' 항목을 참고할 수 있다.
34) 모음 조화는 현대 국어 이전 시기의 단모음 체계와 관련되고 전설 모음과 후설 모음의 대립은 현대 국어의 단모음 체계와 관련된다는 점에서, 이 두 가지 방식의 어휘 분화는 근본적으로 단모음 체계에서의 모음 대립을 활용한다는 공통점을 가진다.

인 경우로 세분할 수 있다. 국어의 모음 동화로 다루어져 온 현상에는 여러 가지가 있다.

> (가) 모음 조화 예 막+아⇔먹+어, 꼬+아⇔꾸+어
> (나) '이' 모음 역행 동화 예 아비>애비, 어미>에미
> (다) '이' 모음 순행 동화 예 피+어→피여, 되+어→되여, 뛰+어→뛰여
> (라) 전설 모음화 예 아츰>아침, 즐다>질다
> (마) 원순 모음화 예 믈>물, 블>불
> (바) 모음의 완전 순행 동화 예 깨+어→깨:, 패+어→패:
> (사) 간음화 예 사이>새:, 오이>외:

(가)~(사)에 속하는 모음 동화 중 (나)와 (다)는 '이 모음 동화'로 묶기도 한다.[35] 또한 (라)와 (마)는 동화주가 모음이 아닌 자음이라는 점에서 나머지와 구분된다. (다)는 반모음이 첨가되었다는 점, (사)는 모음이 축약되었다는 점에서 이 둘은 전형적인 동화의 예로서는 적절하지 않다.[36] (가)~(사)에 속하는 현상들은 모두 별개의 항목으로 설정되어 있으므로 구체적인 설명은 생략하기로 한다.

③ 용어 설명

'모음 동화'를 가리키는 용어들은 대부분 모음이 동화된다는 의미를 담고 있다. 다만 '같은 홀소리 되기'는 모음 동화와 비슷해 보이나 모음 동화 중 완전 동화에 속하는 유형만 가리키므로 '모음 동화'와 동일시하기는 어렵다. (가)~(사)에서 보듯 완전 동화가 아닌 모음 동화도 존재하고 있다.

④ 관련 항목

동화, 모음의 완전 순행 동화, 모음 조화

---

[35] '이' 모음 순행 동화와 '이' 모음 역행 동화를 '이' 모음 동화로 묶는 것은 이희승(1955)에서 비롯되었다. '이' 모음 동화는 "'이' 모음의 동화(이희승 1955), '이' 닮음(정인승 1956ㄴ), '이' 동화(정인승 1956ㄴ), 홀소리의 'ㅣ' 닮음(정인승 1956ㄴ), 'ㅣ' 모음화(한국국어교육연구회 1964ㄴ), 'ㅣ' 모음 동화(김형규 1961, 한국국어교육연구회 1964ㄴ), 'ㅣ' 홀소리 닮음(이은정 1969, 김영선 1997)' 등으로도 불린다.

[36] 전형적인 동화는 음소의 수에 변동을 초래하지 않는 대치에 속한다. 탈락, 첨가, 축약과 같이 음소 수가 바뀌는 음운 현상은 동화로 보기에 부담스러운 측면이 있다. 자세한 것은 동화 항목에서 다루고 있다.

모음의 완전 순행 동화

① 용어의 별칭

국어 동모음화(이병선 1971), 완전 순행 동화(최명옥 1976ㄴ, 신승원 1982, 최중호 1984), 완전 동화(최명옥 1976ㄴ, 윤병택 1987, 정철 1991), 모음 완전 동화(오종갑 1978ㄱ, 배주채 1996ㄱ, 성인출 1998), 순행적인 완전 모음 동화(이병근 1978), 모음 순행 동화(이동화 1984ㄱ, 전상희 1987, 이시진 1991ㄴ), 어미의 두모음[頭母音] 동화 현상(정철 1991), 모음의 완전 순행 동화(백두현 1992ㄴ, 이진호 2002), 같은 홀소리 되기(이근열 1997ㄴ), 홀소리 완전 순행 동화(이근열 1997ㄴ), 모음 완전 순행 동화(성인출 1998, 김한별 2013), 홀소리 완전 내리 닮기(박정수 1999), 완전 내리 닮기(박정수 1999), 모음 순행 동화(김봉국 2001, 소신애 2005), 완전 순행 동모화(최명옥 2006ㄴ), 모음 동화(이상신 2007ㄱ), 순행적인 완전 모음 동화(정의향 2008), 순행 완전 동화(박숙희 2010), 모음간 완전 순행 동화(신중진 2010)

② 개념 설명

선행하는 모음이 동화음이 되어 후행하는 모음을 동일한 모음으로 바꾸는 음운 현상을 가리킨다. 모음의 완전 순행 동화에 속하는 음운 현상은 여러 가지가 있다.

(가) 깨+어도→깨:도, 채+어서→채:서, 떼:+어서→떼:서, 보채+어서→보채서

(나) 놓+으면→노으면~노:면, 쌓+으니→싸으니~싸:니

(다) 끼+어도→끼:도, 비+어서→비:서, 잡히+어서→잡히서

(라) 쏘+아도→쏘:도, 두+어서→두:서

(마) 방+에서→바:서, 바닥+에서→바다:서, 일터+에서→일터:서

(가)는 대부분의 방언에서 일어나는 대표적인 모음의 완전 순행 동화이다. 어미의 모음이 안 보이기 때문에 모음 탈락이라고 설명하기도 한다. 그러나 표면에 장모음이 실현되는 것을 단순한 모음 탈락으로는 설명할 수 없으므로[37] 모음 동화가 일어났다고 해석한다.[38] 그럴 경우 모음 동화에 의해 동일한 단모음이 인접하고 이것이 하나의 장모음으로 실현된다고 보아야 한다.[39] 2음절 이상 어간의 경우 장모음이 나타나지 않는 것은 장모음이 비어두에서 실현될 수 없는 분포 제약으로 설

---

[37] '으' 탈락이나 동일 모음 탈락을 보면 모음이 탈락한다고 해서 표면에 장모음이 실현되는 것은 아님을 알 수 있다.

[38] 모음 탈락을 주장하는 입장에서는 (가)의 장모음에 대해 어간 기저형의 장모음이 그대로 실현된 것일 뿐이라고 본다. 또한 '새-, 채-, 패-'와 같이 어간의 모음이 단모음(短母音)일 경우에는 (가)의 환경에서 장모음이 나타나지 않고 단모음으로 나타난다고 지적한다. 그러나 현실 발음을 조사해 보면 어간의 모음 길이가 짧은 어간들도 (가)의 환경에서 장모음으로 실현되고 있다는 점에서 (가)의 장모음을 모두 어간 기저형의 장모음과 결부시킬 수는 없어 보인다.

[39] 모음 동화에 의해 만들어진 동일 모음의 연쇄를 고광모(1991)에서는 '중첩 모음'이라고 부르고 있다. 그런데 이러한 동일 모음 연쇄가 하나의 장모음으로 실현되는 과정에 대해서는 지금까지 심각하게 고민한 적이 별로 없다. 단순한 '모음 축약'이라고 해석하기도 하지만 동일 모음 연쇄가 하나의 장모음으로 바뀌었다고 해서 모음의 종류가 달라진 것은 아니므로 모음 축약이 일어났다고 단정하기는 어렵다.

명이 가능하다. (가)에서의 모음 동화는 필수적인 현상은 아니어서 반모음 첨가가 대신 적용되기도 한다. (나)는 'ㅎ'으로 끝나는 어간 뒤에 '으'로 시작하는 어미가 올 때 'ㅎ'이 탈락한 후 수의적으로 어미의 두음 '으'가 어간 모음에 동화되는 경우이다. 표준 발음으로는 'ㅎ'이 탈락한 것만 인정하지만 자연 발화에서는 모음이 동화된 형태도 나타난다.

(가), (나)와 달리 (다)~(마)는 동남 방언에서 주로 나타난다. (다)는 '이'로 끝나는 어간 뒤에서 일어나는 예이며, 1음절 어간과 2음절 이상 어간의 경우 장단의 실현에서 차이가 난다. 이것은 (가)와 마찬가지로 장모음의 분포 제약과 관련된다.[40] (라)는 어간의 모음이 '오, 우'와 같은 후설 원순 모음인 경우이다. 이런 경우 다른 방언에서는 주로 반모음화가 일어나지만 동남 방언 중 일부는 모음의 완전 순행 동화에 해당하는 현상이 적용된다. (마)는 (가)~(라)와 달리 체언 뒤에 결합하는 조사에 모음 동화가 적용되었다는 점, 2음절 이하에서도 장모음이 실현되고 있다는 점 등이 특징이다.[41] 이 외에 이병선(1971)에서는 '싸홈>싸암(鬪), 묵어라→무:라(食)'와 같이 산발적으로 일어나는 예들도 모음의 완전 순행 동화로 보고 있다.

③ 용어 설명

'모음의 완전 순행 동화'를 가리키는 용어들은 숫자에 비해 질적 다양성은 별로 보이지 않는다. 대체로 '모음, 순행 동화'라는 표현을 담고 있으며 모음과 모음 사이에서 일어나는 완전 순행 동화라는 의미를 잘 반영하고 있다. 다만 개별 표현들의 배열 순서에서 차이가 나고 있다.

④ 관련 항목

동화, 모음 동화, 순행 동화, 완전 동화

모음 조화

① 용어의 별칭

국어 협운법[協韻法](小倉進平 1915), 모음 조화[母音 調和](안확 1922, 小倉進平 1923, 최현배 1927ㄴ, 金田一京助 1932, 박승빈 1935ㄱ, 龜井孝 外 編 1996), 음태[音態](천민자 1926), 홀소리 고름(최현배 1928ㄴ, 박종우 1946, 심의린 1949ㄱ), 중성 조화 법칙[中聲 調和 法則](박승빈 1931, 심의린 1949ㄱ), 중성음의 조화(박승빈 1931), 홀소리

---

40) 엄밀히 말하면 동남 방언의 경우 고저 악센트가 존재하므로 장단이 아닌 고저 악센트의 관점에서 1음절 어간과 2음절 어간이 어떻게 다른지 기술해야 한다. 다만 방언에 따라 고저 실현이 조금씩 다르므로 여기서는 편의상 장단으로 치환하여 나타낸다. (다)가 나타나는 방언에서 장단은 비록 잉여적이지만 완전 순행 동화가 적용되었을 때 어간의 음절 수에 따라 모음의 장단 실현 양상이 다르다.

41) 논의에 따라서는 부사격 조사의 첫 음절 모음을 '에'가 아닌 '아' 또는 '어'로 설정하기도 한다. 그럴 경우에는 (마)는 모음의 완전 순행 동화로 보기 어렵다. 이와 관련된 논의는 이상신(2007)을 참고할 수 있다.

조화 법측(김윤경 1932ㄱ), 모음의 조화(장지영 1930, 신명균 1933ㄱ, 이영철 1948), 홀소리의 조화(이윤재 1933ㄴ, 이영철 1948), 홀소리의 고름(이극로 1934), 모음 동화(최현배 1934ㄱ), 중성음 조화의 법칙(박승빈 1935ㄱ), 양음 [量音]의 양성[兩性] 원리(幸田寧達 1941), 모음 협화[母音 協化](新村出 1943), 홀소리 고룸(유재헌 1947, 심의린 1949ㄴ), 모음조[母音調](홍기문 1947), 홀소리의 고롬(김윤경 1948ㄱ), 홀소리 어울림(장하일 1949, 이인모 1949, 정인승 1949ㄱ), 모음 대응법[母音 對應法](김형규 1961ㄱ), 벌임소리 고롬(김선기 1972ㄱ), 끼리끼리 어울림 (김선기 1972ㄱ), 원음 조해[元音 和諧](日本音聲學會 編 1976), 협운[協韻](日本音聲學會 編 1976), 모음의 어울림 (이현복 1991)

[영어] vowel harmony, vocal harmony

② 개념 설명

한 단어 내에서 동일한 특성을 공유한 모음들끼리 어울려 나타나는 현상을 가리킨다. 모음 조화 는 크게 두 가지 측면에서 확인이 가능하다. 하나는 한 형태소를 구성하는 모음들이 모음 조화를 따르는 것이다. 한 단어 내에서 모음 조화가 유지되려면 동일한 형태소 안의 모음들이 모음 조화를 지키는 것은 일차적인 기본 전제이다. 다른 하나는 어휘 형태소 뒤에 문법 형태소가 결합할 때 모 음 조화에 따라 문법 형태소의 이형태가 선택되는 것이다.[42] 즉 어휘 형태소의 모음 종류에 따라 문법 형태소의 모음이 결정되는 것이다.[43] 이때에는 모음 조화가 공시적인 음운 현상으로서 작용하 게 된다.[44] 일반적으로 모음 조화는 후자를 지칭하는 경우가 많다.[45] 이 밖에 국어의 경우에는 모 음 조화가 어휘의 분화에도 관여한다. 모음 조화에서 대립하는 모음들을 활용하여 어휘를 늘려 가 는 사례가 많이 존재한다.[46] 아무튼 모음 조화는 국어를 알타이 어족으로 분류하려는 입장에서는 매우 중요한 특징으로 다루고 있다.

모음 조화에서 같은 성격을 지니면서 한 부류를 이루는 모음들을 조화군(harmonic class)이라고 한 다.[47] 세계의 여러 언어들을 보면 모음 조화에서의 조화군들이 공유하는 음운론적 특성으로는 여 러 가지가 존재한다. 혀의 전후 위치에 따라 '전설 모음'과 '후설 모음'이 조화군으로 작용하기도 하고 혀의 수축 여부에 따라 설근 전진(advanced tongue root) 또는 설근 수축(retracted tongue root)이 조화군 형성에 작용하기도 한다. 이 외에 혀의 높낮이, 입술 모양 등에 따라 조화군이 결정되기도

---

42) 이것을 달리 말하면 합성어와 같이 어휘 형태소끼리 결합하는 경우에는 모음 조화가 적용되지 않는다.
43) 송향근(1993)에서는 모음 조화의 양상을 결정하는 형태소를 조정 형태소(controlling morpheme), 모음 조화의 적용을 받는 형 태소를 피조정 형태소(controlled morpheme)라고 하였다. 여기에 따르면 어간은 조정 형태소이고 그 뒤에 오는 문법 형태소는 피조정 형태소가 된다.
44) 정도상(1997)에서는 형태소 내부에서의 모음 조화를 '형태소 조화' 또는 '내부 조화'라고 하고 형태소 경계 사이에서의 모음 조화를 '접사 조화'라고 지칭하고 있다.
45) 모음 조화의 정의를 보면 어근이나 어간의 모음이 후행하는 문법 형태소에 영향을 끼쳐 동일한 계열의 모음을 선택하도록 하는 현상이라고 규정하는 경우가 많은데 이것은 모두 모음 조화를 음운 현상의 하나로 국한한 데에서 비롯되었다. 이런 입장 을 따를 경우 모음 조화는 모음 동화이자 순행 동화에 속하게 된다. 그런데 사실은 형태소 내부의 모음 구성이야말로 모음 조화가 적용되는 가장 기본적인 영역이다.
46) 여기에 대해서는 '음상' 항목을 참고할 수 있다.
47) '조화군'은 넓게 보면 '자연 부류(natural class)'의 일종이라고 할 수 있다.

한다. 이러한 여러 특징 중 어떤 것이 작용하느냐에 따라 수직적 조화, 수평적 조화, 사선적 조화, 설근 조화, 순적(脣的) 조화 등을 구분하기도 한다. 국어의 경우 조화군이 지니는 음운론적 특징을 규정하기가 다소 어려운데 여기에 대해서는 후술하기로 한다.

조화군이 지니는 음운론적 공통점 못지않게 조화군에 속하는 모음 부류를 지칭하는 용어도 다양하다. 모음 조화에서의 조화군은 두 부류가 존재하며 이들은 서로 반대되는 성격을 지니기 때문에 조화군을 지칭하는 용어도 대립 관계를 잘 표현하는 것으로 선택된다. 국어 음운론에서 가장 널리 쓰이는 것은 '음양'의 이치를 고려한 '양성 모음'과 '음성 모음'이다. 그래서 국어의 모음 조화를 '양성 모음은 양성 모음끼리, 음성 모음은 음성 모음끼리 어울리는 현상'이라고 정의하는 경우도 많다. 이처럼 '음양'의 대립을 많이 활용하는 이유는 『훈민정음』에서 역학의 음양 원리를 활용하여 모음 조화에 참여하는 모음들의 특성을 설명했기 때문이다. 그런데 '음양' 이외에도 조화군의 대립을 설명하는 용어는 많다. 가령 '남녀(男女), 농담(濃淡), 강약(强弱), 갑을(甲乙), 명암(明暗), 우열(優劣), 표리(表裏)' 등 매우 다양한 개념들이 지금까지 제시된 바 있다.[48]

국어의 모음 조화는 20세기 초반부터 언급되기 시작하였는데 그 출발은 일본인들에 의해 이루어졌다. 前間恭作(1909)에서는 어미의 두음 '어'가 어간의 모음에 동화되어 '아'가 된다고 기술한 바 있으며, 藥師寺知曨(1909)에서는 어간 모음이 '아, ᄋ, 야, 오, 요'일 때는 어미가 '아, 앗, 아라'로 실현되고 어간 모음이 '어, 여, 우, 유, 으, 이'일 때는 '어, 엇, 어라'로 실현된다는 사실을 지적하고 있다. 비록 이것은 '모음 조화'라는 독립된 음운 현상으로 인식하지는 못했더라도 자료에 대한 관찰은 하고 있었음을 말해 준다.[49] 언어 자료에 대한 파악은 이규영(1920)이나 안 확(1922)와 같이 국내 학자들에 의해서도 이루어졌다.

이러한 현상을 '모음 조화'라고 정확히 명명한 것은 일본인 학자인 小倉進平이 최초이다. 小倉進平(1923, 1929ㄱ)에서는 일반 언어학적으로 다른 언어에서 나타나는 모음 조화와 동질적인 현상임을 확인하고 국어의 모음 조화가 어떤 환경에서 작용하는지를 자세히 다루었다. 비록 세부적인 측면에서 미흡한 점이 없지는 않으나 국어의 모음 조화가 확고한 하나의 음운 현상으로 정착하는 데 큰 기여를 한 것은 사실이다.[50]

그런데 비록 '모음 조화'라는 표현을 사용하지만 않았을 뿐 국어의 모음 조화에 대한 매우 치밀하고 이론적인 분석이 천민자(1926)에서 이루어진 바 있다. 천민자(1926)은 무모하다고 판단될 만큼 매우 인위적인 모음 체계를 설정하고 그 대립 관계를 논의하고 있다. 국어의 단모음(單母音)을 12개로 설정하며[51] 12개의 모음은 모음 조화에 따라 6개의 대립쌍으로 묶는다.[52] 즉 '아 ⇔ 어', '오 ⇔ 우', 'ᄋ⇔으', '애 ⇔ 에', '외⇔위', '이⇔이'와 같이 대립하는 모음들끼리 묶고 각각에 명칭까지

---

48) 모음 조화에서의 조화군을 지칭하는 다양한 용어들은 '양성 모음'과 '음성 모음' 항목에 제시되어 있다.
49) 藥師寺知曨(1909)에서는 두 부류의 모음을 각각 갑성(甲性)과 을성(乙性)이라고 하기도 했다.
50) 小倉進平의 모음 조화 연구가 지니는 문제점은 이후 이숭녕(1946, 1949ㄴ)을 거치면서 수정되기에 이른다.
51) 12개의 단모음은 기존의 10모음 체계에 'ᄋ'와 '이'가 더 추가된 것이다. 12개의 단모음은 혀의 전후 위치에 따라 두 부류, 혀의 높낮이에 따라 세 부류, 입술 모양에 따라 두 부류로 나뉜다. 현대 국어의 일반적인 단모음 체계와 거의 흡사하되 원순 저모음으로 'ᄋ'와 '이'가 설정되어 있어 모음 체계상 빈칸이 전혀 존재하지 않는다.
52) 그래서 천민자(1926)의 체계에서는 중성 모음이 존재하지 않는다.

부여하는 것이다.[53] 또한 양성 모음에 해당하는 것은 '이태음(裏態音)', 음성 모음에 해당하는 것은 '표태음(表態音)'이라고 하여 '표리'의 대립으로 조화군들을 표현했다.

앞서도 언급했듯이 국어의 모음 조화는 양성 모음과 음성 모음이 대립하는 방식으로 이루어지고 있다. 현대 국어의 경우 양성 모음에는 '아, 오'가, 음성 모음에는 나머지 단모음들이 속해 있다.[54] 그런데 현대 국어의 모음 조화는 그 세력이 매우 약화되어 있다.[55] 형태소 내부의 모음 구성에서는 모음 조화가 거의 지켜지지 않으며 용언 어간 뒤에 문법 형태소가 오는 경우에만 모음 조화가 작용한다. 그나마도 '아/어'로 시작하는 어미의 두음을 '아' 또는 '어'로 선택하는 데에만 모음 조화가 관여할 따름이다. 자음으로 시작하는 어미를 포함한 다른 어미에는 일절 모음 조화가 적용되지 않는다.

그뿐만 아니라 어미의 두음을 선택하는 경우에도 예외가 적지 않게 존재한다. 가령 '살아, 아파' 대신 '살어, 아퍼'가 나타나는 데에서 알 수 있듯이 모음 조화를 따르지 않는 사례가 상당하다.[56] 그래서 모음 조화를 공시적 음운 규칙으로 인정하지 않는 경우도 있다. 또한 음운 규칙으로 인정하더라도 이미 모음 조화라고 부를 만한 성격은 아니라고 보고 '모음 조화'라는 용어 대신 '어미 '아'의 교체' 또는 '어미 '아/어'의 교체'라는 용어를 사용하기도 한다.[57]

현대 국어의 모음 조화가 미약한 세력을 가지고 있다는 점은 다른 측면에서도 드러난다. 가령 양성 모음 또는 음성 모음들이 공유하는 음운론적 특성을 찾을 수가 없다. 정상적인 모음 조화라면 같은 부류로 묶이는 모음들이 음운론적 공통점을 가져야 하지만 현대 국어는 그렇지 않은 것이다. 양성 모음에 비해 음성 모음이 지나치게 많은 것도 모음 조화의 약화와 무관하지 않다. 모음 조화는 대립하는 두 부류의 모음 개수가 같거나 비슷할 때 제대로 작용을 하는데 현재는 음성 모음이 양성 모음에 비해 수적으로 월등한 상황이다.

이처럼 현대 국어의 모음 조화가 세력을 잃게 된 데에는 여러 가지 요인이 복합적으로 작용한다. 가장 큰 이유는 단모음 체계의 변화에 있다. 양성 모음에 속하던 '♀'가 비어두에서 음성 모음인 '으'로 바뀌면서 형태소 내부의 모음 조화는 극심한 문란을 보이게 되었으며, 모음 조화에 의해 그 두음이 '♀'와 '으' 사이에서 교체를 보이던 문법 형태소들은 그러한 교체를 잃어버리게 되었다. 비어두에서 일어난 '오>우' 역시 형태소 내부에서 양성 모음과 음성 모음이 뒤섞이는 결과를 초래했다. 가령 '나모(木)'에 이 변화가 적용되어 '나무'가 되면서 형태소 내부의 모음 조화는 더 이상 유지

---

53) '아⇔어'는 독법 모음(讀法 母音), '오⇔우'는 정량법 모음(正兩法 母音), '♀⇔으'는 운법 모음(韻法 母音), '애⇔에'는 변량법 모음(變兩法 母音), '외⇔위'는 관법 모음(關法 母音), '익⇔이'는 다법 모음(多法 母音)이라고 했다.

54) 간혹 '이'를 음성 모음이 아닌 중성 모음으로 분류하는 입장이 있지만 이는 중세 국어의 상황이고, 현대 국어의 '이'는 음성 모음에 속한다. 이와 관련된 내용은 '중성 모음' 항목을 참고할 수 있다.

55) 이처럼 모음 조화가 점차 파괴되어 가는 현상을 이윤희(1994)에서는 '비모음 조화(非母音 調和)'라고 부르고 있다.

56) 형태소 경계 사이에서 적용되는 모음 조화의 예외는 주로 양성 모음 '아'가 올 자리에 음성 모음 '어'가 오는 양상으로 나타난다. 그래서 이것을 '음성 모음화'라고 부르기도 한다. 여기에 대해서는 '음성 모음화' 항목에서 따로 다룬다.

57) 모음 조화를 음운 규칙으로 인정할 경우 음운 규칙의 입력형을 '아' 계열로 할지 '어' 계열로 할지를 결정하기 쉽지 않다는 문제점이 있다. 음운 규칙의 입력형을 '아' 계열로 한다는 것은 어미의 기저형이 '아'로 시작하도록 설정한다는 것이고 '어' 계열을 입력형으로 한다는 것은 어미의 기저형이 '어'로 시작하도록 설정한다는 것이다. 문제는 어느 한쪽을 기저형으로 설정해야 할 음운론적 필연성이 별로 없다는 점이다.

되지 않는 것이다. 이뿐만 아니라 근대 국어 시기에 새롭게 단모음 목록에 추가된 '애, 에, 외, 위'는 모두 음성 모음으로 기능을 했다.[58] 이렇게 되면서 양성 모음과 음성 모음이 짝을 이루던 대립 관계가 무너져 버렸다. 모음 조화의 약화 요인으로는 비음운론적 측면을 거론하기도 한다. 특히 자주 거론되는 것은 한자어의 존재이다. 2음절 이상의 한자어들은 모음 조화를 지킬 수가 없는데, 이러한 한자어들이 늘어나면서 모음 조화의 세력이 점차 약해졌다는 것이다.

현대 국어와 달리 그 이전 시기로 거슬러 올라가면 모음 조화가 훨씬 더 규칙적이고 강력하게 적용된다. 중세 국어의 경우 양성 모음에는 'ᄋ, 오, 아'가, 음성 모음에는 '으, 우, 어'가 존재하여 'ᄋ'와 '으', '오'와 '우', '아'와 '어'가 모음 조화에 있어 완벽한 대립을 이루고 있었다. 모음 조화의 적용을 받는 문법 형태소의 종류 역시 현재보다 훨씬 다양했다. 어미 이외에 조사도 모음 조화에 따라 교체를 했다. 또한 어미의 경우 '아/어'로 시작하는 것은 물론이고 'ᄋ/으', '오/우'로 시작하는 어미들도 모음 조화가 지켜졌다. 더욱이 양성 모음인 'ᄋ, 오, 아'는 음성학적으로 혀가 움츠러드는 공통점을 지니고 있었고 음성 모음인 '으, 우, 어'는 혀가 조금만 움츠러드는 공통점을 지니고 있었다.[59]

이상에서 볼 수 있듯이 국어의 모음 조화는 모음 체계의 변천과 밀접한 관련을 맺고 있다. 국어의 모음 조화는 모음 체계에 따라 몇 차례의 큰 변동을 겪는다. 13~14세기에 있었을 것으로 추정되는 모음 추이가 일어나기 전에는 중설 모음과 후설 모음이 모음 조화에서 대립하는 수평적 조화(또는 구개적 조화)를 보였다. 그러다가 모음 추이가 일어나면서 15세기에는 설축 계열의 모음과 설소축 계열의 모음이 대립하는 일종의 사선적 조화로 변화가 일어났다. 이후 앞서 말한 'ᄋ'의 소실이나 전설 모음 계열의 확립으로 인해 모음 조화가 크게 약화되기에 이른 것이다.

③ 용어 설명

'모음 조화'를 가리키는 용어들은 'vowel harmony'의 번역어에 해당하는 것이 많다. '협운법, 모음 조화, 중성 조화 법칙, 홀소리의 조화, 모음 협화, 홀소리 어울림, 모음의 어울림' 등이 모두 그러하다. 번역의 양상에서 약간씩 차이가 있을 뿐이다. 이와 비슷한 성격의 용어로 '홀소리의 고름, 홀소리 고룸' 등과 같이 '고름, 고룸'라는 표현을 사용한 것들이 있다. 이 용어들은 '조화'를 고유어인 '고름, 고룸'으로 바꾼 것이다.

'모음 동화'는 모음 조화가 동화의 성격을 지닌다고 인식한 결과이다. 모음 조화의 속성상 동화와 비슷한 측면이 있기는 하지만 차이점도 없지 않다. 대부분의 동화는 직접 동화의 성격을 지니지만 모음 조화는 그러한 제한을 전혀 받지 않는다.[60] 또한 모음 조화가 동화라면 피동화음이 무엇인지를 명시해야 하는데, 앞서 지적했듯이 그것이 쉽지 않다.[61] 더욱이 '모음 동화'의 범위는 매우 넓

---

58) 잘 알려져 있다시피 '애, 에, 외, 위'는 반모음 'j'로 끝나는 이중 모음이었다가 근대 국어 시기에 단모음으로 바뀌었다.
59) 『훈민정음』에서는 양성 모음이 '설축(舌縮)'의 특성을 지니고 음성 모음이 '설소축(舌小縮)'의 특성을 지닌다고 설명하고 있다.
60) 모음 조화가 서로 떨어진 음들 사이에서도 작용한다는 사실은 '조화(harmony)'라는 용어에도 반영되어 있다. 新村出(1943)에 따르면 동화음과 피동화음 사이에 다른 음운들이 놓인 간접 동화를 예전에는 '조화(harmony)'라고 했다.
61) 앞에서는 음운 규칙의 입력형이 무엇인지 확정하기 어렵다고 했다. 음운 규칙의 입력형이 동화에서는 곧 피동화음이 된다.

어서 모음 조화만을 따로 지시하기에는 어려움이 있다. 그 이외에 '음태, 모음조, 모음 대응법, 양음의 양성 원리' 등의 용어도 쓰이는데, 이 용어들은 개별 연구자들이 사용한 것으로서 큰 의미를 둘 필요는 없어 보인다.

④ 관련 항목

모음 교체, 모음 동화, 양성 모음, 음상, 음성 모음, 자연 부류, 중성 모음

모음 충돌

① 용어의 별칭

국어 연모음[連母音](左久間鼎 1919, 金田一京助 1932, 寺川喜四男 1950), 모음 충돌[母音 衝突](이희승 1931, 이숭녕 1947ㄴ, 寺川喜四男 1950, 정경해 1953, 平野日出征 2001), 모음의 연음[連音](橋本進吉 1938), 모음의 복합[複合](河野六郎 1945), 복합 모음[複合 母音](河野六郎 1945), 모음 접촉[母音 接觸](河野六郎 1945, 志部昭平 1972, 龜井孝 外 編 1996), 모음의 충돌(이숭녕 1947ㄱ, 김광웅 2001), 모음과 모음의 연결(이숭녕 1954ㄱ), 모음 접속[母音 接續](강길운 1956, 黑川新一 譯 1958, 太田朗 1959, 筧壽雄・今井邦彦 1971, 정은경 2005, 이은정 2005), 홀소리 마주침(김윤경 1956), 모음 연속[母音 連續](김윤경 1956, 日本音聲學會 編 1976, 大野晋 1977, 長嶋善郎 譯 1980, 정은경 2005), 모음 연접[母音 連接](이강로 1956ㄴ, 김민수 1960, 정 철 1964, 小松英雄 1981), 모음의 연발[連發](김계곤 1957), 모음 중복[母音 重複](木坂千秋・郡司利男 譯 1957, 류렬 1992), 홀소리 맞우침(정인승 1959), 모음 복합[母音 複合](이기문 1962ㄱ), 홀소리 연속(지춘수 1968), 홀소리 부딪음(허웅 1968ㄱ, 김정수 1989), 모음의 연접(이병선 1971, 이숙주 2007), 홀소리 충돌(허웅 1972, 박흥길 1984, 구현옥 1998), 모음 병렬[母音 竝列](奧村三雄 1972, 日本音聲學會 編 1976), 모음 연결(日本音聲學會 編 1976, 박재양 1988, 김영선 1999, 김유범 외 2002), 모음 결합(日本音聲學會 編 1976, 長嶋善郎 譯 1980), 모음 인접[母音 隣接](城生佰人郎 1977), 모음군(이광호 1978), 홀소리 부딪침(임용기 1986, 이병운 1993, 김영선 1997), 모음 거듭(류렬 1992, 김성근 1995), 모음의 접속(안지원 1994), 홀소리 연결(김영선 1997), 모음 연쇄(배주채 1998, 김현 2003), 모음 연속 연결(성인출 1998), 홀소리 부딪힘(이병운 2000), 모음의 연쇄(이문규 2004), 모음 중출[母音 重出](정은경 2005), 겹홀소리(정은경 2005), 모음의 연결(정은경 2005), 모음 중첩[母音 重疊](박숙희 2010)

영어 hiatus

② 개념 설명

서로 다른 음절에 속한 모음들 사이에 반모음이나 자음과 같은 분절음이 끼어 있지 않아서 두 모음이 음절 경계를 사이에 두고 서로 인접하고 있는 상태를 가리킨다. 만약 두 개의 모음이 동일

이처럼 모음 조화의 적용을 받는 피동화음을 정하기 어려운 상황은, 모음 조화의 규칙성이 아무리 높아도 모음 조화의 적용을 받는 어미의 기본형을 고정시켜 표기하지 못하고 그 이형태를 모두 밝혀 적는 것과 무관하지 않다. 피동화음이 불분명하면 어미의 단일한 기본형을 정할 수 없으므로 모음 조화의 적용을 받는 이형태들을 그대로 표기하게 되는 것이다.

한 음절 내에서 인접하고 있으면 이것은 모음 충돌이 아니라 이중 모음으로 분류한다.[62] 모음 충돌은 다음과 같이 네 가지 조합으로 생겨날 수 있다.

> (가) 단모음+단모음 예 아이
> (나) 단모음+단모음으로 시작하는 중모음 예 사의[63]
> (다) 단모음으로 끝나는 중모음(重母音)+단모음 예 겨우
> (라) 단모음으로 끝나는 중모음(重母音)+단모음으로 시작하는 중모음 예 교의

　(가)와 같이 단모음이 두 개 연속되는 것은 물론이고 (나)~(라)와 같이 인접한 두 모음 중 하나 이상이 중모음이라고 하더라도 구성 요소에 따라 얼마든지 모음 충돌이 생겨날 수 있다. 중모음의 구성 요소에 어차피 단모음이 들어 있는 이상 중모음끼리 결합하는 경우에도 모음 충돌이 생기는 것은 가능하다.

　모음과 모음의 연쇄는 허용이 되지 않는 음소 연쇄는 아니다. 모음 충돌이 일어났을 때 아무런 변동 없이 그대로 발음되는 경우가 적지 않은 것이 이러한 사실을 잘 말해 준다. 그러나 모음 충돌을 피하기 위해 음운 현상이 적용되는 경우도 적지 않다. 이처럼 모음 충돌을 막기 위해 일어나는 모음의 변동을 흔히 '모음 충돌 회피'라고 한다.[64]

③ 용어 설명

　'모음 충돌'을 가리키는 용어는 크게 두 계열로 나눌 수 있다. 하나는 두 모음이 서로 인접한다고 표현하는 것이고 다른 하나는 두 모음이 서로 충돌한다고 표현하는 것이다. '연모음, 모음의 연음, 모음의 복합, 모음 접속, 모음 연속' 등은 전자에 속하고 '모음 충돌, 홀소리 충돌, 홀소리 부딪침' 등은 후자에 속한다. 일본에서는 모음이 인접한다는 의미의 용어를 주로 쓰며, 모음이 충돌한다는 의미의 용어는 대체로 한국 학자들이 쓰고 있다. 원래 개념을 고려한다면 모음이 연속된다고 표현하는 것이 더 정확하다. 모음이 인접한다는 것과 모음이 충돌한다는 것은 현상을 파악하는 방식이 상당히 다르다.

　'모음 충돌' 계열의 용어는 모음과 모음의 연쇄를 기피 대상으로 보려는 의도를 다분히 내포하고 있다. 모음 사이에 충돌이 일어나므로 결국 그것을 회피하려는 별도의 과정이 개입된다는 의미를 강하게 지니는 것이다. 그런데 앞에서도 언급했듯이 모음 충돌은 얼마든지 허용되는 음소 연쇄이다. 그런 점에서 모음들의 연쇄를 모두 '모음 충돌'이라고 부르는 것은 지나친 해석의 결과라고 볼 수 있다. 그럼에도 불구하고 '모음 충돌'이라는 번역어가 한국에서 보편화된 것은 단모음화나 반모

---

62) 모음 충돌과 이중 모음의 차이를 조금 다른 관점에서 설명하는 경우도 없지는 않다. 가령 허웅(1958)에서는 음의 긴장 유무를 중시하여 이중 모음은 긴장이 한 번 있고 모음 충돌은 두 번 있다는 언급을 한 바 있다.

63) 이중 모음 '의'는 반모음 'ɰ'로 시작한다고 분석하는 경우도 있는데 그럴 경우에는 단모음으로 시작하는 중모음이 현대 국어에 존재하지 않으므로 (나) 유형도 존재할 수 없다. (라) 유형도 마찬가지이다.

64) '모음 충돌 회피'는 별도의 항목으로 설정되어 있다.

음화, 모음 탈락 등과 같은 모음 관련 음운 현상을 모음 충돌과 결부 지어 고찰한 국어학사적 상황에서 비롯되었다. 모음이 인접할 때 적용되는 음운 현상의 동기를 '모음 충돌'의 기피로 봄으로써 모음들의 연쇄는 변화를 겪어야 할 대상이라고 해석하게 되고 이것이 '모음 충돌'이라는 용어로 구체화된 것이다.

④ 관련 항목

　　모음, 모음 충돌 회피, 이중 모음

모음 충돌 회피

① 용어의 별칭

　　국어 모음[母音]의 변화[變化](藥師寺知矅 1909), 홀소리의 접변(이상춘 1946), 모음[母音]의 접변[接變](이상춘 1946), 모음 충돌 기피(안병희 1959, 최윤현 1979, 허삼복 1994), 모음 충돌 회피[母音 衝突 廻避](한국국어교육연구회 1964ㄴ, 허웅·박지홍 1971, 김영신 1974), 모음 회피[母音 廻避](고창식 외 1965, 강윤호 1968, 이은정 1969), 모음의 꺼림(이명권·이길록 1968), 홀소리 피함(이은정 1969), 히아투스 회피(허웅·박지홍 1971, 김동소 1998, 이병근 2003), 모음 접속 해소[母音 接續 解消](日本音聲學會 編 1976), 'hiatus' 회피(오종갑 1978ㄴ, 최명옥 1980, 김정태 1996), 모음군 단순화 규칙(이광호 1978), 'hiatus' 기피 현상(도수희 1980ㄱ), 'hiatus' 조정(정철 1991), 모음 거듭의 피하기(류렬 1992), 모음 거듭의 꺼리기(류렬 1992), 모음 접변(배주채 1998), 홀소리 충돌 회피(박정수 1999, 이동석 2002), 모음 연접 회피(윤혜영 2000), 히아투스 해소(김종규 2003, 권용문 2010), 모음 연결 회피(김영선 2004ㄴ), 히아투스 회피(김종규 2006), 홀소리 부딪침 회피(박종덕 2007), 모음 충돌 해소(권용문 2010), 모음 연속 회피[母音 連續 回避](孫範基 2011)

　　영어 breaking of the hiatus, hiatus resolution

---

② 개념 설명

　　모음 충돌을 피하기 위해 일어나는 모음 관련 현상들을 총칭하는 개념이다. 모음과 모음이 음절을 달리하여 나란히 인접할 때 모음을 탈락시키거나 자음적인 요소를 첨가하는 등 여러 가지 방법으로 모음이 인접하는 것을 막게 된다. 모음 충돌 회피는 여러 언어에서 흔히 보이지만 필수적으로 적용되어야 하는 현상은 아니다. 모음이 서로 인접한 상태에서 아무런 변화가 일어나지 않는 것도 얼마든지 가능하다.

　　국어에는 모음 충돌을 피하기 위한 다양한 음운 현상이 존재한다.

　　(가) 모음 중 하나를 반모음으로 바꾸는 경우 예 보+아→봐:, 비+어→벼:

(나) 모음 중 하나를 탈락시키는 경우 예 크+어도→커도, 가+아도→가도

(다) 모음 사이에 반모음을 첨가하는 경우 예 피+어→피여, 쏘+아→쏘와[65]

(라) 두 모음을 축약하여 제삼의 단모음으로 바꾸는 경우 예 아이>애, 오이>외

(가)~(라)는 각각 반모음화, 모음 탈락, 반모음 첨가, 모음 축약을 통해 모음 충돌을 피하고 있다. 모음 충돌 회피 현상 중에는 (가), (나), (다)와 같이 현대 국어에서도 공시적 음운 규칙으로서 활발하게 적용되는 것도 있고 (라)와 같이 역사적으로 변화가 완료되어 형태 자체가 바뀌어 버린 것도 있다. (라)와 같은 모음 축약 사례 중 일부는 역사적으로 중간 단계를 거쳐 축약이 된 것도 있다. 가령 '누리>누이>뉘(世)'와 같은 변화에서는 '우이'가 단모음 '위'로 축약되기 이전에 이중 모음 '위(uj)'의 단계를 거쳤던 것이다.[66]

③ 용어 설명

'모음 충돌 회피'를 가리키는 용어들은 대부분 모음이 인접하는 것을 피하기 위한 음운 현상이라는 원래의 취지를 잘 담고 있다. 다만 '모음 회피, 모음의 꺼림, 홀소리 피함'은 표면상 모음 충돌을 피한다는 의미가 아니라 모음 자체를 피한다는 의미라서 정확성이 떨어진다. 또한 '모음의 변화'는 음운 현상의 적용 동기도 잘 드러나지 않고 모든 모음의 변화를 포괄한다는 점에서 적절한 용어라고 보기 어려울 듯하다.

'모음의 접변, 모음 접변'과 '모음군 단순화 규칙'은 자음과 관련된 음운 현상의 명칭인 '자음 접변'과 '자음군 단순화'를 고려하여 만든 용어로 보인다. '모음의 접변, 모음 접변'은 '모음 충돌 회피'와 동일한 취지를 담고 있으며 '자음 접변'과 짝을 이룰 수 있다는 점에서 흥미로운 용어이다.[67] '모음군 단순화'는 '자음군 단순화'를 고려할 때 모음군을 이루는 모음 중 하나가 탈락한다는 의미로 해석되기 때문에 모음 충돌 회피의 수단 중 모음 탈락으로만 한정될 수 있다는 문제점이 있다.

④ 관련 항목

모음 충돌, 모음 탈락, 반모음화, 비음절화

---

65) 반모음 첨가 중 'w'가 첨가되는 현상은 표준 발음으로 인정하지 않는다.

66) '뉘'는 15세기에 이미 나타나며 당시에는 '위'가 이중 모음 'uj'를 가리켰다.

67) 다만 이상춘(1946)에서 모음 접변으로 분류한 음운 현상에는 '이' 모음 역행 동화나 전설 모음화 등과 같이 모음 충돌 회피와는 무관한 것들도 포함되어 있어 주의를 요한다. 즉 이상춘(1946)의 모음 접변은 모음 충돌과는 상관없이 모음과 관련된 일련의 음운 현상을 모두 포괄하고 있는 것이다.

모음 탈락

① 용어의 별칭

국어 홀소리의 줄임(김두봉 1916, 김두봉 1922, 김윤경 1932ㄱ), 모음[母音]의 줄임(이규영 1920, 이상춘 1925), 홀소리의 줄음(이상춘 1946), 중성[中聲]의 축약[縮約](홍기문 1927), 모음의 감음[減音](박상준 1932), 모음의 축약[縮約](신명균 1933ㄱ), 모음의 생략[省略](이상춘 1946, 이영철 1948), 약음[略音](홍기문 1947), 홀소리의 생략(이영철 1948), 모음 탈락[母音 脫落](김민수 외 1960ㄴ, 최학근 1965, 이호영 1996), 모음 소거[母音 消去](牧野成一 譯 1970), 모음 삭제[母音 削除](이병건 1976, 孫範基 2011), 홀소리 빠짐(황희영 1979), 홀소리 없애기(이근영 1990, 구현옥 1999, 박정수 1999), 홀소리 탈락(김영선 1997, 이병운 2000), 홀소리 없앰(박정수 1999), 모음소 탈락(하신영 2010)

영어 vowel elision, vowel deletion

② 개념 설명

말 그대로 모음이 탈락하는 현상이다. 중모음(重母音)이 통째로 탈락하는 경우는 없으므로 정확히는 단모음(單母音)이 탈락하는 것이라고 할 수 있다. 모음 탈락이 일어나는 원인은 대체로 모음 충돌을 막기 위함이다. 단모음이 인접할 때 이것을 피하는 방법 중 하나로 단모음 중 하나가 탈락하는 것이다.

국어에는 여러 가지 종류의 모음 탈락이 존재한다. 동일 모음 탈락, '으' 탈락이 대표적인 모음 탈락의 예이며 서술격 조사의 두음 '이'의 탈락까지 포함하기도 한다. 최현배(1937ㄱ)을 비롯한 이전 논의에서는 간혹 반모음화를 모음 탈락의 일종으로 본 적도 있다. 이는 모음 탈락이든 반모음화든 음절이 줄어들었다는 공통점이 있기 때문이다. 그렇지만 단모음이 단순히 없어지는 것과 단모음이 반모음으로 바뀐 것은 엄연히 다르므로 현재는 엄격히 구분하고 있다.

③ 용어 설명

'모음 탈락'을 가리키는 대부분의 용어들은 모음이 없어진다는 의미를 담고 있다. 다만 '모음'을 가리키는 용어가 다르고 '탈락'을 가리키는 용어도 다양하기 때문에 용어상의 변종이 많이 있을 뿐이다.

④ 관련 항목

동일 모음 탈락, 모음의 완전 순행 동화, 모음 충돌, 모음 충돌 회피, '으' 탈락

무성음

① 용어의 별칭

국어 청음[淸音](高橋亨 1909, 小倉進平 1923, 최현배 1927ㄹ, 이극로 1932ㄴ, 金田一京助 1932, 박승빈 1935ㄱ), 소리 안띤 소리(김두봉 1922), 무성음[無聲音](小倉進平 1923, 박승빈 1927, 최현배 1927ㄹ, 安藤正次 1927, 박상준 1932, 服部四郎 1951), 울음 없는 소리(최현배 1927ㄹ, 문교부 1952), 맑은소리(최현배 1927ㄹ, 이극로 1932ㄴ, 김윤경 1948ㄱ, 日本音聲學會 編 1976), 목청소리를 아니띤 소리(장지영 1937), 무성 음운[無聲 音韻](有坂秀世 1940), 목청 울림 없는 소리(김윤경 1948ㄱ), 울림 없는 소리(김윤경 1948ㄴ, 배달말학회 1975, 려증동 1977), 날숨(심의린 1949ㄴ), 안울림소리(이인모 1949, 장하일 1949, 정인승 1949ㄱ), 맑근소리(정경해 1953), 예사소리(이희승 1955), 목청 안울림 소리(정인승 1959, 김두영 1984), 불대음[不帶音](日本音聲學會 編 1976, 성백인 1978ㄷ, 우민섭 2000), 유음[幽音](日本音聲學會 編 1976), 안울린소리(황희영 1979), 무성화음[無聲化音](황희영 1979), 청 없는 소리(류렬 1992, 이현복 1997, 고도흥 1998)

영어 voiceless, unvoiced sound

② 개념 설명

발음할 때 성대의 진동이 동반되지 않는 음을 가리킨다. 반대 개념으로는 유성음이 있다. 자음 중에는 성대의 진동 유무만으로 음소 구별이 이루어지는 경우가 있다. 상당수의 언어는 'p : b, s : z' 등과 같이 무성음과 유성음의 차이에 따라 서로 다른 음소를 구분하고 있는 것이다. 특히 유성음과 무성음의 음소적 대립은 장애음에서 잘 나타난다. 반면 모음 중에는 성대의 진동 유무를 이용한 음소의 대립이 존재하는 경우가 없다. 모음 중 무성음은 대부분 특정한 조건에서 무성음화의 적용을 받아 그 변이음이 무성음으로 실현된 경우이다.

이처럼 무성음의 개념은 자음에 있어 유성음과 구분할 때에 주로 의미가 있다. 그런데 국어는 자음 체계에서조차 유성음과 무성음의 구별에 의한 음소 대립이 없다. 현대 국어 장애음의 경우 다른 특성은 동일하면서 성대 진동 여부에 따라 구별되는 음소는 존재하지 않는다.[68] '△'이 자음 체계에 존재하던 시기에 한해 'ㅅ'과 '△'이 '무성음 : 유성음'의 대립을 보였을 뿐이다. 그래서 무성음의 개념은 국어 음운론 연구에서 그다지 중요하게 다루어지지 않는다.

③ 용어 설명

'무성음'을 가리키는 용어는 '유성음'을 가리키는 용어와 마찬가지로 성대의 울림을 표현하는 방식에 따라 크게 '무성음' 계열과 '청음' 계열로 나눌 수 있다. '무성음' 계열은 성대의 울림이 없는 음이라는 의미를 담고 있으며, '소리 안띤 소리, 무성음, 울음 없는 소리, 목청소리를 아니띤 소리, 울림 없는 소리, 안울림소리,[69] 불대음,[70] 청 없는 소리' 등 가장 높은 비율을 차지한다. '청음' 계열

---

[68] 국어 장애음 체계의 구별 방식에 대해서는 '삼지적 상관속', '장애음' 항목을 참고할 수 있다.
[69] '안울림소리'라는 용어는 무성음을 가리키기도 하지만 파열음, 마찰음, 파찰음을 묶은 장애음을 가리키는 데에도 사용된다.

에는 '청음, 맑은소리'가 있다. 전통적인 성운학에서 무성음을 청음이라고 했으며 국어 연구 초창기에 영향을 준 일본 문법에서도 무성음에 대해 '청음'이라는 용어를 널리 사용하고 있어 여기에 영향을 받은 것이라고 할 수 있다.

'날숨, 예사소리, 유음'은 다른 용어들과 성격을 달리하는 용어이다. '날숨'은 숨을 내쉴 때 성대의 울림이 없음을 감안한 용어이다. 예사소리는 무성음이 유성음보다 더 무표적이라는 의미를 담는다. 유성음과 무성음의 대립이 주로 나타나는 장애음의 경우 무성음이 유성음보다 더 보편적인 자음인 것은 사실이다. '유음'은 중국에서 무성음을 가리키는 데 쓰는 용어인데 정확한 의미는 알기 어렵다.

④ 관련 항목

무성음화, 유성음, 유성음화

무성음화

① 용어의 별칭

> **국어** 무성화(安藤正次 1927, 寺川喜四男 1950, 服部四郎 1951, 허웅 1968ㄱ, 황희영 1970, 김성근 1993, 이호영 1996), 청음화[清音化](橋本進吉 1932, 金田一京助 1932), 무성음화[無聲音化](이숭녕 1959ㄴ, 양동휘 1967, 上村幸雄 1972, 奧村三雄 1972, 김차균 1973), 안울림소리 됨(황희영 1979), 탈유성음화(안상철 1990), 안울림소리 되기(구현옥 1999), 청없는소리 되기(서상규·박석준 2005), 탈성화[脫聲化](이은정 2005)
>
> **영어** devoicing, devocalization

② 개념 설명

유성음이 특정한 환경에서 무성음으로 바뀌는 음운 현상이다. 무성음화가 일어나면 조음 위치나 조음 방식은 바뀌지 않고 다만 성대의 울림만 사라진다. 유성음과 무성음이 별개의 음소로 존재하는 언어에서는 무성음화가 적용됨으로써 음소의 변동이 초래된다. 그러나 국어와 같이 성대의 울림 유무가 음소 변별에 관여하지 않는 경우에는 무성음화가 일어난다고 하더라도 변이음으로의 실현만 달라질 뿐이다.[71]

장애음은 유성음도 있고 무성음도 있으므로 장애음과 무성음은 동일한 개념이 아니다. 그러나 현재는 '안울림소리'라는 하나의 용어가 논의에 따라 무성음과 장애음이라는 두 가지 서로 다른 대상을 지시한다. 따라서 이 용어가 실제로 어떤 대상을 가리키는 데 쓰였는지는 주의를 기울여야 한다. '안울림소리'의 반대 개념인 '울림소리'도 두 가지 대상을 가리키기는 마찬가지이다. '울림소리'의 이중적 용법에 대해서는 '유성음' 항목을 참고할 수 있다.

70) '불대음(不帶音)'은 중국에서 쓰이는 용어로 '불'은 부정의 의미이고, '대'는 성대의 울림을 가리킨다.

71) 다만 국어 음운사에서는 'ㅸ, ㅿ'의 기원을 어떻게 보느냐에 따라서 서로 다른 음소 사이의 무성음화가 있었다고 할 수도 있다. 즉 'ㅸ'과 'ㅿ'이 현재 'ㅂ, ㅅ'으로 남아 있는 방언의 경우 기원적으로 'ㅸ, ㅿ'이 존재했고 이 자음들이 'ㅂ, ㅅ'으로 바뀌었다면 이것은 무성음화의 일종이 되는 것이다. 물론 원래부터 'ㅂ, ㅅ'이었다면 아무런 변화도 일어나지 않은 셈이 된다.

무성음화는 자음의 무성음화와 모음의 무성음화로 나눌 수 있다. 국어의 경우 자음의 무성음화는 좀처럼 언급된 바가 없다. 이호영(1992)에 따르면 'ㅎ' 앞에 오는 비음이나 유음은 수의적으로 무성음이 된다고 한다. 즉 '실험, 신호' 등에서 'ㄹ'과 'ㄴ'이 무성음으로 실현된다는 것이다.

자음에 비해 모음의 무성음화는 자주 논의되고 있다.[72] 모음의 무성음화는 모음의 일부분만 무성음이 되는 현상과 모음 전체가 무성음이 되는 현상을 구분할 수 있다. 국어에서는 유기음 뒤에 놓인 모음의 앞부분이 무성음화를 겪는데 이것은 전자의 예이다. 이러한 모음의 무성음화는 성대 진동 시간(VOT)의 지연과 직접적인 관련이 있다. 후자의 예는 유기음이나 마찰음 뒤에 놓인 고모음이 완전히 무성음화되는 것을 들 수 있다.[73] 이 환경에서는 반모음도 무성음으로 바뀌는데 반모음이나 고모음은 모두 혀와 구개 사이의 간극이 좁다는 점에서 혀의 높이가 규칙 적용에 중요한 영향을 미침을 알 수 있다.[74]

③ 용어 설명

'무성음화'를 가리키는 용어들은 모두 성대의 떨림이 없는 소리로 바뀐다는 의미를 담고 있다. 이것을 '무성화, 무성음화, 탈유성음화'와 같이 한자어로 표현하기도 하고 '안울림소리 되기, 청없는소리 되기'와 같이 고유어로 표현하기도 한다.[75] '청음화'는 전통적인 성운학에서 무성음을 '청음'이라고 하는 것과 관련된다.

④ 관련 항목

무성음, 유성음, 유성음화

---

72) 모음의 무성음화는 '무성 모음화'라고 부르기도 한다. 또한 무성 모음화의 적용을 받은 모음은 '무성[無聲]의 모음[母音](小倉進平(1923), 맑은 홀소리(최현배 1927ㄷ), 청모음[淸母音](최현배 1927ㄷ), 무성 모음[無聲 母音](金田一京助 1932, 이희승 1933, 寺川喜四男 1950, 이숭녕 1954ㄹ, 服部四郞 1954∼5, 허웅 1968ㄱ), 무성화 모음[無聲化 母音](寺川喜四男 1950, 市河三喜・河野六郞 1951, 城生佰太郞 1977), 무성화된 홀소리(황희영 1970), 안울림 홀소리(허웅・박지홍 1971)' 등으로 불린다.

73) 신지영(2000ㄱ)에서는 고모음뿐만 아니라 중모음이나 저모음도 무성음화가 일어나며, 그 적용 환경도 반드시 유기음이나 마찰음 뒤로 국한되지는 않는다고 한다.

74) 金田一京助(1932)에 따르면 앞뒤로 자음에 끼어 있는 고모음이 무성음으로 잘 바뀌는 경향이 있다고 한다.

75) '청없는소리 되기'의 '청'은 성대를 가리키는 '목청'의 '청'이며 구체적으로는 성대의 울림을 가리킨다.

무조건 변이

① 용어의 별칭

> **국어** 자유 변이[自由 變異](太田朗 1959, 김석득 1962ㄱ, 양동휘 1967, 이병근 1967ㄱ, 小泉保・牧野勤 1971, 日本音聲學會 編 1976), 수의적 변이(김석득 1962ㄱ), 수의 변이[隨意 變異](허웅 1968ㄱ, 이기문 외 1984), 임의 변이[任意 變異] (허웅 1968ㄱ, 龜井孝 外 編 1996), 자유 변칙(배양서 1971), 무조건 변동(장태진 1976), 임의 교체(이광호 1977), 치환[置換](龜井孝 外 編 1996), 무조건적인 교체(박재연 2010)
>
> **영어** free variation, unconditioned variation

② 개념 설명

음소의 변동, 형태소의 교체 등이 특별한 조건 없이 일어나는 현상을 가리킨다. 음소가 변이음으로 실현되거나 또는 서로 다른 어휘들끼리 바뀌어 실현되는 현상도 여기에 포함될 수 있다.[76] 반대 개념은 특정한 조건 아래에서 변이가 일어나는 '조건 변이'이다.[77] 일반적으로 어떤 언어 단위가 다른 것으로 바뀔 때에는 조건이나 환경이 있는 경우가 많지만 무조건 변이는 그러한 조건 또는 환경이 없다. 그런데 언어의 실제적인 사용 조건을 중시하는 입장에서는 무조건 변이란 존재하기 어려우며 전통적인 언어 분석에서 인정하지 않았던 화용론적 또는 언어 사용의 맥락과 관련된 조건이 개입되어 있다고 보기도 한다. 이럴 경우 무조건 변이의 대상은 줄어들거나 거의 남지 않게 된다.

③ 용어 설명

'무조건 변이'를 가리키는 용어는 조건이 존재하지 않는다는 의미를 담고 있는 '무조건 변동, 무조건적인 교체' 이외에도 몇 유형이 더 있다. '자유 변이, 임의 변이, 자유 변칙, 임의 교체'는 조건이 없으므로 변이가 자유롭게 일어난다는 의미를 담고 있다. 기본적인 취지는 '무조건 변이' 계열과 동일하다. '수의적 변이, 수의 변이'도 자주 쓰인다. 수의적이라는 것은 변이가 필수적으로 일어날 필요는 없다는 것이다. 그런데 이 용어를 '무조건 변이'를 가리키는 데 쓰기는 곤란해 보인다. '무조건 변이'는 조건이 없을 뿐 변이 자체는 일어나는 경우를 가리키는데 비해, '수의적 변이'는 조건의 유무와 상관없이 변이가 일어날 수도 있고 일어나지 않을 수도 있는 경우를 가리키므로 이 둘은 구체적인 의미에 차이가 있는 것이다.

④ 관련 항목

교체, 무조건 변화, 변이음, 이형태

---

76) 음운 변화에 대해서도 같은 개념을 적용할 수 있지만 이것은 '무조건 변화'라는 별도 항목에서 다룬다.
77) '조건 변이'를 가리키는 용어에는 '환경 변이[環境 變異](黑川新一 譯 1958, 전상범 1985ㄱ), 결합적 변이(허웅・박지홍 1971), 문맥적 변이(이남순 1986), 조건 변이[條件 變異](배주채 1996ㄱ), 조건적인 변이(김현 2008)' 등이 있다.

무조건 변화

① 용어의 별칭

> **국어** 자생적[自生的] 음운 변화(이숭녕 1939ㄴ, 김방한 1964), 자생적 변화(이숭녕 1949ㄱ, 최현배 1970, 박병채 1971ㄷ, 龜井孝 外 編 1996), 무조건 변화[無條件 變化](黑川新一 譯 1958, 김방한 1964, 이기문 외 1984, 김무림 1992, 龜井孝 外 編 1996), 자발 변화(최현배 1970), 절로 달라짐(최현배 1970), 자성적 변화[自成的 變化](日本音聲學會 編 1976), 고립적 변화(日本音聲學會 編 1976), 무조건적 변화(日本音聲學會 編 1976, 문양수 1977, 곽충구 1985, 이철수 1986), 독립 변화[獨立 變化](日本音聲學會 編 1976), 자립 변화[自立 變化](이기문 외 1984), 고립 변화[孤立 變化](이기문 외 1984, 조성식 편 1990), 산발 변화[散發 變化](이기문 외 1984), 자생적 변천(이기백 1991), 환경 비의존[環境 非依存](龜井孝 外 編 1996), 계열적 변화(김정우 2001)
>
> **영어** unconditioned change, spontaneous change, isolative change

② 개념 설명

음운 변화 중 조건이나 환경이 존재하지 않는 것을 가리킨다. 즉 이론적으로는 해당 음소가 모든 환경에서 바뀔 수 있는 변화가 무조건 변화이다. 무조건 변화는 입력형과 출력형만 지니고 적용 환경이 없다. 그러므로 무조건 변화가 예외 없이 일어난다면 입력형이 되는 음소는 모두 변화를 입어 음소 체계에서 사라질 수밖에 없다. 그런 점에서 무조건 변화는 음소 체계의 변화와 밀접한 관련이 있다. 또한 무조건 변화는 형태소 내부에서 일어날 수밖에 없다. 적용 환경이 없는 이상 형태소 경계 사이에서 변화가 일어나는 것은 불가능하다. 무조건 변화의 반대 개념으로는 조건 변화가 있다.

국어의 무조건 변화로는 'ㅸ'의 변화를 들 수 있다. 'ㅸ'은 모든 환경에서 변화를 입어 국어 자음 체계에서 소멸했다. 때로는 'ㅸ'이 모음 앞에서만 변화를 입었기 때문에 조건 변화라고 보기도 하지만, 'ㅸ'은 오로지 모음 앞에서만 나타나기 때문에 '모음 앞'이라는 것이 'ㅸ'의 변화 조건이 되지는 못한다. 'ㅸ'이 모음 앞이 아닌 다른 환경에서도 나타날 수 있어야만 모음 앞에서 일어나는 'ㅸ'의 변화가 조건 변화가 될 수 있다.

논의에 따라서는 한 음소가 음소 체계에서 소멸하더라도 그 변화의 일부만이 무조건 변화에 속한다고 분석하기도 한다. 'ㆍ'의 변화가 그러하다. 'ㆍ'는 어두와 비어두에서 변화 양상이 다르다. 이숭녕(1940ㄱ)에서는 비어두에서 'ㆍ'가 주로 '으'로 바뀌는 변화는 약한 악센트에 기인하는 조건 변화의 일종으로 보고, 어두에서 'ㆍ'가 '아' 또는 다른 모음으로 바뀌는 변화는 아무런 조건이 없는 무조건 변화라고 했다.[78] 이런 관점에 따른다면 'ㆍ'의 변화 중 일부는 무조건 변화이고 일부는 조건 변화가 된다.

---

78) 이러한 사실은 'ㆍ'의 음가를 추정할 때에도 고려 사항이 된다. 즉 'ㆍ'의 음가를 추정하려면 다른 요인의 영향을 받지 않는 무조건 변화를 우선적으로 고려해야 한다는 것이다.

③ 용어 설명

'무조건 변화'를 가리키는 용어는 의미에 따라 크게 두 부류로 나눌 수 있다. 하나는 말 그대로 '조건이 없는 변화'라는 의미를 담은 것으로 '무조건 변화, 무조건적 변화'가 있다. 용어의 수는 적으나 이 계열의 용어가 현재 가장 널리 쓰이고 있다. 다른 하나는 '저절로 생겨난 변화'라는 의미를 담고 있다. 이 계열의 용어로는 '자생적 변화, 자발 변화, 자성적 변화'가 있다. '고립적 변화, 독립 변화, 자립 변화, 환경 비의존'도 '자생, 자발'이라는 표현만 없을 뿐 그 의미로 보면 이 계열에 해당한다. 조건이 없다는 것은 곧 외부적 요인 없이 저절로 일어났음을 의미하므로 그 취지상으로는 '무조건 변화' 계열의 용어와 크게 다르지 않다.

이상의 두 부류에 속하지 않는 용어로 '산발 변화, 계열적 변화'가 있다. '산발 변화'는 무조건 변화가 산발적으로 일어나는 특성이 있음을 고려한 것이다. 앞서 지적했듯이 무조건 변화가 예외 없이 일어나면 필연적으로 음소 체계의 변화를 초래할 수밖에 없는데, 실제로 그런 경우가 많지 않은 것은 무조건 변화가 소수 변화(minor change)에 그치는 경우가 많기 때문이다. 그래서 '산발 변화'라는 용어를 사용했다고 할 수 있다. '계열적 변화'는 조건의 유무를 '통합적(syntagmatic) : 계열적(paradigmatic)'의 대립으로 파악한 용어이다. 음운 변화의 조건은 보통 통합적 관계에 있는 다른 음이 되는 경우가 많으므로 조건이 없음은 곧 '통합적'의 반대인 '계열적'인 성격을 지닌다는 것이다.

④ 관련 항목

무조건 변이, 음운 체계, 음운 현상, 조건 변화

미파음

① 용어의 별칭

> **국어** 지음[止音] (주시경 1908ㄱ), 밀폐음[密閉音] (안확 1923, 최현배 1929, 김수경 1947), 단음[斷音] (小倉進平 1923), 닫침소리 (최현배 1929, 김차균 1976, 정호완 1976), 폐쇄음[閉鎖音] (박상준 1932, 이숭녕 1939ㄴ, 최현배 1941, 寺川喜四男 1950), 차단음[遮斷音] (金田一京助 1932, 寺川喜四男 1950), 내파음[內破音] (이숭녕 1939ㄴ, 小林英夫 譯 1940, 橋本進吉 1948, 河野六郞 1955, 허웅 1955, 유창돈 1961ㄴ), 무외파음[無外破音] (이숭녕 1939ㄴ), 폐쇄분절[閉鎖分節] (有坂秀世 1940), 내파열음[內破裂音] (河野六郞 1945, 주왕산 1948), 닫힘소리 (김진우 역 1959, 김영만 1967ㄴ, 김차균 1984ㄱ), 막음소리 (전재호 역 1964, 김차균 1991ㄱ), 비격리음[非隔離音] (이계순 1966), 비개방음[非開放音] (양동휘 1967, 원경식 1977, 정국 1982), 미파열음[未破裂音] (김진우 1970ㄱ), 폐음[閉音] (김차균 1971, 정국 1982, 오종갑 1987), 미파음[未破音] (도수희 1971, 기세관 1981, 최전승 1986), 불완전 파열음[不完全 破裂音] (정인섭 1973, 日本音聲學會 編 1976, 양원석 1981, 徐翰秀 1981), 가운데 닫침소리 (김차균 1974), 무파열 폐쇄음 (이은정 1975, 日本音聲學會 編 1976), 불완전 폐쇄음 (日本音聲學會 編 1976), 불파음[不破音] (이용재 1978, 황희영 1979, 이기문 외 1984), 불완전 터짐소리

175

(이창우 1979), 안터뜨림 소리(황희영 1979), 불파열음[不破裂音](황희영 1979), 멈춤소리(황희영 1979), 억지 폐쇄음[抑止 閉鎖音](정연찬 1980, 이철수 1994, 김영진 2000), 절음[絶音](이철수 역 1981), 불개방음[不開放音] (이강훈 1982, 정우영 1985), 비파음[非破音](이기문 외 1984, 문학준 1985, 김옥영 1998), 닫음소리(허웅 1985ㄴ, 최남희 1994, 이근열 1997ㄱ), 점약음[漸弱音](오종갑 1986ㄴ), 불개방 폐쇄음(김형춘 1987, 최한조 1991, 이근열 1997), 무 파열 폐쇄음[無破裂 閉鎖音](龜井孝 外 編 1989), 불파 장애음(김선철 1990), 비격리음(이계순 1990), 막힘소리 (양하석 1990, 김성근 1995, 고도흥 1998), 속터짐 소리(임용기 1991), 닫힌 소리(권재선 1992), 정지음(권재선 1992), 속터침 소리(류렬 1992, 이현복 1995ㄱ), 불파 폐쇄음(배주채 1992, 안현기 외 2000, 신지영·차재은 2003), 미파열 폐쇄음(이석재 1995), 불파열 평폐쇄음(이석재 1995), 미파 폐쇄음(김경아 1996ㄱ, 이경희 2000ㄴ, 이혁화 2002ㄱ), 기류 단절음(김성련 1996), 안터짐 소리(오대환 1999), 불파열 폐쇄음(이석재 1999), 비파열[非破裂](박천배 2000), 입파음[入破音](우민섭 2000), 비개방 폐쇄음(김광웅 2001, 최태환·한정임 2003, 손민정 2011), 무파음(양순임 2002), 내파 폐쇄음(신성철 2005), 무개방자음(이은정 2005), 하강 자음(이은정 2005), 불발음(레이레이·김영주 2010), 평폐쇄음(김정아 2013)

영어 unreleased stop, unreleased sound, unplosive, implosive, incomplete plosive

② 개념 설명

파열음의 변이음 중에서 '폐쇄-지속'의 과정만 거치고 '파열' 과정을 거치지 않는 음을 가리킨다. 파열음이 미파음으로 실현되는 것은 음성적으로 '미파화' 과정을 거쳤기 때문이다.[79] 국어의 경우 'ㅂ, ㄷ, ㄱ'과 같은 평파열음이 음절 종성에서 미파화의 적용을 받아서 미파음으로 실현된다.[80] 미파음의 음성 기호는 'p>, t>, k>'와 같이 파열음 기호 뒤에 '>'를 덧붙이는데, '>'는 공기가 폐쇄된 상태로 끝난다는 사실을 가리킨다.[81]

엄밀히 말하면 파열음뿐만 아니라 비음인 'ㅁ, ㄴ, ㅇ'도 음절 종성에 오면 구강에서의 파열 단계가 생략되기 때문에 미파음으로 실현된다.[82] 실제로 종성에서 미파화의 적용을 받은 'ㅁ, ㄴ, ㅇ'을 각각 'm>, n>, ŋ>'과 같이 표기하기도 한다. 다만 파열음의 미파음은 평파열음화라는 음운 현상과 직접적인 관련이 있을 뿐만 아니라 음성적으로도 외파음과 뚜렷하게 구별되므로 중시되고 있는 반면 비음의 미파음은 그렇지 않아서 그다지 중요하게 다루어지지 않는다.

③ 용어 설명

'미파음'을 가리키는 용어는 그 수가 많지만 대다수는 '터지지 않는다, 열리지 않는다'와 같이 미파음의 조음적 특징을 직접 반영하고 있다. 다만 동일한 취지를 구체적으로 표현하는 방식이 매우 다양하여 용어의 변이형을 많이 낳을 뿐이다. 여기에 속하지 않는 용어는 극히 일부인데 그중 '내

---

79) 미파화 과정에 대해서는 '미파화' 항목에서 따로 다룬다.
80) 어두 자음군이 존재하던 중세 국어 시기에는 초성에서도 미파음이 실현되었을 가능성이 있다. 즉 'ㅳ, ㅄ, ㅶ' 등과 같이 'ㅂ'으로 시작하는 어두 자음군의 첫 자음 'ㅂ'은 초성에 놓여도 미파음으로 실현되었으리라 추정되는 것이다.
81) 이러한 음성적 특징 때문에 미파음은 후두 폐쇄가 동반되리라고 보는 경우가 많다. 그러나 梅田博之(1999)에 따르면 예상과 달리 미파음을 발음할 때에는 후두가 폐쇄되지 않고 오히려 개방된다고 한다.
82) 미파음의 범위를 넓게 보면 'ㄹ'이 종성에서 설측음 'l'로 실현된 것도 미파음에 포함하는 경우가 있다.

파음, 내파열음, 속터짐 소리, 속터칠 소리, 입파음'과 같은 '내파음' 계열의 용어는 별도의 설명이 필요하다.

국어의 미파음을 '내파음'이라고 부른 것은 매우 오랜 역사를 지닌다. '내파음'은 '외파음'의 반대 개념이므로 '내(內) : 외(外)'의 대립을 고려하여 '내파음'이라고 불렀다고 할 수 있다. 그런데 엄밀히 말하면 내파음(implosive)은 파열이 안 되는 음이 아니고 파열이 안으로 이루어지는 음을 가리킨다. 즉 들숨을 이용하여 발음하는 폐쇄음의 한 종류가 내파음인 것이다.[83] 국어의 경우 평파열음이 종성에서 발음되면 파열이 안 될 뿐이지 내부로 파열이 되는 것은 아니다. 따라서 국어의 미파음을 내파음이라고 부르는 것은 정확한 용어 사용이라고 보기 어렵다. 그럼에도 불구하고 미파음을 내파음으로 불렀던 데에는 Saussure의 음절 이론을 수용하는 과정과 밀접한 관련이 있어 보인다.

Saussure는 가령 'appa'와 같은 음소 연쇄에서 선행하는 'p'는 닫히는 소리이고 후행하는 'p'는 열리는 소리라고 했다. 이처럼 소리가 닫히는 과정과 열리는 과정에 대해 예전부터 각각 '내파'와 '외파'라는 번역어가 널리 쓰여 왔다.[84] 닫히는 과정이라면 '미파' 또는 '불파'라고 해야 옳지만 초기에 Saussure의 이론을 수용할 때 '내파'로 번역함으로써 이것이 이후에 고착화된 것이다. 그리하여 파열음의 조음 단계 중 첫 번째인 폐쇄 과정마저도 '내파(implosion)'라고 부르는 시절이 있었다.[85] 이러한 사정으로 인해 파열이 생략된 음을 '내파음'이라고 부르는 태도가 국어 음운론에서 자주 보였던 것이다. 그러나 현재는 이러한 용어 사용의 문제점을 인식하여 '내파음'이라는 용어를 좀처럼 사용하지 않는다.

한편 '미파음'을 '점약음' 또는 '하강 자음'이라고 부르기도 한다. 미파음이 놓이는 자리는 음절 종성이므로 그 음세가 점차 약해질 뿐만 아니라 파열 과정이 수반되지 않는 음은 파열이 되는 음에 비해 조음 과정이 불완전하므로 더 약하다고 할 수 있다. 이러한 사실을 중시하여 미파음을 '점약음'이라는 용어로 표현하기도 한다. 또한 '하강 자음'은 종성의 미파음을 발음하는 것이 음절의 봉우리인 중성으로부터 점차 내려오는 것과 비슷하다고 본 데에서 기인한 용어이다. 다만 그럴 경우 모든 종성은 미파 여부와 무관하게 '하강 자음'이 된다는 문제점이 있기는 하다.

④ 관련 항목

내파음, 외파음, 파열음, 폐쇄음

---

83) 여기에 대해서는 '내파음'과 '폐쇄음' 항목을 참조할 수 있다.
84) 이것은 일본에서도 마찬가지이다. Saussure 책의 번역본으로 매우 유명한 小林英夫 譯(1940)에서는 '외파'와 '내파' 대신 '외파열(外破裂)'과 '내파열(內破裂)'이라는 용어를 사용했으며, 특히 '내파열'에 의한 음을 '내파음(內破音)'이라고 했다.
85) 가령 허웅(1958)에서는 파열음의 첫 단계인 '폐쇄' 또는 '밀폐'를 '내파'라고 부르기도 했다.

미파화

① 용어의 별칭

국어 여음 불발[餘音 不發]의 법칙[法則](박승빈 1931), 여음 불발[餘音 不發](박승빈 1931), 유음 법칙[留音 法則](홍기문 1933), 내파[內破](홍기문 1933, 김진우 1971), 여음 불발[餘音 不發]의 원칙[原則](김진동 1935), 내파열[內破裂](小林英夫 譯 1940, 김수경 1947, 강길운 1955, 남광우 1957), 유음[留音]의 법칙[法則](홍기문 1947), 받침 법칙(정인승 1949ㄷ), 기식 폐쇄[氣息 閉鎖](강길운 1955), 닿소리 발음 법칙(정인승 1956ㄴ), 내파화[內破化](이기문 1961ㄱ, 박창원 1987ㄱ, 송철의 1987), 내파음화[內破音化](이기문 1961ㄱ, 임용기 1986, 강신항 1991), 밀폐음화[密閉音化](유창돈 1964), 미개방[未開放](竹林滋·橫山一郎 譯 1970), 미파[未破](김진우 1971)), 폐음화[閉音化](김차균 1971, 오종갑 1982, 정국 1982), 미파 작용(도수희 1971), 닫침소리 되기(김차균 1974, 김영선 2004ㄷ), 무파열[無破裂](筧壽雄·今井邦彦 1971), 불완전 파열[不完全 破裂](정인섭 1973, 日本音聲學會 編 1976), 미파 현상(이병근 1975, 강창석 1982, 최명옥 1982), 내파 현상(이병근 1975, 황희영 1979), 무음 외파[無音 外破](日本音聲學會 編 1976), 불파열음화[不破裂音化](곽충구 1977), 저해음 비개방 규칙[沮害音 非開放 規則](강성로 1978), 외파단[外破斷](오원교 1979), 입파[入破](황희영 1979), 멈춤(황희영 1979), 비개방음화[非開放音化](박영수 1981), 미파화(강창석 1982, 문학준 1987, 홍윤표 1987), 닫힘소리화(김차균 1982, 김성련 1990, 박중희 1992), 닫침소리 규칙(박종희 1983ㄱ), 닫음소리 되기(허웅 1985ㄴ, 임용기 1986, 유재원 1989), 닫힘소리 규칙(김진식 1987, 김차균 1988ㄴ, 이근열 1997ㄱ), 비개방(변광수 1987ㄱ, 장우혁·정윤자 2009), 장애음 불파(김선철 1990), 불파화[不破化](이상억 1990, 박창원 1997, 이병운 2000), 불파음화(김무림 1991, 배주채 1996ㄱ, 김유범 1998), 속터짐(임용기 1991), 비외파화(김선희 1992), 미파음화(김차균 1992ㄱ, 이문규 2004), 닫힘소리 되기(김차균 1992ㄱ, 조규태 1999, 이문규 2004), 무파화(이호영 1992), 받침소리 현상(류렬 1992), 불파(엄태수 1994, 강옥미 1996), 절음화(김동소 1995, 조규태 1999, 이윤동 2002), 비파화[非破化](박창원 1997, 김영진 2000), 닫음소리 규칙(이근열 1997ㄱ), 불파열(이석재 1999), 불파 현상(김선정 2000), 안열림소리 되기(이문규 2004), 미파열(조경하 2012), 닫음 바탕 되기(유소연 2015)
영어 unreleasing, incomplete explosion

② 개념 설명

국어에서 평파열음 'ㅂ, ㄷ, ㄱ'이 음절 종성에서 발음될 때 마지막 조음 단계인 '파열' 단계를 생략하고 미파음으로 실현되는 과정을 가리킨다. 비강으로 공기가 흐른다는 점을 제외하면 파열음의 조음 과정과 같은 비음이 음절 종성에서 구강 파열이 되지 않고 발음되는 것도 미파화에 속한다. 때로는 '미파화'의 개념을 좀 더 넓게 확장하여 '파열' 단계와는 무관한 유음이 음절 종성에서 설측음으로 발음되는 것도 미파화라고 부르는 경우가 있다. 이것은 파열음과 비음의 파열 단계가 생략되는 것이나 유음을 발음할 때 조음체가 조음점에 닿아서 설측음이 되는 것이나 근본적으로는 그 성격이 동일하다고 해석한 결과이다.

이처럼 미파화는 음소와 음소 사이의 변동을 가리키는 현상이라기보다는 한 음소의 변이음 실현과 관련된 현상을 가리킨다고 보는 편이 올바르다.[86] 그러나 음절 종성에서 발음될 수 없는 'ㅍ / ㅅ, ㅆ, ㅈ, ㅊ, ㅌ, ㅍ / ㅋ, ㄲ' 등의 자음이 'ㅂ, ㄷ, ㄱ' 중 하나로 실현되는 소위 '평파열음화'까지도 미파화에 포함하는 태도 또한 존재한다.[87] 이것은 평파열음화가 일어나는 이유가 결국 미파화와 무관하지 않다는 점을 고려한 것이다. 그러나 변이음으로의 실현 과정과 음소 사이의 변동 과정은 성격이 엄격히 구분되므로 이 두 과정은 구별하는 것이 타당할 것이다. 따라서 공시 음운론에서는 음절 종성에서 'ㅍ / ㅅ, ㅆ, ㅈ, ㅊ, ㅌ, ㅍ / ㅋ, ㄲ'은 먼저 평파열음화의 적용을 받아 'ㅂ, ㄷ, ㄱ'으로 바뀌고 여기에 미파화가 적용되어 최종적으로 미파음이 된다고 기술해야 한다.

현대 국어의 미파화는 예외 없이 적용된다. 이러한 미파화는 매우 오래 전부터 존재했던 것으로 추측되고 있다. 중세 국어 시기에 종성으로 발음 가능한 자음의 종류가 8종류로 제한되었던 이유도 미파화와 밀접한 관련이 있었을 것으로 생각된다. 다만 현대 국어로부터 시간이 멀리 떨어질수록 미파화의 정도는 더 약했으리라 추측되는 것은 사실이다.

미파화와 비슷하면서도 차이 나는 현상으로 '무음 개방'이 있다. 무음 개방은 소리를 동반하지 않는다는 점에서는 미파화와 비슷하지만 막히지 않고 열린다는 점에서는 미파화와 다르다. 국어의 평파열음 'ㅂ, ㄷ, ㄱ'은 그 뒤에 조음 위치가 다른 장애음('ㅎ'은 제외)이 오면 무음 개방이 된다고 한다. 가령 '압수, 학생'에서의 'ㅂ, ㄱ'은 후행 자음을 발음하기 전에 무음 개방이 일어난다. 그런데 이러한 무음 개방을 음절 종성에 놓인 'ㅂ, ㄷ, ㄱ'의 조음 과정 중 일부로 인정해야 할지는 논란이 있을 수 있다. 즉 무음 개방은 음절말의 평파열음에서 후행하는 평음으로 이동할 때 잠시 나타나는 전이 단계로 볼 수도 있으며 그럴 경우에는 굳이 'ㅂ, ㄷ, ㄱ'이 무음 개방을 거친다고 볼 필요 역시 없는 것이다.[88]

미파화는 여러 가지 음운 규칙과 관련을 맺고 있다. 앞서 언급한 것처럼 미파화는 평파열음화의 적용과 깊은 관련이 있다. 음절 종성에서 발음될 수 없는 자음들이 'ㅂ, ㄷ, ㄱ' 중 하나로 바뀌는 평파열음화 현상의 음성적 동기는 미파화와 무관할 수 없다. 미파화로 인해 결과적으로 음소의 변동까지 초래되었다. 자음군 단순화가 적용되는 것도 마찬가지이다. 자음군 단순화와 평파열음화의 적용 환경은 동일하기 때문에 이 두 현상은 모두 미파화와 관련을 맺는다고 하겠다. 논의에 따라서는 경음화나 비음화의 적용도 미파화와 관련된다고 보기도 한다. 경음화의 경우 선행하는 평파열음의 미파화가 후행 자음을 경음으로 바꾸는 데 영향을 준다고 보거나, 비음화의 경우 선행 자음이 미파화되어야 비음화가 적용될 수 있다고 보는 입장들이 모두 여기에 속한다.

③ 용어 설명

'미파화'를 가리키는 용어들 중 압도적 다수는 파열이 되지 않는다는 의미를 가지고 있다. '여음 불발의 법칙, 여음 불발, 미개방, 미파, 무파열, 불완전 파열, 무음 외파, 불파열음화, 외파단, 미파화,

---

86) 한 음소의 변이음 실현과 관련된 현상은 '이음 과정, 음성 과정, 이음화 규칙, 음성 규칙, 변이음 규칙, 음운 변이 규칙' 등으로 부른다.

87) 'ㅅ, ㅆ'이나 'ㅈ, ㅊ'과 같이 파열 단계를 거치지 않는 자음이 'ㄷ'으로 바뀌는 것은 '미파화'라고 부를 수 없다는 지적도 존재한다.

88) 평파열음이 미파음으로 실현되더라도 어말에 있지 않다면 후행하는 음을 발음하기 위해서는 반드시 폐쇄 단계가 해제되어야 한다. 그리고 이러한 폐쇄 단계의 해제를 평파열음의 조음 단계 중 일부로 인정하지는 않는다. '무음 개방'도 사실상 폐쇄 단계의 해제와 별반 다를 바 없으며 그런 점에서 평파열음의 조음 단계 중 하나로 볼 필요가 없다는 것이다.

비개방음화, 비개방, 불파화, 불파음화, 무파화, 불파, 비파화, 불파열, 미파열' 등이 그러하다. 이와 비슷한 취지이지만 '기식 폐쇄, 밀폐음화, 유음 법칙, 폐음화, 멈춤, 닫힘소리화, 닫음소리 되기, 닫힘소리 되기, 절음화, 안열림소리 되기'와 같이 닫히는 소리가 된다는 의미를 담은 용어도 있다. 파열이 되지 않든 닫히는 소리가 되든 결과적으로는 동일하다. 이 외에 '내파, 내파열, 내파화, 내파음화, 입파, 속터짐' 계열의 용어도 많이 쓰인다. '내파화'는 파열이 되지 않는 것이 아니고 들숨을 통한 파열이 된다는 것이므로 '미파화'와는 의미가 다르지만 예전부터 많이 쓰였다. 여기에는 그 나름의 이유가 있다.[89] '받침 법칙, 받침소리 현상'은 이 현상이 종성에 놓인 자음에 적용된다는 사실과 관련되는데 구체적인 변화 양상이 제시되지 않아서 정확성이 떨어진다. 또한 '닿소리 발음 법칙' 역시 자음의 어떤 측면과 관련되는지가 명시되지 않아서 '미파화'를 가리키는 데에는 그다지 적합한 용어라고 보기 어렵다.

④ 관련 항목

　내파음, 미파음, 외파음, 파열음, 평파열음, 평파열음화, 폐쇄음

---

[89] 여기에 대해서는 '미파음' 항목에서 '내파음'이라는 용어를 설명하는 과정에서 언급하고 있다.

반개모음

① 용어의 별칭

국어 반열홀소리(김두봉 1922, 이극로 1932ㄴ), 반개모음[半開母音](이극로 1934, 박승빈 1935ㄱ, 최현배 1937ㄱ, 寺川喜四男 1950, 小林智賀平 1952, 日本音聲學會 編 1976), 반연홀소리(최현배 1937ㄱ, 이영철 1948, 허웅 1968ㄴ), 반연소리(박종우 1946, 정재도 1952, 최현배 1970), 반쯤 열음의 소리(김윤경 1948ㄱ), 중개모음[中開母音](심의린 1949ㄴ), 반광모음[半廣母音](服部四郞 1951, 梅田博之 1963, 박병채 1971ㄴ, 日本音聲學會 編 1976, 황희영 1979, 양원석 1993), 중개모음[中開母音](東條操 1965), 중대간극 모음(한문희 1979), 턱반열린 홀소리(황희영 1979), 반열린 홀소리(황희영 1979), 반열린 모음(남광우 외 1982, 이현복 1989, 이주행 2008), 반저모음(최윤현 1993), 중저모음(이호영 1996, 신지영 2000ㄱ, 박종덕 2003ㄴ), 반개음(레프 콘체비치 2001), 반개모음소(최명옥 2004)

영어 half-open vowel, open-mid vowel

---

② 개념 설명

단모음의 분류 기준 중 입의 벌림, 즉 개구도를 통해 단모음을 네 부류로 나눌 때 그중 두 번째로 입을 많이 벌리는 모음을 가리킨다. 국어의 반개모음에 어떤 모음이 속하는지는 미세한 차이가 있다. 대개 'ㅐ'는 반개모음에 공통적으로 포함시키지만 나머지는 논의에 따라 조금씩 다르다. 김두봉(1922)를 비롯한 많은 논의에서는 'ㅐ, ㅓ'를 반개모음으로 분류하지만 'ㅐ'만 반개모음으로 분류하는 경우도 없지는 않다. 근래의 국어 음운론 연구에는 개구도보다는 혀의 높이를 이용하여 세 부류를 구분하는 방식이 일반화되어 있기 때문에 반개모음의 개념은 그다지 많이 쓰이지는 않는다.

③ 용어 설명

'반개모음'을 나타내는 용어들은 대부분 '개모음'을 나타내는 용어 앞에 '반(半)' 또는 '중(中)'을 의미하는 수식어를 붙이고 있다. 예외적으로 '반저모음'과 '중저모음'은 혀의 높이를 기준으로 한

'저모음' 앞에 각각 '반'과 '중'을 덧붙였다는 점이 특이하다.

④ 관련 항목

개모음, 반폐모음, 중모음², 폐모음

반모음

① 용어의 별칭

국어 반자음[半子音](주시경 외 1907~1908, 김윤경 1937, 이극로 1947, 寺川喜四男 1950, 日本音聲學會 編 1976, 城生佰太郞 1977), 반모음[半母音](최광옥 1908, 金澤庄三郞 1917~1918, 小倉進平 1923, 천민자 1926, 安藤正次 1927, 최현배 1929), 반모운[半母韻](박중화 1914), 반모반자[半母半子](노익형 1923), 반홀소리(최현배 1929, 이극로 1932ㄴ, 조선어학회 1934, 日本音聲學會 編 1976), 반음[半音](이숭녕 1940ㄱ), 부모음[副母音](服部四郞 1955, 김진규 1974, 최임식 1992), 반닿소리(정인승 1956ㄴ, 김영만 1967ㄴ, 이은정 1969), 이동 자음[移動 子音](양동휘 1967), 경과음[經過音](양동휘 1967, 문곤섭 1981, 윤병택 1987), 이동음[移動音](양동휘 1967, 정명우 외 역 1973, 변영식 1977), 전이 모성[轉移 母聲](정연찬 1968), 버금홀소리(지춘수 1968), 비성절 모음[非成節 母音](허웅 1968ㄱ, 이철수 1994, 이남윤 2002), 과도음[過渡音](허웅 1968ㄱ, 김영송 1972, 이영길 1976), 반원음[半元音](董同龢 1972, 日本音聲學會 編 1976, 박동규 1985, 우민섭 2000, 劉振中 2013), 미끄름 홀소리(日本音聲學會 編 1976), 활음[滑音](이병근 1980ㄱ, 이기문 외 1984, 배주채 1996ㄱ), 전이음[轉移音](전상범 1980, 이기문 외 1984, 송민 1986), 미끄럼소리(이성연 1984), 근찰음[近擦音](유만근 1985), 전이 모음(정경일 1994), 짧은 모음(김성근 1995), 순간 모음(김성근 1995), 유성 스침소리(김성근 1995), 비성절 홀소리(조오현 1999), 무찰 통음[無擦 通音](崔金丹 2002, 한재영 외 2003), 활음소(최명옥 2000, 김춘자 2003, 이금화 2006), 반모음소(최명옥 2004), 반자음소(최명옥 2004), 접근음(이혁화 2002ㄱ), 통음[通音](엄익상 2007), 비성절적 모음(이혁화 2012), 비성절적 모음류(이혁화 2012), 순간 접근음(이혁화 2012), 비성절적 접근음(이혁화 2012)

영어 semi-vowel, semi-consonant, gliding vocoid

② 개념 설명

자음과 모음의 중간적 성격을 지닌 음으로 자음이나 모음 어디에도 속하지 않는 독자적인 음소 부류를 가리킨다.[1] 반모음에 대립되는 용어로 류렬(1992)에서는 '옹근 모음'을 제시하기도 했다. 반모음은 여러 가지 측면에서 자음 및 모음과 부분적인 공통점을 가진다. 모음과의 공통점은 무엇보다도 발음할 때 구강 안에서의 장애 과정이 동반되지 않는다는 점을 들 수 있다. 이 외에 반모음은 모음과 결합하여 음절의 중성을 이룬다는 점, 단모음이 반모음으로 바뀌는 반모음화 현상이 존재한다는 점,[2] 음절 초성과 종성에 자음군을 허용하지 않는 언어에서 같은 음절로 묶이는 자음의 앞,

---

1) 최광옥(1908)이나 金澤庄三郞(1917~1918)과 같은 초창기 국어 연구에서는 반모음이 포함된 중모음(重母音) 전체를 반모음이라고 부르기도 했다.

뒤에 반모음이 올 수 있다는 점[3] 등은 모두 반모음이 모음과 가까움을 말해 준다. 반면 반모음이 자음과 유사성을 보여 주는 사실들도 적지 않다. 반모음은 홀로 음절의 중성 역할을 하지는 못한다는 점, 모음 충돌의 회피 수단으로 반모음이 단모음 사이에 첨가되는 경우가 있다는 점,[4] 경구개음 뒤에서 조음 위치가 중복되는 반모음 'j'가 필수적으로 탈락하거나 양순음 뒤에서 비슷한 음성적 특징을 가진 반모음 'w'가 수의적으로 탈락하는 점[5] 등은 반모음이 자음과 가까움을 말해 준다.

현재의 음소 분류에서는 반모음을 자음이나 모음과 구분되는 제삼의 음소 부류로 인정하는 것이 일반화되어 있다. 그러나 전통 문법에서는 반모음을 자음의 일종으로 분류하는 태도가 더 많았다. 특히 20세기 전반기에는 반모음을 마찰음의 일종으로 분류하였다. 이처럼 반모음을 마찰음으로 보면 반모음과 단모음의 연쇄는 자음과 모음의 결합과 다를 바 없으므로 이중 모음으로 분류할 수 없게 되는 문제가 발생한다.[6] 이후에는 반모음을 자음으로 분류하더라도 마찰음보다는 접근음에 포함하는 태도가 더 보편화되었다. 접근음은 마찰을 동반하지 않는 지속음을 가리키므로 반모음의 음성적 특징과 부합한다. 한편 다소 극단적인 경우에는 반모음을 별개의 음소로 분석하지 않고 단모음(單母音)의 변이음으로 보기도 한다. 이것은 반모음을 단모음과 동일시하는 태도인데, 이럴 경우 모든 중모음(重母音)은 음소 차원에서는 단모음만으로 이루어진 복합적 단위로 분석된다.

일반 언어학적인 차원에서 반모음의 목록에는 크게 'j, w, ɥ, ɰ'의 네 가지가 포함된다. 이들의 음성적 성격은 다음과 같이 구분된다.

	전설	후설
원순	ɥ	w
평순	j	ɰ

---

2) 자음이 반모음으로 바뀌는 현상이 존재하는 언어도 없지는 않으나 모음이 반모음으로 바뀌는 현상에 비해서는 드물다. 단모음이 반모음으로 바뀐다는 것은 그만큼 이 둘의 성격이 가깝다는 것이다.

3) 반모음이 자음적 성격을 더 많이 가졌다면 같은 음절 내에서 자음의 앞, 뒤에 반모음이 올 경우 자음군과 비슷한 음소 연쇄를 이룬다고 할 수 있다.

4) 이러한 현상을 '반모음 삽입(전상범 1975, 김종규1986, 박숙희 1999), glide 현상(조세용 1979), 활음 첨가(조신애 1986, 최윤현 1993, 최명옥·한성우 2001), 활음 삽입(강창석 1992, 최정순1995, 석주연 1996), 과도음 첨가(김정태 1996, 김영선 1997, 이상신 1998), 전이음 삽입(최병선 1997, 조성문 2000, 전상범 2004), 활음소 삽입(최명옥 2004, 하신영 2010), 반모음 첨가(한성우 2005ㄱ, 백두현 외 2013)' 등으로 부른다. '피+어→[피여], 뛰+어→[뛰여]' 등에서 보이는 반모음 첨가, 호격 조사 '아~야'의 교체에서 보이는 반모음 첨가 등이 현대 국어의 대표적인 반모음 첨가 현상이다. 반모음 첨가가 모음 충돌 회피를 위해 일어나는 이상, 반모음은 모음과 모음의 충돌을 막는 역할을 하므로 모음보다는 자음에 가까운 성격을 지닌다고 할 수 있다.

5) 이러한 현상을 '활음 삭제(최명옥 1976ㄴ, 김충회 1982, 이동화 1984ㄱ), 경과음 생략(이광호 1978), 경과음 삭제(이광호 1978), 경과음 탈락(문곤섭 1981), glide 삭제(전광현 1983), 과도음 삭제(배병인 1984, 김정태 1996), 홀홀소리 되기(정영주 1985), 활음 탈락(신기상 1987, 정철 1991, 이병근·최명옥 1997), 과도음 탈락(고동호 1991, 김정태 1996, 이상신 1998), 반홀소리 없애기(신연희 1991, 박정수 1999, 박종덕 2000ㄴ), 활음의 탈락(이기동 1993), 반홀소리 탈락(이근열 1997ㄴ), 반홀소리 없앰(박정수 1999), 활음소 탈락(최명옥 2004, 이금화 2007, 이상신 2007ㄴ)' 등으로 부른다. 반모음 탈락은 자음과 반모음 사이의 음성적 유사성 때문에 일어나므로 이 둘 사이의 관련성을 증명한다고 볼 수 있다.

6) 이중 모음의 정의는 일찍부터 논란이 되어 왔으며 현재까지도 계속 이어지고 있다. 자세한 것은 '이중 모음' 항목을 참조할 수 있다.

혀의 전후 위치와 입술 모양에 따라 네 개의 반모음은 서로 대립하고 있다. 이 중 언어 보편적으로 가장 널리 나타나는 것은 'j'와 'w'이다.[7] 국어의 경우도 반모음 'j'와 'w'를 음소로 설정하는 데에는 별다른 이견이 없다.[8] 그러나 'ɥ'과 'ɰ'에 대한 처리에서는 적지 않은 논란이 있다.

'ɥ'가 음성적으로 국어에 실재한다는 사실은 예전부터 언급되었다. 가령 '위[ɥi], 좌[tʃɥa]' 등과 같이 반모음 'w' 뒤에 단모음 '이'가 오든지 'w' 앞에 경구개음이 오면 'w'가 '이'나 경구개음의 조음 위치에 동화되어 그 변이음이 'ɥ'로 실현된다. 또한 '요, 유'와 같이 반모음 'j' 뒤에 원순 모음 '오, 우'가 후행하면 'j'가 원순 모음의 원순성에 동화되어 역시 'ɥ'가 실현된다. 하나의 음성 'ɥ'가 두 개의 반모음 'j'와 'w'의 변이음 목록에 모두 포함된다는 점이 매우 특이하다.[9]

그런데 'ɥ'는 '껴:[kʲəː](끼+어) ↔ 꿔:[kʼɥəː](뀌+어)' 또는 '꿔:[kʼwəː](꾸+어) ↔ 꿔:[kʼɥəː](뀌+어)'와 같이 다른 반모음과의 차이에 따라 최소 대립쌍을 형성하기도 한다. 이러한 최소 대립쌍은 용언의 극히 일부 활용형에서 제한적으로 나타나지만 이들 단어의 의미 변별에 'ɥ'가 관여한다는 사실을 부인할 수는 없다. 따라서 'ɥ'를 음소 목록에 포함할지 여부가 쟁점이 되고 있는 것이다.

'ɰ'는 이중 모음 '의'의 분석과 밀접한 관련이 있다. 이중 모음 '의'의 분석 태도는 세 가지가 존재한다. 첫째, 단모음 '으' 뒤에 반모음 'j'가 결합된 구조라고 보는 태도, 둘째, 반모음 'ɰ' 뒤에 단모음 '이'가 결합된 구조라고 보는 태도, 셋째, 두 개의 단모음 '으'와 '이'가 결합된 구조라고 보는 태도가 그것이다. 이 중 두 번째 태도를 취할 때 반모음 'ɰ'를 음소 목록에 추가해야 한다. 이럴 경우 'ɰ'는 오로지 단모음 '이' 앞에서만 나타난다는 분포상의 편재성을 지니게 된다.[10]

반모음은 단모음과 결합하여 이중 모음을 이룬다.[11] 그런데 반모음이 단모음 앞에 놓이는 경우와 뒤에 놓이는 경우에 그 성격이 음성학적 또는 음운론적으로 차이가 난다는 지적이 예전부터 있었다.[12] 대표적으로 단모음 앞에 놓인 반모음은 자음적 성격을 더 강하게 가지고 단모음 뒤에 놓인 반모음은 모음적 성격을 더 강하게 가진다는 것이다.[13] 그래서 반모음이 단모음 앞에 오는 것은 이중 모음으로 인정하지 않고 뒤에 오는 것만 이중 모음으로 인정하는 논의까지 존재한다. 이러한 태도가 더 확장되면 단모음 앞에 오는 반모음에는 모라의 자격을 주지 않고 단모음 뒤에 오는 반모

---

7) 기존에 확보된 언어 자료들에 대한 종합적 정보를 제공하는 'http://phoible.org/'에 의하면 'j'는 88%, 'w'는 84%의 언어에 나타난다. 반면 'ɥ'과 'ɰ'는 모두 2%의 언어에서만 나타날 뿐이다.

8) 'j'는 '구개성 반모음, 구개성 활음, 경구개 반모음, 경구개 활음, 전설성 반모음, 전설성 활음, 평순 경구개 반모음, 전설적 활음, 경구개 전이음, 구개 반모음, 구개성 전이음, 구개 활음, 전설적 활음, 입천장 반홀소리', 'w'는 '원순성 반모음, 원순성 활음, 연구개 반모음, 연구개 활음, 원순 연구개 반모음, 원순적 활음, 양순 전이음, 순음 전이음, 양순 연구개 접근음, 후설적 활음, 여린 입천장 반홀소리' 등으로 부르고 있다.

9) 여기에 대해서는 '상보적 분포' 항목에서 별도로 언급한다.

10) 여기서는 'ɥ'과 'ɰ'를 국어의 반모음 체계에 추가해야 할지에 대해 단정적 태도를 취하지는 않는다. 이와 관련된 문제는 이진호(2014ㄷ)에서 부분적으로 다루어졌다.

11) 논의에 따라서는 반모음과 단모음의 결합을 이중 모음으로 인정하지 않기도 한다. 자세한 것은 '이중 모음' 항목을 참조할 수 있다.

12) 단모음 앞에 놓이는 반모음은 'on glide', 뒤에 놓이는 반모음은 'off glide'라고 부르기도 한다. 여기에 대해서는 '활음' 항목을 참조할 수 있다. 幸田寧達(1941)에서는 국어의 반모음 'j'에 국한되기는 하지만, 모음 앞에 올 때에는 짜서 내는 착출음(搾出音), 모음 뒤에 올 때에는 열어 젖히는 개방음(開放音)이라고 하여 구분한 적도 있다.

13) 박옥줄(1985)에서 모음 앞에 있는 반모음을 '반자음', 모음 뒤에 있는 반모음을 '반모음'이라고 불릴 때가 많다고 언급한 것은 이와 통하는 바가 있다.

음에만 모라의 자격을 부여하기도 한다.

③ 용어 설명

'반모음'을 나타내는 용어들은 그 성격에 따라 크게 여섯 부류로 나눌 수 있다.

> (가) 반자음, 반모음, 반모운, 반모반즈, 반홀소리, 반음, 반닿소리, 반원음, 반모음소,
> 반자음소
> (나) 부모음, 버금홀소리, 비성절 모음, 비성절 홀소리, 비성절 모음, 비성절적 모음
> (다) 이동 자음, 경과음, 이동음, 전이 모성, 과도음, 전이음, 전이 모음
> (라) 미끄름 홀소리, 미끄럼소리, 활음소
> (마) 접근음, 순간 접근음
> (바) 무찰 통음, 통음, 근찰음, 유성 스침소리

(가)는 '반모음'이 자음 또는 모음의 성격을 반반씩 가졌다는 의미를 담고 있다. 자음을 기준으로 하는 '반자음' 계열과 모음을 기준으로 하는 '반모음' 계열이 구분된다.[14] 경우에 따라서는 '반모반즈'처럼 자음과 모음 모두를 용어에 담기도 하고 '반음'처럼 자음과 모음 어느 쪽도 용어에 반영하지 않기도 한다. (나)는 일반적인 단모음(單母音)과의 차이를 중시한 것으로 단모음에 비해 성절성이 없다는 반모음의 특징을 중시하고 있다.

(다)~(바)는 모두 반모음의 조음 음성학적 특징을 고려한 용어들이다. (다)는 반모음이 일정한 조음 상태를 유지하지 못하고 전이적인 특징을 가진다는 점을 표현하고 있다. 그래서 '짧은 모음, 순간 모음'과 같은 용어로 반모음을 표시하기도 한다. (라)는 (다)와 비슷하되 이것을 '미끄럼'이라는 구체적인 조음 동작으로 표현하고 있다. (마), (바)는 반모음이 접근음(approximant)의 일종이라는 사실을 중시한 것이다. (마)는 접근음이라는 표현을 용어에 직접 반영했다. (바)의 경우 접근음의 중요한 음성학적 특징이 마찰을 동반하지 않는 지속음(frictionless continuant)임을 고려하여 이러한 사실을 용어에 포함하였다.[15]

④ 관련 항목

모음, 삼중 모음, 이중 모음, 중모음¹, 활음

---

14) '반자음'과 '반모음'은 일반적으로 동일한 개념으로 보지만 太田朗(1959)에서는 반자음에 속하는 음소로는 'l, r, m, n, ŋ', 반모음에 속하는 음소로는 'w, j'를 제시하여 이 둘을 구분되는 개념으로 사용하고 있다. 太田朗(1959)의 반자음은 자음 중 공명음에 속하는 것과 일치한다.

15) (바)의 용어 중 '근찰음, 유성 스침소리'는 마찰을 동반하는 소리를 가리키지만 여타의 마찰음에 비해서는 약한 마찰을 거친다고 이해해야 한다. 龜井孝 外 編(1996)에서는 반모음과 같이 매우 약한 마찰을 동반하는 음을 '약마찰음'이라고 부르고 있다.

반모음화

① 용어의 별칭

국어 일시적[一時的] 닿소리 됨(최현배 1929), 모음의 합음[合音](박상준 1932), Glide 형성 규칙(이병근 1975, 최윤현 1985), 반모음화[半母音化](전상범 1975, 김완진·이병근 1979, 남광우 외 1982), 반모음 형성 규칙(전상범 1975, 김경란 1991), 비모음화[非母音化](김진우 1976), 활음 형성(이병건 1976, 최명옥 1976ㄴ, 강성로 1978), Glide화(송철의 1977, 이병근 1978, 한영균 1985ㄴ), 경과음 형성(이광호 1978, 문곤섭 1981), 과도음 형성(이상억 1979ㄴ, 배병인 1984, 김병욱 1985), 활음화(오종갑 1978ㄱ, 최윤현 1979, 최명옥 1982), 과도음화(이상억 1979ㄷ, 이영길 1983, 김병욱 1985), 모음 수축(이상억 1979ㄷ), 전이음화(최태영 1983, 이재숙 1994, 송기창 1995), 반홀소리 되기(정영주 1985, 허웅 1985ㄴ, 신연희 1991), 활음 현상(조항근 1986), 부음화[副音化](최윤현 1990), 미끄럼소리 되기(김희섭 1991), 이동음 형성(김정영 1992, 이용재 1995), Glide 형성(김정태 1996), 비음절화[非音節化](이병근·최명옥 1997, 최명옥 2004, 김성규·정승철 2005), 과도음 되기(김영선 1997), 반홀소리 형성(박정수 1999), 전이음 형성(윤혜영 2000, 조성문 2000, 전상범 2004), 활음소화(최명옥 2004, 최창원 2006, 이금화 2007), 반모음소화(이금화 2007), 이중 모음화(박선우 2013), 음절 축약(류해리 2015), 모음 축약(류해리 2015), 글라이드화(유소연 2015)

영어 glide formation

② 개념 설명

단모음(單母音)이 서로 인접할 때 모음 충돌을 회피하기 위해 단모음 중 하나를 반모음으로 바꾸는 음운 현상을 가리킨다. 이론적으로는 선행하는 단모음이 반모음으로 바뀔 수도 있고 후행하는 단모음이 반모음으로 바뀔 수도 있다. 선행하는 단모음이 반모음으로 바뀌면 후행하는 단모음과 결합하여 상향 이중 모음이 되고 후행하는 단모음이 반모음으로 바뀌면 선행하는 단모음과 결합하여 하향 이중 모음이 된다.

반모음화의 유형은 반모음의 종류와 직접적인 관련이 있다. 국어의 반모음에는 'j'와 'w'가 있다. 'j'로 바뀌는 반모음화는 'j' 반모음화 또는 전설적 반모음화 등으로 부른다.[16] 'j' 반모음화는 단모음 '이'에만 적용된다. 'w'로 바뀌는 반모음화는 'w' 반모음화 또는 원순적 반모음화 등으로 부른다. 'w' 반모음화는 단모음 '오'와 '우'에 적용된다. 'j'와 '이', 'w'와 '오, 우'는 각각 성절성의 유무를 제외하면 음성학적 특징이 매우 비슷하다.[17] 결과적으로 반모음화는 단모음이 비슷한 성격의 반모음으로 바뀌는 현상이라고 보아도 무방하다.

반모음화는 시기에 따라 적용 양상에 차이를 보인다. 현대 국어의 반모음화는 다음과 같은 모습이다.

---

16) 논의에 따라서는 전설 원순의 반모음 'ɥ'로 바뀌는 반모음화를 인정하기도 한다. 가령 '뛰+어 → 뛔:[t'ɥə:]'의 경우 단모음 '위'가 그에 대응하는 반모음 'ɥ'로 변했다고 보고 'ɥ' 반모음화라고 하는 것이다. 방언에서 보이는 '되+아 → 돠:[tɥa:]'도 같은 유형에 속한다고 해석할 수 있다. 반모음 'ɥ'에 대해서는 '반모음' 항목을 참고할 수 있다.

17) 그래서 극단적인 경우에는 'j'와 'w'를 별도의 음소로 인정하지 않고 단모음과 동일하다고 보거나 단모음의 변이음으로 보기도 한다. 자세한 것은 '반모음' 항목에서 다루고 있다.

(가) 피+어→펴:, 끼+어→껴:, 살피+어→살펴

(나) 꾸+어→꿔:, 보+아→봐:, 싸우+어→싸워

(가)는 단모음 '이'가 'j'로 바뀌는 반모음화이고 (나)는 단모음 '오, 우'가 반모음 'w'로 바뀌는 반모음화이다. 모두 단모음의 연쇄 중 선행하는 단모음이 반모음으로 바뀐다. 이것은 하향 이중 모음이 거의 존재하지 않는 현대 국어의 특성에서 비롯되었다.[18]

반모음화는 주어진 조건에서 반드시 일어나야 하는 필수적 현상은 아니다. 항상 반모음화가 적용되는 환경도 있지만 반모음화 대신 반모음 첨가가 적용되거나 또는 아무런 현상도 적용되지 않는 경우 역시 존재한다. 반모음화의 적용을 결정하는 요인으로는 어간의 음절 수 및 반모음화가 적용되는 음절의 초성 유무를 들 수 있다. 대체로 어간의 음절 수가 2음절 이상이거나 음절 초성에 자음이 안 오는 경우에 반모음화가 잘 일어나는 경향이 있다.

(가)와 (나)는 모두 용언의 어간에서만 반모음화가 일어나고 있다. 이러한 양상이 일반적이지만 방언에 따라서는 체언 뒤에 조사가 올 때에도 반모음화가 일어난다. 가령 김봉국(2000)에서 언급하고 있듯이 강원도 방언 중에는 '다리에→다레[LH·L], 정지에→정제[LH·L], 당초에→당체[LH·L]'와 같이 모음으로 끝나는 체언 뒤에 부사격 조사 '에'가 결합할 때 반모음화가 일어나고 있다. 표면적으로는 체언의 말음인 '이, 오'가 탈락했지만 해당 음절에서 'H·L'의 복합 성조가 실현된 것을 볼 때 반모음화가 일어난 후 다시 반모음 탈락을 거쳤을 가능성이 크다.

중세 국어의 반모음화는 현대 국어와는 상당한 차이가 있다.

(다) 티+어도→텨도, 티+우미→튜미, 쑤미+어→쑤며, 쑤미+우믈→쑤뮤믈

(라) 바+이→배, 바+이라→배라, 부텨+이→부톄, 부텨+이니→부톄니

(마) 오+앗는→왓는, 소+아→솨~소아, 드리우+어→드리워, 싸호+아→싸화

(다), (라)는 'j' 반모음화의 예이고 (마)는 'w' 반모음화의 예이다. 현대 국어와 비교할 때 가장 큰 차이점은 (라)와 같이 단모음 연쇄 중 후행하는 단모음 '이'가 반모음 'j'로 바뀌는 반모음화가 존재했다는 점이다.[19] (라)와 같은 반모음화는 체언 뒤에 주격 조사 '이'나 서술격 조사 '이-'가 결합하는 경우에 흔히 나타나며 이 외에 '셔+이→셰-'와 같은 파생어 형성, '자펴+잇고→자폇고, 뫼화+잇도다→뫼횃도다'와 같은 용언의 활용형들 사이에서도 볼 수 있다. 이처럼 (라)와 같은 반모음화가 적용되면 하향 이중 모음이 만들어진다. 중세 국어의 경우 'j'로 끝나는 하향 이중 모음이 많았기 때문에 현대 국어와 달리 (라)에 속하는 반모음화도 활발히 적용될 수 있었다.[20] (마)와 같이

18) 현대 국어의 유일한 하향 이중 모음 후보로는 '의'가 있다. 그러나 '의'는 다르게 분석하는 경우도 없지 않다. 자세한 것은 '이중 모음'과 '하향 이중 모음' 항목을 참고할 수 있다.

19) 고광모(1991)에서는 후행하는 단모음이 반모음으로 바뀌는 현상을 '착활음화(着滑音化)'라고 부른 적이 있다. '착활음화'의 '착활음'은 'off glide'를 가리키는 것으로 '활음'과 '반모음'을 동일시할 경우 같은 음절 내에서 단모음에 후행하는 반모음을 'off glide'라고 부른다. 자세한 것은 '반모음'과 '활음' 항목을 참고할 수 있다.

20) 중세 국어의 '애, 에, 외, 위'를 이중 모음으로 보더라도 단모음과 'j'의 결합으로 이루어졌다고 해석하지 않고 두 개의 단모음

187

'w'로 바뀌는 반모음화는 'j'로 바뀌는 반모음화에 비해 세력이 약하다. 그래서 1음절 어간 중에는 '오-', 2음절 이상 어간은 반모음화가 일어나는 음절의 초성이 없거나 'ㅎ, ㅇ'과 같은 후음이 초성에 오는 경우에 주로 반모음화가 적용될 뿐이다.

반모음화가 적용되어 단모음이 반모음으로 바뀌면 필연적으로 음절 수가 줄어든다. 이처럼 음절 수가 줄면 그에 대한 보상으로 운소의 변동이 동반되는 경우가 많다. 현대 국어 중 장단이 운소의 기능을 하는 방언에서는 보상적 상모음화가 적용된다. 반모음화에 동반되는 보상적 장모음화는 항상 일어나는 것은 아니고 예외가 존재한다.[21] 또한 성조가 운소의 기능을 담당하는 방언에서는 상승조 또는 하강조와 같은 복합 성조가 실현되는 경우가 있다. 이러한 복합 성조는 대체로 길이가 길기 때문에 보상적 장모음화와 통하는 바가 있다. 중세 국어 시기에도 평성 음절에 반모음화가 적용되어 후행하는 거성 음절과 합쳐지면 평성과 거성이 상성으로 바뀌는 유형이 존재한다.[22]

반모음화는 단모음이 반모음으로 바뀌는 현상이므로 음운 현상의 유형 중 대치에 속한다. 그런데 반모음화를 대치가 아닌 축약으로 분류하는 경우도 많다. 특히 학교 문법에서는 반모음화를 축약으로 기술하는 경우가 압도적으로 많다. 반모음화를 축약으로 분류하는 전통은 기술 문법의 설명을 학교 문법에서 잘못 수용하면서 나타나게 되었다. 초창기 기술 문법에서는 축약을 음절의 축약과 음운의 축약으로 구분하여 반모음화는 음절의 축약으로 보았다. 그런데 이것이 학교 문법으로 수용되는 과정에서 음절의 축약과 음운의 축약을 나누지 않고 하나의 축약으로 통합하게 되었고, 그 결과 반모음화가 축약의 사례로 굳어지게 된 것이다. 음운 변동의 차원에서 본다면 음절 수가 줄었을 뿐 음운의 수는 그대로 유지되므로 축약이 아니라 대치라고 해야 할 것이다.

③ 용어 설명

'반모음화'를 가리키는 용어 중 절대 다수는 '반모음으로 바뀐다'는 의미를 담고 있다. 다만 '반모음'을 가리키는 용어가 워낙 다양하기 때문에 이로 인해 차이가 생기고 있다. '반모음 형성 규칙, 활음 형성, 경과음 형성, 과도음 형성, 과도음화, 전이음화' 등이 모두 여기에 속한다.

'반모음으로 바뀐다'는 의미를 갖지 않은 용어에는 '모음의 합음, 이중 모음화, 모음 수축, 음절 축약, 비모음화, 비음절화' 등이 있다. '모음의 합음, 이중 모음화, 모음 수축'은 단모음 연쇄에 반모음화가 적용되면서 이중 모음 또는 중모음이 만들어진다는 사실을 표현한 용어이다.[23] '음절 축약,

---

으로 이루어졌다고 해석하는 경우가 있다. 그럴 경우 (라)와 같은 현상은 반모음화로 볼 수 없다. 그래서 '반모음화' 대신 '이중 모음화'라는 용어로써 (라)를 지칭하기도 한다. 분절음 차원의 변화는 없고 다만 단모음 연쇄(모음 충돌)가 이중 모음으로 바뀌었다는 것이다. 그러나 '이중 모음화'라는 용어로는 (라)의 '부텨+이→부톄'와 같은 자료를 포괄하지 못한다. '예'는 중세 국어 시기에 이중 모음이 아니라 삼중 모음인 것이다. 게다가 뒤의 '용어 설명'에서 지적하겠지만 '이중 모음화'라는 용어는 다른 용법으로 많이 쓰이고 있다는 점도 걸림돌이 된다.

21) 보상적 장모음화의 구체적인 양상은 '장모음화' 항목을 참고할 수 있다. 반모음화에 결부된 보상적 장모음화의 특이성은 역사적 변화와 밀접한 관련이 있다. 여기에 대해서는 이진호(2011)을 참고할 수 있다.

22) 중세 국어의 성조 축약에 대해서는 '축약' 항목을 참고할 수 있다.

23) 이 중 '이중 모음화'라는 용어는 '이중 모음화' 항목이나 '분열' 항목에서 언급하겠지만 하나의 단모음이 이중 모음으로 바뀌는 현상을 가리키는 데에도 쓰이고 있어서, 반모음화만을 단독으로 지칭하는 데에는 적절하지 않다.

비음절화'라는 용어는 반모음화가 적용되면서 음절 수가 줄어드는 것을 중시하고 있다. '비모음화'는 단모음이 모음의 특성을 잃었다는 데 초점을 맞춘 용어인데, 모음이 아닌 것이 곧 반모음은 아니기 때문에 정확성은 떨어진다.

④ 관련 항목

　　모음 충돌 회피, 반모음, 비음절화

반설음

① 용어의 별칭

> **국어** 반설음[半舌音](『훈민정음』), 반혀쏘리(『훈민정음』), 반혈음(박일삼 1907), 전설음[轉舌音](강위 1869, 김희상 1927), 반혀소리(김두봉 1922, 김윤경 1934ㄴ, 심의린 1949ㄱ), 반혓소리(강매·김진호 1925, 최현배 1959ㄴ, 박형달 1969), 변설음[變舌音](幸田寧達 1941)

② 개념 설명

　　전통적인 성운학에서 초성을 조음 위치에 따라 구분할 때 나오는 부류 중 하나이다. '아음, 설음, 순음, 치음, 후음'의 오음(五音)에는 속하지 않고 반치음과 더불어 칠음(七音)에 속한다. 성운학의 자모 체계에서는 래모(來母)가 여기에 해당한다. 조음 위치로 볼 때 설음과 큰 차이는 없다고 추정된다.[24] 그럼에도 불구하고 설음과 구분되는 부류로 설정한 이유는 명확하지 않다. 다만 성운학의 자모 분류에서 반설음은 조음 방식이 불청불탁에 속하는데, 설음의 경우 불청불탁에 이미 니모(泥母)와 낭모(娘母)가 있기 때문에 이와 구별되는 부류가 필요하다는 사정을 생각할 수는 있다.

　　국어의 반설음에는 'ㄹ'이 있다. 주시경(1908ㄴ : 21)에서는 'ㅿ'도 반설음에 포함했는데 그 이유는 'ㅿ'을 'ㅎㄹ' 또는 'ㄹㅎ'의 합음으로 보기 때문이다. 이런 특이한 태도를 제외하면 반설음으로는 'ㄹ'만 포함된다. 국어의 경우 'ㄹ'은 설측음으로도 실현되고 탄설음으로도 실현된다. 따라서 원래 성운학에서의 반설음이 설측음 'l'만 나타냈던 것과는 차이가 있다. 『훈민정음』에서는 반설음을 경중(輕重)에 따라 반설경음(半舌輕音)과 반설중음(半舌重音)으로 구별하여 반설경음은 'ᄛ', 반설중음은 'ㄹ'로 구별하여 표기할 수도 있다고 한 바 있다.[25] 이러한 구분은 탄설음과 설측음의 차이와 관련된다.

---

24) '반설음'에 대비되는 '설음'을 도수희(1975)에서는 온설음 또는 전설음(全舌音)이라고 부르기도 했다.

25) 『훈민정음』에는 '반설경음'이라는 용어는 나오지만 '반설중음'은 나오지 않는다. 그러나 경중에 따라 구분된다고 했으므로 '반설경음'의 반대는 '반설중음'이 된다.

③ 용어 설명

'반설음'을 가리키는 용어는 성운학에서의 용어를 그대로 가져온 것들이 많다. '반설음, 반혀쏘리, 반혈음, 반혀소리, 반혓소리'가 모두 그러하다.[26] 예외는 '전설음'과 '변설음'의 두 가지이다. '전설음'의 경우 강위(1869)에서 '舌形屈曲閉鼻轉舌卽得此聲'(혀를 구부리고 비강을 막아 혀를 굴리면 이 소리를 얻는다)라고 한 데에서 비롯된 용어이다. 김희상(1927)에서의 '전설음'은 유음을 전설음이라고 부른 것과 관련이 있다. 반설음과 유음은 같으므로 유음에 대해 사용하던 '전설음'을 반설음에 대해서도 사용한 것이다. '변설음'은 정확한 의미를 알기 어렵지만 '설음'과 구분하기 위해 '변(變)'을 덧붙였을 가능성이 높다.

④ 관련 항목

설음, 설측음, 유음, 탄설음

반치음

① 용어의 별칭

> **국어** 반치음[半齒音](『훈민정음』), 반[半]니쏘리(『훈민정음』), 반후음[半喉音](주시경 외 1907~1908), 설후 합음[舌喉 合音](주시경 외 1907~1908), 반설음[半舌音](주시경 외 1907~1908), 설후음[舌喉音](주시경 외 1907~1908, 주시경 1908ㄴ), 반니소리(김두봉 1922), 반[半]닛소리(강매·김진호 1925), 리읏(이탁 1932), 경설치음[輕舌齒音](幸田寧達 1941), 반이소리(김윤경 1934ㄴ, 심의린 1949ㄱ, 류렬 1992), 흐린 시옷(최현배 1970), 반잇소리(허웅·박지홍 1971), 반시옷(김동소 1998, 조규태 1998), 여린 시옷(조규태 1998)

② 개념 설명

성운학에서 초성을 조음 위치에 따라 구분할 때 나오는 부류 중 하나로 '아음, 설음, 순음, 치음, 후음'의 오음(五音)에는 속하지 않고 반설음과 더불어 칠음(七音)에 속한다. 명칭에서도 알 수 있듯이 조음 위치가 치음과 별 차이는 없었을 것으로 보인다.[27] 성운학에서는 성모를 나눌 때 반치음에 해당하는 것을 '일모(日母)'로 부르고 있다. 중국 음운사에서 일모(日母)의 음가는 상당한 변화를 거친 것으로 알려져 있다. 고대에는 치조 부근에서 발음되는 비음(n)이었다가 이후 비음과 마찰음의 연쇄(nʑ)에 해당하는 일종의 자음군으로 바뀌었다고 추정되고 있다. 현대의 중국 방언에서는 주로 마찰음 'ʑ'로 남아 있다.

---

26) '반혈음'은 '반설음'에서 'ㅎ' 구개음화에 대한 과도 교정이 작용한 결과로 보인다.
27) '반치음'과의 대비를 더 명확히 하기 위해 도수희(1975)에서는 '치음'을 '온치음' 또는 '전치음(全齒音)'이라고 했다.

국어의 반치음에 해당하는 자음은 'ㅿ'로 표기되었다. 이 자음은 중세 국어 시기까지 존재하다가 16세기를 거치면서 자음 체계에서 사라진다. 'ㅿ'의 음가는 유성 치조 마찰음 'z'로 보는 것이 일반적이다.[28] 'ㅿ'은 자음 체계에서 성대의 울림 여부에 따라 'ㅅ'과 대립한다. 'ㅿ'과 'ㅅ'은 국어의 자음 중 다른 음운론적 특징은 모두 공유하면서 오로지 성대 울림에 의해서만 구분되는 거의 유일한 자음 쌍이라고 할 수 있다.[29]

국어 'ㅿ'의 기원에 대해서는 두 가지 엇갈린 견해가 공존한다. 하나는 전통적인 견해로 모든 'ㅿ'은 유성음 사이의 'ㅅ'이 유성음화를 거쳐 나왔다는 것이다. 여기에 따르면 기원적으로 'ㅿ'은 존재하지 않았고 'ㅅ'에서 변화한 결과에 불과하다. 그러나 유성음 사이에 있는 'ㅅ'이 모두 'ㅿ'으로 바뀐 것은 아니라는 문제점이 있다.[30] 이것을 해결하기 위해 'ㄹ'이나 반모음 'j' 뒤에 오는 'ㅿ'은 'ㅅ'에서 바뀌었지만 그 이외의 환경에 있는 'ㅿ'은 기원적으로도 'ㅿ'이었다는 대안이 나오게 되었다.[31] 여기에 따르면 가령 모음과 모음 사이에서 'ㅅ'과 'ㅿ'이 모두 나타나는 것은 전혀 이상할 것이 없으며 그런 경우의 'ㅅ'과 'ㅿ'은 기원적으로도 서로 다른 자음이었다고 보게 된다.

'ㅿ'은 현대의 여러 방언에 크게 두 가지 형태로 남아 있다. 동남 방언이나 서남 방언, 동북 방언과 같이 한반도의 변경에 가까운 방언에서는 'ㅿ'이 'ㅅ'으로 남아 있고, 중앙 방언을 중심으로 한 그 이외의 지역에서는 'ㅿ'이 소실되어 'Ø(zero)' 또는 이에 준하는 형태로 남아 있다. 중앙 방언에서 'Ø'에 가까운 형태로 반영된 것은 'ㅿ'이 소실되면서 흔적을 남기지 않고 탈락함으로써 초래된 결과이다. 반면 'ㅅ'으로 남아 있는 것에 대해서는 두 가지 다른 해석이 가능하다. 하나는 해당 방언에서 'ㅿ'이 'ㅅ'으로 변했다는 해석이고, 다른 하나는 해당 방언에서 원래부터 'ㅅ'이었던 것이 그대로 이어졌다는 해석이다. 이 문제는 앞에서 살핀 'ㅿ'의 기원 문제와 직접 관련되어 있다.

③ 용어 설명

'반치음'을 가리키는 용어 중 대다수는 전통적인 성운학에서 사용하던 '반치음'의 취지를 그대로 살리고 있다. '반치음'은 물론이고 '반니소리, 반이소리, 반잇소리' 등이 모두 그러하다. 이 부류에 포함되지 않는 예외로는 '반후음, 설후 합음, 반설음, 설후음, 경설치음, 흐린 시옷, 여린 시옷, 리읏'이 있다. 이 중 '반후음, 설후 합음, 반설음, 설후음'은 그 취지가 동일하다. 이 용어를 사용하는 논의에서는 'ㅿ'을 반설음인 'ㄹ'과 후음인 'ㅇ'이 결합된 거듭소리로 분석한다.[32] 그래서 '설후 합음'

---

28) 'ㅿ'의 음가를 'z'로 보는 입장은 小倉進平(1923)에서 확인이 되나 小倉進平(1923)에서는 'ㅿ'의 음가로 'z' 이외에 반모음 'j' 도 더 추가하였다. 이후 小倉進平은 'ㅿ'의 음가가 'j'라고 입장을 바꾸었다가 1930년대에 와서야 'z'라는 최종 결론을 내린다. 내국인 학자 중에는 최현배(1927ㄴ)에서 특별한 근거 없이 다만 'ㅿ'이 'ㅅ'의 유성음이라고 언급한 바 있다.

29) 논의에 따라서는 고대 국어 또는 백제어의 자음 체계에서 성대 울림에 의해서만 대립되는 자음들이 존재했다고 보기도 하지만 이것은 차자 표기 자료의 해석에 따라 달라질 수 있다. 'ㅿ'과 'ㅅ'은 한글 자료에서 확실하게 확인이 가능한 자음 대립쌍이다.

30) 유성음 사이에서 'ㅅ'이 'ㅿ'으로 바뀌는 변화가 만약 소수 변화라면 유성음 사이의 모든 'ㅅ'이 'ㅿ'으로 바뀔 필요는 없으므로 별다른 문제가 발생하지 않는다. 그러나 이 문제가 쟁점이 되던 당시에는 이런 가능성을 논외로 하고 같은 조건에 있는 음들은 동일한 변화를 거쳐야 된다고 보았기에 대안 모색에 이르게 되었다. 최근 소신애(2012)에서는 이 문제를 음운 변화의 점진성과 결부 지어 살피기도 했다. 즉 유성음 사이의 'ㅅ'은 일거에 'ㅿ'으로 바뀌는 것은 아니며 변화가 점차 확산되는 과정에서 'ㅅ'이 'ㅿ'으로 바뀌지 않은 형태가 남을 수 있다는 것이다.

31) 자세한 것은 이기문(1972)를 참고할 수 있다.

또는 '설후음'이라고 부르기도 하고, 때로는 'ㅿ'을 이루는 'ㄹ'과 'ㅎ' 중 어느 하나에 초점을 두어 '반설음' 또는 '반후음'이라고 하는 것이다.[33]

'흐린 시옷, 여린 시옷, 반시옷'은 모두 'ㅿ'을 'ㅅ'과 대비하여 표현하고 있다는 점에서 공통적이다. '흐린 시옷'의 '흐린'은 유성음을 가리키는 '탁음(濁音)'을 나타내는 것으로 'ㅿ'이 'ㅅ'의 유성음에 해당한다는 의미를 지닌다. '여린 시옷'은 유성음인 'ㅿ'의 강도가 무성음인 'ㅅ'보다 약하다는 뜻이다. 실제 성운학에서도 'ㅅ'은 전청(全淸)이지만 'ㅿ'은 불청불탁(不淸不濁)이라서 강도가 더 약하다. '반시옷'은 '반치음'과 비슷한 구조의 용어이다. '치음' 자리에 '시옷'을 넣으면 '반시옷'이 된다.

이 외에 '경설치음'과 '리읏'이라는 용어도 반치음을 가리키는 데 사용된다. '경설치음'이 나오는 幸田寧達(1941)에서는 일반적인 치음을 '설치음'이라고 부르고 있다. 그리고 반치음의 '반(半)' 대신 '경(輕)'을 '설치음' 앞에 덧붙여 '경설치음'이라고 한 것이다.[34] '리읏'은 이탁(1932)에서만 나오는 독특한 용어로서, 'ㅿ'의 닫는 자리는 'ㅈ(지읒)'과 같고 닫는 범위는 'ㄹ(리을)'과 같다고 보아 '리을'의 '리'와 '지읒'의 '읏'을 합쳐 '리읏'이라고 했다. 음성학적 설명을 시도한 것으로 생각되지만 구체적인 의미를 이해하기는 쉽지 않다.

④ 관련 항목

　　마찰음, 반설음, 치음

반탁음

① 용어의 별칭

> **국어** 탄음[彈音](寶迫繁勝 1880b), 반탁음[半濁音](寶迫繁勝 1880b), 高橋 亨 1909, 송헌석 1909, 임규 1912ㄴ, 박중화 1914, 安藤正次 1927), 반청음[半淸音](島井 浩 1902), 청음[淸音](현공렴 1911) , 차청음[次淸音](임규 1912ㄴ)

② 개념 설명

　일본어학에서 오래 전부터 쓰던 개념이며 오십음도의 ha-행 중 무성음인 'p'로 시작하는 음절들을 가리킨다. 최재익(1906)에서는 닫힌 입술을 강하게 열 때 나오는 음이라고 정의한 바 있다. 경우에 따라서는 'p'로 시작하는 음절 전체가 아닌 해당 음절의 초성 'p'만 가리키기도 한다. 이러한 일

---

32) 정확히는 'ㅎ'이 포함되어 있기 때문에 '섞임거듭소리'가 된다. 자세한 것은 '거듭소리' 항목을 참고할 수 있다.

33) 'ㅿ'을 '반후음'이라고 부르는 것은 『華東正音通釋韻考』에서도 나타난다.

34) 박상준(1932)에서는 'ㅿ'이 조음 방식에서 볼 때 '경마찰음(輕摩擦音)'이라고 했는데, 여기서도 'ㅿ'에 대해 '경(輕)'이라는 표현을 사용하고 있다.

본어학에서의 개념을 국어에 적용하려는 시도가 20세기 전반기에는 종종 있었다. 그리하여 국어의 'ㅂ, ㅍ'이 초성으로 쓰인 음절을 반탁음이라고 부른다든지 또는 'ㅂ, ㅍ'만을 따로 떼어서 반탁음이라고 부르는 경우를 찾을 수 있다.

'p'와 'b'는 조음 위치가 동일하되 다만 무성음과 유성음의 차이만 존재한다. 그러므로 'p'는 청음, 'b'는 탁음이라고 해야 정확하다. 그런데 일본어 오십음도에서 탁음 'b'에 대응하는 청음은 오히려 'h'이다. 'h'는 'b'와 조음 위치가 다르므로 이 두 자음은 유성과 무성으로 대립할 수 없지만 용어상으로는 유성음과 무성음의 대립짝인 것처럼 되어 있다. 그 대신 'b'의 무성음 'p'는 청음이라고 하지 않고 '반탁음'이라고 하고 있다.

이처럼 'p, b, h'의 음성학적 관계와 오십음도에서의 용어가 서로 대응하지 않는 데에는 일본어 음운사의 특수한 이유가 있다. 金田一京助(1932)에 따르면 원래는 'p'가 탁음인 'b'에 대응하는 청음으로 존재했다. 그러다가 'p'가 역사적으로 'f, ʍ'를 거쳐 'h'로 바뀌면서 탁음 'b'의 청음은 'h'가 되었다. 또한 현재의 'p'는 헤이안(平安) 시대에 새로 출현하였는데, 'b'의 청음 짝으로는 이미 'p'로부터 바뀐 'h'가 있기 때문에 새로 생긴 'p'는 청음이라고 하지 못하고 반탁음이라고 하게 되었다는 것이다.

③ 용어 설명

'반탁음, 반청음'은 모두 청음과 탁음의 중간임을 뜻한다.[35] 이렇게 표현하게 된 이유는 앞서 언급한 것처럼 일본어 음운사의 사정에서 비롯되었다. '청음'은 'p'가 무성음인 것을 고려한 용어이지만 청음에는 'p'만 존재하는 것이 아니기 때문에 범위가 너무 넓은 용어이다. '차청음'은 'p'를 발음할 때 음의 세기가 세어서 청탁에 따른 음의 부류 중 '차청'과 비슷하다는 점을 반영하고 있다. '탄음'은 닫힌 입술을 강하게 튀겨서 낸다는 의미를 담고 있다.[36]

④ 관련 항목

무성음, 양순음, 유성음

---

35) 반탁음이라는 용어는 특별한 의미로 쓰이기도 한다. 高橋亨(1909)에서는 'ㄱ, ㄷ, ㅂ, ㅈ'이 유성음화의 적용을 받아서 유성음으로 실현되었을 때 이것을 '반탁음'이라고 불렀다. 藥師寺知矓(1909)에서는 이것을 '경탁음(輕濁音)'이라고 했다. 이와 대비하여 일본어에 존재하는 원래부터 유성음인 자음(또는 그런 유성음으로 시작하는 음절)에 대해서는 '순탁음(純濁音)'이라는 용어를 쓰기도 했다.

36) 송헌석(1909)에서 이러한 설명을 하고 있다.

반폐모음

① 용어의 별칭

국어 반닫홀소리(김두봉 1922, 이극로 1932ㄴ), 반폐모음[半閉母音](이극로 1934, 최현배 1937ㄱ, 편집실 1938ㄷ, 寺川喜四男 1950, 小林智賀平 1952, 日本音聲學會 編 1976), 반닫은 홀소리(최현배 1937ㄱ, 이영철 1948, 허웅 1968ㄴ), 반폐구음[半閉口音](박승빈 1931), 반닫은 소리(박종우 1946, 정재도 1952, 최현배 1970), 반쯤 닫힘의 소리(김윤경 1948ㄱ), 반협모음[半狹母音](服部四郎 1951, 김완진 역 1958, 梅田博之 1963, 日本音聲學會 編 1976, 황희영 1979, 양원석 1993), 중폐모음[中閉母音](東條操 1965), 중승원음[中升元音](日本音聲學會 編 1976), 중소간극 모음(한문희 1979), 턱반좁힌 홀소리(황희영 1979), 반닫힌 홀소리(황희영 1979), 반닫힌 모음(남광우 외 1982, 이현복 1989), 반고모음(최윤현 1993), 중고모음(이호영 1996, 신지영 2000ㄱ, 이문규 2004), 반폐음(레프 콘체비치 2001), 반폐모음소(최명옥 2004), 반닫힌 모음(이주행 2008)

영어 half-close vowel, close-mid vowel

② 개념 설명

단모음의 분류 기준 중 입의 벌림을 통해 단모음을 네 부류로 나눌 때 그중 두 번째로 입을 적게 벌리는 모음을 가리킨다. 국어의 반폐모음에 어떤 모음이 속하는지는 최소 2개에서 최대 4개까지 조금씩 차이가 있다. 김두봉(1922)는 '에, 오', 최현배(1937ㄱ)은 '에, 외, 오', 이철수(1990)에서는 '에, 오, 외, 어'를 반폐모음으로 보았다.[37]

③ 용어 설명

'반폐모음'을 나타내는 용어들은 대부분 '폐모음'을 가리키는 용어 앞에 '반(半)' 또는 '중(中)'을 의미하는 수식어를 붙이고 있다. 예외적으로 '반고모음'과 '중고모음'은 혀의 높낮이를 기준으로 한 '고모음' 앞에 각각 '반과 '중'을 덧붙였다. '중승원음'은 중국에서 쓰이는 용어인데, '승원음'이 고모음 또는 폐모음에 해당하므로 그 취지는 다른 용어들과 동일하다.

④ 관련 항목

개모음, 폐모음, 반개모음, 중모음^2

---

37) 이때의 '어'는 장모음에 국한된다. 짧게 발음하는 '어'는 반폐모음에 속하지 않는다.

받침

① 용어의 별칭

> **국어** 받침(주시경 1906, 김희상 1927, 최현배 1932ㄱ), 밧침(安泳中 1906, 김희상 1911, 남궁억 1913), 바침(김희상 1911, 장지영 1930), 받힘(김두봉 1916, 이상춘 1925, 장지영 1937), 철미[綴尾](金澤庄三郞 1917~1918), 종성[終聲](崔在翊 1918, 조선총독부 1921, 장지영 1930), 바팀(안확 1922, 박승빈 1931), 밧팀(안확 1923), 미음[尾音](안확 1923), 지음 [支音](최현배 1932ㄱ), 말음[末音](박홍길 1961), 말미음[末尾音](日本音聲學會 編 1976), 꼬릿소리(표준국어대사전), 종자음[終子音](표준국어대사전)

② 개념 설명

표기법상 모음을 나타내는 글자 아래에 받쳐서 적는 글자를 가리킨다. 형태소의 마지막 음절에 표기되는 받침은 후행하는 형태소에 따라 연음이 되어 후행 음절의 초성으로 발음되기도 하고 또는 표기대로 종성으로 발음되기도 한다. 특히 종성에 놓일 경우에는 국어의 음절 구조 제약으로 인해 'ㄱ, ㄴ, ㄷ, ㄹ, ㅁ, ㅂ, ㅇ' 중 하나로만 발음된다.

받침의 종류는 하나의 자음을 나타내는 것과 두 개의 자음을 나타내는 것으로 나뉜다. 하나의 자음을 나타내는 것은 다시 홑받침[38]과 쌍받침으로 구분한다. 홑받침은 'ㄱ, ㄴ, ㄷ, ㄹ' 등과 같은 일반 자음을 나타내는 받침이고 쌍받침은 'ㄲ, ㅆ'과 같이 경음을 나타내는 받침이다. 두 개의 자음을 나타내는 것은 겹받침이라고 한다.[39] 겹받침은 소위 자음군을 표시한다. 'ㄳ, ㄵ, ㄺ' 등과 같은 예가 있다.

③ 용어 설명

'받침'을 가리키는 용어는 크게 두 가지이다. 하나는 '철미, 종성, 미음, 말음, 말미음' 등과 같이 마지막에 있는 소리라는 의미를 담은 것이고 다른 하나는 '받침, 지음'과 같이 받쳐서 적는다는 의미를 담은 것

---

[38] '홑받침'을 나타내는 용어에는 '단지음[單支音](유길준 1909), 홋밧침(남궁억 1913, 이규백 1926), 단[單]밧팀(안확 1923), 홋바침(리필수 1923, 이희승 1933, 심의린 1936), 단종성[單終聲](이규백 1926, 신명균 1929, 조선총독부 1930), 홑바침(박상준 1932), 하나받침(이희승 1939ㄱ, 김민수 외 1960ㄱ, 한국국어교육연구회 1964ㄴ), 홑받침(심의린 1949ㄱ), 혼바침(이필수 1956)'이 있다.

[39] '겹받침'을 가리키는 용어에는 '복지음[複支音](유길준 1909), 거듭끝소리(김두봉 1922), 거듭받힘(김두봉 1922), 쌍[雙]밧팀(안확 1923), 겹바침(리필수 1923, 이극로1934), 끝소리의 겹소리(강매·김진호 1925), 거듭 받침(이규백 1926, 김희상 1927), 중종성[重終聲](崔在翊 1918, 이규백 1926, 李完應 1926, 신명균 1929, 이완응 1929), 둘밧침(崔在翊 1918, 조선총독부 1921, 李完應 1926, 鄭國采 1926, 이완응 1929), 이중 종성[二重 終聲](조선총독부 1921), 종성[終聲]의 중복음[重復音](魯機柱 1924), 쌍종성[雙終聲](鄭國采 1926, 김우불 1937, 권재선 1992), 복종성[複終聲](조선어연구회 1930, 편집실 1938ㄴ, 油谷幸利 1981), 둘바침(박상준 1932, 심의린 1936, 대한어문연구회 1954), 쌍음 종성[雙音 終聲](홍기문 1933), 이자병서[異字並書] (최현배1936ㄴ), 둘받침(일치인 1937, 이희승 1939ㄱ, 심의린 1949ㄱ), 쌍[雙]받침(일치인 1937, 전몽수1938, 김형규 1946), 겹받침(편집실 1938ㄴ, 김형규1947, 이숭녕1956ㄴ), 종성 중복음[終聲 重復音](정인승 1940ㄱ), 이중 종성[二重 終聲](河野六郞 1945), 겹바침(이필수 1956), 복합 자음(안병희 1959), 합용 종성[合用 終聲](유창돈 1959ㄴ), 어중 자음군(최학근 1962ㄴ), 이중음[二重音](홍기문 1962), 이중 받침(편집부 1963), 복자 종성[複字 終聲](전재호 1966), 겹자음(허웅 1968ㄱ, 박종희 1985ㄱ), 복합 종성[複合 終聲](허웅 1968ㄱ), 종성 중자음(김충효 1987), 겹종성(권재선 1992)' 등이 있다.

이다. 전자는 위치에 초점을 둔 것이라면 후자는 기능에 초점을 둔 것이라고 할 수 있다.

④ 관련 항목

음절, 자음¹, 종성

발동부

① 용어의 별칭

국어 숨 쉬는 데(최현배 1937ㄱ, 이은정 2005), **호흡부**[呼吸部](최현배 1937ㄱ, 이은정 2005), **원동 기관**[原動 器官]
(市河三喜·河野六郎 1951), **시발자**[始發者](양동휘 1967), **발동부**[發動部](허웅 1968ㄱ, 김영송 1972, 이윤동 1983),
기동부[起動部](김영송 1972, 이은정 1975), **호흡 기관**[呼吸 器官](日本音聲學會 編 1976, 전상범 1985ㄱ, 한수정 2007),
발동 기관(김무림 1992, 최윤현 1993, 이호영 1996), **기동 기관**[起動 器官](양순임 2001ㄱ), **기동체**[起動體](양순임
2001ㄱ)

영어 initiator, generator

② 개념 설명

말소리를 내는 데 필요한 공기의 흐름을 만들어 내는 기관이다. 말소리가 시작되는 출발점을 가리킨다. 숨을 쉬는 데 필요한 공기는 전부 폐에서 만들어지지만 말소리의 출발점은 폐뿐만 아니라 성대 또는 연구개도 가능하다. 폐가 발동부로 작용할 경우에는 'pulmonic airstream mechanism',[40] 성대가 발동부로 작용하는 경우에는 'pharyngeal airstream mechanism' 또는 'glottalic airstream mechanism',[41] 연구개가 발동부로 작용하는 경우에는 'velaric airstream mechanism'[42]이라고 한다. 또한 폐, 성대, 연구개를 발동부로 하여 나오는 음들을 각각 '부아소리, 폐소리', '목소리, 성문소리', '입소리, 입안소리, 연구개소리'라고 부른다. 세 가지 발동부에서는 들숨을 이용해 소리를 낼 수도 있고 날숨을 이용해 소리를 낼 수도 있으므로 총 6가지 유형의 소리가 구분될 수 있다.[43] 이 중 폐가 발동부인 경우에는 들숨을 이용하여 내는 소리가 없고 연구개가 발동부인 경우에는 날숨을 이용하여 내는 소리가 없기 때문에 실제로는 4가지 유형만 나오게 된다. 국어의 경우에는 오로지 폐를 발동부로 하여 날숨만을 이용해 소리를 낸다. 이러한 유형이 언어 보편적으로도 가장 흔하다.

---

40) 'pulmonic airstream mechanism'은 '폐장기류기작(肺臟氣流機作), 폐강기류기구(肺腔氣流機構), 폐기류기구' 등으로 번역되고 있다.

41) 'pharyngeal airstream mechanism'이나 'glottalic airstream mechanism'은 '성문기류기작(聲門氣流機作), 후두기류기구(喉頭氣流機構), 인강기류기구(咽腔氣流機構)' 등으로 번역된다.

42) 'velaric airstream mechanism'은 '구강기류기구(口腔氣流機構), 연구개기류기작(軟口蓋氣流機作), 연구개기류기구(軟口蓋氣流機構)' 등으로 번역된다.

43) 들숨을 이용하여 내는 소리를 '들숨소리, 흡기음, 흡입음(ingressive sound)', 날숨을 이용해서 내는 소리를 '날숨소리, 배기음, 호기음(egressive sound)'이라고 한다.

③ 용어 설명

'발동부'를 지칭하는 용어는 크게 두 가지로 나눌 수 있다. 하나는 '숨 쉬는 데, 호흡부, 호흡 기관'과 같이 호흡을 하는 기관과 동일시하는 것이다. 국어의 경우 발동부는 폐밖에 없으므로 이렇게 표현해도 문제가 없지만 폐 이외의 다른 기관을 발동부로 이용하는 언어의 경우에는 발동부와 호흡 기관이 일치하지 않을 수 있으므로 쓰임새가 한정된다는 문제가 있다. 나머지 한 계열의 용어는 번역어의 성격을 지닌다. '원동기관, 시발자, 발동부, 기동부' 등은 모두 'initiator'나 'generator'를 번역한 용어이다.

④ 관련 항목

내파음, 발성부, 방출음, 조음부, 흡착음

발성부

① 용어의 별칭

국어 조성부[調聲部](이극로 1937ㄴ), 소리 내는 데(최현배 1937ㄱ, 허웅 1958, 이은정 2005), 발생 기관[發生器官](市河三喜·河野六郎 1951), 발음부[發音部](최현배 1937ㄱ), 발성 기관[發聲 器官](市河三喜·河野六郎 1951, 이희승 1955, 東條操 1965, 日本音聲學會 編 1976, 전상범 1985ㄱ, 김무림 1992), 발성부[發聲部](허웅 1958, 이현복 1989, 이기백 1991), 발성체[發聲體](양순임 2001ㄱ), 후두부(한수정 2007)

영어 phonator

② 개념 설명

폐에서 나온 공기의 흐름을 말소리로 바꾸어 주는 역할을 하는 기관이다. 후두가 발성부의 역할을 담당한다. 후두에 있는 성대의 성문 사이를 공기가 통과하면서 발성 과정이 이루어진다. 이때 성대와 성문의 상태 등에 따라 여러 가지 소리의 변형이 이루어지면서 유성음, 무성음, 짜내기 소리, 중얼거림 등의 구별이 이루어진다. 대부분의 소리들이 성문을 통과하면서 발성 과정을 거치지만 성대나 연구개가 발동부로 작용하는 음들은 기류가 성문을 통과하지 않으므로 발성 과정을 따로 거치지 않는다.

③ 용어 설명

'발성부'는 그 기능을 고려하여 말소리로 바꾼다든지 또는 말소리를 낸다는 의미를 가진 용어들이 대부분이다. 유일한 예외는 '후두부'이다. 이것은 발성부에 속하는 기관을 직접 노출한 용어이다.

④ 관련 항목

발동부, 조음부, 후두

방점

① 용어의 별칭

국어 방점[傍點](지석영 1907, 남광우 1953, 강길운 1955), 가점[加點](강매 1921), 좌측 가점[左側 加點](鄭國采 1926), 성조점[聲調點](河野六郎 1945, 권재선 1992), 성표[聲標](홍기문 1947), 성점[聲點](河野六郎 1951, 남광우 1953, 中村完 1962, 長田夏樹 1966, 박병채 1990, 김영만 1996), 방점[旁點](河野六郎 1951, 남광우 1953, 허웅 1955, 이숭녕 1964), 좌점[左點](남광우 1953, 김민수 1960), 사성점[四聲點](남광우 1953, 강길운 1955, 이희승 1955), 소리 높임 점(권재선 1992), 가락점(류렬 1992), 운점[韻點](김영만 2002)

② 개념 설명

15세기에 한글을 창제했을 때 소리의 높낮이를 표시하기 위해 각 음절의 왼쪽에 찍어 놓은 점을 가리킨다. 낮은 소리인 평성은 점을 안 찍고, 높은 소리인 거성은 1점, 처음이 낮았다가 나중이 높은 상성은 2점을 찍는다. 이처럼 방점은 크게 세 가지의 높낮이를 구분할 수 있다. 방점은 16세기 문헌까지 표기되다가 그 이후 사라진다.

국어 연구 초창기에는 방점이 소리의 높낮이가 아닌 길이를 나타낸다고 보는 견해가 우세했다. 주시경(1908ㄴ)에서는 세 가지 방점에 맞춰 당시의 장단은 가장 긴 것(最長者), 조금 긴 것(稍長者), 보통의 것(平常者)이라는 세 유형이 있었다고 본 적도 있다. 소리의 높낮이와 길이를 동시에 나타낸다고 보는 견해 역시 존재한다. 문효근(1963)에서는 0점은 짧고 낮은 음, 1점은 짧고 높은 음, 2점은 길고 중간 높이의 음을 가리킨다고 보았다. 그러나 현재는 소리의 높낮이만을 가리킨다고 보는 견해가 압도적이다.

방점을 찍는 전통은 중국에서 비롯되었을 가능성이 있다. 중국에서는 예전부터 하나의 한자가 서로 다른 음(성조까지 포함)을 가질 때 그것을 구분하기 위해 한자의 네 귀퉁이에 권점인 '°'을 찍어 사성(四聲)을 구별하는 전통이 있었다.[44] 이러한 용법은 일본에도 전래되었으며 특히 후대에 유

---

44) '권점'은 '권점[圈點](남광우 1955ㄱ, 정경일 1990, 藤本幸夫 1992, 이은정 2005), 성점[聲點](日本音聲學會 編 1976, 小松英雄 1981, 이은정 2005), 권표(圈標)(정영호 1994, 안병희 2003), 돌림(안병희 2003), 권성[圈聲](정영호 1994, 안병희 2003, 이현희 2005), 성부[聲符](이은정 2005), 점발[點發](이은정 2005), 권발[圈發](이은정 2005)' 등으로 불린다. 논의에 따라서는 '권점'과 '권성'의 의미를 구별하여 '권점'은 점 자체를 가리키고 '권성'은 권점을 통해 그 음을 나타내는 것을 가리키기도 한다. 일반적으로 하나의 한자가 성조에서 구별되는 둘 이상의 음을 가지고 있을 때 사성을 나타내는 권점을 통해 어떤 음으로 읽어야 할지를 알려 준다. 권점이 좌하(左下)에 있으면 평성, 좌상(左上)에 있으면 상성, 우상(右上)에 있으면 거성, 우하(右下)에 있으면 입성을 나타낸다. 가령 '復'은 '부'와 '복'이라는 음을 가지고 있는데 '復'의 '우하' 위치에 권점이 있으면 입성을 가리키므로 '부' 대신 '복'으로 읽게 된다. 권점의 위치와 사성(四聲)의 관계는 『훈몽자회』의 「平上去入定位之圖」에도 잘 나타나 있다.

성음인 탁음을 표시하는 탁점의 유래가 되었다고 한다. 아무튼 중국에서 성조를 구분하여 표시하던 용법과 한국에서의 방점은 관련성이 있을 수 있다.

③ 용어 설명

'방점'을 가리키는 대표적인 용어는 '방점'이 가장 널리 쓰이고 있다. 글자 곁에 찍는 점이라는 의미를 담고 있다. '좌측 가점, 좌점'은 점의 위치까지 좀 더 구체적으로 드러낸 용어이다. 수적으로 가장 많은 것은 '성조점, 성표, 성점, 사성점, 가락점, 운점' 등과 같이 방점의 기능이 소리의 높낮이를 나타낸다고 표시하는 용어들이다.

④ 관련 항목

고저, 성조

방출음

① 용어의 별칭

국어 토출 자음[吐出 子音](편집실 1938ㄷ), 방출음[放出音](服部四郎 1951, 筧壽雄·今井邦彦 1971, 김영송 1972, 日本音聲學會 編 1976, 박종희 1983ㄱ, 이영길 1983), 방출 자음(임환 1959), 목소리(김영송 1974), 성문화 폐쇄음[聲門化 閉鎖音](日本音聲學會 編 1976), 내뿜는 소리(황희영 1979, 구현옥 1999), 내뜨림소리(황희영 1979), 성문화음(박종희 1983ㄱ), 분출음[噴出音](이현복·김기섭 역 1983, 전상범 1985ㄱ, 조성식 편 1990), 성문 폐쇄음(최윤현 1993), 토출음(국립국어연구원 1996)), 폐날숨 목소리(이호영 1996), 성문화 자음(이은정 2005)

영어 ejective

② 개념 설명

성대를 발동부로 하여 날숨을 이용해서 내는 자음을 가리킨다. 방출음이 일반적인 자음들과 다른 점은 발동부가 폐가 아니라 성대라는 점이다. 즉 성대 사이를 닫아 성문을 막은 상태에서 주위 근육이나 연골을 이용하여 성대를 위로 올리면 그 압력에 의해 공기가 밖으로 나가면서 소리가 나오게 되는 것이다. 방출음은 조음 방식이 파열음인 경우가 많지만 경우에 따라서는 마찰음 또는 파찰음도 있을 수 있다. 국어에는 방출음이 없다고 보는 편이 일반적이지만 일부 논의에서는 경음이 방출음의 일종이라고 보기도 하고, 중세 국어의 합용 병서가 나타내던 음가가 방출음이었다고 보는 견해도 있다.

③ 용어 설명

 '방출음'을 가리키는 용어 중 절대 다수는 '토출 자음, 방출음, 방출 자음, 내뿜는 소리, 내뜨림소리, 분출음, 토출음'과 같이 공기를 뿜는다는 의미를 지니고 있다. 방출음을 발음할 때 성대 윗부분의 공기 압력이 높아지면서 방출되면 공기가 밖으로 흐른다는 사실을 표현하고 있다. 다만 이 계열의 용어들은 방출음의 가장 큰 특징인 발동부가 성대라는 점은 용어 속에 반영하지 못한다. 오히려 여기에 속하지 않는 나머지 용어들 중 '목소리, 성문화 폐쇄음, 성문화음, 성문 폐쇄음, 성문화 자음'은 방출음의 조음에 성대 또는 후두가 깊이 관여한다는 사실을 잘 드러내고 있다. 그러나 '성문화'라는 표현만으로는 방출음의 특성을 정확히 반영하는 데 한계가 있다.

④ 관련 항목

 내파음, 발동부, 파열음, 폐쇄음, 흡착음

변별적 자질

① 용어의 별칭

> 국어 변별적 특징[辨別的 特徵](服部四郎 外 1957, 日下部文夫 1962, 현평효 1964, 中田祝夫 1972, 정인섭 1973), 시차적 특징[示差的 特徵](黑田巍 譯註 1958, 太田朗 1959, 양동휘 1967, 牧野成一 譯 1970), 변별적 자질[辨別的 資質](김완진 1967, 성백인 1968, 허웅 1968ㄱ, Ramsey 1974), 변별 자질[辨別 資質](이혜숙 1968, 김영송 1971ㄱ, 배양서 1971), 특소[特素](배양서 1969ㄱ), 시차적 자질[示差的 資質](이병근 1970ㄴ, 김완진 1972ㄴ, 이병건 1976), 성소[聲素](김진우 1971), 변별적 음성 자질(허웅·박지홍 1971), 음운 소성[音韻 素性](筧壽雄·今井邦彦 1971), 변별적 소성[辨別的 素性](筧壽雄·今井邦彦 1971, 小泉保·牧野勤 1971, 이은정 1975, 田中春美 外 1975, 변영식 1977), 관여적 특징[關與的 特徵](小泉保·牧野勤 1971, 龜井孝 外 編 1996), 시차 특징[示差 特徵](橋本萬太郎 1972), 시차 변별적 특질(문양수 1974ㄱ), 변별적 특질(최명옥 1974, 류영숙 1988), 시차적 소성(이은정 1975), 변별 특징[辨別 特徵](日本音聲學會 編 1976, 橋本萬太郎 1977, 이상억 1984, 이은정 2005), 시차적 특성(日本音聲學會 編 1976), 변별 소성[辨別 素性](大橋保夫 1977, 林榮一·間瀬英夫 譯 1978, 龜井孝 外 編 1996), 변별적 특성(황희영 1979), 변별적 바탕(허웅 1984, 박정수 1999), 변별적인 소리 바탕(허웅 1984), 음운 자질(홍윤표 1985ㄱ, 강창석 1992, 배주채 1996ㄱ), 변별적인 자질(박창원 1986), 시차 특성[示差 特性](류영숙 1988), 시차적 표식(최명옥 1992ㄴ), 변별 바탕(김형철 1994, 박정수 1999), 변별적 소리 바탕(박정수 1999)
>
> 영어 distinctive feature

② 개념 설명

 한 음소를 이루는 여러 가지 음성적 특징을 바탕으로 설정한 자질(feature) 중에서 서로 다른 음소들을 구별해 주는 기능을 하는 자질을 가리킨다. 각각의 음소들이 가진 음성적 특징들을 그에 대응하는 '자질'로 설정하여 모든 음소를 자질의 묶음으로 표시할 수 있도록 하는 방법론은 20세기 중반부터 널리 유행하였다. 마치 원자의 결합이 물질을 이루듯 자질의 결합이 음소를 이룬다고 해석한 것이다.

한 음소를 이루는 음성적 특징은 매우 다양하며 이것들을 모두 자질로 설정하는 것이 불가능하지는 않지만 이 중 언어학적으로 의미 있는 것은 음소들의 변별에 직접 관여하는 자질들이다. 그래서 이러한 자질들을 변별적 자질이라고 부르고 언어 분석에 적극적으로 활용하게 되었다. 이러한 방법론은 인간의 모든 언어를 공통적으로 기술하고자 하는 보편 문법의 추구와 무관하지 않다. 모든 언어의 음소들을 적은 수의 변별적 자질로 기술하게 된다면 객관적이면서도 보편적 연구가 가능해지는 것이다. 실제로 언어마다 음소의 차이는 있을지라도 활용하는 변별적 자질은 크게 다르지 않다.

변별적 자질은 음소의 구분과 직결되기 때문에 자음이나 모음의 분류 기준과 통하는 바가 많다. 가령 자음을 이루는 변별적 자질들은 자음의 조음 위치나 조음 방식과 같은 자음의 분류 기준에 따라 구별된다. 모음 역시 마찬가지이다. 혀의 높낮이나 전후 위치, 입술 모양 등을 규정하는 변별적 자질들이 따로 존재하는데, 이것은 곧 모음의 분류 기준을 자질로서 구체화한 것에 다름 아니다.

각각의 변별적 자질은 '+, −' 표시로 나타낸다. 가령 '[F]'라는 변별적 자질이 있다면 '[+F], [−F]'와 같이 표시한다. '+'는 그러한 특징이 있음을 나타내고 '−'는 그러한 특징이 없음을 나타낸다.[45] 이처럼 변별적 자질은 이분법적인 특징을 지닌다. 하나의 변별적 자질은 그 자질을 가진 부류와 그렇지 않은 부류만 구분할 뿐, 제삼의 부류를 가리킬 수는 없다. 만약 변별적 자질의 수가 N개라면 이 N개의 변별적 자질이 결합하여 2^N개의 음소를 구분해 줄 수 있다. 그러므로 음소의 수보다 훨씬 적은 수의 변별적 자질만 있어도 음소 변별에 문제가 없다.

변별적 자질의 '변별적'은 음소를 변별한다는 의미를 지닌다. 한 음소를 이루는 음성적 특징 중 해당 언어에서 음소의 변별에 관여하지 않는 것이 있으면 이것은 자질로 표시하더라도 변별적 자질이라고 볼 수 없다. 가령 성대의 진동과 관련된 '[유성성(voiced)]'은 중요한 자질 중 하나로서 많은 언어에서 변별적 자질로 설정되고 있다. 그러나 국어의 경우에는 유성음과 무성음이 구별이 있다고 하더라도 이것이 서로 다른 음소를 구별해 주지는 않는다. 즉 나머지 변별적 자질 값은 모두 같고 오로지 '[유성성]' 자질에서만 '+'와 '−'라는 차이를 가짐으로써 구별되는 음소 쌍은 국어에 없는 것이다. 그런 점에서 '[유성성]'은 국어의 변별적 자질은 되지 못한다.

변별적 자질을 사용해서 얻는 이점은 다양하다. 우선 성질이 비슷한 음소들을 묶을 때 매우 편하다. 변별적 자질은 해당 자질 값을 공유하는 음들을 간단하게 표시해 줄 수 있다. 또한 변별적 자질

---

45) 변별적 자질의 '−' 값을 적극적으로 해석하는 입장은 '−'가 단순히 해당 자질의 특징을 가지지 않음을 나타낸다기보다는 '+'가 아닌 특징을 나타낸다고 이해하기도 한다. 가령 [비음성]이라는 자질의 경우 [−비음성]은 비강으로 공기가 흐르는 특징을 가지지 않은 것이 아니고 공기가 구강으로만 흐르는 특징을 가진다고 해석하는 것이다.

을 사용하면 음성적으로 대립되는 음소들의 차이도 쉽게 드러내는 것이 가능하다. 음소들의 차별성은 관련된 변별적 자질 값의 '+, −'로 표시되므로 차이점이 분명히 나타나는 것이다. 이 외에 음운 현상에서 어떤 차이가 바뀌는지 또는 인접음들 사이의 영향 관계가 어떠한지를 나타내는 데에도 유리하다. 음운 현상에서 바뀌는 특징은 곧 변별적 자질 값의 변동을 의미하며, 인접음들 사이의 동화나 이화 등도 공유하거나 차이 나던 변별적 자질 값이 달라지거나 같아지는 쪽으로 구체화된다. 그러므로 음운 현상의 성격을 파악하는 데 훨씬 편리한 점이 많다.

국어 음운론에 활용되는 변별적 자질의 목록은 상당히 다양한 편이다. 여기서는 이 중 자주 거론되어 온 자질들을 크게 주요 부류를 분류하는 자질, 자음을 분류하는 자질, 모음을 분류하는 자질의 세 부류로 나누어 살필 것이다.[46] 일반 언어학적으로는 운소와 관련된 자질을 따로 설정하기도 하지만 국어 음운론 연구에서는 적극적으로 활용된 바가 없어서 제외하기로 한다.

§ 주요 부류(major class)를 분류하는 자질

'주요 부류'란 자음이나 모음, 반모음과 같이 성격이 구분되는 큰 범주의 음소 집합을 가리킨다. 주요 부류의 수가 3개이므로 주요 부류를 구별하는 변별적 자질도 2개면 충분하다. 그런데 변별적 자질의 종류는 논의에 따라 차이가 난다. 아래에 제시하는 것은 지금까지 주요 부류를 구별하기 위해 제안된 변별적 자질들을 모은 것이다.[47]

○ [자음성(consonantal)][48] : 조음적으로는 기류가 성도(vocal tract)에서 방해를 받으며 음향적으로는 전체 에너지가 낮다는 특성을 지닌다. 자음은 '+',[49] 단모음(單母音)이나 반모음은 '−'이다.

○ [모음성(vocalic)][50] : 조음적으로는 구강에서 기류가 방해를 받지 않으며, 음향적으로는 분명한 음형대(formant)가 존재한다는 특성을 지닌다. 단모음 및 유음은 '+', 유음을 제외한 자음들과 반모음은 '−'이다.[51]

○ [성절성(syllabic)][52] : 음절의 중성 역할을 할 수 있다는 특성을 지닌다. 단모음 및 성절성 자음

---

46) 여기서는 기존에 이용되던 변별적 자질들을 모두 모아서 살피기 때문에 개별 논의에서 한 언어의 기술에 활용하는 변별적 자질의 목록보다는 그 수가 더 많음을 염두에 두어야 한다.

47) 주요 부류 자질로 '[자음성], [모음성], [성절성]'의 3개만 제시했으나 여기에 '[공명성]'을 추가하는 경우도 있다. '[공명성]'은 자음을 분류하는 자질에서 설명하기로 한다.

48) 'consonantal'의 번역어로는 '자음성(田中春美 外 1975, 林榮一·間瀬英夫 譯 1978, 桑原輝男·根間弘海 譯 1980, 황귀룡 역 1986, 김무림 1992, 최윤현 1993), 자음질[子音質](정연찬 1980, 최윤현 1993), 보음성[輔音性](박동규 1985), 자음 자질(이기백(1991), 막음성(구현옥 1999)' 등이 있다.

49) 일반 언어학에서는 자음 중 후음에 속하는 'h, ʔ'를 '[−자음성]'으로 보지만 국어의 후음인 'ㅎ'은 장애음에 속하는 특성을 지니므로 '[+자음성]'이라고 해야 한다.

50) 'vocalic'의 번역어로는 '유성 모음성[有聲 母音性](田中春美 外 1975, 원경식 1977), 모음성(日本音聲學會 編 1976, 林榮一·間瀬英夫 譯 1978, 황귀룡 역 1986, 김무림 1992, 이기석 1992, 龜井孝 外 編 1996), 모음질[母音質](정연찬 1980, 최윤현 1993), 원음성[元音性](박동규 1985), 모음 자질(이기백 1991)' 등이 있다.

51) 후음은 '[−모음성]'을 지니지만 약간 다른 해석도 존재하기는 한다. 가령 龜井孝 外 編1996에 따르면 후음은 구강보다 아래에서 발음된다는 점에서 조음적으로는 '[+모음성]'이고 음형대가 존재하지 않는다는 점에서 음향적으로는 '[−모음성]'이라고 한다.

52) 'syllabic'의 번역어로는 '성절 특성[成節 特性](筧壽雄·今井邦彦 1971), 음절성(田中春美 外 1975, 원경식 1977, 林榮一·間瀬英夫 譯 1978, 황귀룡 역 1986, 김종훈 1990, 龜井孝 外 編 1996), 음절 주음성(林榮一·間瀬英夫 譯 1978, 桑原輝男·根間弘海

은 '+', 반모음과 일반 자음들은 '−'이다. 국어의 경우 성절성 자음이 없으므로 단모음을 제외한 나머지는 모두 '−'가 된다.

§ 자음을 분류하는 자질

○ [전방성(anterior)][53] : 기류의 장애가 구강의 앞쪽에서 일어나는 특성을 지닌다. 여기서 위치의 기준점은 경구개치조음(palato-alveolar)이 발음되는 위치이다. 그래서 경구개치조음보다 앞에서 나는 자음은 '+'이고 나머지는 '−'이다. 국어의 경우 양순음과 치조음이 '+'이다.

○ [설정성(coronal)][54] : 혀끝이 중립적인 위치(neutral position)보다 위쪽으로 올라가면서 장애를 일으키는 특성을 지닌다. 치음부터 경구개음까지가 '+', 나머지는 '−'이다. 국어의 경우 치조음과 경구개음이 '+'이다.

○ [저음조성(grave)][55] : 조음적으로 성도(vocal tract)의 주변부에서 발음되며, 음향적으로는 저주파수 대역에 에너지가 집중되는 특성을 지닌다. 양순음과 순치음, 연구개음과 같이 구강의 양 끝에서 발음되는 자음이 '+', 나머지가 '−'이다. '[저음조성]' 자질은 자음뿐만 아니라 모음 분류에도 쓰인다. 연구개음과 조음 위치가 비슷한 후설 모음이 '+'이고 전설 모음은 '−'이다. 최근에는 '[저음조성]' 자질 대신 '[설정성]' 자질을 사용하는 경향이 강하지만,[56] 국어 음운론에서는 '[저음조성]'을 여전히 중시하는 경향이 예전부터 있어 왔다. '이' 모음 역행 동화에서 개재 자음들이 '[+저음조성]'이라는 특징을 보인다는 점, 위치 동화가 일어나는 방향성을 보면 '[−저음조성]'이 '[+저음조성]'으로 바뀐다는 점, 'ㅂ' 계열의 자음과 'ㄱ' 계열의 자음이 서로 바뀌는 음운 변화[57]가 존재한다는 점 등을 설명하는 데에는 '[저음조성]' 자질을 활용하는 것이 편리하기 때문이다.

譯 1980), 성절성(황희영 1979, 이철수 역 1981, 이현복·김기섭 역 1983), 음절질(고병암 역 1986), 성절음(황귀룡 역 1986), 핵음성(정국 1994), 성절 자질(김남미 2004)' 등이 있다.

53) 'anterior'의 번역어로는 '선방(田中春美 外 1975, 정호완 1976, 이영길 1983, 이동화 1984ㄱ, 龜井孝 外 編 1996), 전방적[前方的](林榮一·間瀬英夫 譯 1978, 황희영 1979, 정연찬 1980, 桑原輝男·根間弘海 譯 1980, 배병인 1984), 전방음[前方音](황희영 1979, 황귀룡 역 1986), 앞쪽 소리(황희영 1979, 전면성(이현복·김기섭 역 1983, 국립국어연구원 1996), 전강성[前腔性](김진우 1985, 국립국어연구원 1995), 전방질(고병암 역 1986), 전부[前部](김영석 1987), 전방 자질(국립국어연구원 1996), 전부성(이병근·최명옥 1997, 박숙희 1999, 도수희 2002)' 등이 있다.

54) 'coronal'의 번역어로는 '설정성[舌頂性](田中春美 外 1975, 김기호 1990, 김무림 1992, 龜井孝 外 編 1996, 이병근·최명옥 1997), 설단성(정호완 1976, 이기백 1991, 최한조 1993), 설정적[舌頂的](林榮一·間瀬英夫 譯 1978, 정연찬 1980, 桑原輝男·根間弘海 譯 1980, 김광을 2001), 설첨적(황희영 1979, 배병인 1984, 최돈국 1987), 관상성[冠上性](이현복·김기섭 역 1983), 혓머리소리(김진우 1985), 설관성[舌冠性](김진우 1985), 설정질(고병암 역 1986), 설첨성(조항근 1986, 최한조 1992, 오정란 1995ㄴ), 설성(김영석 1987), 치경 자질(성희제 1995), 설정음성(김신효 2011)' 등이 있다.

55) 'grave'의 번역어로는 '암음성[暗音性](橋本萬太郎 1973ㄴ, 梅田博之 1983), 둔중질[鈍重質](정연찬 1980, 고병암 역 1986, 최윤현 1993), 둔중성(고병암 역 1986), 억음[抑音](황귀룡 역 1986), 저음조성[低音調性](日本音聲學會 編 1976, 林榮一·間瀬英夫 譯 1978, 長嶋善郎 譯 1980, 김송원 1985, 조성식 편1990, 김무림 1992), 둔성성[鈍聲性](변영식 1977), 저음성(이영길 1983, 신정희 2007), 중음성[重音性](김영만 1987, 김현 2001ㄴ), 억음성[抑音性](오정란 1987, 최병선 1992, 김무림·김옥영 2009), 주변적(서보월 1992), 변방성(최한조 1992), 둔음성[鈍音性](장영길 1994), 변음성(성희제 2000, 차재은 2003, 백두현 외 2013), 후설성(이돈주 역 2001)' 등이 있다.

56) 모음의 경우에는 '[저음조성]' 대신 '[후설성]'을 통해 전설 모음과 후설 모음을 구분하게 된다.

57) 이 변화에 대해서는 '이화' 항목을 참고할 수 있다.

203

○ [공명성(sonorant)]58) : 울림이 크고 성대 진동이 자발적으로 동반되는 특징을 지닌다. 모든 모음과 반모음은 '+'이며 자음 중에는 비음이나 유음과 같은 공명음이 '+'이다. 자음을 장애음과 공명음으로 양분하는 데 중요하게 작용한다.59)

○ [지속성(continuant)]60) : 공기의 흐름이 끊어지지 않고 계속 이어지는 특징을 지닌다. 자음 중 마찰음은 '+'이고 파열음이나 파찰음과 같이 폐쇄 단계를 거치는 자음은 '−'이다. 다만 '비음'과 '유음'은 이견이 있다. '비음'의 경우 비강으로의 공기 흐름은 계속 이어지기 때문에 '+'라고 보는 입장도 없지 않으나, 구강에서 폐쇄 단계를 거친다는 점을 더 중시하여 '−'로 보는 입장이 훨씬 강하다. 유음의 경우 특히 탄설음은 일시적으로나마 기류가 멈추는 단계가 있다고 보아서 '−'로 설정하기도 하지만 기류가 완전히 폐쇄되지는 않는다는 점에서 '+'로 보는 입장이 더 우세하다.

○ [소음성(strident)]61) : 조음적으로는 기류의 장애가 복잡해서 강한 마찰을 동반하며, 음향적으로는 소리의 파동이 불규칙적이라는 특징을 지닌다. 마찰음과 파찰음의 일부가 '+'인데, 국어의 경우 마찰음 'ㅅ, ㅆ'과 파찰음 'ㅈ, ㅊ, ㅉ'이 '+'이고 나머지는 '−'이다. ' [+소음성]'인 자음들을 흔히 치찰음이라고 부른다.

○ [비음성(nasal)] : 공기가 비강으로 흐르는 특징을 지닌다. 비음 또는 비모음은 '+', 나머지는 '−'이다.

○ [긴장성(tense)]62) : 조음적으로 근육의 긴장을 동반하여 더 분명하게 발음함으로써 길이가 더 길며, 음향적으로는 더 강한 에너지를 동반하는 특징을 지닌다. 일반 언어학적으로는 강음(fortis)이 '+', 약음(lenis)이 '−'이다. 국어에서는 자음 중 경음과 유기음이 '+'이고 나머지는 '−'이다.

○ [유기성(aspirate)] : 유기음의 음성적 특징을 지닌다.63) 무엇보다도 강한 기류가 일시에 동반되는 특징이 중요하다. 자음 중 유기음만 '+'이고 나머지는 '−'이다.64)

---

58) 'sonorant'의 번역어로는 '향명성[響鳴性](田中春美 外 1975, 김차균 1986ㄱ, 김성련 1992), 명음성[鳴音性](城生佰太郎 1977), 낭음적(황희영 1979), 공명음성(桑原輝男·根間弘海 譯 1980), 낭음성[朗音性](장승기 1981), 낭음질(고병암 역 1986), 공명음(황귀룡 역 1986), 공명성(최윤현 1993)' 등이 있다.

59) '공명성' 자질은 논의에 따라서는 자음을 구분하는 자질 대신 주요 부류를 구분하는 자질로 보기도 한다.

60) 'continuant'의 번역어로는 '계속음(田中春美 外 1975, 황귀룡 역 1986, 위진 2010), 연속성 특징[連續性 特徵](日本音聲學會 編 1976), 계속음성(林榮一·間瀨英夫 譯 1978, 桑原輝男·根間弘海 譯 1980, 梅田博之 1983), 속음적[續音的](황희영 1979, 배병인 1984, 최돈국 1987), 지속성(이승재 1980, 오정란 1990, 최윤현 1993), 속음성(이영길 1983), 지속질(고병암 역 1986, 최윤현 1993), 계속성(오정란 1990), 연속성(이기백 1991, 김무림 1992, 구현옥 1999), 지속적(김만기 1992), 계속 자질(이석재 1995)' 등이 있다.

61) 'strident'의 번역어로는 '마찰음성(田中春美 外 1975, 원경식 1977), 조찰성[粗擦性](日本音聲學會 編 1976, 김차균 1991ㄱ, 이기석 1992, 李康民 1993, 龜井孝 外 1996, 김경아 1997), 소음적[噪音的](황희영 1979, 배병인 1984, 최돈국 1987), 조찰음성[噪擦音性](桑原輝男·根間弘海 譯 1980), 소음성(이현복·김기섭 역 1983, 김무림 1992, 구현옥 1999), 소음질(고병암 역 1986), 조음질(고병암 역 1986), 조찰음[粗擦音](황귀룡 역 1986), 조음성[噪音性](이기백 1991, 최윤현 1993, 구현옥 1999), 조음질[噪音質](최윤현 1993)' 등이 있다.

62) 'tense'의 번역어로는 '경성[硬性](정호완 1976), 긴장성(日本音聲學會 編 1976, 城生佰太郎 1977, 김무림 1992, 백두현 1992ㄴ), 긴음성[緊音性](橋本萬太郎 1977), 긴장음(황귀룡 역 1986)' 등이 있다.

63) 유기음의 음성적 특성은 여러 가지가 있다. 자세한 것은 '유기음' 항목에서 다루기로 한다.

64) 유기성은 유무의 문제로 볼 수도 있고 정도성의 문제로 볼 수도 있다. 유기성을 유무의 문제로 간주하면 유기음과 무기음으로

§ 모음을 분류하는 자질

- ○ [고설성(high)][65] : 혀를 중립적인 위치보다 올려서 발음하는 특징을 지닌다. 모음의 경우 고모음은 '+', 중모음과 저모음은 '−'이다. 이 자질은 자음의 분류에 활용되는 경우도 있다. 경구개치조음부터 연구개음까지 입천장에서 발음되는 자음들이 '+' 값을 가진다.

- ○ [저설성(low)][66] : 혀를 중립적인 위치보다 낮추어서 발음하는 특징을 지닌다. 모음의 경우 저모음은 '+', 중모음과 고모음은 '−'이다. 이 자질을 자음 분류에 활용하기도 하는데 그럴 경우 인두음과 후음이 '+'가 된다.

- ○ [후설성(back)][67] : 혀를 중립적 위치에서 뒤로 움츠리며 발음하는 특징을 지닌다. 모음 중 후설 모음이 '+', 전설 모음은 '−'이다.[68] 자음의 조음 위치를 구분할 때에도 사용할 수 있는데 그럴 경우 연구개음을 포함하여 그보다 더 뒤에서 나는 자음들이 '+'에 속한다. 국어에서는 주로 모음의 분류에 활용한다.

- ○ [원순성(round)][69] : 입술을 동그랗게 오므려 발음하는 특징을 지닌다. 원순 모음은 '+'이고 평순 모음은 '−'이다. 국어의 경우 원순 모음과 양순음의 공통점을 포착하거나 양순음에 의한 원순 모음화 등을 설명하기 위해 '[원순성]' 대신 '[순음성(labial)]'을 설정하는 경우도 있다. '순음성'의 경우 조음 과정에서 입술을 활용한다는 특성을 지니면 모두 '+'가 된다. 따라서 입술을 동그랗게 오므리지 않고 발음하는 양순음이나 순치음도 '+'로 묶을 수가 있다.

③ 용어 설명

'변별적 자질'을 가리키는 용어의 대부분은 'distinctive feature'의 번역어 성격을 지닌다. 그래서 'distinctive'와 'feature'를 어떻게 번역하느냐에 따라 차이가 있을 뿐이다. 'feature'의 번역은 일본과 한국에서 분명한 구분이 되고 있다. 일본에서는 주로 '소성, 특정, 특징'과 같은 번역어를 사용함에 비해 한국에서는 한자어인 '자질, 특질' 또는 고유어인 '바탕, 소리 바탕' 등을 즐겨 사용한다.

'distinctive feature'의 단순한 번역이로 보기 어려운 용어로는 '음운 소성, 음운 자질, 관여적 특징'

나누지만, 정도성의 문제로 간주하면 '중기음(重氣音), 경기음(輕氣音), 무기음(無氣音)'으로 나누기도 한다.

65) 'high'의 번역어로는 '고설성(정호완 1976, 최갑순 1978, 林榮一・間瀬英夫 譯 1978, 김차균 1989, 龜井孝 外 編 1996), 높음(김영송 1977ㄷ), 고음적(황희영 1979, 배병인 1984, 최돈국 1987), 고성[高性](桑原輝男・根間弘海 譯 1980), 고위성(이현복・김기섭 역 1983, 국립국어연구원 1996), 고음질(고병암 역 1986), 고음성(조항근 1986, 오정란 1990, 최한조 1993), 고단음[高段音](황귀룡 역 1986), 고모음성(정인호 2004ㄱ)' 등이 있다.

66) 'low'의 번역어로는 '저설성(정호완 1976, 최갑순 1978, 林榮一・間瀬英夫 譯 1978, 김차균 1989, 龜井孝 外 編 1996), 낮음(김영송 1977ㄷ), 저음적(황희영 1979, 배병인 1984, 최돈국 1987), 저성[低性](桑原輝男・根間弘海 譯 1980), 저위성(이현복・김기섭 역 1983), 저음질(고병암 역 1986), 저음성(조항근 1986, 최한조 1993, 이병근・최명옥 1997), 저단음[低段音](황귀룡 역 1986), 저모음성(정인호 2004)' 등이 있다.

67) 'back'의 번역어로는 '후설성(황희영 1979, 김무림 1992, 최윤현 1993), 후성[後性](桑原輝男・根間弘海 譯 1980), 후위성(이현복・김기섭 역 1983, 국립국어연구원 1996), 후음질(고병암 역 1986), 후설음(황귀룡 역 1986), 후방성(오정란 1990), 후음적(김만기 1992)' 등이 있다.

68) 중설 모음을 따로 설정할 경우 중설 모음도 '−'에 속한다.

69) 'round'의 번역어로 '원순적(황희영 1979, 김만기 1992), 원순성(이현복・김기섭 역 1983, 최윤현 1993), 원순음(황귀룡 역 1986), 순음성(배주채 1996ㄱ)' 등이 쓰이기도 한다.

205

이 있다. 이 용어들에 포함된 '소성, 자질, 특징'은 모두 'feature'에 해당하기 때문에 결과적으로는 'distinctive'에 해당하는 부분이 번역어의 성격을 지니지 않은 셈이 된다. '음운 소성, 음운 자질'은 변별의 대상이 '음운'이라는 점을 고려한 용어이고 '관여적 특징'은 음운의 변별에 '관여한다'는 점을 고려한 용어이다.

④ 관련 항목

대립, 음소, 음운, 최소 대립쌍

변이음

① 용어의 별칭

국어 별음[別音](홍기문 1927), 이음운[異音韻](이숭녕 1956ㅁ, 유창돈 1962, 도수희 1975), 이음성[異音聲](허웅 1958), 이음[異音](黑川新一 譯 1958, 한글학회 1959, 太田朗 1959, 유창균 1960, 이기문 1961ㄱ, 竹林滋・橫山一郎 譯 1970), 가닥소리(최현배 1959ㄴ, 배양서 1969ㄱ, 임용기 1987ㄴ), 변음[變音](김진우 역 1959, 지준모 1965), 변이음[變異音](增山節夫 譯 1959, 김영송 1963, 허웅 1964, 현평효 1964, 日本音聲學會 編 1976, 林榮一・間瀨英夫 譯 1978), 지음[支音](최현배 1961ㄴ), 변이[變異](이기문 1962ㄴ), 음소 속음[音素 屬音](이계순 1966), 유음[類音](양동휘 1967), 소리뭇(김석득 1971), 이음소[異音素](도수희 1975, 조성귀 1983, 김진우 1985), 부음[副音](日本音聲學會 編 1976, 이은정 2005), 변종음[變種音](林榮一・間瀨英夫 譯 1978), 다른 소리(황희영 1979), 달라진 소리(황희영 1979), 변종(長嶋善郎 譯 1980, 김성근 1995, 고도흥 1998), 음성적 변동(長嶋善郎 譯 1980), 하위음[下位音](이정민・배영남 1987), 낱소리(김차균 1991ㄱ), 변종 변이음[變種 變異音](龜井孝 外 編 1996), 단음[單音](龜井孝 外 編 1996, 이은정 2005), 변이체(이은정 2005)

영어 allophone, phonetic variant

---

② 개념 설명

한 음운에 속하지만 물리적으로 구분되는 음성들을 가리킨다. 변이음의 차이는 주로 실현되는 조건에 따라 결정되는 경우가 많다. 변이음의 실현에 영향을 주는 조건에는 인접하는 음의 음성적 특징, 음절이나 음운론적 단어와 같은 음운론적 단위에서의 위치, 휴지 등 여러 가지가 있다.[70] 여기에 따라 모든 음운은 다양한 변이음들을 가진다. 가령 'ㅂ, ㄷ, ㄱ'과 같은 평파열음은 어두, 음절 종성, 유성음 사이라는 세 가지 조건에 따라 각각 무성 외파음, 무성 미파음, 유성 외파음으로 달리 실현된다. 모음 역시 변이음을 가진다. 비음에 인접한 모음은 비음성을 가지며, 유기음이나 마찰음

---

70) 때로는 음운론적 조건이 아닌 발화 상황과 같은 조건에 따라서도 변이음 실현이 달라진다고 보는 경우가 있다. 龜井孝 外 編 (1996)에서는 이러한 조건에 따른 변이음을 '문체 이음(文體 異音)'이라고 했다.

뒤의 모음은 무성의 구간이 앞부분에 나타난다.

이처럼 조건에 따라 달리 실현되는 변이음을 흔히 '조건 변이음'이라고 한다.[71] 대부분의 조건 변이음은 출현하는 조건이 다르므로 상보적 분포를 가진다. 조건 변이음의 반대 개념은 '무조건 변이음'이다.[72] 무조건 변이음은 출현 조건이 따로 없기 때문에 같은 환경에서 두 개의 변이음이 모두 나타나기도 한다. 변이음의 대부분은 조건 변이음이며 무조건 변이음은 일부에 지나지 않는다.

이러한 변이음 실현은 앞서 살핀 자음이나 모음처럼 분절음에 대해서만 논의하는 경우가 대부분이지만 운소에 속하는 초분절음의 경우도 변이음을 언급할 수 있다. 장단, 고저, 강약 등의 실현 정도가 일정한 조건에 따라 차이를 보이기도 하는 것이다. 특히 고저에 대한 변이음을 언급하는 경우가 종종 있다. 그리하여 '성조(tone)'의 경우 그 변이음을 '이성조(異聲調, allotone)'라고 부르기도 한다.[73]

국어 음운론 연구에서는 한때 '합류 변이음'이라는 개념이 제안된 적도 있다. '합류 변이음'은 평파열음의 변이음 중 음절 종성에서 실현되는 미파음 'p>, t>, k>'를 가리킨다. 이것을 합류 변이음이라고 부르는 이유는, 가령 'k>'의 경우 'ㄱ, ㅋ, ㄲ'과 같이 서로 다른 음운이 종성에서 동일한 변이음으로 실현된 것이라고 보기 때문이다. 그러나 미파음 'k>'는 'ㄱ'의 변이음에 불과하므로 'k>'를 합류 변이음이라고 부르기는 어려울 듯하다.[74] 합류가 일어난 대상은 서로 다른 음소들이지, 'ㄱ, ㅋ, ㄲ'의 변이음들이 하나로 합류된 것은 아니다.[75]

일반적으로 변이음들의 차이는 화자들이 쉽게 인식하지 못한다. 변이음들의 차이는 음성적으로 두드러지지 않을 뿐만 아니라 서로 다른 변이음에 의해 단어의 뜻이 변별되는 경우 역시 없기 때문이다. 게다가 변이음들은 실현되는 조건이 구별되므로 동일한 조건에서 변이음들의 음성적 차이가 어떻게 나타나는지를 경험할 수 있는 실질적인 기회 자체가 주어지지 않는다. 국어 화자들이 '부부'의 두 'ㅂ'을 동일하게 인식하는 이유는 이와 관련된다.[76] 다만 유음에 속하는 'ㄹ'은 예외적이어서 'ㄹ'의 변이음은 예전부터 그 차이가 인식되어 왔다.[77]

③ 용어 설명

'변이음'을 가리키는 용어 중 가장 높은 비율을 차지하는 것은 '별음, 이음운, 이음성, 이음, 변음, 변이음, 이음소, 변종음, 다른 소리, 달라진 소리, 변종, 변이체'와 같이 음성적으로 구분되는 소리라는 의미를 담고 있는 것이다. 비슷한 취지를 '유음'과 같이 같지는 않고 비슷한 음이라고 표현하기

---

71) '조건 변이음' 대신 '문맥 변이음, 결합 변이음, 상보적 변이음, 위치 변이음, 의존 변이음, 조건 이음, 위치 이음, 조합 이음, 결합법적 변체'이라고 하기도 한다. 영어 표현 역시 'conditioned allophone'과 'combinatory variant'가 모두 존재한다.

72) '무조건 변이음' 대신 '자유 변이음, 임의 변이음, 수의적 변이음'이라고 하는 경우도 있다. 영어 표현에는 'unconditioned allophone'과 함께 'facultative variant, free variant'가 있다.

73) 이정민·배영남(1987)에는 '이성조' 이외에 '변이 성조, 이억양, 변이 억양'과 같은 용어가 소개되어 있다.

74) 'ㅋ, ㄲ'은 음절 종성에 나타날 수 없으므로 종성에서 나타나는 'k<'는 'ㅋ, ㄲ'의 변이음이 될 수 없다.

75) 굳이 '합류 변이음'이라는 용어를 유지하려 한다면 '음소 차원에서 하나로 합류된 후 실현된 변이음'이라는 의미로 사용해야 할 것이다. 그런데 그럴 경우에는 음운 현상이 적용될 때마다 합류 변이음이 나타난다고 해야 한다. 음운 현상이 일어나면 대립하는 두 음소의 구별이 사라지므로 출현하는 변이음 역시 합류 변이음이 될 수밖에 없다.

76) '부부'의 첫 음절 'ㅂ'은 무성 외파음이고 둘째 음절 'ㅂ'은 유성 외파음 또는 유성 마찰음으로 실현되어 음성적으로는 구분된다.

77) 여기에 대해서는 '유음' 항목에서 더 자세히 다루기로 한다.

도 한다. 동일한 음운에 속하는 서로 다른 소리가 변이음이므로 이러한 용어들은 변이음의 원 개념을 충실히 반영하고 있다고 할 수 있다. '가닥소리, 음소 속음, 소리뭇'은 모두 음운이 변이음들의 집합으로 이루어진다는 사실과 관련되는 용어들이다.[78] '부음, 하위음'은 변이음이 음운보다는 부차적인 존재라는 의미인데 변이음의 의미를 명확히 반영한다고 보기는 어렵다. '낱소리, 단음'은 개별적인 소리라는 의미로서 이 역시 변이음의 특성을 나타내기에는 미흡하다. '지음'은 구체적 의미가 무엇인지 불분명하다.

④ 관련 항목

대표 변이음, 음소, 음운

변자음

① 용어의 별칭

> 국어 변음[邊音](김진우 1971, 장태진 1976, 이상억 1979ㄱ), 변자음[邊子音](김진우 1971, 이병근 1977, 곽충구 1980), 주변적 자음(林榮一・間瀬英夫 譯 1978), 주변음[周邊音](이혜숙 1980, 박영순 1985, 오정란 1987), 비설정적 자음(최명옥 1982, 이동화 1984ㄱ, 윤병택 1986), 변두리음(최윤현 1993), 비설정음(황귀룡 역 1986, 정명숙 1995, 한성우 1996), 비설단음[非舌端音](박명순 1987), 비설정 자음(신기상 1987, 오재혁・신지영 2007), 주변 자음(강순경 1989, 강옥미 1994ㄴ, 신지영・차재은 2003), 변방음[邊方音](조항근 1990), 비설정성 자음(최한조 1997, 이진호 2001), 주변성 자음(김태경 2005), 주변 음소(이은정 2005), 비전설 자음[非前舌 子音](조대하 2009)
>
> 영어 grave, non-coronal, peripheral consonant

② 개념 설명

구강의 양 끝부분에서 발음되는 자음 부류를 묶은 개념이다. 양순음과 연구개음이 변자음에 속한다. 양순음은 전부 변자음(前部 邊子音), 연구개음은 후부 변자음(後部 邊子音)이라고 부르기도 한다. 구강의 가운데에서 발음되는 중자음(中子音)과 대립된다.

중자음과 마찬가지로 변자음도 국어의 여러 음운 현상에서 공통적인 모습을 보인다. 위치 동화를 보면 피동화음으로만 작용하는 중자음에 비해 변자음은 동화음으로 작용할 수 있다.[79] 그래서 위치 동화를 '변자음화'라고 부르기도 한다. '이' 모음 역행 동화 현상에서는 변자음이 피동화음과

---

78) '가닥소리'는 음운을 이루는 여러 가닥의 소리 중 하나라는 의미이고 '소리뭇'은 소리들의 묶음이라는 의미이다. 그런데 '소리뭇'의 경우 최현배(1959ㄱ) 등에서는 변이음이 아닌 음운을 나타내는 데 사용하고 있어 차이를 보인다. 사전적 의미로만 보면 '소리뭇'은 변이음의 집합인 음운을 가리키는 것이 더 타당할 듯하다.

79) 물론 변자음이라고 하더라도 양순음과 연구개음이 위치 동화에서 동일한 모습을 보이는 것은 아니다. 자세한 것은 '위치 동화' 항목을 참고할 수 있다.

동화음 사이에 와야 하는 개재 자음으로서의 역할을 담당한다. 또한 소위 'PK 교체'에서는 변자음 사이에 상호 변화가 일어나기도 한다.[80] 이처럼 '중자음' 못지않게 '변자음'도 자연 부류로 작용하는 경우가 빈번하다.

③ 용어 설명

'변자음'을 가리키는 용어는 '중자음'을 가리키는 용어에 비추어 네 부류로 나눌 수 있을 듯하다.[81] 첫째 부류는 '변음, 변자음, 주변적 자음, 주변음, 변두리음, 주변 자음, 변방음, 주변성 자음, 주변 음소'와 같이 구강의 가장자리에서 발음된다는 개념을 직접적으로 표출한 용어들이다. 수적으로 가장 많으며 그 개념상 '중자음'과의 대립이 가장 명확히 드러난다. 둘째 부류는 '비설정적 자음, 비설정음, 비설정 자음, 비설정성 자음'이다. 이것은 변별적 자질 중 '설정성(coronal)'의 자질 값이 변자음의 경우 '−'라는 점을 반영한 용어이다. 셋째 부류는 '비설단음'으로 중자음을 '설단 자음, 설음계 자음, 설단음, 설첨음, 설단성 자음' 등으로 부르는 것과 관련된다. 변자음을 발음할 때에는 '설단' 부위가 조음체로 관여하지 않기 때문에 '비설단음'이라고 표현하고 있다. 마지막 부류는 '비전설 자음'이다. 이 용어는 중자음을 '전설음, 전설 자음'이라고 부르는 것과 대립된다. 변자음을 발음할 때 전설 부위를 활용하지 않는다는 의미이다. 첫째 부류를 제외한 나머지는 모두 중자음을 기준으로 하여 그 앞에 부정 표현을 덧붙였다는 공통점을 지닌다.

④ 관련 항목

위치 동화, 자음[1], 중자음[2], 조음 위치

복수 기저형

① 용어의 별칭

국어 기저 어간 이형태(한영균 1985ㄴ, 정인호 1997, 김현 2006), 기저 이형태(한영균 1985ㄴ, 소신애 2007ㄱ), 쌍형의 형태소(박창원 1986), 어휘화된 이형태(최명옥 1988, 김봉국 2003ㄴ), 다중 기저형[多重 基底形](배주채 1991, 엄태수 1994, 정인호 1995), 쌍형(김유범 2001), 복수 기저형(서보월 1992, 한성우 1996, 김봉국 2002ㄱ), 복합 기저형(최명옥 2004, 김춘자 2006, 이금화 2007), 쌍형 기저형(엄태수 1993, 소신애 2006, 김현 2012), 어휘화된 교체형(이길재 2004ㄴ)

영어 plural underlying forms, multi-underlying form, multiple underlying form, underlying stem allomorph, lexicalized alternant

---

80) 'PK 교체'는 변자음들이 '저음조성(grave)' 자질의 값에서 '+'로 공통적인 모습을 보이는 데에서 기인한 것으로 해석되고 있다. 자세한 것은 '이화' 항목에서 언급하기로 한다.
81) '중자음'을 가리키는 용어는 다섯 가지 부류인데 이 중 두 번째 부류에 대응하는 용어가 '변자음'의 경우에는 존재하지 않는다.

② 개념 설명

하나의 형태소임에도 불구하고 기저형이 둘 이상인 경우를 가리킨다. 생성 음운론에서는 모든 형태소에 대해 기저형을 설정하게 되는데, 초기에는 하나의 형태소는 하나의 기저형만을 설정하였다.[82] 그런데 형태소의 다양한 이형태들을 하나의 기저형으로부터 설명할 수 있는 경우도 있지만 그러기 어려운 경우도 있다. 초기 생성 음운론에서는 이런 경우 기저형을 추상적으로 설정하거나 또는 음운 규칙을 무리하게 설정해서라도 기저형의 수를 하나로 유지하고자 했다.

그러나 이러한 분석 방법에 대한 근본적인 회의가 일면서 표면형에 실현된 이형태들을 단일한 기저형으로부터 설명하기 어려울 때에는 기저형 자체를 복수로 정하려는 움직임이 나타나게 되었다. 주로 어떤 형태소가 불규칙적 교체를 보일 때 복수 기저형을 설정하게 된다. 복수 기저형은 표면형과 매우 가까울 수밖에 없다. 표면형들의 관계를 음운론적으로 설명할 수 없어서 복수 기저형을 설정하는 것이므로 복수 기저형은 표면형을 그대로 가져오든지 또는 그와 비슷한 형태로 정하게 된다.

복수 기저형의 개념은 국어 음운론에서 매우 적극적으로 사용하고 있다. 기저형의 추상성에 대한 비판이 고조된 1970년대 후반의 자연 생성 음운론(natural generative phonology)에 영향을 받아서, 불규칙 용언 어간의 기저형 설정 문제를 중심으로 하여 1980년대부터 복수 기저형 설정은 국어 음운론 연구에서 매우 중요한 방법론으로 자리 잡게 되었다. 복수 기저형을 설정하면 결과적으로 형태소의 불규칙적 교체에 대한 음운론적 설명을 포기하는 것과 진배 없다. 이 때문에 복수 기저형을 설정하면 할수록 어떤 현상에 대한 '설명(explanation)'은 줄고 단순한 '기술(description)'이 늘어날 수밖에 없다. 그래서 복수 기저형의 개념을 활용하는 데 대한 비판도 적지 않다. 그러나 기저형의 타당성이나 음운 규칙의 자연성을 중시하는 입장에서는 복수 기저형의 설정이 불가피한 것으로 보고 있다.

복수 기저형을 설정하면 한 형태소의 기저형이 둘 이상이 되기 때문에 각 기저형의 출현 조건을 명시해 주어야 한다. 단일한 기저형을 설정하면 그 기저형이 모든 환경에서 나타나므로 특별한 출현 조건의 표시가 필요 없지만 복수 기저형은 각각의 기저형이 나타나는 환경이 구별되기 때문에 출현 환경을 표시해 주지 않으면 안 된다. 예를 들어 주격 조사 '이'와 '가'의 교체는 단수 기저형으로는 설명할 수 없기 때문에 복수 기저형으로 '이'와 '가'를 모두 설정해 주어야 한다. 이때 '이'가 나타나는 환경과 '가'가 나타나는 환경을 밝혀 주지 않으면 잘못된 표면형이 도출될 수도 있다.

단수 기저형을 설정할 때에는 기저형 설정 조건을 중시하는 데 비해 복수 기저형을 설정할 때에는 기저형 설정 조건을 고려하지 않는 경우가 많다.[83] 기저형 설정 조건이 대체로 기저형의 추상성을 막는 역할을 한다는 점을 고려하면 단수 기저형은 추상성을 막기 위한 장치를 두지만 복

---

82) 이것을 복수 기저형과 대립시킬 때에는 '단일 기저형[單一 基底形](강창석 1982, 최명옥1 982, 김종규 1989), 단일한 기저형 (최명옥 1985), 유일 기저형(엄태수 1994), 단수 기저형(이진호 2005ㄱ, 엄태수 2012ㄱ, 김경표 2013), 단형 기저형(소신애 2006)' 등으로 부른다. '복수'와의 구별을 고려하면 '단수 기저형'이 적절한 듯하다. 영어로는 'unique underlying form'이다.
83) 기저형 설정 조건에 대해서는 '기저형' 항목에서 다루고 있다.

수 기저형은 그 부분에서 관심이 떨어진다고 할 수 있다. 사실 복수 기저형을 설정한다는 것 자체가 이미 기저형을 표면형에 가깝게 설정하는 것을 의미하므로 복수 기저형은 추상성 논쟁에서 다소 비껴 갈 수도 있다. 그러나 복수 기저형도 추상성 문제의 예외가 될 수는 없다. 특히 단순한 형태 분석의 결과를 복수 기저형으로 그대로 설정하면 매우 추상적인 형태가 나오기 쉽다.

> (가) 추워, 추우니, 춥고, 춥지
> ⇒ 추w('어'로 시작하는 어미 앞)~추우('으'로 시작하는 어미 앞)~춥(자음으로 시작
>   하는 어미 앞)
> (나) 흘러, 흐르니, 흐르고, 흐르지
> ⇒ 흜('어'로 시작하는 어미 앞)~흐르(그 이외의 환경)

(가)와 (나)는 복수 기저형 설정에서도 기저형의 추상성 문제가 생겨날 수 있음을 보여 주는 자료이다. (가)는 소위 'ㅂ' 불규칙 용언 어간의 기저형과 관련된다. 만약 '어'로 시작하는 어미와 결합할 때의 기저형을 단순히 형태 분석만 하여 '추w'로 설정하면 이것은 'w'로 끝나는 형태소가 전혀 존재하지 않는 국어의 형태소 구조 조건을 위배하므로 추상적 기저형이 될 수밖에 없다. (나)는 '르' 불규칙 용언 어간의 기저형 문제로, '어'로 시작하는 어미와 결합할 때의 어간 기저형을 '흜'과 같이 '르르'로 끝나도록 설정하면 이 역시 국어에 한 번도 존재한 적이 없는 추상적 기저형이 되고 만다. 이처럼 복수 기저형을 설정할 때에도 해당 기저형이 국어의 일반적인 질서를 따르는지 살펴야만 한다.[84]

한편 복수 기저형의 개념은 '쌍형어'와 구분할 필요가 있다.[85] 동일한 의미를 가지면서도 서로 다른 형태의 단어로 존재하는 쌍형어는 동일한 형태소의 기저형이 복수로 존재하는 것과 표면적으로 유사함이 있다. 그런데 쌍형어를 이루는 두 단어는 서로 별개의 형태소이고 복수 기저형은 하나의 형태소에 속하는 것이므로 근본적인 차이가 있다. 쌍형어는 그 각각이 별개의 어휘 항목으로서 별도의 기저형을 가지고 있음에 비해 복수 기저형은 하나의 어휘 항목 안에 기저형이 두 개 있을 뿐이다. 또한 쌍형어 각각은 출현하는 환경에 제한이 없지만 복수 기저형은 출현 환경이 따로 정해져 있어서 서로 상보적 분포를 이룬다는 점도 차이가 난다.

③ 용어 설명

'복수 기저형'을 가리키는 용어는 크게 두 부류로 나눌 수 있다. 하나는 '쌍형의 형태소, 다중 기저형, 쌍형, 복수 기저형,[86] 복합 기저형, 쌍형 기저형'으로 모두 한 형태소의 기저형이 복수라는 의미를 담고 있다. '복수 기저형'의 원 개념을 충실히 표현한 경우라고 할 수 있다. 다른 하나는 '기저

---

84) 복수 기저형을 설정할 때 고려해야 할 점은 이 밖에도 여러 가지가 더 있다. 자세한 것은 이진호(2008ㄴ)을 참고할 수 있다.
85) '쌍형어'는 별도의 항목으로 설정되어 있다.
86) '복수 기저형'이라는 용어는 여기서와 전혀 다른 맥락에서 사용되기도 한다. 가령 전상범(1980)에서는 기저형을 정할 때 그 후보가 여럿인 경우를 '복수 기저형'이라고 부른 적이 있다. 이것은 기저형을 둘 이상으로 정한다는 여기서의 의미와는 차이가 난다.

어간 이형태, 기저 이형태, 어휘화된 이형태, 어휘화된 교체형'으로 기저형의 숫자와는 무관한 용어들이다. 이 용어들은 복수 기저형으로 설정되는 형태들의 성격에 초점을 맞추었다. 즉 복수 기저형은 표면형으로 실현되는 이형태 중 음운론적 설명이 어려운 것을 그대로 가져오는 경우가 많기 때문에 이러한 사실을 고려하여 '기저에 설정되는 이형태'라는 의미로 표현하는 것이다.

④ 관련 항목

　기본형, 기저형, 음운 규칙

복수음자

① 용어의 별칭

　국어 동자 이음자[同字 異音字](허벽 1978), 파음자[破音字](안병희 1986, 민병준 1991, 정영호 1994), 우음자[又音字](이돈주 2000, 최미현 2006), 우독자[又讀字](이돈주 2000), 복수음자(이준환 2004, 차익종 2014), 이중 반절자[二重 反切字](이준환 2004), 일자 다음자[一字 多音字](이준환 2005), 일자 중음자[一字 重音字](이준환 2005), 일자 이음자[一字 異音字](이준환 2005), 동형 이음자[同形 異音字](이준환 2005), 다음자[多音字](최미현 2006, 최중호 2008, 차익종 2014), 이독자[異讀字](최미현 2006), 복음자[複音字](최미현 2006), 복수 한자음(최미현 2006), 다음 한자[多音 漢字](최미현 2006)

---

② 개념 설명

　하나의 한자(漢字)가 둘 이상의 서로 다른 음을 가지고 있는 경우를 가리킨다. 가령 중세 국어에서 '易'이 '바꾸다'라는 의미이면 그 음이 '역(입성)'이고 '쉽다'라는 의미이면 '이(거성)'인 것이 복수음자의 예이다. 표의 문자에 속하는 한자의 경우 표시해야 할 개념이나 대상이 많아지면 그에 맞는 새로운 글자를 매번 만드는 데 한계가 있다. 그래서 하나의 글자가 여러 가지 의미를 담당하게 되는데, 이때 각각의 의미들에 대응하는 음이 달라지면서 복수음자가 나오게 된다. 복수음자가 형성되는 구체적 과정은 성모가 바뀌는 경우, 운모가 바뀌는 경우, 성조가 바뀌는 경우의 세 가지가 있다. 물론 이 중 두 가지 이상이 함께 바뀔 수도 있다. 복수음자의 경우 예전에는 권점을 찍어서 어떤 의미와 음으로 쓰이는지를 표시하는 전통이 있었다.[87]

③ 용어 설명

　'복수음자'를 가리키는 용어는 대부분 하나의 한자가 여러 개의 음을 가지고 있다는 의미를 담고

---

87) 권점의 용법에 대해서는 '방점' 항목을 참고할 수 있다.

있다. 예외는 '파음자, 이중 반절자'이다. 파음자는 중국에서 예전부터 널리 쓰던 용어이다. '파음자' 는 '破'에 '갈라지다, 쪼개지다'라는 의미가 있는 것으로 보아 음이 여럿으로 갈라진 한자라는 의미 를 담고 있는 듯하다. 그러나 표면적으로는 음이 여럿인 한자라는 의미가 잘 드러나지 않는다. '이중 반절자'는 한자의 음을 나타내는 반절이 이중으로 되어 있다는 의미의 용어이다. 이 용어는 한자의 음이 셋 이상인 복수음자에 대해서는 사용하기 어렵다는 한계가 있다.[88]

④ 관련 항목

동음, 방점, 화음

본음

① 용어의 별칭

본음[本音](寶迫繁勝 1880b, 島井 浩 1902, 주시경 1906, 최재익 1906, 高橋 亨 1909), 원톄[原體](주시경 1906), 본톄[本體](주시경 1906), 전음[前音](주시경 외 1907~1908), 원음[元音](주시경 외 1907~1908), 근본음(남궁억 1913), 저의소리(주시경 1913ㄴ), 원음[原音](강매 1921, 이규백 1926, 신명균 1927ㄱ), 밋소리(강매·김진호 1925), 고음[古音](이갑 1933), 원형음[原形音](전재호 역 1964)

② 개념 설명

어떤 변동이나 변화가 있기 전의 음을 가리키기나 음이 여럿일 때 그중 가장 기본이 되는 것 을 기리킨다. 구체적인 용법은 어떤 맥락에서 쓰이느냐에 따라 약간씩 달라지는데 크게 세 가지 정도를 구분할 수 있다. 첫째, '본음'은 한자음과 관련하여 많이 쓰인다. 이런 경우의 본음은 1) 한 글자에 여러 음이 있는 복수음자에서 가장 기본이 되는 음, 2) 속음(俗音)에 대립되는 정음(正 音), 3) 한자음 변화에서 변화 이전의 음, 4) 한자가 환경에 따라 바뀔 때 바뀌기 전의 음 등 세부 적으로 조금씩 다른 의미를 지닌다.[89] 둘째, '본음'은 음운 현상과 관련해서도 사용된다. 이 경우 본음은 음운 현상이 일어나기 이전의 음을 가리킨다.[90] 음운 현상은 공시적인 것이든 통시적인 것이든 상관이 없다. 이러한 용법은 寶迫繁勝(1880b), 島井 浩(1902) 등 일본인들이 일찍부터 사용했 다. 셋째, 형태소의 교체에 있어 교체가 일어나기 전의 기본형 또는 기본형을 이루는 음에 대해

---

88) 이준환(2004)에서는 두 가지의 반절이 온전하게 갖추어지지 않은 경우에는 사용할 수 없다는 문제도 지적한 바 있다.

89) 3)과 4)는 비슷해 보이지만 차이가 있다. 3)은 한자의 음 자체가 완전히 변화하는 경우에 변화 이전의 음을 가리키고 4)는 두음 법칙 또는 비음화 등과 같은 공시적 음운 현상에 의해 일시적으로 한자의 음이 변동하는 경우에 변동 이전의 음을 가리킨다.

90) 이것의 반대 개념으로는 예전부터 '변음(變音)'이 많이 쓰였다. '변음' 이외에 이갑(1933)에서는 '활음(活音)', 鄭國采(1926)에 서는 '타음(他音)'이라고 부르기도 했다.

서도 '본음'을 사용하였다. 이러한 용법은 '본음'이 사용되는 두 번째 맥락과 부분적으로 관련을 맺는다. 공시적 음운 현상의 경우 그것이 일어나기 전의 형태가 곧 기본형이든지 또는 기본형과 가깝기 때문이다.

국어 연구에서 '본음'이라는 개념을 가장 적극적으로 활용한 학자는 주시경이다. '본음'의 개념 자체가 다양하듯이 주시경이 사용한 '본음'의 개념도 단일하지는 않다.[91] 그중 가장 널리 알려진 것은 '본음'을 세 번째 용법으로 활용한 경우이다. 그는 본음과 임시의 음을 구분하여 형태소 교체에서는 본음이 임시의 음으로 바뀌는 것으로 이해하였다. 이를 바탕으로 하여 국어 표기법의 대상은 본음이 되어야 한다는 주장까지 하게 된다. 이러한 인식은 현대 표기법 성립의 중요한 토대가 되었다.

③ 용어 설명

'본음'을 가리키는 용어들을 살피기 전에 가장 대표적 용어인 '본음'에 대해 간략히 검토할 필요가 있다. 송철의(2008)에서도 언급했듯이 '본음'이라는 용어는 매우 오래 전부터 쓰였다. 『노박집람』이나 『사성통해』에 나타나며 『훈몽자회』에도 이 용어가 쓰였다.[92] 그 이후 나온 문헌들에서도 '본음'이라는 용어는 종종 찾을 수 있다. 그런데 '본음'의 의미는 문헌에 따라 그 의미가 조금씩 다르다. 이러한 전통이 현대까지 그대로 이어져 앞서 살핀 것처럼 '본음'이 여러 가지 용법을 보이는 것이다.

'본음'을 가리키는 용어는 대부분 '원래의 음, 기본적인 음'이라는 의미를 지니고 있다. '본음' 자체의 용법은 다양하지만 그 취지는 비슷하기 때문에 용어의 차이는 그리 심하지 않은 편이다. 여기서 약간 동떨어졌다고 할 수 있는 용어로 '전음(前音)'과 '고음(古音)'을 들 수 있다. 이 용어들은 모두 변화가 일어나기 전의 음을 뜻하는 데 쓰인 것으로 본음의 두 번째 용법과 관련된다.

④ 관련 항목

교체, 기저형, 복수음자, 음운 현상, 형태 음운

---

91) 자세한 것은 송철의(2008)을 참고할 수 있다.
92) 이 세 문헌은 모두 최세진이 저술했다는 점에 주목할 필요가 있어 보인다.

부분 동화

① 용어의 별칭

> **국어** 일부 동화[一部 同化](小倉進平 1915, 新村出 1943, 이희승 1955, 김민수 1978ㄱ), 부분적 동화[部分的 同化]
> (이숭녕 1931, 增山節夫 譯 1959, 김방한 1969), 불완전 동화[不完全 同化](金田一京助 1932, 小倉進平 1934ㄴ, 김형규
> 1946, 市河三喜·河野六郎 1949, 한국국어교육연구회 1964ㄴ, 허웅 1968ㄱ),[93] 유화[類化](金田一京助 1932, 川喜四男 1950),
> 부분 동화[部分 同化](이숭녕 1954ㅂ, 이희승 1955, 한국국어교육연구회 1964ㄴ, 日本音聲學會 編 1976), 부분 닮음(허웅
> 1968ㄱ, 임홍빈·한재영 2003), 불완전 닮음(이은정 1969), 아동화[亞同化](日本音聲學會 編 1976), 부분 닮기(서상규·
> 박석준 2005)
>
> **영어** partial assimilation, subsimilation, accomodation[94]

② 개념 설명

동화 현상 중 피동화음이 동화음의 일부 속성만 닮아 가는 유형을 가리킨다. 반대 개념으로는 완전 동화가 있다. 자음의 경우에는 조음 위치나 조음 방식 중 하나만 닮는 동화이며 모음의 경우에는 혀의 위치나 입술 모양 등과 같은 특성 중 일부만 닮게 된다. 국어에는 다양한 동화 현상이 있으며 이 중 상당수는 부분 동화에 속한다.

가령 자음에 의한 자음의 동화 중에는 비음화, 위치 동화가 대표적인 부분 동화이다. 비음화는 말 그대로 평파열음이 후행하는 비음의 조음 방식만 닮기 때문에 부분 동화에 속한다. 위치 동화는 그 명칭에서 드러나듯이 조음 위치만 닮아 가는 현상이므로 역시 부분 동화에 속한다. 모음에 의한 모음의 동화 중에는 '이' 모음 역행 동화가 부분 동화에 속한다. 이 변화는 후행 모음이 동화음의 특성 중 혀의 전후 위치만 닮아서 전설 모음으로 바뀌기 때문에 부분 동화가 된다. 이 외에 전설 모음화나 원순 모음화와 같이 자음과 모음 사이에 일어나는 동화도 모두 부분 동화이다.

③ 용어 설명

'부분 동화'를 가리키는 용어는 크게 두 계열로 나눌 수 있다. 하나는 '일부 동화, 부분 동화'와 같이 동화음의 부분적 특성만 닮는다고 표현하는 용어들이고 다른 하나는 '불완전 동화, 불완전 닮음'처럼 동화의 정도가 불완전하다고 표현하는 용어들이다. 어느 쪽이든 기본적으로 의미하는 바는 차이가 없다. '아동화'와 '유화'는 표면상 다른 용어들과는 달라 보이지만 의미는 비슷하다. '아동화'는 중국에서 쓰이는 용어인데 '亞'가 '버금, 다음가는'의 의미를 가지고 있어 동화가 불완전한 것을 가리킨다. '유화'는 같아지지는 않고 비슷해진다는 의미를 담고 있어 부분 동화의 결과를 반

---

93) 특이하게도 Batkhishig(2009)에서는 몽고어의 모음 연쇄에서 '완전 동화'가 일어나지 않는 경우를 '불완전 동화'라고 지칭하고 있다. 부분적인 동화가 일어난 것을 가리키는 것이 아니라 완전 동화가 일어나지 않은 것을 지칭했다는 점에서 예외적이다.

94) 국립국어연구원(1996)에 따르면 'accomodation'은 요즘은 거의 쓰이지 않는다고 한다.

영하고 있다.[95]

④ 관련 항목

　동화, 동화음, 완전 동화, 피동화음

분기

① 용어의 별칭

국어 분화[分化](有坂秀世 1940, 日本音聲學會 編 1976, 이기문 외 1984, 박창원 1985, 이정민·배영남 1987, 龜井孝 外 編 1996), 분기[分岐](小泉保·牧野勤 1971, 日本音聲學會 編 1976, 이기문 외 1984, 박창원 1986, 이상억 1987ㄱ), 분열[分裂] (中田祝夫 1972, 林榮一·間瀬英夫 譯 1978, 김진우 1985, 최전승 1986, 조성식 편 1990, 龜井孝 外 編 1996), 음운 분화 [音韻 分化](日本音聲學會 編 1976), 분할(오종갑 1981), 쪼개짐(신승용 1995), 분지(국립국어연구원 1996), 분리[分離] (김영선 1997, 박충연 2012)

영어 split, divergence, differentiation

② 개념 설명

　한 음소의 변이음들이 서로 다른 음소로 나뉘는 변화를 가리킨다. 분기는 크게 두 가지로 구분할 수 있다. 우선 한 음소의 변이음 중 일부는 기존의 다른 음소로 편입되고 나머지는 원래 음소에 그 대로 남아 있는 경우이다. 이것을 일차 분기(primary split)라고 한다. 일차 분기는 일종의 부분 합류 와 비슷하다. 한 음소의 일부 변이음만 다른 음소로 바뀌는 것은 한 음소가 일부 환경에서만 다른 음소와 합류되는 것과 별반 다를 바가 없다. 일차 분기가 일어날 경우에는 음소 체계의 변화로까지 이어지지는 않는다.

　다음으로 한 음소의 변이음 중 일부가 기존에는 존재하지 않던 새로운 음소로 독립하고, 나머지 변이음은 원래 음소에 그대로 남을 수도 있다. 이것을 이차 분기(secondary split)라고 한다. 이차 분기 가 일어나면 음소의 수가 늘어나므로 반드시 음소 체계가 변화하게 된다.[96] 이차 분기는 주로 변이 음의 출현 조건이 다른 음운 변화 등으로 모호해지면서 발생한다. 한 음소의 변이음들은 출현 조건 에 따라 상보적 분포를 이룬다. 그런데 이러한 출현 조건이 불분명해지는 변화가 일어나면 변이음들 이 상보적 분포를 이루지 못하고 동일한 조건에서 출현하게 되어서 결국 별개의 음소로 발달하게 되 는 것이다.

---

95) 부분 동화를 '유화'라고 지칭한 川喜四男(1950)에서는 완전 동화를 가리킬 때 '동화'라는 용어를 사용하고 있다.

96) 논의에 따라서는 분기가 일어나면 반드시 음소의 수가 늘어난다고 하기도 하는데 이는 정확한 설명이라고 보기는 어렵다. 이 차 분기만이 음소 체계의 변화를 일으킬 뿐이다.

국어 음운사에서 분기의 예가 확실하게 제시된 적은 별로 없다. 그 이유는 무엇보다도 이전 시기의 변이음 실현 양상을 구체적으로 확인하기가 무척 어렵기 때문이다. 그렇지만 새로 생긴 음소들은 분기의 과정을 거쳤을 가능성이 적지 않다. 가령 전기 중세 국어 시기에 생겨났다고 추정되는 국어의 경음이 평음의 변이음으로부터 나온 것이라면 평음의 변이음 중 일부가 경음으로 확립되었을 가능성이 높으므로 분기가 되는 것이다.

③ 용어 설명

'분기'를 나타내는 용어들은 공통적으로 '나뉜다'라는 의미를 나타낸다. 구체적인 표현 방식에서만 차이가 날 뿐 모두 동일하다.

④ 관련 항목

분열, 음운화, 합류

분열

① 용어의 별칭

국어	연음[延音](송헌석 1913), 분극화(김경아 1996ㄱ), 분화(김경아 1996ㄱ), 나뉨(이은정 2005), 갈라짐(이은정 2005), 분열(이진호 2008ㄴ)
영어	polarization, fission

② 개념 설명

음운 변화의 유형 중 하나로 한 음소가 두 음소의 연쇄로 쪼개어지는 변화를 가리킨다. 'A'라는 음소가 'BC'로 바뀌는 변화가 분열이다. 변화의 방향으로 볼 때 'AB'라는 두 음소의 연쇄가 'C'라는 제삼의 줄어드는 '축약'과 반대된다고 할 수 있다. 주로 단모음(單母音)이 이중 모음으로 분열되는 경우가 많다. 특히 단모음의 분열에 대해서는 전통적으로 'breaking, cleaving, fracture' 등의 용어를 사용해 왔다. 이 중 'breaking'이 가장 널리 쓰인다.[97] 국어의 경우 현대 국어에서 일어나고 있는 단모음 '외, 위'가 이중 모음 'we, wi'로 바뀌는 변화를 분열의 예로 들 수 있다. '외, 위'는 원래 'j'로 끝나는 이중 모음 'oj, uj'였는데 이것이 단모음으로 축약되었다가 이후 다시 'w'로 시작하는 이중 모음으로 분열을 겪은 것이다.[98]

---

97) 'breaking'은 '모음 분열(박병채 1971ㄷ), 꺾임(이기문 1973), 분해(分解)(이현복 · 김기섭 역 1983), 이중 모음화(전상범 1985ㄱ), 음 갈라짐(조성식 편 1990), 중모음화(重母音化)(이돈주 역 2001), 분열(전광진 역 2003), 나뉨(이은정 2005), 갈라짐(이은정 2005)' 등으로 번역되고 있다. 'breaking'에 대해서는 '이중 모음화' 항목에서도 다루고 있다.

③ 용어 설명

‘분열’을 가리키는 용어들은 ‘연음’을 제외하면 모두 나뉜다는 의미를 지니고 있다. 다만 ‘분열’에 속하는 사례가 적어서 이 유형을 언급하는 경우가 별로 없다. 그러다 보니 논의에 따라 사용하는 용어가 제각각인 상황이다. ‘연음’은 매우 이른 시기에 나온 용어로 음을 늘인다는 의미를 표현한 듯하다. 음을 길게 늘이면 결과적으로 두 개의 음이 된다고 해석했을 가능성이 있지만 정확한 의도는 알기 어렵다. 아무튼 송헌석(1913)에서는 ‘연음’이 축약에 해당하는 ‘축음(縮音)’과 반대된다고 설명하고 있어서 개념에 대한 인식은 이루어졌다고 할 수 있다.

④ 관련 항목

분기, 이중 모음화, 축약

분절음

① 용어의 별칭

> **국어** 분할 음운[分割 音韻](허웅 1958), 분절 음소[分節 音素](黑川新一 譯 1958, 太田朗 1959, 양동휘 1967, 김민수 1968, 허웅 1968ㄱ, 竹林滋·橫山一郎 譯 1970), 단음[單音](太田朗 1959, 筧壽雄·今井邦彦 1971, 황희영 1979, 이충익 1992, 정국 1994), 분절음[分節音](김석득 1960, 양동휘 1975, 전상범 1977ㄴ, 桑原輝男·根間弘海 譯 1980, 龜井孝 外 編 1996), 분절 음운[分節 音韻](김석득 1960, 박병채 1979, 이기문 외 1984), 단음소[斷音素](이계순 1966), 일차적 음소[一次的 音素](양동휘 1967, 이기백 1991), 주음운[主音韻](차현실 1967), 분할 음소(배양서 1970, 유만근 1970, 허웅·박지홍 1971), 단음 도막(유만근 1970), 분절소[分節素](이승환 1970, 日本音聲學會 編 1976, 원경식 1993, 龜井孝 外 編 1996), 분절 요소(竹林滋·橫山一郎 譯 1970), 분절적 요소(김석득 1971), 일차 음소(小泉保·牧野勤 1971, 龜井孝 外 編 1996, 김승예 1998), 일차적인 음소(김진규 1974), 주음소[主音素](김진규 1974), 낱소리(황희영 1979, 신지영·차재은 2003), 홑소리(황희영 1979), 분절체(김차균 1984ㄴ), 개개음[個個音](정국 1994), 분절음 요소(龜井孝 外 編 1996), 절편[切片](이은정 2005), 분절적 음운(남기탁 2012)
>
> **영어** segment, segmental phoneme, primary phoneme

---

98) 논의에 따라서는 단모음 ‘외, 위’가 이중 모음으로 분열된 것이 아니고 단모음이 되기 전인 ‘oj, uj’에서 곧바로 이중 모음 ‘we, wi’로 바뀌었다고 해석하기도 한다. 이러한 입장 역시 충분히 성립할 수는 있다. 다만 변화의 시기를 좀 더 고려할 필요가 있다. 20세기 이전에 나타나는 ‘we, wi’는 ‘oj, uj’에서 직접 변화했다고 보아도 무방하다. 그 시기에는 ‘외, 위’가 이중 모음 ‘oj, uj’로 실현되었을 것으로 추측될 뿐 아니라, 단모음 ‘외, 위’가 아직 단모음의 지위를 온전히 지니지도 못했기 때문이다. 그러나 1980년대까지 각종 방언 조사에서 단모음으로 명백히 존재하던 ‘외, 위’가 그 이후 이중 모음 ‘we, wi’로 바뀌게 된 것은 그렇게 보기 어렵다. 이 시기에는 ‘외, 위’가 이중 모음 ‘oj, uj’로 실현되지 않았고 단모음 ‘외, 위’를 이중 모음 ‘we, wi’가 대신하고 있으므로, ‘we, wi’는 ‘oj, uj’에서 직접 변화했다기보다는 단모음 ‘외, 위’가 분열된 결과라고 해석해야 할 것이다.

② 개념 설명

발화된 소리의 연속체로부터 독립된 단위로 쪼개어 낼 수 있는 것을 가리킨다. 음운을 음소와 운소로 하위 구분할 때 음소에 대응하는 개념이 분절음이다. 분절음에는 자음, 모음, 반모음이 있다. 분절음은 초분절음과 대립되며, 그 성격도 초분절음과의 대비 과정에서 더 명확해진다. 자세한 내용은 초분절음 항목에서 설명하기로 한다.

③ 용어 설명

'분절음'을 가리키는 용어들은 대부분 쪼개어진다는 의미를 담고 있다. 이것은 'segment'의 의미를 충실히 직역한 결과이다. '분할 음운, 분절 음소, 분절음, 단음소, 분절소, 절편' 등이 모두 그러하다. 쪼개어진다는 의미를 직접 드러내지는 않았지만 '단음, 단음소, 낱소리, 홑소리, 개개음'도 같은 부류에 든다고 볼 수 있다. 이 용어들은 모두 별개의 소리라는 의미를 지니는데, 쪼개어지면 별개의 소리가 되므로 결과적으로는 분절된다는 것과 직접적인 관련이 있다. 이와 계통이 다른 것으로 '일차적, 음소, 일차 음소, 주음운, 주음소'가 있다. 이 용어들은 L. Bloomfield가 분절음에 대해 사용한 'primary phoneme'을 번역한 것이다.

④ 관련 항목

운소, 음소, 음운, 초분절음

불규칙

① 용어의 별칭

> **국어** 변격[變格](유길준 1904, 高橋亨 1909, 이규방 1922, 박상준 1932), **불규칙[不規則]**(安泳中 1906, 윤태헌 1913, 윤치호 1928, 이완응 1929, 油谷幸利 1978, 龜井孝 外 編 1996), **무규[無規]**(김규식 1909), **무규칙[無規則]**(윤치호 1911), **규칙[規則] 없는**(이규영 1920), **불규측**(노익형 1923), **벗어난**(최현배 1933ㄱ, 조선어학회 1934, 이윤재 1936), **본 없는** (김윤경 1948ㄱ, 심의린 1949ㄱ)
>
> **영어** irregular

② 개념 설명

일정한 원리 또는 원칙으로부터 벗어난 것을 가리킨다. 어떤 언어에 존재하는 일반적인 원리나 원칙이 있을 때 동일한 조건이라면 모두 원리나 원칙을 따라야 하지만 이를 따르지 않은 예외가 곧 '불규칙'에 속한다. 이처럼 불규칙은 비교 대상이 되는 '규칙'의 존재를 전제하는 경우가 대부분

이다.[99] 다만 대비되는 규칙의 존재가 없어도 불규칙으로 볼 수 있는 경우가 없지는 않다.[100]

불규칙의 대상은 여러 가지가 될 수 있다. 지금까지 국어 연구를 보면 초창기에는 '불규칙 동사/형용사' 또는 '불규칙 용언'과 같이 주로 품사의 차원에서 불규칙을 논의했다. 품사 중에서도 주로 동사나 형용사에 한정되었는데, 이처럼 일부 품사에 대해 '불규칙' 논의가 집중되었던 것은 일본 문법의 영향과 무관하지 않다. 당시 일본 문법에서는 동사를 규칙적 활용을 하는 것과 불규칙적인 활용을 하는 것으로 나누고, 다시 불규칙적 활용을 하는 것은 구체적 양상에 따라 네 부류로 나누어 기술하는 방식이 널리 퍼져 있었다. 이러한 분위기는 일본인에 의한 국어 기술은 물론이고 일본 문법에 영향을 받은 내국인에 의한 국어 기술에도 그대로 영향을 미쳤던 것이다. 특히 용언의 불규칙성은 곧 '활용의 불규칙'과 다름 아니므로 '품사, 활용'을 대상으로 한 불규칙 논의가 초기의 주류를 이루었다.

이러한 초기의 연구는 불규칙의 대상을 지나치게 협소하게 한정할 뿐만 아니라 논의 주제도 다양하게 하기 어렵게 만들었다. 이러한 연구 경향에 근본적인 전환의 계기가 마련된 것은 생성 음운론의 도입이다. 생성 음운론의 이론적 틀에 따라 국어 음운론에서도 형태소의 다양한 교체를 음운 규칙으로 설명하려는 시도들이 이어지는데, 이 과정에서 불규칙의 대상이 형태소의 '교체'로 확대되었던 것이다. '품사' 중심의 불규칙 논의에서 '교체'로 그 대상이 확대되면서 용언의 활용에만 국한되었던 논의들이 체언 등 다른 품사로 시야가 넓어졌을 뿐만 아니라, 형태소의 재구조화, 음운 변화와 불규칙의 관련성, 기저형의 설정 방법 등 여러 가지 부수적인 주제들도 각광을 받게 되었다.

③ 용어 설명

'불규칙'을 가리키는 용어들은 크게 두 가지로 구분할 수 있다. 하나는 '변격, 벗어난'과 같이 규칙에서 멀어졌거나 규칙이 어그러졌다는 의미를 담는 것이고, 다른 하나는 '불규칙, 무규, 무규칙, 규칙 없는, 본 없는' 등과 같이 규칙 또는 규칙성이 없다는 의미를 담는 것이다. 이 두 부류의 용어는 미세한 의미 차이만 있을 뿐 근본적인 취지는 동일하다고 할 수 있다.

④ 관련 항목

교체, 복수 기저형

---

99) '불규칙'에 대비되는 '규칙'은 '정격[正格](유길준 1904, 高橋亨 1909, 金田一京助 1932, 박종우 1946, 김근수 1947), 규칙[規則](安泳中 1906, 윤태헌 1913, 윤치호 1928, 龜井孝 外 編 1996), 정규[正規](김규식 1909, 심의린1 949ㄱ, 이희승 1949), 유규칙[有規則](윤치호 1911), 규측(노익형 1923), 바른(정렬모 1946, 유재헌 1947, 이희승 1949), 정칙[正則](남광우 1954, 河野六郎 1961, 장태진 1963ㄴ, 김차균 1971), 규칙적[規則的](河野六郎 1955), 정상[正常](유창돈 1962)' 등으로 불리고 있다.
100) 가령 중세 국어의 'ㅎ' 말음 체언은 불규칙적인 교체를 하는데, 이것은 'ㅎ' 말음 체언 중 규칙적인 교체를 하는 것과 대비한 결과는 아니다. 불규칙이 규칙의 존재를 반드시 전제해야만 하는지의 문제는 이진호(2015ㄱ)에서 다룬 적이 있다.

비모음

① 용어의 별칭

국어 코홀소리(김두봉 1922, 김진우 역 1959, 박지홍 1975), 비모음[鼻母音](小倉進平 1923, 橋本進吉 1932, 金田一京助 1932, 이희승 1955, 최현배 1956ㅁ, 김완진 1957), 비강 모음[鼻腔 母音](홍기문 1933, 新村出 1943, 김완진 역 1958, 강옥미 2003), 비음화 모음[鼻音化 母音](泉井久之助 譯 1936, 服部四郎 1951, 上村幸雄 1972, 양원석 1981, 이현복·김기섭 역 1983, 전상범 1985ㄱ), 코소리 된 홀소리(문교부 1952), 비음화된 모음(유만근 1970, 이현복·김기섭 역 1983, 성철재 1996), 콧소리 모음(정인섭 1973), 통비음화 모음[通鼻音化 母音](日本音聲學會 編 1976, 최임식 1992), 통비모음 [通鼻母音](日本音聲學會 編 1976), 비음성 모음(이현복·김기섭 역 1983), 코소리 모음(김성근 1995), 비음화한 모음 (배주채 1996ㄱ), 비강음화 모음(전상범 2004)

영어 nasal vowel

② 개념 설명

모음 중에서 발음할 때 공기의 일부가 비강으로 흘러서 나오는 것을 가리킨다. 구강 모음(oral vowel)과 반대된다.[101] 비모음의 존재는 혀의 높낮이와 일정한 관계가 있다. 혀의 높이가 낮을수록 비모음이 잘 나타나는 경향이 언어 보편적으로 나타난다. 비모음을 발음하려면 구개범 또는 구개수를 내려야 하므로 혀의 높이가 낮을수록 비모음의 조음에는 유리한 점이 있다. 비모음의 수는 대체로 그에 대응하는 구강 모음의 수과 비교할 때 같거나 더 적은 것이 일반적이다.

국어의 경우 비모음은 구강 모음과 구별되는 별개의 음소로 존재하지는 않는다. 단지 구강 모음의 변이음으로만 존재할 뿐이다. 국어의 비모음은 크게 두 가지 과정을 거쳐 나온다.[102] 하나는 비음에 인접한 모음이 비음성을 획득하는 것이다. 이것은 말할 것도 없이 인접한 비음에 동화된 결과로 비음화가 이차 조음의 일환으로 결부된 것이다. 이러한 방식으로 나온 비모음은 비음성의 정도가 그리 강하지는 않으며 국어의 거의 모든 방언에서 나타난다.

다른 하나는 소위 비모음화라고 불리는 현상에 의해 생겨난다. 경상도 방언을 비롯한 여러 방언에서는 연구개 비음 'ㅇ'이 탈락하거나 단모음 'ㅣ' 앞에 놓인 'ㄴ'이 탈락하면서 인접 모음이 비음성을 획득하는 비모음화 현상이 일어난다.[103] 가령 '어머니'가 '어머~이~'로 발음되거나 '지팽이 (<지팡이)'가 '지패~이~'로 발음될 때 뒤에 '~'가 덧붙은 음절의 모음이 비모음화의 적용을 받은 비모음의 예이다.[104] 비모음화가 적용된 비모음은 좀 더 강한 비음성을 가지고 있으며, 일반적으로

---

101) '구강 모음'을 가리키는 용어도 다양하다. '구강 모음(홍기문 1933, 新村出 1943, 牧野成一 譯 1970, 日本音聲學會 編 1976, 이은영 1983, 김주필 1985), 구모음[口母音](小林英夫 1935, 有坂秀世 1940, 服部四郎 1954~5, 이병선 1967ㄴ, 최임식1992, 장영길 1999ㄴ), 비비음화 모음[非鼻音化 母音](황귀룡 역 1986), 비비음화 구모음[非鼻音化 口母音](황귀룡 역 1986), 입홀소리(박덕철 1993), 구두 모음(이영길 1983)' 등이 있다.
102) 다른 언어의 비모음도 대체로 이 두 과정에 의한다.
103) 이러한 비모음화도 기본적으로는 인접한 비음에 모음이 동화되는 과정을 거친다.
104) 비모음은 바로 뒤에 '~'를 덧붙여 표시한다.

비모음이라고 부르는 모음도 이런 과정에 의한 것을 가리킨다.[105]

③ 용어 설명

'비모음'을 나타내는 용어들은 공통적으로 '코'를 의미하는 부분과 '모음'을 의미하는 부분이 결합된 구조로 되어 있다. 다만 미세한 차이는 존재한다. '코홀소리, 비강 모음, 비모음' 등과 달리 '비음화 모음, 비음화한 모음, 통비음화 모음, 비강음화 모음' 등의 용어는 비모음이 구강 모음에 비음화가 적용되어 나온 것임을 뜻하고 있다.

④ 관련 항목

비모음화, 비음, 이중 조음

비모음화

① 용어의 별칭

> **국어** 모음 비음화[母音 鼻音化](橋本進吉 1932, 林榮一・間瀨英夫 譯 1978, 桑原輝男・根間弘海 譯 1980, 김희성 1998), 비음화[鼻音化](조선어학회 1941, 服部四郎 外 1956, 지춘수 1968, 최명옥 1978ㄴ, 桑原輝男・根間弘海 譯 1980), 비모음화 [鼻母音化](河野六郎 1944, 黑川新一 譯 1958, 이병선 1967ㄴ, 이익섭 1972, 김영신 1974), 모음의 비음화[鼻音化](송민 1986), 콧소리 되기(이현복 1992), 코홀소리 되기(박덕철 1993, 김형철 1994, 이근열 1997ㄱ), 비강모음화(전상범 2004, 이은정 2005, 김지희 2008)
>
> **영어** vowel nasalization

② 개념 설명

개념상으로는 비음에 인접한 구강 모음이 비모음으로 바뀌는 현상을 가리킨다. 그러나 국어에서는 좀 더 특수한 의미로 이 용어를 사용한다. 국어의 여러 방언에서는 특정한 조건에 놓인 구강 모음이 비모음으로 바뀌는데 이것을 주로 비모음화라고 부른다. 구체적으로는 비모음화를 일으킨 비음이 탈락하는 현상까지 포함하여 비모음화라고 한다. 즉 국어에서의 비모음화는 비음에 의한 모음의 비음화, 비음의 탈락이라는 두 단계로 이루어진 것이다.

국어의 비모음화는 탈락하는 비음의 종류에 따라 두 가지로 나눌 수 있다. 하나는 'ㅇ'의 탈락에 의한 비모음화로 '바̃아̃'(<방아, 杵), 상다̃이̃'(<상당히, 多)'와 같은 예가 있다. 이러한 비모음화는 후

---

105) 첫 번째 과정에 의한 비모음과 두 번째 과정에 의한 비모음을 구분하기 위해 전자는 '비음화 모음(nasalized vowel)', 후자는 '비모음(nasal vowel)'으로 다르게 부르기도 한다.

행하는 모음의 종류에 제약을 받지 않는다. 다른 하나는 'ㄴ'의 탈락에 의한 비모음화로 이때의 비모음화는 후행하는 모음이 단모음 '이'인 경우가 대다수이다.[106] '아~이~다(<아니다, 不), 어머~이~(<어머니, 母)'와 같은 예가 있다. 반면 'ㅁ'에 의한 비모음화는 일어나지 않는다.[107]

한편 비모음화를 겪은 형태들은 비모음이 구강 모음으로 바뀌는 변화를 더 겪기도 한다. 가령 '바~아~, 아~이~다' 등이 '바아, 아이다'로 변하는 것이다. 이렇게 되면 결과적으로 비음이 그냥 탈락하는 셈이 된다. 정 철(1991)에서는 이 현상을 '탈비모음화(脫鼻母音化) 현상'으로 부른 바 있다.

③ 용어 설명

'비모음화'를 가리키는 용어는 대부분 비모음으로 변한다는 의미를 담고 있다. 예외적으로 '비음화'는 단순히 비음으로 바뀐다는 의미만 담고 있는데, 비음화의 입력형이나 출력형이 모음이라는 사실을 빠뜨리고 있어 정확성이 떨어진다.

④ 관련 항목

비모음, 비음

ㅂ

비설측음

① 용어의 별칭

> **국어** 비측음[非側音](小泉保·牧野勤 1971, 김형춘 1991), 비측음적 유음[非側音的 流音](桑原輝男·根間弘海 譯 1980), 비설측음[非舌側音](長嶋善郎 譯 1980, 이진호 2012ㄱ), 'r' 음(이철수 1994), 설중 유음(이봉형 2009)
>
> **영어** rhotics, central liquid

② 개념 설명

유음에 국한하여 설측음에 대비되는 부류를 가리킨다. 따라서 비설측음은 중앙음(central)의 한 부류이되 유음에 속하는 자음만을 포함한다.[108] 원래 유음은 음성적 특징에 따라 설측음, 탄설음, 진동음 등으로 구별되는데,[109] 설측음을 제외한 나머지 부류를 묶는 개념이 비설측음이다. 비설측음에 속하는 탄설음이나 진동음의 음성적 특징은 개별 항목에서 다루기로 한다.

---

106) 단모음 '이'와 성격이 비슷한 반모음 'j' 앞에서도 비모음화가 일어난다. '저녁>저~역', 그냥>기~양'과 같은 예가 있다.
107) 'ㅇ, ㄴ'만 비모음화를 일으키고 'ㅁ'은 비모음화를 일으키지 않는 것에 대해 치조음인 'ㄴ'이나 연구개음인 'ㅇ'은 모음의 조음 영역과 겹치지만 양순음인 'ㅁ'은 모음의 조음 영역을 벗어나기 때문이라고 해석하는 경우도 있다.
108) '중앙음'은 별도의 항목으로 설정되어 있다.
109) 탄설음은 더 하위 구분하기도 한다. 자세한 것은 '탄설음' 항목을 참조할 수 있다.

③ 용어 설명

'비설측음'을 나타내는 용어들은 크게 두 가지이다. 하나는 '비측음, 비측음적 유음, 비설측음'과 같이 설측음이 아니라고 표현하는 것이다. '설측음'이 아닌 것은 그 범위가 다소 모호한데도 이런 용어가 많이 쓰일 수밖에 없는 이유는, 비설측음에 속하는 탄설음이나 진동음의 조음적 공통점을 혀의 측면으로 공기가 흐르지 않는다는 것 이외에서 찾기가 어렵기 때문이다. '설중 유음'은 혀의 중앙으로 공기가 흐른다는 사실을 명시한 것인데 그 취지는 다른 용어들과 크게 다르지 않다. 'r 음'은 비설측음 중 대표적인 음의 로마자 표기를 고려한 표현이다.

④ 관련 항목

설측음, 유음, 중앙음, 진동음, 탄설음

비원순 모음화

① 용어의 별칭

> **국어** 장순 모음화[張脣 母音化](김완진 1965), 비원순 모음화[非圓脣 母音化](이병근 1970ㄱ, 한영균 1991), 비원순화(최전승 1979, 백두현 1992ㄱ, 곽충구 1994), 평순 모음화(오종갑 1983, 김시중 1997, 성희제 2001), 안둥근 홀소리 되기(정영주 1985, 안대현 2000), 비순 모음화[非脣 母音化](조창규 1994), 비순음화(오종갑 1999), 비원순 모음소화(최명옥 2004)
> **영어** vowel unrounding

② 개념 설명

원순 모음이 양순음 뒤에서 평순 모음으로 바뀌는 음운 변화를 가리킨다. 이론적으로는 모든 원순 모음이 평순 모음으로 바뀔 수 있지만 가장 흔히 나타나는 것은 '오'가 '어'로 바뀌는 것이다. '본도기>번데기, 봊나무>벗나무, 몬져>먼저, 보션>버선' 등이 모두 비원순 모음화의 예이다. 비원순 모음화는 19세기 무렵 생겨났다. 이 이전 시기에는 '오'의 평순 모음 대립짝이 'ᄋ'였기 때문에 '오'가 비원순 모음화에 의해 '어'로 바뀌는 것은 있을 수 없다.[110] 'ᄋ'가 소실된 후 '오'에 대응하는 평순 모음이 '어'로 조정되면서 비원순 모음화가 일어나게 된 것이다.

'오'가 '어'로 바뀌는 비원순 모음화는 이화의 일종으로 해석하는 경우가 많다. 양순음 뒤에서 원순

---

110) '오'의 평순 모음 대립짝이 'ᄋ'인 시기에 비원순 모음화가 일어난다면 '오'가 'ᄋ'로 바뀌어야 한다. 실제로 최전승 (1986)에 따르면 19세기 전라 방언의 경우 '외'가 '이'로 바뀌는 변화가 존재한다. 그러나 이 변화는 '틱기(<퇴끼), 닉셩 (<뇌셩)' 등에서 보듯 양순음이 아닌 자음 뒤에서도 일어난다는 점에서 비원순 모음화에 포함할지 여부는 다소의 논란 이 있을 수 있다.

모음이 평순 모음으로 바뀌었으므로 자음과 모음의 연쇄가 지니던 음성학적 공통점이 사라졌다고 볼 경우 이화에 가깝다. 그러나 비원순 모음화의 적용을 받는 모음 뒤에 오는 자음이 주로 치조음이나 경구개음과 같은 중자음(中子音) 계열이라든지,[111] 길이가 긴 장모음은 적용을 받지 않는다든지 하는 부대 조건들은 이 현상을 단순한 이화로 보기에 어려움을 준다. 그래서 김현(2007)에서는 '오'의 저설화(低舌化)라는 자생적 음성 변화가 비원순 모음화의 동기로서 관여하고 있다는 지적을 하기도 했다.

'오'가 '어'로 바뀌는 변화 이외에도 비원순 모음화의 유형으로 종종 거론되는 사례들이 있다. 근대 국어 시기에는 '뷔다>븨다(空), 쀠우다>픠우다(燃)'에서 보듯 양순음 뒤의 '위'가 '의'로 바뀌기도 하고 '뵈>베(布), 뫼>메(山)'와 같이 동일한 환경의 '외'가 '에'로 바뀌기도 한다. '위, 외'의 단모음화 시기가 다른 전설 모음 '애, 에'에 비해 늦었음을 고려하면 '위, 외'가 '의, 에'로 바뀌는 것은 '위, 외'가 하향 이중 모음이던 시기에 '위(uj), 외(oj)'의 구성 요소인 '우, 오'가 '으, 어'로 비원순 모음화를 거친 것으로 해석될 가능성도 없지 않다.[112] 이 외에 '노올>노을, 소곰>소금, 구룸>구름' 등과 같이 '오-오' 또는 '우-우'와 같은 원순 모음의 연쇄가 이어질 때 후행하는 원순 모음이 '으'로 바뀌는 변화를 비원순 모음화로 보기도 한다. 그러나 양순음이 선행하지도 않을 뿐만 아니라, '오'와 '우'가 대립하는 평순 모음으로 바뀌지 않고 일률적으로 '으'로 변했다는 점에서 비원순 모음화의 범주로 넣기는 어려워 보인다.[113]

③ 용어 설명

'비원순 모음화'를 가리키는 용어들은 표현 방식이 다를 뿐 원순 모음이 평순 모음으로 바뀐다는 의미를 담고 있다. 동일한 취지를 '평순 모음으로 바뀐다'고 표현하기도 하고 '원순 모음이 아닌 것으로 바뀐다'고 표현하기도 한다. 모음 체계를 언급할 때에는 '비원순 모음'이라는 용어보다 '평순 모음'이라는 용어를 더 많이 사용하므로 음운 변화를 지칭할 때에도 '평순 모음화'라고 해야 할 것 같지만 실제로는 '비원순 모음화'라는 용어가 훨씬 더 일반적으로 쓰인다. 이것은 아마도 '원순 모음'이 '원순성'을 잃어버린다는 사실을 더 강조하기 위함이 아닐까 한다.

④ 관련 항목

원순 모음, 원순 모음화, 이화, 평순 모음

---

111) 이 사실은 이병근(1970)에서 이미 지적된 바이다.

112) 다만 '위>의'의 경우 '부, 무, 푸'와 같이 단모음으로 존재하는 '우'는 '으'로 비원순 모음화가 적용되지 않는 데 비해 하향 이중 모음 속에 포함된 '우'만 비원순 모음화가 적용된다는 점을 설명하기가 쉽지 않다.

113) 만약 이 사례들이 비원순 모음화에 속한다면 '오'에 비원순 모음화가 적용된 결과와 '우'에 비원순 모음화가 적용된 결과가 같을 수는 없다.

비음

① 용어의 별칭

국어 비음[鼻音](주시경 외 1907~08, 최광옥 1908, 김규식 1909, 小倉進平 1915, 金澤庄三郎 1917~1918, 安藤正次 1927), 코소리(김두봉 1916, 이상춘 1925, 최현배 1929), 비성[鼻聲](朴重華 1923, 김형규 1946), 비탁음[鼻濁音](정렬모 1927ㄷ, 奥村三雄 1972, 外山映次 1972), 닫침소리(최현배 1929), 밀폐음[密閉音](최현배 1929, 이상춘 1946, 이영철 1948), 비강음[鼻腔音](박승빈 1931, 장지영 1937, 홍기문 1947, 寺川喜四男 1950, 日本音聲學會 編 1976), 코트인닫이(이탁 1932), 통비자음[通鼻子音](홍기문 1935, 이병선 1966, 日本音聲學會 編 1976, 이철수 1994), 통비음[通鼻音](편집실 1938ㄷ, 심의린 1949ㄱ, 寺川喜四男 1950, 小林智賀平 1952, 이희승 1955, 東條操 1965), 비음운[鼻音韻](有坂秀世 1940), 비향음[鼻響音](幸田寧達 1941), 콩소리(김윤경 1948ㄱ), 콧소리(이영철 1948, 김진우 역 1959, 이호영 1996), 통비폐쇄음[通鼻閉鎖音](이희승 1955), 비자음[鼻子音](허웅 1958, 竹林滋・橫山一郎 譯 1970, 藤崎博也・杉藤美大子 1977, 조항근 1980, 오종갑 1981, 金善姬 1995), 비강 자음(박창해 1963, 국립국어연구원 1996), 출비음[出鼻音](박병채 1966), 비공명음[鼻共鳴音](竹林滋・橫山一郎 譯 1970), 폐쇄 비음[閉鎖 鼻音](小泉保・牧野勤 1971), 비강 보음[鼻腔 輔音](日本音聲學會 編 1976), 비구강음[非口腔音](日本音聲學會 編 1976), 비강 파열음[鼻腔 破裂音](日本音聲學會 編 1976, 이진호 2009), 비강 음운(김준배 1977), 비음화 폐쇄음(원경식 1977), 비음화음(원경식 1977), 비음 파열음(전상범 1977ㄴ), 밀폐 통과음[密閉 通過音](김민수 1978ㄱ), 코로 빠짐(박지홍 1981), 비강 폐쇄음[鼻腔 閉鎖音](이기문 외 1984, 김영석 1987, 배주채 1996ㄴ), 비폐쇄음(황귀룡 역 1986, 김무림 1992), 비음 자음[鼻音 子音](강신항 1991), 코소리 자음(김성근 1995), 통과 터침소리(이현복 1997), 코안 울림소리(이현복 1997), 비음소(최명옥 2004, 김춘자 2006, 이금화 2006), 비정지음[鼻停止音](박한상 2005), 비파열음[鼻破裂音](김종규 2013)

영어 nasal, nasal stop

② 개념 설명

발음할 때 공기의 흐름 중 일부가 비강[114]을 통과하는 음을 지칭한다. 구개범의 뒷부분을 아래로 내려서 인두를 통과한 공기가 비강으로 흐르도록 하여 발음하게 된다. 반대로 구개범의 뒷부분을 위로 올려 비강으로의 통로를 막으면 공기는 비강으로 흐를 수 없기 때문에 비음 대신 구강음이 만들어진다.

비음은 모음과 자음 모두에 존재한다. 일반적으로 '비음'이라고 하면 자음만을 가리킨다. 모음의 경우에는 특별히 '비모음'이라고 구별하여 부른다. 자음에서의 비음은 조음 방식에 따른 부류의 일부로 파열음, 마찰음, 파찰음, 유음 등과 대립된다.[115] 또한 유음과 묶여 공명음을 구성하기도 한다. 모음에서의 비모음은 구강 모음과 구별되는데 국어의 비모음은 음소로서의 자격을 가지지는 않는다.

자음의 경우 비음의 조음 과정은 파열음과 흡사한 측면이 많다. 구강의 특정 부위를 폐쇄시킨 후

---

114) '비강'을 가리키는 용어에는 '코구녁(김두봉 1916), 비강[鼻腔](김두봉 1916, 金澤庄三郎 1917~1918, 小倉進平 1923, 최현배 1929), 비공[鼻孔](이필수 1922, 김중록 1925, 정인승 1940ㄱ), 코구멍(리필수 1923), 코안(최현배 1929, 이희승 1933, 주왕산 1948, 日本音聲學會 編 1976), 코굴(최현배 1937ㄱ, 日本音聲學會 編 1976), 코안울림통(김성근 1995, 고도흥 1998)' 등이 있다.
115) 다만 국어 연구 초창기의 일부 논의에서는 '비음'이 코에서 발음되는 음이라고 해석하고 이것을 조음 위치의 하나로 본 적도 있다.

유지하다가 터뜨리는 것이다.[116) 다만 파열음과 다른 점은 폐쇄된 시점부터 비강으로의 통로가 열려 있어 공기가 계속 비강을 통과한다는 점이다. 비음과 파열음의 유사점은 여기에만 있는 것은 아니다. 언어 보편적으로 보면 비음의 조음 위치와 파열음의 조음 위치가 일치하는 경우가 많다. 즉한 언어의 음소 체계를 보면 파열음이 조음되는 위치와 비음이 조음되는 위치가 일치하거나 대체로 겹치는 것이다. 국어의 경우에도 양순, 치조, 연구개에서 파열음과 비음이 나타나고 있어 조음 위치가 서로 일치하고 있다.

한편 비음 중에는 비음성이 현저히 약한 것이 있다.[117) 국어의 방언 중에도 이런 음들이 있다고 종종 보고되었는데 이러한 음을 논의에 따라 'ᵇm, ᵈn'과 같은 선파열성 비음(pre-stopped nasal)으로 분석하기도 하고 'mᵇ, nᵈ'와 같은 후파열성 비음(post-stopped nasal)으로 분석하기도 한다.[118) 이런 음들은 순정의 비음과 비교할 때 비음성이 약해서 심할 경우 비음에 대응하는 파열음으로 변화해 버리기도 한다.[119) 가령 방언에서 보이는 '나막신>나박신, 허물>허불' 등과 같은 예가 그러하다.[120)

③ 용어 설명

'비음'을 지칭하는 용어들은 대체로 소리가 코로도 나간다는 사실을 중시하여 '코, 비강' 등의 표현을 담고 있다. '비음, 코소리, 비성, 비탁음, 비강음, 통비음, 콧소리, 출비음' 등이 모두 그러하다. '비향음, 비공명음, 코안 울림소리'는 여기에 이 자음들이 공명음에 속한다는 사실을 더 나타내고 있다. '비구강음'은 비음이라는 사실을 구강음이 아니라고 표현하고 있는데 정확성은 다소 떨어진다.

'통비폐쇄음, 폐쇄 비음, 비강 파열음, 비음화 폐쇄음, 비음 파열음, 비폐쇄음, 통과 터침소리, 비정지음, 비파열음'은 비음이 파열음의 속성을 함께 가지고 있다는 점을 반영하고 있다. 이들 용어는 비음을 나타내는 부분과 파열음을 나타내는 부분으로 나눌 수 있다.[121) 이러한 입장이 극단적으로 드러난 용어가 '닫침소리, 밀폐음'이다. 이 용어들은 파열음을 가리키는 용어와 별반 차이가 없어서 비음만을 따로 지칭하기에는 그리 적절하다고 보기 어렵다.

④ 관련 항목

공명음, 비모음, 파열음

---

116) 그래서 비음도 파열음의 일종으로 보고 '비강 파열음'이라고 부르기도 한다. 영어로도 'nasal stop'이라는 용어가 있다.

117) 이처럼 비음성이 약한 음과 대비하여 비음성이 강한 비음을 '순비음(純鼻音)'이라고 부르기도 한다.

118) 선파열성 비음과 후파열성 비음은 엄밀히 말하면 그 성격이 구분된다. 선파열성 비음은 비음의 앞부분이 비음적 성격을 약하게 띠고 후파열성 비음은 비음의 뒷부분이 그러하다. 국어의 방언에서 비음성이 떨어지는 음은 이 두 가지를 정확히 구분하지 않고 논의에 따라 달리 선택하고 있다.

119) 중국의 한어 음운사에서도 비음의 비음성이 약화되는 현상이 있었다. 이런 현상을 탈비음화(脫鼻音化) 또는 비비음화(非鼻音化)라고 부른다. 영어로는 'denasalization'이다. 일본 한자음은 하나의 한자가 여러 층위의 음을 가지고 있는데 가령 '文, 美'를 'bun, bi'로 읽는 독법은 중국에서의 탈비음화로 인해 초성의 비음을 유성 파열음으로 수용한 결과이다. 참고로 일본어에서 '文, 美'는 'mon, mi'와 같이 초성이 비음 'm'인 음도 가지고 있다.

120) 이러한 변화에 대해서는 이진호(2013)을 참고할 수 있다.

121) '통과 터침소리'에서의 '통과'는 비강으로 공기가 흐른다는 사실을 드러낸다. 이와 비슷한 용어로 '밀폐 통과음'이 있는데 구강으로의 통로는 막혀 있지만 비강으로의 통로는 열려 있음을 뜻한다.

비음운화

① 용어의 별칭

국어 비음운화[非音韻化](小泉保·牧野勤 1971, 이기문 1972, 林榮一·間瀬英夫 譯 1978, 한영균 1985, 송민 1986, 龜井孝 外 編 1996), 탈음운화(林榮一·間瀬英夫 譯 1978, 박창원 1985, 소성식 편 1990, 박혜정 2002), 비음화[非音化](김중진 1989, 최전승 1999)

영어 dephonologization, entphonologisierung

② 개념 설명

음운의 변화를 음운들이 맺고 있는 대립 관계의 변화로 해석하는 입장에서 기존의 대립 관계가 완전히 없어지고 마는 유형의 변화를 가리킨다.[122] 어떤 음운이든 체계 내에서 다른 음운과 대립을 이룬다는 점을 고려할 때 비음운화는 음운의 소실 또는 합류와 같이 어떤 음운이 체계 내에서 완전히 사라져 버리는 변화에 의해 야기된다고 할 수 있다. 국어사에서 일어난 비음운화의 예로 대표적인 것은 'ㆍ'가 다른 단모음으로 합류되어 단모음 체계에서 사라진 것을 들 수 있다. 이 변화는 'ㆍ'와 다른 단모음이 맺고 있는 대립을 모두 없애 버렸다. 자음 중 'ㅿ, ㅸ, ㅇ'과 같은 유성 마찰음 계열이 사라진 것 역시 이들 자음들이 다른 자음들과 이루던 대립을 소멸하게 만든 비음운화의 예이다. 현대 국어에서도 비음운화의 예는 찾을 수 있다. '외, 위'가 이중 모음으로 바뀌면서 전설 원순 모음이 소멸된 것은 비음운화에 속한다.

음운의 소실이 비음운화를 일으키는 것은 사실이지만 항상 그렇지는 않다. 주로 운소가 음운의 기능을 잃어버리는 경우에는 비음운화가 동반되지 않는다. 가령 중세 국어의 성조가 소멸했다거나 현대 국어의 장단이 거의 사라졌다고 해서 대립 관계가 소멸한 것은 아니다. 이것은 운소의 경우 체계 내에서 다른 운소와 대립 관계를 맺지 않는다는 점에서 기인한다.

③ 용어 설명

'비음운화'를 지칭하는 용어는 모두 서구의 용어를 단순 직역한 것에 지나지 않는다. 그래서 종류도 다양하지 않고 그 의미도 동일하다.

④ 관련 항목

대립, 소실, 음운화, 재음운화, 합류

---

122) 기존의 대립 관계가 없어지면서 그것이 다른 대립 관계로 바뀌는 것은 비음운화와 구별되는 재음운화에 속한다. 비음운화는 대립 관계가 없어지고 그대로 끝나야 한다.

비음절화

① 용어의 별칭

국어 비모음화[非母音化](김완진 1972ㄴ, 박종희 1985ㄱ), **비음절화[非音節化]**(전상범 1977ㄴ, 이병근 1978, 강창석 1982), 음절 축약(고광모 1991), 탈음절화(이용재 1995, 차재은 1999), 음절 줄이기(김영선 1997), 비성절화(박종희 2000)
영어 desyllabification

② 개념 설명

사전적으로는 음절이 그 자격을 잃어버리는 현상을 가리킨다. 음절을 이루는 데 있어 핵심적인 기능을 하는 것은 단모음이기 때문에 실제로는 단모음이 성절성을 잃는 현상을 포괄하여 비음절화라고 한다.[123] 결과적으로 비음절화가 일어나면 필연적으로 음절 수가 줄어들게 된다.[124]

비음절화는 다양한 방식으로 일어날 수 있다. 가장 극단적인 형태는 단모음이 탈락하는 것이다. 그러나 단모음이 반모음으로 바뀌거나 두 개의 단모음이 하나의 단모음으로 축약되어도 비음절화가 일어난다. 실제로 이런 현상들이 모두 비음절화의 사례로 제시되었는데 단모음과 단모음이 인접할 때 비음절화가 잘 일어난다. 그런 점에서 비음절화는 모음 충돌을 회피하기 위해 일어나는 현상과도 무관하지 않다.[125]

③ 용어 설명

'비음절화'를 가리키는 용어는 수적으로 그리 많지는 않다. 이 용어들은 지시하는 대상에 따라 둘로 나눌 수 있다. 하나는 '비모음화, 비성절화'와 같이 변화 대상인 '모음'을 기준으로 하여 모음성 또는 성절성을 잃게 된다고 표현한 용어이다. 다른 하나는 '비음절화, 음절 축약, 탈음절화, 음절 줄이기'와 같이 '음절'을 기준으로 하여 그 수가 줄거나 음절로서의 자격을 잃는다고 표현한 용어이다.

④ 관련 항목

모음 충돌 회피, 모음 탈락, 반모음화

---

123) 비음절화의 반대 개념은 단모음의 자격을 갖지 않는 음이 단모음으로 바뀌어 독립된 음절을 이루는 현상이다. 최명옥(1987)에서는 이전의 이중 모음 'ㅐ, ㅔ, ㅚ, ㅟ'에서 반모음 'j'가 방언에서 단모음 '이'로 남아 있는 것을 'ㅣ'의 음절화라고 지칭한 바 있다. 예를 들어 방언에서는 '새'가 '사이', '게'가 '거이' 등으로 남아 있는 경우가 있다. 고광모(1991)에서는 같은 현상을 '음절 분리'로 지칭하기도 했다. 한편 용언 활용형 '봐(보+아), 돼(되+아)'가 '부아, 뒤아'로 실현되는 방언이 있는데 이것도 반모음이 단모음으로 실현되고 있다는 점에서 같은 성격을 지닌다고 할 수 있다.
124) 비음절화가 일어난 형태를 '준꼴'이라고 부르기도 하는데 '준말'과 크게 다르지 않다. 본말과 비교할 때 준말의 두드러진 특징은 음절 수가 줄어드는 것이므로 준말의 형성과 비음절화는 밀접한 관련이 있다.
125) '모음 충돌 회피'는 별도의 항목으로 설정되어 있다.

비음화

① 용어의 별칭

국어 비음화[鼻音化](小倉進平 1915, 金澤庄三郎 1917~1918, 박상준 1932, 이극로 1933, 이희승 1955, 勇康雄 譯 1959), 코소리로 바꾸임(이극로 1933), 비향 원리[鼻響 原理](幸田寧達 1941), 통비음화[通鼻音化](심의린 1949ᄂ, 전재호 1963, 이 탁 1967), 비음 동화(유창돈 1961ᄂ, 신문자 1980, 김병욱 1983), 유성 음운화(이강로 1961), 유성음화(이강로 1961), 구강음의 비강음화(이병선 1967ᄀ), 코소리 되기(김석득 1971), 닿소리의 콧소리 되기(김영송 1974), 콧소리 닮음(황희영 1979), 동조음 비음화[同調音 鼻音化](최계자 1981), 통비 동화[[通鼻 同化](정철 1985), 콧소리 되기(허웅 1985ᄂ, 이근영 1990, 신연희 1991), 비강자음화(성낙수 1987), 동음위치적 역행비음화(조항근 1990), 파열음 비음화(곽동기 1992), 비자음 동화(김무식 1993), 비자음화(이기동 1993, 곽충구 1994, 신홍예 1998), 비강 공명음화(정국 1994), 장애음의 비음화(이호영 1996), 정지음 비음화(최한조 1997), 코안소리 되기(고도흥 1998), 자음 비음화(김희성 1998), 저해음의 비음화(안현기 외 2000), 장애음의 비음화(조성문 2000, 김선희 2003, 신지영·차재은 2003), 파열비음화(황인권 2000), 장애음 비음 동화(강옥미 2003), 장애음의 비음 동화(이문규 2004), 비음소화(최명옥 2004, 이금화 2006, 이현정 2008), 폐쇄음의 비음화(배주채 2006), 비음소 동화(이금화 2007), 비강음화(김지희 2008)

영어 nasalization, stop nasalization

② 개념 설명

구강음이 비음의 영향을 받아 비음으로 바뀌는 동화 현상을 가리킨다. 원칙상 자음과 모음 모두 비음화가 일어날 수 있지만 일반적으로 비음화는 자음의 조음 방식이 동화되는 변화만을 가리킨다.[126] 국어의 비음화는 비음에 선행하는 평파열음이 동일한 조음 위치의 비음으로 바뀌는 부분 동화이다. '밥+만→[밤만], 먹+는→[멍는]'과 같은 자료가 비음화의 예이다. 비음화는 국어의 자음 동화 중 가장 세력이 강해서 어떠한 예외도 허용하지 않는다. 또한 '밥 먹다, 옷 넣다' 등과 같이 단어와 단어 사이에서도 적용될 수 있다.

비음화의 적용을 받는 피동화음은 평파열음인 'ㅂ, ㄷ, ㄱ'으로 한정하는 경우도 있지만 전체 장애음으로 넓게 보는 경우도 있다. 그런데 장애음이 동일한 조음 위치의 비음으로 바뀐다고 하려면 비음화의 입력형을 'ㅂ, ㄷ, ㄱ'으로 한정하는 것이 유리하다. 따라서 '꺾+는→[껑는], 잎+만→[임만], 빛+만→[빈만], 낳+는→[난는]' 등에서 평파열음이 아닌 장애음이 비음화의 적용을 받는 것은 먼저 평파열음화의 적용을 받은 후 비음화가 적용된다고 해석하게 된다.

국어의 비음화에 대한 본질은 이미 20세기 초반에 밝혀졌을 만큼 오래 전부터 높은 수준에 올라 있었다. 다만 초창기에는 비음화의 적용 환경에 'ㄹ'을 더 포함시키는 경우도 있었다.[127] 가령 '독

---

126) 영어 음운론에서는 가령 접두사 'in-'의 말음인 비음 'n'이 후행하는 자음의 조음 위치에 동화되는 현상에 대해 '비음화'라는 용어를 사용하고 있다. 가령 'impossible'의 'im'은 'in'의 'n'이 후행하는 'p'의 조음 위치에 닮은 비음화의 예이다. 매우 드물지만 국어의 경우에도 비음이 후행하는 자음의 조음 위치에 동화되는 현상을 비음화에 포함시키는 경우가 있지만 이는 타당한 태도가 아니다. 비음의 조음 위치가 바뀌는 현상과 평파열음의 조음 방식이 비음으로 바뀌는 현상은 완전히 다른 별개의 현상이다.

립'에서 'ㄱ'이 'ㅇ'으로 바뀌는 것도 'ㄹ' 때문이라고 보고 비음화가 비음과 유음 앞에서 일어난다고 해석한 것이다. 그러나 이런 설명을 택하면 이 현상이 비음에 의한 동화라는 해석을 포기할 수밖에 없다.[128] 그래서 김두봉 이래로는 이러한 문제점을 해결하기 위해 비음화의 적용 환경에서 'ㄹ'을 제외하고 있다.

한편 평파열음의 비음화 이외에 'ㄹ'의 비음화 중 '능력[능녁], 금리[금니]' 등과 같이 비음 뒤에서 일어나는 현상을 비음화에 포함시키는 경우가 있다.[129] 그러나 이러한 태도는 합당하다고 보기 어렵다. 이 두 현상은 피동화음의 종류도 다르고 동화음과 피동화음의 순서도 정반대이다. 더욱이 'ㄹ'의 비음화는 비음 뒤에서만 일어나는 것이 아니다. 따라서 이 둘은 별개의 현상으로 분리하는 것이 마땅하다.[130]

③ 용어 설명

'비음화'를 가리키는 용어 중 가장 일반적인 것은 '비음화, 코소리로 바꿈, 통비음화, 콧소리 되기, 비강자음화, 비강 공명음화, 비자음화, 비음소화'와 같이 비음으로 바뀐다는 의미를 담은 것이다. 만약 이 현상이 동화라는 사실을 강조하고자 할 때에는 '비음 동화, 비자음 동화, 통비 동화, 콧소리 닮음'과 같은 용어를 사용하기도 한다. '동조음 비음화, 동음위치적 역행비음화'는 여기서 한 발 더 나아가 비음화가 일어날 때 조음 위치는 바뀌지 않고 조음 방식만 바뀐다는 사실을 나타낸다. '장애음의 비음화, 정지음 비음화, 저해음의 비음화, 장애음 비음 동화, 폐쇄음의 비음화, 장애음의 비음 동화' 등은 이 현상의 입력형에 대한 정보까지 담고 있다. 음운 현상의 명칭을 정할 때 입력형에 대한 정보는 가급적 넣지 않는다는 사실을 고려하면 그리 바람직하지는 않다. 한편 '유성음화, 유성 음운화'는 다른 용어와 달리 '비음'과 관련된 정보를 담고 있지 않다. 이 용어는 비음화의 출력형에 대해 '비음'이 아닌 '유성음'에 초점을 둔 것으로 이 현상의 본질을 포착하는 데에는 적절하지 않다.

④ 관련 항목

동화, 부분 동화, 비음, 역행 동화, 평파열음

---

127) 주시경이 이러한 방식을 택한 대표적인 학자이다.
128) 비음화의 적용이 비음과 유음 앞에서 일어난다고 본 小倉進平(1923)에서는 비음화의 적용 동기를 '비음'이라는 조음 방식에서 찾지 않고 비음과 유음이 공유하는 '유성음'이라는 특성에서 찾기도 했다.
129) 'ㄹ'의 비음화는 'ㄹ'을 제외한 자음 뒤에서 일어난다고 보아야 하지만 일부 논의에서는 비음 뒤에서만 일어난다고 보기도 한다. 이럴 경우 비음에 의해 일어나는 동화라고 보고 평파열음의 비음화와 함께 하나의 현상으로 묶는 것이다.
130) 여기에 대해서는 'ㄹ'의 비음화 항목에서도 다루고 있다.

사잇소리 현상

① 용어의 별칭

국어 촉음 현상[促音 現象](조선총독부 1921, 鄭國采 1926, 박상준 1932, 지준모 1965), 사이 덧소리(정인승 1949ㄱ),
사이ㅅ소리(김윤경 1932ㄴ, 이희승 1955), 중간음[中間音](김윤경 1932ㄴ), 삽입 자음[挿入 子音](김수경 1947),
중간ㅅ소리(이희승 1955), 사잇소리 현상(허웅 1958, 유창돈 1963ㄴ, 이철수 1994), 사이 된소리(정인승 1963, 황희영
1979, 남광우 외 1982), 된소리 현상(허웅 1970ㄴ), 간경음[間硬音](황희영 1979), 사이소리 현상(성균관대 대동문화연
구원 1985, 류렬 1992), 사이ㅅ 현상(류렬 1992), 'ㄷ' 덧나기(김형춘 1994, 구현옥 1999), 사이시옷 첨가(구현옥 1999)

영어 interval-s phenomena, bindings-s phenomena

---

② 개념 설명

명사와 명사가 결합하여 합성어를 이룰 때 일어나는 경음화나 음운 첨가를 가리킨다. 이것을 사
잇소리 현상이라고 부르는 이유는 경음화나 음운 첨가가 합성어를 이루는 두 명사 사이에 끼어드
는 '사잇소리'와 관련이 있다고 보기 때문이다. 사잇소리 현상의 예로는 다음의 세 가지가 대표적
이다.

(가) 철+길→철길[철낄], 강+가→[강까], 코+등→[코뜽~콘뜽]

(나) 이+몸→잇몸[인몸], 코+날→콧날[콘날], 배+머리→뱃머리[밴머리]

(다) 베개+잇→[베갠닏], 깨+잎→[깬닙]

(가)는 경음화가 일어난 경우이다. (나)와 (다)는 비음이 첨가되었다는 점은 같지만 (나)는 'ㄴ', (다)
는 'ㄴㄴ'이 첨가되었다는 차이가 있다.[1] 이 외에 예전에는 '수캐(수+개), 암탉(암+닭)'과 같이 'ㅎ'

---

1) (다)는 역사적으로 특수한 사정이 숨어 있다. 자세한 것은 'ㄴ' 첨가 항목에서 다루기로 한다.

이 덧나거나 '멥쌀(메+쌀), 볍씨(벼+씨)'와 같이 'ㅂ'이 덧나는 예도 사잇소리 현상에 포함한 적이 있다. 그러나 이 경우는 앞말이 지닌 'ㅎ' 또는 뒷말이 지닌 'ㅂ'이 복합어에 화석으로 남아 있는 것에 불과하기 때문에 현재는 사잇소리 현상으로 인정하지 않는다.

사잇소리 현상은 사이시옷 표기와 밀접한 관련이 있다.[2] 합성어를 이루는 앞말이 모음으로 끝나고 합성어의 구성 요소 중 하나 이상이 고유어이면 사잇소리 현상이 일어날 때 사이시옷을 표기하게 된다. 한자로만 이루어진 합성어 또는 '피자집'과 같이 외래어가 포함된 합성어는 사잇소리 현상이 일어나도 사이시옷을 표기하지 않는 것이 원칙이다.[3]

앞에서도 언급했듯이 사잇소리 현상은 명사와 명사 사이에 어떤 자음, 즉 사잇소리가 첨가되어 일어난다고 해석하는 경우가 많다. 'ㄴ'이 첨가되는 현상은 말할 것도 없고 경음화가 일어나는 것도 사잇소리가 관여한다고 보는 것이다. 그런데 첨가되는 사잇소리가 구체적으로 무엇인지에 있어서는 이견이 있다. 표기에 근거하여 'ㅅ'이라고 보기도 하고, 'ㄷ'이라고 보기도 하며, 경우에 따라서는 후두 파열음 'ㆆ'이라고 보기도 한다. 이 중 어떤 자음이 첨가된다고 보느냐에 따라 음운 현상에 대한 설명 방식은 달라진다.

사잇소리 현상은 명사와 명사가 결합하는 합성어라고 해서 항상 일어나는 것은 아니다. 대체로 명사와 명사 사이의 의미 관계가 중요하다는 지적이 일찍부터 있어 왔다. 가령 이희승(1955)에서는 앞말이 주가 되고 뒷말이 종속적 지위에 있으면서 소유적 의미를 지니거나, 앞말이 뒷말을 수식하는 관형사적 의미를 가질 때 사잇소리 현상이 일어난다고 했다. 이후에는 이러한 의미 관계를 더욱 정밀하게 고찰하여 앞말과 뒷말 사이에 시간(예 봄비), 장소(예 안방), 용도(예 술잔), 기원(예 밀가루), 소유주(예 강줄기) 등의 의미 관계가 성립할 때 사잇소리 현상이 일어난다고 보게 되었다. 다만 여기에는 예외가 적지 않아서 절대적 원리라기보다는 상대적 경향성의 관점에서 접근할 필요가 있다.[4]

③ 용어 설명

'사잇소리 현상'을 가리키는 용어는 두 부류로 나눌 수 있다. 절대 다수는 명사와 명사가 합성어를 이루면서 중간에 다른 소리가 끼어든다는 의미를 담고 있다. '사이 덧소리, 사이ㅅ소리, 중간음, 삽입 자음, 중간ㅅ소리, 사잇소리 현상, 사이ㅅ 현상, ㄷ 덧나기' 등이 모두 그러하다. 이 용어들은 앞서 언급했듯이 사잇소리 현상의 원인이 자음 첨가와 관련된다는 사실을 중시하고 있

---

2) '사이시옷(interval-s, bindings-s)'을 가리키는 용어도 다양하다. 'ㅅ의 섭음[涉音](안 확 1923), 사이ㅅ(조선어학회 1934, 최현배 1937ㄱ, 박종우 1946), 중간ㅅ(이극로 1935, 최현배 1937ㄱ, 이희승 1938ㄴ), 중간 시옷(심의린 1936, 이숭녕 1954ㅂ), 사이시옷(최현배 1937ㄱ, 심의린 1949ㄱ, 이숭녕 1956ㄷ, 菅野裕臣 1993ㄱ), 사잇시옷(이숭녕 1954ㅂ, 배양서 1969ㄴ), 사이 된소리(정경해 1954), 사이 닫침 소리(최현배 1965), 붙임 소리 ㅅ(최현배 1965), 삽입 자음(김두영 1984, 박병식 1987), 삽요음[揷腰音](김두영 1984), 지격 촉음[持格 促音](김두영 1984), 개입음[介入音](김두영 1984), 차지 입겿(김두영 1984), 사촉음(박병식 1987)' 등이 있다.

3) 잘 알려진 바와 같이 '곳간, 셋방, 숫자, 찻간, 툇간, 횟수'의 여섯 단어는 한자끼리 결합된 한자 합성어임에도 불구하고 예외적으로 사이시옷을 표기한다.

4) 사잇소리 현상의 예외에 속하는 사례는 배주채(2003)에 상세히 제시되어 있다.

234

다. 다음으로 '촉음 현상, 된소리 현상'은 사잇소리 현상에 속하는 두 가지 하위 현상 중 'ㄴ' 첨가는 제외하고 경음화만 중시한 용어이다. '사이 된소리, 간경음'도 기본적으로는 경음화에 초점을 두되 중간에 자음이 끼어든다는 사실을 함께 나타내고 있을 뿐이다. 사잇소리 현상은 경음화뿐만 아니라 'ㄴ' 첨가도 포함되므로 두 번째 부류의 용어로는 사잇소리 현상을 포괄하는 데 한계가 있다.

④ 관련 항목

경음화, 'ㄴ' 첨가

삼중 모음

① 용어의 별칭

국어 복중모음[複重母音](유길준 1909), 삼중 합성 양절[三重 合成 陽切](이필수 1922), 셋 합한 홀소리(리필수 1923), 삼중 모음[三重 母音](安藤正次 1927, 小倉進平 1931, 金田一京助 1932, 조선어학회 1941, 주왕산 1948, 허웅 1952), 삼련모음[三連母音](寺川喜四男 1950), 셋 합한 모음(이필수 1956), 삼합 원음[三合 元音](董同龢 1972, 日本音聲學會編 1976, 엄익상 2007), 세번 거듭홀소리(황희영 1979), 세겹 홀소리(이근영 1990, 신연희 1991, 조오현 1995), 삼중성[三中聲](정경일 1991), 세겹모음(류렬 1992), 세거듭소리(이원식 1992), 삼중 복모음[三重 複母音](崔金丹 2002, 한재영 외 2003), 삼합원음 복모음[三合元音 複母音](崔金丹 2002, 한재영 외 2003), 삼합 모음(장향실 2009)

영어 triphthong

② 개념 설명

삼중 모음은 모음적 성질을 가진 세 개의 음소로 이루어진 복합 모음이다. 단모음 세 개로 이루어진 삼중 모음도 있을 수 있고 단모음에 반모음이 하나 이상 결합한 삼중 모음도 있을 수 있다. 국어 연구 초기에는 표기에 현혹되어 음성적으로는 삼중 모음이 아닌데도 글자 구성만 가지고 삼중 모음으로 분류하는 경우가 적지 않았다. 가령 유길준(1909)에서는 '왜, 웨'를 표기에만 근거하여 'ㅗ+ㅏ+ㅣ, ㅜ+ㅓ+ㅣ'로 이루어진 삼중 모음으로 분석한 바 있는데 이러한 태도는 당시 여러 학자들의 논의에서 찾아볼 수 있다. 그러나 표기의 굴레에서 벗어나 발음을 기준으로 하면 현대 국어에는 삼중 모음이 존재하지 않는다.[5]

---

5) 간혹 현대 국어에도 삼중 모음이 존재한다고 보는 경우가 있다. 가령 '뛰어'를 한 음절로 줄여서 발음할 때의 형태인 '뚸:'나 방언형에서 '되어'의 줄어든 형태를 '돠:'라고 발음할 때 '뚸:'와 '돠:'에는 삼중 모음이 존재한다고 주장하기도 한다. 이것은 '뚸:'나 '돠:'의 'ㅕ, ㅑ'를 'wyə, wya' 또는 'ywə, ywa'로 분석한 데서 비롯된 것이다. 그러나 'wy' 또는 'yw'는 음성적으로는 하나의 반모음 'ɥ'에 불과하다. 음운론적으로도 'wy' 또는 'yw'는 반모음이 연속되는 구조라서 자연스럽다고 볼 수 없다. 더욱이 형태소 내부에서는 이런 중모음이 전혀 나타나지 않고 오직 용언 어간 뒤에 어미가 결합하여 반모음화에 준하는 현상이 일어날

235

반면 중세 국어에는 삼중 모음이 존재하였다. 중세 국어의 '애, 에, 외, 위'는 모두 단모음과 반모음 'j'가 결합한 이중 모음이었다. 따라서 이러한 이중 모음 앞에 다른 반모음이 결합된 '왜, 웨, 외, 위' 등은 '반모음+단모음+반모음'의 구조로 된 삼중 모음이 될 수밖에 없다.[6] 이러한 삼중 모음은 이후 '애, 에, 외, 위'의 단모음화가 일어나면서 삼중 모음으로서의 지위를 잃게 된다.[7]

간혹 이중 모음을 그 구성에 따라 상향 이중 모음과 하향 이중 모음으로 나누는 데 영향을 받아서 삼중 모음도 상향 삼중 모음과 하향 삼중 모음을 나누는 경우가 있다. 상향 삼중 모음은 삼중 모음의 구성 요소가 갈수록 더 개구도(또는 공명도)가 커져야 하고 하향 삼중 모음은 그 반대가 되어야 한다. 그런데 이러한 개념은 국어의 현실과는 잘 맞지 않는다. 가령 앞서 제시한 중세 국어의 삼중 모음은 앞부분을 고려하면 개구도가 작은 반모음이 단모음에 선행하므로 상향적인 성격을 띠지만 뒷부분을 고려하면 반모음이 단모음 뒤에 오므로 하향적인 성격을 띤다. 즉 일관된 상향 삼중 모음이나 하향 삼중 모음은 존재하지 않는 것이다. 국어가 아닌 다른 언어에서도 순수한 상향 삼중 모음이나 하향 삼중 모음의 존재를 찾기란 쉽지 않다.

③ 용어 설명

'삼중 모음'을 가리키는 용어들은 '복중모음'을 제외하면 모두 세 개의 요소로 이루어진 중모음이라는 의미를 담고 있다. 유일한 예외인 '복중모음'이라는 용어를 사용한 유길준(1909)에서는 이중 모음을 단중모음(單重母音)이라고 했다. 그러므로 이중 모음보다 구성 요소가 하나 더 많은 삼중 모음은 복중모음(複重母音)이 된 것이다. 이중 모음과 삼중 모음의 차이를 '단(單) : 복(複)' 대립으로 표현했다는 점이 흥미롭다.

④ 관련 항목

이중 모음, 중모음'

때에만 나타난다는 점은 중모음 체계에 삼중 모음을 설정하기 어렵게 만든다.
6) 다만 이중 모음의 정의에서 문제되었던 바와 같이 반모음이 포함된 것을 이중 모음으로 보지 않는다면 반모음 'j, w'와 이중 모음 '애, 에, 외, 위' 등이 결합한 '애, 예, 외, 위, 왜, 웨'도 삼중 모음으로 볼 수 없게 된다.
7) 삼중 모음 '외, 위'는 '외, 위'가 단모음으로 바뀌기 이전에 중모음 목록에서 없어졌기 때문에 '외, 위'의 단모음화와 무관하게 삼중 모음 목록에서 사라진다.

삼지적 상관속

① 용어의 별칭

국어 세 갈래 닿소리(최현배 1948), 삼지적인 相關束(이인모 1954), 삼지적 상관속[三肢的 相關束](이숭녕 1955ㄴ, 허웅 1958, 김완진 1963ㄱ), 삼중 조직[三重 組織](이희승 1955, 지준모 1965, 김선기 1972ㄴ, 徐翰秀 1981), 세 가지 계열(김민수 1960), 삼항적 상관속(도수희 1971, 김무림·김옥영 2009), 삼지적 상관 관계(유창균 1971), 삼중적 조직(김영송 1972), 삼항 상관속(오원교 1979), 삼지적인 세모꼴의 상관물(김석득 1984ㄴ), 3계열 상관물(김석득 1984ㄴ), 삼지적인 자음 체계(이기문 외 1984), 삼항적인 자음 체계(이기문 외 1984), 삼항적 상관속(이기백 1991, 최윤현 1993), 삼지적 상관(김무림 1992), 삼지적 대립(백두현 1992ㄴ), 삼지 상관속(서영석 1993, 우민섭 2000), 세 계열 상관속(최윤현 1993), 삼항 대립(梅田博之 1999)

영어 triple correlation bundle, triple composition

② 개념 설명

상관속을 이루는 두 개의 상관이 공통 계열을 중심으로 연결되어 총 세 계열의 음소 부류가 대립하는 경우를 가리킨다. 국어의 경우 파열음과 파찰음에서 보이는 평음, 유기음, 경음의 대립을 삼지적 상관속이라고 한다. 국어의 파열음과 파찰음에는 조음 위치와 조음 방식이 같으면서도 구별되는 세 부류의 자음(평음, 유기음, 경음)이 존재한다.[8] 이 자음들은 모두 무성음이면서 근육의 긴장, 후두의 상태 등에 따라 구분되며, 이것은 국어 자음 체계의 중요한 특징으로 알려져 있다.[9]

'평음, 경음, 유기음'이라는 세 계열의 자음이 대립되는 것을 '상관속(correlation bundle)'이라고 부르는 이유는 대립의 속성에서 기인한다. '평음'과 '유기음'은 유기성에 의한 상관(correlation)을 이루고 평음과 경음은 경음성에 의한 상관을 이룬다. 그런데 이 두 가지 상관은 평음을 공통 요소로 하고 있기 때문에 하나의 상관속으로 묶을 수가 있다.[10] 특히 세 계열의 자음이 상관속을 이루므로 '삼지적 상관속'이 된다.

국어에서 자음의 삼지적 상관속은 두 가지 기능을 가진다. 하나는 단어의 의미 변별이다. 삼지적 상관속을 이루는 자음은 별개의 음소이므로 당연히 단어의 뜻을 구분할 수 있다. '달 : 탈 : 딸'과 같은 단어쌍은 이러한 상황을 잘 말해 준다. 다른 하나는 삼지적 상관속이 어감의 차이를 드러낸다는 점이다. 가령 '감감-캄캄-깜깜'의 세 단어는 기본적인 어휘적 의미는 비슷하되 그 느낌에서 차

---

8) 이 자음들 각각의 특징에 대해서는 별도의 항목을 참고할 수 있다.

9) 종래 몇몇 논의에서는 단지 세 계열이라는 숫자 자체만 강조하여 이것을 국어의 유형론적 특징이라고 언급하기도 했으나 이것은 그리 타당하지 않다. 왜냐하면 단순한 숫자로만 보면 세 계열의 자음이 구분되는 언어도 적지 않고 네 계열의 자음이 구분되는 언어도 존재하기 때문이다. 예를 들어 타이어(Thai)는 유성 무기음, 무성 무기음, 무성 유기음의 세 부류를 구분하며 힌디어(Hindi)는 유성 무기음, 유성 유기음, 무성 무기음, 무성 유기음의 네 부류를 구분하는 것이다. 그러나 이런 언어들은 대체로 성대의 울림을 중요하게 활용한다. 즉 유성음과 무성음의 차이가 자음 분류에 관여하는 것이다. 반면 국어는 평음, 유기음, 경음이 모두 무성음인데도 불구하고 세 부류로 나뉜다는 점이 특이하다. 국어 자음 체계의 유형론적 특징은 여기서 찾아야 할 것이다. 이와 비슷한 자음 체계는 북미 토착민의 일부 언어에서도 발견된다고 한다.

10) '상관'이나 '상관속'에 대해서는 '대립' 항목을 참고할 수 있다.

이를 보인다. 평음보다는 유기음이나 경음이 들어 있는 단어의 어감이 더 강하다. 이러한 어감의 표시 기능은 국어 어휘의 분화에 적극적으로 관여하고 있다.[11]

삼지적 상관속에 속하는 세 부류의 자음은 서로 대등하게 보기도 하지만 일정한 기준에 따라 하위 분류를 하기도 한다. 일반적으로는 근육의 긴장성에 따라 평음을 약음(또는 이완음)으로 하고 경음과 유기음을 묶어 강음(또는 긴장음)으로 한다. 그러나 논의에 따라서는 기식의 정도를 기준으로 하여 기식이 없는 경음을 한 부류로 분리하고 기식이 있는 평음과 유기음을 다른 부류로 묶기도 한다.[12] 기식의 정도와 비슷한 분류 기준으로 '성문 폐쇄의 유무'도 있다. 이 기준으로 삼지적 상관속을 구분한 梅田博之(1983)에서는 성문이 폐쇄되는 '후두화음(경음)'과 성문이 폐쇄되지 않는 '비후두화음(평음, 유기음)'의 둘로 나눈 후 비후두화음은 강음(유기음)과 약음(평음)으로 하위 구분한다. 성문 폐쇄와 기식의 정도는 서로 밀접한 관련이 있다는 점에서 두 가지 분류 기준은 근본적으로는 통한다고 할 수 있다.[13]

때로는 중세 국어의 모음에 대해서 삼지적 상관속을 언급하는 경우도 없지 않다. 'ᄋ'와 '오', '으'와 '우'는 모두 구축(口蹙)에 의한 상관을 이루고, 'ᄋ'와 '아', '으'와 '어'는 모두 구장(口張)에 의한 상관을 이룬다. 구축과 구장에 의한 상관은 'ᄋ'와 '으'를 공통으로 지닌다. 또한 'ᄋ, 오, 아'는 설축(舌縮)이라는 공통점을 지니고 '으, 우, 어'는 설소축(舌小縮)이라는 공통점을 지닌다. 그래서 'ᄋ : 오 : 아'와 '으 : 우 : 어'도 삼지적 상관속이라고 해석하는 것이다.

③ 용어 설명

'삼지적 상관속'을 가리키는 용어들은 공통적으로 세 계열의 음소 또는 자음이 대립되는 짝이라는 의미를 담고 있다. 예외가 없고 그 의미가 자명하여 특별히 언급할 만한 내용은 없다.

④ 관련 항목

경음, 대립, 유기음, 평음

---

11) 여기에 대해서는 '음상' 항목에서 자세히 다룬다.
12) 이럴 경우 평음과 유기음은 각각 경기음(輕氣音)과 중기음(重氣音)으로 구분된다.
13) 성문 폐쇄가 많이 이루어질수록 공기가 나오는 통로가 좁아지므로 기식의 정도는 약해질 수밖에 없다.

상보적 분포

① 용어의 별칭

국어 배타적 위치[排他的 位置](허웅 1958), 상보 분포[相補 分布](黑川新一 譯 1958, 이병건 1976, 奧田一廣 1976, 日本音聲學會 編 1976, 최영영 1983, 박옥줄 1985), 상보적 분포[相補的 分布](太田朗 1959, 이기문 1961ㄱ, 장태진 1961, 김석득 1962ㄱ, 築島裕 1964, 龜井孝 外 編 1996), 호상 배타적인 환경(김석득 1960), 호상 배타적인 위치 (김석득 1962ㄴ), 상보적 분포 관계(김석득 1962ㄴ, 이현규 1965, 서재극 1970), 배타적 분포[排他的 分布](이기문 1963ㄱ, 허웅 · 박지홍 1971, 박지홍 1975), 서로 배타적인 분포(허웅 1968ㄱ, 국립국어연구원 1996), 상보적 배치[相補的 配置](허웅 1968ㄱ), 보합 분포[補合 分布](竹林滋 · 横山一郎 譯 1970), 상호 배타적 분포(筧壽雄 · 今井邦彦 1971, 이문규 2004), 호양적 분포[互讓的 分布](정인섭 1973), 상보 배치(김영송 1977ㄱ, 박지홍 1977), 상보적 관계(최명옥 1980), 상호 배타적인 환경(박종희 1983ㄱ), 상보적 배분[相補的 配分](송민 1984), 상호 배타적 위치(이기문 외 1984), 상보적인 분포(이기문 외 1984), 배타적인 배치(김차균 1992ㄷ), 상보적인 배치(김차균 1992ㄷ), 상보적 배치(국립국어연구원 1996)

영어 complementary distribution, exclusive distribution

② 개념 설명

두 대상 'A, B'가 출현하는 분포를 비교할 때 'A'와 'B'가 나타나는 환경이 전혀 달라서 그 분포가 서로 겹치지 않는 경우를 가리킨다. 이론적으로 볼 때 두 개의 대상 'A'와 'B'의 분포는 네 가지 부류 중 하나에 속하게 된다. 'A'와 'B'의 분포가 완전히 겹치는 경우,[14] 'A'와 'B' 중 하나가 다른 하나의 분포를 완전히 포함하는 경우,[15] 'A'와 'B'의 분포가 일부만 겹치고 나머지는 차이가 나는 경우,[16] 마지막으로 'A', 'B'가 상보적 분포를 이루는 경우로 나눌 수 있다. 상보적 분포는 두 대상의 대립을 불가능하게 하기 때문에 비대립적 분포에 속한다고 할 수도 있다. 龜井孝 外 編(1996)에서는 분포를 대립적 분포[17]와 비대립적 분포로 나눈 후 비대립적 분포에는 자유 변이와 상보적 분포가 있다고 했다.

상보적 분포의 개념은 음소 분석이나 이형태 분석에서 상당히 유용하게 쓰인다. 음소 분석에 있어서는 상보적 분포를 이루는 두 음성의 경우 한 음소의 변이음일 가능성이 커진다.[18] 음소란 단어의 뜻을 구별해 줄 수 있어야 하는데 두 음이 상보적 분포를 이룰 경우 최소 대립쌍을 이루는 것이 불가능하기 때문에 단어의 뜻을 구별해 주는 것도 있을 수가 없다. 이형태 분석도 기본적으로는 비슷하다. 한 형태소의 이형태들은 대체로 상보적 분포를 이룬다.[19] 따라서 형태 분석을 끝낸 후 그

---

14) 이것을 'equipolant distribution' 또는 'coincident distribution'이라고 한다. 국어로는 '동시적 분포(전상범 1977ㄴ), 등적 분포(최윤현 1993, 이병근 · 최명옥 1997)' 등으로 불린다.

15) 이것을 'incorporating distribution, including distribution'이라고 한다. 국어로는 '포괄적 분포(전상범 1977ㄴ, 최윤현 1993)'라고 한다.

16) 이것을 'overlapping distribution'라고 한다. 국어로는 '중복적 분포(전상범 1977ㄴ), 중복 분포(최윤현 1993)' 등으로 부른다.

17) '대립적 분포' 대신 '대칭적 분포'라고 할 수도 있다.

18) 물론 영어의 'h'와 'ŋ', 국어의 'ㅎ'과 'ㅇ'처럼 상보적 분포를 보이지만 별개의 음소로 설정되는 경우도 없지는 않다.

분포를 살펴 한 형태소에 속하는지 그렇지 않은지를 판정할 수 있다.

상보적 분포 중 다소 특이한 것으로 복식 상보적 분포(multiple complementary distribution)가 있다.[20] 이것은 어떤 음성이 서로 다른 음소에 속하는 복수의 음성들과 상보적 분포를 이루는 경우를 가리 킨다. 가령 'A'라는 음성이 'B', 'C'와 상보적 분포를 이루는데, 'B'와 'C'는 서로 다른 음소에 속할 경우 이것을 복식 상보적 분포라고 한다. 이러한 복식 상보적 분포는 '중화(neutralization)'가 일어나 는 환경에서 흔히 나타난다.[21] 두 음소 'D'와 'E'가 중화되는 환경에서 실현되는 음성은 'D'에 속하 는 다른 변이음과도 상보적 분포를 이루고 'E'에 속하는 다른 변이음들과도 상보적 분포를 이루므 로 복식 상보적 분포가 성립된다.

표면적으로 복식 상보적 분포가 성립되면 음소 분석에 복잡성을 더해 주는 것처럼 보일 수 있다. 'A'가 'B'와도 상보적 분포를 이루고 'C'와도 상보적 분포를 이룬다면 'A'를 'B'와 동일한 음소로 묶 어야 할지 'C'와 동일한 음소로 묶어야 할지 판별하기 어려울 수 있기 때문이다. 그러나 실제 분석 과정에서는 그러한 경우가 그리 많지 않다. 가령 국어의 경우에도 양순 무성 미파음인 'p>'는 'ㅂ' 의 변이음에 속하는 'b, p<'와만 상보적 분포를 이루는 것이 아니고 'ㄷ'의 변이음인 'd, t<'나 'ㄱ' 의 변이음인 'g, k<'와도 상보적 분포를 이룬다. 그뿐만 아니라 음절 종성에 오지 못하는 음소의 모 든 변이음과도 상보적 분포를 이룬다. 그러나 'p>'의 음소 분석에 어려움은 별로 없다. 음성적 유사 성을 고려하여 'p>'는 'ㅂ'의 변이음으로 쉽게 분석할 수 있다.[22]

심지어 중화가 일어남으로써 생기는 복식 상보적 분포에서도 음소 분석이 그다지 어려운 경 우는 없다. 서로 다른 음소 'D'와 'E'가 중화되는 위치에서 나타나는 음성 'F'는 'D'와 'E' 중 어 느 음소에 속하는지 알 수 없을 때 음소 분석이 어렵게 된다. 중화의 원래 개념대로라면 'A'와 'B'가 중화될 때 그 둘의 공통적인 특징으로만 이루어진 원음소(archiphoneme)가 실현되므로 음 성 'F'는 'D'와 'E' 중 어디에 속하는지 분석하기 어려워야만 한다. 그러나 중화로 처리되어 온 예들을 보면 중화의 위치에서 나타나는 음성을 어떤 음소로 분석해야 할지 자명한 경우가 대 부분이다.[23]

국어에는 다소 특이한 복식 상보적 분포의 사례가 있다. 음성 'A'가 서로 다른 음소에 속하는 음성 'B', 'C'와 복식 상보적 분포를 이룰 경우 'A'는 'B' 또는 'C' 중 어느 하나와만 같은 음소로 분석되는 것이 일반적이다. 그런데 국어에서는 'A'가 'B'와도 같은 음소가 되고 'C'와도 같은 음 소가 되는 경우가 존재한다. 전설 원순의 반모음 'ɥ'가 그러하다. 'ɥ'는 'w' 뒤에 단모음 '이'가 오

---

19) '무조건 변이'를 보이는 경우에는 예외이다. 자세한 것은 '무조건 변이' 항목을 참고할 수 있다.
20) '복식 상보적 분포' 대신 '겹상보적 배치(허웅 1985ㄱ), 겹상보적 분포(김사명 2001), 겹상보 배치(권재일·고동호 2004)'라고 하기도 한다.
21) 중화를 복식 상보적 분포의 관점에서 이해하는 것은 미국 구조주의 음운론의 방식이다. 유럽 구조주의 음운론에서는 중화의 결과 원음소가 실현된다고 본다. 자세한 것은 '중화' 항목을 참고할 수 있다.
22) '음성적 유사성'이라는 기준은 판단의 주관성 때문에 음소 분석에서 항상 보조적 기준으로만 언급되었지만 이진호(2014ㄴ)에 서 지적한 것처럼 실제 음소 분석에서는 중요하게 작용할 수 있다.
23) 이것은 원음소를 전제하는 '중화'라는 개념 자체의 존립을 위태롭게 만들기도 한다. 원음소를 포함하여 중화와 관련된 문제는 '중화' 항목을 참고할 수 있다.

든지 'w' 앞에 경구개음이 올 때 'w'의 변이음으로 실현된다. 더욱이 'ɥ'는 'j' 뒤에 원순 모음 '오, 우'가 올 때 'j'의 변이음으로도 실현된다. 이처럼 'ɥ'는 'w'의 변이음은 물론이고 'j'의 변이음과도 상보적 분포를 이루어 복식 상보적 분포를 보이는데, 음소 분석의 결과 'w'와 'j'라는 두 음소 모두에 속하는 것이다.[24] 하나의 음성이 두 개의 서로 다른 음소 모두의 변이음으로 작용하는 경우는 특별한 사례이다.

③ 용어 설명

'상보적 분포'를 가리키는 용어는 수적으로 많은 편이지만 질적으로는 단순하다. 크게 보면 '상보적'이라는 표현을 사용하는 용어와 '배타적'이라는 표현을 사용하는 용어가 있는데 그 의미는 대동소이하다. 출현 환경이 겹치지 않는 것을 상호 보완적이라고 하기도 하고 상호 배타적이라고 하기도 한다. 모두가 'complmentary' 또는 'exclusive'의 원래 의미를 충실히 번역하고 있다.

④ 관련 항목

변이음, 이형태, 무조건 변이

상향 이중 모음

① 용어의 별칭

국어 상승적 이중 모음[上昇的 二重 母音](小倉進平 1923, 新村出 1943, 河野六郎 1945, 이숭녕 1947ㄱ, 지춘수 1968, 허웅 1968ㄱ), 점강적 중모음[漸强的 重母音](寺川喜四男 1950), 상승 이중 모음[上昇 二重 母音](市河三喜·河野六郎 1951, 서재극 1961, 양동휘 1967, 竹林滋·橫山一郎 譯 1970, 이현복 1971, 日本音聲學會 編 1976), 상승적 중모음(허웅 1952, 주상대 1976, 김춘애 1978), 상향 이중 모음[上向 二重 母音](강길운 1958, 小泉保·牧野勤 1971, 이기문 1972, 田中春美 外 1975, 최명옥 1982), 승이중모음[昇二重母音](太田朗 1959), 상승적 복원음[上昇的 複元音](董同龢 1972), 상승적 겹홀소리(박지홍 1975, 김영송 1977ㄱ, 리의도 1984), 상승적 두겹홀소리(김영송 1977ㄱ), 올림 겹모음(김민수 1978ㄱ), 점강 중모음[漸强 重母音](外山映次 1972, 日本音聲學會 編 1976), 상승 중모음[上昇 重母音](日本音聲學會 編 1976), 상향성 이중 모음(곽충구 1980, 박창원 1983, 정인상 1984), 상향적 이중 모음(이상규 1984, 이철수 1986, 이병근·최명옥 1997), 상승적 겹모음(권오선 1990), 상향식 중모음(정철 1990), 오름형 겹모음(류렬 1992), 상승형 겹모음(류렬 1992), 반모음 앞섬 겹모음(강진철 1994), 오름 겹홀소리(김형철 1994, 김형춘 1994, 이근영 1995), 상승 겹모음(김성근 1995), 올리 겹모음(김성근 1995), 오름 두겹홀소리

---

24) 논의에 따라서는 '끼+어→껴[kʲjəː], 꾸+어→꿔[kʲwəː], 뀌+어→뀌[kʲɥə]'와 같이 극히 일부 활용형에서 'j, w, ɥ'의 차이에 따라 단어의 뜻이 구별되는 경우가 있음을 들어 'ɥ'를 'w'나 'j'와 구별되는 별개의 음소로 설정하기도 한다. 그럴 경우 국어의 반모음 수는 2개에서 3개로 늘어난다.

241

(김영선 1997, 조오현 2006), 상향 중모음(백두현 1997), 상승 복모음[上昇 複母音](서영석 1998), 오른 겹소리 (김광웅 2001), 'j/w' 시작 이중 모음소(최명옥 2004), 활음 시작 이중 모음소(최명옥 2004), 오름 이중 모음 (이근열 2008), 오름 두겹홀소리(임용기 2009)

영어 rising diphthong, ascending diphthong, on glide diphthong

② 개념 설명

이중 모음을 구성하는 두 음소 중 음절 부음의 기능을 하는 음소가 음절 주음의 기능을 하는 음소보다 앞에 오는 이중 모음을 가리킨다.[25] 반모음이 포함된 이중 모음의 경우에는 반모음이 선행하는 이중 모음이 상향 이중 모음이 된다. 또한 단모음(單母音)의 연쇄로 된 이중 모음은 개구도(또는 공명도)가 더 낮은 단모음이 선행하는 것이 상향 이중 모음이다. 반대 개념으로는 하향 이중 모음이 있다.[26]

국어의 상향 이중 모음은 모두 음절 부음 역할을 하는 음소가 반모음이다. 국어의 상향 이중 모음은 반모음 'j'로 시작하는 것과 반모음 'w'로 시작하는 것으로 나뉜다. 'j'로 시작하는 상향 이중 모음에는 '야, 여, 요, 유, 애, 예'가 있으며 'w'로 시작하는 상향 이중 모음에는 '와, 왜, 워, 웨, 위'가 있다. 간혹 '의'를 반모음 'ɰ'와 단모음 '이'가 순서대로 결합된 이중 모음으로 분석하는 경우가 있다.[27] 그럴 경우에는 상향 이중 모음 목록에 '의'도 포함되며 현대 국어의 모든 이중 모음은 상향 이중 모음으로 분류된다.

③ 용어 설명

'상향 이중 모음'을 가리키는 용어들 중 압도적 다수는 '올라가다' 또는 '위로 향하다'라는 의미를 담고 있다. 그 이유는 앞에 오는 음절 부음보다 뒤에 오는 음절 주음의 공명도가 더 커서 공명도가 더 높아진다는 사실을 용어에 반영했기 때문이다.[28] 이와 성격이 다른 용어로는 '점강적 중모음, 점강 중모음'과 'j/w 시작 이중 모음소, 반모음 앞섬 겹모음, 활음 시작 이중 모음소'가 있다. '상승, 상향' 대신 '점강'이라는 표현을 사용한 용어들은 상향 이중 모음의 경우 뒤에 오는 음절 주음의 음성적 효과가 더 뚜렷하기 때문에 뒤로 갈수록 더 강해진다는 의미를 담은 것이다. 'j/w 시작 이중 모음소, 반모음 앞섬 겹모음, 활음 시작 이중 모음소'는 상향 이중 모음이 반모음으로 시작하는 이중 모음이라는 의미를 담고 있다. 국어의 경우에는 아무런 문제가 없지만 반모음이 포함되지

---

25) 竹林滋・橫山一郎 譯(1970)에서는 상향 이중 모음에 대해 강세의 위치가 뒤에 있는 것이라고 정의하여 다소 차이를 보인다. 그러나 음절 부음과 음절 주음 중 강세가 부여되는 것은 음절 주음이므로 결과적으로는 크게 다르지 않다.

26) 상향 이중 모음과 하향 이중 모음의 차이에 대해서는 '하향 이중 모음' 항목을 참고할 수 있다.

27) '의'는 단모음 '으'와 반모음 'j'의 결합 또는 단모음 '으'와 단모음 '이'의 결합으로 분석하기도 한다.

28) 최명옥(2004)에서는 '상향, 상승' 등과 같이 '상(上)'이라는 표현을 용어에 반영할 경우 두 가지 문제가 있다고 지적한 바 있다. 하나는 '공명도'라는 청취 음성학적 기준을 이용한다는 사실이고 다른 하나는 '상(上)'이 마치 혀를 높이는 것으로 오해할 수 있는 여지가 있다는 점이다. 이 중 두 번째 문제점은 실제로 '상향 이중 모음'을 혀의 높이가 더 높아지는 이중 모음으로 해석하는 경우가 실제로 존재한다는 점에서 충분히 수긍할 수 있다. 여기에 대해서는 '이중 모음' 항목을 참조할 수 있다.

않은 상향 이중 모음이 존재할 때에는 그것을 포함하기 어려워지는 문제점이 있다.[29]

④ 관련 항목

수평 이중 모음, 이중 모음, 하향 이중 모음

상호 동화

① 용어의 별칭

> **국어** 상호 동화[相互 同化](小倉進平 1915, 安藤正次 1927, 金田一京助 1932, 최현배 1937ㄱ, 김윤경 1948ㄱ, 주왕산 1948), 서로 닮음(최현배 1937ㄱ, 김윤경 1948ㄱ, 김계곤 1965), 상호 동화 작용(新村出 1943), 쌍동화[雙同化](김형규 1946), 합착 동화[合着 同化](日本音聲學會 編 1976), 연합 동화[聯合 同化](이기문 외 1984, 국립국어연구원 1996), 서로 닮기(김성근 1995, 서상규·박석준 2005), 호상 동화(권재일·고동호 2004, 서상규·박석준 2005, 이은정 2005), 이중 동화(이은정 2005)
>
> **영어** reciprocal assimilation, coalescent assimilation

② 개념 설명

인접한 두 음이 서로 영향을 주고받는 동화의 일종이다. 동화가 양방향적으로 일어난다는 점에서 동화가 일방향적으로 일어나는 순행 동화나 역행 동화와 구분된다. 그래서 동화의 방향에 따른 하위 부류로 순행 동화, 역행 동화, 상호 동화의 세 가지를 나누는 방식이 일반화되어 있다.[30]

동화가 양방향적으로 일어났을 때에는 서로 다른 두 가지 결과가 초래될 수 있다. 하나는 인접한 두 음이 모두 바뀌는 경우이다. 가령 'AB'가 인접하여 서로 영향을 미쳐 'CD'가 될 수 있다. 이런 유형의 상호 동화에서는 'A'와 'B' 각각이 동화음이자 피동화음의 역할을 모두 수행한다. 그래서 'A'는 'B'를 동화시키는 동화음이면서 'B'에 동화되는 피동화음이 된다. 'B'도 이런 점에서 마찬가지이다. 다른 하나는 인접한 두 음이 합쳐져 제삼의 음으로 바뀌는 경우이다. 즉 'AB'가 합쳐져 'C'가 되는 것이다. 이러한 유형의 상호 동화는 축약과 다를 바가 없다.[31] 아무튼 전통적인 상호 동화에서는 이 두 가지를 모두 인정한다.[32] 영어 표현인 'reciprocal assimilation'과 'coalescent assimilation'도 이러한 상황을 반영한다. 'reciprocal assimilation'은 'AB'가 'CD'로 바뀌는 상호 동화를 가리키고 'coalescent

---

29) 이중 모음에는 반모음이 포함되지 않을 수도 있다. 자세한 것은 이중 모음 항목을 참고할 수 있다.
30) 그러나 뒤에서도 언급하겠지만 상호 동화를 별개의 동화 부류로 인정하기에는 여러 가지 문제점이 있다.
31) 이런 유형의 상호 동화에 해당하는 것은 주로 모음 축약이다. 가령 金田一京助(1932), 龜井孝 外 編(1996)에서는 단모음 연쇄가 제삼의 단모음으로 축약되는 것을 상호 동화로 보고 있다. 아래에서 보겠지만 국어를 대상으로 한 논의에서도 동일한 입장을 찾을 수 있다. 극단적으로 日本音聲學會 編(1976)에서는 상호 동화의 정의 자체를 두 음이 서로 영향을 미쳐 새로운 음을 구성하는 것이라고 한 적도 있다.
32) 이숭녕(1954ㄴ)에서 상호 동화를 'a+b>a′+b″'과 'a+b>a″'으로 형식화한 것도 이 때문이다.

assimilation'은 'AB'가 'C'로 바뀌는 상호 동화를 가리킨다.[33]

국어를 대상으로 한 상호 동화의 사례는 상당히 다양하다.

  (가) 독+립 → 동닙, 법+령 → 범녕

  (나) kamki → kaŋgi(감기)

  (다) 댜, 뎌, 툐, 듀>쟈, 져, 죠, 쥬

  (라) 사이>새:, 오이>외:

  (마) 권+력 → 궐력, 인+류 → 일류

 (가)는 상호 동화로 거론되는 가장 대표적인 사례이다. 인접한 두 자음이 모두 바뀌었다는 점을 중시하여 상호 동화로 분석해 왔다. (가)는 두 가지 음운 현상이 관여되어 있는데 보통은 '독립'에서 먼저 'ㄹ'의 비음화를 적용 받아 '독닙'이 되고 비음화의 적용을 받아 '동닙'이 된다고 본다.[34] (가)를 상호 동화로 보는 데에는 두 가지 걸림돌이 있다. 하나는 'ㄹ'의 비음화가 동화인지 확실치 않다는 것이다. 상호 동화도 동화인 이상 관여된 현상들은 모두 동화이어야만 하는데 'ㄹ'의 비음화는 동화라고 보기 어렵다.[35] 다른 하나는 순수하게 인접한 두 음이 서로 영향을 주고받았다고 볼 수 없다는 점이다. '독립, 법령'이 진정한 상호 동화라면 'ㄱ'과 'ㄹ', 'ㅂ'과 'ㄹ'이 서로 영향을 주고받아야 하는데 'ㄹ'의 비음화가 먼저 적용되고 나면 'ㄹ'은 'ㄴ'으로 바뀌기 때문에 'ㄱ'과 'ㅂ'에 영향을 주는 것은 'ㄹ'이 아니라 'ㄴ'이 된다. 이것은 (가)에 속한 자료를 상호 동화로 해석할 수 없게끔 한다.

 (나)는 최현배(1937ㄱ)에 나오는 상호 동화의 예이다. (나)는 유성음화와 위치 동화라는 두 가지 동화가 적용되고 있다. (나)는 (가)에서 생기는 두 가지 문제점이 없다. (나)에 관여하는 두 가지 현상은 동화임이 명백하며, 'ㅁ'이 유성음화의 적용에 관여하고 'ㄱ'이 위치 동화에 관여했다고 보면 원래부터 인접한 두 음이 서로 영향을 주고받은 결과가 된다. 그러나 (나) 역시 두 가지 측면에서 문제점을 지닌다. 하나는 후행하는 자음의 유성음화는 단순한 변이음 실현의 문제라서 음소 사이의 변동으로 볼 수는 없다는 점이다. 다른 하나는 유성음화는 선행하는 자음에 의해서만 일어나는 것은 아니라는 점이다.[36] 상호 동화라면 인접한 두 음들만이 서로에게 영향을 미쳐 음소 사이의 변동이 초래되어야 할 것이다.

 (다)는 반모음 'j' 앞에서 'ㄷ' 계열의 자음이 구개음화를 겪은 경우이다. 역사적으로는 구개음화가 일어난 후 구개음 뒤에서 'j'가 탈락하는 과정을 겪었다. 이희승(1955)에서는 여기에 대해 'ㄷ'은 후행

---

33) 흥미롭게도 주왕산(1948)에서는 'AB → CD' 유형의 상호 동화는 '상호 접변'이라고 하고 'AB → C' 유형의 상호 동화는 '상호 동화'라고 하여 두 가지 유형을 구분하기도 했다.

34) 반대로 '독립'이 먼저 비음화의 적용으로 '동립'이 되고 'ㄹ'의 비음화로 인해 '동닙'이 된다고 보는 입장도 존재한다. 이러한 입장이 지니는 문제점에 대해서는 이진호(2008ㄱ)에서 지적된 바 있다.

35) 자세한 것은 'ㄹ의 비음화' 항목을 참고할 수 있다.

36) 이때의 유성음화는 장애음의 앞뒤에 놓인 음 모두에 동화된 결과로 해석하는 경우가 많다. 즉 동화음이 피동화음의 앞뒤에 놓이는 것인데 이런 동화를 '이중 동화'라고 한다. 자세한 것은 '이중 동화' 항목을 참고할 수 있다.

하는 'j'에 동화되고 'j'로 시작하는 이중 모음은 경구개음을 닮아 단모음으로 바뀌었다고 보고 상호 동화라고 하였다. (다) 역시 (가)와 동일한 두 가지 문제 때문에 상호 동화의 예로 보기는 어렵다.

이상의 (가), (나), (다)는 인접한 두 음이 모두 변화를 입어 다른 음으로 바뀌는 'AB→CD' 유형의 상호 동화이다.[37] 반면 (라), (마)는 인접한 두 음소가 서로 영향을 미치면서 제삼의 음소로 축약되는 'AB→C' 유형의 상호 동화이다. (라)는 후설 모음과 '이'가 축약되어 전설 모음으로 바뀌는 변화이다. 전통적으로 '간음화'라고 불러 왔으며 小倉進平(1923)에서 처음 상호 동화의 예로 제시했다.[38] 이후 국내의 여러 학자들이 상호 동화의 예로 다루었다. 두 단모음이 서로에 동화되어 그 중간 성격의 음으로 바뀌었다는 해석이다. (마)를 상호 동화로 본 것은 '르르' 연쇄를 '르(r)'과 구분되는 별개의 음소로서의 설측음(l)으로 분석한 데 기인한다. 'ㄴ'과 '르(r)'이 서로 닮아서 하나의 설측음으로 합쳐졌다고 보고 상호 동화라고 한 것이다.[39]

지금까지 국어에서 상호 동화로 처리되어 온 여러 사례를 살펴보았다. 그런데 온전한 상호 동화로 인정할 만한 예는 별로 없다. (가)~(다)는 인접한 두 음소가 모두 변했다는 점만 분명할 뿐, 관여된 현상이 모두 동화인지 불분명하기도 하고, 원래부터 인접한 두 음이 서로 영향을 미쳤다고 보기 어렵다는 문제도 있다. 사실 (가)~(다)는 별개의 두 음운 현상이 순차적으로 적용된 것에 불과하다. 또한 (라), (마)는 음운의 축약에 속하므로 이것을 굳이 상호 동화로 인정해야 할 필연적 이유가 부족하다.

이처럼 상호 동화의 예로 다루어진 예는 많지만 상호 동화로 인정하기에 부적절한 사례가 대부분인 이유는 상호 동화 자체에 대한 개념 정의가 철저하지 못했기 때문이다. 단순히 인접한 두 음이 모두 변하거나 두 음이 축약되면 상호 동화로 보아 왔던 것이다. 상호 동화를 말 그대로 인접한 두 음이 서로에게 영향을 주는 동화의 유형으로 보려면 두 가지 조건이 충족될 필요가 있다. 즉 두 음이 동화를 입으면서 동화를 시켜야 하므로 동화 현상이 두 개 관여해야 하고, 인접한 원래의 두 음이 동화음이자 피동화음으로 기능해야 하는 것이다. 그런데 두 가지 동화 현상이 관여한다면 이 두 현상은 적용의 선후 관계를 가지며 어느 한 동화가 적용되는 순간 원래 인접했던 두 음 중 하나는 변해야 하기 때문에 이러한 조건을 충족하기 어려워진다.[40]

지금까지 상호 동화라고 했던 현상들은 두 가지 음운 현상이 순서대로 모두 적용되어 인접한 두 음소가 모두 변화하거나 또는 두 음이 축약된 사례였다. 그런 점에서 동화의 방향에 따라 순행 동화, 역행 동화, 상호 동화를 대등하게 분류하는 방식은 재고될 필요가 있다. 동화의 방향에 따라서는 순행 동화와 역행 동화만이 있을 뿐이다. 상호 동화는 그 성격에 부합하는 예도 찾기 어렵고, 설령 찾는다고 하더라도 순행 동화와 역행 동화가 모두 적용된 것에 불과하므로 순행 동화나 역행

---

37) (다)는 해석하기에 따라서는 (라), (마)와 동일한 유형으로 볼 수도 있다.
38) 앞서 지적했듯이 일본에서는 오래 전부터 두 모음이 축약되는 변화를 상호 동화로 보아 왔으며, 이러한 방식을 국어에도 그대로 적용하고 있다.
39) 자세한 것은 이희승(1955)을 참고할 수 있다.
40) 김영석(1987), 안지원(1994)와 같이 상호 동화를 순행 동화와 역행 동화가 동시에 적용된 것이라고 정의하는 경우도 있다. 그런데 두 가지 서로 다른 음운 현상이 동시에 적용된다는 것은 있을 수 없는 일이다.

동화와 구별되는 제삼의 동화 부류라고 할 수는 없다.

③ 용어 설명

'상호 동화'를 가리키는 용어 중 '합착 동화, 이중 동화'를 제외하면 모두 인접한 두 음이 서로 동화된다는 의미를 담고 있다. '합착 동화'는 'coalescent assimilation'에 대응하는 용어로, 음운의 축약을 상호 동화로 인정하는 태도를 반영한 것이다. 두 음소가 합쳐지는 동화라는 의미를 지닌다. '이중 동화'는 인접한 두 음소가 모두 바뀐다는 의미를 가지지만, 이 용어는 동화음이 피동화음의 앞뒤로 모두 존재하는 동화 부류를 가리키는 데에 주로 사용하기 때문에 상호 동화를 지칭하는 데쓸 경우 혼란을 줄 위험이 있다.

④ 관련 항목

동화, 순행 동화, 역행 동화, 이중 동화, 축약

설근

① 용어의 별칭

> **국어** 혀뿌리(김두봉 1916, 최현배 1929, 이극로 1932ㄱ), 설근[舌根](김두봉 1916, 小倉進平 1923, 鄭國采 1926, 최현배 1929, 홍기문 1947, 上村幸雄 1972), 설체[舌體](日本音聲學會 編 1976)
>
> **영어** tongue root, radix

② 개념 설명

혀의 가장 뒷부분을 가리키며 보통 인두벽에 맞닿는 부위를 설근이라고 본다. 설근의 부위를 다소 넓게 볼 때에는 연구개에 닿는 부분까지도 포함한다.[41] 그래서 연구개음을 설근음이라고 부르는 경우도 있다.

③ 용어 설명

'설근'을 지칭하는 용어는 그리 많지 않다. '혀뿌리, 설근'은 같은 의미로 가장 널리 쓰인다. '설체'라는 용어는 지시하는 부위가 다소 불분명하며 혀의 몸통이 어딘지를 특정하기가 쉽지 않다. 그래서 '설체'는 혀뿌리를 가리키는 데 쓰기도 하지만 경구개 부근과 닿는 전설 부위 또는 혀끝과 설근을 제외한 나머지를 가리키는 데 쓰기도 한다.

---

41) 日本音聲學會 編(1976)에서는 혀 전체로 보면 뒤쪽 1/3에 해당한다고 했다.

④ 관련 항목

　　설근음, 설배, 연구개, 연구개음

설근음

① 용어의 별칭

국어 혀뿌리소리(김두봉 1916, 최현배 1937ㄱ, 이은정 1969), 설근음[舌根音](정렬모 1927ㄱ, 박상준 1932, 최현배 1937ㄱ),
설배음[舌背音](정연찬 1980), 혀뒤소리(양하석 1990)
영어 radical

---

② 개념 설명

　　설근을 이용하여 내는 소리로 자음을 조음 위치에 따라 분류할 때 조음점 대신 조음체를 기준으로 한 개념이다. 근래에는 조음점을 중심으로 자음의 조음 위치를 분류하므로 설근음이라는 개념은 별로 쓰이지 않는다. 엄밀하게는 설근과 맞닿는 인두에서 나는 자음을 지칭하는 것이 타당하지만 실제로는 연구개음을 지칭하는 경우가 많다.[42] 특히 인두음이 따로 없는 언어의 경우에는 설근음이 연구개음에 대응하게 된다. 국어도 그런 경우라서 김두봉(1916), 박상준(1932) 등에서는 모두 연구개음을 설근음으로 분류했다.

③ 용어 설명

　　'설근음'을 가리키는 용어는 '설근'을 나타내는 '혀뿌리, 설근'에 '음'이 결합된 것이 많이 쓰인다. '설배음'은 설배를 이용하는 음이라는 뜻이다. '설배'가 가리키는 혀의 부위가 넓어서 설근까지 포괄하기도 하는데 이 때문에 설근음 대신 설배음이라고 하는 것이다.[43] '혀뒤소리'는 혀의 뒷부분을 이용하는 소리라는 의미로 '뒤'가 한정하는 바가 분명치 않다는 문제점을 지닌다.

④ 관련 항목

　　설근, 설배, 설배음

---

42) 日本音聲學會 編(1976)에 따르면 중국에서는 '설근음'이라는 용어를 구개수음을 지칭하는 데 쓴다고 한다. 연구개보다는 구개수가 인두에 더 가까우므로 이러한 용법도 충분히 수긍할 수 있다.
43) 그렇지만 '설배음'은 설근음과 다른 개념으로도 쓰이고 있어서 주의가 필요하다. 자세한 것은 '설배음' 항목을 참고할 수 있다.

설단

① 용어의 별칭

국어 설단[舌端](이필수 1922, 小倉進平 1923, 鄭國采 1926, 安藤正次 1927, 최현배 1929, 홍기문 1947), 혀끝(리필수 1923), 혀끝(최현배 1929, 이극로 1932ㄱ, 이희승 1933, 日本音聲學會 編 1976), 설연[舌緣](이숭녕 1954ㅂ), 설엽[舌葉](竹林滋·橫山一郎 譯 1970, 筧壽雄·今井邦彦 1971, 日本音聲學會 編 1976, 변영식 1977), 전설엽[前舌葉](日本音聲學會 編 1976), 혓날(이현복·김기섭 역 1983, 김진우 1985, 이호영 1996), 혀날(이현복 1989), 설면[舌面](신승용 1995)

영어 tongue blade, margin of tongue, lamina

② 개념 설명

혀의 앞쪽 끝부분을 가리킨다. 대체로 치조 부근에 닿는 혀의 앞부분을 설단이라고 한다. 설단을 넓게 보면 혀의 맨 앞부분인 설첨[44]까지 포함하고, 좁게 보면 설첨 바로 뒤에 있는 부분만 나타낸다.[45] 설단은 치조 부근에 근접하거나 닿아서 치음 또는 치조음을 만드는 데 관여한다.

③ 용어 설명

'설단'을 가리키는 용어들은 혀의 끝이라는 의미를 담고 있는 것들이 많다. '설단, 혀끝, 설연' 등이 그러하다. '혓날, 혀날'은 'tongue blade'를 직역한 용어이다. '설엽'과 '설면'은 혀끝을 가리키기도 하지만 그 뒷부분을 가리키기도 하여 '설단'만을 가리키는 데에는 그리 적절치 않다.[46] '전설엽'과 같이 '설단'을 '설엽'의 앞부분이라고 표현한 용어에서도 '설엽'이 혀의 앞쪽 끝뿐만 아니라 그 뒷부분까지 포괄한다는 것을 잘 보여 준다.[47]

④ 관련 항목

설단음, 설면, 치조음

---

44) '설첨(tongue tip, apex, rim, point)'을 가리키는 용어에는 '혀끝(김두봉 1916, 양동휘 1967, 배주채 1996ㄱ), 설첨[舌尖](김두봉 1916, 安藤正次 1927, 이숭녕 1959ㄱ, 이기문 外 1984, 龜井孝 外 編 1996), 설두[舌頭](鄭國采 1926), 설선[舌先](寺川喜四男 1950, 竹林滋·橫山一郎 譯 1970, 日本音聲學會 編 1976)' 등이 있다.

45) 양동휘(1967)에서는 혀의 맨 앞에서 위아래로 약 1/4인치 되는 부분이 설첨이고 1/2인치 정도 되는 부분이 설단이라고 하여 둘을 구체적으로 구분하고 있다.

46) '설엽'은 중국에서 잘 쓰이며 한국에서는 성운학 연구에서 주로 사용한다.

47) '설면' 항목에서 알 수 있듯이 '설엽'은 '설면'을 가리키는 데에도 쓰인다.

설단음

① 용어의 별칭

국어 혀끝소리(김두봉 1916, 이상춘 1925, 최현배 1929), **설단음**[舌端音](정렬모 1927ㄱ, 최현배 1929, 박상준 1932, 鮎貝房之進 1956ㄱ, 龜井孝 外 編 1996), **설단 자음**[舌端 子音](이기문 1962ㄱ, 도수희 1980ㄱ, 송민 1995), **전단음**[前端音] (林榮一·間瀨英夫 譯 1978), **설정음**[舌頂音](김영석 1987), **설단 중음**(권오선 1990), **설단 치조음**(김주원 1994, 오정란 1999), **혀끝 닿소리**(이근열 1995), **혀앞소리**(양하석 1990), **설단 자음소**(이상신 2008)

영어 laminal, laminar

② 개념 설명

설단을 이용하여 내는 소리를 가리킨다.[48] 조음체를 중심으로 자음을 분류할 경우에 사용하는 개념이다. 조음점을 기준으로 할 경우 치조음에 해당하는 음이 설단음의 가장 대표적인 자음이다. 논의에 따라서는 치조음보다 앞에서 나는 치음이나 그 뒤에서 나는 경구개음도 포함시키는 경우가 존재한다. 가령 허웅(1968ㄱ)에서는 일반 언어학적 관점에서 치음, 치조음, 권설음을 모두 설단음으로 보았으며, 정렬모(1927ㄱ), 양순임(1995)에서는 국어의 치조음과 경구개음을 설단음으로 보았다. 근래에는 조음점을 기준으로 하여 자음을 분류하기 때문에 설단음의 개념은 잘 사용하지 않는다.

③ 용어 설명

'설단음'을 가리키는 용어는 '설단'을 나타내는 '혀끝, 설단'에 '음'이 결합된 것이 많다. '혀끝소리, 설단음, 설단 자음, 설단 중음, 혀끝 닿소리' 등이 그러하다. 이 외에 '혀앞소리'는 전후 방향을 구체화한 것이고 '설단 치조음'은 조음체와 조음점에 대한 정보를 모두 담은 용어이다. 이상의 용어들은 대체로 그 취지가 비슷하다고 할 수 있다. 이와 조금 다른 용어로 '설정음, 전단음'을 들 수 있다. '설정음'은 혀끝이 위로 올라가는 특성을 가리키는 변별적 자질 '[설정성]'을 고려한 용어이고, '전단음'은 '혀'에 대한 정보를 노출하지 않고 단지 앞쪽의 끝에서 난다고 표현한 용어이다.

④ 관련 항목

설단, 설면음, 치조음

---

48) 경우에 따라서는 설첨을 이용하여 내는 설첨음(apical)도 설단음 속에 포함하는 경우가 있다. 이것은 광의의 설단을 설첨까지 포함하는 것과 맥을 같이 한다. '설첨음'을 지칭하는 용어로는 '설첨음(有坂秀世 1940, 김철헌 1962, 성백인 1978ㄴ, 이상억 1979ㄱ, 龜井孝 外 編 1996), 설선음[舌先音](小泉保·牧野勤 1971, 日本音聲學會 編 1976, 林榮一·間瀨英夫 譯 1978), 설앙음 [舌央音](정연찬 1980), 설정음[舌頂音](박종희 1984, 김영석 1987), 설첨 치음(김주원 1994)' 등이 있다.

설면

① 용어의 별칭

> **국어** 혀바닥(최현배 1929, 이극로 1932ㄱ, 이희승 1933), **혓바닥**(최현배 1937ㄱ, 이상춘 1946, 주왕산 1948), **설면[舌面]** (小倉進平 1923, 金田一京助 1932, 최현배 1937ㄱ, 新村出 1943, 주왕산 1948, 이숭녕 1954ㄴ), **혀앞바닥**(이극로 1932), **설엽 [舌葉]**(河野六郎 1945), **전설[前舌]**(배주채 1996ㄱ)
>
> **영어** dorsum[49]

② 개념 설명

사전적으로는 혓바닥을 가리키는데 논의에 따라 그 범위에 차이가 난다. 일본에서는 전통적으로 설단과 설근을 제외한 나머지를 가리켰다. 이럴 경우 '설면'은 '설배'와 크게 다르지 않다. 新村出 (1943)에서는 혀를 설단(blade), 설면(dorsum), 설근(root)의 셋으로 나누고 설면은 다시 전설면(前舌面)과 후설면(後舌面)으로 구분했다. 日本音聲學會 編(1976)에서는 설면을 전설, 중설, 오설(奧舌)의 셋으로 나누었다.[50] 한국에서도 최현배(1929)와 같은 초창기 논의에서는 '설면'을 세 부분으로 나누었으나 현재는 전설 부분을 가리키는 데 한정하여 사용되는 경향이 더 강한 듯하다.

③ 용어 설명

'설면'을 가리키는 용어는 '혓바닥'을 의미하는 것이 대부분이다. 여기에 대한 예외로는 '혀앞 바닥, 설엽, 전설'이 있다. '혀앞바닥, 전설'은 '설면'을 전설에 해당하는 부위로 한정하는 입장에 서 사용하는 용어이다. '설엽'은 그 부위가 넓어서 설단을 가리키기도 하고 설면을 가리키기도 한다.

④ 관련 항목

설면음, 설배, 전설, 전설음, 중설, 후설

---

49) 이 용어는 '설배'에 대한 영어 용어로도 쓰인다.
50) 日本音聲學會 編(1976)에서는 전설, 중설, 오설에서 발음되는 음을 각각 '전악음(前顎音, pre-palatal), 중악음(中顎音, medio-palatal), 오악음(奧顎音, post-palatal)'이라고 부르고 있다.

설면음

① 용어의 별칭

국어 혀바닥소리(최현배 1929), 설면음[舌面音](정렬모 1927ㄱ, 최현배 1929, 박상준 1932), 혓바닥소리(최현배 1937ㄱ, 한국국어교육연구회 1964ㄴ, 이은정 1969), 설면 경구개음(오정란 1999)

영어 dorsal, palatal[51]

② 개념 설명

설면을 활용하여 내는 자음을 가리킨다. 설단음이나 설근음과 마찬가지로 조음체를 중심으로 자음을 분류할 경우에 사용하는 개념이다. '설면'이 논의에 따라 전설부터 후설까지를 포괄하기도 하고 전설만을 한정하여 가리키기도 하는 데 반해 '설면음'은 대체로 전설을 활용하여 내는 경구개 부근의 음만을 가리킨다. 중설이나 후설 부위에서 발음되는 자음을 설면음에 포함하는 경우는 별로 없다. 20세기 전반기에는 '설면음'이라는 용어가 국어 연구에서도 종종 사용되었다. 최현배(1929)에서 설면음으로 'ㅅ, ㅈ, ㅊ'과 반모음 'j'를 설정한 이래 박상준(1932), 이상춘(1946), 주왕산(1948) 등이 모두 비슷한 태도를 보이고 있다.[52] 현재는 조음체 대신 조음점을 기준으로 자음을 분류하고 있기 때문에 설면음의 개념도 그다지 널리 활용되지는 않는다.[53]

③ 용어 설명

'설면음'을 가리키는 용어들은 '혓바닥을 조음체로 이용하는 소리'라는 뜻을 대체로 가지고 있다. 다만 '설면 경구개음'은 조음체에 대한 정보 이외에 조음점에 대한 정보도 덧붙였다는 점이 다를 뿐이다.

④ 관련 항목

경구개음, 설면, 설배, 설배음, 전설음

---

51) '설면음'만을 지칭하는 고유한 영어 표현은 찾기 어렵다. 'dorsal'은 설배음을 가리키는 데에 쓰이고 'palatal'은 경구개음을 가리키는 데에 쓰인다.

52) 최현배(1929)에서 'ㅆ, ㅉ'을 설면음 목록에 포함하지 않은 이유는 이 자음들을 거듭소리로 분석했기 때문이다. 자세한 것은 '거듭소리' 항목을 참고할 수 있다.

53) 다만 '구개음화'와 관련해서는 '설면음' 개념이 활용되기도 한다.

설배

① 용어의 별칭

> **국어** 설배(전상범 1985ㄱ, 강옥미 2003, 한재영 외 2003), 혓몸(강옥미 2003, 박종희·권병로 2011), 혓등(한재영 외 2003)
> **영어** dorsum

② 개념 설명

혀의 부위 중 설단과 설근을 제외한 나머지 혀의 중간 부분을 가리킨다. 경구개와 맞닿는 전설에서 연구개와 맞닿는 후설까지의 부위가 모두 설배에 속한다고 볼 수 있다. 그래서 경구개음이나 연구개음을 언급할 때 조음체로 '설배'가 가끔씩 언급된다. 논의에 따라서는 설배를 후설과 동일시하기도 한다. 그럴 경우에는 설배의 범위가 연구개와 접촉하는 부위로 좁아진다.[54] 전설과 후설이 따로 구분되고, 이 둘을 합쳐서 설명해야 할 경우가 많지 않아서 설배의 개념은 국어 음운론에서 그다지 자주 활용되지는 않는다. 한편 설배와 설근이 합쳐진 부분은 설신(舌身, tongue body)이라고 부르기도 한다.[55]

③ 용어 설명

'설배'를 가리키는 용어는 '설배, 혓등'과 같이 혀의 위쪽 면을 의미하는 것도 있고 '혓몸'과 같이 혀의 몸통을 의미하는 것도 있다. '설배'가 가리키는 부위가 용어 속에 정확히 반영되었다고 보기는 어렵다.

④ 관련 항목

설근, 설면, 설면음, 설배음, 전설, 후설

---

54) 설면과 설배의 차이는 여기에 있다. 광의의 측면에서는 설면과 설배의 지시대상이 동일하지만 협의의 측면에서는 설면이 경구개, 설배가 연구개로 그 지시 대상이 다르다.

55) 따라서 '설신'은 혀 중에서 설단을 제외한 나머지를 가리킨다고 할 수 있다. 다만 논의에 따라서는 '설단'과 '설근' 사이의 부위를 '설신'이라고 하는 논의도 있는데 그럴 경우에는 '설배'의 개념과 크게 다르지 않다. '설신'은 '혀몸(김두봉 1916), 설체[舌體](김두봉 1916, 梅田博之 1980, 桑原輝男·根間弘海 譯 1980, 이기문 외 1984, 고병암 역 1986), 설신[舌身](홍기문 1947, 전상범 1977ㄱ, 정연찬 1980), 혓몸(김윤경 1948ㄱ), 설복[舌腹](김윤경 1948ㄱ), 혓몸(정인승 1949ㄱ, 이현복·김기섭 역 1983, 국립국어연구원 1996), 설배[舌背](신지영 2000ㄱ), 혀몸통(신지영 2000ㄱ)' 등으로 부르기도 한다.

설배음

① 용어의 별칭

국어 설배음[舌背音](黑川新一 譯 1958, 이기문 1961ㄱ, 小泉保·牧野勤 1971, 長嶋善郞 譯 1980, 이시진 1995, 박선우 2011),
후설음(이재영 2005)
영어 dorsal

② 개념 설명

설배를 입천장에 대거나 근접시켜 내는 음이다. 설배가 전설에서 후설 부위에 걸쳐 있으므로 설배음도 전설음과 후설음, 즉 경구개음과 연구개음을 모두 포괄하게 된다. 조성식 편(1990)에서는 연구개음을 '설배 연구개음', 경구개음을 '설배 경구개음'이라고 부르기도 했다. 다만 '설배'를 '후설'와 동일시하는 입장도 있는데 그럴 경우에는 설배음이 후설음, 즉 연구개음과 같아진다. 설배와 마찬가지로 설배음의 개념도 국어 음운론에서는 그다지 자주 활용되지는 않는다.

③ 용어 설명

'설배음'을 가리키는 용어는 매우 단순하다. '설배음'은 설배를 사용하는 음이라는 의미이므로 원래의 취지를 잘 살린 용어이다. '후설음'은 앞서 언급한 것처럼 설배와 후설을 동일시하여 설배음이 곧 후설음이라고 보고 사용한 용어이다.

④ 관련 항목

설근음, 설면음, 실배, 전설음, 후설음

설음

① 용어의 별칭

> **국어** 설음[舌音](『훈민정음』, 김규식 1909), 혀쏘리(『훈민정음』), 설첨음[舌尖音](강위 1869), 셜셩(리봉운(1897)), 혈음
> (박일삼 1907), 혀끝소리(김두봉 1916, 이상춘 1925), 혀소리(김두봉 1922, 김윤경 1934ㄴ), 혓소리(강매·김진호 1925, 심의린
> 1949ㄱ, 최현배 1970), 웃닛몸 소리(최현배 1959ㄷ), 온설음(도수희 1975), 전설음[全舌音](도수희 1975)
> **영어** lingual

② 개념 설명

성운학에서 자음을 조음 위치에 따라 구분할 때 혀끝을 치조 부근에 대거나 접근하여 발음하는 부류를 가리킨다. 현대 언어학에서의 치조음에 대응한다. 성운학에서는 설음을 설두음(舌頭音)과 설상음(舌上音)으로 구분하기도 한다. 설두음은 일반적인 치조음이고 설상음은 이보다 더 뒤에서 나는 음으로 경구개치조음 또는 권설음에 해당한다. 중국 운서인 『광운』에서는 설두음이 1등운과 4등운 앞에 나타나고 설상음이 2등운과 3등운 앞에 나타나서 대체로 그 분포가 상보적인 양상을 보인다고 한다.[56] 국어는 설두음과 설상음이 구분되지 않는다. 중세 국어의 설음에는 'ㄴ, ㄷ, ㅌ, ㄸ'이 있으며 반설음 'ㄹ'도 실질적으로는 설음과 조음 위치가 같았으리라 추정된다. 현대 국어의 경우 설음에 'ㅅ, ㅆ'을 더 포함하고 있다.[57]

'설음'은 원래 자음의 분류에 쓰지만 예전의 일본 학자들은 모음의 분류에 이용한 적도 있다. 寶迫繁勝(1880a), 島井 浩(1902) 등에서는 한국어의 모음을 개합(開合)에 따라 나누면서 '오, 요'를 설음으로 분류한 적도 있다. 이 음을 발음할 때에는 혀의 움직임이 역할을 한다고 보고 설음이라는 명칭을 붙였다. 특히 奧山仙三(1928)에서는 입을 둥글게 오므리고 혀를 아래로 끌어당겨 발음하는 것이라고 자세히 묘사하기도 하였다. 특이한 방식이기는 하지만 현재는 쓰이지 않는다.

③ 용어 설명

'설음'을 나타내는 용어 중 상당수는 설음을 발음할 때 관여하는 조음체인 '혀'를 중시하고 있다. '설음'은 물론이고 '혀쏘리, 혀끝소리, 혀소리' 등이 모두 그러하다.[58] 같은 계열에 속하는 '설첨음'의 경우 강위(1869)에서 '舌尖抵齶離齶出聲'(혀끝이 잇몸을 막았다고 떼면서 소리가 남)이라고 한 데서 나온 용어이다. 물론 조음체가 아니라 조음점에 해당하는 치조를 강조하여 '웃닛몸 소리'라고 부르는 경우도 있지만 소수에 불과하다. '온설음, 전설음'은 모두 '반설음'과의 대비를 위해 '설음' 앞에

---

56) 자세한 것은 이돈주(1995)를 참고할 수 있다.
57) 이러한 입장은 일찍이 김두봉(1916)에서 나타나고 있다. 또한 리봉운(1897)에서는 종성에 놓인 'ㅅ'에 한해 설음으로 분류하였는데 종성의 'ㅅ'은 실제로는 'ㄷ'으로 발음된다는 점을 감안한 것이다.
58) '혈음'은 'ㅎ' 구개음화에 대한 과도 교정이 작용한 용어로 생각된다. 박일삼(1907)에서는 '반설음'도 '반혈음'이라고 했다.

'온, 전(全)'을 덧붙인 용어이다.

④ 관련 항목

경구개치조음, 반설음, 조음 위치, 치조음

설측음

① 용어의 별칭

국어 옆갈이소리(김두봉 1922), 측음[側音](안확 1922, 小倉進平 1923, 정렬모 1927ㄱ, 安藤正次 1927, 팔대수 1930, 寺川喜四男 1950), 흘러갈리소리(이극로 1932ㄴ), 부착 유음[付着 流音](이극로 1932ㄴ), 설측음[舌側音](조선어학회 1933, 최현배 1937ㄱ, 이극로 1947), 흘림소리(이극로 1934), 설칙음[舌側音](이윤재 1934, 김근수 1947, 최현배 1956), 변설고음[變舌高音](幸田寧達 1941), 흘러갈림소리(이극로 1947), 혀옆소리(김윤경 1948ㄱ, 이인모 1949, 정인승 1949ㄷ), 혀곁소리(심의린 1949ㄱ), 된흐름소리(최현배 1941, 문교부 1952), 측면음[側面音](服部四郞 1951, 黑田巍 譯註 1958, 임환 1959, 佐伯梅友 1959, 황희영 1979), 반설경음[半舌輕音](이숭녕 1955ㄱ), 반설중음[半舌重音](이강로 1956ㄴ, 허웅 1968ㄱ, 문학준 1987), 무거운 반혓소리(최현배 1959ㄴ, 문학준 1987, 임용기 1987ㄴ), 굴림된소리(최현배 1959ㄷ), 양측음[兩側音](전재호 역 1964), 측면 공명음[側面 共鳴音](竹林滋·橫山一郞 譯 1970), 옆갈소리(허웅·박지홍 1971), 변음[邊音](董同龢 1972, 우정하 1981, 도수희 1990, 장향실 2002, 劉振中 2013), 옆소리(日本音聲學會 編 1976), 혀옆굴림소리(려증동 1977), 혀옆날 소리(황희영 1979), 측음적 유음(桑原輝男·根間弘海 譯 1980), 측면 자음(長嶋善郞 譯 1980), 무거운 반혀소리(류렬 1992), 설측 공명음[舌側 共鳴音](이철수 1994), 흘림갈림(이현복 1995ㄱ), 설측 자음(서정목 1998), 유음 측음(백응진 1999), 변성[邊聲](우민섭 2000), 설측 유음(이봉형 2009)

영어 lateral

② 개념 설명

혀를 구강의 중앙에 대어 공기가 혀의 측면으로 흐르도록 하여 발음하는 자음을 가리킨다. 논의에 따라서는 공기가 혀의 한쪽 측면으로만 흐르는 편측음(片側音, uni-lateral, mono-lateral)과 혀의 양쪽 측면으로 모두 흐르는 양측음(兩側音, bi-lateral)을 구분하는 경우도 있다. 그러나 편측음과 양측음의 음성학적 차이가 크지 않아서 이런 차이를 음운론적 대립에 이용하는 언어는 아직까지 알려지지 않았다. 혀의 중앙부로 공기가 흐르는 '중앙음(central)'과 대립되는 개념이다.

설측음과 중앙음의 대립이 실제로 중요한 자음 부류는 유음이다. 유음에는 설측음에 반대되는 중앙음 계열로 탄설음과 진동음 등이 존재한다. 유음에 있어 설측음과 중앙음의 구별은 많은 언어에서 자음 체계와 직접적인 관련이 있다. 그래서 중앙음인 탄설음과 진동음에 대해 설측음과의 대립을 명확히 하기 위해 '비설측음(非舌側音)'이라고 부르기도 한다. 아무튼 유음의 경우에만 설측음과 중앙음의 구별이 중시되다 보니 설측음 자체를 유음의 하위 부류로 이해하는 경우도 적지 않은데, 원래 개념상 설측음은 유음에만 국한되는 것은 아니다.

국어의 유음은 'ㄹ' 하나밖에 없다. 그래서 국어에서는 설측음과 중앙음의 차이가 음소적 대립을 일으키지는 못하고 다만 변이음을 구분하는 역할만 할 뿐이다. 'ㄹ'이 음절의 종성에 놓이거나 또는 초성에 놓이더라도 그 앞에 'ㄹ'이 있는 경우에는 설측음으로 실현된다. 음절 종성에서는 조음체를 조음점에 부착시켜 발음함으로써 설측음이 되는 것이고,[59] 'ㄹ' 뒤에 놓일 때에는 앞의 'ㄹ'이 음절 종성에서 설측음으로 실현이 되기 때문에 그것에 동화된 결과라고 해석할 수 있다. 그 이외의 환경에서는 중앙음 중에서도 탄설음으로 실현된다.

국어의 설측음은 유음의 변이음임에도 불구하고 일찍부터 설측음을 탄설음과 구별하는 인식이 있어 왔다. 『훈민정음』에서는 설측음과 탄설음을 각각 'ㄹ'과 'ᄛ'로 구별하여 표기할 수 있다는 언급을 했으며 주시경 및 그의 계승자들은 설측음을 'ㄹㄹ'로 표기하는 방식을 오랜 기간 유지했다.[60] 표기뿐만 아니라 외래어의 수용 과정에서도 설측음 'l'과 탄설음 'r'이 구분되는 경우가 많다. 비어두의 음절 초성에 있는 설측음 'l'은 국어에서 'ㄹㄹ'로 수용하지만 같은 위치의 탄설음 'r'은 'ㄹ'로 수용하여 차이를 보이는 것이다.[61] 한 음소의 서로 다른 변이음은 모국어 화자들이 정확히 구분하여 인식하기 어려운데 유음의 변이음인 설측음과 탄설음에 대해서만은 그렇지가 않은 점이 특이하다.

③ 용어 설명

'설측음'을 가리키는 용어 중 다수를 차지하는 것은 혀의 측면에서 발음된다는 의미를 담은 '측음, 설측음, 변설고음,[62] 혀옆소리, 혀옆굴림소리, 혀곁소리, 측면음, 양측음, 측면 공명음, 변음, 혀옆날 소리, 측음적 유음, 측면 자음, 설측 공명음, 설측 자음, 유음 측음, 변성, 설측 유음' 등이다. 이 외에 '옆갈이소리, 옆갈소리, 흘러갈리소리, 흘러갈림소리, 흘림갈림'과 같이 마찰을 의미하는 '갈다(磨)'를 활용한 용어들도 적지 않다. 혀의 측면으로 공기가 끊어지지 않고 계속 흐르는 과정이 마찰음과 비슷하다고 본 결과이다. '된흐름소리, 굴림된소리'는 설측음을 된소리로 표현하고 있다는 점에서 공통적이다. 이 용어들은 설측음을 'ㄹㄹ'로 표기하는 데에서 더 나아가 'ㄹ'의 경음으로 분석하는 입장에서 사용하고 있다. '부착 유음'은 설측음을 발음할 때 혀가 구강 내의 특정 조음점에 닿아 있음을 가리키는 용어이다. '반설경음, 반설중음, 무거운 반혓소리, 무거운 반혀소리'는 『훈민정음』에 나오는 '반설경음(半舌輕音)'과 '반설중음(半舌重音)'을 그대로 가져온 용어이다.[63] 대체로

---

59) 이것은 평파열음이나 비음이 음절 종성에서 미파화되는 것에 대응하는 현상이다.

60) 그들은 초성이든 종성이든 설측음은 'ㄹㄹ'로 표기하였다. 또한 음운론적으로는 최현배(1929)에서와 같이 설측음 'ㄹㄹ'을 'ㄹ'의 된소리라고 해석하기도 했다.

61) 가령 'area, career, foreign' 등에서 어중의 'r'은 'ㄹ'로 발음하지만 'Alice, palace, slide' 등에서 어중의 'l'은 'ㄹㄹ'로 발음하는 것이다.

62) '고음(高音)'이 더 붙은 것은 幸田寧達(1941)에서 설측음인 'ㄹ'과 탄설음인 'ㄹ'의 차이를 고저로 표현하여 설측음은 고음, 탄설음은 저음이라고 했기 때문이다.

63) 『훈민정음』에는 '반설경음'만 나오고 '반설중음'은 나오지 않지만 반설음을 경중(輕重)에 따라 구분할 수 있다고 했으므로 '반설경음'의 반대인 '반설중음'도 충분히 생각할 수 있다.

반설경음은 탄설음, 반설중음은 설측음에 대응한다고 보지만 정반대로 해석하는 입장도 존재한다. 그래서 설측음에 대해 '반설경음'과 '반설중음'이라는 용어가 모두 나타나고 있다.

④ 관련 항목

비설측음, 유음, 중앙음

성대 진동 시작 시간

① 용어의 별칭

> **국어** 성대 진동 개시[聲帶 振動 開始](梅田博之 1973, 日本音聲學會 編 1976), 성시발[聲始發](김영송 1972, 이윤동 1983), 성대 진동이 없는 시간(표진이 1975), 발성 개시[發聲 開始](日本音聲學會 編 1976), 성대 진동 시기 (김진우 1985), 성대 진동 개시 시간(전상범 1985ㄱ, 조성식 편 1990, 김기호 1993, 龜井孝 外 編 1996), 발성 개시 시점 (황귀룡 역 1986), 유성 시발 시간[有聲 始發 時間](이정민·배영남 1987), 개방후 무성 기간(이호영 1996, 이문규 2004), 성대 진동 시점(김경아 1997, 이진호 2003ㄱ), 발성 개시 시간(고도흥 1998), 무성의 동안(양순임 1998), 성대 진동 시작 시간(최성원·전종호 1998, 신지영 1999, 이경희 2000ㄱ), 울림 시작 시간(양순임 2001ㄱ, 이근열 2005), 성대 진동 시작 시(김정아 2004), 성 시작 시간(박시균 2004), 성대 진동 지연 시간(변군혁 2007), 성대 떨림 시작 시간(김성아 2008), 음성 구동 시간(장우혁·정윤자 2009), 성대 진동 시간(박종희·권병로 2011), 성대 진동 개방 시간(허용 2011)
>
> **영어** voice onset time

② 개념 설명

유성음을 발음할 때의 성대 진동이 언제부터 시작되는지를 나타내는 수치이다. 유성음이라면 원칙적으로 발음되는 순간부터 성대가 진동을 일으켜야 한다. 그러나 선행하는 음의 종류에 따라 성대의 진동이 지연되기도 한다. 특히 장애음 뒤에 오는 모음의 경우 장애음의 종류에 따라 성대 진동 시간에 유의미한 차이가 드러난다. 즉 유기음 뒤에 오는 모음은 성대 진동 시작 시간이 늦춰지는 것이다. 그래서 유기음과 무기음의 차이를 언급할 때 성대 진동 시작 시간이 자주 활용된다. 국어의 경우 '유기음>평음>경음'의 순으로 그 뒤에 오는 모음의 성대 진동 시작 시간이 지연된다.

③ 용어 설명

'성대 진동 시작 시간'을 가리키는 용어 중 압도적 다수는 성대의 진동이 시작된다는 의미를 담고 있는 것들이다. 원래의 의미를 가장 충실히 반영하고 있다고 평가할 수 있다. 비슷한 의미를 '성대 진동 지연 시간'과 같은 용어로 표현하기도 한다. 성대 진동이 시작되는 시간은 곧 성대 진동이 지연되는 시간과 반비례하므로 '성대 진동 지연 시간'은 같은 사실을 약간 다르게 표현한 것에 불과하다. '개방후 무성 기간, 무성의 동안, 성대 진동이 없는 시간'과 같은 용어들도 쓰인다. 성대 진동이 시작되기 전의 구간은 성대 진동이 없는 '무성'의 단계이므로 여기에 초점을 두면 이런 용어들도 나올 수 있다.

④ 관련 항목

    기식, 유기음, 유성음, 무성음

성모

① 용어의 별칭

국어 성모[聲母](일반적 용법), 음질[音質](박승빈 1931), 모[母](이희승 1941), 자모[字母](이희승 1941, 이숭녕 1954ㄱ, 이기문 1963ㄱ), 어두 자음[語頭 子音](이기문 1963ㄱ, 박병채 1980, 강신항 1987ㄴ), 성[聲](築島裕 1964, 임동석 2004), 지음[地音](유창균 1965, 姜信沆 1991), 음[音](유창균 1965, 龜井孝 外 編 1996), 두자음[頭子音](河野六郎 1968, 橋本萬太郎 1974, 龜井孝 外 編 1996), 성류[聲類](河野六郎 1968, 이돈주 2004), 유[紐](유창균 1971, 龜井孝 外 編 1996), 두음[頭音](橋本萬太郎 1974, 조성문 2000, 최명옥 2004), 정음[正音](姜信沆 1991, 이돈주 2004), 음절 두음[頭音](이철수 1994), 음절 두자음(龜井孝 外 編 1996), 성뉴[聲紐](龜井孝 外 編 1996), 머리 자음(전광진 역 2003)
영어 initial

---

② 개념 설명

    성운학에서 한자음의 구조를 크게 둘로 나눌 때 앞에 오는 단위를 가리킨다. 음절의 구조로 보면 초성에 대응한다. 성모를 제외한 나머지 부분은 운모가 된다. 성모는 전통적으로 오음(五音)과 청탁(淸濁)에 따라 구분한다. 현대 언어학적으로 보면 오음은 조음 위치, 청탁은 조음 방식에 대응한다.

    성모의 수는 시대에 따라 달라지며 그에 따라 36자모, 31자모 등으로 부른다. 『동국정운』에서는 성모를 23자모로 설정하고 있는데, 이는 당시 한국 한자음의 성모가 23개라고 분석한 결과이다. 성모는 구성 자음의 수에 따라 단순 성모와 복성모(複聲母)를 나누기도 한다. 이것은 중국의 상고음 시기에 존재했으리라 추정되는 'kl, tl' 등과 같은 성모를 하나의 자음으로 이루어진 성모와 구분하기 위함이다.[64]

③ 용어 설명

    '성모'를 가리키는 용어는 크게 전통적인 용법을 계승한 것과 현대 언어학적으로 재해석한 것의

---

64) 중국에서는 '단보음(單輔音)'과 '복보음(複輔音)'이라는 용어를 사용하기도 한다.

둘로 나눌 수 있다. '성모, 모, 자모, 성류, 성뉴' 등은 모두 전통적인 성운학에서 예전부터 사용하던 용어들이다. 반면 '어두 자음, 두자음, 두음, 음절 두음, 머리 자음' 등은 성모가 음절의 초성에 대응한다는 점을 감안하여 현대에 사용하기 시작한 용어이다. 이 두 부류에 속하지 않는 용어들도 없지 않다. '지음'은 邵雍의 「皇極經世聲音唱和圖」에서 비롯된 용어로 '성모 : 운모'의 대립을 '지음 : 천성'과 같이 '천지'의 관계로 표현한 것이다.[65] '음질'은 '성모 : 운모'의 대립을 '음질 : 음운'으로, '정음'은 '정음 : 정성'으로 나타낸 용어이다. 비록 구체적인 용어는 다르지만 운모와의 대립을 염두에 두고 있다는 점은 공통적이다.

④ 관련 항목

　　음절, 운모, 초성

성절음

① 용어의 별칭

국어 성절음[成節音](허웅 1958, 지춘수 1968, 정연찬 1980), 모음점[母音點](허웅 1958), 주요소[主要素](허웅 1958), 성음절[成音節](이병선 1965), 음절적 요소(도수희 1970), 음절성음(이은정 1975), 음절 주음[音節主音](日本音聲學會 編 1976, 조성식 편 1990), 음절핵[音節核](정연찬 1980), 성절성 분절음(이현복·김기섭 역 1983), 자립 음소(강창석 1984), 마디소리(이현복 1991, 고도흥 1998), 성절적 분절음[成節的 分節音](이철수 1994, 정숙희 1995)

영어 syllabic sound

---

② 개념 설명

　　음절의 핵 또는 중성 역할을 할 수 있는 음을 가리킨다. 이것을 달리 말하면 성절음은 음절 구성에 필수적인 분절음이라고 할 수 있다. '음절 주음'과 거의 비슷한 개념이다. 국어의 성절음은 모음 밖에 없다. 그러나 언어에 따라서는 자음도 가능한데, 그럴 경우 주로 유음이나 비음과 같이 공명도가 높은 자음이 성절음이 된다.[66] 허웅(1958)에서는 성절음이 되는 음을 자향음(自響音)이라고 부르

---

65) 여기에는 사람의 말소리가 하늘과 땅의 이원적 결합으로 되어 있다는 사고가 바탕을 이룬다.
66) 성절음으로 쓰일 수 있는 자음을 흔히 '성절성 자음(syllabic consonant)'이라고 한다. 龜井孝 外 編(1996)에서는 성절성 자음이 나타나는 음절을 '자음 음절'이라고 부르기도 했다. 국어에는 성절성 자음이 없지만 영어를 비롯한 다른 언어에서는 성절성 자음이 있다. 그런데 성절성 자음이 존재한다고 해서 한 음절이 성절성 자음 하나만으로 이루어진 경우는 드물다. 대체로 둘 이상의 자음으로 이루어진 음절에서 어느 하나의 자음이 성절음의 역할을 하게 된다. '성절성 자음' 대신 '자음적 모음[子音的 母音](안확 1928), 음절적 자음[音節的 子音](金田一京助 1932, 편집실 1938ㄷ, 日本音學會 編 1976), 가음절 자음[可音節 子音](이희승 1955), 성절적 자음(김완진 역 1957, 양동휘 1967, 신상진 1977), 음절 주음적 자음(服部四郎 1951, 太田朗 1959, 양동휘 1967, 竹林滋·橫山一郎 譯 1970, 백응진 1999, 이은정 2005), 성절 자음(黑田巍 譯註 1958, 日本音聲學會 編 1976, 전상범 1985ㄱ, 황귀룡 역 1986, 김영석 1987), 음절적인 닫소리(김선기 1970), 음절 자음(박영수 1981), 성절성 자음(이현복·김기섭 역 1983), 성절 닫소리(임용기 1986, 국립국어연구원 1996), 음절성 자음(김종훈 1990, 김은영 1995), 성절성 공명음

259

고 그렇지 못한 음을 타향음(他響音)이라고 부른 적이 있다. 좀 더 자세한 것은 '음절 주음' 항목에서 다루기로 한다.

③ 용어 설명

'성절음'을 나타내는 용어들은 '성절음, 성음절, 음절성음, 성절성 분절음, 성절적 분절음, 마디소리'와 같이 음절을 이룬다는 의미를 가진 것들이 많다. '주요소, 음절주음, 음절핵'은 음절을 이루는 중요 성분이라는 의미를 담고 있다. 성절음은 음절 구성에 필수적이므로 이런 점을 고려한 것이다. '모음점'은 성절음 자리에는 주로 모음이 오기 때문에 모음이 놓이는 자리라는 의미를 지닌다. 이 용어는 불어인 'point vocalique'의 번역어이다. '자립 음소'는 성절음이 홀로 음절을 이루어 발음될 수 있음을 뜻한다.

④ 관련 항목

음절 부음, 음절 주음, 중성

성조

① 용어의 별칭

국어 성조[聲調](安藤正次 1927, 河野六郎 1945, 三根谷徹 1953, 허웅 1955, 김민수 1960, 이기문 1962ㄴ), 조자[調子] (남광우 1953, 日本音聲學會 編 1976), 음조[音調](최현배 1956ㅁ, 허웅 1961, 竹林滋・橫山一郎 譯 1970, 桑原輝男・根間弘海 譯 1980, 고병암 역 1986), 억양[抑揚](小泉保・牧野勤 1971), 음절 음조[音節 音調](橋本萬太郎 1974, 日本音聲學會 編 1976), 소리의 가락(日本音聲學會 編 1976), 소리 가락(황희영 1979, 권재선 1992, 류렬 1992), 음고[音高](정철 1991), 소리 높임(권재선 1992), 자조[字調](이문규 2011)

영어 tone

---

② 개념 설명

소리의 높낮이를 이용하여 단어의 의미를 변별하는 운소를 가리킨다. 고저 악센트, 억양과 더불어 '고저'라는 운소에 속한다. 단어의 의미 변별에 관여하지 않는 억양을 제외하면 고저 악센트와 성조가 남는데 이 둘은 높낮이 실현에 대한 제약의 유무로 구별된다. 성조는 원칙적으로 각 음절마다 고유한 높낮이를 가질 수 있기 때문에 고저 실현에 특별한 제한이 없다.[67] 반면 고저 악센트는

(이효근 1994)'이라는 용어도 사용된다.

[67] 물론 성조 연성(tone sandhi)이 일어나거나 성조 배열 제약 등이 존재하여 고저 실현에 일부 제한이 있을 수는 있다. 그러나 고저 악센트와 비교한다면 제한의 정도가 미미하다.

고저 실현에 상당한 제약이 있어서 음절 수나 고조(high)의 위치에 따라 실현될 수 있는 고저 유형이 일부로 국한된다.

음운으로서의 성조가 구체적으로 실현된 것을 성조소(toneme)라고 부른다.[68] 성조소는 강약에 대한 강세소(stroneme), 장단에 대한 음장소(chroneme)와 대등한 자격을 지닌다. 성조를 지닌 언어라면 고조(high tone)와 저조(low tone)는 필수적으로 존재하며 여기에 다른 성조소가 추가된다. 성조소는 평판조(level tone)와 굴곡조(contour tone)를 구분할 수 있다. 평판조는 고조나 저조처럼 높낮이의 변화가 없는 성조소이고 굴곡조는 상승조 또는 하강조와 같은 높낮이의 변화가 있는 성조소이다.[69] 한편 동일한 성조소라도 실제 실현되는 물리적인 높낮이는 다를 수 있는데, 이것을 이성조(異聲調, allotone)라고 부른다.[70] 성조소와 이성조의 관계는 음소와 변이음의 관계와 동일하다.

성조는 전통적인 성운학에서도 중시하고 있다. 성운학에서의 성조는 조류(調類)와 조치(調値)를 구분하는 것이 중요하다. 조류는 같은 높낮이를 가진 성조소끼리 묶은 부류를 가리킨다. ‘성조 종류’라고 부르기도 한다. 평성, 상성, 거성 등이 모두 조류를 나타낸다. 조치는 같은 조류들이 공유하는 높낮이의 구체적 실현 양상으로 ‘성조치, 성조값’ 등으로 부른다.

동일한 조류라고 해서 그 조치가 항상 동일한 것은 아니므로 주의를 할 필요가 있다. 가령 중국어의 ‘상성’이라는 조류는 시대나 지역에 따라 항상 동일한 조치를 가지지는 않는다. 중국어의 상성과 한국어의 상성이 동일한 조류라고 해서 그 조치도 같다고 단정하면 안 되는 이유 역시 여기에 있다. 최세진이 지은 『四聲通解』의 「飜譯老乞大朴通事凡例」에 따르면 16세기 무렵 중국어의 상성은 낮고 평평한 조치를 지니고 있는데, 이러한 조치는 당시 중세 국어의 상성은 물론이고 현대 중국어의 상성이 지닌 조치와도 구별되고 있다.[71]

성운학에서의 조류는 사성(四聲)이라 불리는 네 부류로 나누는 것이 전통적 방식이다. 중세 국어도 이러한 분류를 받아들이고 있다. 사성에는 평성(平聲),[72] 거성(去聲), 상성(上聲), 입성(入聲)이 있다. 중세 국어의 평성은 낮은 평판조이다. 중국에서는 평성을 양평성(陽平聲)과 음평성(陰平聲)으로 세분하기도 한다.[73] 중세 국어의 거성은 높은 평판조이다. 중세 국어의 상성은 낮았다가 높아지는 상승조이다. 특히 중세 국어의 상성은 ‘평성’과 ‘거성’이 축약을 일으키는 경우에 나타나기도 하므로 상성을 ‘평성’과 ‘거성’의 복합 성조로 분석하는 경우가 많다.[74] 입성은 다른 성조의 조류와 달리 소

---

68) ‘성조소’도 여러 가지 별칭이 많다. ‘조소[調素](服部四郎 1954~5, 金田一春彦 1965, 奧村三雄 1972), 성조[聲調](진단학회 1962, 김차균 1969, 정연찬 1969ㄴ), 성조소[聲調素](이기문 1961ㄱ, 김영만 1966, 김완진 1967, 龜井孝 外 編 1996), 고저(차현실 1967), 고저 음소(유구상 1971), 음조소[音調素](Ramsey 1974, 日本音聲學會 編 1976), 음조 음소[音調 音素](지준모 1972), 고음소(박영환 1986, 신경철 1990), 성소[聲素](이정민·배영남 1987), 조위[調位](龜井孝 外 編 1996)’ 등이 존재한다.
69) 평판조와 굴곡조는 별도의 항목으로 설정되어 있다.
70) ‘이성조’ 대신 ‘변이 성조’라고 하기도 한다.
71) 이전 시기 성조의 조류는 문헌의 기록을 통해 어느 정도 알 수 있지만 구체적 조치에 대한 내용은 그리 많지 않아서 성조 연구에 장애물로 작용한다.
72) ‘평성’을 가리키는 용어에는 ‘평성[平聲](『훈민정음』), 예사소리(김윤경 1928), 저음[低音](李完應 1926), 나즌즛(李完應 1926), 평음[平音](李完應 1926), 낮은 가락[허웅(1968ㄱ)’ 등이 있다.
73) 河野六郎(1951)에 따르면 양평성과 음평성의 구분은 근대 중국어의 특징에 속한다. 양평성은 성모가 유성음인 경우이고, 음평성은 성모가 무성음인 경우이다. 龜井孝 外 編(1996)에서는 성모의 종류에 따라 성조의 조치가 나뉘는 현상을 음양조 분열(陰陽調 分裂)이라고 했다.

리의 높낮이와 직접 관련이 없고 음절 종성의 종류에 따라 구분되는 것으로 알려져 있다. 즉 'p, t, k'와 같은 파열음으로 끝나는 음절은 소리의 높이와 상관없이 모두 입성이 되는 것이다.[75] 이러한 파열음으로 끝날 경우 해당 음절은 빨리 닫혀서 발음된다는 특징을 지닌다.[76]

사성에 속하는 성조의 조류는 몇 가지 기준으로 묶기도 한다. 일반적으로는 음절을 빨리 닫아서 발음하는 입성과 그렇지 않은 서성(舒聲)을 구분한다. 이것은 운모를 서성운과 입성운으로 나누는 것과 직접 관련이 있다. 또한 평성과 나머지 성조의 조류를 묶어서 이원적으로 구분하기도 한다. 그럴 경우 평성을 제외한 나머지 성조는 측성(仄聲)이 된다. 평성과 측성은 악센트의 유무, 소리의 길이, 소리 높낮이의 변화 유무 등과 관련이 있다고 보고 있다.[77]

국어의 경우 중세 국어든 현대 국어든 고저가 존재하지만 이것이 성조에 속하는지는 논란이 있다. 중세 국어의 경우 기록상으로는 성조가 존재한다고 하지만 '율동 규칙'이라는 특수한 고저 실현 장치를 통해 단어 내의 첫 고조(거성 또는 상성)만 알면 나머지 음절의 고저 실현은 어느 정도 예측이 가능하다. 이것은 전형적인 성조 언어의 특징은 아니다. 현대 국어의 여러 방언도 단어의 음절 수에 따라 고저 실현 유형이 제한되어 있다든지, 한 단어를 기준으로 고조에서 저조로 높낮이가 한 번 바뀌면 그 뒤의 음절은 대부분 저조로 실현된다는 제약 등이 존재한다. 이러한 제약 때문에 국어의 고저는 성조보다는 고저 악센트에 더 가깝다고 보는 견해가 많다.

③ 용어 설명

'성조'를 가리키는 용어들은 '억양, 음고, 소리 높임'과 같이 소리의 높낮이와 관련되는 요소라는 사실을 직접 반영하는 것도 없지는 않으나 그다지 널리 쓰이지는 않는다.[78] 이것을 제외한 나머지 용어들은 오히려 소리의 가락 또는 운율이라는 의미를 담고 있어서 성조가 소리의 높낮이와 관련된다는 사실을 제대로 반영하지 못한다. 그럼에도 불구하고 이 계열에 속하는 '성조'가 현재는 가장 널리 쓰이고 있다. 이것은 전통적인 성운학에서의 용어를 그대로 이어받은 결과라고 할 수 있다.

④ 관련 항목

고저, 고저 악센트, 악센트, 운소, 초분절음

---

74) 이럴 경우 중세 국어에서는 상성을 독립된 성조소로 설정할 필요가 없다. 상성을 복합 성조로 분석하는 사고는 일찍이 河野六郎(1945)에서 찾아볼 수 있다.

75) 『훈민정음』의 설명에서는 전청, 차청, 전탁에 속하는 자음으로 끝나면 입성이 되기 때문에 파열음이 아닌 마찰음 's(ㅅ)'로 끝나도 입성이 된다.

76) '입성'을 류렬(1992)에서 '닫힌 가락'이라고 표현하거나 영어로 'abrupt tone'이라고 하는 것은 모두 이러한 입성의 발음 특징을 반영하고 있다. 류렬(1992)에서는 입성에 반대되는 나머지 성조들은 '열린 가락'이라고 했다.

77) 평성은 악센트가 없거나 소리가 길거나 소리의 높낮이 변화가 없다고 보는 반면 측성은 악센트가 있거나 소리가 짧거나 소리의 높낮이 변화가 있다고 본다.

78) '억양'은 '억음'과 '양음'이 결합된 것으로 각각 낮은 음과 높은 음을 가리킨다. 자세한 것은 '억양' 항목을 참고할 수 있다.

소수 변화

① 용어의 별칭

국어 개별적 변화(허웅 1958), 소규칙[小規則](김완진 1975ㄴ, 최전승 1975, 林榮一・間瀨英夫 譯 1978, 桑原輝男・根間弘海 譯 1980, 박종희 1983ㄱ), 소음운 규칙(최전승 1975), 소수 규칙[少數 規則](전상범 1977ㄴ, 이윤동 1983, 이기문 외 1984), 우발적 변화(곽충구 1985), 미세 규칙(서보월 1992), 부차 규칙(국립국어연구원 1995), 부차적 규칙(국립국어연구원 1995), 열세 규칙(차재은 1995), 약소 규칙(차재은 1999), 미약한 소규칙(이봉원 2002ㄴ, 오광근 2005, 여은지 2006), 부규칙(박선우 2005), 소수 변화(이진호 2006)

영어 minor rule, sporadic change

② 개념 설명

어떤 음운 변화가 동일한 조건에서 예외 없이 적용되거나 또는 강한 세력을 가지고 적용되는 것이 아니고, 일부에만 적용되어 많은 예외를 낳는 경우를 가리킨다. 가령 'A'가 'B' 앞에서 'C'로 바뀌는 변화가 있을 때 'B' 앞의 'A'가 모두 또는 압도적 비율로 'C'로 바뀌면 상관이 없지만 일부 단어나 형태소에 국한하여 변화가 일어나고 나머지는 변하지 않을 때 이런 변화가 소수 변화에 속한다. 다만 어느 정도 비율로 적용되어야 소수 변화가 되어야 하는지에 대한 객관적 기준은 제안된 적이 없다. 반대 개념은 '다수 변화(major rule)'이다.[79]

'소수 변화'는 원래 생성 음운론에서 음운 규칙을 그 세력의 정도에 따라 구분하면서 제안되었다. 영어 표현이 'minor change'가 아닌 'minor rule'로 되어 있는 것도 이와 관련된다. 그러나 소수 변화는 기본적으로 예외가 많아서 규칙성(regularity)이 떨어진다. 이러한 음운 변화를 '규칙(rule)'이라고 보기는 어렵다. 규칙은 주어진 조건에서 예외가 없거나 또는 일부 예외만 허용할 뿐 원칙적으로는 일률적인 적용 양상을 보이는 음운 현상에 대해서만 사용하는 것이 타당하다. 따라서 소수 변화는 그 속성상 규칙이 될 수 없다.

국어에도 많은 소수 변화가 존재한다. 가령 '이화'의 일종으로 언급되는 산발적 변화들이나, 동음 탈락, 활음조 등에 해당하는 현상들은 모두 소수 변화에 속한다.[80] 그러나 이러한 소수 변화에 대한 논의는 그다지 깊이 있게 이루어지지 못했다. 국어 음운론에서 관심을 가졌던 변화는 음운 체계를 바탕으로 하여 규칙적으로 일어나는 것에 국한되었다. 반면 소수 변화는 음운 체계와 관련을 맺지 못한 경우가 대부분이어서 많은 관심이 주어지지 않았다. 소수 변화는 음운 변화가 새로 생기거나 사라지는 과정을 연구하는 데 있어 매우 흥미로운 대상이기 때문에 향후 연구에서 주목할 필요가 있다.

---

79) '다수 변화'는 '대규칙[大規則](최전승 1978, 박종희 1993ㄴ), 주요 규칙(林榮一・間瀨英夫 譯 1978), 주규칙[主規則](박선우 2005), 다수 변화(이진호 2012ㄴ)' 등으로도 부른다.

80) 구체적인 음운 현상은 해당 항목을 참고할 수 있다.

③ 용어 설명

'소수 변화'를 가리키는 용어들은 대략 세 부류로 나눌 수 있다. 우선 '소규칙, 소수 규칙, 미세 규칙, 열세 규칙, 약소 규칙, 미약한 소규칙'은 변화의 세력이 약하다는 의미를 담고 있는 것으로, '소수 변화'의 원래 취지를 가장 잘 반영한 용어들이다. 이와 비슷하지만 표현 방식을 달리한 용어로 '부차 규칙, 부차적 규칙, 부규칙'이 있다. 이 용어들은 주된 변화가 아니라는 의미로, 세력이 약하다는 사실을 직접 반영하지 않았을 뿐 근본적인 취지는 '소수 변화' 계열과 동일하다. 마지막으로 '개별적 변화, 우발적 변화'가 있다. 이 용어들은 '소수 변화'가 주어진 조건을 만족하는 형태 중 일부에만 개별적으로 적용된다는 의미를 지닌다.

④ 관련 항목

음운 규칙, 음운 현상

소실

① 용어의 별칭

| 국어 | 소멸(有坂秀世 1940, 이기문 1963ㄱ, 이승재 1977, 奧村三雄 1977, 이기문 외 1984), 소실[消失](河野六郎 1945, 이숭녕 1956ㅁ, 이기문 1961ㄱ, 김완진 1963ㄱ, 志部昭平 1992), 음운 소멸[音韻 消滅](奧村三雄 1972) |
| 영어 | loss |

② 개념 설명

존재하고 있던 음운이 음운 체계에서 사라져 버리는 음운 변화의 한 유형이다. 협의의 개념으로는 존재하던 음운이 'Ø(zero)'로 바뀌면서 사라지는 것을 가리킨다. 즉 '탈락'의 형식으로 사라지는 것만 소실로 보는 것이다. 가령 'Δ>Ø'는 'Δ'이 단순히 탈락하는 것이므로 협의의 소실에 해당한다.[81] 협의의 소실은 단모음에서는 찾아볼 수 없다. 이것은 음절 주음의 역할을 하는 단모음이 'Ø'로 바뀌어 소실된다면 해당 단모음이 포함된 음절 전체가 유지될 수 없다는 점과 밀접한 관련이 있다. 광의의 소실은 한 음운이 다른 음운에 합류되면서 사라지는 것도 포함한다. 가령 'ㆍ'가 단모음 체계에서 사라지는 것은 'ㆍ'가 'Ø'로 바뀐 결과가 아니고 '아'나 '으' 등 다른 단모음으로 합류된 결과인데 광의의 소실은 이런 경우까지 아우르는 것이다.

---

81) 물론 모든 'Δ'이 'Ø'로 바뀌는 것은 아니며 몇몇 단어에서는 'ㅈ'으로 바뀌기도 한다. 따라서 매우 엄밀하게 말하면 'Δ'이 자음 체계에서 없어지는 것을 협의의 소실이라고 보기는 어렵다.

③ 용어 설명

‘소실’을 가리키는 용어는 모두 소리가 사라진다는 의미를 담고 있다.

④ 관련 항목

음운 현상, 탈락, 합류

속삭임

① 용어의 별칭

> **국어** 속살거림(박승빈 1927, 박승빈 1935ㄱ), 섭[囁](박승빈 1927, 박승빈 1935ㄱ), 이어[耳語](이극로 1932ㄱ, 주왕산 1948, 日本音聲學會 編 1976), 소근거리는 소리(이극로 1932ㄱ, 주왕산 1948), 소곤소곤(허웅 1958, 배달말학회 1975, 김영송 1991), 속삭임(양동휘 1967, 김영송 1972, 황희영 1979), 소곤소곤(허웅 1968ㄱ, 김영송 1972, 김차균 1986ㄴ), 속삭임 소리(양동휘 1975, 양원석 1985, 김영석 1987), 섭음[囁音](日本音聲學會 編 1976), 기식음[氣息音](이기문 외 1984), 속삭이는 소리(전상범 1985ㄱ), 소곤거림(이기백 1991)
>
> **영어** whisper

② 개념 설명

성대 사이의 성문은 닫거나 매우 좁히고 피열 연골(arytenoid cartilage) 사이를 열어서 그 사이로 기류를 흘려 내는 소리를 가리킨다.[82] 조음 음성학적으로는 성대의 진동을 동반하지 않는 무성음이면서 마찰음에 속한다. 속삭임은 나지막하게 이야기할 때 쓰이는 등 비언어학적 기능에 주로 쓰인다.

③ 용어 설명

‘속삭임’을 나타내는 용어들은 대체로 이 소리가 속삭이는 행위에 쓰인다는 점을 감안해 ‘속살거림, 섭, 소근거리는 소리, 속삭임, 속삭임 소리, 섭음, 속삭이는 소리, 소곤거림’과 같이 표현한다. 또한 속삭이는 소리를 흉내 낼 때 쓰이는 ‘소곤소곤, 소근소근’ 등으로도 표현한다. 이와 다른 계열은 ‘기식음’과 ‘이어’의 두 가지가 있다. ‘기식음’은 속삭임이 음성학적으로 무성의 소음(noisy)에 해당한다는 측면을 고려했다. ‘이어’는 중국 용어로서 ‘귓속말’을 의미한다. 속삭임이 주로 귓속말을 할 때 쓰인다는 사실과 관련된다.

---

82) 성대 사이의 틈은 성대 성문(vocal glottis), 피열 연골 사이의 틈은 연골 성문(cartilaginous glottis)이라고 불러서 성문을 더 세분하기도 한다.

④ 관련 항목

중얼거림, 짜내기 소리, 후두

속음

① 용어의 별칭

> **국어** 속음[俗音](趙義淵·井田勸衛 1910, 조선총독부 1912, 신명균 1927ㄱ, 이병기 1933~1934), **통용음[通用音]**(김민수 1953, 이돈주 1997ㄱ), 시속음[時俗音](이숭녕 1956ㅁ, 김영만 1987, 서영석 1993), **익은소리**(한글학회 1958), **현실음[現實音]** (이기문 1963ㄱ, 김영만 1987), **금속음[今俗音]**(김완진 1966, 강신항 1972), **시음[時音]**(김선기 1972ㄴ, 권병로·이득춘 2002), **습관음**(민병준 1991), **통용 한자음**(이돈주 1997ㄱ), **관용음**(이돈주 1997ㄱ), **행용음[行用音]**(이돈주 2002)

② 개념 설명

동일한 한자의 음 중 정음(正音)과는 별도로 관습상 통용되는 또 다른 음을 가리킨다. 속음이 나타나는 이유에는 여러 가지가 있는데 크게 두 가지가 중요하다. 하나는 한자음 자체의 변화로 말미암아 이전부터 내려오는 음 이외에 음운 변화를 반영한 새로운 음이 속음이 되는 경우이다. 『홍무정운역훈』에서는 『홍무정운』의 규범음 이외에 그 당시의 북방음을 속음으로 제시했는데 이것이 대표적인 예이다. 『홍무정운역훈』에는 입성음의 약화와 같은 당대의 변화를 반영한 현실음이 속음으로 부가되어 있다. 다른 하나는 유추 등으로 인해 규칙적인 대응으로부터 벗어난 음이 속음이 되는 경우이다. 가령 근대 국어의 운서에 '涒'의 정음이 '톤'이고 그 속음이 '군'으로 되어 있는 것이 그 사례이다. 성모가 설음에 속하는 '涒'은 당연히 '톤'이 규칙적인 대응에 속하지만, '涒'에 포함된 '君'의 한자음에 잘못 유추되어 '군'이라는 속음이 나오게 되었다.[83]

경우에 따라서는 '속음'을 원래의 본음이 음운 현상의 적용으로 바뀐 것을 가리키는 데 사용하기도 한다. 가령 趙義淵·井田勸衛(1910)에서 '來'가 '來日'에서 원래의 음인 '래' 대신 '내'로 나타나는 것을 속음이라고 하는 것이 그 사례이다. 이때에도 바뀌기 전의 음은 정음이라고 불러서 '정음 : 속음'의 대립을 이용한다. 물론 이러한 용법은 현재는 그다지 쓰이지 않고 있다.

③ 용어 설명

'속음'을 가리키는 용어는 '속음, 시속음, 현실음, 금속음, 시음'과 같이 현실에서 세속화되어 쓰이는 음이라는 의미를 직접 반영한 것이 많다. '익은소리, 습관음'은 관습으로 굳어졌다는 의미이고 '통용음, 관용음, 행용음'은 원칙에서 벗어났지만 현실 속에서 쓰이는 음이라는 의미인데, 그 취지로 볼 때 거의 같은 성격의 용어라고 할 수 있다.

---

83) 현재는 '涒'의 음이 이전에 속음이었던 '군'으로 굳어져 버렸다.

④ 관련 항목

동음, 정음, 화음

수평 이중 모음

① 용어의 별칭

국어 중간적[中間的] 이중 모음(小倉進平 1923), 횡진적(橫進的) 이중 모음(이숭녕 1947ㄱ, 지춘수 1968, 이동석 1996), 횡진 이중 모음(이숭녕 1954ㄷ), 평판 이중 모음[平板 二重 母音](竹林滋・橫山一郎 譯 1970), 평 중모음[平 重母音](日本音聲學會 編 1976), 평 이중 모음[平 二重 母音](日本音聲學會 編 1976, 龜井孝 外 編 1996), 수평 이중 모음 [水平 二重 母音](日本音聲學會 編 1976, 박종희 1990, 김종규 2010ㄱ), 평행적 겹모음(김민수 1978ㄱ, 권오선 1990, 임홍빈・한재영 2003), 수평적 중모음(김춘애 1978), 부동 이중 모음[浮動 二重 母音](이현복 1982, 정인호 2004ㄱ, 박기영 2005), 평행 겹모음(김성근 1995), 평행적 이중 모음(임홍빈・한재영 2003), 수평적 이중 모음(박병철 2005, 조성문 2005)
영어 level diphthong, floating diphthong, schwebende Diphthonge

② 개념 설명

이중 모음을 이루는 두 음소 중 음절 주음과 음절 부음이 구분되지 않는 이중 모음을 가리킨다.[84] 음절 주음이 무엇인지를 어느 한 음소로 확정할 수 없는 이중 모음이 수평 이중 모음이다. 이중 모음을 음절 주음과 음절 부음의 위치에 따라 나눌 때 음절 주음이 뒤에 오는 상향 이중 모음이나 음절 주음이 앞에 오는 하향 이중 모음과 구분되는 제삼의 부류이다. 수평 이중 모음은 공명도가 동일한 두 개의 단모음(單母音)으로 이루어진다. 반모음이 포함된 이중 모음의 경우에는 반모음이 자동적으로 음절 부음이 되기 때문에 수평 이중 모음이 나올 수가 없다.

국어의 경우 수평 이중 모음에 대한 논의가 그리 활발하게 이루어졌다고 보기는 어렵다. 그 이유는 많은 논의에서 국어의 이중 모음에는 반모음이 반드시 포함되도록 분석했기 때문이다. 국어의 수평 이중 모음 후보로 흔히 거론되던 것에는 '위'와 '의'가 있다. 중세 국어 시기의 '위'와 '의'는 각각 'uj, ɨj'와 같이 반모음 'j'로 끝나는 이중 모음으로 분석하기도 하고 'ui, ɨi'와 같이 두 개의 단모음으로 이루어진 이중 모음으로 분석하기도 하는데, 후자의 경우 '위'와 '의'는 고모음의 결합으로 이루어진 수평 이중 모음이 되는 것이다. 특히 정인호(2004ㄴ)에서는 이중 모음 '위'와 '의'가 비슷한 성격의 이중 모음인 '애, 에, 외'와 달리 변화 방향이 유동적인 이유를 음절 주음과 부음이 불분명한 수평 이중 모음의 성격에서 찾기도 했다.[85] 현대 국어의 '의'도 'ɨi'로 분석할 경우 수평 이중 모음이 된다.

---

84) 竹林滋・橫山一郎 譯(1970)과 같이 강세의 위치로 상향 이중 모음과 하향 이중 모음을 분류할 경우, 수평 이중 모음은 강세의 변화가 없는 이중 모음으로 정의된다.

85) 이중 모음 '애, 에, 외'는 대부분의 방언에서 전설 모음으로 축약되는 변화가 일어났음에 비해 '위, 의'는 그렇지가 않고 방언 차이 또는 음운론적 조건의 차이에 따라 변화 양상이 다르다.

③ 용어 설명

'수평 이중 모음'을 가리키는 대다수 용어들은 상향 이중 모음이나 하향 이중 모음과 비교할 때 수평 이중 모음은 공명도의 변화가 없다는 의미를 담고 있다. '횡진적 이중 모음, 횡진 이중 모음, 평행적 겹모음, 수평적 중모음, 평행 겹모음, 평행적 이중 모음, 평판 이중 모음, 평 중모음, 평 이중 모음, 수평 이중 모음' 등이 모두 그러하다. 이 용어들은 영어 용어인 'level diphthong'에 대응한다고 볼 수도 있다.

이 부류에 속하지 않는 예외적인 용어는 두 가지이다. 하나는 '부동 이중 모음'이다. 정인호(2004ㄴ)에서는 원래 이 개념을 제안한 Jespersen의 책에 나오는 'schwebende'가 '부동(浮動)하는'의 의미라는 점, 수평 이중 모음의 변화 방향은 하나로 정해진 것이 아니고 조건에 따라 '유동적'이라는 점을 들어 이러한 사실을 나타내는 데에는 '부동 이중 모음'이라는 용어가 더 적절하다고 주장한 바 있다. 그러나 '부동 이중 모음'의 경우 이와 구별되는 부류인 상향 이중 모음 및 하향 이중 모음과 용어상의 괴리가 크고, '부동'이라는 표현으로는 이 이중 모음의 특성을 포착하는 데 한계가 있는 것이 사실이다. 한편 또 다른 예외인 '중간적 이중 모음'은 수평 이중 모음이 상향 이중 모음과 하향 이중 모음의 성격을 겸하고 있다고 보고 그 중간적인 존재라고 해석한 용어이다.

④ 관련 항목

상향 이중 모음, 이중 모음, 하향 이중 모음

순간음

① 용어의 별칭

국어 순간음[瞬間音](日下部文夫 1962, 金田一春彦 1967, 허웅 1968ㄱ, 小泉保・牧野勤 1971, 원경식 1977, 박종희 1983ㄱ),
비연속음[非連續音](이병건 1976), 순시음[瞬時音](日本音聲學會 編 1976), 잠음[暫音](日本音聲學會 編 1976),
정지음[停止音](성백인 1981, 이문규 2004), 비계속음[非繼續音](정국 1982, 박종희 1993ㄴ), 순간소리(김성근 1995),
일시음(이봉원 1995)
영어 non-continuant, momental sound, momentaneous sound, momentary sound, instantaneous sound

② 개념 설명

지속음과 반대되는 개념으로, 지속음이 두 가지 구별되는 의미를 가지고 있듯 순간음도 여기에 대립되는 두 가지 의미를 가진다.[86] 하나는 조음 과정에서 공기의 흐름이 끊어지는 자음을 가리킨

---

86) 지속음의 두 가지 의미에 대해서는 '지속음' 항목에서 다루어지고 있다.

다. 이런 개념으로서의 순간음에 속하는 대표 부류는 파열음이다.[87] 파찰음의 경우 공기의 흐름이 끊어지는 앞부분에 초점을 두면 순간음에 속하지만 마찰을 통해 개방되는 뒷부분에 초점을 두면 순간음에서 제외된다. 비음은 논의에 따라 순간음으로 보기도 하고 지속음으로 보기도 한다.[88]

순간음의 또 다른 개념은 고정되고 안정된 조음 구간 없이 전이적인 동작을 통해 발음되는 음을 가리킨다. 반모음과 같이 조음체가 일시적으로 고정되어 있는 것이 아니고 계속 움직이는 과정에 있는 음이 순간음이다. 지속음과 마찬가지로 순간음 역시 국어 음운론에서 적극적으로 사용되는 개념은 아니다.

③ 용어 설명

'순간음'을 가리키는 용어들은 크게 두 부류로 나눌 수 있다. 하나는 '순간음, 순시음, 잠음, 순간 소리, 일시음'과 같이 순간적으로 나는 소리라는 의미를 담은 것이고 다른 하나는 '비연속음, 비계 속음, 정지음'과 같이 지속적으로 공기가 흐르는 음이 아니라는 의미를 담은 것이다. 이 중 후자는 '지속음'과의 대립을 중시한 용어라고 할 수 있다.

④ 관련 항목

반모음, 지속음, 파열음, 폐쇄음

ㅅ

순수 자음

① 용어의 별칭

> **국어** 진자음[眞子音](이승환 1971, 筧壽雄·今井邦彦 1971, 김영송 1972, 이병건 1976), **순수 자음**(최명옥 1974, 이병근 1977, 전상범 1977ㄴ), **순정 자음**[純正 子音](전상범 1977ㄱ, 조성식 편 1990), **참자음**(김병욱 1983, 이기문 외 1984, 김영석 1987), **순자음**[純子音](이용호 1985, 정철 1991, 최한조 1993), **순수 자음소**(이상신 2008, 이현정 2008)
> **영어** true consonant

② 개념 설명

자음적인 성격이 특히 강한 자음을 가리킨다. 구체적으로는 발음될 때 기류가 방해를 받는 정도가 높은 자음을 순수 자음이라고 한다. 자음, 모음, 반모음 등을 구분하는 주요 부류 자질(major class feature)로 자음성(consonantal)과 모음성(vocal)을 사용할 경우 '[＋자음성, －모음성]'에 해당하는 음이

---

87) 엄밀히 말하면 파열음뿐만 아니라 내파음, 방출음, 흡착음과 같이 '폐쇄-지속-파열'의 단계를 거치는 폐쇄음(stop)들이 모두 순간음의 대표적인 사례이다.
88) 여기에 대해서는 '지속음' 항목에서 자세히 다룬다.

순수 자음이다. 이럴 경우 파열음, 마찰음, 파찰음과 같은 장애음은 물론이고 비음까지도 순수 자음에 속한다. 자음 중 유음만 순수 자음에서 빠지는 것이다.[89] 그런데 논의에 따라서는 비음을 순수 자음 목록에서 제외하기도 한다. 그럴 경우에는 순수 자음에 장애음만 남게 되어 장애음과 별반 다를 바가 없다.

③ 용어 설명

'순수 자음'을 가리키는 용어들은 'true consonant'의 'true'를 어떻게 번역할 것인지에 따라 약간의 차이가 있다. 'true'를 '순수'의 의미로 번역하는 용어도 있고 '참(眞)'의 의미로 번역하는 용어도 있다. 어떻게 번역하든 그 의미는 기본적으로 동일하다.

④ 관련 항목

공명음, 자음¹, 장애음

순음

① 용어의 별칭

국어	순음[脣音](『훈민정음』), 입시울쏘리(『훈민정음』), 순성(리봉운(1897)), 폐음[閉音](김규식 1909), 입살소리 (김두봉 1916), 입슐소리(김두봉 1922), 입술소리(강매·김진호 1925, 김윤경 1934ㄴ, 최현배 1937ㄱ, 日本音聲學會 編 1976), 순음운[脣音韻](有坂秀世 1940), 입시울소리(심의린 1949ㄱ), 순자음(黑川新一 譯 1958, 최전승 1986, 백두현 1988, 소강춘 1989), 양입술소리(최현배 1959ㄷ), 원순자음(한영균 1990ㄴ, 구본관 2007), 입술자음(허은애 1998)
영어	labial

② 개념 설명

입술을 이용하여 발음하는 자음 부류를 가리킨다. 구체적으로는 두 부류로 나눌 수 있다. 하나는 두 입술을 사용하는 양순음이고 다른 하나는 윗니와 아랫입술을 이용하는 순치음이다. 양순음과 순치음은 공통적으로 아랫입술이 관여하고 있기 때문에 순음은 아랫입술을 활용하여 내는 자음이라고 해도 무방하다. 전통적인 성운학에서는 순음을 경중(輕重)에 따라 순경음(脣輕音)[90]과 순중음(脣重音)[91]으로 구분해 왔다. 순경음은 순치음에 대응하고 순중음은 양순음에 대응한다. 국어에는 순치

---

89) 유음은 자음성과 모음성이 모두 '+'이다.
90) '순경음' 대신 '순경음[輕脣音](일반적 용법, 주시경 1909), 경순음[輕脣音](『華東正音通釋韻考』, 주시경 외 1907~1908, 권승욱 역 1939, 이숭녕 1949ㄱ), 입술 가벼운 소리(김두봉 1922), 입술 가븨압은 소리(강매·김진호 1925), 입시울 개벼운 소리 (김윤경 1932ㄱ), 입술 개벼운 소리(김윤경 1948ㄱ), 입시울 가벼운 소리(심의린 1949ㄱ), 입술 가벼운 소리(문교부 1952, 류렬 1992), 가벼운 입술소리(최현배 1959ㄱ, 허웅·박지홍 1971, 류렬 1992)'와 같은 용어를 사용하기도 한다.

음이 없기 때문에 국어를 대상으로 한 논의에서는 순음이 곧 양순음을 가리킨다.[92]

'순음'은 원래 자음을 조음 위치에 따라 분류한 것이지만 국어 연구에서는 자음이 아닌 반모음이나 모음을 순음으로 보는 경우도 없지 않다. 가령 최현배(1937ㄱ)이나 이상춘(1946)에서는 반모음 'w'를 순음에 포함하였고, 寶迫繁勝(1880a), 島井 浩(1902) 등과 같은 일본 어학자들은 한국어의 모음을 개합법(開合法)에 따라 나누면서 '우, 유'를 순음으로 분류한 적이 있다.[93] 이것은 반모음 'w'나 원순 모음에 속하는 '우'의 조음 과정에 입술이 작용한다는 점을 감안한 결과이다.

③ 용어 설명

'순음'을 가리키는 용어는 단순한 편이다. 거의 대부분은 '순음, 입술소리, 순자음, 입술자음'과 같이 입술을 활용하는 음이라는 의미를 담고 있다. 경우에 따라서는 '양입술소리'와 같이 '양순음'을 지칭하는 용어를 사용하기도 하는데 이는 국어의 순음에 양순음밖에 없기 때문이다. '원순 자음'은 원순 모음과의 공통점 포착을 위해 사용한 것이지만,[94] 양순음을 발음할 때에는 원순 모음과 달리 입술이 동그랗게 오므라들지는 않으므로 정확성이 다소 떨어진다. 이상의 용어들은 세부적인 차이는 있더라도 모두 '입술'이라는 의미를 담고 있음에 비해 유일한 예외인 '폐음'은 이와 전혀 무관하다. '폐음'은 두 입술을 붙여 막아서 내는 음이라는 뜻을 담고 있다.[95]

④ 관련 항목

순치음, 양순음

---

91) '순중음'을 가리키는 용어에는 '중순음[重脣音](주시경 외 1907~1908, 권승욱 역 1939), 순중음[脣重音](주시경 1909), 쌍순음[雙脣音](日本音聲學會 編 1976, 우민섭 2000), 입술 무거운 소리(류렬 1992), 무거운 입술소리(류렬 1992)' 등이 있다.

92) 논의에 따라서는 'ㅸ'을 순치음으로 해석하는 경우도 없지 않다. 왜냐하면 'ㅸ'은 중세 국어 시기에 순경음으로 분류되었기 때문이다. 그러나 현재는 'ㅸ'을 유성 양순 마찰음으로 보는 입장이 우세하다.

93) 奧山仙三(1928)에서는 순음을 입술 중에서도 특히 아랫입술을 앞쪽으로 내밀어서 발음하는 음이라고 정의하기도 했다. 현재의 원순 모음과 비슷하지만 '오' 계열은 빠졌다는 점에서 순음과 원순 모음을 동일시했다고 보기는 어렵다.

94) 양순음과 원순 모음은 원순 모음화나 비원순 모음화와 같은 음운 현상에서 영향을 주고받기 때문에 이러한 현상을 설명할 때에는 양순음과 원순 모음의 공통점을 포착할 수 있는 개념을 활용하면 유리한 측면이 있다.

95) '폐음'의 반대는 '개음'으로 김규식(1909)에서는 후음을 '개음'이라고 했다. 여기에 따르면 순음과 후음은 서로 대립하는 음이 된다.

순치음

① 용어의 별칭

국어 치순음[齒脣音](橋本進吉 1928, 泉井久之助 1928, 金田一京助 1932, 이은정 2005), **순치음**[脣齒音](東條操 1965, 이기문 외 1984), **이입술소리**(황희영 1979, 국립국어연구원 1996, 구현옥 1999), **반입술소리**(이정식 1994)
영어 labio-dental

② 개념 설명

윗니와 아랫입술을 근접시켜 발음하는 자음 부류를 가리킨다. 이 위치에서 조음되는 자음에는 마찰음 계열인 'f, v' 및 비음 계열인 'ɱ'이 가장 널리 나타나는 편이다. 국어의 경우 순치음은 존재하지 않는다.[96] 그래서 현대의 경우 외국어의 순치음은 양순음이나 다른 음으로 수용되고 있다. 가령 영어의 'v'는 양순 파열음 'ㅂ'으로 받아들이고 'f'는 'ㅍ' 또는 'ㅎ+w'로 받아들인다.

③ 용어 설명

'순치음'을 가리키는 용어들은 대체로 '이(齒)'를 나타내는 표현과 '입술(脣)'을 나타내는 표현이 조합된 구조를 지닌다. '치순음, 순치음, 이입술소리' 등이 모두 그러하다. 특히 입술을 가리키는 표현이 먼저 나오는 '순치음'이 많이 쓰이는데, 여기에 대해 이은정(2005)에서는 언어학적으로 입술이 더 중요한 조음 기관이기 때문이라고 언급한 적이 있다. 유일한 예외인 '반입술소리'는 두 입술 중 한쪽만 사용한다는 사실을 표현하고 있다. 그러나 윗니에 대한 정보가 빠져서 정확성은 다소 떨어진다.

④ 관련 항목

순음, 양순음, 조음 위치

---

96) 중세 국어의 'ㅸ'이 순치음에 해당한다고 보는 경우도 일부 있었으나 이것은 중국어의 순경음이 순치음이었다는 사실로부터 추론한 결과일 뿐이다. 'ㅸ'은 유성 양순 마찰음 'β'이었다고 보는 견해가 일반적이다.

순행 동화

① 용어의 별칭

> 국어 순행 동화[順行 同化](小倉進平 1915, 안확 1927, 安藤正次 1927, 金田一京助 1932, 최현배 1937ㄱ, 김윤경 1948ㄱ),
> 전진적 동화[前進的 同化](이숭녕 1931, 小林英夫 1935, 新村出 1943), 진행적 동화[進行的 同化](이숭녕 1931,
> 문교부 1990), 순동화[順同化](金田一京助 1932, 김형규 1946, 이병선 1967ㄴ), 내리닮음(최현배 1937ㄱ, 김계곤 1965,
> 이은정 1969), 나리닮음(김윤경 1948ㄱ), 진행 동화[進行 同化](小林智賀平 1952, 增山節夫 譯 1959, 竹林滋・横山一郎
> 譯 1970, 정인섭 1973, 이철수 1994), 전진 동화[前進 同化](이희승 1955, 양동휘 1967, 日本音聲學會 編 1976, 신상진 1977),
> 앞닮음(최현배 1970), 지연 동화[遲延 同化](이기문 외 1984, 국립국어연구원 1996, 배주채 1996ㄱ), 지속적 동화
> [持續的 同化](황귀룡 역 1986), 지속성 동화(황귀룡 역 1986, 국립국어연구원 1996), 선취 동화[先取 同化](龜井孝
> 外 編 1996), 내리닮기(김성근 1995, 박정수 1999), 앞소리 닮기(서상규・박석준 2005)
>
> 영어 progressive assimilation, perseverative assimilation, forward assimilation

② 개념 설명

피동화음이 동화음보다 뒤에 있어서 앞선 음의 영향으로 뒤의 음이 닮아 가는 동화의 유형을 가리킨다. 반대 개념은 역행 동화이다. 국어의 순행 동화로는 다음과 같은 현상들이 제시되었다.

> (가) 칼+날→[칼랄], 끓+는→[끌른]
>
> (나) 피+어서→[피여서], 되+어서→[되여서]
>
> (다) 깨+어서→[깨ː서], 채+어서→[채ː서]

(가)는 순행적 유음화의 경우로 어떠한 이견도 없는 국어의 가장 대표적인 순행 동화 사례이다. 앞에 오는 'ㄹ'에 후행하는 'ㄴ'이 닮아 가는 현상이다.[97] (나)와 (다)는 논란의 여지가 있는 사례이다. (나)는 전통적으로 선행하는 모음에 의한 순행 동화로 불리지만 엄밀하게는 반모음 'j'가 첨가된 것이기 때문에 동화로 볼 수 있을지 의문이다.[98] (다)는 모음의 완전 순행 동화에 의해 후행 모음이 선행 모음과 동일해졌고 그래서 표면에 실현되는 모음의 길이가 길어졌다고 해석하고 있다. 그러나 논의에 따라서는 (다)를 단순한 모음 탈락으로 보기도 한다.[99]

③ 용어 설명

'순행 동화'를 가리키는 용어들은 표현의 양상은 조금씩 다르지만 동화의 방향성을 직간접적으

---

97) 국어의 자음 동화는 대체로 역행 동화의 형태로 나타나는 데 반해 (가)는 예외적으로 순행 동화의 모습을 가진다.

98) 여기에 대해서는 '동화' 항목을 참고할 수 있다.

99) 그럴 경우 모음의 길이가 길어지는 것은 탈락 모음에 대한 보상적 장모음화로 해석하게 된다. 자세한 것은 '모음의 완전 순행 동화' 항목을 참고할 수 있다.

로 반영하는 방식을 취하고 있다. '순행 동화, 순동화' 등은 발화의 순서에 따라 앞선 음의 영향으로 동화가 일어난다는 사실을 포착하고 있다. '전진 동화, 진행 동화, 선취 동화, 내리닮음, 나리닮음, 내리닮기'도 비슷한 의미인데 동화가 '앞'에서 '뒤'로 일어난다는 점에 초점을 두었다. '앞닮음, 앞소리 닮기'는 동화음이 앞에 놓인다는 점을 고려한 용어이고 '지연 동화, 지속 동화' 등은 앞선 음의 영향이 뒤의 음으로 이어진다는 사실을 담은 용어이다.

④ 관련 항목

동화, 역행 동화

쌍형어

① 용어의 별칭

국어	이중형[二重形](有坂秀世 1940), 雙生語[쌍생어](안병희 1959, 이기문 1977ㄱ, 박성종 1988), 雙形語[쌍형어](유창돈 1961ㄴ, 김철헌 1962, 조현숙 1985), 雙形[쌍형](유창돈 1961ㄴ, 김방한 1977, 이병근 1981), 雙形語史[쌍형어사](유창돈 1961ㄴ), 이중어[二重語](전상범 1987, 조성식 편 1990, 국립국어연구원 1995), 雙形 어간[쌍형 어간](정승철 1988), 雙形態[쌍형태](김무림 1997)
영어	doublet

② 개념 설명

기원은 동일하지만 형태가 다른 두 단어를 가리킨다. 쌍형어의 개념을 좁게 볼 경우 의미가 달라야 한다는 조건을 추가하기도 하지만 국어 연구에서는 의미의 동일성 여부는 크게 고려하지 않는 경향이 있다. 의미가 같든 다르든 기원이 같고 형태가 다르면 쌍형어가 된다. 이론적으로는 기원이 같으면서 형태가 다른 단어의 수가 3개 이상일 수 있다. 조성식 편(1990)에 따르면 쌍형어 이외에 삼중어(triplet)나 사중어(quadruplet)도 가능하다.

쌍형어의 존재 양상은 여러 가지가 가능하다. 새로운 음운 변화에 의해 신형과 구형이 일시적으로 공존하는 경우도 쌍형어에 해당한다. 이러한 쌍형어는 한시적으로만 나타나고, 신형이 구형을 대체하고 나면 쌍형어는 더 이상 존재하지 않는다. 동일한 기원의 단어가 서로 다른 지역에서 다르게 변화했다가 방언 차용으로 인해 두 형태가 함께 나타날 수도 있다. 방언 차용이 아니면서도 한 방언 내에서 안정적으로 존재하는 쌍형어는 대체로 의미나 기능에서 각 형태들이 차이를 지니는 경우가 많다. 의미나 기능이 완전히 같은데도 서로 다른 두 형태가 공존하는 것은 효율적인 상황은 아니다.

국어에는 다양한 쌍형어가 존재한다. 쌍형어가 생기는 가장 중요한 요인은 음운 변화이다. 동일한 기원의 단어가 상이한 음운 변화를 겪으면 형태상의 분화가 생긴다. 가령 중세 국어에 존재하는

'듣글'과 '드틀'은 어중의 'ㄱ'이 'ㅎ'으로 약화되는 변화 때문에 생긴 쌍형어의 예이다. 모음 조화에 의해 분화되었으리라 추정되는 '낡다'와 '늙다', '마리'와 '머리'도 쌍형어로 보는 경우가 있다. 이 외에 '무엇'과 '뭐', '것'과 '거'와 같이 문어와 구어의 차이로 인해 나타나는 공존형도 쌍형어에 포함된다.

③ 용어 설명

　'쌍형어'를 가리키는 용어는 모두 두 가지 형태가 존재한다는 의미를 담고 있어서 매우 단순한 편이다.

④ 관련 항목

　복수 기저형, 음운 현상

ㅅ

아음

① 용어의 별칭

> **국어** 아음[牙音](『훈민정음』), 엄쏘리(『훈민정음』), 설본음[舌本音](강위 1869), 아성(리봉운 1897), 혀뿌리 소리(김두봉 1916), 어금니 소리(김두봉 1922, 이상춘 1925), 엄닛소리(강매·김진호 1925, 최현배 1970), 엄니소리(김윤경 1934ㄴ), 엄소리(심의린 1949ㄱ), 어금닛소리(김정수 1982)
>
> **영어** guttural,[1] velar

② 개념 설명

성운학에서 자음에 해당하는 성모의 조음 위치를 구분할 때 어금니 부근, 즉 연구개 부위에서 나는 음들을 묶는 개념으로 사용한다. 현대 국어의 연구개음에 해당한다. 따라서 'ㄱ, ㅋ, ㄲ, ㆁ'이 아음에 속한다. 그러나 강위(1869)와 같이 글자의 모양에 근거하여 'ㆁ'을 빼는 경우도 있고,[2] 리봉운 (1897), 김희상(1911) 등과 같이 'ㆁ' 이외에 'ㄲ'을 빼는 경우도 있다.[3] 간혹 후음에 속하는 'ㆆ'이 아음에 포함되기도 하는데, 이는 전통적으로 아음과 후음을 가깝게 처리한 데에서 기인한다.[4]

'아음'은 원래 자음을 조음 위치에 따라 분류한 것이지만 국어 연구 초창기의 일본 학자들은 모음 분류에 활용한 적도 있다. 가령 寶迫繁勝(1880a), 島井 浩(1902), 藥師寺知曨(1909) 등에서는 국어의 모음을 개합(開合)에 따라 나누면서 '으, 이, ㆍ'를 아음으로 분류했다. 寶迫繁勝(1880b)에서는 어금니를 갈아서 내는 모음이라고 했고 島井 浩(1902)에서는 상하 어금니를 모으고 입술을 양쪽으로 당겨

---

[1] 'guttural'은 목구멍(throat)을 가리키는 라틴어 'guttur'에서 온 용어이기 때문에 연구개음에 해당하는 '아음'을 가리키는 데에는 그다지 적절하지 않다. 그래서 최근에는 아음과 연구개음 모두 'velar'라고 하는 경우가 많다.

[2] 'ㆁ'은 글자의 모양이 다른 연구개음과 차이 나기 때문에 빠진 것이다. 강위(1869)에서는 아음을 나타내는 글자 'ㄱ'에 대해 혀의 모양을 본떠 '一(혀의 수평면이 목구멍으로부터 소리를 나가도록 하는 모양)'와 'ㅣ(혀의 수직면이 목구멍을 막아 공기를 쌓는 모양)'를 합친 것이라고 했다. 따라서 이러한 모양을 찾을 수 없는 'ㆁ'은 아음에 포함하기 어렵다.

[3] 이것은 'ㄲ'이 'ㄱ'을 단순히 두 개 연결한 거듭소리에 지나지 않는다고 보았기 때문이다.

[4] '아음'과 '후음'을 묶어서 '아후음'이라고 부르기도 한다. 자세한 것은 '연구개음' 항목을 참고할 수 있다.

서 발음하는 모음이라고 했다. '아음'을 모음 분류에 활용했다는 점이 특이하지만 현재는 이런 방식이 전혀 쓰이지 않는다.

③ 용어 설명

'아음'을 나타내는 용어는 소위 조음점을 고려한 용어와 조음체를 고려한 용어로 구분할 수 있다. '아음, 어금니 소리, 엄소리' 등은 조음점을 고려한 것으로 전통적 성운학의 용어를 그대로 사용한 것이다. 현대 언어학에서처럼 '연구개'라는 조음점을 활용하지 않고 '어금니'를 활용했다는 점이 차이점이다. 조음체를 고려한 용어에는 '설본음'과 '혀뿌리 소리'가 있다. '설본음'은 아음을 나타내는 글자들이 혀의 모양을 본떴다는 의미로 사용한 것이다.[5] '혀뿌리 소리'는 아음을 발음할 때 혀뿌리(설근) 부위가 조음체로 관여한다는 사실을 나타낸다.

④ 관련 항목

설근음, 연구개음, 후음

악센트

① 용어의 별칭

국어 고저[高低](윤치호 1928), 어죠[語調](奧山仙三 1928), 올림(최현배 1929), 악센트(원종린 1925, 최현배 1929, 河野六郎 1945, 이극로 1947), 양음[揚音](김억 1923, 원종린 1925, 노병조 역 1935), 강음절[强音節](원종린 1925), 액선트(신명균 1927ㄴ, 한문회 1979), 음죠[音調](이복영 1948, 심의린 1949ㄴ), 강음[强音](유응호 1949), 액센트(남광우 1954, 신익성 1968ㄱ, Ramsey 1974, 이현복·김기섭 역 1983), 억양[抑揚](이희승 1955), 액슨트(허웅 1968ㄱ), 중음[重音](日本音聲學會編 1976), 강세(임성규 1988), 소리 마루(강진철 1990, 류렬 1992, 김성근 1995, 고도흥 1998), 역점[力點](전학석 1995)

영어 accent

② 개념 설명

'악센트'는 용법이 매우 다양한 편인데, 그 의미에 따라 '말투', '돋들림', '강세'의 세 가지로 나눌 수 있다.[6] 우선 '말투'는 지역적 차이 또는 개인적 특징 등에 따라 구별되는 말씨를 가리킨다. 이러한 용법으로서의 '악센트'는 언어학적으로는 그다지 많이 쓰이지 않는다. 오히려 일상적으로 흔히 사용된다. 다음으로 '돋들림'은 문장의 어느 한 성분 또는 단어 내의 특정 음절을 더 두드러지게 하

---

5) 앞서 강위(1869)의 설명에 대한 주석을 참고할 수 있다.
6) 이 세 가지는 흔히 쓰이는 것만을 간추린 것이고 이 외에 다른 의미로 쓰이기도 한다. 가령 악센트를 운소와 동일시하는 경우도 없지는 않다.

기 위해 사용하는 운소를 가리킨다. 돋들림의 기능을 하는 운소로는 장단, 고저, 강약 등이 모두 가능하지만 '악센트'를 돋들림의 의미로 사용할 때에는 주로 '고저'와 '강약'에 의해 이루어지는 돋들림을 가리킨다.[7] 그래서 '고저'에 의한 '고저 악센트'와 '강약'에 의한 '강약 악센트'를 구분하는 것이다.[8] 마지막으로 '악센트'를 '강세'와 동일시하기도 한다. 이것은 돋들림 중에서도 특히 강약에 의한 것으로 '악센트'의 용법을 한정하는 경우이다. 강한 힘으로 발음되는 것을 악센트라고 부르게 되며 이러한 용법은 악센트의 개념을 가장 협소하게 보는 입장이다.[9]

국어 음운론에서는 '악센트' 개념을 그다지 활발하게 사용하지는 않는다. 그 이유는 '악센트'를 주로 '강약'의 차원에서 이해하는 것과 무관하지 않다. 강약은 국어에서 단어의 의미 변별에 관여하지 않으므로 많은 관심을 받기 어려운 것이다. 물론 '고저 악센트'라는 개념은 현대 국어의 방언이나 중세 국어를 설명할 때 중시되지만, 이것 역시 '고저'에 논의의 초점이 주어질 뿐 '악센트'에 주된 초점이 주어지지는 않는다.

③ 용어 설명

'악센트'를 가리키는 용어는 '악센트'의 다양한 용법 중 어디에 초점을 두느냐에 따라 구별되고 있다. 현재 가장 널리 쓰이는 것은 'accent'를 음역한 '악센트'이다. 그렇지만 수적으로는 '고저, 올림, 양음, 억양'과 같이 '고저'와 동일하게 표현하거나 '강음절, 강음, 중음, 강세, 역점'과 같이 강약 또는 강세와 동일하게 표현한 용어가 더 많다. 이 외에 '음조'는 악센트를 '운소'와 비슷하게 표현한 용어이고 '소리 마루'는 돋들림의 의미를 가지는 용어이다.

④ 관련 항목

강약, 강약 악센트, 고저, 고저 악센트, 돋들림, 운소

---

7) 물론 장단에 의한 악센트를 전혀 언급한 적이 없는 것은 아니다. 가령 '장단 악센트(이숭녕 1959ㄴ, 김계곤 1960, 허웅·박지홍 1971), 길이 악센트(박지홍 1975), 양적[量的] 악센트(日本音聲學會 編 1976)'와 같은 용어들이 이전부터 간간이 쓰여 왔다.
8) 이극로(1947)에서는 강약과 고저가 혼합된 악센트도 존재할 수 있다고 했다.
9) 이호영(1996)에서와 같이 강세 중에서도 문장 차원에서 부과되는 것으로만 한정하여 악센트라고 하는 경우도 있다.

악음

① 용어의 별칭

国어 악음[樂音](小倉進平 1923, 정렬모 1927ㄱ, 최현배 1927ㄷ, 安藤正次 1927, 이극로 1936ㄱ, 寺川喜四男 1950), 풍악 소리(최현배 1927ㄷ), 풍류 소리(최현배 1929), 좋소리(김두봉 1932), 고른 소리(이인모 1949)

영어 musical sound

② 개념 설명

공기의 진동이 규칙적이고 주기적인 파동을 이루는 음을 가리킬 때 사용한다. 원래 말소리에만 국한하여 사용하는 것이 아니고 음향학에서 모든 소리를 대상으로 그 속성에 따라 악음과 조음(噪音)을 구분했는데 이것을 말소리의 구분에 활용한 것이다. 악음에 속하는 음의 종류에 있어서는 미묘한 차이가 존재한다. 모음을 악음에 포함하는 데에는 어떠한 이견도 없지만 자음의 경우는 다르다. 자음을 모두 악음에서 배제하는 입장이 있는가 하면 자음 중 유음이나 비음은 악음에 포함하는 입장도 있다. 악음의 개념은 국어 음운론에서 그리 자주 활용되지 않는다. 굳이 '악음'이라는 개념에 의지하지 않더라도 '자음, 모음, 공명음' 등 다른 개념을 활용하여 여러 현상들을 설명하는 데 문제가 없기 때문이다.

③ 용어 설명

'악음'을 가리키는 용어는 그리 많지 않은데, '음악의 소리'라는 의미와 결부된 것이 많다. 이것은 음악의 소리가 전형적인 악음의 예에 속하기 때문이기도 하고 영어인 'musical sound'를 직역했기 때문이기도 하다. '좋소리'나 '고른 소리'는 악음이 가지는 청취 효과를 감안한 용어라고 할 수 있다.

④ 관련 항목

공명음, 모음, 조음

약음

① 용어의 별칭

국어 연음[軟音](小林英夫 1935, 服部四郞 1951, 강윤호 1959, 太田朗 1959, 지준모 1965, 서재극 1967), 연자음[軟子音] (有坂秀世 1940, 김차균 1975, 日本音聲學會 編 1976, 김영송 1977ㄱ, 전상범 1985ㄱ), **약음**[弱音](有坂秀世 1940, 표진이 1975, 日本音聲學會 編 1976, 김방한 1978, 전상범 1985ㄱ), **약자음**(김완진 역 1958, 전학석 1993, 김차균 2001), 연성[軟聲](배양서 1969ㄱ, 이철수 1994), **여린 소리**(김영송 1972, 김차균 1991ㄴ, 김세진 2009), **약한 소리**(김영송 1972, 표진이 1975, 구현옥 1999), **여린 닿소리**(박지홍 1975), 유음[柔音](日本音聲學會 編 1976), 비된소리[非](이용재 1978), 이완음(이현복·김기섭 역 1983, 김영송 1992), **연한 소리**(유만근 1985, 오원교 1999), **예사소리**(김차균 1991ㄴ), **비긴장음**(신지영·차재은 2003), **연성 자음**(조진관 2003), **완이음**[緩弛音](이은정 2005), **이완 자음**(이은정 2005), 유자음[柔子音](이은정 2005), **평음**[平音](이상직 2006)

영어 lenis, lax consonant

② 개념 설명

강음(fortis)의 반대 개념으로 발음 기관의 근육을 이완시켜 기류의 압력을 낮춤으로써 조음점에서의 기류 저항을 작게 하여 발음하는 음을 가리킨다. 전통적으로 모음보다는 자음의 부류를 나누는데 더 많이 사용해 왔다.[10] 자세한 내용은 '강음' 항목을 참조할 수 있다. 龜井孝 外 編(1996)에 따르면 '약음'과 비슷한 개념으로 중음(中音, media)이 있다. 중음은 근육의 긴장을 동반하지 않는 유성 자음을 가리킨다.[11]

국어의 약음으로는 흔히 장애음 중 평음 계열을 들 수 있다. 평음은 경음이나 유기음에 비해 조음 과정에서 압력이나 긴장이 약하게 동반된다. 국어의 평음이 약음임을 강조하고자 하는 입장에서는 가령 'ㅂ, ㄷ, ㄱ'의 발음 기호를 무성 파열음인 'p, t, k'로 하지 않고 유성 파열음 'b, d, g' 아래에 무성화 기호 '。'를 덧붙인 'b̥, d̥, g̥'로 하기도 한다.

③ 용어 설명

'약음'을 가리키는 용어에는 '연음'도 적지 않게 쓰이고 있다. '약음'과 '연음'은 모두 소리가 세지 않다는 의미를 공통적으로 담고 있다. 그러나 '강음'과의 대립 관계를 포착하는 데에는 '연음'보다는 '약음'이 좀 더 나을 듯하다.

'약음'을 나타내는 용어들은 '강음'을 나타내는 용어와 밀접한 관련을 맺는다. '강음'을 가리키는

---

10) 이차 조음으로서의 구개음화가 활발한 슬라브어 계통에서는 구개화가 일어난 자음과 구개화가 일어나지 않은 자음의 차이를 '강약' 관계로 표현하기도 한다. 이때 '약음'에 해당하는 것은 구개화가 일어난 것으로 '연음, 연성, 연자음' 등으로 부른다. 모음에 대해서도 구개화가 된 것은 '연모음'이라고 부르는 경우가 있다. 영어로는 'soft consonant'를 주로 사용하기 때문에 여기서 살핀 'lenis'나 'lax'와는 의미가 상당히 다르다. 'soft'는 러시아어를 번역 차용한 영어 표현이다.

11) 河野六郎(1944)에서는 '중음'을 탁음(濁音)이라고 하여 유성음과 동일시하고 있다. 그러나 '중음'과 '유성음'은 동일한 개념은 아니다.

세 부류의 용어에 대한 대립쌍이 존재한다. 가령 '소리가 강하다'에 대립되는 의미로 '연음, 약음, 연성, 여린 소리, 약한 소리, 여린 닿소리', '긴장이 동반된다'에 대립되는 의미로 '이완음, 비긴장음, 완이음', '소리가 되거나 굳다'에 대립되는 의미로 '유음(柔音), 비된소리'가 있다.[12] 이밖에 다소 특이한 것으로 '예사소리, 평음'이 있는데 이는 연음에 속하는 국어의 장애음이 평음이라는 사실과 관련된다.

④ 관련 항목

　　강음, 긴장음, 이완음, 평음

약화

① 용어의 별칭

> **국어** 약화[弱化](河野六郎 1945, 김방한 1960, 최학근 1961, 김철헌 1962, 梅田博之 1963, 日本音聲學會 編 1976), 이완[弛緩](남광우 1959ㄴ), **약음화**[弱音化](유창균 1960, 日本音聲學會 編 1976, 김아영 1992, 원경식 1993, 龜井孝 外 編 1996), 간극 증대(권재선 1976), 연음화[軟音化](이재숙 1994, 龜井孝 外 編 1996, 이은정 2005), 마모 과정(오정란 1995ㄱ), 배면적 과정(김경아 1996ㄱ), 완음화[緩音化](龜井孝 外 編 1996), 완음 현상[緩音 現象](龜井孝 外 編 1996)
>
> **영어** lenition, weakening, softening, obscuration[13]

② 개념 설명

음의 강도가 더 약해지는 쪽으로 일어나는 변화로 '강화'와 반대되는 성격이다. 자음의 경우 약화의 전형적인 사례는 개구도나 공명도가 더 커져 자음적인 성격이 약해지는 것이다. 그밖에 자음의 조음 위치가 구강에서 후두쪽으로 이동하는 변화,[14] 성대의 울림이 동반되는 변화, 후두의 긴장이 약해지는 변화, 자음의 조음 과정이 불완전하게 끝나는 변화 등도 모두 약화에 속한다.[15] 모음의 경우에는 혀의 높낮이가 높아지면서 개구도나 공명도가 감소하여 모음적인 성격이 약해지는 것이 약화의 일반적인 양상이다.

약화가 극단적인 형태로 일어나면 해당 음소가 탈락하게 된다. 약화는 어두보다 비어두, 돋들림

---

12) '유음'은 중국에서 사용되는 용어이다.

13) 'obscuration'은 모음의 약화에 대해 사용한다. 모음이 약화되면 소위 'schwa'에 가까워지면서 음성적으로 애매해진다는 사실을 반영하고 있다. 이러한 모음 약화를 영어 음운론에서는 흔히 모음의 축약(reduction)이라고 부르기도 하는데 이때의 '축약'은 일반적으로 두 개의 음소가 제삼의 음소로 줄어드는 것과는 다른 개념으로 쓰인 것이다.

14) 구강음이 후음으로 바뀌는 변화를 탈구강음화(脫口腔音化, deoralization)라고 부르기도 한다. 대표적인 사례로 중국어에서 음절 종성의 입성 'p, t, k'가 탈락하기 전에 후두 파열음 'ʔ'로 바뀐 경우를 들 수 있다.

15) 이 외에 중복 자음(geminate)이 일반 자음으로 바뀌는 변화도 약화에 속한다고 할 수 있다.

이 강한 위치보다는 약한 위치에서 잘 일어난다. 그래서 자음의 경우 음절의 종성이나 주위에 모음적인 음소가 올 때 흔히 약화되고 모음의 경우 악센트가 동반되지 않는 비어두에서 더 쉽게 약화가 된다.

국어의 약화 현상으로는 흔히 다음과 같은 현상들이 언급되었다.

> (가) 장애음의 유성음화 예 아기[agi], 바다[pada]
> (나) 장애음의 평파열음화 예 꽃→꼳, 밖→박
> (다) 'ㅂ, ㅅ, ㄱ'의 유성 마찰음화 예 ㅂ>ㅸ, ㅅ>ㅿ, ㄱ>ㅇ
> (라) 자음 탈락 예 놓+은→노은, 가마니>가마이
> (마) 고모음화 예 나모>나무, 밧고다>바꾸다
> (바) '으'로의 모음 변화 예 앚+어미>아즈미

(가)는 장애음의 변이음이 유성음 사이에서 유성음으로 바뀌었으므로 약화로 볼 수 있다. (나)는 유기음이나 경음과 같은 강음이 종성에서 평음으로 바뀌었기 때문에 약화로 분류된다.[16] (다)는 무성 장애음이 특정 환경에서 유성 마찰음으로 바뀌었다는 점에서 (가)와 비슷한 성격을 지닌다. 특히 'ㅂ, ㄱ'과 같은 파열음은 마찰음으로 변화하면서 개구도도 더 커진다. (라)는 후음 탈락 또는 비모음화에 이은 비음 탈락으로 모두 약화의 극단적 방식인 탈락의 형태를 지닌다. (마)와 (바)는 모음에서의 약화 예이다. (마)는 혀의 높낮이가 높아지면서 모음의 음운론적 강도가 약해진 고모음화의 예이다. (바)는 일반 모음이 약한 모음인 '으'로 바뀐 변화이다.

한편 이화의 반대인 동화(assimilation)을 약화의 일종으로 보기도 한다. 동화가 일어나면 발음은 편해지지만 비슷한 성격의 음들이 연속되어 청취 효과는 떨어진다. 이러한 측면을 감안하며 동화를 약화라고 하는 것이다. 이것은 조음적 측면 대신 청각적 측면을 감안한 결과이다.

약화는 자음이나 모음과 같은 음소를 대상으로 논의하는 것이 일반적이지만 특별히 경계(boundary)의 약화를 언급하는 경우가 종종 있다. 대표적으로 합성어를 형성할 때 단어 경계(##)가 내부 단어 경계(#)로 약해지고 이것이 더 진행되면 형태소 경계(+)로 약해진다는 논의를 들 수 있다. 이런 경우 내부 단어 경계를 가진 합성어를 이완 합성어(loose compound), 형태소 경계를 가진 합성어를 긴밀 합성어(strict compound)라고 부른다.

③ 용어 설명

'약화'를 나타내는 용어는 대체로 두 계열이 많이 쓰인다. '약화, 이완, 약음화, 마모 과정, 완음화'와 같이 소리가 약해진다는 방향성을 구체적으로 명시한 것이 대표적이다. 이 외에 '간극 증대, 연음화'와 같이 약화의 음성적 결과가 무엇인지를 명시하는 용어도 있다. 이러한 용어들은 모두 약

---

16) 논의에 따라서는 'ㅂ, ㄷ, ㄱ'과 같은 파열음이 음절 종성에서 음성적으로 미파화되는 것도 약화로 보는 경우가 있다. 미파음이 되면 파열음의 조음 단계 중 일부가 생략되어 조음 과정이 불완전하게 끝나므로 약화라는 것이다.

화의 기본적 성격을 담고 있다는 점에서 공통적이다. 다소 특이한 것은 '배면적 과정'이다. 이 용어는 화자의 발화 과정과 청자의 인식 과정을 구분하는 특정한 이론적 배경에서 쓰인 것으로 영어 표현 'backgrounding process'를 번역한 것이다.

④ 관련 항목

　강음, 강화, 약음

양성 모음

① 용어의 별칭

국어 갑성[甲性]의 음[音](藥師寺知矓 1909), 갑종[甲種](前間恭作 1924), 이태음[裏態音](천민자 1926), 양음[陽音](최현배 1927ㄴ, 권재선 1992), 양모음[陽母音](小倉進平 1929ㄱ, 이숭녕 1946, 김근수 1947, 河野六郎 1955, 김형규 1961ㄱ, 靑山秀夫 1962), 강모음[强母音](小倉進平 1929ㄱ, 이숭녕 1946, 방종현 1948, 주왕산 1948, 服部四郎 1974), 밝은 홀소리(최현배 1933ㄱ, 정인승 1938ㄱ, 이인모 1949), 맑은 소리(이극로 1934, 이현복 1995ㄱ), 양성 모음[陽性母音](최현배 1937ㄱ, 박종우 1946, 이영철 1948), 담음[淡音](박승빈 1931), 굳은 소리(이극로 1940), 예성 양음[銳性 量音](幸田寧達 1941), 농음[濃音](홍기문 1947), 후부 모음[喉部 母音](이숭녕 1949ㄱ, 최현배 1959ㄱ), 후부 모음[後部 母音](이숭녕 1949ㄱ), 심모음[深母音](이숭녕 1949), 탁모음[濁母音](이숭녕 1949ㄱ), 밝은 소리(장하일 1949, 김영신 1966ㄴ, 최현배 1970), 혀낮은 홀소리(정인승 1949ㄱ, 허웅·박지홍 1971), 양류[陽類](市河三喜·河野六郎 1949), 양성 홀소리(정재도 1952, 안대현 2000), 후저모음[後低母音](이숭녕 1954ㄱ, 靑山秀夫 1956), 남성 모음(靑山秀夫 1956, 服部四郎 1979, 성백인 1981, 안대현 2000, Batkhishig 2009), 양중성[陽中聲](정인승 1959), 붉은 벌임 소리(김선기 1972ㄱ), 밝은 모음(김차균 1991ㄱ, 류렬 1992), 양성음군(송기중 1991), 경모음[硬母音](안대현 2000), 열린 모음(김요섭 역 2001)

영어 light vowel

---

② 개념 설명

국어의 모음 조화에서 같은 부류로 작용하는 모음의 부류 중 한 쪽을 지칭하는 용어이다. 음성 모음에 대립된다. 국어 양성 모음의 목록은 시기에 따라 차이를 보인다. 중세 국어 시기에는 'ㅇ, 오, 아'가 양성 모음이었지만 'ㅇ'가 소실된 후에는 '오, 아'만 양성 모음으로 남아 있다.

양성 모음의 음운론적 성격은 국어 모음 체계의 변천과 깊게 관련되어 있다. 13~14세기 무렵 모음 추이가 일어났다고 보는 입장에서는 모음 추이가 일어나기 전의 양성 모음은 후설 모음의 성격을 가지며, 이것이 중설 모음에 해당하는 음성 모음과 대립했다고 해석한다. 또한 모음 추이가 일어난 후에는 혀의 상태에 따라 양성 모음은 혀가 움츠러드는 설축(舌縮)의 특징을 가지고, 음성 모음은 혀가 조금 움츠러드는 설소축(舌小縮)의 특징을 가진다. 그후 'ᄋ'가 소멸하고 '애, 에, 외, 위'가 새로이 전설 모음으로 바뀌면서 양성 모음은 공유하는 음운론적 특징을 잃어버리게 된다. 이것은 모음 조화가 약화되는 원인 중 하나로 작용하게 된다.[17]

논의에 따라서는 양성 모음에 의미적인 속성을 부여하기도 한다. 가령 양성 모음은 '좁다, 작다, 짧다, 얕다, 가볍다, 낮다, 밝다' 등의 의미를 가진다는 것이다. 음성 모음은 이와 대비되어 '넓다, 크다, 길다, 깊다, 무겁다, 높다, 어둡다' 등의 의미를 가지게 된다. 이러한 인식은 모음 조화에서 대립하는 모음 부류를 활용하여 어휘를 분화시키는 현상과 관련된다.[18] 특히 의성어나 의태어가 그러한데, 가령 '찰랑찰랑, 퐁당퐁당, 팔짝팔짝' 등은 '철렁철렁, 풍덩풍덩, 펄쩍펄쩍'에 비해 나타내는 어감의 정도가 약하다고 보고 이것을 양성 모음의 의미적 특징과 관련시키는 것이다.

③ 용어 설명

'양성 모음'을 가리키는 용어는 이 부류의 모음들이 지니는 음운론적 특징을 반영하는 것과 반영하지 않는 것으로 양분할 수 있다. 음운론적 특징과 관련되는 용어는 '후부 모음, 혀낮은 홀소리, 후저모음'이 있다. 주로 혀의 위치와 관련되며 양성 모음이 그러한 성격을 공유하고 있다고 보는 것이다. '후부 모음'은 혀의 전후 위치, '혀낮은 홀소리'는 혀의 높낮이, '후저모음'은 혀의 전후 위치와 높낮이가 결부된 특성을 가리킨다.[19]

그런데 음운론적 특징을 반영하는 용어는 그 수가 별로 없다. 압도적 다수의 용어는 음운론적 특징과는 무관한 성격을 가진다. 음성 모음과의 대립 관계를 다양한 비음운론적 개념으로 포착하는 것이다. 가장 많이 쓰는 것은 '음양'의 대립을 활용하는 것이다. 이는 『훈민정음』에서 중성자의 특성을 음양의 원리에 비추어 설명한 데에서 비롯되었다. '음양' 이외에도 '갑을(甲乙), 표리(表裏), 강약(强弱),[20] 명암(明暗), 농담(濃淡), 심천(深淺), 개폐(開閉), 경연(硬軟), 남녀(男女)' 등 수많은 개념들을 활용하여 다양한 용어들이 쓰이고 있다.

④ 관련 항목

모음 조화, 음성 모음, 중성 모음

---

17) 모음 조화의 약화에 대해서는 '모음 조화' 항목을 참고할 수 있다.
18) 여기에 대해서는 '음상' 항목에서 더 자세히 다룬다.
19) 모음 조화와 모음의 음운론적 특성에 대해서는 '모음 조화' 항목에서 자세히 다룬다.
20) '강약'을 활용한 용어는 서구에서 사용되던 용어를 번역한 결과로 모음의 음운론적 강도와는 무관하다고 보는 것이 일반적이다. 그런데 국어의 모음 조화에서 같은 부류로 작용하는 모음들이 혀의 높낮이에서 공통점을 가진다고 해석하는 입장에서는 '강약'이 음운론적 특징과 전혀 무관하지는 않다고 보기도 한다. 양성 모음은 주로 혀가 낮은 계열로서 개구도가 크므로 모음의 음운론적 강도가 강하고, 음성 모음은 혀가 높은 계열로서 개구도가 작으므로 모음의 음운론적 강도가 약하다. 그래서 양성 모음을 강모음, 음성 모음을 약모음이라고 하는 것은 이러한 강도 관계의 반영이라고 보기도 하는 것이다. 물론 국어의 모음 조화가 혀의 높낮이와 무관하다고 보는 입장에서는 이러한 해석이 성립되지 않는다.

양순음

① 용어의 별칭

② 개념 설명

자음 중에서 두 입술을 맞대거나 근접시켜 발음하는 부류를 가리킨다. 자음 중에서는 가장 앞에서 나며 관찰이 용이하기 때문에 언어 습득에서 가장 먼저 이루어지는 자음으로 알려져 있다. 양순음의 목록에는 별다른 이견이 없다. 'ㅁ, ㅂ, ㅃ, ㅍ'이 양순음에 속한다. 중세 국어 시기에는 유성 양순 마찰음인 'ㅸ'이 양순음 목록에 추가된다.[21] 양순음을 나타내는 글자들은 '□' 모양을 공통적으로 포함하고 있다. 이것은 한글을 창제할 때 양순음은 입의 모양을 상형하여 만든 데 이유가 있다. 한편 자음 이외에 반모음 'w'도 양순음으로 분류하는 경우가 있다. 'w'의 특성 중 하나는 입술을 둥글게 오므리는 것이므로 이러한 처리는 어느 정도 일리가 있다.[22]

③ 용어 설명

'양순음'을 가리키는 용어는 크게 두 계열로 나눌 수 있다. 하나는 '입술'을 가리키는 표현을 용어에 반영한 것이고 다른 하나는 '입술'과 결부시키지 않는 것이다. 그런데 입술을 가리키는 표현이 있더라도 구체적으로는 크게 네 가지 부류가 구별된다. '두입살소리, 양순음, 두입술소리, 쌍순음, 양순 자음, 두입술 닿소리'과 같이 두 입술을 사용한다는 의미가 구체적으로 드러난 것, '입살소리, 입술소리, 순음, 순자음, 입술 닿소리'와 같이 '순음'을 가리키는 용어와 동일한 것, '원순성 자음, 원순 자음'과 같이 입술이 동그랗게 오므라든다고 표현한 것, '중순음'과 같이 전통적인 성운학의 용어를 사용한 것이 있다.

---

21) 'ㅸ'은 '순경음 비읍, 비읍 순경음' 등으로 흔히 부르지만 '여린 비읍' 또는 '가벼운 비읍'이라고도 한다. '여린 비읍'은 'ㅂ'보다 소리가 약하다는 점을 감안한 것이고 '가벼운 비읍'은 'ㅸ'이 순경음에 속한다는 점을 감안한 것이다. 'ㅸ'의 음가에 대해 일찍이 前間恭作(1909)에서는 'w, f, v'와 비슷한 음이라고 해석한 바 있으나 현재는 유성 양순 마찰음인 'β'로 보고 있다.

22) 입술 모양만을 기준으로 하면 'w'는 양순음이라고 할 수 있지만 혀의 위치를 고려하면 연구개음에 가깝다. 그래서 어떤 경우에는 'w'를 양순음과 연구개음 모두에 포함시키기도 한다.

이 중 첫째 부류가 '양순음'을 가리키는 데 가장 정확한 용어이다. 둘째 부류는 국어의 순음으로는 양순음밖에 없으므로 이 둘을 동일시한 것인데, 순음은 양순음보다 상위 개념이므로 정확성이 다소 떨어진다.[23] 셋째 부류는 원순 모음화나 비원순 모음화와 같이 양순음과 원순 모음이 상호 작용하는 음운 현상에서 자음과 모음의 공통점을 포착하기 위한 용어이다. 그러나 양순음을 발음할 때에는 입술이 동그랗게 오므라들지 않는다는 문제점이 있다. 넷째 부류는 성운학의 용어로 양순음이 순경음과 순중음 중 순중음에 해당한다는 사실을 담고 있다. 그러나 이 용어는 현대 국어에 대해서는 잘 쓰지 않는다.

'전부 변자음'은 유일하게 '입술'과 관련된 표현을 담고 있지 않은 용어이다. 이 용어는 자음을 조음 위치에 따라 크게 '변자음'과 '중자음'으로 나누는 방식과 관련된다. 변자음에는 양순음과 연구개음이 있는데 양순음은 조음 위치가 앞쪽에 있으므로 이것을 '전부 변자음'이라고 하는 것이다. 이 용어는 자음의 위치 동화를 설명하는 데에 사용할 수 있다.[24]

④ 관련 항목

순음, 순치음, 원순 모음

양음절성

① 용어의 별칭

> **국어** 겹음절성(이창우 1983), 걸친 음절(이유미 1985, 유연숙 1995), 중음절성(최경애 1985), 이중 음절 배속
> (김아영 1986, 조성식 편 1990, 서보월 1992), 양음절(김영석 1987, 임용기 1987ㄴ, 강민순 2000), 양음절적(문학준 1987),
> 양음절성(김종훈 1990, 김진균 1990, 김무림 1992), 양속음절[兩屬音節](고영욱 1991), 양음절 현상(이충익 1992),
> 중음절화(최임식 1994ㄱ), 두 음절에 걸친(이은정 2005)
>
> **영어** ambi-syllabicity, ambi-syllabic

② 개념 설명

하나의 분절음이 선행 음절과 후행 음절에 동시에 속해 있는 경우를 가리킨다. 한 분절음은 하나의 음절에 속해 있는 것이 일반적이지만 때로는 해당 분절음이 선행 음절과 후행 음절 모두에 걸쳐 있다고 해석할 수 있는 경우가 있는데 이때 양음절성이라는 개념을 사용한다.[25] 때로는 두 음절

---

23) 순음에는 양순음뿐만 아니라 순치음도 존재한다.
24) 자세한 것은 '위치 동화' 항목을 참고할 수 있다.
25) 이창우(1983)에서는 반대 개념으로 '홑음절성'(unisyllabicity)을 언급하기도 했다. 이것은 당연히 한 분절음이 하나의 음절에만 속해 있는 경우를 가리킨다.

사이의 경계를 명확히 하기 어려운 상황을 가리킬 때에도 양음절성이라고 한다. 어떤 분절음이 두 음절에 걸쳐 있는 것이나 어떤 분절음이 어느 음절에 속해 있는지 그 경계가 모호한 것이나 근본적으로는 통하는 바가 있다.

　양음절성을 가지는 분절음을 흔히 'interlude'라고 한다.[26] 이것은 다음과 같은 용어로 번역되고 있다.

중간 자음(김영송 1971ㄴ, 황희영 1979, 이정민·배영남 1987), 중간 닿소리(이은정 1975), 중자음[重子音](日本音聲學會 編 1976), 중첩 보음[重疊 輔音](日本音聲學會 編 1976), 복보음[複輔音](日本音聲學會 編 1976), 양봉 보음[兩峰 輔音](日本音聲學會 編 1976), 중간련[中間連](林榮一·間瀨英夫 譯 1978), 가운데 닿소리(황희영 1979), 중간음(서영석 1981), 이중 분절음(김석산 1982), 이중 음절 배속 분절음(김아영 1986, 서경원 1993), 양음절적 요소(이정민·배영남 1987), 양속 음절음[兩屬 音節音](고영욱 1991), 사이음(박창원 1991), 이중 음절 배속음(김아영 1992), 걸침소리(김정우 1994), 겹침소리(최임식 1994ㄱ), 음절 간음[音節 間音](박창원 1996)

　양음절성을 지니는 분절음은 자음인 경우가 대부분이다. 앞에서 살핀 'interlude'의 번역어에 '자음, 닿소리' 등의 표현이 많이 쓰이는 것도 이와 관련된다. 모음은 기본적으로 양음절성을 가질 수 없다. 이것은 모음이 한 음절의 음절 주음 역할을 주로 맡는다는 사실과 관련이 있을 것이다. 자음 이외에 반모음도 양음절성을 가지는 경우가 종종 있다.

　국어 음운론에서는 다양한 현상들을 양음절성 개념으로 설명해 왔다.

　　　(가) 거슯즈다~거슬쁘다, 값돌다~갑쏠다
　　　(나) 가야미~개야미, ᄇ얌~비얌
　　　(다) 스스을~스승을, 스스이~스승이
　　　(라) 겻틔(곁에), 동녁킈(동녘에), 깁피(깊이)
　　　(마) 오빠~옵빠, 각하[가카~각카], 먹고[먹꼬~머꼬]

　(가)~(다)는 중세 국어의 설명에서 양음절성을 적용한 사례이다. (가)는 자음과 자음 사이에 놓인 'ㅂ, ㅅ'이 선행 음절의 종성에도 놓이고 후행 음절의 초성에도 놓이는 경우이다. 중세 국어 시기에는 현대 국어와 달리 초성과 종성 모두에 자음군이 올 수 있었기 때문에 (가)와 같은 현상이 일어날 수 있었다. (나)는 반모음이 양음절적 특징을 보이는 것이다. 중세 국어에는 반모음 'j'로 끝나는 형태소가 많았기 때문에 (나)와 같이 반모음 'j'와 관련된 유동 현상도 자주 보인다. (다)는 분철과 연철의 성격을 모두 보이는 단어의 표기를 양음절성 개념으로 설명하는 것인데, 단순한 표기의 문제로 볼 수도 있어서 양음절성과 직접 관련이 되는지는 단언하기 어렵다.

　(라)와 (마)는 근대 국어 및 현대 국어의 자료를 대상으로 양음절성의 개념을 적용한 것이다. (라)

---

26) 'interlude' 이외에 'ambisyllabic element, double consonant, consonant diphthong' 등으로도 불린다.

는 소위 중철 표기와 관련된다. 중철 표기를 단순한 표기의 차원으로 해석하지 않고 어중의 유기음이 양음절적 속성을 가지기 때문이라고 보는 해석이다. (마)는 현대 국어에서 수의적으로 일어나는 중복 장애음 첨가 또는 중복 장애음 탈락을 양음절성과 결부 짓는 것이다. 중복 장애음 첨가는 '오빠, 각하[가카]'가 '옵빠, 각카'로 발음되듯이 경음이나 유기음 앞에 동일 조음 위치의 평파열음이 덧붙는 현상이고 중복 장애음 탈락은 '먹고[먹꼬]'가 '머꼬'로 발음되는 것과 같이 경음이나 유기음 앞의 동기관적 평파열음이 탈락하는 현상이다. 즉 중복 장애음 첨가와 중복 장애음 탈락은 서로 대칭적인 음운 현상인 것이다. (라)와 (마)에서 보이는 양음절성은 경음이나 유기음의 폐쇄 지속 시간과 관련을 맺을 가능성이 높다.[27]

③ 용어 설명

'양음절성'을 가리키는 용어는 예외 없이 모두 하나의 분절음이 두 음절에 걸쳐 있다는 사실을 나타내고 있다. 다만 미세한 표현 방식의 차이만이 있을 뿐이다. 이는 영어 표현을 충실히 번역한 결과이다.

④ 관련 항목

음절, 종성, 초성, 폐쇄 지속 시간

어두

① 용어의 별칭

> **국어** 어초[語初](안확 1922, 홍기문 1947), **초두**[初頭](안확 1922, 前間恭作 1924, 日本音聲學會 編 1976, 長嶋善郎 譯 1980), **어두**[語頭](藥師寺知朧 1909, 崔在翊 1918, 조선총독부 1921, 안확 1922, 朴重華 1923, 김민수 1955ㄷ), **두음**[頭音](이숭녕 1939ㄴ, 이희승 1941, 최현배 1941), **첫소리**(이희승 1941), **초두음**[初頭音](김수경 1947, 日本音聲學會 編 1976, 김광웅 2001), **말머리**(정경해 1954, 김형기 1970, 이은정 1975), **말 첫머리**(허웅 1958, 임용기 1991), **두위**[頭位](김방한 1966), **어두음**[語頭音](日本音聲學會 編 1976), **머릿소리**(日本音聲學會 編 1976), **초두자음**[初頭子音](日本音聲學會 編 1976), **머리말소리**(日本音聲學會 編 1976), **단어의 첫 자리**(김성근 1993), **말의 첫머리**(김형철 1994), **첫머리**(김성근 1995), **첫위치**(김성근 1995), **낱말머리**(조규태 2009)
>
> **영어** word-initial

② 개념 설명

한 단어의 시작 부분 또는 그 자리에 오는 음을 가리킨다. '어말'과 반대되는 개념이다. 휴지의 관점에서 본다면 휴지 바로 뒤에 오는 부분이 어두이다. 그런 점에서 음운론적으로 자립할 수 없는

---

27) '폐쇄 지속 시간'에 대해서는 별도의 항목이 마련되어 있으므로 참고할 수 있다.

단어의 제일 앞부분은 어두라고 보기 어렵다. 국어의 두음 법칙이 의존 명사에는 적용되지 않는 이유도 이와 관련된다.

논의에 따라서는 어두와 초성을 구분하지 못하고 이 둘을 혼동하기도 하는데, 이 둘은 완전히 다른 개념이다. 어두와 초성이 일치하는 것은 자음으로 시작하는 단어의 첫 음절에만 국한된다. 가령 '나라'라는 단어에서 첫 음절의 'ㄴ'은 어두이면서 초성이 된다. 그러나 초성은 비어두에도 얼마든지 존재할 수 있다. '나라'의 둘째 음절 'ㄹ'은 어두가 아니지만 초성이 되는 것이다. 더욱이 한 단어가 모음으로 시작하는 경우에는 초성이 없으므로 어두와 초성을 동일시할 수 없다.

현대 국어의 경우 연구개 비음 'ㅇ'이 어두에 오지 못한다거나 자음군이 어두에 오지 못한다고 주장하는 것은 모두 어두와 초성을 구분하지 못한 데에서 오는 오해이다. 연구개 비음 'ㅇ'이나 자음군은 초성 자리에 오지 못한다고 하는 것이 정확하다. 음절의 초성에 오지 못하는 음은 자동적으로 어두에도 오지 못한다.

③ 용어 설명

'어두'를 가리키는 용어들은 대부분 '단어의 첫머리' 또는 '단어의 제일 앞'이라는 의미를 담고 있다. 그렇지만 '두음, 초두음'과 같이 구체적으로 어떤 단위의 앞인지가 명시되지 않은 용어들도 있는데, 이런 용어들은 음절의 초성을 가리키는 것으로 해석될 수도 있어서 적합하다고 보기는 어렵다.

④ 관련 항목

어말, 초성

어말

① 용어의 별칭

국어 어미[語尾](橋本進吉 1928, 木坂千秋·郡司利男 譯 1957, 김진우 역 1959, 太田朗 1959, 양동휘 1967), 어말[語末] (有坂秀世 1940, 김민수 1955ㄷ, 김철헌 1962, 이기문 1963ㄱ, 牧野成一 譯 1970, 中田祝夫 1972), 종음[終音](최현배 1941), 어종[語終](홍기문 1947), 말끝(김진우 역 1959), 말끄트머리(임용기 1986), 끝자리(김성근 1995), 끝위치(김성근 1995), 말꼬리(공정혜 1999)

영어 word-final

② 개념 설명

한 단어의 마지막 부분 또는 그 자리에 오는 음을 가리키며 '어두'와 대립된다. 휴지를 기준으로 하면 휴지 바로 앞부분이 어말이다. 어두와 초성을 구분해야 하듯이 어말과 종성도 구분해야 한다. 단어의 마지막 음절의 종성만이 어말과 일치할 뿐 그 이외의 위치에서는 어말과 종성이 명확히 구별된다. 예전에는 평파열음화나 자음군 단순화가 어말에 적용된다고 보는 견해가 있었는데 이는 어말과 종성을 구분하지 못한 데에서 비롯된 오류이다. 평파열음화나 자음군 단순화는 음절의 종성에 적용될 뿐이다.

국어 음운론에서 '어말'의 개념은 '어두'에 비해 활용할 만한 측면이 많지 않다. '어두'의 개념은 두음 법칙의 적용을 위해 반드시 필요하다. 반면 '어말'은 반드시 필요한 경우가 잘 찾아지지 않는다. 중세 국어 시기에 존재한 '어말 평성화' 경향을 설명할 때는 '어말'에 대한 고려가 있어야 하지만 현대 국어에서는 그런 사례가 존재하지 않는다.[28] '어말'을 가리키는 용어의 수가 '어두'에 비해 적은 것도 이와 관련되는 듯하다.

③ 용어 설명

'어말'을 가리키는 용어들은 대부분 '단어의 끝'이라는 의미를 담고 있다. 다만 '종음, 끝자리, 끝위치'와 같이 '단어'를 가리키는 표현이 빠진 용어들은 어떤 음운론적 단위의 끝인지 알 수 없으므로 정확성이 떨어진다.

④ 관련 항목

어두, 종성

---

28) '어말 평성화'는 중세 국어 성조 변화의 하나로 어말과 그 앞 음절이 모두 거성일 때 어말의 거성이 평성으로 실현되는 것을 가리킨다. 어말 평성화는 용언의 관형사형에서 많이 나타나다가 이후 조사 결합형을 비롯하여 용언의 종결형 등으로 확대되었다고 보고 있다.

억양

① 용어의 별칭

국어 음조[音調](藥師寺知矓 1909, 奧山仙三 1928, 최현배 1937ㄴ, 有坂秀世 1940, 양동휘 1967, 김무식 1985), 문[文]
악센트(小倉進平 1924), **억양**[抑揚](李宗膺 1926, 심의린 1935, 이희승 1937ㄴ, 寺川喜四男 1950, 市河三喜·河野六郎 1951,
허웅 1968ㄱ), 어조[語調](김선기 1932, 최현배 1932ㄱ, 寺川喜四男 1950, 이희승 1955), **가락**(최현배 1937ㄴ), 음성
문장법[音聲 文章法](심의린 1949ㄴ), 억양법[抑揚法](심의린 1949ㄴ), 언엽 조자[言葉 調子](寺川喜四男 1950),
문 음조[文 音調](服部四郎 1951, 國立國語研究所 1960, 金田一春彥 1967), 월 가락(남광우 1954, 김계곤 1960, 한글학회
1968), 문조[文調](남광우 1954), 월의 가락(허웅 1958), 문장의 음조(유목상 1970), 소리의 가락(日本音聲學會
編 1976), 구기[口氣](日本音聲學會 編 1976), 말소리 가락(황희영 1979)

영어 intonation

② 개념 설명

'고저'에 속하는 운소 중 하나로 구, 절, 문장 등과 같이 단어보다 큰 단위에 실려 여러 가지 기
능을 수행하는 음운론적 요소이다. 소리의 높낮이를 이용한다는 점에서 '성조'나 '고저 악센트'와
공통적이지만 단어의 의미를 변별하는 기능을 가지지 않기 때문에 엄밀한 의미에서는 '운소'라고
하기 어렵다.[29] 억양의 실현 단위가 단어보다 크다는 점에서 억양이 단어의 의미 변별과 무관하다
는 것은 당연하다고 할 수도 있다. 억양이 실현되는 단위를 흔히 억양구(intonational phrase, intonation
group)라고 한다.[30] 또한 억양이 구체화된 것을 '억양소(intoneme)'라고 부르기도 한다. 억양에서의
'억양소'는 장단에서의 음장소(chroneme)나 성조에서의 성조소(toneme)에 대응하는 개념이다.[31]

억양은 단어의 의미 변별에 관여하지는 않지만 다양한 언어학적 기능을 가지고 있다. 우선 억양
은 형태가 동일한 문장의 서법을 구별해 줄 수 있다. 가령 '지금 집에 가'와 같이 분절음 차원에서
동일한 문장이라도 억양의 종류에 따라서 평서문, 의문문, 명령문 등으로 구분이 가능하다.[32] 억양
은 문장을 구성하는 단위의 경계를 표시하는 데에도 쓰인다. 특히 주어부와 술어부의 경계처럼 중요
한 경계는 억양을 통해 나타낼 수 있다. 문장의 구조적 특성 때문에 중의적으로 해석될 수 있는 문
장은 억양을 통해 중의성을 해소하는 경우도 있다. 이 외에 억양은 청자 또는 지시 대상에 대한 화
자의 감정이나 태도를 전달하기도 한다. 특히 어떤 사실을 강조하는 데 억양을 유용하게 사용한다.

억양 중에서도 특히 중요한 역할을 하는 것은 문장 또는 발화의 마지막에 오는 억양이다. 이것
을 흔히 문말 억양(final pitch)이라고 한다.[33] 문말 억양의 유형에 따라 앞서 언급한 다양한 억양의

---

29) 억양이 실현되는 가장 중요한 음성적 요소는 고저이지만 장단, 강약, 리듬 등도 억양을 이룬다고 한다.
30) '억양구'는 '음조구(小泉保·牧野勤 1971, 정국 1994), 억양구(이영길 1992), 억양 단락(이철수 1994)' 등으로도 부른다.
31) 박영배(1981)에서는 억양소(intoneme)를 높낮이 변화가 없는 단순 억양소(simple intoneme)와 높낮이 변화가 있는 복합 억양소
(compound intoneme)로 구분하고 있다.
32) 의문문이라도 하더라도 설명 의문문과 판정 의문문의 구별이 있는데 억양은 이 둘의 구분에도 관여할 수 있다.
33) '문말 억양'을 가리키는 용어에는 '마침법(최현배 1929), 끝남법(최현배 1937ㄱ), 문말 음조[文末 音調](國立國語研究所 1960),

기능이 구체화된다. 국어의 문말 억양은 크게 상승형, 하강형, 평탄형의 셋으로 나누는 입장이 많다. 물론 이보다 더 세분하는 것도 얼마든지 가능하다. 문말 억양과 달리 문장이나 발화의 중간에 오는 억양은 '문중 억양(文中 抑揚)' 또는 '비발화말 억양(非發話末 抑揚)'이라고 한다.

③ 용어 설명

'억양'을 나타내는 용어는 '억양'이 주로 문장과 같은 큰 단위에 실현된다는 사실을 반영한 것과 그렇지 않은 것으로 세분할 수 있다. '문 악센트, 음성 문장법, 문 음조, 월 가락, 문조, 월의 가락, 문장의 음조'와 같은 용어는 억양이 문장을 단위로 실현된다는 사실이 용어에도 그대로 드러난다. 반면 다른 용어들은 억양의 실현 단위에 대한 언급은 없다. 억양이 반드시 문장에만 실리는 것은 아님을 고려하면 용어 속에 '문장'을 가리키는 표현이 없는 것이 좀 더 나을 듯하다.

한편 '억양'을 나타내는 용어들은 그 내용에 따라 높낮이와 관련된다는 사실을 반영한 것과 그렇지 않은 것으로 양분할 수도 있다. '억양, 억양법'은 높낮이를 직접 가리키는 용어로 낮은 음을 가리키는 억음(抑音, dip)과 높은 음을 가리키는 양음(揚音, lift)을 합친 것이다.[34] '억양, 억양법'을 제외한 나머지는 '음조, 악센트, 가락' 등과 같이 고저에만 국한되지는 않고 다른 운소들을 포괄할 수 있는 표현들을 담고 있어서 억양의 중요 속성을 명시적으로 드러낸다고 보기는 어렵다.

④ 관련 항목

고저, 악센트, 연접, 운소

여음

① 용어의 별칭

국어 여음[餘音](寶迫繁勝 1880a, 주시경 외 1907~1908, 김원우 1922, 박승빈 1927), 남은 소리(최현배 1959ㄱ), 나머지 소리(권재선 1992)

② 개념 설명

여러 가지 다양한 의미로 사용되는데 사전적 의미로서 어떤 음을 제외한 나머지를 가리키기도

구말 고저[句末 高低](허웅 1968ㄱ, 이철수 1994), 말미조[末尾調](竹林滋·橫山一郎 譯 1970), 말미 어조[末尾 語調](유구상 1971), 절종결[節終結](최명옥 1974), 발화말 억양(조항근 1980), 문말 억양[文末 抑揚](최명옥 1980, 신기상 1990, 이철수 1994), 구말 고저[句末 高低](소강춘 1983), 문미 억양(이숙향 1984, 이영길 1987, 윤일승 1992), 말미 음조(조성식 편 1990), 끝맺음 억양 (김성근 1995), 구말 고저(김광웅 2001), 발화말 억양(이재일 2004), 문장끝 억양(이병운 2005)' 등이 있다. 한편 문말 억양을 연접의 한 종류로 보고 문말 연접(terminal contour, terminal juncture)이라고 부르기도 한다. 여기에 대해서는 '연접' 항목을 참고할 수 있다.
34) 억음과 양음은 악센트가 없는 음과 있는 음을 가리키는 데 쓰이기도 한다.

하고 조음 과정에서의 뒷부분을 가리키기도 한다. 여음의 의미는 구체적인 사례를 통해 살피는 것이 편리하다. 주시경 외(1907~1908)에서는 음절을 구성하는 음소 중 특정 소리를 제외한 나머지가 여음이라고 했다. 가령 '군'에서 '군'을 제외한 여음은 'ㄱ'이 된다. 박승빈(1927)의 여음은 자음의 조음 과정을 전반부와 후반부로 나누었을 때 후반부를 가리킨다. 종성의 자음은 후반부가 생략된다고 보고 박승빈(1931)에서는 이것을 '여음 불발의 법칙'이라고 했다.[35] 이 외에 활음의 한 종류인 'off glide'를 여음이라고 보기도 하며,[36] 寶迫繁勝(1880a)과 같이 'ㅎ'을 여음이라고 부르는 경우도 있다.

③ 용어 설명

'여음'은 한자어를 그대로 쓰거나 이것을 고유어로 전환한 용어만이 사용된다. 엄밀한 학술 용어로 쓰인다고 보기는 어렵다.

④ 관련 항목

이중 모음, 활음

여타 조건

① 용어의 별칭

| 국어 | 여타조건(전상범 1977ㄴ, 김영석 1987, 안상철 1991), '그밖에' 조건(이병건 1980), 여타 환경 조건(이정민·배영남 1987, 김아영 1990, 국립국어연구원 1995), 이접 조건(손형숙 1994) |
| 영어 | elsewhere condition |

② 개념 설명

동일한 기능을 가지는 두 개의 하위 규칙이 있을 때 특수한 것이 먼저 적용되고 일반적인 것이 나중에 적용되는 원리를 가리킨다.[37] 이때 특수한 규칙은 적용되는 환경을 구체적으로 명시하고 일반적인 규칙은 단순히 '그 밖의 경우', 즉 '여타의 경우(elsewhere)'에 적용된다고 표시하게 된다. 그래서 '여타 조건'이라고 부른다.

여타 조건의 관계에 있는 두 규칙은 모두 적용될 수는 없고 둘 중 하나만 적용될 수 있다. 앞선 것이 적용되면 뒤의 것은 적용될 수 없고 앞의 것이 적용되지 못할 때에만 위의 것이 적용될 수 있

---

35) '여음 불발의 법칙'은 미파화 현상에 대응한다고 할 수 있다.
36) 'off glide'에 대해서는 '활음' 항목에서 다루고 있다.
37) 여타 조건이 성립하려면 두 규칙(또는 제약) 사이에 충족되어야 할 두 가지 형식적 조건이 필요하다. P. Kiparsky가 형식화한 조건에 대해서는 이병건(1979ㄱ)을 참고할 수 있다.

다.[38] 이때 어떤 것이 먼저 적용되어야 하는지에 대한 순서 관계가 여타 조건에 의해 결정된다. 여타 조건을 이용하면 두 개의 하위 규칙(또는 제약)이 단일한 기능을 수행한다는 점을 표시할 수 있을 뿐만 아니라 뒤에 적용되는 일반적인 규칙이나 제약의 적용 환경을 '그 밖의 경우'라고 단순하게 일반화할 수 있다는 장점이 있다.

여타 조건은 매우 이론적인 개념이지만 국어 음운론에서는 여러 측면에서 활용되어 왔다. 국어 음운론에서의 '여타 조건'은 음운 규칙의 적용에만 활용되지 않고 다른 측면으로 확대되었다. 국어 연구에서 여타 조건이 쓰인 사례로 크게 세 가지 정도를 들 수 있다. 우선 하나는 복수 기저형의 출현 환경을 기술하는 경우이다. 한 형태소가 둘 이상의 기저형을 가질 때에는 각각의 기저형이 나타나는 환경을 표시해야 한다. 이때 좀 더 복잡하고 특수한 환경을 지니는 기저형이 있다면 이것의 출현 환경을 구체화하고 남은 기저형은 '그 밖의 경우'라고 표시하여 출현 환경을 단순화할 수 있다.

다음으로 규칙적 교체와 불규칙적 교체를 보이는 어간의 정의에도 여타 조건이 활용될 수 있다. 불규칙적 교체를 정의하는 방식에는 여러 가지가 있는데 그중 하나는 동일한 교체를 보이는 형태소의 일반화 여부가 있다. 불규칙적 교체를 보이는 어간들은 그것들만 따로 묶을 수 있는 기준이 없기 때문에 불규칙이라는 것이다. 가령 'ㅂ' 불규칙 어간의 경우 그것들만 공유하는 특징이 없어 일반화가 불가능하다. 그런데 'ㅂ' 불규칙 어간들을 일반화하지 못하면 'ㅂ' 규칙 어간들도 일반화하지 못한다. 이러한 문제점을 해결하기 위해 여타 조건을 활용하여 'ㅂ' 규칙 어간은 'ㅂ' 불규칙 어간을 제외한 나머지 어간, 즉 '그 밖의 경우'라고 일반화할 수도 있다.[39]

자음군 단순화의 규칙 기술에도 여타 조건이 활용된 적이 있다. 국어의 자음군 단순화는 자음군의 종류에 따라 선행하는 자음이 탈락하기도 하고 후행하는 자음이 탈락하기도 한다. 따라서 두 개의 하위 규칙이 필요하다. 그런데 이 두 규칙은 동일한 기능을 하며 자음군 단순화라는 단일한 규칙에 속한다는 점이 어떤 방식으로든 표시되지 않으면 안 된다. 이진호(1997)에서는 여타 조건이 작용할 수 있도록 두 개의 하위 규칙을 형식화하여 이 문제를 해결하고자 한 바 있다.

③ 용어 설명

'여타 조건'을 나타내는 용어는 매우 적으며 '이접 조건'을 제외하면 'elsewhere'의 직역어라고 할 수 있다. '이접 조건'도 'elsewhere'의 번역어 성격을 가지지만 다른 번역어와 달리 여타 조건이 '이접적 순서(disjunctive ordering)'와 관련된다는 점을 중시하고 있다.

---

38) 이러한 규칙순을 'disjunctive ordering'이라고 한다. 'disjunctive ordering'의 번역어로는 '분리적 순서(이병건 1976), 이집직 순서[離接的 順字](전상범 1977ㄱ, 桑原輝男・根間弘海 譯 1980, 이상억 1984, 박종희 1985ㄱ, 김무림 1992), 이접적인 순서(이현복・김기섭 역 1983), 이접 적용[離接 適用](이상억 1984, 김영석 1987), 선언적 순서 짓기[選言的](이상억 1984), 이접적 적용(정국 1994)' 등이 있다. 'disjunctive ordering'의 반대 개념으로는 'conjunctive ordering'가 있다. 이것은 여러 규칙들이 상호 배타적으로 적용되지 않고 모두 적용될 수 있는 순서이다. 'conjunctive ordering'은 '접속적 순서(이병건 1976), 연접적 순서(전상범 1977ㄱ, 김무림 1992), 접합적[接合的] 순서(林榮一・間瀨英夫 譯 1978, 이상억 1984), 연접[連接] 적용(林榮一・間瀨英夫 譯 1978, 이상억 1984), 연언적[連言的] 순서 짓기(林榮一・間瀨英夫 譯 1978, 이상억 1984), 연접적 적용(정국 1994)' 등으로 번역된다. 'disjunctive ordering'과 'conjunctive ordering' 모두 생성 음운론의 초창기에 규칙 형식화 과정에서 자주 등장하던 개념이다.

39) 이러한 가능성을 언급한 이혁화(2002ㄴ)에서는 실제로는 다른 방법을 통해 이 문제를 해결하고자 했다.

④ 관련 항목

규칙순, 음운 규칙

역행 동화

① 용어의 별칭

국어 역행 동화[逆行 同化](小倉進平 1915, 안확 1927, 安藤正次 1927, 최현배 1937ㄱ, 김윤경 1948ㄱ, 市河三喜·河野六郞 1949), 후진적 동화[後進的 同化](이숭녕 1931, 新村出 1943), 역행적 동화[逆行的 同化](이숭녕 1931, 小林英夫 1935), 소행 동화[溯行 同化](金田一京助 1932, 川喜四男 1950, 日本音聲學會 編 1976), 역동화[逆同化](金田一京助 1932, 김형규 1946, 김영돈 1957, 이병선 1967ㄴ), 치닮음(최현배 1937ㄱ, 김윤경 1948ㄱ, 김계곤 1965), 선취적 동화[先取的 同化] (新村出 1943), 후퇴 동화[後退 同化](이희승 1955, 日本音聲學會 編 1976), 거슬러 닮음(이은정 1969), 뒤닮음(최현배 1970, 임홍빈·한재영 2003), 예견 동화[豫見 同化](日本音聲學會 編 1976), 견후진 동화[見後進 同化](김민수 1978ㄱ, 이철수 1994), 예기적 동화[豫期的 同化](이영길 1983, 최정순 1987, 김정우 1994), 예측 동화[豫測 同化](이기문 외 1984, 국립국어연구원 1996, 배주채 1996ㄱ), 선행적 동화[先行的 同化](황귀룡 역 1986), 올리닮기(김성근 1995), 치닮기 (박정수 1999), 예기 동화(고동호 2003), 뒤소리 닮기(서상규·박석준 2005), 선취 동화[先取 同化](이은정 2005)
영어 regressive assimilation, anticipatory assimilation

---

② 개념 설명

피동화음이 동화음보다 앞에 있어서 뒤에 오는 음의 영향으로 앞선 음이 닮아 가는 동화의 유형을 가리킨다. 반대 개념은 순행 동화이다. 국어의 역행 동화로는 다음과 같은 현상들이 제시되었다.

  (가) 잡+는→[잠는], 먹+는→[멍는]
  (나) 논+란→[놀란], 권+력→[궐력]
  (다) 닫+고→[닥꼬], 진+보→[짐:보]
  (라) 안기다> 앵기다, 어미> 에미

(가), (나), (다)는 각각 비음화와 역행적 유음화, 위치 동화에 대응하는 것으로서 국어의 자음 동화는 순행적 유음화를 제외하면 대부분 역행 동화의 형태를 취한다. (라)는 소위 '이' 모음 역행 동화의 경우로 모음 동화가 역행적으로 일어난 경우이다.

③ 용어 설명

'역행 동화'를 가리키는 용어들은 '순행 동화'와 반대된다는 의미를 담고 있다. 따라서 순행 동화를 지칭하는 용어들과 함께 고려해야 한다. '역행 동화, 소행 동화, 역동화, 거슬러 닮음'은 '순행 동화' 계열의 용어와 대립되고 '후진적 동화, 후퇴 동화'는 '전진 동화' 계열의 용어와 대립한다. '치닮음, 올리닮기, 치닮기'는 고유어 용어로서 '내리닮음' 계열에 맞서고 '뒤닮음, 뒤소리 닮기'는 '앞닮음, 앞소리 닮기'와 맞선다.

한편 다른 용어들과 달리 '예견 동화, 예기적 동화, 예측 동화, 예기 동화'는 순행 동화의 용어에서 대응쌍을 찾기 어렵다. 이 용어들은 발화의 진행 방향과 달리 후행하는 동화음을 미리 예측하여 동화를 시킨다는 의미를 담고 있다. 이 밖에 '선취 동화(또는 선취적 동화)'는 논의에 따라서는 역행 동화의 반대 개념인 순행 동화를 가리키는 데에도 쓰이고 있어 주의해야 한다.

④ 관련 항목

동화, 상호 동화, 순행 동화

연구개

① 용어의 별칭

> **국어** 여린 입웅(김두봉 1916, 최현배 1929), **연구개[軟口蓋]**(김두봉 1916, 小倉進平 1923, 鄭國采 1926, 安藤正次 1927, 최현배 1929, 이숭녕 1931), **후구개[後口蓋]**(小倉進平 1923, 寺川喜四男 1950), **여린 입천장**(이극로 1932ㄱ, 이희승 1933, 정인승·유열 1947), **속닙천장**(장지영 1937), **여린 이붕**(최현배 1937ㄱ, 주왕산 1948, 허웅 1958, 日本音聲學會 編 1976), **연한 입천정**(이상춘 1946), **여린 입천정**(김윤경 1948ㄱ, 정인승 1949ㄷ), **연한 입천장**(이영철 1948), **뒷입천정**(정인승 1949ㄷ), **구개범[口蓋帆]**(小林智賀平 1952, 이은정 2005), **무른 입천장**(김진우 역 1959, 김형기 1970, 김성근 1993), **후악[後顎]**(日本音聲學會 編 1976), **연악[軟顎]**(日本音聲學會 編 1976), **뒷천장**(정국 1994), **물렁입천장**(신지영 2000ㄱ, 이문규 2004)
>
> **영어** soft palate, velar

② 개념 설명

입천장인 구개(palate)의 뒷부분에 해당하는 부위로 앞부분에 해당하는 경구개와 비교할 때 무르고 연하다. 연구개에 후설을 접근하거나 대면 연구개음이 된다. 연구개는 조음점 중의 하나로 원래 능동적으로 움직일 수 없는 기관이다. 그러나 예외적으로 연구개의 끝부분은 움직일 수 있는데 이 부위를 가리킬 때 '구개범(velum)'이라는 용어를 사용한다.[40]

---

40) 日本音聲學會 編(1976)에서는 '구개범' 대신 '연구개단(軟口蓋端)'이라는 용어를 사용하기도 했다. 영어로도 'velum' 이외에 'velar sail'이라는 표현이 더 존재한다. 다만 日本音聲學會 編(1976)에서는 '연구개단(軟口蓋端)'을 구개수를 지칭하는 데에도 사용하고 있다.

국내에서는 연구개와 구개범을 동일시하는 경우도 가끔 있으나 이 둘은 구분되며, 특히 이러한 구별은 일본에서 철저하게 이루어진다. 가령 梅田博之(1983)에 따르면 연구개는 입천장의 후반부를 가리키고 구개범은 비강과의 통로를 여닫는 근육판을 가리킨다. 市河三喜·河野六郎(1951)에서는 조음 기관을 '연구개, 구개범, 구개수[41]'의 순서로 세밀하게 구분하고 있다. 또한 竹林滋·橫山一郎 譯(1970)에서는 연구개의 폐쇄를 두 가지로 구분하여 '연구개 폐쇄'는 후설이 연구개에 닿아 구강을 폐쇄하는 것이고 '연구개리(軟口蓋裏) 폐쇄'는 구개범이 상승하여 비강으로의 통로를 막아 폐쇄하는 것이라고 했다.

③ 용어 설명

'연구개'를 가리키는 용어는 두 계열로 나뉜다. 하나는 '여린' 입천장이라는 의미를 나타낸 것으로 '여린 입웅, 연구개, 여린 입천장, 여린 이붕, 연한 입천정, 여린 입천정, 연한 입천장, 무른 입천장, 물렁입천장' 등이 여기에 속한다.[42] 이 계열의 용어가 가장 많다. 다른 하나는 '뒤' 또는 '속'에 있는 입천장이라는 의미를 담고 있는 것으로 '후구개, 속닙천장, 뒷입천정, 후악, 뒷천장' 등이 있다. '구개범'이라는 용어는 앞에서 언급한 것처럼 구개범이 원래 연구개의 뒷부분을 가리키지만 이것을 연구개와 동일시하면서 나온 것이다.

④ 관련 항목

경구개, 구개, 구개음, 연구개음

---

41) '구개수'는 '목젖(김두봉 1916, 최현배 1929), 현옹수[懸壅垂](김두봉 1916, 小倉進平 1923, 최현배 1929, 新村出 1943), 목젓(홍기문 1947), 구개수[口蓋垂](東條操 1965, 김민수·이기문 1968, 上村幸雄 1972), 연구개단[軟口蓋端](日本音聲學會 編 1976), 입천장 끝(황희영 1979)' 등으로 불린다. 구개수는 구개범의 끝에 위치한다. 이 부위에서 나는 자음을 '구개수음, 현옹수음, 목젖소리'라고 하며 국어에는 존재하지 않는다.

42) 이 중 '물렁입천장'은 국어학이 아닌 해부학에서 주로 쓰는 용어이다.

연구개음

① 용어의 별칭

국어 연구개음[軟口蓋音](安藤正次 1927, 홍기문 1933, 新村出 1943, 이상춘 1946, 주왕산 1948, 服部四郎 1951), 후설음
[後舌音](安藤正次 1927), 후음[喉音](허영호 1931), 후구개음[後口蓋音](金田一京助 1932, 泉井久之助 譯 1936, 河野
六郎 1944), 후부 구개음[後部 口蓋音](小林英夫 1935), 구개범음[口蓋帆音](河野六郎 1944, 이기문 1958, 정연찬 1980,
성백인 1981), 연악음[軟顎音](홍기문 1947), 여린입천장소리(정인승 1949ㄱ, 허웅 1968ㄱ, 박지홍 1975), 뒷입천장
소리(정인승 1949ㄷ), 후악음[後顎音](寺川喜四男 1950), 연구개 자음(服部四郎 1951, 黑川新一 譯 1958, 이혜숙 1970,
竹林滋・横山一郎 譯 1970, 곽충구 2003, 채옥자 2005), 설근음[舌根音](이희승 1955, 이은정 1968, 日本音聲學會 編 1976,
이기백 1991), 구개음[口蓋音](이숭녕 1960ㄱ), 무른천장소리(김형기 1970), 구개 자음(표진이 1975), 오악음
[奧顎音](日本音聲學會 編 1976), 연악음[軟顎音](日本音聲學會 編 1976), 후부 변자음(이병근 1977, 김주필 1993,
김경아 1996ㄱ), 혀여린입천장소리(황희영 1979), 여린이붕소리(권재선 1992), 뒤입천장소리(고도흥 1998),
혀뒷소리(김요섭 역 2001), 연구개음소(최명옥 2004, 이금화 2006, 이상신 2007ㄴ), 후부 경구개음(이은정 2005),
연구개 자음소(이금화 2006), 앞여린입천장소리(박종덕 2007)

영어 velar, postpalatal[43]

② 개념 설명

혀의 뒷부분인 후설을 연구개에 대거나 근접하여 발음하는 자음이다. 경우에 따라서는 후설보다
뒤쪽에 놓인 설근을 이용하는 자음이라고 설명하면서 '설근음, 혀뿌리소리' 등과 같은 용어를 사용
하기도 하지만 정확한 부위는 설근보다는 후설이 더 타당하다.[44] 국어의 연구개음에는 'ㄱ, ㅋ, ㄲ'
과 같은 파열음과 비음인 'ㅇ'이 있다. 이 중 비음인 'ㅇ'은 음절 종성에서만 발음될 수 있다는 음절
구조 제약의 적용을 받는다. 논의에 따라 'w'를 연구개음에 포함시키는 경우도 있다. 혀의 위치를
고려하면 'w'를 발음할 때의 혀의 위치는 연구개음과 비슷하므로 이러한 처리는 충분히 수긍할 수
있다.[45] 드물지만 자음이 아닌 모음에 대해서 '연구개음'이라는 개념을 적용할 때도 있는데 그럴
경우에는 후설 모음들이 연구개음이 된다.

③ 용어 설명

'연구개음'을 가리키는 용어는 대체로 조음 위치를 기준으로 하여 '연구개'에서 발음된다고
표현한 것들이 가장 많다. 그런데 연구개 항목에서도 언급했듯이 연구개는 '부드러운 구개'라고
표현하는 경우와 '뒤쪽에 놓인 구개'라고 표현하는 경우가 있다. 그래서 연구개에서 나는 음을

---

43) 'postpalatal'보다는 'velar'가 훨씬 더 많이 쓰인다. 'postpalatal'은 국어 용어 중 '후구개음, 후부 구개음, 뒷입천장소리' 등에
   대응한다.
44) 연구개음과 설근음의 관련성은 '설근음' 항목을 참조할 수 있다.
45) 다만 'w'를 발음할 때 두 입술이 동그랗게 오므라든다는 사실을 중시할 경우에는 양순음으로 분류하게 된다.

가리키는 용어도 두 부류가 나뉜다. '연구개음, 연악음, 여린입천장소리, 연구개 자음, 여린이봉소리' 계열과 '후구개음, 후부 구개음, 뒷입천장소리, 후악음, 오악음, 후부 경구개음' 계열이 그러하다.

이 외에도 여러 가지 용어의 변이형이 있다. '후설음, 설근음'은 조음점이 아닌 조음체를 기준으로 한 용어이다. '후음(喉音)'은 일견 정확성이 매우 떨어지는 것으로 보이는데 예전에는 연구개음과 후음을 구분하지 않는 경우가 적지 않았다. 그래서 연구개음과 후음을 묶어서 '아후음'이라고 하는 경우도 있으며 자음의 조음 위치에 따라 순내음, 설내음, 후내음의 세 가지를 나누면서 연구개음과 후음을 묶어서 '후내음'이라고 하는 경우도 있다. 연구개음을 후음이라고 부른 것은 이러한 전통과 무관하지 않다.

'구개범음'은 연구개와 구개범을 동일시하여 나온 용어이다. 그러나 이 둘은 동일하지는 않으며 특히 구개범은 비강으로의 통로를 막는 역할을 하여 연구개음의 조음과 직접적인 관련은 없다.[46] '후부 변자음'은 국어 자음을 조음 위치에 따라 크게 변자음과 중자음으로 양분하는 것과 관련된다. 이럴 경우 변자음에 속하는 양순음과 연구개음은 전후 위치로 구분하기 때문에 양순음은 전부 변자음, 연구개음은 후부 변자음이 된다.

④ 관련 항목

변자음, 설근, 아음, 연구개

연성

① 용어의 별칭

| 국어 | 연성[連聲](勇康雄 譯 1959, 增山節夫 譯 1959, 中村完 1961, 김민수 1969, 이정민·배영남 1987, 고광모 1989), 연접 (신익성 1968ㄴ, 김종미 2003, 정영호 2012), 연음[連音](전상범 1977ㄴ, 국립국어연구원 1996), 이음소리(황희영 1979), 연음 변독[連音 變讀](진태하 1980, 권인한 2003), 접촉의 규칙(김석득 1985), 연변[連變](김영만 1987, 배주채 1996ㄴ), 접속 규칙[接續 規則](배주채 1989), 접변[接變](국립국어연구원 1996, 배주채 1996ㄱ), 연성법[連聲法](김차균 1993ㄴ, 우민섭 2000), 연성 규칙(김정우 1994), 연접 변화(이은정 2005), 연음 규칙(김미란·남호성 2012) |
| 영어 | sandhi |

② 개념 설명

인접한 음의 영향으로 다른 음이 변화하는 현상을 가리킨다. 대치, 첨가, 탈락, 축약 등 음운 현

---

46) 구개범에 대해서는 '연구개' 항목을 참조할 수 있다.

상의 유형과 상관없이 두 음이 결합하면서 일어나는 일련의 음운 현상은 모두 연성에 포함된다. 그런 점에서 음운 현상 또는 음운 규칙과 비슷한 개념이라고 할 수 있다.[47] 다만 음들이 서로 '결합'하면서 이어진다는 측면이 강조된 것으로 언어 연구에서 사용되기 시작한 것은 매우 오래되었다. 서구에서 쓰이는 'sandhi'는 산스크리트어에서 'together'를 뜻하는 'sam'과 'put'을 뜻하는 'dhi'가 결합된 말로 여기에도 연성의 특성이 잘 반영되어 있다.[48]

'연성'은 일반적으로 적용되는 환경에 따라 내적 연성(internal sandhi)과 외적 연성(external sandhi)으로 구분된다.[49] 내적 연성은 단어 내부에서 일어난다고 보기도 하지만 더 구체적으로는 곡용형이나 활용형의 내부, 파생어의 내부 경계 사이에서 일어난다고 한정하기도 한다. 반면 외적 연성은 서로 다른 단어 사이는 물론이고 합성어의 내부 경계 사이에서 일어나는 현상이다. '연성'의 개념을 좁게 사용하는 경우에는 외적 연성만 연성으로 인정하기도 한다. 이 밖에 드물지만 규칙적 연성과 불규칙적 연성을 구분하는 경우가 있다. 이 둘의 차이는 주어진 조건에 놓인 모든 음에 적용되는지 또는 일부에만 적용되는지에 달려 있다.

③ 용어 설명

'연성'을 가리키는 용어들은 모두 소리와 소리가 이어진다거나 그런 과정에서 소리가 변한다는 의미를 담고 있다. '연성, 연접, 연음, 이음소리' 등은 소리가 서로 이어진다는 뜻을 나타내고 '연음 변독, 연변, 접변' 등은 소리가 이어지면서 변화한다는 뜻을 나타낸다. 다만 '연음'이나 '이음소리'라는 용어는 앞말의 받침이 뒷말의 초성으로 그대로 이동하여 발음되는 현상에 더 많이 쓰고 있으므로 '연성'을 가리키는 데 쓰면 혼란을 초래할 수 있다.

④ 관련 항목

음운 규칙, 음운 현상

---

47) 성조소가 결합하면서 변동을 겪는 것도 '연성'의 일종으로 본다. 서구에서는 'tone sandhi'라고 하며 '성조 변동(河野六郎 1953, 정연찬 1974, 최명옥 1980, 배주채 1998), 변조[變調](허웅 1955, 김완진 1978ㄴ, 이돈주 1989, 龜井孝 外 編 1996), 성조 교체(이병근 1976ㄴ, 권인한 1991), 연성[連聲](황귀룡 역 1986), 가락 바꿈(류렬 1992), 성조 변화(류렬 1992), 성조 결합 규칙(전학석 1993), 련속 변조[連續 變調](리득춘 1994ㄱ), 음조 변화(전학석 1996), 조연성[調連聲](林榮一・間瀬英夫 譯 1978, 龜井孝 外 編1996), 연속 변조[連續 變調](龜井孝 外 編 1996), 성조 변동 규칙(임석규 2002), 성조의 연성(김성규 2009), 연성 변화[連聲 變化](이문규 2011)' 등으로 부르고 있다.
48) 산스크리트어로는 'sandhi'가 'joining'을 뜻한다고 한다.
49) '내적 연성' 대신 '내연성, 내부 연성'이라고 부르기도 하며, '외적 연성' 대신 '외연성, 외부 연성'이라고 부르기도 한다.

연음[1]

① 용어의 별칭

국어 상음하몽법[上音下蒙法](유길준 1904), 연발[連發](주시경 외 1907~1908, 최현배 1937ㄴ), 연발음[連發音](주시경 외 1907~1908, 박승빈 1931, 정규창 1938), 전음[轉音](최광옥 1908, 김근수 1947), 몽수[蒙受](유길준 1909), 연성[連聲](高橋亨 1909, 이응동 1983, 박덕유 2007), 음의 이동(樂師寺知曨 1909, 朴重華 1923), 종성 자음의 전이(前間恭作 1909), 한음반법[韓音反法](趙義淵·井田勸衞 1910), 전련[轉連](김희상 1911), 연음[連音](新庄順貞 1918, 이극로 1933, 홍기문 1935, 이윤재 1937, 梅田博之 1989), 자음의 연독[連續](이규백 1926), 연음 법칙[連音 法則](이극로 1933, 홍기문 1933, 강병주 1938), 소리의 이음(이극로 1933, 유재원 2003), 전하[轉下](이윤재 1934), 소리의 옮음(김근수 1947), 이음[移音]의 법칙(홍기문 1947), 이음[移音](홍기문 1947), 이음소리(심의린 1949ㄱ, 정인승 1949ㄱ), 초성화(문교부 1954), 연결 발음(김진우 역 1959), 연독[連讀](이기문 1963ㄱ, 정우영 1985, 조성식 편 1990), 연결[連結](양동휘 1967, 유구상 1971), 연음 규칙(허웅·박지홍 1971, 이상태 1976, 오종갑 1979ㄴ), 이음소리 법칙(허웅·박지홍 1971), 옮김 규칙(황희영 1979), 전이 규칙(황희영 1979), 연음 현상(도수희 1980ㄱ), 연음화[連音化](이병근 1981, 김정태 1990, 서보월 1992), 소리 이음(허웅 1985ㄱ, 이근영 1990, 신연희 1991), 음절 조정 규칙(이상억 1990), 말소리의 이음(김차균 1991ㄱ), 소리 이음화(구현옥 1992), 끝소리의 첫소리 되기 현상(김영선 1999, 이근영 1998, 이미향 2006ㄴ), 받침의 넘어감(임홍빈·한재영 2003), 연음법(이은정 2005), 종성의 초성화(油谷幸利 2005), 바로 이어 읽기(김차균 2007)

영어 liaison,[50] transitional rule

② 개념 설명

국어에는 자음으로 끝나는 형태소 뒤에 모음으로 시작하는 형태소가 결합할 때 앞 형태소의 자음이 두 가지 서로 다른 모습을 보인다. 하나는 '옷이[오시]'에서 보듯 앞 형태소의 마지막 자음이 아무런 변화 없이 뒤 형태소의 첫 음절 초성으로 이동하여 발음되는데 이것이 연음이다.[51] 다른 하나는 '옷안[오단]'에서 보듯 단순히 연음되지 않고 앞 형태소의 마지막 자음이 음절의 종성에 놓여 음운 현상의 적용을 받는데 이것은 연음의 반대인 절음(絶音)이다.[52] 동일한 조건에서 연음이 일어나는지 절음이 일어나는지를 결정해 주는 요소는 뒤에 오는 형태소의 종류이다. 조사나 어미, 파생 접사와 같은 문법 형태소가 뒤에 오면 연음이 일어나고 어휘 형태소가 뒤에 오면 절음이 일어난다.

논의에 따라서는 연음을 음운 현상의 하나로 보는 경우도 있다. 그러나 이런 입장은 타당하다고 보기 어렵다. 연음은 한 음운을 다른 음운으로 바꾸어 주는 기능은 가지지 않는다. 다만 선행하는 형태소의 마지막 자음을 후행 음절의 초성으로 이동시키는 데 불과하다. 따라서 연음을 음운 현상

---

50) 홍기문(1935)에 따르면 'liaison'을 일본 학자들이 '연음'이라고 번역했다고 한다.
51) 이때 연음의 대상인 자음과, 연음된 자음이 옮겨 가는 음절의 모음을 지칭하는 용어도 있다. 가령 김석득(1962ㄴ)에서는 연음이 되는 자음을 '초과 음절'이라고 한 바 있으며 문한종(1974)는 연음된 자음이 이동하는 음절의 모음을 '연모음(連母音)' 또는 '종속 모음(從屬 母音)'이라고 했다.
52) 음운 현상의 적용을 받은 후에는 결국 연음이 된다. 여기에 대해서는 뒤에서 언급한다.

이라고 할 수는 없는 것이다.

연음은 종성보다 초성을 더 우선시하는 언어 보편성과 관련된다. 모음으로 시작하는 문법 형태소 앞에서 자음이 연음되는 것은 모음과 모음 사이의 자음을 초성으로 음절화하는 결과를 낳는다.[53] 만약 연음이 되지 않는다면 모음과 모음 사이의 자음이 종성에 놓이게 된다. 언어 보편적으로 모음과 모음 사이의 자음은 초성이 되므로 국어의 연음도 이러한 보편적 경향성을 따르기 위한 과정이라고 볼 수 있다.

국어의 연음은 매우 규칙적으로 일어나는 과정이지만 예외도 어느 정도 존재한다. 이러한 예외는 몇 가지 유형으로 나눌 수 있다.

(가) 'ㅇ'으로 끝나는 체언 뒤에 모음으로 시작하는 문법 형태소가 결합하는 경우
    예 마당이, 강이
(나) 'ㅎ'으로 끝나는 용언 어간 뒤에 모음으로 시작하는 문법 형태소가 결합하는 경우
    예 놓+은→[노은], 놓+아→[노아]
(다) 'ㄷ, ㅌ'으로 끝나는 형태소 뒤에 'ㅣ'로 시작하는 문법 형태소가 결합하는 경우
    예 밭+이→[바치], 굳+이→[구지]
(라) 'ㄷ, ㅈ, ㅊ, ㅋ, ㅌ, ㅍ, ㅎ'을 나타내는 문자 명칭 뒤에 모음으로 시작하는 조사가 결합하는 경우
    예 디귿+이→[디그시], 키읔+은→[키으근], 피읖+을→[피으블]
(마) 'ㅂ, ㄷ, ㅅ' 불규칙 용언 어간 뒤에 모음으로 시작하는 어미가 결합하는 경우
    예 돕+아→[도와], 걷+으면→[거르면], 잇+어서→[이어서]
(바) 겹받침 'ㄳ, ㄼ, ㅄ' 뒤에 모음으로 시작하는 문법 형태소가 결합하는 경우
    예 넋+이→[넉씨], 외곬+을→[외골쓸], 없+어→[업:써]
(사) '값어치, 맛있다, 멋있다'와 같은 개별적인 단어의 경우
(아) 'ㅈ, ㅊ, ㅋ, ㅌ, ㅍ' 및 자음군으로 끝나는 체언 뒤에 모음으로 시작하는 문법 형태소가 결합하는 경우
    예 빚+이→[비시], 꽃+을→[꼬슬], 부엌+이→[부어기], 밭+을→[바슬], 숲+이→[수비], 값+이→[가비], 닭+을→[다글], 여덟+이→[여더리]

(가)는 연구개 비음 'ㅇ'이 음절 초성에서 발음될 수 없다는 국어의 음절 구조 제약 때문에 나타나는 연음의 예외이다. (나)는 후음 탈락의 규칙적 적용으로 말미암아 'ㅎ'이 연음되지 못하고 탈락함으로써 나타난 예외이다. (다)는 구개음화가 적용되어 'ㄷ, ㅌ'이 그대로 연음되지 않고 'ㅈ, ㅊ'으로 바뀐다는 점에서 예외적이다. (라)는 표준 발음법에서 규정하고 있는 것으로 문자 명칭의 말음은 연음의 대상이 아니다.[54]

---

53) 음절화 과정은 '음절화' 항목에서 자세히 다루고 있다.
54) 자음을 나타내는 모든 글자들이 현재와 같은 2음절로 정착된 것은 1933년의 '한글맞춤법통일안'이 제정되면서부터이다. 그런데 그 당시 이 글자들 뒤에 모음으로 시작하는 조사가 올 때 어떻게 발음해야 하는지는 명시적으로 규정하지 않았다. 그래서

(마)는 불규칙 용언 어간의 말음이 연음되지 않고 탈락하거나 또는 다르게 바뀌는 모습을 보이는 예외이다. (바)는 표기를 기준으로 할 때 'ㅅ'이 그대로 연음되지 않고 'ㅆ'으로 발음되어 예외가 되었다. 만약 이런 겹받침의 기저형을 'ㄳ, ㄺ, ㅄ' 대신 'ㄱㅆ, ㄹㅆ, ㅂㅆ'으로 설정하면 (바)는 연음의 예외가 아니다.[55] (사)의 '값어치'[가버치]는 '어치'가 접미사인데도 연음이 안 되었다는 점이 예외적이다. '어치'는 기원적으로 어휘 형태소일 가능성이 있다. '맛있다, 멋있다'의 경우 '[마딛따], [머딛따]'가 표준 발음이지만 '[마싣따], [머싣따]'도 표준 발음으로 인정하는데, '[마싣따], [머싣따]'는 연음이 안 되어야 하는 환경인데도 연음이 된 것처럼 보여서 예외이다. 여기에 대해 '맛이 있다, 멋이 있다'가 줄어든 말이라서 연음의 예외가 되었다는 해석이 존재한다.[56]

(가)~(사)는 비록 연음의 예외이기는 하지만 모두 표준 발음으로 인정되는 경우이다. 그런데 (아)는 표준 발음으로 인정되지 않으면서 연음의 예외에 속하는 사례이다. (아)는 현실 발음에서 흔히 찾을 수 있는 경우로 체언의 기저형이 재구조화되어 다른 형태로 바뀌는 경향과 관련된다. (아)에 예시된 '빛, 꽃, 부엌, 밭, 숲, 값, 닭, 여덟'은 현실 발음에서 '빗, 꼿, 부억, 밧, 숩, 갑, 닥, 여덜'로 기저형이 변화하였다.[57] 다만 이렇게 변화한 형태를 표준어로 인정하지 않다 보니 변화 이전의 형태인 '빛, 꽃, 부엌, 밭, 숲, 값, 닭, 여덟'에 연음이 적용되지 않은 것으로 해석된다.[58]

앞에서 연음의 반대 개념으로 절음을 언급한 바 있다. 절음이 되면 연음이 일어나지 않는 것은 사실이다. 가령 '옷안'과 같은 단어는 '오산'으로 발음되지는 않는 것이다. 그런데 절음이 된다고 해서 연음과 전혀 무관한 것은 아니다. '옷안'의 'ㅅ'은 절음이 되어 음절 종성에 놓인 후 평파열음화가 적용된다. 이렇게 종성에서 음운 현상의 적용을 받고 나면 연음이 된다. 그래서 '옷안'의 표면형은 '오단'이 되는 것이다. 절음을 거친 후 일어나는 연음은 재음절화의 결과라고 할 수 있다.[59] 아무튼 절음이 되더라도 음절 종성에서 음운 현상이 적용된 후에는 연음이 일어난다.[60]

③ 용어 설명

'연음'을 나타내는 용어들은 매우 다양하다. 그런데 질적으로는 비교적 단순한 편이다. 대체로 '이어서 발음한다' 또는 '옮겨서 발음한다'는 의미를 담고 있다. 매우 이른 시기에 나타나는 '상음하몽법, 연발' 등을 포함하여 '연발음, 전음, 연성, 이음소리' 등이 모두 여기에 속한다.[61] 이 용어들

1930년대에 간행된 『한글』 6권 6호와 7권 8호의 '물음과 대답'에서는 이런 경우의 발음에 대해 항상 연음을 하는 것이 올바르다고 답변하기도 했다. 그러나 1988년에 제정된 현행 표준 발음법에서는 이와 다른 입장을 취하고 있다.

55) 이진호(2008ㄴ)에서 다룬 기저형 설정 조건에 따르면 (바)에 제시된 겹받침의 기저형은 'ㄳ, ㄺ, ㅄ'이 아니라 'ㄱㅆ, ㄹㅆ, ㅂㅆ'이 되어야 한다.

56) (사)가 연음의 예외로서 어떤 특성을 지니는지는 이진호(2012ㄱ)에서 자세히 언급하였다.

57) 이러한 변화의 요인으로는 음운론적 성격의 것으로부터 유추에 이르기까지 여러 가지가 제안된 바 있다. 자세한 것은 이진호(2004)를 참고할 수 있다.

58) 재구조화된 새로운 기저형을 기준으로 하면 (아)에 제시된 형태들도 모두 연음의 적용을 받고 있다.

59) 재음절화는 별도의 항목으로 설정되어 있다.

60) 절음이 된 후 적용되는 음운 현상에는 평파열음화 이외에 자음군 단순화도 있다. '흙얼개[흐걸개]'에서 보듯 자음군으로 끝나는 형태소 뒤에 모음으로 시작하는 어휘 형태소가 오면 절음에 의해 자음군 단순화가 적용된 후 남은 자음이 후행 음절의 초성으로 넘어간다.

61) 다만 '연발음'의 경우 박승빈(1931)에서는 조금 다른 의미로 쓰고 있다. 원래의 연음은 물론이고 선행음과 후행음이 함께 발음

304

은 앞 형태소의 마지막 자음을 뒤 형태소의 초성으로 이어서 발음한다는 연음의 취지를 잘 살리고 있다.

이 부류에 속하지 않는 용어로는 '한음반법(韓音反法)'과 '음절 조정 규칙'이 있다. 趙義淵·井田勸衛(1910)에서는 연음이 일어나면서 앞 형태소는 자음이 없어지고 뒤 형태소는 자음이 새로 생겨 상반되는 결과가 초래되었음을 나타내기 위해 '한음반법'이라고 했다. 음절 조정 규칙은 연음이 음절 구조의 조정과 관련된다고 보는 용어이다. 형태소를 단위로 설정된 기저 음절이 연음에 의해 조정된다는 것이다.[62]

④ 관련 항목

음절화, 재음절화, 절음, 종성, 초성

연음²

① 용어의 별칭

국어 연성[連聲](小倉進平 1923), 연음[連音](安藤正次 1927, 최현배 1929, 주왕산 1948, 小林智賀平 1952, 양동휘 1967), 이은 소리(최현배 1929, 한국국어교육연구회 1964ㄱ, 한글학회 1968), 음운 연합[音韻 聯合](新村出 1943), 소리의 고롬(김윤경 1948ㄱ), 초분절음소(한글학회 1968)

② 개념 설명

둘 이상의 음소가 결합하여 이루는 단위를 가리킨다. 20세기 초기의 언어학에서 사용한 바 있고 국어 연구에도 활용한 적이 있지만 현재는 거의 이용되지 않는다. 왜냐하면 둘 이상의 음소가 결합한 단위는 음절, 음운론적 단어 등 여러 가지가 있으며 필요에 따라 이것들을 구체적으로 지칭하면 될 뿐, 굳이 '연음'과 같은 불분명한 개념을 사용할 필요가 없기 때문이다. '연음'의 반대 개념으로 최현배(1929)에서는 낱소리 또는 개음(個音)을, 安藤正次(1927)과 金田一京助(1932)에서는 '단음(單音)'을 제시했다.

연음과 관련된 개념으로 흔히 장단, 고저, 강약, 음절, 음운 현상을 든다.[63] 장단, 고저, 강약은 모두 운소에 속하는 것으로 이러한 운소들은 모두 음절 이상의 단위에 얹혀 실현된다고 보고 연음과 관련시키는 것이다. 음절 역시 여러 음소들이 결합하여 이루므로 연음과 관련된다. 음운 현상은 보

하는 현상까지도 '연발음'으로 포괄하고 있다. 그래서 '많다'가 '만타'로 되는 것도 '연발음'에 포함하고 있다. 이것은 원래 의미의 '연음'과는 무관한 사례이다.

62) '기저 음절'에 대해서는 '음절' 항목에서 다루고 있다.

63) '연음²'를 다루는 논저들은 대부분 그 하위 내용에 이 주제들을 포함하고 있다.

통 음소들의 결합 과정에서 일어난다. 따라서 연음과 무관할 수가 없다.

③ 용어 설명

'연음²'를 나타내는 용어 중 '연성, 연음, 이은 소리, 음운 연합'은 둘 이상의 음소가 결합한 단위라는 의미를 담고 있다. '연음²'의 원 개념에 가장 가깝다고 평가할 수 있다. '소리의 고룸'과 '초분절음소'는 '연음²'가 주로 운소의 실현과 관련된다는 점을 중시한 용어이다. 그러나 운소 이외의 내용을 배제하기 때문에 '연음²'의 원래 의미를 나타내는 데에는 그다지 적절하다고 보기 어렵다.

④ 관련 항목

연성, 운소, 음운 현상, 음절, 자음 접변, 초분절음

연접

① 용어의 별칭

> **국어** 연접[連接](太田朗 1959, 이강로 1961, 김석득 1962ㄱ, 小泉保 · 牧野勤 1971, 日本音聲學會 編 1976), 연접 음소[連接 音素](太田朗 1959, 小泉保 · 牧野勤 1971, 정연찬 1980, 김정우 1984, 김무림 1992), 추이[推移](竹林滋 · 橫山一郎 譯 1970), 휴지 음소[休止 音素](김완진 1971ㄱ, 門脇誠一 1981, 강창석 1982, 도수희 1983), 연접음(日本音聲學會 編 1976), 이음매(황희영 1979), 연접소(이현복 · 김기섭 역 1983), 음절 경계(최임식 1984, 최윤현 1990), 이음새(허웅 1985ㄱ, 구현옥 1999, 기세관 2004), 접합[接合](Nellen 1989), 이음(김택구 1997), 개리 연접(박기덕 2000), 이행[移行] (우민섭 2000), 휴지(이남윤 2002)
>
> **영어** juncture, transition[64]

② 개념 설명

한 음에서 다른 음으로 이행되는 방식을 가리킨다. 이행의 방식은 크게 두 가지이다. 하나는 중간에 끊임이 없이 매우 자연스럽게 이행되는 것이고 다른 하나는 끊김이 있거나 또는 운소들의 특별한 작용이 관여하는 것이다.[65] 전자를 폐쇄 연접(close juncture 또는 zero juncture)[66]이라고 하고 후

---

64) 'transition'은 'juncture'와 동일한 의미로 사용하기도 하고 'juncture' 중 'internal juncture'로만 국한하여 사용하기도 한다.
65) 일반적으로는 연접이 있는 부분에는 끊김 또는 휴지가 온다고 본다. 그러나 연접이 놓인다고 해서 완전한 발화의 중단이 이루어지지는 않는다. 오히려 연접은 휴지보다는 장단이나 고저의 실현 양상과 더 밀접한 관련이 있다는 보는 경우도 있다. 가령 배양서(1966)에서는 실험 음성학적 분석을 통해 일반적 통념과 달리 휴지보다는 장단이 연접과 관련된다는 보고를 하기도 했다. 물론 이러한 입장이 일반적인 것은 아니다.
66) 폐쇄 연접을 가리키는 용어에는 '폐쇄 연접(太田朗 1959, 지춘수 1968, 이정민 · 배영남 1987), 폐연접[閉連接](양동휘 1967, 이영길1983), 긴밀 연접(허웅 1968, 박종희 1989), 닫힌 이음매(황희영 1979), 페이행[閉移行](筧壽雄 · 今井邦彦 1971), 폐쇄 이행(이은정 1975, 권재선 1992), 긴밀 이음새(허웅 1985ㄱ), 닫침 이음(김택구 1997), 닫힌 이음(권재선 1992)' 등이 있다.

자를 개방 연접(open juncture 또는 plus juncture)[67]이라고 한다.

폐쇄 연접은 'zero juncture'라는 표현에서도 확인되듯이 실제로는 연접이 없는 것이므로 이때의 '연접'은 언어학적 단위라고 할 수는 없다. 언어학적으로 의미 있는 단위는 개방 연접이 된다. 연접과 개방 연접을 동일시하는 경우가 있는 것은 이 때문이다. 개방 연접이 놓인다는 것은 두 음 사이의 관계가 긴밀하지 않으며 두 음 사이에 영향을 주고받을 가능성도 낮음을 의미한다. 반면 폐쇄 연접이 놓인다는 것은 두 음이 밀접하게 연결되어 있으며 서로 영향을 끼칠 가능성이 높음을 말한다.

연접은 놓이는 위치에 따라서 외적 연접(external juncture)[68]과 내적 연접(internal juncture)[69]으로 나누기도 한다. 외적 연접은 발화(utterance)의 앞과 뒤에 놓이는 연접이라고 보는 것이 일반적이다. 그러나 경우에 따라서는 발화보다 작은 단어의 앞과 뒤에 오는 연접이라고 보기도 하며 드물게는 형태소의 앞과 뒤에 놓이는 연접이라고 보기도 한다. 내적 연접은 외적 연접에서 기준으로 삼는 단위의 내부에 놓이는 연접이다. 따라서 입장에 따라 발화 내부, 단어 내부, 형태소 내부 중 하나에 놓이는 연접이라고 할 수 있다.

이처럼 연접은 이행의 방식에 따라 개방 연접과 폐쇄 연접, 위치에 따라 내적 연접과 외적 연접이 나뉜다. 이러한 하위 부류들은 서로 조합을 하여 이론상 내적 개방 연접, 내적 폐쇄 연접, 외적 개방 연접, 외적 폐쇄 연접의 네 가지가 만들어진다.[70] 그러나 앞서 지적했듯이 '폐쇄 연접'은 언어학적 의미가 없으며, 언어 분석 과정에서 '내적 연접'과 '외적 연접'의 구분은 불필요한 경우가 많다. 결국 실질적으로 중요시되는 것은 개방 연접의 유무와 위치가 된다.

연접의 중요 기능으로는 의미 변별과 음성 실현의 조건을 들 수 있다.[71] 의미 변별은 연접의 가장 중요한 기능이다. 가령 동일한 분절음으로 이루어진 'night rate'과 'nitrate'의 의미는 연접의 유무에 있다고 본다. 'night rate'는 'night'과 'rate' 사이에 개방 연접이 놓이지만 'nitrate'의 중간에는 개방 연접이 없다. 개방 연접의 유무가 의미를 구별해 주는 것이다. 개방 연접의 위치에 따라 의미가 변별되는 경우도 있다. 'gray day'와 'grade A'의 차이는 개병 연접이 어느 분절음 뒤에 놓이느냐에 달려 있다. 국어에도 의미 변별이 연접과 관련되는 경우가 적지 않다. '나갈길이어디냐'의 의미가 '내가 갈 길이 어디냐'와 '나갈 길이 어디냐'로 구분되는 것은 연접 때문이라는 것이다.

연접은 의미 변별 이외에 음성적 실현의 차이를 설명하는 조건으로도 활용된다. 앞서 살핀 예에서 'night rate'의 밑줄 친 't'는 'nitrate'의 밑줄 친 't'에 비해 소리도 더 약하고 유기성도 떨어진다. 이러한 차이는 엄밀히 말하면 't'가 음절의 종성과 초성 중 어디에 놓이는가와 관련되지만 연접을

---

67) 개방 연접을 가리키는 용어에는 '개방 연접(太田朗 1959, 지춘수 1968, 허웅 1968), 개연접[開連接](양동휘 1967, 이영길 1983), 개방 추이[開放 推移](日本音聲學會 編 1976), 열린 이음매(황희영 1979), 개리 연접(박창해 1963, 배양서1966), 개이행[開移行](筧壽雄·今井邦彦(1971), 개방 이행(이은정 1975), 개방 이음새(허웅, 1985ㄱ)' 등이 있다.

68) 외적 연접 대신 '외적 연접소(이현복·김기섭 역 1983)'라고 부르기도 한다.

69) 내적 연접을 가리키는 용어에는 '내적 연접소(이현복·김기섭 역 1983), 내부 연접(이은정 2005)' 등이 있다.

70) 이 중 가장 중시되는 것은 내적 개방 연접이다. 내적 개방 연접은 '내개연접(이계순 1966, 원경식 1977), 내적 개연접(양동휘 (1967), 내재개접[內在開接](정인섭 1973), 내부 개방 연접(太田朗 1959, 林榮一·間瀬英夫 譯 1978, 이정민·배영남 1987), 내부 연접(이정민·배영남 1987), 개방 이행(이정민·배영남 1987), 플러스 연접(이정민·배영남 1987), 내적 개연접(김태경 2005)' 등으로 불리고 있다.

71) 의미 변별은 음성 실현을 통해 이루어지므로 이 두 가지는 서로 관련을 맺고 있다.

활용하는 입장에서는 연접의 유무나 위치와 결부시킨다.

연접은 음운의 일종으로 설정하는 경우가 많다. 국어 음운론에서도 연접을 초분절음인 운소의 일종으로 인정하는 태도를 예전에는 종종 찾을 수 있다. 연접이 음운으로 인정된 것은 미국 구조주의 언어학의 독특한 분석 방법에서 기인한다. 미국 구조주의 언어학에서는 언어 분석의 단계를 중시하여 '음운론→형태론→통사론'의 순서로 분석을 하며, 이때 하위 단계에서는 상위 단계의 정보를 활용할 수 없도록 했다.[72]

그런데 앞에서 살핀 연접의 위치를 보면 대부분 형태소 또는 단어 경계와 일치한다. 음운론에서는 형태소나 단어와 같이 상위 단계에 속하는 문법 정보를 이용할 수 없다. 그러나 연접과 관련된 현상을 기술하려면 음운론에서도 상위 단계의 정보가 필요하게 된다. 이 문제의 해결을 위해 미국 구조주의 언어학에서는 형태소나 단어의 경계를 연접이라는 개념으로 전환하고 이것을 음운의 일종으로 보아 음운론에서 이러한 단위들의 정보를 활용할 수 있도록 했다. 그러나 현재는 연접을 음운으로 인정하는 경우가 별로 없다. 미국 구조주의 언어학의 방법론에서 벗어나 언어 분석을 순차적으로 할 필요도 없어졌을 뿐만 아니라 단순한 휴지에 다름 아닌 요소를 음성적 실체가 있어야 하는 음운으로 보기는 어렵기 때문이다.

한편 연접의 종류에는 말미 연접(terminal juncture 또는 terminal contour)도 있다.[73] 말미 연접은 발화, 문장 또는 절의 끝부분에 놓인다. 말미 연접은 고저의 실현 양상으로 표출된다는 점에서 앞서 살핀 연접과는 성격이 다르다. 말미 연접은 흔히 평탄 연접, 상승 연접, 하강 연접의 세 가지를 구분한다. 각각 높이의 변화가 없는 경우, 높이가 올라가는 경우, 높이가 낮아지는 경우에 해당한다.

③ 용어 설명

'연접'을 가리키는 용어 중에는 'juncture'와 'transition'의 번역어에 해당하는 것이 많다. '연접, 연접 음소, 연접음, 접합'은 'juncture', '추이, 이행'은 'transition'의 번역어이다. '이음매, 이음새, 이음'은 '연접' 계열의 용어를 고유어로 전환한 것이다. '개리 연접'은 '개방 연접'에 해당한다. 앞서 지적했듯이 연접 중 의미 있는 것은 개방 연접이라서 연접과 개방 연접을 동일시하는 경우가 많은데 이것이 용어에도 그대로 드러났다. '휴지 음소, 휴지'는 연접이 휴지와 밀접한 관련이 있음을 고려한 용어이다.

한편 '음절 경계'는 연접의 의미로 사용하기에는 그다지 적절하다고 보기 어렵다. 개방 연접이 실현되는 위치에서 음절 경계가 반드시 놓이는 것은 사실이지만 음절 경계가 놓이는 곳에 연접이 항상 실현되는 것은 아니다. 이처럼 연접의 위치와 음절 경계는 일치하지 않기 때문에 '음절 경계'로 연접을 가리킬 수는 없다.

④ 관련 항목

억양, 운소, 초분절음, 휴지

---

72) 이것은 문법 기술에서 층위의 혼동(level mixing)을 피하고자 한 것이다.
73) 말미 연접 대신 '절 종결(주상대 1976), 구말 고저 굴곡[句末 高低 屈曲](조철규 1994, 이남윤 2002)'을 사용하는 경우도 있다.

완전 동화

① 용어의 별칭

국어 전부 동화[全部 同化](小倉進平 1915, 이희승 1955, 김민수 1978ㄱ), 완전 동화[完全 同化](小倉進平 1923, 金田一京助 1932, 新村出 1943, 김형규 1946, 이숭녕 1954ㅂ, 이희승 1955), 전체적 동화[全體的 同化](이숭녕 1931), 동화[同化](川喜四男 1950), 완전 닮음(허웅 1968ㄱ, 이은정 1969, 임홍빈·한재영 2003), 전체 동화[全體 同化](日本音聲學會 編 1976, 이해봉 1995, 허은애 1998), 완전 닮기(서상규·박석준 2005)

영어 perfect assimilation, complete assimilation, total assimilation

② 개념 설명

동화 현상 중 피동화음이 동화음과 동일해지는 유형을 가리킨다. 반대 개념으로는 부분 동화가 있다. 완전 동화가 일어나면 동화음과 피동화음이 같아지므로 두 개의 동일 음소가 나란히 놓이게 된다. 특히 자음의 경우 완전 동화가 일어나면 중복 자음(geminate)을 형성하기 때문에 중복 자음화(gemination)의 일종으로 보기도 한다.[74] 어떤 동화 현상이 완전 동화인지 아닌지를 판단할 때에는 표면적인 것만 관찰해서는 안 된다. 가령 논의에 따라서는 다음 예들을 완전 동화로 분류하기도 한다.

(가) '만만, 한문'이 '맘만, 함문'으로 발음되는 위치 동화
(나) '법+만→범만, 듣+는→든는'에서 보이는 비음화
(다) '끓이다>낋이다, 그리다>기리다'에 적용된 '이' 모음 역행 동화

(가)~(다)에 제시된 예들에서는 적어도 피동화음이 동화음과 동일해진 것이 사실이다. 그러나 그렇다고 해서 위치 동화, 비음화, '이' 모음 역행 동화를 완전 동화로 볼 수는 없다. (가)는 제시된 예들에서 처음부터 피동화음과 동화음의 조음 방법이 같았기 때문에 위치 동화만 일어나도 피동화음과 동화음이 같아졌을 뿐이다. '한강-›항강'과 같이 피동화음과 동화음의 조음 방식이 다른 경우에는 위치 동화가 완전 동화의 형태를 보이지 않는다. (나)도 비음화가 일어나기 전에 이미 동화음과 피동화음의 조음 위치가 같았으며 (다) 역시 '이' 모음 역행 동화가 적용되기 전에 동화음과 피동화음이 혀의 높낮이나 입술 모양에서 동일한 특성을 지니고 있었다. 만약 이런 특수한 조건이 충족되지 않으면 '작년→장년'과 같은 경우의 비음화나 '아비>애비'와 같은 경우의 '이' 모음 역행 동화에서 보듯 모두 부분 동화의 모습만 보인다. 이처럼 (가)~(다)가 마치 완전 동화인 것처럼 보이는 것은 일부 예에 국한하여 동화가 일어나기 전에 이미 동화음과 피동화음이 많은 특성을 공유하기 때문이지, 해당 동화 현상 자체가 완전 동화이기 때문은 아닌 것이다.

---

74) 중복 자음화의 반대 개념은 중복 자음이 하나의 자음으로 감축되는 현상이다. 영어로는 'degemination'이며 亀井孝 外 編(1996)에서는 단자음화(單子音化)라고 부른 바 있다.

이런 사실을 감안하면 국어의 동화 중 완전 동화라고 볼 수 있는 것은 그 수가 그리 많지 않음을 알 수 있다. 자음 동화 중 완전 동화의 후보라고 할 수 있는 것에는 '유음화'가 있다. 유음화는 피동화음인 'ㄴ'을 동화음과 동일한 'ㄹ'로 바꾸는 현상이므로 전통적으로 완전 동화로 처리되어 왔다. 그러나 유음화 현상도 피동화음이 항상 'ㄴ'에 국한되며 'ㄴ'은 처음부터 동화음인 'ㄹ'과 조음 위치가 동일하기 때문에 조음 방식만 바꾸는 부분 동화라고 해석해도 아무런 문제가 없다. 모음 중에는 '모음의 완전 순행 동화'만이 완전 동화의 예에 속한다. 그러나 이 현상은 동화가 아닌 모음 탈락으로 해석하는 경우도 있어서 완전 동화에 속한다고 단정하기는 어렵다.

③ 용어 설명

'완전 동화'를 가리키는 용어는 피동화음이 동화음과 같아진다는 의미를 담고 있다. 이러한 의미를 '전부' 또는 '전체'가 동화된다고 표현하기도 하고 '완전'하게 동화된다고 표현하기도 한다. 한편 '동화'라는 용어는 동화 전체를 가리키는 포괄적인 것이므로 완전 동화만을 가리키기에는 불합리한 점이 있다. 이 용어를 사용한 川喜四男(1950)에서는 부분 동화는 유사해진다는 의미의 '유화(類化)'로 표현하고 완전 동화는 동일해진다는 의미의 '동화'로 표현하여 둘을 구분하고 있다.

④ 관련 항목

동화, 부분 동화

외파음

① 용어의 별칭

> **국어** 외파음[外破音](이숭녕 1939ㄴ, 橋本進吉 1948, 服部四郎 1951, 허웅 1958, 이기문 1962ㄴ, 日下部文夫 1962), 개방음(이숭녕 1939ㄴ, 원경식 1977, 이윤동 1983), 개방 분절[開放 分節](有坂秀世 1940), 외파열음[外破裂音](주왕산 1948, 황희영 1979, 이철수 1994), 급개음[急開音](寺川喜四男 1950), 외파열[外破裂](이숭녕 1954ㄴ), 터짐소리(허웅 1958), 개음[開音](김차균 1971), 완전파열음(정인섭 1973, 徐翰秀 1981), 열림소리(김차균 1974, 권재선 1992), 밖으로 터짐소리(황희영 1979), 개방 폐쇄음[開放 閉鎖音](정연찬 1980, 이철수 1994, 김영진 2000), 터뜨림소리(임용기 1986, 국립국어연구원 1996), 열린 소리(권재선 1992), 겉터침소리(류렬 1992, 김성근 1995, 고도흥 1998), 외파자음(김영진 2000), 외파 폐쇄음(신지영·차재은 2003), 상승 자음(이은정 2005)
> **영어** explosive, complete plosive

② 개념 설명

사전적 의미로는 조음 과정의 마지막 단계에서 공기를 밖으로 터뜨리는 자음을 가리킨다. 그런데 구체적으로는 세 가지의 서로 다른 쓰임이 존재한다. 우선 가장 일반적인 쓰임은 파열음의 조음 과정인 '폐쇄-지속-파열'의 세 단계를 모두 온전히 갖춘 음을 가리킨다.[75] 이러한 개념으로서의 '외파음'에 대립되는 것은 '미파음'이다. 미파음은 파열 단계가 생략된 파열음의 변이음을 가리킨다.

다음으로 '날숨'을 이용하여 내는 폐쇄음(stop)의 부류를 '외파음'이라고 하기도 한다. 날숨을 이용하는 폐쇄음에는 파열음(plosive)과 방출음(ejective)이 있다. 여기에 대립되는 개념은 '들숨'을 통해 발음되는 폐쇄음이 된다. 이런 과정을 거치는 폐쇄음은 내파음(implosive)과 흡착음(click)이다.[76]

이상의 두 가지 쓰임은 모두 폐쇄와 파열의 단계를 거치는 폐쇄음 부류에 국한된 것이다. '외파음'의 마지막 쓰임은 폐쇄음이 아닌 부류로 확대된 것인데, 자음의 원래 조음 과정을 온전히 갖춘 음을 가리킨다. 그래서 파열 단계와 무관한 파찰음이나 마찰음에 대해서도 원래의 조음 과정을 모두 거치면 '외파음'이라고 부르기도 한다.[77] 세 번째 용법은 그리 일반적이지는 않다.

③ 용어 설명

'외파음'을 가리키는 용어는 크게 네 부류로 나눌 수 있을 듯하다. 첫 번째는 '외파음, 외파열음, 외파열, 밖으로 터짐소리, 겉터침소리, 외파 자음, 외파 폐쇄음'과 같이 밖으로 터뜨린다는 원래 의미를 가장 충실하게 반영하는 용어이다. 두 번째 부류의 용어는 '급개음, 터짐소리, 완전파열음, 개방 폐쇄음, 터뜨림소리'와 같이 파열음을 가리키는 용어와 별반 차이가 없다. 세 번째 부류는 '개방음, 개방 분절, 개음, 열림소리, 열린 소리'에서 보듯 닫히지 않고 열리는 음이라는 의미를 담고 있다. 세 번째 의미는 파열음에만 국한되지는 않으므로 마찰음이나 파찰음과 같은 부류에 대해서도 사용할 수 있다.

이상의 세 계열은 비록 의미하는 바가 조금씩 다르지만 모두 자음의 조음 과정을 기준으로 한 용어들이다. 반면 '상승 자음'은 그 성격이 나머지와 전혀 다르다고 할 수 있다. 외파음은 보통 한 음절 내에서 모음 앞에 오는데 이때의 외파음은 음절 중심(봉우리)을 향해 올라간다고 할 수 있다. 이러한 취지를 담은 용어가 '상승 자음'이다.[78]

④ 관련 항목

내파음, 미파음, 미파화, 파열음, 폐쇄음

---

75) 외파음은 파열 과정이 이루어진다는 사실을 강조하기 위해 'p<, t<, k<'와 같이 파열음 표시 뒤에 '<'를 덧붙이는 경우가 많다. '<'는 막았던 공기를 터뜨려서 파열이 이루어진다는 의미를 담고 있다.

76) 국어 음운론에서는 '내파음'이라는 용어를 파열 단계가 생략되는 미파음의 의미로 자주 사용해 왔다. 이러한 용법의 문제점에 대해서는 '미파음' 항목을 참조할 수 있다.

77) 홍기문(1935)에서는 마찰음의 마찰 과정에 대해 그 발음이 온전하면 외찰(外擦), 그렇지 않으면 내찰(內擦)이라고 하여 구분하기도 했다.

78) '상승 자음'의 반대는 '하강 자음'이다. 실제로 외파음의 반대인 미파음에 대해 '하강 자음'이라는 용어를 사용하고 있다.

요음

① 용어의 별칭

국어 요음[拗音](최재익 1906, 최광옥 1908, 藥師寺知曨 1909, 魯璣柱 1924, 박승빈 1935ㄱ, 小倉進平 1937), 요음 부운[拗音 副韻](주시경 외 1907~1908), 부운[副韻](주시경 외 1907~1908), 복음[復音](魯璣柱 1924), 요모음[拗母音](前間恭作 1909), 음음[陰音](박승빈 1935ㄱ), 요음운[拗音韻](龜井孝 外 編 1996), 요개음[拗介音](차익종 2014)

② 개념 설명

성운학에서 운모의 맨 앞자리인 운두에 반모음 'j'가 오는 음들을 가리킬 때 사용하는 개념이다. 경우에 따라 운두의 반모음 'j'만 가리키기도 하고 운두의 'j'가 포함된 운모나 음절을 가리키기도 하지만 운두에 'j'가 온다는 사실에는 변함이 없다. 직음(直音)과 대립되는 개념이다. 이것을 '요음'이라고 부르는 이유는 'j'가 선행하는 중모음을 발음하는 중간에 입의 모양 또는 혀의 위치가 바뀌기 때문이다.[79] 이 개념을 현대 국어 연구에 활용하는 경우도 있는데 구체적인 쓰임새는 다양한 편이다.

> (가) 반모음 'j'를 가리키는 경우
> (나) 반모음 'j'로 시작하는 이중 모음을 가리키는 경우 예 야, 여, 요, 유
> (다) 반모음 'j'로 시작하는 이중 모음이 포함된 음절을 가리키는 경우 예 갸, 녀, 묘
> (라) 반모음을 가리키는 경우
> (마) 반모음으로 시작하는 이중 모음이 포함된 음절을 가리키는 경우 예 과, 갸

(가)~(다)는 전통적으로 요음에는 반모음 'j'가 개음으로 쓰인다는 사실을 반영하고 있으나 세부적으로는 차이가 있다. (가)와 같이 극단적으로 반모음 'j'만 요음이라고 보기도 하고 (다)와 같이 'j'로 시작하는 이중 모음이 들어 있는 음절 전체를 요음이라고 보기도 한다.[80] (나)의 경우 예전에는 '이' 선행 모음이라고 부르기도 했다.[81] 아무튼 (가)~(다)는 반모음 'j'의 존재를 전제한다는 점에서 공통적이다.

반면 (라)와 (마)는 반모음 자체를 가리키거나 반모음으로 시작하는 이중 모음이 들어 있는 음절을 요음으로 본다는 점에서 전통적인 용법을 확장한 것이라고 할 수 있다. 즉 반모음의 종류를 'j'로 국

---

79) 사실 모든 중모음(重母音)은 발음할 때 그 중간에 입의 모양이나 혀의 위치가 바뀌므로 정확한 용어라고 보기는 어렵다.

80) (다)와 같이 음절 전체를 요음이라고 할 경우에는 '요음절' 또는 '요음 음절'이라는 용어를 사용하기도 한다. 여기에 대립되는 개념은 '직음절'이다.

81) '이' 선행 모음이라는 용어 대신 "ㅣ' 선합음[先合音](김원우 1922), 복음[復音](鄭國采 1926), 'ㅣ' 복모[複母](천민자 1926), 'ㅣ' 복[複](천민자(1926), 'ㅣ' 선합 중모음[先合 重母音](박상준 1932), 경구개 가모음[硬口蓋 假母音](홍기문 1933), 구개음적 중성(정인승 1940ㄴ), 요음[拗音](주왕산 1948), 'ㅣ' 함음[合音](심의린 1949ㄴ), 'ㅣ' 먼저 섯근 모음(정경해 1953), 'ㅣ' 선합 모음[先合 母音](정경해 1953), 'ㅣ' 선행 중모음(이강로 1956ㄴ), 'ㅣ' 중모음(박홍길 1961), 요모음[拗母音](長田夏樹 1966), 'j' 상승 모음(최태영 1974), 'j' 선행 중모음(박갑수 1978), 'j'계 이중 모음(전광현 1983), 전설성 이중 모음(최임식 1984), 'ㅣ'가 앞선 겹소리(권재선 1992), 'ㅣ'를 앞세우는 'ㅣ'형 겹모음(류렬 1992), 'j'계 상향 이중 모음(권인한 1995), 'ㅣ' 선행 복모음(이은정 2005)'이라는 용어를 사용하기도 한다.

한하지 않고 'w'로 확대하여 (라)와 같이 모든 반모음을 가리키거나 (마)와 같이 반모음이 포함된 음절을 가리키는 것이다. (라)와 (마)처럼 요음의 개념을 확장할 경우 'j'와 관련된 요음 및 'w'와 관련된 요음을 구분할 필요성이 생긴다. 일본어 연구에서는 'j'와 관련된 요음을 요음 또는 개요음(開拗音)이라고 하고 'w'와 관련된 요음은 합요음(合拗音)이라고 부른다. 이것은 'j'와 'w'의 차이가 원순성과 관련되므로 성운학에서 원순성의 차이를 '개합(開合)'으로 표현하는 전통을 그대로 따른 결과이다.

③ 용어 설명

'요음'을 나타내는 용어들은 '요음, 요모음, 요음운, 요음 부운, 부운'과 같이 전통적 술어를 활용한 것들이 많다. '요음(拗音)'의 '요(拗)'는 앞에서도 지적했듯이 중모음을 발음할 때 입 모양이나 혀의 위치가 바뀌는 것을 가리킨다. '요음 부운, 부운'에서의 '부운'은 요음의 반대 개념인 직음을 '정운 (正韻)'이라고 표현하는 것과 대립되며, 직음에 비해 요음이 부차적인 존재임을 나타낸다고 할 수 있다. '요음' 계열에 속하지만 약간 차이가 나는 용어로 '요개음'을 들 수 있다. '개음(介音)'이라는 표현이 덧붙으면 'j'로 시작하는 이중 모음이나 그러한 이중 모음이 포함된 음절을 가리키지는 못한다. 이처럼 '요개음'이라는 용어는 개음으로 쓰인 'j'만 가리키는 데 국한된다고 할 수 있다.[82] '음음'은 직음과 요음의 대립을 '음양에 빗대어 표현한 용어이다.[83]

④ 관련 항목

개음, 직음

운모

① 용어의 별칭

> **국어** 운모(일반적 용법), 음운[音韻](박승빈 1931), 운[韻](일반적 용법, 이희승 1941, 築島裕 1964, 임동석 2004), 천성 [天聲](유창균 1965, 姜信沆 1991, 이돈주 2004), 성[聲](유창균 1965), 운류[韻類](河野六郎 1968, 이돈주 2004), 정성 [正聲](姜信沆 1991, 이돈주 2004), 운각[韻脚](박종희 1993ㄱ), 음절핵[音節核](이철수 1994), 자운[字韻](이병근·최명옥 1997), 각운[脚韻](조성문 2000)
>
> **영어** rhyme, final

② 개념 설명

성운학에서 한자음의 구조를 둘로 나눌 때 뒤에 오는 부분을 가리킨다. 음절의 구조로 보면 초성

---

82) 즉 앞서 제시한 요음의 여러 용법 중 (가)에 해당한다고 할 수 있다.
83) 여기에 따르면 직음은 '양음'이 된다.

을 제외한 나머지, 즉 '중성＋종성'에 해당한다. 초성에 해당하는 성모와 대립되는 개념이다. 음절을 성모와 운모로 나눈다는 것은 음절의 내부 구조를 소위 우분지 구조로 분석한다는 것을 의미한다.[84] 운모는 크게 '운두(韻頭), 운복(韻腹), 운미(韻尾), 성조'의 네 가지 구성 요소로 이루어진다.[85] 운두와 운미에는 음절 부음이 오고 운복에는 음절 주음이 온다. 성조는 소리의 고저를 나타내는 운소에 해당한다.

운모는 몇 가지 기준으로 하위 구분하는 경우가 많다. 일반적으로는 운미의 유형에 따라 서성운(舒聲韻)과 입성운(入聲韻)으로 나눈다.[86] 운미가 없거나 비음 또는 반모음 등 장애음을 제외한 나머지 음소가 운미에 오는 운모가 서성운이고 파열음과 같은 장애음이 운미에 오는 운모가 입성운이다.[87] 파열음이 운미에 오면 음절이 촉급하게 닫히므로 그 성조가 입성이 되고 그렇지 않으면 입성이 아닌 다른 성조가 된다. 그래서 이러한 음성적 특징을 고려하여 서성운과 입성운이라는 용어를 사용한다. 서성운은 다시 양성운(陽聲韻)과 음성운(陰聲韻)으로 세분하기도 한다. 양성운은 비음이 운미에 오는 운모이고, 음성운은 자음이 운미에 오지 않는 운모이다.[88]

운모는 구성 요소의 수에 따라서도 분류가 가능하다. 운복으로만 이루어진 것을 단운모(單韻母), 운두나 운미에 반모음이 오는 경우를 복운모(複韻母),[89] 운미에 비음이 오는 것을 비운모(鼻韻母)라고 한다. 이 외에 운모의 성조에 따라 평성운(平聲韻)과 측성운(仄聲韻)을 나누기도 한다. 평성운은 말 그대로 성조가 평성인 운모이고 측성운은 평성 이외의 성조를 지닌 운모이다.[90] 평성운과 측성운은 전통적으로 한시에서 율격을 맞추는 것과 밀접한 관련이 있다.

③ 용어 설명

'운모'를 가리키는 용어는 '운모, 운, 운류, 자운'와 같이 성운학에서 전통적으로 사용하던 것도 있고 '음절핵'과 같이 현대 언어학적인 개념으로 대신한 것도 있다. 이 외에 '천성, 정성'처럼 성모와 운모의 대립을 '천지' 또는 '성음'의 관계로 표현한 용어도 존재한다.[91] '운각, 각운'은 한시 등에서 운(韻)을 맞추는 대상을 가리키는 용어이다. 운을 맞춘다는 것은 운모가 같도록 하는 것이므로 이러한 사실을 고려하여 운모를 '운각, 각운'이라고 부른 것이다.[92]

---

84) 자세한 것은 '음절' 항목을 참고할 수 있다.
85) '운두'는 '개모(介母)' 또는 '개음(介音)' 등 여러 가지 용어로 불리기도 한다. 운두는 성모와 운복 사이에 끼어 있기 때문에 이러한 용어를 사용한다. 자세한 것은 '개음' 항목을 참고할 수 있다. '운미'는 드물지만 '수성(收聲)'이라고 하기도 한다. '수성'은 운미가 한자음의 가장 뒷부분에 놓이므로 한자음을 마무리 짓는 음이라는 의미를 담고 있다.
86) 龜井孝 外 編(1989)에서는 '서성운'과 '입성운'을 각각 '평운(平韻, normal rhyme)'과 '촉운(促韻, checked rhyme)'이라고 했다.
87) 파열음을 제외한 장애음이 운미에 올 경우 입성운으로 볼 것인지의 문제는 다소 불확실한 면이 있다. 특히 마찰음은 운미에 오더라도 해당 음절이 촉급하게 끝나지 않으므로 이런 경우를 입성운이라고 보기는 어렵다. 다만 중국어와 한국 한자음에서 파열음을 제외한 장애음이 운미에 오는 경우는 없으므로 이로 인한 실제적 혼란이 생기지는 않는다.
88) 운미에 장애음이 오는 입성운과 비교하면 양성운은 운미에 공명음이 놓인다고 볼지도 모른다. 그러나 중국어의 경우 유음이 운미에 오는 경우는 없기 때문에 양성운의 운미에 오는 자음은 비음으로 국한되어 있다. 한국 한자음은 유음이 운미에 올 수 있지만 그런 경우는 모두 역사적으로 'ㄷ'로 끝나는 입성운에서 바뀐 것이므로 양성운 대신 입성운으로 분류된다.
89) 심소희(1999)에 따르면 반모음이 운복 뒤에 오면 전향 복운모, 반모음이 운복 앞에 오면 후향 복운모, 반모음이 운복 앞뒤로 오면 중향 복운모라고 한다.
90) 평성과 측성의 구별에 대해서는 '성조' 항목에서 좀 더 자세히 다룬다.
91) 이 외에 '음운'은 '음질'과의 대비를 반영하는데, 자세한 것은 '성모' 항목을 참고할 수 있다.

④ 관련 항목

　성모, 음절, 종성, 중성

운소

① 용어의 별칭

국어 운소[韻素](장태진 1958, 國立國語研究所 1960, 이기문 1961ㄱ, 허웅 1968ㄱ, 橋本萬太郎 1973ㄱ), 운율소[韻律素]
(金田一春彦 1967, 小泉保・牧野勤 1971, 林榮一・間瀨英夫 譯 1978, 백두현 1983, 이은영 1983, 곽창석 1986), 겹친 음소(허웅
1968ㄱ), 운율 음소[韻律 音素](허웅 1968ㄱ, 유구상 1971, 橋本萬太郎 1973ㄱ, 日本音聲學會 編 1976, 김종훈 1990), 얹힘
음운(배양서 1969ㄴ), 이차 음소(유구상 1971, 林榮一・間瀨英夫 譯 1978), 얹힘 음소(허웅・박지홍 1971, 김영송 1974),
운율 음운(허웅・박지홍 1971), 악센트소(橋本萬太郎 1973ㄱ), 액센트(이병근 1986), 운율(이현복 1974ㄴ, 김완진 1990,
정명숙 2002ㄱ), 초분절 음소[超分節 音素](신상진 1977, 이상신 1983, 조현숙 1985, 龜井孝 外 編 1996), 운율 음소(조현숙
1985, 신경철 1990), 얹침 음운(조현숙 1985), 상가음소[上加音素](최중호 1984, 조현숙 1985, 이재일 2004), 겹침 음소
(조현숙 1985), 초분절음[超分節音](이철수 1994, 배주채 1996ㄱ), 운율적 요소[韻律的 要素](배주채 1996ㄱ, 이문규
2004), 운율적 음소[韻律的 音素](龜井孝 外 編 1996), 뜨내기 소리 바탕(이문규 2004), 덧씌움 음소(이은정 2005),
악음소[樂音素](이은정 2005)

영어 prosodeme, prosodic phoneme

---

② 개념 설명

　음운을 두 부류로 나눌 때 '장단, 고저, 강약' 등과 같은 초분절음을 가리킨다.[93] 예전에는 '연접'
도 운소에 포함하는 경우가 있었다.[94] 분절음에 해당하는 '음소'와 더불어 음운을 이룬다. 자세한
설명은 '음운, 초분절음' 항목을 참고할 수 있다.

③ 용어 설명

　'운소'를 가리키는 용어는 그 성격에 따라 다음의 네 부류로 나눌 수 있다.

　　(가) 운소, 운율소, 운율, 운율 음소, 악음소
　　(나) 겹친 음소, 얹힘 음운, 얹힘 음소, 초분절 음소, 초분절음, 상가음소, 겹침 음소,

---

92) '운각, 각운'은 모두 음절의 뒷부분을 가리키기도 하므로 운모가 성모보다 뒤에 놓인다는 점을 고려한 용어라고 할 수도 있다.
93) '운소'와 '초분절음'을 서로 다른 개념으로 구분하는 경우도 없지는 않다. 가령 이문규(2004)에서는 초분절음을 음성적인 차원
　으로 국한하고, 이것이 변별적 기능을 가질 때 운소가 된다고 했다.
94) '연접'에 대해서는 별도의 항목이 마련되어 있다.

덧씌움 음소

(다) 이차 음소, 뜨내기 소리 바탕

(라) 악센트소, 액센트

(가)는 운소가 장단, 고저 등과 같은 운율적 요소에 해당한다는 의미를 담고 있다. (나)는 운소가 분절음인 음소에 얹혀서 실현된다는 특징을 반영한 용어이다.[95] 수적으로 매우 많은 편이다. (다)는 분절음인 음소를 '일차 음소' 또는 '본디 소리 바탕'이라고 보고, 이에 비해 초분절음인 운소는 '이차 음소' 또는 '뜨내기 소리 바탕'이라고 표현한 것이다.[96] (다)는 운소가 부차적인 요소라고 인식한 용어들이다. (라)는 악센트의 개념을 상당히 넓게 사용한 것이다. '악센트' 항목에서 언급하겠지만 '악센트'는 다양한 용법을 지니는데 (라)에서는 '악센트'를 '운소'와 동일한 개념으로 사용하고 있다.

④ 관련 항목

악센트, 음소, 음운, 초분절음

원순 모음

① 용어의 별칭

국어 축구자[縮口字](『四聲通解』), 입술둥글홀소리(김두봉 1922), 합모음[合母音](천민자 1926), 둥근소리(최현배 1929), 원음[圓音](최현배 1929, 홍기문 1933), 순적 모음[脣的 母音](金田一京助 1932), 둥근홀소리(최현배 1937ㄱ, 이영철 1948, 허웅·박지홍 1971), 원구 모음[圓口 母音](최현배 1937ㄱ, 이영철 1948, 심의린 1949ㄴ, 寺川喜四男 1950), 원순 모음[圓脣 母音](有坂秀世 1940, 服部四郎 1951, 이숭녕 1956ㅁ, 정인승 1956ㄴ, 박팔회 1957, 太田朗 1959), 원순음[圓脣音](이극로 1941, 주왕산 1948, 최현배 1959ㄱ, 奧村三雄 1972), 원모음[圓母音](新村出 1943), 둥굴음의 소리(김윤경 1948ㄱ), 입술둥근소리(정인승 1949ㄱ, 허웅 1958, 박정수 1999), 입술둥근홀소리(정인승 1956ㄴ, 허웅·박지홍 1971, 박지홍 1975), 순모음[脣母音](최학근 1958, 유창돈 1959ㄴ, 日本音聲學會 編 1976, 최전승 1985), 입술오므리는 소리(최현배 1959ㄱ), 입오므리는 소리(최현배 1959ㄱ), 원축음[圓蹙音](최현배 1959ㄱ), 둥근입술소리(최현배 1959ㄱ, 허웅·박지홍 1971, 성원경 1978), 둥근입술홀소리(최현배 1959ㄴ, 황희영 1979), 입오므림소리(이탁 1961), 원순 원음[圓脣 元音](董同龢 1972, 日本音聲學會 編 1976), 환구 모음[丸口 母音](日本音聲學會 編 1976), 원순홀소리(김영송 1977ㄱ), 둥근입술모음(김성근 1987, 이현복 1989, 류렬 1992), 오무린 모음(김수길 1991, 이현복 1997), 둥근모음

----

95) (나)의 용어 중 '초분절 음소, 초분절음'은 분절이 되지 않는다는 의미로도 해석된다. 자세한 것은 초분절음 항목을 참고할 수 있다.

96) 이것은 L. Bloomfield가 분절음인 음소를 primary phoneme, 초분절음인 운소를 secondary phoneme이라고 한 것을 번역한 결과이다.

(이현복 1991, 류렬 1992, 김성근 1995, 이호영 1996), 입술 모음(김성근 1995), 두입술 홀소리(김영선 2002ㄱ), 원순
모음소(최명옥 2004)

영어 round vowel, rounded vowel

② 개념 설명

단모음(單母音)을 입술 모양에 따라 분류할 때 입술을 동그랗게 오므려 발음하는 부류를 가리킨
다. 원순 모음에 반대되는 부류로는 평순 모음이 있다.[97] 현대 국어는 10개의 단모음 체계를 기준
으로 할 때 총 4개의 원순 모음인 '우, 오, 위, 외'가 존재한다. 저모음 계열이면서 원순 모음인 경우
는 없다. 이는 입을 많이 벌릴 경우 입술을 둥글게 오므리는 것이 조음적으로 용이하지 않다는 사
실과 관련된다.[98] 현실 발음에서는 '위, 외'가 이중 모음 'wi, we'로 발음되고 있어서 현대 국어에서
확고하게 원순 모음의 지위를 유지하는 것은 '우'와 '오'밖에 없다.

입술의 원순성은 여러 가지 동작을 통해 실현된다. 여기에 따라 원순성의 종류가 구분되기도 한
다.[99] 가령 日本音聲學會 編(1976)에서는 입술을 상하 방향으로 오므려 형성하는 원순성은 'outer
rounding', 입술을 좌우로 오므려 형성하는 원순성은 'inner rounding'이라고 하고 있다.[100] 이처럼 원
순성을 구분하는 가장 일반적인 방식은 입술을 상하 또는 좌우 중 어느 방향으로 오므리는지와 관
련이 있다. 여기에 입술의 돌출 정도가 더해지면서 원순 모음이라고 하더라도 원순성의 정도는 조
금씩 차이를 보이게 된다.[101] 상하, 좌우로의 오므림이 모두 일어나면서 입술도 앞으로 많이 내밀
면 원순성의 정도는 가장 커진다. 반면 원순성과 관련된 동작들이 적을수록 원순성은 작아진다. 국
어의 경우 장지영(1937)에서 입술을 크게 둥글리는 것(오, 외)과 작게 둥글리는 것(우)을 구분한 적이
있고 김영송(1975)에서도 원순 모음들 사이의 원순성 차이를 세밀하게 구분한 적이 있으나 이러한
차이를 음운론적으로 의미 있게 활용하는 단계까지 나아가지는 못했다.

③ 용어 설명

'원순 모음'을 가리키는 용어는 입술을 동그랗게 오므린다는 사실의 표현 방법이 다양하여 여러
가지 용어의 변이형이 존재한다.

(가) 둥근소리, 원음, 둥근홀소리, 원모음, 둥글음의 소리, 둥근모음

---

97) 원순 모음이나 평순 모음과 구별되는 제삼의 부류로 입술 모양이 중립적(neutral)인 모음을 설정하기도 한다. 그러나 중립적인
　　모음은 평순 모음에 소속시켜 '원순 : 평순'의 이원적 대립만 인정하는 경우가 일반적이다.
98) 이러한 음성학적 원인이 있기 때문에 언어 보편적으로도 원순 저모음의 수는 적다. 'http://phoible.org/'에 따르면 조사가 이루
　　어진 2,100여 개의 언어 중 후설 원순 저모음인 'ɒ'는 39개 언어에서만 나타나며 전설 원순 저모음인 'ɶ'는 1개 언어에서만
　　나타나는 것으로 되어 있다.
99) 원순성의 종류에 대해서는 Laver(1994)에서 자세히 언급하고 있다.
100) 'outer rounding'은 전설 계열의 원순 모음과 관련되고 'inner rounding'은 비전설 계열의 원순 모음과 관련된다고 한다.
101) 혀의 높낮이도 원순성 정도에 영향을 미친다고 알려져 있다. 혀의 높낮이가 높을수록 동일 조건에서 원순성의 정도는 커진다.

(나) 순적 모음, 순모음, 입술 모음, 두입술 홀소리

(다) 입술둥글홀소리, 원구 모음, 원순 모음, 원순음, 입술둥근홀소리, 둥근입술소리, 원순 원음, 환구 모음, 원순홀소리

(라) 축구자, 입술오므리는 소리, 원축음, 입오므림소리, 오무린 모음

(마) 합모음

   (가)는 단순히 '둥글다'라는 의미만 담고 있고 (나)는 '입술을 이용한다'는 의미만 담고 있다. 원순 모음은 입술을 둥글게 하는 모음이므로 (가)와 (나)의 의미가 합쳐질 때 온전해지는데, (다)가 그러한 용법을 지닌 용어들이다. (라)는 원순 모음의 경우 입술이 단순히 둥근 것에서 그치는 것이 아니고 입술을 오므린다는 측면을 중시한 용어이다. 음성학적으로 본다면 (라)가 원순 모음의 취지를 가장 잘 드러낸다고 할 수 있다. (마)는 전통적인 성운학에서 원순 모음과 평순 모음의 차이를 '개합(開合)'의 측면에서 표현하던 것을 그대로 이어받은 용어이다.

④ 관련 항목

   단모음¹, 평순 모음

원순 모음화

① 용어의 별칭

국어 순편 원리[脣便 原理](幸田寧達 1941), 순음화[脣音化](河野六郎 1944, 허웅 1958, 이기백 1964, 이병근 1967ㄱ), 'ㅡ' 모음의 'ㅜ' 모음화(이희승 1955, 김형규 1961ㄱ), 후설 모음화(유창돈 1961ㄴ, 김한수 1988), 순음 동화(이기백 1964), 원순화[圓脣化](이숭녕 1971, 이기문 1977ㄱ, 김경훈 1982), 원순음화[圓脣音化](朴甲洙 1978, 김성화 1992, 이윤동 1993, 이철수 1994), 원순 모음화[圓脣 母音化](남광우 1959ㄴ, 이숭녕 1959ㄱ, 이은정 1969), 둥근홀소리 되기(이은정 1969, 정영주 1985, 박정수 1999), 입술소리 되기(최현배 1970, 유재원 2003), 입술둥근홀소리 되기(유구상 1971), 원순 모음화 현상(남광우 1974, 곽충구 1985), 순모음화[脣母音化](오종갑 1975, 도수희 1985ㄴ, 조창규 1994), 둥근입술소리 되기(박덕철 1993), 원순성 동화(석주연 1996), 뒤둥근홀소리 되기(이근영 1998), 두입술소리 되기(김영선 2002ㄱ), 원순 모음소화(최명옥 2004, 최창원 2006, 이금화 2007), 둥근모음 되기(서상규·박석준 2005), 원순음소화(하신영 2010)

영어 labialization, vowel rounding

② 개념 설명

   개념상으로는 평순 모음이 원순 모음으로 바뀌는 일련의 현상을 가리킨다. 원순 모음화가 적용되면 혀의 전후 위치나 높이는 변하지 않고 입술 모양만 바뀐다. 원순 모음화는 인접한 음소의 특

318

징에 닮아 가는 동화에 속한다. 이때 동화음의 성격에 따라 몇 가지 부류가 나뉜다. 대체로 자음에 의한 동화와 모음에 의한 동화로 구분할 수 있다.[102] 자음에 의한 동화는 양순음에 인접한 '으'가 '우'로 바뀌는 변화이다.

> (가) 양순음 뒤에서 '으'가 '우'로 바뀌는 변화 예 믈>물, 플>풀
> (나) 양순음 앞에서 '으'가 '우'로 바뀌는 변화 예 어듭다>어둡다

(가)는 가장 대표적인 원순 모음화의 사례이다. 선행하는 양순음의 특성에 닮아서 평순 모음 '으'가 원순 모음 '우'로 바뀐다. 이 현상은 17세기 무렵부터 나타나며 상당한 세력을 가지고 적용되었다. 형태소 내부의 경우 원순 모음화에 의해 재구조화가 완료되었다. 다만 형태소 경계 사이에서 일어나는 원순 모음화는 현재 표준 발음으로는 인정하지 않는다.

(가)와 동일한 성격의 원순 모음화로 양순음 뒤에서 일어난 'ᄋ>오'를 들 수 있다. '파리, 밟다' 등의 단어가 일부 방언에서는 '포리, 볾다' 등으로 나타난다. 이러한 원순 모음화는 남북의 양 극단에 위치한 방언에서 주로 보인다. 'ᄋ>오'는 'ᄋ'가 소멸하기 전 'ᄋ'와 원순성에 의해 대립되던 모음이 '오'였기 때문에 일어날 수 있었다.

(나)는 양순음 앞에서 '으'가 '우'로 바뀌었다는 점에서 (가)와 비교해 동화음과 피동화음의 위치가 뒤바뀌었다.[103] 그래서 (가)를 순행 원순 모음화, (나)를 역행 원순 모음화로 구별하기도 한다. (나) 역시 (가)와 동일하게 'ᄋ>오'의 변화를 보이는 사례가 있다. 가령 '스매>소매, 늡>놉'이 그러하다.

이처럼 (가)와 (나)는 여러 가지 면에서 동질적인 측면이 많다. 그러나 (가)와 (나)가 동일한 현상이라고 단정할 수는 없다. (가)는 매우 강한 세력으로 적용되었지만 (나)는 소수 변화에 불과하다. 또한 (가)에 속하는 'ᄋ>오'는 적용되는 방언이 남북의 극단에 위치하고 있다는 점에서 다른 방언과 명확히 구분되지만 (나)에 속하는 'ᄋ>오'는 그러한 방언 분포상의 특성이 보이지 않는다. (나)는 (가)와 달리 형태소 경계 사이에서는 적용되지 않는다는 특징도 있다.

모음에 의한 원순 모음화는 원순 모음에 인접한 평순 모음이 원순 모음으로 바뀌는 변화이다. 이 현상은 이미 중세 국어 시기부터 존재하고 있었다.

> (다) 그울다~구울다, ᄌ올다~조올다, 그위~구위, 도ᄅ혀~도로혀, 노ᄅ~노로

---

102) 자음에 의한 원순 모음화와 모음에 의한 원순 모음화를 용어로써 구별하기도 한다. 가령 자음에 의한 동화는 일반적으로 '원순 모음화'라고 하지만, 모음에 의한 원순 모음화는 '원순성 동화(석주연 1996), 원순 모음 동화(백두현 2005)' 등으로 다르게 부르는 경우가 있다.

103) '어듭다>어둡다'는 후행하는 '양순음'에 의한 동화로 보지 않는 경우도 있다. 석주연(1996)에서는 '어듭다'가 모음으로 시작하는 어미와 결합하면 '어드우며, 어드운, 어드워'로 나타나기 때문에 후행하는 '원순 모음' 또는 '원순성 반모음'에 동화된 것이라고 보고 있다. 이러한 차이는 '어듭-' 뒤에 자음으로 시작하는 어미가 올 때의 형태를 기준으로 할 것인지, 모음으로 시작하는 어미가 올 때의 형태를 기준으로 한 것인지에서 비롯된다.

(다)에서 볼 수 있듯이 중세 국어 시기에는 원순 모음화가 적용된 형태와 그렇지 않은 형태가 공존하고 있었다. 이러한 원순 모음화는 후행하는 원순 모음에 동화되는 경우가 많지만 '노ᄅᆞ>노로'와 같이 선행하는 원순 모음에 동화되는 경우도 없지는 않다. 현대 국어의 방언에서도 문법 형태소의 두음 '으'가 선행하는 원순 모음에 동화되는 현상이 존재하는 것으로 보고되고 있다.[104)]

한편 'ㅸ'의 변화에 의해 나타나는 형태를 원순 모음화에 포함하는 경우가 있다. 예를 들어 'ᄫᆞ, ᄫᅳ, ᄫᅡ, ᄫᅥ'가 각각 '오, 우, 와, 워'로 바뀌는 변화가 원순 모음화라는 것이다. 이 중 'ᄫᆞ, ᄫᅳ'가 축약되어 '오, 우'로 바뀌는 것은 변화의 결과 원순 모음이 되었으므로 원순 모음화로 볼 여지가 없지 않다. 그러나 'ᄫᅡ, ᄫᅥ'가 '와, 워'로 바뀐 것은 'ㅸ'이 'w'로 변한 결과로서, '와, 워'는 원순성 반모음을 포함할 뿐 원순 모음이라고 볼 수는 없으므로 원순 모음화라고 부르기 어려워 보인다.

③ 용어 설명

'원순 모음화'를 가리키는 용어는 원순 모음으로 바뀐다는 의미를 공통적으로 담고 있다. 다만 '원순 모음'을 가리키는 용어가 다양함으로써 용어의 변이형들이 존재할 뿐이다. '순음화, 순음 동화'는 원순 모음을 '순음' 계열로 표현한 것이고 '원순화, 원순음화, 원순성 동화, 둥근홀소리 되기, 둥근 모음 되기, 뒤둥근홀소리 되기' 등은 원순 모음을 '원순 모음' 계열로 표현한 것이다. 이와 달리 '후설 모음화'는 원순 모음을 지칭하는 직접적인 표현이 포함되지 않았다는 점에서 다른 용어와는 구별된다. '후설 모음화'라는 용어는 '으'를 중설 모음으로 설정하는 입장에서 '으'가 '우'로 바뀌면 중설 모음이 후설 모음으로 변한다고 해석하고 사용한 것이다. 그러나 이 용어는 원순 모음화가 원순성과 관련된 음운 현상임을 드러내지 못한다는 점에서 적절한 용어라고 볼 수는 없다.

④ 관련 항목

동화, 양순음, 원순 모음, 평순 모음

104) 가령 '죽으니'가 '주구니', '술을'이 '수룰'로 발음되는 경우가 있다. 자세한 것은 정철(1991), 곽충구(1994) 등을 참고할 수 있다.

원음소

① 용어의 별칭

국어 원음운[原音韻](木坂千秋·郡司利男 譯 1957, 지춘수 1964, 日本音聲學會 編 1976), 원음소[原音素]
(太田朗 1959, 이기문 1961ㄴ, 허웅 1968ㄱ, 정연찬 1980, 龜井孝 外 編 1996), 중화 음소(김차균 1979), 중화 음운(기세관
1981), 중성화형(김성근 1995), 원형태 음소[原形態 音素](龜井孝 外 編 1996), 대음소(김차균 2007)
영어 archiphoneme

② 개념 설명

대립하고 있던 두 음소가 중화되었을 때 중화된 위치에서 나타나는 음소를 가리킨다. 원음소는 대립하던 두 음소의 공통 자질로만 이루어졌다고 본다. 가령 유성성 자질에 의해서만 대립하던 유성음과 무성음이 중화를 일으킨다면 이때 나타나는 원음소는 유성성 자질을 제외한 나머지 자질로만 표시된다. 여기서 원음소의 추상성 문제가 생겨날 수밖에 없다. 원음소가 대립하던 두 음소의 공통 자질로 이루어졌다는 것은 원음소 자체만으로는 표면에 실현될 수 없음을 의미한다. 적어도 표면에 존재하는 음소는 해당 언어의 변별적 자질들에 대해 구체적 값을 가져야 하는데, 원음소는 중화를 일으킨 두 음소의 공통 자질 이외의 자질은 어떠한 값도 가질 수 없으므로 실재할 수 있는 음소라고 보기 어려운 것이다.[105]

이러한 상황은 중화가 매우 가깝고 긴밀한 대립을 이루는 음소 사이에서만 일어난다는 점과 밀접한 관련이 있다. 만약 중화가 공통적 속성을 적게 지니는 매우 먼 관계의 음소 사이에서 일어난다면 그 결과로 나타나는 원음소도 매우 적은 수의 공통 자질로만 이루어질 수밖에 없다. 원음소를 이루는 공통 자질이 적으면 적을수록 그것은 극도로 추상적이고, 실재하는 분절음과는 거리가 먼 형태가 될 수밖에 없다. 그런 점에서 중화가 공통점을 많이 공유하는 가까운 음소들 사이에서 일어나는 것은 필연적이다. 아무튼 원음소의 추상성 때문에 원음소를 해당 언어의 음소 체계에 포함할지의 문제, 더 근본적으로는 원음소를 전제하는 중화 개념을 그대로 유지할 수 있는지의 문제 등은 논란이 계속 이어지고 있다.[106]

사실 중화 자체에 대한 논의는 적지 않게 이루어졌지만 원음소에 대한 논의는 상대적으로 구체적 논의가 이루어지지 못했다. 중화에 대해 언급하면서도 원음소 목록에 대해서는 따로 논의하는 경우가 적다는 점, 원음소와 기존 음소의 관계에 대한 논의가 부족하다는 점 등이 모두 이러한 사정을 잘 말해 준다. 원음소가 구체적 음성으로 실현되는 과정이 정밀하지 못한 점도 마찬가지이다.[107] 보통 원음소가 음성으로 실현될 때 무표적인 음성으로 실현된다고 보지만 이것은 다른 보통

---

105) 龜井孝 外 編(1996)에서 원음소를 '가공적이고 일시적인 음소'라고 한 것은 이러한 측면을 고려한 결과이다.
106) 특히 국어의 음절 종성에서 일어나는 평파열음화가 그러하다. 자세한 것은 '중화'와 '평파열음화' 항목을 참고할 수 있다.
107) 원음소가 구체적으로 실현된 음성을 국내에서는 '합류음(문곤섭 1981), 중화음(민원식 1982, 백두현 1983)' 등으로 부른 적이 있다. 이 용어들은 모두 '애'와 '에'가 중화된 모음을 가리키는 데 사용했다.

의 음소가 변이음으로 실현되는 과정과는 상당히 성격이 다르다. 일반적인 음소는 음운론적 조건에 따라 변이음으로 실현되지만 원음소가 음성으로 실현되는 것은 그렇지가 못하다.

③ 용어 설명

'원음소'를 나타내는 용어는 '원음운, 원음소,[108] 원형태 음소'처럼 'archiphoneme'을 직역한 것과 '중화 음소, 중화 음운, 중성화형'처럼 중화와 관련된다는 사실을 구체화한 것으로 나눌 수 있다. 전자는 원음소가 대립하던 두 음소의 공통 자질로 이루어졌다는 사실을 '원(原)'이라는 의미로 표현하고 있다. 후자는 원음소가 중화에 의해 나타난 사실을 중시하고 있다. 한편 '대음소'는 아무런 의미가 제시되어 있지 않아서 정확한 취지를 확인하기 어렵다.

④ 관련 항목

대립, 변별적 자질, 중화

위치 동화

① 용어의 별칭

> [국어] 조음 위치 동화(양동휘 1967, 정국 1984, 김무림 1992), 위치 동화(김차균 1974, 이승재 1980, 김기호 1990), 변자음화(이용호 1985, 김규남 1987, 이상억 1990),[109] 동일 조음점 규칙(박영순 1983), 조음점 동화(전상범 1985ㄱ, 곽동기 1992, 김경란 1993), 끝소리 자리 옮기기(허웅 1985ㄱ, 신연희 1991, 이근명 1997ㄱ), 끝소리의 자리 옮기기(허웅 1985ㄴ, 이강로 1998, 이근영 1999), 조음처 동화(김이영 1986), 조음 장소 동화(김경란 1990, 손형숙 1996), 변음화(정철 1991), 자리 동화(김성련 1992ㄴ), 강도 동화(김차균 1992ㄱ), 위치 동화(강옥미 1994ㄱ, 정국 1994, 유필재 2000), 닿소리의 강도 동화(이근열 1997ㄱ), 자리 닮음(권재일·고동호 2004), 조음 위치 닮기(리의도 2005)
>
> [영어] place assimilation, peripheralization[110]

② 개념 설명

음절 종성에 놓인 자음의 조음 위치가 후행하는 자음의 조음 위치에 닮아 가는 음운 현상을 가리킨다.[111] 조음 위치만 바뀌기 때문에 조음 방식은 그대로 유지된다. 그래서 유음은 위치 동화의

---

108) '원음소'라는 용어를 중화와 직접적인 관련이 없는 맥락에서 사용하는 경우도 있다. 김진우(1970ㄱ)에서는 '원음소'를 'underlying phoneme'이라고 하여 기저형을 이루는 분절음, 곧 형태 음운에 해당하는 음을 가리키는 데 쓴 적이 있다.

109) '변자음화'라는 용어는 1970년대부터 쓰였지만 처음에는 이 용어가 위치 동화와 동일한 의미를 지니지는 않았다. 자세한 사정은 뒤에서 따로 언급한다.

110) 'peripheralization'은 '변자음화'에 대응한다. 그런데 뒤에서 살피겠지만 '변자음화'는 위치 동화와 동일한 개념이라고 볼 수 없다. 몇몇 논의에서 위치 동화를 'peripheralization'이라고 하지만 타당한 용어라고 하기는 어렵다.

111) 이혁화(2002ㄱ)에서는 반모음 'w'가 후행하는 단모음 '이'나 선행하는 경구개음에 동화되어 'ɥ'라는 변이음으로 실현되는 것

적용을 받지 않는다. 국어의 유음은 오로지 치조음에만 존재하므로 조음 방식을 유지한 채 조음 위치만 달라진다는 것은 있을 수가 없다.

국어 자음의 조음 위치는 다섯 가지가 구분된다. 그러므로 이론상 위치 동화의 동화음과 피동화음은 다섯 가지가 가능하다. 그러나 실제로는 동화음과 피동화음이 각각 두 가지로 제한된다. 동화음의 경우 양순음과 연구개음만 가능하다. 피동화음으로는 치조음과 양순음만 가능하다. 피동화음의 경우 음절 종성에 놓이며 음절 종성에서는 경구개음이나 후음이 발음되지 못하므로 가능한 후보가 양순음, 치조음, 연구개음의 세 가지에 불과하다. 그런데 그중 연구개음은 피동화음으로 작용하지 않는다.

이처럼 국어의 자음 동화는 동화음과 피동화음의 종류가 제한될 뿐만 아니라 동화 양상에서도 상당한 비대칭성이 존재한다. 치조음은 위치 동화의 피동화음으로만 작용하며, 반대로 연구개음은 위치 동화의 동화음으로만 작용한다. 양순음은 치조음에 대해서는 동화음이 될 수 있지만 연구개음에 대해서는 항상 피동화음만 된다. 이 때문에 치조음, 양순음, 연구개음 사이에 음운론적 강도를 설정하여 치조음은 가장 약하므로 피동화음만 되고 연구개음은 가장 강하므로 동화음만 된다고 해석하기도 한다. 또한 양순음은 중간 정도의 강도를 지녀서 더 약한 자음인 치조음은 동화를 시키고 더 강한 자음인 연구개음에는 동화를 입는다는 것이다.[112]

국어의 위치 동화 예로는 다음을 들 수 있다.

> (가) 안+방 → 암빵, 웃+보다 → 웁뽀다
> (나) 한+강 → 항:강, 듣+고 → 득꼬
> (다) 밥+과 → 박꽈, 담+고 → 당:꼬

(가)는 치조음이 양순음에, (나)는 치조음이 연구개음에, (다)는 양순음이 연구개음에 위치 동화된 경우이다. (가)~(다)의 세 가지 위치 동화는 두 개의 하위 규칙으로 분류하는 것이 일반적이다. 그런데 분류 방식이나 각 부류의 명칭 부여는 논의에 따라 차이를 보인다.

	(가)	(나)	(다)	대표 논저
(ㄱ)	변자음화[113]		후부 변자음화[114]	이병근(1977)
(ㄴ)	전부 변자음화[115]	후부 변자음화		이상억(1990)
(ㄷ)	양순음화[116]	연구개음화		최명옥(1982)
(ㄹ)	변자음화		연구개음화	최태영(1983)

을 위치 동화라고 보기도 했다. 'w'가 인접한 음들의 조음 위치에 동화되어 'ɰ'로 바뀐 것은 맞지만 음소 사이의 변동이 아니라서 일반적으로는 위치 동화에 포함하지 않는다.

112) 그러나 위치 동화가 약한 위치인 음절 종성에 놓인 자음에 적용된다는 점을 감안하여 조음 위치의 강도를 정반대로 설정하는 경우도 있다. 즉 음절 종성은 더 약한 자음이 오는 자리이므로 위치 동화의 출력형이 입력형보다 음운론적 강도가 더 낮다는 것이다. 여기에 따르면 피동화음으로만 쓰이는 치조음은 오히려 음운론적 강도가 가장 강하고 동화음으로만 쓰이는 연구개음은 음운론적 강도가 가장 약하다. 자세한 것은 이혁화(1999)를 참고할 수 있다.

(ㄱ)은 중자음인 치조음이 변자음인 양순음과 연구개음으로 바뀌는 위치 동화를 변자음화로 묶고, 앞쪽에서 발음되는 변자음인 양순음이 뒤쪽에서 발음되는 변자음인 연구개음으로 바뀌는 위치 동화를 후부 변자음화로 설정한다. (ㄴ)은 변자음 중 앞쪽에서 나는 전부 변자음(양순음)으로 바뀌는 위치 동화와 뒤쪽에서 나는 후부 변자음(연구개음)으로 바뀌는 위치 동화를 구분한다. (ㄱ), (ㄴ)은 모두 변자음과 중자음의 구분을 중시한다는 점에서 공통적이다.

(ㄷ)은 중자음과 변자음의 구별과 무관하게 분류를 하고 있다는 점에서 (ㄱ), (ㄴ)과는 차이가 있다. 그러나 (가)를 별도의 부류로 분리하고 (나), (다)를 한 부류로 묶는다는 점에서는 (ㄴ)과 동일하다. (ㄷ)은 변자음과 중자음 대신 양순음, 연구개음의 개념을 활용하고 있다. (ㄹ)은 분류 방식은 (ㄱ)을 따르면서도 명칭 중 일부는 (ㄷ)과 동일하다는 점에서 특이하다.

위치 동화에 속하는 (가)~(다)의 하위 분류 방식에서 보면 (ㄱ), (ㄹ)과 (ㄴ), (ㄷ)의 두 가지 입장이 구분된다. (ㄱ), (ㄹ)은 위치 동화의 입력형을 중시하여 하위 분류를 하고 있다. 그래서 위치 동화의 출력형이 양순음이든 연구개음이든 상관없이 입력형이 중자음인 치조음이면 이것이 변자음으로 바뀐다고 보아 하나로 묶고, 입력형이 중자음이 아니라 변자음인 양순음의 경우를 별도의 부류로 분리한다. 반면 (ㄴ), (ㄷ)은 입력형보다는 출력형을 더 중시하여 하위 분류를 하고 있다. 위치 동화의 입력형이 치조음이든 양순음이든 상관없이 출력형이 연구개음(또는 후부 변자음)이면 하나로 묶고, 양순음이 출력형인 것을 별도의 부류로 설정한다.

위치 동화의 동화음과 피동화음은 파열음과 비음이 모두 가능하다. 그래서 이론적으로는 '파열음＋비음, 파열음＋파열음, 비음＋파열음, 비음＋비음'의 네 가지 환경에서 위치 동화가 적용될 수 있다. 이 중 '파열음＋비음'의 음소 연쇄는 국어에서 허용되지 않는다.[117] 또한 동화음과 피동화음이 모두 파열음인 경우는 위치 동화에서 제외하는 입장도 존재한다. 이런 환경에서는 후행하는 파열음이 경음 또는 유기음이 될 수밖에 없으며,[118] 경음이나 유기음 앞의 평파열음은 미파음으로 실현되면서 탈락하기 쉽다는 것이다. 그런 입장을 취할 경우 위치 동화의 피동화음은 비음으로만 한정된다.[119]

위치 동화는 수의적으로 적용되는 현상으로 알려져 있다. 이미 주시경이 위치 동화의 수의성을 지적한 바 있고 小倉進平(1915)에서도 위치 동화가 필수적으로 적용되는 현상은 아니라고 지적했다. 현행 표준 발음법에서 위치 동화가 적용된 형태를 표준 발음으로 인정하지 않는 것도 위치 동화가 반드시 적용되는 현상은 아니라는 점과 관련된다. 그러나 방언에 따라서는 위치 동화가 필수

---

113) '변자음화' 대신 '변방음화'라고 하기도 한다.
114) '후부 변자음화' 대신 '후변방음화'라고 하기도 한다.
115) '전부 변자음화' 대신 '전변방음화'라고 하기도 한다.
116) '양순음화' 대신 '순음화'라고 부르기도 한다.
117) 이러한 제약은 비음화가 필수적으로 적용되는 사실과 직접적인 관련이 있다.
118) 두 개의 파열음이 인접할 때 '평음＋평음'의 연쇄는 국어의 음소 배열 제약에 의해 허용되지 않는다.
119) 예전에는 비음의 위치 동화와 파열음의 위치 동화를 하나의 위치 동화로 묶지 않고 별개의 현상으로 분리하는 방식도 많이 나타났다. 최현배(1929)에서 그러한 입장이 이미 나타나며 이희승(1955)에서는 '비음의 변위'와 '선행음의 후행음화'라는 용어로 두 가지를 구분하기도 했다. 전재호(1989)에서는 '비음 동화'와 '정지음 동화'라는 용어를 사용하기도 했다.

적으로 적용되는 경우도 있다.[120] 더욱이 형태소 내부에서는 위치 동화가 일어난 형태로 재구조화가 일어난 사례도 적지 않다. '훈쩨>함께, 염글다>영글다' 등이 대표적인 예이다.

위치 동화는 다른 언어에서도 나타난다. 그런데 주로 비음에 위치 동화가 적용되는 경우가 많다. 가령 영어 접두사 'in'의 'n'이 후행하는 자음의 조음 위치에 닮아서 'm, ŋ'으로 실현된다는 것은 잘 알려진 바이다. 이러한 비음의 위치 동화를 흔히 '비음 동화[牧野成一 譯(1970), 이현복·김기섭 역(1983)]'라고 부른다. 그러나 '비음 동화'라는 용어는 국어의 평파열음이 후행하는 비음에 동화되는 현상을 가리키는 데에도 쓰고 있으므로 주의를 기울일 필요가 있다.

③ 용어 설명

'위치 동화'를 가리키는 용어들은 대체로 자음의 조음 위치가 동화되는 현상이라는 의미를 잘 반영하고 있다. 여기에 포함되지 않는 예외로는 '변자음화, 변음화', '끝소리 자리 옮기기, 끝소리의 자리 옮기기', '강도 동화, 닿소리의 강도 동화'의 세 가지 계열이 있다. '변자음화, 변음화'는 위치 동화의 출력형이 모두 변자음이라는 이유 때문에 사용한 용어이다. 그러나 양순음이 연구개음으로 바뀌는 위치 동화는 변자음들 사이의 변화이므로 '변자음화' 계열로는 포괄할 수 없다는 문제점이 있다.[121] '끝소리 자리 옮기기, 끝소리의 자리 옮기기'는 위치 동화가 음절 종성에 적용된다는 점을 고려한 용어인데, 이 현상의 본질을 반영하기에는 부족함이 많다. '강도 동화, 닿소리의 강도 동화'는 위치 동화를 자음의 음운론적 강도와 결부시키는 입장에서 사용하는 용어이다. 다만 앞서 지적했듯이 자음의 조음 위치에 대한 강도 설정은 정반대의 입장이 공존하고 있음에 유념해야 한다.

④ 관련 항목

동화, 조음 위치, 종성

---

120) 가령 이승재(1980)에서 다루고 있는 구례 지역어가 그러하다.
121) '변자음화, 변음화'라는 용어를 사용한 것은 이병근(1977)이었지만 이병근(1977)에서는 이 용어들을 '위치 동화'와 동일시하지 않았다. 앞의 (ㄱ)에서 본 것처럼 위치 동화의 하위 부류 중 하나를 지칭하는 데 사용했을 뿐이다. 그런데 이후 논의에서 '변자음화, 변음화'의 용법을 약간 바꾸어 위치 동화와 동일시하게 되었다.

유기음

① 용어의 별칭

② 개념 설명

장애음 중에서 강한 기식을 동반하여 발음되는 자음 부류를 가리킨다. 유기음이 강한 기식을 지니는 데에는 몇 가지 음성학적 이유가 있다. 우선 유기음을 발음할 때에는 성문의 크기가 다른 자음에 비해 커진다. 그러므로 많은 공기가 한꺼번에 흘러나가기에 유리하다. 또한 유기음은 폐쇄 지속 시간이 길다. 이것은 구강 내의 압력이 더 높아지는 것을 의미하므로 기식이 강해지는 데 일조할 수 있다. 유기음을 발음할 때 후두를 포함한 조음 기관의 근육이 긴장을 한다는 것도 강한 기식과 무관하지 않다. 유기음은 무성음에서 많지만 유성 장애음이 기식을 동반하여 유기음이 되는 경우도 없지는 않다. 유기음의 반대는 기식이 없는 무기음(無氣音, unaspirate)이다.[122]

유기음의 기식은 후행하는 모음의 성대 진동 시작 시간(voice onset time)에서 확인할 수 있다. 유성음인 모음은 원래 발음이 시작되면서 성대가 진동을 해야 한다. 그러나 유기음 뒤에 놓일 경우에는 유기음의 강한 기식 때문에 성대가 진동하지 않는 무성의 구간이 처음에 나타나게 된다. 그래서 성

---

122) '무기음'을 지칭하는 용어에는 '비출기음[非氣音韻](有坂秀世 1940), 무기음[無氣音](河野六郎 1944, 寺川喜四男 1950, 服部四郎 1951, 김민수 1953, 유창식 1956, 문선규 1964), 무기 자음(寺川喜四男 1950), 숨안띤 소리(문교부 1952, 김진우 역 1959), 불대기음[不帶氣音](문선규 1964), 불송기음[不送氣音](문선규 1964, 日本音聲學會 編 1976, 허벅 1978, 정철주 1996), 비대기음(지준모 1965, 이계순 1966, 桑原輝男・根間弘海 譯 1980, 조성식 편 1990), 비대음[非帶音](양동휘 1967), 불토기[不吐氣](성백인 1978ㄷ), 무대기음[無帶氣音](林榮一・間瀨英夫 譯 1978), 비다기음[非多氣音](황희영 1979), 순음 [純音](도수희 1990), 비기식음[非氣息音](이상직 2006, 초미희 2009)' 등이 있다.

대 진동 시작 시간이 지연되는 것이다. 유기음의 기식이 강할수록 성대 진동이 지연되는 시간은 길어진다.[123)

유기음은 기식의 정도, 기식의 위치에 따라 세분하는 경우도 있다. 기식의 정도에 따라서는 경기음(輕氣音)과 중기음(重氣音)을 구별한다. 기식이 존재하지만 약한 것이 경기음이고 기식이 강한 것이 중기음이다. 국어의 경우 음성학적으로 평음은 경기음, 유기음은 중기음으로 분류된다.[124) 기식의 위치에 따라서는 기식이 자음의 앞부분에 오는 전기음(前氣音, pre-aspirated consonant)과 자음의 뒷부분에 오는 후기음(後氣音, post-aspirated consonant)이 나뉜다.[125) 대부분의 유기음은 기식이 자음의 뒤에 오지만 언어에 따라서는 오히려 앞에 오는 경우도 있다. 이런 경우 자음의 기식성은 유기음에 선행하는 유성음의 뒷부분에 나타나는 무성 구간을 통해 확인된다.[126)

국어의 유기음으로는 파열음 'ㅋ, ㅌ, ㅍ'과 파찰음과 'ㅊ'이 있다. 이 자음들이 유기음이라는 데에는 어떠한 이견도 없다.[127) 그러나 마찰음인 'ㅎ'의 경우에는 이견이 존재한다. 'ㅎ'을 유기음으로 보는 입장도 있지만 평음으로 보는 입장도 존재한다. 특히 학교 문법이나 규범 문법에서는 'ㅎ'을 평음으로 분류하는 태도가 강하다. 'ㅎ'은 기식의 정도가 약하다는 점, 'ㅎ'은 다른 유기음과 달리 후행 모음을 무성음화시키지 않는다는 점, 'ㅎ'은 유성음 사이에서 유성음화의 적용을 받는다는 점 등은 'ㅎ'이 유기음보다는 평음에 더 가까움을 말해 준다. 그러나 'ㅎ'은 전통적인 성운학에서 유기음에 해당하는 '차청'으로 분류되었고 무엇보다도 평음과 결합하여 유기음화를 일으킨다.[128) 여기에 주안점을 두면 'ㅎ'을 유기음으로 분류한다.

③ 용어 설명

'유기음'을 지칭하는 용어 중 상대적으로 빈도가 높은 것은 크게 세 부류로 나눌 수 있다.

> (가) 기음, 유기음, 대기음, 출기 음운, 출기음, 유기 자음, 숨띤 소리, 기식음, 기성,
>   송기음, 대기 음운, 토기, 다기음, 유기 경음, 유기음소, 기식 자음
> (나) 격음, 센소리, 꽉닫이, 격자음, 거센소리, 강음, 거센 자음, 거친 소리, 거센 날숨
>   소리, 격청음, 격음소
> (다) 차청, 차청음, 거센맑은소리

(가)는 기식을 동반하는 자음이라는 의미를 지닌다. 가장 일반적인 용어이며 유기음의 음성학적 특

---

123) 물론 이것은 유기음의 기식이 자음의 뒷부분에 위치하는 경우에 한정된다. 뒤에서 언급하겠지만 유기음의 기식은 자음의 앞부분에 위치할 수도 있다.

124) 그렇지만 자음 체계에서는 평음을 유기음으로 분류하지 않는다.

125) 龜井孝 外 編(1996)에서는 '전기음, 후기음' 대신 '전대기 자음'과 '후대기 자음'이라는 용어를 사용하고 있다.

126) 전기음은 어두에서는 잘 나타나지 않고 어중 또는 어말에서 많이 나타난다고 한다. 이러한 분포 제약은 어두의 경우 선행하는 음이 없으므로 전기음의 기식성이 드러나기 어렵다는 사실과 관련되는 것으로 생각된다.

127) 이 자음들은 전통적인 성운학에서도 이미 유기음에 해당하는 '차청'으로 분류하였다.

128) 일찍이 이탁(1932)에서는 'ㅎ'을 유기음으로 분류하고 'ㅂ, ㄱ, ㅈ, ㅂ' 등이 'ㅎ'을 만나면 유기음으로 동화된다고 해석한 적도 있다.

징을 가장 정확히 반영하고 있다. (가)를 대표하는 용어가 '유기음'이다. 그런데 이 용어는 삼지적 상관속을 이루는 다른 자음들을 가리키는 용어인 '평음'이나 '경음'에 비해 음성학적 특징이 지나치게 강조되었다. 그런 점에서 '유기음'은 '평음', '경음'과 대등한 성격의 용어라고 하기는 어렵다. 삼지적 상관속을 이루는 세 계열의 자음을 지칭하는 용어는 동질적인 성격을 지닌다면 더 좋을 것이다.

(나)는 유기음의 청각적 인상 또는 조음 과정에서의 긴장 등을 반영한 용어이다. 특히 (나)에 속한 용어 중 '격음'은 '평음, 경음'과 대등한 성격을 지니고 있어서 삼지적 상관속에 속하는 자음 부류를 함께 지칭하는 데에는 '유기음'보다 더 유용하게 쓸 수 있다. (다)는 성운학에서의 용어를 차용한 것이다. 전통적으로 유기음에 속하는 자음들은 차청으로 불렸으며 이것을 그대로 가져오거나 또는 고유어 표현으로 바꾼 것이 (다)이다.

이 외에 유기음을 지칭하는 용어로는 '목갈이소리'와 '비후두화 강음'이 있다. '목갈이소리'의 의미는 정확히 알기 어렵다. 다만 유기음을 발음할 때의 후두 작용을 가리키거나 또는 기식을 나타내는 부호 'ʰ'가 후두 마찰음에 가깝다는 점을 고려했을 가능성이 높다. '비후두화 강음'은 梅田博之(1983)에서 삼지적 상관속에 속하는 자음들을 분류하는 독특한 방식과 관련된다. 梅田博之(1983)에서는 평음, 경음, 유기음을 성문 폐쇄가 이루어지는 후두화음(경음)과 성문 폐쇄가 이루어지지 않는 비후두화음(평음, 유기음)으로 나누고 비후두화음은 다시 그 강도에 따라 강음과 약음을 구분했다. 여기에 따르면 성문 폐쇄가 되지 않으며 강한 자음인 유기음은 '비후두화 강음'이 될 수밖에 없다.

④ 관련 항목

경음, 기식, 삼지적 상관속, 유기음화, 장애음, 평음

유기음화

① 용어의 별칭

국어 강작의 변작성[强作의 變作聲](이필수 1922), 격음변[激音變](홍기문 1933), 센소리로 바꾸임(이극로 1933), 격음화[激音化](최현배 1932ㄱ, 이극로 1933, 심의린 1949ㄴ, 靑山秀夫 1966, 菅野裕臣 1981), Aspirate현상(이희승 1933), 출기화[出氣化](有坂秀世 1940), 혼강 원리[混强 原理](幸田寧達 1941), 혼음 법칙[混音 法則](심의린 1949ㄱ), 섞임소리(심의린 1949ㄱ), 섞인바꿈(정인승 1949ㄱ), 유기음화[有氣音化](市河三喜·河野六郎 1949, 문교부 1954, 이인모 1954, 유제한 1955, 河野六郎 1955, 靑山秀夫 1960), 혼합 접변(정인승 1956ㄴ, 서영석 1998), 기식화(최학근 1961, 이병건 1976, 강성로 1978), 기음화(김완진 1963ㄴ, 박병채 1971ㄴ, 허만길 1971), 유기화(김승곤 1967, 김영송 1977ㄱ, 강창석 1982), 거세게 되는 현상(배양서 1969ㄴ), 기식음화[氣息音化](이돈주 1969, 정철 1985, 김기호 1990), 거센소리 되기(이명권·이길록 1968, 이은정 1969, 허웅·박지홍 1971), 겹쳐 거센소리 되기(이은정 1969), 대기음화[帶氣音化](지준모 1970, 梁旲淵 1970, 박병채 1971ㄷ, 김민수 1978ㄱ), 센소리 되기(김석득 1971, 김윤학 1987, 김무식 1993), 격화 현상(배양서 1971),

거센소리화(김민수 1978ㄱ, 이길록 · 이철수 1979, 김성련 1992ㄱ), 거센날숨소리 닮음(황희영 1979), 자음 축약(정인상 1984, 김정대 1989), 혼성 복자음화(박태화 1985), 섞임소리 되기(김윤학 1987), 강음화(서영석 1997), 성문음 축약(권미영 1998), 'ㅎ' 축약(배주채 1998, 이병운 2000, 김성규 · 정승철 2005), 유기음소화(최명옥 2004, 최창원 2006, 이금화 2007), 혼성 격음화(이은정 2005), 혼격(이은정 2005), 센소리화(김효심 2009)

<u>영어</u> aspiration, 'h' coalescence, aspiratization

② 개념 설명

광의의 개념으로는 평음이 유기음으로 바뀌는 일련의 현상을 모두 가리키고 협의의 개념으로는 'ㅎ'과 평장애음이 인접할 때 이 둘이 축약되어 유기음으로 실현되는 현상을 가리킨다. 일반적으로는 후자에 국한하여 사용한다.[129] 유기음화는 'ㅎ'과 평장애음의 위치에 따라 순행적 유기음화와 역행적 유기음화를 구분하기도 한다. 순행적 유기음화는 '놓+고→노코, 쌓+지→싸치'와 같이 'ㅎ'이 평장애음 앞에 오는 경우이고 역행적 유기음화는 '국+회→구쾨, 입+학→이팍'과 같이 'ㅎ'이 평장애음 뒤에 오는 경우이다.[130]

순행적 유기음화는 예외 없이 조건만 충족되면 항상 일어난다. 그러나 역행적 유기음화는 방언에 따라 적용이 잘 안 되는 경우도 있다.[131] 가령 '육학년'을 '유캉년'이라고 발음하지 않고 '유강년'이라고 발음한다든지, '행복하다'를 '행보카다' 대신 '행보가다'로 발음하는 방언이 존재한다. 이런 경향은 서남 방언에서 특히 강하다.[132]

유기음화는 국어 연구의 초창기부터 그 존재가 인식되었다. 가령 주시경은 유기음화 현상을 자주 언급하고 있다. 그러나 유기음화를 하나의 독립된 음운 현상으로 인정하는 데에는 약간의 시간이 필요했다. 주시경의 경우 유기음을 'ㅎ'과 평음으로 재음소화하여 거듭소리로 분석했기 때문에 유기음화가 적용되기 전이든 후든 음소 차원에서는 별다른 차이가 없었던 것이다. 가령 '놓고'를 '노코'로 발음해도 'ㅋ'은 'ㅎ'과 'ㄱ'으로 이루어져 있으므로 유기음화가 적용되기 전과 다른 점이 없다. 그래서 처음에는 유기음화라는 현상을 따로 설정하지 않았다.

유기음화는 'ㅎ'과 평장애음이 축약을 일으키는 현상이라고 보지만 다른 방식의 설명도 이루어

---

129) 광의의 '유기음화'에는 여러 가지 현상이 포함된다. 첫 번째는 어두에서 일어나는 유기음화이다. '갈>칼, 고>코' 등에서 보이는 유기음화로 이러한 유기음화는 특히 'ㅎ' 말음 체언에서 많이 일어난다. 그래서 말음인 'ㅎ'의 영향으로 어두 유기음화가 일어났다고 해석하기도 한다. 지준모(1970)에서는 이러한 유기음화를 '합성적 격음화'라고 부른 적이 있다. 두 번째는 어말의 유기음화이다. 이것은 어두 유기음화의 반대 현상이다. '녁>녘, 부섭>부엌' 등의 예에서 찾을 수 있다. 어말 유기음화는 어두 유기음화에 비해서는 세력이 상당히 약한 편이다. 세 번째는 근대 중국어에서 일어난 변화로 전탁 평성의 성모가 유기음으로 바뀌는 변화이다. 한국 한자음 중 그 성모가 전탁에 속하는데도 유기음으로 남아 있는 것은 이러한 중국 근대음의 수용 결과라고 해석하는 입장이 존재한다. 이러한 유기음화는 '탁평[濁平]의 유기음화(河野六郎 1968), 탁평 기음화(박병채 1971ㄷ), 탁성 기음화(정철주 1996), 탁음 청화[濁音 淸化](이준환 2008ㄱ)' 등으로 불린다.

130) 순행적 유기음화와 역행적 유기음화를 거울 영상 규칙으로 통합할 수 있는지의 여부는 유기음화와 관련된 쟁점 중 하나이다. 여기에 대해서는 '거울 영상 규칙' 항목을 참고할 수 있다.

131) 유기음화가 적용되어야 하는 상황에서 적용되지 않는 것을 '비격음화(조신애 1986), 비유기음화(황인권 1987)' 등으로 부르기도 한다. 그런데 이 용어는 마치 유기음이 경음이나 평음으로 바뀐다는 의미로 오인될 수 있어서 적절하다고 보기는 어렵다.

132) 서남 방언 이외에도 한반도의 서부에 위치한 방언에서는 역행적 유기음화의 적용이 상대적으로 잘 안 일어난다.

지고 있다. 대표적으로 유기음화를 동화로 보는 입장이다. 평장애음이 'ㅎ'에 동화되어 유기음이 되었다는 것이다. 가령 이탁(1932)에서 이미 평음이 유기음 'ㅎ'에 동화되어 유기음화가 일어난다고 해석을 하고 있다. 이럴 경우 'ㅎ'은 평음을 유기음으로 동화시킨 후 탈락된다고 해야 한다. 이와 같은 방식은 축약을 '동화'와 '탈락'의 단계적 적용으로 해석하는 입장을 반영한다.[133] 그런데 유기음화를 '동화 후 탈락'이라는 과정으로 보면 '놓고'나 '법학'의 경우 각각 '노코'와 '버팍'으로 실현되기에 앞서 '놓코, 벌학'이라는 매우 추상적인 단계를 거친다고 보아야 한다. 게다가 'ㅎ'이 유기음이 아니라고 해석하는 입장에서는 이러한 실명을 할 수가 없다.[134]

한편 순행적 유기음화에 국한하여 이 현상이 도치에 속한다고 분석하기도 한다.[135] 이것은 유기음을 음운론적으로 '평음+ㅎ'의 구조로 분석하는 사고에 기반한다. 그러므로 'ㅎ+평음'에 순행적 유기음화가 일어나려면 'ㅎ'이 평음의 뒤로 가는 도치가 일어난다고 해야 하는 것이다. 그러나 이병근(1967ㄴ)의 지적처럼 유기음은 하나의 음소이므로 유기음화가 일어나기 위해 반드시 'ㅎ'이 평장애음 뒤로 도치될 필요는 없다.

③ 용어 설명

'유기음화'를 가리키는 용어는 그 성격에 따라 다섯 가지로 나눌 수 있다.

(가) 격음변, 격음화, 유기음화, 기음화, 유기화, 기식음화, 겹쳐 거센소리 되기, 거센소리되기, 대기음화, 거센소리화, 유기음소화, 센소리로 바꾸임, 강음화, 센소리되기, 센소리화

(나) 강작의 변작성, 혼강 원리, 거세게 되는 현상, 격화 현상

(다) 혼음 법칙, 섞임소리, 섞인바꿈, 혼성 복자음화, 섞임소리 되기, 혼성 격음화, 혼격

(라) 자음 축약, 성문음 축약, 'ㅎ' 축약

(마) 거센날숨소리 닮음, 혼합 접변

(가)는 가장 대표적인 용어로 '유기음'으로 바뀌었다는 의미를 담고 있다. (가)에 속하는 용어들은 '유기음'을 지칭하는 표현이 달라서 미세하게 차이가 날 뿐 그 취지는 동일하다. (가)와 비슷한 성격의 용어로 '출기화, 기식화'도 들 수 있다. 이 두 용어는 비록 음성학적 측면을 중시하고 있지만 유기음의 음성적 특징을 반영한 것이므로 (가)와 같은 계열로 분류할 수 있다. (나)는 (가)와 비슷하지만 '유기음'이라는 구체적 자음 부류를 용어에 반영하는 대신 단순히 소리가 세어진다는 사실만 담고 있다.

(가)에 속하는 용어들은 '축약'의 성격을 제대로 반영하지 못하고 마치 '대치'에 속하는 것처럼

---

133) 축약을 '동화'와 '탈락'의 단계적 적용으로 해석하는 입장에 대해서는 '축약' 항목에서 자세히 다루고 있다.

134) 'ㅎ'은 자음 체계에서 유기음으로 보기도 하고 평음으로 보기도 한다. 자세한 것은 '유기음' 항목을 참고할 수 있다.

135) 이러한 입장은 S. E. Martin의 『Korean Morphophonemics』에서 보이며 국내 학자 중에는 허웅(1958)에서 취하고 있다. 이후 여러 학자들이 동일한 방식의 설명을 한 적이 있다.

오인될 수 있다는 지적이 예전부터 있어 왔다.[136] (가)의 용어들은 모두 유기음으로 바뀐다는 의미를 지니므로 대치에 해당하는 현상들의 명칭과 별반 다를 바가 없는 것은 사실이다. 그러나 유기음화와 같은 축약 현상은 대치의 성격을 부분적으로 지니고 있으므로 '대치'에 속하는 용어들과 비슷하다는 점이 반드시 문제라고 할 수만은 없다.[137]

(다)~(마)는 유기음 또는 유기음화의 음운론적 분석 태도를 반영하고 있다. (다)는 주시경 이래로 유기음을 'ㅎ'과 평음이 결합된 거듭소리로 해석해 온 입장과 관련된다. 여기에 따르면 유기음은 섞임거듭소리가 된다.[138] 그래서 (다)에는 '섞임' 또는 '혼성'과 같은 표현이 들어 있다. '혼격'은 '혼성 격음화'의 줄임말이다.

(라)는 유기음화가 '축약'에 속한다는 사실을 강조한 것이다. 앞서 지적했듯이 (가)의 용어는 이 현상이 축약이라는 사실을 부각하지 못한다는 약점이 있다. (라)는 이러한 문제점을 해소하기 위한 대안으로 '축약'이라는 표현을 직접 쓰고 있다. 그러나 (라)가 최적의 대안이라고 보기는 어렵다. (라)의 '자음 축약'은 축약의 대상이 구체화되지 않아서 지시 범위가 너무 넓고, '성문음 축약, ㅎ 축약'은 축약이 되는 두 자음 중 하나만 제시하고 있다는 단점이 있다.[139] 축약 현상의 명칭에 '축약'이라는 표현이 반드시 포함되어야 한다면 축약의 대상이 되는 음소들의 정보도 모두 담아야 할 것이다. 그런데 그럴 경우에는 음운 현상의 명칭이 매우 복잡해질 우려가 높다. 그런 점에서 (가)와 같은 용어를 그대로 사용하는 편이 오히려 더 나을지 모른다.

(마)는 유기음화 현상이 동화라고 파악하는 입장에서 사용하는 용어이다. 앞에서도 언급했듯이 유기음화를 동화의 일종으로 분석하는 입장이 존재하기는 한다. 그래서 '동화'라는 특징을 용어에까지 반영하는 것이다. 특히 '혼합 접변'은 인접한 두 자음이 서로 합쳐지는 동화라는 의미라서 (라)에 속하는 용어의 특징도 일부 반영하고 있다.

④ 관련 항목

유기음, 축약

---

136) 대표적으로 정인상(1984)를 들 수 있다.
137) 이중 모음이 단모음(單母音)으로 축약되는 현상을 '단모음화'라고 부르는 것도 마찬가지이다. 이와 관련된 문제는 뒤에서 다시 언급한다.
138) 유기음을 거듭소리로 분석하는 방식은 '거듭소리' 항목을 참고할 수 있다.
139) 국어의 후음으로는 'ㅎ' 하나만 설정하는 것이 일반적이지만 논의에 따라서는 'ㆆ'을 추가하기도 한다. 그럴 경우 유기음화에 대해 '성문음 축약'이라는 용어를 사용하게 되면 'ㆆ'과 평음이 축약되어 경음으로 바뀌는 현상까지 포함할 위험이 있다.

유성음

① 용어의 별칭

국어 탁음[濁音](藥師寺知矓 1909, 이기룡 1911, 小倉進平 1923, 최현배 1927ㄹ, 이극로 1932ㄴ), 반탁음[半濁音](高橋亨 1909), 경탁음[輕濁音](藥師寺知矓 1909), 소리띤소리(김두봉 1922), 유성음[有聲音](안확 1922, 小倉進平 1923, 최현배 1927ㄹ, 安藤正次 1027, 박승빈 1931, 服部四郎 1951), 울음소리(최현배 1927ㄹ), 흐린소리(최현배 1927ㄹ, 이극로 1932ㄴ, 이상춘 1946), 울음 있는 소리(최현배 1937ㄱ, 문교부 1952), 순수 탁음[純粹 濁音](박상준 1932), 목청소리를 띤 소리(장지영 1937), 예사 흐린소리(최현배 1937ㄱ), 평탁음[平濁音](최현배 1937ㄱ, 이영철 1948), 유성음운[有聲 音韻](有坂秀世 1940), 목청 울림 있는 소리(김윤경 1948ㄱ), 울림 있는 소리(김윤경 1948ㄴ, 정인승 1949ㄷ), 목소리(심의린 1949ㄱ), 울림소리(이인모 1949, 장하일 1949, 정인승 1949ㄱ), 목청소리(이희승 1955), 목청 울림소리(정인승 1959), 떨림소리(도수희 1971, 이상신 2014), 향음[鄕音](日本音聲學會 編 1976), 대음[帶音](성백인 1978ㄷ, 우민섭 2000), 울린 소리(황희영 1979), 유성화음[有聲化音](황희영 1979), 청 있는 소리(류렬 1992, 이현복 1997, 고도흥 1998), 목청 떨림소리(서상규·박석준 2005, 이상신 2014)
영어 voiced, voiced sound

② 개념 설명

성문 사이로 공기가 통과할 때 성대를 울리며 발음되는 음의 부류를 가리킨다. 성대가 안 떨리는 무성음과 대립된다. 성대가 떨리는지 여부는 세 가지 정도의 방법으로 쉽게 알 수 있다. 귀를 막고 유성음을 발음할 때 울림이 느껴지는지, 발음할 때 머리에 손을 얹고 울림이 느껴지는지, 발음할 때 후두 부위에 손을 대고 울림이 느껴지는지 등을 통해 유성음 여부를 구별할 수 있다.

국어의 유성음은 여러 부류에서 확인이 가능하다. 우선 모음은 기본적으로 모두 유성음이다.[140] 자음이라고 하더라도 비음과 유음처럼 공명음에 속하는 음들은 모두 유성음이다. 반면 장애음에 속하는 음들은 모음과 모음 사이 또는 공명음과 모음 사이와 같이 유성음 사이에 놓일 때에만 유성음으로 발음된다. 그 이외의 환경에서는 모두 무성음으로 발음될 뿐이다.

비록 장애음의 경우 유성음으로 실현되는 경우가 없지 않지만 이러한 유성음이 무성음과 음운론적으로 대립하지는 않는다. 즉 유성 장애음은 무성음의 조건 변이음으로만 실현되는 것이다. 국어의 경우 다른 음성적 조건은 동일하면서 오로지 성대의 울림 여부에 의해서만 별개의 음소로 구분되는 경우는 존재하지 않는다.

③ 용어 설명

'유성음'을 가리키는 용어는 성대의 울림을 표현하는 방식에 따라 '유성음' 계열과 '탁음' 계열로 나눌 수 있다.[141] '유성음' 계열은 성대의 울림이 있는 음이라는 의미를 담고 있으며, '소리띤소리,

---

140) 마찰음이나 유기음 뒤에서는 고모음이 무성음화하는 경우가 있는데 자세한 것은 '무성음화' 항목을 참조할 수 있다.
141) 성대의 울림 또는 떨림 자체를 지칭하는 용어도 다양하다. '성[聲](최현배 1927ㄷ, 이극로 1947, 小林智賀平 1952, 정경해

유성음, 울음소리, 울음 있는 소리, 목청소리를 띤 소리, 울림소리,[142] 대음[143]' 등 압도적으로 높은 비율을 차지한다. '탁음' 계열에는 '탁음, 흐린소리' 등이 있고 여기에 수식어를 덧붙인 '평탁음, 예사 흐린소리,[144] 경탁음(輕濁音)[145]' 등이 있다. 이 계열의 용어는 전통적인 성운학에서 '청탁(淸濁)'으로 무성음과 유성음을 나타냈던 것과 관련된다. 다만 성운학의 영향 이외에 일본의 전통 문법에서 유성음을 탁음이라고 불렀던 방식이 초창기 국어 연구에 수용되었던 사정도 '탁음' 계열의 용어 사용과 무관하지 않다. 한편 '목소리'는 조음 위치를 반영하고 있다는 점에서 다른 용어와는 차이가 난다.

④ 관련 항목

무성음, 유성음화, 후두

1953, 勇康雄 譯 1959, 築島裕 1964), 울음(최현배 1927ㄷ), 울림(김윤경 1948ㄴ, 이강로 1961, 김영송 19/4), 목청 울림(김윤경 1948ㅣ), 소리(김철헌 1958, 우민섭 2000), 목청 떨림(문효근 1978, 김성근 1993), 목청 뗾(문효근 1978), 성대 진동(문효근 1978), 목청 떨음(문효근 1978), 성대 울림(이호영 1992), 성대 뗾(최윤현 1993)' 등이 있다. 영어로는 'voice'이다.

142) '울림소리'라는 용어는 유성음을 가리키기도 하지만 비음, 유음과 같은 공명음을 가리키기도 한다. '유성음'을 가리킬 때에는 '울림소리'의 '울림'이 성대의 울림을 가리키지만 '공명음'을 가리킬 때에는 '울림소리'의 '울림'이 입안 또는 코안에서의 울림을 가리킨다. 애초에 '울림소리'가 도입될 때에는 유성음의 의미로 쓰였다. 그러다가 공명음이 기본적으로 유성음이다 보니 공명음을 지칭하는 용법으로도 쓰이면서 혼동이 일어났다. 동일한 용어가 서로 다른 용법으로 쓰인다는 것은 그다지 바람직한 일은 아니다. 이상신(2014)에서는 '울림소리'는 공명음을 가리키는 데 쓰고, 유성음은 '(목청)떨림소리'라고 하여 구분하는 편이 공명음과 유성음의 음성적 특징을 잘 반영한 것이라는 견해를 펼친 적이 있다.

143) '대음(帶音)'은 중국에서 쓰이는 용어이다. 표면적으로는 '대음'의 '대'가 '성대'라는 조음 기관을 나타내는 것처럼 보이지만 반대 개념인 무성음을 나타내는 데 사용하는 불대음(不帶音)을 고려하면 '대음'의 '대'는 단순히 성대를 가리키는 것이 아니라 성대의 울림을 가리킴을 알 수 있다.

144) '평탁음, 예사 흐린소리'의 '평, 예사'는 모두 경음을 배제하기 위해 사용했다. 최현배(1937ㄱ)에서는 경음도 유성음으로 분류하였지만 이것을 일반적인 유성음과는 구별하고자 했기 때문에 경음이 아닌 유성음은 '평탁음, 예사 흐린소리'라고 하고 경음에 대해서는 '경탁음(硬濁音)'이라고 했다. 다만 '경탁음'은 뒤에서 언급하듯 유성음화의 적용을 받아서 나온 유성 장애음을 가리키는 데 사용하는 논의도 있는데, 이때의 '경탁음'은 경음을 가리키는 '경탁음'과 한자가 서로 다르다.

145) '경탁음(輕濁音)'은 국어의 장애음이 유성음화의 적용을 받아서 실현된 유성음을 가리킨다. 이것과 대비하여 일본어에 존재하는 유성음, 즉 유성음화에 의한 것이 아니고 처음부터 유성인 것은 '순탁음(純濁音)'이라고 부르기도 한다.

유성음화

① 용어의 별칭

국어 연탁[連濁](金澤庄三郎 1917~1918, 최현배 1961ㄴ, 허웅·박지홍 1971), **탁화**[濁化](新庄順貞 1918), **맑은소리가 흐린소리되기**(최현배 1929), **유성음화**[有聲音化](최현배 1929, 小林英夫 1935, 河野六郎 1944, 김수경 1947, 심의린 1949ㄴ, 靑山秀夫 1960), **흐린소리 되기**(최현배 1937ㄱ, 김영송 1974), **탁음화**[濁音化](이숭녕 1931, 박상준 1932, 河野六郎 1945, 허웅·박지홍 1971, 日本音聲學會 編 1976), **연탁 현상**[連濁 現象](최현배 1941), **유성화**[有聲化](河野六郎 1944, 寺川喜四男 1950, 木坂千秋·郡司利男 譯 1957, 지준모 1965, 허웅 1968, 이현복 1974ㄱ), **연탁음**[連濁音](심의린 1949ㄴ), **탁음 동화**[濁音 同化](최현배 1956ㄷ), **이어흐림**(최현배 1961ㄴ), **울림소리 되기**(허웅·박지홍 1971, 김정수 1989, 김형철 1994), **성화**[聲化](日本音聲學會 編 1976), **유성 동화**(김종훈 1990), **청 있는 소리 되기**(류렬 1992), **연접 탁음화**[連接 濁音化](이은정 2005), **연음화**[軟音化](손민정 2011)

영어 voicing

② 개념 설명

무성음이 일정한 환경에서 유성음으로 바뀌는 현상을 가리킨다. 구체적으로는 장애음 중 파열음과 파찰음의 평음인 'ㄱ, ㄷ, ㅂ, ㅈ'이 모음과 모음 사이 또는 공명음과 모음 사이에서 유성음화의 적용을 받는다.[146] 모음이나 공명음은 모두 유성음이므로 앞뒤의 유성음에 동화를 입어 유성음화가 일어났다고 본다. 현대 국어의 경우 무성음과 유성음이 음소적으로 대립하는 경우가 없기 때문에 현대 국어의 유성음화는 음소 사이의 변동과는 무관하며 단지 음소의 변이음 실현과 관련될 뿐이다.[147]

국어의 유성음화는 일본인 학자들에 의해 먼저 언급되기 시작했다. 前間恭作(1909)에서는 유성음화를 별도의 음운 현상으로 독립하지는 않았지만 'ㅂ, ㄷ, ㄱ, ㅈ'과 같은 자음이 유성음으로 발음되는 환경을 제시하고 있다. 金澤庄三郎(1917~1918)도 자음별로 유성음으로 실현되는 환경을 언급했다. 이처럼 일본인 학자들이 한국어의 유성음화를 먼저 언급하기 시작한 것은 일본어의 경우 자음 체계 내에서 유성음과 무성음이 음소적으로 대립한다는 사실과 직접적으로 관련된다. 국어를 모국어로 하는 화자들은 변이음의 차이에 불과한 무성음과 유성음을 명확히 구분하지 못하므로 유성음화에 대한 인식도 낮을 수밖에 없다. 반면 무성음과 유성음이 별개의 음소로 존재하는 일본어를 모국어로 하는 화자들은 유성음과 무성음의 구별에 민감하므로 국어의 유성음화를 파악하는 데에도 훨씬 유리하다.

---

146) 장애음 중 마찰음인 'ㅅ'은 일반적으로 유성음화의 적용을 받지 않는다고 알려져 있다. 그러나 논의에 따라서는 'ㅅ'도 유성음화가 적용된다고 보기도 한다. 이럴 경우에는 유성음화가 평장애음에 적용된다고 일반화할 수 있다.

147) 한편 국어사에서 'ㅿ'이 'ㅅ'에서 변화했다고 보는 입장에서는 'ㅅ>ㅿ'을 유성음화라고 부르기도 한다. 'ㅅ'과 'ㅿ'의 차이는 성대의 울림 여부에만 있으므로 'ㅅ>ㅿ'을 유성음화라고 해석하는 것은 충분히 가능하다. 이러한 유성음화는 예외적으로 음소와 음소 사이의 변화에 해당한다.

초창기 논의에서는 유성음화를 자음에 의한 동화와 모음에 의해 동화로 구분하기도 했다. 즉 '안경, 살구' 등에서 'ㄱ'이 유성음화된 것은 선행하는 자음(공명음)에 의한 동화이고 '사과, 나비' 등에서 'ㄱ, ㅂ'이 유성음화된 것은 선행하는 모음에 의한 동화라고 보는 것이다. 이러한 입장은 유성음화를 선행하는 동화음에 의한 순행 동화로 보는 것이다. 그러나 현재는 앞에서도 언급한 것처럼 유성음과 유성음 사이에서 유성음화가 일어난다고 보고 있다. 이것은 동화음이 피동화음의 앞뒤에 모두 온다고 해석하는 것으로서 유성음화를 이중 동화로 보는 입장이다.

③ 용어 설명

'유성음화'를 가리키는 용어들의 차이는 두 가지 측면에서 비롯된다. 하나는 '유성음'을 가리키는 용어가 다양하다는 점이다. '유성음'은 '탁음, 흐린소리'와 같이 전통적인 성운학에서 사용하던 용어도 존재하고, '울림소리, 청 있는 소리'와 같이 고유어로 새롭게 만든 용어도 존재한다. 이 중 어떤 것을 사용하는가에 따라 용어의 차이가 생긴다.

다른 하나는 유성음으로 바뀐다는 의미 외에 다른 의미를 용어에 담는 경우가 있다는 점이다. 일반적으로 쓰이는 용어는 '유성음화, 유성화, 울림소리 되기'와 같이 유성음으로 바뀐다는 사실만 단순히 제시한다. 그러나 '연탁, 연탁음, 이어흐림, 연접 탁음화'와 같이 유성음화가 다른 음들과 결합할 때 일어난다는 의미를 더 담기도 하고 '유성 동화, 탁음 동화'와 같이 동화라는 사실을 더 담기도 한다.

한편 '연음화(軟音化)'는 예외적으로 유성음으로 바뀐다는 의미 대신 약한 음으로 바뀐다는 의미를 담고 있다. 유성음이 무성음보다 더 약한 소리라는 것은 충분한 음성학적 근거를 가지고 있다. 다만 '연음화'는 무성음이 유성음으로 바뀌는 현상에만 국한되지 않고 강한 소리가 약한 소리로 바뀌는 변화[148]를 모두 포함할 수 있다는 점에서 유성음화만을 가리키기에는 적절하다고 보기 어렵다.

④ 관련 항목

무성음, 유성음, 이중 동화

---

148) 강한 소리가 약한 소리로 바뀌는 현상을 '약화'라고 부른다. 자세한 것은 '약화' 항목을 참조할 수 있다.

유음

① 용어의 별칭

국어 유음[流音](김규식 1909, 金澤庄三郎 1917~1918, 小倉進平 1923, 정렬모 1927ㄱ, 최현배 1929, 金田一京助 1932), 구르소리(김두봉 1916), 전설음[顫舌音](이필수 1922), 전음[顫音](안확 1923), 전설음[轉舌音](리필수 1925, 이필수 1956), 굴리소리(이상춘 1925), 흐름소리(최현배 1929, 이인모 1949, 문교부 1952), 굴임소리(장지영 1937), 굴림소리(최현배 1937ㄱ, 김영송 1974), 설측음[舌側音](김형규 1946, 김완진 1967), 유동음[流動音](주왕산 1948, 寺川喜四男 1950), 굴리는소리(심의린 1949ㄱ), 전동음[顫動音](이극로 1947, 심의린 1949ㄱ), 설측 자음 음운(박창해 1963), 활음[滑音](日本音聲學會 編 1976), 설측 음운(김준배 1977), 혀굴림소리(려증동 1977), 유음 음소(桑原輝男·根間弘海 譯 1980), 흐름(박지홍 1981), 흐르미(유만근 1985), 흘림소리(최명옥 1992ㄴ), 류음(김성근 1995), 입안 울림소리(이현복 1997), 유음소(최명옥 2000, 김춘자 2003, 이금화 2006)

영어 liquid

② 개념 설명

자음을 조음 방식에 따라 구분할 때의 한 부류이다. 다른 조음 방식에 비해 유음은 정의하기가 상대적으로 어려운 편에 속한다. 그래서 유음의 개념 규정도 상당히 다양한 편이다.

> (가) 공기의 방해가 거의 일어나지 않으면서 나오는 소리
>
> (나) 공기가 방해를 적게 받으면서 물 흐르듯 나오는 소리
>
> (다) 혀를 굴려서 내는 소리
>
> (라) 마찰을 일으키지 않을 만큼만 공기가 방해를 받되 혀를 굴리면서 내는 소리
>
> (마) 혀의 측면으로만 공기가 흐르거나, 혀끝이 잇몸에 잠깐 닿았다가 떨어지면서 나
>   오는 소리

(가)~(마)는 지금까지 나온 유음의 대표적인 정의들을 모은 것이다. (가), (나)는 그 취지가 비슷하다. 유음은 자음 중에서는 공기의 방해 정도가 가장 미약하기 때문에 이 부분을 중시한 용어가 (가), (나)이다. (나)는 (가)와 비교해 '유음'의 표면적 의미인 '흐르다'를 더한 것임을 알 수 있다. (가)와 (나)는 현재 많이 활용하는 개념이라고 할 수 있다. (다)는 유음을 발음할 때 조음체인 혀의 움직임을 중시한 것이다. (다)와 같은 정의는 20세기 전반기에 주로 쓰였으며 현재는 그다지 널리 쓰이지 않는다. (라)는 (가), (나), (다)를 단순히 모은 것에 지나지 않는다. (마)는 유음의 대표적 변이음인 설측음과 탄설음의 조음적 특성을 조합한 개념 정의이다.[149]

---

149) (가)~(마)는 국어 음운론에서 확인되는 유음의 정의이다. 외국의 경우도 크게 다르지는 않다. 다만 최근의 논의인 Carr(2008)에서는 유음을 구강의 어느 한 부분이 막혀서 다른 부분으로 공기가 흘러 나가면서 발음되는 자음으로 정의한 바 있다. 이러한 정의는 다른 경우와 구분되는 것으로 특히 국어 음운론에서는 활용된 적이 별로 없다. 日本音聲學會 編(1976)에서는 가벼운 마찰을 동반하여 내는 지속음이라고 정의하기도 했으나 寺川喜四男(1950)에서는 오히려 발음 기관의 일부가 마찰을 일으

이처럼 유음의 정의는 매우 다양하다. 그러나 그 어느 것도 완전하다고 보기 어렵다.[150] (가), (나)의 경우 구체적인 조음 과정이 명시되지 않았다는 문제가 있다. 공기가 방해를 거의 받지 않는다는 것이 무엇인지를 구체화할 필요가 있다. 자음이라면 기류의 방해 과정이 전혀 없을 수 없으므로 방해를 받는 양상, 즉 조음 과정이 명시화되어야 한다. (다)는 혀를 굴린다는 것이 정확하지 않다. 더욱이 유음의 공통 특징을 (다)와 같이 규정할 수 있을지는 의문이다.[151] (마)는 유음에 속하는 변이음의 특성을 단순히 모은 것에 불과하다. '파찰음, 마찰음, 비음' 등과 같은 다른 자음 부류는 개별 변이음의 음성적 특성을 조합하는 방식으로 정의를 하지는 않는다. 더욱이 (마)는 유음의 모든 변이음을 대상으로 한 것이 아니고 국어에 존재하는 설측음과 탄설음만 고려한 것이기 때문에 일반 언어학적 관점에서는 불완전한 정의이다.[152]

이처럼 유음의 정의가 쉽지 않은 데에는 두 가지 중요 이유가 있다. 하나는 유음 자체가 자음 중에서 공기의 흐름이 받는 방해의 정도가 가장 약하다는 사실이다. 방해가 뚜렷하게 나타나야만 자음의 조음 방식을 구체화하기 용이한데 유음은 그렇지가 않다. 다른 하나는 유음에 속하는 변이음들의 음성적 속성에 공통점이 적다는 사실이다. 설측음과 비설측음의 조음적 특징이 다르고, 비설측음에 속하는 탄설음과 진동음의 조음적 특징이 다르다. 그러므로 이것들을 포괄할 수 있는 공통의 특징을 찾아내기가 어려운 것이다.

유음에는 여러 가지 하위 부류가 존재한다. 유음에 속하는 자음은 크게 설측음 계열과 비설측음 계열의 두 부류로 나눌 수 있다. 설측음은 혀끝을 입천장의 중앙에 대어 혀의 측면으로 기류가 흐르게 하여 발음하는 자음이다. 비설측음은 혀끝을 입천장에 빠르고 가볍게 대었다가 떼면서 발음하는 자음이다. 비설측음은 탄설음과 진동음으로 나뉘며 이러한 음들의 음성학적 특성은 개별 항목에서 확인할 수 있다.

국어의 유음에는 'ㄹ'밖에 없다. 'ㄹ'이 환경에서 따라 설측음이나 탄설음으로 실현된다. 음절 종성에 놓인 'ㄹ'은 반드시 설측음으로 실현된다.[153] 또한 음절 초성이라고 하더라도 설측음이 그 앞에 있으면 설측음으로 실현된다. 그 이외의 환경에서는 주로 탄설음으로 실현된다. 그러나 어두에서는 탄설음 대신 설측음으로 실현되는 경우도 있다고 한다.[154]

국어 자음 체계에서 유음은 하나만 확인되지만 기원적으로는 달랐을 가설도 제기되고 있다. 특히 알타이어에 속하는 언어들의 경우 유음이 복수로 존재했기 때문에 국어의 유음도 이전에 두 개 이상이었을지 모른다는 추론이 가능하다. 그러나 한글 표기 자료를 통해 그 실체를 확인할 수 있는 중세 국어 이래로 국어의 유음은 하나의 음소만 존재하고 있다. 그래서 다른 언어에서는 별개의 음소로 존재하는 설측음과 탄설음이 국어에서는 변이음 관계에 있다.

키지 않을 만큼만 협착하는 음이라고 해서 차이를 보이기도 한다.

150) 유음의 정의가 이렇게 다양하다는 것 자체가 그 어느 정의도 완벽하지 않음을 상징적으로 보여 준다.

151) (다)와 같은 정의가 예전에 주로 쓰이고 현재 잘 쓰이지 않는 것은 이러한 사정과 무관하지 않을 것이다.

152) 가령 유음에 속하는 진동음은 (마)의 정의로 포괄할 수가 없다.

153) 20세기 초의 육진 방언을 전사한 자료에서는 음절 종성의 'ㄹ'이 탄설음인 'r'로 발음된 것으로 나타난다. 이를 바탕으로 소신애(2008)에서는 음절 종성의 'ㄹ'이 예전에는 설측음이 아닌 탄설음으로 발음되었다고 보고 있다.

154) 고유어나 한자어의 경우 유음이 어두에 오는 것이 극도로 제한된다. 외국어의 경우에만 어두에 유음이 자유롭게 올 수 있다.

그러나 국어의 설측음과 탄설음은 다른 변이음과 달리 그 차이에 대한 인식이 분명하게 이루어졌다. 『훈민정음』에서도 설측음과 탄설음을 각각 'ㄹ'과 'ᄛ'로 구별하여 표기할 수 있다고 했다.[155) 주시경을 비롯한 20세기 초반 학자들 중 일부가 탄설음을 'ㄹ', 설측음은 'ㄹㄹ'로 구별하여 표기한 것 역시 유음의 변이음에 대한 인식이 다른 음과는 달리 꽤 명확히 이루어짐을 말해 준다. 외국어의 수용 과정에서도 음절 초성에 놓인 탄설음 'r'과 설측음 'l'은 구별되는 모습을 보인다.[156) 가령 'very(베리)'의 'r'은 'ㄹ'로 받아들이고, 'value(밸류)'의 'l'은 'ㄹㄹ'로 받아들이는 것이다.[157)

국어 유음의 경우 대표 변이음을 설측음으로 할지 탄설음으로 할지에 있어 이견이 존재한다. 탄설음이 대표 변이음이라고 주장할 경우 음절 종성에서 설측음이 되는 것은 미파화에 준하는 현상 때문으로 해석하고, 설측음 뒤의 유음은 설측음에 동화되어 설측음이 되었다고 설명하게 된다. 이러한 설명은 다른 자음들의 음성적 실현 과정에 비추어 상당히 자연스러운 편이다. 반면 설측음이 대표 변이음이라고 주장할 경우에는 이것이 어두 또는 모음 사이에서 탄설음으로 바뀌는 과정을 매끄럽게 설명하기는 어렵다. 설측음이 굳이 탄설음으로 바뀌어야 할 필연성을 부여하기 힘든 것이다. 그런 점에서 유음의 대표 변이음은 탄설음으로 보는 것이 나을 듯하다.

③ 용어 설명

'유음'을 나타내는 대표적인 용어는 '유음, 흐름소리, 유동음, 흐름, 흐르미, 흘림소리, 유음소'와 같이 '흐르는 소리'라는 의미를 담고 있는 것들이다. 이때 '흐르는 소리'는 조음적 측면과 청각적 측면을 모두 포괄한다. 유음은 조음점과 조음체 사이의 협착이 적어서 그만큼 공기의 흐름이 물 흐르듯 매끄럽다. 또한 청각적으로도 그 인상이 유동체와 같다고 한다. '활음'은 중국에서 사용하는 용어인데 비록 '유음'과 표현 방식은 다르지만 미끄러진다는 것이 곧 물 흐르듯 자연스럽다는 것과 비슷하므로 같은 계열의 용어라고 할 수 있다.

이 외에 '유음'을 지칭하는 데 많이 쓰이는 용어로 '구르소리, 굴리소리, 굴림소리, 굴리는 소리, 혀굴림소리'를 들 수 있다. 이 용어는 20세기 전반기에 많이 나타난다. 유음을 발음할 때 혀를 굴리는 동작이 이루어진다고 보는 용어이다. 그러나 앞에서도 말했듯이 혀를 굴린다는 것은 다소 구체성이 떨어진다.

'전설음(顫舌音), 전음(顫音), 전동음(顫動音)'은 모두 혀를 떨어서 낸다는 의미를 담고 있다. 이것은 혀의 동작을 더 구체적으로 표현한 용어에 속한다. 특히 20세기 전반기에는 국어의 유음이 진동을 수반하는 진동음(trill)이라고 분석하는 경우가 적지 않았기 때문에 혀의 떨림과 관련된 '전설음, 전음, 전동음'이 유음을 가리키는 데 자주 쓰일 수 있었다.

'설측음, 설측 자음 음운, 설측 음운' 또는 '입안 울림소리'도 유음을 가리키는 데 사용된다. '설

---

155) 그러나 실제로 문헌에서 'ㄹ'과 'ᄛ'을 이용하여 설측음과 탄설음을 구별하여 표기하지는 않았다.
156) 여기에 대해서는 '설측음' 항목을 참고할 수 있다.
157) 외국어의 초성 'r'을 'ㄹ'로 받아들이고 초성 'l'을 'ㄹㄹ'로 받아들이는 것은 뚜렷한 경향성을 가지고 있으나 절대적인 것은 아니다. 가령 'melon'을 '메론'으로 발음하는 것과 같은 예외가 있다. 물론 이러한 예외는 해당 외국어가 직접 수용되었는지 또는 다른 나라를 거쳐 간접적으로 수용되었는지와 관련을 맺을 수도 있다.

측음' 계열의 용어는 유음의 대표 변이음을 설측음이라고 보는 입장을 대변한다. 앞서 지적했듯이 유음의 대표 변이음 설정에는 다소의 이견이 있으나 설측음보다는 탄설음으로 보는 편이 더 타당해 보인다. 그런 점에서 유음을 '설측음' 계열로 지칭하는 것은 곤란하다고 할 수 있다. '입안 울림소리'는 공명음에 속하는 유음과 비음 중 비음을 제외하기 위해 '울림소리' 앞에 '입안'을 추가한 용어이다.

④ 관련 항목

비설측음, 설측음, 진동음, 탄설음

유음 탈락

① 용어의 별칭

> **국어** 'ㄹ' 탈락(남광우 1961ㄱ, 이기문 1968ㄴ, 송철의 1977), 'r' 탈락(이기문 1962ㄱ), 유음 삭제(이병건 1976, 최명옥 1982, 최태영 1983), 'l'의 탈락(정호완 1976), 유음 탈락(이병근 1981, 소강춘 1989, 정 철 1991), 'l' 삭제(최명옥 1982), 설측음 탈락(박영순 1985), 'ㄹ' 없애기(허웅 1985ㄴ, 유재원 1988, 이근영 1990), 유음 'ㄹ' 탈락(송철의 1987), 'ㄹ' 삭제(최명옥 1994), 'l' 없애기(박정수 1999, 박종덕 2000ㄴ), 어간말 'ㄹ' 탈락(백두현 2004), 유음소 탈락(최명옥 2004, 이금화 2006, 최창원 2006)
>
> **영어** 'l' deletion

② 개념 설명

유음인 'ㄹ'이 특정한 조건에서 탈락하는 현상을 가리킨다. 유음 탈락의 구체적인 양상은 용언 어간에 적용되는 경우와 복합어에 적용되는 경우에 차이가 난다.[158]

(가) 알:+는→아:는, 알:+시는→아:시는
(나) 버들+나무→버드나무, 활+살→화살, 달+달→다달, 바늘+질→바느질

(가)는 용언 어간말 'ㄹ'이 'ㄴ, ㅅ'으로 시작하는 어미와 결합할 때 일어나는 유음 탈락이다. 'ㄴ, ㅅ' 앞에서는 예외 없이 유음이 탈락한다. 'ㄹ' 뒤에 오는 자음들은 'ㄹ'과 조음 위치가 비슷하다는 특징이 있다. 중세 국어 시기에는 'ㄴ, ㅅ' 이외에 'ㄷ, ㅈ, ㅿ'과 같은 자음 앞에서도 'ㄹ'이 탈락했다. 중세 국어와 비교할 때 현대 국어는 'ㄹ'이 탈락하는 조건이 많이 줄었다. 그러나 경북 방언에

---

158) 유음 탈락은 체언 뒤에 조사가 결합하는 경우에는 적용되지 않는다.

서는 'ㄱ, ㅁ, ㅂ'과 같이 'ㄹ'과 조음 위치가 다른 자음 앞에서도 유음이 탈락하는 모습을 보여 대조를 이루기도 한다.

(나)는 합성어나 파생어와 같은 복합어가 형성될 때 유음이 탈락한 경우이다. (가)와 비교할 때 'ㄹ'이 탈락하는 조건에 'ㄴ, ㅅ'은 물론이고 'ㄷ, ㅈ'도 포함된다. 유음 탈락이 더 많은 자음 앞에서 일어난다는 점에서는 오히려 예전의 모습을 더 유지한다고 할 수 있다. 그러나 복합어에서의 유음 탈락은 활용에서의 유음 탈락과 달리 그 세력이 강하지 않다. 그래서 'ㄴ, ㅅ, ㄷ, ㅈ'과 같은 자음 앞에서 유음이 탈락하지 않는 예가 매우 많다. '달+사슴, 돌+노래, 손발+질'과 같은 가상의 단어를 만들 때 유음 탈락이 적용되지 않는 것도 이와 관련된다. 그런 점에서 (나)의 유음 탈락은 예전 시기의 흔적으로 남아 있는 일종의 화석형일 가능성이 크다.

유음 탈락은 몇 가지 기준으로 구분하기도 한다. 우선 유음 탈락의 동기에 따라 동기관적 이화에 의한 유음 탈락과 음절 구조 제약에 의한 유음 탈락으로 구분한다. 앞서 살핀 (가), (나)의 경우 'ㄹ' 뒤에 'ㄹ'과 조음 위치가 같은 자음이 올 때 'ㄹ'이 탈락하고 있다. 이것은 동일한 조음 위치의 자음이 연속되는 것을 막기 위해 유음이 탈락했다고 보고 그 동기를 '동기관적 이화'라고 부른다. 음절 구조 제약에 의한 유음 탈락으로 흔히 드는 예는 다음과 같다.

        (다) 알:+은→앎:→안:, 알:+읍니다[159] → 앎:니다 → 암:니다

(다)는 'ㄹ' 뒤에서 먼저 모음 '으'가 탈락하면 도출의 중간 과정에서 음절 종성에 자음이 두 개 놓이게 된다. 이것은 현대 국어의 음절 구조 제약을 어기므로, 음절 구조 제약을 충족하기 위해 유음이 탈락하게 된다. 그래서 (다)와 같은 유음 탈락을 음절 구조 제약에 의한 것이라고 흔히 해석한다. 그러나 (다)는 엄밀히 말하면 음절 종성에 놓인 자음군 중 하나를 탈락시키는 자음군 단순화와 다를 바 없다 그러므로 (다)에 적용된 음운 현상은 유음 탈락이라기보다는 자음군 단순화라고 하는 편이 정확하다.

유음 탈락은 음운론적 조건에 의한 것과 형태론적 조건에 의한 것으로 구분할 수도 있다. 앞서 살핀 자료들은 모두 음운론적 조건에 의한 유음 탈락이다. 비록 '체언'에서는 적용되지 않는다는 비음운론적 조건이 없지 않지만 후행하는 자음의 종류가 더 중요하므로 음운론적 조건에 의한 유음 탈락이라고 할 만하다. 반면 특정한 어미와 결합할 때에 어간의 'ㄹ'이 탈락하는 유음 탈락도 있다. 이것을 형태론적 조건에 의한 유음 탈락이라고 부른다. 가령 약속을 나타나는 어미 '-으마', 하오체에 속하는 종결 어미 '-으오', 존칭의 어미 '-옵-, -오-' 앞에서도 '살:+으마→사:마, 살:+으오→사:오, 살:+오니→사:오니, 살:+옵고→사:옵고'에서 보듯 유음 탈락이 일어난다. 이러한 유음 탈락은 (가)~(다)에서 살핀 유음 탈락과는 성격이 다른 것으로 어미의 종류라는 형태론적 조건이 관여하고 있다고 볼 수밖에 없다.[160]

---

159) 표기상으로는 '읍니다'로 되어 있지만 발음할 때 '읍니다'의 'ㅂ'은 항상 'ㅁ'으로 발음되므로 여기서는 '음니다'라는 형태를
    제시한다.

③ 용어 설명

'유음 탈락'을 가리키는 용어는 예외 없이 모두가 'ㄹ'이 탈락한다는 의미를 담고 있다. 다만 '어간말 ㄹ 탈락'의 경우 '어간말'이라는 단서를 달고 있다. 이 용어를 사용하면 명사가 선행 요소로 참여하는 복합어에서의 유음 탈락은 모두 배제해야만 한다.[161] 그런데 이러한 복합어에서의 유음 탈락은 (나)의 설명에서도 언급했듯이 역사적으로 굳어진 것이 그대로 유지되고 있을 가능성이 높다. 그러므로 현대 국어에서 활발하게 적용되는 유음 탈락만을 가리키기 위해서라면 '어간말'이라는 단서를 붙이는 것도 나름대로 일리가 있다.

④ 관련 항목

유음, 유음화, 자음군 단순화, 탈락

유음화

① 용어의 별칭

> **국어** 'ㄴ'이 'ㄹ'로 바꾸임(이극로 1933), 'ㄴ'이 'ㄹ'로 동화(심의린 1949ㄴ), 측음화[側音化](이희승 1955, 이익섭 1963, 전재호 1963), 설측음화[舌側音化](최태호 1957ㄱ, 靑山秀夫 1960, 김석득 1962ㄴ, 이돈주 1965), 설측음화[舌側音化](최태호 1957ㄴ), 혀옆소리 되기(이명권·이길록 1968), 굴림소리 되기(김영송 1974), 유음화(유구상 1975, 이병근 1977, 김완진·이병근 1979), 혀옆소리 닮음(황희영 1979), 측음화[側音化](남광우 1980, 김동례 1997, 이해봉 1997), 유음 동화(권인한 1984, 김정우 1984, 김선철 1990), 흐름소리 되기(정영주 1985, 신호철 2003, 김형복 2004), 'ㄴ'의 'ㄹ' 되기(허웅 1985ㄱ, 이근영 1990, 신연희 1991), 설측자음화(성낙수 1987), 'n' 설측음화(곽동기 1992, 李康民 1993, 강옥미 2003), 비음의 측음화(김경란 1993), 'ㄴ' 설측음화(강옥미 1994ㄱ, 정명숙 1995), 설측음 동화(이철수 1994, 민병준 1995), 'n'의 'l' 되기(박정수 1999), 'n' 측음화(손일권 1999), 'ㄴ'의 설측음화(조성문 2000), 유음소화(최명옥 2004, 이금화 2006, 최창원 2006)
>
> **영어** lateralization, 'n' lateralization, lateral assimilation, liquidization

② 개념 설명

'ㄹ'에 인접한 'ㄴ'이 'ㄹ'의 조음 방법에 동화되어 'ㄹ'로 바뀌는 현상을 가리킨다.[162] 'ㄴ'이 'ㄹ'

---

160) '-으마' 앞에서 일어나는 유음 탈락은 수의적인 성격을 지닌다. '-읍-, -오-'의 경우는 중세 국어의 -숩-'에서 변한 것이므로 이들 어미 앞에서의 유음 탈락은 'ㅿ' 앞에서 일어난 유음 탈락이 그대로 이어진 결과이다. '-으으'도 예전에 '-으ㅿ'였을 가능성을 배제할 수 없다. 그럴 경우 순수하게 형태론적 조건에 의한 유음 탈락은 '-으마' 앞에서 일어나는 경우로 국한된다.
161) '어간'은 일반적으로 활용을 하는 용언에 대해서만 사용하기 때문이다. 만약 체언에 대해서도 '어간'이라는 개념을 사용한다면 여기서 지적한 문제는 생기지 않는다.
162) 드물기는 하지만 중국 한자음이 한국으로 수용되면서 설내 입성음 't'가 'ㄹ'로 남아 있는 것을 유음화라고 부르기도 한다. 가령 원래 중국음으로는 't'로 끝나는 '吉, 達, 質' 등이 한국 한자음에서 예외 없이 모두 그 말음이 'ㄹ'인 것이다. 이러한

보다 앞설 수도 있고 뒤에 올 수도 있다. 피동화음인 'ㄴ'이 동화음인 'ㄹ'보다 뒤에 있으면 순행적 유음화, 앞에 있으면 역행적 유음화가 된다. 유음화는 국어의 대표적인 거울 영상 규칙으로 언급되고 있으나 순행적 유음화와 역행적 유음화는 그 성격이 상이하여 하나의 규칙으로 통합하기 어렵다.[163]
　　순행적 유음화의 예는 다음과 같다.

> (가) 물놀이→물로리, 달님→달림, 칼날→칼랄
> (나) 불 놓다→불로타, 담을 넘다→다믈럼따
> (다) 훑+는→훌른, 앓+는→알른
> (다′) 알+는→아ː는, 몰+는→모ː는

　　(가)는 합성어나 파생어 형성에서 보이는 유음화의 예이고 (나)는 단어 경계를 사이에 두고 적용되는 유음화의 예이다. (다)는 활용형에서 보이는 유음화이다. 활용형에서의 유음화는 (가), (나)와 달리 동화음인 'ㄹ'과 피동화음인 'ㄴ' 사이에 다른 자음이 놓일 때에만 적용된다. (다′)에서 보듯 'ㄹ'로 끝나는 어간 뒤에 'ㄴ'으로 시작하는 어미가 결합하면 유음화 대신 유음 탈락만 일어난다. 그래서 한때 활용형에서의 유음화를 간접 동화로 처리한 적도 있다.[164] 그러나 (다)는 자음군 단순화가 먼저 적용된 후 유음화가 일어나는 것이기 때문에 유음화는 적용 환경과 상관없이 직접 동화로 분석해야 한다.[165]
　　순행적 유음화와 달리 역행적 유음화는 한정된 조건에서만 적용된다.

> (라) 본+래→볼래, 한+량→할량, 권+력→궐력

　　역행적 유음화는 주로 한자어에서 적용된다. 고유어의 경우 'ㄴ'으로 끝나는 형태소와 'ㄹ'로 시작하는 형태소가 결합하는 환경이 만들어지지 않는다. 그래서 역행적 유음화의 예는 한자어에서 찾을 수밖에 없다.[166]
　　순행적 유음화와 역행적 유음화에는 모두 예외적인 상황이 존재한다. 즉 'ㄴ'과 'ㄹ'이 인접했는데도 불구하고 유음화 이외의 규칙이 적용되는 사례들이 있는 것이다.[167]

　　유음화는 중국에서 먼저 일어나 한국으로 수용되었을 수도 있고 한국으로 수용된 후 일어났을 수도 있다. 아무튼 한자음에서의 유음화는 이 항목에서 살피는 유음화와는 그 성격이 완전히 다르다.
163) 이 문제는 '거울 영상 규칙' 항목에서 자세히 다룬 바 있다.
164) 이러한 태도가 좀 더 확장되면 (다)와 (가), (나)를 하나의 규칙으로 묶기 위해 (가), (나)는 동화음과 피동화음 사이에 단어 경계인 '#'이 있다고 보아 모든 유음화는 동화음과 피동화음 사이에 자음이든 단어 경계이든 어떤 요소가 개입되어야 한다고 보기도 한다.
165) 순행적 유음화가 직접 동화라는 사실은 통시적 변화 측면은 물론이고 공시적 기술 측면에서도 여러 가지 근거를 가진다. 자세한 것은 이진호(1997, 1998)을 참고할 수 있다.
166) 외국어에서도 역행적 유음화가 적용되는 사례를 찾을 수 있으나 여기서는 다루지 않는다.
167) 'ㄴ'과 'ㄹ'이 결합할 때 아무런 변화가 없이 'ㄴ'과 'ㄹ'이 그대로 발음됨으로써 유음화의 예외가 되는 경우는 존재하지 않는다. 'ㄴ'과 'ㄹ'의 결합은 국어에서 전혀 허용되지 않기 때문이다.

(마) 솔+나무→소나무, 하늘+님→하느님

(바) 생산+량→생산냥, 결단+력→결딴녁

(마)는 복합어 형성에서 순행적 유음화 대신 유음 탈락이 적용되는 경우이다.[168] (마)는 역사적으로 순행적 유음화가 적용되기 이전에 먼저 유음 탈락이 적용된 형태가 그대로 굳어져서 일종의 화석형으로 존재하고 있다.[169] 현대 국어는 ‘ㄹ+ㄴ’의 결합에 유음 탈락보다 순행적 유음화가 더 강한 세력으로 적용되기 때문에 새로 만들어지는 복합어에는 유음 탈락 대신 순행적 유음화가 적용된다.[170]

(바)는 역행적 유음화 대신 ‘ㄹ’의 비음화가 적용되는 사례이다. ‘ㄴ+ㄹ’의 연쇄에 역행적 유음화가 적용되는 사례와 ‘ㄹ’의 비음화가 적용되는 사례가 명확히 구분되지는 않으나 대략적인 경향성은 확인할 수 있다. 한자어가 하나의 단어로 굳어져 그 내부를 분리하기 어려운 경우에는 역행적 유음화의 적용 가능성이 더 높다. (라)를 포함하여 ‘난로, 신라, 변론’ 등과 같은 2음절 한자어는 구성 요소인 각각의 한자가 단어 자격을 가지지 못하여 전체가 하나의 단어로 쓰인다. 이런 구조에서는 역행적 유음화가 우세하게 적용된다. 반면 (바)의 ‘생산량(생산+량), 결단력(결단+력)’과 같은 단어는 그 안에 ‘생산, 결단’과 같은 단어가 포함되어 있어서 분리가 용이하다. 이런 경우에는 ‘ㄹ’의 비음화가 적용되는 비율이 상대적으로 높다.[171]

③ 용어 설명

‘유음화’를 가리키는 용어는 세부적인 차이를 고려하지 않는다면 크게 ‘유음으로 바뀐다’는 의미를 담은 계열과 ‘설측음으로 바뀐다’는 의미를 담은 계열로 나뉜다. ‘유음화, 굴림소리 되기, 유음동화, 흐름소리 되기’ 등이 전자에 속하고 ‘설측음화, 측음화, 설측음 동화’ 등이 후자에 속한다. 자음 체계에서 ‘ㄹ’을 유음으로 분류한 이상 전자에 속하는 용어들이 더 타당하다고 할 수 있다.

후자에 속하는 용어가 쓰이는 이유는 크게 두 가지이다. 하나는 ‘유음’이라는 용어 대신 ‘설측음’이라는 용어를 사용하는 경우가 있기 때문이다. 그런데 국어 유음의 대표 변이음은 설측음이 아니라는 점에서 유음을 설측음으로 불러야 할 필연성이 떨어진다.[172] 다른 하나는 유음화의 결과 표면에 실현되는 유음의 변이음이 설측음이라는 사실 때문이다. 그러나 유음화는 음소와 음소 사이의 변동이므로 변이음으로의 변동을 지칭하는 용어를 사용하는 것은 타당하다고 볼 수 없다.[173]

---

168) 앞서 살핀 (다)도 같은 성격의 예외이다.

169) 역사적으로 보면 유음 탈락의 발생 시기가 순행적 유음화의 발생 시기보다 훨씬 더 빠르다.

170) 유음 탈락의 세력 약화에 대해서는 ‘유음 탈락’에서 다루어진 바 있다.

171) 이러한 구조의 차이가 역행적 유음화와 ‘ㄹ’의 비음화가 선택적으로 적용되는 데 관여하는 이유에 대해서는 이진호(1998, 2012ㄱ)에서 제시하고 있다.

172) 국어 유음의 대표 변이음에 대해서는 ‘유음’ 항목에서 다루고 있다.

173) 이상억(1990)에서 음소 사이의 변동은 유음화라고 하고, 변이음으로의 실현 과정은 설측음화라고 하여 둘을 분리하고 있는 것에 주목할 필요가 있다.

④ 관련 항목

거울 영상 규칙, 동화, 설측음, 유음, 유음 탈락

유추적 평준화

① 용어의 별칭

국어 단순화(이승환 1971, 최임식 1990ㄷ, 곽충구 1994), 평준화(전상범 1977ㄴ, 문도열 1983, 김현 2002), 수평화(林榮一・間瀨英夫 譯 1978, 이정민・배영남 1987, 김방한 1988, 고광모 1989), 유추에 의한 단순화(이근규 1979), 형태 평형화(김진우 1985), 단일화(박창원 1985, 배영환 2005), 유추에 바탕을 둔 평준화(최전승 1986), 평준화(최전승 1986, 조성식 편 1990), 변화 계열 평준화(전상범 1987), 유추적 수평화(김방한 1988, 龜井孝 外 編 1996, 소신애 2002), 평형화(김진대 1989), 유추적 평준화(배주채 1989, 백두현 1992ㄴ, 유필재 2000), 계합 관계의 단순화(최임식 1990ㄴ), 범열의 수평화(성희제 1991), 계열적 평준화(김경아 1995), 유추적 평균화[類推的 平均化](龜井孝 外 編 1996), 교체 계열의 단일화(정인호 1995), 어간 평준화(오종갑 2000ㄱ), 패러다임의 단순화(김봉국 2002ㄱ), 패러다임 수평화(소신애 2005, 정영호 2006), 패러다임의 평준화(김현 2006), 형태론적 평준화(김현 2006)

영어 leveling, analogical leveling, paradigmatic leveling, morphological leveling

② 개념 설명

한 형태소가 이형태로 실현되는 교체 양상이 단순하게 되거나 사라져서 이형태의 수가 줄거나 또는 이형태 사이의 형태적 유사성이 높아지는 변화 유형을 가리킨다. 단순히 평준화라고 하기도 하지만 유추에 의한 재분석으로 인해 일어나기 때문에 '유추적'을 덧붙이기도 한다.[174] 기존의 교체 방식을 다른 형태소로 더 확장시켜 교체 양상이 복잡해지는 유추적 확대와 대립되는 개념이다.

유추적 평준화는 일반적으로 형태소의 재구조화를 동반한다.[175] 형태소의 기저형이 바뀌지 않고서는 유추적 평준화가 일어나기 어렵다. 이론적으로 형태소의 기저형이 변하지 않으면서 교체 양상이 단순화되려면 교체를 일으키는 음운 규칙이 소멸하는 경우에 가능하다. 형태소 교체에 관여하는 음운 규칙이 소멸할 경우 그 규칙과 결부된 형태소의 교체도 사라지기 때문이다. 그런데 음운 규칙의 소멸은 유추에 속하지 않으므로 음운 규칙의 소멸로 교체 양상이 단순화되는 것 역시 유추적 평준화가 될 수 없다.[176]

유추적 평준화의 대표적인 사례는 불규칙적 교체가 규칙적 교체로 바뀌는 현상이다. 불규칙적 교체를 보인다는 것은 이형태들 사이의 관계를 음운 규칙으로는 설명할 수 없음을 뜻하므로 이형

---

174) 다시 말해 음운론적 요인에 의한 변화 등과 같이 유추 이외의 기제에 의해 교체 양상이 단순해지는 것은 유추적 평준화가 될 수 없다.

175) 여기서 말하는 형태소의 재구조화에는 복수 기저형이 단수 기저형으로 바뀌는 변화도 모두 포함된다.

176) 음운 규칙의 소멸은 음운론적 변화에 속한다. 유추는 비음운론적인 성격의 변화이다.

태의 형태적 유사성이 매우 낮다. 이것이 규칙적 교체로 바뀌면 이형태들 사이의 음운론적 긴밀성이 높아지므로 유추적 평준화가 된다. 국어에는 중세 국어 이래로 불규칙적 교체를 보이는 형태소의 상당수가 규칙적 교체로 전환했는데, 이러한 사례는 모두 유추적 평준화에 속한다. 가령 중세 국어 시기에 '낡~나모'와 같이 불규칙적 교체를 보이는 형태소가 현대 국어에는 '나무'로 규칙화되었다든지, 또는 'ㄷ' 불규칙 어간에 속하는 '싣다(得)'가 현실 발음에서 그 기저형이 '싫다'로 바뀌면서 규칙 어간으로 바뀐 것 등을 들 수 있다.[177]

유추적 평준화는 규칙적 교체가 규칙적 교체로 바뀔 때에도 나타난다. 가령 현대 국어에서 겹받침을 가진 체언 중 상당수는 기저형이 바뀌어 홑받침을 가지는 것으로 바뀌고 있다. '닭이, 닭을, 닭으로'를 '닥이, 닥을, 닥으로'로 발음하는 것이 대표적인 사례이다. 이처럼 '닭'이 '닥'으로 바뀌면 이형태 수도 줄어들고 이형태들의 형태적 유사성도 높아지기 때문에 유추적 평준화가 일어났다고 할 수 있다. '부엌'과 같은 단어가 모음으로 시작하는 조사와 결합할 때 '부엌이, 부엌은, 부엌에' 대신 '부억이, 부억은, 부억에'로 발음되는 것도 유추적 평준화에 속한다. 기저형이 '부엌'일 때에는 그 이형태가 '부억, 부억, 부엉'이지만 기저형이 '부억'으로 바뀌면 그 이형태가 '부억, 부엉'으로 줄어들면서 교체 양상이 단순화되기 때문이다.

드물기는 하지만 불규칙적 교체가 그대로 불규칙적 교체로 남아 있으면서도 유추적 평준화가 일어났다고 볼 수 있는 사례도 있다. 경북 방언 중에는 불규칙 용언 '모르다'가 '모리고, 모리니, 몰라서, 몰라'와 같이 활용하는 방언이 있다. '모리고, 모리니'는 '모르고, 모르니'에서 바뀐 것이다.[178] 그런데 여기서 한 단계 더 나아가 '모리고, 모리니, 몰래서, 몰래'로 바뀐 방언도 존재한다.[179] '모리고, 모리니, 몰라서, 몰라'로 활용하든 '모리고, 모리니, 몰래서, 몰래'로 활용하든 불규칙적 교체를 하는 것은 마찬가지이다. 그러나 '모리고, 모리니, 몰래서, 몰래'의 '몰래서, 몰래'는 이 방언의 '이' 말음 어간들이 '아/어'로 시작하는 어미와 결합할 때 보이는 모습과 일치한다.[180] 그런 점에서 '모리고, 모리니, 몰라서, 몰라'보다는 '모리고, 모리니, 몰래서, 몰래'가 이형태들 사이의 형태적 긴밀성이 더 높다.[181] 비록 불규칙적 교체를 벗어나지는 못했으나 이형태 사이의 관계가 더 가까워졌으므로 유추적 평준화라고 할 수 있다.[182]

유추적 평준화는 주로 어휘 형태소에서 일어나지만 문법 형태소에서 일어나는 경우도 없지는 않다. 가령 배주채(2001)에서는 서술격 조사 '-이다'의 활용형 중 '-이라서(-이+어서), -이라도(-이+어

---

177) '싣다'가 'ㄷ' 불규칙 어간이라면 '싣고, 싣는, 실어, 실으니'로 활용하지만 현실 발음에서는 '싫고[실코], 싫는[실른], 싫어[시러], 싫으니[시르니]'로 활용하여 기저형이 규칙 어간 '싫다'로 바뀌었음을 알 수 있다.

178) 일종의 전설 모음화가 적용된 것인데, 방언에서는 'ㄹ' 뒤에서도 전설 모음화가 일어나는 경우가 있다.

179) 자세한 것은 이진호(2008ㄴ)을 참고할 수 있다.

180) 가령 '이기-'와 '마시-'는 '이기+어서 → 이게서, 마시+어서 → 마세서'와 같은 모습을 보인다.

181) '모리고, 모리니, 몰래서, 몰래'는 어간의 마지막 모음이 '이'라는 공통점을 지니므로 '모리고, 모리니, 몰래서, 몰라'보다는 이형태들의 음운론적 유사성이 더 높다.

182) 이것을 기저형 차원에서 보자면 '모리고, 모리니, 몰라서, 몰라'는 복수 기저형이 '모리-'와 '몰르-'(또는 '몰-')이지만 '모리고, 모리니, 몰래서, 몰래'는 복수 기저형이 '모리-'와 '몰리-'이다. 전자는 복수 기저형 사이에 'ㄹ'의 유무, 둘째 음절 모음이라는 두 가지 점이 다르지만 후자는 'ㄹ'의 유무만 다르다. 여기서도 전자에서 후자로의 변화가 유추적 평준화의 성격을 지님을 알 수 있다.

도' 등이 '-이어서, -이어도' 등으로 바뀌는 것을 유추적 평준화의 일환으로 보았다. 서술격 조사의 다른 이형태에서는 'ㄹ'이 나타나지 않으므로 '이라서, 이라도' 등을 '이어서, 이어도' 등으로 바꾸면 이형태의 수도 줄고 형태적 유사성도 높아지는 것이다.[183] 이것은 문법 형태소에서 보이는 유추적 평준화의 사례이다.

③ 용어 설명

'유추적 평준화'를 가리키는 용어 대부분은 'leveling, analogical leveling, paradigmatic leveling, morphological leveling' 중 어느 하나의 번역어이다. 'leveling'의 번역어인 '단순화, 평준화, 수평화, 평형화' 등은 한 형태소의 이형태 수가 줄거나 이형태들이 서로 가까워진다는 유추적 평준화의 개념을 잘 드러내고 있다. 'analogical leveling'의 번역어인 '유추에 의한 단순화, 유추적 수평화, 유추적 평준화' 등은 이것이 유추의 일종임을 더 강조한 용어로 변화의 원인을 추가한 것이다. 'paradigmatic leveling'의 번역어인 '변화 계열 평준화, 계합 관계의 단순화, 범열의 수평화, 계열적 평준화' 등은 유추적 평준화가 패러다임 내에서 일어나 패러다임이 단순화된다는 사실을 감안한 용어이다. 'morphological leveling'의 번역어인 '형태 평형화, 형태론적 평준화'는 형태소 교체가 형태론과 무관하지 않으므로 나온 용어라고 할 수 있다.

한편 영어 표현에 대응하지 않는 용어로 '어간 평준화'가 있다. 이것은 유추적 평준화가 어휘 형태소에서 주로 나타난다는 점과 관련된다. 국어의 유추적 평준화는 체언에서 많이 일어나기 때문에 이때의 '어간'은 용언은 물론이고 체언까지 포함하는 개념이어야 한다. 만약 '어간'이 용언에만 국한된다면 '어간 평준화'는 유추적 평준화 전체를 가리키기에는 한계가 있다. 게다가 앞에서 살펴본 문법 형태소에서의 유추적 평준화는 '어간 평준화'로 포괄하기 어렵다는 점도 고려해야 한다.

④ 관련 항목

교체, 이형태, 유추적 확대, 패러다임

---

183) 이것도 불규칙적 교체가 규칙적 교체로 바뀌는 경우에 속한다.

유추적 확대

① 용어의 별칭

국어 확대(이승환 1971), 유추에 의한 확장(최전승 1986, 최임식 1990ㄴ), 확장(최전승 1986, 이정민·배영남 1987), 유추에 의한 확대(최전승 1986), 유추에 의한 확대화(최전승 1986), 유추적 확장(이정민·배영남 1987, 이현규 1995, 龜井孝 外 編 1996), 분극화[分極化](이정민·배영남 1987), 유추적 확대(김봉국 2004), 유추 확장(김성규 2006), 유추적 확산(박선우 2006ㄱ)

영어 extension, analogical extension, polarization

② 개념 설명

기존의 형태소들이 보이는 교체 방식이 다른 형태소로 확대되는 유추 변화를 가리킨다. 원래는 해당 교체를 보이지 않던 형태소가 다른 형태소의 교체에 영향을 받아 새롭게 교체를 보이게 되는 변화가 유추적 확장이다. 형태소의 이형태가 더 확대되어 교체 양상이 복잡해졌다는 점에서 형태소 교체가 단순화되는 유추적 평준화와 반대되는 개념이라고 할 수 있다.

유추적 확대는 대체로 형태소의 재구조화를 일으킨다.[184] 만약 형태소의 기저형이 그대로 유지되면서 교체 양상이 더 복잡해지려면 음운 변화의 적용 영역이 넓어지는 수밖에 없다. 기존에 적용되지 않던 음운 변화가 어떤 형태소에 적용될 경우 그 형태소의 이형태가 늘어나면서 교체 양상도 더 복잡해지는 것이다. 그런데 음운 변화의 적용 영역이 바뀌는 것은 음운론적 성격의 변화이지 유추 변화에 속하지는 않는다. 그러므로 유추적 확대에 속할 수가 없다. 유추적 확대로 거론된 대부분의 예가 형태소 재구조화와 관련되는 것은 이러한 사정에서 비롯된다.

지금까지 국어를 대상으로 다양한 유추적 확대의 예가 제시된 바 있다. 이 중 많이 언급되는 현상에는 중세 국어의 'ㄷ' 말음 체언들이 'ㅅ' 말음 체언으로 바뀐 것을 들 수 있다. 중세 국어 시기에 '뜬(意), 벋(友), 곧(處), 몯(釘)'과 같이 'ㄷ'으로 끝나는 체언 중 대다수는 현대 국어로 오면서 그 말음이 'ㅅ'으로 바뀌었다.[185] 이러한 변화를 '것(物), 맛(味), 옷(衣)'과 같은 체언의 교체 방식이 유추에 의해 '뜬, 벋, 곧, 몯' 등으로 확대된 결과라고 해석하여 유추적 확대로 보는 것이다.

유추적 확대는 운소의 변동을 대상으로 할 수도 있다. 김성규(2006)에서는 '감다(閉), 숨다(隱), 참다(忍)' 등과 같이 원래는 장단 변동을 하지 않던 어간이 현대 국어와 같이 장단 교체를 하게 된 것은, 비음으로 끝나는 다른 1음절 어간에서 보이는 장단 교체가 이 어간들로 확대된 결과라고 해석했다.[186] 김한별(2013)에서는 중세 국어의 1음절 어간 중 고정적 상성을 가진 것들이 이후 유동적 상성

---

184) 이것은 유추적 평준화도 마찬가지이다. 다만 유추적 평준화와 달리 유추적 확대는 재구조화를 동반하지 않는 일부 예외가 존재한다. 여기에 대해서는 뒤에서 언급하기로 한다.

185) '낟(穀)'과 같은 일부 예외가 있기는 하다.

186) '감다, 숨다, 참다' 등이 이전에 장단 교체를 하지 않았다는 것은 이 어간들의 중세 국어 성조가 거성으로 고정되어 있었다는 데에서 추론한 것이다.

을 가지게 되는 변화도 유추적 확대의 예로 보았다. 상성과 평성 사이의 교체가 고정적 상성을 가진 어간으로 확대되었다는 것이다.[187]

이처럼 유추적 확대는 특정한 형태소에서 보이던 교체 양상이 다른 형태소로 확산되는 방식으로 나타난다. 그런데 때로는 한 형태소의 이형태 중 특정한 조건에서 실현되던 것이 다른 조건에서도 나타나는 것을 유추적 확대에 포함하기도 한다. 가령 최전승(2004)에서는 '사람'이라는 명사가 주격 조사나 서술격 조사와 결합할 때 '이' 모음 역행 동화의 적용을 받아서 나오는 이형태 '사램'이 '사램을, 사램도, 사램만' 등과 같이 '이' 모음 역행 동화의 적용과 무관한 환경에서도 나타나는 것을 유추적 확대로 보고 있다. 이것은 앞서 살핀 것과는 달리 한 형태소의 이형태가 동일한 형태소 내에서 출현 분포를 더 확장한 경우에 해당한다.

③ 용어 설명

'유추적 확대'를 가리키는 대부분의 용어는 'extension' 또는 'analogical extension'을 직역한 것들이다. 그래서 '확대, 확장' 등의 표현을 담고 있다. 여기에 속하지 않는 '분극화'는 'polarization'의 번역어이다. 'polarization'은 한 음소가 두 음소의 연쇄로 바뀌는 '분열'을 가리키는 데에도 쓰인다. 하나의 요소가 둘로 쪼개어지는 것은 유추적 확대에 의해 형태소의 이형태 수가 많아지는 것과 통하는 바가 있기 때문에 'polarization'을 '분열'과 '유추적 확대'에 모두 사용하는 듯하다.

④ 관련 항목

교체, 이형태, 유추적 평준화, 패러다임

'으' 탈락

① 용어의 별칭

국어 '₮' 탈락 규칙(이병근 1975), '₮' 삭제 규칙(이병건 1976), '으' 삭제(최명옥 1980, 고창운 1987), '으' 탈락 규칙(이병근 1978), '으' 없애기(허웅 1985ㄴ, 유재원 1988), 약모음 탈락(신기상 1987), '₮' 탈락(소강춘 1989), '으' 탈락(최윤현 1993, 배주채 1996ㄱ, 김옥화 2000)
영어 '₮' deletion

② 개념 설명

말 그대로 단모음 '으'가 탈락하는 현상이다. 그런데 환경에 따라 몇 부류가 구분된다.

---

187) 이 사례는 유추적 확대가 형태소의 재구조화를 일으키지 않는 매우 이례적인 사례이다. 유추적 확대가 일어나기 전이든 후든 어간 기저형의 성조는 상성이기 때문에 재구조화가 일어나지 않았다.

(가) 크+어→커, 모으+아→모아

(나) 가+으면→가면, 알:+으면→알:면

(다) 다리+으로→다리로, 하늘+으로→하늘로

(가)~(다)는 탈락하는 '으'의 위치에 따라 (가) 및 (나)와 (다)의 둘로 나눌 수 있다.[188] (가)는 '아/어'로 시작하는 어미 앞에서 용언 어간의 마지막에 놓인 '으'가 탈락하는 변화이다. 이러한 '으' 탈락은 'ㅅ' 불규칙 어간에 해당하는 '긋-' 뒤에 '어'가 결합하는 경우를 제외하면 규칙적으로 적용된다. (나)와 (다)는 다른 음에 후행하는 '으'의 탈락으로, 이때 탈락하는 '으'는 소위 매개 모음에 해당한다. (나)는 용언 어간, (다)는 체언 뒤에서 문법 형태소의 두음 '으'가 탈락하고 있다. (나), (다)에서의 '으' 탈락은 자음인 'ㄹ' 뒤에서도 일어난다는 점에서 (가)와는 성격이 구분된다. 특히 (나), (다)의 경우 어미나 조사의 기저형을 '으'가 없는 것으로 설정하면 '으' 탈락을 적용하지 못한다.[189] 실제로 (나)와 (다)에서 보이는 '으' 탈락은 음운 규칙으로 인정하기에는 문제가 많다는 지적이 있어 왔으며 여기에 따르면 '으' 탈락은 오로지 (가)에서만 인정해야 한다.[190]

③ 용어 설명

'으' 탈락을 가리키는 용어는 '약모음 탈락'을 제외하면 탈락하는 모음 '으'를 명시적으로 밝히고 있다. '약모음 탈락'은 '으'가 약모음에 속한다고 해석한 용어이다. 약모음에 대한 명확한 개념 규정은 어렵지만 음성적으로는 개구도가 작아서 모음의 음운론적 강도가 낮다는 점을 특징으로 들 수 있다. 그래서 약모음은 다른 모음과 인접할 때 잘 탈락하며 자음 연쇄를 회피하려고 모음을 첨가할 때에는 다른 단모음에 비해 훨씬 빈번하게 첨가된다. 현대 국어에서는 이런 특징을 가진 단모음이 바로 '으'이다.

④ 관련 항목

모음 충돌 회피, 모음 탈락, 탈락

---

188) (가)의 '으' 탈락과 (나), (다)의 '으' 탈락에 대해 허웅(1985ㄴ)에서는 각각 '으' 없애기와 고룸소리 없애기로 구별하여 부르고 있다. '고룸소리'는 '매개 모음'을 가리키는 용어이다.

189) '으' 탈락을 적용하지 않는 방법은 구체적으로 두 가지가 제안된 바 있다. 하나는 '으'가 없는 형태를 단수 기저형으로 설정하여 '으'가 첨가되는 규칙을 적용하는 방법이다. 그러나 이 방법은 '으'가 첨가되는 환경을 일반화할 수 없다는 중대한 약점이 있어서 잘 받아들이지 않고 있다. 다른 하나는 '으'가 있는 형태와 없는 형태를 모두 기저형으로 설정하는 방법으로 복수 기저형을 이용하는 것이다. 이럴 경우 모음이나 'ㄹ' 뒤에는 '으'가 없는 형태가 결합하므로 '으' 탈락은 적용되지 않는다.

190) (나), (다)에서 보이는 '으' 탈락의 문제점은 강창석(1982)에서 자세히 다루고 있다. 강창석(1982)에서는 추상성, 간결성, 우연성, 적극적 검증의 네 가지 측면에서 (나), (다)의 '으' 탈락이 문제점을 지닌다고 하고, '으'의 첨가를 주장한 바 있다.

음보

① 용어의 별칭

국어 각[脚](小泉保·牧野勤 1971), 격보[格步](日本音聲學會 編 1976), 음보[音步](이기문 외 1984, 이정민·배영남 1987, 김종훈 1990), 운각[韻脚](이정민·배영남 1987, 김아영 1988, 손형숙 1994)
영어 foot

② 개념 설명

　강약의 실현과 관련되는 음운론적 단위이다. 주강세(主强勢)가 놓인 하나의 음절과 부강세(副强勢) 또는 무강세(無强勢)가 놓이는 여러 음절들로 구성된다. 대체로 음절보다는 크고 음운론적 단어보다는 작은 단위라고 규정하고 있다. 국어의 경우 강약이 단어 변별의 기능을 가지지 않다 보니 음보 역시 그다지 중요하게 다루어지지는 않고 있다.

③ 용어 설명

　'음보'를 가리키는 용어들은 '다리(脚)' 또는 '걸음(步)'을 나타내는 한자들이 모두 들어 있다. 이것은 'foot'을 직역한 결과로 보인다.

④ 관련 항목

　강약, 운소

음상

① 용어의 별칭

국어 음전[音轉](홍기문 1947), 음성의 전변[轉變](홍기문 1947), 어감의 바꿈(정인승 1949ㄱ, 정인승 1956ㄴ), 어감 변화(정인승 1949ㄱ), 음상[音相](이희승 1955, 김민수 1960, 양주동·유목상 1968, 靑山秀夫 1976), 음성의 변이[變移](이희승 1955), 어감의 분화(성균관대 대동문화연구원 1985)
영어 phonic phase

② 개념 설명

　소리의 차이로 어감의 차이를 드러내는 현상을 가리킨다. 단어의 기본적인 의미는 그대로 유지하면서도 소리를 바꾸어 그 어감을 달리하는 것이 음상이다. 소리와 의미 사이의 관련성을 인정하고 있다는 점에서 '음성 상징(音聲 象徵)'[191]과도 통하는 바가 있다. 양호연(1978)에서는 음상의 관계로 연결되는 단어들을 '음상 변이어, 음성 대립어, 음상어' 등으로 부르고 있다. 또한 이병근(2000)에서는 음상에 의해 새로운 단어가 만들어지는 과정을 내적 파생이라고 했다.

국어의 음상은 자음과 모음 모두를 활용한다. 자음의 경우 장애음에 존재하는 삼지적 상관속이 음상에서 중요하게 작용한다. '감감 : 깜깜 : 캄캄, 빙빙 : 삥삥 : 핑핑'과 같은 단어들이 자음의 차이에 의한 음상의 사례이다.[192] 평음보다는 경음이나 유기음이 포함된 단어가 더 강한 정도를 드러낸다. 모음의 경우 모음 조화에 의해 대립되는 모음을 음상에 이용한다. '노랗다 : 누렇다, 발갛다 : 벌겋다' 등이 모음의 차이에 의한 음상의 예에 속한다.[193] 양성 모음보다는 음성 모음을 사용할 때 더 크고 무거운 어감을 표현한다.[194]

때로는 삼지적 상관속이나 모음 조화와 무관한 음운을 이용하기도 한다. 가령 정인호(2013)에서는 방언에서 보이는 '쪼까~쬐까, 후딱~휘딱, 말짱하다~맬짱하다'와 같은 예를 '후설 모음 : 전설 모음'의 대립을 활용한 어감 표현으로 보고 있다. 후설 모음을 사용한 형태에 비해 전설 모음을 사용한 형태는 '적음, 가벼움, 야윔, 선명함' 등의 어감을 지닌다고 했다. 모음 조화에서 구분되는 모음의 대립 못지않게 현대 국어에서는 전설 모음과 후설 모음의 대립이 중요하므로 이 두 계열의 모음에 의한 음상도 얼마든지 가능할 수 있다. 자음 중에는 '평파열음 : 비음'의 대립을 활용한 음상의 사례가 김광해(1982)에서 다루어진 바 있다.[195]

③ 용어 설명

'음상'을 가리키는 용어는 크게 '음전, 음성의 전변, 음상, 음성의 변이'와 '어감의 바꿈, 어감 변화, 어감의 분화'의 둘로 나눌 수 있다. 전자는 소리가 달라진다는 점에 초점을 둔 반면 후자는 어감이 달라진다는 점에 초점을 두고 있다. 가장 널리 쓰이는 '음상'의 경우 구체적인 의미가 무엇인지를 확인하기가 어렵다. 표면적으로는 '음상'을 '음성 상징'의 줄임말로 볼 수 있을지 모르나 '상'에 해당하는 한자가 다르고 그 의미도 차이가 난다는 점이 문제이다.[196] 음운 체계에서 '서

---

191) '음성 상징(sound symbolism, phonetic symbolism)'은 소리와 의미 사이에 긴밀한 관계가 있는 현상을 가리킨다. 언어의 자의성과 대립되는 개념이다. '음성 상징'을 가리키는 용어로는 '음 상징[音 象徵](小林英夫 1935, 서재극 1961, 青山秀夫 1966, 牧野成一 譯 1970), 상징론[象徵論](이숭녕 1949ㄴ), 음의 상징[이숭녕 1949ㄴ), 음성 상징론[音聲 象徵論](이숭녕 1954ㅁ), 음성 상징[박은용 1959ㄱ, 이숭녕 1959ㄱ, 김석득 1963, 青山秀夫 1976, 龜井孝 外 編 1996), 음감[音感](青山秀夫 1968), 음감적 특징[音感的 特徵](青山秀夫 1968), 음성 표상[表象](中村完 1969)' 등이 있다. 小林英夫(1935)에서는 음성 상징에 관여하는 음들을 '상징음[象徵音]'이라고 부르고 있다.

192) 자음에 의해 이루어지는 음상을 '자음 가세 법칙[子音 加勢 法則](정인승 1938ㄴ), 자음전[子音轉](홍기문 1947), 자음 강세법(김형규 1963)' 등으로 불러 왔다.

193) 모음에 의해 이루어지는 음상을 '모음 상대 법칙[母音 相對 法則](정인승 1938ㄴ), 모음전[母音轉](홍기문 1947), 모음 상징(박은용 1959ㄱ), 모음 대응법(김형규 1963), 홀소리의 맞섬(황희영 1979)' 등으로 불러 왔다.

194) 모음과 결부된 어감의 내용은 '양성 모음' 항목에 매우 구체적으로 언급되어 있다.

195) 다만 이 경우는 평파열음과 비음 사이의 상호 음운 변화와 관련될 수도 있어서 음상으로 단정하기 어렵다. 이에 대해서는 이진호(2013)에서 다룬 바 있다.

196) '음상'과 '음성 상징'을 가리키는 영어 표현이 다르다는 점도 고려해야 한다.

로' 맞서는 음운을 이용한다는 점을 고려하여 '음상'이라고 했을 수도 있고 음운의 차이를 이용하고 있는 '양상'을 중시하여 '음상'이라고 했을 수도 있다. 물론 'phonic phase'의 단순 번역어일 가능성도 있다.

④ 관련 항목

　모음 교체, 모음 조화, 삼지적 상관속

음성

① 용어의 별칭

국어 음성[音聲](작자 미상 1907, 안확 1923, 神保格 1927, 安藤正次 1927, 金田一京助 1932, 이희승 1938ㄴ), 구음[口音](주시경 외 1907~1908), 유별성[有別聲](주시경 1908ㄴ), 성[聲](김희상 1911), 고나(주시경 1914), 말의 소리(김두봉 1916, 정렬모 1948ㄱ), 성음[聲音](최재익 1906, 藥師寺知朧 1909, 송헌석 1909, 안확 1922, 新村出 1943), 솔애(김희상 1927), 단음[單音](정렬모 1927ㄹ, 김민수 1955ㄱ, 服部四郎 1955, 築島裕 1964, 정인섭 1973, 龜井孝 外 編 1996), 말소리(최현배 1929, 이극로 1932ㄱ, 심의린 1936, 日本音聲學會 編 1976), 어음[語音](최현배 1929, 이극로 1932ㄱ, 日本音聲學會 編 1976), 목소리(김윤경 1948ㄱ, 심의린 1949ㄴ, 이희승 1955, 日本音聲學會 編 1976), 화음[話音](이희승 1955), 언어음(竹林滋 · 橫山一郎 譯 1970, 日本音聲學會 編 1976, 長嶋善郎 譯 1980), 소음[素音](太田朗 1959, 정인섭 1973, 日本音聲學會 編 1976, 林榮一 · 間瀬英夫 譯 1978), 홑소리(정인섭 1973)
영어 phone

② 개념 설명

　광의의 용법으로는 인간이 의사소통을 위해 내는 말소리를 가리킨다. 이때의 '음성'은 자연의 소리 또는 기계 소리 등 말소리가 아닌 일체의 소리와 대립된다. 협의의 용법으로는 물리적으로 구별되지만 단어의 뜻을 구별할 수 있는 기능은 지니지 못하는 말소리를 가리킨다. 이때의 '음성'은 단어의 뜻을 변별할 수 있는 '음운'과 대립된다.[197] '음성'이 협의의 용법으로 쓰일 때, 특히 동일한 음소에 속하는 음성들을 '변이음'이라고 부른다.

③ 용어 설명

　'음성'을 가리키는 용어들은 전문적이고 학술적인 성격을 가진다기보다는 일상적 성격을 가지는 경우가 많으며, 대부분 '소리' 또는 '말소리'라는 의미를 담고 있다. 별도의 설명이 필요한 용어로는 '유별성, 고나, 홑소리'가 있다. '유별성'은 주시경(1908ㄴ)에서 사람의 언어에 쓰이는 소리와 무생물

---

197) 음성과 음운의 차이점에 대해서는 '음운' 항목을 참고할 수 있다.

의 소리를 구별하고자 사용한 용어로 '무별성(無別聲)'에 대립된다. '고나'도 주시경의 용어인데 주시경(1914)에서는 말소리의 기본 단위가 '고나'라고 했다. '홑소리'는 발화의 연속에서 분절될 수 있다는 측면을 중시한 용어이다.

④ 관련 항목

변이음, 음운

음성 모음

① 용어의 별칭

> 국어 을성[乙性]의 음[音](藥師寺知曬 1909), 을종[乙種](前間恭作 1924), 표태음[表態音](천민자 1926), 음음[陰音](최현배 1927ㄴ, 권재선 1992), 음모음[陰母音](小倉進平 1929ㄱ, 김근수 1947, 이숭녕 1954ㄱ, 河野六郎 1955, 최현배 1959ㄱ, 靑山秀夫 1962), 약모음[弱母音](小倉進平 1929ㄱ, 방종현 1948, 주왕산 1948, 이숭녕 1949ㄱ, 服部四郎 1974), 농음[濃音](박승빈 1931), 어두운 홀소리(최현배 1933ㄱ, 정인승 1938ㄱ, 이인모 1949), 어둔 소리(이극로 1934, 김영신 1966, 이희복 1995ㄱ), 음성 모음[陰性 母音](최현배 1937ㄱ, 박종우 1946, 이영철 1948), 여린 소리(이극로 1940), 관성 양음[寬性 量音](幸田寧達 1941), 담음[淡音](홍기문 1947), 구개부 모음[口蓋部 母音](이숭녕 1949ㄱ), 전부 모음[前部 母音](이숭녕 1949ㄱ), 고모음[高母音](이숭녕 1949ㄱ), 명모음[明母音](이숭녕 1949ㄱ), 어두운 소리(장하일 1949, 최현배 1970, 권재선 1992), 혀높은 홀소리(정인승 1949ㄱ, 허웅·박지홍 1971), 음류[陰類](市河三喜·河野六郎 1949), 음성 홀소리(정재도 1952, 안대현 2000), 후고모음[後高母音](이숭녕 1954ㄱ), 전고모음[前高母音](靑山秀夫 1956), 여성 모음(靑山秀夫 1956, 服部四郎 1979, 성백인 1981, 안대현 2000, Batkhishig 2009), 음중성[陰中聲](정인승 1959), 구개 모음[口蓋 母音](최현배 1959ㄱ), 어둡운 벌임소리(김선기 1972ㄱ), 어두운 모음(김차균 1991ㄱ, 류렬 1992), 음성음군[陰性音群](송기중 1991), 연모음[軟母音](안대현 2000), 닫힌 모음(김요섭 역 2001)
>
> 영어 dark vowel

② 개념 설명

국어의 모음 조화에서 같은 부류로 작용하는 모음의 부류 중 하나로 양성 모음과 대립된다. 모음 조화가 잘 지켜지던 중세 국어 시기에는 양성 모음에 해당하는 'ㅇ, 오, 아'에 대응하는 음성 모음으로 '으, 우, 어'가 존재하여 목록상 균형이 맞았지만 이후 모음 체계의 변화를 거치면서 양성 모음은 '오, 아'만 남게 되고 나머지는 모두 음성 모음으로 기능하게 되었다.[198] 음성 모음의 특징 등에 대해서는 '모음 조화'와 '양성 모음' 항목을 참고할 수 있으므로 여기서는 구체적 설명을 생략한다.

---

198) 간혹 현대 국어의 '이'를 중성 모음으로 보기도 하지만 여기에 대해서는 이견이 있다. 자세한 것은 '중성 모음' 항목을 참고할 수 있다.

③ 용어 설명

'음성 모음'을 가리키는 용어는 '양성 모음'의 경우와 마찬가지로 음운론적 특징을 반영하는 것과 그렇지 않은 것으로 양분된다. 음운론적 특징을 반영하는 용어로는 '구개부 모음, 전부 모음, 고모음, 후고모음, 전고모음' 등이 있다. 주로 혀의 전후 위치나 높낮이와 관련이 있다. 수적으로는 음운론적 특징과 무관한 용어들이 더 많다. 용어에 대한 전반적 설명은 '양성 모음' 항목을 참고할 수 있다.

④ 관련 항목

모음 조화, 양성 모음, 중성 모음

음성 모음화

① 용어의 별칭

국어 음모음화[陰母音化](이탁 1959, 지춘수 1968, 홍순탁 1979), 음성화(유창돈 1961ㄴ), 음성 모음화[陰性母音化](남광우 1971, 송철의 1977, 이근규 1979)

② 개념 설명

국어의 모음 조화에서 양성 모음으로 작용하는 모음이 음성 모음으로 바뀌는 변화를 가리킨다. 음성 모음화가 생긴다는 것은 곧 모음 조화의 예외가 발생함을 의미한다. 그래서 음성 모음화는 모음 조화의 세력 약화와 직접적인 관련이 있다. 음성 모음화의 사례로 흔히 거론되는 것은 다음과 같다.

(가) 앉아>앉어, 살아>살어
(나) 사슴>사슴, ᄀᆞ늘다>가늘다
(다) 나모>나무, 하로>하루

(가)는 대표적인 음성 모음화의 예이다. 어간 뒤에 결합하는 어미의 첫 모음이 '아'이어야 하는 환경에서 '어'로 나타나는 것이다. 이러한 경향은 어간 모음이 '아'인 경우에 많이 나타나지만 방언에 따라서는 '고퍼(고파, 饑), 꽂어(꽂아, 揷)'에서 보듯 다른 양성 모음 뒤에서도 나타난다. (나)는 비어두에서 'ᄋᆞ'가 '으'로 바뀌는 변화를 가리키고 (다)는 역시 비어두에서 '오'가 '우'로 바뀌는 변화를 가리킨다.[199] (나)와 (다)는 모두 형태소 내부에서 일어난 변화이다. 아무튼 (가)~(다)는 모두 모음 조화의 예외를 만들어 낸다는 점에서는 공통적이다. 이외에 송철의(1977)에서는 중성 모음인 '이'가

---

199) 백두현(1992ㄴ)에서는 (다)의 경우 고모음화의 일종이므로 음성 모음화에 속한다고 보기 어렵다고 했다.

중세 국어 시기에 음성 모음처럼 기능하는 것을 음성 모음화라고 보기도 했다. 이것은 모음의 구체적 변화가 동반되지 않았다는 점, 양성 모음이 아닌 중성 모음의 기능 변화와 관련된다는 점에서 (가)~(다)의 음성 모음화와는 차이가 존재한다.

드물지만 음성 모음화의 반대 개념으로 '양성 모음화'를 설정하는 경우도 있다. 가령 기세관(1996)에서는 '태워, 싸워, 배워' 등이 방언에서 '태와, 싸와, 배와' 등으로 나타나는 것을 '워'가 '와'로 바뀌는 양성 모음화라고 해석하고 있다. 이 외에 방언에서 나타나는 '더와(더워), 추와(추워), 무수와(무서워)'와 같은 'ㅂ' 불규칙 용언의 활용형도 모두 같은 성격의 양성 모음화라고 했다. 그러나 '태와, 싸와, 배와'의 어간은 예전에 '티오-, 싸호-, 비호-'였으므로 '태와, 싸와, 배와'는 오히려 예전부터 내려오던 모음 조화의 양상을 그대로 간직한 일종의 화석형일 가능성이 높다. 또한 '더와, 추와, 무수와'의 경우 방언에서 'ㅂ' 불규칙 어간의 모음 조화는 일반적인 모음 조화와 조금 다른 양상을 보이므로 이것 역시 양성 모음화의 결과라고 단정하기는 어렵다.

③ 용어 설명

'음성 모음화'를 가리키는 용어는 그 수도 적지만 의미도 단일하다. 음성 모음으로 바뀐다는 의미를 표현한 용어 이외에는 없다.

④ 관련 항목

모음 조화, 양성 모음, 음성 모음

음성학

① 용어의 별칭

> 국어 음학[音學](주시경 1906, 김윤경 1925), 소리갈(이규영 1913, 김두봉 1916, 김윤경 1925), 성음학[聲音學](박승빈 1931, 김병제 1933, 김선기 1938), 음성학[音聲學](주시경 1910ㄱ, 金田一京助 1932, 小林英夫 1935, 泉井久之助 譯 1936, 최현배 1937ㄱ, 청람생 1938), 발음학[發音學](新村出 1943), 말소리갈(이인모 1949, 장하일 1949, 최현배 1956), 음성론[音聲論](김민수 1960), 어성학[語聲學](日本音聲學會 編 1976), 어음학[語音學](엄익상 2007)
> 영어 phonetics

② 개념 설명

말소리의 생리적, 물리적 속성에 관해 연구하는 학문 분야로 언어학의 하위 분과 중 하나이다. 물리적으로 다른 말소리들은 모두 음성학의 연구 대상이 된다는 점에서 음운의 자격을 가지는 말소리만 다루는 음운론과 구별된다.[200] 연구 주제에 따라 조음 음성학(articulatory phonetics), 음향 음성학(acoustic phonetics), 청음 음성학(auditory phonetics)의 세 가지로 구분한다.

　조음 음성학은 말소리의 산출과 관련된 부분을 연구하게 된다. 조음 기관, 말소리의 구분 등 전통적인 음성학의 연구 주제는 모두 조음 음성학과 관련된다. 조음 음성학은 그 역사가 수천 년에 이를 정도로 매우 이른 시기부터 연구되었다. 음향 음성학은 입밖으로 나온 말소리를 음향 분석 장비에 근거하여 실험적으로 연구하는 분야이다. 그래서 음향 음성학을 실험 음성학(experimental phonetics)이라고 부르기도 한다. 음향 음성학은 2차 세계 대전을 거치면서 기계의 발전에 힘입어 비약적으로 발달했다. 청음 음성학은 말소리가 귀에 도달하여 뇌로 전달되는 과정을 다루는 분야이다. 음성학의 하위 분야 중 그 역사도 짧고 진척도 많이 이루어지지 않은 상태이다. 의학과 밀접한 관련을 맺으며, 순수 언어학자가 청음 음성학을 연구하는 경우는 흔하지 않다.

③ 용어 설명

　'음성학'을 가리키는 용어들은 모두 소리에 관한 학문이라는 의미를 담고 있다. '어성학, 어음학'은 중국에서 주로 쓰이는 용어이다.

④ 관련 항목

　음성, 음운론

음소

① 용어의 별칭

> **국어** 음소[音素](이갑 1932, 이극로 1932ㄴ, 이탁 1932, 寺川喜四男 1950, 服部四郎 1954~5, 佐伯梅友 1959), **소리의 낱꼴**(정렬모 1948ㄱ), **소리 겨레**(이극로 1932ㄴ, 김선기 1933), **소리씨**(이탁 1932), **낱꼴**(정렬모 1948ㄱ), **소음**[素音] (寺川喜四男 1950), **단음**[單音](寺川喜四男 1950), **분절 음소**[分節 音素](허웅 1968ㄱ), **음족**[音族](日本音聲學會 編 1976, 龜井孝 外 編 1996), **뜻소리**(황희영 1979, 김차균 1991ㄱ), **표면 음소**[表面 音素](배주채 1996ㄱ), **음항**[音項] (龜井孝 外 編 1996), **음위**[音位](劉振中 2013)
>
> **영어** phoneme

② 개념 설명

　광의의 개념과 협의의 개념이 있다. 광의의 개념은 음운과 동일한 외연을 지니고 협의의 개념은

---

200) 음성학과 음운론은 그 성격이 구분되는 분야로만 언급하는데 龜井孝 外 編(1996)에서는 이 둘을 합친 상위 개념으로 '음론(音論)'이라는 용어를 사용한 적이 있다.

음운 중 분절음에 해당하는 것만 가리킨다. 광의의 개념은 '음운' 항목, 협의의 개념은 '분절음' 항목을 참고할 수 있다.

③ 용어 설명

'음소'를 지칭하는 용어들은 개별적인 낱소리라는 의미를 지닌 '음소, 소리의 낱꼴, 단음, 소음, 음항, 음위' 등과 변이음들의 집합이라는 의미를 가진 '소리 겨레, 음족' 등으로 대별할 수 있다. 이 외에 '분절 음소'는 발화체로부터 쪼갤 수 있다는 측면을 강조한 것이고, '뜻소리'는 단어의 의미를 변별할 수 있는 기능을 가졌다는 측면을 강조한 것이다. '표면 음소'는 생성 음운론의 이론적 틀에서 '기저 음소'와 대립된다는 점을 부각하고 있다.[201]

④ 관련 항목

분절음, 운소, 음운

음소 배열 제약

① 용어의 별칭

국어 음성 연결 제약(강창석 1982), 음소 배열 제약(오미라 1983, 최임식 1990ㄱ, 배주채 1996ㄱ), 음소 연결 제약 (한영균 1985ㄴ, 박창원 1987ㄴ, 이호영 1996), 음소 결합의 제약(임용기 1986), 음소 결합 제약(엄태수 1988, 유재원 1997, 신지영·차재은 2003), 분절음 연쇄 제약(최임식 1990ㄱ), 음소 연계 제약(서보월 1992), 음성 배열 순서의 제약(이철수 1994), 음운 배열 제약(민현식 1996, 김현 2006, 유필재 2006), 음소 구조 배열 제약(강옥미 1996), 음소 연결 조건(김영선 1997), 표면 음성 제약(이문규 2004), 음소 연쇄 제약(신승용 2004), 음운 연쇄 제약 (정인호 2004ㄷ), 음운 연결 제약(김태경 2005), 음소 배열적 제약(이상직 2006), 음소 나열 제약(윤은경 2011)
영어 phonotactic condition, phonotactic constraint

② 개념 설명

음운론적 제약의 한 유형으로 특정한 음소들이 서로 인접할 수 없는 관계에 있음을 나타낸다. 자음과 자음 사이의 배열에 대한 제약이 가장 많고 모음과 모음 사이의 배열에 대한 제약은 적은 편이다. 자음과 반모음의 배열에 대한 제약도 존재할 수 있는데, 대표적으로 현대 국어에서 'ㅈ, ㅊ, ㅉ'과 반모음 'j'가 결합하지 못하는 것을 들 수 있다.

음소 배열 제약에 포함되는 제약의 범위는 논의에 따라 상당한 편차를 보인다. 이러한 차이는 크

---

201) '기저 음소'는 '형태 음운'에 해당한다.

357

게 두 가지 측면에서 드러난다. 하나는 예외를 허용하지 않는 절대적 것만 제약으로 인정할 것인지 아니면 어느 정도의 경향성을 가진 것도 인정할 것인지와 관련이 있다. 가령 국어의 고유어 형태소를 보면 'ㄷ, ㅌ, ㄸ+ㅣ' 또는 'ㄷ, ㅌ, ㄸ+j'와 같은 연쇄는 나타나기는 하지만 그리 많은 형태소에서 나타나지는 않는다. 이것은 역사적으로 구개음화의 적용과 관련이 된다. 만약 예외가 없는 것만 음소 배열 제약으로 보면 'ㄷ, ㅌ, ㄸ'과 'ㅣ, j'의 연쇄에 대한 제약은 음소 배열 제약이 될 수 없다. 그러나 어느 정도의 경향성을 가진 것까지 음소 배열 제약에 포함한다면 얼마든지 음소 배열 제약이 될 수 있다.[202]

또 다른 측면은 음소 배열 제약의 외연 자체를 어떻게 설정하는가와 관련된다. 즉 논의에 따라서는 소위 두음 법칙이라고 일컬어지는 단어 구조에 대한 제약, 음절의 구조에 대한 제약 등도 모두 음소 배열 제약으로 설정하는 경우가 있다. 즉 음소 배열 제약을 음운론적 제약이라는 상위 개념과 거의 대등하게 보는 것이다. 이런 경우에는 음절 초성에 연구개 비음이 오지 못하는 현상과 같이 음소의 배열과 직접적인 관련이 없는 것까지도 음소 배열 제약이 된다.

반면 음소 배열 제약을 말 그대로 음소와 음소 사이의 배열에 대한 제약으로 한정하게 되면 음소 배열 제약에 포함되는 제약은 그 수가 줄어들게 된다. 특히 음소 배열 제약을 매우 엄격하게 규정하는 입장에서는 순수하게 음소에 대한 정보만으로 이루어진 것만 음소 배열 제약으로 본다. 음절과 같이 음소 이외의 단위에 대한 정보가 제약을 기술하는 데 포함된다면 이것은 순수한 음소와 음소 사이의 배열 문제를 넘어서는 것이므로 음소 배열 제약에서 제외하기도 한다. 예를 들어 현대 국어에서 '장애음+비음'의 연쇄는 결코 허용되지 않는다. 그런데 이러한 제약의 존재 이유를 선행 음절 종성의 공명도가 후행 음절 초성의 공명도보다 작을 수 없다는 데에서 찾는다면 여기에는 음절에 대한 정보가 포함되므로 음소 배열 제약에서 제외하는 것이다.[203]

③ 용어 설명

'음소 배열 제약'을 가리키는 용어는 그 수가 적지는 않으나 단일한 성격을 지녔다고 해도 과언이 아닐 정도로 질적으로는 단순하다. 모두가 음소의 배열 또는 연결과 관련된 제약이라는 의미를 담고 있다.

④ 관련 항목

음소, 음운

---

202) 특히 최적성 이론(optimality theory)에서는 경향성이 인정되면 모두 제약으로 설정하도록 허용하기 때문에 음소 배열 제약의 범위도 매우 넓어질 수 있다.

203) 이럴 경우 '장애음'과 '비음'의 연쇄를 막는 제약은 음소 배열 제약이 아니라 음절 배열 제약이 된다. 자세한 것은 이진호 (2005ㄴ)을 참고할 수 있다.

음운

① 용어의 별칭

국어 음운[音韻](주시경 외 1907~1908, 송헌석 1909, 유길준 1909, 高橋亨 1909, 藥師寺知朧 1909, 小倉進平 1923), 소리겨레(이극로 1932ㄴ, 김선기 1933, 최현배 1937ㄱ), 소리의 낱꼴(정렬모 1948ㄱ), 음소[音素](김선기 1932, 정렬모 1948ㄱ, 이희승 1955), 소음[素音](寺川喜四男 1950), 단음[單音](寺川喜四男 1950, 정경해 1953), 어음[語音](이희승 1955), 통음[通音](이희승 1955, 김민수 1968ㄴ, 박항규 2002), 말소리(김윤경 1957), 소리뭇(최현배 1959ㄱ, 배양서 1970, 임용기 1987ㄴ), 뭇소리(최현배 1960), 음단[音團](김태한 1962), 음집[音集](김태한 1962), 음집단[音集團](정철 1966), 언족[言族](이영길 1976), 음족[音族](김민수 1968ㄴ, 日本音聲學會 編 1976, 박항규 2002), 뜻소리(고도흥 1998)

영어 phoneme

② 개념 설명

인간의 발화를 불연속적이고 균질적인 특성을 지닌 말소리의 연쇄로 보고, 말소리의 최소 단위로서 특정한 조건을 충족시킨 음들을 가리킬 때 '음운'이라는 용어를 사용한다. 음운의 정의는 여러 측면에서 이루어지는데, 가장 일반적인 것은 단어의 뜻을 구분해 주는 기능을 가진 최소의 말소리이다. 이것은 음운의 변별적 기능을 중시한 정의이다. 이와 달리 음운을 비슷한 음성적 특징을 가지며 상보적 분포를 이루는 변이음들의 집합으로 정의하는 경우도 있다. 이것은 하위 단위가 모여 상위 단위를 이룬다는 계층적 인식과 무관하지 않다. 또한 음운을 화자나 청자들이 동일하다고 인식하는 소리로 정의하기도 한다. 이것은 심리적인 측면에서의 음운을 고려한 것이다.

이러한 다양한 정의 중 현재 가장 중시하는 것은 단어 의미를 변별해 주는 단위로서의 음운이다. 이러한 측면은 20세기 전반기에 널리 퍼진 유럽의 구조주의 음운론에서 특히 강조하던 바이다. 이에 따라 '음운'과 '음성'의 구별이 중시되고, 음운을 중심으로 하는 음운론 연구가 본격화될 수 있었다. 음운과 음성의 구분은 매우 중요한 의미를 가지는데 일반석으로 언급되는 차이로는 다음을 들 수 있다.

음운	음성
단어의 의미를 변별함	단어의 의미를 변별하지 않음
차이를 쉽게 인식함	차이를 쉽게 인식하기 어려움
추상적인 단위임	구체적인 단위임
그 숫자가 제한됨	그 숫자가 무제한적임

음운의 차이는 단어의 의미 변별을 가져온다. 따라서 서로 다른 음운을 들으면 화자들이 그 차이

를 곧바로 인식할 수 있다. 반면 음성의 차이는 단어의 뜻을 구분하는 데 관여하지 못하기 때문에 서로 다른 음성의 차이 또한 쉽게 인식하지 못한다. 한편 음성은 구체적으로 실현되는 말소리로서 미세한 차이에 의해서도 구분이 되므로 그 숫자가 무한하다. 반면 음운은 음성들로 이루어져 있어서 음성을 통해 간접적으로 실현될 뿐이다. 따라서 추상적인 단위이며 그 수가 제한되어 있다.[204]

음운은 그 특성에 따라 '음소'와 '운소'를 구분한다. 음소는 분절음이라고도 하며 발화 단위로부터 계기적으로 쪼갤 수 있는 음운을 가리킨다. 음소는 크게 자음, 단모음, 반모음의 세 가지로 나눌 수 있다. 운소는 초분절음이라고도 하며 발화 단위로부터 계기적으로 쪼갤 수 없는 음운을 가리킨다. 운소에는 장단, 고저, 강약 등이 포함된다.[205]

③ 용어 설명

음운을 가리키는 용어들은 대체로 음운의 정의에 따라 몇 부류를 나눌 수 있다. 그런데 그에 앞서 '음운'이라는 용어 자체에 대해 간략히 검토할 필요가 있다. 龜井孝 外 編(1996)에 따르면 '음운'은 중국의 성운학에서 매우 오래 전부터 사용되어 오던 용어이다. 그 당시에는 현대 언어학에서 정의하는 음운의 속성과는 무관하게 말소리를 가리키는 데 '음운'을 사용했다. 실제로 20세기 초반부터 국어 연구에 '음운'이라는 용어가 등장하기 시작했는데 당시의 '음운'은 성운학에서의 용법과 동일하게 단순히 말소리를 나타낼 뿐이었다. 대립적 기능을 가진 존재로서의 '음운'의 개념은 서구에서도 1930년대 이후에 본격적으로 쓰였음을 고려하면 이것은 너무나 당연한 일이다. '음운'이 현재와 같이 의미를 구별해 주며 변이음들의 집합으로 이루어진 존재로 쓰이게 된 것은 서구의 음운 이론을 수용하여 'phoneme'을 '음운'으로 변역하면서부터이다.

그런데 '음운(音韻)'이라는 용어는 '음(音)'과 '운(韻)'의 결합어로서 '음'과 '운'이 서로 다른 대상을 가리킨다는 인식이 예전부터 있어 왔다. 중국의 고대 성운학에서는 '음'이 성모(聲母), '운'이 운모(韻母)를 나타낸다. 즉 음절에서의 위치에 따라 구분되는 두 대상을 각각 '음'과 '운'이라고 부르고 이 둘이 합쳐져 '음운'이 되었던 것이다. 최광옥(1908)에서는 '음'이 '일시적 소리'이고 '운'은 '장시적 소리'라고 하여 구분했고, 김규식(1909)에서는 '음'은 '소리(聲)가 변개하여 출발되는 것'이고 '운'은 '음(音)'을 화해(和諧)하여 동성(同聲) 상응(相應)하게 쓰는 것'이라고 구별했다. 최광옥(1908)이나 김규식(1909)에서 말하는 '음'과 '운'의 차이는 구체적으로 알기 어려우나 아무튼 '음운'을 '음'와 '운'이라는 서로 다른 대상이 결합된 용어로 인식하고 있었다는 점만큼은 분명하다. 앞서 언급한 것처럼 현재 국어 음운론에서는 '음운'을 '음소'와 '운소'로 구분할 수 있다고 보는 경우가 많은데 이것 역시 '음운'을 '음'과 '운'의 결합으로 해석하는 바에 다름 아니다.

---

204) 이러한 명확한 성격 차이 때문에 말소리는 '음운'과 '음성'의 둘로 나누는 방식이 일반화되어 있지만 일본에서는 조금 다른 방식의 분류도 이루어진 적이 있다. 東條操(1965)에 따르면 말소리는 화음(話音), 어음(語音), 통음(通音)의 셋으로 구분할 수 있다. '화음'은 매우 구체적인 소리, '어음'은 여러 가지 구체적인 속성을 제거한 소리, '통음'은 '어음'에 한 언어 사회의 색채를 가미한 것으로 그 언어 사회에서 하나의 동일한 소리라고 느끼는 관념을 고려한 것이다. 따라서 개념상으로 보면 '화음'은 '음성'에 가깝고 '어음'이나 '통음'은 음운에 매우 가까워진다. 이러한 개념 구분은 大西雅雄에서 비롯되었다고 하는데, 이희승(1955)에서 국어 연구에 도입한 적이 있다.

205) '음소, 운소, 분절음, 초분절음' 등에 대해서는 별도의 항목을 참고할 수 있다.

'음운'을 가리키는 용어들 중 그 수가 가장 많은 것은 '소리겨레, 소리못, 뭇소리, 음단, 음집, 음집단, 언족, 음족'으로서 음운이 '소리의 집합'이라는 의미를 담고 있다. 이것은 음운을 '변이음들의 집합'으로 정의하는 것과 밀접한 관련을 맺는다. '음운' 대신 '음소'라는 용어를 사용하기도 한다. '음소'는 '음운'의 하위 개념으로 보기도 하지만 실제로는 이 둘을 동일한 의미로 사용하는 경우도 적지 않다. 寺川喜四男(1950)에 따르면 '음소'라는 용어는 음을 이루는 것 또는 음성의 소재라는 의미를 담고 있다고 한다.

'소리의 낱꼴, 단음'은 '음운'이 분절되는 단위임을 강조하고 있다. 단 이 용어들은 분절이 되지 않는 운소(또는 초분절음)에 대해서는 사용하기 어렵다는 한계가 있다. '뜻소리'는 음운이 단어의 의미를 변별하는 역할을 한다는 점을 고려한 용어이다. 그 밖의 용어로 '말소리'가 있는데 이것은 지시 범위가 너무 넓고 음운과 대립되는 '음성'까지도 포괄할 수 있어서 적합한 용어라고 보기는 어렵다.

④ 관련 항목

　분절음, 운소, 음성, 음소, 초분절음

음운 규칙

① 용어의 별칭

> **국어** 음성 법칙(심의린 1949ㄱ), 음운 법칙(이희승 1939ㄴ, 김민수 1960, 이주호 1969, 龜井孝 外 編 1996), 음운 규칙 (牧野成一 譯 1970, 橋本萬太郞 1972, 이기문 1972, 김완진 1973ㄱ, 양동휘 1975, 桑原輝男·根間弘海 譯 1980), 음운론적 규칙 (장태진 1976), 소리 규칙(이상태 1981), 변동 규칙(허웅 1985ㄱ), 음소 규칙(이호영 1992), 음소 변동 규칙(이호영 1996)
> **영어** phonological rule

② 개념 설명

　음운 현상과 관련되지만 구체적인 개념에는 미세한 차이가 있다. 음운 현상과 동일한 개념으로 사용하기도 하고, 음운 현상을 생성 음운론의 방식으로 형식화한 것이라고 보기도 하며, 음운 현상 중 입력형, 출력형, 적용 환경을 일반화할 수 있는 것으로 한정하기도 한다. 첫 번째 개념은 가장 오래 전부터 있어 왔던 것이다. 두 번째 개념은 생성 음운론에서 음운 현상을 'A→B/C__D'와 같이 형식화한 데서 나왔다. 이러한 의미로서의 음운 규칙은 첫 번째 개념과 크게 다르지 않다. 다만 형식화의 여부에서만 차이가 날 뿐이다. 마지막 개념은 음운 규칙을 가장 엄밀하게 정의한 것이다. 음운 규칙이 말 그대로 규칙성(regularity)을 포착하는 도구라면 음운 규칙을 이루는 구성 요소인 입력형, 출력형, 적용 환경도 모두 일반화가 가능해야 한다는 사고가 반영되어 있다.[206]

논의에 따라서는 음운 규칙에 변이음 실현과 관련된 과정을 포함하기도 한다. 가령 국어의 경우 평장애음이 유성음 사이에서 유성음으로 실현되는 유성음화를 음운 규칙에 포함하는 경우도 있는 것이다. 그래서 음운이 변이음으로 실현되는 음운 규칙은 변이음 규칙, 이음 규칙, 음성 규칙 등으로 부르고 음운이 다른 음운으로 바뀌는 음운 규칙은 음소 변동 규칙, 형태 음운 규칙 등으로 구별하여 부르는 것이다. 그러나 일반적으로는 음운 규칙을 음운과 음운 사이의 변동으로 국한하고 변이음으로의 실현 과정은 음운 규칙에서 제외한다.

③ 용어 설명

'음운 규칙'을 가리키는 용어는 대체로 'phonological rule'의 번역어라고 할 수 있다. 음운 또는 소리가 바뀐다는 의미를 공통적으로 담고 있다.

④ 관련 항목

규칙순, 음운, 음운 현상, 형태 음운

음운론

① 용어의 별칭

국어 음학[音學](주시경 1906, 김윤경 1925), 소리갈(이규영 1913, 김두봉 1916, 김윤경 1925), 음성학(주시경 1910ㄱ, 최현배 1937ㄱ, 김윤경 1948ㄱ), 음운학[音韻學](안확 1927, 泉井久之助 譯 1936, 김선기 1938, 청람생 1938), 服部四郎 1955, 木坂千秋・郡司利男 譯 1957, 董同龢 1972), 성음학[聲音學](박승빈 1931, 박종우 1946, 정렬모 1946), 음운론[音韻論] (金田一京助 1932, 小林英夫 1935, 泉井久之助 譯 1937, 이희승 1939ㅁ, 이숭녕 1954ㄱ, 허웅 1958), 소리뭇갈(최현배 1937ㄱ, 김영송 1974), 말소리갈(이인모 1949, 장하일 1949, 최현배 1956), 음소론[音素論](太田朗 1959, 김민수 1960, 中村完 1969, 奧村三雄 1972, 이기문 외 1984, 문선규 1986), 음소학[音素學](장태진 1961, 배양선 1969), 음성론(신규철 1967), 어음론 [語音論](김민수 1978ㄱ, 김성근 1995), 음형론[音形論](황희영 1979), 음론[音論](龜井孝 外 編 1996), 음계학[音係學](엄익상 2007)

영어 phonology, phonemics

---

② 개념 설명

'음운'에 대해 연구하는 언어학의 하위 분야를 가리킨다. 기본적으로 말소리를 다룬다는 점에서 음성학과 비슷하지만 음성을 다루는 음성학과 달리 음운론에서는 음운의 자격을 가지는 말소리를

---

206) 만약 일반화가 가능하지 않는다면 규칙성을 포착하는 장치라고 할 수 없다. 이진호(2006)에서 음운 규칙이 충족해야 할 조건으로 제시한 '규칙성 조건'은 이와 관련된다.

주된 연구 대상으로 삼는다는 점에서 차이가 난다.[207] 이처럼 음운론은 음성학과 비교할 때 연구 대상에서 차이가 나기 때문에 음운론의 성립은 '음운'을 음운론적 단위로 설정한 이후에야 비로소 가능해진다. 음성학에 대한 연구가 수천 년의 역사를 가지는 데 비해 음운론에 대한 연구가 20세기 이후 본격화된 것은 '음운'이라는 단위의 설정 시기가 그만큼 늦었기 때문이다.

초기의 음운론은 유럽과 미국에서 약간 다른 양상으로 전개되었다.[208] 유럽에서는 음운의 대립을 중시하였다. 이에 따라 음운 체계를 중심으로 하여 음운의 기능 부담량, 대립 관계의 변천 등이 중심 주제로 부각되었다. 특히 통시적 연구가 강조되었다. 이러한 유럽 구조주의 음운론의 연구 방법은 1930년대부터 국내로 수용되어 이후 국어 음운론 연구의 주된 흐름이 되었다. 반면 미국에서는 음소 분석의 절차와 방법에 초점이 맞추어졌다. 음소의 설정 방법이나 이음의 분포 기술 등이 중심 주제였으며 공시적인 기술이 중요하게 다루어졌다.[209] 미국 구조주의 음운론의 연구 방법은 1950년대 이후에 국내로 수용되었으나 곧이어 출현한 생성 음운론에 밀려 국어 음운론 연구에 큰 영향을 미치지는 못했다.

음운론의 연구 영역은 크게 음운 체계와 음운 현상으로 나눌 수 있다. 음운들 사이의 대립 관계에 기반한 음운 체계의 고찰은 음운론의 일차적인 연구 대상이다. 또한 어떤 언어든지 음운들의 변동이나 변화가 나타나므로 이러한 음운 현상들을 다루는 것도 음운론의 중요한 연구 대상이 된다. 이 외에 음운 현상과 밀접한 관련을 맺는 음운론적 제약이나 형태소 교체, 기저형 설정 등도 음운론에서 다루는 주제에 포함된다.

③ 용어 설명

'음운론'을 가리키는 용어 중에는 '음성학'과 뚜렷이 구별되지 않는 것이 많다. '음학, 소리갈, 성음학, 말소리갈' 등은 음성학과 음운론 모두를 가리킬 수 있다. 더욱이 '음성학, 음성론'과 같이 연구 대상이 음성학과 동일한 것처럼 오해할 수 있게 하는 용어들도 존재한다. '음운론'의 연구 대상이 '음운'임을 명시적으로 드러내고 있는 용어로는 '음운학, 음운론, 소리뭇갈, 음소론, 음소학'을 들 수 있다. '음운, 소리뭇, 음소'는 모두 음성과 대립되는 개념으로서의 음운을 지칭하므로 이 용어들은 음운론의 특성을 잘 반영하고 있다. 한편 '음계학'은 중국에서 주로 쓰는 용어로 '음계'는 음운 체계를 지칭한다.[210]

---

207) 예전에는 음성학과 음운론의 차이를 다른 관점에서 규정하기도 했다. 龜井孝 外 編(1996)에 따르면 소장 문법학자들은 음성학이 음성을 '기술'하는 분야이고 음운론은 음성을 '통시적'으로 연구하는 분야라고 했다.

208) 유럽에서의 음운론을 흔히 'phonology'라고 하고 미국에서의 음운론을 흔히 'phonemics'라고 하던 시기가 있었다.

209) 미국 구조주의 음운론에 대해 음소 분석의 절차적 측면을 중시한다는 점에서 분류 음소론(taxonomic phonemics)이라고 하는 경우도 있고 문법의 다른 층위와 분리하여 독립적으로 다룬다는 점에서 자율 음소론(autonomous phonemics)이라고 하는 경우도 있다.

210) 그래서 '음계학'이라는 용어는 음운론의 연구 영역이 음운 체계로 축소되는 듯한 느낌을 준다. 엄익상(2007)에 따르면 중국에서는 통시 음운론은 주로 '음운학', 현대 음운론은 '음계학'이라고 부른다고 한다.

④ 관련 항목

음성학, 음성, 음소, 음운

음운 체계

① 용어의 별칭

> **국어** 음운 조직[音韻 組織](정렬모 1927ㄴ, 安藤正次 1927, 金田一京助 1932, 小林英夫 1935, 최현배 1941, 김윤경 1948ㄱ), 음성 조직[音聲 組織](神保格 1927), 음운적 체계(泉井久之助 1928), 음운 체계[音韻 體系](泉井久之助 1928, 小林英夫 1935, 청람생 1938, 橋本進吉 1938, 이희승 1939ㅁ, 이숭녕 1954ㄷ), 소리의 조직(김윤경 1948ㄱ), 음운의 조직 (문교부 1952), 소리 겨레의 짜힘(문교부 1952), 음소 체계(服部四郎 1954~5, 太田朗 1959, 김민수 1960, 허웅 1968ㄱ, 龜井孝 外 編 1996), 소리뭇 짜힘(최현배 1961ㄴ), 성음 계통[聲音 系統](日本音聲學會 編 1976), 소음 체계[素音 體系](日本音聲學會 編 1976), 어음 체계(고도흥 1998, 정의향 2011, 劉振中 2013)
>
> **영어** phoneme system, phonological system

② 개념 설명

음운들 사이에 존재하는 대립 관계의 총합을 가리킨다. 음운들 각각은 공통점과 차이점의 정도에 따라 친소 관계가 존재하며 여기에 바탕을 두어 음운들은 서로 대립을 이룬다.[211] 이러한 대립 관계가 모두 모이면 곧 음운 체계가 된다. 그런 점에서 '음운 체계'의 '체계'는 계열 관계의 집합이라고 할 수 있다.[212] 음운들이 서로 대립을 이룬다는 것은 계열 관계를 맺는다는 것이므로 대립 관계의 집합은 곧 계열 관계의 집합과 다를 바가 없다.

음운 체계는 음운 목록과는 명확히 구별되는 개념이다. 음운 목록은 음운들을 단순히 모아 놓은 것에 지나지 않는다. 국어의 자음은 19개라고 하든지 국어의 단모음은 10개라고 하는 것은 모두 단순한 음운 목록에 해당한다. 반면 국어에는 '평음-경음-유기음'의 대립 관계가 있다든지 국어의 모음은 전설 모음과 후설 모음으로 나뉜다고 하는 것 등은 모두 음운 체계를 바탕으로 하고 있다. 음운 체계의 개념은 국어 음운사 연구를 한 단계 높이는 데 결정적 역할을 했다. 가령 단모음들의 대립 관계가 시간의 흐름에 따라 어떻게 바뀌며 이러한 음운 체계의 변화가 모음 추이, 모음 조화, 단모음화 등과 어떻게 관련이 되는지를 밝히는 과정에서 많은 성과를 거두었다.

음운 체계는 이론적으로 분절음인 음소의 체계와 초분절음인 운소의 체계로 나눌 수 있다. 그러나 운소의 경우 체계를 이룰 만큼 복잡하지 않아서 실제로는 음소 체계가 곧 음운 체계를 가리킨

---

211) '대립'은 별도의 항목으로 설정되어 있다.

212) 실제로 구조주의 언어학에서는 통합 관계의 집합을 '구조(structure)'라고 하고 계열 관계의 집합을 '체계(system)'라고 규정하고 있다.

다. 음운 체계는 자음 체계, 모음 체계로 양분된다.[213] 자음 체계는 조음 위치와 조음 방식의 두 측면을 중심으로 살피고, 모음 체계는 혀의 전후 위치와 높낮이, 입술 모양이라는 세 측면을 중심으로 살핀다. 자음 체계는 초성 체계와 종성 체계를 구분하기도 한다. 그 이유는 초성에 오는 자음의 종류와 종성에 오는 자음의 종류가 상당히 다르기 때문이다.[214]

③ 용어 설명

'음운 체계'를 가리키는 용어는 대체로 두 부분으로 나뉜다. 하나는 '음운'을 가리키는 부분이고 다른 하나는 '체계'를 가리키는 부분이다. '음운'에 해당하는 부분은 '음운' 이외에 '음성, 소리, 성음, 소음, 어음' 등이 쓰인다. '음운'을 가리키는 용어 자체가 다양하기도 하지만 '음운'에 대한 명확한 인식이 없으면 '소리, 어음'과 같이 소리를 단순히 가리키는 표현을 사용할 여지가 있다. '체계'에 해당하는 부분은 '체계' 이외에 '조직, 짜임' 등이 쓰이고 있다. 표현 방식은 다르지만 단순한 목록이 아니라 내적인 구조를 지닌 집합이라는 의미를 담고 있어서 '체계'의 원래 취지에 잘 부합한다고 할 수 있다.

④ 관련 항목

대립, 모음, 반모음, 운소, 음소, 음운, 자음

음운 추이

① 용어의 별칭

> **국어** 음운 추이[音韻 趨移](小林英夫 1935, 市河三喜・河野六郎 1949, 木坂千秋・郡司利男 譯 1957, 김완진 1963ㄱ), 추이[推移](黑川新一 譯 1958, 최학근 1963, 이기문 1964, 이은정 1975, 龜井孝 外 編 1996), **연쇄 변화**[連鎖 變化](김완진 1965, 김진우 1985), 음성 추이(日本音聲學會 編 1976), 이동[移動](곽충구 1985), 음 추이[音 推移](龜井孝 外 編 1996)
> **영어** chain shift, sound shift

② 개념 설명

한 음운의 변화가 연쇄적으로 다른 음운들의 변화를 야기하는 일련의 변화 과정을 가리킨다. 가령 'A'라는 음운이 'B'로 바뀌면서 'B'가 다시 'C'로 바뀌는 식의 연쇄적 변화가 일어날 때 음운 추이라고 한다. 영어사에서 일어난 대모음 추이(great vowel shift)나 Grimm's Law로 잘 알려진 자음 추이

---

213) 음소에는 반모음도 있지만 반모음은 그 수가 너무 적어서 체계를 따로 언급하지 않는 것이 일반적이다.

214) 국어의 자음이 19개라고 하지만 19개의 자음이 초성이나 종성 모두에서 발음되는 것은 아니다. 초성을 기준으로 하면 18개, 종성을 기준으로 하면 7개의 자음만이 발음된다. 19개의 자음이 모두 나타날 수 있는 환경은 현대 국어에는 존재하지 않는다.

가 대표적인 음운 추이의 예이다.

음운 추이는 추이가 일어나는 방식에 따라 '미는 사슬(push chain)'과 '당기는 사슬(drag chain, pull chain)'로 나눌 수 있다. '미는 사슬'은 한 음운이 기존의 다른 음운으로 바뀌면서 이것을 또 다른 음운으로 바뀌게 하는 유형이다.[215] 기존의 음운을 다른 자리로 '밀어낸다'는 의미이다. '미는 사슬'이 일어나면 음운 추이의 맨 마지막 단계에서는 기존 음운이 음운 체계에서의 빈칸으로 이동하게 된다. '당기는 사슬'은 '미는 사슬'과 정반대로 한 음운이 음운 체계상의 빈칸으로 이동함으로써 다른 음운이 자기 자리로 이동하게 하는 유형이다.[216] 다른 음운을 자기 자리로 '끌어당긴다'는 의미이다.

국어의 경우 자음 추이는 거의 언급하지 않지만,[217] 모음 추이에 대해서는 상당히 많은 논의에서 그 존재를 인정하고 있다.[218] 원래 국어의 단모음은 혀의 전후 위치에 따라 후설 모음 계열과 비후설 모음[219] 계열이 대립하는 구조였는데, 모음 추이가 일어나면서 단모음들의 대립이 완전히 뒤바뀌어 더 이상 전후 대립을 유지하지 못하게 되었다는 것이다.[220] 국어의 모음 추이를 주장한다고 하더라도 그 근거나 시기는 조금씩 차이를 보인다. 가령 이기문(1972)에서는 국내로 차용된 몽고어의 모음 대응 양상을 바탕으로 모음 추이가 14세기를 전후하여 일어났다고 보지만, 河野六郞(1968)에서는 중국 한자음이 한국 한자음으로 수용된 양상을 바탕으로 하여 14세기보다 훨씬 이른 시기에 모음 추이가 있었다고 보기도 한다.[221]

국어의 모음 추이를 인정할 경우에는 그 유형이 '미는 사슬'에 가까웠다고 보는 입장이 많다. 모음 추이의 결과 'ᄋ'는 모음도에서 변방으로 밀려나서 결국 소실되는데, 만약 '당기는 사슬'이었다면 'ᄋ'가 굳이 안정적인 자리를 마다하고 변방으로 가서 소멸할 이유가 없다는 것이다. 그래서 전설 모음에 가까운 '어'가 중설화하면서 '으'를 밀어 내고 이것이 상승하면서 연쇄적으로 다른 단모

---

215) '미는 사슬' 대신 '압연쇄[押連鎖](黑川新一 譯 1958, 龜井孝 外 編 1996), 미는 사슬(이기문 1972, 정영인 1986, 박종희 1993ㄴ), 추진쇄[推進鎖](이기문 1972, 정연찬 1989, 장영길 1994), 미는 변화(김석산 1982), 밀기 연쇄(이정민·배영남 1987, 임홍빈·한재영 2003), 추진 연쇄[推進 連鎖](정연찬 1989, 이병운 2000, 김태현 2001), 연쇄 밀기 현상(조성식 편 1990), 밀어내기 추이(이재숙 1994), 연쇄 밀기(문안나 2005), 밀기 사슬(이근열 2005)'이라고 부르기도 한다.

216) '당기는 사슬' 대신 '인연쇄[引連鎖](黑川新一 譯 1958, 龜井孝 外 編 1996), 당기는 사슬(이기문 1972, 최병선 1998, 박혜정 2002), 견인쇄[牽引鎖](이기문 1972, 정연찬 1989, 장영길 1994), 당기는 변화(김석산 1982), 견인 연쇄[牽引 連鎖](김병욱 1983, 정연찬 1989, 이병운 2000), 끌기 연쇄(이정민·배영남 1987), 연쇄 당김현상(조성식 편 1990), 끄는 사슬(박종희 1993ㄴ), 끌어당기기 추이(이재숙 1994), 끌어당기기(강순경 1999), 당기는 연쇄(김정우 2001), 연쇄 당김(문안나 2005), 끌기 사슬(이근열 2005)'이라고 부르기도 한다.

217) 드물지만 이상억(1987ㄱ)에서는 국어의 자음이 기원적으로 유성음과 무성음의 대립을 가지다가 유성음이 무성음으로 합류되고 무성음이 유기음으로 발달했을 가능성을 언급하면서 이러한 일련의 변화를 '자음 추이'라고 한 적이 있다.

218) '모음 추이(vowel shift)'는 '모음 추이(진단학회 1962, 김완진 1963ㄱ, 이기문 1968ㄱ, 橋本萬太郞 1974, 桑原輝男·根間弘海 譯 1980), 대모음 추이(橋本萬太郞 1973ㄴ), 모음 교체(日本音聲學會 編 1976), 모음 치환(日本音聲學會 編 1976), 모음 전환(日本音聲學會 編 1976), 모음 변이(이숭녕 1983), 모음 전이(김영석 1987), 모음 순환(송향근 1993), 모음 대추이(김종택 1999), 홀소리 추이(조오현 2001)' 등으로 부르기도 한다.

219) '비후설 모음'이란 중설 모음 또는 전설 모음을 가리킨다. 논의에 따라 '중설 모음 : 후설 모음'의 대립을 설정하기도 하고 '전설 모음 : 후설 모음'의 대립을 설정하기도 하므로 여기서는 편의상 '중설 모음'과 '전설 모음'을 포괄하는 개념으로 '비후설 모음'이라는 용어를 사용하기로 한다.

220) 이것은 모음 추이가 일어난 이후부터 중세 국어까지에 해당한다. 근대 국어 시기를 거치면서 새로운 전설 모음 계열이 생겨나서 현대 국어에는 다시 전후 대립에 의한 모음 체계가 형성되었다.

221) 물론 모음 추이 자체를 전면 부인하는 입장도 적지 않다. 국어의 모음 추이에 대해서는 아직도 해명해야 할 부분들이 많이 남아 있다.

음들의 조음 영역을 변화시켰다고 해석한다.

③ 용어 설명

'음운 추이'를 가리키는 용어들은 변화가 연속적으로 잇따른다는 의미를 잘 담고 있다. 대체로 '추이'라는 표현을 담고 있으며, 그렇지 않은 '연쇄 변화'나 '이동'도 취지는 크게 다르지 않다. 이는 모든 용어들이 번역어의 성격을 지니는 데에서 비롯되었다.

④ 관련 항목

음운 체계, 합류

음운 현상

① 용어의 별칭

국어 전음[轉音](최광옥 1908, 高橋亨 1909, 李完應 1926, 鄭國采 1926, 박상준 1932), 음 변함(남궁억 1913), 음편[音便](藥師寺知曨 1909, 金澤庄三郎 1917~1918, 奧山仙三 1928), 음의 전화[轉化](이규방 1922, 酒井改藏 1961), 음의 전변[轉變](안확 1923), 음운의 변태[變態](안확 1923), 소리의 바꾸임(강매・김진호 1925, 조선어연구회 1930), 발음 규칙(천민자 1926), 음전[音轉](홍기문 1927, 이숭녕 1940ㄴ), 음의 교전[交轉](홍기문 1927), 음 변화(橋本進吉 1928, 龜井孝 外 編 1996), 소리의 닮아짐(최현배 1929), 발음 변화(최현배 1929, 홍기문 1947), 음운 현상[音韻 現象](이희승 1931, 金田一京助 1932, 小林英夫 1935, 有坂秀世 1940, 김수경 1947, 허웅 1955), 음운 변화[音韻 變化](小林英夫 1935, 이숭녕 1956ㄴ), 소리의 달라짐(최현배 1937ㄱ, 이인모 1949), 음의 변화(최현배 1929, 한국국어교육연구회 1964ㄴ), 변음[變音](이희승 1939ㄷ, 홍기문 1962), 음성 법칙(심의린 1949ㄱ), 음운 변이(이숭녕 1954ㄱ), 음적[音的] 현상(木坂千秋・郡司利男 譯 1957), 음운의 변동(허웅 1958), 성음 현상(유창돈 1965ㄴ), 음소 변동[音素 變動](허웅 1968ㄱ), 음운 법칙(이주호 1969), 음운론적 과정(오종갑 1978ㄱ, 이근규 1986, 최임식 1986ㄴ), 변음 현상[變音 現象](허벅 1978, 이윤동 1988), 음운론적 변화 과정(조항근 1980), 음운 과정[音韻 過程](桑原輝男・根間弘海 譯 1980, 신승원 1982, 김병욱 1983, 백두현 1983), 음운적 변동 과정(조성귀 1983), 음운론적 변동 과정(곽창석 1986), 소리 바뀜(임용기 1987ㄴ), 음운 작용(정국 1994), 접변(배주채 1996ㄱ), 어음 변화(이주행 2008)

영어 phonological process, phonological phenomena

---

② 개념 설명

한 음운이 다른 음운으로 바뀌거나 없어지거나 첨가되는 등 음운이 겪는 모든 종류의 변화를 통틀어서 음운 현상이라고 한다. 음운 현상은 크게 변화를 겪는 입력형(input), 변화의 결과인 출력형(output), 변화가 일어나는 조건에 해당하는 적용 환경(environment)의 세 가지 요소로 구성된다.

이 중 입력형과 출력형은 없어서는 안 되지만 적용 환경은 없을 수도 있다.[222] 적용 환경이 없는 음운 현상은 무조건 변화라고 한다. 비율상으로 보면 적용 환경이 없는 것보다는 있는 것이 훨씬 더 많다.

음운 현상은 다양한 기준으로 하위 분류를 할 수 있다. 가장 흔한 것은 입력형과 출력형을 비교하여 어떤 성격의 변화가 일어났는지를 기준으로 분류하는 것이다. 그런데 이러한 기준을 통한 분류도 더 세분할 수 있다. 국어 음운론에서는 대치, 탈락, 첨가, 축약, 도치의 다섯 가지 유형을 나누는 방식이 널리 퍼져 있다. 대치는 한 음운이 다른 음운으로 바뀌는 현상, 탈락과 첨가는 한 음운이 없어지거나 덧붙는 현상, 축약은 두 음운이 제삼의 음운으로 합쳐지는 현상, 도치는 두 음운이 자리를 뒤바꾸는 현상이다. 근래에는 여기에 분열이라는 새로운 유형이 추가되어야 한다는 주장도 제기되었다.[223] 가령 국어의 단모음(單母音) '외, 위'가 이중 모음 'we, wi'로 바뀌는 음운 현상은 다섯 가지 유형 어디에도 속하지 않기 때문에 새로운 유형을 추가할 필요가 있다는 것이다. 이처럼 음운의 변화 양상에 따라 여섯 가지 유형을 구분할 경우 모든 음운 현상은 이 중 어느 하나에 속하게 된다.

때로는 음운의 변화 중 일부만 대상으로 하여 음운 현상을 분류하는 경우도 있다. 가령 입력형과 출력형의 특성이 같아졌는지 달라졌는지를 중심으로 하여 동화와 이화를 나누기도 하고 입력형과 출력형의 강도를 비교하여 강화와 약화를 구분하는 경우도 있다. 이러한 분류는 모든 음운 현상을 대상으로 하지는 못한다. 음운 현상 중에는 동화나 이화 또는 강화와 약화 중 어디에도 속하지 않는 것이 있기 때문이다.

음운 현상을 통시적 현상과 공시적 현상으로 구분하는 방식도 널리 퍼져 있다. 통시적 음운 현상은 음운 체계의 변화 또는 기저형의 변화 등과 같이 문법의 변화를 초래하는 것이다. 통시적 음운 현상은 흔히 음운 변화 또는 음운 변천이라고 부른다.[224] 공시적 음운 현상은 문법 변화를 수반하지 않으며 공시적 기술의 대상이 되는 해당 시기의 언어에 존재하는 것을 가리킨다. 공시적 음운 현상은 흔히 음운 변동이라고 부른다.[225] 국어의 공시적 음운 현상은 형태소 경계 사이를 두고 적용되며, 형태소의 교체를 설명하는 데 활용된다.

음운 현상은 적용의 규칙성 또는 일관성을 가지고도 나눌 수 있다. 주어진 조건에서 일관되게 적

---

222) 입력형과 출력형에는 음운에 대한 정보만 포함되지만 적용 환경은 음운 이외에 음절 경계, 단어 경계와 같은 경계소, 품사 정보 등과 같은 비음운론적 제약 등이 포함된다.

223) 이진호(2008ㄴ)이 대표적이다.

224) 통시적 음운 현상을 가리키는 용어로 '음운 변전[變轉](泉井久之助 1928), 음운 변화(金田一京助 1932, 橋本進吉 1938, 有坂秀世 1940, 이숭녕 1949ㄱ, 이탁 1949, 허웅 1958), 음운 변천[變遷](金田一京助 1932, 小林英夫 1935, 橋本進吉 1938, 이탁 1947, 허웅 1955, 남광우 1961ㄴ), 음전[音轉](전몽수 1937), 음운 추이[推移](河野六郎 1945), 변음[變音] 현상(박병채 1958, 음운 발달(김철헌 1962), 음변[音變](김형규 1963, 日本音聲學會 編 1976), 소리의 바뀜(허웅 · 박지홍 1971), 말소리 바뀜(황희영 1979), 음운적 음 변화(이기문 외 1984), 기능적 변화(이기문 외 1984), 소리 옮김(류렬 1992), 음소 변화(신승원 2000)' 등이 있다.

225) 공시적 음운 현상을 가리키는 용어로 '변음[變音](이희승 1938ㄴ), 음운 변동(허웅 1958, 전재호 1963, 장태진 1976), 음운적 변동(이강로 1963), 음운 변화(전재호 1963), 음소 변동(허웅 1970ㄱ, 주상대 1976, 전철웅 1979), 음운 교체(김경아 1990, 소신애 2011), 변동 규칙(이근영 1990), 음운의 변동(김성규 · 정승철 2005), 음운론적 변동(임석규 2007)' 등이 있다.

용되는 음운 현상도 있고 동일한 조건의 일부에서만 적용되어 예외를 많이 허용하는 음운 현상도 있다. 전자의 경우 특히 입력형이나 출력형, 적용 환경을 일반화할 수 있는 음운 현상을 '음운 규칙'이라고 부른다.[226] 후자의 예로는 소위 '소수 변화'를 들 수 있다.

또한 음운 현상은 필수적인 것과 수의적인 것을 구분한다. 음운 현상이 주어진 조건에서 항상 일어나는 것을 필수적인 음운 현상, 일어나기도 하고 일어나지 않기도 하는 것을 수의적 음운 현상이라고 한다. '먹+는→멍는'에서 보이는 비음화는 언제나 적용이 되는 필수적 현상이다. 반면 '안+고→앙꼬'에 적용된 위치 동화는 수의적인 현상이다.[227]

③ 용어 설명

'음운 현상'을 가리키는 용어는 초창기부터 '전음, 음 변함, 음 변화' 등과 같이 소리가 바뀐다는 의미를 담고 있는 것들이 많이 쓰였다. 바뀐다는 사실을 '변화, 변동, 달라짐, 교전, 변태, 바꾸임' 등으로 달리 표현했을 뿐 기본적인 의미는 동일하다. 여기에 포함되지 않는 용어로는 '음운 현상, 음적 현상, 성음 현상', '음운 법칙, 음성 법칙', '음운론적 과정, 음운 과정', '음운 작용' 등이 있다. 이 용어들은 '변화'를 뜻하는 표현 대신 '현상, 법칙, 과정, 작용'과 같은 표현을 사용하고 있다. 그러나 '현상, 법칙, 과정, 작용'도 모두 실제로는 변화를 가리키기 때문에 대다수의 용어들은 소리가 바뀐다는 원래의 의미를 잘 반영하고 있다고 할 수 있다.

이와 별개로 설명이 필요한 용어로 '음편'이 있다. '음편'은 일본에서 오래 전부터 사용하던 용어인데 그 개념이 논의에 따라 조금씩 차이를 보인다. '음편'은 다음과 같이 다양한 의미로 쓰인다.

(가) 음운 현상
(나) 음운 현상 중 두 음이 결합할 때 일어나는 것[228]
(다) 음운 현상 중 발음의 편이 때문에 일어나는 것
(라) 음운 현상 중 비음운론적 요인에 의해 일어나는 것[229]
(마) 음운 현상 중 표기에 반영되는 것[230]
(바) 습관에 의해 굳어진 발음[231]
(사) 발음의 편의성

대체로 '음편'은 음운 현상과 관련되는 개념으로 쓰인다. (사)를 제외하면 음운 현상 전체 또는

---

226) 이것은 '음운 규칙'의 정의를 엄밀하게 규정하는 경우에 해당한다. 이와 관련된 문제는 '음운 규칙' 항목에서 다루었다.

227) 위치 동화는 수의적으로 적용되기 때문에 표준 발음으로도 인정하지 않는다.

228) 이것은 '음편'을 '연성(sandhi)'과 동일한 의미로 사용하는 경우이다. 藥師寺知曨(1909)에서는 '음편'을 한국의 국어학자는 '접변'이라고 부른다고 지적하기도 했다. 이때의 한국 학자는 주시경을 가리키는 것으로 추정된다.

229) 龜井孝 外 編(1996)에서는 비음운론적 요인이 아닌 음운론적 요인에 의해 일어나는 음운 현상은 '연성(連聲)' 또는 '연탁(連濁)'이라고 구별하여 부르고 있다.

230) 표기에 반영되지 않는 음운 변화는 '전호음(轉呼音)'이라고 한다. 金田一京助(1932)에 따르면 헤이안(平安) 시대 중엽 이전에는 음운 변화를 표준으로 인정하여 표기에 반영했기 때문에 '음편'이 많고, 그 이후에는 음운 변화를 표준으로 간주하지 않아서 표기에 반영하지 않았기 때문에 '전호음'이 많다고 했다.

231) 이러한 개념은 주시경이 제안한 '익음 소리'와 비슷하다. '익음 소리'는 별도의 항목으로 마련되어 있다.

음운 현상 중 특정한 부류를 가리키는 데 '음편'을 사용한다. (가)가 가장 포괄적인 의미로 쓰인 경우이고 (나)~(바)는 음운 현상 중의 일부만을 가리키는 의미로 쓰인 것이다. (사)는 '음편'의 사전적 의미에 가까운 것으로 음운 현상의 적용 동기를 가리킨다고 할 수 있다.

④ 관련 항목

대치, 도치, 음운, 음운 규칙, 첨가, 축약, 탈락

음운화

① 용어의 별칭

국어 음운화[音韻化](小泉保·牧野勤 1971, 이기문 1972, 林榮一·間瀨英夫 譯 1978, 박창원 1989, 이철수 1994, 龜井孝 外 編 1996), 음소화(최전승 1989, 김동소 1996, 백응진 1999), 이차 분열[二次 分裂](龜井孝 外 編 1996)
영어 phonologization, phonologisierung
---

② 개념 설명

음운의 변화를 음운들이 맺고 있는 대립 관계의 변화로 해석하는 입장에서 볼 때 기존에 존재하지 않던 대립 관계가 생겨나는 변화 유형을 가리킨다. 음운화는 새로운 음운의 출현 결과로 발생하는 것이 가장 일반적이다. 가령 분기(split)에 의해 한 음운의 변이음들이 별개의 음운이 되든지 또는 다른 음운 변화를 거쳐 없던 음운이 생길 때 새로운 음운은 기존의 다른 음운과 어떤 방식으로든 대립을 이룰 수밖에 없다. 그 결과 음운화로 이어지는 것이다.

국어의 경우 분기에 의한 음운화의 예로 단언할 수 있는 경우는 쉽게 찾아지지 않는다. 이것은 이전 시기의 변이음 실현 양상을 직접 확인할 수 없기 때문이다. 다만 경음이 역사적으로 평음의 변이음이었다가 별개의 음운이 되었다고 추정하기도 하는데, 그에 따르면 경음의 발생은 분기에 의한 음운화로 볼 수 있다. 분기가 아닌 다른 음운 변화에 의해 음운화가 이루어진 예로는 이중 모음 '애, 에, 외, 위'의 단모음화를 들 수 있다. '애, 에, 외, 위'가 이중 모음이다가 단모음으로 바뀌면서 전설 모음을 이루게 되고 이러한 전설 모음이 후설 모음과 전후 대립을 형성하면서 새로운 대립 관계가 만들어진 것이다.

음운화에 의해 생긴 대립은 이전에 존재하지 않던 완전히 새로운 것일 수도 있고 이전에 존재했지만 그것이 다른 음운들로 확대된 것일 수도 있다. 가령 경음이라는 새로운 자음 부류가 생기면 이러한 자음 부류가 기존의 다른 자음과 맺게 되는 대립의 내용은 전혀 새로운 것이 된다. 적어도 '평음 : 경음'이라는 자음들의 대립은 이전의 자음 체계에서는 존재하지 않던 것이다. 반면 전설 모음들이 새로 생기면서 '위 : 이', '외 : 에'가 원순성의 유무에 따라 대립하는 것은 새로운 대립이라고 볼 수는 없다. 이미 이전 시기부터 '우 : 으'나 '오 : ᄋ' 등에서 원순성에 의한 대립이 존재하고 있었기 때문이다. 이 경우는 기존의 대립이 다른 음운들로 확장되었다고 하겠다.

③ 용어 설명

'음운화'를 지칭하는 용어는 '이차 분열'을 제외하면 서구 용어의 단순한 번역에 불과하다.[232] '이차 분열'은 한 음운의 변이음이 별개의 음운으로 발달하는 변화 유형으로 '분기(split)'에 속한다.[233] 앞서 지적했듯이 분기는 음운화를 일으킬 수 있기 때문에 '음운화' 대신 '이차 분열'이라는 용어를 사용한 것이다.

④ 관련 항목

대립, 분기, 비음운화, 재음운화

음절

① 용어의 별칭

> 국어 숙음[熟音](藥師寺知曨 1909, 太久間鼎 1919, 朴重華 1923), 절음[節音](김규식 1909), 낫내(주시경 1910ㄱ, 이규영 1913), 음절[音節](趙義淵·井田勸衞 1910, 太久間鼎 1919, 小倉進平 1923, 정렬모 1927ㄷ, 안확 1928, 최현배 1929), 음[音](윤태헌 1913, 윤치호 1928), 철음[綴音](金澤庄三郎 1917~1918, 안확 1923, 이상춘 1925, 최현배 1928ㄴ), 음성 (노익형 1923), 반절[反切](안확 1923), 낫내(김윤경 1925), 개음[個音](김윤경 1925), 낫소리(김윤경 1925), 낱내 (최현배 1927ㄷ), 어음[語音](박승빈 1931), 소리덩이(이극로 1932ㄴ, 이윤재 1935), 토막소리(윤창두 1934), 소리마디 (심의린 1949ㄱ, 이인모 1949, 장하일 1949), 음철[音綴](이복영 1948, 日本音聲學會 編 1976), 연음[連音](寺川喜四男 1950), 자음[字音](이기문 1963ㄱ), 표기마디(고도흥 1998)
>
> 영어 syllable

② 개념 설명

음운이 결합하여 이루어지는 음운론적 단위의 하나로, 홀로 발음할 수 있는 최소의 단위이다. 정렬모(1927ㄷ), 최현배(1929) 등 비교적 이른 논의에서부터 음절을 한 번의 숨으로 내는 소리의 덩어리로 정의한 것은 이러한 특징과 무관하지 않다. 자음은 보통 홀로 발음할 수 없기 때문에[234] 독립된

---

232) 한영균(1990ㄴ)의 '변별 자질화'도 그 취지에서 '음운화'와 비슷하다. '변별 자질화'란 변별적이지 않던 자질이 변별적으로 바뀌었음을 의미하므로 결과적으로 새로운 대립이 생겨난 것과 다르지 않다.

233) '분기'는 일차 분기와 이차 분기를 구분하는 경우가 있다. 자세한 것은 '분기' 항목을 참고할 수 있다.

234) 자음 중 예외적으로 마찰음에 속하는 부류는 홀로 발음하기 용이하다.

음절을 이루지 못하고 모음과 결합하여 하나의 음절을 이룬다. 그래서 음절 구성에 있어서는 모음이 필수적인 요소이다.[235]

음절이 최소의 발음 가능 단위라는 사실은 분명하지만 이러한 특성을 음절의 음성적 속성 또는 본질이라고 할 수는 없다. 어떤 음성적 특징이 음절을 홀로 발음되게 하는지 또는 음절의 본질적 성격이 무엇인지를 밝혀야 음절에 대한 정의가 온전해진다. 그런데 지금까지 수많은 논의에서 다방면으로 음절의 성격을 해명하고자 노력했으나, 아직까지도 보편적으로 인정할 만한 음절의 음성학적 또는 음운론적 정의는 찾지 못하고 있다. 가령 호흡 근육에 의한 흉박의 수, 공명도의 위계 관계, 내파와 외파에 따른 음들의 상호 배열, 조음 기관의 긴장도에 따른 음성들 사이의 비교 등 여러 차원에서 음절을 정의하려고 했지만 만족할 만한 결과를 얻지 못했다. 이처럼 음절은 언어학의 여러 단위 중 정의가 명확하지 않은 대표적인 예이다.[236]

음절을 정의하기는 쉽지 않지만 음절은 화자나 청자들이 가장 쉽게 인식할 수 있는 단위이다. 누구든지 어떤 단어를 들으면 그 단어가 몇 개의 음절로 이루어졌는지를 빨리 인식한다. 가령 '눈꽃제비왕방울'이라는 새로운 단어를 들어도 이것이 7개의 음절로 이루어졌다는 것을 쉽게 안다. 그러나 이 새로운 단어가 몇 개의 음운으로 이루어졌는지는 전문가라고 하더라도 잠시 생각을 해야 알 수 있을 뿐만 아니라 일반인들은 이해하기도 어렵다. 또한 일상생활 중에는 음절을 이용한 각종 언어 유희나 말놀이 등도 흔하며, 말을 하다가 경험하는 말실수도 음절을 단위로 이루어지는 경우가 많다.

음절은 언어학적으로도 중요한 의의를 가진다. 음절은 한 언어의 음운론적 제약을 설명하는 데 중요하게 작용한다. 현대 국어의 경우 음절의 초성에는 연구개 비음 'ㅇ'이 발음되지 못하고 음절의 종성에는 'ㄱ, ㄴ, ㄷ, ㄹ, ㅁ, ㅂ, ㅇ'의 7개 자음만 발음이 된다. 또한 초성과 종성 모두 자음군이 발음되는 경우가 없다. 이러한 제약은 예외를 허용하지 않는 매우 강력한 것들인데 모두 '음절'의 구조와 관련을 맺고 있다.[237] 그러므로 음절을 인정하지 않으면 일반성을 포착하는 데 상당한 어려움이 있다.

음절은 음운 현상의 적용과도 밀접한 관련을 맺는다. 형태소들이 결합하는 과정에서 음운론적 제약을 어기는 형태가 만들어지면 이것을 피하기 위한 음운 현상이 적용되는데, 음절과 관련된 제약이 많은 만큼 음절과 관련된 음운 현상도 많을 수밖에 없는 것이다. 가령 평파열음화나 자음군 단순화는 음절 구조 제약을 만족시키기 위해 적용되는 대표적인 음운 현상이다. 음절 배열 제약을 설정하는 경우에는 비음화나 'ㄹ의 비음화'를 이 제약을 충족하기 위한 음운 현상으로 보기도 한다.[238]

---

235) 모음 없이 자음만으로 음절을 이루려면 자음이 음절 중성의 역할을 해야 한다. 이런 자음을 '성절성 자음(syllabic consonant)'이라고 한다. 국어에는 성절성 자음이 존재하지 않으므로 하나의 음절에는 모음이 반드시 들어 있다.

236) 이러한 사정은 실제로 여러 음운론 개론서에서 설명된 음절의 정의를 확인하면 쉽게 드러난다.

237) 음절의 구조에 대한 제약을 흔히 '음절 구조 제약'이라고 부른다. '음절 구조 제약'은 '음절 구조 조건[音節 構造 條件](桑原輝男·根間弘海 譯 1980, 이기문 외 1984, 배주채 1996ㄱ, 김영선 1997), 음절 구조 제약(桑原輝男·根間弘海 譯 1980, 강창석 1984, 박창원 1987ㄴ, 송철의 1987), 음절 구성 제약(정인호 1995), 음절 구성상의 제약(이문규 2004), 음절의 구조 제약(최명옥 2004), 음절 적형 제약(소신애 2006)'이라고 부르기도 한다.

238) '음절 배열 제약'은 서로 다른 음절이 결합하는 데 관여하는 제약을 가리킨다. '음절 배열 제약'은 '음절 연결 제약[音節 連結 制約](박창원 1987ㄴ, 강창석 1989, 배주채 1996ㄱ), 음절 연결 조건(최임식 1990ㄱ), 음절 연계 제약(서보월 1992), 음절 연쇄 제약(엄태수 1994), 음절 배열 제약(이진호 2005ㄴ, 이미향 2006ㄱ)' 등으로도 불린다. 음절 배열 제약에 대해서는 이진호

음절의 구성 요소는 크게 셋으로 구분할 수 있다. 서구에서는 'onset, nucleus, coda'로 나누는 경우가 많으며, 국어 음운론에서는 『훈민정음』에 나오는 '초성, 중성, 종성'이라는 용어를 주로 활용한다.[239] 그런데 초성, 중성, 종성을 어떻게 묶느냐에 따라 음절의 내부 구조는 크게 좌분지 구조, 우분지 구조, 평면 구조의 세 부류로 나눌 수 있다. 좌분지 구조는 초성과 중성이 하위 단위로 묶이고 여기에 종성이 결합하는 방식으로 되어 있다. 이때 초성과 중성이 묶인 단위는 '몸체(박종희 1993ㄱ), 성음(조성문 2000), 몸통(차재은 2003), 본체(이진호 2005ㄱ)(body)' 등으로 부른다. 우분지 구조는 좌분지 구조와 반대로 중성과 종성이 하위 단위로 묶이고 여기에 초성이 결합하는 방식으로 되어 있다.[240] 중성과 종성이 묶인 단위는 '각운[脚韻](박수진·전종호 2001), 라임(신지영·차재은 2003), 몸통(차재은 2003)(rhyme)'과 같은 용어로 지칭한다.[241]

좌분지 구조든 우분지 구조든 음절은 크게 두 부분으로 나뉘고 그것이 다시 왼쪽으로 갈라지거나(좌분지) 오른쪽으로 갈라지는(우분지) 구조를 가진다. 그래서 좌분지 구조와 우분지 구조를 묶어서 이분지 구조라고 하기도 한다. 평면 구조는 초성, 중성, 종성 중 어느 두 요소를 묶지 않고 세 요소가 서로 대등하게 음절을 이룬다고 보는 것이다. 좌분지 구조나 우분지 구조와 달리 음절이 세 부분으로 나뉘기 때문에 이것을 삼분지 구조라고 부르는 경우도 있다. 국어의 음절 구조가 좌분지 구조와 우분지 구조, 평면 구조 등 어디에 속하는지는 이견이 존재한다. 주로 좌분지 구조와 우분지 구조를 주장하는 입장들이 대립하고 있는데, 이 두 가지 구조 중 어느 쪽인지 결정하기 어렵다는 것은 국어 음절이 평면 구조에 더 가까움을 말해 주는 것일 수도 있다.

음절은 여러 가지 기준들을 통해 다양한 유형 분류가 이루어지고 있다. 가장 일반적으로 알려진 분류는 종성의 유무에 따라 개음절과 폐음절을 나누는 것이다. 종성이 없는 음절이 개음절이고 종성이 있는 음절이 폐음절이다. 때로는 초성 유무에 따라 음절을 구분하기도 한다. 고도흥(1998)에 따르면 북한에서는 모음으로 시작하는 음절을 '벗은 음절', 자음으로 시작하는 음절을 '쓴(冠) 음절'이라고 불러서 둘을 구분하고 있다. 운모(韻母)의 구조에 따라서는 중음절(重音節)과 경음절(輕音節)을 구분한다. 운모가 둘 이상의 모라로 이루어졌거나 또는 복잡한 구조로 된 음절을 중음절, 하나의 모라로 이루어졌거나 그 구조가 단순한 것을 경음절이라고 한다.[242]

이상은 음절의 내적 구조에 따른 분류라고 할 수 있다. 그런데 음절의 유형 분류는 내적 구조와 무관하게 이루어지기도 한다. 가령 음절을 음성학적 음절과 음운론적 음절로 구분하기도 한다.[243]

(2005ㄴ)을 참고할 수 있다.

239) 'onset, nucleus, coda'는 각각 '초성, 중성, 종성'에 대응한다고 할 수 있지만 'nucleus'와 '중성'은 정확히 일치하는 개념은 아니다. 가령 중모음(重母音)은 그 전체가 중성에 해당하지만 'nucleus'의 관점에서 보면 중모음 중 핵심적인 역할을 하는 단모음(單母音)만 'nucleus'가 된다. '음절 주음' 항목에서도 언급하셨지만 'nucleus'는 음절 구성에서 가장 중요한 하나의 음소만 놓일 수 있을 뿐이다. 그러므로 중모음(重母音)의 경우 음절 부음은 'nucleus'에서 제외됨으로써 중성과 일치하지 않게 된다.

240) 이처럼 좌분지 구조에는 초성과 중성, 우분지 구조에서는 중성과 종성을 하나의 단위로 묶게 된다. 그런데 일반 언어학에서는 초성과 종성을 하나의 단위로 묶는 경우도 있다. 이것(shell, margin)을 '가장자리(이기문 1972)' 또는 '외피(이진호 2005ㄱ)'라고 부른다.

241) 차재은(2003)에서는 좌분지 구조든 우분지 구조든 하나로 묶이는 하위 단위에 대해 '몸통'이라는 용어를 사용한다.

242) 중음절과 경음절은 별도의 항목으로 설정되어 있다.

243) '음성학적 음절'은 '음성적 음절', '음운론적 음절'은 '음운적 음절, 음운 음절, 음소적 음절'이라고 부르기도 한다.

음성학적 음절은 이론적 음절, 전형적 음절, 언어 보편적 음절이라고 할 수 있다. 개구도나 공명도 등 객관적인 음성학적 기준에 의거해 규정되는 음절이 음성학적 음절이다. 반면 음운론적 음절은 음운 체계, 음소 배열적 제약, 운소의 유무 등 개별 언어의 특징에 의해 규정되는 음절이다. 즉 음성학적 음절이 구체적인 언어의 상황에 따라 변형된 모습을 보이는 것이 음운론적 음절이다.

표기와 발음을 고려한 음절 유형 분류도 있다. 가령 형태소나 단어의 어원을 밝혀서 적는 표기상의 음절과 실제 발음상의 음절을 구분하는 것이다.[244] 전자는 '언어 음절(이극로 1947), 언어 자음 음절[言語 字音 音節](심의린 1949ㄴ), 표기 음절(정희성 1989)'이라고 하고 후사는 '발음 음절(이극로 1947), 언어 발음 음절(심의린 1949ㄴ), 음성 음절(정희성 1989)'이라고 한다. 김완진(1971)에서 형태 음소론적 음절과 음운론적 음절을 구분한 것도 이와 무관하지 않다.

도출 과정에서의 층위에 따라 기저 음절과 표면 음절을 나누는 경우도 있다. 송철의(1982)의 음운론적 음절과 음성적 음절이 각각 기저 음절과 표면 음절에 해당한다.[245] 기저 음절은 기저 층위에 있는 기저형에 부여된 음절을 가리킨다. 기저형이 음절화의 단계를 거치면 기저 음절이 부여된다. 여기에 음운 규칙이 적용되어 표면형이 도출된 후 최종적으로 음절화가 이루어지면 표면 음절이 나오게 된다.

드물지만 악센트나 성조 등과 같은 운소의 실현 양상에 따라 음절 유형을 나누는 경우도 없지는 않다. 악센트 또는 강세의 유무에 따라서 강음절(strong syllable)과 약음절(weak syllable)을 나누는 것이 대표적이다.[246] 강음절은 제일 강세 또는 제이 강세를 가지며 약음절은 강세가 없고 모음도 약화된 형태로 나타난다. 이와 비슷하지만 구분되는 경우도 있다. 가령 이숭녕(1959ㄴ)에서는 초성이나 종성에 놓인 자음의 음성적 특징에 따라 해당 음절 모음의 울림이 커져서 악센트가 오기 유리한 음절을 '강세 음절'이라고 하고 그 반대인 경우는 '약세 음절'이라고 했다. 이 외에 독자적 성조를 가지는 음절을 'regular syllable', 그렇지 않은 음절을 'weak syllable'이라고 하는 경우도 있다. 심민희(2012)에서는 이 둘을 각각 '온음절'과 '약음절'이라고 했다.

한편 일본어학에서는 일본어의 특성을 고려해 정음절(正音節)과 준음절(準音節)을 구분하기도 한다. 음절을 이루는 모음이 확고하게 존재하는 것이 정음절이고 그렇지 않은 것이 준음절이다. 일본어의 경우 'っ'와 같은 촉음(促音)이나 'ん'과 같은 발음(撥音)을 하나의 음절로 보는데, 촉음이나 발음에는 모음이 포함되어 있지 않으므로 정음절은 될 수 없어서 준음절이라고 부르는 것이다.[247]

③ 용어 설명

'음절'을 가리키는 용어들은 그리 다양하지는 않다. 독립해서 발음되는 최소의 단위라는 음절의

---

244) 표기만을 기준으로 하여 음절을 구분하는 입장도 존재한다. 藥師寺知朧(1909)에서는 표기에 쓰인 글자의 수에 따라 이철자(二綴字 예 아, 거, 져), 삼철자(三綴字 예 봐, 각), 사철자(四綴字 예 꽤, 곽), 오철자(五綴字 예 쫴, 꿰)로 나눈 적이 있다.

245) 송철의(1982)의 음운론적 음절과 음성적 음절은 앞서 살펴본 언어 개별적 성격을 가진 음절(음운론적 음절)과 언어 보편적 성격을 가진 음절(음성학적 음절)의 구분과는 무관하다.

246) '강음절' 대신 '강세 음절', '약음절' 대신 '비강세 음절'이라고 부르기도 한다.

247) 寺川喜四男(1950)에는 여섯 가지의 준음절 예가 제시되어 있다.

정의를 가장 잘 반영하는 것은 '절음, 음절, 토막소리, 소리마디, 낱내'이다. '절음, 음절'은 한자어이고 '토막소리, 소리마디'는 이것을 고유어로 전환한 것으로, 이 단어들은 분절되는 단위라는 점에 초점을 두고 있다. '낱내'라는 고유어 용어는 주시경에서 비롯되었으며, 기본적인 취지는 앞서 살핀 용어들과 비슷하다. 다음으로 '숙음, 소리덩이, 음철, 연음'은 음소들이 어울려 음절을 이룬다는 사실을 반영하고 있다. '음, 어음, 개음'과 같이 일반적인 음성을 가리키는 용어로 음절을 나타내기도 한다. 이것은 음절이 실질적인 발음의 단위라는 사실과 무관하지 않다. 마지막으로 '반절, 자음(字音)'은 한자음과 무관하지 않다. '자음'은 그 자체가 한자음을 나타내고 '반절'은 한자의 음을 표시하는 전통적인 방법이다. 한자음이 음절 단위로 되어 있으므로 '반절, 자음'으로 음절을 가리키게 된 것이다.

④ 관련 항목

　음절 부음, 음절 주음, 종성, 중성, 초성

음절 부음

① 용어의 별칭

> **국어** 종음[從音](주왕산 1948, 권재선 1992), 붙음(이인모 1949), **부음**[副音](寺川喜四男 1950, 이기문 1968ㄴ, 강신항 1971, 橋本萬太郎 1975, 최윤현 1982), **부모음**[副母音](寺川喜四男 1950, 서재극 1962, 橋本萬太郎 1977, 백두현 1992ㄴ, 김주필 1994), **음절 부음**[音節 副音](服部四郎 1951, 유창식 1956, 김완진 역 1958, 太田朗 1959, 양동휘 1967, 小泉保·牧野勤 1971), **음운론적 자음**(服部四郎 1951), **부요소**[副要素](허웅 1958), **비성절 모음**(최윤현 1966), **종모음**[從母音](金田一春彦 1967), **비성절음**[非成節音](허웅 1968ㄱ, 日本音聲學會 編 1976, 임용기 1986, 박창원 1987ㄴ), **음절의 부음**(이병근 1973), **방음**[傍音](日本音聲學會 編 1976), **음절 부모음**[音節 副母音](橋木萬太郎 1977, 박창원 1983, 북효창 1990, 이상신 1998), **주변체**[周邊體](林榮一·間瀨英夫 譯 1978), **의존 음소**(강창석 1984), **타명음**[他鳴音](임용기 1986, 김영선 1993), **주변음**(김영석 1987, 박종희 1993ㄱ, 신지영 2000ㄱ), **음절 비정점**[非頂點](김종훈 1990), **딸림소리**(권재선 1992), **부차적 모음**(류렬 1992), **낱내 버금**(김영송 1994), **변두리**(구현옥 1999), **위성**[衛星](오관영 2002), **주변 음소**(이은정 2005)
>
> **영어** nonsyllabic, peak satellite, syllable subsidiary, marginal sound, syllabic non-peak, margin, satellite, secondary sound

② 개념 설명

　음절을 구성하는 음소들 중 성절음의 기능을 하는 것을 제외한 나머지를 가리킨다. 대부분의 언어에서는 단모음(單母音)이 성절음의 역할을 하며, 언어에 따라 성절성 자음이 성절음의 역할을 하기도 한다. 이러한 음소들은 음절 주음이 된다. 반면 음절 주음 이외의 음소들이 음절 부음이 된다.

초성이나 종성에 놓이는 자음은 당연히 음절 부음이 된다. 그래서 음절 부음의 개념은 중성에 중모음(重母音)이 오는 경우 성절적 기능을 담당하는 하나의 단모음을 제외한 나머지를 지칭하는 데 효과적으로 활용된다. 예를 들어 이중 모음의 경우 반모음이 포함되어 있다면 반모음이 음절 부음에 속하며 단모음의 결합으로 이루어진 이중 모음은 공명도(또는 개구도)가 더 낮은 단모음이 음절 부음이 된다.[248] 수평 이중 모음의 경우에는 이중 모음을 이루는 두 개의 단모음이 대등한 자격을 이루므로 음절 부음이 무엇인지를 정할 수 없다.

③ 용어 설명

'음절 부음'을 나타내는 용어들은 크게 세 계열로 나눌 수 있다. 우선 음절 구성 성분으로서의 중요성을 고려한 용어로 다음과 같은 용어가 있다.

> (가) 부음, 음절 부음, 부요소, 낱내 버금, 음절의 부음
> (나) 종음, 붙음, 의존 음소, 딸림소리

(가)는 음절에서의 주성분이 아니라는 의미를 나타내고, (나)는 주성분에 종속되어 있다는 의미를 나타낸다. (가)와 (나)의 용어들은 음절 부음이 필수적으로 있어야 하는 것은 아니라는 사실과 관련된다.

다음으로 음절의 핵, 다시 말해 성절적 기능을 가지는지를 고려한 용어로 다음을 들 수 있다.

> (다) 부모음, 비성절 모음, 종모음, 음절 부모음, 부차적 모음, 타명음
> (라) 음운론적 자음, 비성절음

(다)는 모두 성절음에 해당하는 모음과 대비하여 그러한 기능이 없음을 나타낸다. 대체로 '모음' 앞에 '부(副), 비성절, 종(從)'과 같은 표현을 덧붙여 모음이 지닌 성절성이 없다는 의미를 담고 있다. '타명음'은 표현 자체는 다르지만 모음을 나타내는 '자명음(自鳴音)'의 반대 개념이므로 그 취지는 (다)의 용어들과 동일하다. (라)는 성절성이 없는 음이라는 사실을 '자음' 또는 '비성절음'이라는 표현으로 직접 드러내고 있다.

마지막 부류는 음절 내에서의 위치를 고려한 용어이다. '방음, 주변체, 주변음, 위성, 주변 음소, 음절 비정점'은 모두 음절의 정점이나 중심부의 밖에 놓인 음이라는 의미를 반영한다. 음절의 구성 요소 중 성절음을 제외한 나머지는 중심에서 떨어진 셈이 되는데 이러한 사실을 통해 음절 부음을

---

248) 이중 모음의 범위를 반모음이 포함된 것으로만 한정하는 경우도 있고 단모음이 결합된 것으로만 한정하는 경우도 있다. 또한 반모음이 포함되든 단모음끼리 결합되든 두 개의 음소가 결합된 복합 모음을 이중 모음이라고 정의하기도 한다. 자세한 것은 '이중 모음' 항목을 참고할 수 있다.

가리키고 있다.

④ 관련 항목

반모음, 음절, 음절 주음

음절의 끝소리 규칙

① 용어의 별칭

국어 말음 규칙[末音 規則](小倉進平 1934ㄴ, 이희승 1939ㄷ, 김민수 1952, 허웅·박지홍 1971), 받침 규칙(이희승 1939ㄷ, 정인승 1949ㄷ, 한국국어교육연구회 1964ㄴ), 받침 법칙(정인승 1949ㄱ, 김민수 외 1960ㄴ, 이은정 1969), 종성 법칙(정인승 1949ㄱ, 김민수 외 1960ㄴ), 귀착[歸着](허웅 1958, 김석득 1962ㄱ, 유창돈 1962), 말음 법칙[末音 法則] (한국국어교육연구회 1964ㄱ, 이은정 1969, 정용수 1983), 종성 규칙[終聲 規則](한국국어교육연구회 1964ㄴ, 정용수 1983, 이기백 1991), 끝소리의 달라짐(고창식 외 1965, 이명권·이길록 1968), 끝소리 법칙(이은정 1968), 끝소리 규칙(허웅 ·박지홍 1971, 박덕유 2007), 폐쇄 현상(박영순 1985), 음절의 끝소리(성균관대 대동문화연구원 1985, 김호정 외 2007), 음절의 끝소리 규칙(성균관대 대동문화연구원 1991, 이문규 1998), 내파음화 규칙(이기백 1991), 끊어 내기(이주행 2004), 음절 끝소리 규칙(양순임 2007, 황경수 2009), 폐쇄음화(이주행 2008)

영어 coda rule

---

② 개념 설명

　음절 종성에 대한 음절 구조 제약 때문에 일어나는 음운 현상을 포괄하는 개념이다. 국어에는 음절 종성에서 발음될 수 있는 자음의 수와 종류에 제약이 있어서 이 제약을 어기는 형태가 있으면 제약을 충족시키기 위해 음운 현상이 적용되는데 이것을 음절의 끝소리 규칙이라고 한다. 구체적으로는 평파열음화와 자음군 단순화가 있다.[249] 평파열음화는 국어의 음절 종성에서 발음되지 못하는 자음을 'ㄱ, ㄷ, ㅂ' 중 하나로 바꾸어 주고 자음군 단순화는 음절 종성에 놓인 자음군 중 하나를 탈락시킨다. 음절의 끝소리 규칙이 적용되어 나온 자음을 흔히 '대표음'이라고 부른다.[250]

　평파열음화는 음운 현상의 유형 중 대치에 속하고 자음군 단순화는 탈락에 속하므로 이 둘을 별개의 음운 현상으로 분리하는 것이 타당하다. 그러나 적용되는 조건이 동일하고 음운론적 제약도 비슷하기 때문에 하나로 묶어서 다루는 방식도 많이 채택하고 있다.[251] 이러한 방식은 주시경에

---

249) 경우에 따라서는 'ㄱ, ㄷ, ㅂ'이 음성적으로 미파화되거나 또는 'ㄹ'이 종성에서 설측음으로 실현되는 현상까지 음절의 끝소리 규칙에 포함하기도 한다. 이희승(1955)에서 이런 입장을 볼 수 있는데, 이런 현상들은 음운 사이의 변동이 아니고 변이음의 실현과 관련되기 때문에 음절의 끝소리 규칙에서 제외하는 것이 일반적이다.

250) '대표음' 대신 '중화음'이라는 용어를 사용하기도 한다. 그런데 '중화음'은 음절의 끝소리 규칙이나 자음군 단순화가 중화이어야 한다는 전제가 깔리기 때문에 사용에 주의가 필요하다. '중화' 항목에서도 언급하겠지만 음절의 끝소리 규칙에 속하는 평파열음화나 자음군 단순화는 그 어느 것도 중화로 보기에 무리가 따른다.

서 비롯되었다. 주시경(1914)에서는 자음의 경우 초성과 종성에 올 때의 발음 양상이 다르다고 지적하면서 초성에서는 원래대로 발음되지만 종성에서는 다른 자음과 같아지거나 탈락한다고 보았다. 이것이 김두봉(1922)에 가면 더 체계화되어 '닿소리의 힘'이라는 단원 아래 평파열음화와 자음군 단순화가 묶이게 된다. 이후 허웅(1968ㄱ)에 이르러 '귀착'이라는 음운 현상의 한 부류로 고정되어 계속 이어져 왔다.

음절의 끝소리 규칙은 학교 문법에서 오래 전부터 인정하고 있다. 그러나 기술 문법에서는 평파열음화가 대치에 속하는 데 비해 자음군 단순화는 탈락에 속하기 때문에 이 둘을 통합하는 방식을 택하지 않는다. 최근에는 학교 문법에서도 기술 문법의 방식을 준용하여 점차 이 두 현상을 분리하는 쪽으로 변화가 일어나고 있다.252)

③ 용어 설명

'음절의 끝소리 규칙'을 가리키는 용어는 세 부류로 나눌 수 있다. 가장 많은 것은 '말음 규칙, 받침 규칙, 받침 법칙, 종성 법칙, 말음 법칙, 종성 규칙, 끝소리의 달라짐, 끝소리 규칙, 끝소리 법칙, 음절의 끝소리, 음절의 끝소리 규칙' 등과 같이 이 현상이 일어나는 위치 또는 대상을 반영하는 것이다.253) '폐쇄 현상, 내파음화 규칙, 끊어 내기, 폐쇄음화'는 이 현상이 일어나는 음성학적 동기를 기준 삼은 용어이다. '귀착'은 이 현상의 적용 결과 종성의 자음은 'ㄱ, ㄴ, ㄷ, ㄹ, ㅁ, ㅂ, ㅇ' 중 하나로 '귀결'된다는 사실을 담고 있다.

④ 관련 항목

받침, 음절, 자음군 단순화, 종성, 평파열음화

---

251) 이것은 규칙들 사이의 소위 공모성(conspiracy)을 중시한 태도라고 평가할 수도 있다. 공모성 개념은 외형상 공통점이 별로 없지만 기능적으로 같은 역할을 하는 음운 규칙들의 일정한 경향성을 가리킨다. 평파열음화나 자음군 단순화가 비록 음운 변동의 양상에서 차이가 나더라도 동일한 음운론적 제약을 만족시키기 위해서라는 공모성을 중시하면 하나로 묶을 수도 있는 것이다. 국어의 경우 공모성의 사례로 자주 거론되어 온 것은 김진우(1971)에서 제안한 '폐구 조음 원칙(principle of close articulation)'이다. 종성에서 일어나는 음성적 미파화(평파열음화까지 포함)나 중모음의 고모음화와 같이 전혀 상관이 없을 것 같은 음운 현상들이 '입을 적게 벌려서 발음'하려는 공통의 기능을 갖는다고 보는 것이다. 다만 '폐구 조음 원칙'의 타당성에 대해서는 의문의 여지가 많이 남아 있다.

252) 평파열음화와 자음군 단순화를 분리하면 '음절의 끝소리 규칙'이라는 용어를 안 써야 하지만 학교 문법에서는 여전히 이 용어를 사용하고 있다. 그 대신 예전과 달리 자음군 단순화는 제외하고 평파열음화만 '음절의 끝소리 규칙'이라고 부르고 있다. 결과적으로 동일한 용어인 '음절의 끝소리 규칙'이 지시하는 대상이 예전에 비해 줄어들게 되었다.

253) 이 용어들은 다시 그 성격에 따라 세 부류로 나눌 수 있다. '말음 규칙, 말음 법칙, 끝소리 법칙, 끝소리 규칙, 끝소리의 달라짐' 등은 이 현상이 어말에서 일어난다고 표현한 것인데, 음절의 끝소리 규칙은 어말은 물론 어중이라 하더라도 음절 종성에는 적용되므로 그리 정확한 용어는 아니다. 이러한 문제점은 '음절의 끝소리 규칙, 음절의 끝소리, 종성 법칙, 종성 규칙'과 같이 음절 종성에서 일어난다고 명확히 한정한 용어들에서는 나타나지 않는다. 한편 '받침 규칙, 받침 법칙'은 표기를 기준으로 하여 받침으로 적힌 자음들에만 적용된다는 의미를 담고 있다.

음절 주음

① 용어의 별칭

국어 음절의 주음[主音](안확 1928), 음절정[音節頂](有坂秀世 1940), 주장[主將](이영철 1948, 이인모 1949), 주음[主音](주왕산 1948, 최윤현 1982, 송하균 1991), 주모음[主母音](寺川喜四男 1950, 김철헌 1959, 이병선 1967ㄴ, 金田一春彦 1967, 강신항 1972, 中田祝夫 1972), 음절 주음[音節 主音](服部四郎 1951, 小林智賀平 1952, 유창식 1956, 김완진 역 1958, 太田朗 1959, 정철 1964), 음운론적 모음[服部四郎 1951], 주요소[主要素](허웅 1952), 모음점[母音點](허웅 1952, 박종희 1983ㄱ), 성절핵[音節核](河野六郎 1955, 강신항 1960, 지춘수 1968, 허웅 1968ㄱ), 성절음[成節音](허웅 1958, 日本音聲學會 編 1976, 송철의 1982, 임용기 1986), 주요 원음[主要 元音](김철헌 1959, 董同龢 1972), 음절 핵음[音節 核音](太田朗 1959, 양동휘 1967, 이병근 1967ㄱ, 日本音聲學會 編 1976, 김종훈 1990), 모음 핵음[母音 核音](太田朗 1959, 竹林滋·橫山一郎 譯 1970), 음절 핵모음[音節 核母音](中村完 1961, 河野六郎 1968, 이병근 1973, 박창원 1983, 곽충구 1986), 중심 모음[中心 母音](日下部文夫 1962, 河野六郎 1968, 박병채 1971ㄴ, 龜井孝 外 編 1996, 조대하 2004), 핵모[核母](유창균 1963, 박병채 1971ㄴ), 핵모음[核母音](김완진 1964, 박병채 1971ㄴ, 小泉保·牧野勤 1971, 이병근 1973), 성절 모음(최윤현 1966, 김춘애 1978, 성인출 1984), 주요 모음(河野六郎 1968, 박병채 1971ㄷ, 문선규 1986), 음절 중핵(河野六郎 1968), 성음절 모음[成音節 母音](橋本萬太郎 1974), 음절 절정[音節 絶頂](오미라 1983), 음절 정상[音節 頂上](이기문 외 1984), 핵음[核音](이기문 외 1984, 김영석 1987, 박종희 1993ㄱ), 자명음[自鳴音](임용기 1986, 김영선 1993), 음절 자위(임용기 1986), 음절 정점(김영석 1987, 김종훈 1990), 기둥(김용환 1988), 성절부(김차균 1987ㄷ), 거느림 소리(권재선 1992), 기본 모음(류렬 1992), 옹근 모음(류렬 1992, 권병로·이득춘 2002), 음절의 정점(김무림 1992), 음절의 봉우리(김무식 1992ㄷ, 조경하 1999), 낱내 으뜸(김영송 1994), 음절 주모음(이철수 1994), 핵주음[核主音](우상도 1995), 핵홀소리(이병운 2000), 음핵[音核](박수진·전종호 2001), 운복[韻腹](이돈주 2004), 중심 음소(이은정 2005), 음절 음소(이은정 2005)

영어 nucleus, syllabic, syllable peak, principal sound

② 개념 설명

음절을 구성하는 음소들 중 성절음의 기능을 하는 것을 가리킨다. 음절의 핵심적인 역할을 하는 것이 음절 주음이다. 따라서 음절 주음이 없는 음절은 있을 수가 없다. 일반적으로 음절 주음은 공명도가 가장 큰 음소가 맡는다. 음절 주음으로 가장 적합한 것은 단모음이며 언어에 따라서는 자음이 음절 주음의 역할을 하기도 한다.[254] 음절 주음을 제외한 나머지 음소들은 음절 부음이 된다.

음절 주음은 중성과 비슷한 개념이지만 이 둘이 동일한 개념은 아니다. 중성에 이중 모음이나 삼중 모음과 같은 중모음(重母音)이 올 때 그러하다. 반모음이 포함된 중모음의 경우 반모음은 음절 주음이 될 수 없다. 또한 반모음이 포함되지 않은 중모음이라도 공명도가 가장 높은 단모음만 음절 주음이 되고 나머지는 음절 부음이 된다. 다만 수평 이중 모음과 같이 공명도가 동일한 두 개의 모음으로 이루어진 경우에는 음절 주음이 두 개라고 볼 수밖에 없다.[255]

---

254) 이러한 자음을 성절성 자음이라고 부른다.

255) 입장에 따라서는 수평 이중 모음이 포함된 음절은 음절 주음이 없다고 볼지도 모른다. 그러나 음절에 음절 주음이 없다고

③ 용어 설명

‘음절 주음’을 나타내는 용어들은 그 의미에 따라 여러 부류로 나눌 수 있다.

> (가) 음절의 주음, 주장, 주음, 음절 주음, 주요소, 거느림 소리, 낱내 으뜸, 중심 음소,
>   기둥
> (나) 음절정, 음절 절정, 음절 정상, 음절 정점, 음절의 정점, 음절의 봉우리
> (다) 성절핵, 음절 핵음, 핵모, 음절 중핵, 핵음, 음절 자위, 음핵
> (라) 성절음, 성절부, 음절 음소
> (마) 음운론적 모음, 모음점, 자명음
> (바) 운복

    (가), (나), (다)는 그 성격상 동일한 부류로 묶을 수 있다. 음절 주음이 음절에서 가장 중요한 요소라는 사실을 각각 ‘주음’, ‘정상’, ‘핵심’ 등의 표현으로 드러내고 있다. (라), (마)는 음절 주음이 성절성을 가지고 있다는 사실을 반영하고 있다. (라)는 ‘성절성’을 직접 표현하고 있고 (마)는 모음이 성절성을 가진다는 점을 고려한 것이다.[256] (바)는 전통적인 성운학에서 음절 주음이 운모의 중심인 운복에 해당한다는 점을 중시한 용어이다. 한편 (가)~(마)에 해당하는 용어 중 둘 이상을 조합한 용어들도 적지 않다. (가)와 (마)를 합친 ‘주요 원음, 중심 모음, 주모음, 주요 모음, 기본 모음, 옹근 모음, 음절 주모음’, (다)와 (마)를 합친 ‘모음 핵음, 음절 핵모음, 핵모음’, (라)와 (마)를 합친 ‘성절 모음, 성음절 모음’, (가)와 (다)를 합친 ‘핵주음’, (다)와 (마)를 합친 ‘핵홀소리’ 등이 그러하다.

④ 관련 항목

    단모음¹, 성절음, 음절, 음절 부음

보는 것보다는 음절 주음이 두 개라고 해석하는 편이 더 타당할 것이다.
256) (마) 중 ‘자명음’은 ‘타명음’의 반대로 모음을 가리키는 용어이다.

음절화

① 용어의 별칭

국어 분절법(田中春美 外 1975, 조성식 편 1990), 음절 구분(송철의 1982, 조성식 편 1990, 이근열 1995), 음절 경계의 배정(송철의 1982), 음절화(박종희 1983ㄱ, 김종훈 1990, 강옥미 1994ㄴ), 음절 분리(이창우 1983), 음절 형성 규칙(강창석 1984, 박종희 1985ㄱ), 음절 구조 형성 규칙(박종희 1985ㄱ), 분절(김아영 1986, 서경원 1993, 국립국어연구원 1995), 음절 분단(권인한 1987), 분절화[分節化](김영석 1987, 이충익 1992), 성절화[成節化](김영석 1987), 음절 경계 배정(박창원 1987ㄴ, 박기영 1995), 음절 분계(배주채 1989, 국립국어연구원 1996), 음절 구조화(서보월 1992), 음절 구분(이근열 1994, 정국 1994, 국립국어연구원 1995), 음절의 구분(김은영 1995), 음절 나누기(이호영 1996, 한재영 외 2003), 분철법(전상범 2004), 분철(장기성 2009)
영어 syllabification, syllabication

② 개념 설명

음소의 연속체를 음절 단위로 묶는 과정을 의미한다. 구체적으로는 두 가지 작업이 이루어진다. 하나는 음소의 연속체 중 음절 경계가 어디에 놓이는지를 표시하는 것이고 다른 하나는 한 음절 내에 속하는 음소들을 초성, 중성, 종성 중 하나로 배치하는 것이다. 음절화가 이루어지면 분절음 연속체는 내부 구조를 가진 음절들의 배열로 바뀌게 된다. 음절화가 이루어져야만 음절 경계나 음절 구조에 대한 정보를 이용할 수 있다. 따라서 자음군 단순화나 평파열음화 등과 같이 음절에 대한 정보를 필요로 하는 규칙들은 음절화가 이루어진 다음에나 적용될 수 있다.

음절화에 대한 논의는 1970년대 중반 이후의 후기 생성 음운론에서 본격화되었다. 초기 생성 음운론에서는 음절이라는 단위 자체를 인정하지 않았다. 또한 그 이전인 구조주의 음운론이나 전통 문법에는 음절을 언급하기는 했어도 음절화와 같은 이론적 과정에까지 관심을 두지는 않았다. 특히 국어의 경우 음절 구조가 그리 복잡하지 않아서 국어의 음절화 자체가 중요한 연구 내상으로 다루어진 적은 별로 없다.

음절화는 보통 단어를 단위로 하여 이루어진다. 한 단어 내의 분절음들을 음절 단위로 묶게 된다. 예외적으로 합성어는 하나의 단어이지만 음절화는 합성어를 이루는 개별 어근별로 따로 이루어진다. 그래서 음절화 과정은 합성어의 내부 경계를 건너서 진행되지는 못한다.[257]

음절화는 세 가지 하위 단계를 거친다. 제일 먼저 음절의 중심인 중성을 형성한다. 국어의 경우 모음들이 중성에 배정된다. 중성을 만들고 나면 자음들만 남게 되는데 이 자음들은 순서대로 초성과 종성으로 배정한다. 중성 앞에 자음이 하나 있으면 그 자음은 연구개 비음 'ㅇ'이 아닌 한 초성으로 배정하여 후행하는 중성과 같은 음절로 묶는다. 물론 중성 앞에 자음이 없으면 초성은

---

257) 합성어 내부 경계 앞에서 평파열음화나 자음군 단순화가 일어나는 이유는 이와 관련된다. 음절화가 내부 경계를 넘어서 진행되지 못하면 합성어 내부 경계 앞에 반드시 음절 경계가 놓이게 되므로 평파열음화나 자음군 단순화가 적용되는 것이다.

없게 된다. 이처럼 'ㅇ'을 제외한 하나의 자음만 초성으로 배정하는 이유는 초성에 대한 현대 국어의 음절 구조 제약을 반드시 지키도록 하기 위함이다. 즉 자음이 두 개 이상 초성으로 배정될 수도 없고 연구개 비음 'ㅇ'도 초성으로 올 수는 없다. 초성으로 배정하고 남은 자음은 모두 종성이 되어 선행하는 중성과 한 음절이 된다. 종성에 오는 자음들은 초성에 배정하고 남은 것을 기계적으로 배정하기 때문에 종성에 대한 음절 구조 제약을 어기는 경우가 나타날 수 있다.[258] 그럴 경우 평파열음화나 자음군 단순화와 같은 음운 규칙이 적용되어 음절 구조 제약을 충족하게끔 바꾼다.

③ 용어 설명

'음절화'를 가리키는 용어들은 '음절을 나눈다'라는 의미를 가진 계열과 '음절을 형성한다'라는 의미를 가진 계열로 구분된다. '분절법, 음절 구분, 음절 분리, 분절, 음절 분단, 음절 나누기, 분철법, 분철'[259] 등은 전자에 속하고 '음절화, 음절 형성 규칙, 음절 구조화, 음절 구조 형성 규칙' 등은 후자에 속한다. 미세한 의미 차이는 있지만 기본적으로 음절을 만들어 낸다는 취지는 동일하다.

④ 관련 항목

음절, 음절의 끝소리 규칙, 재음절화

---

258) 가령 'ㄷㅏㄹㄱㄷㅗ(닭도)'의 경우 어중의 세 자음 중 'ㄷ'만 초성이 되고 나머지 'ㄹ'과 'ㄱ'은 모두 종성으로 배정되어 종성에서 두 개의 자음이 발음될 수 없다는 음절 구조 제약을 어기게 된다.

259) 이 중 '분철법, 분철'은 철자법을 연상시키고 있어 다른 용어들에 비해 선호도가 떨어진다.

음형대

① 용어의 별칭

국어 폴만트(최현배 1937ㄱ), 특징 음역[特徵 音域](최현배 1937ㄱ), 포오먼트(김한곤 1968ㄱ, 강인구 1969, 이기문 외 1984), 포르만트(허웅 1968ㄱ, 정인섭 1973, 김영송 1975, 김성근 1987), 음형 주파대[音形 周波帶](양동휘 1975, 김무식 1985, 김경아 1998), 음형대[音形帶](양동휘 1975, 김무식 1985, 정인교 1986), 형성음[形成音](日本音聲學會 編 1976, 전상범 1985ㄱ, 김영석 1987, 이정민·배영남 1987), 성소대[成素帶](日本音聲學會 編 1976), 공명빈율대[共鳴頻率帶](日本音聲學會 編 1976), 공진봉[共振峰](日本音聲學會 編 1976), 구성소음(고병암 역 1986), 음형 주파수대(현우종 1987), 중심 공명(이호영 외 1993), 공명음대(김기호 1993), 포먼트(양병곤 1995, 이경희 2000ㄱ, 정명숙 2002ㄱ), 포르먼트(이은영 1995), 음향띠(국립국어연구원 1996), 음형대 구성[音形帶 構成](김혜영 1996), 포만트(성철재 1996, 신지영 2000ㄱ, 안현기 외 2000), 형성소(홍성훈 1996, 권성미 2007), 공명주파수대(강현숙 1999), 주파수 대역(정명숙 2002ㄴ), 공명집결음대[共鳴集結音帶](한태동 2003)

영어 formant

② 개념 설명

어떤 음의 음향 분석 결과 에너지가 집중되어 있는 주파수 대역을 가리킨다. 음형대는 공명에 의해 특정한 주파수 대역이 강하게 나타남으로써 형성된다. 이러한 음형대는 주로 모음에서 두드러진다. 모음의 음향 분석에서는 여러 개의 음형대가 출현하는데 이중 첫 번째와 두 번째로 낮은 음형대가 모음 구분에서 중요한 역할을 한다.

③ 용어 설명

'음형대'를 가리키는 용어는 현재 공인된 것이 없다고 해도 과언이 아니다. 여러 개의 용어가 혼재되어 있으며, 심지어는 'formant'를 단순히 음역한 용어들도 많이 쓰인다. 그중 많이 쓰이는 것으로는 '특징 음역, 음형 주파대, 음형대, 음형 주파수대, 공명음대, 음향띠, 공명주파수대, 주파수 대역, 음형대 구성, 공명집결음대' 등과 같이 '음형대'의 원래 의미를 직접 드러내는 것들이다. 이 용어들은 에너지가 집중되어 특정 주파수 대역이 명확히 드러난다는 점을 드러내고 있다.[260] '형성음, 구성소음, 형성소' 등은 '음형대'가 음을 이루는 중심 구성 요소임을 드러낸다. 음성의 음향 분석에서는 '음형대'가 여러 개 두드러지며 이것이 모여 음이 이루어진다고 볼 수 있으므로 이러한 측면을 용어에 담은 것이다.

④ 관련 항목

공명음, 모음, 악음

---

260) 중국에서 주로 쓰이는 '성소대, 공명빈율대, 공진봉'도 그 의미상 이 부류에 포함할 수 있다.

'이' 모음 순행 동화

① 용어의 별칭

> **국어** 경구개변[硬口蓋變](홍기문 1933), '이'의 순행 동화(이희승 1955), '이' 순행 동화(김민수·이기문 1968, 장영길 1996), 'y' 순행 동화(오종갑 1981), 'ㅣ' 모음 순행 동화(남광우 외 1982, 박종희 1983ㄱ, 김동언 1985), 'y' 순행 겹침 규칙(도수희 1985ㄱ), glide 현상(김형규 1991), 'ㅣ' 소리 순행 동화(권재선 1992), 중모음화[重母音化](이철수 1994), 요음화[拗音化](이은정 2005)

② 개념 설명

'이'나 '애, 에, 외, 위'와 같은 전설 모음 뒤에서 반모음 'j'가 첨가되는 현상을 가리킨다. '기+어 → 기여, 깨+어 → 깨여, 되+어 → 되여'와 같이 용언 어간 뒤에 어미가 결합하는 경우는 물론이고 '머리+에 → 머리예, 안개+에 → 안개예'와 같이 체언 뒤에 조사가 결합하는 경우에도 '이' 모음 순행 동화가 일어난다. 동화음이 '이'에만 국한되는 것이 아니라 전설 모음 전체임에도 불구하고 '이' 모음 순행 동화라고 하는 것은 문자를 기준으로 한 결과일 가능성이 높다. '애, 에, 외, 위'도 문자 차원에서는 'ㅣ'를 겸하고 있는 것이다.[261]

이 현상은 현재 표준 발음법에서도 동화의 일종으로 보고 있다. 앞에 오는 전설 모음의 영향으로 이와 성질이 비슷한 반모음 'j'가 첨가되었다고 해석하는 것이다.[262] 그러나 이 현상이 동화인지에 있어서는 적지 않은 논란이 있다. 일반적인 동화는 음소의 수에는 변동이 없는 '대치'라는 음운 현상에 속한다. 그런데 '이' 모음 순행 동화는 새로 음소가 추가되는 '첨가'에 속하는 것이다. 이럴 경우 동화음은 전설 모음이라고 할 수 있어도 피동화음은 무엇인지를 명시하기가 어렵다.[263] 그런 점에서 '이' 모음 순행 동화는 음운론적 측면에서 볼 때 반모음 첨가로 이해하는 편이 더 합리적이다.

'이' 모음 순행 동화가 일어난 형태를 모두 표준 발음으로 인정하지는 않는다. 현행 표준 발음법에서는 '이' 모음 순행 동화가 일어난 형태를 어느 선까지 표준 발음으로 인정할 것인지에 대한 명시적 언급이 없다.[264] 다만 국립국어원의 『표준국어대사전』에 수록된 발음 정보를 보면 체언 뒤에 조사가 결합하는 경우의 '이' 모음 순행 동화는 일절 표준 발음으로 인정하지 않는다. 또한 용언의 경우에는 '이, 위, 외'로 끝나는 어간 뒤에서 일어나는 'j'의 첨가만 표준 발음으로 인정한다. '애'나

---

261) 중세 국어에는 '애, 에, 외, 위'가 이중 모음이었으므로 이 시기에는 문자뿐만 아니라 발음의 차원에서도 '이' 모음 순행 동화라고 부르는 것이 타당하다.

262) 뒤에 오는 단모음 '이'나 반모음 'j'에 동화되는 현상은 '이' 모음 역행 동화라고 부른다. '이' 모음 순행 동화와 '이' 모음 역행 동화를 묶어서 '이' 모음 동화라고 하는 경우도 있다. '이' 모음 동화는 "'이' 모음의 동화(이희승 1955), '이' 닮음(정인승 1956ㄴ), '이' 동화(정인승 1956ㄴ), 홀소리의 'ㅣ' 닮음(정인승 1956ㄴ), 'ㅣ' 모음화(한국국어교육연구회 1964ㄴ), 'ㅣ' 모음 동화(김형규 1961ㄴ, 한국국어교육연구회 1964ㄴ, 이은정 1968), 'ㅣ' 홀소리 닮음(이은정 1969, 김영선 1997)' 등으로 부르고 있다.

263) 굳이 피동화음을 밝힌다면 '휴지' 또는 'Ø'라고 해야 하는데 과연 묵음을 피동화음으로 인정할 수 있을지는 의문이다.

264) 자세한 것은 이진호(2012ㄱ)을 참고할 수 있다.

'에' 뒤에서 일어나는 'j'의 첨가는 표준 발음이 아니다.

③ 용어 설명

'이' 모음 순행 동화를 가리키는 용어들은 대체로 '이'에 의한 동화라는 의미를 담고 있다. 조사의 유무, '모음'이라는 표현의 유무 등 지엽적인 측면에서만 차이가 있을 뿐이다. 이 외에 'y 순행 동화, y 순행 겹침 규칙'에서 'y'는 반모음 'j'를 가리키는데, 'j'가 첨가된다는 사실을 나타내기 위한 용어라고 할 수 있다. 그러나 'y 순행 동화, y 순행 겹침 규칙'라고 하면 마치 동화음 또는 피동화음이 'j'인 것으로 오해할 수 있어서 적절하다고 보기는 어렵다. 앞서도 지적했듯이 이 현상의 동화음이나 피동화음을 'j'라고 할 수는 없다.

'glide 현상, 중모음화'는 반모음 첨가뿐만 아니라 반모음화 현상까지도 포함할 수 있다는 문제점이 있다. 게다가 'w'가 첨가되는 현상도 배제할 수 없다. '요음화'는 'j'로 시작하는 이중 모음을 전통적으로 '요음'이라고 했던 데에서 착안한 용어이다.[265] 'j'가 단모음 앞에 첨가되면 'j'로 시작하는 이중 모음이 되므로 '요음화'라고 부르는 것도 가능하기는 하다.

④ 관련 항목

동화, 반모음, '이' 모음 역행 동화, 이중 모음

'이' 모음 역행 동화

① 용어의 별칭

国語 '이' 음의 역행 동화(小倉進平 1924), 곡음[曲音]의 현상(최현배 1928ㄴ), '이' 음의 영향(奧山仙三 1928), '이'의 역행 동화[逆行同化](정인승 1937, 이희승 1955), 건너 닮기(최현배 1937ㄱ, 이영철 1948), 월타 동화[越他同化](최현배 1937ㄱ, 이영철 1948), 움라우트(이숭녕 1939ㄱ, 이병근 1971, 이병건 1976), 움라우트 현상(이숭녕 1940ㄱ, 주왕산 1948, 유구상 1971), 움라온 현상(최현배 1941), 전음[轉音](河野六郎 1945), 변모음[變母音](유응호 1949, 서재극 1960), 양음[揚音] 현상(이숭녕 1954ㅂ), 굽은소리 현상(최현배 1959ㄱ), 굽소리 현상(최현배 1959ㄱ), 굽은소리(최현배 1959ㄱ), 'ㅣ' 닮은 소리(최현배 1959ㄱ), 곡음화[曲音化] 현상(최현배 1959ㄱ), '이' 역행 동화(김민수 1960, 이병근 1971, 최명옥 1980), 모음 동화[母音 同化](김민수 외 1960ㄴ), 'i'의 조화적 역행 동화 작용(김완진 1963ㄱ), 'i'의 역행 동화 작용(김완진 1963ㄱ, 홍순탁 1963), '이' 모음 동화(강윤호 1968, 최학근 1976ㄴ, 김영신 1977), 우물라우트(허웅 1968ㄱ, 김영신 1977, 김영석 1987), 우믈라우뜨(허웅 1968ㄱ), '이' 소리 치닮음(허웅 1968ㄴ), 전설 모음화[前舌 母音化](安田吉實 1968, 이상억 1979ㄱ, 최윤현 1979, 박종희 1983ㄱ), 'i' 모음 동화(이돈주 1969, 조항근 1986), 전모음화[前母音化](김진우 1971), 앞홀소리 되기(유구상 1971, 정영주 1985, 김택구 1997), 'ㅣ' 홀소리 치

---

265) 요음의 개념은 이보다 좀 더 다양하다. 자세한 것은 '요음' 항목을 참고할 수 있다.

닭음(유구상 1971), '이' 역행 동화(이익섭 1972, 곽충구 1986, 백두현 1992ㄴ), 전설화(김영송 1974, 공세기 1988, 백응진 1999), 'i' 역행 동화(최명옥 1974, 이병근 1975, 김영진 1976), 곡음[曲音](日本音聲學會 編 1976, 김영석 1987, 안지원 1994), 변음[變音](日本音聲學會 編 1976), 전설화 현상(김영송 1977ㄱ), '이' 모음 역행 동화(신기상 1977, 최태영 1978, 김완진·이병근 1979), 'i' 모음 역행 동화(이광호 1977, 강성로 1978, 최명옥 1982), 움우라우트(이광호 1977), 전부 모음화[全部 母音化](전광현 1979, 최임식 1984, 송민 1986), 전설음화(황희영 1979, 김은주 2010), 모음 변이[母音 變異](桑原輝男·根間弘海 譯 1980, 이기석 1992, 곽준영 2002), 모음 변이화(桑原輝男·根間弘海 譯 1980), 모음 전설화(박영수 1981), 움라우트화 현상(이현희 1982), 'y' 역행 동화(오종갑 1983, 최임식 1984), 곡음[曲音] 현상(이기문 외 1984), 전부화(최임식 1984), 'ㅣ' 치닮음(허웅 1985ㄴ, 박덕철 1993, 최윤현 1993), 'ㅣ' 모음 첨가(미승우 1987), 'i' 모음 변이(강순경 1989, 정국 1994, 국립국어연구원 1996), 변모음화(김차균 1990ㄱ), 우므라우트(최윤현 1990), 앞모음 되기(김차균 1992ㄷ, 김성근 1995, 김성련 1996), 앞모음화(강진철 1994, 전학석 1996), 구개 모음화(김주필 1994), 앞모음 닮기(김성근 1995), 홀소리 치닮음(김차균 1995), 'i' 움라우트(국립국어연구원 1996), '이' 움라우트(국립국어연구원 1996), 'i' 치닮기(박정수 1999), 'i' 예기 동화(고동호 2003), 굽은소리 되기(임홍빈·한재영 2003)

영어 umlaut, vowel-fronting, fronting, 'i' mutation

② 개념 설명

단모음 '이'나 반모음 'j'의 영향으로 그 앞 음절에 있는 후설 모음이 전설 모음으로 바뀌는 음운 현상을 가리킨다. '이, j'의 조음 위치에 닮아 가는 모음 동화의 일종이며 역행 동화에 속한다. '아기, 어미, 도련님, 고기' 등을 흔히 '애기, 에미, 되련님, 괴기'로 발음하는 것은 모두 '이' 모음 역행 동화가 적용된 결과이다. 이 현상은 국어의 동화 현상 중 유일하게 개재 자음이 있어야만 적용되는 간접 동화이다. 피동화음인 후설 모음과 동화음인 '이, j' 사이에 양순음이나 연구개음과 같은 변자음이 있을 때 '이' 모음 역행 동화가 일어난다. 개재 자음이 없거나 'ㄹ'을 제외한 중자음(中子音)이 동화음과 피동화음 사이에 있으면 '이' 모음 역행 동화는 적용되지 않는다.[266]

'이' 모음 역행 동화는 모든 후설 모음에 적용될 수 있지만 그 정도는 모음에 따라 상이하다. '아'나 '어'가 피동화음인 경우에 '이' 모음 역행 동화가 가장 활발히 적용된다. 지역적으로도 '아, 어'에 적용되는 '이' 모음 역행 동화의 범위가 가장 넓다. 반면 '오, 우, 으'에 적용되는 경우는 상대적으로 적으며 방언 분포도 그리 넓지 않다.

'이' 모음 역행 동화는 형태소 내부와 형태소 경계 사이에서 모두 일어난다. '남배>냄비, 그러기>기러기' 등은 모두 '이' 모음 역행 동화가 형태소 내부에 적용되면서 재구조화가 일어난 경우이다. 형태소 경계 사이에서는 '밥+이→배비, 왕+이→왱이, 떡+이→떼기, 곰+이→괴미' 등과 같은 예를 들 수 있다. 그러나 표준어를 정할 때 '이' 모음 역행 동화가 일어난 형태를 표준어로 인정하지 않으면서 '이' 모음 역행 동화의 세력은 크게 약화되었다. 그래서 이미 재구조화가 되어 버린 형태들을 제외하면 대체로 '이' 모음 역행 동화는 적용되지 않는 방향으로 변화를 겪고 있다. 즉 규

---

266) 고저나 장단과 같은 운소가 '이' 모음 역행 동화의 제약 조건으로 관여한다는 주장도 있으나 그 양상은 방언에 따라 상이하기 때문에 '이' 모음 역행 동화의 일반적인 제약으로 설정하기는 어려워 보인다.

칙 소멸의 단계를 밟고 있는 것이다.

'이' 모음 역행 동화는 국어 음운사 연구에서 매우 중요시되는 현상이다. 국어 단모음 체계의 변화에서 전설 모음이 확립된 시기를 추정할 때 '이' 모음 역행 동화의 적용을 매우 중요시한다. 이것은 단모음 체계에 전설 모음 계열이 성립되어 있어야만 '이' 모음 역행 동화가 적용될 수 있다는 논리에 기반하고 있다.267) 음운 체계에 음운 변화의 출력형이 존재해야 음운 변화가 일어날 수 있다는 것이다.

그런데 여기에 대한 반대 입장도 없지는 않다. 즉 전설 모음이 확립되지 않아도 '이' 모음 역행 동화가 적용될 수 있다는 것이다. 구체적으로는 두 가지 방식이 존재한다. 하나는 '이' 모음 역행 동화가 처음 생겼을 때에는 후설 모음을 전설 모음으로 바꾸는 것이 아니고 반모음 'j'가 첨가되는 형태였다고 보는 것이다.268) 여기에 따르면 '이' 모음 역행 동화의 초기 형태는 후설 모음을 'j'로 끝나는 하향 이중 모음으로 변화시키게 된다.269) 이후 하향 이중 모음의 단모음화를 거쳐 현재와 같이 전설 모음으로 바뀌게 되는 것이다. 다른 하나는 전설 모음이 음소로 존재하지 않아도 음성적 차원에서는 후설 모음이 전설 모음으로 바뀌는 것이 가능하다고 보는 것이다. 이럴 경우 '이' 모음 역행 동화는 전설 모음 계열의 확립을 가속화하는 한 요인이었다고 할 수 있다.

③ 용어 설명

'이' 모음 역행 동화를 지칭하는 용어들을 살피기에 앞서 'umlaut(움라우트)'라는 용어에 대해 간략히 검토할 필요가 있다. 국어 음운론에서는 'umlaut'를 '이' 모음 역행 동화와 동일시하고 있다. 그런데 'umlaut'의 원래 개념은 그렇지 않다. 'umlaut'는 J. Grimm이 창안한 용어이며, 이것을 가장 넓은 개념으로 쓸 때에는 모음의 변화 전체를 포괄한다. 그래서 다른 음절에 있는 모음의 영향을 받아 모음이 바뀌는 현상은 모두 'umlaut'가 된다.270) 심지어 고대 영어의 전설 모음 'i, e, ε'가 후행하는 후설 모음의 영향을 받아 이중 모음 'iu, eu, εu'로 바뀌는 변화나, 독일어에서 일어난 모음 상승까지도 'umlaut'에 포함된다.

'umlaut'를 좀 더 한정된 의미로 사용할 때에는 후행 음절의 모음에 동화되어 선행하는 모음이 바뀌는 현상을 가리킨다. 이러한 용법의 'umlaut'에는 '이' 모음 역행 동화 이외에도 뒤에 오는 후설 모음에 동화되어 후설 모음이 되거나 원순 모음에 동화되어 원순 모음이 되는 현상들이 모두 포함된다.271) 그중 가장 널리 나타나는 것이 '이' 모음 역행 동화이다.272) 그래서 'umlaut'라는 용어로 국

---

267) 이러한 논리는 자음 체계에 경구개음이 존재해야 구개음화가 직용될 수 있다는 것과 동일하다.
268) 김주필(1994)에서는 이러한 '이' 모음 역행 동화를 구개성 반모음 첨가 현상이라고 지칭하기도 했다.
269) '이' 모음 역행 동화가 초기에는 반모음 'j'가 첨가되는 방식으로 적용되었다는 근거는 크게 두 가지이다. 하나는 전설 모음이 확립되었다고 보기 힘든 시기인데도 '이' 모음 역행 동화가 일어난 예가 존재한다는 점이고, 다른 하나는 20세기 초기의 방언 자료를 포함하여 현대의 여러 방언을 보면 '이' 모음 역행 동화가 일어날 환경에서 'j'의 첨가가 일어나는 경우가 있다는 점이다.
270) 이런 경우의 'umlaut'는 흔히 '모음 변이, 모음 전환, 모음 교체' 등으로 번역하며 'mutation'과 동일시한다.
271) 정국(1994)에서는 'umlaut'의 종류에 i-umlaut, y-umlaut, u-umlaut 등이 있다고 했다. 이때 'i, y, u'는 각각 전설 평순 고모음, 전설 원순 고모음, 후설 원순 고모음을 가리키는 것으로 이 음들이 'umlaut'에서 동화음으로 작용하게 된다.
272) 영어로는 'i-umlaut'라고 표현한다고 한다.

어의 '이' 모음 역행 동화를 나타내게 된 것이다. 그러나 앞서 살핀 것처럼 'umlaut'의 원래 개념은 '이' 모음 역행 동화보다는 훨씬 폭넓은 현상을 가리키고 있었다.

'이' 모음 역행 동화를 가리키는 용어는 그 성격에 따라 다음과 같이 분류할 수 있다.

> (가) '이' 음의 역행 동화, '이'의 역행 동화, 'ㅣ' 닮은 소리, '이' 역행 동화, 'i'의 조화적 역행 동화 작용, 'i'의 역행 동화 작용, '이' 모음 동화, '이' 소리 치닮음, 'i' 모음 동화, '이' 모음 역행 동화, 'i' 모음 역행 동화, 'ㅣ' 치닮기, 'i' 치닮기, 'i' 예기 동화
>
> (나) 전설 모음화, 전모음화, 앞홀소리 되기, 전설화 현상, 전부 모음화, 전설음화, 모음 전설화, 전부화, 앞모음 되기, 앞모음화, 앞모음 닮기
>
> (다) 움라우트, 움라우트 현상, 움라운 현상, 우믈라우트, 우믈라우뜨, 움우라우트, 움라우트화 현상, 우므라우트, 'i' 움라우트, '이' 움라우트
>
> (라) 곡음의 현상, 굽은소리 현상, 굽소리 현상, 굽은소리, 곡음화 현상, 곡음, 굽은소리 되기
>
> (마) 전음, 변모음, 변음, 모음 변이, 모음 변이화, 'i' 모음 변이, 변모음화

(가)는 가장 많은 수를 차지하는 용어로서 이 현상이 '이, j'에 의한 동화라는 사실을 반영하고 있다. 단순히 동화라고 표현하는 용어는 물론이고 역행 동화라고 구체화한 용어도 있다. 동화음에 대한 정보가 명칭에 포함되어 있다는 점이 다른 음운 현상의 일반적인 명칭과 다른 점이다. 그런데 (가)와 같은 용어를 사용하면 단모음 '이'에 의한 역행 동화는 모두 포함해야 한다는 문제점이 발생한다. 가령 자음의 동화인 구개음화까지도 (가)의 용어 속에 들어가는 것이다.273)

(나)는 '이' 모음 역행 동화에 의해 후설 모음이 전설 모음으로 바뀐다는 사실을 중시하는 용어이다. 입력형과 출력형의 차이를 고려하여 음운 현상의 명칭을 정하는 일반적 원리에 비추어 보면 (나)가 가장 적절하다고 할 수 있다. 다만 (나) 계열의 용어는 자음 뒤에서 '으'가 '이'로 동화되는 '전설 모음화' 현상에 주로 사용하기 때문에 용어상의 혼란이 일어날 수 있다. (나)와 비슷한 부류로 '구개 모음화'도 추가할 수 있다.

(다)~(마)는 '이' 모음 역행 동화를 가리키는 데 많이 쓰이는 'umlaut'와 관련된다. (다)는 'umlaut'를 음역한 용어이고 (라)는 직역한 용어이다. 'umlaut'의 'um'은 여러 가지 의미를 가지는데 그중에 '굽다(曲)'와 관련된 것도 있다.274) (마)는 앞에서 언급한 바와 같이 'umlaut'가 '이' 모음 역행 동화 이외의 다른 모음 변화까지 포괄할 때의 용법을 고려한 용어이다.

이상에서 살핀 용어 이외의 것으로 '건너 닮기, 월타 동화'와 '모음 동화, 홀소리 치닮음'도 있다. '건너 닮기, 월타 동화'는 '이' 모음 역행 동화가 간접 동화라는 점을 감안한 것이지만 간접 동화와 '이' 모음 역행 동화를 동일시할 수는 없으므로 적절한 용어라고 할 수 없다. 마찬가지 이유로 '모

---

273) 실제로 김성규·정승철(2005)에서는 구개음화와 구분하기 위해 '이' 모음 역행 동화 대신 '움라우트'라는 용어를 쓴다고 했다.
274) 최현배(1959ㄱ)에서는 'umlaut'를 직역하면 '굽은소리'가 되고 의역하면 'ㅣ 닮은 소리'가 된다고 했다.

음 동화, 홀소리 치닮음' 역시 '이' 모음 역행 동화에만 국한하여 쓰기에는 범위가 너무 넓다.

④ 관련 항목

간접 동화, 모음 동화, 역행 동화, '이' 모음 순행 동화

이완음

① 용어의 별칭

> **국어** 이완음[弛緩音](양동휘 1967, 전상범 1985ㄱ, 배주채 1996ㄱ, 龜井孝 外 編 1996), 평음[平音](김차균 1974), 완음[緩音](橋本萬太郎 1974), 비긴장음(조경하 2012)
> **영어** lax

② 개념 설명

조음 기관의 긴장이나 압력이 동반되지 않는 음의 부류로서 '긴장음'에 대립되는 개념이다. 그 성격은 긴장음에 대립되므로 자세한 내용은 '긴장음' 항목을 참고할 수 있다.[275]

③ 용어 설명

'이완음'을 가리키는 용어는 대다수가 긴장되지 않고 이완된 음이라는 의미를 담고 있다. 다만 '평음'이 특이한데 이것은 국어의 자음 중 평음이 이완음에 속한다는 사실을 고려했기 때문이다.[276]

④ 관련 항목

강음, 긴장음, 약음

---

275) 이완음도 긴장음과 마찬가지로 전통적으로는 자음보다 모음에 주로 적용된 개념이다. 모음을 가리킬 때에는 주로 '이완 모음'이라고 하는데 '이완 모음[弛緩 母音](주왕산 1948, 日本音聲學會 編 1976, 林榮一・間瀨英夫 譯 1978, 최명옥 1980, 유만근 1980), 광모음[廣母音](김영송 1959, 日本音聲學會 編 1976), 연음[軟音](성백인 1968), 이완음(竹林滋・橫山一郎 譯 1970), 완이 모음[緩弛 母音](허웅・박지홍 1971), 이완(김영송 1972), 완음 모음[緩音 母音](橋本萬太郎 1973ㄴ), 비긴장음[非緊張音](田中春美 外 1975), 비긴장성 모음[非緊張性 母音](日本音聲學會 編 1976), 비긴장 원음[非緊張 元音](日本音聲學會 編 1976), 송원음[鬆元音](日本音聲學會 編 1976), 처진 홀소리(황희영 1979), 안켕김 홀소리(국립국어연구원 1996, 권재일・고동호 2004), 이완 홀소리(이근열 1997ㄱ)'와 같은 별칭이 있다. '광모음[廣母音]'을 빼면 대체로 비슷한 취지의 용어이다. '광모음'은 공기의 통로가 넓어서 긴장이 동반되지 않는 모음이라는 의미를 담고 있다. '이완 모음'을 가리키는 영어로는 'lax vowel' 또는 'wide vowel'이 있는데 'wide vowel'이 '광모음'에 대응한다.
276) 자음에 해당하는 이완음은 흔히 '약음(lenis)'이라고 한다.

이중 동화

① 용어의 별칭

> **국어** 중간 동화[中間 同化](金田一京助 1932), 공액적 동화[共扼的 同化](小林英夫 1935), 양측적 동화[兩側的 同化](新村出 1943), 이중 동화[二重 同化](이희승 1955, 이병선 1967ㄴ, 허웅·박지홍 1971), 중복 동화(박종희 1993ㄴ), 상호 동화(정국 1994, 백두현 외 2013), 겹닮음(국립국어연구원 1996), 양방향적 동화(소신애 2010ㄴ)
> **영어** double assimilation[277]

② 개념 설명

피동화음의 앞뒤에 동화음이 있는 경우를 가리킨다. 일반적으로 동화음은 피동화음의 앞이나 뒤에 하나만 있지만 이중 동화는 앞뒤에 두 개가 있다. 국어의 이중 동화로 가장 널리 언급되는 현상은 장애음의 유성음화이다. 즉 장애음 중 평음에 해당하는 'ㄱ, ㄷ, ㅂ, ㅈ'은 모음과 모음 사이 또는 공명음과 모음 사이처럼 앞과 뒤에 유성음이 올 때 그 변이음이 유성음으로 바뀐다. 이것을 흔히 유성음화라고 하는데 이 현상의 동화음은 평음의 앞, 뒤에 오는 유성음이 된다.

③ 용어 설명

'이중 동화'를 가리키는 용어는 '공액적 동화, 양측적 동화, 이중 동화, 겹닮음, 양방향적 동화'처럼 동화음이 피동화음의 양쪽에 놓인다는 사실을 담은 것이 가장 많다. '중간 동화'도 피동화음이 동화음의 중간에 놓임을 나타내므로 같은 취지의 용어라고 할 수 있다. '상호 동화' 역시 비슷한 뜻을 가진 용어이지만 이 용어는 인접한 두 음이 서로 영향을 주고받는 동화의 한 유형을 가리키는데 더 널리 쓰이므로 '이중 동화'를 지칭하는 데에는 그리 적절해 보이지 않는다.

④ 관련 항목

동화, 순행 동화, 역행 동화, 유성음화

---

277) 新村出(1943)에 따르면 독일어 'doppelseitige Assimilation'이 일찍부터 많이 쓰였다.

이중 모음

① 용어의 별칭

> **국어** 중음[重音](김규식 1909, 노병조 역 1935), 단중모음[單重母音](유길준 1909), 이중 모음[二重 母音](金澤庄三郎 1917~1918, 小倉進平 1923, 安藤正次 1927, 이숭녕 1939ㄱ, 조선어학회 1941, 최현배 1941), 반모음[半母音](金澤庄三郎 1917~1918), 이중 합성 양절[二重 合成 陽切](이필수 1922), 이중운[二重韻](김억 1923), 쌍음[雙音](노익형 1923), 둘합한 홀소리(리필수 1923), 이중 합성 모음[二重 合成 母音](김중록 1925), 복모음[複母音](천민자 1926, 이극로 1933, 심의린 1949ㄴ), 중모음[重母音](小倉進平 1934ㄴ, 허웅 1958, 김진우 역 1959, 김한곤 1968ㄱ), 단음절 복모음[單音節 複母音](양주동 1939ㄴ), 두겹 홀소리(최현배 1941, 이근영 1990, 신연희 1991), 이런모음[二連母音](寺川喜四男 1950), 둘합한 모음(이필수 1956), 복합[複合](허웅 1958), 복합 음운[複合 音韻](허웅 1958), 겹홀소리(김진우 역 1959), 이중 모음 음운[二重 母音 音韻](金田一春彦 1967), 동모음[動母音](정인섭 1973), 이합 원음[二合 元音](日本音聲學會 編 1976, 엄익상 2007), 양합 원음[兩合 元音](日本音聲學會 編 1976), 겹모음(권오선 1990, 이현복 1991, 김차균 1991ㄱ, 김성근 1995), 중중성[重中聲](정경일 1991), 두겹 모음(류렬 1992), 전이 모음[轉移 母音](양병곤 1993), 모음군(김중서 1997), 이중 모음소(최명옥 2000, 이상신 2007ㄴ, 이현정 2008), 이중 복모음(崔金丹 2002, 한재영 외 2003), 이합 원음 복모음[二合 元音 複母音](崔金丹 2002, 한재영 외 2003), 이합 모음(장향실 2009)
>
> **영어** diphthong, compound vowel, kinetic vowel, gliding vowel

② 개념 설명

한 음절 내에서 모음적인 성격을 가진 두 개의 음소가 결합한 복합 모음으로 삼중 모음과 함께 중모음(重母音)을 이룬다. 하나의 음소로 이루어진 단모음(單母音)과 비교할 때 구성 음소의 수가 다를 뿐만 아니라 발음할 때 입의 모양 또는 혀의 위치가 바뀐다는 차이도 있다. 이중 모음이 두 개의 음소로 이루어진 이상 발음 도중에 입의 모양이나 혀의 위치가 바뀌는 과정은 필연적으로 일어날 수밖에 없다.[278]

국어 음운론 연구에서는 이중 모음을 이루는 모음적 성격을 가진 음소가 무엇인지에 대해서 오래 전부터 논란이 있어 왔다. 이 문제는 이중 모음의 범위와 직접적인 관련이 있다. 이중 모음을 구성하는 두 개의 음소 중 반드시 하나가 단모음(單母音)이어야 한다는 점에 있어서는 어떠한 이견도 없다. 그러나 나머지 한 음소의 자격에 대해서는 이견이 있다. 이와 관련해서는 크게 세 가지 입장이 있다.

---

[278] 이중 모음을 두 개의 음소로 이루어진 복합체로 보지 않고 단모음에 특수한 음성적 과정을 더해 나온 것으로 보는 입장도 존재한다. 안확(1923)에서는 '야, 여, 요, 유, 의, 예, 애'는 '구개화(口蓋化) 모음', '외, 위, 와, 워, 왜, 웨'는 '순화(脣化) 모음'이라고 했는데 이 둘은 각각 단모음에 구개의 작용 또는 입술의 작용을 더한 것이라고 했다. 특히 그는 주석에서 '구개화 모음'이나 '순화 모음'을 둘 이상의 모음이 결합한 중모음이라고 보는 입장에 대해 문자의 측면에서는 그럴 수 있으나 음성의 특성에서는 그렇지 않다고 하여 이중 모음을 두 음소의 복합으로 분석하지 않았음을 명확히 했다.

(가) 이중 모음은 두 개의 단모음(單母音)으로 이루어진다.

(나) 이중 모음은 단모음(單母音)과 반모음의 결합으로 이루어진다.

(다) 이중 모음은 두 개의 단모음(單母音) 또는 단모음과 반모음의 결합으로 이루어진다.

(가)는 이중 모음의 원 개념에 충실한 정의로서 말 그대로 단모음이 이중으로 결합된 것이 이중 모음이라는 것이다. 여기에 따르면 종래 국어 음운론에서 흔히 이중 모음으로 분류하던 '야, 여, 요, 유, 와, 워, 왜, 웨' 등은 모두 이중 모음 목록에서 제외할 수밖에 없다. 이러한 모음들은 반모음과 단모음이 결합된 구조이므로 (가)의 정의를 어기는 것이다.[279] 따라서 (가)에 따르면 국어의 이중 모음 목록은 대폭 줄어들 수밖에 없다. 현대 국어의 경우 (가)에 부합하는 이중 모음 후보로는 종래 '의'와 '위'가 거론되었다. 이 중 '의'는 '으+이'의 구조로 분석할 때에만 이중 모음이라고 볼 수 있다.[280] 또한 '위'는 현재 '우+이'로 분석하는 경우가 없기 때문에 (가)의 정의에 부합하는 이중 모음의 예로는 부적절하다.

(나)는 현재 많은 논의에서 수용하고 있는 이중 모음의 정의이다. 단모음이 아닌 반모음이 포함되어 있다는 점에서 이중 모음의 원 개념에는 맞지 않지만 국어 음운론에서는 (나)와 같은 정의를 따르는 논의가 매우 많다. 특히 『훈민정음』 이래로 반모음과 단모음이 결합된 연쇄를 모음으로 분석하는 전통이 오래 되었기 때문에 (나)와 같은 정의는 국어 음운론 연구에서는 상당히 익숙한 편이다.[281] (나)의 입장을 취할 경우 이중 모음에는 반모음이 반드시 포함되어야 하므로 '의'를 이중 모음의 범주에 포함하기 위해 '으+j'와 같이 '단모음+반모음'의 구조로 분석하거나 'ɰ+이'와 같이 '반모음+단모음'의 구조로 분석하게 된다.

(다)는 (가)와 (나)의 절충안이라고 볼 수 있다. 구성 요소의 종류와 상관없이 두 개의 음소가 결합된 모음은 모두 이중 모음으로 인정한다는 입장이다. 이러한 입장은 일찍이 심의린(1949ㄴ)에서 볼

---

279) (가)와 같은 입장을 취하는 경우 단모음과 반모음의 결합으로 된 복합 모음은 단모음 연쇄로 된 이중 모음과 구분되는 용어를 사용한다. 영어로도 단모음의 연쇄는 'diphthong'이라고 하고, 단모음과 반모음의 결합은 'complex vowel'이라고 하여 구분하는 경우가 많다. 이 둘을 구분하는 몇몇 대표적인 용어의 예를 제시하면 다음과 같다.

	단모음의 연쇄	단모음과 반모음의 결합
이숭녕(1940ㄱ)	이중 모음	복모음(複母音)
이숭녕(1949ㄷ)	이중 모음	음군(音群)
김진우 역(1959)	이중 모음	연음(連音), 이은 소리
김석득(1960)	—	거듭 음운
황희영(1979)	거듭홀소리	겹홀소리, 반모음 복합음
이기문 외(1984)	이중 모음	복합음
김차균(1991ㄱ)	순수한 겹모음	겹모음적인 것, 준겹모음
김성근(1995)	겹모음	준겹모음
김성렬(2001)	거듭홀소리, 이중 모음	겹홀소리, 복모음
정인호(2008)	순 이중 모음(純 二重 母音)	준 이중 모음(準 二重 母音)

280) 문제는 '의'의 분석 방법이 여러 가지라는 점이다. 자세한 것은 '반모음' 항목을 참고할 수 있다.

281) 언어 유형론에서는 반모음을 자음의 일종으로 보기 때문에 반모음이 포함된 복합 모음은 이중 모음으로 인정하지 않는 경향이 강하다.

392

수 있다. 심의린(1949ㄴ)에서는 이중 모음을 중모음(重母音)과 합모음(合母音)으로 구분하였다. 중모음은 두 개의 단모음이 결합된 것으로 '의'가 그 예이고 합모음은 반모음과 단모음이 결합된 것으로 '야, 여, 요, 유, 와, 워, 왜, 웨' 등과 같은 예가 있다. 여기서는 (다)의 입장에 따라 국어의 이중 모음을 서술하기로 한다.[282]

국어 이중 모음의 목록은 여러 가지 요인들에 따라 차이가 난다. 초창기 국어 연구에서는 '문자의 환영'에 빠져 '애, 에, 외, 위'와 같이 두 개의 모음자가 결합된 것을 발음과 무관하게 이중 모음으로 본 적도 있었다. 반대로 국어사 연구에서는 '현대적 편견'에 빠져서 현대 국어의 단모음 '애, 에, 외, 위'가 중세 국어 시기에도 이중 모음이 아닌 단모음이었을 것이라고 단정하는 오류 또한 없지 않았다.[283] 현재 이러한 문제점들은 모두 극복된 상황이다.

현대 국어의 이중 모음 목록은 단모음(單母音)의 수에 따라 차이를 보인다.[284] 표준 발음과 현실 발음을 구분하여 이중 모음 목록을 제시하면 다음과 같다.

표준 발음	원칙(10모음)	야, 애, 여, 예, 요, 유, 와, 왜, 워, 웨, 의 (11개)
	허용(8모음)	야, 애, 여, 예, 요, 유, 와, 왜, 워, 웨, 위(wi), 의 (12개)
현실 발음(7모음)		야, 애(jE), 여, 요, 유, 와, 왜(wE),[285] 워, 위(wi), 의 (10개)

10개의 단모음(單母音) 체계에서 '외, 위'를 이중 모음으로 발음하는 8모음 체계로 바뀌면 이중 모음은 '위(wi)' 하나만 늘어난다. 단모음 '외'는 기존에 있던 이중 모음 '웨'로 바뀌므로 이중 모음 목록에는 변화를 주지 않는다. 그런데 '애'와 '에'가 구분되지 않는 현실 발음에서는 이중 모음이 10개로 줄어든다. 이중 모음 '애'와 '예', '왜'와 '웨'는 '애'와 '에'가 구별되지 않으면 역시 구별이 되지 않기 때문이다.

현대 국어의 이중 모음 목록에는 빈칸이 많다. 반모음과 단모음의 결합 또는 단모음끼리의 결합으로 만들어질 수 있는 이중 모음의 수는 매우 많지만 실제로 존재하는 것은 10개 남짓에 그치는 것이다. 이처럼 이중 모음 목록에 빈칸이 많은 이유에 대해 모두 해명할 수는 없지만 성질이 중복되는 음소끼리 결합된 이중 모음이 존재하지 않는다는 것은 분명하다.[286] 'j'와 '이'가 결합한 이중 모음이나 반모음 'w'와 원순 모음이 결합한 이중 모음이 존재하지 않는 것은 모두 이 때문이다.

---

282) 그러나 이 책에서는 현대 국어의 이중 모음 '의'를 '으+j'와 같이 반모음이 후행하는 구조로 해석하기 때문에 (다)와 같은 입장을 취한다고 하더라도 실제로는 (나)와 별반 다를 것이 없다.

283) '애, 에, 외, 위' 등의 글자들처럼 예전에 나타내던 음가와 현대에 나타내는 음가가 다른 글자를 가리켜 '변음자(變音字)'라고 부르기도 한다. 나타내는 음이 바뀐 글자라는 의미이다.

284) 현대 국어의 단모음 목록은 '단모음' 항목을 참조할 수 있다.

285) 'jE'와 'wE'에서의 'E'는 '애'와 '에'가 합류된 모음을 가리킨다. 'E'를 한글 표기 'ㅐ'로 적은 것은 편의상의 조치일 뿐 '애'와 '에'가 '애'로 합류되었음을 가리키는 것은 아니다.

286) 주시경 외(1907~1908)에서 '이'와 '이'는 성질이 비슷하여 합음을 이룰 수 없다고 인식한 것도 이와 관련된다.

이중 모음은 다양한 기준에 따라 분류할 수가 있다. 가장 흔한 구분은 이중 모음의 구성 요소 중 '음절 주음'의 기능을 담당하는 음과 '음절 부음'의 기능을 담당하는 음의 순서에 따라 상향 이중 모음(rising diphthong), 하향 이중 모음(falling diphthong)을 구분하는 것이다.[287] 상향 이중 모음은 음절 주음이 음절 부음보다 뒤에 오는 이중 모음이다. 반대로 음절 주음이 음절 부음보다 앞에 오는 것은 하향 이중 모음이다.[288] 때로는 음절 주음과 부음을 구별할 수 없는 이중 모음이 존재하기도 하는데 이런 이중 모음은 수평 이중 모음(level diphthong)이라고 한다.[289]

이중 모음을 이루는 두 음소 중 어떤 것이 음절 주음이 되는지는 주로 개구도와 밀접한 관련이 있다. 반모음과 단모음의 결합으로 된 이중 모음의 경우 당연히 반모음보다 단모음의 개구도가 더 크므로 단모음이 음절 주음의 역할을 한다. 또한 단모음끼리 결합된 이중 모음의 경우에도 개구도가 더 큰 것이 음절 주음이 된다. 개구도가 크다는 것은 곧 공명도가 크다는 것을 의미하며 음절 주음은 공명도가 큰 음이 담당하는 것이 일반적이다.

이 외에도 이중 모음은 여러 가지 기준에 의거해 구분이 이루어진다. 서구에서는 이중 모음을 발음할 때 혀의 전후 이동 방향에 따라 '전향 이중 모음(fronting diphthong), 후향 이중 모음(retracting diphthong), 중향 이중 모음(centering diphthong)'의 세 가지를 구분하는 것이 일반화되어 있다. '전향 이중 모음'은 혀가 앞으로 이동하는 이중 모음이며 'i'나 반모음 'j'로 끝나는 것이 많다. '후향 이중 모음'은 '전향 이중 모음'의 반대이며 'u'나 반모음 'w'로 끝나는 것이 많다.[290] 중향 이중 모음은 중앙 모음인 'ə'로 끝난다.[291]

혀의 이동 방향이라고 하더라도 수평적 방향이 아닌 수직적 방향을 기준으로 이중 모음을 분류하기도 한다. 龜井孝 外 編(1996)에서는 혀의 수직적 이동 방향에 따라 상향 이중 모음(rising diphthong)과 하향 이중 모음(falling diphthong)을 구분했다. 이 용어는 음절 주음과 음절 부음의 위치에 따라 구분하던 이중 모음의 부류와 동일하지만 그 의미는 완전히 다르다. 그래서 'aj'는 음절 부음이 음절 주음 뒤에 놓이므로 하향 이중 모음이지만 혀의 수직적 이동을 기준으로 하면 'j'로 가면서

---

287) 단모음과 단모음의 결합만을 이중 모음으로 본 小倉進平(1923)에서는 이중 모음에서 음절 주음의 역할을 하는 모음을 '음절적 모음' 또는 '자명적(自鳴的) 모음'이라고 하고, 음절 부음의 역할을 하는 모음을 '비음절적(非音節的) 모음' 또는 '화명적(和鳴的) 모음'이라고 했다.

288) 상향 이중 모음과 하향 이중 모음을 반모음과 단모음의 결합 순서에 따라 구분된다고 보아서 상향 이중 모음은 반모음이 단모음보다 앞에 오고 하향 이중 모음은 반모음이 단모음보다 뒤에 온다고 정의하기도 한다. 이러한 입장은 앞서 (나)에서와 같이 이중 모음의 구성 요소 중 하나가 반드시 반모음이어야 한다고 볼 때에만 유효하다. 반모음은 성절성이 없어서 반드시 음절 부음으로만 쓰이므로 단모음과 반모음의 결합 순서가 곧 음절 주음과 음절 부음의 결합 순서와 일치하는 것이다. 그러나 (가)나 (다)와 같이 단모음의 결합으로 된 이중 모음의 존재를 인정하면 반모음의 위치만을 기준으로 하여 상향 이중 모음과 하향 이중 모음을 구분할 수는 없다.

289) 竹林滋・橫山一郎 譯(1970)에서는 상향 이중 모음, 하향 이중 모음, 수평 이중 모음을 각각 강세의 위치가 뒤에 있는 것, 앞에 있는 것, 특별한 강세의 변화가 없는 것으로 정의한 적도 있다. 음절 주음에 주로 강세가 놓인다는 점을 고려하면 이러한 입장도 충분히 가능하리라 본다.

290) 후향 이중 모음 대신 일본에서는 '오향 이중 모음[奧向 二重 母音](日本音聲學會 編 1976)'이라고 부르기도 한다.

291) 중향 이중 모음 대신 '집중 이중 모음(日本音聲學會 編 1976, 윤은경 2011), 애매 이중 모음(日本音聲學會 編 1976), 중설 이중 모음(日本音聲學會 編 1976), 내향 이중 모음(전상범 1985ㄱ), 심향[心向] 이중 모음(박천배 1994)' 등의 용어도 쓰인다. 모음 도에서 중앙에 놓이는 'ə'로 끝나는 이중 모음이라는 의미를 주로 담고 있다. '애매 이중 모음'은 'ə'를 '애매 모음'이라고 부르기도 하는 데에서 비롯된 용어이다. 'ə'에 대해서는 '중앙 모음' 항목을 참고할 수 있다.

혀가 더 높아지므로 상향 이중 모음이 된다. 또한 'ja'는 음절 주음이 음절 부음 뒤에 있으므로 상향 이중 모음이지만 혀의 수직적 이동의 관점에서는 'a'로 가면서 혀가 더 낮아지므로 하향 이중 모음이 된다.

이현복·김기섭 역(1983)에서는 혀의 이동 방향을 기준으로 한 제삼의 분류 방식을 선보이고 있다. 가령 혀의 위치가 모음도를 기준으로 할 때 대각선 방향으로 이동하는 'ai, au, ɔi' 등은 '대각선 이중 모음(diagonal diphthong)', 수직으로 이동하는 'ei, aə, ou' 등은 '수직 이중 모음(vertical diphthong)', 모음도의 중앙으로 향하는 'iə, uə' 등은 '중앙 이중 모음(centering diphthong)'으로 구분하고 있다. 동일한 부류가 양병곤(1993)에서는 각각 '대각 이중 모음, 수직 이중 모음, 중앙 집중 이중 모음'이라고 불리고 있다.

혀의 이동 방향 이외에도 다양한 기준에 의한 분류가 시도되었다. 日本音聲學會 編(1976)에서는 이중 모음을 이루는 두 음소 사이의 이행 거리에 따라 거리가 긴 것을 '전(全) 이중 모음(full diphthong)' 또는 '광(廣) 이중 모음(wide diphthong)', 거리가 짧은 것을 '반(半) 이중 모음(half diphthong)' 또는 '협(狹) 이중 모음(narrow diphthong)'이라고 한다. 또한 최명옥(2004)에서는 모음의 길이에 따라 '장 이중 모음소'와 '단 이중 모음소'로 나눈 적도 있다.

이중 모음의 성격이 강한 것과 약한 것을 구분하여 전자는 '완전 이중 모음',[292] 후자는 '불완전 이중 모음'[293]으로 구분하기도 한다. 日本音聲學會 編(1976)에 따르면 완전 이중 모음은 온전한 'i, u'로 끝나고 불완전 이중 모음은 'i, u'에 미치지 못한 채 불분명하게 끝난다. 불완전 이중 모음은 이중 모음으로서의 성격이 미약하여 단모음처럼 발음해도 단어의 의미 변별에 영향을 주지 않지만 완전 이중 모음은 명확하게 이중 모음으로 발음하지 않으면 단어의 의미 변별이 어려워질 수 있다.

日本音聲學會 編(1976)에서는 이중 모음을 이루는 두 음이 원래의 모음적 음가를 그대로 유지하는 '위치 이중 모음(positional diphthong)'과 두 음 사이의 이동이 직접적이어서 둘로 나누기가 어려운 '이동 이중 모음(movement diphthong)'으로 나누기도 한다. 이러한 구분은 小泉保·牧野勤(1971)에서 '정위(定位) 이중 모음(Stellungsdiphthong)'과 '이동(移動) 이중 모음(Bewegungsdiphthong)'으로 구분한 것과도 비슷해 보인다. 다만 국어를 대상으로 이러한 구분을 시도한 적은 없다.

지배 음운론(governmental phonology)에서는 음절에서의 내적 구조 및 기능에 따라 '중(重) 이중 모음'과 '경(輕) 이중 모음'을 구분하기도 한다. '중 이중 모음'은 음절 중성에 놓일 때 음절 중성이 분지되어 장모음과 대등한 자격을 지니며 강세를 받을 수 있다. 반면 '경 이중 모음'은 음절 중성에 놓일 때 중성이 분지되지 않아서 단모음(短母音)과 비슷한 성격을 가지며 강세를 받지 못한다.[294] 대체로 상향 이중 모음이 '경 이중 모음', 하향 이중 모음이 '중 이중 모음'에 해당한다.

국어 음운론에서는 반모음의 종류에 따라 'w'계 이중 모음과 'j'계 이중 모음을 구분하는 경우도

---

292) '완전 이중 모음(전상범 1985ㄱ)'은 'full diphthong' 또는 'complete diphthong'의 번역어로 양동휘(1967)에서는 '전(全) 이중 모음'이라고 부르기도 했다.

293) '불완전 이중 모음(전상범 1985ㄱ)'은 'incomplete diphthong, partial diphthong, half diphthong'의 번역어이다. '양동휘(1967)'에서는 '반(半) 이중 모음', 日本音聲學會 編(1976)에서는 '불완전 중모음'이라고 부르고 있다.

294) '중 이중 모음'과 '경 이중 모음'의 구분은 '중음절'과 '경음절'의 구분과 통하는 측면도 없지 않다.

많다. 'w'계 이중 모음은 표기에 근거하여 'ㅗ 선합 중모음[先合 重母音], ㅜ 선합 중모음[先合 重母音](박상준 1932)', 'ㅗ 합음[合音], ㅜ 합음[合音](심의린 1949ㄴ)'과 같이 'ㅗ'로 표기되는 것과 'ㅜ'로 표기되는 것을 구분하여 부르기도 하고, 음성적 특징에 근거하여 '연구개 가모음[軟口蓋 假母音](홍기문 1933), 합모음[合母音](長田夏樹 1966),[295] 원순성 이중 모음(최임식 1984)'이라고 부르기도 한다. 'j'계 이중 모음은 'j'가 단모음에 선행하는 이중 모음과 후행하는 이중 모음이 구분된다. 'j'가 단모음에 선행하는 이중 모음은 전통적으로 'ㅣ 선행 모음'이라고 불러 왔다.[296] 'j'가 단모음에 후행하는 이중 모음은 중세 국어 시기에 많이 존재했는데, 여기에 대한 명칭도 별도로 마련되어 있다.[297]

③ 용어 설명

'이중 모음'을 가리키는 용어들은 다음의 몇 계열로 구분할 수 있다.

> (가) 단중모음,[298] 이중 모음, 이중 합성 양절, 이중운, 둘합한 홀소리, 이중 합성 모음, 두겹 홀소리
> (나) 복모음, 중모음, 단음절 복모음,[299] 겹모음, 모음군
> (다) 중음, 쌍음
> (라) 반모음
> (마) 동모음(動母音), 전이 모음

(가)는 이중 모음이 두 개의 음소로 이루어진 모음이라는 사실을 가장 명확히 드러내고 있는 용어들이라고 할 수 있다. 이 계열의 용어가 가장 널리 사용되고 있다. (나) 역시 복수의 음소로 이루어진 모음이라는 의미이지만 이중 모음뿐만 아니라 삼중 모음까지도 포함할 수 있다는 문제점이 있다. 현대 국어의 경우 삼중 모음이 없으므로 (나)와 같은 표현만으로도 이중 모음을 지칭할 수 있지만 삼중 모음이 존재하는 중세 국어에는 사용하기 어렵다. (다)는 '모음'이라는 사실이

---

295) 이때 '합모음'의 '합'은 당연히 '개합(開合)'에서의 '합'을 가리킨다. 원순성이 있음을 가리키는데 자세한 것은 '합구음' 항목을 참고할 수 있다.

296) '이 선행 모음' 이외에도 'ㅣ 선합음[先合音](김원우 1922), 복음[複音](鄭國釆 1926), ㅣ 복모[複母](천민자 1926), ㅣ 복[複](천민자 1926), ㅣ 선합 중모음[先合 重母音](박상준 1932), 경구개 가모음[硬口蓋 假母音](홍기문 1933), 구개음적 중성(정인승 1940ㄴ), 요음[拗音](주왕산 1948), ㅣ 합음[合音](심의린 1949ㄴ), ㅣ 먼저 섯근 모음(정경해 1953), ㅣ 선합모음[先合母音](정경해 1953), ㅣ 선행 중모음(이강로 1956ㄴ), ㅣ 중모음(박홍길 1961), 요모음[拗母音](長田夏樹 1966), j 상승모음(최태영 1974), j 선행 중모음(박갑수 1978), j계 이중 모음(전광현 1983), 전설성 이중 모음(최임식 1984), 'ㅣ'가 앞선 겹소리(권재선 1992), ㅣ를 앞세우는 ㅣ-형 겹모음(류렬 1992), /j/계 상향 이중 모음(권인승 1995), ㅣ 선행 복모음(이은정 2005)' 등과 같이 다양한 명칭이 존재한다. 대체로 'j'가 앞에 온다는 의미를 담고 있거나 또는 'j'가 전설성 반모음이라는 사실을 이용한 용어들이 많다. '요음, 요모음'은 성운학에서 'j'로 시작하는 이중 모음을 가리킬 때 사용하는 용어이다.

297) 'j'가 후행하는 이중 모음은 'ㅣ 후합모음[後合母音](정경해 1953), ㅣ 나중 합한 모음(정경해 1953), 모음딴이 겹홀소리(최현배 1970), ㅣ 후행 복모음(이은정(2005)' 등으로 부르고 있다.

298) 유길준(1909)는 중모음을 다시 '단(單), 복(複)'의 개념으로 구분하여 이중 모음은 '단중모음', 삼중 모음은 '복중모음'이라고 부르고 있다.

299) '단음절 복모음'에서 '단음절'이라는 표현이 추가된 것은 이중 모음을 이루는 두 개의 음소(특히 모음)가 같은 음절에 있어야 함을 강조한 것이다. 만약 두 모음이 서로 다른 음절에 있으면 그것은 이중 모음이 아니고 '모음 충돌'에 해당한다.

드러나지 않는다는 문제점이 있다. 즉 (다)는 모음뿐만 아니라 자음에 대해서도 사용할 수 있는 것이다. (라)는 이중 모음에 반모음이 포함되는 것이 많다는 점을 고려한 용어이다. 그러나 앞에서도 보았듯이 이중 모음 중에는 반모음이 없이 단모음과 단모음의 결합으로 된 것도 있을 수 있으며, 반모음은 이중 모음의 구성 음소 중 하나만 가리키는 데 주로 쓰이므로 그리 정확한 용어라고 할 수는 없다.

(가)~(라)는 모두 이중 모음을 이루는 음소의 수나 종류를 기준으로 한 용어들이다. 반면 (마)는 이와 무관하게 이중 모음의 조음적 특징을 중시한 용어이다. 이중 모음을 발음할 때 입의 모양이나 혀가 바뀐다는 점을 고려하여 이를 '움직이다'라는 의미로 표현하고 있다. (마)는 영어 용어인 'kinetic vowel, gliding vowel'에 대응한다고 할 수 있다.

④ 관련 항목

　단모음¹, 모음 충돌, 반모음, 삼중 모음, 상향 이중 모음, 수평 이중 모음, 중모음¹,
　하향 이중 모음

이중 모음화

① 용어의 별칭

> **국어** 이중 모음화[二重 母音化](有坂秀世 1940, 허웅 1952, 黑川新一 譯 1958, 太田朗 1959, 서재극 1961, 이승환 1970), 복모음화[複母音化](서재극 1960, 이탁 1967, 윤종선 1990), 중모음화[重母音化](신수송·오례옥 1977, 박갑수 1978, 이병선 1984), 거듭홀소리 되기(황희영 1979), 겹홀소리 되기(정영주 1987, 이현복 1995ㄴ), 이중 모음 되기(이현복 1989), 겹모음화(김성근 1995), 두겹홀소리 되기(조오현 1995), 나넘(이은정 2005), 갈라짐(이은정 2005)
> **영어** diphthongization

② 개념 설명

　사전적으로는 이중 모음이 아닌 것이 이중 모음으로 바뀌는 음운 현상을 가리킨다. 그런데 이런 개념에 포함될 수 있는 음운 현상의 종류는 상당히 많고 다양하다. 이질적인 현상들이 모두 이중 모음화에 포함될 수 있는 것이다. 지금까지 이중 모음화로 불리던 현상에는 다음과 같은 유형이 있다.

　　　(가) 반모음 첨가가 일어나는 경우 예 되+어→되여, 어디>워디
　　　(나) 반모화가 일어나는 경우 예 보+아→봐:, 이기+어→이겨
　　　(다) 단모음 연쇄가 이중 모음으로 바뀌는 경우
　　　　　예 (막다히 >)막다이 > 막대[maktaj](>막대[maktɛ])

(라) 단모음이 이중 모음으로 바뀌는 경우 예 외 [ö]>웨[we], 위[ü]>위[wi]

(마) 삼중 모음이 이중 모음으로 바뀌는 경우 예 예[jəj]>예[je], 왜[waj]>왜[wɛ]

(가)는 반모음이 첨가되면서 단모음이 이중 모음으로 바뀐 경우이다. 모음 충돌을 회피하기 위해 반모음이 첨가되기도 하고 '어디>워디'와 같이 일부 방언에서 모음 충돌 회피와 무관하게 반모음이 첨가되기도 한다.300) (나)는 모음 충돌 회피를 위해 반모음화가 일어나서 두 개의 단모음이 하나의 이중 모음으로 바뀐 경우이다. 중세 국어 시기에는 '방하+이 → 방해, 곡도+이오 → 곡되오'에서 보듯 모음으로 끝나는 체언 뒤에 주격 조사나 서술격 조사가 결합할 때 반모음화가 일어나서 하향 이중 모음으로 바뀌는 이중 모음화도 존재한다.

(다)는 '애'가 이중 모음이던 시절 단모음 연쇄 '아이'의 '이'가 반모음으로 바뀌어 이중 모음이 되었다는 점에서 그 성격이 (나)와 비슷하다. 그런데 (다)의 경우 중세 국어의 '애, 에, 외, 위'를 'aj, əj, oj, uj'와 같이 'j'로 끝나는 이중 모음으로 분석하지 않고 단모음 연쇄로 이루어진 'ai, əi, oi, ui'로 분석할 때에는 변화의 성격이 전혀 달라진다. 이럴 경우 '막다이[maktai]>막대[maktai]'는 분절음 차원의 변화는 없고 다만 음절 수가 줄어들면서 모음 충돌(hiatus)이 이중 모음으로 바뀌었을 뿐이다.301) 이중 모음 '의'를 'ij'가 아닌 'ii'로 분석할 경우 '뜨이다>띄다'와 같은 사례도 동일한 유형에 포함된다.302) 이런 경우는 두 개의 음절에 나뉘어 있던 두 모음이 분절음 차원의 변화는 없이 다만 한 음절의 이중 모음으로 바뀌었다는 점에서 다른 이중 모음화와는 본질적인 차이가 존재한다.303)

(라)는 반모음화나 반모음 첨가가 적용되지 않았음에도 불구하고 단모음이 이중 모음으로 바뀐 변화이다. 하나의 음소가 두 음소의 연쇄로 바뀌었다는 점에서 '분열'에 포함될 수 있는 변화이다. 특히 (라)와 같이 단모음에 일어난 분열을 흔히 'breaking'이라고 부르는 경우가 많다.304) (라)는 현대 국어에서 매우 활발하게 일어나고 있으며, 그 결과 중장년층 이하 화자들의 단모음 체계에서 '외, 위'는 거의 사라지고 말았다.

(마)는 중세 국어에 존재하던 삼중 모음이 현대 국어에 이중 모음으로 바뀐 변화이다. (마)와 같은 유형을 이중 모음화로 해석하는 경우는 그다지 많지 않다. 그러나 개념상으로 본다면 이중 모음이 아니었던 것이 이중 모음으로 바뀌었으므로 이중 모음화에 포함될 수 있다. (가)~(라)의 이중 모음화는 입력형과 출력형을 비교할 때 음소의 수가 늘든지 또는 변화가 없음에 비해 (마)는 입력형보다 출력형의 음소 수가 줄었다는 특징이 있다. 이것은 삼중 모음의 이중 모음화가 축약에 의한 단모음화를 통해 이루어졌기 때문이다.

---

300) '어디>워디'와 동일한 성격의 변화 사례로 '언제>원제, 얼마>월마' 등을 추가할 수 있다.

301) 모음 충돌과 이중 모음의 차이는 인접한 단모음 사이에 음절 경계가 개재되는지의 여부에 달려 있다.

302) 현대 국어에서 '띄다'의 '의'는 자음 뒤에 있어서 단모음 '이'로 발음된다. 그러나 이전에는 이중 모음 '의'로 발음되던 시기가 있었다고 추정된다. '의'가 자음 뒤에서도 이중 모음으로 발음되는 경우에는 '으이'가 '의'로 바뀐 변화가 분절음 차원의 변화는 없고 단지 모음 충돌이 이중 모음으로 변화한 사례에 속한다.

303) 물론 중세 국어 이중 모음 '애, 에, 외, 위'를 'j'로 끝나는 이중 모음으로 분석할 경우에는 (다)가 (나)에 포함된다.

304) 'breaking'에 대해서는 '분열' 항목을 참고할 수 있다.

이 외에 '뱀, 색시' 등과 같은 단어가 방언에서 '얌, 샥시'로 발음되는 것을 이중 모음화에 포함하는 논의도 존재한다. 단모음 '애'가 이중 모음 '야'로 바뀌었다는 것이다. 그러나 이러한 변화는 그 이전 형태인 'ᄇᆞ얌, 싀악시'에서 이중 모음화가 아닌 다른 통시적 변화를 겪었을 가능성을 배제하기 어렵다. 그러므로 이중 모음화의 예로 단정하기는 어렵다. 또한 '이' 모음 역행 동화의 초기 형태가 후설 모음을 전설 모음으로 바꾸는 대신 반모음 'j'가 첨가되는 모습이었다고 보는 입장에서는 '이' 모음 역행 동화도 이중 모음화에 포함한다.305)

'이중 모음화'의 반대 현상으로 '분음(分音, diaeresis306))'이 있다. 분음은 이중 모음이 다른 것으로 바뀌는 현상인데 구체적으로는 이중 모음이 두 개의 단모음 연쇄로 바뀐다. 가령 중세 국어 시기에 중성이 이중 모음이었던 '게(蟹)'나 '새(鳥)'의 방언형 중에는 '거이, 그이'나 '사이'가 존재한다.307) 이것은 이중 모음 '에'와 '애'가 각각 '어이, 으이'와 '아이'로 바뀐 경우이다.308) 분음 현상은 이중 모음화의 여러 유형 중 (다)와 정반대의 변화 방향을 보여 준다.

③ 용어 설명

'이중 모음화'를 가리키는 용어는 '이중 모음화, 이중 모음 되기, 두겹홀소리 되기'와 같이 이중 모음으로 바뀐다는 사실을 직접 반영한 것도 있고 '복모음화, 중모음화, 거듭홀소리 되기, 겹홀소리 되기, 겹모음화'와 같이 중모음(重母音)으로 바뀐다고 표현한 것도 있다. 이중 모음은 중모음의 한 부류에 불과하므로 중모음으로 바뀌는 변화라고 해서는 곤란하다. 한편 '나뉨, 갈라짐'은 하나의 음운이 두 음운의 연쇄로 나뉜다는 의미를 반영하고 있다. 이 용어들은 단모음(單母音)이 이중 모음으로 분열되는 (라) 유형에만 국한하여 사용할 수 있다는 한계가 있다.

④ 관련 항목

분열, 삼중 모음, 이중 모음, 중모음¹, 축약

---

305) '이' 모음 역행 동화와 반모음 'j'의 첨가에 대해서는 '이 모음 역행 동화' 항목에서 구체적으로 다루었다.
306) 'diaeresis' 대신 'dieresis'라고 하기도 한다.
307) 이러한 방언형은 예전에는 많이 조사되었지만 현재는 줄어들고 있다. 河野六郎(1945)에 이런 성격의 방언형이 다수 수록되어 있다.
308) 이와 같은 '분음'은 '비음절화'의 반대 개념으로 볼 수도 있다. 자세한 것은 '비음절화' 항목을 참고할 수 있다.

이중 조음

① 용어의 별칭

국어 이중 조음[二重 調音](服部四郎 1951, 지춘수 1964, 허웅 1968ㄱ, 竹林滋·橫山一郎 譯 1970, 유창균 1971, 日本音聲學會 編 1976)

영어 double articulation[309]

② 개념 설명

하나의 자음을 발음하는 과정에서 두 개의 조음체와 조음점이 관여하는 경우를 가리킨다.[310] 이 때 더 주가 되는 조음과 부차적인 조음을 구분하는 것이 일반적이다. 주가 되는 조음을 '일차 조음(primary articulation)',[311] 부차적인 조음을 '이차 조음(secondary)'[312]이라고 한다. 일차 조음과 이차 조음을 구분하는 기준으로 조음의 중요성을 흔히 든다. 둘 중 어느 것이 더 중요한 조음인지에 따라 일차 조음과 이차 조음을 나누는 것이다. 이호영(1996)에서는 간극의 크기라는 좀 더 구체적인 기준을 제시하기도 했다. 여기에 따르면 더 작은 간극이 이루어지는 위치에서의 조음이 일차 조음이 된다. 자음은 기본적으로 간극이 좁을수록 음운론적 강도가 강하므로 간극이 작은 것이 더 주된 조음이라고 해야 한다.

두 개의 조음 동작이 이루어진다는 점에서 '이중 조음'과 비슷한 개념으로 '동시 조음(coarticulation)'이 있다.[313] 이 둘의 차이는 크게 두 가지 측면에서 살필 수 있다. 우선 동시 조음은 인접한 음의 영향이 반드시 있어야 한다. 반면 이중 조음은 반드시 그럴 필요는 없다. 이중 조음의 경우 인접음의 영향과 무관하게 음 자체의 특성으로 두 개의 조음 동작을 가질 수 있다. 다른 하나는 두 조음 동작의 대등성과 관련된다. 이중 조음은 주된 것과 부차적인 것이 구분되지만 동시 조음은 그래야 할 필연성은 없다.[314]

이중 조음의 특성은 주로 이차 조음으로 어떤 과정이 오느냐에 달려 있다. 언어 보편적으로 널리 나타나는 이차 조음에는 순음화(labialization), 구개음화(palatalization), 연구개음화(velarization), 인두음화

---

309) 'double articulation'은 이중 분절을 가리키는 데 쓰이기도 한다. 이중 분절은 발화를 의미 있는 단위로 일차 분절 한 후 의미를 지니지 않는 단위로 이차 분절 하는 것을 말하며, 여기서 다루는 자음의 조음과는 전혀 무관하다.

310) 日本音聲學會 編(1976)에서는 이중 조음을 거치는 자음을 복합 자음(compound consonant)이라고 불렀다.

311) '일차 조음' 대신 '으뜸 조음(허웅 1968ㄱ), 제일차 조음(허웅 1968ㄱ, 이철수 1994), 주조음(전상범 1985ㄱ)'이라고 하기도 한다.

312) '이차 조음' 대신 '제이 조음[第二 調音](服部四郎 1951), 버금 조음(허웅(1968ㄱ, 국립국어연구원 1996), 제이차 조음(허웅 1968ㄱ, 국립국어연구원 1996), 동시 조음(허웅 1968ㄱ), 부차적 조음(田中春美 外 1975, 전상범 1985ㄱ), 둘째 소리냄(황희영 1979), 이차적 조음[二次的 調音](이영길 1983, 이철수 1994, 국립국어연구원 1996, 龜井孝 外 編 1996), 보조 조음(이철수 1994), 보충적 조음(김성근 1995)'이라고 하는 경우도 있다.

313) '동시 조음'은 별도의 항목으로 설정되어 있다.

314) 논의에 따라서는 동시 조음(coarticulation)과 이중 조음(double articulation)을 구분하지 않고 동일한 개념으로 보기도 한다. 사실 이 두 개념은 구분이 모호한 경우가 있다. 인접한 음의 특징으로 이차적인 조음 과정이 더해진 것은 동시 조음이기도 하면서 이중 조음이라고도 할 수 있다.

(pharynzealization) 등이 있다. 국어의 음소 중 이중 조음을 거친다고 보는 것으로는 'w'가 있다. 'w'는 일반 언어학적으로도 입술과 연구개라는 두 개의 조음 위치를 동시에 이용한다고 알려져 있다. 국어 연구에서도 'w'를 자음에 포함할 경우 양순음으로 보는 입장과 연구개음으로 보는 입장이 있는데 이는 'w'의 이중 조음적 특성과 관련된다고 할 수 있다.[315]

③ 용어 설명

'이중 조음'을 나타내는 용어는 하나밖에 없다. 'double'을 모든 논의에서 '이중'으로 번역한 결과이다.

④ 관련 항목

동시 조음, 자음, 조음부, 조음 위치

이형태

① 용어의 별칭

> **국어** 변동형(박승빈 1935ㄱ, 정국 1994, 국립국어연구원 1996), **이형태**[異形態](안병희 1959, 최현배 1959ㄱ, 太田朗 1960, 이기문 1961ㄱ, 竹林滋·橫山一郎 譯 1970, 小泉保·牧野勤 1971), **교체형**[交替形](안병희 1959, 勇康雄 譯 1959, 이기문 1961ㄱ, 이병근 1967ㄱ, 牧野成一 譯 1970, 田中春美 外 1975), **가닥 몰골**(최현배 1959ㄱ), **이형**[異形](이기문 1961ㄱ, 김민수 1968, 이병건 1980), **변이 형태**[變異 形態](허웅 1961, 김석득 1962ㄱ, 유창돈 1964), **변이 형태소**(김석득 1962ㄱ, 김재민 1972, 문양수 1974ㄴ), **변이형**[變異形](유창돈 1964, 허웅 1968ㄱ, 桑原輝男·根間弘海 譯 1980, 이현복·김기섭 역 1983, 龜井孝 外 編 1996), **이형태소**[異形態素](김석득 1962ㄴ, 김형규 1962, 곽충구 1977), **바뀐꼴**(이강로 1963), **이형체**[異形體](이승욱 1975), **다른꼴**(배양서 1979), **교체 변이형**(김정태 2004), **변이체**[變異體](이은정 2005)
>
> **영어** allomorph, alternant, variant, alternating form

② 개념 설명

한 형태소에 속하지만 그 모양이 다른 형태들을 지칭한다. 가령 '잎'과 같은 명사는 뒤에 오는 조사에 따라 그 말음이 'ㅍ, ㅂ, ㅁ' 중 하나로 실현되며, 앞에 오는 형태소에 따라 'ㄴ'이 첨가되거나 유음화가 더 적용되기도 한다. 결과적으로 '잎'은 '잎, 입, 임, 닢, 닙, 님, 맆, 립, 림'이라는 다양한 이형태를 가지게 된다. 이형태의 실현에는 일정한 조건이 관여하는 경우가 대부분이다. 앞서 살핀 '잎'의 이형태들도 모두 나타나는 조건이 구별된다. 그래서 일반적으로 이형태들은 상보적 분포를

---

315) 新村出(1943)에서 'w'를 양순 연구개음(bilabio-velars), 김무림(1992)에서 'w'를 순연구개음(labial velar)이라고 한 것 역시 이러한 사정과 관련된다. 다만 'w'의 경우 일차 조음과 이차 조음이 무엇인지를 명시적으로 밝히지는 않고 있다.

이룬다. 이형태들의 실현 조건으로는 음운론적인 것에서부터 문체론적인 것까지 다양한 조건들이 제안된 바 있다.316)

이형태는 교체(alternation)와 직접적인 관련이 있다. 형태소가 교체를 한 결과가 곧 이형태가 되는 것이다. 규칙적 교체가 일어날 경우 이형태의 실현은 단일한 기저형에 음운 규칙을 적용하는 방식으로 설명할 수 있다. 반면 불규칙적 교체가 일어나면 그러한 설명이 불가능하다. 이때 불규칙적 교체에 의한 이형태를 '어휘화된 이형태'라고 부르기도 한다. 이렇게 어휘화된 이형태는 단일한 기저형을 설정해서는 설명할 수 없기 때문에 복수 기저형을 흔히 설정하게 된다.

이형태들의 차이는 자음이나 모음과 같이 분절음 층위에서 나타나는 경우가 대부분이다. 그러나 장단이나 고저와 같은 초분절음이 달라서 생기는 이형태도 있다. 이러한 이형태를 특별히 이인모(1982)에서는 '운(韻) 변이 형태(prosodeme allomorph)'라고 구별하여 부른 적이 있다. 서구에서는 'modulation allomorph'라고 하기도 한다. 한편 이형태들은 대체로 형태상의 공통점이 있지만 그렇지 않은 경우도 있다. 소위 보충법(suppletion)의 관계에 있는 이형태들은 형태상의 공통점을 찾기 어렵다.317)

이형태가 발생하는 원인에는 여러 가지가 있지만 가장 대표적인 것은 음운 변화가 새로 생겨나는 경우이다. 음운 변화가 생겨서 음운이 바뀌면 그 음운이 속한 형태소의 모양도 변할 수밖에 없다. 그에 따라 자동적으로 이형태의 숫자가 늘어나게 된다. 음운 변화를 제외하면 나머지 요인은 개별 형태소에 따라 산발적으로만 관여할 뿐이다. 가령 김완진(1975ㄴ)에서 '형태소 증가'라는 개념으로 조사 '은'과 '을'의 이형태 '는'과 '를'이 생겨났다고 본 것이 한 예이다. 또한 국어의 이형태 중에는 주격 조사의 이형태 '가'와 같이 그 기원을 알기 어려운 경우도 없지 않다. 이 밖에 유추적 확대에 의해 이형태가 새로 생길 수도 있다.

③ 용어 설명

'이형태'를 가리키는 용어에는 크게 세 부류가 있다. 하나는 '이형태, 이형, 이형태소, 이형체, 다른꼴'로 동일한 형태소이지만 구체적인 형태는 다르다는 '결과'적 측면을 중시하고 있다. 다른 하나는 '변동형, 교체형, 변이 형태, 변이 형태소, 변이형, 바뀐꼴, 교체 변이형, 변이체'이다. 이 용어들은 이형태가 변동의 과정을 거친 것이라는 '과정'적 측면을 강조하고 있다. 특히 '교체형'은 이형태가 형태소 교체의 산물임을 직접 드러낸 것이라고 할 수 있다. 마지막으로는 고유어 계열로 '가닥 몰골'이 있다. 이 용어는 한 형태소에 여러 이형태가 있다는 사실을 감안하여 개별 이형태는 여러 '가닥' 중 하나라는 의미를 담은 것이다.318)

---

316) 여기에 대해서는 '교체' 항목을 참고할 수 있다.

317) '보충법'은 '보충[補充](勇康雄 譯1959, 竹林滋·橫山一郎 譯 1970, 田中春美 外 1975, 조성식 편 1990, 국립국어연구원 1995, 김창섭 2013), 보충법(김방한 1963, 허웅 1966, 전상범 1977ㄴ, 桑原輝男·根間弘海 譯1980, 龜井孝 外 編1996), 대치 현상(정인섭 1973), 완전 교체(조성식 편 1990, 국립국어연구원 1995)' 등으로 불린다.

318) '몰골'은 '형태(morph)'를 가리킨다. '형태(morph)'는 동일한 형태소에 속한다는 조건이 없이 다만 형태소가 표면에서 구체적으로 실현된 것을 가리킬 때 사용하는 개념이다. 따라서 형태들 중에서 동일한 형태소에 속하는 것이 이형태라고 할 수 있다.

④ 관련 항목

교체, 기본형, 기저형, 형태소

이화

① 용어의 별칭

> [국어] 부동화 작용[不同化 作用](안확 1922, 이숭녕 1939ㄴ), 이화[異化](金田一京助 1932, 小林英夫 1935, 이숭녕 1939ㄱ, 河野六郎 1945, 지춘수 1968, 허웅 1968ㄱ, 董同龢 1972), 부동화[不同化](金田一京助 1932, 川喜四男 1950), 이화 작용 (小林英夫 1935, 이숭녕 1939ㄱ, 河野六郎 1945, 주왕산 1948, 김완진 1965, 日本音聲學會 編 1976), 음운 이화(市河三喜 · 河野六郎 1949, 川喜四男 1950), 달라짐(이은정 1969, 황희영 1979, 이근영 1990), 엇남(최현배 1970), 이화 규칙(이상억 1979ㄴ), 달라지기(류렬 1992), 다름 현상(김영선 2002ㄱ), 소리 달라짐(권재일 · 고동호 2004)
>
> [영어] dissimilation

② 개념 설명

비슷한 음성적 특징을 공유하는 두 개의 음이 인접하거나 또는 가까이 놓일 때 그중 하나가 변화를 입어 두 음의 공통점이 사라지는 음운 현상을 가리킨다. 동화와 반대되는 음운 현상이다. 흔히 동화는 가까이 놓인 두 음을 비슷하게 하여 '화자'가 발음하기 편이하게 해 주는 현상인 반면 이화는 두 음을 멀어지게 하여 '청자'가 발화를 구별하여 듣기에 용이하게 해 주는 현상이라고 해석한다.

이화는 동화와 달리 산발적으로 일어나서 세부 유형을 나누지 않는 것이 일반적이다. 그러나 동화와 비슷한 기준을 활용하여 이화의 유형을 분류하는 경우도 있다. 이때에는 동화에서 동화음과 피동화음을 설정하듯 이화음과 피이화음을 설정한다.[319] 그래서 이화음과 피이화음의 거리에 따라 직접 이화[320]와 간접 이화[321]를 나눈다. 또한 이화음과 피이화음의 선후 관계에 따라 순행 이화[322]와 역행 이화[323]를 구분한다. 이러한 분류는 동화와 비교할 때 이화의 정도에 따른 분류가 존재하지 않는다는 점만 다를 뿐이다. 이화는 그 특성상 이화의 정도를 논하기가 어려우므로 이것은 어쩔 수 없는 일이다.[324]

'이형태, 형태소, 형태' 사이의 관계는 '변이음, 음운, 음성' 사이의 관계와 평행하다.

319) 가령 오광근(2005)에서는 '이화주'와 '피이화음'이라는 용어를 사용하고 있다.

320) '직접 이화'를 가리키는 용어로 '근접[近接] 이화(日本音聲學會 編 1976), 직접 이화(日本音聲學會 編 1976), 인접 이화(이정민 · 배영남 1987), 붙어 달라짐(이정민 · 배영남 1987)' 등이 있다.

321) '간접 이화'를 가리키는 용어로 '이격[離隔] 이화(日本音聲學會 編 1976), 간접 이화(日本音聲學會 編 1976), 간격 이화(이정민 · 배영남 1987), 떨어져 달라짐(이정민 · 배영남 1987)' 등이 있다.

322) '순행 이화'를 가리키는 용어로 '진행 이화(日本音聲學會 編 1976), 전진 이화(日本音聲學會 編 1976), 순행 이화(이정민 · 배영남 1987), 내리달라짐(이정민 · 배영남 1987)' 등이 있다.

323) '역행 이화'를 가리키는 용어로 '역행 이화(日本音聲學會 編 1976, 이정민 · 배영남 1987), 후퇴 이화(日本音聲學會 編 1976), 치달라짐(이정민 · 배영남 1987)' 등이 있다.

국어의 이화는 개별 단어에 따라 산발적으로 일어나는 경우가 많지만 그렇지 않은 경우도 있다. 국어의 이화 중 자음 사이의 이화로 거론된 예는 다음과 같다.

> (가) 'ㅂ' 계열의 자음과 'ㄱ' 계열의 자음이 서로 바뀌는 변화 例 숩>숙, 빗복>빗곱
> (나) 평파열음 뒤에서 일어나는 경음화 현상 例 먹+다→먹따, 먹+지→먹찌
> (다) 동기관적 이화로서의 유음 탈락 例 알+는→아:는, 알+시는→아:시는
> (라) 동음 탈락 例 공양미>고양미, 평양>펴양, 목욕>모욕

(가)는 'PK 교체'로 흔히 불리는 현상이다.[325] 주왕산(1948)에서는 이 현상이 주로 원순 모음 앞의 양순음에 적용된다는 점을 근거로 순음의 중출을 막기 위한 이화로 해석하고 있다.[326] (나)는 평파열음 뒤에서 일어나는 경음화가 '평음+평음'을 '평음+경음'으로 바꾸어 주기 때문에 이화라고 본 것이다.[327] (가)와 (나)는 음운 현상의 유형 중 '대치'의 방식으로 이화가 일어났다면 (다)와 (라)는 '탈락'의 방식으로 이화가 일어나고 있다. (다)는 조음 위치가 비슷한 자음이 연속될 때 이를 피하기 위해 유음 탈락이 일어난 경우이다.[328] (라)는 같은 음이 가까이 있을 때 둘 중 하나가 탈락한 경우이다.[329]

이화는 자음과 자음 사이에서만 일어나지는 않는다. 자음과 모음 또는 모음과 모음 사이에서 일어나는 이화도 존재한다. 자음과 모음 사이의 이화로 흔히 거론되는 것으로는 비원순 모음화가 있다. 가령 '봇나무>벗나무, 몬져>먼저' 등과 같이 양순음 뒤에서 원순 모음 '오'가 평순 모음 '어'로 바뀌는 현상은 자음과 모음의 공통점이 사라지는 이화이다. 또한 '소곰>소금, 구룸>구름'은 동일한 원순 모음 중 하나가 평순 모음으로 바뀌는 현상으로 이것 역시 이화에 속한다. 김민수(1960)에서는 음성 모음화 현상도 이화의 일종으로 보았다. 가령 '알아'를 '알어'로 발음하는 음성 모음화는 모음 조화를 깨뜨려 모음들 사이의 공통점이 없어지게 하므로 이화에 해당한다는 것이다.

드물기는 하지만 성조의 이화를 거론한 적도 있다. 河野六郎(1953), 김완진(1973ㄴ)에서는 중세 국어의 성조 실현 양상 중 일부를 이화로 처리했다. 가령 河野六郎(1953)에서는 거성이 세 개 연속되는 것을 막기 위해 가운데에 놓인 거성을 평성으로 실현시키는 율동 규칙의 적용을 성조 이화라고 했다.[330] 또한 김완진(1973ㄴ)에서는 형태소 경계를 사이에 두고 두 개의 상성이 결합할 때 상성 중 하

---

324) 가령 '완전 이화'와 '부분 이화'를 구분한다는 것은 생각하기 어렵다.

325) 이 변화를 흔히 '양순음과 후두음의 교체(이기문 1955), P : K 대응(홍순탁 1963), ㅂ>ㄱ 현상(유창돈 1964), P/K의 대응(이병근 1977), PK 대응(김현 2001ㄱ, 소신애 2011, 이진호 2012ㄴ), /ㅂ/ : /ㄱ/ 교체(하귀녀 2004), /ㅂ/ : /ㄱ/ 대응(하귀녀 2004), 변자음(p∽k) 교체(신중진 2006), 'p~k' 교체(황선엽 2009, 소신애 2011), p/k 대체(소신애 2011), PK 교환(이진호 2012ㄴ), PK 교환(이진호 2012ㄴ)' 등이라고 부른다.

326) 이러한 해석은 소신애(2011)에서도 이루어진 바 있다. 그러나 'PK 교체'의 적용이 다른 조건에서도 이루어지기 때문에 모든 'PK 교체'를 이화로 볼 수 있을지는 의문이다. 이 문제는 이진호(2012ㄴ)에서 다루고 있다.

327) 허웅(1968ㄱ)에서는 공명음 뒤에서 일어나는 경음화도 이화로 처리하였다. 다만 그 동기는 장애음 뒤의 경음화와 달리 설정하고 있다. 자세한 것은 뒤에서 설명한다.

328) 여기에 대한 자세한 내용은 '유음 탈락' 항목을 참고할 수 있다.

329) '동음 탈락' 항목에는 이 외에도 여러 가지 종류의 자료가 제시되어 있다.

330) 중세 국어 시기에는 거성이 세 개 연속될 수 없다는 제약이 존재했다고 추정된다. 이것을 흔히 '거성 불연삼[去聲 不連三](김완진 1963ㄴ, 김차균 1988ㄱ, 김성규 1998), 고조[高調]의 삼중 기피[三重 忌避](이숭녕 1964), 거불연삼[去不連三](정연찬 1969ㄱ, 김영만 2000), 거성 불삼련[去聲 不三連](정연찬 1970ㄷ, 한재영 1985), 삼거련 기피 원칙[三去連 忌避 原則](백응진

404

나가 거성으로 바뀌는 것을 '복합 성조 이화의 법칙'이라고 불렀다.

이화에 속하는 현상들은 변화의 입력형과 출력형을 비교할 때 둘 사이의 공통점이 사라져야 한다. 그런데 경우에 따라서는 공통점이 사라지지 않았음에도 불구하고 그 동기를 고려하여 이화에 포함하기도 한다. 가령 '발달'이 '발딸'로 발음되거나 '안방'이 '안빵'으로 발음되는 것과 같이 공명음 뒤에서 일어나는 경음화는 인접한 두 음의 공통점이 없어졌다고 보기 어렵다. 그러나 만약 경음화가 일어나지 않았다면 후행하는 평음이 유성음화를 겪어 선행하는 공명음과 비슷해졌을 것이라는 점을 바탕으로 이 현상을 이화로 보기도 한다. 존재하는 공통점을 사라지게 하는 현상이 아니라 없던 공통점이 나타나는 것을 막는 현상임에도 불구하고 이화에 포함했다는 점이 특이하다.[331]

③ 용어 설명

'이화'를 가리키는 용어는 '이화, 달라짐, 엇남, 달라지기' 등과 같이 '소리가 달라진다'는 원래 의미를 직접 표현하기도 하고 '부동화 작용, 부동화'와 같이 '같지 않게 된다'라고 하여 간접적으로 그 의미를 표현하기도 한다. 특히 '부동화 작용, 부동화'는 이화가 동화의 반대 현상이라는 점을 감안한 용어라고 할 수 있다.

④ 관련 항목

동음 탈락, 동화

익음 소리

① 용어의 별칭

> **국어** 예습[例習](주시경 1906), 습관[習慣](주시경 1908ㄱ), 습관의 발음(주시경 1909, 김원우 1922), 습관음[習慣音] (藥師寺知曨 1909, 이상춘 1925, 최현배 1929, 이병기 1929~1930), 습관 소리(주시경 1910ㄱ), 익음 소리(주시경 1914, 최현배 1929), 발음의 관습(강매 1921), 관습음(강매 1921), 버릇 소리(김두봉 1922, 이상춘 1946, 김윤경 1948ㄱ), 습관 변음[習慣 變音](이규방 1922), 관음[慣音](이규방 1922), 버릇 소리 바꾸임(강매·김진호 1925, 조선어연구회 1930), 습관음의 전환[轉換](조선어연구회 1930), 음편[音便](박승빈 1931), 습관 소리(권덕규 1934), 이변음[易變音](심의린 1949ㄱ), 틀리기 쉬운 소리(심의린 1949ㄱ), 버릇 바뀜(이은정 1969), 습관 변화(이은정 1969)

② 개념 설명

어떤 필연적인 요인이 있는 것이 아니고 잘못된 발음 습관 또는 방언으로 인하여 일어나는 발음

1999), 거삼련 기피[去三連 忌避] 원칙(백응진 1999)' 등으로 부른다.
331) 이러한 해석은 허웅(1968ㄱ)을 포함한 여러 논의에서 확인할 수 있다.

현상을 통칭한다. 주시경이 처음 제안했으며 그 스스로 익음 소리는 고쳐서 바르게 해야 하는 대상이라고 보았다. 익음 소리에 포함되는 발음 현상은 상당히 다양하다. 주시경은 두음 법칙, 구개음화, 유음 탈락, 자음군 단순화, 비음 뒤에서의 경음화 등을 익음 소리로 보았고, 그 뒤를 이은 최현배(1937)에서는 'ㄴ' 첨가와 후음 탈락이 포함되었다. 물론 이 외에 규칙화할 수 없는 많은 발음상의 변이 현상들이 익음 소리로 분류되었다. 익음 소리의 개념은 주시경의 제자들에 의해 충실히 계승되었다. 특히 익음 소리를 가장 체계화한 최현배(1937)에서는 익음 소리를 그 대상에 따라 자음에 대한 것 및 모음에 대한 것으로 나누고, 그 원인에 따라 크게 여섯 가지로 나눈 바 있다.

③ 용어 설명

'익음 소리'를 가리키는 용어는 주시경이 제안한 용어들이 조금씩 변형되면서 쓰이고 있다. 대체로 습관 또는 버릇에 의해 발음되는 현상이라는 의미를 담고 있다.

④ 관련 항목

음운 현상

입성음

① 용어의 별칭

국어 입성음[入聲音](박승빈 1931), 촉음[促音](박승빈 1935ㄱ), 입발음[入發音](박승빈 1935ㄱ), 입성[入聲](김형규 1946), 급촉음[急促音](鮎貝房之進 1956ㄱ)

② 개념 설명

사성(四聲) 중 입성과 관련되며 두 가지 구별되는 용법을 지닌다. 하나는 입성인 음 자체를 가리키는 것으로, 이런 경우의 입성음은 입성인 운모 또는 입성인 음절에 해당한다. 즉 파열음으로 끝나는 운모나 음절이 입성음인 것이다. 다른 하나는 입성을 만들어 주는 자음 부류를 가리키는 것으로, 이런 경우에는 파열음이 입성음이 된다. 특히 입성이 되려면 파열음이 종성에서 발음되어야 하므로, 현대 국어의 경우 음절 종성에서 발음될 수 있는 'ㅂ, ㄷ, ㄱ'이 입성음에 속한다.[332] 일반적으로는 두 번째 용법이 더 많으며 이런 경우에는 지시 대상을 분명히 한정하기 위해 '입성 종성' 또는 '입성 운미'라는 용어도 사용한다.

---

332) 『훈민정음』의 체계에서는 마찰음인 'ㅅ'으로 끝나도 입성이 된다. 『훈민정음』에서는 전청, 차청, 전탁에 속하는 자음으로 끝나면 모두 입성이 된다.

③ 용어 설명

　'입성음'을 가리키는 용어는 두 부류로 나뉜다. 하나는 '입성'과 관련된다는 점을 명확히 하기 위해 '입(入)'을 용어에 포함한 '입성음, 입발음, 입성'이고, 다른 하나는 '입성음'이 폐쇄된 상태로 빠르게 그쳐서 발음된다는 음성적 특징을 나타내는 '촉음, 급촉음'이다.

④ 관련 항목

　미파음, 성조, 장애음, 촉음, 파열음

자연 부류

① 용어의 별칭

국어 **자연군[自然群]**(김진우 1970ㄱ, 이기문 1972, 오종갑 1978ㄱ), **자연 부류**(이혜숙 1970, 이기문 1971, 이병근 1976ㄷ), **자연음군**(양동휘 1975, 김진우 1985, 최윤현 1993), **자연류**(이병건 1976, 이병근 1976ㄷ, 정호안 1976, 林榮一・間瀬英夫 譯 1978, 桑原輝男・根間弘海 譯 1980, 龜井孝 外 編 1996), **자연적 동부류[自然的 同部類]**(변영식 1977), **자연 동아리** (김희섭 1990), **자연음류**(김상돈 1991, 김형춘 1991, 김무식 1993), **자연어류**(김형춘 1991), **자연 집단**(정국 1994, 국립 국어연구원 1996), **음운 부류**(김봉국 2004)
영어 natural class

② 개념 설명

음운 체계에서 공통의 특징을 가지고 있는 음들의 묶음을 가리킨다. 자음의 분류 기준 또는 모음의 분류 기준 중 어느 하나가 일치하면 자연 부류가 될 수 있다. 변별적 자질의 관점에서 보면 자연 부류로 묶이는 음들은 공유하는 변별적 자질의 수가 많다. 생성 음운론 초창기에 음소의 묶음을 몇 개의 변별적 자질로 표시할 수 있는지 여부를 중시했던 것은 이러한 자연 부류의 속성과 무관하지 않다.

자연 부류는 음운 현상이 적용될 때 입력형이나 출력형 또는 적용 환경으로 함께 작용하는 경우가 많다. 즉 입력형, 출력형, 적용 환경에 포함된 음소들은 자연 부류일 가능성이 높다. 또한 입력형과 출력형에 속하는 음소들 전체 또는 출력형과 적용 환경을 이루는 음소 전체도 자연 부류에 속할 가능성이 적지 않다. 음운 현상의 입력형은 일부 특징만 바뀌면서 출력형이 되므로 바뀌지 않은 나머지 특징은 입력형과 출력형의 공통점으로 그대로 남아 있다. 그래서 입력형과 출력형은 자연 부류를 이룰 수 있다. 또한 출력형은 입력형이 적용 환경에 영향을 받은 결과일 때가 많으므로 적용 환경과 공통점을 갖게 되기 쉽다. 이처럼 음운 현상의 적용에서 자연 부류는 중요하게 작용한다. 특히 음성적 동기가 명확한 음운 현상일수록 더욱 그런 경향성이 강하게 나타난다.

③ 용어 설명

'자연 부류'를 가리키는 용어들은 대체로 'natural class'의 번역어에 속하기 때문에 'natural'을 '자연'으로 번역하고 'class'를 '군, 부류, 동아리, 류, 집단' 등으로 번역하고 있다. 이 부류에 속하지 않는 것은 '음운 부류'이다. 이것 역시 공통의 특징을 지닌 음운의 묶음을 가리키므로 기본적인 취지는 다른 용어들과 동일하다.

④ 관련 항목

대립, 변별적 자질, 음운 체계

자음[1]

① 용어의 별칭

> **국어** 모음[母音](寶迫繁勝 1880a, b), 자음[子音](山田美妙 1892, 주시경 외 1907~1908, 이승교 1908, 김규식 1909, 前間恭作 1909, 藥師寺知曨 1909), ᄌ음[子音](주시경(1897), 부음[父音](島井浩 1902, 安泳中 1906, 최재익 1906, 최광옥 1908, 高橋亨 1909, 유길준 1909), 변작음[變作音](김규식 1909) 붙음소리(주시경 1910ㄱ, 이규영 1913, 김원우 1922), 발성[發聲](임규 1912ㄴ, 박중화 1914), 성숙음[成熟音](임규 1912ㄴ), 닷소리(주시경 1913ㄱ), 닿소리(김두봉 1916, 이규영 1920, 리필수 1923), 부발음[附發音](강매 1921), 음음[陰音](이필수 1922), 음절[陰切](이필수 1922, 김희상 1927), 동명자[同鳴字](최현배 1927ㄷ, 김윤경 1948ㄴ), 반명음[伴鳴音](安藤正次 1927), 발성음[發聲音](박승빈 1931), 초종성[初終聲](박상준 1932), 닫소리씨(이탁 1932), 불량음[不良音](홍기문 1933), 폐음소[閉音素](이갑 1935), 아들소리(최현배 1937ㄴ), 자음 음운(有坂秀世 1940, 박창해 1963, 北村甫 1980), 질음[質音](幸田寧達 1941), 자자[子字](이복영 1948), 자음 음소(服部四郎 1954~5, 유창식 1956, 黑川新一 譯 1958, 太田朗 1959), 보음[輔音](문선규 1964, 董同龢 1972, 日本音聲學會 編 1976, 성백인 1983, 공재석 1985), 닫소리(김선기 1968), 협화음[恊和音](유창균 1971), 자운[子韻](日本音聲學會 編 1976), 부운[父韻](日本音聲學會 編 1976), 자음소(최명옥 2000, 김춘자 2006, 이금화 2006)
>
> **영어** consonant

② 개념 설명

분절음 중 발음할 때 공기의 흐름이 방해를 받으며 홀로는 발음할 수 없는 음의 부류를 가리킨다.[1] 음향 음성학적으로는 소리의 파동이 불규칙적이라는 특징을 지닌다.[2] 또한 음절에서는 초성

---

1) 이러한 두 가지 특징은 국어 연구 초창기인 20세기 초부터 정확히 지적되었다. 다만 홀로 발음할 수 없다는 특징에 대해 안확 (1922)에서는 소리인 이상 홀로 못 쓰인다는 것은 있을 수 없다며 비판을 하고 있는데, 이러한 입장은 다른 논의에서는 찾기 힘들다.

과 종성 자리에 놓는다. 이러한 일련의 특징들은 모음과 정반대의 모습을 보인다.[3]

자음은 공기의 흐름이 방해를 받는 위치와 방식이라는 두 가지 기준으로 구분하는 것이 일반화되어 있다. 이것을 각각 조음 위치와 조음 방식이라고 부른다. 현대 국어의 경우 조음 위치에 따라 양순음, 치조음, 경구개음, 연구개음, 후음의 다섯 부류를 나누는 입장이 널리 퍼져 있다. 물론 이 중 치조음과 경구개음의 분류 방식에는 약간의 이견이 있어서 극단적으로는 이 둘을 구분하지 않고 하나의 부류로 묶기도 하며,[4] 둘을 구분한다고 하더라도 구체적인 결과에서는 차이가 나는 경우가 있다.[5] 조음 방식에 따라서는 파열음, 마찰음, 파찰음, 비음, 유음의 다섯 부류를 나누는 것이 가장 일반적이다. 이러한 다섯 가지의 조음 방식은 다시 장애음(파열음, 마찰음, 파찰음)과 공명음(비음, 유음)으로 묶기도 하고, 장애음을 평음, 경음, 유기음으로 세분하기도 한다.

현대 국어의 자음은 총 19개가 존재한다. 현대 국어 자음 체계의 특징으로는 크게 두 가지를 들수 있다. 우선 성대의 울림 유무에 따라 음소가 구분되는 경우는 없다는 점이다. 즉 유성음과 무성음이 별개의 음소로 존재하지 않고 다만 한 음소의 변이음으로서만 존재하는 것이다. 다음으로 장애음은 동일한 조음 위치에서 평음, 경음, 유기음의 세 부류가 구분된다는 점도 중요한 특징이다. 국어와 동일한 방식으로 세 부류의 장애음이 구분되는 사례는 언어 보편적으로 그리 널리 찾을 수 있는 것은 아니다.[6]

③ 용어 설명

'자음'을 가리키는 용어는 '모음'을 가리키는 용어만큼이나 그 수도 많고 성격도 이질적이다.

(가) 모음, 자음, 부음, 즈음, 자자, 자운, 부운, 자음소, 아들소리
(나) 닫소리, 폐음소, 음음, 음절, 불량음
(다) 변작음, 성숙음, 동명자, 반명음, 붙음소리, 닷소리, 닿소리, 부발음, 닫소리씨
(라) 발성, 초종성, 발성음
(마) 질음, 협화음, 보음

(가)는 자음의 음성적 특징을 고려하지 않고 인류 관계를 통해 '자음'을 지칭하고 있다.[7] 寶迫繁勝

---

2) 파동이 불규칙적인 소리를 음향학에서는 '조음(噪音)'이라고 부른다. 자세한 것은 '조음' 항목을 참고할 수 있다.
3) 공기의 흐름이 방해를 받는다거나 파동이 불규칙적이라는 것은 음성학적 측면에서의 특징이고, 홀로 발음할 수 없다거나 초성과 종성 자리에 놓인다는 것은 음운론적 쓰임새와 관련된 특징이다. 한때 미국 구조주의 음운론에서는 음운론적 측면은 배제하고 음성학적 특징만 고려하여 자음과 구별되는 자음류(contoid)라는 단위를 따로 인정하기도 했다. 음절 능에서의 쓰임과 무관하게 방해를 받으면서 파동이 불규칙하게 나오는 음은 모두 자음류가 된다. '자음류'를 가리키는 용어로는 '자음류[子音類](服迫四郎 1951, 太田朗 1959, 전상범 1977ㄴ, 황희영 1979), 목닿소리(황희영 1979), 음성학적 자음(황희영 1979, 이정민·배영남 1987), 자성[子聲](정연찬 1980), 자음상음[子音狀音](竹林滋·橫山一郎 譯 1970, 箕壽雄·今井邦彦 1971), 비모음류[非母音類](이정민·배영남 1987, 이은정 2005), 음성적 자음(문양수 1988), 자음적인 소리(김차균 1992ㄷ)' 등이 있다.
4) 가령 치조음과 경구개음을 묶어서 '전설음'이라고 부르기도 한다.
5) 예컨대 'ㅅ, ㅆ'을 치조음에 포함하여 경구개음인 'ㅈ, ㅊ, ㅉ'과 구분하기도 하고 'ㅅ, ㅆ'과 'ㅈ, ㅊ, ㅉ'을 하나로 묶어서 다른 치조음과 구분하기도 한다.
6) 여기에 대해서는 '삼지적 상관속' 항목에서 더 구체적으로 다룬다.

411

(1880a, b)에서는 자음, 모음의 명칭을 서로 뒤바꾸어 사용하기 때문에 자음을 '모음'이라고 부르고 있다. (가)에서 특이한 것은 '부음(父音), 부운(父韻)'과 같은 용어들이다. '모음'의 '母(어미)'에 대립되는 표현을 '子(아들)'에서 찾는 것이 아니고 '父(아비)'에서 찾고 있는 것이다.

실제로 20세기 초기에는 '자음' 대신 '부음'이라는 용어를 많이 사용했는데 여기에는 크게 두 가지 이유가 있다. 우선 개념적으로 '어미'에 반대되는 것은 '아들'이 아니고 '아비'가 더 타당하다는 점이다. 다른 하나는 '부음' 내신 '사음'이라는 용어를 사용하면 '가, 나, 나, 라' 등과 같은 음절은 자식(자음)과 어미(모음)가 합쳐져 만들어지는 셈이므로 윤리적으로 반인륜적인 상황이라는 점이다.[8] 그러나 이후 시간이 지나면서 '부음'은 사라지고 '자음'이라는 용어가 그 자리를 대신하게 되었다.

(나)는 자음을 발음할 때 공기의 흐름이 방해를 받는다는 사실을 반영한 용어들이다. '닫소리, 폐음소'는 조음체를 조음점에 닫듯이 접근시킨다는 의미를 담고 있다. '음음(陰音), 음절(陰切)'의 '음(陰)'은 '양(陽)'에 대립되는 것으로 자음과 모음의 차이를 음양에 빗대어 표현한 결과이다. 이때의 '음'은 모두 방해를 받는다는 속성을 가리킨다. '불량음'은 모음을 나타내는 '양음(良音)'에 부정의 '불(不)'이 결합된 용어이다.

(다)는 자음이 홀로 발음될 수 없다는 음운론적 기능을 중시한 용어들이다. '변작음'은 홀로 발음될 수 없기 때문에 모음을 변작(變作)한 소리라는 의미이다. '성숙음, 동명자, 반명음'은 모두 다른 음과 합쳐진다는 의미를 담고 있다. '붙음소리, 닿소리, 부발음, 닫소리씨'도 다른 소리, 즉 모음에 닿아야만 쓰일 수 있다는 의미를 지닌다.[9]

(라)는 음절 내에서의 쓰임새를 고려한 용어이다. '발성'은 소리가 시작된다는 의미인데 자음이 초성 자리에 놓였을 때를 고려한 것이다. '초종성'은 말할 것도 없이 자음이 음절의 초성과 종성에 온다는 사실을 직접 드러내고 있다. '발성음'이라는 용어는 '발성'과 비슷하지만 그 의미는 다르다. '발성음'은 『훈민정음』에서 초성으로 쓰이는 글자에 대해 가령 'ㄱ如君字初發聲'이라고 풀이한 데에서 마지막 부분의 '발성'에 '음'을 덧붙인 것이다.[10]

(마)는 다른 계열의 용어와 비교해 성격도 이질적이고 일부 논의에서만 쓰이는 것들이다. '질음'은 幸田寧達(1941)에서 세상의 만물을 '질량의 불가분 관계로 인식하여 모음은 '양음', 자음은 '질음(質音)'이라고 부른 데에서 나왔다. '협화음'과 '보음'은 모두 중국에서 주로 쓰이는 용어들이다. '협

---

7) 日本音聲學會 編(1976)에 따르면 일본의 명치(明治) 시대부터 인류 관계에 근거한 용어들이 쓰이기 시작했다고 한다. 그런데 주시경(1909)에서는 '자음, 모음'과 같은 용어에 대해 한자의 뜻에만 얽매여 인류 관계의 차원으로만 해석하면 안 된다고 언급하고 있다. 여기에 따르면 '자음'이나 '모음'은 소리가 홀로 쓰일 수 있는지 없는지를 고려한 용어이므로 단순한 인류 관계에 빗댄 것이 아니게 된다.

8) 윤리적인 문제는 '부음'이라는 용어를 사용해도 해결되지 않는다는 지적도 있다. 가령 이필수(1922)에서는 '짧'과 같은 음절에서는 하나의 모음에 여러 개의 부음이 결합되어 있어 일부일처제라는 윤리를 어기므로 여전히 윤리적인 문제는 사라지지 않는다는 재미있는 지적을 했다.

9) '닿소리'는 원래 홀로 발음될 수 없고 모음과 결합해야만 발음될 수 있다는 의미이다. 그러나 심의린(1949ㄴ)에서는 '닿소리'를 구강에 '닿아' 나오는 소리라고 설명하고 있어서 일반적인 '닿소리'의 의미와는 차이를 보인다. 심의린(1949ㄴ)의 입장이라면 '닿소리'는 오히려 (나)와 비슷한 의미가 된다. 한편 '닫소리씨'는 표면적으로 보면 '닫는 소리'로 오해하기 쉽지만 '닫소리씨'의 '닫'은 '닿소리'의 '닿'과 동일한 의미를 가진다.

10) 박승빈(1931)에서는 자음과 모음을 가리키는 용어를 모두 『훈민정음』의 자구를 활용하고 있다. '모음'을 '중성음'이라고 부르는 것도 동일한 이유에서이다. 자세한 것은 '모음' 항목을 참고할 수 있다.

화음'의 '협(恊)'은 초성에 대응하는 '성모'를 뜻하므로 그 성격은 (라)와 통하는 바가 있다. '보음'은 모음을 가리키는 '원음'에 대립되는 것으로 모음을 보충해 준다는 의미를 가진다. 이것을 모음에 붙여서 나는 소리로 해석하면 (다)와 비슷한 취지의 용어가 된다. 이상과 별개로 日本音聲學會 編 (1976)에 따르면 실담 문자를 담고 있는 「悉曇字記」에서는 자음을 '마다(摩多)'라고 부른다고 하는데 구체적인 뜻은 알 수 없다.

④ 관련 항목

　　모음, 반모음, 음소, 음운

자음²

① 용어의 별칭

국어 자음[子音](신해영 1897, 安泳中 1906, 최재익 1906, 최광옥 1908, 高橋 亨 1909), **숙음[熟音]**(주시경 외 1907~1908, 박중화 1914), **초중성 합성음[初中聲 合成音]**(鄭國采 1926), **반절[反切]**(鄭國采 1926), **철음[綴音]**(최현배 1927ㄷ)

---

② 개념 설명

　　국어 연구 초창기에 '자음(C)＋모음(V)'[11]의 구조로 된 음절을 지칭하는 데 쓰인 용어이다. '자음'이라는 용어는 주로 모음에 대립되는 음소의 한 부류를 가리키지만 예전에는 'CV' 구조의 음절을 가리키기도 했다. 이런 경우 자음을 가리키는 용어로는 '부음(父音)'을 사용한다. '자음¹' 항목에서도 언급했듯이 의미상으로 볼 때 '모음(母音)'의 반대는 '자음(子音)'이 아니라 '부음'이다. 그래서 자음을 가리키는 데 '부음'이라는 용어를 사용하고, 대신 '부음'과 '모음'이 결합한 음절형은 부모가 자식을 낳는 이치를 고려할 때 '자음'이 될 수밖에 없다고 보아 이것을 '자음'이라고 한 것이다. 이처럼 '자음'이 'CV' 구조의 음절형을 가리키는 것은 일본에서 비롯되었다. 일본에서는 50음도에 속하는 개별 음절을 '자음'이라고 부른 적이 있었다.

　　그런데 '자음²'의 용법이 '자음¹'과 전혀 무관하다고만 할 수는 없다. 왜냐하면 '자음²' 속에는 초성에 오는 '자음¹'이 포함되어 있기 때문이다. 사실 어떤 용어가 음절 전체를 가리키기도 하고 그 음절의 초성에 쓰인 자음만을 가리키기도 하는 상황은 다른 예에서도 확인이 가능하다. 가령 일본에서는 원래 '청음', '탁음', '반탁음'이 각각 '청음(무성음)으로 시작하는 음절', '탁음(유성음)으로 시작하는 음절', '반탁음(p)으로 시작하는 음절'을 나타내지만 이 용어들을 각각 '청음, 탁음, 반탁음 p'를 가리키는 데 쓰기도 했던 것이다. 그런 점에서 '자음'이라는 동일한 용어가 'CV' 구조의 음절을 나타내

---

11) 이하에서는 'CV'로 표시한다.

기도 하고 초성에 놓인 'ㄷ'만을 나타내기도 하는 것 역시 이와 비슷한 사례라고 볼 수 있다.

③ 용어 설명

'자음²'를 가리키는 용어 중 '자음'은 앞서 지적했듯이 '부모'가 자식을 낳듯 '부음+모음'이 결합하여 그 자식에 해당하는 음이 된다는 의미를 담고 있다. '초중성 합성음'은 '자음²'의 지시 대상을 그대로 드러낸 용어이다. '숙음, 반절, 철음'은 '음절'을 나타내는 용어와 동일하다. '자음²'도 음절의 한 부류이므로 이러한 용어를 사용한 것이지만 음절 중에는 종성이 있는 것도 있으므로 '자음²'와 '음절'을 동일시하는 것은 곤란하다.

④ 관련 항목

음절, 자음¹

자음군

① 용어의 별칭

> **국어** 자음 결합[子音 結合](泉井久之助 譯 1936, 이기문 1961ㄱ, 龜井孝 外 編 1996), 중복음[重複音](정인승 1940ㄴ), 복음[複音](정인승 1940ㄴ, 권재선 1977ㄴ), 자음 음운군[子音 音韻群](有坂秀世 1940), 자음군[子音群](有坂秀世 1940, 市河三喜·河野六郎 1949, 이숭녕 1954ㄷ, 김민수 1955ㄷ, 이기문 1955, 木坂千秋·郡司利男 譯 1957), 중자음[重子音](김민수 1952, 김완진 1963ㄱ, 정연찬 1963), 복자음[複子音](河野六郎 1955, 권재선 1977ㄴ, 박영순 1985, 김원중 1987, 李康民 1993), 자음 연결[子音 連結](太田朗 1959, 유만근 1970, 최세화 1971, 筧壽雄·今井邦彦 1971, 황귀룡 역 1986), 자음 연속[子音 連續](勇康雄 譯 1959, 牧野成一 譯 1970, 김재민 1972, 日本音聲學會 編 1976), 복합 자음[複合 子音](정연찬 1963, 문선규 1964, 허웅 1968ㄱ), 복합 자모[複合 子母](문선규 1964), 중자음군[重子音群](長田夏樹 1966), 자음 복합[子音 複合](김완진 1967), 복합 음운(김석득 1962ㄴ, 유창돈 1962), 닿소리 무리(지춘수 1968), 자음 결합군(竹林滋·橫山一郎 譯 1970, 桑原輝男·根間弘海 譯 1980, 국립국어연구원 1996), 자음 중복(김진우 1971), 닿소리떨기(김선기 1972ㄴ), 자음 묶음(정인섭 1973), 닿소리떼(김영송 1977ㄱ, 임용기 1986, 김차균 1987ㄴ), 겹소리(류기운 1984), 겹닿소리(임용기 1986, 이병운 1993, 이근열 1994), 자음 연결체(황귀룡 역 1986, 국립국어연구원 1996), 겹자음(허용 1990, 류렬 1992, 이돈주 1997ㄴ), 닿소리군(이근열 1995, 구현옥 1998), 자음 무리(강덕수 1998), 중복 자음(우민섭 2000), 복보음[複補音](전광진 역 2003), 자음소군(이금화 2006, 이현정 2008, 하신영 2010), 연속 자음(박청수 2007), 중첩 자음(최태환 2013)
>
> **영어** consonant cluster

② 개념 설명

둘 이상의 자음이 인접해 있는 경우를 가리킨다. 일반적으로는 한 음절 내에서 둘 이상의 자음이 나란히 놓인 것을 자음군이라고 하지만 이것을 확대하여 어중에서 음절 경계를 사이에 두고 자음이 여러 개 인접한 것도 자음군에 포함하는 경우가 있다. 국어의 자음군은 위치에 따라 어두 자음군과 어간말 자음군을 구분하기도 한다.[12] 어두 자음군은 단어의 첫 머리에 놓인 자음군으로 중세 국어 시기에 모음 탈락에 의해 생겨났다가 이후 사라졌다.[13] 어간말 자음군은 어휘 형태소의 마지막에 오는 자음군으로 현대 국어의 경우 자음이 최대 2개까지 올 수 있다.[14]

③ 용어 설명

'자음군'을 가리키는 용어는 크게 두 부류로 나뉜다. 하나는 '자음 결합, 자음군, 자음 연결, 자음 연속' 등과 같이 둘 이상의 자음이 결합되어 있다는 의미를 담은 것이다. 이 부류의 용어는 자음군의 원래 의미를 잘 반영하고 있다. 다른 하나는 '중복음, 중자음, 복자음, 복합 자음' 등과 같은 용어들이다. 이것들은 '단자음(單子音)'에 대립되는 '중자음(重子音)'을 가리키는 용어와 구별이 되지 않는다. '자음군'과 '중자음(重子音)'은 그 개념이 상당히 다르므로 같은 성격의 용어를 이중적으로 사용하는 것은 적절하다고 볼 수 없다.[15]

④ 관련 항목

자음, 자음군 단순화, 자음 충돌, 중자음」

---

12) 이 외에 음절 끝에 오는 자음군을 '미자음군[尾子音群](양동휘 1967), 음절말 자음군(박창원 1987ㄱ)', 단어의 중간에 오는 자음군을 '중간 자음군(양동휘 1967), 어중 자음군(박창원 1987ㄱ)'이라고 하는 경우도 있다.

13) '어두 자음군'은 '복자음[複子音](前間恭作 1924), 복합음[複合音](팔대수 1930), 초두음군[初頭音群](小林英夫 1935), 어두 자음군[語頭 子音群](이숭녕 1954ㄴ, 이기문1955, 허웅 1958, 筧壽雄·今井邦彦 1971, 小泉保·牧野勤 1971), 복두 자음[復頭子音](河野六郎 1955, 志部昭平 1988), 복합 자음 음운[複合 子音 音韻](허웅 1958), 어두 중자음[語頭 重子音](나진석 1960), 두자음 연결[頭子音 連結](太田朗 1960), 어두 겹받소리(김영신 1966ㄱ), 자음 복합[子音 複合](김완진 1967), 말머리 자음군(이은정 1975), 어두 복자음[語頭 複子音](권재선 1978, 이돈주 역 2001, 도수희2002), 초성 병서[初聲 竝書](권재선 1978), 말머리 닿소리 무리(이근열 1995), 두위 결합[頭位 結合](龜井孝 外 編 1996), 어두 자음 연속[語頭 子音 連續](龜井孝 外 編 1996), 복초성[複初聲](우민섭 2000), 말머리의 겹닿소리(이병운 2000), 복합 자음(도수희 2002), 어두 자음소군(최명옥 2004)' 등으로 불린다. 중세 국어의 어두 자음군은 'ㅂ'으로 시작하는 것만 존재했으며 자음이 최대 2개까지 올 수 있었다는 것이 현재 일반화된 결론이다. 그러나 논의에 따라서는 'ㅅ'으로 시작하는 어두 자음군도 존재했고 최대로 가능한 자음의 수가 3개였다고 보기도 한다.

14) 15세기 국어의 경우 '낛구믈, 낛굴, 낛노라, 낛는'의 해석에 따라 '낛-'과 같이 세 개의 자음으로 이루어진 어간말 자음군을 인정하기도 한다.

15) '중자음(重子音)'은 별도의 항목으로 설정되어 있다.

자음군 단순화

① 용어의 별칭

국어 종성 법칙[終聲 法則](심의린 1949ㄴ), 자음군의 기피 현상(김민수 1960), 과잉 음운(이강로 1961), 묵음[默音] 현상(한국국어교육연구회 1964ㄱ), 음군 간소화 규칙(이은정 1975), 음군 간소화(이은정 1975, 이승재 1980, 소강춘 1983), 자음군 단순화(이병근 1975, 이광호 1978, 송철의 1982), 음군 간단화 규칙(이병건 1976, 박영순 1985), 단순화 규칙(이병근 1977), 끝소리의 탈락(김영신 1977), 겹자음 간소화(이혜숙 1980, 김진우 2008), 자음군 간단화(오미라 1983, 이유미 1985, 조항근 1986), 삼자음[三子音] 간결화(이윤동 1983), 자음군 간결화(이윤동 1983, 고병암 역 1986, 최한조 1991), 자음군 부분 삭제(이동화 1984ㄱ), 단음화(정국 1984, 이송열 2000), 말자음군 단순화(문학준 1985), 자음군 간소화(이유미 1985), 겹받침 줄이기(허웅 1985ㄱ, 신연희 1991, 김형춘 1994), 어중 자음군 현상(김덕호 1986), 둘받침 줄이기(김윤학 1987, 이근영 1990), 닿소리떼의 단순화(김차균 1987ㄴ), 자음군의 단순화(김차균 1987ㄴ), 자음군 축소(안수웅 1990), 겹받침 줄임 규칙(서보월 1992), 어말 겹닿소리 줄이기(박덕철 1993), 음절말 겹닿소리 줄이기(박덕철 1993), 겹받침 줄임 현상(김형엽 1994), 묵음화(최윤현 1993, 황인권 2000), 겹받침 단순화(이호영 1996, 성희제 2003), 중자음 단순화(강석근 1997), 말음 간소화 현상(이근열 1997ㄱ), 겹닿소리의 단순화(이근열 1997ㄱ), 겹닿소리 단순화(이근열 1997ㄴ), 자음군 간략화(김남훈 2000), 종성 간소화 현상(이병운 2000), 홑소리 되기(이병운 2000), 복자음 단순화(도수희 2002), 복자음 삭제 규칙(도수희 2002), 음절말 자음군 단순화(조성문 2002, 성희제 2003), 자음소군 단순화(최명옥 2004, 김춘자 2006, 변용우 2006), 겹받침 탈락 규칙(양순임 2005)

영어 consonant cluster simplification, consonant cluster reduction

② 개념 설명

음절화 절차를 거쳐 음절 종성에 자음이 두 개 놓일 때 그중 하나가 탈락하는 현상을 가리킨다. 현대 국어에는 음절 종성에서 최대 하나의 자음만 발음될 수 있다는 음절 구조 제약이 존재한다. 따라서 종성에 자음이 두 개 놓이게 되면 하나의 자음을 탈락시켜야만 한다.[16] 이때 탈락하지 않고 남는 자음을 흔히 '대표음'이라고 부른다.[17]

자음군 단순화가 적용되는 환경은 크게 두 가지로 나눌 수 있다. 하나는 자음군으로 끝나는 형태소에 적용되는 것이고 다른 하나는 하나의 자음으로 끝나는 형태소에 적용되는 것이다.

> (가) 값→갑, 닭→닥
> (나) 넓+고→널꼬, 넓+다→널따
> (다) 값+있다→가빋따, 흙+얼개→흐걸개

---

16) 이러한 음절 구조 제약은 외국어에도 그대로 적용된다. 다만 외국어는 원래의 음에 충실해야 한다는 조건이 있어서 자음군 단순화를 적용하는 대신 모음 '으'를 첨가하여 음절 구조 제약을 만족시키게 된다. 가령 1음절로 된 단어인 'box'와 'fact'를 '박스', '팩트'로 받아들이는 것이 그러하다.

17) 장영길(1985)는 탈락하지 않고 남은 자음을 '주음(主音)', 탈락하는 것을 '부음(副音)'이라고 칭한 바 있다.

(가)~(다)는 자음군에 적용되는 경우로서 자음군 단순화의 가장 전형적인 모습이다. (가)는 체언이 단독으로 발음될 때 적용되는 것, (나)는 뒤에 자음으로 시작하는 형태소가 결합할 때 적용되는 것, (다)는 뒤에 모음으로 시작하는 어휘 형태소가 결합할 때 적용되는 것이다. 자음군으로 끝나는 형태소 뒤에 모음으로 시작하는 문법 형태소가 오는 경우를 제외하면 자음군 단순화가 적용된다. 즉 자음군을 이루는 두 자음 중 뒤의 자음이 연음에 의해 후행 음절의 초성으로 이동하는 경우가 아니면 자음군 단순화가 적용되는 것이다. 이것은 평파열음화가 적용되는 조건과 정확히 일치한다.

그런데 자음군 단순화는 자음군으로 끝나는 형태소에만 적용되는 것은 아니다. 하나의 자음으로 끝나는 형태소에도 자음군 단순화가 적용될 수 있다.

> (라) 알:+은→(앑:)→안:, 알:+을→(앑:)→알:, 알:+음→(앑:)→암:

(라)는 'ㄹ'로 끝나는 어간 뒤에 '-은, -을, -음'과 같은 어미가 결합할 때 '으'가 먼저 탈락함으로써 도출의 중간형에서 '앑, 앑, 앑'과 같이 음절 종성에 자음군이 있는 형태가 만들어진다. 이 경우에도 자음군 단순화가 적용된다. (라)는 어간이 원래부터 자음군을 가지고 있지 않더라도 자음군 단순화가 적용될 수 있음을 말해 준다. (라)와 동일한 성격의 자음군 단순화는 국어사에서 좀 더 찾을 수 있다.

> (마) 믈+ㅅ+결→믓결, 발+ㅅ+바당→밧바당
> (바) 출뿔>찹쌀, 쁠쁠>씁쓸

(마)는 소위 사이시옷이 결합하는 경우인데 이로 인해 음절 종성에 자음군이 놓여서 자음군 단순화가 적용된 경우이다. 물론 중세 국어 시기에는 'ㄹ'로 시작하는 자음군에 자음군 단순화가 잘 적용되지 않았다는 점, (마)와 같은 'ㄳ'에 자음군 단순화가 적용된다면 'ㅅ'이 탈락할 것으로 예상되는데 그렇지 않다는 점에서 (마)를 자음군 단순화로 단정하기 어려운 측면도 존재한다.[18] 그러나 사이시옷이 첨가되어 음절 종성에 'ㄳ'이라는 자음군이 만들어졌다는 사실 자체는 부인할 수 없다.

(바)는 복합어의 후행 요소에 있는 어두 자음군의 일부가 선행 음절 종성으로 이동한 후 자음군 단순화가 적용되었다. (바)의 경우 이런 환경의 'ㅂ'이 양음절성을 지니기 때문에 두 음절 모두에 걸쳐 있었으리라 추측된다.[19] 이후에 어두 자음군이 소멸하면서 'ㅂ'은 선행 음절의 종성으로만 발음되고 여기에 자음군 단순화가 적용되어 현대 국어로 이어지고 있다.

자음군 단순화가 적용될 때 어떤 자음이 탈락하는지는 다소 복잡한 양상을 보인다. 표준 발음법에서는 겹받침의 종류에 따라 어떤 자음이 탈락하는지를 명시해 두었다. 그렇지만 'ㄺ, ㄼ'과 같이 개별 단어나 후행 형태소의 종류에 따라 탈락 자음이 유동적인 것이 존재한다. 특히 현실 발음이나

---

18) 그래서 (마)를 자음군 단순화가 아닌 유음 탈락의 예로 보는 입장도 존재한다.
19) 이러한 사례는 중세 국어 시기에 상당히 존재한다. 더 많은 예는 '양음절성' 항목에 제시되어 있다.

방언으로 시야를 확대하면 자음군 단순화에 의한 탈락 자음의 양상이 더 복잡해진다.[20] 가령 'ㄺ, ㄽ, ㄿ'은 'ㄹ'이 탈락하는 방언권과 'ㄹ' 이외의 자음이 탈락하는 방언권이 구분되고 있다.[21] 또한 한 방언 내에서도 단어의 종류 또는 연령 등에 따라 탈락 자음이 유동적인 모습을 보인다. 한편 자음군 단순화가 겹받침을 가지지 않은 형태소, 즉 자음군으로 끝나지 않는 형태소에 적용될 때에는 탈락 자음의 종류가 일정하다. (라), (마), (바)에서 보듯 이런 경우에는 항상 자음군의 선행 자음이 탈락하고 후행 자음이 남게 된다.

③ 용어 설명

　'자음군 단순화'를 가리키는 용어는 대부분 자음군 중 하나가 탈락한다는 의미를 담고 있다. 음운 현상의 입력형인 '자음군'이라는 정보가 용어에 포함된다는 점에서 다른 음운 현상의 명칭과 차이가 있지만 음운 현상의 특성상 '자음군'에 적용된다는 사실을 밝히는 것이 타당해 보인다.[22] 다만 '겹받침 줄이기, 겹받침 단순화, 겹받침 줄임 현상' 등과 같이 '겹받침'이라는 표현을 사용한 용어는 자음군 단순화의 범위를 겹받침을 가진 형태소로 한정한다는 점에서 문제점이 있다. 앞에서 지적한 것처럼 자음군 단순화는 겹받침을 가지지 않은 형태소에도 적용될 수 있기 때문이다.

　이상의 부류에 속하지 않는 용어들은 대체로 정확성이 다소 떨어진다고 할 수 있다. 가령 '단순화 규칙, 단음화, 홑소리 되기' 등은 자음군 단순화의 입력형에 대한 정보가 없고 '종성 법칙'은 적용 환경에 대한 정보만 있어서 모두 어떤 음운 변동이 일어나는지를 명확히 알기 어렵다. 또한 '묵음 현상, 묵음화' 등은 일반적인 탈락과 차이가 없어서 지시 대상이 지나치게 넓다는 점이 문제이다.

④ 관련 항목

　음절 구조 제약, 음절의 끝소리 규칙, 자음군, 탈락

---

20) 여기에 대해서는 이진호(2012ㄱ)을 참고할 수 있다.
21) 남한으로 한정할 경우 동해안에 가까운 방언권에서 'ㄹ' 이외의 자음이 탈락하는 모습을 보인다.
22) 일반적인 음운 현상의 명칭에는 입력형에 대한 정보가 포함되지 않는다.

자음 동화

① 용어의 별칭

> **국어** 자음 동화[子音 同化](小倉進平 1915, 이희승 1939ㄷ, 김형규 1946, 장하일 역 1958), 닿소리의 닮음(최현배 1929), 자음 접변[子音 接變](이희승 1939ㄷ, 허웅 1968ㄱ), 자음 연변[子音 連變](이희승 1939ㄷ), 자음 동화 규칙(이병근 1975), 닿소리 닮음(박정수 1999), 자음소 동화(최명옥 2004, 이금화 2006, 하신영 2010)
>
> **영어** consonant assimilation

② 개념 설명

동화 현상 중 동화음과 피동화음이 모두 자음인 음운 현상을 가리킨다. 즉 자음과 자음이 결합할 때 동화가 일어나는 것이 자음 동화의 전형적인 모습이다. 국어 자음 동화의 예로는 비음화, 유음화, 위치 동화가 대표적이다. 이 외에 'ㄹ의 비음화'도 전통적으로 자음 동화의 일종으로 보아 왔는데 구체적으로 어떤 특징에 동화되었는지를 명시하기 어려워 자음 동화로 단정하기는 쉽지 않다.[23] 또한 논의에 따라서는 장애음에 의한 경음화나 유기음화조차도 자음 동화에 포함하는 경우가 있지만 일반적인 입장은 아니다.[24]

자음 동화를 넓게 보면 동화음이 모음인 경우도 포함된다. 이런 경우 피동화음만 자음이면 자음 동화에 속한다. 최현배(1929)에서는 구개음화와 유성음화를 모음에 의한 자음 동화로 보았다. 구개음화의 경우 단모음 '이' 또는 반모음 'j'에 의해 자음이 동화되는 현상이므로 이론의 여지가 없다. 유성음화는 동화음이 반드시 모음에만 국한되지는 않지만 모음이 동화음으로 작용하는 것은 사실이므로 자음 동화에 포함될 수 있다.[25]

국어 자음 동화의 본질에 대한 파악은 매우 오래 전부터 이루어졌다. 小倉進平(1915)에서 동화의 방향에 따라 순행 동화와 역행 동화를 나누고, 동화의 정도에 따라 전부 동화와 일부 동화를 구분한 적이 있다. 특히 국어의 자음 동화는 역행 동화가 많다는 지적까지 덧붙였다.[26] 또한 김두봉(1916, 1922)에서는 음성학적 사실에 근거하여 자음 동화의 성격을 정확히 파악하기도 했다.[27]

③ 용어 설명

'자음 동화'를 가리키는 용어들은 두 부류로 나뉜다. 하나는 '자음 동화, 닿소리 닮음' 등과 같이 자음의 동화라는 의미를 직접 반영하는 용어들이다. 다른 하나는 '자음 접변, 자음 연변'과 같이 자

---

23) 자세한 것은 'ㄹ의 비음화' 항목을 참고할 수 있다.
24) 경음화와 유기음화를 모두 동화로 보는 대표적인 입장은 이문규(2004)를 들 수 있다.
25) 유성음화는 피동화음이 유성음 사이에 올 때 일어나는 이중 동화로서 동화음에는 자음 중 공명음도 올 수 있다.
26) 小倉進平(1915)에서 다룬 것은 자음과 자음 사이에서 일어난 동화 현상이다. 金田一京助(1932)에 따르면 일본어도 역행 동화가 순행 동화보다 더 많다고 한다. 자음 사이의 동화에는 역행 동화가 많은 것이 다른 언어에서도 보이는 일반적 경향이다.
27) 주시경도 자음 동화에 속하는 현상들을 다루었지만 동화라는 본질 파악에는 이르지 못하고, 자음과 자음이 결합할 때 변동이 일어난다고만 보았다. 자세한 것은 '자음 접변' 항목을 참고할 수 있다.

음과 자음이 만날 때 일어나는 변화임을 가리키는 용어들이다. 두 번째 계열의 용어를 사용하면 자음과 자음이 결합할 때 일어나는 현상이 모두 동화인 것은 아니라는 점, 동화음이 자음이 아닌 경우는 무조건 배제되어야 한다는 점이 부담으로 남는다.

④ 관련 항목

동화, 비음화, 연성, 위치 동화, 유음화, 자음 접변

자음 접변

① 용어의 별칭

국어 접변[接變](주시경 1906, 강매 1921, 이규방 1922), 자음의 접변(주시경 외 1907~1908, 이규영 1920, 이규백 1926), 자음 접변(주시경 외 1907~1908, 이극로 1933, 주왕산 1948), 초종성의 접변(주시경 1909, 김원우 1922), 자음의 변화 (藥師寺知曨 1909), 붙음소리의 접변(주시경 1910ㄱ), 붙음소리의 이어서 박굼(이규영 1913), 닷소리의 접변(주시경 1913ㄱ), 잇어 박구임(주시경 1913ㄴ), 붙음소리의 잇어 박구임(주시경 1913ㄴ), 닷소리의 잇어 박구임(주시경 1914), 닿소리의 잇어 바꿈(김두봉 1916), 자음 연변[子音 連變](김두봉 1916, 이탁 1932, 이희승 1939ㄷ), 변전음 [變轉音](新庄順貞 1918), 부발음[附發音]의 접변(강매 1921), 음음[陰音]의 변작성[變作聲](이필수 1922), 변작 성[變作聲](리필수 1923), 음의 전화[轉化](魯璣柱 1924), 끝소리의 바꾸임(강매 · 김진호 1925, 조선어연구회 1930), 자음의 연변[連變](이상춘 1925, 최현배 1929, 장지영 1937), 종성의 접변(홍기문 1927), 닿소리끼리의 닮음(최현배 1929), 닿소리의 이어 바꿈(최현배 1929, 이극로 1934, 김윤경 1948ㄱ), 닿소리의 연변(이병기 1929~1930), 종성의 전환[轉換](조선어연구회 1930), 닿소리의 접변(김윤경 1932ㄱ, 이영철 1948), 연음[連音](김선기 1932), 음의 접변 (강현 1933), 접변음[接變音](강현 1933), 자음의 만나 바꾸임(이극로 1935), 동화음[同化音](심의린 1936), 닿소리의 만나 바꾸임(이극로 1933), 변음[變音](홍기문 1947), 닿소리 이어 바꿈(박종우 1946, 심의린 1949ㄱ, 허웅 1958), 닿소리 접변(박종우 1946, 정인승 1948), 자음의 동화 작용(주왕산 1948), 닿소리의 이어 바뀜(이인모 1949, 장하일 1949, 이근영 1990), 닿소리 이어 바뀜(정인승 1949ㄱ, 김민수 외 1960ㄱ, 허웅 1968ㄱ), 연접 현상(이강로 1961), 자음 동화(기세관 1992), 자음소 접변(이금화 2006)
영어 consonant assimilation, consonant sandhi

---

② 개념 설명

자음과 자음이 인접할 때 일어나는 여러 가지 음운 현상들을 포괄하는 개념이다. 주시경에 의해 처음 제안되었다.[28] 자음 접변에 포함되는 음운 현상의 종류는 논의에 따라 조금씩 차이를 보인다. 그러나 주시경이 포함한 현상을 바탕으로 일부가 첨삭되는 수준이다. 비음화, 유음화, 'ㄹ'의 비음

---

28) 한택동(1999)에 따르면 주시경의 강의 내용을 학생 유만겸이 필사한 『국문문법』(1905)에는 '자음 접변'이 '상접변음(相接變音)'으로 되어 있다. 상접변음에는 비음화, 유음화, 위치 동화, 'ㄹ'의 비음화, 경음화처럼 자음 접변에 속하는 현상이 대부분 포함된다.

화는 모든 논의에 빠지지 않는 대표적인 자음 접변의 예이다. 이 외에 후행하는 자음 앞에서 일어나는 평파열음화,[29] 유성음화, 유기음화, 경음화 등도 논의에 따라 추가하는 경우가 있다.

자음 접변은 학교 문법에서도 오랜 기간 유지되어 왔다. 그러나 현재는 그다지 널리 쓰이지 않는다. 자음 접변에 속하는 현상 중에는 성격이 이질적인 것이 있어서 하나로 묶기가 어렵고, 음운 현상들을 그 성격에 따라 하위 분류하는 방식이 일반화되어 있어서 굳이 '자음 접변'과 같이 음운 변동의 구체적 양상이 제대로 드러나지 않는 개념을 유지할 필요가 없어졌기 때문이다.

간혹 자음 접변과 자음 동화를 동일시하는 경우도 있지만 이것은 적절하다고 볼 수 없다.[30] 자음 접변에는 말 그대로 자음과 자음이 인접하면서 변화하는 모든 현상들이 포괄된다. 그래서 유기음화나 평파열음화 등과 같이 동화와 무관한 현상들이 다수 포함되어 있다. 비록 자음 접변에 동화 현상이 많이 들어 있는 것은 사실이지만 자음 접변은 동화에만 국한되지는 않는다는 점에서 자음 동화와 같은 개념은 아니다.

③ 용어 설명

'자음 접변'을 가리키는 용어는 수적으로 매우 다양하다. 그런데 질적으로는 그다지 다양하다고 볼 수 없다. 대체로 '자음 접변'의 내용을 그대로 따르되 구체적인 표현을 달리한 데 지나지 않는다. '자음'을 나타내는 용어를 '닿소리, 붙음소리, 부발음' 등으로 달리한다든지, '접변'을 '변화, 연변, 이어 바꿈' 등으로 달리하는 데에서 용어의 변이형이 나타나고 있다.

'자음 접변'과 동일한 성격으로 보기 어려운 용어들은 크게 '변전음, 변작성, 음의 전화, 변음', '연음, 연접 현상', '끝소리의 바꾸임, 종성의 접변, 종성의 전환', '동화음, 자음의 동화 작용'의 네 부류로 묶을 수 있다. 이 중 첫 번째 부류와 두 번째 부류는 단순히 음이 바뀐다거나 음이 서로 접한다는 의미만 담고 있어서 정확성이 떨어진다. 세 번째 부류는 자음 접변에 의해 바뀌는 음이 음절 종성이라고 보고 있다. 이것은 자음과 자음이 결합할 때 주로 음절 종성에 놓인 자음이 바뀐다는 점을 고려한 것이다. 그러나 실제 제시된 자음 접변에는 순행적 유음화와 같이 초성이 바뀌는 현상들도 있으므로 타당하다고 보기 어렵다. 마지막 부류는 자음 접변을 동화로 본다는 인식이 반영되어 있다. 앞서 지적했듯이 자음 접변에 속하는 현상을 모두 자음 동화로 볼 수는 없다는 점에서 이 부류의 용어도 적절하다고 할 수는 없다.

④ 관련 항목

연성, 자음 동화, 자음 충돌

---

29) 평파열음화는 자음과 자음이 인접하는 경우뿐만 아니라 후행하는 자음이 없거나 모음으로 시작하는 어휘 형태소 앞에서도 일어난다. 자음 접변에 포함되는 평파열음화는 자음이 나란히 놓일 때 일어나야 하므로 뒤에 자음이 오는 경우로 한정된다.
30) 이러한 경향은 꽤 오래된 듯하다. 이숭녕(1931)에서 한국 학자들이 자음 동화에 대해 흔히 '자음의 연변, 바뀜' 등의 술어를 쓰고 있다고 증언한 것에서도 이것을 알 수 있다.

자음 충돌

① 용어의 별칭

> **국어** 자음[子音]의 중복[重複](河野六郎 1945), 자음 충돌[子音 衝突](정경해 1953, 한국국어교육연구회 1964ㄴ, 최윤현 1985), 자음 연결(黒田巍 譯註 1958, 배주채 1998), 자음 결합(長嶋善郎 譯 1980), 자음 연접(정철 1991, 이장희 2005), 자음 거듭(류렬 1992), 닿소리 부딪힘(이병운 2000)

② 개념 설명

자음과 자음이 서로 인접하는 상태를 가리킨다. 단모음의 연쇄를 가리키는 '모음 충돌'에 대응하는 개념이다. 자음과 자음이 인접하면 음운 현상이 일어나는 경우가 많다. 그래서 이러한 음운 현상의 동기가 자음의 부딪침에 있다고 해석하기 위해 '자음 충돌'이라는 개념을 사용한다.[31] 그러나 '모음 충돌'에 비해 그다지 널리 활용되지는 않는다. '모음 충돌'을 피하기 위한 음운 현상을 '모음 충돌 회피'라고 부르는 것처럼 자음 충돌을 피하기 위해 적용되는 음운 현상을 '자음 충돌 회피'라고 부르기도 한다.[32]

③ 용어 설명

'자음 충돌'을 가리키는 용어는 크게 두 부류로 나뉜다. 하나는 '자음 충돌, 닿소리 부딪힘'과 같이 자음의 연속을 자음이 서로 '부딪치는' 현상이라고 표현하는 용어들이다. 이것은 자음 충돌을 다른 음운 현상의 적용 동기로 보고자 하는 의도가 들어 있다. '충돌'이라는 용어를 통해 자음과 자음의 연쇄를 기피 대상으로 이해하고 이것을 피하기 위한 추가적인 조정 과정이 필요하다는 사실을 드러내고자 한 것이다. 문제는 자음과 자음이 결합한다고 해서 항상 음운 현상이 적용되는 것은 아니라는 점이다. 따라서 모든 자음의 연쇄를 '자음 충돌'이라고 표현하는 것은 과도하다.[33] 다른 부류는 '자음의 중복, 자음 연결, 자음 결합, 자음 거듭, 자음 연접'으로 단순히 자음이 연속된다는 사실만을 가리킨다. 이러한 용어는 '자음 충돌' 계열의 용어가 안고 있는 문제점이 생기지 않는다는 장점이 있다. 다만 자음과 자음이 결합할 때 적용되는 음운 현상과의 연관성은 다소 떨어진다.

④ 관련 항목

모음 충돌, 자음 접변

---

31) 매개 모음인 '으'가 첨가된다고 보는 입장에서는 매개 모음 첨가의 원인을 '자음 충돌'에서 찾기도 한다. '매개 모음'에 대한 음운론적 해석의 다양성은 '매개 모음' 항목을 참고할 수 있다.
32) '자음 충돌 회피'를 가리키는 용어로는 '자음 충돌 회피[子音 衝突 廻避](한국국어교육연구회 1964ㄴ), 자음 회피[子音 廻避](고창식 외 1965), 닿소리 부딪힘 회피(이병운 2000)' 등이 있다.
33) 동일한 문제점은 '모음 충돌'이라는 용어에도 그대로 담겨 있다.

장단

① 용어의 별칭

국어 장단(리봉운 1897), 장단[長短](주시경 외 1907~1908, 前間恭作 1909, 이필수 1922, 神保格 1927, 小林英夫 1935, 허웅 1955), 때(주시경 1910ㄱ), 길고 자름(주시경 1914), 길이(김두봉 1916, 최현배 1929), 길고 짧음(강매·김진호 1925), 동안(최현배 1929), 음량[音量](金田一京助 1932, 寺川喜四男 1950, 장태진 1963ㄴ, 양동휘 1967, 박병채 1980, 龜井孝 外 編 1996), 장음[長音](편집실 1938ㄷ), 길고 짜름(김윤경 1948ㄱ), 음장[音長](허웅 1958, 이병근 1976ㄴ, 日本音聲學會 編 1976, 소강춘 1989), 장단 음운(박창해 1963), 음시량[音時量](日本音聲學會 編 1976), 소리 길이(황귀룡 역 1986), 길고 짧음 (이현복 1991)

영어 length, duration, quantity

② 개념 설명

소리의 길고 짧음을 이용하여 단어의 뜻을 구분하는 운소이다. 이때 소리의 길이는 주변 음과의 비교를 통해 상대적으로 결정된다.[34] 장단은 모음에 얹혀 실현된다고 보기도 하고 음절에 얹혀 실현된다고 보기도 한다. 전자의 경우 단모음(短母音), 장모음(長母音)과 같은 개념이 필요하고 후자의 경우 단음절(短音節), 장음절(長音節)과 같은 개념이 필요하다.[35] 일반적으로는 모음에 장단이 얹힌다고 보는 경우가 많다.

'장단'을 음운으로 볼 경우 강약, 고저와 같은 다른 음운과 구별하기 위해 '음장소(音長素, chroneme)' 라는 용어를 사용하기도 한다.[36] 음장소는 장단의 차이를 나타내는 음운론적 단위라고 할 수 있다. 음장소에는 장음을 나타내는 것과 단음을 나타내는 것의 두 가지가 있다. 장음을 나타내는 음장소 는 '긴 크로님, 긴소리 음운, 장음 음운, 장음장소, 장조(長調)' 등으로 불리며 단음을 나타내는 음장 소는 '짧은 크로님, 단음장소, 단조(短調)' 등으로 불린다. 또한 음소에 대한 변이음이 있듯이 음장소 에 대해서도 변이음을 인정하는 경우가 있는데 이것을 '변이장운[變異長韻](유만근 1996), 변이크론 (국립국어연구원 1996)'이라고 한다.

장단의 차이에 따른 부류는 크게 장음과 단음의 두 가지만 인정하는 경우가 많지만 세 부류 이상 을 인정하기도 한다.[37] 국어 연구의 초창기에는 특히 장단에 따라 세 부류를 나누는 경우를 적지 않

---

34) 상대적으로 결정되는 장단에 대해 최현배(1929)에서는 '마조길이[相對的長]', 김계곤(1960)에서는 '상대적 장, 마주길이, 관용 적 장단'과 같은 용어를 사용한 바 있다. 이에 반해 절대적으로 결정되는 상단은 '따로길이[絕對的長](최현배 1929)', '절대적 장, 따로길이, 우생적 장단(김계곤 1960)'이라는 용어를 사용했다.

35) 특이하게도 河野六郎(1951)에서는 '장모음절[長母音節]'이라는 용어가 쓰였는데, '장모음이 들어 있는 음절' 정도의 의미로 생 각된다.

36) '음장소' 대신 '크로님(허웅 1958), 장단[長短](차현실 1967), 긴 음소(유구상 1970), 장음소(유구상 1970, 林榮一·間瀨英夫 譯 1978), 음량 음소[音量 音素](지준모 1972), 길이 운소(유만근 1985), 음장소[音長素](전상범 1985ㄱ, 이정민·배영남 1987), 장음소[長音素](박영환 1986, 신경철 1990), 장장 음소[音長 音素](윤종남 1987), 길이의 운소(강순경 1989), 긴소리(유만근 1996), 장운소[長韻素](유만근 1996)' 등의 용어를 쓰기도 한다. 모두 'chroneme'의 번역어이다.

37) 新村出(1943)에서는 음성학적으로 '극장(極長), 장(長), 반장(半長), 단(短), 극단(極短)'의 다섯 가지 등급을 나눈 적도 있다.

게 찾아볼 수 있다.[38] 가령 주시경 외(1907~1908)에서 장단에 따라 '평음(平音), 협장음(狹長音), 광장음(廣長音)'의 세 가지로 구분할 수 있다는 언급을 하고 있다.[39] 이후 이필수(1922)에서는 '최장자(最長者), 초장자(稍長者), 평상자(平常者)', 최현배(1929)에서는 '짜른소리(短音), 예사소리(常音, 中音), 긴소리(長音)'로 나누었는데 용어의 차이만 있을 뿐 세 부류로 나누었다는 점에서 동일하다.[40] 특히 이극로(1932ㄴ)에서는 '긴소리, 예사소리, 쩌른소리'의 세 부류를 나누면서 그 차이로 구별되는 단어 쌍으로 '발(簾), 발(丈), 발(足)'을 제시한 적도 있다. 일부 언어에서는 실제로 세 부류의 장단이 기능적 차이를 보인다고 보고되어 있지만[41] 국어의 경우에는 장음과 단음의 두 부류만 나누는 것으로도 충분하다.

장단의 실현에는 여러 가지 요인이 영향을 준다. 이 중 중요한 것은 두 가지이다. 하나는 음 본연의 성질에서 비롯되는 요인이다. 가령 모음의 경우 혀의 높낮이가 낮을수록 길이가 더 길어진다는 것은 잘 알려진 바이다. 자음의 경우 무성음이 유성음보다 더 긴 것도 음 본연의 성질에서 기인한 것이다. 다른 하나는 주위 환경에 의한 영향이다. 무성음 앞보다 유성음 앞의 모음이, 폐음절보다 개음절의 모음이, 강세를 받지 않은 것보다는 강세를 받은 모음이 더 길며, 자음의 경우 어중보다는 어말에 놓일 때 길이가 더 길다. 이러한 장단의 실현은 주변의 조건이 영향을 준 결과이다.

장단 중에는 단어의 의미 변별과 무관한 것도 있다. 소위 '표현적 장음'이라고 불리는 장단이 대표적이다.[42] 표현적 장음이란 장단이 어떤 사실을 강조하거나 청자에 대한 심리적 태도 등을 표현하는 데 사용되는 것을 가리킨다. 표현적 장음이 실현된다고 해서 단어의 뜻이 달라지는 것은 아니지만 어감상의 다양한 차이를 드러낼 수 있다.

현대 국어는 방언에 따라 장단이 운소로 작용하기도 하고 그렇지 않기도 한다. 중앙어를 비롯하여 주로 한반도의 서반부에 위치한 방언에서 장단이 운소의 자격을 가진다. 그래서 가령 '눈'을 길게 발음하면 '雪'의 의미가 되지만 짧게 발음하면 '目'의 의미가 된다. 장단의 차이에 의한 최소 대립쌍은 이 외에도 여러 가지가 있다.[43]

현대 국어의 장단 실현에는 장모음이 어두에만 온다는 제약이 있다. '비일비재(非一非再), 선남선녀(善男善女)' 등과 같이 'ABAC'의 구조를 가진 특수한 한자어계 복합어의 경우를 제외하면 대체로 비어두에는 장모음이 오지 않는다.[44] 또한 어두에 장모음을 가진 단어라고 하더라도 복합어 형성을 할 때 비어두로 가든지, 기식군을 이루면서 그 앞에 다른 단어가 놓이면 장모음은 단모음으로 바뀐다.

---

38) 이러한 태도는 그 당시 국어 연구에서 중세 국어의 방점을 음장으로 해석하던 분위기와 일부 관련이 있다. 즉 평성, 거성, 상성의 세 가지를 장단에 따른 세 부류로 해석했던 것이다.

39) 이 중 '협장음'과 '광장음'은 장음으로 묶어서 장음과 단음의 둘로만 구별해도 충분하다는 언급이 나오기는 한다. 사실 주시경이 세 부류를 나눈 것은 순수하게 '장단'만을 고려했다기보다는 '장단'에 '광협'이라는 다른 요소를 결부한 결과라고 보는 편이 더 타당할 것이다.

40) 장단에 따라 세 부류를 나눌 때의 용어는 이 밖에도 '단음, 중음[中音], 장음(小倉進平 1923), 단음, 반장음[半長音], 장음(주왕산 1948), 일음장, 이음장, 삼음장(정렬모 1927ㄷ), 단음, 중장음[中長音], 장음(幸田寧達 1941), 단음, 장음, 초장음[超長音] (龜井孝 外 編 1996)' 등이 존재한다.

41) 龜井孝 外 編(1996)에서는 Estonian어를 그 예로 들고 있다.

42) 중국에서는 '표현적 장음'을 '어조경음(語調經音)'이라고 한다.

43) 장단에 의한 최소 대립쌍은 일찍이 김두봉(1916), 小倉進平(1923) 등에서 제시된 적이 있다.

44) 다만 표현적 장음의 경우는 비어두에도 자유롭게 실현될 수 있다.

현대 국어에는 단모음화나 장모음화와 같은 장단의 교체 현상도 존재한다. 흥미로운 것은 장단 실현의 제약이나 장단의 교체 현상이 중세 국어의 성조 실현 제약이나 성조 변동과 평행적인 경우가 많다는 점이다. 장단 실현의 제약은 중세 국어 시기에 상성이 주로 어두에 온다는 것과 관련이 되고, 장단의 교체는 평성과 거성의 결합이 상성으로 축약되거나 상성이 평성으로 변동하는 것과 관련이 된다.[45]

현대 국어의 장단은 현재 그 지위가 안정적이지 못하다. 장단을 명확히 인식하는 화자의 수도 줄어들고 있으며, 장단의 실현이 문란한 경우도 적지 않다. 장단이 지닌 운소로서의 지위가 흔들리는 이유로는 크게 두 가지를 들 수 있다. 음운론적 차원에서는 장단에 의한 최소 대립쌍의 수가 적어서 장단의 기능 부담량이 많지 않다는 점, 음성학적 차원에서는 장모음의 길이가 짧아져서 단모음 (短母音)과의 차이가 뚜렷하지 않다는 점이 자주 거론된다.

③ 용어 설명

'장단'을 가리키는 용어들은 세 부류로 나눌 수 있다. 첫 번째는 '장단, 길고 자름, 길고 짧음, 길고 짧음' 등과 같이 음의 길이에서 대립되는 양쪽을 조합하여 만든 것이다. 두 번째는 소리가 긴 쪽을 중시한 용어로 '장음, 음장, 소리 길이'가 여기에 속한다. 세 번째는 길고 짧은 데 있어 가치 중립적 성격을 가진 용어들도 '때, 동안, 음량, 음시량' 등이 있다.

④ 관련 항목

단모음², 운소, 장모음

장모음

① 용어의 별칭

국어 장모음[長母音](左久間鼎 1919, 小倉進平 1923, 有坂秀世 1940, 남광우 1955ㄴ, 김완진 역 1958, 최학근 1958), 긴 홀소리(장하일 역 1958, 김진우 역 1959, 박지홍 1975, 日本音聲學會 編 1976), 긴 모음(이숭녕 1960ㄱ, 변광수 1987ㄱ, 이현복 1989), 긴장 모음(김완진 1972ㄴ), 장원음[長元音](日本音聲學會 編 1976), 장음절(김차균 1993ㄱ), 장모음소 (최명옥 2004, 이금화 2007, 이상신 2007ㄴ), 장단모음소[長單母音素](하신영 2010)

영어 long vowel

② 개념 설명

'단모음(短母音)'에 대립되는 개념으로 길이가 긴 모음을 가리킨다. 현대 국어에는 모든 단모음에

---

45) 장단 실현의 제약과 상성 실현의 제약에 대해서는 '장모음' 항목을, 장단 교체와 성조 변동과의 관련성은 '단모음화²'와 '장모음화' 항목을 참고할 수 있다.

대해 장모음이 존재한다. 다만 장단이 운소로서의 지위가 흔들리고 있어 장단에 따른 모음의 구별이 사라질 위기에 있다.

장모음은 단어의 첫머리에만 오는 것이 일반적이다. 이것은 중세 국어의 상성이 단어의 첫머리에 주로 오던 것과 평행적이다. 중세 국어의 상성은 이후 장모음으로 남아 있는데, 분포상의 제약도 상성과 장모음이 비슷한 모습을 보이고 있다. 첫 음절에 장모음을 가진 단어가 합성어를 이루면서 비어두에 놓이든지 또는 기식군을 이루면서 다른 단어에 후행하게 되면 장모음의 길이 역시 짧아진다.[46]

장모음의 음운론적 분석 방법은 여러 가지가 있다.[47]

(가) 단모음(單母音)＋긴 음장소(音長素)[48]
(나) 하나의 장모음
(다) 두 개의 동일한 단모음(單母音) 연쇄

(가)는 장단과 관련된 별도의 운소가 단모음(單母音)에 결합되어 있다고 보는 방식이다. (가)와 비슷한 방식은 비단선 음운론(non-linear phonology)에서도 찾아볼 수 있다. 비단선 음운론에서는 단모음(單母音)에 두 개의 시간 단위를 부여하여 장모음을 나타낸다.[49] 이 방식은 (가)와 비교할 때 분절음 층위와 시간 층위를 구분하여 표시했다는 점, 음장소와 같은 별도의 운소를 필요로 하지 않는다는 점이 차이 난다. 그러나 장모음을 단모음(單母音)에 장단과 관련된 요소가 결합된 구조로 분석한다는 점에서는 크게 다르지 않다.

(나)는 장모음을 단모음(短母音)과는 구별되는 별개의 단모음(單母音)으로 설정하는 것이다. (가)와 (나)의 가장 큰 차이점은 단모음(單母音) 목록의 수에 있다. (가)에 비해 (나)는 단모음(單母音)의 수가 두 배가 되어야 하는 것이다. 또한 (나)에서는 장모음과 단모음(短母音)이 길이를 제외하면 서로 비슷한 모습을 보인다는 사실을 포착하기도 어렵다.[50]

(다)는 장모음을 두 개의 동일한 단모음(單母音)이 연속된 것처럼 분석하는 것이다. 이것은 동일한 모음이 두 개 이어지면 길이가 길어질 수밖에 없다는 사실을 감안한 방식이다.[51] (다)의 방식을 택하면 장단의 문제를 분절음 차원에서 바라보아야 하므로 그 해석이 전부 달라져야 한다. 가령 장모음화나 단모음화와 같은 운소의 변동은 모음의 첨가 또는 탈락으로 기술해야 한다. 또한 같은 모음이 두 음절에 걸쳐 나타나는 모음 충돌과 한 음절에 같은 모음이 두 개 연속된 장모음을 분절음 층위

---

46) 장모음이 비어두 또는 기식군의 뒤쪽에 놓여 길이가 짧아진 것을 이철수(1994)에서는 '반장모음(半長母音)'으로 해석하여 '단모음(短母音)'과는 구분하기도 했다.

47) 여기서는 중모음(重母音)이 아닌 단모음(單母音)을 분석 대상으로 한다.

48) '음장소'는 장단을 운소로 인정했을 때 그것을 하나의 단위로 지칭하는 'chroneme'의 번역어이다. '음장소'는 '긴 음장소'와 '짧은 음장소'가 있을 수 있다. '음장소'에 대해서는 '장단' 항목을 참조할 수 있다.

49) 이러한 시간 단위를 '모라(mora)'라고 부르기도 한다.

50) (가)에서는 장모음과 단모음(短母音)의 차이가 음장소의 종류에 불과하므로 장모음과 단모음(短母音) 사이의 질적인 공통점 포착이 용이하다.

51) 박종희(1985ㄱ)에서는 이러한 구조로 된 모음을 '쌍모음'이라고 부른 바 있다

에서는 구별할 수 없게 된다.

　이상에서 살핀 것처럼 장모음의 음운론적 분석은 상당히 복잡한 문제를 안고 있다. 국어 음운론 연구에서는 장단이 운소로서 기능하는지의 여부에 대해서는 관심을 가져 왔지만 이와 관련된 이론적 문제에 대해서는 그리 많은 논의를 하지 않았다. 장모음의 분석 방법을 포함한 이론적 주제는 앞으로 다루어야 할 과제이다.

③ 용어 설명

　'장모음'을 가리키는 용어들은 일부 예외를 제외하면 모두 길이가 긴 모음이라는 의미를 담고 있다. 그중 '장단모음소'는 의미상 '길이가 긴 단모음(單母音)'을 뜻하지만 운소를 가리키는 '장단'이 연상되어 그다지 선호할 만한 용어는 아니다.[52] '긴장 모음'은 짧은 모음을 '이완 모음'이라고 부르는 것과 평행하다. 모음의 장단은 긴장성에서부터 나오는 부차적인 요소라고 보고 장단보다 긴장성 여부를 더 중시하여 '장모음' 대신 '긴장 모음'이라고 한 것이다.

④ 관련 항목

　단모음², 모음, 장단

장모음화

① 용어의 별칭

국어 장음화(金田一京助 1932, 寺川喜四男 1950, 남광우 1954, 奧村三雄 1972, 정철 1991), 장모음화(小泉保・牧野勤 1971, 이병근 1978, 강창석 1982, 신기상 1987), 장음절화(김차균 1993ㄱ), 모음 장음화(조현관 2007ㄴ), 긴소리 되기(권재일・고동호 2004), 신홀소리 되기(김은주 2010)
영어 vowel lengthening

② 개념 설명

　단모음(短母音)의 길이가 길어져 장모음으로 바뀌는 운소의 변동을 가리킨다. 국어의 경우 순수하게 모음의 길이만 길어지는 장모음화는 존재하지 않는다. 분절음의 변동이 일어나고 이것의 부수 효과로 장모음화가 동반되는 것이다. 가령 단모음이 반모음으로 바뀌거나 모음이 탈락하거나 단모음의 연쇄가 제삼의 단모음으로 축약될 때 장모음화가 일어난다.[53]

---

52) '장단모음소'는 길이가 짧은 단모음(單母音)을 '단단모음소'라고 부른 것과 짝을 이룬다.
53) 이러한 현상들은 모두 단모음이 성절성을 잃어버리는 현상이므로 '비음절화'라고 할 수 있다. '비음절화'는 별도의 항목으로

(가) 피+어→펴:, 보+아→봐:

(나) 다음>담:, 처음>첨:

(다) 사이>새:, 오이>외:

(가)~(다)는 모음 충돌을 회피하기 위한 현상이며 음절의 수가 줄어들었다는 공통점이 있다.[54] 이처럼 유소 또는 음절의 탈락으로 인해 일어나는 장모음화를 특별히 '보상적 장모음화(compensatory lengthening)'라고 부른다.[55] 보상적 장모음화는 음소나 음절의 소실이 있기 전 음운론적 단위가 지니던 시간이 그대로 유지됨으로써 음소나 음절의 탈락 후 인접한 음이 그 길이를 이어받아서 생긴다.[56] 국어의 장모음화는 대부분 보상적 장모음화와 관련을 맺는다.

(가)~(다)는 장음으로 실현되는 모음이 단어의 첫머리에 놓인다는 공통점도 가진다. 실제로 (가)~(다)에서 보이는 모음 충돌 회피 현상이 비어두에서 일어나서 해당 모음이 단어의 첫머리가 아닌 위치에 놓이면 장모음으로 실현되지 않는다. 이처럼 장모음화가 어두에서만 보이는 것은 현대 국어의 장모음이 단어의 첫머리에서 실현된다는 분포상의 제약과 관련을 맺는다.

(가)는 반모음화에 동반되어 장모음화가 일어난 경우이다. 반모음화가 일어나더라도 '오+아→와, 지+어→져[저], 치+어→쳐[처], 찌+어→쪄[쩌]'에서 보듯 '오-, 지-, 치-, 찌-'에는 장모음화가 보이지 않는다.[57] (나)는 모음 탈락으로 인한 장모음화가 일어난 예이다.[58] 모음 탈락이 일어난다고 해도 '크+어→커'나 '가+아→가'에서 보듯 '으' 탈락이나 동일 모음 탈락이 적용될 때에는 장모음화가 수반되지 않는다.[59] '으' 탈락이나 동일 모음 탈락은 필수적으로 적용됨에 비해 (나)에 제시된 예들은 모음 탈락이 일어나지 않은 '다음'과 '처음'이 공존한다는 점에 착안해서, 모음 탈락의 필수성 여부가 장모음화와 관련을 맺고 있다고 보기도 한다. (다)는 두 개의 단모음이 제삼의 단모음으로 축약되면서 장모음화가 일어난 경우이다.

앞서 언급했듯이 국어의 장모음화는 대부분 보상적 장모음화의 성격을 가져서 모음 충돌 회피에 의한 단모음 수의 감소에 동반되어 나타난다. 그런데 이병근(1978)에서는 자음의 탈락도 보상적 장모음화에 관여할 수 있다고 본 적이 있다. 가령 '지-, 찌-'의 경우에는 뒤에 '어'로 시작하는 어미가

설정되어 있다.

54) (가)~(다) 이외에도 장모음화가 일어나는 경우가 존재한다. 자세한 것은 이진호(2012ㄱ)을 참고할 수 있다.

55) '보상적 장모음화'를 가리키는 용어에는 '대상 연장[代償 延長](增山節夫 譯 1959, 지춘수 1968, 竹林滋・橫山一郎 譯 1970, 日本音聲學會 編 1976, 김영배 1979, 윤종남 1987), 배상 연장[賠償 延長](김방한 1972), 보상적 장모음화[報償的 長母音化](이병근 1978, 송철의 1982, 이기문 외 1984), 보상적 장음화[補償的 長音化](전광현 1983, 이기문 외 1984, 김종훈 1990), 보충적 길이 되기(김윤학 1987, 최임식 1994ㄱ), 보상성 장모음화 현상(소강춘 1988), 보상 연장[報償 延長](강영숙 1995), 보상적인 긴 홀소리 되기(김영선 1997), 보상 장음화(이범진 1997), 보상적 긴소리 되기(구현옥 1999), 보상 연장화(전순환 2001), 보상적 장모음소화(이상신 2007ㄴ), 상보적 장모음화(김진우 2008)' 등이 있다.

56) 이병근(1978)에서는 이것을 '시간 단위 불변의 법칙'이라고 부르고 있다.

57) 여기에는 역사적인 이유가 있다. 자세한 것은 이진호(2011)을 참고할 수 있다.

58) 모음의 완전 순행 동화를 모음 탈락으로 해석하는 입장에서는 '새+어서→새:서, 패+어서→패:서'와 같은 자료도 (나)에 포함된다.

59) 그래서 (나)에 제시된 예들을 모음 탈락 대신 모음 동화로 해석하는 경우도 있다. 모음 동화가 일어나 두 개의 동일한 모음이 연속됨으로써 장모음이 실현되었다는 것이다. 모음 동화로 보게 되면 (나)는 보상적 장모음화와는 무관한 현상이 된다.

와서 반모음화가 일어나도 장모음화가 되지 않지만 '짓-, 찧-'의 경우에는 자음 탈락이 일어나서 '지어, 찌어'가 된 후 반모음화를 더 거치면 '저:, 쩌:'[60]와 같은 장모음이 실현된다. 이것은 '짓-, 찧-'의 말음인 'ㅅ'과 'ㅎ'의 탈락에 대한 보상적 성격을 가진다는 것이다.[61] 자음 탈락은 음절 수의 감소와는 무관하므로 자음 탈락에 의한 보상적 장모음화의 동기는 반모음화나 모음 탈락 등과 같이 비음절화에 의한 보상적 장모음화와는 구별된다고 해야 할 듯하다.

③ 용어 설명

'장모음화'를 가리키는 용어들의 차이는 길어지는 소리의 단위를 무엇으로 보느냐에 달려 있다. '장음화, 긴소리 되기'는 구체적인 단위를 명시하지 않고 단순히 소리가 길어진다고 표현하고 있다. '장모음화, 모음 장음화, 긴 홀소리 되기'는 길어지는 대상이 모음이라고 본 것이고 '장음절화'는 음절이 길어진다고 본 것이다. 국어의 경우 자음이 길어지는 것은 아니므로 단순히 음이 길어진다고 하는 것은 정확성이 떨어진다. 또한 모음이 길어지면 그 모음이 속한 음절은 자동적으로 길어질 뿐만 아니라 음절에 속한 모든 분절음의 길이가 장모음화에 의해 길어지는 것도 아니라는 점에서 '장모음화'와 같이 모음이 길어진다고 명시적으로 표현하는 것이 타당해 보인다.

④ 관련 항목

단모음화[2], 장단, 장모음, 장음

장애음

① 용어의 별칭

[국어] 조절음[調節音](박승빈 1931), 짓소리(이극로 1932ㄷ), 유애음[有碍音](홍기문 1935), 소음적 자음[騷音的 子音](有坂秀世 1940, 김민수 1978ㄱ, 김성근 1995), 애음[碍音](홍기문 1947), 장애음[障碍音](寺川喜四男 1950, 허웅 1968ㄱ, 박지홍 1975, 이병근 1975), 폐색음[閉塞音](牧野成一 譯 1970, 정명우 외 역 1973), 장해음[障害音](田中春美 外 1975, 日本音聲學會 編 1976), 저해음[沮害音](이병건 1976, 이윤동 1983, 이기문 외 1984), 비명음[非鳴音](日本音聲學會 編 1976), 협착음(권재선 1977ㄱ), 조해음[阻害音](원경식 1977, 전상범 1977ㄱ, 桑原輝男·根間弘海 譯 1980, 황귀룡 역 1986, 龜井孝 外 編 1996), 순수 자음[純粹 子音](이병근 1977), 무성 자음(김민수 1978ㄱ), 저해음[阻害音](이용재 1978,

---

60) '저:, 쩌:'는 반모음화 이후에 반모음 'j'의 탈락을 더 거쳐 표면에 실현된다.

61) '지-, 찌-'와 '짓-, 찧-'이 장단에서 차이를 보이는 것은 뒤에 '으'로 시작하는 어미가 올 때에도 확인된다. '지+으니 → 지니, 찌+으니 → 찌니'에서는 '으' 탈락 후 아무런 장단 변동이 없지만 '짓+으니 → 지으니, 찧+으니 → 찧으니[찌으니]'에서의 '지으니, 찌으니'가 '으'의 탈락까지 겪으면 '지:니, 찌:니'가 되는 것이다. 다만 '지:니, 찌:니'는 표준 발음으로 인정되는 형태가 아니다. 또한 '지:니, 찌:니'는 '지으니, 찌으니'에 '으' 탈락이 적용된 것이 아니라 모음 동화가 적용된 것이라고 보기도 한다.

김진우 1985), **막힘 소리**(황희영 1979), **비공명음**[非共鳴音](이병건 1980, 류영숙 1988, 김아영 1992), **조음**[噪音] (長嶋善郎 譯 1980), **비공명 자음**(이철수 역 1981, 오종갑 2003, 권용문 2010), **장애성 자음**(김차균 1984ㄱ), **비향명음** (김차균 1985), **저지음**[沮止音](이정민 · 배영남 1987, 이철수 1994), **장애 자음**(정국 1994), **장애성 닿소리**(이근열 1997ㄱ), **소자음**[騷子音](이은정 2005), **장애음소**(이상신 2008)

영어 obstruent, non-sonorant

② 개념 설명

자음 중에서 발음할 때 공기의 흐름이 겪는 장애의 정도가 높아서 자음적인 성격이 매우 강한 자음 부류를 가리킨다.[62] 구체적으로는 폐쇄 또는 강한 협착을 동반하여 발음되는 자음이 장애음에 속한다. 파열음, 마찰음, 파찰음이 대표적인 장애음의 예이다. 장애음은 자음의 본질적 속성, 즉 기류가 방해를 받는다는 특징을 잘 지니기 때문에 자음의 음운론적 강도가 매우 높다고 할 수 있다. 장애음의 반대 개념에는 '공명음'이 있다.

현대 국어에는 총 15개의 장애음이 존재한다. 19개의 자음 중 공명음 4개를 제외한 나머지가 모두 장애음이다. 따라서 전체 자음 중 장애음의 비중이 높은 편이다. 자음 체계의 관점에서 볼 때 국어의 장애음은 성대의 울림 대신 후두의 작용을 활용하여 삼지적 상관속을 이룬다는 특징이 있다. 파열음과 파찰음에서 보이는 '평음, 유기음, 경음'은 모두 무성음이면서도 후두 상태의 차이로 구분되고 있다. 이러한 특징은 다른 언어에서는 흔히 찾아볼 수 없다.[63]

국어의 장애음들은 음절 종성에서의 실현에 제약이 심한 편이다. 음절 초성에는 모든 장애음이 발음될 수 있지만 음절 종성에서는 'ㅂ, ㄷ, ㄱ'의 세 개만 발음될 수 있을 뿐이다. 비율로 보면 15개의 장애음 중 20%만이 음절 종성에서 발음된다. 다른 언어에서도 초성보다는 종성에서 발음되는 자음의 수가 적은 편이지만 국어는 그 차이가 훨씬 심하다. 이처럼 장애음의 종성 실현에 극단적 제약이 있는 것은 종성에서 자음을 발음할 때 조음체를 조음점에 대고 발음한다는 특징에서 기인한다. 그 결과 장애음의 경우 공기의 흐름이 구강에서 막혀 오로지 평파열음인 'ㅂ, ㄷ, ㄱ'만 발음될 수 있다. 그나마 'ㅂ, ㄷ, ㄱ'도 음성학적으로는 파열의 단계가 생략되는 미파음으로 발음된다.

③ 용어 설명

'장애음'을 가리키는 용어 중 가장 높은 비율은 '조절음, 유애음, 애음, 장애음, 폐색음, 장해음, 저해음, 협착음, 조해음, 막힘 소리, 장애성 자음, 저지음, 장애음소'와 같이 공기의 흐름이 방해를 받는 음이라는 의미를 담고 있다. '비명음, 비공명음, 비공명 자음, 비향명음'은 장애음이 공명음과 대립된다는 사실을 이용하여 공명음이 아닌 음이라고 표현한 용어이다. 의미상으로 틀리지는 않았으나 장애음의 특징을 간접적으로 드러낸다는 점에서 최적의 용어라고 보기는 어렵다. '짓소리,

---

62) 만약 '장애음'을 단순히 공기가 장애를 받아 나오는 음으로 규정하면 자음과 동일한 개념이 되고 만다.
63) 국어의 장애음이 지니는 유형론적 특징은 '삼지적 상관속' 항목에서 자세히 설명한 바 있다.

소음적 자음, 조음, 소자음'은 장애음을 시끄러운 소리라고 표현하고 있다. 음향적 속성을 중시한 용어라는 점에서 다른 용어와 구별된다. 다만 모든 장애음을 시끄러운 소리라고 하기는 어렵다는 문제가 있다.[64]

이 외에 '순수 자음, 무성 자음'도 장애음을 가리키는 데 사용된다. '순수 자음'은 'true consonant' 가 장애음과 가깝다는 사실을 고려한 용어이다. 그런데 '순수 자음' 항목에서도 언급했듯이 '순수 자음'에는 비음이 포함되는 경우가 있다. '비음'은 장애음이 아닌 공명음에 속하므로 그럴 경우에 는 '순수 자음'과 '장애음'을 동일시할 수 없다. '무성 자음'은 장애음이 주로 무성음인 경우가 많다 는 점에서 착안된 것이지만 음성적으로는 유성 장애음도 존재하므로 적절한 용어는 아니다.

④ 관련 항목

공명음, 마찰음, 순수 자음, 치찰음, 파열음, 파찰음

장음

① 용어의 별칭

> **국어** 장음[長音](최재익 1906, 주시경 외 1907~1908, 송헌석 1909, 崔在翊 1918, 金田一京助 1932, 小林英夫 1935), 장소
> [長詔](최재익 1906), 긺소리(김두봉 1916), 놉흔ᄌ(朝鮮總督府 1917, 奧山仙三 1928), 고재[高字](朝鮮總督府 1917,
> 奧山仙三 1928), 긴소리(최현배 1929, 윤창두 1934, 이희승 1939ㄹ), 긴음(노익형 1923, 김민수 외 1960ㄱ), 장성[長聲]
> (이조헌 1934), 장조[長調](신기상 1990)
>
> **영어** long sound

② 개념 설명

길이가 긴 음을 가리킨다. 이론적으로는 자음, 모음, 반모음 모두에 대해 장음이 존재할 수 있지 만 장단 차이가 적극적으로 나타나는 음의 부류는 모음이고, 자음은 모음에 비해 드물며 반모음은 장단의 차이에 따라 음이 구별되는 경우가 거의 없다. 장음은 몇 가지 기준에 따라 세분하기도 한 다. 가령 장단의 기능에 따라 단어의 뜻을 구별해 주는 변별적 장음(또는 어휘적 장음)과 정서적 효과 를 전달하는 표현적 장음을 구분하는 것은 예전부터 있어 왔다.[65] 또한 이희승(1955)에서는 원래부 터 긴 것을 본원적 장단, 원래는 길지 않았는데 음절의 축약으로 인해 길어진 것을 파생적 장단 또 는 부차적 장단이라고 하여 구별하기도 했다.

---

64) 시끄러운 자음은 치찰음에 속하는 장애음으로 국한된다.
65) 중국어에서도 장단의 차이로 화자의 태도나 감정을 나타내는 현상이 있으며 이것을 '어조경음(語調經音)'이라고 부른다.

③ 용어 설명

'장음'을 가리키는 대부분의 용어는 '장음, 장소, 긴소리, 긴음, 장성' 등에서 보듯 길이가 길다는 의미를 담고 있다. 다만 '놉흔ᄌ, 고자'는 '장단' 대신 높낮이의 차원에서 '장음'을 표현하고 있다는 점이 특이하다.

④ 관련 항목

단음, 장단, 장모음, 장자음

장자음

① 용어의 별칭

> **국어** 장자음[長子音](小倉進平 1928, 최현배 1937ㄱ, 有坂秀世 1940, 이희승 1955, 太田朗 1959, 최세화 1971), 긴닿소리 (최현배 1937ㄱ, 김영만 1967ㄴ, 지춘수 1968, 日本音聲學會 編 1976), 긴자음(김영만 1976), 장보음[長輔音](日本音聲學會 編 1976), 중자음[重子音](龜井孝 外 編 1996)
>
> **영어** long consonant

② 개념 설명

표면적으로는 길이가 긴 자음을 가리킨다. 구체적으로는 두 가지 용법이 구분된다. 하나는 음소적으로 자음의 길이에 따라 두 부류가 구분될 때 그중 길이가 긴 음소 부류를 나타내는 것이다. 국어는 자음의 길이가 음소 대립에 관여하지 않으므로 이런 용법으로는 거의 쓰이지 않는다.[66] 다른 하나는 자음의 일부 구간이 음성적으로 긴 것을 의미하는 것이다. 국어의 경우 유기음이나 경음은 폐쇄 구간의 길이가 긴 것으로 잘 알려져 있는데 이런 자음들을 간간이 장자음이라고 불러 왔다.[67]

③ 용어 설명

'장자음'을 가리키는 용어는 '중자음'을 제외하면 모두 길이가 긴 자음이라는 의미를 가진다. '중자음'의 경우 길이가 긴 자음들은 중복 자음(geminate)의 형태를 띠는 경우가 있기 때문에 나온 용어이다.[68]

---

66) 중세 국어의 '다ᄆᆞ니라, 혀, 희ᅇᅧ'에 나타나는 'ㄴㄴ, ㆅ, ㆀ'을 장자음이라고 분석하는 경우가 있다. 이럴 경우에는 'ㄴㄴ, ㆅ, ㆀ'이 길이에 따라 'ㄴ, ㅎ, ㅇ'과 구별되는 셈이 된다.

67) 가령 최현배(1937ㄱ), 김영만(1976) 등을 들 수 있다.

68) 그러나 장자음과 중복 자음은 음성적 차이가 존재한다. 자세한 것은 '중복음' 항목을 참고할 수 있다.

④ 관련 항목

단자음(短子音)², 장모음, 장음, 중복음, 중복 자음

재구

① 용어의 별칭

국어 재건[再建](김선기 1938ㄴ, 河野六郎 1955, 竹林滋・橫山一郎 譯 1970, 김공칠 1982, 이은정 2005), 재구[再構](新村出 1943, 이강로 1956ㄱ, 최학근 1959, 김민수 1960, 橋本萬太郎 1974, 龜井孝 外 編 1996), 재구성[再構成](정명우 외 역 1973, 조성식 편 1990)

영어 reconstruction

② 개념 설명

 한 언어의 알려지지 않은 이전 단계 시기의 모습을 추론해서 다시 복원해 내는 것을 가리킨다. 재구에 의해 추정된 형태를 재구형 또는 재건형(reconstructed form)이라고 부른다. 재구형은 왼쪽 옆에 별표를 위첨자로 붙이는 것이 관례화되어 있다. 재구를 한다는 것은 단순히 이전 형태를 복원하는 데에서 그치는 것이 아니고 그 복원형이 이후 어떤 변화 과정을 거쳐 알려진 형태로 바뀌는지를 설명하는 것까지 포함한다. 재구의 대상은 좁게는 한 단어나 형태소의 모습에서 넓게는 한 언어의 전체적인 모습까지 다양하다.

 재구는 구체적인 방법에 따라 내적 재구(internal reconstruction)와 외적 재구(external reconstruction)로 나뉜다. 내적 재구는 한 언어의 특정 시기 상태로부터 그 이전 시기의 모습을 재구하는 것이다.[69] 어떤 시기의 언어든 그 이전 시기 언어의 모습이 흔적으로 남아 있는데 이것을 통해 이전 형태를 재구할 수 있다. 특히 불규칙적인 모습 또는 체계상의 빈칸 등을 활용하여 내적 재구를 하게 된다. 국어 음운론에서 시도된 내적 재구의 사례는 매우 많다. 일찍이 주시경이 'ᄋ'의 음가를 '이'와 '으'의 합음으로 본 근거 중 하나는 현대 국어의 이중 모음 체계에서 '이＋으'로 이루어진 것만 빈칸으로 남아 있다는 사실이었다. 이는 이중 모음 체계의 빈칸을 활용한 내적 재구에 속한다. 중세 국어의 '벼로, 보션, 볼셔' 등에 나타나는 '여'가 기원적으로 '*이(j＋ᄋ)'였을 것으로 추정한 것도 내적 재구에 해당한다. 모음 조화가 잘 지켜지던 중세 국어의 입장에서 '벼로, 보션, 볼셔' 등은 예외적 존재이므로 그 이전 시기에는 모음 조화가 지켜졌으리라 보고 내적 재구를 한 것이다.[70]

---

69) '내적 재구'를 가리키는 용어에는 '내적 재구(김방한 1968, 지춘수 1968, 龜井孝 外 編 1996), 내부적 재구(허웅・박지홍 1971), 내적 재구법(龜井孝 外 編 1996), 내부 재건(이은정 2005)' 등이 있다.

70) 이 외에 김성규(1998)에서 중세 국어 2음절 어간의 일반적 성조 유형이 '평성＋거성'임을 바탕으로 하여 2음절 어간 중 이러한 패턴에서 벗어나는 예외들을 단일어가 아닌 복합어로 추정한 것도 기본적으로는 내적 재구의 성격을 지닌다.

외적 재구는 계통론적으로 관련을 맺는 언어들을 서로 비교하여 이전 시기 형태를 재구하는 방법이다. 내적 재구가 한 언어 자체의 언어 상태만을 참고하여 재구한다면 외적 재구는 서로 다른 언어를 비교한다는 점이 다르다.[71] 그래서 외적 재구를 '비교 재구(comparative reconstruction)'라고 부르기도 한다.[72] 외적 재구는 역사 비교 언어학에서 여러 언어의 공통 조어(祖語)를 추정하는 경우에 많이 사용했다. 국어의 경우 언어 계통에 불분명한 점이 많고 계통론 연구 자체가 활성화되어 있지도 않아서 외적 재구를 통한 재구가 그리 활발하게 이루어졌다고 볼 수는 없다. 주로 단어 차원에서 외적 재구가 개별적으로 이루어졌다.

③ 용어 설명

'재구'를 가리키는 용어는 그 수가 매우 적다. 또한 'reconstruction'을 단순 번역하는 수준이라서 질적으로도 단순한 편이다.

④ 관련 항목

모음 조화, 불규칙, 음운 현상

재구조화

① 용어의 별칭

国어 재구성[再構成](이승환 1970, 김수곤 1978, 이병건 1978, 林榮一·間瀨英夫 譯 1978), 재조직(이승환 1970), 재구조
(정명우 외 역 1973, 이혜숙 1980), 재어휘화[再語彙化](문양수 1974ㄴ, 신수송·오례옥 1977, 최전승 1978), 재구조화[再構
造化](이병근 1975, 최명옥 1976ㄴ, 최전승 1978, 龜井孝 外 編 1996), 재구[再構](전상범 2004), 어휘적 재구조화
(김현 2006)
영어 restructuring, relexicalization, lexical restructuring

② 개념 설명

어휘부(lexicon)에 등재된 단위의 기저형이 바뀌는 변화를 가리킨다.[73] 개별 형태소는 물론이고 합

---

71) 龜井孝 外 編(1996)에서는 한 언어의 여러 방언들을 비교하여 재구하는 방법도 있을 수 있다고 하면서 이러한 방법은 내적 재구나 외적 재구와 구별되는 제삼의 방법이라고 했다.

72) '외적 재구'를 가리키는 용어에는 '외적 비교(김방한 1968), 비교 재건(竹林滋·横山一郎 譯 1970), 비교 방법(龜井孝 外 編 1996)' 등이 있다.

73) 이러한 정의는 음운론에 국한된 것이다. 문법의 다른 부분에서도 '재구조화'라는 용어를 사용하는데 그 의미는 상당히 다양하다. 재구조화를 문법이 달라지는 현상 전체를 포괄하는 광의의 개념으로 사용하기도 하고, 좀 더 한정된 개념으로 사용하기도 한다. 한정된 개념으로 사용할 경우에도 가령 일차적으로 형성된 통사 구조가 표면으로 실현되는 과정에서 달라지는 현상, 언어 습득 과정에서 구세대와 다른 새로운 문법을 습득하는 현상, 여러 개의 문법 형태소가 결합된 구조체가 하나의 형태소로

성어나 파생어라도 어휘부에 포함되어 있다면 모두 재구조화의 대상이 될 수 있다. 초기 생성 음운론에서는 규칙 변화의 일종으로 재구조화를 분류했다. 음운 규칙의 적용으로 재구조화가 이루어지는 경우가 있는 것은 사실이지만, 재구조화의 요인에는 음운 규칙 이외의 것도 있으며 특히 기저형의 변화를 음운 규칙 자체의 변화로 보기는 어렵기 때문에 현재는 규칙의 변화로 보지 않는다.

재구조화의 요인은 크게 음운론적 요인에 의한 것과 비음운론적 요인에 의한 것으로 나눌 수 있다. 음운론적 요인은 구체적으로 음운 현상이 형태소 내부에 적용될 때 일어난다. 음운 현상이 형태소 내부에 적용된다는 것은 입력형과 적용 환경이 한 형태소에 모두 들어 있는 것을 가리킨다. 즉 인접하는 형태소와 상관없이 형태소 자체에 음운 현상의 적용 여건이 마련된 것이다. 따라서 한 형태소의 모든 이형태에 음운 현상이 적용되며, 그 결과 형태소의 기저형 자체가 바뀔 수밖에 없다.

이것은 'ㄷ' 구개음화의 적용을 통해 확인할 수 있다. 가령 '딮>짚(苗)'은 'ㄷ' 구개음화가 형태소 내부에 적용된 경우이다. 'ㄷ' 구개음화가 적용되면서 형태소의 기저형이 '딮'에서 '짚'으로 바뀌므로 재구조화에 해당한다. 반면 '바티>바치(밭+이), 바티다>바치다(밭+이다)'와 같이 형태소 경계 사이에서 'ㄷ' 구개음화가 적용되면 이것은 '밭'의 이형태가 하나 늘어날 뿐 기저형 자체를 변화시키지는 않으므로 재구조화가 일어나지 않는다.

비음운론적 요인에 의한 재구조화는 주로 유추에 의한 재분석을 통해 이루어진다. 가령 '부엌'이 현재 '부억'으로 재구조화되는 것은 '부엌'이 어말 또는 자음 앞에서 실현되는 이형태를 새로운 기저형으로 재분석한 결과라고 할 수 있다.[74] 'ㄷ' 불규칙 용언 어간에 해당하는 '신-'이 '싫-'로 재구조화된 것은 불규칙적 교체를 규칙적 교체로 변화시키려는 경향과 더불어 '실어, 실으니'와 같은 활용형에서 기저형을 '싫-'로 재분석했기 때문이다.[75]

③ 용어 설명

'재구조화'를 가리키는 용어들은 모두 영어 표현을 직역한 결과이다. 'restructuring'은 구조가 달라진다는 의미로 번역되고, 'relexicalization'은 어휘가 달라진다는 의미로 번역된다.[76] 다만 '재구성, 재조직, 재구조화' 등과 같은 표현은 어휘부 등재 단위의 기저형이 바뀐다는 의미를 제대로 드러내지 못할 뿐만 아니라 변화의 대상이 단순히 '구조'라고만 되어 있어 여러 가지 해석이 가능하다는 문제점이 있다. 앞서 각주에서 살핀 것처럼 '재구조화'가 문법의 여러 분야에서 다양한 의미를 가지는 것은 이러한 측면과 무관하지 않을 것이다.

굳어지는 현상, 복합어가 어휘화(lexicalization)를 겪어 단일어로 바뀌는 현상, 복수의 음을 가진 한자에서 음들이 어느 하나로 통합되는 현상 등과 같이 이질적인 현상들을 모두 '재구조화'라는 용어로 가리키고 있는 상황이다.

74) 현실 발음에서 '부엌'이 '부억'으로 기저형이 변했다는 사실은 '부어기, 부어글, 부어게' 등과 같이 모음으로 시작하는 조사와 결합할 때 명사의 말음이 'ㅋ' 대신 'ㄱ'으로 발음되는 것에서 확인할 수 있다.

75) '싣다'가 '싫다'로 재구조화되었다는 사실은 '싣고, 싣다, 싣는'를 '실코, 실타, 실른'으로 발음하는 것에서 확인이 가능하다.

76) 'relexicalization'과 구분해야 할 개념으로 'relexification'이 있다. 'relexification'도 'relexicalization'과 동일하게 '재어휘화'로 번역한다. 그러나 의미는 다르다. 'relexification'은 차용 등의 요인으로 한 어휘가 다른 어휘로 대체되는 현상을 가리킨다. 즉 재구조화와는 전혀 무관한 개념인 것이다.

④ 관련 항목

기저형, 유추적 평준화, 유추적 확대, 음운 현상, 재분석

재분석

① 용어의 별칭

국어 오분석[誤分析](허웅 1958, 유창돈 1961ㄴ, 김철헌 1963), **오분단[誤分斷]**(김철헌 1963), 잘못 쪼갬(허웅 1968ㄱ, 권재일·고동호 2004), 잘못 분석(허웅 1968ㄱ, 박홍길 1984, 최윤현 1993), **역추리[逆推理]**(김진우 1970ㄱ), 그릇분석 (허웅·박지홍 1971), 이분석[異分析](장승기 1981, 조성식 편 1990), 재분석(김차균 1988ㄴ, 龜井孝 外 編 1996, 김동소 1998, 배주채 1998), **재해석**(박창원 1989, 龜井孝 外 編 1996, 김동소 1998, 유재원 2003), **역형성**(백은아 2013)

영어 meta-analysis, reanalysis, reinterpretation, recutting

② 개념 설명

기존의 분석과 다른 새로운 분석이 이루어짐으로써 야기되는 문법 변화를 가리킨다. 재분석에 의해 초래되는 문법 변화는 기저형의 변화라고 할 수 있다. 둘 이상의 형태소가 결합된 언어 단위의 형태 분석을 다르게 하여 그 속에 포함된 형태소의 기저형이 달라질 수도 있고, 음운 규칙의 적용을 다르게 해석하여 기저형이 달라질 수도 있다. 이처럼 재분석은 그 성격상 유추의 한 유형으로 볼 수 있다.

국어에는 다양한 재분석의 사례가 존재한다. 국어사에서 흔히 드는 예로는 '풀, 낫' 등이 '파리, 낚시'와 같이 '이'로 끝나는 형태로 바뀐 변화를 든다. 이러한 변화는 이전 시기 형태인 '풀, 낫'에 주격 조사나 서술격 조사가 결합된 형태를 다르게 분석하여 주격 조사나 서술격 조사 '이'를 명사 의 일부로 해석한 결과라는 것이다.[77] 또한 '내혀다'의 어간 말음 '여'가 '내키-'와 같이 '이'로 바뀐 것은 '내혀도(내혀+어도), 내혀(내혀+어)' 등을 '내히+어도, 내히+어'로 재분석했기 때문이라고 이 해하고 있다. 즉 동일 모음 탈락이 적용된 형태를 반모음화가 적용된 것으로 본 것이다.

이러한 재분석은 국어사뿐만 아니라 현대 국어에서도 확인할 수 있다. 가령 '높다'는 '높으다, 높 으고, 높으니, 높아서'와 같이 기본형이 '높으다'로 나타나는 경우가 있다. 이것은 '높으니, 높으면' 과 같이 매개 모음으로 시작하는 어미와 결합할 때의 활용형을 재분석하여 매개 모음이 어간의 일 부라고 유추함으로써 일어난 변화이다. 경기도 방언에서는 '하다'의 활용형이 '하고, 하니, 해:서, 해:도' 대신 '해고, 해니, 해:서, 해:도'로 나타나는 경우가 적지 않다. 이것은 기존의 활용형 중 '해:서, 해:도'를 '해+어서, 해+어도'로 재분석하여 여기에 모음의 완전 순행 동화가 일어났다고 본 결과 이다. 재분석에 의해 나온 새로운 어간 '해-'를 '하고, 하니' 자리에 대체한 결과 '해고, 해니'가 되

---

77) 이러한 변화를 재분석이 아니라 접미사 '-이'가 결합된 결과로 보기도 한다.

는 것이다.

재분석의 개념을 적극적으로 활용하면 어떤 음운의 변이음을 다른 음운의 변이음으로 재해석하는 것도 재분석에 포함할 수 있다. 이럴 경우 재분석은 음운 변화의 요인 중 하나가 된다. 가령 정인호(2003)에서는 구개음화의 요인이 'i, j' 앞에서 실현되는 'ㄷ, ㄱ'의 변이음을 'ㅈ'의 변이음으로 재해석한 데 있다고 본 바 있다. 이것 역시 기존과 다른 분석이 이루어졌다는 점에서 재분석과 통하는 일면이 있다. 다만 이와 같이 변이음의 인식 과정에 작용했으리라 추정되는 유추는 재분석의 전형적 사례로 제시되지는 않는다.

③ 용어 설명

'재분석'을 가리키는 용어들은 시기적으로 두 가지가 뚜렷하게 구분되는 양상을 보인다. 초창기에는 '오분석, 오분단, 잘못 쪼갬, 잘못 분석, 그릇분석' 등과 같이 분석이 '잘못' 이루어졌다는 데에 초점을 맞춘 용어들이 많이 쓰였다. 그러나 후반부에는 '역추리, 이분석, 재분석, 재해석'과 같이 분석을 '다르게' 한다든지 '다시' 한다는 의미의 용어들이 주로 쓰이고 있다. 기존의 자료를 다르게 분석한 것을 '잘못' 으로 볼 것인지 '새로운 것'으로 볼 것인지에 대한 인식 차이가 반영되어 있다고 할 수 있다.

한편 이상의 두 계열 중 어디에도 속하지 않는 용어로 '역형성'이 있다. 이 용어는 원래 조어 방식 중 하나를 가리키는 'back formation'의 번역 술어로 많이 쓰이지만 여기서는 '재분석'을 지칭하는 데 쓰였다. 'back formation'도 어떤 형태를 재분석함으로써 새로운 단어를 만들어 내는 과정이므로 이 두 개념이 무관하다고 할 수는 없다. '역형성'이 재분석을 지칭하는 데 쓰인 것은 이러한 관련성에서 기인하는 듯하다.

④ 관련 항목

과도 교정, 유추적 평준화, 유추적 확대, 재구조화

재음소화

① 용어의 별칭

> **국어** 재음소화[再音素化](김완진 1972ㄱ, 전광현 1976, 이승재 1977), 재음운화(박성종 1988, 김경아 1996ㄱ, 김주필 2001)
> **영어** rephonemicization

② 개념 설명

음소 분석에 있어 하나의 음소를 기존에 존재하는 두 개의 음소로 쪼개어서 분석하는 방법을 가리킨다. 가령 'A, B, C, …'라는 음소 목록이 있을 때 'A'를 'B'와 'C'의 결합으로 분석하는 것이 재음소화이다. 재음소화의 대상이 되는 음소는 별도의 음소 자격을 얻지 못한다. 따라서 재음소화가 이루어지면 음소 수가 줄어든다는 경제성을 확보할 수 있다.[78] 게다가 재음소화를 하면 음운 현상의 설명에도 유리해지는 경우가 적지 않다.[79] 이 때문에 국어 연구에서도 재음소화를 활용하여 현상을 설명한 적이 많다.

국어 연구에서 재음소화의 개념을 직극적으로 활용한 것은 주시경이었다. 주시경은 유기음을 평음과 'ㅎ'으로 재음소화하고 경음은 두 개의 평음으로 재음소화했다. 이렇게 되면 국어의 자음은 10개로 줄어들게 된다. 이 외에도 국어 연구에서 확인할 수 있는 재음소화의 대표적 사례로는 다음을 들 수 있다.

> (가) 중세 국어의 '오'와 '우'를 'w+ᄋ', 'w+으'로 재음소화[80]
> (나) 중세 국어의 상성을 '평성'과 '거성'의 결합으로 재음소화[81]
> (다) 파찰음 'ㅈ, ㅊ, ㅉ'을 파열음과 마찰음의 결합으로 재음소화

이 외에 근대 국어 시기의 특수한 표기를 재음소화 측면에서 명명하기도 한다. 가령 '높+아'의 경우 연철되는 '노파'나 중철되는 '놉파' 이외에 '놉하'로 표기되는 경우도 자주 발견된다. 이러한 자료는 마치 유기음을 평음과 'ㅎ'의 결합으로 재음소화하는 것을 연상시킨다. 그래서 '재음소화 표기'라는 용어가 사용되고 있는 것이다.[82]

이처럼 국어 연구에서 재음소화는 다양하게 활용되어 왔다. 그러나 재음소화는 인위적이고 추상적인 분석이라는 비판을 받는다. 표면에서 독립된 음소로 실현되는데도 불구하고 설명의 이점을 위해 음소로서의 자격을 부여하지 않고 두 개의 음소로 분석하는 것은 표면형을 설명하기 위해 추상적 기저형을 설정하는 것과 별반 다를 바가 없다는 것이다. 앞서 살핀 국어의 재음소화 사례들도 일부를 제외하면 현재는 잘 받아들여지지 않는데, 그 이유는 여기에 있다.[83]

③ 용어 설명

'재음소화'를 가리키는 용어들은 'rephonemicization'의 번역어로 그 수가 극도로 적다. '재음운화'라

---

78) 언어 유형론 연구에서 동일한 언어의 음소 목록이 논의에 따라 큰 차이가 나는 요인 중 하나로 재음소화의 유무를 들 수도 있다. 재음소화를 적극적으로 하면 그렇지 않은 경우보다 음소 목록이 줄어든다.

79) 가령 주시경이 유기음을 평음과 'ㅎ'으로 재음소화하여 유기음의 평파열음화를 효과적으로 설명한 것이나, 중세 국어의 '오, 우'를 'w'가 포함된 이중 모음으로 재음소화하여 'ㅸ'의 변화 공식을 단일화한 것 등이 대표적인 사례이다.

80) 김경아(1996ㄴ)에서는 'w+ᄋ, w+으'가 '오, 우'로 되는 것을 재음소화라고 하여 재음소화의 방향성이 기존과는 반대로 되어 있다.

81) 이것은 다른 사례와 달리 성조라는 운소에 재음소화 방법을 적용한 것이다. 그런 점에서 '재음소화'보다 '재운소화'라고 부르는 편이 더 적절할지 모른다.

82) '재음소화 표기'라는 용어가 일찍 사용된 경우로 곽충구(1980)을 들 수 있다.

83) 재음소화가 성행하던 시기에는 현대 국어의 단모음 목록을 '아, 이, 우'의 3개로만 설정하는 경우까지 있었다. 나머지 단모음들은 모두 이 세 모음 중 일부의 결합으로 재음소화했던 것이다. 이것은 재음소화의 추상적 성격을 말해 주는 좋은 사례 중하나이다.

는 용어는 '음운'과 '음소'를 같은 의미로 사용함으로써 '재음소화' 대신 나온 것이다. 그러나 '재음운화'는 여기서 가리키는 개념과 전혀 다른 'rephonologization'을 지칭하는 데 많이 쓰이는 용어이므로 주의해야 한다.[84]

④ 관련 항목

거듭소리, 음소, 음운, 재음운화, 홑소리

재음운화

① 용어의 별칭

국어 재음운화[再音韻化](小泉保·牧野勤 1971, 이기문 1972, 林榮一·間瀬英夫 譯 1978, 곽충구 1986, 박창원 1989, 龜井孝 外 編 1996), 재음소화(곽충구 1992, 소신애 2002)
영어 rephonologization, umphonologisierung

② 개념 설명

음운의 변화를 음운들이 맺고 있는 대립 관계의 변화로 해석하는 입장에서 볼 때 기존에 존재하던 대립 관계의 내용이 달라지는 변화 유형을 가리킨다. 대립 관계 자체가 새로 생기는 음운화나 없어져 버리는 비음운화와 같이 대립의 수가 달라지는 것이 아니고, 재음운화는 이미 있던 대립이 다른 대립으로 바뀐다는 점에서 대립의 질적 측면이 달라진다고 할 수 있다. 재음운화가 일어나서 달라지는 것은 대립의 유형일 수도 있고 대립의 내용일 수도 있다. 가령 어떤 두 음운의 대립이 원래는 양면 대립이었는데 이것이 다면 대립으로 바뀌었다든지 비례 대립이 고립 대립으로 바뀌었다든지 하는 변화는 모두 대립의 유형이 달라지는 경우이다.[85] 이와 달리 어떤 두 음운이 가령 원순성에 의해 대립을 이루다가 이후에 원순성이 아닌 다른 특징에 의해 대립을 이룬다면 이것은 대립의 구체적인 내용이 바뀐 경우이다.

재음운화는 주로 기존 음운의 음성적 성격이 바뀌면서 일어난다. 국어의 대표적인 예로는 중세 국어 시기에 치음이었던 'ㅈ, ㅊ, ㅉ'이 경구개음으로 바뀐 변화를 들 수 있다. 이 변화는 기존 음소를 없애거나 새로운 음소를 도입하는 결과를 만들지는 않는다. 그 대신 이미 존재하던 음운의 조음 위치가 달라지는 것이다. 이에 따라 'ㅈ, ㅊ, ㅉ'이 치음일 때 다른 자음들과 맺고 있던 대립 관계는 더 이상 유지되지 못하고 새로운 대립 관계로 바뀌게 된다.

---

84) 'rephonologization'은 '재음운화' 항목에서 다룬다.
85) 대립(opposition)의 유형은 매우 다양하다. 자세한 것은 '대립' 항목을 참고할 수 있다.

이처럼 재음운화는 기존 음운이 변하면서 여기에 동반되어 나타나는 것이 일반적이다. 그런데 때로는 대립을 이루는 두 음운이 직접 변화를 입지 않았음에도 불구하고 다른 음운의 변화에 의해 대립 관계가 달라지는 경우가 있다. 예를 들어 중세 국어 시기에 '으'와 '이'는 '설축'이라는 특징에 따라 '설소축 : 설불축'이라는 대립을 이루었다. 그런데 이후 'ᄋ'가 소멸하고 '애, 에, 외, 위' 등이 새로이 전설 모음으로 편입되면서 '설축'에 의한 대립은 사라지고 말았다. 그 대신 '으'와 '이'는 '후설 : 전설'이라는 새로운 대립 관계를 맺게 되었다. '으'와 '이'의 대립 내용이 '설축'에서 '혀의 전후 위치'로 바뀌었다는 점에서 재음운화에 해당하지만 '으'와 '이' 자체는 아무런 변화를 입지 않았다. '으'와 '이'가 재음운화를 겪은 것은 'ᄋ'의 소실 및 전설 모음으로의 단모음화라는 다른 음운 변화에 의해 일어났다는 점에서 일반적인 재음운화와 차이가 있다.

③ 용어 설명

'재음운화'를 가리키는 용어들은 모두 'rephonologization'의 번역어로 그 수가 극도로 적다. '재음소화'의 경우 '음운'과 '음소'를 비슷한 의미로 통용하는 데에서 나온 것인데, '재음소화'는 여기서 말하는 대립 관계의 변화와 무관한 'rephonemicization'을 지칭하는 데 쓰이기도 하므로 주의할 필요가 있다.[86]

④ 관련 항목

대립, 비음운화, 음운 현상, 음운화, 재음소화

재음절화

① 용어의 별칭

> **국어** 음절 조정[音節 調整](송철의 1982, 정철 1991), 재음절 형성(오미라 1983), 재음절화(최경애 1985, 박종희 1987, 안상철 1988, 재분절화(김영석 1987, 서경원 1993), 음절 경계 재조정 규칙(박창원 1987ㄴ), 음절 경계화 규칙(유재원 1988), 음절 재구성(최임식 1990ㄷ), 음절 재구조(허삼복 1990), 음절 재조정[音節 再調整](정철 1991), 음절의 재구조화(강인선 1992), 재분절(손일권 2004)
> **영어** resyllabification

② 개념 설명

1차적으로 음절화가 이루어진 후 다시 조정이 되어 음절 경계가 달라지는 현상을 가리킨다.[87]

---

86) 'rephonemicization'에 대해서는 '재음소화' 항목을 참고할 수 있다.

재음절화가 일어나는 경우는 크게 두 가지로 볼 수 있다. 우선 발음 단위가 커지면서 단어 사이의 음절 경계가 조정되는 경우이다. 1차적으로 한 단어를 적용 영역으로 한 음절화가 일어난 후 발화 단위가 어절이나 구 등으로 확대되어 발음 단위 역시 확장되면 단어와 단어 사이의 음절 경계도 다시 조정되어야 한다. 가령 '예쁜 아이'와 같은 경우 단어별로 음절화가 일어났을 때에는 '예쁜'의 'ㄴ'이 음절 종성에 놓이지만 '예쁜 아이' 전체가 하나의 발음 단위가 되면 '예쁜'의 'ㄴ'은 후행하는 단어의 첫 음절 초성으로 이동하여 '[예쁘나이]'로 발음되는 것이다. 이러한 환경에서 일어나는 재음절화가 가장 일반적이다.

재음절화가 일어나는 두 번째 경우는 복합어 내부 경계 사이에서 음절화가 일어난 뒤 다시 음절 경계가 조정되는 경우이다. 가령 '앞앞[아밥]'과 같은 단어의 첫 음절에 있는 'ㅍ'은 음절화에 의해 음절 종성에 놓인 후 평파열음화의 적용을 받아 'ㅂ'으로 바뀐다. 그리고 나서 다시 후행하는 음절 초성으로 이동하는데 이 과정이 재음절화에 속한다. 이러한 재음절화는 자음으로 끝나는 어근 또는 접두사와 모음으로 시작하는 어근이 결합한 복합어에서 일어난다. 구체적으로는 평파열음화 또는 자음군 단순화의 적용을 받아서 나온 자음이 후행하는 어근의 초성으로 이동하는 방식으로 재음절화가 이루어진다.[88]

③ 용어 설명

'재음절화'를 가리키는 용어들은 '음절 경계화 규칙'을 제외하면 음절화가 다시 일어난다는 의미를 담고 있어 매우 단순한 편이다. '음절 경계화 규칙'은 '재음절화'가 아니라 '음절화'를 가리키는 것으로 오인할 수 있어서 적절한 용어로 보기는 어렵다.

④ 관련 항목

연음, 음절, 음절화, 자음군 단순화, 절음, 평파열음화

---

87) 1차적으로 일어나는 음절화는 '음절화', 그 이후 새로 조정되는 음절화는 '재음절화'로 구분하는 것이 일반적이다. 그러나 박선우(2006ㄴ)에서와 같이 1차적인 음절화는 '핵음절화(core syllabification)'라고 불러 '재음절화'와 구분하는 경우도 있다.
88) 물론 아무런 음운 현상도 적용되지 않고 재음절화만 일어나기도 한다. '집안'이 [지반]으로 발음되는 경우가 그러하다.

저모음

① 용어의 별칭

국어 열홀소리(김두봉 1922), 오구음[奧口音](천민자 1926), 후모음[後母音](박승빈 1931), 개음[開音](홍기문 1933, Batkhishig 2009), 저모음[低母音](박승빈 1935ㄱ, 新村出 1943, 服部四郎 1951, 市河三喜·河野六郎 1951, 허웅 1968ㄱ, 이기문 외 1984), 저설음[低舌音](이극로 1941), 혀낮은 홀소리(정인승 1949ㄱ, 황희영 1979), 나즌모음(정경해 1953), 저설모음(정인승 1956ㄴ, 유창돈 1961ㄴ, 허웅·박지홍 1971)), 저부모음[低部母音](이기문 1961ㄱ), 혀낮은 소리(이탁 1961), 낮은 홀소리(허웅·박지홍 1971, 日本音聲學會 編 1976, 신연희 1991, 이근열 1996), 저원음[低元音](董同龢 1972, 김경숙 1993, 엄익상 2007), 저설 모음(황희영 1979), 하모음[下母音](김석산 1982), 저위모음[低位母音](김진우 1985, 조창규 1994, 강덕수 2005), 저단 모음[低段 母音](고병암 역 1986, 황귀룡 역 1986, 안지원 1994), 낮은 모음(김성근 1987, 권오선 1990, 김수길 1991), 내린 모음(김수길 1991), 하단 모음[下段 母音](문경윤 1992), 아래모음(리득춘 1993), 저모음소(최명옥 2004)

영어 low vowel

② 개념 설명

혀의 높낮이로 모음을 분류할 때 혀의 높낮이가 가장 낮은 부류의 모음을 가리킨다. 정확히는 혀의 최고점 위치가 가장 낮은 모음이다. 개구도를 기준으로 분류할 경우 개모음에 대응한다. 국어의 저모음 목록은 혀의 높낮이에 따라 구분되는 모음의 부류 수에 따라 차이를 보인다. 네 부류를 구분할 경우에는 '아'만 저모음으로 설정되지만 세 부류를 구분할 경우에는 '아, 애'가 저모음으로 설정된다.[89] 예외적으로 정인승(1949ㄱ)에서는 '아, 애, 오, 외'의 5개 모음을 저모음으로 설정했는데, 이것은 정인승(1949ㄱ)에서 혀의 높낮이에 따라 두 부류만 구별했기 때문이다.

③ 용어 설명

'저모음'을 나타내는 용어들은 수적으로는 적지 않으나 질적으로는 상당히 단순하다. '低, 下, 낮다, 아래'와 같이 혀의 높낮이를 직접 노출시키는 용어들이 대부분이다. '내린 모음'은 혀를 낮춘다는 의미를 담고 있어서 역시 혀의 높낮이와 무관하지 않다. '열홀소리'와 '개음'은 개구도와 관련되는 용어이지만 이것을 혀의 높낮이에 따른 부류에 사용하고 있다. 그런데 예외적으로 혀의 높낮이와 다른 측면을 고려한 용어도 일부 존재한다. 가령 '후모음'은 상하 높이가 아닌 전후 위치를 반영했고, '오구음(奧口音)'은 깊이의 차원에서 고모음을 표현했다는 점에서 독특하다.[90]

④ 관련 항목

단모음[1], 개모음, 고모음, 중모음[2]

---

[89] 물론 이호영(1996)처럼 네 부류로 나누면서 '아, 어'를 저모음으로 분류하는 경우도 드물지만 존재한다.
[90] '오구음'의 '오'는 '뒤'를 의미하기도 하지만 천민자(1926)에서는 깊이의 차원으로 이해했다.

전설

① 용어의 별칭

국어 전설면[前舌面](安藤正次 1927, 이탁 1932, 金田一京助 1932, 新村出 1943, 김방한 1964, 원경식 1977), **전설**[前舌] (金田一京助 1932, 小林英夫 1935, 寺川喜四男 1950, 허웅 1968ㄱ, 이기문 외 1984, 전상범 1985ㄱ), **혀앞바닥**(최현배 1937ㄱ, 최세화 1978), **혀앞**(김석득 1960, 김성근 1995), **앞혓바닥**(허웅 1968ㄱ, 이주호 1969, 김영배 1977), **전설부**[前舌部] (箕壽雄・今井邦彥 1971, 정인섭 1973), **앞혀**(정인섭 1973, 이호영 1996), **혀앞등**(김성근 1995)

영어 tongue front

② 개념 설명

문자 그대로 혀의 앞부분을 가리킨다. 그러나 설첨이나 설단과 같이 혀의 맨 앞부분은 제외한 나머지를 기준으로 앞부분을 전설이라고 하기 때문에 실제로는 경구개에 접하고 있는 부위가 전설에 해당한다.[91] 전설은 자음 중에는 경구개음, 모음 중에는 전설 모음의 조음에 관여한다.

③ 용어 설명

'전설'을 가리키는 용어는 모두 '혀'와 '앞'을 가리키는 표현들을 조합한 형태를 취하고 있어 매우 단순하다.

④ 관련 항목

전설 모음, 중설, 후설

---

91) 예외적으로 安藤正次(1927)에서는 설단과 설첨까지도 전설에 포함하고 있다.

전설 모음

① 용어의 별칭

> **국어** 앞홀소리(김두봉 1922, 정인승 1937, 최현배 1937ㄱ), 변모음[變母音](천민자 1926), 앞소리(정렬모 1927ㄱ),
> 전모음[前母音](安藤正次 1927, 糸田一京助 1932, 최현배 1937ㄱ, 橋本進吉 1942ㄴ, 이극로 1947, 이영철 1948), 전부 모음
> [前部 母音](安藤正次 1927, 편집실 1938ㄷ, 新村出 1943, 이숭녕 1949ㄴ, 정인승 1956ㄴ, 靑山秀夫 1956), 혀앞바닥소리
> (최현배 1929), 전방 모음[前方 母音](김선기 1938ㄱ, 이숭녕 1940ㄱ, 김완진 역 1957), 전음[前音](홍기문 1933), 전설
> 모음[前舌 母音](有坂秀世 1940, 河野六郎 1945, 이숭녕 1946, 服部四郎 1951, 박팔회 1957, 허웅 1958), 전위음[前位音]
> (이극로 1941), 앞자리의 소리(김윤경 1948ㄱ), 압모음(정경해 1953), 전설음[前舌音](이숭녕 1959ㄱ), 앞혀소리
> (최현배 1959ㄱ), 앞혀홀소리(최현배 1959ㄱ, 김영선 1995), 앞혓소리(지춘수 1968, 최현배 1970), 혀앞소리(김형기 1970),
> 전원음[前元音](董同龢 1972, 엄익상 2007), 앞모음(김석득 1976, 김민수 1978ㄱ, 김용환 1988, 류렬 1992), 전열 원음
> [前列 元音](日本音聲學會 編 1976), 경악 원음[硬顎 元音](日本音聲學會 編 1976), 혀앞 홀소리(김영송 1977ㄱ,
> 김택구 1997), 혀내린 홀소리(황희영 1979), 앞혀모음(이현복 1989), 얕은 모음(김수길 1991), 앞혀 홑홀소리(김영선
> 1997), 혀앞모음(고도흥 1998), 비후설 모음(이병근·김봉국 2002), 전설 모음소(최명옥 2004, 이상신 2007ㄴ)
>
> **영어** front vowel

② 개념 설명

혀의 전후 위치에 따라 모음을 분류할 때 혀의 위치가 앞쪽에 높이는 모음을 가리킨다. 정확히는 혀의 최고점 위치가 앞쪽에 있는 모음이 전설 모음이다. 전설 모음과 대립되는 것은 후설 모음이다. 국어의 전설 모음은 단모음의 개수를 몇 개로 설정하느냐에 따라 조금씩 달라진다. 표준 발음법에서 원칙으로 규정한 10개의 단모음 체계에서는 '이, 에, 애, 외, 위'가 전설 모음에 해당한다. 이 중 '외, 위'는 현실 발음에서는 이중 모음으로 발음되는 경우가 많다.[92] 이렇게 되면 전설 모음의 수는 3개로 줄어든다. 게다가 '애'와 '에'는 현실 발음에서 합류하여 서로 구별이 되지 않는다. 따라서 현실 발음에서의 전설 모음은 2개가 된다. 이처럼 현대 국어의 전설 모음은 현재 상당한 변화를 겪고 있는 중이다.[93]

③ 용어 설명

'전설 모음'을 지칭하는 용어들은 대체로 혀의 앞부분인 전설을 이용한다는 의미를 담고 있다. '앞홀소리, 전설 모음, 전모음, 전방 모음' 등 절대 다수가 이 부류에 속한다. '비후설 모음'과 같이 '후설 모음' 앞에 부정의 '비(非)'를 덧붙여 동일한 사실을 나타내기도 한다. 그러나 '비후설 모음'은

---

92) 표준 발음법에서도 '외, 위'는 이중 모음으로 발음하는 것을 허용하고 있다.

93) 역사적으로 보아도 전설 모음은 끊임없이 변화를 겪어 왔다. 중세 국어 시기에는 전설 모음으로 '이' 하나밖에 없었다. 그 이후 'ㅇ'가 소멸하고 나서 모음 체계가 재편되는 과정에서 이중 모음 '애, 에, 외, 위'가 단모음으로 변화했다. 그러나 단모음으로 변화한 후 합류나 이중 모음화 등의 변화가 이어지면서 다시 변화를 겪고 있는 중이다.

중설 모음과 전설 모음을 포괄할 수 있기 때문에 전설 모음만 지칭하는 용어로서는 정확성이 다소 떨어진다. '경악 원음'은 중국 용어로서 '경악'은 경구개를 가리킨다. 전설 모음을 발음할 때의 혀의 최고점 위치가 경구개 부근임을 고려한 용어이다.

이상은 대체로 혀의 전후 위치를 중심으로 한 것임에 비해 그렇지 않은 용어도 있다. '얕은 모음'은 음향감에 가까운 의미를 담고 있다. 『훈민정음』에서도 전설 모음에 가까운 설불축 계열의 단모음에 대해 소리가 얕다(聲淺)고 설명한 바 있다. '변모음'은 천민자(1926)만의 독특한 용어로 천민자(1926)에서는 혀의 양 가장자리를 들어올리는 것이 변모음이라고 했다. 혀의 전후 위치와는 다른 차원의 설명이지만 분류 결과는 전설 모음에 정확히 대응한다. 이와 달리 '혀내린 홀소리'는 혀의 움직임을 수평이 아닌 수직으로 표현한 용어라서 다른 용어와 구분된다.

④ 관련 항목

단모음¹, 중설 모음, 후설 모음

전설 모음화

① 용어의 별칭

> 국어 '一'가 'ㅣ'로 되기(최현배 1937ㄱ, 이영철 1948), 설편 원리[舌便 原理](幸田寧達 1941), 전설 모음화(최학근 1954, 유창돈 1964, 이은정 1969), '一' 모음의 'ㅣ'모음화(이희승 1955, 김형규 1961ㄱ, 박홍길 1961), 앞자리 홀소리 되기(이은정 1969), 앞홀소리 되기(유구상 1971, 이근열 1997ㄱ), 전부 모음화[全部 母音化](이병근 1970ㄱ, 송민 1986, 최전승 1986), 이붕소리 되기(최현배 1937), 순행 동화 구개음화(박홍길 1961), 구개 모음화(남광우 1971, 최전승 1986, 소강춘 1989), 전설 고모음화(김형규 1972, 최명옥 1982, 전광현 1983), 전설 폐모음화(유구상 1975), 전설 고모화(긴재문 1978), 전설음화(최갑순 1978), 경구개음화(이상억 1979ㄱ), 지찰음화(소강춘 1983, 이남윤 2002, 기세관 2004), 전부 고모음화(홍윤표 1985ㄴ, 정윤자 1990, 이기동 1993), 앞높은 홀소리 되기(이근영 1998), 앞모음 되기(안대현 2000), 비후설 모음화(이병근 · 김봉국 2002), 전설 고모음소화(최명옥 2004, 최창원 2006, 이상신 2008), 앞모음소리 되기(서상규 · 박석준 2005), 전설 평순 고모음소화(이상신 2008), 전설 모음소화(하신영 2010), 'i' 모음화(홍은영 2012), '一'의 전설 모음화(홍은영 2012)
>
> 영어 vowel fronting

② 개념 설명

후설 모음이 전설 모음으로 바뀌는 음운 현상을 가리킨다. 국어에서 후설 모음이 전설 모음으로 바뀌는 변화는 상당히 다양한 편이다.

(가) 즐다>질다, 아츰>아침, 습겁다>싱겁다

(나) 아기>애기, 어미>에미

(다) ai, ǝi, oi, ui>ɛ, e, ö, ü

(라) 별>벨, 며느리>메느리

(마) 쪼까 ~ 쬐까, 후딱 ~ 휘딱, 말짱하다 ~ 맬짱하다

(가)는 치찰음 계열인 'ㅈ, ㅊ, ㅉ, ㅅ, ㅆ' 뒤에서 후설 평순 고모음인 '으'가 전설 모음인 '이'로 바뀌는 변화이다. (나)는 '이' 모음 역행 동화로 불리는 현상으로 역시 후설 모음이 그에 대응하는 전설 모음으로 바뀐다. (다)와 (라)는 이중 모음이 전설 모음으로 축약된다는 공통점이 있다. (다)는 중세 국어의 하향 이중 모음 '애, 에, 외, 위'가 전설 모음으로 바뀐 것으로 모든 방언에서 일어난 변화이다. (라)는 몇몇 방언에서 상향 이중 모음 '여'가 '에'로 축약된 변화이다. (마)는 일종의 어휘 분화가 모음 교체에 의해 이루어진 것인데 정인호(2013)에서는 전설 모음화로 지칭하고 있다.

(가)~(마) 중 일반적인 전설 모음화의 범주에 드는 것은 (가)이다. (가)는 자음의 조음 위치에 모음이 닮아 가는 동화 현상에 속한다. 'ㅈ, ㅊ, ㅉ'은 경구개음이라서 단모음 '이'의 조음 위치와 가까우며 'ㅅ, ㅆ'도 역사적으로는 한때 경구개음으로 조음되던 시기가 있었다고 추정되고 있다.[94] 그래서 이들 자음 뒤에 오는 '으'가 자음의 조음 위치에 동화되면 '이'로 바뀐다. 전설 모음화는 근대 국어 시기에 '으'와 '이'가 '후설 모음 : 전설 모음'의 대립 관계를 맺게 되면서 일어났다고 해석하고 있다.[95]

논의에 따라서는 전설 모음화의 반대 개념으로 후설 모음화를 설정하는 경우가 있다.[96] 가령 방언형 중 '까마구, 동상, 나부'에 대해 각각 '까마귀, 동생, 나비'가 후설 모음화를 겪은 결과라는 것이다. 그러나 이러한 태도는 중앙어와 방언을 단순 대조하여 중앙어에서 방언으로의 변화가 이루어졌다고 해석한 것에 불과하다. 실제로 이러한 예들은 전설 모음에서 직접 후설 모음으로 바뀌었다고 보기는 어렵다.

③ 용어 설명

'전설 모음화'를 지칭하는 용어를 살펴보면 초창기에는 '一가 ㅣ로 되기' 등과 같이 입력형과 출력형의 정보를 단순히 조합한 것이 주로 쓰였다. 그러다가 1950년대 이후부터 현재와 같은 용어들이 쓰이기 시작하는데, 대체로 조음 위치가 변화한다는 의미를 담고 있다. 그러나 미세한 차이도 존재한다. '전설 모음화, 앞자리 홀소리 되기, 앞홀소리 되기, 전부 모음화, 전설음화, 앞모음 되기, 앞모음소리 되기, 전설 모음소화'는 모두 후설 모음이 전설 모음으로 바뀐다는 의미를 담고 있다. '으'와 '이'의 차이는 혀의 전후 위치에서만 차이 나므로 변동의 결과를 음운 현상의 명칭에 반영한

---

94) 여기에 대해서는 '구개음화' 항목에서 다루고 있다.

95) '으'와 '이'가 새로운 대립 관계를 맺게 되는 현상에 대해서는 '재음운화' 항목을 참조할 수 있다.

96) 후설 모음화는 '뒤홀소리 되기'라고 부르기도 한다.

다는 원칙을 고려하면 매우 타당하다고 할 수 있다. 그런데 전설 모음화는 모든 후설 모음에 적용되는 것이 아니고 오로지 평순 고모음인 '으'에만 적용된다는 제약이 있다. 그러므로 모든 후설 모음이 전설 모음으로 바뀐다는 의미를 가진 '전설 모음화' 계열의 용어는 부담스러운 측면이 있기도 하다.

'전설 고모음화,[97] 전설 폐모음화, 전설 고모화, 전부 고모음화, 앞높은 홀소리 되기, 전설 평순 고모음소화' 등은 이 현상의 출력형이 전설 평순 고모음 '이'라는 점을 명시적으로 밝힌 것이다. '전설 모음화' 계열의 용어에 비해 혀의 높이 또는 입술 모양에 대한 정보가 용어에 더 담겨 있다. 그런데 이러한 용어를 사용하면 전설 모음화의 적용 결과 혀의 전후 위치뿐만 아니라 혀의 높이 또는 원순성도 바뀌었다고 보아야 하는 문제가 생긴다.[98] '으'가 '이'로 바뀌는 변화는 혀의 전후 위치만 바뀌었으므로 '전설 고모음화' 계열의 용어를 사용하면 정확성이 떨어진다.

'이붕소리 되기, 순행 동화 구개음화, 구개 모음화, 경구개음화'와 같은 용어는 변화의 결과 전설 모음이 된다고 표현하지 않고 구개 모음 또는 구개음이 된다고 표현한 것이다. 단모음 '이'의 조음 위치가 경구개 부근이라는 사실을 고려한 것이다.[99] 모음이 자음의 조음 위치에 동화된다는 사실을 포착하는 데 유리한 점이 있지만 '구개음'은 모음의 분류에서는 잘 사용하지 않는다는 문제가 있다.

이 외에 '치찰음화, 비후설 모음화'와 같은 용어들이 있다. 치찰음화는 이 현상이 치찰음인 'ㅈ, ㅊ, ㅉ, ㅅ, ㅆ' 뒤에서 동화된다는 의미를 담고 있다. 그런데 전설 모음화는 조음 방식에 동화되는 것이 아니고 조음 위치에 동화되는 현상이므로 조음 방식과 관련된 '치찰음화'라는 용어를 쓰기에는 적절하지 않다.[100] '비후설 모음화'는 전설 모음으로 바뀐다고 직접 표현하지 않고 비후설 모음으로 바뀐다고 하여 간접적으로 표현한 것이다. 비후설 모음에는 중설 모음도 포함될 수 있어 정확한 용어라고 보기는 어렵다.

④ 관련 항목

동화, '이' 모음 역행 동화, 전설 모음, 후설 모음

---

97) '전설 고모음화'라는 용어는 종종 '데다>디다, 베다>비다'와 같이 '에'가 '이'로 상승하는 모음 변화를 지칭하는 데 쓰이기도 한다.

98) '전설 평순 고모음소화'의 경우 단모음의 분류 기준 세 가지가 모두 바뀌는 듯한 인상을 준다.

99) 일찍이 金田一京助(1932)에서 'i'는 전설을 경구개로 향해서 발음하는 음이므로 '경구개 모음' 또는 '악적(顎的) 모음'이라고 한 적이 있다.

100) 설령 자음의 조음 방식에 동화되는 것이라고 하더라도 단모음 '이' 자체는 치찰음이 아니므로 '치찰음화'라는 용어를 사용하기는 어렵다.

전설음

① 용어의 별칭

국어 혀앞소리(김두봉 1916, 양하석 1990, 김성근 1995, 전학석 1996), 설내음[舌內音](寺川喜四男 1950), 전설음[前舌音](이탁 1956, 竹林滋·橫山一郎 譯 1970, 김춘애 1978, 김민수 1978ㄱ), 전설자음(정인섭 1973, 배주채 1992), 설정자음(배주채 1992), 앞혀소리(이병운 2000)

② 개념 설명

혀의 전설면을 활용하여 발음하는 자음을 가리킨다. 후설음에 대립된다. 자음의 조음 위치와 관련되지만 그다지 널리 쓰이는 개념은 아니다.[101] 전설음의 가장 대표적인 부류는 경구개음이다. 그래서 경구개음과 연구개음의 차이를 전설음과 후설음의 차이로 기술하기도 한다. 그러나 논의에 따라서는 치조음까지 전설음에 포함하기도 한다. 전설음의 범위를 넓게 잡을 경우에는 전설음을 다시 하위 분류하기도 한다. 가령 이탁(1956)에서는 전설음에 대해 설단음(ㄴ, ㄷ 등)과 설면음(ㅅ, ㅈ 등)으로 이루어진다고 했으며, 북한에서는 전설음을 치음(ㄴ, ㄷ 등)과 전구개음[前口蓋音](ㅅ, ㅈ, ㄹ 등)으로 나누기도 한다.

③ 용어 설명

'전설음'을 가리키는 용어는 대부분 혀의 앞부분을 활용하는 음이라는 의미를 담고 있다. '혀앞소리, 전설음, 앞혀소리' 등이 그러하다. 이와 약간 다른 계열로 '설내음'과 '설정자음'이 있다. '설내음'은 전통적인 성운학에서 사용하는 용어이다. '설정자음'은 전설음의 경우 발음할 때 혀끝이 위로 올라가며 이러한 특성은 음운론에서 흔히 '설정성(coronal)'이라는 변별적 자질로 표시하기 때문에 여기서 따온 용어이다.

④ 관련 항목

설면음, 설배음, 전설, 후설, 후설음

---

101) 혀의 전후 위치는 자음보다는 모음의 분류에 더 적극적으로 활용하고 있다.

절음

① 용어의 별칭

국어 소리의 끊음(이극로 1933), 절음[絶音](이극로 1933, 강병주 1938, 주왕산 1948), 절음 법칙[絶音 法則](강병주 1938, 심의린 1949ㄱ, 한국국어교육연구회 1964ㄴ), 끊음소리(심의린 1949ㄱ, 정인승 1949ㄱ, 권재일·고동호 2004), 끊음소리 법칙(허웅·박지홍 1971, 이은정 2005), 절음 규칙(이상태 1976), 절음 현상(오원교 1979), 말소리의 끊음(김차균 1991ㄱ), 소리 끊음(권재선 1992, 권재일·고동호 2004), 끊임소리(권재일·고동호 2004), 절음법(이은정 2005), 종성의 초성화(油谷幸利 2005), 끊어 읽기(김차균 2007), 끊었다 이어 읽기(김차균 2007)

영어 checking

② 개념 설명

자음으로 끝나는 형태소 뒤에 모음으로 시작하는 형태소가 올 때 단순한 연음이 일어나지 않는 경우를 가리킨다. 자음으로 끝나는 형태소 뒤에 오는 형태소가 모음으로 시작하는 문법 형태소이면 연음이 일어나는 것이 원칙이다. 따라서 절음은 뒤에 오는 형태소가 모음으로 시작하는 어휘 형태소일 때 일어난다고 할 수 있다. 절음이 일어나는 환경에서 앞말이 평파열음 이외의 장애음이나 자음군으로 끝나면 평파열음화나 자음군 단순화를 거쳐 변화를 입은 후 남은 자음이 재음절화에 의해 뒷말의 초성으로 옮겨 간다. 즉 절음은 음운 현상(음절의 끝소리 규칙)의 적용과 재음절화라는 두 가지 과정으로 구체화되는 것이다.

절음이 일어나려면 앞말이 음절 종성에서 발음되지 못하는 장애음이나 자음군으로 끝나야 한다. 가령 '겉, 맞-'이 결합된 '겉옷[거돋], 맞울림[마둘림]'과 같은 단어에서 '겉, 맞'의 말음 'ㅌ'과 'ㅈ'은 'ㄷ'으로 바뀐다. 또한 '값'과 '흙'이 결합된 '값있다[가빋따], 흙얼개[흐걸개]'에서는 '값'과 '흙'의 겹받침 중 하나가 탈락한다. 이것은 연음 대신 절음이 일어나서 평파열음화나 자음군 단순화가 적용되었기 때문이다.[102] 만약 합성어의 앞말에 아무런 음운 현상이 일어나지 않으면 '속옷, 딸아이' 등에서 보듯 결과적으로는 연음이 되는 것과 동일한 결과가 나온다.[103]

절음의 개념은 중세 국어의 '몰애, 놀애' 등과 같은 단어의 음운론적 해석에 적용하는 경우도 있다. 이 단어들에서 'ㄹ'이 연철되지 않는 이유는 절음을 반영한 것이라는 해석이다. 그러나 이 단어들을 절음과 결부 지으려면 'ㄹ' 뒤에 오는 '애'가 어휘 형태소임을 입증해야 하는데 그런 과정이 빠져 있다. 현재 일반화된 설명은 절음과 관련시키는 것이 아니고 둘째 음절의 초성 'ㅇ'이 후음으로서 음가를 가지고 있어서 연음이 되지 않는다고 보는 방식이다.

절음은 1930년대에 이미 논의되기 시작했다. 그러나 초기의 절음 개념은 현재와는 다소 차이가

---

102) '막일[망닐], 눈요기[눈뇨기]' 등과 같이 뒷말이 단모음 '이'나 반모음 'j'로 시작할 때에도 연음이 일어나지 않으므로 절음의 사례로 보는 경우가 있다. 그러나 이 경우에는 'ㄴ'이 첨가되어 뒷말의 초성 자리가 다른 자음으로 채워지기 때문에 절음의 전형적 사례라고 하기는 어렵다.

103) 물론 '방안'과 같이 앞말의 자음이 연구개 비음 'ㅇ'인 경우에는 음절 구조 제약에 의해 연음이 일어나지 못한다.

있다. 가령 이극로(1933)에서 언급하는 절음은 모음 또는 공명음으로 끝나는 단어와 다른 단어가 결합할 때 앞말을 끊어서 발음하는 것으로 보고 이러한 절음이 경음화나 'ㄴ' 첨가와 관련된다고 했다.[104] 이것은 절음을 사잇소리 현상과 유사한 개념으로 파악했음을 말해 준다. 절음과 관련을 맺고 있는 음운 현상이 평파열음화나 자음군 단순화가 아니라 경음화와 'ㄴ' 첨가라는 점, 절음의 환경이 연음과 동떨어져 있다는 점 등에서 이러한 사실을 알 수 있다. 현재와 같은 '절음'의 개념은 강병주(1938)에서 찾을 수 있다. 강병주(1938)에서는 자음으로 끝나는 실사와 모음으로 시작하는 실사가 결합할 때 연음되지 않고 앞말이 단독으로 발음될 때와 동일하게 발음된다고 해서 거의 완전한 수준의 인식을 보여 준다.

③ 용어 설명

'절음'을 나타내는 용어들은 대부분 '끊는다'는 의미를 담고 있다. '소리의 끊음, 끊음소리' 등등이 모두 그러하다. 유일한 예외는 '종성의 초성화'이다. 이 용어는 우선 모음으로 시작하는 실질 형태소 앞에서 종성으로 발음됨으로써 평파열음화 또는 자음군 단순화가 일어난 후, 그 출력형이 어휘 형태소의 어두 음절 초성으로 연음된다는 사실을 가리키고 있다. 절음이 완성되는 두 단계를 모두 반영한다는 점에서 충분한 논리성을 갖추고 있다. '끊었다 이어 읽기'도 그 취지에 있어서는 '종성의 초성화'와 동일하다. 다만 '종성의 초성화'는 '연음'과 동일한 개념으로 오인할 수 있다는 문제점이 존재하기는 한다.

④ 관련 항목

연음¹, 음절의 끝소리 규칙, 자음군 단순화, 평파열음화

점강음

① 용어의 별칭

국어 점강음[漸强音](服部四郎 1951, 허웅 1958, 지춘수 1968, 日本音聲學會 編 1976, 김차균 1978), 점개음[漸開音]
(김차균 1992ㄱ, 김성련 1996, 김세진 2009)
영어 phonème croissant, crisendo

② 개념 설명

어떤 음을 발음할 때 갈수록 더 세어지는 음을 가리킨다. 반대 개념은 '점약음'이다. 점강음과 점

---

104) 이후 이극로(1947)에서는 앞말이 어떤 음으로 끝나야 하는지에 대한 제한은 따로 두지 않았다.

약음의 개념은 자음에 적용한다. 그런데 자음의 경우 점강음과 점약음의 구분은 주로 음절에서의 위치 또는 인접하는 음의 속성에 따라 이루어진다. 자음이 음절 초성에 놓이거나 또는 그 뒤에 공명도가 큰 음이 오면 점강음이 되고 음절 종성에 놓이거나 공명도가 작은 음이 후행하면 점약음이 된다. 그래서 동일한 자음이라도 음운론적 조건에 따라 점강음이 되기도 하고 점약음이 되기도 한다. 이러한 점강음과 점약음의 개념은 20세기 전반기에 음절 경계를 구분할 때 적극적으로 활용된 적이 있다.

③ 용어 설명

  '점강음'을 가리키는 용어는 매우 단순하다. '점점 강해진다'는 의미를 그대로 표현하거나 또는 '강약'을 '개폐'로 뒤바꾸어 '점개음'이라고 표현하고 있다.

④ 관련 항목

  음절, 점약음, 초성

점약음

① 용어의 별칭

  【국어】 점약음[漸弱音](服部四郎 1951, 허웅 1958, 지춘수 1968, 日本音聲學會 編 1976, 정연찬 1980), 점폐음[漸閉音] (김차균 1992ㄱ, 김성련 1996, 김세진 2009)
  【영어】 phonème décroissant, decrisendo

---

② 개념 설명

  어떤 음을 발음할 때 갈수록 더 약해지는 음을 가리킨다. 반대 개념은 '점강음'이다. 구체적인 설명은 '점강음' 항목을 참고할 수 있다.

③ 용어 설명

  '점약음'을 가리키는 용어는 매우 단순하다. '점점 약해진다'는 의미를 그대로 표현하거나 또는 '강약'을 '개폐'로 뒤바꾸어 '점폐음'이라고 표현하고 있다.

④ 관련 항목

  음절, 점강음, 종성

접근음

① 용어의 별칭

국어 이동 자음[移動 子音](日本音聲學會 編 1976), 접근음[接近音](이현복 1980, 이기문 외 1984, 황귀룡 역 1986, 龜井孝 外 編 1996), 근접음[近接音](박종희 1983ㄱ, 龜井孝 外 編 1996, 이진호 2003ㄱ, 이새영 2005), 근찰음[近擦音] (유만근 1985), 거진스치미(유만근 1985), 과도음[過渡音](김무림 1992, 김무림·김옥영 2009), 유사음(안상철 1993), 접근 소리(김영송 1994), 근음[近音](엄익상 2007), 통음[通音](엄익상 2007)

영어 approximant

② 개념 설명

조음점과 조음체 사이의 협착 정도에 따라 음을 분류할 때 협착 정도가 심하지 않은 음을 가리킨다. 구체적으로는 조음체가 조음점에 근접하되 마찰을 일으키지는 않을 정도의 음이 접근음이다. 그래서 접근음의 음성적 특징을 마찰을 동반하지 않는 지속음(frictionless continuant)이라고 하기도 한다. 그런데 지속음의 목록에 대해서는 약간의 이견이 존재한다. 반모음은 예외 없이 접근음에 포함하지만 유음이나 'ɦ'는 다르다. 유음 전체를 접근음으로 보기도 하고 유음 중 설측음 계열만 접근음으로 보기도 한다. 또한 'ɦ'는 접근음으로의 인정 여부에 차이가 있다.

접근음은 국어 음운론에서는 그리 유용하게 쓰이지는 않고 있다. 그 이유는 크게 두 가지로 볼 수 있다. 우선 접근음은 자음의 조음 방식에 따른 분류인데 국어 음운론에서는 조음 방식에 따라 파열음, 마찰음, 파찰음, 비음, 유음의 다섯 가지로 나누는 방식이 보편화되어 있다. 또한 반모음은 자음에 포함하지 않고 별도의 부류로 본다. 따라서 굳이 접근음이라는 부류를 자음 체계에 두지 않아도 된다. 이보다 더 중요한 이유는 반모음이나 유음 등이 음운 현상을 비롯한 여러 측면에서 함께 기능하는 유의미한 사례가 나타나지 않는다. 만약 접근음으로 묶이는 음들이 공통적으로 작용하는 현상이 있다면 접근음이라는 개념을 적극적으로 활용해야 하겠지만 현재는 그런 경우가 별로 없다.[105]

③ 용어 설명

'접근음'을 가리키는 용어 중 다수는 조음체가 조음점에 가깝게 다가간다는 의미를 담고 있다. '접근음, 근접음, 근찰음, 거진스치미, 접근 소리, 근음, 통음' 등이 모두 그러하다.[106] 물론 이러한 접근은 마찰을 일으키지는 않을 정도라는 사실이 전제되어 있다.[107] 반면 '이동 자음, 과도음'은 성

---

105) 중세 국어에 존재하던 공시적 음운 규칙으로서의 'ㄱ' 약화는 반모음 'j'와 유음 뒤에서 일어나므로 접근음 개념이 필요하다고 볼 여지가 존재한다. 접근음 중 반모음 'w' 뒤에서는 'ㄱ' 약화가 일어나지 않지만 이것은 'w'로 끝나는 형태소가 없기 때문이라고 본다면, 'ㄱ' 약화가 접근음 뒤에서 일어난다고 해석하는 것도 가능할 것이다. 이 현상에 대해서는 'ㄱ' 약화 항목을 참고할 수 있다.

106) 이 중 '근음'과 '통음'은 중국에서 사용하는 용어들이다.

107) 그런 점에서 '근찰음'은 마치 조음체와 조음점이 가까워져 마찰을 일으킨다는 의미로 오해될 수 있는 소지가 있다.

격이 전혀 다른 용어로서, 접근음에 속하는 음들 중 반모음에 초점을 맞추고 있다. 반모음은 음성적으로 일정한 조음 상태를 유지하지 못하고 전이적인 특징을 가지기 때문에 이것을 강조하여 '이동 자음, 과도음'이라고 한 것이다. 그러나 이런 용어들은 반모음 이외의 음들을 접근음으로 포괄하는 데에는 한계가 있다.

④ 관련 항목

마찰음, 반모음, 유음

정밀 전사

① 용어의 별칭

> **국어** 협의적 표기법[狹義的 表記法](조선어학회 1941), 정밀 표기[精密 表記](服部四郎 1951, 김석득 1960, 小泉保 · 牧野勤 1971, 日本音聲學會 編 1976, 정연찬 1980, 남광우 외 1982), 정밀 전사(김완진 역 1957, 곽충구 1986, 이호영 1996), 정밀 표기법(김진우 역 1959, 이기문 1963ㄱ, 日本音聲學會 編 1976, 조성식 편 1990), 이음적 표기법[異音的 表記法](이기문 1963ㄱ), 협의의 표기법(정인섭 1973), 엄식 표음법[嚴式 表音法](日本音聲學會 編 1976), 정밀 기호(이영길 1983), 정밀 전사법(이현복 · 김기섭 역 1983), 이음 표기(이철수 1994), 정밀 표음(유만근 1995), 음성 전자(이호영 1996)
>
> **영어** narrow transcription

② 개념 설명

음성의 세부적 특징까지 자세하게 표기하는 방식으로 간략 전사와 대립되는 개념이다. 때로는 변이음의 차이를 기술하는 수준의 표기 방식으로 정의하기도 한다. 이것은 정밀 전사의 표기 대상을 음성으로 보고 이에 대립되는 간략 전사의 표기 대상은 음소로 본 데서 비롯된 것이다. 그리하여 음소보다 더 구체적인 변이음의 특성을 기술하는 방식이 정밀 전사라고 한 것이다. 그러나 이러한 태도는 정밀 전사의 원 개념에서는 다소 벗어난 것이다.[108]

③ 용어 설명

'정밀 전사'를 가리키는 용어는 '간략 전사'와 마찬가지로 크게 세 부류로 나눌 수 있다. 첫 번째는 영어 'narrow'를 그대로 직역한 것으로 '협의적 표기법, 협의의 표기법'이 여기에 속한다. 두 번째는 음성적 구체성을 표기한다는 사실을 반영한 것으로 '정밀 표기, 정밀 전사, 정밀 표기법, 엄식 표기법' 등이 여기에 속한다.[109] 세 번째는 전사 대상이 음성이라는 사실을 담은 것으로 '이음적 표

---

108) 이와 관련된 문제는 '간략 전사' 항목을 참조할 수 있다.
109) '엄식 표음법'은 중국에서 쓰이는 용어이다.

기법, 이음 표기, 음성 전자' 등이 여기에 속한다. 정밀 전사뿐만 아니라 간략 전사도 '음성'을 표기 대상으로 할 수 있다는 점을 고려하면 세 번째 용어는 정확성이 다소 떨어진다고 할 수 있다.

④ 관련 항목

간략 전사

정음

① 용어의 별칭

> **국어** 정음[正音](이숭녕 1949ㄱ), 본디소리(한글학회 1958), 정성[正聲](이숭녕 1970), 원음[原音](남광우 1973), 정칙음(이돈주 1997ㄱ), 규범음(이돈주 1997ㄱ, Dormels 1999)

② 개념 설명

한자의 음 중 규범적이고 표준적인 것으로 인정받는 것을 가리킨다. 이와 반대 개념에는 관습적으로 통용되는 음을 가리키는 속음이 있다. 정음의 특징 중 하나는 중국 한자음과 비교하여 그 대응이 규칙적이라는 점을 들 수 있다. 가령 성모가 견모(見母)에 속하는 한자의 한국 한자음은 대체로 그 초성이 'ㄱ'이고, 운모가 가운(佳韻)에 속하는 한자의 음은 그 중성이 '아'인 경우가 대부분이다. 정음에 속하는 음은 대체로 이러한 대응을 잘 따른다. 물론 중국 한자음과의 대응이 규칙적이지 않아도 규범적인 것으로 인정되면 정음이 될 수 있다.

드물지만 예전에는 한자의 원음이 그대로 실현된 것을 정음이라고 하고 음운 현상의 적용을 받아 바뀐 것을 속음이라고 부르기도 했다. 예컨대 魯璣柱(1924)에서는 '歷'의 정음이 '력'인데 '경력(經歷)'에서는 '녁'이라는 속음으로 발음된다고 보고 있는 것이다. 이것은 '정음'과 '속음'의 개념을 완전히 달리 사용한 경우이다.

③ 용어 설명

'정음'을 가리키는 용어는 바른 음이라는 의미의 '정음, 정성, 규범음', 원래의 음이라는 의미의 '본디소리, 원음'으로 나눌 수 있다. 이 외에 '정칙음'은 중국 원음과의 대응이 규칙적이라는 의미를 담고 있다.

④ 관련 항목

동음, 속음, 화음

조건 변화

① 용어의 별칭

| 국어 | 결합법적 음성 변화(泉井久之助 譯 1937), 결합적 음운 변화(이숭녕 1939ㄴ, 김방한 1964), 결합적 변화(이숭녕 1949ㄱ, 박병채 1971ㄷ, 日本音聲學會 編 1976, 이기문 외 1984, 龜井孝 外 編 1996), 매개 달라짐(최현배 1970), 조건 변화 (최현배 1970, 이기문 외 1984, 김무림 1992, 龜井孝 外 編 1996), 결합적 음 변화(奧村三雄 1972), 조건적 변화(日本音聲學會 編 1976, 문양수 1977), 종속적 변화(日本音聲學會 編 1976), 연음 변화[連音 變化](日本音聲學會 編 1976, 이정민·배영남 1987), 의존 변화(이기문 외 1984), 조건 지위진 음 변화(이정민·배영남 1987), 환경 의존[環境 依存](龜井孝 外 編 1996), 통합적 변화(김정우 2001) |

영어 conditioned change, combinative change, context-sensitive change

② 개념 설명

음운 변화 중 변화의 조건이나 환경이 명확히 존재하는 것을 가리킨다. 반대 개념은 무조건 변화이다. 대부분의 음운 현상은 조건 변화에 속한다. 이때 '조건'이란 단순히 변화의 대상이 되는 입력형에 인접한 분절음만을 가리키지는 않는다.[110) 고모음화가 장모음에서 좀 더 잘 일어난다든지 'ᄋ'의 비어두 변화가 약한 악센트와 관련된다고 보는 것과 같이 장단이나 강약과 같은 초분절음도 조건이 될 수 있다. 또한 어두에서 두음 법칙에 의해 'ㄴ'이 탈락되는 변화는 '어두'라는 위치가 조건이 되기도 한다.[111) 음절이나 음운론적 단어의 경계도 음운 변화의 조건이 될 수 있다.

③ 용어 설명

'조건 변화'를 가리키는 용어는 '무조건 변화'를 가리키는 용어와 대립 관계에 있다고 볼 수 있다. 그래서 무조건 변화를 지칭하는 용어 중 어느 것에 대응하는지를 살피는 방식이 효과적이다. 우선 조건이 없다는 '무조건 변화' 계열의 용어와 대립하는 것으로는 '조건 변화, 조건적 변화, 조건 지위진 음 변화'가 있다. 조건이 존재한다는 사실을 명시적으로 밝히고 있다. 다음으로 저절로 생겨난 변화라는 의미의 '자생적 변화' 계열에 대립되는 용어에는 '결합법적 음성 변화, 결합적 음운 변화, 결합적 음 변화, 연음 변화, 통합적 변화'가 있다. 모두 변화의 입력형과 결합되는 다른 음들이 존재한다는 의미를 담고 있다.[112) '매개 달라짐'이나 '종속적 변화, 의존 변화, 환경 의존'과 같은 용어들은 '결합' 또는 '통합'과 같은 표현만 존재하지 않을 뿐 그 적용이 인접한 음에 의존한다는 의미를 지니고 있어서 앞선 계열의 용어와 동일한 취지를 담고 있다고 할 수 있다.

---

110) 물론 인접한 음소의 종류가 음운 변화의 가장 일반적인 조건이 된다는 점은 부인할 수 없다. 동화를 비롯한 많은 변화는 인접한 자음이나 모음이 중요한 적용 조건이 된다.
111) 이 경우 '어두'라는 위치가 'ㄴ'의 탈락에 어떠한 영향을 주었는지는 명확히 알기 어렵다.
112) 다만 앞서 지적했듯이 '조건 변화'의 조건은 인접한 음소 이외에 운소나 음운론적 단위의 경계 등도 될 수 있는데 '결합적 변화' 계열의 용어는 이런 조건들을 포괄하기에는 다소 어려움이 있다.

④ 관련 항목

무조건 변이, 무조건 변화, 음운 현상

조음

① 용어의 별칭

국어 조음[噪音](최현배 1927ㄷ, 安藤正次 1927, 이극로 1936ㄱ, 新村出 1943, 김윤경 1948ㄱ, 服部四郞 1951), 떠들소리 (최현배 1927ㄷ, 배달말학회 1975, 권재일·고동호 2004), 싫소리(김두봉 1932), 시끄런 소리(이인모 1949), 비공명음 [非共鳴音](양동휘 1975), 비악음[非樂音](日本音聲學會 編 1976), 시끄러운 소리(이창우 1979, 신지영 2000ㄱ), 소음[騷音](전상범 1985ㄱ, 김영송 1993, 고도흥 1998), 막소리(고도흥 1998)

영어 noise,[113] rasping sound

② 개념 설명

공기의 진동이 불규칙적이고 비주기적인 파동을 이루는 음을 가리킨다. 음향학에서 사용하던 용어를 음성학에 가져온 개념으로 악음(樂音)과 대립된다. 악음과 조음(噪音)에 속하는 말소리의 종류는 약간씩의 차이가 난다. 전통적으로는 모음을 악음, 자음을 조음이라고 보는 경우가 많지만 자음 중에서 유음이나 비음과 같은 공명음은 조음이 아닌 악음으로 분류하기도 한다. 악음과 마찬 가지로 조음의 개념 역시 현재는 잘 쓰이지 않는다.

③ 용어 설명

'조음'을 가리키는 용어 중에는 '조음, 떠들소리, 시끄러운 소리, 소음'과 같이 시끄러운 소리 또는 떠드는 소리를 의미하는 것들이 가장 높은 비율을 차지한다. '조음'의 음향적인 속성이 소위 소음 (騷音)과 비슷할 뿐만 아니라 'noise'의 번역어로서도 이러한 용어들이 적합하기 때문이다. '막소리'도 이와 비슷한 부류에 속한다. '싫소리'는 '조음'의 청취 효과를 고려한 용어이고, '비공명음'과 '비악 음'은 '악음'에 대립된다는 의미를 반영한 용어이다. 이 중 '비공명음'은 '조음'의 반대 개념인 '악 음'을 공명음과 동일시했을 때에만 그 쓰임이 유효하다.

④ 관련 항목

공명음, 악음, 자음¹, 장애음

---

113) 'noise'는 불쾌한 소리, 시끄러운 소리 등 일상적인 '소음'을 가리키기도 한다. 이런 경우의 'noise'는 '잡음'이라고 부르기도 한다.

조음 방식

① 용어의 별칭

국어 내는 법(최현배 1929), 방법 본위[方法 本位](홍기문 1947), 조음 기관의 동작(주왕산 1948), 조음 상황 [調音 狀況](市河三喜・河野六郎 1951), 조음 양식[調音 樣式](小林智賀平 1952, 日下部文夫 1962, 문선규 1964, 日本音 聲學會 編 1976, 황귀룡 역 1986, 문순단 1990), 조음 작용[調音 作用](이희승 1955), 조음 방식[調音 方式](허웅 1958, 정연찬 1980, 이기문 외 1984), **조음법**[調音法](太田朗 1959, 竹林滋・橫山一郎 譯 1970, 日本音聲學會 編 1976, 김영송 1977ㄱ), 조음 사방[調音 仕方](築島裕 1964, 桑原輝男・根間弘海 譯 1980), 조음 방법(김형기 1970, 김석득 1971, 上村幸雄 1972, 이기문 외 1984), 발음 방법(도수희 1990, 심소희 1996), 발음 양식(류렬 1992)

영어 type of articulation, manner of articulation

② 개념 설명

표면적으로는 소리를 내는 방법을 가리키지만 언어학에서는 주로 자음을 발음하는 방법을 나타 낸다. 구체적으로는 자음을 발음할 때 일어나는 공기 흐름의 장애가 어떤 양상으로 만들어지는지 와 관련된다. 성운학에서는 조음 방식을 '청탁'으로 구분하였다. 무성음은 '청음', 유성음은 '탁음' 으로 구분하고 다시 그 안에서 정도성을 고려하여 '청음'은 '전청(全淸)'[114]과 '차청(次淸)'으로, '탁음' 도 '전탁(全濁)'[115]과 '차탁(次濁)'[116]으로 세분하였다. 전청은 무성 무기 장애음, 차청은 무성 유기 장 애음, 전탁은 유성 무기 장애음, 차탁은 공명음 및 유성 마찰음에 해당한다.

일반 언어학에서는 조음 방식을 살필 때 조음점과 조음체 사이의 간극 정도를 중시한다. 특히 자 음을 완전히 막히는 단계를 거치는 음과 그렇지 않은 음으로 양분하는 방식이 예전에는 널리 활용되 었다.[117] 이 두 부류는 '다막음소리'와 '덜막음소리'(김두봉 1922), '폐쇄음'과 '협착음'(小倉進平 1923), '접 촉음'과 '마찰음'(김차균 1987ㄹ), '닿기(밀착)'와 '다그기(접근)'(구현옥 1999) 등 다양한 용어로 표현하고 있 다. 다막음소리에는 파열음, 파찰음, 비음이 주로 속하고, 덜막음소리에는 마찰음과 유음이 속한다.[118]

현재 국어 음운론에서 가장 일반화된 조음 방식의 구분은 파열음, 마찰음, 파찰음, 비음, 유음의 다섯 부류로 나누는 것이다. 이 중 파열음, 마찰음, 파찰음은 기류의 방해 정도가 강해서 장애음으 로 묶고, 비음과 유음은 울림이 크다는 속성을 고려하여 공명음으로 묶는다. 또한 국어의 장애음은 평음, 경음, 유기음의 소위 '삼지적 상관속'으로 세분하는 것이 매우 중시된다.

---

114) 이돈주(1995)에 따르면 중국에서 '전청'은 '청(淸), 순청(純淸), 최청(最淸)'으로도 불리었다.
115) 이돈주(1995)에 따르면 중국에서 '전탁'은 '탁(濁), 순탁(純濁), 최탁(最濁)'으로도 불리었다.
116) '차탁'은 국내에서는 '불청불탁(不淸不濁)'으로 더 잘 알려져 있다. 이돈주(1995)에 따르면 중국에서는 '차탁, 불청불탁' 이외 에 '청탁(淸濁), 반청반탁(半淸半濁)'이라고 하기도 한다.
117) 이러한 분류 방식은 고대 인도의 음성학 이론에서부터 비롯되었다고 한다.
118) 논의에 따라 분류 결과에는 조금씩 차이가 있다.

③ 용어 설명

'조음 방식'을 나타내는 용어는 예외 없이 모두 '발음되는 방법'이라는 의미를 가지고 있다. '조음 위치'를 나타내는 용어와 마찬가지로 매우 단순한 편이다.

④ 관련 항목

마찰음, 비음, 유음, 파열음, 파찰음

조음부

① 용어의 별칭

국어 조성부[調聲部](安藤正次 1927, 김민수 1953), 소리 고루는 데(최현배 1937ㄱ, 허웅 1958), 조음부[調音部] (최현배 1937ㄱ, 허웅 1958, 이현복 1971), 조음 기관[調音 器官](市河三喜·河野六郎 1951, 이희승 1955, 전상범 1985ㄱ, 김무림 1992, 龜井孝 外 編 1996), 발음 기관[發音 器官](東條操 1965, 日本音聲學會 編 1976), 발음부[發音部](허웅 1968ㄱ, 이현복 1989, 이기백 1991), 조음 기구[調音 機構](垣田邦子 1977), 조음체[調音體](양순임 2001ㄱ), 후두 상위부 (한수정 2007), 조음 기관(한수정 2007)

영어 articulator

② 개념 설명

발동부와 발성부를 거쳐 나온 소리를 다양한 자음이나 모음으로 바꾸어 주는 역할을 하는 기관을 가리킨다. 대부분의 말소리는 발동부, 발성부, 조음부를 거쳐 발음된다.[119] 발동부나 발성부는 하나의 기관으로 구성되어 있지만 조음부는 매우 많은 기관들로 이루어져 있다. '입술, 이, 입천장, 목젖, 인두, 혀' 등 성대 위쪽에 위치하는 발음 기관은 모두 조음부에 속한다고 할 수 있다.[120]

조음부에 속하는 기관들은 능동적 움직임의 여부에 따라 조음체와 조음점을 구분하는 방식이 일반화되어 있다.[121] 조음체는 능동적으로 움직일 수 있는 기관이다.[122] 아랫입술이나 혀가 대표적인

---

119) 박승빈(1932)에서는 '후음'의 경우 조음부를 거치지 않고 발성부에서 그친다고 보고 이것을 낭음(朗音)이라고 불렀다. 또한 조음부까지 모두 거치는 음은 조절음(調節音)이라고 해서 낭음과 구분했다.

120) 이극로(1937ㄴ)과 같이 성대를 포함한 후두까지 조음부에 포함하는 경우도 있다.

121) 조음부가 아니라도 조음체와 조음점을 구분할 수는 있다. 가령 발성부에 해당하는 성대는 조음체로 보는 경우도 적지 않다. 다만 발성부에는 하나의 기관만 있으므로 이러한 구별이 큰 의미를 가지지는 않는다.

122) '조음체'는 '조음자[調音者](지춘수 1964, 양동휘 1967, 김차균 1974), 능동부[能動部](허웅 1964, 김차균 1976, 김영배 1977), 조음 기관[調音 器官](竹林滋·橫山一郎 譯 1970, 이현복·김기섭 역 1983, 전상범 1985ㄱ, 국립국어연구원 1996), 조음체[調音體](김석득 1971, 김영송 1972, 日本音聲學會 編 1976, 이학근 1977), 능동성 조음부[能動性 調音部](日本音聲學會 編 1976), 능동적 음성 기관(日本音聲學會 編 1976), 능동 조음 기관[能動 調音 器官](전상범 1985ㄱ, 신지영 2000ㄱ), 주능동부[主能動部](정우영 1985), 능동적 조음 기관[能動的 調音 器官](김영석 1987, 이철수 1994, 龜井孝 外 編 1996), 능동 조음자(조성식 편 1990), 조음부[調音部](이철수 1994), 능동적 발음 기관(김성근 1995, 서상규·박석준 2005, 이주행

458

조음체에 속하며 주로 구강의 아래쪽에 위치하고 있다. 조음점은 능동적으로 움직이지 못하고 고정되어 있는 기관이다.[123] 조음점은 조음 위치와 비슷한 개념이라고 보아도 무방하다.[124] 조음점에는 윗입술, 치조, 경구개, 연구개 등 주로 구강의 위쪽에 있는 기관들이 속한다.[125]

공기의 흐름이 조음부를 거치는 과정을 흔히 '조음 과정'이라고 한다. 조음 과정은 조음체와 조음점의 상호 작용이라고 할 수 있다. 다양한 말소리들은 조음체가 조음점을 향해 접근하면서 만들어진다. 이때 관여하는 조음체와 조음점의 종류는 서로 다른 소리를 만들어 내는 데 있어 매우 중요한 요소이다. 조음체와 조음점 모두가 다른 경우는 물론이고 조음체나 조음점 중 어느 하나만 달라져도 거기서 나오는 말소리는 서로 구분된다.[126] 가령 혀끝이 조음체로 관여한다고 하더라도 조음점의 차이에 따라 치음, 치조음, 경구개치조음이 구별된다. 또한 조음점이 윗니로 동일해도 조음체의 차이에 따라 순치음과 치음이 구분된다.

③ 용어 설명

'조음부'를 가리키는 용어들은 대체로 음을 만들어 낸다든지 또는 조절한다는 의미를 담고 있다. 이것은 '조음부'의 원래 성격을 잘 반영하고 있다고 평가할 수 있다. 예외적으로 '후두 상위부'라는 용어가 있는데 이것은 조음부에 속하는 기관들의 위치를 강조하고 있다.

④ 관련 항목

발동부, 발성부, 조음 방식, 조음 위치

2008), 이동부(박창원 1996), 능동적 조음자(김정숙 1996, 龜井孝 外 編 1996, 이봉원 2002ㄴ), 가동적 발음 기관(서상규·박석준 2005)' 등으로 불린다. 능동적으로 움직일 수 있다는 의미를 담고 있는 용어들이 많다. 영어로는 'active articulator' 또는 그냥 'articulator'라고 한다.

123) '조음점'은 '조음점[調音點](허웅 1958, 양동휘 1967, 최현배 1970, 日本音聲學會 編 1976, 金善姬 1995), 고정부[固定部](허웅 1964, 김차균 1976, 김영배 1977), 마디집(최현배 1970), 마딧점(최현배 1970), 조음개소[調音個所](日本音聲學會 編 1976), 수동성 조음부[受動性 調音部](日本音聲學會 編 1976), 수동적 조음 기관[受動的 調音 器官](김영석 1987, 龜井孝 外 編 1996), 수동부(이현복 1989, 이기백 1991, 이호영 1996), 수동 조음자(조성식 편 1990), 고정부 조음 기관[固定部 調音 器官](이철수 1994), 피동적 발음 기관(김성근 1995, 이주행 2008), 수동적 조음자(김정숙 1996, 龜井孝 外 編 1996), 수동 조음 기관(신지영 2000ㄱ), 수동석 소음체(이봉원 2002ㄴ), 근접점[近接點](김지형 2005), 고정적 발음 기관(서상규·박석준 2005)' 등으로 부르기도 한다. 능동적 움직임이 없고 고정되어 있다는 의미를 지닌 용어들이 많다. 영어로는 'passive articulator, point of articulation'이라고 한다.

124) 흥미롭게도 허웅(1958)에서는 조음점이 넓은 부위에 걸쳐 있을 때에는 '조음역'이라는 별개의 용어를 사용하기도 했는데, 국어 'ㅈ, ㅊ, ㅉ'의 조음점이 그 사례로 제시되었다.

125) 윗입술은 논의에 따라 조음체로 보기도 한다. 그럴 경우 입술 전체가 조음체로 분류된다. 또한 연구개의 뒷부분인 '구개범'은 구강 위쪽에 있지만 능동적으로 움직일 수 있다.

126) 물론 조음체가 조음점에 접근하는 방식의 차이도 중요하다. 조음체와 조음점이 동일해도 폐쇄, 마찰 등과 같이 접근 방식이 다르면 구별되는 소리가 나온다.

조음 위치

① 용어의 별칭

국어 나는 자리(최현배 1929), 발음 위치[發音 位置](河野六郎 1939, 유창식 1956, 도수희 1990), 조음 위치[調音 位置](河野六郎 1947, 寺川喜四男 1950, 小林智賀平 1952, 이희승 1955, 박은용 1959ㄴ, 서재극 1959), 위치 본위[位置 本位](홍기문 1947), 조음 부위[調音 部位](주왕산 1948, 寺川喜四男 1950, 東條操 1965, 이현규 1969, 김형기 1970, 문선규 1980), 조음점[調音點](服部四郎 1951, 太田朗 1959, 김석득 1962ㄴ, 日下部文夫 1962, 문선규 1964, 전상범 1977ㄴ), 조음 개소[調音 個所](日本音聲學會 編 1976), 발음 부위(橋本萬太郎 1977, 류렬 1992, 심소희 1996), 조음의 장소 (이병건 1979ㄱ), 조음 장소[調音 場所](桑原輝男・根間弘海 譯 1980, 황귀룡 역 1986, 리득춘 1994ㄴ, 손형숙 1997), 조음 자리(정영주 1985, 이호영 1996, 손명기 2008)

영어 place of articulation, point of articulation

② 개념 설명

일반적으로 자음이 발음되는 자리를 가리킨다.[127] 특정 자음을 발음하기 위해서는 조음체가 조음점에 닿거나 근접하게 되는데 그 부위가 조음 위치이다. 따라서 조음 위치는 조음체를 기준으로 정할 수도 있고 조음점을 기준으로 정할 수도 있다. 논의에 따라서는 조음체와 조음점을 모두 밝히기도 한다. 국어 음운론에서는 조음점을 좀 더 중시하고 있다.

자음의 조음 위치에 대한 인식은 매우 오래 전부터 있어 왔다. 전통적인 성운학에서는 '아음, 설음, 순음, 치음, 후음'의 오음(五音)을 구분하는 방식을 많이 사용해 왔다. 때로는 오음을 더 줄여 순내음(脣內音), 설내음(舌內音), 후내음(喉內音)의 소위 '삼내(三內)'로 나누기도 한다. 이렇게 되면 설음과 치음은 설내음이 되고, 아음과 후음은 후내음이 된다.[128]

현대 국어의 경우 자음의 조음 위치를 넷 또는 다섯 부류로 나누는 것이 일반화되어 있다. 일반적으로는 양순음, 치조음, 경구개음, 연구개음, 후음의 다섯 가지를 구분한다. 그러나 치조음과 경구개음을 묶어서 전설음으로 하고, 이에 대립되는 후설음에 연구개음을 포함하여 네 부류만 나누는 방식도 없지는 않다. 또한 국어 연구 초창기에는 비음도 조음 위치에 의한 부류 중 하나로 넣는 경우가 종종 있다. 공기가 비강으로 흐르는 것을 조음 방식이 아닌 조음 위치와 관련된다고 본 것이다.[129]

③ 용어 설명

'조음 위치'를 나타내는 용어는 그 수가 적다고 할 수는 없지만 질적인 다양성은 거의 없다. 예외

---

127) 河野六郎(1947), 市河三喜・河野六郎(1951)처럼 '조음 위치'를 모음을 발음할 때의 혀의 전후 위치를 가리킬 때 사용하는 경우도 존재한다.

128) 이현복(1991)에 따르면 북한의 논의 중 자음의 조음 위치를 나눌 때 '삼내'에 대응하는 입술소리, 혀앞소리, 혀뒤소리의 세 가지 부류만 인정하는 경우가 있다고 한다.

129) 가령 이필수(1922)에서는 국어의 자음을 오음(五音)으로 나누면서 '후음, 설음, 치음, 순음, 비음'을 설정했다. '아음'이 빠지고 '비음'이 그 자리를 차지하게 되었다. 그러다 보니 아음에 속해야 할 'ㄱ'은 후음이 되고 'ㅇ'은 비음이 되어 'ㄱ'과 'ㅇ'이 서로 다른 조음 위치에서 발음되는 자음이 되고 말았다.

없이 모든 용어들이 '발음되는 위치'라는 의미를 담고 있다.

④ 관련 항목

경구개음, 양순음, 연구개음, 조음부, 치조음, 후음

종성

① 용어의 별칭

국어 종성[終聲](『훈민정음』), 내종[乃終]소리(『훈민정음』, 강매·김진호 1925), 봇침(리봉운 1897), 종셩[終聲] (리봉운 1897, 주시경 1906), 후성[後聲](박일삼 1907), 지음[支音](유길준 1909, 高橋亨 1909, 魯璣柱 1924, 박승빈 1927, 최현배 1937ㄱ), 특음[特音](주시경 외 1907~1908), 종음[終音](최광옥 1908), 종지음[終止音](유길준 1909), 밧침 (유길준 1909, 김희상 1911, 崔在翊 1918, 李完應 1926), 반음[半音](藥師寺知曨 1909, 朴重華 1923), 바침(김희상 1911, 이병기 1933~1934, 김윤경 1934ㄱ), 끗소리(이규영 1913, 주시경 1913ㄴ, 문교부 1954), 긋소리(주시경 1914), 철미[綴尾] (金澤庄二郎 1917~1918), 말음[末音](小倉進平 1920, 이숭녕 1932, 이희승 1941, 주왕산 1948, 靑山秀夫 1972), 끝소리 (김두봉 1922, 강매·김진호 1925, 김윤경 1925), 바팀(안확 1922, 박승빈 1927), 미음[尾音](안확 1922, 팔대수 1930, 金田一京助 1932), 바침(이필수 1922, 리필수 1923, 심의린 1936), 받힘(김윤경 1925, 이상춘 1925), 받침(김희상 1927, 이희승 1938ㅂ, 주왕산 1948), 바침소리(최현배 1928ㄱ), 받침소리(최현배 1929, 유제한 1956, 남광우 외 1982, 류렬 1992), 밧힘(이병기 1929~1930), 음미[音尾](박승빈 1931), 종미음[終尾音](小林英夫 1935), 음절 말미[音節 末尾](有坂秀世 1940, 寺川喜四男 1950, 龜井孝 外 編 1996), 내중소리(심의린 1949ㄴ), 나중소리(이인모 1949, 정경해 1953), 끝닿소리(이인모 1949, 황희영 1979), 음절 말음[音節 末音](寺川喜四男 1950, 服部四郎 1955, 허웅 1958, 정연찬 1963, 박형달 1969, 李康民 1993), 음절말[音節末](服部四郎 1951, 河野六郎 1955, 日下部文夫 1962, 박형달 1969, 이기문 1972, 강창석 1984), 말자음 [末子音](정경해 1953, 안병희 1960, 이기문 외 1984), 말미 자음[末尾 子音](三根谷徹 1953, 고병암 역 1986), 음절 끝소리(김일웅 1966), 음질 끄트머리(허웅 1968ㄱ, 이영길 1976), 음설말 자음(박형달 1969, 강신항 1977, 金善姬 1995), 미자음[尾子音](筧壽雄·今井邦彦 1971, 조학행 1985, 박종희 1993ㄱ), 음절미[音節尾](小泉保·牧野勤 1971, 日本音聲學會 編 1976), 어말 자음[語末 子音](이은정 1975), 말미음[末尾音](日本音聲學會 編 1976), 운미[韻尾](日本音聲學會 編 1976, 이효근 1993), 미련[尾連](林榮一·間瀨英夫 譯 1978), 종결 자음(황희영 1979), 종말음[終末音](김석산 1982), 음절말 위치[音節末 位置](송철의 1982), 음절 꼬리(이창우 1983, 이현복·김기섭 역 1983, 김선정 1990), 꼬리 (이창우 1983, 이현복·김기섭 역 1983, 김희섭 1991), 음절 말위[音節 末位](梅田博之 1983), 각음[脚音](이기문 외 1984, 곽동기 1992, 국립국어연구원 1996), 음절 후부[音節 後部](전상범 1985ㄱ, 김종훈 1990, 김이영 1992), 결미 자유[結尾 子音](이정민·배영남 1987), 음절끝(유재원 1988, 김무식 1992ㄷ, 菅野裕臣 1993ㄱ), 음절의 뒤쪽(박병학 1992), 음절 미음 [音節 尾音](최윤현 1993), 종성 자음[終聲 子音](李康民 1993), 미부[尾部](박상호 1998), 꼬리음(이용재 1998, 구본석 1999, 윤혜영 2000), 음절 꼬리음(구본석 1999), 맺음 자음(이은정 2005)

영어 coda, final, offset

② 개념 설명

음절의 구성 요소를 셋으로 나누었을 때 제일 뒤에 오는 요소를 가리킨다. 종성은 표기 단위를 가리킬 수도 있고 발음 단위를 가리킬 수도 있다. 표기 단위로서의 종성은 받침과 동일한 의미를 가진다. 따라서 다른 형태소와의 결합 과정에서 연음이 되어 종성이 아닌 초성에서 발음될 수도 있고 평파열음화가 적용되어 표기와 다른 발음이 될 수도 있으며 자음군 단순화가 적용되어 자음이 하나 탈락할 수도 있다. 발음 단위로서의 종성은 음절화나 음운 현상이 모두 적용되어서 실제 종성에서 발음되는 자음을 가리킨다. 발음 단위로서의 종성은 현대 국어의 경우 'ㄱ, ㄴ, ㄷ, ㄹ, ㅁ, ㅂ, ㅇ'의 7종류만 존재한다.[130]

초성의 개념이 전통적인 성운학에서 이미 오래 전부터 인식된 데 비해 종성의 개념은 『훈민정음』에서 독창적으로 나왔다. 성운학에서는 음절을 '성모'와 '운모'의 두 요소로 나누는 이분법이 성행했으므로 종성이 독립된 단위가 되기 어렵지만 『훈민정음』에서는 음절을 초성, 중성, 종성의 세 가지로 구분하여 종성을 독자적인 단위로 인정한 것이다.[131] 더욱이 종성을 분리하면서도 초성과 종성에 오는 음이 모두 자음이라는 공통점을 고려하여 종성자를 따로 만들지 않고 초성자를 다시 사용한 것[132]은 당시 한글 창제에 관여한 사람들의 수준 높은 음운론적 지식을 잘 말해 주는 바이다.

현대 국어의 종성은 양적, 질적인 두 가지 측면에서 제약이 있다.[133] 양적으로는 둘 이상의 자음이 발음될 수 없다는 제약이 있다. 즉 종성에서는 최대 하나의 자음만이 발음되는 것이다. 그래서 겹받침을 가진 형태소의 경우 일정한 조건에서 자음군 단순화가 적용되어 종성의 조건을 만족시킨다. 질적으로는 'ㄱ, ㄴ, ㄷ, ㄹ, ㅁ, ㅂ, ㅇ'의 일곱 가지 자음만 발음이 가능하다는 제약이 있다. 따라서 음절화의 결과 여기에 속하지 않는 자음이 종성에 배정되면 평파열음화가 적용되어 종성의 조건을 충족시킨다.

③ 용어 설명

'종성'을 나타내는 용어들은 초성에 비해 더 다양한 편이다. 대체로 음절 종성이라는 위치를 고려한 용어들이 많지만 미세한 차이가 존재한다. '음절 말음, 음절 말미, 음절말, 음절 끝소리, 음절 꼬리, 음절 말위, 음절 후부, 음절의 뒤쪽' 등은 음절의 마지막 부분이라는 원래 의미를 가장 충실하게 드러낸 용어이다. 종성과 어말을 혼동하면 '어말 자음'과 같은 용어도 사용하지만 이는 잘못된 용법이다. 어말은 항상 종성이 되지만 종성은 어말이 아닌 위치에도 올 수 있으므로 이 둘은 동

---

130) 이론적으로는 표기 단위로서의 종성과 발음 단위으로서의 종성 사이의 중간적 성격을 가진 종성도 있을 수 있다. 음절화 절차를 거쳐 형성되어 나온 종성이 그에 해당한다. 이때의 종성은 음절화에 의해 음절 내에서의 발음 위치가 결정되었으므로 표기 단위로서의 종성(즉 받침)과 구별되며 아직 음운 규칙이 적용되기 전이므로 발음 단위로서의 종성과도 구별된다.

131) 이처럼 종성을 따로 인식한 것은 이전의 차자 표기에서 '말음 첨기'를 한 것에서도 찾아볼 수 있다.

132) 이것은 소위 '종성부용초성(終聲復用初聲)'에 해당한다. 종래 이 규정을 표기 규정으로 잘못 이해하여 종성에는 초성을 모두 표기한다고 본 경우도 있었지만 중세 국어 시기에는 『훈민정음』의 규정대로 8종성법이라는 종성 표기 방식을 채택하고 있었다. 따라서 '종성부용초성'은 표기 규정이 아니라 글자를 만들 때 초성자를 다시 종성자로 사용한다는 제자 규정으로 이해하는 것이 바람직하다.

133) 이 제약은 발음 단위로서의 종성에 적용된다.

일하지 않다.

'종성, 종음, 종지음, 말음, 끝소리, 미음, 음미, 종미음, 나중소리, 끝닿소리, 말자음, 말미 자음, 미자음, 말미음, 종말음, 맺음 자음, 미부, 꼬리음'과 같은 용어들은 단순히 뒤 또는 끝에 오는 음이라는 의미로 음절과 관련된다는 사실이 제대로 드러나지 않아서 정확성이 떨어진다. 그러나 『훈민정음』에 나온 용어라서 그런지 몰라도 가장 널리 쓰이고 있다. '운미, 각음'도 이 계열에 속한다고 할 수 있는데 특히 이 두 용어는 운모를 더 세분하여 나온 단위를 지칭한다는 점에서 성운학과 무관하지 않다.[134]

종성을 나타내는 용어 중에는 철자를 기준 삼은 것들도 상당하다. '받침'이나 '지음' 등은 모두 받친다는 의미를 지니는데 한글 모아쓰기에서 종성이 가장 아래에 놓인다는 점을 고려한 것이다. '철미(綴尾)'도 철자법을 고려한 용어이다.

'특음, 반음'은 앞서 언급한 그 어떤 용어와도 계열을 달리한 것으로 조음적 차원을 고려한 용어이다. 주시경 외(1907~1908)에서는 중성 뒤에서 특종의 음을 낸다는 의미로 '특음'이라는 용어를 사용하였다. 또한 藥師寺知曨(1909)에서는 종성의 경우 입 밖으로 명확히 드러나지 않아서 '반음'이라고 했는데, 이는 종성의 경우 조음적으로 완전한 과정을 거치지 않음을 지칭한 것이다.[135] 마지막으로 '미련(尾連)'은 음절을 구조적인 것으로 보아 구성 요소끼리 연결된다는 사실을 강조한 용어이다.

④ 관련 항목

받침, 음절, 자음¹, 중성, 초성

중간형

① 용어의 별칭

국어 중간 단계(筧壽雄・今井邦彦 1971, 이병건 1974, 林榮― ・ 間瀨英夫 譯 1978, 최전승 1981, 이현복・김기섭 역 1983), 중간 형태(김진우 1976), 중간 단계의 계층(이용재 1978), 중간 구조(이병근 1978, 기세관 1992, 김경란 1994), 중간 단계의 도출형(이병건 1979ㄴ), 중간적 표시(桑原輝男・根間弘海 譯 1980), 중간 계층(박종희 1983ㄱ), 중간 형태(박종희 1985ㄱ, 김영진 1993, 정인호 1995), 중간형(고병암 역 1986, 최병선 1998, 이진호 2005ㄱ), 중간 표상(김차균 1986ㄱ, 김세진 2009), 중간 과정(정철주 1991, 서보월 1992, 신승용 2002ㄱ), 중간적 구조(서보월 1992), 중간 단계형(김영선 1993, 이병근・최명옥 1997), 중간 표시형(차재은 1999), 중간 표시(윤혜영 2000), 도출된 표시(김경민 2001), 중간 도출형(신지영・차재은 2003, 박선우 2004, 전상범 2004, 賴妍艷 2012), 중간 도출단계(백은아 2006), 출력형(정유진 2008)

영어 intermediate form

---

134) 성운학에서는 운모를 운두, 운복, 운미로 더 세분한다. '운미, 각음'은 모두 '운미'에 대응하는 용어이다.
135) 국어의 자음 대부분은 종성에 놓일 경우 개방이 되지 않는 등 조음 과정이 불완전하게 끝난다.

② 개념 설명

생성 음운론에서 기저형으로부터 표면형을 도출할 때 그 중간 단계에 나타나는 형태들을 포괄하는 개념이다. 가령 '빛+도→빋도→빋또'와 같은 도출 과정에서 기저형인 '빛도'와 표면형인 '빋또'를 제외한 '빋도'가 중간형이다. 기저형이나 표면형은 반드시 존재하며 그 숫자도 1개로 한정됨에 비해 중간형은 없을 수도 있고 하나 이상일 수도 있다. 즉 기저형과 표면형에 따라 그 유무나 개수가 유동적인 것이다. 기저형과 표면형이 동일하면 당연히 중간형은 존재하지 않으며 '먹+는→멍는'과 같이 기저형에 하나의 음운 규칙만 적용되는 경우에도 중간형은 존재하지 않는다. 도출 과정에 필요한 음운 규칙의 수가 N개라고 할 때 중간형의 개수는 (N−1)개가 된다. 그러므로 중간형이 존재하려면 기저형으로부터 표면형을 도출하는 데 적어도 둘 이상의 음운 규칙이 적용되어야 한다.

중간형은 그 자체로는 발음 가능한 단위가 아니다. 표면형에 이르러야만 실제로 발음이 되는 형태로 바뀌기 때문에 표면형보다 앞선 형태는 기저형이든 중간형이든 발음될 수 없는 것이 원칙이다.[136] 그러나 여기에 예외가 한 가지 있다. 그것은 음운 도출 과정에 개입된 음운 규칙이 수의적인 경우이다. 수의적 음운 규칙은 도출 과정에서 마지막에 적용된다.[137] 그런데 수의적 음운 규칙은 반드시 적용되어야만 하는 필수적인 규칙과는 달라서 수의적 규칙이 적용되기 전의 형태도 표면형으로 실현이 가능하다. 이것을 위치 동화의 예를 통해 살펴보면 다음과 같다.

(가) 옷+만→옫만→온만→옴만
(나) 걷+고→걷꼬→걱꼬

(가)와 (나)에서 수의적 음운 규칙인 위치 동화는 도출 과정의 마지막에 적용된다. 위치 동화의 적용을 받기 직전의 형태들은 모두 중간형인데, (가)의 '온만'이나 (나)의 '걷꼬'는 모두 중간형이라도 표면에서 발음이 가능한 형태이다. 이러한 예외적인 상황은 수의적 규칙의 특수성에서 비롯되었다.

③ 용어 설명

'중간형'을 지칭하는 용어는 일부 예외를 제외하면 모두 중간 단계에 나타나는 형태라는 의미를 담고 있다. 이것은 '중간형'의 원래 개념을 충실히 반영하고 있다고 할 수 있다. 여기에 대한 예외로는 '도출된 표시, 출력형'의 두 가지가 있다. '도출된 표시'는 대부분의 중간형이 도출 과정에서 나타난다는 점을 고려한 것이다. 그러나 도출된 형태에는 중간형 이외에 표면형도 포함되므로 정확하지는 않다. '출력형' 역시 표면형과 동일한 의미로 해석될 수 있어서 문제점을 지닌다.

---

136) 중간형이 존재하는 층위(level)를 종종 '거짓 단계(false step)'라고 부르는 경우가 있는데, 이것은 중간형이 이론적으로만 존재하는 허구적인 형태이므로 중간형이 존재하는 층위 역시 가상적인 것임을 나타내기 위한 표현이다.
137) 여기에 대해서는 '도출' 항목을 참조할 수 있다.

④ 관련 항목

　기저형, 도출, 표면형

중모음(重母音)¹

① 용어의 별칭

국어 합중성[合中聲](주시경 외 1907~1908), 합모음[合母音](주시경 외 1907~1908), 복중성[複中聲](주시경 외 1907~1908), 중중성[重中聲](주시경 외 1907~1908, 이규방 1922, 鄭國采 1926, 이완응 1929), 반모음[半母音](최광옥 1908, 金澤庄三郎 1917~1918), 중모음[重母音](유길준 1909, 김희상 1911, 임규 1912ㄱ, 金澤庄三郎 1917~1918, 左久間鼎 1919, 安藤正次 1927), 복모음[複母音](前間恭作 1909, 이상춘 1925, 이윤재 1929, 小幡重一・豊島武彦 1932, 심의린 1936, 日本音聲學會 編 1976), 거듭모음(남궁억 1913), 거듭홀소리(주시경 1914, 최현배 1929, 김윤경 1932ㄱ, 日本音聲學會 編 1976), 거듭된 홀소리(김두봉 1916), 복음[複音](이규방 1922, 김희상 1927, 이윤재 1929), 합성 양절[合成 陽切](이필수 1922), 합한 홀소리(리필수 1923), 홀인소리(강매・김진호 1925, 조선어연구회 1930), 겹소리(강매・김진호 1925, 이인모 1949, 이상태 1981), 합성 모음[合成 母音](김중록 1925, 박갑수 1989), 겹홀소리(이윤재 1929, 박상준 1932, 이상춘 1946), 중중성음[重中聲音](박승빈 1931), 복합모음[複合母音](이숭녕 1935ㄱ, 河野六郎 1945, 허웅 1952, 이남덕 1953), 평설음[平舌音](이극로 1941), 복량음[複量音](幸田寧達 1941), 동모음[動母音](주왕산 1948), 중음[重音](今西春秋 1958), 겹모음(금수현 1968, 김민수 1978ㄱ, 김용환 1988, 류렬 1992), 복원음[複元音](董同龢 1972), 이동모음[移動 母音](日本音聲學會 編 1976), 가이동적 중음[可移動的 重音](日本音聲學會 編 1976), 복합원음[複合元音](日本音聲學會 編 1976, 김경숙 1993, 전광진 역 2003, 엄익상 2007), 추이 모음(최윤현 1982), 겹중성(권재선 1992), 겹모음(전광진 역 2003), 과도적인 모음(이혁화 2012)

영어 compound vowel, kinetic vowel

② 개념 설명

　둘 이상의 모음적 요소로 이루어진 복합적인 모음을 가리킨다. 하나의 음소로만 이루어진 단모음(單母音)에 대립된다. 중모음을 이루는 모음적 요소란 단모음(單母音) 또는 반모음을 가리킨다. 이 중에서 단모음은 반드시 중모음에 들어 있어야 한다.

　이론적으로 중모음은 구성 요소의 수에 따라 두 음소로 이루어진 이중 모음, 세 음소로 이루어진 삼중 모음을 포함하여 그 이상의 음소로 된 것 등이 있을 수 있다. 언어 보편적으로 가장 널리 나타나는 것은 이중 모음이고 삼중 모음이 다소 드물지만 존재한다. 사중 모음 이상은 거의 언급된 바가 없다. 국어의 경우도 현대 국어는 이중 모음만 존재하며 중세 국어에는 삼중 모음도 어느 정도 존재했다.[138]

---

138) 현대 국어에 삼중 모음이 존재한다는 주장도 있지만 다소 문제가 있다. 여기에 대해서는 '삼중 모음' 항목을 참고할 수 있다.

구성 요소의 수가 아닌 종류에 따라 중모음을 구분하는 방식도 한때 존재했다. 일찍이 주시경 (1909)에서는 '야, 여, 요, 유'나 '애, 에, 외, 위'와 같이 'ㅣ'가 선행하거나 후행하는 중모음은 탁음(濁 音), 그 이외의 것은 복음(複音)이라고 했고, 김희상(1927)에서는 '야, 여, 요, 유'와 같이 반모음 'ㅣ'가 선행하는 것만 복음, 그 외의 나머지는 중모음(重母音)이라고 하여 두 부류를 구분했다. 홍기문(1947) 에서는 'ㅣ'가 선행하는 '야, 여, 요, 유' 등을 복모음(複母音), 'ㅗ, ㅜ'가 선행하는 '와, 워'를 합모음 (合母音), 'ㅣ'가 후행하는 'ㅢ, ㅚ' 등을 변모음(變母音)이라고 하여 세 부류를 구분했다. 심지어 幸田 寧達(1941)에서는 '와, 워'를 불용음(不容音), '야, 여, 요, 유' 등을 상용음(上容音), '애, 에, 외, 위' 등을 하용음(下容音), '얘, 예, 왜, 웨' 등을 상하용음(上下容音)이라고 하여 네 부류를 나누었는데 이 역시 구성 요소의 종류를 고려한 것이다.139) 대체로 반모음 'j'의 유무 또는 표기상 'ㅣ'의 유무를 중시하 고 있다.

중모음 여부를 판단할 때에는 당연히 발음을 중심으로 해야 한다. 그러나 국어 연구 초창기에는 표기에 근거하여 중모음인지 아닌지를 판단하는 경우가 적지 않았다. 그리하여 현대 국어의 '애, 에, 외'와 같은 단모음은 'ㅏ+ㅣ, ㅓ+ㅣ, ㅗ+ㅣ'로 구성된 이중 모음, '왜, 웨'는 'ㅗ+ㅏ+ㅣ, ㅜ +ㅓ+ㅣ'로 구성된 삼중 모음으로 보기도 한 것이다. 한편 중세 국어는 소위 '현대적 편견'에 사로 잡혀 중모음을 단모음으로 본 적도 없지 않았다. 가령 현대 국어의 '애, 에, 외' 등이 단모음이라서 중세 국어의 '애, 에, 외' 역시 중모음이 아닌 단모음이라고 해석하던 시기가 없지 않았던 것이다. 이러한 문제점들은 이후 논의를 통해 완전히 극복되었다.

③ 용어 설명

'중모음'을 나타내는 용어들 중 절대 다수는 중모음이 복합적인 요소로 이루어진 존재임을 나타 낸다. 다만 세부적인 차이는 '복합적 존재'라는 사실을 '합, 중, 복, 거듭, 겹' 중 어떻게 표현하느냐 와 모음을 어떻게 표현하느냐에 달려 있다. 이런 부류에 속하지 않는 용어들 중에는 '동모음, 이동 모음, 가이동적 중음, 추이 모음, 과도적인 모음' 등이 또 다른 계열을 이룬다. 이 용어들은 중모음 의 특성을 '이동'에서 찾고 있다. 중모음을 발음할 때에는 복수의 구성 요소를 발음하는 과정에서 입 모양이나 혀의 위치가 바뀌면서 소리의 이동이 일어나는데 이러한 특징을 용어에 반영하였다.

이상의 두 가지 중요 부류에 속하지 않는 것으로는 '반모음, 평설음(平舌音), 홀인소리'의 세 가 지가 있다. '반모음'은 중모음의 구성 요소 중 하나인 반모음을 고려하여 반모음이 들어 있는 모 음이라는 의미를 담고 있다고 추측된다. 그러나 반모음이 포함되지 않은 중모음은 포함하기 어 렵다는 문제점이 있다. 평설음은 정확한 의미를 알기 어렵다. '홀인소리'는 정확한 표기로는 '흐 린소리'이다. 주시경은 홑소리와 거듭소리의 차이를 '청탁'으로 표현하여 홑소리는 청음(또는 맑 은소리), 거듭소리는 탁음(또는 흐린소리)라고 한 적이 있는데 이것을 가져온 것이다.140)

---

139) 幸田寧達(1941)의 용어에 나오는 '容'은 'ㅣ'와 관련되어 있다. 'ㅣ'가 없는 중모음은 '不容'이고 'ㅣ'가 앞에 오느냐 뒤에 오 느냐에 따라 '上容, 下容'이 구별된다. 앞뒤에 'ㅣ'가 모두 오면 '上下容'이 된다.
140) 성운학에서 사용하는 '청탁'은 성대 울림의 유무와 관련되지만 주시경의 경우는 그와 다른 개념으로 사용한 것이다.

④ 관련 항목

거듭소리, 단모음¹, 이중 모음, 삼중 모음

중모음(中母音)²

① 용어의 별칭

국어	중구음[中口音](천민자 1926), 중모음[中母音](安藤正次 1927, 박승빈 1931, 新村出 1943, 服部四郎 1951, 허웅 1968ㄱ, 이기문 외 1984), 반폐음[半閉音](홍기문 1933, Batkhishig 2009, Erdenetuya 2011), 반개음[半開音](홍기문 1933), 반개모음[半開母音](寺川喜四男 1950, 東條操 1965), 중위모음[中位母音](筧壽雄・今井邦彦 1971, 곽충구 1985, 김진우 1985, 조창규 1994), 중원음[中元音](董同龢 1972, 김경숙 1993, 엄익상 2007), 중계 모음[中階 母音](日本音聲學會 編 1976), 중간 모음(황희영 1979, 이현복・김기섭 역 1983, 문경윤 1992), 혀반올린 홀소리(황희영 1979), 반상설 모음[半上舌 母音](황희영 1979), 중단 모음[中段 母音](고병암 역 1986), 중설 모음(김차균 1987ㄷ, 소강춘 1989, 조철규 1994), 반높은 모음(김수길 1991, 류렬 1992), 반올린(내린) 모음(김수길 1991), 반벌린 모음(류렬 1992), 반폐모음(이호영 1996), 가운데 홀소리(이근열 1996, 이병운 2000, 권경근 2005), 반높은-반낮은 홀소리(구현옥 1999), 중모음소(최명옥 2004), 반고모음(박경래 2008)
영어	mid vowel

② 개념 설명

혀의 높낮이로 모음을 분류할 때 혀의 높낮이가 높지도 않고 낮지도 않은 중간 정도의 모음을 가리킨다. 정확히는 혀의 최고점 높낮이가 중간 위치에 놓이는 모음이 중모음이다. 중모음이라는 부류는 기본적으로 혀의 높낮이에 따른 모음의 부류를 세 가지로 나눈다는 사실을 함축하고 있다.[141] 혀의 높낮이에 따라 네 부류의 모음을 구별하는 경우에는 중모음을 '반고모음'[142]과 '반저모음'[143]으로 세분하게 된다. 국어의 중모음으로는 '오, 어, 외, 에'가 설정된다.

---

141) 혀의 높낮이에 따른 모음의 분류는 초창기에는 대체로 네 부류, 그 이후 생성 문법의 영향을 받은 시기에는 세 부류를 구분하는 것이 일반적이다. 전자는 모음들 사이의 음성적 차이를 최대한 반영한 방식이고 후자는 오히려 음운론적 대립 양상을 매우 중시한 방식이라고 할 수 있다. 한편 천민자(1926)은 혀의 높낮이에 따라 세 부류를 나눈 매우 이른 논의로서, 당시 거의 모든 논의에서 네 개의 부류를 구분하고 있었다는 점을 감안하면 선구적인 방식이라고 할 수 있다. 천민자(1926)은 음운들 사이의 대립 관계에 대한 인식이 별로 없던 시기에 모음들의 대립을 이상적이라고 평가할 만큼 완벽하게 인식하고 있었다는 점에서 국어사적 주목을 받기에 충분하다.

142) '반고모음'을 가리키는 용어에는 '반닫홀소리(김두봉 1922), 중고모음(김민수 외 1960ㄴ, 김대현・조철우 1998, 육효창 1998), 반고설모음(유창돈 1964), 반고원음[半高元音](董同龢 1972), 반높은 홀소리(정영주 1985, 신연희 1991, 구현옥 1997), 고단중간모음[高段中間母音](황귀룡 역 1986), 반고모음(박병채 1987ㄴ, 배주채 1996ㄱ, 이주행 2002, 崔金丹 2002), 반높은모음(권오선 1990, 김성근 1995, 이주행 2008), 반올린모음(김수길 1991), 중간 높은 모음(이현복 1991)' 등이 있다. 영어로는 'high mid vowel'이다.

143) '반저모음'을 가리키는 용어에는 '반열홀소리(김두봉 1922), 반저원음[半低元音](董同龢 1972), 저단중간모음[低段中間母音](황귀룡 역 1986), 반낮은 모음(권오선 1990, 김성근 1995, 이주행 2008), 반내린 모음(김수길 1991), 중간 낮은 모음(이현복 1991), 반저모음(배주채 1996ㄱ, 이주행 2002, 崔金丹 2002, 조창규 2013), 중저모음(김민수 외 1960ㄴ, 김대현・조철우

③ 용어 설명

'중모음'을 가리키는 용어는 '중간'을 지칭하는 방식에 따라 몇 가지가 구분된다. '중구음, 중모음, 중위모음, 중원음, 중계모음, 중간 모음, 중단모음, 중설모음, 가운데 홀소리' 등과 같이 '중간'이라는 사실을 직접 표현하는 용어들이 많다. 그렇지만 '반폐음, 반폐모음, 반높은 모음'과 같이 고모음(또는 폐모음)을 기준으로 중간이라고 한 용어도 있고 반대로 '반개음, 반개모음'과 같이 저모음(또는 개모음)을 기준으로 중간이라고 한 용어도 있다. 또한 '반높은-반낮은 홀소리'와 같이 고모음과 저모음을 모두 기준 삼은 용어도 존재한다. 한편 '반올린(내린) 모음'이나 '반벌린 모음'은 혀의 움직임 또는 턱의 벌어짐을 용어에 반영하고 있다.

④ 관련 항목

고모음, 반개모음, 반폐모음, 저모음

중복음

① 용어의 별칭

국어 중복음[重複音](허웅 1968ㄱ, 황귀룡 역 1986, 이철수 1994), 중음[重音](정연찬 1980), 중복 분절음(문양수 1988)

② 개념 설명

두 개의 동일한 음이 중첩되어 이루어진 음을 가리킨다. 자음, 모음은 물론이고 반모음도 중복음을 이룬다고 본다. 허웅(1968ㄱ)에서는 자음이 중복되면 '중복 자음(geminate)', 모음이 중복되면 '중복 모음(geminate vowel)'이라고 한 후 이들은 하나의 자음이나 모음이 긴 '장자음' 또는 '장모음'과 다르다고 했다. 즉 장자음이나 장모음은 그 중간에 긴장이 약화되는 부분이 없지만 중복음은 한 음과 그 다음 음의 사이에 긴장이 약화되는 부분이 있다는 것이다. 한편 중세 국어의 경우 '드뵈+아, 개+아'가 '드뵈야, 개야'가 되듯이 반모음 'j'로 끝나는 형태소 뒤에서 반모음 'j'가 첨가되어 'j'가 두 개 연속된 것에 대해서 반모음 'j'의 중복음이라고 해석하기도 한다.

③ 용어 설명

'중복음'을 가리키는 용어는 매우 적으며 '중복된다'는 의미를 단순하게 표현하고 있다.

1998, 한재영 외 2003), 반낮은 홀소리(신연희 1991)' 등이 있다. 영어로는 'low mid vowel'이다.

④ 관련 항목

동음 충돌, 중복 자음

중복 자음

① 용어의 별칭

__국어__ 중음[重音](주시경 1908ㄱ, 곽동기 1992), 이중 자음[二重 子音](有坂秀世 1940, 허웅 1958, 日本音聲學會 編 1976, 박미영 2002, 김노주 2005), 이중음[二重音](有坂秀世 1940), 중자음[重子音](服部四郎 1951, 이기문 1955, 유창식 1956, 黑川新一 譯 1958, 문선규 1964, 龜井孝 外 編 1996), 자음 중복(서재극 1961, 日本音聲學會 編 1976, 이효근 1994), 중복 자음[重複 子音](양동휘 1967, 김영송 1972, 日本音聲學會 編 1976, 황희영 1979), 중복음(최태영 1974, 김영송 1977ㄱ, 桑原輝男·根間弘海 譯 1980, 최강애 1985), 겹(이병건 1976, 임용기 1987ㄴ), 장자음[長子音](이병근 1976ㄷ, 김광웅 2001, 손창용 2005), 보음 중첩[輔音 重疊](日本音聲學會 編 1976), 겹닿소리(황희영 1979, 이근열 1994), 거듭 닿소리(황희영 1979), 중복 자음 결합군(桑原輝男·根間弘海 譯 1980), 쌍자음(박종희 1983ㄱ, 이학문 1986, 김남훈 2000), 겹소리(이현복·김기섭 역 1983, 안상철 1995), 이음 닿소리(김석득 1984ㄱ), 같은 닿소리끼리의 이음(김석득 1985), 같은 닿소리 이음(김석득 1985), 이음(김석득 1986), 겹자음(김영석 1987, 김경란 1990, 이기석 1992), 중첩음(이정민·배영남 1987, 고광모 1992, 조담옥 2002), 겹침소리(임용기 1987ㄴ, 양순임 2010), 겹침 닿소리(임용기 1987ㄴ, 유재원 1988, 양순임 2010), 2중자 자음(전재호 1989), 동일 자음(김아영 1990), 겹침(주상대 1990), 중첩 자음(고광모 1992, 강옥미 2003, 양순임 2010), 쌍음[雙音](김선희 1992, 이석재 1995, 김태경 2005), 복자음(강옥미 1994ㄷ, 박시균 2004), 닿소리 중복(이근열 1994), 중복[重複](김혜영 1996), 쌍생음(윤혜영 2000), 겹음(이세창 2002), 중첩음(고광모 2012)

__영어__ geminate, double consonant, geminated consonant

② 개념 설명

동일한 두 개의 자음이 나란히 인접한 상태를 가리킨다. 'kk, tt, pp, nn' 등이 모두 중복 자음에 속한다. 중복 자음이 한 형태소 안에서 나타나면 'true geminate', 형태소 경계를 사이에 두고 나타나면 'apparent geminate' 또는 'fake geminate'이라고 구별하기도 한다.[144] 현대 국어의 경우 모음 사이에 최대 두 개의 자음만이 올 수 있다는 점, 앞에 오는 자음은 종성에 놓이기 때문에 발음 가능한 자음의 종류에 제약이 있다는 점, 'ㅂ, ㄷ, ㄱ' 뒤에서는 경음화가 일어난다는 점, 연구개 비음 'ㅇ'은 음절 초에 오지 못한다는 점 등의 여러 가지 제약으로 인해 중복 자음의 종류가 'ㄴㄴ, ㅁㅁ, ㄹㄹ'로 한정된다.[145]

---

144) 양순임(2011)에서는 'true geminate'을 '진(眞)-중복 자음', 'apparent geminate, fake geminate'을 '유사 중복 자음'이라고 부르고 있다.

145) 중세 국어의 경우 여기에 'ㅅㅅ'이 추가될 수 있다. 논의에 따라서는 'ㆅ'을 'ㅎ'과 'ㅎ'이 나란히 놓인 자음 연쇄로 해석하기도 하는데, 그럴 경우 'ㆅ'도 중복 자음 목록에 추가된다.

중복 자음의 반대 개념은 단자음(單子音)이다. 중복 자음과 단자음은 상호 교체되는 음운 현상이 적용되기도 한다. 중복 자음이 단자음으로 바뀌는 현상은 단자음화(單子音化, degemination), 단자음이 중복 자음으로 바뀌는 현상은 중복 자음화(gemination)[146]라고 흔히 부른다. 국어의 경우 수의적으로 적용되는 중복 장애음 탈락과 중복 장애음 첨가가 이와 비슷하다. '납품→나품, 먹고→(먹꼬)→머꼬'에서의 중복 장애음 탈락[147]이나 '앞이[아피]→압피, 뚜껑→뚝껑'에서의 중복 장애음 첨가를 보면, 비록 선행하는 자음은 평음이고 후행하는 자음은 경음이나 유기음이라서 동일한 자음은 아니지만 비슷한 부류에 속하기 때문에 중복 자음에 거의 준한다. 따라서 중복 장애음 탈락은 단자음화, 중복 장애음 첨가는 중복 자음화에 대응한다고 할 수 있다.

이 외에 국어사 연구에서도 중복 자음의 개념을 활용하는 경우가 있다. 이기문(1955)에서는 어두 자음군의 변화 과정에서 'ㅷ, ㅄ, ㅶ' 등이 'tt, ss, cc'와 같은 중복 자음 단계를 거쳐 경음으로 발달한다고 했다. 또한 진단학회(1962)에서는 'ㄲ, ㄸ, ㅃ'과 같은 각자 병서는 경음을 나타내고 'ㅺ, ㅼ, ㅽ'과 같은 'ㅅ'계 합용 병서는 중복 자음을 나타낸다고 추론한 적도 있다.

③ 용어 설명

'중복 자음'을 가리키는 용어 중 절대 다수는 '중음, 중자음, 자음 중복, 중복 자음, 중복음, 겹, 보음 중첩, 중복 자음 결합군, 겹소리, 겹자음, 겹침 닿소리, 중첩 자음, 중첩음, 복자음, 겹닿소리, 닿소리 중복' 등과 같이 자음이 중첩되거나 겹친다는 의미를 반영한 것들이다. 중복되는 대상이 동일한 자음이라는 사실은 명시되어 있지 않지만 중복 자음의 성격을 잘 반영하고 있다고 평가할 수 있다. 비슷한 취지를 '이중 자음, 이중음, 쌍자음, 쌍음, 쌍생음'이라는 용어로 표현하기도 한다. 이 용어에도 중복되는 대상이 동일한 자음이라는 사실은 표시되지 않았지만 중복되는 자음의 수가 2개라는 사실은 명시되어 있다. 그 밖에 '이음, 겹침'은 그 대상에 대한 언급이 전혀 없다는 점에서 정확성이 떨어진다.

이상의 용어와 구별되는 특이한 것으로 '장자음'이 있다. 두 개의 동일 자음이 연속된 것에 대해 길이가 긴 자음이라고 표현하고 있다. 물론 중복 자음은 단일 자음과 비교할 때 길이가 더 긴 것이 사실이지만 하나의 자음이 길이가 긴 것과 두 개의 동일한 자음이 나란히 놓인 것은 음성학적 특징에서 차이가 있다.[148] 그러므로 중복 자음과 장자음은 구별하는 것이 타당해 보인다.

④ 관련 항목

단자음[1], 장자음, 중복음

---

146) 亀井孝 外 編(1996)에서는 동음 중복(同音 重複)이라고 하기도 했다.

147) 김선희(1993ㄱ)에서는 조음 위치가 같은 평음과 평음의 연쇄에서 경음화가 일어난 후 앞 자음이 탈락하는 것은 융합(fusion)이라고 하고, 조음 위치가 같은 평음과 경음 또는 평음과 유기음 연쇄에서 앞 자음이 탈락하는 것은 단음화(degemination)라고 해서 중복 장애음 탈락을 두 가지로 구분한 적도 있다. 여기에 따르면 '납품→나품'은 단음화이고 '먹고→(먹꼬)→머꼬'는 융합이 된다.

148) 여기에 대해서는 '장자음'과 '중복음' 항목을 참고할 수 있다.

중설

① 용어의 별칭

국어 중설면[中舌面](安藤正次 1927, 寺川喜四男 1950, 服部四郎 1951, 김방한 1964, 황귀룡 역 1986, 김무림 1992), 가운데바닥(최현배 1937ㄱ), 중설[中舌](寺川喜四男 1950, 전상범 1985ㄱ, 이철수 1994), 중설부[重舌部](寺川喜四男 1950, 정인섭 1973), 혀가운데(김석득 1960), 중간혀(정인섭 1973), 설체[舌體](이철수 1994), 혀가운데등(김성근 1995)

영어 center, tongue mid

② 개념 설명

혀의 중간 부분을 가리키는데 전설이나 후설에 비해 독자성이 떨어진다. 중설은 의미상으로는 전설과 후설의 중간이 되어야 하는데, 전설과 후설의 중간 부위라는 것이 독자적 기관으로 인정할 만큼 넓지도 않고 언어학적으로 반드시 중설을 설정해야 하는 것도 아니다. 그래서 따로 언급하지 않는 경우가 많다.

③ 용어 설명

'중설'을 가리키는 용어는 모두 '혀'와 '중간'을 가리키는 표현들을 조합한 형태를 취하고 있어 매우 단순하다. '설체'는 예외적인데, 이 용어는 중설은 물론이고 설근, 전설 등 다양한 부위를 가리키는 데 쓰이고 있어서 중설만을 가리키는 데 쓰기에 적절하지는 않다.

④ 관련 항목

전설, 후설

중설 모음

① 용어의 별칭

> **국어** 사이홀소리(김두봉 1922), 가온대ㅅ소리(정렬모 1927ㄱ), **혼성 모음[混成 母音]**(安藤正次 1927, 日本音聲學會編 1976), 혀가운대바닥소리(최현배 1929), 중부 모음[中部 母音](金田一京助 1932, 이숭녕 1941, 新村出 1943, 寺川喜四男 1950, 정인승 1956ㄴ), **혼음[混音]**(홍기문 1933), 중간 모음(小林英夫 1935, 김민수 1978ㄱ), 가온데홀소리(최현배 1937ㄱ, 김윤경 1948ㄴ), 중모음[中母音](최현배 1937ㄱ, 橋本進吉 1942ㄴ, 이극로 1947, 이영철 1948, 小林智賀平 1952, 小泉保·牧野勤 1971), **중앙 모음[中央 母音]**(편집실 1938ㄷ, 黑田巍 譯註 1958, 筧壽雄·今井邦彦 1971, 日本音聲學會 編 1976, 신상진 1977), 중설 모음[中舌 母音](橋本進吉 1938, 有坂秀世 1940, 新村出 1943, 이숭녕 1946, 박팔회 1957, 허웅 1958), **중위음[中位音]**(이극로 1941), 가운대 자리의 소리(김윤경 1948ㄱ), 가운데홀소리(이영철 1948, 정인승 1956ㄴ, 유구상 1971, 日本音聲學會 編 1976), **혼합 모음[混合 母音]**(服部四郎 1951, 김영송 1959), 가온혀소리(최현배 1959ㄱ), 가온혀홀소리(최현배 1959ㄱ), **중설음[中舌音]**(이숭녕 1959ㄱ, 최현배 1959ㄱ), 혀가운소리(김형기 1970), 가운모음(김형기 1970, 가온혓소리(최현배 1970), **혼원음[混元音]**(日本音聲學會 編 1976), **혼합원음[混合元音]**(日本音聲學會 編 1976), 앙원음[央元音](日本音聲學會 編 1976, 엄익상 2007), 혀가운데 홀소리(김영송 1977ㄱ, 김택구 1997), 혀제자리 홀소리(황희영 1979, 가운데모음(김성근 1987, 김용환 1988, 이현복 1991, 류렬 1992), 가온혀모음(이현복 1989), 가온모음(이호영 1996)
>
> **영어** central vowel, mixed vowel[149]

② 개념 설명

혀의 최고점이 전설과 중설 사이에 놓이는 단모음을 가리킨다. 중설 모음은 혀의 전후 위치에 따라 세 부류를 나눌 때에만 설정된다. 즉 전설 모음, 후설 모음에 더한 제삼의 부류가 중설 모음인 것이다. 만약 혀의 전후 위치에서 전설 모음과 후설 모음의 두 부류만 나눈다면 중설 모음은 따로 설정될 수 없다. 중설 모음을 따로 정할 경우 국어의 중설 모음으로는 '아, 어, 으'를 설정하는 것이 일반적이다.

그런데 국어의 음운 현상들을 설명하는 데에는 중설 모음을 따로 두지 않는 것이 유리할 때가 많다. 가령 '이' 모음 역행 동화의 경우 중설 모음을 인정하면 후설 모음인 '오, 우'가 '이' 모음 역행 동화를 적용 받는 것과 중설 모음인 '아, 어, 으'가 '이' 모음 역행 동화를 적용 받는 것이 분리되어야 한다. 또한 '으'가 양순음 뒤에서 '우'로 바뀌는 원순 모음화의 경우에는 입술 모양 이외에 혀의 전후 위치도 함께 변화한다고 설명해야 하기 때문에 이 현상이 입술 모양과 관련된 자음과 모음 사이의 동화 현상이라는 사실을 포착하는 데 방해가 된다.[150] 원순 모음화와 반대되는 성격을

---

149) 'central vowel'이 혀의 위치를 정확히 가리키는 데 반해 'mixed vowel'은 그렇지 않다. 중설 모음을 'mixed vowel'이라고 부르는 이유에 대해서는 중설 모음을 발음할 때 전설면과 후설면이 동시에 구개에 접근함으로써 '혼합적'이라고 보는 입장과 전설면과 후설면 어느 쪽도 적극적으로 움직이지는 않아서 '혼합적'이라고 보는 입장의 두 가지가 존재한다. 이 두 가지 입장은 양립할 수 없을 만큼 그 성격이 상반된다. 한편 'mixed vowel'은 중설 모음과는 전혀 다른 모음을 가리키는 데 쓰기도 한다. 즉 전설 원순 모음이나 후설 평순 모음을 'mixed vowel'이라고 부르는 것이다. 이러한 태도는 전설 모음의 경우 평순 모음이 더 무표적이고 후설 모음은 원순 모음이 더 무표적이므로 여기서 벗어난 전설 원순 모음이나 후설 평순 모음은 이질적인 특성의 조합이라고 보는 데에서 비롯되었다. 이와 관련해서는 '기본 모음' 항목을 참고할 수 있다.

지닌 비원순 모음화 역시 동일한 문제점을 안는다.

③ 용어 설명

'중설 모음'을 지칭하는 용어들 중 절대 다수는 혀의 위치가 가운데라는 사실을 직접 드러내고 있다. '중부 모음, 중간 모음, 중설 모음, 가운데 모음' 등이 모두 그러하다. '혼성 모음, 혼음, 혼원음, 혼합 모음, 혼합 원음' 등과 같이 성격이 섞여 있음을 가리키는 용어도 일찍부터 쓰였다. 이 용어들은 영어 'mixed vowel'을 직역한 것이다. '사이 홀소리'는 전설 모음과 후설 모음의 사이에 놓인다는 사실을 담은 용어이다. 또한 '혀제자리 홀소리'는 중설 모음의 경우 혀가 중립적 위치(neutral position)에 가깝다는 점을 반영한 것이다.

④ 관련 항목

전설 모음, 후설 모음

중성

① 용어의 별칭

국어 중성[中聲](『훈민정음』), 가온딧소리(『훈민정음』), 우모성[右母聲](리봉운(1897), 중성[中聲](주시경 1906), 중성(박일삼 1907), 가온디소리(박일삼 1907), 가온대소리(김두봉 1922, 강매·김진호 1925), 가운데소리(이상춘 1925, 김윤경 1948ㄱ), 중성음[中聲音](팔대수 1930), 음운[音韻](박승빈 1931), 중음[中音](小倉進平 1934ㄱ, 최현배 1956, 최태호 1957ㄱ, 이은정 2005), 홀소리(최현배 1936ㄴ), 모음[母音](이희승 1941), 모운[母韻](朝鮮總督府 警察官講習所 編 1943), 가운댓소리(심의린 1949ㄱ), 가운뎃소리(정인승 1949ㄴ, 이응호 1958, 허웅·박지홍 1971), 속소리(이희승 1956, 최현배 1956, 최태호 1957ㄱ), 음절핵[音節核](허웅 1968ㄱ, 김무식 1992ㄷ, 이호영 1996), 음절 핵음[音節 核音](竹林滋·橫山 一郎 譯 1970, 배주채 1996ㄱ), 핵(이창우 1983, 고병암 역 1986), 정점(고병암 역 1986), 핵음(문양수 1988, 박종희 1993ㄱ, 정철주 1995), 정점음(최윤현 1993), 성절핵(안지원 1994), 음절 정점[音節 頂點](이철수 1994)

영어 medial

---

② 개념 설명

음절의 구성 요소를 셋으로 나누었을 때 중간에 오는 요소를 가리킨다. 중성은 음절 구성에 있어 반드시 필요한 요소이다. 초성이나 종성이 없는 음절은 있어도 중성이 없는 음절은 없다. 그런 점에서 중성은 음절의 구성 요소 중 핵심적이며 중심적 역할을 한다고 할 수 있다.

국어의 경우 중성 자리에는 모음만이 올 수 있다. 그래서 중성과 모음을 동일시하는 경우도 있

---

150) 유창돈(1961ㄴ)에서는 '므겁다>무겁다, 브리다>부리다'와 같은 원순 모음화를 '후설 모음화'라고 지칭하기도 했는데 이러한 태도는 중설 모음을 따로 설정했기 때문에 나온 것이다.

다. 그러나 이 둘은 엄연히 구별되는 개념이다. 중성은 음절의 구조와 결부된 개념이지만 모음은 음절 구조와 무관한 개념이다. 즉 쓰임새 자체가 다른 것이다. 그래서 중성은 초성, 종성과 대등한 관계에 있지만 모음은 자음이나 반모음과 대등한 관계에 있다. 더욱이 영어와 같이 모음이 아닌 자음이 중성의 기능을 담당할 때에는 중성이 곧 모음이라는 등식이 성립하기 어렵다.

중성은 음절을 초성, 중성, 종성의 세 부분으로 나눌 때에만 성립할 수 있는 개념이다. 중성의 개념은 『훈민정음』에서 처음 나온다. 『훈민정음』이 간행될 당시 유행하던 성운학에서는 중성을 따로 인정하지 않고 음절을 성모와 운모의 두 부분으로만 구분했다. 그런데 『훈민정음』에서 독자적으로 음절을 삼분하면서 중성이라는 성분이 새롭게 나오게 되었다. 그런 점에서 중성은 독창적인 사고의 결과물이라고 할 수 있다.

③ 용어 설명

'중성'을 가리키는 용어는 '중성'의 원래 의미를 살려 음절의 가운데에 놓이는 소리라고 표현한 것이 많다. '중음, 가운뎃소리' 등이 모두 여기에 속한다. '속소리'도 '중성'이 초성과 종성 사이, 즉 음절의 속에 있는 소리라는 뜻을 지니므로 같은 계열이라고 할 수 있다.

'중성' 계열과 다른 의미를 담고 있는 용어는 크게 두 부류로 나눌 수 있다. 하나는 '홀소리, 모음, 모운'과 같이 '모음'을 가리키는 용어로 '중성'을 가리키는 것이다. 그런데 앞에서도 언급했듯이 중성과 모음은 서로 구별되는 개념이므로 이러한 용어들은 정확성이 다소 떨어진다.[151] 다른 하나는 '음절핵, 음절 핵음, 핵, 정점, 핵음, 성절핵, 음절 정점'이다. 이 용어들은 중성이 음절 구성에서 봉우리 또는 핵심임을 나타낸다. 서구 언어학에서는 중성에 해당하는 단위를 '음절의 핵'으로 표현하는데 이것을 중성에 적용한 용어라고 할 수 있다. 그러나 음절 핵은 중성 중에서도 음절 주음만 포함하므로 중모음(重母音)이 중성에 올 때에는 음절 핵과 중성이 일치하지 않는다는 문제점이 있다.[152]

이 외에 '우모성, 음운'이라는 용어가 더 존재한다. '우모성'은 초성과 중성의 대립을 '좌 : 우'의 방향성으로 표현한 용어이다. 그래서 초성은 '좌모성', 중성은 '우모성'이 된다. '음운'은 중성 또는 성운학에서의 운모를 모두 가리키는데 명확한 의미를 알기는 어렵다. '음운'이라는 용어를 사용한 박승빈(1931)에서는 중성에 대립되는 초성은 '음두'라고 표현했다.

④ 관련 항목

모음, 음절, 음절 부음, 음절 주음, 종성, 초성

---

151) 주시경 외(1907~1908)에서는 가령 '가, 나, 다, 라' 등과 같은 음절에서는 중성인 'ㅏ'가 음절의 끝에 놓이는데도 가운데에 있는 소리, 즉 중성이라고 표현하면 문제가 있음을 지적하고 '중성' 대신 '모음'이라는 용어를 사용해야 한다고 주장하기도 했다. 그런데 '가, 나, 다, 라' 등은 해당 음절에서만 종성 자리에 아무런 자음이 오지 않았을 뿐 종성이라는 위치 자체는 언제나 존재하므로 이러한 문제 제기가 심각하다고 보기는 어렵다.

152) 음절 주음과 중성의 관계는 '음절 주음' 항목에서 다루고 있다.

중성 모음

① 용어의 별칭

국어 중모음[中母音](小倉進平 1929ㄱ, 이숭녕 1946, 주왕산 1948, 박은용 1959ㄱ), 중성 모음[中性 母音](小倉進平 1923, 이숭녕 1946, 주왕산 1948, 심의린 1949ㄴ, 靑山秀夫 1956, 泉井久之助·羅鐘浩 1968, Batkhishig 2009), 준농음[準濃音](박승빈 1931), 가벼운 소리(이극로 1940), 경성 모음[輕性 母音](이극로 1940), 무성 단량음[無性 單量音](幸田寧達 1941), 무관 모음[無關 母音](이숭녕 1949ㄴ, 박병채 1971ㄴ, 정연찬 1980), 중성[中聲](市河三喜·河野六郎 1949), 중성음[中性音](寺川喜四男 1950), 중립 모음[中立 母音](靑山秀夫 1956, 이기문 1961ㄱ, 이병근 1976ㄴ, 송기중 1977, 龜井孝 外 編 1996), 중성[中性] 홀소리(김윤경 1956, 최현배 1959ㄱ), 중성 중성[中性 中聲](정인승 1959), 중화 모음[中和 母音](도수희 1970, 박종희 1983ㄱ, 육효창 1990), 가온갈홀소리(최현배 1970), 가온갈소리(최현배 1970), 가운데 홀소리(허웅·박지홍 1971), 두루쁨소리(김선기 1972ㄱ), 둥성(김선기 1972ㄱ), 구개 무관 모음[口蓋 無關 母音](최학근 1975), 얼치기 홀소리(김송원 1985), 중성적 모음[中性的 母音](이근수 1985), 중간 모음[中間 母音](김차균 1991ㄱ), 양립 모음(장영길 1994), 중성 홀소리(안대현 2000), 중립 홀소리(안대현 2000), 비관여적 모음(박종희 2003), 투명 모음(신지영·차재은 2003)

영어 neutral vowel,[153] transparent vowel

② 개념 설명

　모음 조화에서 서로 대립하는 모음 부류 중 어디에도 속하지 않는 모음을 가리킨다. 일반적으로 모음 조화는 음운론적 특징을 공유하는 두 개의 서로 다른 모음 부류가 존재하는데 중성 모음은 두 부류 중 어느 하나로 고정되게 기능하지 않는다. 물론 그렇다고 해서 중성 모음이 모음 조화에서 제삼의 부류로 독자적 기능을 하는 것은 아니다. 다만 두 부류의 모음 모두와 어울릴 수 있다는 점이 특징이다. 중성 모음의 반대 개념으로는 '조화 모음(harmonic vowel)' 또는 '비중립 모음(non-neutral vowel)'[154]이 있다.

　국어의 중성 모음으로 흔히 드는 것은 '이'이다. 그런데 '이'가 중성 모음으로 기능하는 것은 중세 국어에 국한된다.[155] 현대 국어에서 '이'는 음성 모음과 동일하게 작용하므로 음성 모음으로 보는 것이 타당하다. 또한 후술하겠지만 'ᅌ'가 '으'로 바뀌면서 '으'도 중립 모음이던 시절이 있었다.

　모음 조화 현상에서 중성 모음이 보이는 모습은 형태소 내부와 형태소 경계 사이를 구분하여 살필 필요가 있다. 형태소 내부에서의 중성 모음은 대립되는 두 부류의 모음과 모두 결합하는 모습을 보인다. 중세 국어의 경우 '니마, 치마'와 '기름, 비늘'에서 '이'는 단어에 따라 양성 모음과도 결합

---

153) 'neutral vowel'은 중앙 모음에 해당하는 'schwa'를 가리키는 경우도 있지만 모음 조화에서는 이와 전혀 다른 개념으로 쓰인다.

154) '중성 모음'이 아니라는 의미로는 '비중성 모음'이라는 용어가 적절하지만 '비중성 모음'은 쓰인 적이 없다. '비중립 모음'은 '중성 모음' 대신 '중립 모음'이라는 용어를 사용할 때 이와 대비하기 위해 쓰는 용어이다.

155) 국어의 모음 조화를 최초로 체계화한 小倉進平(1929ㄱ)에서는 중세 국어의 중성 모음으로 '이' 이외에 '으'도 포함하였다. 그러나 이러한 결론은 'ᅌ'가 '으'로 합류한 시기의 자료를 함께 다루면서 생긴 오류임이 이숭녕(1946)에 의해 지적되었다. 그리하여 중세 국어의 중성 모음은 '이'밖에 없다는 결론이 내려졌고, 이것은 『훈민정음』에서 '이'를 '설축'이나 '설소축'과 다른 '설불축'의 부류로 따로 설정한 것 등의 뒷받침을 받으며 주류의 견해로 정착되었다.

하고 음성 모음과도 결합한다.156)

중성 모음이 형태소 경계 사이에서 후행하는 문법 형태소의 형태를 결정해야 하는 위치에 놓일 때에는 여러 가지 양상을 보인다. 하나는 모음 조화의 적용에 전혀 관여하지 않는 것이다. 이런 경우 한 단어 내에서의 모음 조화는 중성 모음을 제외한 다른 모음이 주도하게 된다. 이러한 측면을 중시할 경우 중성 모음을 '무관 모음(無關 母音)'이라고 부르기도 한다. 'ᄋ'가 비어두에서 '으'로 바뀌면서 '으'가 일시적으로 중성 모음이 된 적이 있었는데 이때의 '으'가 이러한 모습을 보인다. 가령 '모ᄅ-(不知)'에서 바뀐 '모르-'의 경우 '몰라, 몰라셔'와 같이 양성 모음인 '아'로 시작하는 어미와 결합하는데 이것은 둘째 음절인 '으' 때문이 아니라 첫째 음절인 '오' 때문이다. '모르-'의 '으'는 모음 조화와 무관하므로 모음 조화의 주도권은 '으'를 제외한 나머지 모음이 지닌다. 이러한 중성 모음을 '소극적 중성 모음'이라고 부를 수 있을 듯하다.

다른 하나는 중성 모음이 모음 조화에서 대립하는 두 부류의 모음 모두와 어울리는 것이다. 이것은 중성 모음이 양면적인 모습을 보여서 두 부류의 모음 중 어느 것이든 취하는 상황을 말한다. 이런 측면을 중시할 경우에는 중성 모음을 '양립 모음(兩立 母音)'이라고 부르기도 한다.157) 가령 중세 국어의 '너피-'는 첫 음절이 음성모음인 '어'이지만 '너표미, 너푤, 너퓨미, 너퓨뗜'과 같이 '오/우'로 시작하는 어미와 결합할 때 '오'를 취하기도 하고 '우'를 취하기도 하여 두 부류의 모음 모두와 결합한다. '가지-'와 같이 첫 음절이 양성 모음 '아'로 시작하는 어간도 동일하다.158) 이러한 경우의 중성 모음은 모음 조화에서 아무런 기능을 하지 않는 것이 아니고, 모음 조화에서 대립하는 두 모음 중 어느 것과도 함께하는 명실상부한 중성 모음적 모습을 보인다. 즉 어간 첫 음절의 모음이 양성 모음이든 음성 모음이든 그것은 모음조화에서 별다른 역할을 하지 못하며 둘째 음절 이하의 중성모음 '이' 뒤에 두 계열의 모음이 모두 오는 것이다.159) 이러한 중성 모음은 앞서의 '소극적 중성 모음'과 구별하여 '적극적 중성 모음'이라고 부를 만하다.160)

물론 경우에 따라서는 이상의 두 가지 이외에 제삼의 모습을 보이기도 한다. 중세 국어의 '지-(負), 치-(養)'와 같은 예가 그러하다. 이 어간들에서 보이는 '이'는 후행하는 어미와 결합할 때 음성 모음과 동일하게 작용하여 항상 음성 모음으로 시작하는 어미만 취할 뿐이다.161) 이런 경우의 '이'

---

156) 물론 비율상으로 보면 '이'가 음성 모음과 결합하는 경우가 훨씬 더 많다.

157) 도수희(1970)에서는 이런 기능을 하는 중성 모음을 '중화 모음'이라고 부른 적이 있다. '중화 모음'은 양성 모음과 음성 모음의 대립을 중화시켜 그 뒤에 결합하는 모음의 종류를 임의로 결정하게 한다는 의미를 지니고 있다.

158) '너피-'나 '가지-'의 경우에도 '아/어'로 시작하는 어미와 결합할 때에 한해서는 항상 '어'로 시작하는 형태만 취하여 '이'가 음성 모음적인 성격을 지닌다. 주로 '오/우'로 시작하는 어미와 결합할 때에 '이'가 두 계열의 모음 모두와 어울리는 모습을 보인다. 이처럼 '이'로 끝나는 형태소 뒤에 '아/어'로 시작하는 어미가 결합할 때에는 대체로 음성 모음인 '어' 계열이 선택되지만, 높임의 선어말 어미 '-시-' 뒤에서는 '아' 계열이 선택된다. 이를 근거로 河野六郎(1968)에서는 '-시-'의 '이'가 양성 모음 계열로 볼 수 있는 'ㅣ'에서 변화했을 가능성을 언급하기도 했다.

159) '이'로 끝나는 1음절 어간 중에도 이런 경우가 있다. 가령 뒤의 각주에 나오는 중세 국어의 '타-'가 그러하다.

160) 소극적 중성 모음과 적극적 중성 모음을 모음 조화에서의 투명성(transparency)과 결부시키기도 한다. 소극적 중성 모음은 모음 조화에서 인접 모음이 지닌 자질을 그대로 통과시켜 모음 조화에서 아무런 역할을 하지 않으므로 투명한(transparent) 모음이 된다. 반면 적극적 중성 모음은 인접 모음이 지닌 자질을 통과시키지 않고 그 자신이 지닌 양립 모음적 기능을 그대로 시현하므로 불투명한(opaque) 모음이 된다.

161) 동일한 1음절 어간이라도 '티-(打)'는 '툐미, 툐매, 튜미, 튜믈'과 같이 양성 모음 또는 음성 모음 모두와 결합하고 있어 차이를 보인다.

476

는 중성 모음이라고 판단할 만한 그 어떠한 모습도 찾을 수 없다.

중성 모음은 모음 조화에서 대립하는 두 모음의 합류를 통해 형성된다고 알려져 있다. 가령 모음 조화에 따라 서로 대립하던 'A'와 'B'가 이후 'A'로 합류된 후에도 'B'가 보이던 모음 조화의 양상을 흔적으로 유지하면 후대의 'A'는 두 가지 부류의 모음 모두와 결합하는 것처럼 보임으로써 중성 모음이 되는 것이다. 중세 국어의 '이' 역시 동일한 과정을 거쳤으리라 추측된다. 혀의 전후 위치에서 대립하던 'ㅣ'와 'ㆍ'가 'ㅣ'로 합류한 후에도 'ㅣ'가 'ㆍ'의 흔적을 지니게 되어 '이'가 중성 모음이 된 것이다. 이뿐만 아니라 'ㆍ'가 'ㅡ'로 부분 합류되면서 'ㅡ'가 합류된 환경에서 중성 모음으로 작용하는 것도 이러한 사정을 잘 말해 준다.162)

③ 용어 설명

'중성 모음'을 가리키는 용어 중에는 '중(中)'이 포함된 것이 유독 많다. 이것은 중성 모음이 모음 조화에서 대립하는 두 부류 중 어디에도 속하지 않는다는 의미를 나타내기 위함이다. '중성 모음' 이외에 '중립 모음'도 매우 많이 쓰이는 용어이지만 '양성 모음'이나 '음성 모음'과의 대칭을 위해 여기서는 '중성 모음'이라는 용어를 사용하기로 한다.

'중(中)'이 포함되지 않은 용어로는 '준농음, 가벼운 소리, 경성 모음, 무성 단량음, 무관 모음, 비 관여적 모음, 투명 모음, 양립 모음'이 있다. '준농음'은 모음 조화에서 대립하는 두 부류의 모음을 양성 모음, 음성 모음 대신 '담음(淡音)'과 '농음(濃陰)'이라고 부른 논의에서 사용한 용어이다. '준담음' 대신 '준농음'이라고 한 것은 중성 모음이 아무래도 양성 모음보다는 음성 모음에 좀 더 가까운 모습을 보이기 때문이다. '가벼운 소리, 경성 모음'은 국어의 모음 조화가 아닌 핀란드어의 모음 조화를 설명할 때 쓴 용어이다. '무성 단량음'은 중성 모음에 대해 '중성적'인 성격을 가졌다기보다는 아무런 특징도 가지지 않았다고 해석한 용어이다. '무관 모음, 비관여적 모음, 투명 모음'은 모두 모음 조화에 관여하지 않는다는 의미이므로 앞서 살핀 '소극적 중성 모음'의 속성을 반영한 용어이고 '양립 모음'은 두 계열의 모음 모두와 결합할 수 있다는 의미이므로 '적극적 중성 모음'의 속성을 반영한 용어이다.

④ 관련 항목

모음 조화, 양성 모음, 음성 모음, 합류

---

162) 엄밀하게 말하면 'ㆍ'로부터 합류되지 않고 원래부터 'ㅡ'였던 모음은 음성 모음으로 기능할 뿐이다.

중앙 모음

① 용어의 별칭

국어 중앙 모음[中央 母音](김선기 1938ㄱ, 최현배 1941, 이현복 1970, 日本音聲學會 編 1976), 복판 홀소리(최현배 1941), 복판소리(이숭녕 1959ㅣ), 중성 홀소리(최현배 1959ㄱ), 애매 모음[曖昧 母音](유창균 1960, 양동휘 1967, 小泉保・牧野勤 1971, 日本音聲學會 編 1976, 전상범 1985ㄱ, 龜井孝 外 編 1996), 자연 모음[自然 母音](양동휘 1967, 전상범 1985ㄱ), 중립 모음[中立 母音](양동휘 1967, 변광수 1983, 전상범 1985ㄱ), 중설 애매 모음(이돈주 1969), 약모음(김차균 1971, 정호완 1976, 최전승 1983), 중성 모음[中性 母音](小泉保・牧野勤 1971, 日本音聲學會 編 1976, 박종희 1983ㄱ, 梅田博之 1983, 박옥줄 1985), 혼성 모음[混成 母音](日本音聲學會 編 1976), 앙원음[央元音](日本音聲學會 編 1976), 중음[中音](日本音聲學會 編 1976), 알송달송한 소리(황희영 1979), 애매음[曖昧音](황희영 1979), 중설 반폐모음(정연찬 1980), 중설 반폐반개모음(정연찬 1980), 약화 모음[弱化 母音](桑原輝男・根間弘海 譯 1980, 김종미 2003), 중설 중간 모음(이현복・김기섭 역 1983), 애매한 중설 모음(고병암 역 1986), 중설 모음(고병암 역 1986), 중간 중설 모음(황귀룡 역 1986), 중설 중앙 모음(유재원 1987ㄴ, 이현복 1992, 정명숙 2002ㄴ), 중간 모음(조성식 편 1990, 나애리 1994, 이은정 2005), 중위 모음[中位 母音](소강춘 1991ㄴ), 약음소(김영선 1993), 가운데 모음(유만근 1993ㄱ), 중위 모음(곽충구 1994), 중화 모음[中化 母音](안지원 1994), 약한 홀소리(이병운 2000), 쭉정 모음(유만근 2001, 이장희 2007), 중앙 원음[中央 元音](엄익상 2007), 불분명모음(이장희 2007), 축약 모음(권경근 2008)

영어 central vowel, neutral vowel, mixed vowel, obscure vowel, schwa, natural vowel

② 개념 설명

　모음도 상으로 한가운데에 위치하는 모음을 가리킨다. 구체적으로는 중설의 중모음이라고 할 수 있다. 일반적으로 'schwa'라고 부르는 'ə'가 여기에 속한다.[163] 중앙 모음은 특별한 조음 동작을 하지 않고 혀를 중립적인 위치에서 발음하면 나오는 소리로 이해되고 있다. 또한 여러 측면에서 뚜렷한 특징을 규정하기 어려운 모음이기도 하다.

　국어의 경우 두 가지 주제와 관련하여 중앙 모음을 언급한다. 하나는 현대 국어 '어'의 음가를 'ə'로 볼 때가 있다. 이럴 경우 '어'를 후설 모음으로 분류하는 음운론적 처리와는 차이가 생긴다. 梅田博之(1983)에서는 장음의 '어'에 국한해 중앙 모음에 해당하는 음가를 가진다고 말하기도 했다. 다른 하나는 '으'의 음가를 추정하는 경우이다. '으'의 음가에 대해서는 매우 다양한 이견이 존재하는데 그중 하나는 중앙 모음 'ə'로 보는 것이다.

③ 용어 설명

　'중앙 모음'을 나타내는 용어는 국어뿐만 아니라 영어도 매우 다양하다. 이것은 중앙 모음의 특징을 어디에 우선적으로 둘 것인지와 관련된다.

---

163) 변광수(1983)에서는 정확한 중앙 모음이 'ɘ'라고 했으나 'ɘ'는 'ə'보다는 혀의 높낮이가 좀 더 위쪽으로 치우쳐 있는 중설 반폐모음이다.

(가) 중앙 모음, 복판 홀소리, 복판소리, 중음, 중간 모음, 중위 모음, 중앙 원음

(나) 약모음, 약화 모음, 약한 홀소리, 약음소, 쭉정 모음, 축약 모음, 중화 모음, 중성 모음

(다) 애매 모음, 애매음, 불분명모음

(라) 중립 모음

(가)는 중앙 모음이 발음되는 모음도의 위치를 중시한 용어이다.[164] 수적으로 가장 많은 비율을 차지한다. 'central vowel'에 대응한다. (나)는 중앙 모음이 일반적으로 악센트가 없는 위치에서 다른 단모음이 약화된 형태로 잘 나타난다는 점을 감안한 용어이다.[165] 'schwa'에 해당한다. (나) 중에는 '약화된 모음'이라는 사실을 직접 반영하지 않는 용어도 있지만 약화와 직·간접적으로 연결되어 있다. '쭉정 모음, 축약 모음'은 약화되어 온전하지 못한 모음이라는 의미이고 '중화 모음, 중성 모음'은 악센트가 없는 위치에서 여러 모음들이 변별성을 잃은 결과라는 의미이다. 그러므로 '약화 과정'을 거친 모음이라는 사실에는 변함이 없다.

(다)는 앞서 말한 것처럼 중앙 모음이 음성적으로 뚜렷한 특징을 지니지 못한다는 점과 관련된다. (다)는 'obscure vowel'에 해당한다. (다)와 같은 계열로 묶을 수 있는 용어로 'mixed vowel'의 번역어인 '혼성 모음'을 들 수 있다. 음성적 특징이 드러나지 않는 것을 여러 특성들이 섞여 있기 때문이라고 본다면 '혼성 모음'이라고 부르는 것도 가능하다. (라)는 중앙 모음을 발음할 때 혀를 특별히 움직이지 않고 중립적 위치 그대로 유지한다는 점을 고려한 용어이다. (라)와 비슷한 계열로는 'natural vowel'의 번역어인 '자연 모음'이 있다. 이것은 혀를 원래의 자연스러운 위치에 두고 발음하는 모음이라는 의미이다.

④ 관련 항목

중모음^2, 중설 모음

---

164) 혀의 위치를 나타내는 '중설'이 포함된 용어도 모두 이 계열에 속한다.

165) 온전한 형태로 나타나는 모음을 '완전 모음(full vowel)'이라고 불러서 (나) 계열의 용어와 구별하기도 한다.

중앙음

① 용어의 별칭

국어 중앙음[中央音](服部四郎 1951, 竹林滋·橫山一郎 譯 1970, 日本音聲學會 編 1976, 원경식 1977, 황희영 1979, 황귀룡 역 1986), 비측음[非側音](筧壽雄·今井邦彦 1971, 원경식 1977), 중선적[中線的](龜井孝 外 編 1996)

영어 central, median, non-lateral

② 개념 설명

혀의 측면이 아닌 가운데로 공기를 흘려서 발음하는 음을 가리킨다. 혀의 측면으로 공기를 내보내는 설측음과 대립된다. 그런데 중앙음과 설측음의 구별은 주로 유음 계열에서만 나타날 뿐이다. 다른 조음 방식에서는 대체로 중앙음만 존재하므로 중앙음과 설측음을 구별해야 하는 경우는 드물다.[166] 유음 중에서 중앙음인 것은 탄설음과 진동음을 들 수 있다. 그러나 유음의 경우에도 설측음이 아닌 것은 그 하위 유형인 탄설음, 진동음 등을 직접 언급하기 때문에 탄설음과 진동음을 묶는 중앙어의 개념은 그다지 자주 활용하지 않는다.

③ 용어 설명

'중앙음'을 가리키는 용어는 다양하지 않다. '중앙음, 중선적'과 같이 중앙으로 공기가 통과한다는 사실을 직접 드러내기도 하고 '비측음'과 같이 설측음이 아니라고 하여 간접적으로 그 의미를 드러내기도 한다.

④ 관련 항목

비설측음, 설측음, 진동음, 탄설음

---

166) 예외적으로 IPA 기호에 따르면 마찰음 중 치조 부근에서 설측 마찰음이 존재하고 접근음 중에도 설측 접근음이 있다.

중얼거림

① 용어의 별칭

국어 중얼거림(허웅 1968ㄱ, 김영송 1972, 전상범 1985ㄱ), 반유성음[半有聲音](日本音聲學會 編 1976), 중얼거림 소리(김차균 1986ㄴ, 이호영 1996, 정인호 1997), 웅얼거리는 소리(황귀룡 역 1986, 국립국어연구원 1996), 투덜대는 소리(국립국어연구원 1996), 중얼거리는 소리(정인호 2004ㄷ)

영어 murmur, half voice, whispery voice

② 개념 설명

성대 사이의 간격이 멀리 떨어진 상태에서 많은 기류가 흘러 성대 진동이 동반되는 소리를 가리킨다. 성대 사이의 거리는 무성음과 비슷하므로 유성음을 발음하기에 불리하지만 많은 공기가 흐르면서 성대를 진동시키게 된다. 중얼거림과 거의 구분이 되지 않는 소리로 '날숨소리(breathy voice)'가 있다.[167]

③ 용어 설명

'중얼거림'을 나타내는 용어들은 대부분 '중얼거림, 중얼거림 소리, 웅얼거리는 소리, 투덜대는 소리, 중얼거리는 소리'에서 보듯 이 소리를 내는 동작과 결부되어 있다. 유일한 예외는 '반유성음'이다. 이것은 '중얼거림'의 성대 진동이 일반적인 유성음에 비해 불완전하다는 특성을 고려한 용어이다. 'half voice'의 번역어라고 할 수 있다.

④ 관련 항목

성대, 속삭임, 중얼거림, 짜내기 소리

---

167) '날숨소리'는 '기식음[氣息音](이현복·김기섭 역 1983, 전상범 1985ㄱ, 김영석 1987), 숨소리 섞인 음(황귀룡 역 1986, 국립국어연구원 1996), 유성 유기음(김무림 1992), 대기음[帶氣音](국립국어연구원 1996), 숨소리 섞인 소리(국립국어연구원 1996), 기식 유성음(국립국어연구원 1996), 유성 날숨 소리(이호영 1996), 숨소리(신지영 2000ㄱ), 기식 유성 장애음(이상직 2006), 기식 섞인 목소리(박한상 2007)' 등으로도 불린다.

중음절

① 용어의 별칭

국어 강음절[强音節](이현복·김기섭 역 1983, 이철수 1994), 무거운 음절(유재원 1988, 원경식 1993, 이호영 1996), 중음절[重音節](김종훈 1990, 정국 1994, 김종규 2010ㄱ)
영어 heavy syllable, strong syllable

② 개념 설명

음절을 구성 요소의 수와 종류에 따라 무게 차원에서 구분한 개념으로 보통 초성을 제외한 나머지 부분, 즉 운모의 구조가 복잡한 음절을 가리킨다. 모라를 기준으로 하여 둘 이상의 모라로 이루어진 음절을 중음절이라고 하기도 한다. 반대 개념은 경음절이다.

운모의 구조가 복잡하다는 것은 여러 가지로 표현할 수 있는데, 운모의 구성 요소인 중성 또는 종성 중 하나 이상이 복합적인 요소로 구성된 것을 중음절이라고 할 수 있다. 가령 중음절의 유형에는 중성에 이중 모음 또는 장모음이 오거나 종성에 자음군이 오는 것이 포함된다. 이중 모음이나 자음군은 둘 이상의 음소로 구성되므로 복합적인 요소라고 할 수 있으며 장모음도 두 개의 모라로 이루어지므로 복합적인 요소이다.[168] 음절 구조를 계층적으로 표현할 경우 중성이나 종성이 복합적인 요소로 이루어지면 분지(分枝)되는 구조를 가지게 된다. 그래서 중음절은 중성이나 종성 중 하나 이상이 분지되는 구조를 가진 음절이라고 정의할 수도 있다. 중음절의 개념은 국어 음운론에서 그다지 활발하게 쓰이지는 않는데 여기에 대해서는 '경음절' 항목을 참조할 수 있다.

③ 용어 설명

'중음절'을 나타내는 용어는 음절의 무게가 무겁다고 표현하는 계열과 음절이 강하다고 표현하는 계열의 두 가지가 존재한다. 이것은 'heavy syllable, strong syllable'의 'heavy'와 'strong' 중 어느 쪽을 선택하느냐와 관련된다.

④ 관련 항목

경음절, 운모, 음절

---

168) 다만 여기에는 약간의 이견이 있다. 가령 중성이 장모음이나 이중 모음이 아닌 짧은 단모음이라도 긴장 모음일 경우에는 중음절로 보는 입장이 있기도 하며, 종성에 자음이 하나만 와도 중음절로 보는 입장이 있는 것이다.

중자음(重子音)¹

① 용어의 별칭

② 개념 설명

둘 이상의 요소로 분석할 수 있다고 보는 자음을 가리킨다. 모음을 '단모음(單母音)'과 '중모음(重 母音)'으로 구분하는 것과 동일한 방식을 자음에도 적용한 결과이다. 일반 언어학적 관점에서는 주로 파찰음을 중자음으로 분석한다. 파찰음은 조음 과정이 앞부분은 파열음과 비슷하고 뒷부분은 마찰음과 비슷하기 때문에 '파열음+마찰음'의 연쇄로 분석할 수 있는 것이다.¹⁶⁹⁾

국어 연구에서는 주시경의 사고에서 비롯된 독특한 방식이 존재한다. 주시경은 유기음의 경우 'ㅎ'과 평음이 순서와 상관없이 결합된 중자음, 경음은 같은 소리가 거듭된 중자음, 겹받침을 포함한 자음 연쇄는 두 개의 서로 다른 자음이 결합된 중자음이라고 하여 중자음의 유형을 세 가지로 구분한 적이 있다.¹⁷⁰⁾ 이러한 태도는 20세기 전반기에는 널리 퍼졌으나 현재는 채택하는 경우가 드물다.

③ 용어 설명

'중자음'을 나타내는 용어의 대부분은 중자음이 복합적인 요소로 이루어진 존재임을 나타낸다. 다만 '자음'을 가리키는 용어가 다양하고 '복합적인 요소'라는 사실도 '겹, 합성, 중, 복합' 등 다양한 방식으로 나타냄으로써 용어의 변이형이 나타났을 뿐이다. 한편 이 계열의 용어와 차이가 나는 유일한 예외는 '병음(並音)'이다. '병음'은 두 자음이 서로 나란히 붙어서 하나의 자음처럼 쓰인다는 의미를 담고 있는 용어로서, 특히 경음을 일차적인 고려 대상으로 삼은 것이다.

④ 관련 항목

거듭소리, 중모음¹, 중복 자음

---

169) 국어에도 이러한 입장을 수용하여 이숭녕(1954ㅂ)에서는 파찰음을 국어의 자음 목록에서 제외한 적이 있다. 소위 재음소화의 방법을 사용하여 자음 목록을 줄인 것인데, 자세한 것은 '재음소화' 항목을 참고할 수 있다.
170) 주시경이 주장한 세 가지 유형의 중자음에 대해서는 '거듭소리' 항목을 참고할 수 있다.

중자음(中子音)²

① 용어의 별칭

국어 중음[中音](김진우 1971, 장태진 1976, 이상억 1979ㄱ), 중자음[中子音](이병근 1977, 박창원 1982, 이동화 1987), 비변자음[非邊子音](이병근 1977, 김옥화 1994, 김봉국 2002ㄴ), 중앙적 자음(林榮一·間瀬英夫 譯 1978), 비주변음[非周邊音](이혜숙 1980, 박영순 1985), 설정적 자음(최명옥 1982, 이동화 1984ㄱ, 전상희 1987), 설단 자음(곽충구 1984, 백두현 1992ㄴ, 송민 1992), 설음계 자음(곽충구 1985), 설단음(유재원 1985ㄱ), 설정질음(고병암 역 1986), 설정음(황귀룡 역 1986, 엄태수 1989, 정철 1991), 중앙음(오정란 1987, 김성련 1996, 이석재 1999), 설정성 자음(정희성 1989, 박종희 1992), 비변방음[非邊方音](조항근 1990, 설첨음(최한조 1991, 이시진 1995), 설단성 자음(백두현 1992ㄴ, 조창규 1994), 전설음(배주채 1992), 설정 자음(배주채 1992, 이경희 2000ㄴ), 전설 자음(배주채 1992), 중앙 자음(엄태수 1994, 차재은 2003), 설정적 닿소리(구현옥 1998), 설경음(최태환·한정임 2003), 중앙 음소(이은정 2005)

영어 central, coronal, medial consonant

② 개념 설명

구강의 중앙부에서 발음되는 자음 부류를 통칭한 개념이다. 구체적으로는 치조음이나 경구개음을 가리킨다. 양순음이나 연구개음과 같이 구강의 양 극단에서 발음되는 변자음(邊子音)과 대립되는 개념이다. 국어의 음운 현상에서는 중자음에 속하는 자음이 공통적인 모습을 보이는 경우가 적지 않다. 평파열음화가 중자음에 적용되면 조음 위치의 차이에 상관없이 모두 치조음인 'ㄷ'으로 바뀐다. 위치 동화 현상에서는 중자음이 항상 동화를 입는 피동화음으로만 작용할 뿐, 다른 조음 위치의 자음을 동화시키는 동화음으로는 작용하지 않는다. 또한 동화음과 피동화음 사이에 개재 자음이 반드시 있어야 하는 '이' 모음 역행 동화 현상에서는 중자음이 개재 자음으로 기능할 수 없다.[171] 이 밖에 '밭>밧, 꽃>꼿, 빛>빗' 등의 변화에서 보듯[172] 체언 어간이 재구조화될 때 중자음으로 끝나는 체언은 그 말음이 'ㅅ'으로 바뀐다. 이러한 공통점 때문에 '중자음'이라는 개념을 활용하면 유리할 때가 많다.

③ 용어 설명

'중자음'을 가리키는 용어는 대략 다섯 가지 부류로 나눌 수 있다. 첫째 부류는 '중음, 중자음, 중앙적 자음, 중앙음, 중앙 자음, 중앙 음소'와 같이 구강의 중앙에서 발음된다는 개념을 직접적으로 표출한 용어들이다. 둘째 부류는 '비변자음, 비주변음, 비변방음'과 같이 중자음이 변자음에 대립된다는 사실을 반영하고 있다. 그런데 둘째 부류의 경우 'ㅎ'을 효과적으로 배제하기 어렵다는 문제

---

171) 중자음 중 예외적으로 'ㄹ'은 개재 자음으로 작용할 수 있다. 자세한 것은 '이 모음 역행 동화' 항목을 참조할 수 있다.
172) '밭>밧, 꽃>꼿, 빛>빗'과 같은 재구조화는 '밭이[바치], 밭은[바튼], 밭을[바틀]', '꽃이[꼬치], 꽃은[꼬츤], 꽃을[꼬츨]', '빛이[비지], 빛은[비즌], 빛을[비즐]'과 같은 형태가 '밧이, 밧은, 밧을', '꼿이, 꼿은, 꼿을', '빗이, 빗은, 빗을'로 발음되는 것에서 확인할 수 있다. 이러한 변화는 표준어로 인정되지는 않지만 여러 지역에서 광범위하게 일어나고 있다.

점을 안고 있기는 하다. 셋째 부류는 '설정적 자음, 설정질음, 설정성 자음, 설정음, 설경음, 설정 자음, 설정적 닿소리'로, 이 용어들은 변별적 자질 중 '설정성[coronal]'과의 관련성을 강조하고 있다. 즉 중자음은 '[+설정성]' 자질 값을 가지므로 '설정성'이라는 변별적 자질의 명칭을 중자음을 가리키는 데 활용한 것이다.

넷째 부류는 '설단 자음, 설음계 자음, 설단음, 설첨음, 설단성 자음'이다. 이 용어들은 중자음을 발음할 때 조음체로 설단 부위가 관여한다는 사실을 고려했다. 그런데 중자음 중 경구개음은 설단(또는 설첨)보다는 더 뒤에 있는 전설 부위가 조음체로 쓰이므로 넷째 부류의 용어로 경구개음까지 포괄하기에는 다소 문제의 소지도 있다. 마지막 부류는 '전설음, 전설 자음'이다. 이 부류도 크게 보면 넷째 부류와 마찬가지로 중자음을 발음할 때의 조음체 부위를 기준으로 한 것이다. '전설음, 전설 자음'이라는 용어를 사용하는 논의에서는 국어 자음의 조음 위치를 나눌 때 '양순음, 전설음, 후설음, 후음'과 같이 다소 특이한 태도를 취한다는 점을 고려할 필요가 있다.[173]

④ 관련 항목

변자음, 조음 위치

중화

① 용어의 별칭

> **국어** 중화[中和](有坂秀世 1940, 太田朗 1959, 이기문 1962ㄴ, 長田夏樹 1966, 지춘수 1968, 허웅 1968ㄱ), 중화 작용 (허웅·박지홍 1971, 표진이 1975), 중립화(筧壽雄·今井邦彦 1971), 중화 규칙(송철의 1983, 이호영 1996), 중성화 (김성근 1995, 조현관 2010)
> **영어** neutralization

② 개념 설명

두 음소 사이에 성립하는 음운론적 대립이 특정한 환경에서 사라지는 현상을 가리킨다. 중화가 일어나는 위치에서 실현되는 음성의 음운론적 처리는 유럽 구조주의 언어학과 미국 구조주의 언어학에서 다소 차이를 보인다. 유럽에서는 중화가 일어난 위치에서는 대립하던 두 음소의 공통 자질로만 이루어진 원음소가 먼저 실현되며, 이 원음소가 무표적인 음성으로 실현된다고 본다. 여기에 따르면 중화된 위치의 음성은 중화가 일어나기 전에 대립하던 두 음소 중 어디에도 속하지 않으며, 원음소의 실현으로 분석된다. 반면 미국에서는 복식 상보적 분포를 이용하여 중화가 일어난 위치

---

173) 국어의 조음 위치 분류와 관련된 이견은 '조음 위치' 항목에서 따로 다룬다.

에서 발음되는 음성은 대립을 보이던 두 음소의 음성 모두와 상보적 분포를 이룬다고 분석한다.[174] 원음소를 설정하지 않으므로 중화된 위치의 음성은 대립을 보이던 두 음소 중 어느 하나 또는 제삼의 음소 중 하나에 속하는 것으로 분석할 수 있다.

중화의 종류로는 절대 중화(absolute neutralization)와 문맥 중화(contextual neutralization)가 있다.[175] 절대 중화는 모든 환경에서 일어나는 중화이고 문맥 중화는 일부 환경에서만 일어나는 중화이다. 처음에 제안된 중화의 개념은 문맥 중화이다. 다른 환경에서는 대립이 유지되다가 특정 조건에서만 대립이 사라지는 것을 중화라고 보았다. 그런데 생성 음운론에서 표면에 실현되지 않는 추상적인 분절음을 설정한 후 이것이 표면형으로 실현될 때 무조건 다른 음으로 바뀌도록 인위적인 조작을 하기 위해 절대 중화의 개념이 추가되었다. 절대 중화의 개념은 추상적 기저형에 대한 반성이 고조되면서 자연스럽게 사라졌다.

두 음소 사이의 대립이 중화되는 경우는 음운 현상이 예외 없이 적용될 때 주로 나타난다. 가령 중화의 대표적 사례로 흔히 거론되는 독일어 어말 위치에서의 장애음 중화를 보면 이 위치에서 유성 장애음의 무성음화가 적용됨으로써 유성 장애음과 무성 장애음의 대립이 중화되는 것이다. 그런데 이런 입장을 취할 경우 음운 현상이 동일한 음운론적 조건에서 일관되게 적용되면 항상 중화가 일어난다고 보아야 한다. 가령 국어의 경우 비음 앞에서 필수적으로 비음화가 일어나며 그 결과 비음과 평파열음의 대립은 비음 앞에서 나타날 수 없다. 즉 비음화도 중화에 포함해야 하는 것이다. 또한 평파열음 뒤에서 항상 일어나는 경음화는 평파열음 뒤에서 평음과 경음의 대립을 없애므로 역시 중화라고 해야 한다. 그 결과 예외를 허용하지 않는 음운 현상은 모두 중화에 포함된다.[176]

중화를 넓게 보는 입장에서는 대치가 아닌 탈락도 중화로 인정하는 경우가 있다.[177] 가령 현대 국어의 경우 'ㅈ, ㅊ, ㅉ' 뒤에 반모음 'j'가 오지 않기 때문에 '지+어→져→저'에서와 같이 반모음화가 일어난 이후 반모음 'j'가 탈락하게 된다. 그런데 이것도 'ㅈ, ㅊ, ㅉ' 뒤에서 단모음(單母音)과 'j'로 시작하는 상향 이중 모음의 대립을 사라지게 했으므로 중화라고 해석하는 입장이 존재한다.[178] 김무림(1992)나 이병운(2000)에서 자음군 단순화를 중화의 일종으로 보는 것도 비슷한 입장이다.

이처럼 중화의 범위를 확장할 경우에는 대립이 사라지는 것과 무관한 경우까지도 중화에 포함될 수 있다. 대표적으로 음소 분포상의 제약으로 인해 처음부터 대립이 존재하지 않는 경우까지 중화라고 하는 것이다. 가령 영어에서 세 개의 자음으로 이루어진 어두 자음군은 반드시 's'로 시작하고 그 뒤에는 무성 파열음이 와야 하는데, 's' 뒤에 유성 파열음이 오지 못하는 제약을 중화의 일종으로 보아 's' 뒤에서는 무성 파열음과 유성 파열음의 대립이 중화된다고 보기도 한다. 이 경우 대립을 중화시키는 음운 현상이 관여하지 않았다는 점에서 앞서 살핀 중화와는 성격이 또 다르다. 이런

---

174) 복식 상보적 분포에 대해서는 '상보적 분포' 항목에서 자세히 다루고 있다.
175) '문맥 중화'는 '맥락 중화'라고 부르기도 한다.
176) 강성로(1978)에서는 중화 규칙의 반대로 비중화(非中和) 규칙을 들었는데 변이음으로 실현되는 데 관여하는 규칙들이 비중화 규칙에 속한다. 여기서도 간접적으로 알 수 있듯이 음운의 변동을 초래하는 음운 현상들은 중화의 성격을 강하게 띤다.
177) 유기음화와 같은 축약 현상을 중화로 보는 입장까지도 있다.
178) 대표적으로 허웅(1968ㄱ)을 들 수 있다.

입장대로라면 현대 국어에서 연구개 비음이 음절 초성에 오지 못하여 다른 비음과 대립하지 않는 것도 중화가 된다.

국어에서는 분절음뿐만 아니라 초분절음의 중화를 설정하기도 한다. 가령 비어두에서 장모음이 나타나지 않음으로써 장모음과 단모음의 대립이 나타나지 않는 것을 중화라고 보는 입장이 예전부터 있어 왔다. 또한 특정한 성조형 뒤에서 성조소의 대립이 나타나지 않는 것을 중화로 보는 경우도 있다.[179] 이런 입장대로라면 중세 국어에서 한 단어의 첫 거성(또는 상성) 뒤에서 고저 실현이 율동 규칙에 의해 자동적으로 결정되는 것도 중화에 포함될 수 있다.

중화와 관련하여 국어에서 가장 논란이 되었던 현상은 평파열음화이다. 음절 종성에서 여러 장애음들의 대립이 사라져 평파열음 중 하나로 실현되는 이 현상은 중화 이론을 완성한 N. S. Trubetzkoy의 『Grundzüge der Phonologie』(1939년)에 이미 중화의 사례로 나온다. 그 이후 평파열음화는 국내외 학자들에 의해 대표적인 중화 현상으로 다루어져 왔다.[180] 그런데 앞서 지적했듯이 단지 대립이 사라졌다는 이유로 평파열음화를 중화라고 한다면 비음화, 경음화 등 다른 음운 현상들도 모두 중화로 처리해야 한다. 굳이 평파열음화만 중화로 볼 이유는 없다. 더욱이 평파열음화의 경우 다른 장애음들이 평파열음으로 바뀐다는 점이 명백하므로 중화로 해석하여 원음소와 같은 추상적 단위를 설정한다든지 복식 상보적 분포를 인정한다든지 하는 복잡성을 야기할 필요가 없다.[181] 이런 이유 때문에 현재는 평파열음화를 중화로 해석하는 입장이 크게 줄어들었다.

③ 용어 설명

'중화'를 가리키는 용어는 모두 'neutralization'의 번역어이며 대립이 사라진다는 의미를 담고 있다. 양적으로나 질적으로 매우 단순한 편이다.

④ 관련 항목

대립, 변별적 자질, 원음소

---

179) 김차균(1988ㄱ)에서는 중화의 위치에서 실현된 성조를 '원성조(architoneme)' 또는 '중화 성조'라고 부르기도 했다.

180) 평파열음화를 지칭하는 용어 중 '중화, 자음 중화, 어말 자음 중화, 음절말 중화, 저해음, 중화, 음절말 자음 중화'와 같이 '중화'라는 표현이 들어간 것이 많은 것은 이와 관련된다.

181) 배주채(1989, 1992)에서 국어의 평파열음화를 중화로 보기 어렵다고 본 가장 중요한 근거 역시 평파열음화의 경우 음운 현상이 적용되었을 때 평파열음 중 하나로 실현된다는 점이 명백하다는 것이다. 음운 현상의 적용 결과 평파열음으로 바뀌는 것이 분명하다면 원음소 개념이 끼어들어야 할 여지가 전혀 없다. 또한 표면에서 실현되는 음성은 오로지 평파열음에 속하는 변이음에 불과하므로 하나의 음성이 여러 음소의 변이음과 상보적 분포를 이룬다는 복식 상보적 분포의 개념 역시 큰 의미가 없다.

지속음

① 용어의 별칭

국어 덜막음소리(김두봉 1922, 장지영 1937), **협착음[狹窄音]**(小倉進平 1923, 정렬모 1927ㄱ, 이윤재 1933ㄴ, 홍기문 1933, 有坂秀世 1940, 寺川喜四男 1950), **지속음[持續音]**(小倉進平 1923, 服部四郎 1951, 김석득 1962ㄱ, 日下部文夫 1962, 이병선 1965, 허웅 1968ㄱ), **덜막음**(이극로 1934), **속음[續音]**(주왕산 1948, 심의린 1949ㄴ, 寺川喜四男 1950, 日本音聲學會 編 1976, 이운동 역 1991), **계속음[繼續音]**(寺川喜四男 1950, 木坂千秋·郡司利男 譯 1957, 日下部文夫 1962, 양동휘 1967, 이승환 1970, 전상범 1977ㄴ), **개방음[開放音]**(서재극 1964), **연속음[連續音]**(이병건 1976, 日本音聲學會 編 1976, 문경윤 1992, 龜井孝 外 編 1996), **머문소리**(황희영 1979), **기류 지속음**(김성련 1996), **계속 자음**(이은정 2005)

영어 continuant, maintainable sound, held sound

② 개념 설명

두 가지 구별되는 개념으로 쓰인다.[182] 일반적으로 쓰이는 것은 조음 과정에서 공기의 흐름이 끊기지 않고 계속 이어지는 방식으로 발음되는 음을 가리킨다. 모음은 모두 지속음이라서 주로 자음에 대해 이 개념을 사용한다. 자음 중 마찰음이 대표적인 지속음이며 유음도 보통 지속음에 포함한다.[183] 비음의 경우는 대체로 지속음에서 제외하지만 지속음으로 보는 입장도 없지는 않다.[184]

지속음의 또 다른 용법은 조음 동작이 일정 기간 고정되어 안정적인 조음 구간을 가지는 음을 가리키는 것이다.[185] 즉 반모음과 같이 전이적인 속성을 가진 음들은 고정된 조음 동작이 없이 발음되는데, 이런 음들과 대립되는 개념으로도 지속음을 사용하는 것이다. 이때의 지속음은 공기의 흐름이 지속됨을 뜻하는 것이 아니고 조음 동작이 일정하게 지속됨을 뜻한다. 반모음을 제외한 음들은 자음이든 모음이든 지속음에 해당한다.

첫 번째 개념이든 두 번째 개념이든 '지속음'은 국어 음운론에서 그다지 유용하게 쓰인 적이 별로 없다. 첫 번째 개념의 경우 마찰음과 유음이 함께 작용하는 현상이 있어야 하는데 국어에서는 별로 보이지 않는다. 두 번째 개념의 경우 반모음만 굳이 떼어 내기 위해 지속음이라는 개념을 쓰기에는 그다지 효율성이 떨어진다. 반모음을 설정한 이상 반모음이라는 개념만으로도 충분한 것이다.

③ 용어 설명

'지속음'을 가리키는 용어들은 '머문 소리'를 제외하면 모두 공기의 흐름이 끊어지지 않고 이어

---

182) 두 가지 용법 모두에 대립되는 개념으로 '순간음'이 있다. '순간음' 역시 두 가지 의미를 가진다. 자세한 것은 '순간음' 항목을 참고할 수 있다.

183) 논의에 따라서는 유음 중에서 설측음만 지속음으로 인정하는 경우도 있다. 그러나 국어의 'ㄹ'은 지속음으로 보는 입장이 대부분이다.

184) 비음을 발음할 때 비강으로의 공기 흐름은 지속적이지만 구강으로의 공기 흐름은 지속적이지 않다. 그래서 둘 중 어디에 초점을 두느냐에 따라 분류가 달라진다. 일반적으로는 구강으로의 흐름이 중요하므로 비음을 지속음에 포함하지 않는 경우가 많다. 다만 龜井孝 外 編(1996)에 따르면 비음의 음향적인 속성은 오히려 지속음과 흡사하다고 한다.

185) 영어의 'held sound'가 여기에 해당한다.

진다는 사실과 관련이 있다. 즉 '지속음'의 두 가지 의미 중 첫 번째를 가리키는 것이다. 다만 세부적인 차이는 존재한다. '덜막음, 협착음, 개방음'과 같이 구강의 공기 통로가 완전히 막히지 않고 열려 있다고 표현하는 것도 있고 '지속음, 속음, 계속음' 등과 같이 공기의 흐름이 이어진다고 직접 표현하는 것도 있다. 유일한 예외인 '머문 소리'는 '지속음'의 두 번째 의미와 관련된다. 즉 조음 동작이 일정 기간 유지되는 것을 '머물다'라는 단어를 활용하여 나타낸 것이다.

④ 관련 항목

마찰음, 반모음, 순간음, 유음

직음

① 용어의 별칭

> **국어** 직음 정운[直音 正韻](주시경 외 1907~1908), 정운[正韻](주시경 외 1907~1908), 직음[直音](최광옥 1908,
> 김규식 1909, 小倉進平 1937, 河野六郞 1945), 양음[陽音](박승빈 1935ㄱ), 직음운[直音韻](龜井孝 外 編 1996)

② 개념 설명

성운학에서 운모의 맨 앞자리인 운두에 반모음 'j'가 오지 않는 음들을 가리킬 때 사용하는 개념이다. 즉 개음으로 반모음 'j'가 오지 않는 음이 직음인 것이다. 개음으로 반모음 'j'가 오는 요음(拗音)과 대립된다.[186] 원래 성운학의 용어이지만 그 개념을 차용하여 초창기 국어 연구에서도 '직음'의 개념을 사용하였다.

그런데 논의에 따라 그 의미는 조금씩 다르다. 중모음(重母音)에 대립되는 단모음(單母音)을 직음이라고 보는 경우가 많은데 이것은 단모음의 경우 하나의 음소로 되어 있으므로 소리가 중간에 꺾이지 않고 곧게 나온다는 사실을 감안한 결과이다. '직음'의 원 개념을 활용한 용법이라고 할 수 있다. 또한 '가, 나, 다, 라' 등과 같이 자음과 단모음이 결합한 음절형을 '직음'이라고 하는 경우도 있었다. 이것 역시 단모음이 포함된 음절을 가리킨다는 점에서 그 성격이 크게 다르지 않다. 다만 '직음'이라는 용어나 개념은 현재의 국어 음운론 연구에서는 그다지 활용되지 않고 있다.

③ 용어 설명

'직음'을 나타내는 용어들은 그 수가 많지 않다.[187] 전통적인 용어를 그대로 수용하여 '곧은 소

---

186) '직음'과 '요음' 대신 '홍음(洪音)'과 '세음(細音)'이라는 용어를 사용하기도 한다.
187) '직음(直音)'이라는 용어는 중국에서 한자의 음을 표시하는 방법 중 하나를 가리키는 데 쓰이기도 한다. 즉 '반절(反切)'이 활

리'라는 의미를 담고 있는 것들이 다수이다. '정운'은 '직음'이 원래의 음이고 여기에 반대되는 '요음'은 직음을 변형한 것이라고 보아서 '직음'이 원래의 바른 음이라고 표현한 것이다. '양음'은 직음과 요음의 대립을 '음양'에 빗대어 표현한 결과이다.

④ 관련 항목

개음, 요음

직접 동화

① 용어의 별칭

국어 직접 동화[直接 同化](이희승 1955, 허웅 1968, 日本音聲學會 編 1976, 김민수 1978ㄱ), **인접 동화**[隣接 同化](허웅 1968, 竹林滋・橫山一郎 譯 1970, 이병근 1976ㄱ, 권인한 1984), **병렬 동화**[竝列 同化](이기문 외 1984, 이철수 1994), **붙어 닮음**(국립국어연구원 1996, 임홍빈・한재영 2003, 권재일・고동호 2004), **연속 동화**(류해리 2015), **이웃 닮기**(서상규・박석준 2005)

영어 juxtapositional assimilation, local assimilation

---

② 개념 설명

동화음과 피동화음이 나란히 놓여서 동화가 일어나는 경우를 가리킨다. 동화음과 피동화음 사이에 다른 음소가 끼어 있는 간접 동화에 대립된다. 동화가 일어나려면 동화음의 영향력이 피동화음에 강하게 미칠 수 있어야 하는데 그러려면 동화음과 피동화음의 거리가 가까울수록 유리하다. 그래서 언어 보편적으로도 동화는 직접 동화인 경우가 간접 동화인 경우보다 훨씬 더 많다. 국어의 경우 역시 '이' 모음 역행 동화를 제외하면 모두 직접 동화이다.

③ 용어 설명

'직접 동화'를 가리키는 용어는 반대 개념인 '간접 동화'를 가리키는 용어에 비해 그 수가 적은 편이다. 대체로 동화음과 피동화음이 인접해 있다는 사실을 반영한다. '직접 동화'는 동화음과 피동화음이 직접 결합한다는 의미일 수도 있고 동화음의 영향이 피동화음에 직접 미친다는 의미일 수도 있다. 아무튼 '직접 동화'는 동화음과 피동화음 사이에 개재하는 음소가 존재하지 않는 것에 초점을 두고 있다. '인접 동화, 병렬 동화, 붙어 닮음, 연속 동화, 이웃 닮기'는 동화음과 피동화음의 거리를 고려한 용어로서 동화음과 피동화음이 붙어 있음을 중시한 것이다.

성화되기 전에 동음자(同音字)를 활용하여 한자의 음을 표시하는 방법을 '직음'이라고 하기도 했던 것이다.

④ 관련 항목

간접 동화, 동화, 자음 동화

진동음

① 용어의 별칭

국어 떨소리(김두봉 1922, 이극로 1932ㄴ, 김영송 1974), **진동음**[振動音](小倉進平 1923, 홍기문 1933, 이극로 1934, 服部四郎 1951, 이숭녕 1954ㅂ), **전음**[顫音](安藤正次 1927, 金田一京助 1932, 寺川喜四男 1950, 이숭녕 1954ㅂ, 허웅 1968ㄱ, 董同龢 1972, 정연찬 1980, 김성근 1995), **전음**[轉音](金田一京助 1932), **떨음소리**(이극로 1934, 허웅 1968ㄱ, 신익성 1969), **떨음갈림소리**(이극로 1934), **설전음**[舌顫音](이희승 1938ㄴ, 정인승 1940ㄴ, 지준모 1965), **전설음**[顫舌音](조선어학회 1941, 김윤경 1948ㄴ, 정인승 1949ㄷ), **권음**[卷音](新村出 1943, 이희승 1955), **혀 굴림소리**(김윤경 1948ㄴ, 정인승 1949ㄷ, 허웅·박지홍 1971), **탄설음**[彈舌音](이희승 1955), **설권음**[舌卷音](이희승 1955), **탄음**[彈音](이희승 1955), **떠는 음**(임환 1959), **진동음**[震動音](勇康雄 譯 1959), **전동음**[顫動音](增山節夫 譯 1959, 양동휘 1975, 日本音聲學會 編 1976, 林榮一·間瀨英夫 譯 1978, 이기문 외 1984, 황귀룡 역 1986), **떨림소리**(이현복 1971, 권오선 1990), **권설음**[捲舌音](정인섭 1973, 日本音聲學會 編 1976), **반과음**[半科音](日本音聲學會 編 1976), **곤설음**[滾舌音](日本音聲學會 編 1976ㄴ), **간헐색음**[間歇塞音](日本音聲學會 編 1976), **연탄음**[連彈音](日本音聲學會 編 1976, 전상범 1985ㄱ, 박선우 1998), **혀떨림소리**(황희영 1979), **혀떨음소리**(황희영 1979), **떨음**[떨音](황희영 1979), **굴림소리**(이현복·김기섭 역 1983, 김진우 1985, 조성식 편 1990), **혀 떠는 소리**(권재선 1992), **윤음**[輪音](나애리 1994)

영어 trill, roll, rolled sound

---

② 개념 설명

혀의 일부를 조음점 근처에 여러 번 댔다가 떼는 방식으로 발음되는 자음을 가리킨다. 진동음은 주로 유음의 하위 부류로 실현되는 경우가 많으며 특히 설측음 계열에서는 나타나지 않고 비설측음 계열에서만 나타난다. 설측음은 혀끝을 구강 어딘가의 중앙부에 그대로 댄 채 발음해야 하므로 진동을 동반하기가 어렵다. 그래서 비설측음에서만 진동음이 나타난다.

언어 보편적으로 보면 진동음이 조음되는 위치는 치조와 구개수의 두 가지가 흔하다. 진동음을 발음할 때 실제 일어나는 진동의 횟수는 2~5회가 대부분이라고 한다. 국어의 경우에는 진동음이 없다고 알려져 있다. 초창기 논의에서는 국어 '르'의 변이음 중 설측음이 아닌 것은 진동음이라고 해석한 적도 있으며, 심지어는 국어의 유음 자체가 진동음이라고 보는 경우도 있었다. 그러나 현재는 대부분 국어 유음의 변이음으로 진동음을 인정하지 않고 있다.

③ 용어 설명

'진동음'을 가리키는 가장 대표적인 용어는 진동음의 고유한 음성적 특징을 반영하여 떨리는 음이라고 표현한 것들이다. '떨소리, 진동음, 전음(顫音), 떨음소리, 설전음, 전설음, 전동음, 떨림소리, 간헐색음, 연탄음' 등 가장 많은 비율을 차지하고 있다. '혀 굴림소리, 굴림소리, 윤음, 전음(轉音), 곤설음'은 '떨린다'는 의미 대신 '굴린다'는 의미를 담고 있다. 조음체(주로 혀)를 굴리는 과정에서 진동이 일어난다고 해석한 듯하다. '권음, 설권음, 권설음'은 혀 또는 특정 조음체를 말아서 소리를 낸다는 의미인데 이 용어들은 권설음(retroflex)이라는 별개의 음을 나타내는 데 주로 사용되고 있다. '탄설음, 탄음'은 혀를 튀긴다는 의미인데 이 용어는 유음의 비설측음 계열 중 탄설음(flap)을 지칭하는 용어로 쓰이므로 진동음에 쓰기에는 부적절하다. '반과음'은 진동 때문에 조음 과정이 온전히 이루어지지 못한다는 의미를 담은 것으로 생각되며 중국에서 사용되는 용어이다.

④ 관련 항목

비설측음, 설측음, 유음, 탄설음

짜내기 소리

① 용어의 별칭

> **국어** 목에서 짜는 소리(이현복·김기섭 역 1983, 국립국어연구원 1996), 짜는 소리(이현복·김기섭 역 1983, 국립국어연구원 1996), 목 갈리는 소리(전상범 1985ㄱ, 국립국어연구원 1996), 삐걱거리는 소리(황귀룡 역 1986, 국립국어연구원 1996), 후두음(김영석 1987), 삐걱거리는 유성음(김무림 1992), 유성 짜내기 소리(이호영 1996), 짜내기 소리(구현옥 1999, 신지영 2000ㄱ, 김무림·김옥영 2009), 짜내는 목소리(박한상 2007)
> **영어** creaky voice

② 개념 설명

연골 성문을 닫은 채 성대 성문의 일부분만을 불완전하게 진동시켜 내는 소리이다. 흔히 매우 무거운 짐을 들고서 힘들게 발음할 때 짜내기 소리가 나오게 된다. 조음 과정으로 보면 성대 성문을 닫거나 좁힌 채 연골 성문만을 열어서 발음하는 속삭임(shisper)과 대립된다고 대립된다고 할 수 있다. 짜내기 소리를 발음할 때 성대의 진동은 성대 성문 중에서도 연골 성문의 반대편, 즉 갑상 연골에 인접한 부분에서 일어난다. 또한 성문의 매우 좁은 틈 사이로 진동이 불완전하게 일어나기 때문에 낮은 주파수의 불규칙한 공기 파열이 동반된다. 국어에서는 짜내기 소리가 음소의 대립에 관여

492

하지 않는다. 그러나 다른 언어에서는 짜내기 소리를 음소 대립에 이용하기도 하는데, 龜井孝 外 編 (1996)에 따르면 짜내기 소리로 발음되는 모음은 긴후 모음(緊喉 母音, creaky vowel)으로서 그렇지 않은 이후 모음(弛喉 母音, breathy vowel)과 대립된다.

③ 용어 설명

'짜내기 소리'를 가리키는 용어들은 대부분 '목에서 짜는 소리, 짜는 소리, 목 갈리는 소리, 유성 짜내기 소리, 짜내기 소리, 짜내는 목소리' 등과 같이 이 소리를 낼 때 목을 짜서 내는 것과 같다는 의미를 담고 있다. 성대 성문의 좁은 틈으로 공기가 통과하다 보니 이러한 용어들이 주류를 이루게 되었다. '삐걱거리는 소리, 삐걱거리는 유성음'도 비슷한 취지를 조금 다르게 표현한 것이라고 할 수 있다. '후두음'은 너무 범위가 넓어서 '짜내기 소리'만을 가리키기에는 부적합하다고 생각된다.

④ 관련 항목

무성음, 속삭임, 유성음, 중얼거림

ㅈ

ㅊ

첨가

① 용어의 별칭

국어 첨음[添音](송헌석 1909, 심의린 1949ㄱ), 가음[加音](안확 1922, 李完應 1926, 심의린 1936), 가첨[加添](안확 1923), 삽입[揷入](藥師寺知曨 1909, 小倉進平 1929ㄱ, 이희승 1931, 金田一京助 1932, 이숭녕 1949ㄱ, 허웅 1952), 첨가[添加] (박승빈 1931, 전몽수 1941ㄴ, 홍기문 1947, 小林智賀平 1952, 田中春美 外 1975, 日本音聲學會 編 1976), 음운 첨가(金田一京助 1932, 市河三喜·河野六郎 1949, 川喜四男 1950), 증가[增加](주왕산 1948), 첨가음 법칙[添加音 法則](심의린 1949ㄴ), 소리의 덧붙임(한국국어교육연구회 1964ㄱ), 음의 첨가[添加](한국국어교육연구회 1964ㄴ), 소리의 덧붙음(이은정 1969), 삽음 현상[揷音 現象](日本音聲學會 編 1976), 음 첨화[音 添化](日本音聲學會 編 1976), 첨가 규칙(이상억 1979ㄴ), 붙임(황희영 1979), 보탬(황희영 1979), 첨입[添入](이기문 외 1984, 국립국어연구원 1996), 덧보탬(정영주 1985, 국립국어연구원 1996), 덧남(이현복 1986), 끼우기(김차균 1991ㄱ), 말소리 끼우기(김차균 1991ㄱ), 소리 끼우기(김성근 1995, 이근열 1997ㄱ, 고도흥 1998), 덧나기(이강로 1998, 구현옥 1999), 끼어 들어감(권재일·고동호 2004)

영어 insertion, epenthesis, addition, intrusion

---

② 개념 설명

음운 현상의 유형 중 하나로 없던 음운이 새로 덧붙은 경우를 가리킨다. 국어의 첨가에는 규칙적으로 일어나는 현상도 있고 산발적으로 일어나는 현상도 있다. 가령 '피어, 끼어' 등을 '피여, 끼여'로 발음하는 반모음 'j'의 첨가나 '담요[담뇨], 맨입[맨닙]' 등에서 보이는 'ㄴ' 첨가는 규칙성이 강하다.[1] 반면 '더디다>던지다, ᄀ초다>감추다' 등에서 보이는 비음의 첨가는 일부 어휘에서만 산발적으로 보이는 현상에 불과하다. 첨가되는 음을 기생음(parasite sound),[2] 잉여음(excrescent[3]), 비유기적

---

[1] 물론 이러한 첨가 현상이 주어진 조건에서 필수적으로 일어나는 것은 아니다.

[2] 기생음 중에서 특히 모음을 '기생 모음'이라고 한다. 기생 모음을 가리키는 용어에는 '종속 모음[從屬 母音](김진우 역 1959), 기생 모음[寄生 母音](김진우 역 1959, 장태진 1963ㄴ, 배양서 1971, 小松英雄 1981, 龜井孝 外 編 1996), 기생적 단모음(박병채 1971ㄷ), 보조 모음(배양서 1971), 첨입 모음[添入 母音](이병선 1985ㄴ), 끼어드는 모음(김방한 1988)' 등이 있다. 한편 '기생음'을 단순히 첨가된 음으로 보지 않고, 한 음에서 다른 음으로 이행을 용이하게 하기 위해 중간에 나타나는 부대적인 음의

음(inorganic) 등으로 부르기도 한다. 일반 언어학에서는 첨가되는 음의 위치에 따라 첨가의 유형을 세분하는 경우가 많다. 어두 첨가는 'pro(s)thesis', 어중 첨가는 'epenthesis',[4] 어말 첨가는 'epithesis' 또는 'paragoge'[5]라고 한다.

③ 용어 설명

'첨가'를 나타내는 용어는 그 수가 매우 많지만 성격은 거의 단일하다. 모든 용어가 공통적으로 음이 첨가된다는 의미를 나타낸다. 다만 '끼우기, 끼어 들어감'과 같은 용어들은 그 의미상 두 음 사이에 첨가되는 현상을 가리키므로 첨가의 위치를 어중(語中)으로 한정하고 있다는 문제가 있다. 어중에서 첨가 현상이 좀 더 활발히 일어난다고 하더라도 다른 위치에서 일어날 수 있는 첨가를 원천적으로 배제하는 용어는 바람직하지 않다.

④ 관련 항목

'ㄴ' 첨가, 음운 현상, 탈락

초분절음

① 용어의 별칭

> **국어** 초분할 음운[超分割 音韻](허웅 1958), 운율적 음운[韻律的 音韻](허웅 1958), 초분절 음소[初分節 音素](黑川新一 譯 1958, 김석득 1963, 양동휘 1967, 이현규 1969, 竹林滋·橫山一郞 譯 1970, 橋本萬太郎 1973ㄱ), 얹침 음운(박창해 1963, 조현숙 1985), 상가 음소[上加 音素](김완진 1964, 정연찬 1977, 조현숙 1985), 얹힘 음운(배양서 1966), 부수 음소[附隨 音素](이계순 1966), 운소[韻素](김영만 1967ㄴ, 배양서 1969ㄴ, 소강춘 1989), 이차적 음소[二次的 音素](양동휘 1967, 이현규 1969, 이기백 1991), 얹힌 음운(차현실 1967), 덧음소(김민수 1969, 이현규 1969, 김영송 1971ㄴ), 얹힌 음소(유만근 1970), 겹친 음소(유만근 1970, 허웅·박지홍 1971, 국립국어연구원 1996), 초분절 요소(竹林滋·橫山一郞 譯 1970, 황귀룡 역 1986, 김무림 1992), 비분절적 요소(김석득 1971), 얹힘 현상(김석득 1971), 얹힘 음소(허웅·박지홍 1971), 운율 음운(허웅·박지홍 1971), 이차 음소(小泉保·牧野勤 1971, 정연찬 1977, 龜井孝 外 編 1996, 김승예 1998), 초분절 음운(橋本萬太郎 1973ㄱ, 日本音聲學會 編 1976, 소강춘 1983), 이차적인 음소(김진규 1974), 부음소[副音素](김진규 1974), 초분절음[超分節音](김영만 1976, 이현복·김기섭 역 1983, 전상범 1985ㄱ), 음조[音調](김영만 1976), 초분절소[超分節素](日本音聲學會 編 1976, 이기문 외 1984, 김진우 1985, 김무식 1992ㄱ, 龜井孝 外 編 1996, Batkhishig 2009), 초선분적 요소[超線分的 要素](박옥줄 1985), 겹침 음소(조현숙 1985), 상가 분절소[上加

요소로 정의하기도 한다. 이런 경우의 '기생음'은 뚜렷한 조음적 목적을 위해 첨가되는 요소가 된다.
3) 'excrescent'는 '혹음(신승용 2011)'으로 번역하기도 한다.
4) 어중 첨가 중 모음이 첨가되는 경우에는 'anaptyxis'라는 별도의 용어를 사용하기도 한다.
5) 어말에 자음이 첨가되는 현상은 'excrescence'라고 부르기도 한다.

分節素](최윤현 1993), 운율적 요소[韻律的 要素](배주채 1996ㄱ, 강옥미 2003, 이문규 2004), 이차 음운(성광수 1972), 제이차 음소[第二次 音素](정연찬 1980), 비분절 음소[非分節 音素](왕문용 1982, 곽충구 1985, 최전승 1986, 龜井孝 外 編 1996), 비분절음(소강춘 1983, 조신애 1986), 비분절적 음소(최전승 1986), 운율소[韻律素](조항근 1990, 龜井孝 外 編 1996, 권현주 2006), 초분절 단위(박병채 1991), 운율적 자질(이기백 1991), 자립 분절 요소(김무림 1992), 자립 분절 음소(김무림 1992), 덧붙는 요소(김성근 1995), 꾸미는 요소(김성근 1995), 선률적 요소(김성근 1995), 비분절 음운(김순자 1995, 김정숙 외 2005), 업힌 음소(국립국어연구원 1996), 초분절음 요소(龜井孝 外 編 1996), 초선분적 음소[超線分的 音素](龜井孝 外 編 1996), 초분절적 요소(강옥미 2003), 초분절 자질(강옥미 2003), 운율 자질(강옥미 2003), 덧소리(이문규 2004), 자립 분절적 요소(이문규 2004), 뜨내기 소리 바탕(이문규 2004), 초분절적 음운(남기탁 2012), 의존 음소(백두현 외 2013)

영어 supra-segment, suprasegmental phoneme, secondary phoneme

② 개념 설명

분절음과 반대되는 개념으로 발화된 소리의 연속체로부터 독립된 단위로 쪼개어 낼 수 없는 요소를 가리킨다. 음운을 음소와 운소로 하위 구분할 때 운소에 대응한다. 장단, 고저, 강약과 같은 요소 이외에 연접(juncture)을 초분절음에 포함하는 경우도 있다.[6]

초분절음의 특성은 분절음과 비교할 때 두드러진다. 초분절음의 가장 큰 특징은 앞서 언급했듯이 쪼개어지지 않는다는 점이다. 초분절음만 따로 발음할 수 없기 때문에 초분절음은 모음과 같은 분절음 또는 음절과 같은 분절음의 결합체에 얹혀서 실현된다. 또한 분절음은 그 값어치가 절대적으로 정해져 있지만 초분절음은 상대적으로 결정된다. 가령 장단이나 고저에서 장음과 단음, 고음과 저음을 구분하는 기준은 절대적인 시간 또는 진동수에 있지 않다. 인접한 음과의 비교를 통해 장단이나 고저가 정해진다. 따라서 동일한 길이의 음이라도 그 주위에 더 긴 음이 오면 단음(短音)이 되고 주위에 더 짧은 음이 오면 장음(長音)이 된다.

국어의 초분절음으로는 장단과 고저가 대표적이다. 서울을 중심으로 한 중부 방언과 한반도 서부에 위치한 충청, 전라 방언은 장단이 초분절음으로 기능하고 있다. 또한 경상도, 강원도, 함경도 방언과 같이 한반도의 동부에 위치한 방언에서는 고저, 그중에서도 고저 악센트가 초분절음으로 존재한다.[7] 고저 악센트를 가진 방언 중에는 장단을 초분절음으로 더 가진다고 분석하는 경우도 있다. 한편 북한의 평안도와 황해도 방언 중 상당수 및 제주도 방언은 장단이나 고저 어느 것도 초분절음으로 기능하지 않는다고 알려져 있다. 이런 방언을 흔히 '무음장 무성조 방언' 또는 '비음장 비성조 방언'이라고 한다. 이처럼 국어의 방언은 초분절음의 존재 여부에 따라 장단만 존재하는 방언, 고저만 존재하는 방언, 장단과 고저가 모두 존재하는 방언, 장단과 고저가 모두 존재하지 않는 방언으로 나눌 수 있다.

---

6) '연접'에 대해서는 별도의 항목을 참고할 수 있다.
7) 논의에 따라서는 '고저 악센트' 대신 '성조'라고 하는 경우도 있다. 이 두 개념에 대해서는 별도의 항목을 참고할 수 있다.

③ 용어 설명

　‘초분절음’을 가리키는 용어들은 수적으로나 질적으로 ‘분절음’에 비해 상당히 다양한 편이다. 이 용어들은 그 성격에 따라 다음과 같이 나눌 수 있다.

> (가) 초분할 음운, 초분절 음소, 초분절 요소, 초분절 음운, 초분절음, 초분절소, 초선 분적 요소, 초분절 단위, 초선분적 음소, 초분절적 요소
>
> (나) 비분절적 요소, 비분절 음소, 비분절음, 비분절적 음소, 비분절 음운
>
> (다) 상가 음소, 얹힘 음운, 부수 음소, 얹힌 음운, 덧음소, 얹힌 음소, 겹친 음소, 겹침 음소, 상가 분절소, 덧붙는 요소, 업힌 음소, 덧소리, 의존 음소
>
> (라) 운율적 음운, 운소, 운율 음운, 음조 운율적 요소, 운율소, 꾸미는 요소, 선률적 요소
>
> (마) 이차적 음소, 이차 음소, 이차적인 음소, 부음소, 이차 음운, 제이차 음소, 뜨내기 소리 바탕
>
> (바) 자립 분절 요소, 자립 분절 음소, 자립 분절적 요소

　(가)는 가장 대표적인 용어로 분절이 되지 않는다는 의미와 더불어 분절음에 얹혀 실현된다는 의미를 모두 지닌다. 영어의 ‘supra-segment’에 대응한다. ‘supra-segment’의 ‘supra’도 분절음 위에 실현된다는 의미와 분절음을 뛰어넘는다는 것, 즉 분절되지 않는다는 의미를 모두 지닌다고 할 수 있다. (나)는 (가)의 두 가지 의미 중 분절되지 않는다는 의미만 지니고, (다)는 (가)의 두 가지 의미 중 분절음에 얹혀 실현된다는 의미만 지닌다. 결과적으로 (가)~(다)는 그 취지가 비슷하다고 하겠다.

　(라)는 운소를 가리키는 용어들이다. 초분절음이 운소와 동일하기 때문에 이 둘을 지칭하는 용어는 중복될 수 있다. (마)는 L. Bloomfield가 초분절음에 해당하는 음운을 ‘secondary phoneme’이라고 했는데 이것을 번역한 용어이다. (바)는 후기 생성 음운론의 이론 중 자립 분절 음운론(autosegmental phonology)의 용어를 활용한 것이다. 초분절음에 해당하는 요소들은 분절음과는 다른 별도의 층위에 놓인다는 사실을 담고 있다.

④ 관련 항목

　분절음, 운소, 음소, 음운

초성

① 용어의 별칭

국어 초성[初聲](『훈민정음』, 이규영 1913, 주시경 1913ㄴ, 김윤경 1934ㄱ), 좌모성[左母聲](리봉운 1897), 초성[初聲](주시경 1906), 시음[始音](최광옥 1908), 초발음[初發音](유길준 1909), 철두[綴頭](金澤庄三郞 1917~ 1918), 두음[頭音](小倉進平 1920, 安藤正次 1927, 金田一京助 1932, 이희승 1938ㄴ, 주왕산 1948, 최현배 1956), 초발성 [初發聲](최현배 1929), 두자음[頭子音](小倉進平 1953, 日下部文夫 1962, 河野六郎 1968, 황희영 1979, 이기문 외 1984, 조학행 1985), 음질[音質](박승빈 1931), 음두[音頭](박승빈 1931, 허웅 1955), 자운[子韻](朝鮮總督府 警察官講習所 編 1943), 처음소리(이인모 1949, 정경해 1953), 음절 두음[音節 頭音](服部四郎 1955, 허웅 1968ㄱ, 河野六郎 1968, 박형달 1969, 이재오 1972, 李康民 1993), 초두음[初頭音](허웅 1958, 김영만 1987, 김형엽 1998), 머릿소리(이강로 1961, 임용기 1986), 음절 초음[音節 初音](이기문 1962ㄴ), 음절 초두음(박형달 1969), 음절 두자음[音節 頭子音](小泉保・ 牧野勤 1971, 이광호 1978, 朴惠淑 1981, 최임식 1984), 음절두[音節頭](小泉保・牧野勤 1971, 日本音聲學會 編 1976, 백응진 1999), 머리닿소리(이은정 1975, 황희영 1979), 소리머리(이상태 1976), 두련[頭連](林榮一・間瀬英夫 譯 1978), 시발음 [始發音](김석산 1982), 음절 두위치[音節 頭位置](송철의 1982), 음절 머리(이창우 1983, 이현복・김기섭 역 1983, 김선철 1990, 菅野裕臣 1993ㄱ), 머리(이창우 1983, 이현복・김기섭 역 1983, 김희섭 1991), 음절 두위[音節 頭位](梅田博之 1983), 음절초(전상범 1985ㄱ, 송철의 1987, 최임식 1990ㄱ), 음절 전부[音節 前部](전상범 1985ㄱ, 김종훈 1990, 조성식 편 1990), 말머리 소리(임용기 1986), 머리소리(임용기 1986), 음절 초음(황귀룡역 1986, 정국 1994), 음절 첫머리 (강병희 1991), 시작부[始作部](김무식 1992ㄷ), 음절의 앞쪽(박병학 1992), 음절 첫음(김경란 1993, 정명숙 1995), 발동부[發動部](김무식 1993), 성모[聲母](이효근 1993), 음절 어두음(김형엽 1994), 음절 초두[音節 初頭](龜井孝 外 編 1996), 두부[頭部](박상호 1998), 머리음(이용재 1998, 구본석 1999, 이세창 2002), 음절 머리음(구본석 1999), 음절초 자음(장기성 2009)

영어 onset, initial

② 개념 설명

음절의 구성 요소를 셋으로 나누었을 때 제일 앞에 오는 요소를 가리킨다. 초성의 개념은 오래 전부터 인식되었다. 음절을 두 요소로 나누는 전통적인 성운학에서는 초성에 해당하는 '성모'를 설정하고 있으며, 음절을 세 요소로 나눈 『훈민정음』에서도 초성을 정확히 구분하고 있다.

초성 자리에는 자음이 온다. 그래서 종종 이 둘을 동일시하기도 있지만 자음과 초성은 동일한 개념이 아니다. 초성은 음절 구조와 결부된 개념이지만 자음은 음절 구조와 무관한 개념이다. 또한 국어의 모든 자음이 초성에 올 수 있는 것도 아니다. 기령 현대 국어의 경우 연구개 비음 'ㅇ'이 초성에 오지 못한다. 그러므로 초성과 자음을 동일시해서는 곤란하다. 자음이 초성 이외에 종성에 놓인다는 점 역시 초성과 자음의 차이를 말해 준다. 더욱이 중세 국어 시기에는 초성 자리에 자음군이 오는 경우가 있었는데 자음군은 자음과는 또 다른 개념이므로 이것도 초성과 자음을 동일시할 수 없음을 말해 준다.

현대 국어의 초성은 두 가지 음절 구조 제약의 적용을 받는다. 하나는 앞서 언급한 것처럼 연구개 비음 'ㅇ'이 초성에서 발음되지 않는다는 점이다. 그래서 'ㅇ'으로 시작하는 단어는 물론 형태소

ㅊ

499

도 없다. 또한 'ㅇ'으로 끝나는 단어 뒤에 모음으로 시작하는 문법 형태소가 오더라도 연음이 일어나지 않는다. 다른 하나는 초성에서 자음군이 발음되지 않는다는 점이다. 자음군으로 시작하는 단어나 형태소가 존재하지 않으며, 초성에 자음군이 오는 외국어 단어에는 '으'를 첨가하여 자음군이 없는 형태로 수용하는 것[8]은 모두 이 제약과 관련된다.

③ 용어 설명

'초성'을 나타내는 용어들은 대부분 '앞에 오는 음, 시작하는 음, 음절의 첫머리' 등의 의미를 담고 있다. 이 부류에 들지 않는 예외는 극히 일부로 '좌모성, 음질, 자운, 두련(頭連), 성모'가 있다. '좌모성'은 리봉운(1897)의 용어로 여기서는 초성과 중성을 '좌모성, 우모성'에서 보듯 '좌 : 우'의 대립으로 표현했다. 박승빈(1931)의 '음질'은 중성 또는 운모를 지시하는 '음운(音韻)'에 대립하는 용어이다. 박승빈(1931)에서는 음절을 음질(音質)과 음운(音韻)으로 분석하고 있는데 이는 전통적인 성운학에서 음절을 성모와 운모와 나눈 것과 평행하다. '자운'은 초성 자리에 오는 음소가 주로 자음이라는 사실을 고려한 것이다.[9] '두련(頭連)'은 음절을 구조적인 것으로 보아 구성 요소끼리 연결된다는 사실을 강조한 용어이고 '성모'는 전통적인 성운학의 용어를 차용한 것이다.

④ 관련 항목

음절, 자음¹, 종성, 중성

촉음

① 용어의 별칭

> **국어** 촉음[促音](최광옥 1908, 金澤庄三郎 1917~1918, 신명균 1932, 최현배 1932ㄱ), 받은 소리(신명균 1932, 최현배 1932ㄱ, 문교부 1952)

② 개념 설명

원래 의미는 일본어에서 'っ'로 표기되는 음으로 초성에는 오지 못하며, 후행하는 장애음의 폐쇄 지속 시간 또는 장애가 일어나는 시간이 긴 것을 가리킨다. 즉 촉음은 자음의 폐쇄 구간 또는 마찰 구간만을 유지할 뿐이다. 국어의 관점에서 보자면 장애음에 선행하는 종성의 미파음과 음성적으로

---

8) 가령 1음절 단어인 'small, tree' 등을 '스몰, 트리'와 같은 단어로 수용하는 것이 그 예이다.
9) '자운'이라는 용어가 나오는 朝鮮總督府 警察官講習所 編(1943)에서는 중성의 경우 모음이 주로 온다는 점을 고려하여 '모운'이라고 부르고 있다.

가까운 속성을 가진다. 그래서 일본 문법에 영향을 받았던 초창기 국어 연구에서는 음절 종성에 놓인 장애음 또는 그러한 장애음이 미파음으로 실현된 것을 흔히 촉음이라고 했다.

③ 용어 설명

'촉음'을 나타내는 용어는 매우 단순하다. '촉음'은 '촉(促)'의 의미 그대로 촉급하다는 의미를 담고 있고, '받은 소리'의 '받다' 역시 기본적인 의미가 비슷하다. 모두 촉음의 음성적 특징을 반영하여 급박하게 끝맺는 음이라는 뜻을 지닌다.

④ 관련 항목

미파음, 입성음, 종성

최소 대립쌍

① 용어의 별칭

국어 최소 음차 대립어[最小 音差 對立語](黒田巍 譯註 1958), 최소대어[最小對語](太田朗 1960, 장태진 1961, 이은영 1983), 최소 대립어[最小 對立語](현평효 1964, 배양서 1966, 양동휘 1967, 日本音聲學會 編 1976, 林榮一·間瀨英夫 譯 1978), 대립[對立]의 쌍(현평효 1964), 최소 대립[最小 對立](지준모 1965, 김영배 1976, 日本音聲學會 編 1976, 신상진 1977), 최소 대립쌍[最小 對立雙](배양서 1966, 강창석 1982, 이기문 외 1984), 최소의 짝(차현실 1967, 이응백 1968, 권병로 1979), 최소 차이 대립어[最小 差異 對立語](허웅 1968ㄱ, 유만근 1970, 국립국어연구원 1996), 준동음어[準同音語](허웅 1968ㄱ, 김석득 1984ㄴ, 성인출 1984), 최소대[最小對](竹林滋·橫山一郎 譯 1970, 龜井孝 外 編 1996), 최소 대립대[最小 對立對](橋本萬太郎 1973ㄴ), 최소의 짝수패(한문희 1979), 한짝의 낱말(황희영 1979), 최소 대립의 짝(정연찬 1980), 대립쌍(한영균 1980, 신기상 1987, 전상희 1987), 대비 최소물[對比 最小物](長嶋善郎 譯 1980), 최소의 짝말(김석득 1984ㄱ), 최소 대립어쌍(김무식 1985, 최전승 1985, 안현기 2009), 최소쌍(고병암 역 1986), 최소의 쌍(고병암 역 1986, 박기덕 2000), 최소 변별어(황귀룡 역 1986), 최소 변별어쌍(황귀룡 역 1986), 최소 변별쌍(이상규 1987, 이상직 1987, 이윤동 역 1991), 최소대짝(소강춘 1989), 최소 대립짝(소강춘 1989, 김시명 2001), 변별 대립쌍(서보월 1990), 최소 대립의 쌍(이기백 1991), 최소 대립형(이경희 1993), 최소의 대립쌍(전광현 2000)
영어 minimal pair

② 개념 설명

동일한 위치에 오는 한 음운만 차이가 남으로써 그 뜻이 구별되는 두 단어의 묶음을 가리킨다. 예를 들어 '물'과 '불'은 중성과 종성이 '울'로서 동일하되 다만 초성에 'ㅁ'이 오는지 'ㅂ'이 오는지에 따라 구별되고 있으므로 최소 대립쌍에 속한다. 최소 대립쌍이 성립한다는 것은 동일한 자리에 오는 두 소리가 단어의 의미 변별력이 있음을 의미한다. 즉 최소 대립쌍을 형성하게 하는 두 음

501

은 별개의 음운이 되는 것이다. 따라서 최소 대립쌍의 성립 여부는 어떤 소리들이 음운의 자격을 가지는지를 판단할 때 매우 중요하다.

최소 대립쌍은 자음이나 모음 등과 같은 음소의 차이에 의해서만 나타나는 것은 아니다. 장단이나 고저와 같은 운소의 차이에 의해서도 최소 대립쌍이 만들어질 수 있다. 가령 '눈(目)'과 '눈(雪)'은 분절 음인 음소 차원에서는 동일하지만 소리의 길이가 달라서 구별되므로 이 역시 최소 대립쌍에 속한다. 이러한 최소 대립쌍의 존재를 근거로 하여 현대 국어의 경우 장단을 음운의 목록에 포함하는 것이다.

최소 대립쌍을 만드는 데 많이 관여하는 음운은 그만큼 기능 부담량이 높다. 따라서 음운 체계에서 지위가 확고하다. 현대 국어 장단의 지위가 흔들리는 이유 중 하나는 장단에 의한 최소 대립쌍의 수가 많지 않기 때문이다. 그런데 간혹 두 소리가 별개의 음소이고 음소로서의 지위도 문제가 없는데 최소 대립쌍을 만들지 못하는 경우가 있다. 국어의 'ㅎ'와 'ㅇ'이 대표적이다. 'ㅎ'은 음절 초성에서만 발음되고 'ㅇ'은 음절 종성에서만 발음되기 때문에 이 두 소리는 상보적 분포를 보인다. 즉 이 두 음소에 의한 최소 대립쌍은 존재할 수 없는 것이다.[10]

최소 대립쌍은 양적 대등성과 질적 대등성의 두 가지 조건을 충족시켜야만 한다. 양적 대등성은 최소 대립쌍을 이루는 두 단어의 음운 개수가 동일해야 한다는 조건이다. 만약 두 단어의 음운 개수가 다르다면 그 두 단어의 차이는 소리의 유무에 있게 된다. 이것은 물리적으로 다른 두 소리가 음운의 자격이 있는지를 살피기 위해 최소 대립쌍을 찾아본다는 원래 취지에 부합하지 않는다.[11]

질적 대등성은 최소 대립쌍을 만드는 두 소리의 성질이 동질적이어야 한다는 조건이다. 즉 음소는 음소끼리, 운소는 운소끼리 최소 대립쌍을 이루어야 하며, 자음, 모음, 반모음도 각각 해당 부류의 소리끼리 최소 대립쌍을 이루어야 하는 것이다. 만약 그렇지 않다면 '아이'와 '비'는 단모음 'ㅏ'와 자음 'ㅂ'의 차이에 의한 최소 대립쌍이라고 해야 하고 '사이'와 '살'은 단모음 'ㅣ'와 자음 'ㄹ'의 차이에 의한 최소 대립쌍이라고 해야 하는데, 이러한 해석은 대단히 부자연스러운 것이다.

한편 최소 대립쌍과 비슷한 개념으로 최소 대립군(minimal set)이 있다. 최소 대립쌍은 두 단어의 묶음만을 가리킴에 비해 최소 대립군은 그러한 관계에 있는 단어의 모든 묶음을 가리킨다. 가령 '물'과 '불'은 최소 대립쌍인데 여기에 '술, 둘, 굴, 줄, 풀' 등 중성과 종성이 'ㅜㄹ'이면서 초성에 어떤 자음이 오느냐에 따라 구별되는 단어를 모두 묶으면 그것이 곧 최소 대립군이 된다. 최소 대립군 대신 '최소조[最小組](竹林滋・横山一郎 譯 1970), 최소 변별어 세트(황귀룡 역 1986), 최소어군[最小語群](김무림 1992), 최소 대립어(신승용 2013)' 등의 표현도 쓰이고 있다.

③ 용어 설명

'최소 대립쌍'을 가리키는 용어는 대체로 '최소'임을 나타내는 부분과 '대립어, 대립쌍'을 나타내

---

10) 이처럼 상보적 분포를 보임으로써 최소 대립쌍을 이루지 못하는 음소들 사이의 대립에 대해 허웅(1968ㄱ)에서는 '간접적 대립'이라고 부른 바 있다.

11) 이것을 고려할 때 반모음에 의한 최소 대립쌍의 예로 흔히 제시하고 있는 '얼음'과 '여름'은 최소 대립쌍에 속하지 않는다. '얼음'과 '여름'의 차이는 반모음 'j'의 유무에 달려 있기 때문이다.

는 부분으로 구성된다. 여기에 대한 예외는 '준동음어, 대립의 쌍, 한짝의 낱말, 대립쌍, 변별 대립쌍' 등이 있다. '준동음어'를 제외한 나머지는 지시하는 바가 다소 불분명한 것이 사실이다. '준동음어'의 경우 최소 대립쌍을 이루는 두 단어는 하나의 음운을 제외한 나머지 부분이 동일하므로 동음어 (또는 동음이의어)와 매우 비슷하다. 그래서 동음어에 준한다고 표현한 것이다.

④ 관련 항목

대립, 운소, 음소, 음운

축약

① 용어의 별칭

<blockquote>

국어 축약[縮約](유길준 1904, 이숭녕 1947ㄱ, 주왕산 1948, 大野晋 1977, 志部昭平 1988, 龜井孝 外 編 1996), 혼합[混合] (주시경 1906, 김민수 1952), 화합[和合](주시경 1906), 약생[畧省](김규식 1909), 축음[縮音](송현석 1909, 전몽수 1937, 홍기문 1947), 약음[約音](임규 1912ㄴ, 金田一京助 1932), 음의 축약(최현배 1929), 병합[倂合](박승빈 1931, 이기석 1992, 김아영 1994), 수약[收約](小林英夫 1935, 이숭녕 1939ㄴ, 寺川喜四男 1950, 이기문 1958, 김형주 1961, 龜井孝 外 編 1996), 융합[融合](小林英夫 1935, 이숭녕 1947ㄱ, 寺川喜四男 1950, 黑川新一 譯 1958, 이강로 1961, 조항근 1980), 화합 [化合](정규창 1938), 합체[合體](橋本進吉 1938, 권재선 1978, 김정태 1987, 김차균 1990ㄷ), 수약 작용[收約 作用] (이숭녕 1947ㄱ), 생략[省略](이숭녕 1947ㄱ), 약축[約縮](이숭녕 1947ㄱ), 수축[收縮](이숭녕 1947ㄱ, 남정식 1991, 김선화 2003), 융합[溶合](이숭녕 1947ㄱ), 결합[結合](이숭녕 1947ㄱ, 서경원 1993, 국립국어연구원 1995), 축략[縮略](홍기문 1947), 합음[合音] 법직(심의린 1949ㄴ, 김동언 1990), 단축[短縮](靑山秀夫 1956, 日本音聲學會 編 1976, 전상범 1977ㄴ, 안지원 1994, 이호근 1994), 축합[縮合](增山節夫 譯 1959, 日本音聲學會 編 1976), 음운 축약(김민수 1960, 김계곤 1970), 섞여 바뀜(이은정 1969), 혼성 변화[混成 變化](이은정 1969), 수감[收歛](정연찬 1970ㄷ), 합체 동화(권재선 1978), 줄어 듦(황희영 1979), 음운 합동(황희영 1979), 합동[合同](이영길 1983, 이윤동 1984, 허삼복 1996), 융해[融解](김영석 1987), 상호 동화(김영석 1987), 줄임(김윤학 1987, 구현옥 1999, 박정수 1999), 통합[統合](김상돈 1991), 음운 융합(문경윤 1992, 안지원 1994), 응축[凝縮](龜井孝 外 編 1996), 줄어들기(류렬 1992), 음운 수약(기세관 2004), 융음[融音](이은정 2005), 녹아듦(이진호 2009)

영어 contraction, coalescence,[12] fusion, reduction

</blockquote>

② 개념 설명

형태가 줄어드는 현상을 총칭하는 광의의 용법에서부터 음운 현상의 유형 중 어느 하나만을

---

12) 'coalescence'는 '합류(merger)'를 가리키는 데 쓰이기도 한다. 또한 축약을 가리킨다고 하더라도 모음 축약에 국한하여 사용하는 경향이 있다. 'coalescence'의 번역어를 처음부터 '모음 병합(김희섭 1991)' 또는 '모음 융합(孫範基 2013)'으로 하는 것은 이런 경향과 무관하지 않다.

가리키는 협의의 용법까지 다양한 쓰임을 지닌다. 초창기로 거슬러 갈수록 '축약'의 사전적 의미에 가깝도록 형태가 단순히 줄어드는 의미로 많이 쓰였다. 특히 모음의 수가 줄어드는 변화들을 축약이라고 한 경우가 많은데, 형태가 줄려면 음절 숫자가 줄어야 하고 그러려면 성절성을 가진 모음이 더 적어야 하기 때문이다.[13] 생성 음운론의 도입 이후에는 음운 현상의 여러 유형 중 두 음운이 합쳐져 제삼의 음운으로 바뀌는 유형을 지칭하는 데 주로 사용하고 있다. 이 경우에는 변화의 대상이 자음이든 모음이든 상관이 없다. 여기서 다루려는 축약은 음운 현상의 한 유형으로 국한된다.

축약이 일어나면 두 음운이 제삼의 음운으로 바뀌므로 양적인 변화와 질적인 변화가 모두 일어나게 된다. 즉 음운의 수도 바뀌고 음운의 종류도 바뀌는 것이다. 그런데 이러한 축약을 별도의 유형으로 인정하지 않고 동화와 탈락이 연속적으로 적용된 결과로 해석하기도 한다. 두 음운이 제삼의 음운으로 축약되었다고 분석되는 예들 중 상당수는 역사적으로 먼저 동화가 일어나 두 음운이 비슷한 특징을 지니게 되고 이로 인한 발음상의 잉여성이 생겨서 탈락이 뒤따른다는 것이다. 가령 프랑스어의 비모음 'ã, ɔ̃' 등은 구강 모음과 비음의 축약 결과로 보는데, 역사적으로는 먼저 구강 모음이 인접한 비음에 동화되어 비모음이 되고 비모음 뒤에서 비음이 탈락하여 완성되었다. 이 외에도 축약에 속하는 사례 중에는 동화와 탈락의 연속적 적용으로 볼 수 있는 예들이 적지 않다.

만약 모든 축약을 이렇게 분석할 수 있다면 축약이라는 음운 현상의 유형을 따로 설정할 필요가 없다. 축약은 대치에 속하는 동화와 탈락이 순차적으로 일어난 결과에 불과한 것이다. 그러나 모든 축약 현상을 동화와 탈락의 연속적인 적용 결과로 볼 수는 없다. 가령 국어의 대표적인 축약인 유기음화의 경우 '놓+고 → 노코'를 동화와 탈락으로 재해석하려면 '놓+고 → 놓코 → 노코'라는 단계를 거친 것으로 보아야 하는데 공시적 기술에서 도출의 중간형인 '놓코'는 상당히 추상적인 형태인 것이다. 통시적 측면에서 본다고 해도 '놓코'라는 형태가 역사적으로 실재했을 가능성이 없으므로 '놓고'에 먼저 동화가 적용되고 나중에 탈락이 적용되었다고 보기는 어렵다. 이처럼 축약 중 동화와 탈락의 연속 적용으로 해석할 수 없는 현상이 존재하고 있는 이상 축약이라는 음운 현상의 유형 역시 별도로 인정해야만 한다.

국어에는 다양한 축약의 사례가 존재한다. 앞에서 잠시 살핀 유기음화는 자음과 자음 사이에서 일어나는 축약의 대표적인 사례이다. 유기음화는 현대 국어의 공시적 음운 규칙으로서 강한 세력을 지니고 있다. 모음의 축약은 주로 역사적인 음운 변화로서 나타난다. 이중 모음의 단모음화(單母音化)가 모음 축약의 대표적 사례이다.[14] 이 외에 중세 국어 시기에는 성조 축약도 존재한다. 평성을 가진 음절과 거성을 가진 음절이 결합하여 반모음화나 모음 탈락을 겪으면서 하나의 음절로

---

13) 이러한 개념의 축약은 그 대상에 따라 음절 축약 또는 어절 축약을 구분하기도 한다. 음절 축약은 반모음화, 모음 탈락, 단모음 연쇄의 축약에 해당하는 간음화 등에 의해 이루어진다.

14) 학교 문법에서는 반모음화를 모음 축약에 포함하고 있다. 그러나 반모음화는 단모음(單母音)이 반모음으로 바뀌는 대치 현상이므로 음운의 축약에 속할 수 없다. 이 문제에 대해서는 '반모음화' 항목에서 자세히 다루었다.

바뀔 경우에는 평성과 거성이 축약되어 상성으로 실현되는 현상이 중세 국어에서 광범위하게 발견된다.[15)]

③ 용어 설명

'축약'을 가리키는 용어는 수적으로 매우 많은 편이다. 이것들을 내용에 따라 분류하면 크게 두 부류가 나뉜다. 하나는 '축약, 약생, 축음, 약음, 수약, 생략, 약축, 축략, 단축, 수감, 줄어듦, 줄임, 응축'으로 이 용어들은 '줄어든다, 생략된다'는 의미를 지닌다.[16)] '축약'이 일상어로 쓰일 때의 의미에 가깝다고 할 수 있다. 다른 하나는 '혼합, 화합, 병합, 융합, 화합, 합체, 용합, 결합, 합음, 섞여 바뀜, 혼성 변화, 합동, 융해, 통합, 융음, 녹아듦'으로, 이 용어들은 두 음운이 제삼의 음운으로 합쳐진다는 의미에 부합한다고 할 수 있다. 이 두 계열의 용어를 합친 듯한 용어로 '축합'도 존재한다.

한편 여기에 속하지 않는 용어로 '합체 동화'와 '상호 동화'가 있다. 이 두 용어는 축약에 속하는 자료 중 대부분은 두 음운의 특징이 녹아서 제삼의 음운으로 바뀐다는 측면을 중시한 것이다. 이러한 과정은 축약의 대상이 되는 두 음운이 서로에게 닮으면서 합쳐졌다고 해석할 수 있다. 실제로 두 음운이 축약되었을 때 그 결과가 두 음운의 음운론적 특성과 전혀 무관한 경우는 없다고 해도 과언이 아니다. 그래서 '합체 동화'와 '상호 동화'는 축약의 본질이 동화에 있다고 보되, '합체 동화'는 '합쳐졌다'는 점에 더 초점을 맞추고 '상호 동화'는 '서로 닮았다'는 점에 더 초점을 맞추었다. 그렇지만 축약과 동화는 서로 다른 현상이므로 축약을 '동화'라고 지칭하기에는 무리가 따른다.

④ 관련 항목

단모음화[1], 동화, 유기음화, 탈락

ㅊ

---

15) 중세 국어의 성조 축약에는 일정한 제약이 존재한다. 이진호(2015ㄷ)에 따르면 율동 제약과 평성 모음 제약이라는 두 가지 조건을 반드시 충족해야 성조 축약이 일어날 수 있다. 율동 제약은 거성 음절 뒤에서는 성조 축약이 일어나지 않는다는 것이고 평성 모음 제약은 평성 모음이 탈락할 때에는 성조 축약이 일어나지 않는다는 것이다.

16) 이 중 '수약'이라는 용어는 국어 음운론에서 단모음 연쇄 또는 이중 모음이 제삼의 단모음으로 축약되는 현상을 가리키는 데 주로 사용했다.

치음

① 용어의 별칭

국어 설상음[舌上音](강위 1869), 치셩(리봉운 1897), 치음[齒音](『훈민정음』, 김규식 1909, 홍기문 1947, 東條操 1965), 니쏘리(『훈민정음』), 니소리(긴두봉 1922), 닛소리(강매·김진호 1925, 최현배 1970), 설치음[舌齒音](이상춘 1925, 권덕규 1930ㄱ, 幸田寧達 1941, 日本音聲學會 編 1976), 설요음[舌腰音](김진호 외 1927), 치음운[齒音韻](有坂秀世 1940), 이소리(심의린 1949ㄱ), 잇소리(심의린 1949ㄱ, 허웅·박지홍 1971, 김정수 1982), 치자음[齒子音](黑川新一 譯 1958, 황귀룡 역 1986), 온치음(도수희 1975), 전치음[全齒音](도수희 1975), 치선음[齒先音](日本音聲學會 編 1976), 이빨소리(이현복·김기섭 역 1983), 치간음[齒間音](전상범 1985ㄱ, 김형엽 2004), 치아음[齒牙音](전상범 1985ㄱ), 설첨치음(김주원 1994), 혀끝 앞소리(고도흥 1998), 치음소(이금화 2006)

영어 dental

② 개념 설명

혀끝을 치아 부근에 근접하거나 대고 발음하는 자음 부류로 조음 위치에 따른 자음 분류에 이용된다. 치음은 치간음(齒間音, inter-dental)과 치리음(齒裏音, post-dental)으로 하위 구분하기도 한다.[17] 치간음은 혀끝을 윗니와 아랫니 사이에 두어 발음하는 자음이고 치리음은 혀끝을 윗니 뒷부분에 두어 발음하는 자음이다. 한편 논의에 따라서는 치음 속에 치조음을 포함하는 경우도 있다.[18]

전통적인 성운학에서는 치음을 치두음(齒頭音)과 정치음(正齒音)으로 세분한다.[19] 치두음은 조음 위치가 치조음에 해당하고 정치음은 권설음에 해당한다. 치두음과 정치음은 후행하는 운모의 종류에서 뚜렷하게 구분되는 모습을 보인다. 가령 중국 운서인 『광운』의 경우 치두음은 1등운과 4등운 앞에 나타나고 정치음은 2등운과 3등운 앞에 나타나는 것이다. 정치음의 경우 2등운 앞에 나타나는 것을 치상음(齒上音), 3등운 앞에 나타나는 것을 정치음으로 더 세분하기도 한다. 국어의 경우 이러한 세부적인 구별은 존재하지 않았다.

국어의 치음은 중세 국어 시기에 존재했다. 그 당시 'ㅅ, ㅆ, ㅈ, ㅊ, ㅉ'과 같은 자음은 치음이었기 때문에 이 자음들을 나타내는 글자들도 이(齒)의 모양을 본떠서 만들었다. 이러한 치음은 이후 조음 위치의 변동을 거쳐 'ㅅ, ㅆ'은 치조음, 'ㅈ, ㅊ, ㅉ'은 경구개음으로 바뀌게 된다. 그래서 현대 국어의 자음 체계에서는 치음을 따로 설정하지 않는 것이 일반적이다. 그러나 리봉운(1897) 등과 같은 초창기 연구에서는 전통적인 분류를 수용하여 치음을 설정하기도 했다. 또한 이호영(1996)에 따

---

17) '치간음'과 '치리음'은 일본에서 일찍부터 사용하던 용어이다. '치간음'은 安藤正次(1927), '치리음'은 寺川喜四男(1950)에서 이미 나타난다. 安藤正次(1927)에서는 '치리음' 대신 '치배음(齒背音)'이라는 용어를 사용하였으며 중국에서도 '치배음'을 주로 사용한다고 한다. 구현옥(1999)에서는 치간음을 '잇사이소리', '치리음'을 '잇소리'라고 부르고 있다.

18) 그래서 安藤正次(1927)의 치음에는 치간음(inter-dental), 치조음(alveolar), 치배음(post-dental)의 세 가지가 포함된다. 또한 新村出(1943)에서는 원래의 치음은 전부 치음(前部 齒音, pre-dental)으로 묶고, 치조음은 후부 치음(後部 齒音, post-dental)이라고 하여 치음을 전후 위치에 따라 두 부류로 나누었다.

19) 『월인석보』의 권두에 실린 『훈민정음』의 번역본 말미에 당시 중국음의 치두음과 정치음에 대해 구별하여 설명한 부분이 나온다. 여기에 따르면 치두음은 혀끝이 윗니 뒷부분에 닿는 소리이고 정치음은 혀끝이 아랫니의 잇몸 부분에 닿는 소리이다.

르면 치조음으로 분류되는 'ㄷ, ㅅ, ㄴ'과 같은 자음을 화자에 따라서는 치음으로 발음하는 경우가 있다고 한다.[20]

③ 용어 설명

'치음'을 가리키는 용어들은 조음점에 해당하는 치아를 중시하는 것과 조음체인 혀끝을 중시하는 것으로 나눌 수 있다. '치음, 잇소리, 치음운, 치자음, 치선음, 이빨소리, 치아음' 등은 조음점을 고려한 용어들이다. 반면 '설상음, 설요음,[21] 혀끝 앞소리'는 조음체를 고려한 용어들이다.[22] '설치음, 설첨 치음'은 조음점과 조음체를 모두 반영한 용어라고 할 수 있다.[23] '온치음, 전치음'은 '반치음'과의 대립을 위해 '치음' 앞에 '온, 전(全)'을 덧붙인 용어이다.

④ 관련 항목

권설음, 설음, 치조음

치조

① 용어의 별칭

[국어] 우이틀(이규영 1913), 니몸(김두봉 1922), 치조 돌기[齒槽 突起](小倉進平 1923, 鄭國采 1926, 박상준 1932, 金田一京助 1932, 조선어학회 1934, 홍기문 1947, 寺川喜四男 1950), 상치은[上齒齦](정렬모 1927ㄷ, 이희승 1938ㄴ, 강신항 1983), 치조[齒槽](安藤正次 1927, 이숭녕 1931, 金田一京助 1932, 新村出 1943, 국립국어연구원 1996, 이호영 1996), 상치조 [上齒槽](安藤正次 1927, 이희승 1938ㄷ), 운닛몸(최현배 1929), 상치단[上齒斷](최현배 1929, 이희승 1955, 한국국어교 육연구회 1964ㄴ), 잇몸(박상준 1932, 이희승 1938ㄴ, 日本音聲學會 編 1976, 이현복·김기섭 역 1983), 이몸(이극로 1932ㄱ, 이희승 1933), 웃잇몸(김병제 1934, 최현배 1937ㄱ, 한국국어교육연구회 1964ㄴ), 잇몸뒤(조선어학회 1934), 치우[齒齦] (小林英夫 1935, 寺川喜四男 1950), 치단[齒斷](朝鮮總督府 警察官講習所 編 1943, 河野六郎 1945), 윗잇몸(이극로 1947, 정인승·유열 1947, 황희영 1979), 니틀(홍기문 1947), 치경[齒莖](심의린 1949ㄴ, 寺川喜四男 1950, 服部四郎 1951, 문선규 1964, 東條操 1965, 이기문 외 1984), 웃이틀(정인승 1949ㄱ), 윗이틀(정인승 1956ㄴ), 웃니틀(김윤경 1965), 상악 [上齶](김윤경 1965), 잇살(日本音聲學會 編 1976), 이틀(日本音聲學會 編 1976), 아은[牙齦](日本音聲學會 編 1976),

---

20) 배주채(1996ㄱ)에서는 음성학적 차원에서 'ㄷ, ㄴ'을 치음으로 분류하여 치조음인 'ㅅ, ㄹ'과 구분하기도 했다.
21) '설요음'의 '설요'는 그 의미상 혀의 중간 부위에 해당하므로 치음보다는 경구개음에 더 가깝다. 실제로 경구개음화를 '설요음화'라고 부르는 경우도 있다. 그런데 여기서는 치음을 '설요음'이라고 부른다는 점이 특이하다. 경구개음에 해당하는 'ㅈ, ㅊ, ㅉ'이 예전에 치음이었다는 점을 고려하여 '설요음'을 치음의 의미로 사용했을 가능성이 있다.
22) 이 중 '설상음'은 설음의 한 부류인 '설상음'과 명칭이 동일하지만 그 의미는 다르다. 강위(1869)에서는 치음에 대해 '舌脊上出 聲'(혀의 등이 올라가면서 나오는 소리)이라고 설명했는데 여기서 '설상음'이라는 명칭이 나오게 되었다.
23) '설치음'은 전통적으로 설음과 치음을 모두 아우르는 데에도 사용된다. 또한 日本音聲學會 編(1976)에서는 '설치음'을 '순치음'과 구별하기 위해 사용하는 경우가 있다고 했다. 광의의 치음에는 치아를 조음점으로 하는 모든 자음이 포함되며 그럴 경우 순치음과 다른 일반적인 치음을 구별하기 위해 설치음이라는 용어가 필요하다는 것이다.

치조 융기선(최임식 1990ㄷ), 치배[齒背](이은정 1986), 치조 돌기부[齒槽 突起部](황귀룡 역 1986, 국립국어연구원 1996), 치경부(국립국어연구원 1996)

영어 alveolar ridge, gum ridge, teeth ridge, gum, alveolum

② 개념 설명

윗니 뒤쪽의 도톰한 부분을 가리킨다. 치조 부위에서 나는 자음을 치조음이라고 부른다. 언어 보편적으로 이 부위에서 발음되는 자음이 가장 다양하다.

③ 용어 설명

'치조'를 가리키는 용어는 상당히 다양하다. 그런데 특별한 의미를 부여할 만한 용어의 변이는 별로 없다. 대체로 '잇몸'을 뜻하는 용어가 많은데, 단순히 잇몸을 가리키는 '니몸, 잇몸, 이몸, 치은, 잇살과 윗잇몸을 가리키는 '상치은, 웃잇몸, 상악'으로 나눌 수 있다. 음운론에서는 아랫잇몸을 치조로 보지 않으므로 윗잇몸만을 가리키는 용어가 좀 더 정확하다고 할 수 있다. 그렇지만 '잇몸'을 가리키는 용어가 더 많이 쓰인다.

현실적으로 많이 나타나는 용어는 '치조' 계통의 용어이다. 이 용어들은 '치아의 틀'이라는 의미를 지니는데 같은 성격의 용어에는 '치조 돌기, 치조, 치단, 치경, 니틀, 이틀, 치조 융기선, 치조 돌기부, 치경부' 등이 있다. 여기에 속하는 용어 중에도 '우이틀, 윗이틀, 웃니틀, 상치조, 상치단'과 같이 위쪽에 있다는 사실을 더 명시하는 것이 있다. 그러나 '치조' 계통과 같이 '위'라는 의미를 포함하지 않은 용어가 더 일반적이다.

한편 '치배'는 치아의 뒤쪽을 가리키는 용어이다. 이 용어는 '치조'가 '치아'에 인접한 부위임을 의미한다는 점에서 다른 용어들과 공통적이다. '잇몸 뒤'도 기본적 성격은 비슷하다.

④ 관련 항목

치조음

치조경구개음

① 용어의 별칭

국어 전악음[前顎音](寺川喜四男 1950, 日本音聲學會 編 1976), 치경구개음[齒莖口蓋音](佐伯梅友 1959, 이숭녕 1960ㄱ, 정연찬 1980, 김진우 1985), 치경경구개음(지준모 1965, 조성식 編 1990, 국립국어연구원 1996, 龜井孝 外 編 1996), 잇몸께소리(김형기 1970), 치조구개음(이현복・김기섭 역 1983, 국립국어연구원 1996), 잇몸−입천장소리(김영송 1987), 경구개치음(국립국어연구원 1996), 치조경구개음(국립국어연구원 1996, 오정란 1999), 전경구개음[前硬口蓋音] (신지영 2000ㄱ, 정인호 2003, 김현 2009), 설단−전위경구개음(고동호 2011), 경구개치조음(陳文備 2012)

영어 alveo-palatal, pre-palatal

② 개념 설명

자음을 조음 위치에 따라 구분할 때 치조와 경구개 사이에 있으면서 경구개에 더 가까운 부위에서 발음되는 부류를 가리킨다.[24] 치조경구개음보다 조금 더 앞에서 발음되는 자음에 경구개치조음 (palato-alveolar)이 있다. 그러나 이 둘의 위치 차이는 그리 크지 않다.[25] '$\textɕ$, z, dz, $\textteɕ$'와 같은 자음들이 치조경구개음에 속한다. 국어의 경우 'ㅈ, ㅊ, ㅉ'을 경구개음이 아닌 치조경구개음으로 보는 입장이 있지만 그리 일반적이지는 않다.[26]

③ 용어 설명

'치조경구개음'을 가리키는 용어들 중 상당수는 '치조'를 나타내는 표현과 '경구개'를 나타내는 표현을 순서대로 조합한 구조로 되어 있다. '치경구개음, 치경경구개음, 치조구개음, 잇몸−입천장소리' 등이 모두 그러하다. 경우에 따라서는 '경구개치음, 경구개치조음'과 같이 그 순서를 뒤바꿈으로써 결과적으로 경구개치조음(palato-alveolar)을 나타내는 용어와 구분이 되지 않는 것들도 있다. 경구개보다 앞에서 발음된다는 의미의 '전악음, 전경구개음' 역시 치조경구개음뿐만 아니라 경구개치조음을 가리키는 데에 사용되고 있다. 한편 '잇몸께소리'는 의미상 오히려 치조에 더 가까운 것처럼 해석될 수 있어서 치조경구개음의 음성학적 성질과는 다소 동떨어져 있다.

④ 관련 항목

경구개음, 경구개치조음, 치조음

---

24) 특이하게도 竹林滋・橫山一郎 譯(1970)에서는 경구개치조음부터 경구개음까지를 모두 묶어서 치조경구개음이라고 보았다.

25) 이러한 사실은 뒤에서 살피겠지만 경구개치조음과 치조경구개음을 가리키는 용어가 서로 중복되는 경우가 있는 것을 보아도 알 수 있다. 그래서 전상범(1985ㄱ)과 같이 이 두 자음이 동일하다고 보는 입장도 적지 않다. 특히 국어와 같이 이 부근의 조음 위치를 세분할 필요가 없는 경우에 더욱 그러하다.

26) 'ㅈ, ㅊ, ㅉ'은 경구개치조음으로 보기도 하고 치조경구개음으로 보기도 하며 경구개음으로 보기도 한다. 정확한 조음 위치로 보자면 'ㅈ, ㅊ, ㅉ'은 경구개음보다는 앞에서 발음되기 때문에 경구개치조음이나 치조경구개음에 가깝지만 일반적으로는 경구개음으로 분류한다.

치조음

① 용어의 별칭

국어 치조음[齒槽音](金田一京助 1932, 이희승 1955, 허웅 1968ㄱ, 서정범 1982), 잇몸소리(최현배 1937ㄱ, 허웅 1968ㄱ, 김형기 1970), 치단음[齒斷音](최현배 1937ㄱ, 이은정 2005), 치근음[齒根音](이상춘 1946), 치경음[齒莖音](심의린 1949ㄱ, 寺川喜四男 1950, 服部四郎 1951, 小林智賀平 1952, 박병채 1957, 이숭녕 1959ㄷ), 치음[齒音](주왕산 1948, 김춘자 2003), 이틀소리(심의린 1949ㄱ, 정인승 1949ㄷ, 이강로 1961), 치은음[齒齦音](市河三喜・河野六郎 1951, 日本音聲學會 編 1976), 설단음[舌端音](이희승 1955), 치리음[齒裏音](日本音聲學會 編 1976), 첨은음[尖齦音](日本音聲學會 編 1976), 설첨치은음[舌尖齒齦音](日本音聲學會 編 1976), 혀잇몸소리(황희영 1979), 설치경음[舌齒莖音](황희영 1979), 치조 자음(황귀룡 역 1986), 설단 치조음(김주원 1994, 오정란 1999), 윗잇몸소리(이철수 1994, 박덕유 2007), 혀앞소리(고도흥 1998, 김요섭 역 2001), 혀끝 중간소리(고도흥 1998), 혀끝소리(박정수 1999), 치경음소(최명옥 2004, 이현정 2008, 하신영 2010), 치조음소(이금화 2007)

영어 alveolar, gingival

② 개념 설명

혀의 끝부분, 즉 설첨이나 설단을 치조 부근에 대거나 근접시켜 발음하는 자음을 가리킨다. 자음을 조음 위치에 따라 분류할 때 나오는 하위 부류이다. 혀끝은 인간의 조음 기관 중 가장 자유롭게 움직일 수 있고 치조는 혀끝과 가장 가까운 위치에 있기 때문에 언어 보편적으로 치조음이 양적, 질적으로 가장 다양하다.

국어의 치조음 목록은 논의에 따라 약간씩 차이가 있다. 치조음의 수를 가장 적게 설정하는 최현배(1937ㄱ)에서는 'ㄴ, ㄷ, ㅌ, ㄹ'의 4개, 김민수 외(1960ㄴ)에서는 'ㄴ, ㄷ, ㅌ, ㄸ'의 4개를 치조음으로 보았다. 단순한 숫자가 아닌 자음의 질적 다양성을 고려하면 'ㄴ'과 'ㄷ' 계열(ㄷ, ㅌ, ㄸ)만을 치조음으로 인정한 김민수 외(1960ㄴ)의 치조음 목록이 최소라고 할 수 있다.[27] 반면 치조음의 목록을 최대로 설정하는 심의린(1949ㄴ)에서는 'ㄴ, ㄷ, ㅌ, ㄸ, ㄹ, ㅅ, ㅆ, ㅈ, ㅊ, ㅉ'이 치조음에 속한다. 소위 치조음과 경구개음에 속하는 자음들을 구분하지 않고 모두 치조음으로 보는 것이다.

현재 가장 일반적인 치조음 목록은 'ㄴ, ㄷ, ㅌ, ㄸ, ㄹ, ㅅ, ㅆ'이다. 이는 'ㅈ, ㅊ, ㅉ'을 경구개음으로 분리하고 나머지는 모두 치조음으로 묶는 것이다. 엄밀히 말하면 같은 치조음이라도 'ㄴ, ㄹ'이나 'ㄷ, ㅌ, ㄸ'보다는 'ㅅ, ㅆ'의 조음 위치가 더 뒤쪽에 놓인다. 그러나 이 정도의 미세한 음성적 차이는 음운론적으로 큰 의미가 없기 때문에 이 모두를 같은 조음 위치의 치조음으로 분류해도 큰 문제가 없다.[28]

---

27) 최현배(1937ㄱ)에는 'ㄹ'이라는 다른 종류의 자음이 더 포함되어 있다. 최현배(1937ㄱ)에서 'ㄸ'이 빠진 것은 'ㄸ'을 두 개의 자음이 결합된 소위 거듭소리로 보았기 때문이다. 'ㄸ'을 홑소리, 즉 단자음(單子音)으로 보면 최현배(1937ㄱ)의 실질적인 치조음 목록은 'ㄴ, ㄷ, ㅌ, ㄸ, ㄹ'의 5개가 된다.

28) 허영호(1931)에서는 다른 언어와의 비교를 위해 국어의 치조음을 세 부류로 나누어 'ㄷ, ㅌ, ㄸ, ㄴ'은 '치음(齒音)', 'ㄹ'은 '설음(舌音)', 'ㅅ, ㅆ'은 '색치음(素齒音)'이라고 한 적이 있는데 다른 논의에서는 찾을 수 없는 매우 독특한 분류이다.

③ 용어 설명

'치조음'을 가리키는 용어는 조음점을 표현한 것, 조음체를 표현한 것, 조음점과 조음체를 모두 표현한 것의 세 부류로 나눌 수 있다. 조음점을 드러낸 용어로는 '치조음, 잇몸소리, 치단음, 치경음, 치음, 이틀소리, 치은음, 치리음, 치조 자음, 윗잇몸소리' 등이 있으며 비율상으로 가장 높다. 조음체를 드러낸 용어로는 '설단음, 혀앞소리, 혀끝소리'가 있다. 또한 조음체와 조음점을 모두 표현한 용어로는 '첨은음, 설첨치은음, 혀잇몸소리, 설치경음, 설단 치조음, 혀끝 중간소리'가 있다. 일반적으로 조음 위치에 따른 자음의 부류는 조음점을 중심으로 한다는 점을 고려할 때 '치조음' 계열의 용어가 통일성에 있어 가장 적절해 보인다.

④ 관련 항목

설단음, 전설음, 치조

치찰음

① 용어의 별칭

> **국어** 치찰음[齒擦音](木坂千秋·郡司利男 譯 1957, 黑田巍 譯註 1958, 黑川新一 譯 1958, 양동휘 1967, 이익섭 1972, 이병근 1973), 소음[騷音](배양서 1969), 시끄런 소리(배양서 1969ㄱ), 조찰음[粗擦音](황희영 1979, 조성식 편 1990, 국립국어연구원 1996), 거슬림소리(황희영 1979), 조음[噪音](국립국어연구원 1996)
>
> **영어** sibilant[29]

② 개념 설명

혀의 앞부분이 치조 또는 그 부근에 근접하면서 강한 마찰을 동반하여 내는 자음을 가리킨다. 음향 음성학적으로는 높은 주파수 대역에 에너지가 집중된다는 특징을 가진다. 조성식 편(1990)에 따르면 조음점에서 비교적 복잡한 장애를 받아 기류의 교란이 크다고 한다. 마찰음과 파찰음의 일부가 치찰음에 속한다. 국어의 치찰음에는 'ㅅ, ㅆ, ㅈ, ㅊ, ㅉ'이 있다. 이 자음들은 중세 국어 시기에 치음이었다는 공통점이 있다. 또한 '으'가 '이'로 바뀌는 전설 모음화가 이 자음들 뒤에서 일어난다는 점도 비슷하다.[30]

---

29) 'sibilant' 이외에 'strident'도 '치찰음'으로 번역하는 경우가 많다. 이 두 부류의 자음을 동일시하는 경우도 있으나 엄밀히 말하면 개념이 다르다. 'strident'는 소음이 강한 자음을 가리키고, 'sibilant'는 소음이 강한 자음 중 특히 고주파수 대역에 음향 에너지가 집중된 자음을 가리킨다. 즉 'sibilant'는 'strident'의 하위 부류라고 할 수 있는 것이다. 이러한 차이는 'sibilant'와 'strident'의 목록을 비교해 보면 자명해진다. 'strident'에는 'sibilant'에 속하는 's, z, ʃ, ʒ, tʃ, dʒ' 이외에 'f, v' 등이 더 포함된다. 이기문 외(1984)에서는 'sibilant'를 '치찰음'이라고 하고 'strident'를 '조음(噪音)'이라고 하여 구분하고 있다.

③ 용어 설명

'치찰음'을 가리키는 용어들은 '치찰음, 조찰음'과 같이 마찰이 심하게 일어난다는 사실을 강조한 것과 '소음, 시끄런 소리, 거슬림소리, 조음'과 같이 청각적으로 시끄럽다는 사실을 강조한 것의 두 가지로 나눌 수 있다. 전자는 조음적 측면을 중시하고 후자는 청취적 측면을 중시한다.

④ 관련 항목

마찰음, 전설 모음화, 치음, 치조음, 파찰음

---

30) 전설 모음화는 모음의 조음 위치가 자음의 조음 위치에 닮아 가는 동화 현상이다. 그런 점에서 'ㅅ, ㅆ, ㅈ, ㅊ, ㅉ'이라는 치찰음 뒤에서 전설 모음화가 일어난다고 해도 이것이 치찰음이라는 조음 방식과 관련된다고 볼 수는 없다. 'ㅅ, ㅆ'도 역사적으로는 'ㅈ, ㅊ, ㅉ'과 동일하게 구개음으로 바뀌었던 적이 있었다고 추정되는 만큼 전설 모음화는 동화음의 조음 위치와 결부시키는 편이 타당할 것이다.

탄설음

① 용어의 별칭

국어 반설경음[半舌輕音](『훈민정음』, 정인승 1940ㄱ, 이강로 1956ㄴ, 박형달 1969), 탄음[彈音](金田一京助 1932, 심의린 1949ㄴ, 寺川喜四男 1950, 市河三喜・河野六郎 1951, 김진우 역 1959, 이돈주 역 1966), 반설중음[半舌重音](이숭녕 1955ㄱ), 반혀 개벼운 소리(김윤경 1948ㄱ), 번설음[翻舌音](편집실 1938ㄷ, 이극로 1947, 주왕산 1948), 변설저음 [變舌低音](幸田寧達 1941), 혀굴림소리(김윤경 1948ㄱ), 권설음[捲舌音](주왕산 1948), 굴림소리(이인모 1949, 김민수 외 1960ㄴ, 한국국어교육연구회 1964ㄴ), 혀끝소리(이인모 1949), 설탄음[舌彈音](이강로 1956ㄴ, 전상범 1985ㄱ, 문학준 1987), 튕기는 음(임환 1959, 황희영 1979), 가벼운 반혓소리(최현배 1959ㄴ, 박형달 1969, 임용기 1987ㄴ), 흐름소리(최현배 1959ㄴ), 단타음[單打音](양동휘 1967, 오원교 1979, 조학행 1985), 두들김소리(허웅 1968ㄱ, 이현복 1971, 정명우 외 역 1973), 탄설음[彈舌音](허웅 1968ㄱ, 박형달 1969, 김영송 1972, 日本音聲學會 編 1976), 튀김소리 (김민수 1978ㄱ, 이현복・김기섭 역 1983, 박지영 1987), 혀두드림소리(황희영 1979), 타음[打音](梅田博之 1983, 황귀룡 역 1986, 이정민・배영남 1987), 날름소리(김진우 1985), 섬음[閃音](권오선 1990), 낭음[浪音](도수희 1990), 혀튕김소리 (권재선 1992), 튕김소리(권재선 1992), 가벼운 반혀소리(류렬 1992), 단진음[單顫音](안지원 1994), 탄음[彈音] 'r'(이철수 1994), 설타음[舌打音](이익섭 1986, 이봉원 1995, 배주채 1996ㄱ), 단전동음[單顫動音](조성식 편 1990)

영어 flap

② 개념 설명

혀끝을 조음점에 빠르게 대었다가 떼면서 내는 소리를 가리킨다. 유음의 한 하위 부류이며 진동음 (trill)과 더불어 설측음에 대립되는 부류에 속한다.[1] 혀끝을 구강의 중앙에 계속 대어서 공기가 혀의 측면으로 흐르게 하는 설측음과 비교할 때 탄설음의 가장 큰 특징은 혀끝을 매우 짧은 시간 동안만 구강과 접촉시킨다는 점이다. 국어의 탄설음은 유음인 'ㄹ'의 변이음으로 존재한다. 'ㄹ'이 어두 또 는 모음과 모음 사이에서 탄설음으로 실현된다.[2] 앞에 'ㄹ'이 오는 경우를 제외하면 음절 초성에

---

1) 진동음이나 탄설음과 같이 설측음이 아닌 유음의 하위 부류를 묶어서 '비설측음'이라고 부르기도 한다.

유음이 올 때 탄설음으로 실현된다고 일반화할 수 있다.

탄설음인 'flap'과 비슷한 개념으로 'tap'이 있다.[3] 이 두 자음은 동일시하는 경우도 있고 구분하는 경우도 있다. 그런데 구분을 하더라도 논의에 따라 그 차이를 기술하는 내용에 적지 않은 차이가 있다.

	flap	tap
김진우(1985)	혓날을 잇몸에다 날개 치듯 가볍게 스쳐서 내는 소리	혀끝으로 잇몸을 가볍게 쳐서 내는 소리
황귀룡 역(1986)	혀끝으로 치조를 치거나 튕기는 음	단전동음
조성식 편(1990)	혀끝이 치조 뒤쪽으로 향할 때 생기는 음	혀끝을 치조에 한 번 붙였다 떼면서 내는 음
이봉원(1995)	조음체가 이동 중에 조음점과 접촉	조음체가 다른 조음점으로 움직인 후 일시적으로 접촉
국립국어연구원(1996)	혀가 뒤에서 앞으로 움직이는 도중 치조에 접촉	혀가 앞뒤로 이동하지 않고 치조에 잠깐 닿으면서 나는 소리
Ladefoged & Maddieson(1996)	조음체가 스치듯 지나가면서 조음점과 접촉	조음체를 직접 폐쇄 부위에 접촉
Carr(2008)	권설음(retroflex)	비권설음(non-retroflex)
이진호(2012ㄱ)	조음체가 뒤에서 앞으로 이동하면서 조음점과 접촉	조음체가 앞에서 뒤로 이동하면서 조음점과 접촉

여기서 알 수 있듯이 'flap'과 'tap'의 차이에는 매우 다양한 이견이 존재한다. 많은 논의에서 'flap'은 혀가 조음점으로 움직이는 과정에서 접촉이 일어나고, 'tap'은 그러한 움직임이 없거나 또는 움직임이 이루어진 후 접촉이 일어난다고 보고 있다. 그러나 Carr(2008)이나 이진호(2012ㄱ)과 같이 다른 측면에서 'flap'과 'tap'의 차이를 설명하는 경우도 존재한다.

③ 용어 설명

'탄설음'을 가리키는 용어를 살피기에 앞서 언급할 내용이 있다. 예전에는 '탄설음'을 가리킬 때

---

2) 어두에서는 설측음으로 실현되는 경우도 없지는 않다.

3) 'tap'의 번역어로는 '단전동음[單顫動音](林榮一・間瀬英夫 譯 1978), 경타음[輕打音](김진우(1985), 혀침소리(김진우 1985), 두들김소리(임용기 1987ㄴ), 단타음[單打音](국립국어연구원 1996)' 등이 있다.

'진동음(振動音), 전설음(顫舌音), 설단전음(舌端顫音), 설전음(舌顫音), 떨림소리, 전음(顫音), 전동음(顫動音)' 등과 같이 진동음(trill)을 나타내는 용어들이 적지 않게 쓰였다. 그러나 이것은 국어의 비설측음을 진동음이라고 잘못 분석하여 나온 결과이다. 국어의 비설측음은 진동음이 아닌 탄설음이므로 여기서는 진동음 계열의 용어들을 제외한 나머지 용어들을 논의 대상으로 한다.

'탄설음'을 나타내는 용어 중 '낭음'[4]을 제외하면 조음체인 혀의 움직임을 중시한 용어가 많다. 가장 많이 쓰이는 계열은 '탄음, 설탄음, 튕기는 음, 탄설음, 튀김소리, 혀튕김소리, 튕김소리'와 같이 혀를 튀겨서 내는 소리라는 의미를 담고 있는 것이다. '혀가 조음점을 친다'는 의미의 '단타음, 두들김소리, 혀두드림소리, 타음, 설타음'도 많이 쓰인다. '번설음, 권설음'은 혀를 뒤로 젖혀서 낸다는 의미의 용어인데, 이런 조음 과정을 거치는 자음은 권설음(retroflex)이 따로 존재하므로 이것을 탄설음의 의미로 사용하는 것은 적절하지 않다.[5] 이 외에도 혀가 한 번만 떨린다는 의미의 '단전음, 단전동음', 혀가 재빠르게 움직인다는 의미의 '섬음, 날름소리' 등도 탄설음을 지칭하는 용어이다. 한편 '혀굴림소리, 굴림소리, 흐름소리'는 탄설음의 상위 개념인 유음을 지칭하는 데 많이 쓰이는데, 탄설음을 가리키는 데에도 쓰이고 있다.

혀의 움직임과 관련이 없는 용어에는 '반설경음, 반혀 개벼운 소리, 가벼운 반혓소리, 가벼운 반혀소리', '변설저음', '혀끝소리'가 있다. '반설경음' 계열의 용어들은 『훈민정음』에 나오는 반설경음(半舌輕音) 'ᄛ'이 탄설음에 해당한다고 보고 이것을 그대로 가져온 것이다.[6] '변설저음'은 유음을 '변설음'이라고 부르는 幸田寧達(1941)에서 설측음과 탄설음의 차이를 '고(高) : 저(低)'의 대립으로 보고 만든 용어이다. '혀끝소리'는 단순히 조음체의 한 부위만을 나타내고 있다는 점에서 다른 용어와 구분된다. '혀끝소리'는 치조음을 가리키는 용어로 유음의 하위 부류인 탄설음만을 지칭하기에는 지시 범위가 너무 넓다는 한계가 있다.

④ 관련 항목

비설측음, 설측음, 유음, 중앙음, 진동음

탈락

① 용어의 별칭

국어 약음[略音](송헌석 1909, 李完應 1926, 이극로 1933, 심의린 1936), 생음[省音](송헌석 1909), 생략[省略](藥師寺知曨 1909, 이완응 1929, 박승빈 1931, 양주동 1939ㄱ, 日本音聲學會 編 1076), 성음 탈락[聲音 脫落](안확 1922), 묵식[默息](안확 1923), 소리의 줄임(최현배 1929, 김윤경 1948ㄱ, 허웅·박지홍 1971), 음의 축약[縮約](최현배 1929), 탈락[脫落](박승빈 1931, 金田一京助 1932, 小林英夫 1935, 이숭녕 1939ㄴ, 방종현 1940, 有坂秀世 1940), 매몰[埋沒](박승빈 1931), 감음[減音](박상준 1932), 음운 탈락(金田一京助 1932, 川喜四男 1950), 묵음[默音](이극로 1933, 김민수 1960), 자모음[子母音]의 줄임(이병기 1933~1934), 축약[縮約](신명균 1933ㄱ, 허웅·박지홍 1971), 묵음화[默音化](조헌영 1934, 이동화 1984ㄱ, 최윤현 1985, 龜井孝 外 編 1996), 사음화[死音化](전몽수 1936), 축음 법칙[縮音 法則](심의린 1949ㄱ), 줄음소리(심의린 1949ㄱ), 약음 법칙[略音 法則](심의린 1949ㄴ), 음 생략[音 省略](이인모 1949), 음운 생략(市河三喜·河野六郎 1949, 박철주 2006), 소실[消失](이기문 1968ㄴ), 소리의 떨어짐(이은정 1969), 소거[消去](이병근 1975, 안병희 2003), 삭제[削除](최명옥 1976ㄴ, 桑原輝男·根間弘海 譯 1980, 이현복·김기섭 역 1983, 이기문 외 1984), 줄임(황희영 1979), 떼냄(황희영 1979), 덜음 규칙(황희영 1979), 감소 규칙(황희영 1979), 없앰(정영주 1985, 이근영 1990, 박정수 1999), 빠지기(김차균 1991ㄱ), 말소리 빠지기(김차균 1991ㄱ), 음 탈락[音 脫落](龜井孝 外 編 1996), 무음화[無音化](龜井孝 外 編 1996, 이은정 2005), 말소리의 빠지기(류렬 1992), 소리 빠지기(고도흥 1998, 이주행 2004), 없애기(구현옥 1999)

영어 deletion, elision, dropping

② 개념 설명

음운 현상의 유형 중 한 음운이 단순히 사라지는 것을 가리킨다. 예전에는 음절이나 단어의 일부와 같이 둘 이상의 음운이 한꺼번에 줄어드는 것도 탈락에 포함했지만 현재는 하나의 음운이 없어지는 경우로 한정하고 있다. 대체로 분절음, 즉 자음, 모음, 반모음과 같은 음소가 탈락한다고 보고 있지만 논의에 따라서는 초분절음에 속하는 장단에 대해서도 탈락을 언급하는 경우가 있다.[7] 1930년대의 국어 연구에서는 탈락하는 음을 '사음(死音), 약음(略音), 사략음(死略音)' 등으로 불렀다. 그 당시 한글 맞춤법을 제정하면서 탈락한 음을 표기에 반영할지를 논의하는 가운데 이러한 용어들을 사용한 것이다.

일반 언어학에서는 탈락하는 음의 위치에 따라 탈락의 유형을 세분하는 경우가 많다. 어두음 탈락은 'aph(a)eresis', 어중음 탈락은 'syncope', 어말음 탈락은 'apocope'이라고 한다. 이 중 'aph(a)eresis'와 'apocope'은 탈락의 대상을 모음으로 한정하기도 한다. 또한 음운이 아닌 어구가 생략되는 현상에 대해 어두는 'prosiopesis', 어말은 'aposiopesis'라는 별도의 용어를 사용하기도 한다.

국어에는 다양한 탈락 현상이 존재한다. 자음이 탈락하는 현상으로는 자음군 단순화, 유음 탈락,

---

7) 가령 장모음이 단모음으로 바뀌는 단모음화를 탈락으로 해석하기도 한다. 자세한 것은 '단모음화²'와 '장모음' 항목을 참고할 수 있다.

후음 탈락이 있다. 이 현상들은 모두 예외 없이 적용되고 있다. 모음 탈락에는 동일 모음 탈락, '으' 탈락 등이 존재한다. 반모음 탈락은 많은 방언에서 규칙적으로 일어나는 것과 방언에 따라 산발적으로 일어나는 것이 공존한다. 중세 국어의 치음에 속하던 'ㅅ, ㅆ, ㅈ, ㅊ, ㅉ' 뒤에 오는 'j'가 탈락하는 변화는 거의 모든 방언에서 공통적으로 일어났다.[8] 이 변화는 'ㅅ, ㅆ, ㅈ, ㅊ, ㅉ'이 역사적으로 치음에서 경구개음으로 조음 위치의 변화를 겪었다는 사실과 관련된다.[9] 경구개음과 반모음 'j'의 조음 위치가 중복되면서 'j'가 탈락하게 된 것이다. 반면 경상도 방언 등에서는 초성이 있는 음절 뒤에 반모음으로 시작하는 이중 모음이 오지 못하여 반모음이 탈락하기도 한다.[10] 이것은 일부 방언에서만 보이는 현상이다.

③ 용어 설명

'탈락'을 나타내는 용어는 그 수가 매우 많다. 그러나 그 의미는 음이 사라진다는 데에서 크게 벗어나지 않는다.

④ 관련 항목

유음 탈락, 음운 현상, 자음군 단순화, 첨가

E

---

8) 평안도 방언과 같이 'ㅅ, ㅆ, ㅈ, ㅊ, ㅉ'이 자음 체계에서 경구개음으로 바뀐 적이 없는 방언은 'j'의 탈락이 일률적으로 일어나지는 않았다.

9) 이 중 'ㅅ, ㅆ'은 경구개음으로 바뀌었다가 다시 치조음으로 되돌아갔다고 추정되고 있다. 이 현상에 대해 김주필(1985)에서는 역구개음화(depalatalization)라는 용어를 사용한 바 있다.

10) 여기에 대해서는 '단모음화' 항목을 참조할 수 있다.

파열음

① 용어의 별칭

국어 발음[發音](김규식 1909), 탁음[坼音](김규식 1909), 헤치소리(김두봉 1916, 이상춘 1925), 파열음[破裂音](金澤庄三郎 1917~1918, 안확 1922, 小倉進平 1923, 최현배 1929, 金田一京助 1932, 이희승 1938ㅁ), 파장음[破障音](안확 1923, 小倉進平 1923, 鄭國采 1926, 정렬모 1927ㄱ, 安藤正次 1927, 이극로 1932ㄴ), 정지음[停止音](小倉進平 1923, 김방한 1967, 허웅 1968ㄱ, 배양서 1969ㄴ, 日本音聲學會 編 1976), 충당음[衝撞音](小倉進平 1923), 폐쇄음[閉鎖音](小倉進平 1923, 이희승 1938ㅁ, 寺川喜四男 1950, 服部四郎 1951, 이기문 1961ㄱ, 김완진 1967), 터짐소리(최현배 1927ㅁ, 이극로 1947, 문교부 1952), 밀폐음[密閉音](安藤正次 1927, 팔대수 1930, 小林英夫 1935, 이숭녕 1939ㄴ, 최현배 1941), 터지소리(이극로 1932ㄴ), 터침소리(이극로 1934, 정인승 1949ㄷ, 이인모 1968), 헤침소리(장지영 1937, 김윤경 1948ㄱ, 허웅·박지홍 1971), 파열 음운[破裂 音韻](有坂秀世 1940), 터지는 소리(심의린 1949ㄱ), 터뜨림소리(이인모 1949, 황희영 1979), 파렬음[破裂音](정인승 1949ㄷ, 권오선 1990, 김성근 1995), 차단음[遮斷音](寺川喜四男 1950), 파음[破音](服部四郎 1955), 파음 음소[破音 音素](服部四郎 1955), 폐쇄음 음소(太田朗 1959, 金田一春彦 1967), 순간음[瞬間音](허웅 1968ㄱ, 김민수 1978ㄱ, 이기문 외 1984), 정지 파열음(배양서 1969ㄴ), 폐쇄구음[閉鎖口音](小泉保·牧野勤 1971), 색음[塞音](董同龢 1972, 도수희 1990, 박동규 1995, 엄익상 2007, 劉振中 2013), 폐색자음[閉塞子音](표진이 1975), 단음[斷音](日本音聲學會 編 1976), 폭발음[爆發音](日本音聲學會 編 1976, 엄익상 2007), 폐쇄자음(한문희 1979, 金善姬 1995), 멈춤닿소리(황희영 1979), 멈춤소리(황희영 1979), 정지자음[停止子音](황희영 1979), 터짐(박지홍 1981), 구강 파열음(박종희 1983ㄱ), 비속음[非續音](이영길 1983), 터지미(유만근 1985), 터짐닿소리(김석득 1986), 구폐쇄음[口閉鎖音](황귀룡 역 1986, 김무림 1992), 막는 소리(최명옥 1992ㄴ), 외파음[外破音](龜井孝 外 編 1996), 구강 폐쇄음(신지영 2000ㄱ), 파열음소(최명옥 2004, 이금화 2007, 이상신 2007ㄴ), 폐쇄 지속음(김성규·정승철 2005), 폐쇄음소(이현정 2008)

영어 stop, explosive, plosive, oral stop

② 개념 설명

폐에서 나오는 기류를 특정한 부위에서 막았다가 터뜨려 발음하는 자음을 가리킨다. 일반적으로 파열음은 '폐쇄1)–지속2)–파열3)'의 세 단계를 거쳐 발음된다고 설명한다. 이 중 세 번째 단계에 초점을 맞추어 '파열음'이라고 부른다. 기류를 막아서 입안 공기의 압력이 높아지면 이것을 해소하기 위해 공기를 한꺼번에 내뿜게 되는데 이것이 파열음의 조음 원리이다. 파열음은 자음 중에서 기류의 방해 정도가 가장 크기 때문에 자음의 음운론적 강도가 제일 센 부류로 분류된다.

국어의 파열음은 양순, 치조, 연구개에서 발음된다. 양순 파열음에는 'ㅂ, ㅍ, ㅃ', 치조 파열음에는 'ㄷ, ㅌ, ㄸ', 연구개 파열음에는 'ㄱ, ㅋ, ㄲ'이 있다. 모든 파열음은 삼지적 상관속을 이루어 '평음, 경음, 유기음'이 서로 대립하는 구조를 지닌다. 예전에는 파열음의 목록에 'ㅈ, ㅊ, ㅉ'을 포함하는 경우가 가끔씩 있었다. 파찰음도 조음 과정에서 기류의 폐쇄 과정을 거치기 때문에 파열음의 일종으로 본 것인데, 현재는 파열음과 파찰음을 엄격히 구분하고 있다.

③ 용어 설명

'파열음'을 지칭하는 용어는 매우 다양하다. 이 중 상당수는 파열음의 조음 단계 중 어디에 초점을 맞추느냐와 관련된다.

    (가) 정지음, 폐쇄음, 밀폐음, 차단음, 색음, 멈춤닿소리, 멈춤소리, 정지자음, 막는 소리
    (나) 폐쇄 지속음
    (다) 발음, 탁음, 헤치소리, 파열음, 파장음, 충당음, 터짐소리, 헤침소리, 터침소리, 터
         뜨림소리, 파음, 폭발음, 외파음
    (라) 순간음, 단음, 비속음

(가)~(다)는 파열음의 조음 단계 중 특정한 단계에 초점을 둔 것이고 (라)는 파열음의 전체적인 음성적 특징을 고려한 것이다.4) (가)는 파열음의 첫 번째 조음 단계인 '폐쇄', (나)는 두 번째 조음 단계인 '지속', (다)는 세 번째 조음 단계인 '파열'을 반영하고 있다. 전반적으로 첫 번째 단계를 나타내는 (가)와 세 번째 단계를 나타내는 (다)가 절대 다수를 차지한다. (라)는 파열음이 지속음과 달리 공기의 흐름이 끊어진다는 사실을 반영하고 있는데 그다지 널리 쓰이지도 않을 뿐만 아니라 지속음에 반대되는 자음에는 파열음 이외에 파찰음과 비음도 있어서 파열음만을 지칭하기에는 그리 정확한 용어라고 보기 어렵다.

이상의 여러 용어들 중 현재 가장 많이 쓰이는 것은 (가)를 대표하는 '폐쇄음'과 (다)를 대표하는

---

1) '폐쇄' 단계를 지칭하는 용어는 상당히 다양하다. '폐쇄' 이외에 '폐쇄 개시, 기식 폐쇄, 닫음, 막힘, 막음, 모임, 구강 폐쇄, 내파, 밀폐, 폐쇄 전 단계, 폐쇄 시작, 맞닿음, 접촉' 등이 있다. 영어로는 'contact, closure, obstruction, occlusion, approach, implosion' 등이 쓰인다.
2) '지속' 단계를 지칭하는 용어는 매우 많다. '지속' 이외에 '압축, 폐쇄, 지연, 정지, 머물음, 멈춤, 지님, 휴지, 멈춤, 휴식, 폐쇄 유지, 폐쇄 지속, 다물음, 폐쇄 구간, 지속부, 멈춰 있음' 등이 있다. 영어로는 'hold, closure, stop' 등이 쓰인다.
3) '파열' 단계를 지칭하는 용어는 '파열' 이외에 '개방, 외파, 폐쇄 해체, 기식 개방, 지속 터뜨림, 터침, 터짐, 열림, 폐쇄 해제, 공기의 터짐, 풀어 놓음' 등이 있다. 영어로는 'release, explosion' 등이 쓰인다.
4) (가)의 '색음'과 (다)의 '폭발음'은 중국에서 쓰이는 용어이다.

'파열음'이다. 음운론과 관련된 각종 논저에서도 이 두 용어는 거의 대등하게 쓰이고 있다. '파열음'보다 '폐쇄음'이 더 타당하다고 보는 측의 가장 중요한 근거는 파열음의 변이음 중에는 파열이 되지 않는 것들이 있다는 사실이다. 가령 'ㅂ, ㄷ, ㄱ'의 경우 음절 종성에서 실현되는 변이음은 파열이 되지 않는 미파음이다. 이러한 미파음까지 '파열음'이라고 부를 수는 없으므로 모든 변이음들이 공통적으로 지니는 특성을 반영하는 용어로는 '파열음'보다 '폐쇄음'이 더 적절하다는 것이다.

　파열음의 변이음 중에 파열이 되지 않는 것이 있다는 지적은 매우 타당하지만 이것이 '폐쇄음'이라는 용어를 선택해야 하는 중요 근거가 되기는 어렵다. 만약 어떤 음소의 명칭을 정할 때 그 음소에 속하는 변이음들이 모두 공유하는 특징을 반영해야 한다면 후음인 'ㅎ'의 변이음은 모두 후두에서 조음되어야 하고 치조음인 'ㄴ, ㄹ, ㅅ'의 변이음은 모두 치조에서만 조음되어야 하는데 실제로 그렇지 않다는 것은 이미 알려진 사실이다. 더욱이 파열음 'ㅂ, ㄷ, ㄱ'의 변이음 중에는 유성 마찰음도 있는데 이것은 '폐쇄음'이라는 용어도 쓸 수 없게끔 할 수 있다. 어떤 음소의 부류를 지칭하는 용어를 결정하거나 그 음소를 음소 체계 내에서 분류할 때에는 그 음소의 모든 변이음을 고려하기보다 대표 변이음만을 고려해야 한다. 파열음의 대표 변이음은 파열 단계가 생략되는 미파음이 아니고 파열 단계까지 모두 거치는 외파음이므로 이것을 기준으로 하면 '파열음'이라는 용어를 사용해도 아무런 문제가 없다.

　음성학적 관점에서 볼 때에도 '폐쇄음'보다는 '파열음'이 좀 더 타당한 용어이다. '폐쇄'와 '파열' 중 이 부류의 음이 지닌 특징을 더 잘 반영하는 것은 '파열'이다. 강한 터뜨림을 동반하여 조음될 때 파열음이 온전한 모습을 드러낸다. 파열음의 원래 조음 단계를 모두 거치는 완전한 음도 파열이 되는 음이다. 특히 '폐쇄'는 파찰음에서도 나타나기 때문에 폐쇄음이라고 해서는 파열음만을 정확히 지시하는 데 한계가 있다.

④ 관련 항목

　외파음, 장애음, 파찰음, 폐쇄음

파찰음

① 용어의 별칭

국어 붙갈이소리(김두봉 1922, 허웅 1985ㄴ, 정영주 1987), **터져갈리소리**(이극로 1932ㄴ), **터져갈림소리**(이극로 1934, 이현복 1995ㄱ), **파열마찰음**[破裂摩擦音](이극로 1934, 편집실 1938ㄷ, 河野六郎 1945, 김형규 1948, 市河三喜・河野六郎 1951, 佐伯梅友 1959), **대찰음**[帶擦音](小林英夫 1935, 김형기 1970), **파찰음**[破擦音](泉井久之助 譯 1936, 최현배 1937ㄱ, 심의린 1949ㄱ, 市河三喜・河野六郎 1951, 이희승 1955, 服部四郎 1955), **반폐쇄음**[半閉鎖音](泉井久之助 譯 1936, 이은정 2005), **반색음**[半塞音](泉井久之助 譯 1936), **터짐갈이소리**(최현배 1937ㄱ, 문교부 1952, 허웅 1958), **파찰음운**(有坂秀世 1940), **파장 마찰음**[破障 摩擦音](이극로 1947, 심의린 1949ㄴ), **터져갈리는소리**(심의린 1949ㄱ), **파찰음 음소**[破擦音 音素](服部四郎 1955, 日下部文夫 1962), **파열부마찰음**[破裂附摩擦音](이희승 1955), **마찰부파열음**[摩擦附破裂音](이희승 1955), **폐찰음**[閉擦音](勇康雄 譯 1959, 양동휘 1967, 김재민 1972, 정명우 외 역 1973, 日本音聲學會 編 1976), **터짐갈림소리**(한국국어교육연구회 1964ㄴ, 고창식 외 1965, 이명권・이길록 1968), **터침갈이소리**(이인모 1968), **색찰음**[塞擦音](董同龢 1972, 최세화 1979, 박동규 1985, 도수희 1990, 劉振中 2013), **마찰음부파열음**[摩擦音付破裂音](日本音聲學會 編 1976), **합성보음**[合成輔音](日本音聲學會 編 1976), **파열찰음**[破裂擦音](日本音聲學會 編 1976), **터뜨린 문지름소리**(황희영 1979), **터짐갈음**(박지홍 1981), **트여스치미**(유만근 1985), **터갈소리**(이현복 1989), **터스침소리**(양하석 1990, 김차균 1991ㄱ, 류렬 1992, 김성근 1993), **막았다가 좁히는 소리**(최명옥 1992ㄴ), **터갈이소리**(이현복 1995ㄴ), **파찰자음**(金善姬 1995), **터스침소리**(고도흥 1998), **터짐갈이**(신지영 2000ㄱ), **파찰음소**(최명옥 2004, 이금화 2007), **반마찰음**(이은정 2005), **폭찰음**[爆擦音](엄익상 2007)

영어 affricate

② 개념 설명

‘폐쇄-지속-마찰’의 세 단계를 거쳐 발음되는 자음 부류를 가리킨다. 특정한 조음체가 어떤 조음점을 막아서 일정 시간 폐쇄 상태를 유지한다는 점에서는 파열음과 비슷하지만 막은 공기를 한꺼번에 터뜨리지 않고 좁은 틈을 열어 마찰을 일으켜 내보낸다는 점에서는 파열음과 다르고 마찰음과 같다. 파찰음의 특징은 마지막 조음 단계인 지연 개방(delayed release)에서 찾을 수 있다. 지연 개방은 공기를 천천해 내보낸다는 뜻으로 파열음과 같이 막았던 공시를 일시에 터뜨리는 순간 개방(instantaneous release)과 대립된다.[5]

파찰음을 발음할 때 폐쇄가 일어나는 위치와 마찰이 일어나는 위치는 대체로 같거나 비슷하다. 그러나 두 위치가 다른 경우도 있는데 이현복・김기섭 역(1983)에서는 ‘ks, ps’와 같은 음의 예를 들고 있다. ‘ks’와 ‘ps’는 각각 폐쇄는 연구개와 양순에서 일어나고 마찰은 치조에서 일어나는 파찰음을 가리킨다. 이현복・김기섭 역(1983)에서는 이런 파찰음을 이위치 파찰음(heterorganic affricate)이라고 부르고 있다.[6]

---

5) ‘지연 개방’ 대신 ‘지연 방출, 지속 방출’, ‘순간 개방’ 대신 ‘순간 방출, 일시 방출’이라는 용어를 사용하기도 한다.
6) 이위치 파찰음(heterorganic affricate)의 반대 개념은 제시되지 않았지만 동위치 파찰음(homorganic affricate)이라고 할 수 있다.

앞서 언급한 것처럼 파찰음의 조음 과정은 앞부분은 파열음, 뒷부분은 마찰음과 비슷하다. 그래서 논의에 따라서는 파찰음을 따로 설정하지 않기도 한다. 가령 김두봉(1916)에서는 파찰음을 마찰음의 일종으로 보았고 최현배(1937ㄱ)에서는 파열음의 일종으로 보았다.[7] 경우에 따라서는 이숭녕(1954ㅂ)과 같이 파찰음을 독립된 음소로 설정하지 않고 파열음과 마찰음의 거듭소리로 재음소화하기도 한다.[8] 이러한 태도는 모두 파찰음이 파열음과 마찰음의 성격을 부분적으로 공유하기 때문이다. 현재는 파찰음을 독립된 자음의 조음 방식으로 인정하는 것이 일반화되어 있다. 국어의 파찰음에는 'ㅈ, ㅊ, ㅉ'이 있다.

③ 용어 설명

'파찰음'을 가리키는 용어는 상당히 다양한 편이다. 이 용어들은 그 성격에 따라 몇 가지로 구분이 가능하다.

> (가) 터져갈리소리, 터져갈림소리, 파열마찰음, 파찰음, 터져갈이소리, 파찰음운, 파장마찰음, 터져갈리는소리, 파열부마찰음,[9] 터짐갈림소리, 파열찰음, 터짐갈음, 트여스치미, 터갈소리, 터스침소리, 터갈이소리, 파찰자음, 폭찰음,[10] 파열찰음
>
> (나) 붙갈이소리, 폐찰음, 색찰음, 대찰음
>
> (다) 반폐쇄음, 반색음, 반마찰음

(가)와 (나)는 파찰음이 파열음의 특성과 마찰음의 특성을 모두 지닌다는 점을 고려한 용어들이다. 용어 속에 파열음과 마찰음의 음성적 특성이 모두 반영되지만 그 의미는 약간 다르다. (가)의 용어들은 구체적으로 앞부분은 '터진다, 파(破)' 등으로 시작하고 뒷부분은 '마찰, 갈리다, 찰(擦)' 등으로 끝내는 용어이다. (가)는 파찰음을 가리키는 용어 중 가장 일반적으로 사용된다. 파열음의 특성이 선행하므로 '파열음'을 가리키는 표현을 앞에 둔 방식이다. (나)는 (가)와 구조는 비슷하지만 앞부분의 의미가 '터진다' 대신 '막는다, 폐쇄된다'이다. 음성학적으로 보면 파찰음의 첫부분은 파열음의 전반부(폐쇄)와 같으므로 (가)와 같이 '터진다'는 의미보다는 (나)와 같이 '막는다'는 의미를 담는 것이 더 정확하다. 그러나 (나)에 속하는 용어는 그 수도 적고 그리 널리 쓰이지도 않고 있다.[11] (다)는 파열음이나 마찰음 중 어느 하나의 성격을 반만 가진다고 표현하고 있어서 (가), (나)와는 차이를 보인다.[12]

---

7) 파찰음을 마찰음보다는 파열음에 합치는 것이 더 일반적이기는 하지만 20세기 전반기에는 마찰음으로 분류하는 견해도 적지는 않다. 김두봉(1916) 이외에 정렬모(1927ㄱ), 장지영(1937)에서 그런 입장을 찾을 수 있다.

8) 이럴 경우 파찰음은 국어의 자음 목록에서 빠지게 된다.

9) '파열부마찰음'의 반대로 '마찰부파열음'도 있다. 다만 파찰음의 조음 단계를 생각하면 '마찰'이 '파열'보다 앞에 오는 구조는 타당하다고 보기 어려울 듯하다.

10) 중국에서는 파열음을 '폭착음'이라고 하기 때문에 파찰음도 '폭찰음'이라고 한다.

11) 파열음을 가리킬 때 '파열음'이라는 용어 대신 '폐쇄음'이라는 용어를 사용하는 입장에서는 파찰음에 대해 '파찰음'보다 '폐찰음'이라는 용어를 더 선호할 것으로 예상되지만 실제로는 그렇지 않다.

12) 이 외에 중국에서 쓰이는 '합성보음'이라는 용어도 있다. '합성보음'은 파찰음이 복합적 성격을 지닌다는 사실을 드러낸다는

④ 관련 항목

마찰음, 장애음, 파열음, 폐쇄음

패러다임

① 용어의 별칭

국어 어형 변화표[語形 變化表](勇康雄 譯 1959, 太田朗 1960, 이병근 1967ㄱ, 문양수 1977, 이병건 1978, 林榮一・間瀬英夫 譯 1978), 어형 변화 계열[語形 變化 系列](竹林滋・橫山一郎 譯 1970, 전상범 1977ㄴ, 김진우 1985, 이철수 1994), 계열[系列](小泉保・牧野勤 1971, 이병근 1975, 林榮一・間瀬英夫 譯 1978, 강창석 1982, 김영욱 1994), 파라다임(정인섭 1973, 전명선 1987ㄱ), 활용 법칙(정인섭 1973), 패러다임(이병건 1980, 이병근 1981), 교체 계열(박창원 1982, 정인호 1995), 활용 체계(이병근 1982), 어형 변화(박종희 1983ㄱ), 변화 계열(전상범 1987), 체계(최정순 1987), 범렬[範列](김차균 1988ㄴ, 성희제 1991, 국립국어연구원 1995), 계립[系立](조성식 편 1990, 국립국어연구원 1995), 용례(국립국어연구원 1995), 변화표(국립국어연구원 1995), 범례[範例](龜井孝 外 編 1996), 활용표(김영선 1999), 굴절표(안병희 2003), 활용(전상범 2004, 손창용 2005), 어미 변화표(이동국 2005), 계열체(배영환 2007), 틀(배영환 2007)

영어 paradigm

② 개념 설명

전통적으로는 굴절어에 속하는 언어에서 같은 체언이나 용언에 속하는 곡용형 또는 활용형을 모아 놓은 집합을 가리킨다. 가령 영어 1인칭 대명사의 곡용형인 'I, my, me'나 'go'의 활용형인 'go, went, gone'은 하나의 패러다임을 이루게 된다. 패러다임은 언어 교육과 실용적인 활동에서 매우 효과적이다.

국어는 비록 굴절어가 아니지만 조사나 어미가 결합되어 곡용형이나 활용형에 준하는 형태들을 만들기 때문에 '패러다임'의 개념을 자주 사용하는 편이다. 가령 불규칙적 교체를 보이는 어간이 규칙적 교체로 변화가 일어나는 경우 패러다임이 규칙화되는 현상으로 해석하기도 하는 것이다. 유추적 평준화에 의해 체언의 이형태 목록이 줄어드는 것은 패러다임의 간소화 경향으로 보기도 한다. 이 외에 '디디다'와 '딛다', '가지다'와 '갖다'와 같이 본말과 준말 관계에 있는 말들의 차이점을 검토하면서 패러다임에서의 빈칸을 언급하는 경우도 있다.13)

한편 패러다임의 개념이 좀 더 확장되면 계열 관계를 맺고 있는 단위들의 집합으로 이해될 수

점에서 (가), (나)와 비슷하지만 파열(또는 폐쇄)과 마찰 단계를 거친다는 구체적인 내용은 담고 있지 않으므로 (가), (나)와는 차이가 있다.

13) 가령 본말인 '디디다'와 '가지다'는 후행하는 어미와의 제약이 별로 없어서 패러다임이 충실히 채워지지만 준말인 '딛다'와 '갖다'는 모음으로 시작하는 어미와의 결합이 제약되어 패러다임에서의 빈칸이 생긴다는 것이다. 이와 관련된 문제는 송철의(1993ㄱ, 1995)를 참고할 수 있다.

있다. 계열 관계에 있다는 것은 공통점이 존재한다는 의미이며, 그럴 경우 서로 대치되는 관계에 놓인다. 이러한 계열 관계를 맺는 요소들의 집합을 패러다임이라고 부르는 것이다. 원래의 패러다임 개념에서 벗어나기는 했지만 공통점을 지닌 단위들을 묶어 놓았다는 점에서 근본적인 취지는 유지되고 있다고 하겠다.

③ 용어 설명

'패러다임'을 가리키는 용어들은 모두 'paradigm'의 번역어이다. 현재 널리 쓰이는 것은 음역을 한 '패러다임'이다. 그러나 의역을 한 용어의 수도 적지는 않다. 의역에 해당하는 용어들은 그 성격에 따라 크게 두 가지로 나눌 수 있다. 하나는 굴절어에서의 굴절형들을 모아 놓은 집합이라는 원래 의미에 충실한 것으로 '어형 변화표, 어형 변화 계열, 활용 법칙, 변화표, 활용표, 굴절표' 등이 해당한다. 다른 하나는 패러다임에 속한 요소들이 계열 관계를 맺는다는 점을 중시한 것으로 '계열, 체계, 계립, 계열체' 등을 들 수 있다.[14] 그 이외의 용어는 명확한 취지를 알기가 쉽지 않다.

④ 관련 항목

교체, 복수 기저형, 유추적 평준화, 유추적 확대

평순 모음

① 용어의 별칭

국어 장구자[張口字](『四聲通解』), 입술넙적홀소리(김두봉 1922), 개모음[開母音](천민자 1926), 넓은소리 (최현배 1929), 광음[廣音](최현배 1929), 평음[平音](홍기문 1933), 넓은홀소리(최현배 1937ㄱ, 이영철 1948), 광구 모음[廣口 母音](최현배 1937ㄱ, 이영철 1948), 비원순 모음[非圓脣 母音](有坂秀世 1940, 市河三喜·河野六郎 1951, 최현배 1959ㄱ, 太田朗 1959, 전재호 1966, 박병채 1971ㄴ), 평순음[平脣音](이극로 1941, 이병선 1967ㄴ, 양동휘 1967), 광순음[廣脣音](이극로 1941), 비원모음[非圓母音](新村出 1943), 넙적함의 소리(김윤경 1948ㄱ), 평구 모음 [平口 母音](심의린 1949ㄴ, 寺川喜四男 1950, 日本音聲學會 編 1976), 입술펴인소리(정인승 1949ㄱ), 장순 모음[張脣 母音](服部四郎 1951, 최현배 1959ㄱ, 김완진 1965, 橋本萬太郎 1975, 이길록·이철수 1979), 입술펴인홀소리(정인승 1956ㄴ, 허웅·박지홍 1971), 평순 모음[平脣 母音](정인승 1956ㄴ, 박팔회 1957, 박은용 1959ㄱ, 小泉保·牧野勤 1971), 입술 안둥근 소리(허웅 1958, 조오현 2001), 비원순음[非圓脣音](허웅 1958, 김영송 1959, 박갑수 1978, 林榮一·間瀨英夫 譯 1978), 벌린입술소리(최현배 1959ㄱ), 장순음[張脣音](최현배 1959ㄱ), 벌린입술 홀소리(최현배 1959ㄱ), 안둥근 홀소리(최현배 1959ㄱ, 정영주 1985, 김차균 1992ㄷ), 전순 원음[展脣 元音](董同龢 1972), 입술 펴진 홀소리 (박지홍 1975), 불원순원음[不圓脣元音](日本音聲學會 編 1976), 안둥근 입술소리(김정수 1982), 길죽모음(김성근

---

14) '계열, 체계, 계립, 계열체'는 '계(系)'라는 한자를 공통으로 지닌다. 이때의 '계'는 당연히 계열 관계와 관련된다.

1987), 펴진 입술 모음(이현복 1989), 벌린 모음(김수길 1991), 길쭉모음(이현복 1991, 고도흥 1998), 보통입술모음(류렬 1992), 벌린입술모음(류렬 1992), 안둥근 모음(이호영 1996), 입술 안둥근 홀소리(박종덕 2000ㄱ), 평순 모음소(최명옥 2004), 비원순 모음소(최명옥 2004, 이금화 2007)

영어 unrounded vowel, flat vowel, spread vowel

② 개념 설명

단모음(單母音)을 입술 모양에 따라 분류할 때 입술을 동그랗게 오므리지 않는 부류를 가리킨다. 입술을 동그랗게 오므리는 원순 모음에 대립된다. 때로는 원순 모음이나 평순 모음 어디에도 속하지 않는 중립적인 모음을 인정하기도 하지만 후술하듯이 중립적인 것은 평순 모음에 포함하여 다루는 것이 일반적이다. 현대 국어의 평순 모음에는 '으, 어, 아, 이, 에, 애'의 6개가 있다.

일반 언어학에서는 평순 모음을 두 가지 부류로 세분하는 경우도 없지 않다. 이것은 입술 동작의 차이에 바탕을 둔 것인데 'spread'와 'neutral'로 구분한다. 이 두 부류의 특징에 대해서는 논의에 따라 미세한 차이가 있다.

	spread	neutral
명칭	광순 모음[廣脣 母音](日本音聲學會 編 1976), 평순음(조성식 편 1990), 장순 모음[張脣 母音](龜井孝 外 編 1996), 평탄(김현 2007)	완순 모음[緩脣 母音](日本音聲學會 編 1976, 보통순(전상범 1985ㄱ), 중성음(조성식 편 1990, 이순 모음[弛脣 母音](龜井孝 外 編 1996), 중립(김현 2007)
특징	입술을 좌우로 넓게 벌리는 것(日本音聲學會 編 1976), 입술을 양 옆으로 당겨서 내는 것(조성식 편 1990), 입술을 좌우로 당기는 것(龜井孝 外 編 1996), 입을 덜 벌려서 두 입술이 서로 평행선을 이룬 듯한 상태(김현 2007)	입을 벌려서 입술 구멍을 크게 하는 것(日本音聲學會 編 1976), 원순/평순 어느 쪽도 아닌 것(조성식 편 1990), 입술을 거의 활용하지 않는(龜井孝 外 編 1996), 입을 더 벌려서 평행선이 가로로 길쭉한 타원형을 이룬 상태(김현 2007)

대체로 'spread'는 입술을 좌우로 벌리는 평순 모음을 가리키고, 'neutral'은 입술을 적극적으로 움직이지 않고 다만 입을 좀 더 벌리는 평순 모음을 가리킨다고 할 수 있을 듯하다. 이처럼 평순 모음을 둘로 구분하는 태도는 일반 언어학뿐만 아니라 국어 연구에서도 적지 않게 찾아볼 수 있다. 가령 일찍이 김두봉(1922)에서 '이, 에'는 입술을 넓게 해서 내는 소리, '아, 어, 애'는 입술을 예사로 해서 내는 소리라고 하여 두 부류를 구분한 적이 있다. 홍기문(1933)에서도 입술을 양쪽으로 퍼지게 하는 평음(平音)과 입술을 평평하게 하는 중성음(中性音)을 구분했다. 이극로(1941)는 '으, 어, 아'를 평순음(平脣音), '이, 에, 애'를 광순음(廣脣音)이라고 했고, 김윤경(1948ㄴ)에서는 '으, 이, 에'를 '넙적함의 소리', '아, 어, 애'를 '예사 소리'라고 했다. 또한 황희영(1979)에서는 '이, 으, 어'를 예사입술홀소리

(lip normal), '에, 애, 아'를 편입술홀소리(lip spread)로 구분했다. 비록 구체적인 분류 결과는 조금씩 다르지만 평순 모음을 두 부류로 나누었다는 점에서는 공통적이다.

③ 용어 설명

'평순 모음'을 가리키는 용어들은 입술을 동그랗게 오므리지 않는다는 사실을 어떻게 표현하느냐에 따라 다음과 같은 여섯 계열의 용어들이 구분된다.

> (가) 장구자, 입술펴인소리, 장순 모음, 입술펴인홀소리, 장순음, 전순 원음, 입술 펴진
>   홀소리, 펴진 입술 모음
> (나) 개모음, 벌린입술소리, 벌린입술 홀소리, 벌린 모음, 벌린입술모음
> (다) 입술넙적홀소리, 넓은소리, 광음, 넓은홀소리, 광구 모음, 광순음, 넙적함의 소리
> (라) 평음, 평순음, 평구 모음, 평순 모음, 보통입술모음, 평순 모음소
> (마) 비원순 모음, 비원모음, 입술 안둥근 소리, 비원순음, 안둥근 홀소리, 불원순원음,
>   안둥근 입술소리, 안둥근 모음, 입술 안둥근 홀소리, 비원순 모음소
> (바) 길죽모음, 길쭉모음

(가)는 입술이 펴진다는 의미, (나)는 입술이 벌어진다는 의미를 나타낸다.[15] (가), (나)의 관점에서 평순 모음을 인식하던 태도는 상당히 오래 전부터 있어 왔다. (다)는 입술이 넓다는 의미, (라)는 입술이 보통의 일반적인 상태라는 의미를 지닌다. (마)는 원순 모음과 대비하여 입술이 둥글지 않다는 의미이다. (바)는 앞선 논의들과는 달리 입술이 길쭉하다고 했는데 입술이 동그랗게 오므라들지 않은 상태를 조금 다른 방식으로 표현하고 있다.

④ 관련 항목

단모음¹, 원순 모음

---

15) (나) 중 '개모음'은 입술의 원순성을 '개합(開合)'의 관점에서 보던 전통 성운학의 용어가 그대로 쓰인 것이라고 할 수 있다.

평음

① 용어의 별칭

국어 평음[平音](藥師寺知朧 1909, 박승빈 1931, 이극로 1932ㄴ, 김병제 1933, 菅野裕臣 1981, 梅田博之 1983), 예사소리 (이극로 1932ㄴ, 최현배 1937ㄱ, 이상춘 1946), 살몃닫이(이 탁 1932), 이사소리(김병세 1933, 신명균 1933ㄴ), 정자음 [正子音](홍기문 1933), 예삿소리(이희승 1938ㄴ, 전나영 1993, 안주호 2003), 예사ㅅ소리(정인승 1940ㄱ), 무성음[無 聲音](정인승 1940ㄱ), 평청음[平淸音](이상춘 1946, 이영철 1948, 허웅·박지홍 1971), 본자음[本子音](홍기문 1947), 보통소리(이숭녕 1956ㄱ, 김민수·이기문 1968, 김진우 1970ㄱ), 연성[軟聲](허웅 1958, 리의도 1981, 김형춘 1991), 무기음 [無氣音](河野六郎 1955, 靑山秀夫 1962), 단순음[單純音](이익섭 1963, 竹林滋·橫山一郎 譯 1970), 무기 약음[無氣 弱音] (전재호 역 1964), 약음[弱音](전재호 역 1964), 순음[順音](長田夏樹 1966), 순한 소리(長田夏樹 1966, 김민수 1978ㄱ, 김용환 1988, 류렬 1992), 연음[軟音](허웅 1968ㄱ, 김영송 1971ㄴ, 장태진·임영천 1973), 연자음[軟子音](허웅 1968ㄱ, 김영송 1971ㄴ, 장태진 1974), 여린 소리(김차균 1971, 허웅·박지홍 1971, 이승환 1973), 예사 맑은 소리(허웅·박지홍 1971, 김선기 1972ㄴ), 여린 닿소리(박지홍 1975), 단순 음운(김준배 1977), 평자음(황희영 1979, 이상신 1983, 이윤동 1983), 예사 닿소리(황희영 1979), 연성 자음[軟性 子音](이강훈 1982), 비후두화 연음[非喉頭化 軟音](梅田博之 1983), 비후두화 약음[非喉頭化 弱音](梅田博之 1983), 경기음[輕氣音](김진우 1985), 무기 연음[無氣 軟音](전상범 1985ㄱ), 약한 소리(정영주 1985, 유재원 1989, 김영선 1992), 평저해음(최임식 1990ㄱ, 이문규 1999), 연한 소리(유만근 1993ㄴ, 오원교 1999), 중성 장애음(성철재 1995), 무성 평음(정우영 1996), 이완 자음(김남훈 2000), 평장애음(김선정 2000), 이완음(배문정 2003), 평음소(최명옥 2004, 김춘자 2006, 이금화 2007), 평자음소(이금화 2007, 하신영 2010), 단순 자음(김철 2009)

영어 plain consonant, lenis, lax obstruent, neutral obstruent, lax sound

② 개념 설명

국어의 장애음은 동일한 조음 위치와 방식을 가지면서도 후두의 상태, 긴장도, 기식의 정도 등에 따라 세 부류가 구별되는데, 이 중 후두의 긴장을 동반하지 않고 기식의 정도가 강하지 않은 음의 부류를 가리킨다.[16] 음성적으로 본다면 비음이나 유음과 같은 공명음이나 심지어 모음도 평음에 속한다고 할 수 있지만 공명음이나 모음의 경우 평음에 대립되는 다른 범주가 존재하지 않기 때문에 별다른 의미가 없다. 그래서 장애음만을 대상으로 평음을 설정하며 이러한 평음은 유기음, 경음과 더불어 장애음에 있어서의 소위 '삼지적 상관속'을 이룬다.

현대 국어의 평음에는 'ㄱ, ㄷ, ㅂ, ㅅ, ㅈ'이 있다. 이 외에 'ㅎ'은 평음으로 인정하는 경우도 있고 유기음으로 보는 경우도 있다. 'ㅎ'의 음성학적 특징이 다른 유기음에 비해 유기성이 낮다는 사실을 중시할 때에는 'ㅎ'을 평음에 포함하고, 'ㅎ'과 평음이 결합할 때 유기음화가 일어난다는 사실을 중시할 때에는 'ㅎ'을 유기음에 포함하기도 한다.[17]

---

16) 평음의 음성적 특징은 따로 언급하지 않고 유기음이나 경음의 음성적 특징이 없는 것이 평음이라고 설명하는 경우가 적지 않다.

③ 용어 설명

'평음'을 가리키는 용어는 매우 많다. 이 용어들은 그 성격에 따라 다음의 몇 부류로 나눌 수 있다.

(가) 평음, 예사소리,[18] 평자음, 예사 닿소리, 보통 소리, 평저해음, 중성 장애음,
　　　 평장애음, 평음소, 평자음소
(나) 정자음, 본자음
(다) 단순음, 단순 음운, 단순 자음
(라) 무기 약음, 비후두화 연음, 비후두화 약음, 무기 연음
(마) 연성, 약음, 연음, 연자음, 여린 소리, 여린 닿소리, 연성 자음, 약한 소리,
　　　 연한 소리, 이완 자음, 이완음
(바) 순음(順音), 순한 소리
(사) 무기음, 경기음
(아) 무성음(無聲音), 평청음(平淸音), 예사 맑은 소리, 무성 평음
(자) 살몃닫이

　(가)는 평음이 평범하고 기본적인 음이라는 의미이다. 경음이나 유기음에서 보이는 명확한 음성적 특징이 평음에는 없음을 가리킨다. (나)는 평음이 경음이나 유기음에 비해 무표적이라는 사실을 중시한 용어이다. (다)는 평음의 경우 기식이나 후두 작용 등이 동반되지 않아서 조음이 상대적으로 간단하다는 점에 초점을 맞추고 있다. (가)~(다)는 약간씩 차이는 있지만 평음이 상대적으로 기본적이고 단순하다는 사실을 중시했다는 점에서 공통적이다. 또한 음성적 특징을 용어에 구체화하지 않았다는 점도 비슷하다. 반면 (라) 이하는 평음의 음성적 특징에 기반하고 있다는 점에서 다소 구별된다.
　(라)는 평음의 음성적 특징 가장 명확히 드러내고 있다. 평음은 기식성이 약하며 조음 기관의 긴장을 동반하지 않는데 이러한 사실을 담고 있다. 다만 '무기'라고 표현하는 것은 다소 문제가 있다. 평음은 경음보다는 더 강한 기식을 동반하므로 기식이 없다는 의미의 '무기'라고 해서는 곤란하다.[19] (마)는 평음이 조음적으로 약음 또는 이완음에 가깝다는 사실을 중시한 용어이다. (바)는 그 취지상 (마)와 거의 같다고 할 수 있다. (사)는 기식의 정도를 중시했는데 기식이 없다고 표현한 용어와 기식이 약하다고 표현한 용어가 공존한다. 앞서 지적했듯이 평음은 기식이 없다기보다는 약하다고 하는 편이 더 정확하다.[20] (아)는 성대의 울림을 중시한 용어이다. 그런데 단순히 '무성음'이라고만 하면 경음이나 유기음과 구분이 잘 안 되므로 '평청음' 등과 같이 평음임을 부기하는 경우도 있다.[21] (자)는 닫음의 방식을 중시한 것으로 이탁(1932)에서만 쓰인 독특한 용어이다. 이탁(1932)

---

17) 'ㅎ'의 분류에 대해서는 '유기음'과 '후음' 항목에서 자세히 설명하기로 한다.
18) '예사소리'는 표기 양상에 따라 '이사소리, 예삿소리, 예사ㅅ소리'와 같은 또 다른 변이형이 있다. '예삿소리, 예사ㅅ소리'는 사이시옷의 표기 방식과 관련되고 '이사소리'는 '예'에 음운 변화가 적용된 것과 관련된다.
19) 실제로 평음을 기식이 약하게 동반된다는 의미의 '경기음(輕氣音)'으로 분류하기도 한다. 다만 음운론적으로 평음을 굳이 유기음과 무기음 중 어느 하나로 분류한다면 무기음이 된다. 자세한 것은 '유기음' 항목을 참고할 수 있다.
20) 기식의 정도를 중시하면 유기음, 평음, 경음은 음성학적으로 중기음(重氣音), 경기음(輕氣音), 무기음(無氣音)이라고 할 수 있다.

529

에서는 모든 자음이 조음 기관을 닫아서 발음한다고 보고 평음, 경음, 유기음을 닫음의 방식에 따라 '살몃닫이, 꼭닫이, 꽉닫이'라는 독특한 용어로 표현했다.

④ 관련 항목

경음, 삼지적 상관속, 약음, 유기음, 이완음, 장애음

평파열음

① 용어의 별칭

국어 보통 파열음[普通 破裂音](허웅 1958), 평폐쇄음[平閉鎖音](이기문 1961ㄱ, 정연찬 1983, 배주채 1989), 연음 파열음(강성로 1978), 폐쇄 평음(김갑기 1978, 최은하 외 2010), 약한 터짐소리(허웅 1985ㄱ, 최남희 1995, 유재원 1997), 연파열음(조항근 1986), 평파열음(곽동기 1992, 이진호 2005ㄱ), 연폐쇄음(이숙향 1995, 안현기 외 2000), 이완 파열음 (이호영 1996, 김선미·남기춘 2010), 이완폐쇄음(이보림 외 1999, 장태엽 2002), 파열연자음(김효숙 외 2000), 평파열음소 (최명옥 2004, 이금화 2006), 약정지음(김노주 2005), 예사터짐소리(한수정 2006), 평음파열음(조현관 2007ㄱ)

영어 lenis stop, plain plosive

---

② 개념 설명

파열음 중 경음, 유기음과 대립되는 평음 계열을 가리킨다. 국어에서는 'ㅂ, ㄷ, ㄱ'이 평파열음에 속한다.[22] 평파열음은 여러 음운 현상에서 함께 작용하거나 동질적인 모습을 보인다. 가령 평파열음은 경음화 현상에서는 적용 환경을, 비음화 현상에서는 피동화음으로서 입력형을, 평파열음화 현상에서는 출력형을 이룬다. 즉 음운 현상의 구성 요소라 할 수 있는 입력형, 출력형, 적용 환경 모두에서 하나의 부류로 작용하는 것이다. 또한 평파열음은 변이음의 실현 양상이 동일하다. 유성음 사이에서는 유성음화가 적용되고 음절 말에서는 미파화가 적용된다. 이처럼 평파열음은 다양한 측면에서 공통의 모습을 보이기 때문에 하나의 부류로 묶을 필요가 있다.[23]

③ 용어 설명

'평파열음'을 지칭하는 용어들은 모두 두 부분으로 이루어져 있다. 하나는 평음을 나타내는 부분이고 다른 하나는 파열음을 나타내는 부분이다. 이때 '보통 파열음, 평폐쇄음, 연음 파열음, 평파열음, 연폐쇄음, 이완 파열음' 등과 같이 '평음'을 나타내는 부분이 앞에 가는 용어와 '파열 연자음, 폐

---

21) 경음의 경우에는 유성음인지 여부에 약간의 논란이 존재하기도 한다. 자세한 것은 '경음' 항목을 참고할 수 있다.
22) 예전에 파찰음을 파열음에 포함시켜 다룰 때에는 'ㅈ'도 평파열음의 목록에 들어 있었다.
23) 이런 점에서 평파열음은 국어의 중요한 자연 부류(natural class) 중 하나라고 할 수 있다.

쇄 평음'과 같이 '평음'을 나타내는 부분이 뒤에 가는 용어가 구분된다. 수적으로는 '평파열음'과 같이 '평음' 부분이 앞서는 용어가 훨씬 더 많다. '평파열음'과 '평폐쇄음' 중 '평파열음'을 택하는 이유는 '파열음' 항목을 참고할 수 있다.

④ 관련 항목

파열음, 평음, 평파열음화

평파열음화

① 용어의 별칭

국어 동귀[同歸](유길준 1909), 대표음 발음[代表音 發音](정규창 1938), 대표 작용[代表 作用](幸田寧達 1941), 파장음화[破障音化](홍기문 1947), 끝닿소리의 달라짐(최현배 1948, 이인모 1949), 나중소리의 달라짐(이인모 1949), 밀폐음화[密閉音化](이기문 1955), 받침 규칙(유제한 1956), 받침 법칙(김민수 1960, 백두현 외 2013), 종성 법칙[終聲 法則](김민수 1960, 김민수 외 1960ㄴ), 환원[還元](이강로 1961), 폐색[閉塞](이강로 1961), 중화[中和](이기문 1961ㄱ, 박태권 1968, 김완진 1973ㄱ), 내파음화[內破音化](이기문 1961ㄱ, 志部昭平 1988), 내파화[內破化](이기문 1961ㄱ, 최윤현 1993), 귀착(허웅 1968ㄱ, 김영송 1974, 이상태 1976), 중화 현상(이익섭 1972, 이병근 1975, 정연찬 1980, 油谷幸利 1981), 중화 규칙(이병근 1975, 송철의 1983, 박창원 1987ㄱ), 자음 중화(전상범 1976ㄱ, 정인상 1984, 김덕호 1986), 어말 자음 중화(전상범 1976ㄴ, 백두현 외 2013), 닫침 소리 규칙(김차균 1978), 폐쇄음화(이병근 1980ㄴ, 정승철 1996, 전광현 1997), 중복 분포[重複 分布](정연찬 1980), 미파 규칙(신승원 1982, 최명옥 1985), 평음화(조성귀 1983, 정국 1984, 이병근·최명옥 1997), 일곱 끝소리 되기(허웅 1985ㄱ, 성낙수 1987, 이근영 1990), 끝소리 되기(허웅 1985ㄱ, 김윤학 1987), 저해음 비개방화(변광수 1987ㄴ), 평폐쇄음화(배주채 1989, 신홍예 1998, 이혁화 1999), 음절말 중화(이상억 1990, 곽동기 1992, 김현 1997), 음절말 장애음 중화(이상억 1990, 신지영·차재은 2003), 저해음 중화[沮害音 中和](정철 1991, 김경란 1993), 불파 저해음 중화(정철주 1991), 불파음화[不破音化](김무림 1992, 김옥영 1998), 장애음 중화(김성련 1992ㄴ, 최한조 1997), 음절말 평폐쇄음화(배주채 1992, 이진호 2002, 소신애 2005), 말음 규칙(최윤현 1993), 말음 중화 현상(강옥미 1994ㄱ, 이석재 1995), 미파화(최명옥 1994, 이병근·최명옥 1997), 종성 중화(고영진 1995, 김선회 2003, 김선미·남기춘 2010), 장애음 말음 중화 현상(이석재 1995), 미파음화(김경아 1996ㄱ), 불파화[不破化](이병근·최명옥 1997, 전광현 1997, 신승용 2002ㄴ), 평파열음화(최명옥 2000, 윤혜영 2001, 김춘자 2003), 음절말 자음 중화(양순임 2001ㄴ), 칠종성 법칙(이석재·최유경 2001), 음절의 끝소리 규칙(서울대 국어교육연구소 2002), 칠종성화(권재일·고동호 2004), 평파열음소화(최명옥 2004, 이금화 2006, 최창원 2006), 음절말 평파열음화(고영근 2005, 이문규 2005, 이진호 2005), 일곱 끝소리화(김정숙 외 2005), 칠종성 규칙(양순임 2005), 끝소리 규칙(이은정 2005), 음절의 끝소리 현상(한수정 2007), 연파열음화(이진호 2009), 여린터짐소리 되기(이진호 2009), 예사터짐소리 되기(이진호 2009), 음절말 평파열음소화(하신영 2010), 말음 법칙(백두현 외 2013), 대표음 제약(이동석 2013), 일곱 소리 제약(이동석 2013)

영어 syllable final unreleasing, obstruent unreleasing, coda neutralization

② 개념 설명

음절 종성에 놓인 장애음이 'ㅂ, ㄷ, ㄱ' 중 하나로 바뀌는 음운 현상을 가리킨다. 'ㅂ, ㄷ, ㄱ'의 공통점이 평파열음이므로 평파열음화라고 부른다. 국어는 음절 종성에서 발음될 수 있는 자음이 'ㄱ, ㄴ, ㄷ, ㄹ, ㅁ, ㅂ, ㅇ'의 7가지로 제한되는 음절 구조 제약이 존재한다. 공명음인 비음과 유음은 모두 음질 종성에서 발음될 수 있지만 장애음은 'ㅂ, ㄷ, ㄱ'만 발음될 수 있을 뿐이다. 그래서 평파열음이 아닌 장애음이 음절 종성에 놓이면 음절 구조 제약을 충족하기 위해 평파열음 중 하나로 바뀔 수밖에 없다. 평파열음화는 예외를 전혀 허용하지 않는 매우 강력한 음운 현상이다.

평파열음화가 일어나는 이유는 음절 종성에 놓인 장애음을 발음할 때 기류의 흐름이 끊어진다는 사실과 직접적인 관련이 있다. 장애음이 음절 종성에 오면 조음체를 조음점에 대면서 공기의 흐름을 막아 버린다. 그 결과 파열음이나 파찰음은 개방 단계가 생략되면서 평파열음이 될 수밖에 없다. 또한 마찰음도 조음 방식을 그대로 유지하지 못하고 평파열음이 된다. 평파열음이라고 하더라도 미파화의 적용을 받기 때문에 음성적으로는 폐쇄 단계가 생략된 미파음으로 실현된다.

평파열음화는 음절 종성에서 일어나는데 그 환경은 구체적으로 세 가지이다. 체언의 경우 '잎→입, 옷→옫'에서 보듯 아무런 조사와 결합하지 않고 단독형으로 발음될 때 평파열음화가 일어난다. 또한 어떤 형태소이든 뒤에 자음으로 시작하는 형태소와 결합하면 평파열음화가 일어난다. '묶+다→묵따, 붙+고→붇꼬' 등이 그 예이다. 마지막으로 모음으로 시작하는 어휘 형태소가 오는 경우에도 평파열음화는 일어난다. '맛없다, 옆얼굴'에서 '맛, 옆'이 '맏, 엽'으로 발음되는 것은 평파열음화가 적용된 결과이다. 이러한 평파열음화의 적용 환경들은 '연음'이 일어나지 않는 경우로 일반화화할 수 있다. 연음이 되지 않으면 평파열음화가 적용된다고 볼 수 있다.[24]

평파열음화가 적용되면 조음 위치가 동일한 평파열음으로 변동하는 것이 일반적이다.[25] 양순음은 'ㅂ', 치조음은 'ㄷ', 연구개음은 'ㄱ'으로 실현된다. 평파열음화는 어떤 자음이 조음되는 위치에서 기류를 폐쇄시킴으로써 나타나므로 조음 위치의 변동이 수반되지 않는 것이 당연하다. 그런데 현대 국어의 경우 예외가 존재한다. 경구개음인 'ㅈ, ㅊ, ㅉ'과 후음인 'ㅎ'은 평파열음화가 적용될 때 치조음인 'ㄷ'으로 바뀌어 조음 방식과 조음 위치가 모두 바뀐다.

'ㅈ, ㅊ, ㅉ'의 경우 중세 국어에는 경구개음이 아닌 치음이었으며 음절 종성에서 'ㅅ'으로 발음되었다. 그러다가 16세기를 거치면서 음절 종성의 'ㅅ'이 'ㄷ'으로 바뀌는 변화에 편승하여 현재와 같이 'ㄷ'으로 발음되었다. 이것을 보면 역사적으로는 경구개음 'ㅈ, ㅊ, ㅉ'이 평파열음화의 적용을 받아 치조음 'ㄷ'으로 바뀌는 변화가 일어난 적이 없다. 'ㅈ, ㅊ, ㅉ'이 'ㄷ'으로 바뀐 것은 'ㅈ, ㅊ, ㅉ'이 경구개음으로 재음운화되기 이전의 일이다. 다만 현대 국어의 공시적 관점에서는 'ㅈ, ㅊ, ㅉ'이 경구개음이기 때문에 경구개음이 평파열음화의 적용으로 치조음인 'ㄷ'이 되었다고 기술하는 것이다. 이런 점에서 경구개음 'ㅈ, ㅊ, ㅉ'이 평파열음화에 의해 치조음인 'ㄷ'으로 바뀌는 것

---

24) 겹받침을 가진 형태소의 경우에는 연음이 되지 않는 환경에서 평파열음화 대신 자음군 단순화가 적용된다.
25) 이병근(1975)에서는 이것을 '동기관적 중화 현상'이라는 용어로 표현하고 있다.

은 예외적이라고 할 수 없다.

음절 종성의 'ㅎ'이 'ㄷ'으로 바뀌는 것은 좀 더 복잡하다. 'ㅎ'이 평파열음화에 의해 'ㄷ'으로 실현된다는 것은 직접적인 관찰이 불가능하다. 다만 '닿+는→단ː는'이나 '닿+소→다ː쏘'에서 보이는 양상이 '닫+는→단는, 닫+소→다쏘[26]'의 경우와 같으므로 'ㅎ'이 'ㄷ'으로 바뀌었다고 추측할 뿐이다. 음절 종성의 'ㅎ'은 중세 국어 시기에 이미 'ㅅ' 또는 'ㄷ'으로 실현되고 있었다. 그 이유는 여러 가지 방식으로 설명하고 있지만 다른 자음의 평파열음화와 구분되는 점이 있는 것은 사실이다.[27] 따라서 'ㅎ'이 평파열음화에 의해 'ㄷ'으로 바뀌는 것은 예외적 성격을 지니고 있다.

이처럼 평파열음화의 입력형이 되는 자음의 종류에 따라 평파열음화의 설명이 조금씩 차이를 보이다 보니 평파열음화의 적용 양상에 따라 규칙을 더 세분하거나 또는 평파열음화 이외에 별도의 규칙을 추가하는 경우도 없지 않다. 가령 이강로(1961)에서는 경음이나 유기음이 평파열음으로 바뀌는 것은 '환원'이라고 부르고, 'ㅅ, ㅈ'과 같은 평음이 다른 평파열음으로 바뀌는 것은 '폐색'이라고 부르고 있다.[28] 또한 정국(1984), 유필재(2006), 김봉국(2002ㄴ)에서는 파열음 중 경음이나 유기음이 평파열음으로 바뀌는 것과 그 이외의 자음이 'ㄷ'으로 바뀌는 것을 구분하고 있다.[29] 특히 김봉국(2002ㄴ)에서는 파열음이 아닌 것이 'ㄷ'으로 바뀌는 현상을 다시 'ㅅ, ㅆ, ㅈ, ㅊ, ㅉ'의 변동과 'ㅎ'의 변동으로 세분하기도 한다.[30] 이진호(2008ㄴ)에서도 'ㅎ'의 특이성을 고려하여 다른 자음의 평파열음화와 구분하는 문제에 대해 언급한 바 있다. 많은 논의에서 파열음이 평파열음으로 바뀌는 현상은 동질적으로 해석하며, 그 밖의 자음이 'ㄷ'으로 바뀌는 현상에 대해서는 약간씩 다른 분석 태도를 보여주고 있다.

③ 용어 설명

'평파열음화'를 가리키는 여러 용어들에 대해 살피기에 앞서 '평파열음화'라는 용어에 대해 간략히 검토할 필요가 있다. '평파열음화'라는 용어는 이 현상을 지칭하는 여러 용어들 중 그 역사가 매우 짧은 편에 속한다. 그럼에도 불구하고 음운 현상의 명칭을 정하는 일반적 원칙에 비추어 보면 가장 적절하다고 평가할 수 있다. 음운 현상의 명칭은 입력형과 출력형을 비교하여 변화 양상을 반영하는 것이 일반적이다. '비음화, 경음화, 반모음화' 등 상당수의 용어들이 그러하다. 여기에 따르면 음절 종성에서 장애음이 평파열음으로 바뀌는 현상은 '평파열음화'라고 불러야 한다.

다만 '평파열음화'라는 용어의 가장 큰 약점은 중세 국어의 기술에 사용할 수 없다는 점이다. 중

---

26) '닫소'의 표준 발음은 '닫쏘'이지만 현실 발음에서는 '닫쏘' 대신 '다쏘'로 나타난다.
27) 중세 국어의 'ㅎ'이 음절 종성에서 발음되는 과정에 대해서는 이진호(2003ㄱ)에서 다룬 바 있다.
28) 이러한 경향은 주시경의 논의에서도 찾을 수 있다. 주시경(1914)에서는 평파열음화 자체를 여러 규칙으로 세분하지는 않았지만 유기음, 경음, 'ㅅ, ㅈ'의 평파열음화 과정을 다르게 보고 있다. 거듭소리에 속하는 유기음과 경음은 거듭소리의 특징을 중시하고 홑소리인 'ㅅ, ㅈ'은 조음 음성학적 측면을 중시하여 평파열음으로의 실현을 차이 나게 설명하는 것이다. 자세한 것은 이진호(2009ㄱ)을 참고할 수 있다.
29) 정국(1984)에서는 '평음화'와 'ㄷ음화', 유필재(2006)에서는 '평음화'와 '치조폐쇄음화', 김봉국(2002ㄴ)에서는 '평음화'와 '폐쇄음화'라는 용어를 사용한 바 있다. 특히 유필재(2006)에서는 '평음화'의 경우 상관(corelation)을 이루는 자음들 사이의 변동에 속하지만 '치조폐쇄음화'는 그렇지 않다고 지적하여 대립의 관점에서 차이점을 논의하고 있다.
30) 김봉국(2002ㄴ)에서는 'ㅅ, ㅆ, ㅈ, ㅊ, ㅉ'을 동일한 조음 위치에 속한다고 보고 '치경구개음'으로 설정한다.

세 국어 시기에는 음절 종성에서 8개의 자음이 허용되었으며 현대 국어와 비교할 때 마찰음 'ㅅ'이 추가된다. 그래서 'ㅈ, ㅊ, ㅿ'과 같은 자음들은 음절 종성에서 'ㅅ'으로 바뀌었다. 이 현상도 국어의 음절 구조 제약을 만족시키기 위한 것이므로 당연히 평파열음화 현상에 포함되어야 한다. 그런데 'ㅅ'은 평파열음에 속하지 않는다. 더욱이 'ㅂ, ㄷ, ㄱ, ㅅ'을 묶을 만한 공통점도 발견하기 어렵다. 이 때문에 음운 현상의 역사를 연속성의 관점에서 서술할 때에는 '평파열음화'라는 용어를 사용하기에 불편한 측면이 있다.

'평파열음화'를 지칭하는 용어는 수적으로나 질적으로 매우 다양하면서도 복잡한 양상을 보인다. 이 용어들은 그 성격에 따라 여러 가지로 나눌 수 있다.

(가) 음운 현상의 음성적 동기를 중시하는 용어
(나) 음운 현상의 적용 결과를 중시하는 용어
(다) 음운 현상의 적용 환경을 중시하는 용어
(라) 음운 현상과 관련된 제약을 중시하는 용어
(마) 기타

(가)에 속하는 용어는 다시 다음의 두 부류로 나눌 수 있다.

(가-1) 폐색, 닫침 소리 규칙, 폐쇄음화, 미파 규칙, 저해음 비개방화, 불파음화,
      미파화, 미파음화, 불파화
(가-2) 내파음화, 내파화

(가-1)은 평파열음화가 기류의 폐쇄에 기인한다는 점을 나타낸 용어들이다. 파열이 되지 않는다거나 폐쇄된다는 의미를 담고 있다. 다만 (가-1)에서 파열이 되지 않는다는 의미의 '미파, 불파' 등은 파열 단계를 처음부터 가지지 않는 마찰음이나 파찰음에 대해서는 사용하기 어렵다는 단점이 있다. (가-2)는 (가-1)과 동일한 사실을 '내파'로 표현하고 있다. '내파화, 내파음'에서의 '내파'를 국어 음운론에서는 특이하게도 '미파'의 의미로 사용해 왔다.[31]

(나)에 속하는 용어는 수적으로나 질적으로 가장 다양하다. 원래 음운 현상의 명칭을 정할 때 변화되는 측면을 중시하므로 (나)의 용어가 많은 것은 당연하다고 할 수 있다.

(나-1) 끝닿소리의 달라짐, 나중소리의 달라짐
(나-2) 동귀, 환원, 귀착
(나-3) 대표음 발음, 대표 작용
(나-4) 파장음화, 밀폐음화

---

31) 여기에 대해서는 '내파음, 미파음, 미파화' 등의 항목에서 충분히 설명했다.

(나-5) 평폐쇄음화, 평파열음화, 음절말 평폐쇄음화, 평파열음소화, 음절말 평파열음화, 연파열음화, 여린터짐소리 되기, 예사터짐소리 되기, 음절말 평파열음소화, 평음화

(나-6) 중화, 중화 현상, 중화 규칙, 자음 중화, 어말 자음 중화, 음절말 중화, 음절말 장애음 중화, 저해음 중화, 불파 저해음 중화, 장애음 중화, 말음 중화 현상, 종성 중화, 장애음 말음 중화 현상, 음절말 자음 중화

(나-7) 일곱 끝소리 되기, 칠종성 법칙, 칠종성화, 일곱 끝소리화, 칠종성 규칙

(나-1)은 종성의 자음이 달라진다는 의미를 담고 있다. 그러나 변화의 방향이 정확하게 나오지 않아서 정확성이 떨어진다. (나-2)는 서로 다른 자음이 종성에서 동일해진다는 의미를 담고 있다. 그러나 (나-2)도 (나-1)과 동일한 문제점을 지닌다. (나-3)은 대표음으로 바뀐다는 의미인데 대표음이 무엇인지 명시되지 않아서 (나-1, 2)의 용어가 지닌 문제점을 완전히 해결하지는 못한다.[32)]

(나-4)는 (나-1~3)의 문제점을 해소한 용어이다. '파장음화, 밀폐음화'에서의 '파장음, 밀폐음'은 모두 파열음을 가리킨다. 따라서 (나-4)는 파열음으로 바뀐다는 의미를 가진다. 그러나 단순히 파열음으로 바뀐다고만 해서는 평파열음화의 양상을 정확히 나타낼 수 없다. 평파열음화는 파열음 중에서도 평음으로 바뀌는 것이므로 용어를 더 한정할 필요가 있다. 이것을 감안한 것이 (나-5)이다. (나-5)는 모두 평파열음으로 바뀐다는 의미가 포함되어 있다. (나-5)는 음운 현상의 명칭을 정하는 원칙에 가장 충실한 용어라고 할 수 있다.[33)]

(나-6)은 모두 '중화'라는 표현을 포함하고 있다. 국어의 평파열음화를 중화로 해석하는 입장은 N. S. Trubetzkoy의 『Grundzüge der Phonologie』(1939년)에서 이미 나온다. 중화 이론을 집대성한 Trubetzkoy가 중화의 예로 제시했으므로 이것이 국내 학자들에게 미치는 영향력은 막대했다. 오랜 기간 평파열음화는 중화의 사례로서 별다른 의심을 받지 않았다. 그러나 배주채(1989)에서 평파열음화의 경우 원음소로 실현되는 것이 아니라 평파열음으로 실현되는 것이 명백한데도 중화로 해석하는 것은 타당하지 않다는 사실이 지적되면서 평파열음화를 중화로 보던 기존 입장은 심각한 타격을 받는다.[34)] 현재는 평파열음화를 중화로 보지 않는 입장이 더 우세한 듯하다.

(나-7)은 음절 종성에서 7개의 자음만 발음된다는 사실을 활용한 용어이다. 평파열음화가 적용되면 7개의 자음 중 하나로 바뀐다는 의미이다. 그러나 7개의 자음 중 'ㅁ, ㄴ, ㅇ, ㄹ'과 같은 공명음은 음절 종성에서 평파열음화의 적용을 받지 않으며, 장애음이 평파열음화의 적용을 받아 'ㅁ, ㄴ,

32) 평파열음화의 적용을 받은 출력형을 보통 대표음이라고 한다. 논의에 따라서는 자음군 단순화가 적용되었을 때 남는 자음을 대표음이라고 하기도 한다.

33) (나-5)에 속하는 용어 중 '평폐쇄음화' 대신 '평파열음화'를 사용해야 하는 이유는 '폐쇄음' 대신 '파열음'이라는 용어를 사용해야 하는 이유에서 비롯된다. 자세한 것은 '파열음' 항목에서 다루었다.

34) 이기문(1962ㄴ)에서 이미 음절 종성에서 실현되는 미파음을 유럽식으로 음소 분석을 하면 원음소가 되지만 미국식으로 음소 분석을 한다면 원음소가 아닌 평파열음이 된다는 언급을 한 바 있다. 평파열음화와 중화의 문제는 '중화' 항목에서 좀 더 자세히 다룬다.

ㅇ, ㄹ'로 바뀌는 경우도 없다. 그러므로 평파열음화를 (나-7)과 같이 7개의 자음 중 하나로 바뀐다고 표현하는 것은 타당하다고 보기 어렵다.

(다)에 속하는 용어로는 다음을 들 수 있다.

> (다-1) 종성 법칙, 음절의 끝소리 규칙, 끝소리 되기, 끝소리 규칙, 음절의 끝소리 현상
> (다-2) 받침 규칙, 받침 법칙
> (다-3) 말음 규칙, 말음 법칙

(다)에 속하는 용어는 평파열음화가 음절의 종성 또는 말음에 적용된다는 사실을 나타내고 있다. (다-1)이 (다)의 가장 대표적인 용어라고 할 수 있다. 표기의 차원을 중시하면 (다-2)와 같이 '받침'에 적용된다고 표현하기도 한다. 한편 (다-3)에 속하는 '말음 법칙, 말음 규칙'은 원래 1930년대부터 활발하게 쓰이지만 그 당시에는 평파열음화만 포함하는 것이 아니고 자음군 단순화까지 포함하는 개념이었다. 즉 '음절의 끝소리 규칙'이 처음 제안되어 사용되던 용법과 비슷했던 것이다.[35] (다-3)의 용어를 평파열음화만 가리키는 데 쓰는 것은 나중의 일이다.

(라)에 속하는 용어에는 '대표음 제약, 일곱 소리 제약'이 있다. 평파열음화는 음절 종성에서 발음되는 자음의 종류를 7가지로 제한하는 음절 구조 제약 때문에 일어나므로 이러한 제약과의 관련성을 중시하기 위해 제약의 명칭을 사용하는 것이다. 그렇지만 다른 음운 현상들 역시 관련되는 제약이 존재함에도 불구하고 그 명칭은 음운 현상의 성격에 부합하도록 정하는데 굳이 평파열음화만 예외적으로 처리해야 할 필연성이 떨어진다. 더욱이 제약과 음운 현상은 그 성격이 다르다. 제약은 충족 여부를 중시할 뿐 변화의 내용이나 방향까지 드러내지는 못한다. 반면 음운 현상은 입력형이 출력형으로 바뀌는 변화의 내용이나 방향이 중시된다. 그런 점에서 (라)에 속하는 용어는 타당성이 떨어진다.

(마)에 속하는 용어는 '중복 분포'로서 극히 일부 논의에서만 찾을 수 있는 매우 특별한 용어이다. '중복 분포'는 '상보적 분포'에 대비되는 개념으로 복수의 대상이 출현하는 분포에 일부 겹치는 부분이 있는 경우를 가리킨다.[36] 이 용어는 평파열음화가 적용되어 최종적으로 실현되는 미파음의 경우 여러 음소에 대응하여 그 음소들의 분포가 중복적이라는 의미를 담고 있다. 가령 'k>'는 'ㄱ, ㅋ, ㄲ'의 세 음소가 음절 종성에 놓일 때 실현되는 음으로 세 음소 모두의 변이음이기 때문에 'ㄱ', 'ㅋ', 'ㄲ'은 중복 분포를 지닌다는 것이다. 그러나 'k>'는 'ㄱ'의 변이음일 뿐 'ㅋ'이나 'ㄲ'의 변이음이라고 보기는 어렵다. 그러므로 평파열음화를 '중복 분포'라고 부르는 것 역시 타당하지 않다.

④ 관련 항목

미파음, 미파화, 음절 구조 제약, 음절의 끝소리 규칙, 장애음, 종성, 평파열음

---

35) 여기에 대해서는 '말음 법칙'과 '음절의 끝소리 규칙' 항목에서 다루고 있다.
36) '분포'의 여러 종류에 대해서는 '상보적 분포' 항목에서 설명되었다.

평판조

① 용어의 별칭

국어 평판식[平板式](左久間鼎 1919, 神保格 1927, 宮田幸一 1927, 한재영 외 2003), 평판조[平板調](金田一京助 1932, 三根谷徹 1953, 이기문 1960, 진단학회 1962, 김영만 1972), 평판형[平板型](寺川喜四男 1950, 金田一春彦 1967, 김완진 1973ㄴ, 日本音聲學會 編 1976), 평판적[平板的](服部四郎 1951), 평계조[平階調](정연찬 1960), 환성 억양 조직[換聲 抑揚 組織](장태진 1963ㄴ), 평판조 체계[平板調 體系](이기문 1963ㄱ, 정연찬 1977), 수평조[水平調](장태진 1963ㄴ, 허웅 1968ㄱ, 정연찬 1971, 日本音聲學會 編 1976), 수평 토님(허웅 1968ㄱ), 수평 조직(김차균 1969, 주상대 1976, 국립국어연구원 1996), 수평 체계(정연찬 1969ㄴ, 김영만 1972, 橋本萬太郎 1973ㄱ), 수평 성조[水平 聲調](정연찬 1970ㄱ, 이정민・배영남 1987, 김무림 1992), 수평 성조 체계(정연찬 1970ㄱ), 평판 음조[平板 音調](竹林滋・橫山一郎 譯 1970, 龜井孝 外 編 1996), 평탄조(김영만 1972), 수평조 높이(황희영 1979), 음역 성조(이현복・김기섭 역 1983), 평성조[平聲調](이현복・김기섭 역 1983, 이혜숙 1985, 龜井孝 外 編 1996), 성역 성조[聲域 聲調](황귀룡 역 1986, 김무림 1992, 龜井孝 外 編 1996), 평조[平調](김영만 1988), 평평한 가락(권재선 1992), 평탄 성조[平坦 聲調](김무림 1992), 평음조(원경식 1993), 성역조[聲域調](원경식 1993), 평판 성조[平板 聲調](배주채 1996ㄱ, 이정일 1999, 이진호 2001), 점성조[點聲調](龜井孝 外 編 1996), 표점 성조[標點 聲調](龜井孝 外 編 1996), 정조[靜調](이은정 2005)

영어 level tone, register tone, punctual tone, static tone

② 개념 설명

　'고저'에 속하는 운소의 실현 단위 중 높낮이의 변화 없이 일정한 높이를 그대로 유지하는 것을 말한다. 중간에 높낮이가 변하는 '굴곡조'와 대립된다. 고저 중에서도 특히 '성조'에 대해 '평판조'라는 개념을 사용한다. 따라서 성조가 실현된 성조소 중 높낮이가 일정하게 유지되는 것을 가리킨다고 할 수 있다.[37] 평판조에 속하는 대표적인 것은 고조(High)와 저조(Low)가 있으며 중조(Mid)가 추가되기도 한다. 경우에 따라서는 개별 성조소에 국한하지 않고 높낮이 변화가 없는 성조소로만 이루어진 성조 체계를 가리키는 데 사용하기도 한다.

③ 용어 설명

　'평판조'를 가리키는 용어들은 '평평하다' 또는 '수평적이다'라는 의미를 가진 것이 가장 많다. '평판식, 평판조, 평판형, 평판적, 평계조, 수평조, 수평 성조, 평판 음조, 평탄조, 평성조, 평조, 평음조' 등이 모두 여기에 속한다. 높낮이의 변화가 없으므로 이것을 '평판'이나 '수평'으로 표현한 것이다. 'level'의 번역어라고 할 수 있다. '음역 성조, 성역 성조, 성역조'에서 '음역'이나 '성역'은 'register'의 번역어이고 '표점 성조, 점성조'의 '표점, 점'은 'punctual'의 번역어이다. 이 두 계열의 용어는 모두 같은 높이나 음역을 유지한다는 의미이다. 따라서 앞서 살핀 '평판조' 계열의 용어와 크

---

37) 築島裕(1964)에 따르면 '평판조'를 성조가 아닌 악센트에 사용하면 악센트 핵을 가지지 않는 것이 평판조가 된다고 한다.

게 다르지 않다. '정조'는 'static'의 번역어로 이 역시 높낮이의 변화가 없다는 의미와 통한다. 결과적으로 '평판조'를 가리키는 용어는 모두 번역어의 성격을 지닌다고 할 수 있다.

④ 관련 항목

고저, 굴곡조, 성조

폐모음

① 용어의 별칭

국어 닫홀소리(김두봉 1922, 이극로 1932ㄴ), 협모음[狹母音](安藤正次 1927, 泉井久之助 1944, 服部四郎 1951, 김완진 역 1958, 장태진 1960, 김형주 1961), 폐구음[閉口音](박승빈 1931, 김우불 1937), 폐구모음[閉口母音](이극로 1934, 심의린 1949ㄴ), 폐모음[閉母音](최현배 1937ㄱ, 이영철 1948, 寺川喜四男 1950, 小林智賀平 1952, 服部四郎 外 1957, 김완진 1965), 닫은 홀소리(최현배 1937ㄱ, 이영철 1948, 허웅 1968ㄴ), 근폐모음[近閉母音](편집실 1938ㄷ), 소각음[小角 音](이극로 1941), 닫은 소리(박종우 1946, 정재도 1952, 최현배 1970), 거진 닫음의 소리(김윤경 1948ㄱ), 소개모음 [小開母音](寺川喜四男 1950, 日本音聲學會 編 1976), 닫힌 모음(김민수 1978ㄱ, 남광우 외 1982, 이현복 1989), 소간극 모음(한문희 1979), 턱좁힌 홀소리(황희영 1979), 닫힌 홀소리(황희영 1979), 작은벌림 모음(류렬 1992), 폐음 (레프 콘체비치 2001, Erdenetuya 2011), 폐모음소(최명옥 2004)

영어 close vowel, closed vowel

② 개념 설명

단모음을 분류할 때 입의 벌림(개구도)을 기준으로 분류한 부류 중 하나이며 입을 가장 적게 벌려서 발음하는 모음을 가리킨다. 개구도는 혀의 높낮이와 직접적인 관련이 있어서 혀의 높낮이를 기준으로 하면 고모음에 해당한다. 국어의 폐모음에 어떤 단모음이 속하는지는 단모음의 목록에 따라 약간씩 차이가 난다. 10모음 체계에서는 '이, 위, 으, 이'가 폐모음에 속하지만 '위'가 단모음 목록에서 빠질 경우에는 '이, 으, 이'만 폐모음에 속한다.

③ 용어 설명

'폐모음'을 나타내는 용어들은 '개모음'을 나타내는 용어와 정확히 대칭적이다. 개모음을 가리키는 네 계열의 용어에 대해 그 반대 개념을 나타내는 용어가 존재한다.[38] 대다수 용어는 '입이 닫힌다'는 의미를 담고 있다. '닫홀소리, 폐구음, 폐구모음, 닫은 홀소리, 닫힌 모음, 턱좁힌 홀소리' 등이 그러하다. 경우에 따라서는 '근폐모음, 거진 닫음의 소리, 작은벌림 모음'처럼 입이 '완전히' 닫

---

38) 개모음을 가리키는 용어는 '개모음' 항목에 제시되어 있다.

히는 것이 아니라 오히려 '약간'은 열린다는 의미를 담기도 한다. 엄밀히 말하면 폐모음을 발음할 때에도 입이 완전히 닫히는 것은 아니므로 오히려 이 계통의 용어가 더 정확하다고 할 수 있다. '소각음, 소간극 모음' 등은 입을 적게 벌림으로써 각도가 작다는 사실을 담고 있다. 그 외에 '협모음'은 입을 적게 벌려서 그만큼 간격이 좁다는 점을 부각한 용어라고 할 수 있다.[39]

④ 관련 항목

　개구도, 개모음, 고모음, 반개모음, 반폐모음

폐쇄음

① 용어의 별칭

> **국어** 다막음소리(김두봉 1922, 장지영 1937), **닫음소리**(최현배 1937ㄱ, 이병운 2000), **폐쇄음[閉鎖音]**(小倉進平 1923, 정렬모 1927ㄱ, 박상준 1932, 홍기문 1933, 新村出 1943, 橋本進吉 1948), **다막음**(이극로 1934), **폐색음[閉塞音]**(홍기문 1935, 최현배 1937ㄱ, 홍기문 1947), **폐쇄음운**(有坂秀世 1940), **단음[斷音]**(주왕산 1948, 寺川喜四男 1950, 日本音聲學會 編 1976), **폐지음**(木坂千秋・郡司利男 譯 1957, 增山節夫 譯 1959, 이병건 1977ㄴ, 梅田博之 1983), **정지음[停止音]**(양동휘 1967, 허웅 1968ㄱ, 김영송 1972), **순간음[瞬間音]**(허웅 1968ㄱ, 日本音聲學會 編 1976, 이기문 외 1984), **폐음[閉]**(小泉保・牧野勤 1971), **비지속음[非持續音]**(전상범 1977ㄴ, 조항근 1980, 이기문 외 1984), **구폐쇄음[口閉鎖音]**(황귀룡 역 1986), **폐쇄자음**(황귀룡 역 1986), **비계속음**(정국 1994), **막힘소리**(김성근 1995), **닫힘소리**(고도흥 1998), **구강폐쇄음[口腔閉鎖音]**(장영길 1998ㄱ), **막음소리**(신지영 2000ㄱ)
>
> **영어** stop, occlusive

② 개념 설명

　발동부의 종류 또는 기류의 방향과 상관없이 '폐쇄→지속→파열'의 세 단계를 거치는 자음을 총칭하는 광의의 용법과 폐에서 나오는 날숨을 이용하여 '폐쇄→지속→파열'의 세 단계를 거치는 자음을 가리키는 협의의 용법이 있다.[40] 협의의 용법은 '파열음'과 동일하다. '파열음'은 별도의 항목으로 설정되어 있으므로 여기서는 광의의 용법만을 다루기로 한다.

　폐쇄음은 발동부의 종류와 기류 방향에 따라 다음과 같은 유형으로 구분할 수 있다.[41]

---

39) '협모음'이라는 용어는 'narrow vowel'의 번역어로 긴장 모음을 가리키는 데 사용되기도 하는데 이것은 여기서 말하는 '폐모음'의 의미와는 상당히 다르다. 자세한 것은 '긴장음' 항목을 참고할 수 있다.
40) '폐쇄음'을 가리키는 영어 'stop'도 광의의 용법과 협의의 용법을 모두 지닌다.
41) 논의에 따라서는 비음을 폐쇄음에 추가하기도 한다. 小泉保・牧野勤(1971)이 그러한데, 小泉保・牧野勤(1971)은 폐쇄음(stop)에 파열음과 비음을 포함하고 그 반대 개념으로 '마찰음, 유음, 반모음'을 포괄하는 개음(開音, patents)를 두었다.

발동부	기류 방향	폐쇄음의 종류
폐	날숨	파열음(plosive)
후두	날숨	방출음(ejective)
	들숨	내파음(implosive)
연구개	들숨	흡착음(click)

파열음, 방출음, 내파음, 흡착음은 기류의 출발점인 발동부나 기류의 방향 중 하나 이상의 특징이 다르지만 공통적으로 기류가 특정 위치에서 폐쇄된 후 유지되다가 마지막 단계에서 막은 부위를 터뜨려 한꺼번에 공기를 보낸다. 이 중 가장 일반적으로 나타나는 폐쇄음은 당연히 '파열음'이다. 국어에 존재하는 폐쇄음도 모두 '파열음'이다. 폐쇄음의 하위 유형에 대한 구체적 설명은 개별 항목을 참조할 수 있다.

③ 용어 설명

'폐쇄음'을 지칭하는 용어들 중 대다수는 '폐쇄, 막히다'라는 의미를 나타내는 것들이다. '폐쇄음'을 비롯하여 '다막음소리, 닫음소리, 폐색음, 폐지음, 정지음, 막힘소리, 닫힘소리' 등이 모두 그러하다.[42] 비슷한 사실을 '순간음, 단음'이나 '비지속음, 비계속음'으로 표현하기도 한다. 이것은 공기의 흐름이 지속되지 않아서 조음 과정이 순간적으로 끊어졌다가 일어난다는 사실을 반영한 용어들이다.

④ 관련 항목

내파음, 방출음, 순간음, 지속음, 파열음, 흡착음

---

42) '폐쇄음'이라는 용어는 상당히 다양한 의미로 쓰이고 있어서 주의를 요한다. 앞서 언급한 광의의 용법과 협의의 용법을 모두 지니는 것은 물론이고 이와 다른 의미로도 사용되고 있다. 가령 발음의 첫 단계에서 폐쇄가 일어나는 것을 묶는 개념으로 쓰이기도 한다. 이럴 경우에는 비음이나 파찰음도 폐쇄음의 부류에 포함된다. 이 자음들도 폐쇄 단계는 거치기 때문이다. 또한 파열음 중 파열 단계가 생략되는 '미파음'과 동일한 개념으로 쓰이기도 한다. 미파음은 폐쇄된 채로 조음 과정이 끝나므로 '폐쇄음'이라고 부르는 경우가 있다.

폐쇄 지속 시간

① 용어의 별칭

국어 폐쇄 시간(川喜四男 1950, 문안나 2005), 기식 휴지 동안(강길운 1955), 기식 폐쇄 시간(강길운 1955), 폐색 시간(표진이 1975, 이윤동 1984), 폐쇄 기간(김영만 1976, 신지영 1998, 최성원·전종호 1998), 폐쇄 지속 시간(김재민 1977, 김성련 1992ㄱ, 김정우 1994), 폐쇄 지속 기간(김석득 1980, 이은영 1995, 이문규 2004), 조음 폐쇄 기간 [調音 閉鎖 期間](朴惠淑 1981), 막음 지속(김성수 1991), 닫음 지속 시간(양순임 1996, 이근열 1997ㄱ), 폐쇄 구간 길이(고현주 1999), 폐쇄 구간 지속 시간(이보림 외 1999), 폐쇄 기간(신지영 2000ㄱ, 김정아 2004), 자음 폐쇄 기간(강옥미 2003), 폐쇄 구간 시간(이석재 2003), 휴지 길이(최태환·한정임 2003), 폐쇄 구간(장우혁·정윤자 2009), 폐쇄 길이(오은진 2012)

영어 closure duration time

② 개념 설명

파열음이나 파찰음과 같이 '폐쇄'되는 구간을 가진 음을 발음할 때 폐쇄 단계가 유지되는 시간을 가리키는 개념이다. 폐쇄 지속 시간은 자음의 길이와 직접적인 관련이 있다. 폐쇄 지속 시간이 길수록 자음의 길이 역시 길어질 수밖에 없다.

국어에서는 두 가지 측면에서 폐쇄 지속 시간의 개념을 활용하고 있다. 가장 대표적인 것은 장애음의 삼지적 상관속을 이루는 평음, 경음, 유기음의 차이를 폐쇄 지속 시간의 차이로 설명하는 것이다. 이 세 부류의 자음은 '평음<유기음<경음'의 순서로 폐쇄 지속 시간이 길어진다. 다른 하나는 근대 국어 시기의 문헌에서 흔히 나타나는 중철 표기를 폐쇄 지속 시간과 결부지어 해석하는 것이다. 중철 표기에 대해서는 중세 국어의 연철 표기에서 현대 국어의 분철 표기로 이행되는 과정에서 나타나는 과도기적 표기라고 보기도 하지만, 음성학적인 측면을 고려하여 폐쇄 지속 시간이 길다는 사실을 중철이라는 특수한 방식으로 드러낸 것이라고 보기도 한다.

③ 용어 설명

'폐쇄 지속 시간'을 가리키는 용어들은 대부분 '폐쇄가 이루어지는 시간'을 의미하고 있다. 유일한 예외인 '휴지 길이'는 폐쇄가 이루어지는 동안에는 아무런 소리가 나지 않으며 이것이 '휴지'의 실현과 동일하다는 점을 고려한 용어이다. 근본적인 취지는 크게 다르지 않다.

④ 관련 항목

파열음, 파찰음, 폐쇄음, 휴지

폐음절

① 용어의 별칭

국어 복음[複音](安泳中 1906, 藥師寺知曨 1909, 崔在翊 1918, 朴重華 1923, 李完應 1926), 중음[重音](魯璣柱 1924), 받친 낱내(최현배 1929), 닫힌 낱내(최현배 1929, 이응호 1958, 김차균 1993ㄱ), 폐음절[閉音節](金田一京助 1932, 有坂秀世 1940, 河野六郎 1945, 정경해 1953, 이희승 1955, 홍기문 1962), 받침 낱내(최현배 1937ㄱ, 이응호 1958, 배달말학회 1975), 폐쇄 음절[閉鎖 音節](주왕산 1948, 이숭녕 1954ㅂ, 김계원 1967), 폐음[閉音](유창돈 1959ㄴ), 폐모음[閉母音](이병선 1965), 닫는 소리마디(김계원 1967), 닫힌 음절(이병건 1980, 임용기 1986, 김영석 1987), 닫힌 낱내(김승곤 1982), 폐식 음절[閉息 音節](이정민 · 배영남 1987), 닫긴 마디(김용환 1988), 닫힌 소리마디(김차균 1991ㄱ, 이주행 2004, 서상규 · 박석준 2005), 닫힌 마디(류렬 1992, 서상규 · 박석준 2005), 억지성[抑止性](이철수 1994), 닫긴 소리마디(김성근 1995, 고도흥 1998), 막힘 소리마디(김성근 1995), 닫긴 마디(서상규 · 박석준 2005)

영어 closed syllable, checked syllable [43)]

② 개념 설명

종성의 유무에 따라 음절의 유형을 둘로 나눌 때 종성이 있는 음절 유형을 가리킨다.[44)] 반대 개념은 '개음절'이다. 종성이 있기 때문에 폐음절을 발음할 때에는 기류가 막히거나 또는 장애를 받는다. 그래서 폐음절에 놓인 모음을 억지 모음(checked vowel)이라고 부르기도 한다.[45)]

③ 용어 설명

'폐음절'을 나타내는 용어 중 가장 많은 것은 대응하는 영어의 'closed'를 그대로 직역하여 '閉, 닫히다'로 표현한 경우이다. '폐음절, 닫힌 낱내, 폐쇄 음절, 닫힌 음절, 닫힌 소리마디' 등이 모두 그러하다. '억지성, 막힘 소리마디'는 영어 'checked'를 직역한 용어로 종성이 있어서 음절의 끝이 막힌다는 사실을 고려한 용어이다. 이 외에 '받친 낱내, 받침 낱내'는 종성에 해당하는 받침이 있다는 점을 직접 반영한 것이다.

한편 '복음'과 '중음'은 예전에 일본어학적 차원에서 쓰인 용어이다. 개음절을 하나의 단위로 보고 여기에 종성이 붙으면 복합적 단위가 된다고 본 듯하다. 일본어의 경우 폐음절은 비음이나 촉음으로 끝나는 것으로 한정되는데 이런 경우 별도의 글자를 사용하여 폐음절은 두 개의 글자로 나타낼 수밖에 없다. 이러한 사실을 감안하여 폐음절을 '복음'이나 '중음'으로 표현하지 않았을까 추측된다.

---

43) 'checked syllable'은 폐음절에 놓인 모음을 'checked vowel'이라고 부르는 것과 관련이 있다.

44) 북한에서는 폐음절이라고 하더라도 공명음인 유음, 비음으로 끝나는 것과 장애음으로 끝나는 것을 구분하여 전자는 '반열린 소리마디', 후자는 '닫긴 소리마디'로 나누기도 한다. 이는 공명음보다 장애음으로 끝나는 폐음절의 막힘이 더 완전하다는 점을 고려한 것이다.

45) '억지 모음'을 가리키는 용어로는 '억지 모음[抑止 母音]'(小泉保 · 牧野勤 1971, 日本音聲學會 編 1976), 억제 모음[抑制 母音](이영길 1983), 구속 모음[拘束 母音](이은정 2005)' 등이 있다.

④ 관련 항목

개음절, 받침, 음절, 종성

표면형

① 용어의 별칭

국어 음성 표면 형식(이승환 1970), 음성 표시(이기문 1972, 최명옥 1978ㄴ), 표면 표시[表面 表示](이기문 1972,
이병건 1976, 이철수 1994), 파생형(김진우 1976), 표면형[表面形](이병건 1976, 최명옥 1976ㄴ, 전상범 1977ㄴ), 음성
실현(이광호 1978), 표층형(林榮一・間瀨英夫 譯 1978, 김형엽 1998, 이숙주 2007), 음성형(최명옥 1980, 강창석 1984, 윤병택
1987), 도출형(최경애 1982, 구인애 1983, 김덕호 1986), 유도된 형(이영길 1983), 표면 표상(김차균 1986ㄱ), 겉꼴
(임용기 1986), 표면 음성형(윤병택 1987, 전상범 1987, 서보월 1992), 표면 도출형(박기영 1995), 표면 형태(박천배
1997, 한수정 2014), 출력형(신미경 2000), 발화형(변용우 2006), 최종 도출형(임석규 2007)

영어 surface form, surface representation

---

② 개념 설명

생성 음운론의 도출 과정에서 마지막에 위치하는 형태를 가리킨다. 기저형에 음운 규칙들이 모
두 적용되어 나오는 최종적인 발음 형태이다. 화자가 실제로 발음하거나 청자가 직접 귀로 듣는 형
태가 표면형이다. 원칙적으로 표면형은 변이음 실현 과정까지 모두 마친 최종적인 발음 형태이어
야 하지만, 음운론 연구에서는 편의상 음운들 사이의 변동이 마무리된 형태를 표면형으로 인정하
는 경우도 적지 않다.[46]

③ 용어 설명

'표면형'이라는 개념은 생성 음운론에서 본격적으로 도입했기 때문에 국어 용어는 영어 표현을
어떻게 번역할 것인지와 직접적인 관련이 있다. 표면형은 표면에 나타나는 형태라는 측면에 중점
을 둘 수도 있고 실제 발음되는 음성형이라는 측면에 중점을 둘 수도 있다. '표면 표시, 표면형, 표
층형, 표면 표상, 겉꼴'은 표면에 나타나는 형태라는 의미이고, '음성 표시, 음성 실현, 음성형, 발화
형'은 실제 발음되는 음성형이라는 의미이다. 경우에 따라서는 '음성 표면 형식, 표면 음성형'와 같
이 두 가지 의미를 동시에 표현하는 용어도 있다.

한편 '파생형, 도출형, 유도된 형, 표면 도출형, 출력형, 최종 도출형'은 '도출'이라는 과정에서 마
지막 단계에 놓이는 형태라는 의미를 담고 있다. 도출의 마지막 단계에 있는 것이 표면형이므로 이

---

46) 음운론에서의 표면형은 구체적인 변이음으로의 실현 양상은 반영하지 않아도 큰 문제가 되지는 않는다.

용어들도 표면형을 지칭하는 데 쓰일 수 있다. 다만 몇 가지 문제가 없지는 않다. 우선 기저형이 도출을 거치지 않고 아무런 변화 없이 그대로 실현되어도 표면형이 되는데, 이런 표면형에 대해서는 '파생형, 도출형' 등과 같이 도출과 결부시킨 용어들을 사용하기 어렵다. 또한 '표면 도출형'이나 '최종 도출형'과 같이 '표면'이나 '최종'과 같은 단서를 붙인 용어들은 오로지 표면형만을 가리키지만 '파생형, 도출형, 유도된 형, 출력형'은 표면형이 아닌 중간형을 나타낼 수도 있다는 점에서 정확성이 다소 떨어진다. 전체 도출 과정 중 일부만 거친 중간형이라고 하더라도 '도출형'에는 속하므로 '도출형, 파생형' 등과 같은 표현만으로 표면형을 가리키기에는 어느 정도 무리가 따른다.

④ 관련 항목

기저형, 도출, 중간형

피동화음

① 용어의 별칭

> **국어** 피영향자[被影響者](小林英夫 1935), 피동화음[被同化音](김완진 1963ㄱ, 이병근 1976ㄱ, 이승재 1977), 피동화주(전광현 1979, 백두현 1982, 최명옥 1982), 변화소(이근규 1983), 동화 대상음(황인권 1985, 이재영 2005), 원음[原音](김아영 1986, 이학문 1986, 문순단 1990), 동화음[同化音](이철수 1994), 변화음(정국 1994, 강옥미 2003), 대상음(허은애 1998), 피동화자(이석재 1999), 목표음(조담옥 2002), 피결정주(노채환 2007)
>
> **영어** assimilated sound,[47] affected sound, undergoer, target, focus,[48] original segment, original sound

② 개념 설명

동화 현상에서 동화를 입는 음을 가리킨다. 즉 동화 현상에서 입력형에 해당하는 것이 피동화음이다. 피동화주는 동화 현상에서 동화음의 특성을 닮아 변화를 겪게 된다.

③ 용어 설명

'피동화음'을 가리키는 용어 중에는 '동화를 입는다'는 사실을 가리키기 위해 '피(被)'로 시작하는

---

[47] 'assimilated sound'는 피동화음이 아니고 동화가 일어남으로써 바뀐 결과를 가리키는 데에도 사용된다. 문순단(1990), 김정숙(1996)에서는 이런 의미의 'assimilated sound'를 '동화음'이라고 부르고 있다. 이처럼 'assimilated sound'를 피동화음이 아닌, 피동화음이 바뀐 음을 가리키는 데 쓸 때에는 피동화음을 지칭하는 데 'original segment'라는 표현을 사용한다. 문순단(1990), 김정숙(1996)에서는 'original segment'를 '원음'이라고 부른다.

[48] '대상음(이병훈 2009, 김신효 2011), 목표음(김정숙 1996, 김신효 2011)'으로 번역되는 'target', '변화소(구인애 1983, 이근규 1983), 변화 요소(김병욱 1983)'로 번역되는 'focus'는 동화 현상에만 국한되지는 않고 다른 음운 현상에서도 변화를 입는 입력형을 가리키는 데 쓰이고 있다. 'affected sound, undergoer'도 마찬가지이다.

것들이 많다. '피영향자, 피동화음, 피동화주, 피동화자, 피결정주'가 그러하다. 이 중 '피동화주'와 '피동화음'이 많이 쓰이는데, 동화를 입는 것은 주체라고 하기 어렵다는 점에서 '피동화주'보다는 '피동화음'이 좀 더 타당해 보인다. '변화소, 변화음'은 변화를 입는 음이라는 의미를 담고 있다. 그러나 이때의 '변화'는 동화에만 국한되지 않으므로 그리 적절한 용어라고 보기는 어렵다. '동화 대상음, 대상음, 목표음'은 모두 동화라는 음운 현상의 입력형이라는 사실을 나타내고 있다. '원음'은 'original segment, original sound'의 번역어로 동화가 일어나기 전의 음이라는 의미를 나타낸다. '원음'도 '변화소', '변화음'이 가지는 문제점을 그대로 지닌다.

④ 관련 항목

　　동화, 동화음

Ⅱ

'ㅎ' 말음 체언

① 용어의 별칭

> **국어** 'ㅎ' 미명사[尾名詞](전몽수 1941ㄱ), 'ㅎ' 말음 명사(김민수 1952, 남광우 1957, 이기문 1972), 'ㅎ' 받침
> 명사(김민수 1952), 'ㅎ' 종성 체언(남광우 1957, 유구상 1971, 허웅·박지홍 1971), 'ㅎ' 종성의 체언(나진석 1960),
> 'ㅎ' 곡용어(남광우 1959ㄴ, 김영배 1979, 조세용 1979), 'ㅎ' 말음 체언(김형규 1963, 이기문 1968ㄴ, 조세용 1979),
> 'ㅎ' 받침의 임자씨(김영신 1966ㄱ), 'ㅎ' 종성 임자씨(김영신 1966ㄱ), 'ㅎ' 끝소리를 가진 체언(김선기 1970),
> 'ㅎ' 첨용어[添用語](남광우 1971), 'ㅎ' 끝소리를 가진 임자씨(허웅·박지홍 1971), 'ㅎ' 특수 명사(김영배 1979),
> 'ㅎ'으로 끝나는 임자씨(조세용 1979), 'ㅎ' 말음 어간(조세용 1979), 'ㅎ' 첨용 활용어(조세용 1979), 'ㅎ' 종
> 성 명사(김공칠 1980, 이병근 2003), 'ㅎ' 곡용 체언(정연찬 1983), 'ㅎ' 곡용 명사[曲用 名詞](도수희 1986, 이철수
> 1994), 'ㅎ' 끝소리 명사(김동소 1998), 'ㅎ' 끝소리 체언(이은정 2005), 'ㅎ' 보유어(김유범 2006)

② 개념 설명

'ㅎ'으로 끝나는 체언을 가리킨다. 현대 국어에는 존재하지 않지만 중세 국어 시기에는 널리 존
재했다. '웋(上), ㅎ낳(一), 않(內), 않(雌), 하눌(天), 돓(石)' 등 많은 단어들이 예전에는 'ㅎ'을 말음으로
가지고 있었다. 그러나 중세 국어 시기부터 이미 'ㅎ'이 없어지는 변화가 일부 단어에서부터 발견
되어서 근대 국어를 거치면 모두 'ㅎ'이 사라진 형태로 바뀌게 된다. 현재는 '암캐(않+개), 수탉(숳+
닭)' 등과 같은 복합어에만 그 흔적이 남아 있을 뿐이다.

중세 국어 시기의 'ㅎ' 말음 체언이 보이는 교체 양상은 규칙적이라고 보기는 어렵다.

> (가) 따히(짷+이), 따ᅙ로(짷+ᄋ로), 따콰(짷+과), 따토(짷+도), 따마다(짷+마다),
>
>   따(짷#), 짯(짷+ㅅ)

(가)에서 보듯 'ㅎ' 말음 체언 뒤에 모음으로 시작하는 조사가 결합하면 'ㅎ'이 온전히 연철되어

나타나며, 뒤에 'ㄱ, ㄷ'와 같이 평음으로 시작하는 조사가 오면 유기음화가 실현되어 역시 간접적으로나마 'ㅎ'의 존재를 드러낸다. 그러나 조사 '마다, ㅅ'과 결합하거나 홀로 쓰일 때에는 'ㅎ'이 나타나지 않는다. 이러한 교체 양상은 중세 국어의 일반적인 형태소 교체 양상에 비추어 결코 규칙적이라고 하기 어렵다. 그런 점에서 'ㅎ' 말음 체언의 'ㅎ'이 사라지게 된 후대의 변화는 불규칙적인 교체를 보이는 명사가 규칙적인 교체를 보이게 되는 일련의 변화 흐름과 맥을 같이한다고 볼 수 있다.

한때는 체언의 말음 'ㅎ'이 첨가된다고 보거나 또는 'ㅎ'을 조사의 일부로 보는 경우도 없지 않았다. 특히 첨가설을 주장하는 경우가 적지 않았다. 'ㅎ 첨용어, ㅎ 첨용 활용어'와 같은 용어는 모두 'ㅎ'의 첨가설을 반영하고 있다. 'ㅎ'이 첨가되는 이유에 대해서는 발음을 고르게 하기 위함이라고 해석하면서 첨가된 'ㅎ'에 대해 발음을 고르게 하는 '조음소(調音素)' 또는 '연음소(連音素)'라고 부르기도 했다. 그러나 이런 입장을 취할 경우 왜 특정한 체언에서만 'ㅎ'이 나타나는지를 설명하기가 어렵다.

'ㅎ' 말음 체언의 'ㅎ'은 기원적으로 'ㄱ'에서 자음 약화를 거쳐 나온 것일 가능성이 높다. 이것은 주로 방언에 남아 있는 'ㅎ' 말음 체언의 반사형을 통해 확인할 수 있다. 방언에서는 '욱에, 우그로(上), 독(石), 가슭에(秋)' 등에서 보듯 'ㅎ' 말음 체언이었던 명사들의 말음이 'ㄱ'으로 남아 있는 경우가 적지 않다. '나랑(<나랗, 國), 바당(<바닿, 海)'과 같은 방언형의 존재도 'ㅎ'의 원음을 'ㄱ'으로 볼 때 좀 더 설명하기가 쉽다.[1]

③ 용어 설명

'ㅎ' 말음 체언을 가리키는 용어는 'ㅎ'의 첨가설을 주장하는 것들을 제외하면 모두 'ㅎ'으로 끝나는 명사 또는 체언이라는 의미를 담고 있다. 그런데 세부적으로 보면 'ㅎ'의 위치를 '종성' 또는 '받침'으로 표현하는 것과 단순히 '말음'이라고 표현하는 것이 구분된다. 전자의 대표적인 용어로는 'ㅎ 종성 체언'이 있고 후자의 대표적인 용어로는 'ㅎ 말음 체언'이 있다. 앞서 (가)의 중세 국어 자료에서도 확인했듯이 'ㅎ' 말음 명사의 'ㅎ'은 종성이나 받침으로 발음되거나 표기되는 경우가 전혀 없다. 다만 해당 체언들이 'ㅎ'으로 끝날 뿐이다. 그런 점을 감안할 때 'ㅎ 종성 체언' 계열의 용어보다는 'ㅎ 말음 체언' 계열의 용어가 더 타당해 보인다.

④ 관련 항목

'ㄱ' 약화, 불규칙, 유추적 평준화, 재구조화, 패러다임

---

1) 국어에는 평파열음이 동일한 조음 위치의 비음과 상호 교체되는 변화가 간헐적으로 발견된다. '나랑, 바당'과 같은 방언형도 '나랗, 바닿'에서 바뀌었다고 보기보다는 '나락, 바닥'에서 'ㄱ'이 동일 조음 위치의 비음 'ㅇ'으로 바뀌었다고 보는 편이 설명하기에 좀 더 유리하다. 이러한 변화에 대해서는 이진호(2013)에서 자세히 다룬 바 있다.

하향 이중 모음

① 용어의 별칭

국어 하강적 이중 모음[下降的 二重 母音](小倉進平 1923, 新村出 1943, 이숭녕 1947ㄱ, 지춘수 1968, 허웅 1968ㄱ), 점약적 중모음[漸弱的 重母音](寺川喜四男 1950), 하강 이중 모음[下降 二重 母音](市河三喜・河野六郎 1951, 양동휘 1967, 竹林滋・橫山一郎 譯 1970, 김완진 1971ㄱ, 이현복 1971, 日本音聲學會 編 1976), 하강적 중모음(허웅 1952, 주상대 1976, 김춘애 1978), 하향 이중 모음[下向 二重 母音](木坂千秋・郡司利男 譯 1957, 강길운 1958, 이기문 1972, 田中春美 外 1975, 최태영 1979), 강이중모음[降二重母音](太田朗 1959), 하강적인 이중 모음(서재극 1961), 하강적 겹홀소리(박지홍 1975, 이상태 1976, 김영송 1977ㄱ), 하강적 복원음[下降的 複元音](董同龢 1972), 점강적 복합원음[漸降的 複合元音](日本音聲學會 編 1976), 하강 이합원음[下降 二合元音](日本音聲學會 編 1976), 하강 중모음[下降 重母音](日本音聲學會 編 1976), 점약 중모음[漸弱 重母音](日本音聲學會 編 1976), 하강적 두겹홀소리(김영송 1977ㄱ), 하향성 이중 모음[下向性 二重 母音](이승재 1977, 곽충구 1980, 한영균 1980), 하강 이중 음(박종희 1983ㄱ), 하향적 이중 모음(박창원 1983, 이병근・최명옥 1997, 김경훤 2003), 하강적 겹모음(권오선 1990), 내림 겹홀소리(이근영 1990, 신연희 1991, 조오현 1998), 하향식 중모음(정 철 1990), 내림형 겹모음(류렬 1992), 하강형 겹모음(류렬 1992), 하향 중모음(백두현 1992ㄴ), 내리 겹모음(김성근 1995), 하향 겹모음(김성근 1995), 하강 겹모음(김성근 1995), 하향 중모음(백두현 1997), 내림 두겹홀소리(김영선 1995), 내림 겹소리(김광웅 2001), j 끝 이중 모음소(최명옥 2004), 활음 끝 이중 모음소(최명옥 2004), 내림 이중 모음(이근열 2008)

영어 falling diphthong, descending diphthong, off glide diphthong, off gliding diphthong

---

② 개념 설명

이중 모음의 구성 음소 중 음절 주음이 음절 부음보다 앞에 오는 이중 모음을 가리킨다.[2] 반모음이 포함된 이중 모음은 반모음이 후행하는 것이 여기에 속하며, 단모음(單母音)의 연쇄로 된 이중 모음은 개구도(또는 공명도)가 더 낮은 단모음이 뒤에 오는 것이 여기에 속한다. 하향 이중 모음은 상향 이중 모음의 반대 개념이다. 이 둘의 주된 차이는 음절 주음과 음절 부음의 위치에 있지만 다른 측면에서도 차이가 나는 것으로 알려져 있다. 가령 하향 이중 모음은 두 개의 모라로 되어 있지만 상향 이중 모음은 하나의 모라로 되어 있다고 보기도 한다. 이것은 하향 이중 모음의 경우 음절 부음이 독립된 모라를 지닌다고 해석하기 때문이다. 또한 상향 이중 모음과 하향 이중 모음을 이루는 반모음에도 차이가 있다고 해석하는 경우가 있다.[3] 상향 이중 모음의 반모음은 자음적 성격이 강하고 하향 이중 모음의 반모음은 모음적 성격이 강하나는 것이다.

국어의 하향 이중 모음은 시기에 따라 목록에 확연한 차이가 있다. 중세 국어 시기에는 '애, 에, 외, 위, 의'가 모두 하향 이중 모음이었을 것으로 추정된다. 이것은 '애, 에, 외, 위, 의'를 각각 '아,

---

2) 竹林滋・橫山一郎 譯(1970)에서는 하향 이중 모음의 경우 강세가 앞에 오는 것이라고 정의하여 표면상 차이를 보이고 있지만, 강세는 음절 부음이 아닌 음절 주음에 오게 되므로 결과적으로는 크게 다르지 않다.

3) 이것은 이중 모음에 반모음이 포함되어 있는 경우에만 유효한 설명이다. 이중 모음은 반모음 없이 단모음과 단모음의 연쇄로 이루어진 것도 있다. 자세한 것은 '이중 모음' 항목을 참고할 수 있다.

어, 오, 우, 으'에 반모음 'j'가 결합된 구조로 분석하기 때문이다.[4] 어떤 이중 모음이든 반모음으로 끝나는 한 하향 이중 모음이 될 수밖에 없다. 반면 현대 국어에서는 하향 이중 모음으로 볼 만한 것이 '의' 하나밖에 없다. 그런데 이것도 '의'를 단모음 '으'와 반모음 'j'의 결합으로 분석했을 때에만 유효하다. 만약 '의'를 다르게 분석하면 현대 국어의 하향 이중 모음은 존재하지 않는다.[5]

이처럼 현대 국어에 와서 하향 이중 모음이 거의 사라진 것은 '애, 에, 외, 위'와 같은 하향 이중 모음이 단모음으로 변화한 데 큰 이유가 있다. 그 결과 하향 이중 모음 후보로는 '의' 하나만 남게 된 것이다. 그런데 문제는 현대 국어의 다른 이중 모음들이 모두 상향 이중 모음이기 때문에 '의'만 유일하게 하향 이중 모음으로 존재하기에는 체계 내적인 지위가 안정적일 수 없다는 데 있다. 그리하여 현실 발음의 경우 '의'는 비어두에서 대부분 이중 모음으로서의 음가를 잃어버렸고 어두에서도 하향 이중 모음으로서의 발음이 흔들리고 있다.[6]

③ 용어 설명

'하향 이중 모음'을 가리키는 용어의 대다수는 '내려가다' 또는 '아래로 향하다'라는 의미를 담고 있다. 음절 주음이 음절 부음보다 앞에 오므로 이중 모음을 발음할 때 뒤로 갈수록 공명도가 더 작아진다는 의미를 용어에 반영하고 있다. 이와 다른 계열의 용어로는 '점약적 중모음, 점약 중모음'과 'j 끝 이중 모음소, 활음 끝 이중 모음소'가 있다. '점약적 중모음, 점약 중모음'은 하향 이중 모음의 경우 뒤에 오는 음절 부음의 음성적 효과가 미약하므로 뒤로 갈수록 더 약해진다는 의미를 담고 있다. 'j 끝 이중 모음소, 활음 끝 이중 모음소'는 국어의 하향 이중 모음이 모두 반모음 'j'로 끝난다고 해석하는 입장에서만 사용할 수 있는 용어이다.[7] 중세 국어의 '애, 에, 외, 위, 의'나 현대 국어의 '의'를 'j'로 끝나는 이중 모음으로 해석하지 않으면 'j 끝 이중 모음소, 활음 끝 이중 모음소'라는 용어도 성립하지 않는다.

④ 관련 항목

반모음, 상향 이중 모음, 수평 이중 모음, 이중 모음, 중모음[1]

---

4) 이러한 이중 모음들은 '아, 어, 오, 우, 으'에 반모음 'j'가 아닌 단모음 '이'가 결합된 것으로 분석하는 경우도 있다. 그럴 경우에는 '위, 의'를 하향 이중 모음 목록에서 제외해야 한다. '위, 의'가 각각 '우+이'와 '으+이'로 되어 있다면 이중 모음을 이루는 두 개의 단모음이 개구도(또는 공명도)에서 동일하기 때문에 하향 이중 모음이 아닌 수평 이중 모음으로 분류되어야 하는 것이다. 일단 여기서는 '위, 의'에 대해 반모음 'j'로 끝나는 하향 이중 모음으로 본다.

5) 이중 모음 '의'는 반모음 'ɯ'와 단모음 '이'의 결합으로 분석하기도 하고 단모음 '으'와 단모음 '이'의 결합으로 분석하기도 한다. 자세한 것은 '반모음'과 '이중 모음' 항목을 참고할 수 있다.

6) 표준 발음법에서도 이러한 발음 현실을 인정하여 이중 모음 '의'를 원래 음가와 다르게 발음하는 것에 대해 부분적으로 허용하고 있다.

7) 즉 이 용어들은 반모음이 포함되지 않고 단모음의 연쇄로 이루어진 하향 이중 모음은 포괄하기 어렵다는 문제점이 있는 것이다.

합구음

① 용어의 별칭

> **국어** 합음[合音](金澤庄三郎 1917~1918, 中田祝夫 1972), 합모음[合母音](천민자 1926), 합구음[合口音](小倉進平
> 1931, 이희승 1955, 鮎貝房之進 1956ㄴ, 유창균 1963), 경음[輕音](유창균 1971)

② 개념 설명

  전통적인 성운학에서 운모를 개합(開合)에 따라 둘로 나눌 때의 한 부류로 개구음의 반대 개념이
다. 개구음과 합구음의 차이는 입술 모양과 관련이 있는데 입술 모양이 동그란 쪽이 합구음이다.
원순성 반모음을 가진 운모는 모두 합구음이며 논의에 따라서는 원순성 반모음이 없더라도 운모에
원순 고모음이 포함되어 있으면 이 역시 합구음으로 분류한다.

  20세기 전반기의 국어 연구에서는 입술 모양이 둥근 원순 모음을 '합구음'으로 부르기도 했다.
이러한 용법은 金澤庄三郎(1917~1918)이나 小倉進平(1931)과 같이 일본인 학자들에게서 비롯되었다.
이후 이희승(1955)에서도 동일한 용법이 보인다. 천민자(1926)에서는 '으, 오, 우, 위, 외, 의'와 같이 6
개의 합구음을 제시하였는데 이는 국어의 단모음을 대상으로 한 논의 중 가장 많은 것이다.

③ 용어 설명

  '합구음'을 가리키는 용어들은 '경음'을 제외하면 모두 '합(合)'으로 시작하고 있다. 이것은 전통적
인 성운학의 용어를 그대로 수용한 결과이다. '경음'이 독특한데, 이는 유창균(1971)에서 원순성 반
모음의 유무를 '경중(輕重)'의 개념으로 나타낼 수 있다고 보았기 때문이다. 원순성 반모음이 포함된
합구음은 '경음'인 데 반해 그렇지 않은 개구음은 '중음'이 된다.

④ 관련 항목

  개구음, 반모음, 평순 모음, 원순 모음

ㅎ

합류

① 용어의 별칭

국어 합병[合併](박승빈 1931, 김진우 1985, 강순경 1989), 합체[合體](有坂秀世 1940), 합류[合流](橋本進吉 1942ㄱ,
김철헌 1959, 이기문 1961ㄱ, 박병채 1966, 河野六郎 1968, 橋本萬太郎 1973ㄴ), 합일[合一](黑川新一 譯 1958), 합동[合同]
(김진우 1970ㄴ, 이영길 1983), 융합[融合](이병근 1970ㄱ, 筧壽雄・今井邦彦 1971, 최전승 1986, 龜井孝 外 編 1989, 조성식 편
1990), 복합[輻合](小泉保・牧野勤 1971), 통합[統合](中田祝夫 1972, 이기문 외 1984, 이정민・배영남 1987, 신승용 1995),
병합[倂合](이병건 1976, 林榮一・間瀬英夫 譯 1978, 이돈주 1979, 장승기 1981, 龜井孝 外 編 1996), 축약(국립국어연구원 1996),
혼합(강순경 1997), 합침(김영선 1997)

영어 merger, merging, merge, convergence, coalescence, reduction

② 개념 설명

대립하는 두 음소가 합쳐지는 음운 변화의 유형을 가리킨다. 흔히 분기와 반대되는 현상이라고
설명한다. 합류는 모든 환경에서 일어날 수도 있고 일부 환경에서만 일어날 수도 있다. 모든 환경
에서 합류가 되면 음소 수가 줄어들어서 음소 체계의 변화가 일어난다. 이러한 합류를 완전 합류
(complete merger) 또는 절대 합류(absolute merger)라고 한다. 만약 일부 환경에서만 합류가 되면 합류가
일어나지 않는 환경에서는 두 음소가 구별되므로 음소 체계의 변화로 이어지지는 않는다. 이러한
합류를 부분 합류(partial merger)라고 한다.

'ᄋ'의 소멸 단계는 완전 합류와 부분 합류의 모습을 모두 보여 준다. 'ᄋ'가 1단계 변화를 통해
비어두에서 '으'로 바뀐 것은 부분 합류에 속한다. 'ᄋ'가 비어두에서 '으'로 합류되더라도 어두에서
는 'ᄋ'가 음소로 존재하므로 음소 체계 자체의 변화를 수반하지는 않는다. 여기서 한 걸음 더 나아
가 2단계 변화를 통해 어두의 'ᄋ'마저 다른 모음으로 합류되면 완전 합류가 일어나게 된다. 이때에
는 'ᄋ'가 모든 환경에서 다른 단모음으로 바뀜으로써 음소 체계에서 사라져 버린다.

합류는 흔히 무조건 변화(unconditioned change)에 속하는 것으로 간주하기도 하지만 반드시 그렇지
는 않다. 부분 합류의 경우 합류가 일어나는 환경을 일반화할 수 있는 경우에는 조건 변화
(conditioned change)에 가깝다.[8] 가령 역사적으로 음절 종성의 'ㅅ'은 'ㄷ'으로 합류되었는데, 이러한
합류는 '음절 종성'이라는 조건이 충족될 때에만 일어나므로 조건 변화에 해당한다. 특히 합류의
조건이 명확한 부분 합류가 형태소 경계 사이에서 일어난 경우에는 공시 문법에서 음운 변동으로
작용을 하게 된다.

합류는 여러 가지 양상으로 나타날 수 있다. 완전 합류의 경우 이론적으로 다음의 세 가지 유형
으로 나타날 수 있다.

---

8) 조건 변화에 해당하는 합류를 'conditioned merger', 무조건 변화에 해당하는 합류를 'unconditioned merger'라고 부르기도 한다.

(가)	(나)	(다)
A B ↘ ↓ B	C A B ↓ ↙↘ ↓ C B	A B ↘ ↙ C

(가)는 'A'라는 음소가 모든 환경에서 오로지 'B'로만 바뀌는 합류이다. (가)와 달리 (나)는 'A'가 둘 이상의 음소와 합류하는 경우이다.[9] 한편 (다)는 두 음소가 제삼의 음소로 합류하는 경우이다. 그 어떤 경우든 'A'라는 음소는 합류가 일어나고 나면 음소 체계에 남아 있지 않는다.[10] 부분 합류의 경우 일부 환경에서 합류가 일어나고 다른 환경에서는 'A'가 그대로 존재한다는 점만 차이 날 뿐이다.

③ 용어 설명

'합류'를 가리키는 용어의 대부분은 '합쳐진다, 하나가 된다, 섞인다' 등의 의미를 담고 있다. 유일한 예외는 '축약'이다. '축약'은 원래 형태가 줄어들거나 두 음운이 제삼의 음운으로 바뀌는 음운 현상을 가리키지만, 드물게는 '합류'를 가리키는 데 사용되기도 한다.[11]

④ 관련 항목

분기, 음운 체계, 음운 현상

합용병서

① 용어의 별칭

국어 합용병서[合用並書](『훈민정음』), 복자병서[複字並書](정인승 1940ㄱ), 딴자 갈바쓰기(최현배 1957), 딴글자 갈바쓰기(최현배 1961), 이자병서[異字並書](최현배 1961, 허웅·박지홍 1971), 딴자 갈바씨기(최현배 1970), 섞임 겹초성(권재선 1992), 다른 글자 나란히 쓰기(류렬 1992)

② 개념 설명

『훈민정음』에서 규정한 초성자의 합자 방식 중 하나로 서로 다른 글자를 두 개 또는 세 개 나란

---

9) (나)에서는 편의상 'B, C'의 두 음소로만 합류하는 것으로 나타내었을 뿐 실제로는 셋 이상의 음소로 합류할 수도 있다.
10) (다)의 경우에는 'A'뿐만 아니라 'B'도 소멸한다. 즉 두 개의 음소가 사라진다는 점에서 일반적인 합류와는 차이가 난다.
11) 이것은 영어 용어인 'reduction'이 음운 현상의 유형인 '축약'을 나타내기도 하고 '합류'를 나타내기도 하는 것과 동일하다.

히 써서 만든 글자 또는 그러한 표기법을 가리킨다. 같은 글자를 나란히 쓰는 '각자병서'와 구별되는 개념이다. 합용병서는 구성하는 글자의 수 및 앞에 오는 글자의 종류에 따라 다음의 세 가지 유형을 나눌 수 있다.[12]

(가) ㅅ-계 : ㅺ, ㅻ, ㅼ, ㅽ, ㅾ 등
(나) ㅂ--계 : ㅳ, ㅄ, ㅶ 등
(다) ㅄ-계 : ㅴ, ㅵ 등

(가), (나)는 두 개의 글자로 이루어진 합용병서이고 (다)는 세 개의 글자로 이루어진 합용병서이다. (가)와 같이 'ㅅ'으로 시작하는 합용병서는 'ㅻ'을 제외하면 대체로 경음을 나타내었다고 보고 있다. 가령 'ㅺ, ㅼ, ㅽ'은 각각 현대 국어의 'ㄲ, ㄸ, ㅃ'과 동일한 발음이었을 것으로 추정된다. (나)와 (다)처럼 'ㅂ'으로 시작하는 합용병서는 'ㅂ'이 실제로 발음되었다고 추정되며 따라서 자음군을 나타내었다고 보고 있다. 실제로 'ᄡᆞᆯ, ᄢᅵ, ᄣᅢ' 등과 같이 (나), (다)에 속하는 합용병서로 시작하는 단어들은 '좁쌀(조+ᄡᆞᆯ), 볍씨(벼+ᄢᅵ), 입때(이+ᄣᅢ)'와 같은 복합어에서 'ㅂ'을 흔적으로 남기고 있어 (나), (다)가 자음군을 표시했다는 증거가 되고 있다. 합용병서는 근대 국어 시기를 거치면서 점차 사라져 현대 표기법에서는 초성의 합용병서를 인정하지 않고 있다.

③ 용어 설명

'합용병서'를 가리키는 용어의 별칭은 그리 다양하지 않다. 『훈민정음』 이래로 계속 써 왔던 '합용병서'가 가장 널리 쓰이고 있다. 서로 다른 글자를 합친다는 '합용(合用)'의 의미를 풀어 놓은 '복자병서, 딴자 갈바쓰기, 딴 글자 갈바쓰기, 이자병서, 다른 글자 나란히 쓰기' 등도 기본 취지는 '합용병서'와 동일하다. 이 중 '갈바쓰기'는 '병서'의 중세 국어 표기인 'ᄀᆞᆯᄫᅡ쓰기'를 현대어로 바꾼 것이다.

④ 관련 항목

각자병서, 거듭소리, 자음군

12) 종성의 합용병서를 인정하게 되면 그 유형은 여기에 제시된 것보다 더 다양해진다. 종성에서는 'ㅧ, ㄺ, ㄻ, ㄼ, ㅯ' 등 초성에서 보이지 않는 유형의 합용병서가 나타나기 때문이다. 『훈민정음』의 '예의' 부분에서는 초성뿐만 아니라 종성도 병서를 할 수 있다고 했고, 『훈민정음』의 '합자해'에는 "합용병서는 왼쪽에서 오른쪽으로 하며 초성, 중성, 종성이 모두 동일하다(其合用並書 自左而右 初中終三聲皆同)"라는 문장이 나오므로 종성의 합용병서도 인정해야 할 듯하다. 다만 여기서는 초성을 중심으로 논의하기로 한다.

형태 음운

① 용어의 별칭

국어	형태 음운[形態 音韻](小林英夫 1935, 木坂千秋・郡司利男 譯 1957, 이강로 1961, 김규선 1969, 김차균 1971), 형태 음소[形態 音素](木坂千秋・郡司利男 譯 1957, 허웅 1968ㄱ, 이익섭 1972, 전상범 1977ㄴ), 으뜸소리(김진우 1970ㄱ), 원음소[原音素](김진우 1970ㄱ), 원음운(김진우 1971), 체계 음운(김차균 1974), 체계 음소(김차균 1974, 배주채 1989), 기저 음소[基底 音素](김경아 1990, 배주채 1996ㄱ), 체계적 음소(김무림・김옥영 2009), 기저 음운(김무림・김옥영 2009)
영어	morphophoneme

② 개념 설명

구조주의 음운론에서 한 형태소의 일정한 자리에서 변동을 보이는 음소의 집합을 가리킬 때 사용하는 개념이다. 즉 동일한 형태소의 이형태들을 서로 비교하여 같은 자리에서 달리 실현되는 음소를 묶은 것이 형태 음운이 되는 것이다.[13] 가령 '옷'이라는 형태소의 말음 'ㅅ'은 후행하는 형태소의 종류에 따라 'ㅅ, ㄷ, ㄴ'으로 실현된다.[14] 이때 동일한 위치에 오는 'ㅅ, ㄷ, ㄴ'을 묶어서 형태 음운이라고 부른다. 이러한 정의는 마치 음소를 변이음의 집합으로 규정하는 것과 비슷하다고 할 수 있다.

이럴 경우 한 언어의 형태 음운은 그 수가 음운보다 훨씬 많아질 수밖에 없다. 예를 들어 표기상으로는 동일한 'ㅅ'으로 적힌다고 하더라도 '사람'의 'ㅅ', '가시'의 'ㅅ', '옷'의 'ㅅ'은 모두 다른 형태 음소가 되어야 하는 것이다. '사람'의 'ㅅ'은 선행하는 형태소에 따라 'ㅅ'과 'ㅆ'으로 실현되고, '가시'의 'ㅅ'은 항상 'ㅅ'으로만 나타나며 '옷'의 'ㅅ'은 'ㅅ, ㄷ, ㄴ'으로 실현되므로 형태 음운의 차원에서는 모두 다른 것이다. 이러한 복잡성 때문인지 몰라도 국어의 형태 음운 목록은 구체적으로 제시된 적이 없다고 해도 과언이 아니다.

생성 음운론에서는 기저형을 이루는 분절음을 형태 음운이라고 본다. 기저형은 표면형을 음운론적으로 가장 잘 설명할 수 있는 형태이다. 그러므로 기저형을 이루는 분절음은 표면형을 이루는 분절음보다는 추상적인 성격을 지닌다. 이런 개념에서는 '사람'의 'ㅅ', '가시'의 'ㅅ', '옷'의 'ㅅ'이 별개의 형태 음운이라고 보기 어렵다. 표면형으로 도출될 때 각각의 'ㅅ'이 음운 규칙의 적용 유무 또는 적용되는 음운 규칙의 종류에는 차이가 있을지라도 기저형에서는 모두 'ㅅ'으로 동일하다.

형태 음운은 기본적으로 형태소의 교체를 설명하기 위한 개념이다. 형태소가 교체를 하지 않는다면 구조주의 음운론이든 생성 음운론이든 굳이 형태 음운이라는 개념을 따로 설정할 필요가 없다. 그런데 구조주의 음운론에서의 형태 음운과 생성 음운론에서의 형태 음운이 그 개념에서 다소 차이가 있는 것은 형태소의 교체를 설명하는 태도에 차이가 있기 때문이다. 구조주의 음운론과 같

---

13) 이때 형태 음운에 속하는 개별 음소들을 이은정(2005)에서는 '변이 음소'라고 부른 바 있다.
14) 이것을 달리 말하면 '옷'은 그 이형태가 '옷, 옫, 온'라고 할 수 있다.

이 형태 음운을 이형태에서 실현되는 음소의 집합으로 보는 것은 형태소의 교체를 평면적으로 나타내는 방식을 채택하는 것과 무관하지 않다. 가령 '옷'의 경우 환경에 따라 어떤 이형태로 실현되는지를 단순히 나열하여 기술하는 것으로 끝난다. 반면 생성 음운론에서는 형태소의 교체를 기저형으로부터 표면형을 도출하는 방식으로 기술한다. 그렇기 때문에 형태 음운을 단순한 음소의 집합이 아니라 도출의 출발점인 기저형을 구성하는 분절음이라고 정의하는 것이다.

형태 음운에 대해 연구하는 분야를 형태 음운론이라고 한다.[15] 형태 음운은 말소리이면서도 형태소의 교체와 관련된다. 그래서 형태 음운론도 음운론과 형태론의 영역에 걸쳐 있다. 형태 음운론은 형태소의 교체에 대한 연구 분야라고 해도 과언이 아니다. N. S. Trubetzkoy는 형태 음운론의 연구 주제를 형태소의 음운론적 구조, 형태소 교체에서 보이는 음운론적 변동, 형태론적 기능을 가지는 음운 변동의 세 가지로 규정한 바 있다. 이 중 국어학계에서 가장 중시하는 것은 두 번째인 형태소 교체에서의 음운론적 변동에 대한 연구이다.[16]

③ 용어 설명

'형태 음운'을 가리키는 용어는 대응하는 영어 표현에 따라 크게 세 부류로 나눌 수 있다. 우선 전통적으로 가장 일찍부터 써 온 'morphophoneme'에 해당하는 것으로는 '형태 음운, 형태 음소'가 있다. 또한 'morphophoneme'은 생성 음운론의 틀에서는 음소보다 더 추상적인 'systematic phoneme'에 대응하기도 하는데, 'systematic phoneme'의 개념을 반영한 용어에 '체계 음운, 체계 음소, 체계적 음소'가 있다. 마지막으로 형태 음운은 기저형을 이루는 음운, 즉 'underlying phoneme'으로 보기도 한다. '으뜸소리, 원음소, 원음운, 기저 음소, 기저 음운'은 'underlying phoneme'을 고려한 용어이다.

④ 관련 항목

교체, 기저형, 음운

---

15) 형태 음운론을 'morphophonemics' 또는 'morphophonology'라고 부른다. 미국에서는 'morphophonemics'를 많이 쓰고 유럽에서는 'morphophonology'를 많이 쓴다. 형태 음운론을 가리키는 용어에는 '형태 음운론[形態 音韻論](小林英夫 1935, 木坂千秋・郡司利男 譯 1957, 이기문 외 1984), 형태 음운학(泉井久之助 譯 1937, 木坂千秋・郡司利男 譯 1957), 형태 음운법[形態音韻法](木坂千秋・郡司利男 譯 1957), 형태 음소론[形態 音素論](太田朗 1959, 이기문 1962ㄴ, 이병근 1967ㄱ)' 등이 있다.

16) '형태 음운론'은 형태소의 교체에 대한 연구 분야이지만 '형태 음운론적 교체, 형태 음운론적 변화, 형태 음운론적 변동' 등과 같이 '형태 음운론'에 '적'이 결합하여 다른 용어를 수식하는 경우에는 그 의미가 전혀 달라지기도 한다. 특히 '형태 음운론적'이 형태론적 정보나 통사론적 정보와 같은 비음운론적 제약을 가졌음을 의미하는 경우가 많다. 그래서 '형태 음운론적 규칙'을 비음운론적 제약이 필요한 음운 규칙이라고 정의하는 논의가 적지 않다. 이 외에 '형태 음운론적 교체'를 자동적 교체의 반대 개념으로 보기도 하는데 이런 경우의 '형태 음운론적'은 '비자동적'을 뜻한다. 또한 '형태 음운론적 규칙'을 변이음 실현 규칙과 대비시켜 음운과 음운 사이의 변동을 가리키는 데 쓰기도 한다. 이때에는 '형태 음운론적'이 또 다른 의미를 지닌다.

홑소리

① 용어의 별칭

국어 단음[單音](주시경 1906, 강매 1921, 김중록 1925, 日本音聲學會 編 1976), 청음[淸音](주시경 외 1907~1908), 경음
[輕音](주시경 외 1907~1908), 홋소리(주시경 1910ㄱ, 이규영 1913, 최현배 1929), 원음[原音](김희상 1911), 홋솔애
(김희상 1927), 홀소리(조선어연구회 1930), 홑소리(최현배 1934ㄱ, 이상춘 1946, 이영철 1948), 단순 음운(小林英夫 1935,
김석득 1960, 유창돈 1962, 김영송 1963), 단순음[單純音](服部四郎 1951, 竹林滋·橫山一郎 譯 1970), 낱소리(이응호 1958),
개음[個音](이응호 1958), 단일 음운(유창균 1960), 단위 음소[單位 音素](이병근 1967ㄱ), 단음소[單音素](허만길
1967), 홑음소(허웅 1968ㄱ, 박종희 1988), 단일 음소(長嶋善郞 譯 1980, 장영길 1994)

영어 single sound, individual sound, independent sound, separate sound, simple primary phoneme

② 개념 설명

더 이상 나눌 수 없는 하나의 요소로 이루어진 소리를 가리킨다. '거듭소리'와 대립되는 개념이
다. 자세한 설명은 '거듭소리' 항목에서 이루어진다.

③ 용어 설명

'홑소리'를 나타내는 용어들은 대체로 '단일한 음'이라는 의미를 담고 있다. '단음, 홑소리, 단일
음운, 단음소, 홑음소, 단순 음운, 낱소리, 개음' 등이 그러한 예이다. 여기서 예외는 '청음, 경음, 원
음, 홀소리'가 있다. '청음, 경음'은 주시경의 용어로 주시경(1910ㄴ)에 따르면 홑소리는 맑고 가벼운
특성을 지닌다. 그래서 홑소리를 청음(淸音) 또는 경음(輕音)이라고 부르는 것이다.[17] '원음(原音)'은 홑
소리가 음의 근본이라고 본 데서 비롯된 용어이다.

한편 '홀소리'는 전통적으로 모음을 지칭하는 순우리말인데 일부에서는 홑소리를 가리키는 데에
도 사용하고 있다. 그러나 논의에 따라 구체적인 용법은 약간씩 차이가 있다. 가령 강매(1925)에서는
자음의 홑소리를 가리키는 데에만 사용하지만 조선어연구회(1930)에서는 자음과 모음 모두 홑소리
를 가리키는 데 쓰고 있다.

④ 관련 항목

거듭소리, 단모음¹, 단자음¹, 연음²

---

17) 여기에 반대되는 거듭소리는 '탁음(濁音)' 또는 '중음(重音)'이 된다.

화음

① 용어의 별칭

国어 화음[華音](『奎章全韻』, 小倉進平 1920, 신명균 1927ㄱ, 中村完 1967, Dormels 1999), 지나음[支那音](주시경 외 1907~1908, 前間恭作 1909, 이숭녕 1932, 河野六郎 1968), 한음[漢音](주시경 외 1907~1908, 안확 1922, 이상춘 1925), 한어음[漢語音](주시경 외 1907~1908), 중국음[中國音](신명균 1927ㄱ), 지나 자음[支那 字音](鮎貝房之進 1956ㄱ), 중국 본토 자음(Dormels 1999), 중국 자음[中國 字音](강신항 2000), 중국 발음(정광 2004)

② 개념 설명

각 한자(漢字)의 음은 한국의 음과 중국의 음이 차이 나는데 '화음'은 중국의 음을 가리킨다. 한국의 음을 나타내는 동음(東音)과 반대 개념이다. 경우에 따라서는 '화음'을 중국의 특정 시대, 가령 당대(唐代) 또는 송대(宋代)의 한자음을 가리키는 데 쓰기도 한다. 지석영(1907)에서는 『화동정음통석운고』의 한자음을 '화음'이라고 하기도 했는데 이는 매우 특수한 용법이다.

③ 용어 설명

모든 용어는 '중국'의 한자음이라는 의미를 담고 있다. 다만 '중국'을 표현하는 방식이 '화(華), 한(漢), 중국, 지나(支那)' 등으로 다양하게 나타나서 용어의 별칭이 존재하게 되었다.

④ 관련 항목

동음, 속음, 정음

활음

① 용어의 별칭

国어 섭음[涉音](神保格 1927), 미끄름(최현배 1937ㄱ, 김석득 1960, 橋本萬太郎 1973ㄱ), 초격음[初擊音](김완진 역 1958), 글라이드음(김완진 역 1958, 김영송 1972, 김정태 1996), 과도음[過渡音](허웅 1958, 허만길 1967, 日本音聲學會 編 1976, 김영송 1977ㄱ), 추이음[推移音](허웅 1958, 김한곤 1968ㄱ, 황귀룡 역 1986), 미끄름소리(김석득 1960, 김영송 1977ㄱ), 과도[過渡](허만길 1967, 허웅 1968ㄱ, 日本音聲學會 編 1976, 정연찬 1980), 간음[間音](이현규 1969), 미끄름음(정명우 외 역 1973), 여음[餘音](정인섭 1973), 활음[滑音](日本音聲學會 編 1976, 이기문 외 1984, 곽충구 1986,

김주필 1988), **미끄럼**(김석득 1978, 김영송 1991, 권재선 1992), **전이음[轉移音]**(양동휘 1967, 전상범 1977ㄱ, 김한곤 1980), **이동음[移動音]**(양동휘 1967, 정명우 외 역 1973, 변영식 1977), **활주음[滑走音]**(박병채 1971ㄴ), **개음[介音]** (奧村三雄 1972), **경과음[經過音]**(최명옥 1974, 이광호 1978, 황희영 1979), **활달음[豁達音]**(이은정 1975), **미끄럼 소리**(박지홍 1975, 서영석 1981, 김두영 1984), **옮는 소리**(황희영 1979), **활탈음[滑脫音]**(황희영 1979, 이은정 2005), **반모음**(신문자 1980), **이음[移音]**(정연찬 1980), **과도운[過度韻]**(이상규 1984), **부음[副音]**(도수희 1985ㄱ), **부모음 [副母音]**(최임식 1992), **미끄럼음**(원경식 1993), **과도부**(국립국어연구원 1996), **근접음**(박진석 1999), **활음소**(최명옥 2000, 김춘자 2003, 이금화 2006), **글라이드**(이상신 2002), **접근음**(이혁화 2005)

`영어` glide,[18] gliding sound, transitional sound

② 개념 설명

　두 가지 구별되는 개념이 있다. 하나는 반모음과 동일한 개념이다. 조음적 차원에서는 모음처럼 장애를 동반하지 않지만 모음보다는 개구도가 더 작으며 무엇보다도 전이성을 띠고 짧게 발음되어서 다른 모음과 결합하지 않는 한 홀로는 발음될 수 없는 음을 가리킨다.[19] 이런 개념으로서의 활음에는 반모음 'j, w'가 포함되며 때로는 'ㆆ'이 추가되기도 한다.[20] 'ㆆ'을 활음의 일종으로 넣는 방식은 서구의 생성 음운론이 국내에 도입되면서 본격적으로 나타났는데, 현재는 'ㆆ'을 장애음 중 하나로 보는 입장이 더 우세하다.[21]

　또 다른 개념은 한 음에서 다른 음으로 이행하는 과정에서 나타나는 일시적인 전이음을 가리킨다. 모든 음은 연속체로 발음되며 이것을 편의상 분절을 하게 되는데, 분절이 된 음은 다른 음과의 경계에서 전이 과정을 거치게 된다. 여기서 나타나는 불완전한 음을 활음이라고 부른다.[22] 이러한 활음은 엄밀히 말하면 별개의 음소나 음성으로 인정하기는 어렵다.

　활음은 독립된 음으로 인정하든 안 하든 그 위치에 따라 두 가지를 구분한다. 활음을 반모음과 동일시할 경우에는 상향 이중 모음을 이루는 활음을 'on glide', 하향 이중 모음을 이루는 활음을 'off glide'라고 한다.[23] 또한 일시적인 전이음의 성격을 지닐 경우 어떤 음의 앞부분에 오는 활음을 'on glide'라고 하고 반대로 어떤 음의 뒷부분에 오는 것을 'off glide'라고 한다. 조음 음성학적으로 볼 때 모든 음들은 '시작 단계(onset phase), 중간 단계(medial phase), 끝 단계(offset phase)'의 세 단계로 이루어진다고 볼 수 있다. 이 중 시작 단계에 오는 활음이 'on glide'이고 끝 단계에 오는 활음이 'off glide'라고 할 수 있다. 활음이 반모음의 개념으로 쓰일 때와 일시적 전이음의 개념으로 쓰일 때 'on glide'와

---

18) 매우 드물기는 하지만 'glide'는 활음조(euphony)를 목적으로 변화하거나 첨가되는 음을 가리키는 데 쓰기도 한다. 이것은 '활음'을 가리키는 용법과는 완전히 구별되는 것으로 자세한 내용은 '활음조' 항목을 참조할 수 있다.
19) 이러한 용법에 대해서는 '반모음' 항목에서 자세히 다루므로 여기서는 뒤에서 언급할 두 번째 용법에 대해 주로 설명하기로 한다.
20) 이 외에도 논의에 따라서는 몇 개의 음소를 더 설정하기도 한다. 자세한 것은 '반모음' 항목에서 다룬다.
21) 미국에서는 1940년대부터 'h'를 'j, w'와 함께 활음의 일종으로 분석하고 있다.
22) 영어 용어 중 'transitional sound'가 여기에 해당한다. 허웅(1958)에서는 이러한 개념의 활음에 대립적인 용어로 '단음(單音)'을 제시하기도 했다. '단음'은 정식으로 독립적 음의 자격을 가진다는 뜻이다. 허웅(1958)에서는 영어 용어로도 구분을 하고 있는데 개별 음으로서 인정되는 활음은 'gliding sound', 개별 음으로 인정되지 않는 활음은 'glide'라고 했다.
23) 단모음의 연쇄로 이루어진 이중 모음은 이러한 개념을 적용할 수 없다.

ㆆ

'off glide'의 의미가 동일하지는 않지만 그 위치에 있어 일맥상통하는 바가 있는 것은 사실이다.[24]

③ 용어 설명

'활음'을 나타내는 용어는 크게 네 계열로 나눌 수 있을 듯하다.

> (가) 미끄름, 미끄름소리, 미끄름음, 미끄럼, 활주음, 활달음, 미끄럼소리, 활탈음
> (나) 섭음, 과도음, 추이음, 과도, 이동음, 경과음, 옮는 소리, 이음, 과도운, 과도부
> (다) 근접음, 접근음
> (라) 부음, 부모음

(가)는 활음의 조음적 특징을 그대로 담은 용어이다. 말 그대로 미끄러지듯 발음되는 소리라는 의미를 담고 있다. (나)는 조음적 특징과 기능적인 측면을 동시에 나태내고 있다. 안정된 조음 과정을 지니지 못하고 전이적 성격을 지녔다거나 또는 한 음에서 다른 음으로의 이동 과정에서 생겨난 음이라는 의미가 들어 있다. (다)는 조음 간극에 따라 음들을 분류할 때 조음체가 다른 조음체에 접근하되 마찰이 일어나지 않을 정도의 음들에 대해 사용하는 용어이다. 음성학적으로 활음은 접근음[25]에 포함될 수 있지만 그럼에도 불구하고 (다)의 용어는 두 가지 문제가 있다. 우선 (다)의 경우 활음이 독립적 음으로서의 자격을 갖춘 경우에 대해서만 사용할 수 있다는 문제점이 있으며, 다음으로 접근음에는 활음 이외에 유음 등 다른 음들도 포함되기 때문에 활음만 지칭하기에는 범위가 넓다는 문제점을 지니는 것이다. (라)는 활음을 반모음과 동일시할 때 사용하는 용어로 음절 내에서 음절 주음이 아닌 음절 부음의 역할을 한다는 점을 고려한 것이다.

한편 이 외에 '간음, 개음, 여음'도 활음을 가리키는 용어 중 일부이다. '간음'과 '개음'은 모두 활음이 두 개의 음 사이에 끼어 있다는 뜻을 지니는데, 한 음에서 다른 음으로 이행하는 과정에서 나

---

24) 'on glide'와 'off glide'의 번역어로는 다음과 같은 것들이 있다.

【on glide】

도입적 섭음(神保格 1927), 전전이음[前轉移音](양동휘 1967, 신상진 1977), 전여음[前餘音](정인섭 1973), 상향성 활음(이병건 1974, 백두현 1992ㄴ), 입과도[入過渡](서영석 1980, 국립국어연구원 1996), 입파음[入破音](권재선 1985), 입과도음[入過渡音](송민 1986, 국립국어연구원 1996), 앞전이음(김영석 1987), 시활음[始滑音](이정민·배영남 1987, 고광모 1991), 상승적 활음(이계순 1990), 상승적 과도음(장영길 1994), 앞이동음(정국 1994), 앞-가운데소리(고도흥 1998), 오름 활음(박종희 2001), 들미끄럼(양순임 2001ㄱ), 진입음[進入音](임홍빈·한재영 2003), 초입[初入]과도음(이은정 2005), 삽입 연계음[揷入 連繫音](이은정 2005), 긴장(이은정 2005), 초입(이은정 2005), 시작부(김현기 2009)

【off glide】

후전이음[後轉移音](양동휘 1967, 신상진 1977), 후여음[候餘音](정인섭 1973), 하향성 활음(이병건 1974, 백두현 1992ㄴ), 출과도음[出過渡音](이인모 1982, 이영길 1983), 출과도[出過渡](이윤동 1983, 국립국어연구원 1996), 외파음[外破音](권재선 1985), 날미끄름(문학준 1985), 뒷전이음(김영석 1987), 후활음[後滑音](이정민·배영남 1987), 착활음[着滑音](고광모 1991), 하강적 과도음(장영길 1994), 뒤이동음(정국 1994), 하강적 활음(이계순 1990, 이승재 1996), 하향적 활음(나기연 1994), 후추이음[後推移音](국립국어연구원 1996), 폐전이음[廢轉移音](석종환 1996), 날미끄럼(양순임 2001ㄱ), 진출음[進出音](임홍빈·한재영 2003), 경과음[經過音](이은정 2005), 나가는 과도음(이은정 2005), 이완(이은정 2005), 내건너감(이은정 2005), 마침부분(김현기 2009)

25) '접근음'은 별도의 항목이 마련되어 있으므로 참고할 수 있다.

오는 활음의 특성을 반영한다고 할 수 있다. '여음'은 독립적 음으로서의 자격을 가지지 않는다는 의미를 가지고 있다.

④ 관련 항목

반모음, 상향 이중 모음, 이중 모음, 하향 이중 모음

활음조

① 용어의 별칭

> **국어** 음조[音調](新庄順貞 1918), 조음[調音](新庄順貞 1918), 활음조[滑音調](이희승 1955, 남광우 1973, 오종갑 1979ㄴ),
> 호음조[好音調](유창식 1956, 이인모 1968, 日本音聲學會 編 1976, 조성식 편 1990), 호음[好音](日本音聲學會 編 1976),
> 음편[音便](日本音聲學會 編 1976, 이기백 1991), 유포니(김승곤 1982, 이은정 2005), 고룸소리(김승곤 1982), 미음조
> [美音調](이정민 · 배영남 1987)
>
> **영어** euphony

② 개념 설명

원래는 청각적으로 쾌적한 상태의 음 연쇄를 가리키지만 실제로는 그러한 상태를 유지하기 위해 일어나는 음운 현상을 가리키는 경우가 더 많다. 음조를 원활하게 하여 듣는 사람에게 청각적인 효과를 준다고 알려져 있다. 이러한 의미는 'euphony'가 어원적으로 'well'을 뜻하는 'eu'와 'phone'을 뜻하는 'phony'의 결합으로 되어 있는 것에서도 알 수 있다. 반대 개념에는 'cacophony'가 있다.[26]

그런데 청각적인 쾌적함이 가리키는 바가 다소 주관적이기 때문에 활음조로 일컬어지는 현상들도 객관적 타당성을 부여하기 어려운 경우가 적지 않다. 가령 국어에서 활음조로 불리어 온 현상에는 다음과 같은 것들이 있다.

(가) 한아버지>할아버지, 재녕>재령, 관념>괄렴

(나) 폐염>폐렴, 지이산>지리산

(가)는 'ㄴ'이 'ㄹ'로 바뀌는 변화이고 (나)는 'ㄹ'이 첨가되는 변화이다. 공통적으로 음운 현상의 적용 결과 'ㄹ'이 생겨났다.[27] 'ㄹ'은 자음 중 공명도가 가장 높기 때문에 이 부분에 초점을 두어 청

---

26) 'cacophony'는 '불쾌음조(김승곤 1982, 조성식 편 1990), 비활성음[非活性音](국립국어연구원 1996), 악음조[惡音調](이은정 2005)' 등으로 번역된다. 일상적으로는 '불협화음'이라고 부른다.

27) 이처럼 활음조를 위해 첨가되거나 또는 바뀐 출력형을 성조음(聲調音), 활음소(滑音素), 조음소(調音素) 등으로 부른다. 영어로 는 'glide, gliding sound, euphone'이다.

각적 효과가 높아졌다고 해석하게 된다. 그런데 (가), (나)는 모두 산발적으로만 일어나는 현상으로 음운 변화인지 유추인지가 불분명하고, 설령 음운 변화라고 하더라도 이로 인해 발음이 더 유쾌한 상태로 바뀌었는지 확신하기 어렵다. 경우에 따라서는 모음 조화를 비롯한 각종 동화나 두음 법칙, 이중 모음의 단모음화까지도 활음조에 포함하는 경우가 있는데 이럴 경우 활음조의 성격은 더욱 더 모호해진다. '활음조'라는 개념이 현재 그다지 널리 쓰이지 않는 것은 이러한 사정에서 비롯되었다.

③ 용어 설명

'활음조'를 가리키는 용어들은 양적, 질적으로 그리 다양하지는 않다. '음조, 조음, 활음조, 고룸 소리'는 음의 흐름이 매끄럽다거나 또는 그렇게 바꾼다는 의미이고 '호음, 호음조, 미음조'는 듣기에 좋다는 의미이다. '음편'은 일본에서 매우 오래 전부터 써 왔던 용어로 발음하기 편하다는 뜻을 지닌다. '음편'은 활음조뿐만 아니라 매우 다양한 현상들을 가리키기도 한다.[28]

④ 관련 항목

유음, 음운 현상, 익음 소리

후두

① 용어의 별칭

> **국어** 숨대머리(김두봉 1916, 최현배 1934ㄹ), **후두[喉頭]**(김두봉 1916, 小倉進平 1923, 최현배 1929, 金田一京助 1932, 홍기문 1947), 숨ㅅ대머리(최현배 1929), **울대머리**(이극로 1932ㄱ, 이희승 1933, 최현배 1937ㄱ), **목구멍머리**(정인승 1956ㄴ), **후강[喉腔]**(日本音聲學會 編 1976, 전상범 1985ㄱ, 조성식 편 1990)
>
> **영어** larynx

② 개념 설명

기관(trachea)의 위쪽 끝에 위치하여 기류의 흐름을 여닫는 일종의 밸브 역할을 하는 조음 기관이다. 후두는 각종 연골과 성대(vocal chord)[29] 등으로 이루어져 있으며 발성부 또는 발동부의 두 가지 기능을 담당한다. 폐가 발동부로 작용하는 대부분의 음에서는 후두, 더 정확히는 성대 사이의 성문[30]

---

28) 자세한 것은 '음편' 항목을 참조할 수 있다.

29) 성대는 후두 안의 좌우 근육으로 V자 형태를 이룬다. '성대'를 가리키는 용어로는 '성대[聲帶](山田美妙 1892, 작자 미상 1907, 김규식 1909, 김두봉 1916, 小倉進平 1923, 宮田幸一 1927), 목젓(작자 미상 1907), 목구역청(이규영 1913), 소리청(김두봉 1916, 최현배 1927ㄷ, 이윤재 1929), 목청(이상춘 1925, 최현배 1927ㄷ, 이극로 1932ㄱ), 성대띠(황희영 1979), 성대주름(신지영 2000ㄱ, 이문규 2004), 소리주름(이문규 2004)' 등이 있다.

30) '성문'을 가리키는 용어에는 '소리 구녁(김두봉 1916), 성문[聲門](김두봉 1916, 小倉進平 1923, 安藤正次 1927, 최현배 1929,

을 거치면서 말소리로 바뀐다. 이런 경우에는 후두가 발성부의 역할을 한다. 한편 폐가 발동부로 작용하지 않는 음들 중 내파음이나 방출음을 발음할 때에는 후두의 성대 사이가 막혀 이것이 일종의 피스톤처럼 상하로 움직여 발음을 하게 되는데, 이 경우에는 후두가 발동부의 역할을 담당한다.

③ 용어 설명

'후두'를 가리키는 용어들은 대체로 '머리(頭)'라는 의미를 담고 있다. 이것은 후두가 폐와 연결된 기관(trachea)의 제일 위쪽에 위치하고 있기 때문이다. '후두, 목구멍머리'는 막연하게 '목'의 머리라고 표현하고 있음에 비해 기관(trachea)을 가리키는 '숨대, 울대'가 포함된 '숨대머리, 울대머리'는 후두의 위치를 정확히 표시했다고 할 수 있다. 한편 '후강'은 다른 용어와는 그 성격이 구분되는 것으로 목 안의 공간을 가리키고 있다. '후강'을 '후두'의 의미로 사용할 경우 '후두개'를 '후강개'라고 부르기도 한다.

④ 관련 항목

발동부, 발성부, 후두개

후두개

① 용어의 별칭

국어 후두개[喉頭蓋](小倉進平 1923, 寺川喜四男 1950, 服部四郎 1951, 허웅 1958), 회염[會厭](安藤正次 1927, 이극로 1947, 주왕산 1948, 寺川喜四男 1950, 服部四郎 1951, 허웅 1958), 숨ㅅ대막애(최현배 1929), 회염 연골[會厭 軟骨](최현배 1929, 新村出 1943, 심의린 1949ㄴ, 寺川喜四男 1950, 이영길 1983), 울대마개(이극로 1932ㄱ, 최현배 1937ㄱ, 주왕산 1948), 울대머리(정인승·유열 1947, 이호영 1996), 후두덮개(황희영 1979, 신지영 2000ㄱ), 후강개[喉腔蓋](조성식 편 1990, 국립국어연구원 1996, 전상범 2004)
영어 epiglottis

② 개념 설명

인두 아래쪽에 있는 기관으로 음식물이 후두로 들어가는 것을 막는 역할을 한다. 소리를 내는 데 직접 관여하지는 않는다.

③ 용어 설명

'후두개'는 후두를 막는 덮개 역할을 한다. 그래서 '후두개'를 가리키는 용어도 이러한 기능을 반영

金田一京助 1932), 목청(이극로 1936ㄱ, 김윤경 1948ㄱ), 문(이상춘 1946), 소리문(최현배 1929, 이극로 1932ㄱ, 주왕산 1948, 日本音聲學會 編 1976), 목청문(김윤경 1965, 황희영 1979, 서상규·박석준 2005), 성대문(신지영 2000ㄱ)' 등이 있다.

한 것이 많다. '후두개, 후두덮개, 후강개'가 그러하다. '숨ㅅ대막애, 울대마개'도 비슷한 취지의 용어이다. 다만 '숨대'와 '울대'는 기관(trachea, 氣管)을 주로 가리키므로 '숨ㅅ대막애, 울대마개'는 후두를 덮는다는 의미보다는 기관을 덮는다는 의미가 되어 다소 정확성이 떨어진다. 또한 '울대머리'는 기관의 윗부분이므로 후두개보다는 후두 자체를 가리킨다고 보는 편이 더 정확하다. 실제로 '울대머리'는 후두를 가리키는 데에도 시용된다. '회염'과 '회염 연골'은 '후두개'의 기능과는 무관한 용어이다.

④ 관련 항목

후두

후두 파열음

① 용어의 별칭

국어 성대 파장음[聲帶 破障音](이극로 1932ㄷ, 김진규 1986), **후두 파열음[喉頭 破裂音]**(金田一京助 1932, 泉井久之助 譯 1936, 최현배 1937ㄱ, 市河三喜・河野六郎 1951, 최학근 1963, 박형달 1969), **성대 파열음[聲帶 破裂音]**(이극로 1936ㄱ, 허웅 1958, 이익섭 1963), **목청 터짐소리**(최현배 1937ㄱ, 허웅 1958, 김정수 1987), **목 터짐소리**(최현배 1937ㄱ, 김두영 1984), **성대 폐쇄음[聲帶 閉鎖音]**(이극로 1938, 허웅 1958, 이익섭 1972), **성문폐쇄 파열음[聲門閉鎖 破裂音]**(정인승 1940ㄴ), **성문 폐쇄음[聲門 閉鎖音]**(김수경 1947, 三根谷徹 1953, 服部四郎 1954~5, 김철헌 1958, 太田朗 1959, 유창균 1965), **목청 헤침소리**(김윤경 1948ㄱ), **성문 파열음[聲門 破裂音]**(김윤경 1948ㄱ, 주왕산 1948, 服部四郎 1951, 허웅 1958, 日本音聲學會 編 1976), **성문 단지음[聲門 斷止音]**(주왕산 1948), **후두 파열음 음소**(服部四郎 1954~5), **후두 폐쇄음[喉頭 閉鎖音]**(河野六郎 1955, 허웅 1958, 이기문 1961ㄱ, 최학근 1963), **성문 폐색음[聲門 閉塞音]**(정철 1966), **목 닫침소리**(최현배 1970), **성문 정지음**(김영송 1972), **후색음[喉塞音]**(董同龢 1972, 엄익상 2007), **성문단음[聲門斷音]**(日本音聲學會 編 1976), **성문파음[聲門破音]**(日本音聲學會 編 1976), **후강 파출음[後腔 破出音]**(日本音聲學會 編 1976), **후부 파열음[喉部 破裂音]**(日本音聲學會 編 1976), **후두 폭발음[喉頭 爆發音]**(日本音聲學會 編 1976), **목청문 터뜨림소리**(황희영 1979), **목청문 닫힘소리**(황희영 1979), **목청 긴장음**(김문웅 1981), **목청문 닫힌소리**(김두영 1984), **색성부대음후음[塞聲不帶音喉音]**(진태하 1990), **목구멍 터침소리**(류렬 1992), **목구멍 닫침소리**(류렬 1992), **후두 긴장음**(성희제 1991), **목청 닫음소리**(최남희 1994), **목청 켕김소리**(김성수 1995), **성문 외파음**(국립국어연구원 1996), **목구멍 막힘소리**(최남희 1999), **후두 폐쇄음소**(최명옥 2000), **후색음[後塞音]**(신용권 2003)

영어 glottal stop, glottal explosive,[31] glottal catch

② 개념 설명

후두의 성대를 닫아 성문을 일시적으로 막았다가 터뜨리면서 발음하는 자음을 가리킨다. 국어의

---

31) 日本音聲學會 編(1976)에서는 'glottal stop'이라고 하면 묵음이 되어 버리므로 'glottal explosive'가 더 낫다고 했다.

경우 중세 국어에 'ㆆ'으로 표기하는 음이 후두 파열음이었을 것으로 추정하고 있다.[32] 논의에 따라서는 현대 국어에도 'ㆆ'이 존재한다고 보는 경우가 있다. 가령 'ㅅ' 불규칙 용언 중 '짓-'이나 'ㄷ' 불규칙 용언 중 '걷-'과 같은 용언들은 어미 '-고, -지, -는, -어, -으니'와 결합할 때 각각 다음과 같이 활용을 하는 방언이 있다.

> (가) 짓-: 지꼬, 지찌, 진는, 지어, 지으니
> (나) 걷-: 걸꼬, 걸찌, 걸른, 거러, 거르니

(가)의 경우 어간의 마지막 자음은 평장애음과 축약이 되어 경음이 되고 비음화의 적용을 받으면서 모음으로 시작하는 어미 앞에서 탈락한다. 이런 자음은 후음에 속하는 'ㆆ'밖에 없다. 또한 (나)에서 어간의 말음은 'ㄹ+자음'이어야 하는데 이때의 자음은 후행하는 평음을 경음으로 바꿀 수 있어야 하고 모음으로 시작하는 어미 앞에서는 탈락해야 한다. 이 역시 'ㆆ'이 가장 적격의 후보이다. 그래서 (가), (나)를 규칙 용언으로 기술하기 위해 어간이 'ㆆ'으로 끝난다고 할 경우에는 자음 목록에 'ㆆ'이 추가되는 것이다. 다만 'ㆆ'은 (가), (나)는 물론이고 다른 경우에도 표면에 직접 실현되는 경우가 없어서 음소로 인정하지 않는 입장도 상당하다.[33]

③ 용어 설명

'후두 파열음'을 나타내는 용어들은 수적으로는 매우 많지만 질적으로는 단순하다. 앞부분은 '후두'를 뜻하는 표현이 오고 뒷부분은 '파열음'을 지칭하는 용어가 온다. '후두'를 표현하는 방식이 '목구멍, 성문, 후두, 목' 등으로 다양하고 파열음을 지칭하는 용어도 많다 보니 수적으로 많아졌을 뿐이다. 예외적으로 '후색음'의 '후'는 '목구멍'이 아닌 '뒤'를 가리키지만 이것 역시 목구멍이 뒤쪽에 놓인다는 점을 감안한 것이다.

④ 관련 항목

파열음, 후음

ㅎ

---

32) 'ㆆ'은 '여린 히읗'이라고 부르기도 하고 '된이응'이라고 부르기도 한다. '여린 히읗'은 'ㅎ'을 기준으로 볼 때 획이 적으므로 더 약하다는 의미이고 '된이응'은 'ㅇ'을 기준으로 볼 때 획이 더 많으므로 더 세다는 의미이다.
33) 논의에 따라서는 'ㆆ'을 형태 음운으로만 인정하고 음운으로는 인정하지 않기도 한다. 이것은 'ㆆ'이 기저형에서만 나타나고 표면형에서는 나타나지 않는 것을 설명하기 위한 조치이다.

후설

① 용어의 별칭

국어 후설면[後舌面](安藤正次 1927, 이탁 1932, 金田一京助 1932, 新村出 1943, 김방한 1964, 원경식 1977), 후설[後舌](金田一京助 1932, 寺川喜四男 1950, 허웅 1968ㄱ, 전상범 1985ㄱ, 이철수 1994), 혀뒷바닥(최현배 1937ㄱ), 후설부[後舌部](寺川喜四男 1950, 筧壽雄·今井邦彦 1971, 정인섭 1973), 오설면[奧舌面](박병채 1957, 上村幸雄 1972, 日本音聲學會 編 1976, 龜井孝 外 編 1996), 오설부[奧舌部](太田朗 1959), 오설[奧舌](東條操 1965, 牧野成一 譯 1970, 日本音聲學會 編 1976), 뒤혓바닥(허웅 1968ㄱ, 이주호 1969, 최윤현 1993), 뒤혀(정인섭 1973, 이호영 1996), 혀뒤(김성근 1995), 혀뒤등(김성근 1995), 뒷혓바닥(이문규 2004)

영어 back tongue, dorsum, tongue back

② 개념 설명

문자 그대로 혀의 뒷부분을 가리킨다. 그러나 혀의 각 부위를 어떻게 구분하느냐에 따라 후설이 가리키는 부위는 상당한 차이를 보인다. 일반적으로는 연구개에 맞닿는 혀의 부분을 후설이라고 한다. 그러나 후설이 설근, 즉 혀뿌리를 가리킨다고 보기도 하고 연구개와 설근에 걸치는 부위 전체를 후설이라고 하기도 한다. 후설은 자음 중 연구개음이나 구개수음, 모음 중에는 후설 모음의 조음에 관여한다.

③ 용어 설명

'후설'을 가리키는 용어는 모두 '혀'와 '뒤'를 가리키는 표현들을 조합한 형태를 취하고 있어서 단순한 편이라고 할 수 있다. 한국에서는 '후설' 계열의 용어를 많이 쓰지만 일본에서는 '후설' 이외에 '오설' 계열의 용어도 많이 쓴다.

④ 관련 항목

전설, 중설, 후설 모음, 후설음

후설 모음

① 용어의 별칭

국어 뒤홀소리(김두봉 1922, 최현배 1937ㄱ, 김윤경 1948ㄴ), 정모음[正母音](천민자 1926), 뒤ㅅ소리(정렬모 1927ㄱ), 후모음[後母音](安藤正次 1927, 최현배 1937ㄱ, 이극로 1947, 이영철 1948, 寺川喜四男 1950, 服部四郎 1951), 후부 모음 [後部 母音](安藤正次 1927, 편집실 1938ㄷ, 新村出 1943, 정인승 1956ㄴ, 이기문 1961ㄱ, 日本音聲學會 編 1976), 혀뒤바 닥소리(최현배 1929), 오모음[奧母音](金田一京助 1932, 小林英夫 1935, 橋本進吉 1942ㄴ), 후음[後音](홍기문 1933), 후방 모음[後方 母音](김선기 1938ㄱ, 김완진 역 1957), 후설 모음[後舌 母音](有坂秀世 1940, 河野六郎 1945, 이숭녕 1946, 服部四郎 1954~5, 박팔회 1957, 허웅 1958), 후위음[後位音](이극로 1941), 뒷자리의 소리(김윤경 1948ㄱ), 오설 모음[奧舌 母音](服部四郎 1951, 靑山秀夫 1956, 박병채 1957, 黑田巍 譯註 1958), 뒷모음(정경해 1953, 김석득 1976, 소강춘 1983), 뒤혀소리(최현배 1959ㄱ), 뒤혀홀소리(최현배 1959ㄱ, 김영선 1995), 후설음[後舌音](이숭녕 1959ㄱ, 최현배 1959ㄱ), 뒤 혓소리(지춘수 1968, 최현배 1970), 후원음[後元音](董同龢 1972, 엄익상 2007), 뒷홀소리(박지홍 1975, 이근열 1997ㄱ), 후부 원음[後部 元音](日本音聲學會 編 1976), 혀뒤 홀소리(김영송 1977ㄱ, 김택구 1997), 뒤 모음(김민수 1978ㄱ, 김용환 1988, 이현복 1991), 혀오므린 홀소리(황희영 1979), 혀움츠린 홀소리(황희영 1979), 뒤혀모음(이현복 1989), 깊은 모음(김수길 1991), 뒤쪽 모음(유만근 1996), 뒤혀 홑홀소리(김영선 1997), 혀뒤모음 (고도흥 1998), 후설 모음소(최명옥 2004)

영어 back vowel

② 개념 설명

혀의 전후 위치에 따라 모음을 분류할 때 혀의 위치가 뒤쪽에 높이는 모음을 가리킨다. 정확히는 혀의 최고점 위치가 뒤쪽에 있는 모음이 후설 모음이다. 이때 '뒤쪽'은 연구개 부근에 해당한다. 혀의 최고점이 경구개 부근에 오는 전설 모음과 대립된다. 국어의 후설 모음 목록은 혀의 전후 위치에 따라 몇 부류를 나누는가에 따라 조금씩 차이가 있다. 전통적으로는 혀의 전후 위치에 따라 전설 모음, 중설 모음, 후설 모음의 세 부류를 나누었다. 이럴 경우에는 후설 모음에 '오, 우'만 속하는 것이 일반적이다. 그러나 생성 음운론의 도입 이후에는 전설 모음과 후설 모음의 두 부류만 구분하는데 이때에는 '오, 우' 이외에 '아, 어, 으'가 추가된다.[34]

③ 용어 설명

'후설 모음'을 지칭하는 용어들은 대체로 혀의 뒷부분인 후설을 이용한다는 의미를 담고 있다. '뒤홀소리, 후설 모음, 후모음' 등 절대 다수가 이 부류에 속한다. 여기에 대한 예외는 세 가지 유형이 있다. 하나는 '혀오므린 홀소리, 혀움츠린 홀소리'으로 후설 모음을 발음할 때의 혀의 움직임을 나타내고 있다. 또 다른 예외인 '깊은 모음'은 특이하게도 음향감에 가까운 의미를 담고 있다. 『훈민정음』에서도 후설 모음에 가까운 설축 계열의 단모음에 대해 소리가 깊다(聲深)고 설명한 바 있

---

34) '아, 어, 으'는 예전에 중설 모음으로 분류되던 모음들이다.

다. 마지막 예외인 '정모음'은 천민자(1926)만의 독특한 용어로 천민자(1926)에서는 혀의 양 가장자리를 내리는 것이 정모음이라고 했는데, 혀의 전후 위치와는 다른 차원의 설명이지만 분류 결과는 후설 모음에 정확히 대응한다.

④ 관련 항목

　　전설 모음, 중설 모음

후설음

① 용어의 별칭

국어 후설음[後舌音](이탁 1956, 竹林滋·橫山一郎 譯 1970, 김민수 1978ㄱ, 김춘애 1978), **후설 자음**(정인섭 1974),
혀뒤소리(양하석 1990, 이현복 1991, 김성근 1995), **혀뒷소리**(고도흥 1998), **뒤혓소리**(이병운 2000)

② 개념 설명

　　혀의 후설면을 이용하여 발음하는 자음을 가리킨다. 전설음에 대립된다.[35] 자음의 조음 위치와 관련되는데, 자음의 조음 위치는 조음점을 기준으로 분류하는 것이 일반화되어 있기 때문에 조음체를 반영한 '후설음'의 개념을 적극적으로 활용하지는 않는다. 후설음의 가장 대표적인 부류는 연구개음이다. 그러나 후음을 여기에 포함하는 경우도 있고, 경구개음이나 구개수음까지 후설음으로 분류하는 논의도 없지는 않다.[36]

③ 용어 설명

　　'후설음'을 가리키는 용어는 매우 단순하며 모두 혀의 뒤를 활용하는 음이라는 뜻을 담고 있다.

④ 관련 항목

　　설근음, 설배음, 전설, 전설음, 후설

---

35) 전설음과 후설음의 개념을 적극적으로 활용하여 치조음과 경구개음은 전설, 연구개음은 후설음으로 분류하기도 한다. 이럴 경우 국어의 자음은 조음 위치에 따라 양순음, 전설, 연구개음, 후음의 네 부류로 나뉜다. 다만 이러한 태도는 그리 널리 받아들여지지는 않고 있다.
36) 竹林滋·橫山一郎 譯(1970)에서 경구개음, 연구개음, 구개수음을 모두 후설음으로 분류했는데, 이러한 태도는 후설의 부위를 상당히 넓게 해석한 데 기인한다.

후음

① 용어의 별칭

국어 후음[喉音](『훈민정음』, 일반적 용법), 후성[喉聲](리봉운(1897), 목소리(『훈민정음』, 김두봉 1922, 최현배 1929, 김윤경 1934ㄴ), 개음[開音](김규식 1909), 목구녁소리(김두봉 1916), 묵소리(강매 · 김진호 1925), 목청 소리(이상춘 1925, 최현배 1929, 이극로 1932ㄴ), 후두음[喉頭音](정렬모 1927ㄱ, 安藤正次 1927, 박상준 1932, 金田一京助 1932, 홍기문 1933), 성대음[聲帶音](최현배 1929, 이상춘 1946, 이영철 1948), 울대머리소리(최현배 1937ㄱ), 목청소리(이극로 1947, 허웅 1968ㄱ, 이철수 1994), 성문음[聲門音](심의린 1949ㄱ, 寺川喜四男 1950, 服部四郎 1951, 小林智賀平 1952, 이희승 1955, 유창균 1959), 목구멍소리(심의린 1949ㄱ, 정인승 1956ㄴ, 이은정 1969), 후강음[喉腔音](寺川喜四男 1950, 日本音聲學會 編 1976, 조성식 편 1990), 기문음[氣門音](佐伯梅友 1959), 성대음 음소(日下部文夫 1962, 北村甫 1980), 후두음소[喉頭 音素](金田一春彦 1967), 목안소리(김형기 1970, 김성근 1995, 고도흥 1998), 후두음 음소[喉頭音 音素](服部四郎 1973), 목청문 소리(황희영 1979), 성문 자음 음소[聲門 子音 音素](北村甫 1980), 후두 과도음(소강춘 1989), 소리문 소리(이현복 1992), 후두 소리(김성근 1995), 성문 소리(이현복 1997), 깊은 혀뒷소리(김요섭 외 2001) 성문음소(최명옥 2004, 이금화 2007, 이현정 2008), 후음소(김춘자 2006, 이금화 2006)

영어 glottal, guttural[37]

② 개념 설명

후두, 더 정확히는 후두의 성대 사이인 성문을 통과하면서 내는 소리를 가리킨다. 후두는 발성부에 속하며 기관이 단순하고 다양한 변형이 어렵기 때문에 후음의 종류는 어떤 언어든지 한계가 있다. 현대 국어의 경우에도 후음으로는 'ㅎ'만 설정하는 것이 일반적이다.[38] 다만 김규식(1909), 이필수(1922), 안 확(1923) 등에서는 'ㅎ' 이외에 'ㄱ, ㅋ, ㄲ, ㅇ'과 같은 연구개음도 후음에 포함시켰다.[39] 이러한 태도는 전통적인 성운학에서 후음과 연구개음을 '후내음' 또는 '아후음'[40]으로 묶어서 다루는 경우도 있었다는 것과 관련될 가능성이 높다.[41]

현대 국어의 유일한 후음인 'ㅎ'의 성격 파악에는 몇 가지 이견이 있다. 우선 'ㅎ'을 자음의 일종으로 보지 않는 경우가 있다. 가령 'ㅎ'을 무성 모음과 비슷한 존재로 보는 견해가 있는데,[42] 이것은 'ㅎ'에 해당하는 영어의 'h'를 무성 모음의 일종으로 보는 견해와 맥을 같이한다.[43] 생성 음

---

37) 'glottal'이 후음만 지칭하는 데 비해 'guttural'은 그 쓰임이 좀 더 넓다. 연구개음이나 인두음처럼 구강의 뒤쪽에서 발음되는 음도 'guttural'로 가리킬 때가 있다.

38) 논의에 따라서는 현대 국어의 일부 방언에 대해 후두 파열음 'ʔ'을 자음으로 인정하기도 한다. 그럴 경우에는 후음이 2개로 늘어난다. 여기에 대해서는 '후두 파열음' 항목을 참고할 수 있다.

39) 金澤庄三郎(1917~1918)에서는 '學, 흠, 貨, 後'와 같은 한자의 초성 'ㅎ'이 일본어에서는 연구개음에 대응한다는 점을 들어 연구개음을 후음에 포함한다고 했다.

40) '아후음'을 단순히 아음과 후음을 아울러 부르는 데 쓰지 않고 아음에 속하는 'ㅋ'만을 따로 지칭하는 데 쓰는 경우가 있다. 주시경을 비롯한 몇몇 학자들은 'ㅋ'을 'ㄱ'과 'ㅎ'이 결합된 거듭소리로 분석하는데, 그럴 경우 'ㅋ'은 아음 'ㄱ'과 후음 'ㅎ'이 합쳐진 것이라서 아후음이라고 부르는 것이다. 같은 원리로 'ㅍ'은 순후음, 'ㅌ'은 설후음, 'ㅊ'은 치후음이 된다.

41) 아음과 후음을 하나로 아우르되 조금 다른 방식을 사용하기도 한다. 가령 박병채(1971ㄷ)에서는 아음과 후음을 모두 '후음'에 포함하고 아음은 천후음(淺喉音), 후음은 심후음(深喉音)이라고 하여 둘의 차이를 '심천'의 측면에서 표현한 적이 있다.

42) 일찍이 박승빈(1927)에서는 'ㅎ'에 대해 형식상 자음의 하나이지만 본질은 모음의 격음이라고 했다.

운론이 도입된 이후에는 'ㅎ'을 반모음의 일종으로 분류하는 것이 유행이었던 적도 있었다. 이 역시 영어를 비롯한 외국어에서의 'h'를 기준으로 한 것이다. 그러나 국어의 'ㅎ'은 종성에서 평파열음화나 자음 축약을 겪는다는 점에서 장애음과 비슷하며, 초성에서도 그 변이음이 양순 마찰음, 경구개 마찰음 등 정상적인 자음으로 실현되기 때문에 자음으로 분류하는 것이 타당하다.

'ㅎ'을 자음으로 본다고 하더라도 평음으로 보는 견해와 유기음으로 보는 견해가 대립한다. 'ㅎ'을 평음으로 보는 입장에서는 'ㅎ'의 유기성이 약하다는 점, 유성음 사이에서 유성음화를 겪는다는 점, 다른 유기음과 달리 'ㅎ' 뒤에서는 무성 모음화가 잘 안 일어난다는 점, 어떤 조음 위치에 자음이 하나 있다면 유기음보다는 평음이 더 보편적이라는 점 등을 중시한다. 반면 'ㅎ'을 유기음으로 보는 입장에서는 'ㅎ'과 평음이 결합할 때 유기음으로 축약된다는 점, 전통적으로 'ㅎ'은 유기음에 해당하는 차청으로 분류한다는 점 등을 중요시한다.

현대 국어의 후음은 단순하지만 중세 국어의 후음은 좀 더 다양하다. 'ㅎ' 이외에 유성 후두 마찰음으로 추정되는 'ㅇ[ɦ]', 표면적으로 'ㅎ'의 경음에 해당하는 'ㅎㅎ'[44]이 더 있었으며 관형사형 어미의 말음으로 후두 파열음 'ㆆ[ʔ]'을 더 설정하기도 한다. 앞서도 언급했듯이 후음은 음성학적으로 다양한 자음들을 내는 데 한계가 있으며 이런 이유 때문에 중세 국어의 여러 후음은 현대 국어로 오는 도중에 'ㅎ' 하나만 남게 된다.

③ 용어 설명

'후음'을 가리키는 용어는 그 수가 매우 많기는 하지만 질적으로 그리 다양하다고 할 수는 없다. 대다수는 '목, 목구멍, 성대, 후두, 목청, 성문, 喉' 등의 표현을 사용하여 후음이 조음되는 위치를 직접적으로 나타내고 있다. 물론 '목소리, 목구멍 소리'와 같이 조음 위치를 넓게 잡기도 하고 '성대음, 성문음'과 같이 조음 위치를 더 구체화하여 표현하기도 하지만 기본적인 의미는 동일하다.

여기에 대한 예외는 두 가지이다. 하나는 '개음'인데 이것은 김규식(1909)에서 순음과 후음을 대비하며 순음은 두 입술을 붙여서 막는 폐음(閉音)이지만 후음은 그렇지 않음을 표현한 용어이다. 또 다른 예외는 '깊은 혀뒷소리'이다. 이것은 후음을 발음할 때 혀의 가장 뒷부분이 관여한다고 본 용어이다. 다른 용어들과 달리 조음체를 고려했다는 점에서 특이하다. 그러나 후음의 조음에 혀의 뒷부분이 관여한다고 보기는 어렵다.

④ 관련 항목

발성부, 아음, 후두, 후두 파열음

---

43) 음향 음성학적 측면에서 'h'는 성대 진동이 없다는 점을 제외하면 모음과 매우 비슷하기 때문에 '무성 모음'이라고 할 만한 충분한 근거가 있다고 한다.

44) 'ㅎㅎ'의 음가는 경구개 마찰음 '[ç]'로 추정되는데 그 이유는 'ㅎㅎ'이 주로 반모음 'j' 앞에 나타나기 때문이다. 'ㅎㅎ'이 '[ç]'를 나타낸다면 'ㅎㅎ'은 후음에서 제외해야 하지만, 『훈민정음』의 분류에 따라 일단 후음으로 분류한다. 논의에 따라서는 중세 국어에 음성적 구개음화가 존재하지 않았기 때문에 'ㅎㅎ'의 음가를 경구개 마찰음으로 볼 수 없다고 주장하기도 한다.

후음 탈락

① 용어의 별칭

국어 'h'의 탈락(정호완 1976), 'ㅎ' 탈락(남광우 외 1982, 유재원 1988, 이상억 1990), 'ㅎ' 삭제(최임식 1991, 최명옥 1994), 후음 삭제(최명옥 1982, 이동화 1984ㄱ, 전상희 1987), 'h' 약화(정인상 1984), 'h' 탈락(이기동 1993), 'ㅎ' 없애기(김형춘 1994, 박종덕 2007), 후음 탈락(최명옥 1995, 이병근·최명옥 1997, 오종갑 2000ㄱ), 'ㅎ' 삭제(강희숙 1996ㄱ), 어간말 'ㅎ' 삭제(한성우 1996.) 성문음 탈락(권미영 1998, 윤혜영 2001), 어간말 후음 탈락(배주채 1998), 어간말 'h' 탈락(신흥예 1998), 'ㅎ' 묵음화(장영길 1998ㄴ), 'h' 없애기(박정수 1999, 박종덕 2000ㄴ), 'h' 삭제(박종덕 2000ㄴ), 'ㅎ' 소리 줄이기(김형복 2004), 'ㅎ' 말음 탈락(채옥자 2005), 성문음소 탈락(최창원 2006, 이현정 2008, 하신영 2010)

영어 h-deletion

② 개념 설명

협의의 개념으로는 용언 어간말의 'ㅎ'이 탈락하는 것을 가리키고, 광의의 개념은 'ㅎ'이 탈락하는 현상을 모두 포괄한다. 현대 국어의 경우 '낳-, 놓-, 닿-, 쌓-'과 같이 'ㅎ'으로 끝나는 용언 어간은 모음으로 시작하는 어미나 접미사와 결합할 때 'ㅎ'이 탈락한다. 이러한 'ㅎ' 탈락은 필수적으로 일어나며 이것을 흔히 후음 탈락이라고 한다. 현대 국어의 방언을 설명하기 위해 종종 후두 파열음 'ㆆ'을 설정하기도 하는데 그럴 경우에는 'ㅎ' 이외에 'ㆆ'도 동일한 조건에서 후음 탈락의 적용을 받는다.[45]

후음 탈락은 용언 어간의 마지막에 놓인 'ㅎ'에만 적용되는 것은 아니다. 역사적으로 보면 '사홈>싸움, 방하>방아, 올히>오리' 등에서 보듯 원래부터 비어두의 초성에 놓인 'ㅎ'도 탈락한다.[46] 특히 고유어에서는 이러한 후음 탈락이 광범위하게 일어나서 후음이 없는 형태로 재구조화가 일어난 경우가 많다. 광의의 후음 탈락은 이런 현상까지도 포함한다. 고유어와 달리 한자어인 '실험, 만화' 등은 현실 발음에서는 후음 탈락이 잘 일어나지만 표준 발음으로 인정하지 않으며 표기에도 'ㅎ'을 꼭 밝혀 적고 있다.[47]

③ 용어 설명

'후음 탈락'을 가리키는 용어는 대부분 후음이 없어지는 현상임을 가리킨다. 후음 대신 'ㅎ' 또는 'h'가 탈락한다고 표현하기도 하는데 이는 후음 중 탈락하는 자음을 구체적으로 나타내기 위함이다. '어간말 ㅎ 삭제, 어간말 후음 탈락, ㅎ 말음 탈락' 등은 협의의 후음 탈락만을 가리키는 데 사

---

45) 후두 파열음 'ㆆ'의 설정에 대해서는 '후두 파열음' 항목에서 다루고 있다.

46) 앞서 살핀 용언 어간 말의 'ㅎ'도 뒤에 모음으로 시작하는 문법 형태소가 오면 연음이 되어 후행 음절의 초성이 되므로 후음 탈락은 비어두 초성의 'ㅎ'에 적용된다고 일반화하는 것도 무리는 아니다.

47) 한자음의 원음을 밝혀 적어야 하는 한 한자어에서는 아무리 후음 탈락이 잘 일어난다고 하더라도 'ㅎ'을 표기에 그대로 반영할 수밖에 없다.

ㅎ

용된 용어이다. 'ㅎ 약화'는 유일하게 이 현상이 '탈락'이 아닌 '약화'라고 규정한 용어이다. 비어두 초성의 'ㅎ'은 유성음화가 적용되어 약화될 수밖에 없으며 이러한 약화가 더 진행되면 'ㅎ'이 탈락 하게 된다. '후음 탈락'을 약화라고 본 것은 이런 측면을 감안했다고 할 수 있다.

④ 관련 항목

약화, 탈락, 후음

휴지

① 용어의 별칭

> **국어** 휴지[休止](小倉進平 1923, 심의린 1949ㄴ, 장태진 1958, 이기문 1961ㄱ, 竹林滋·橫山一郎 譯 1970, 日本音聲學會 編 1976), 휴식[休息](김수경 1947, 이기문 1955, 허웅 1958), 음휴지[音休止](服部四郎 外 1956, 김갑기 1978), 멈춤(최현배 1959ㄱ), 쉼(최현배 1965, 김영만 1974, 김정수 1989), 무음의 동안(서영석 1981), 쉴짬(유만근 1985), 외적 휴지[外的 休止](송민 1986), 끊기(강진철 1990, 이현복 1991, 김성근 1995, 고도흥 1998), 조음 휴지[調音 休止](백응진 1999), 끊김(신지영·차재은 2003), 소리없는 쉼(권재일·고동호 2004), 정돈[停頓](엄익상 2007)
>
> **영어** pause, break

② 개념 설명

발화가 진행되다가 끊어져 생기는 묵음 구간을 가리킨다. 묵음의 길이에 상관없이 모두 휴지로 볼 수 있으며, 경우에 따라서는 실제로 묵음이 생기지 않더라도 휴지의 일종으로 보는 경우가 있 다.[48] 휴지는 여러 가지 기능을 하는데 크게 언어학적 기능과 비언어학적 기능으로 나눌 수 있다. 휴지의 언어학적 기능으로는 운율 단위의 구분, 의미 해석 및 통사 구조에 대한 정보 제공, 의미의 중의성 해소 등을 들 수 있다. 비언어학적 기능으로는 숨을 쉬는 기회 제공, 생각의 정리, 감정이나 정서 표현 등이 거론되고 있다.

휴지는 여러 가지 기준에 의거해 하위 분류를 한다. 전통적으로는 휴지가 발생하는 이유에 따라 주저 휴지(hesitative pause)와 조음 휴지(articulatory pause)를 구분한다. 주저 휴지는 문자 그대로 말을 하다가 주저하면서 생긴 휴지이고, 조음 휴지는 조음 과정에서 어쩔 수 없는 생리적 이유 때문에 생긴 휴지이다. 휴지의 위치에 따라서는 임시 휴지(tentative pause)와 종말 휴지(final pause)로 나눈 다.[49] 임시 휴지는 문장의 중간에 실현된 휴지이고 종말 휴지는 문장이 끝나면서 생기는 휴지이다.

---

48) '잠재적 휴지'가 그러한 개념인데 뒤에서 다시 서술한다.
49) 심의린(1949ㄴ)에서 언급한 '단휴(短休)' 또는 '끊기'와 '장휴(長休)' 또는 '끝맺기'는 각각 임시 휴지와 종말 휴지에 대응한다 고 할 수 있다.

이 외에 '에, 저, 어' 등등의 언어 요소가 포함된 휴지를 '유음(有音) 휴지'라고 하고 그런 요소가 없는 휴지를 '무음(無音) 휴지'라고 하여 구분하기도 한다.

　　휴지 중에는 실제로 멈춤이 이루어졌는지는 고려하지 않고, 다만 표면에서 휴지가 올 수 있는 위치에 대해 적용하는 '잠재적 휴지'라는 개념도 있다. 가령 명사는 단독으로 쓰일 수 있으므로 표면에서 그 앞과 뒤에 휴지가 올 수 있다. 이럴 경우 명사의 앞, 뒤에는 잠재적 휴지가 있다고 한다. 물론 명사 뒤에 조사가 오든지 명사가 합성어의 후행 요소로 쓰이면 그때에는 명사의 앞과 뒤에 실제적인 휴지가 오지 않는다. 그러나 명사의 앞과 뒤에는 휴지가 올 수도 있기 때문에 그런 위치의 휴지에 대해 실현 여부와 무관하게 잠재적으로 휴지가 있다고 말하는 것이다.[50] 이러한 잠재적 휴지의 개념은 합성어의 내부 경계 앞에서 평파열음화나 자음군 단순화가 적용되는 이유를 설명하는 데 활용되기도 한다. 가령 '맛없다, 겉옷'이나 '값있다, 흙얼개' 등에서 합성어의 후행 성분이 모음으로 시작하는데도 불구하고 평파열음화나 자음군 단순화가 일어나는 이유를 그 사이에 개재하는 잠재적 휴지에서 찾고자 하는 것이다.[51]

③ 용어 설명

　　'휴지'를 지칭하는 용어는 '휴지, 휴식, 멈춤, 쉼, 끊기, 끊김'과 같이 '멈추다'라는 의미를 가진 것과 '무음의 동안, 소리 없는 쉼'과 같이 아무런 소리가 나지 않는다는 의미를 가진 것이 있다. 좀 더 일반적인 것은 '휴지' 계통의 용어이다. '정돈'은 중국에서 쓰이는 용어이다.

④ 관련 항목

　　기식군, 연접

---

50) 잠재적 휴지는 '가휴지(可休止), 내적 휴지, 임시 휴지, 기저 휴지' 등으로도 부른다. 잠재적 휴지의 반대 개념은 '실제적 휴지'이다. 실제적 휴지는 표면에 실현되기 때문에 '표면 휴지'라고 부르기도 한다.

51) 이 경우 모음으로 시작하는 형태소가 어휘 형태소라는 점이 중요한데 이로 인해 잠재적 휴지가 놓일 수 있는 것이다.

흡착음(吸着音)

① 용어의 별칭

국어 흡기음[吸氣音](편집실 1938ㄷ, 日本音聲學會 編 1976, 이정민·배영남 1987), 역음[逆音](주왕산 1948), 흡착음 [吸着音](服部四郎 1951, 허웅 1958, 김영송 1972, 日本音聲學會 編 1976, 최명옥 1980, 長嶋善郎 譯 1980), 흡입음[吸込音] (勇康雄 譯 1959, 이정민·배영남 1987), 들숨 입안 소리(허웅 1968ㄱ, 이호영 1996), 설타음[舌打音](竹林滋·橫山一郎 譯 1970, 日本音聲學會 編 1976, 林榮一·間瀨英夫 譯 1978, 김진우 1985, 국립국어연구원 1995, 이은정 2005), 탑설음[搭舌音] (日本音聲學會 編 1976), 탑취음[搭嘴音](日本音聲學會 編 1976), 빨아들임 소리(황희영 1979), 혀 차는 소리(이영길 1983, 전상범 1985ㄱ, 고병암 역 1986), 타설음[打舌音](이철수 1994)

영어 click

② 개념 설명

연구개로 구강을 폐쇄시켜 공기의 흐름을 차단한 후 연구개 앞의 어느 부분을 막았다가 공기를 빨아들이면서 발음하는 자음의 한 부류이다. 기류를 막았다가 터뜨려 발음한다는 점에서 폐쇄음 (stop)의 한 부류라고 할 수 있다. 흡착음은 다른 폐쇄음과 비교해 두 가지 특징이 있다. 하나는 공기의 흐름이 만들어지는 발동부가 구강의 일부인 연구개라는 점이다. 다른 폐쇄음들은 폐나 후두와 같이 구강이 아닌 부위가 발동부로 작용한다. 또 하나의 특징은 날숨(egressive)이 아닌 들숨(ingressive)을 사용한다는 점이다.[52]

흡착음은 조음 위치, 성문 상태, 비강으로의 공기 흐름 여부 등에 따라 여러 가지가 구분된다. 조음 위치는 이론적으로 다양할 수 있지만 치조 부위가 다수를 차지한다. 성문 상태에 따라서는 '유성⇔무성, 유기⇔무기, 후두화⇔비후두화' 등이 구분될 수 있다. 여기에 비강으로 공기가 흐르는 비음과 그렇지 않은 구강음의 차이도 흡착음에서 나타난다. 이러한 요소들이 조합되면 흡착음의 하위 유형은 매우 많아질 수 있다. 龜井孝 外 編(1996)에서는 최대 80개 정도의 흡착음이 존재한다고 보고하고 있다. 어족으로 보면 Khoisan 어족에 속하는 언어들에 흡착음이 많이 나타난다.

흡착음은 국어에서는 음소로 존재하지 않는다. 다만 혀를 차거나 소리를 흉내 내는 것과 같이 비언어적인 행위를 할 때 흡착음을 이용한다. 방언의 경우 경북 안동, 예천, 영덕 등지에서 긍정의 대답을 할 때 흡착음이 나타난다는 보고는 있다. 물론 이 경우에도 흡착음이 음소로서 기능하는 것은 아니다.

③ 용어 설명

'흡착음'을 나타내는 용어는 크게 두 계열로 나눌 수 있다. 하나는 공기가 흐르는 방향을 나타내는 것으로 들숨을 이용한다는 흡착음의 특징을 중시한 용어이다. '흡기음, 역음, 흡착음, 흡입음, 들

---

52) 이러한 특징 때문에 흡착음을 풀어서 설명할 때 '연구개 들숨 소리'라고 하기도 한다.

숨 입안 소리, 빨아들임 소리' 등이 여기에 속한다. 그런데 단순히 들숨을 이용한다고만 해서는 내파음(implosive)까지 포함할 수 있다는 문제가 있다.

다른 하나는 혀를 찬다는 사실을 반영하는 용어로 '설타음, 탑설음, 탑취음, 혀 차는 소리, 타설음'이 여기에 해당한다.[53] 흡착음 중 대다수는 조음 위치가 치조 부위라서 발음할 때 혀를 차게 되는데 이러한 사실을 용어에 담고 있다. 그러나 이 부류 역시 흡착음을 지칭하기에는 적절하지 않다. 흡착음 중에는 양순음도 있는데 양순 흡착음은 혀를 차는 행위가 동반되지 않기 때문이다.[54]

④ 관련 항목

내파음, 발동부, 방출음, 파열음, 폐쇄음

---

53) '탑설음, 탑취음'은 중국 용어이다.
54) 양순 흡착음이 적게 나타나는 것은 사실이다. UPSID(UCLA Phonological Segment Inventory Database)에 나오는 451개 언어에는 양순 흡착음이 하나도 없으며 언어의 범위를 넓혀도 양순 흡착음은 2~3개 언어에만 드물게 나타날 뿐이다.

▌참고문헌

강길운(1955), 초성 병서 고,『국어국문학』 13, 국어국문학회.

강길운(1956), 지정사는 설정되어야 할 것인가?,『한글』 120, 한글학회.

강길운(1958), 지정사는 설정되어야 할 것인가?(Ⅱ),『한글』 123, 한글학회.

강길운(1959), 달팽이 명칭고,『한글』 124, 한글학회.

강길운(1978), 백제어의 계통론(1),「백제연구」 8, 충남대 백제연구소.

강길운(1993), 치음종성-ㅅ.ㅈ.ㅊ의 중화,『어문연구』 24, 어문연구학회.

강덕수(1998), 최적성 이론에 의한 러시아어 음절 구조 연구,『음성·음운·형태론 연구』 4, 한국음운론학회.

강덕수(2005), 러시아어 차용어 분석을 통한 야쿠트어 음절구조와 모음조화 연구,『언어와 언어학』 36, 한국외대
　　　　　 언어연구소.

강　매(1921),『조선어문법제요』, 광익서관.

강　매(1932),『정선조선어문법』, 박문서관.

강　매·김진호(1925),『잘뽑은조선말과글의본』, 한성도서주식회사.

강민순(2000), 영어 양음절의 구조화에 대한 연구, 부산외국어대 석사학위논문.

강병주(1938), 채정민씨의 반문에 대답함,『한글』 58, 한글학회.

강병희(1991), 순창방언의 음운론적 연구, 연세대 석사학위논문.

강석근(1997), 영어의 다층적 음운체계와 제약조건 계층,『언어』 22-4, 한국언어학회.

강성로(1978), 한국어 구개음화의 생성음운론적 연구, 경북대 석사학위논문.

강순경(1989), 국어 단순모음의 음향학적 분석,『언어』 14, 한국언어학회.

강순경(1996), 남북한의 모음 분석,『어학연구』 32-1, 서울대 언어교육원.

강순경(1997), 함경 방언의 모음 체계,『어학연구』 33-1, 서울대 언어교육원.

강순경(1999), 황해 방언의 모음체계,『언어』 24-3, 한국언어학회.

강신항(1960), 중국운학 술어 약설,『한글』 126, 한글학회.

강신항(1971),「조선관역어」신석,『대동문화연구』 8, 성균관대 대동문화연구소.

강신항(1972), 사성통해의 음계연구서설,『진단학보』 34, 진단학회.

강신항(1974), 번역노걸대·박통사의 음계,『진단학보』 38, 진단학회.

강신항(1977), 계림유사「고려방언」의 운모음과 중세국어의 모음 및 말음,『대동문화연구』 12, 성균관대 대동문화
　　　　　 연구소.

강신항(1978ㄱ),「박통사신석언해」내 자음의 음계-18세기북경어음계의 편모-,『학술원 논문집』 17, 대한민국 학술원.

강신항(1978ㄴ), 중국자음과의 대음으로 본 국어모음체계,『국어학』 7, 국어학회.

강신항(1978ㄷ), 노걸대·박통사언해내자음의 음계,『동방학지』 18, 연세대 국학연구원.

강신항(1983), 치음과 한글표기,『국어학』 12, 국어학회.

강신항(1986), 신라어 *sar(新)의 변천과 그 표기-원효와 신라국호의 기원과 관련하여-,『대동문화연구』 20, 성균관대
　　　　　 대동문화연구소.

강신항(1987ㄱ), 한국한자음과 한어상고음과의 대응가능성에 관하여,『동양학』 17, 단국대 동양학연구소.

강신항(1987ㄴ), 한국한자음내 설음계자음의 변화에 대하여,『동방학지』 54-56, 연세대 국학연구원.

강신항(1991), 고대국어의 음절말자음에 대하여,『대동문화연구』 25, 성균관대 대동문화연구소.

강신항(2000), 한국한자음(韓漢音)의 양면성,『어문연구』 28-1, 한국어문교육연구회.

강신항(2001), 한국한자음(고려역음)의 한 모습,『국어학』38, 국어학회.

강영숙(1995), 현대국어의 음장운소와 발음교육-고유어의 발음을 중심으로-,『즈믄 이철수교수 화갑기념논문집』, 태학사.

강옥미(1994ㄱ), 위치마디의 내부구조-ㄷ-구개음화, ㄱ-구개음화, 움라우트와 위치동화를 중심으로-,『국어학』24, 국어학회.

강옥미(1994ㄴ), 한국이의 음절화,『어학연구』30-3, 서울대 언어교육원.

강옥미(1994ㄷ), 한국어의 ㄹ-비음화, ㄴ-탈락과 ㄴ-설측음화에 대한 운율론적 분석,『언어』19-1, 한국언어학회.

강옥미(1996), 한국어 차용어 음운론에 대한 최적성이론 분석,『국어학』28, 국어학회.

강옥미(2002), 한국어 음운론에 있어서 복선음운론의 수용 양상과 전망,『한국어학』17, 한국어학회.

강옥미(2003),『한국어 음운론』, 태학사.

강 위(1869),『동문자모분해』, 필사본.

강윤정(2005), 차용어의 음운론,『영어학의 최근 논점(1)-음운론-』, 한국문화사.

강윤호(1959), 국어 방언에 있어서의 두음경화 어휘의 분포에 대하여,『한글』124, 한글학회.

강윤호(1960), 제주도 방언에 있어서의 공통어계 어휘의 음운 양상-특히 morpho-phonemic patterns에 관하여-,『한글』126, 한글학회.

강윤호(1961), 국어 방언의 공시음운 구조기술과 그 분포,『동방학지』4, 연세대 국학연구원.

강윤호(1968),『정수 문법』, 지림출판사.

강인구(1969), Information Theory와 음성의 식별문제,『어학연구』5-2, 서울대 언어교육원.

강인선(1992), 일본어 발음 교육의 한 문제(1),『언어학』14, 한국언어학회.

강인선(1996), 일본어 발음 교육의 한 문제(2)-운율적 특성을 중심으로-,『언어학』18, 한국언어학회.

강지수(2003), 후음 /ㅎ/의 변이와 음운현상 고찰, 충남대 석사학위논문.

강진철(1990), 문화어 억양의 높낮이선에 대하여,『조선어문』80, 과학백과사전출판사.

강진철(1991), 문화어 억양의 률동에 대하여,『조선어문』84, 과학백과사전출판사.

강진철(1994), 함경도방언 억양에서의 말소리 느낌에 대하여,『조선어문』95, 과학백과사전출판사.

강창석(1982), 현대 국어의 형태소 분석과 음운 현상-활용, 곡용에서의 '으~Ø'를 중심으로-,『국어연구』50, 서울대 국어연구회.

강창석(1984), 국어의 음절구조와 음운현상,『국어학』13, 국어학회.

강창석(1989), 현대국어 음운론의 허와 실,『국어학』19, 국어학회.

강창석(1992), 15세기 음운이론의 연구-차자표기 전통과의 관련성을 중심으로-, 서울대 박사학위논문.

강창석(1995), 한글과 한글 표기법 이론의 체계화에 대하여-기술과 용어의 문제를 중심으로-,『국어학』25, 국어학회.

강 현(1933),『실용간명 개정철자법』, 조선출판사.

강현숙(1999), 연변어 탄설음화 현상의 음성, 음운론적 분석,『말소리』37, 대한음성학회.

강현숙(2002), 영어 유성음이 차용어에 나타나는 현상 분석,『한국어학』17, 한국어학회.

강현주(1999), 최적성 이론의 초분절 음운 현상 연구, 연세대 석사학위논문.

강흥구(2003), 울진방언 성조와 음조에 대한 연구,『어문연구』43, 어문연구학회.

강흥구(2005), 강릉 방언 1음절 어간 풀이씨의 성조,『한글』270, 한글학회.

강희숙(1988), 15세기 국어 병서의 음운사적 연구, 조선대 석사학위논문.

강희숙(1996ㄱ), 진도 방언의 /n/ 탈락 현상에 대한 고찰,『국어학』27, 국어학회.

강희숙(1996ㄴ), 장흥 방언의 모음 조화,『언어학』4, 대한언어학회.

강희숙(1999), '오>우' 변화의 수행과 확산-≪정정 인어대방≫과 ≪재간 교린수지≫를 중심으로-,『국어학』33, 국어학회.

강희숙(2002), ≪천변풍경≫의 음운론,『국어학』40, 국어학회.

강희숙(2010ㄱ), 나주임씨 언간의 구개음화 교정 현상 연구,『한글』289, 한글학회.

강희숙(2010ㄴ), /j/ 첨가와 전남방언 분화,『한민족어문학』57, 한민족어문학회.

고광모(1989), 체언 끝의 변화 ㄷ>ㅅ에 대한 새로운 해석,『언어학』11, 한국언어학회.

고광모(1991), 국어의 보상적 장음화 연구, 서울대 박사학위논문.

고광모(1992), ㄴ 첨가와 사이시옷에 대한 연구,『언어학』14, 한국언어학회.

고광모(2012), 15세기 국어의 종성 /ㅅ/에 대하여-종성 /ㅅ/을 확인하고 선어말어미 {-습-}의 교체를 설명함-,『국어학』64, 국어학회.

고도흥(1998),『북한의 음성학 연구』, 한국문화사.

고동호(1991), 제주방언의 구개음화와 이중모음의 변화,『언어학』13, 한국언어학회.

고동호(1995), 제주 방언의 움라우트 연구-형태소 내부를 중심으로-,『언어학』17, 한국언어학회.

고동호(1997), 제주 방언의 모음 조화 연구,『언어학』21, 한국언어학회.

고동호(2003), 시버어의 음운구조 연구,『알타이학보』14, 한국알타이학회.

고동호(2011), 고려말의 파찰음과 파찰음화,『한글』292, 한글학회.

고병암 역(1986),『음운론의 이론과 분석』, 한신문화사.

고언숙(2005), 강세와 음률,『영어학의 최근 논점(1)-음운론-』, 한국문화사.

고영근(1961), 석보상절과 월인석보와의 한 비교-몇 개의 어형변화를 중심으로-,『한글』128, 한글학회.

고영근(1966), 현대정서법의 몇 가지 검토,『국어국문학』33, 국어국문학회.

고영근(2005), 형태소의 교체와 형태론의 범위-형태음운론적 교체를 중심으로-,『국어학』46, 국어학회.

고영욱(1991), 영어 음절구조와 어휘층에 관한 연구, 조선대 석사학위논문.

고영진(1994), 자질면의 통합과 자질계층 이론,『언어학』2, 대한언어학회.

고영진(1995), 조음점자질 [cor] 의 미표시,『언어학』3, 대한언어학회.

고창식 외(1965),『학교 문법 해설서』, 보문사.

고창운(1987), 자음 탈락과 보상적 장모음화에 대하여,『건국어문학』11·12, 건국대 국문과.

고현주(1999), 영어 어말 폐쇄음의 유·무성인지 실마리에 관한 연구-폐쇄음의 자음적 특징을 중심으로-,『말소리』37, 대한음성학회.

공세기(1988), 남해도 방언의 음운론적 연구, 고려대 석사학위논문.

공일주(1987), 한국어와 아랍어 악센트에 관한 음향음성학적 고찰,『한글』197, 한글학회.

공재석(1985), 중국어음절에 관하여,『언어와 언어학』11, 한국외대 언어연구소.

공정혜(1999), 우리말 /ㅎ/의 실험음성학적 연구,『언어학연구』46, 서울대 언어학과.

곽동기(1992), 운율단위에 의한 국어 음운현상의 분석, 서울대 박사학위논문.

곽동기(2000), 한국어의 중간구 오름조 현상에 대하여,『말소리』40, 대한음성학회.

곽준영(2002), 영어와 한국어의 음운단어, 충주대 석사학위논문.

곽창석(1986), 진주지역어의 음운론적 연구, 경남대 석사학위논문.

곽충구(1977), ㅅ계 어두자음군에 대한 소고-생성, 발달, 소멸과정을 중심으로-,『선청어문』8, 서울대 국어교육과.

곽충구(1980), 십팔세기 국어의 음운론적 연구,『국어연구』43, 서울대 국어연구회.

곽충구(1984), 체언어간말 설단자음의 마찰음화에 대하여, 『국어국문학』 91, 국어국문학회.

곽충구(1985), '뻬-'(貫)의 통시적 변화와 방언분화, 『국어학』 14, 국어학회.

곽충구(1986), ≪로한회화≫와 함북 경흥방언, 『진단학보』 62, 진단학회.

곽충구(1992), 근대국어시기의 방언특징과 방언분화, 『동양학』 22, 단국대 동양학연구소.

곽충구(1994), 『함북 육진방언의 음운론-20세기 러시아의 Kazan에서 간행된 문헌자료에 의한-』, 태학사.

곽충구(2001), ㄱ개음화 규칙의 발생과 그 확산, 『진단학보』 92, 진단학회.

곽충구(2003), 현대국어의 모음체계와 그 변화의 방향, 『국어학』 41, 국어학회.

곽충구(2005), 육진방언의 음운변화-20세기초로부터 1세기 동안의 변화-, 『진단학보』 100, 진단학회.

곽충구(2012), 육진방언의 음성과 음운사, 『방언학』 16, 한국방언학회.

구민모 외(2012), 한국어 단음절 단어의 시각 재인에서 음절빈도효과, 『언어과학연구』 63, 언어과학회.

구본관(2007), 접미사 {둘}의 이형태에 대한 통시적 고찰, 『우리말연구』 21, 우리말학회.

구본석(1999), 최적성이론에서의 영어 차용어와 모음삽입, 『음성·음운·형태론 연구』 5-1, 한국음운론학회.

구인애(1983), 음운규칙의 적용양식 연구, 이화여대 석사학위논문.

구현옥(1992), 함안 지역어의 음장 연구-용언활용을 중심으로-, 동아대 석사학위논문.

구현옥(1996), 소리이음에 대한 계층음절 음운론적 접근, 『동남어문논집』 6, 동남어문학회.

구현옥(1997), 경남 하위 방언권 음운 현상 비교 연구-함안 지역어의 특수성을 중심으로-, 『한글』 236, 한글학회.

구현옥(1998), 『함안 지역어의 음운 변동 현상』, 한국문화사.

구현옥(1999), 『국어 음운학의 이해』, 한국문화사.

국립국어연구원(1995), 『국어학의 번역 술어 연구』, 국립국어연구원.

국립국어연구원(1996), 『국어학의 번역 술어 연구(II)』, 국립국어연구원.

권경근(1999), 국어 음장의 발달에 대하여-중세국어에서 현대국어까지-, 『언어학』 25, 한국언어학회.

권경근(2004), 현대국어의 음운론적 역사성, 『국어학』 45, 국어학회.

권경근(2005), 국어의 음운론적 세기에 대하여, 『한글』 270, 한글학회.

권경근·박종승(2004), 한국어와 일본어의 음절구조 변화에 대하여-가고시마 방언과의 비교를 중심으로-, 『우리말연구』 14, 우리말학회.

권경근(2008), 국어 음운론과 유형론, 『한글』 282, 한글학회.

권덕규(1930ㄱ), 고음의 본질과 기사법-경음변증을 읽고서-, 『중외일보』 1/29~2/6, 중외일보사.

권덕규(1930ㄴ), 정음반포 이후의 변천-외국어에서 받은 충동-, 『조선일보』 9/5~9/15, 조선일보사.

권덕규(1934), 습관소리(관습음), 『한글』 15, 한글학회.

권미경(1991), 상주지역어의 음운론적 연구, 계명대 석사학위논문.

권미영(1998), 강경 지역어의 공시음운론적 연구, 인하대 석사학위논문.

권병로(1979), 무주 지역어의 음운론적 연구, 전북대 석사학위논문.

권병로·이득춘(2002), 19세기 중국어학습서의 한글표기가 보여주는 근대 중국어 어음의 몇 특징고찰-≪화음계몽≫과 ≪화음계몽언해≫를 중심으로-, 『국어문학』 37, 국어문학회.

권성미(2007), L2 음성 습득에 유사성이 미치는 영향-일어권 한국어 학습자를 대상으로 한 실험음성학적 연구-, 『한국어 교육』 18-3, 국제한국어교육학회.

권승욱 역(1939), 언어의 비교 연구에 대하여, 『한글』 73, 한글학회.

권시현(2008), 'ㅎ' 말음 용언 어간의 방언간 대응에 대한 연구, 『국어연구』 206, 서울대 국어연구회.

권오선(1990), 한국어와 몽골어의 어음대조, 『어학연구』 26-3, 서울대 언어교육원.

권용문(2010), 양순음화의 발달,『한국어학』47, 한국어학회.

권인한(1984), 국어의 음운론적 변항 제약조건에 대하여,『관악어문연구』9, 서울대 국문과.

권인한(1987), 음운론적 기제의 심리적 실재성에 대한 연구-발화실수와 외래어 수용의 자료를 중심으로-,
　　　　『국어연구』76, 서울대 국어연구회.

권인한(1990), 왜학서류의 음절말 'ㅅ', 'ㄷ' 표기법 연구,『진단학보』70, 진단학회.

권인한(1991), 여대 성조의 재구를 위한 기초적 연구,『국어학』21, 국어학회.

권인한(1995), 조선관역어의 음운론적 연구, 서울대 박사학위논문.

권인한(1997), 현대국어 한자어의 음운론적 고찰,『국어학』29, 국어학회.

권인한(2003), 계림유사의 한어음운사적 의의,『국어학』42, 국어학회.

권　일(1992), 불규칙 활용의 음운교체 연구, 대구대 석사학위논문.

권재선(1973), 고대국어의 한자 운미음에 대한 고찰,『어문학』29, 한국어문학회.

권재선(1974), 계림유사에 나타난 여대 국어 성조의 고찰,『어문학』30, 한국어문학회.

권재선(1976), △음고,『영남어문학』3, 영남어문학회.

권재선(1977ㄱ), 각자 병서의 음가고,『한글』160, 한글학회.

권재선(1977ㄴ), 각자병서의 음가고,『영남어문학』4, 영남어문학회.

권재선(1978), 중세어 합용병서의 음가 속론,『영남어문학』5, 영남어문학회.

권재선(1983), 서울말의 구개음화 연구,『대구어문론총』1, 대구어문학회.

권재선(1985), 권보상의 음운이론과 음성견해,『대구어문론총』3, 대구어문학회.

권재선(1992),『훈민정음의 표기법과 음운-중세 음운론-』, 우골탑.

권재선(2001), 사이시옷의 음가 고찰,『우리말글』22, 우리말글학회.

권재일·고동호(2004), 국어학 고유어 용어 분류 체계에 관한 연구, 국립국어연구원 연구보고서.

권주예(1978), 학교문법의 제문제점 소고-고등학교 문법교과서를 중심으로-,『선청어문』9, 서울대 국어교육과.

권창섭(2009), 'ㅎ'의 음소 표시와 음운 과정,『국어연구』210, 서울대 국어연구회.

권현주(2006), 일본어의 음장(Length)을 이용한 한국어 종성 발음 인지 교육 방안,『일어일문학연구』59-1,
　　　　한국일어일문학회.

금수현(1968), 외래어 표기에 있어 장음 생략의 한계-문교부와 신문사에 제안 권유하는-,『한글』141, 한글학회.

기세관(1981), 전남방언의 음운론적 연구, 전남대 석사학위논문.

기세관(1983), 전남 북서부 방언의 움라우트 현상,『국어국문학』90, 국어국문학회.

기세관(1992),『국어 단어형성에서의 /ㄹ/탈락과 /ㄴ/첨가에 대한 음운론적 연구』, 홍문각.

기세관(1996), 여수방언의 음운론적 특성,『선청어문』24, 서울대 국어교육과.

기세관(2004), 광양 방언의 음운론과 형태론,『배달말』35, 배달말학회.

김갑기(1978), 15세기 국어의 지격촉음고-고전문법 학습 지도를 위한 시고-,『새국어교육』27, 한국국어교육학회.

김경란(1990), 최근 음운이론의 한국어 적용,『언어연구』7, 언어과학회.

김경란(1991), 중세 국어 성조의 재분석,『언어연구』8, 언어과학회.

김경란(1993), 우리말 음절화와 관련된 음운규칙의 적용방법,『음성·음운·형태론 연구』1, 한국음운론학회.

김경란(1994), 음운규칙의 위에서 아래로의 분석,『언어』19-1, 한국언어학회.

김경민(2001), 음운분석의 중복문제에 관한 연구-형태소 구조제약을 중심으로-, 숙명여대 석사학위논문.

김경숙(1993), ≪광운≫ 우음자에 의한 상고한어의 재구,『진단학보』76, 진단학회.

김경숙(1997), 어중 [-*g-], [-*b-], [-*z-]의 분화에 관한 지리언어학적 연구, 경북대 석사학위논문.

김경숙(2014), 한국 방언의 지리적 분포와 변화 연구-'朝鮮語方言の硏究'와 '한국방언자료집'의 비교를 통하여-, 경북대 박사학위논문.

김경숙(1997), 변별적 자질에 대한 고찰, 목포대 석사학위논문.

김경아(1990), 활용에서의 기저형설정과 음운현상, 『국어연구』 94, 서울대 국어연구회.

김경아(1992), 중세국어 종성표기 'ㅅ'에 대하여, 『관악어문연구』 17, 서울대 국문과.

김경아(1995), 체언어간말 설단자음의 변화, 『관악어문연구』 20, 서울대 국문과.

김경아(1996ㄱ), 위치동화에 대한 재검토, 『국어학』 27, 국어학회.

김경아(1996ㄴ), β>w에 대하여, 『한국문화』 17, 서울대 한국문화연구소.

김경아(1997), 국어 장애음의 분류와 후두 자질, 『국어학』 30, 국어학회.

김경아(1998), 용언어간말음 'ㅎ'의 교체에 대하여, 『언어』 23-1, 한국언어학회.

김경아(1999), 형태음론적 교체와 형태음운부, 『형태론』 1-2, 형태론 편집위원회.

김경아(2000), 『국어의 음운표시와 음운과정』, 태학사.

김경아(2001), 국어의 변별적 자질체계 연구-위치자질을 중심으로-, 『국어학』 38, 국어학회.

김경아(2003), 형태음운론적 교체에 대하여, 『국어교육』 110, 한국어교육학회.

김경표(2013), 전남 도서 방언의 음운론적 대비 연구, 전남대 박사학위논문.

김경훈(1982), 근대국어에 대한 일고찰, 『개신어문연구』 2, 개신어문학회.

김경훤(1991), 음운의 교체와 변화-'ᄋ'를 중심으로-, 『반교어문연구』 3, 반교어문학회.

김경훤(2003), 이중모음 'ᅴ'의 통시적 변화, 『어문연구』 31-3, 한국어문교육연구회.

김계곤(1957), 조성모음 "으"에 대하여, 『국어국문학』 16, 국어국문학회.

김계곤(1960), 국어 정서법에 대하여(첫째)-1. 장모음 적기표가 소용됨-, 『한글』 126, 한글학회.

김계곤(1965), 국어 말본 교육의 당면 문제, 『한글』 135, 한글학회.

김계곤(1969), 현대 국어의 「뒷가지(접미사)」 처리에 대한 관견-두 가지 국어 사전(한글학회 : 한글 소사전, 이희승 : 국어 대사전)을 중심으로-, 『한글』 144, 한글학회.

김계곤(1970), 현대 국어의 꾸밈씨의 합성법, 『한글』 146, 한글학회.

김계원(1967), 대마도(Tsushima)의 본이름 살피기, 『한글』 139, 한글학회.

김공칠(1980), 원시 한·일어의 연구-공통기어 설정을 위한-, 『한글』 168, 한글학회.

김공칠(1982), 원시 한일 두 언어의 모음체계에 대하여, 『국어국문학』 87, 국어국문학회.

김광웅(2001), 『제주 지역어의 음운론』, 제주대 출판부.

김광해(1982), 자음교체에 의한 어휘분화현상에 대하여, 『국어교육』 42, 한국어교육학회.

김규남(1987), 부안지역어의 음운론적 연구-제약과 규칙의 유형을 중심으로-, 전북대 석사학위논문.

김규남(1994), 『석남역사』의 표기와 음운론적 특성, 『국어문학』 29, 국어문학회.

김규남(1998), 전북 정읍시 정해마을 언어사회의 음운변이 연구, 전북대 박사학위논문.

김규선(1969), 국어의 형태혼효에 대하여-준말의 형태분석 시안-, 『어문학』 20, 한국어문학회.

김규식(1909), 『대한문법』, 유인본.

김규식(1912), 『조선문법』, 유인본.

김근수(1947), 『중학 국문법책』, 문교당출판부.

김기호(1990), 계층적 자질수형도에서의 비표기와 잠재표기, 『언어』 15, 한국언어학회.

김기호(1993), 연속 음성인식에 있어서의 음운론의 역할을 재고함, 『음성·음운·형태론 연구』 1, 한국음운론학회.

김기호(2000), 억양 음운론의 관점에서 본 영어와 한국어의 억양 비교-ToBI 와 K-ToBI 를 중심으로-, 『언어학』 8-1,

대한언어학회.

김남미(1997), 이중 모음의 단모음화에 관한 연구-음절 구조 조정을 중심으로-, 『한국어 연구』 34, 서강대 한국어 연구회.

김남미(2004), 15세기 국어의 중모음 연구, 서강대 박사학위논문.

김남미(2006), /X붕-/계 어간의 재구조화와 음운 과정, 『국어학』 48, 국어학회.

김남훈(2000), CV음운론에서의 한국어 음절구조 연구, 호남대 석사학위논문.

김노주(2005), 운율구의 정의에 관하여-음운론과 통사론의 상호작용-, 『영어학의 최근 논점(1)-음운론-』, 한국문화사.

김다히(2005), 영어 문장 말 폐쇄음의 파열 양상, 『말소리』 53, 대한음성학회.

김대성(2004), 상대일본어 "タダナ"행의 자음 음가 연구-중고한음 설음 성모의 음가 재구도 포함하여-, 『언어과학연구』 29, 언어과학회.

김대현·조철우(1998), Artsim'을 이용한 모음의 조음점 추정에 관한 연구, 『말소리』 35·36, 대한음성학회.

김덕호(1986), 경북·충북 접경지역어의 음운연구, 경북대 석사학위논문.

김동례(1997), 두자음 ㄴ, ㄹ, ㅇ(zero)의 음운론적 재고, 『한국어학』 6, 한국어학회.

김동소(1995), 고대 한국어의 종합적 연구, 『한글』 227, 한글학회.

김동소(1996), 중세 한국어의 종합적 연구-표기법과 음운 체계-, 『한글』 231, 한글학회.

김동소(1998), 『한국어 변천사』, 형설출판사.

김동소(2000), ≪육조 법보 단경 언해≫ 하권 연구, 『국어학』 35, 국어학회.

김동소 외(1990), 중국 퉁구스족의 언어 연구, 『성곡논총』 21, 성곡학술문화재단.

김동언(1980), 국어 유음에 관한 연구, 숭전대 석사학위논문.

김동언(1983), 중세어 이중모음 'ij'에 관한 연구, 『한남어문학』 9·10, 한남어문학회.

김동언(1985), 움라우트규칙의 확대에 대하여, 『어문논집』 24, 고려대 국어국문학 연구회.

김동언(1990), 17세기 국어의 형태음운 연구, 고려대 박사학위논문.

김두봉(1916), 『조선말본』, 신문관.

김두봉(1922), 『깁더 조선말본』, 새글집.

김두봉(1932), 과학술어와 우리말, 『한글』 4, 한글학회.

김두영(1984), 중세국어 마찰음고, 명지대 석사학위논문.

김만기(1992), 양양 방언의 고찰-음운론을 중심으로-, 경희대 석사학위논문.

김무림(1990), 홍무정운과 역훈의 운모 대응, 『국어학』 20, 국어학회.

김무림(1991), 병서와 연서의 기저와 표면, 『언어』 16-2, 한국언어학회.

김무림(1992), 『국어음운론』, 한신문화사.

김무림(1993), 국어의 음운부와 어휘부, 『어문논집』 32, 고려대 국어국문학 연구회.

김무림(1997), 경음의 음운사, 『국어국문학』 119, 국어국문학회.

김무림(1998), 고대 국어 음운, 『국어의 시대별 변천·실태 연구 3-고대 국어-』, 국립국어연구원.

김무림(2003), 한자 '內'의 국어 음운사적 고찰, 『국어학』 41, 국어학회.

김무림(2009), 고대국어 음운론, 『국어사 연구』 9, 국어사학회.

김무림·김옥영(2009), 『국어음운론』, 새문사.

김무식(1985), 경상도 방언 /ㅓ/와 /ㅡ/모음의 실험 음성학적 연구-대구 지역을 중심으로-, 『문학과 언어연구』 33, 경북대 문학과 언어연구회.

김무식(1992ㄱ), 경북 방언 초분절소에 대한 실험음성학적 연구-의성 지역어를 중심으로-, 『국어학』 22, 국어학회.

김무식(1992ㄴ), 중세 국어 후음 'ㅇ'에 대한 일고찰-주로 음가추정 및 음운설정 여부를 중심으로-, 『어문학』 53, 한국어문학회.

김무식(1992ㄷ), 15세기 국어의 음절 구조와 표기, 『언어연구』 9, 언어과학회.

김무식(1993), 『훈민정음』의 음운체계 연구, 경북대 박사학위논문.

김무식(1994), '설축' 자질과 모음체계 기술방법에 대한 반성, 『어문학』 55, 한국어문학회.

김무식(2001), 음형대분석을 이용한 이중모음 'ㅢ'의 특징 연구, 『어문학』 72, 한국어문학회.

김무식(2003), 경북방언의 어절축약현상과 억양과의 상관성, 『어문론총』 39, 한국문학언어학회.

김문웅(1981), 「ㅎ」의 범주와 그 기능, 『국어국문학』 86, 국어국문학회.

김미란·남호성(2012), 동시발화에 나타나는 발화 속도 변이 분석, 『말소리와 음성과학』 4-4, 한국음성학회.

김미령(2007), 한국어 폐쇄음 습득-유아의 종적 사례 연구-, 『언어』 32-3, 한국언어학회.

김민수(1952), ㅎ조사 연구-ㅎ말음 명사와 조사, 『국어국문학』 1, 국어국문학회.

김민수(1953), 각자병서 음가론-병서론 연구(2)-, 『국어국문학』 4, 국어국문학회.

김민수(1955ㄱ), 국어 문법, 『대학국어』, 영화출판사.

김민수(1955ㄴ), 용언의 기본형-특히 그 어미에 관하여-, 『한글』 110, 한글학회.

김민수(1955ㄷ), 합용병서 음가론-병서론 연구(3)-, 『국어국문학』 13, 국어국문학회.

김민수(1957), 「사성통해」, 『한글』 122, 한글학회.

김민수(1960), 『국어문법론 연구』, 통문관.

김민수(1961), 서평-유창돈 저 국어변천사, 『아세아연구』 8, 고려대 아세아문제연구소.

김민수(1963), 「신정국문」에 관한 연구-특히 '이으'합음과 아래아를 문제로 하여, 『아세아연구』 11, 고려대 아세아문제연구소.

김민수(1968ㄱ), 주시경의 국어연구, 『朝鮮學報』 48, 朝鮮學會.

김민수(1968ㄴ), 『신국어학』, 일조각.

김민수(1969), 국어문법의 이론적 계통, 『아세아연구』 34, 고려대 아세아문제연구소.

김민수(1962), 주시경의 학술용어, 『한글』 129, 한글학회.

김민수(1978ㄱ), 북한의 문법연구(Ⅰ)-과학원 언어 문화 연구소, 「조선어 문법」에 대하여-, 『아세아연구』 59, 고려대 아세아문제연구소.

김민수(1978ㄴ), 북한의 문법연구(Ⅱ)-과학원 언어 문화 연구소, 「조선어 문법」에 대하여-, 『아세아연구』 60, 고려대 아세아문제연구소.

김민수(1981), 강위의 「동문자모분해」에 대하여, 『국어학』 10, 국어학회.

김민수(1984), 언어학 용어의 통일문제, 『국어학』 13, 국어학회.

김민수·이기문(1968), 『표준 문법』, 어문각.

김민수 외(1960ㄱ), 『새 중학 문법』, 동아출판사.

김민수 외(1960ㄴ), 『새 고교 문법』, 동아출판사.

김방한(1960), 몽고어 Monguor 방언의 어두자음군에 관한 고찰, 『학술원 논문집』 2, 대한민국 학술원.

김방한(1963), Altai어에 있어서의 보충법에 관한 고찰, 『동아문화』 1, 서울대 동아문화연구소.

김방한(1964), 국어모음체계의 변동에 관한 고찰, 『동아문화』 2, 서울대 동아문화연구소.

김방한(1965), 국어주격어미 「이」고 재론, 『학술원 논문집』 5, 대한민국 학술원.

김방한(1966), 국어의 계통연구에 있어서의 몇 가지 문제점, 『진단학보』 29·30, 진단학회.

김방한(1967), 인구어비교언어학의 몇 가지 과제,『어학연구』3-1, 서울대 언어교육원.

김방한(1968), 국어의 계통연구에 관하여-그 방법론적 반성-,『동아문화』8, 서울대 동아문화연구소.

김방한(1969), 몽고어방언의 어두자음군에 관한 고찰,『백산학보』6, 백산학회.

김방한(1972), 몽골어 음운사의 몇 문제,『동아문화』12, 서울대 동아문화연구소.

김방한(1977), 한국어 어두 h-의 기원 및 어두자음군어와 방점,『언어학』2, 한국언어학회.

김방한(1978), 알타이 제어와 한국어,『동아문화』15, 서울대 동아문화연구소.

김방한(1980), 쏘쉬르 연구(Ⅰ)-생애와 학문-,『한글』167, 한글학회.

김방한(1988), 유추적 변화의 조건,『한글』200, 한글학회.

김병욱(1983), 국어 음운체계 변천에 대한 연구, 명지대 박사학위논문.

김병욱(1985), 중세국어 성조 규칙의 검토,『한글』187, 한글학회.

김병제(1933), 맞훔법의 이설에 대하야,『조선중앙일보』8/17~9/18, 조선중앙일보사.

김병제(1934), 한글 통일안비판에 대한 약간의 검토와 답변,『조선중앙일보』9/13~10/14, 조선중앙일보사.

김봉국(1998), 삼척지역어의 성조 연구,『국어연구』150, 서울대 국어연구회.

김봉국(2000), 강릉·삼척 지역어의 활음화,『한국문화』26, 서울대 한국문화연구소.

김봉국(2001), 강릉·삼척 지역어 '-어/-아'계 어미의 교체와 음운현상,『어문연구』29-2, 한국어문교육연구회.

김봉국(2002ㄱ), 강원도 남부지역 방언 어간말자음군의 음운론,『국어학』39, 국어학회.

김봉국(2002ㄴ), 강원도 남부지역 방언의 음운론, 서울대 박사학위논문.

김봉국(2003ㄱ), 복수기저형의 설정과 그 타당성 검토,『어학연구』39-3, 서울대 언어교육원.

김봉국(2003ㄴ), 복수기저형의 유형(2),『진단학보』95, 진단학회.

김봉국(2004), 고모음 탈락 현상과 관련된 몇 문제,『국어학』43, 국어학회.

김봉국(2005), 체언 어간말 중자음의 변화 양상-동해안 방언 및 함북 육진 방언을 중심으로-,『국어학』45, 국어학회.

김봉국(2006), 개별 방언의 자료 정리와 음운 연구,『방언학』4, 한국방언학회.

김사명(2001), 진천 지역어의 음운론적 연구, 충북대 석사학위논문.

김상돈(1985), 유표성(markedness)의 해석에 대하여-음운론적 해석을 중심으로-,『어문논집』24, 고려대 국어국문학 연구회.

김상돈(1991), 근대국어의 표기와 음운변화 연구, 고려대 박사학위논문.

김상숙(1980), 접요사에 대하여,『동악어문논집』13, 동악어문학회.

김석득(1960), 음운 분석론-기술언어학에서 본 음운설립을 중심하여-,『한글』126, 한글학회.

김석득(1962ㄱ), 형태소의 변이형태소로의 분석,『한글』129, 한글학회.

김석득(1962ㄴ), 형태음소론 소고,『국어학』1, 국어학회.

김석득(1963), 국어의「불연속형태」에 대하여,『국어국문학』26, 국어국문학회.

김석득(1971), 훈민정음 해례의 언어학적 분석-이원론적인 변별적 자질론 및 언어학직 이해-,『기념논문집-한글학회 50돌-』, 한글학회.

김석득(1976), 형태 음소 변동 요인으로서의 모음 조화-고전 몽고어의 경우-,『한글』158, 한글학회.

김석득(1978), 구개음화와 기저 모음 및 어휘소-역사적 정보 유도 규칙의 한계-,『눈뫼 허웅 박사 환갑 기념 논문집』, 서울대 출판부.

김석득(1980), 국어문법연구사에서 본「우리말본」,『동방학지』25, 연세대 국학연구원.

김석득(1984ㄱ), 훈민정음(해례)의 각자병서와 15세기 형태자질과의 관계-15세기 된소리 음소의 기능부담량 측정을 위하여-,『동방학지』42, 연세대 국학연구원.

김석득(1984ㄴ), 15세기 된소리체계의 기능부담량-훈민정음 각자병서와 형태적 자질과의 관계에서-,『말소리』7·8, 대한음성학회.

김석득(1985), 18세기 들면서 예사소리의 된소리 형태음소되기,『선오당 김형기 선생 팔질기념 국어학논총』, 창학사.

김석득(1986), 18세기에 들면서 된소리 형태음소되기-ㅂ계의 된소리되기의 음운 조건-,『동방학지』50, 연세대 국학연구원.

김석산(1982), 예스페르센이 현대 음성 및 시형론에 미친 영향,『한글』178, 한글학회.

김선기(1932), 철자법 원리,『한글』3, 한글학회.

김선기(1933), 경음의 본질,『한글』9, 한글학회.

김선기(1938ㄱ), 기준 모음과 모음 도표,『한글』52, 한글학회.

김선기(1938ㄴ), 서구의 언어학계-국제 성음학 제이차 대회를 보고-,『한글』53, 한글학회.

김선기(1968), 한·일·몽 단어 비교-계통론의 긴돌-,『한글』142, 한글학회.

김선기(1970), 향가 읽기의 열쇄-향가의 「盻」은 어떻게 읽어야 하나,『한글』146, 한글학회.

김선기(1972ㄱ), 갓곁 「온」의 연구,『동방학지』13, 연세대 국학연구원.

김선기(1972ㄴ),「동국 정운」의 ㅃ, ㄸ, ㄲ의 음가,『한글』150, 한글학회.

김선미·남기춘(2010), 한국어의 종성중화 작용이 영어 단어 인지에 미치는 영향,『말소리와 음성과학』2-1, 한국음성학회.

김선정(2000), 한국어 음운현상에 나타난 결합 작용과 분해 작용-지배 음운론적 접근-,『어문학』69, 한국어문학회.

김선철(1990), 현대 국어 음운규칙의 순서매김원리에 대하여-자음음운론을 대상으로-,『언어학연구』5, 서울대 언어학과.

김선철(2000), 차용어 형성의 음운론적 과정에 대한 한 검토(1)-영어 차용어를 중심으로-,『한글』250, 한글학회.

김선철(2006),『중앙어의 음운론적 변이양상』, 경진문화사.

김선철(2011), 국어 형용사와 부사의 표현적 장음화 -≪연세 한국어사전≫을 중심으로-,『언어학』59, 한국언어학회.

김선화(2003), 내림 겹홀소리 'ㅢ, ㅟ'의 홑홀소리되기 과정, 연세대 석사학위논문.

김선희(1992), 국어 경음의 음운론적 실체,『어학연구』28-1, 서울대 언어교육원.

김선희(1993ㄱ), 음운론에서 규칙과 과정-국어 저해음간의 음운현상-,『언어』18-2, 한국언어학회.

김선희(1993ㄴ), 비운율 단위로서의 음절,『음성·음운·형태론 연구』1, 한국음운론학회.

김선희(2003), 자동 발음열 생성을 위한 한국어 음운현상의 계량적 연구,『언어학』37, 한국언어학회.

김선희(2008), 후보연쇄 최적성 이론에서의 입력형에 관한 쟁점-'무임승차' 입력형 전략과 그 문제점,『음성·음운·형태론 연구』14-1, 한국음운론학회.

김성규(1987), 어휘소 설정과 음운현상,『국어연구』77, 서울대 국어연구회.

김성규(1988), 비자동적 교체의 공시적 기술,『관악어문연구』13, 서울대 국문과.

김성규(1994), 중세국어의 성조 변화에 대한 연구, 서울대 박사학위논문.

김성규(1998), 중세국어 2음절 용언 어간의 성조 유형,『국어학』32, 국어학회.

김성규(1996), 중세 국어 음운,『국어의 시대별 변천·실태 연구 1-중세 국어-』, 국립국어연구원.

김성규(1999ㄱ), 잠재적 휴지의 실현,『선청어문』27, 서울대 국어교육과.

김성규(1999ㄴ), 빠른 발화에서 음절 수 줄이기,『애산학보』23, 애산학회.

김성규(2001), '이-'의 음운론적 특성,『국어학』37, 국어학회.

김성규(2002), 유동적 상성 어간의 발달에 대하여, 『국어국문학』 131, 국어국문학회.

김성규(2006), 음장의 변화 방향-1음절 용언 어간을 중심으로-, 『국어학논총』, 태학사.

김성규(2009), 15세기 한국어 성조의 성격에 대하여, 『국어학』 56, 국어학회.

김성규(2011), 성조에 의한 어미의 분류-중세국어를 중심으로-, 『구결연구』 27, 구결학회.

김성규・정승철(2005), 『소리와 발음』, 한국방송통신대 출판부.

김성근(1987), 조선어 홑모음에 대한 음향학적 및 청각적 고찰, 『조선어문』 67, 과학백과사전출판사.

김성근(1990), 조선어 단어의 악센트 문제, 『조선어문』 77, 과학백과사전출판사.

김성근(1993), 조선어 말소리의 유성화와 무성화 현상, 『조선어문』 89, 과학백과사전출판사.

김성근(1995), 『조선어어음론연구』, 사회과학출판사.

김성련(1990), 국어 된소리의 음소화, 『어문연구』 20, 어문연구학회.

김성련(1992ㄱ), 국어음절간의 「자질걸침」에 대하여, 『한국언어문학』 30, 한국언어문학회.

김성련(1992ㄴ), 국어 자음동화에 대한 몇가지 새로운 제안, 『언어연구』 9, 한국현대언어학회.

김성련(1996), 국어 음절간의 음운 현상에 대한 연구, 충남대 박사학위논문.

김성렬(1982), 중운(1, 2등) 핵모의 음가구명-중고음과 상고음의 운모대응을 중심으로-, 『국어교육』 42, 한국어교육학회.

김성렬(1991), 국어 음장의 통시론적 고찰, 『국어학』 21, 국어학회.

김성렬(2001), 현대국어 이중모음 '의'의 단모음화 실현에 대하여, 『선청어문』 29, 서울대 국어교육과.

김성수(1991), 어두 파열음의 막음지속 측정 실험 보고, 『우리말연구』 1, 우리말학회.

김성수(1993), 파열묵음의 음소 변별 기능으로 살펴본 음성인식 과정, 『언어』 18-2, 한국언어학회.

김성수(1995), 창원 지역어의 목소리 연구-음소 /ㅇ/ 및 /ㅎ/의 설정-, 『우리말연구』 5, 우리말학회.

김성아(2008), 피치 액센트 언어의 타이밍과 성조 정렬에 관한 가설 재고, 『언어학』 16-4, 대한언어학회.

김성화(1992), 삽입모음 '으'의 기능, 『국어학』 22, 국어학회.

김성환(1983), 경북방언 성조의 변이에 관하여, 『언어연구』 3, 언어과학회.

김세진(2009), 열림도 동화의 관점에서 본 'ㄴ끼우기', 『한글』 284, 한글학회.

김세환(2005), 청송 지역어의 음운론적 연구, 『국어연구』 180, 서울대 국어연구회.

김세환(2012), 청송지역어 용언 어간의 통시적 변화 연구, 서울대 박사학위논문.

김소영(2009), 이중모음 /의/의 통시적 변화 연구, 『국어연구』 213, 서울대 국어연구회.

김송원(1985), 한국어 모음의 음양성에 대한 재조명-음양성에 의한 어감 분화의 현상을 중심으로-, 『건국어문학』 9・10, 건국어문학회.

김수경(1947), 「용비어천가」 삽입자음고, 『진단학보』 15, 진단학회.

김수곤(1977), 'ㅂ'-변칙동사류의 음운론적 의의, 『언어』 2-2, 한국언어학회.

김수곤(1978), 현대국어의 움라우트 현상-「아기」와 「애기」를 중심으로-, 『국어학』 6, 국어학회.

김수길(1991), 조선의 모음의 물리-음향학적 특성과 발음기관의 조음 운동, 『조선어문』 81, 과학백과사전출판사.

김수영(2014), 현대국어 어간말 자음군 연구, 『국어연구』 245, 서울대 국어연구회.

김수현(1995), 국어의 음절구조와 음운규칙, 이화여대 석사학위논문.

김수현(2004), <소학언해>의 국어학적 연구-표기와 음운을 중심으로-, 동국대 석사학위논문.

김순자(1995), 청주 지역어의 음운록적 연구-음운체계 및 자음 변동을 중심으로-, 『청람어문학』 13, 청람어문학회.

김승곤(1967), ㅎ과 ㆅ 음가고-15세기 국어를 중심으로-, 『국어국문학』 37・38, 국어국문학회.

김승곤(1982), 한국어 고룸소리의 말밑 연구, 『한글』 176, 한글학회.

587

김승곤(1996), 겹받침 중 ㄱㅅ, ㄹㅌ에서 ㄴ과 ㄹ이 발음되는 까닭 고찰,『말소리』31·32, 대한음성학회.

김승예(1998), 영어 어휘부와 음운규칙의 상관성에 관한 연구, 강릉대 석사학위논문.

김승한(1984), 한·일양국어의 음절대조고찰,『일어일문학연구』4, 한국일어일문학회.

김시중(1997), 충남 청양 지역어의 음운론적 연구, 홍익대 박사학위논문.

김신효(2003), 러시아어 동화현상 분석에 나타난 미명시와 최적성,『언어와 언어학』32, 한국외대 언어연구소.

김신효(2011), 러시아어 음운론에서의 미명시, 한국외대 박사학위논문.

김아름(2008), 국어 고모음화 현상 연구, 아주대 석사학위논문.

김아름(2011), 모음조화의 변화 양상 연구-활용·곡용을 중심으로-,『국어연구』226, 서울대 국어연구회.

김아영(1986), 음절 이론에 의한 영어의 자음 동화 분석,『언어연구』3, 한국현대언어학회.

김아영(1988), 운율구조-수형격자 이론과 격자 이론을 중심으로-,『언어연구』5, 한국현대언어학회.

김아영(1990), 영어의 강세위치를 결정하는 요인,『언어연구』7, 한국현대언어학회.

김아영(1992), 음절음운론과 영어 분절음 삭제현상, 충남대 박사학위논문.

김아영(1994), 음운의 삭제현상과 시간단위,『언어연구』10, 한국현대언어학회.

김아영(2009), 외래어형 형성 과정에 대한 음운론적 연구,『국어연구』214, 서울대 국어연구회.

김양진(1998), 구개음화의 층위와 조건에 대하여,『어문논집』37, 안암어문학회

김 억(1923),『에쓰페란토獨學』, 박문서관.

김영돈(1957), 제주 방언의 어미 활용(2),『한글』121, 한글학회.

김영만(1966), 방점과 현대 국어 성조의 비교-경북 방언을 중심으로-,『한글』137, 한글학회.

김영만(1967ㄱ), 이조 전기의 한자음의 운율(성조)[Ⅰ],『한글』139, 한글학회.

김영만(1967ㄴ), 이조 전기의 한자음의 운율(성조)[Ⅱ],『한글』140, 한글학회.

김영만(1967ㄷ), 방점(旁點)의 본질에 대한 고찰-"뭇노푼소리(去聲)"는 high tone인가?-,『국어국문학』36, 국어국문학회.

김영만(1972), 고금 성조 비교 재론-다음절어의 유형과 비교 공식-,『한글』149, 한글학회.

김영만(1974), 방점표기의 원칙과 성조변화,『국어국문학』64, 국어국문학회.

김영만(1976), 성조(운율)의 문법적 기능과 음소·운소의 관계에 대한 고찰,『어문학』34, 한국어문학회.

김영만(1987), 국어초분절음소의 사적연구, 고려대 박사학위논문.

김영만(1988), 중국어 사성의 국어운소(초분절음소)화에 대한 연구(Ⅰ),『영남어문학』15, 영남어문학회.

김영만(1990), 15세기 국어의 운율 규칙 연구-16세기와 관련하여-,『어문학』51, 한국어문학회.

김영만(1996), 한자음의 초분절소(고저·장단) 연구,『어문논집』35, 고려대 국어국문학 연구회.

김영만(1997), 국어 초분절음의 공시적 연구,『한민족어문학』32, 한민족어문학회.

김영만(2000), 국어 초분절소(운소)의 바른 이해를 위하여,『동양학』30, 단국대 동양학연구소.

김영만(2002), 중세국어와 현대국어의 초분절소(운소) 비교 연구,『한국어학』17, 한국어학회.

김영배(1965), 유기음화에 대하여,『동악어문논집』3, 동악어문학회.

김영배(1976), 평안방언의 음운체계연구, 동국대 박사학위논문.

김영배(1977), 평안방언의 자음에 대하여,『국어국문학』76, 국어국문학회.

김영배(1978ㄱ), 평안방언의 구상-음운과 어휘를 중심으로-,『동악어문논집』11, 동악어문학회.

김영배(1978ㄴ), 평안 방언의 비구개음화,『한글』161, 한글학회.

김영배(1979), 평안방언의 형태론적 고찰,『성곡논총』10, 성곡학술문화재단.

김영배(1983), Corean Primer의 음운 현상,『한글』179, 한글학회.

김영석(1987),『영어음운론』, 한신문화사.

김영석(1993), 장음화고, 『말』 18, 연세대 한국어학당.

김영선(1992), 국어 음소체계와 어휘대립체계와의 상관성에 대하여, 『동아어문논집』 2, 동아어문학회.

김영선(1993), 15C 국어의 모음 연결제약과 Glide화, 『우리말연구』 3, 우리말학회.

김영선(1995), j계 내림 두겹홀소리의 기저음가에 대하여, 『우리말연구』 5, 우리말학회.

김영선(1997), 『우리말 음절 구조의 선호성에 따른 음운 현상에 대한 역사적 연구』, 세종출판사.

김영선(1999), 『국어사의 동화 현상과 음절화 연구』, 국학자료원.

김영선(2002ㄱ), 16세기 국어의 홀소리 관련 음운 현상 연구, 『한글』 257, 한글학회.

김영선(2002ㄴ), 중세국어의 모음 체계 변화와 몇 문제, 『동남어문논집』 14, 동남어문학회.

김영선(2004ㄱ), 국어의 자음동화와 수의성에 대한 제약 기반적 접근, 『한글』 264, 한글학회.

김영선(2004ㄴ), 현대국어 "*o[V 제약 관련 음운 현상의 제약 기반적 접근, 『우리말연구』 14, 우리말학회.

김영선(2004ㄷ), 베트남인 학습자의 한국어 경음화 발음 교육 방안 연구, 『한국어 교육』 15-2, 국제한국어교육학회.

김영송(1959), 중설모음 「어」의 음가 <국어 모음의 X선 실험 보고>, 『국어국문학』 1, 문창어문학회.

김영송(1963), 경남방언의 음운, 『국어국문학』 4, 문창어문학회.

김영송(1971ㄱ), 국어음운의 변형구조-변형생성문법이론에 의한 국어음운구조의 기술-, 『어문학』 25, 한국어문학회.

김영송(1971ㄴ), Q음소론, 『국어국문학』 10, 문창어문학회.

김영송(1972), 된소리의 음성 자질과 변별 자질, 『한글』 149, 한글학회.

김영송(1974), 최 현배 <소리갈> 연구, 『국어국문학』 11, 문창어문학회.

김영송(1975), 홀소리의 입술 운동, 『어문학』 33, 한국어문학회.

김영송(1977ㄱ), 경남방언-음운-, 『한글』 159, 한글학회.

김영송(1977ㄴ), 훈민정음의 「설축」 자질, 『언어학』 2, 한국언어학회.

김영송(1977ㄷ), 「설축」의 본질, 『국어국문학』 13·14, 문창어문학회.

김영송(1978), 홀소리의 분류 기준, 『한글』 161, 한글학회.

김영송(1983), 국어 음성의 연구-홀소리의 분류-, 『국어국문학』 21, 문창어문학회.

김영송(1987), 우리말의 갈이소리, 『한글』 196, 한글학회.

김영송(1991), 한국어 마찰음 연구, 『우리말연구』 1, 우리말학회.

김영송(1992), '우리말 음성-음운 연구' 분야에 대하여, 『한글』 215, 한글학회.

김영송(1993), 우리말의 스침소리, 『말』 18, 연세대 한국어학당.

김영송(1994), 음성 분류에 있어서의 h의 처리-말소리 산출 과정에서 본-, 『우리말연구』 4, 우리말학회.

김영신(1966ㄱ), 박 통사 상의 정리-국어학의 자료 정리-, 『한글』 136, 한글학회.

김영신(1966ㄴ), 박 통사 상의 정리(2)-국어학의 자료 정리-, 『한글』 137, 한글학회.

김영신(1974), 고등학교 고전 교재에 대한 어학적 고찰, 『한글』 154, 한글학회.

김영신(1977), 경남방언-어휘-, 『한글』 159, 한글학회.

김영욱(1994), 불완전계열에 대한 형태론적 연구, 『국어학』 24, 국어학회.

김영진(1976), 고대국어의 모음체계 연구, 『국어연구』 35, 서울대 국어연구회.

김영진(2000), 국어 미파화의 통시적 고찰, 서울대 박사학위논문.

김옥영(1998), 강릉 방언의 음운론적 연구, 강릉대 석사학위논문.

김옥영(2006), 강릉지역어의 음운탈락현상 연구-최적성이론을 중심으로-, 서강대 박사학위논문.

김옥영(2008), 국어의 형태 음운 현상과 제약, 『우리말연구』 22, 우리말학회.

김옥화(1994), 고창방언의 이중모음에 대한 통시적 연구, 『국어연구』 121, 서울대 국어연구회.

김옥화(2000), 전북방언 '-어X'계 어미의 재구조화, 『국어학』 36, 국어학회.

김옥화(2001), 부안지역어의 음운론적 연구, 서울대 박사학위논문.

김완진(1957), 첩해신어에서의 일본어 전사에 대하여, 『문리대학보』 5-2, 서울대.

김완진 역(1957), 칼카 몽고어 문법(1), 『한글』 121, 한글학회.

김완진 역(1958), 칼카 몽고어 문법(2), 『한글』 123, 한글학회.

김완진(1963ㄱ), 국이 모음체계의 신고찰, 『진단학보』 24, 진단학회.

김완진(1963ㄴ), 형태부 성조의 동요에 대하여, 『서강대학교 논문집』 1, 서강대.

김완진(1964), 중세국어 이중모음의 음운론 해석에 대하여, 『학술원 논문집』 4, 대한민국 학술원.

김완진(1965), 원시국어 모음론에 관계된 수삼의 과제, 『진단학보』 28, 진단학회.

김완진(1966), 속첨홍무정운에 대하여, 『진단학보』 29·30, 진단학회.

김완진(1967), 한국어발달사 상-음운사, 『한국문화사대계V-언어·문자사(상)-』, 고려대 민족문화연구소.

김완진(1968), 고구려어에 있어서의 t구개음화현상에 대하여, 『이숭녕박사 송수기념논총』, 을유문화사.

김완진(1971ㄱ), 음운현상과 형태론적 제약, 『학술원 논문집』 10, 대한민국 학술원.

김완진(1971ㄴ), 『국어음운체계의 연구』, 일조각.

김완진(1972ㄱ), 다시 β>w를 찾아서, 『어학연구』 8-1, 서울대 언어교육원.

김완진(1972ㄴ), 형태론적 현안의 음운론적 극복을 위하여-이른바 장모음의 경우-, 『동아문화』 11, 서울대
　　　　동아문화연구소.

김완진(1973ㄱ), 국어 어휘 마멸의 연구, 『진단학보』 35, 진단학회.

김완진(1973ㄴ), 『중세국어성조의 연구』, 한국문화연구소.

김완진(1974), 음운변화와 음소의 분포-순경음 'ㅸ'의 경우-, 『진단학보』 38, 진단학회.

김완진(1975ㄱ), 번역 박통사와 박통사언해의 비교연구, 『동양학』 5, 단국대 동양학연구소.

김완진(1975ㄴ), 음운론적 유인에 의한 형태소증가에 대하여, 『국어학』 3, 국어학회.

김완진(1978ㄱ), 모음체계와 모음조화에 대한 반성, 『어학연구』 14-2, 서울대 언어교육원.

김완진(1978ㄴ), 주점본 중간노걸대언해에 대하여, 『규장각』 2, 서울대 규장각.

김완진(1979), 향가 해독의 실제, 『국어학』 8, 국어학회.

김완진(1983), 계림유사와 음절말 자음, 『국어학』 12, 국어학회.

김완진(1985), 모음조화의 예외에 대한 연구, 『한국문화』 6, 서울대 한국문화연구소.

김완진(1990), 운율 자질의 분포에 대하여, 『제18회 국제학술대회논문집』, 대한민국 학술원.

김완진·이병근(1979), 『문법』, 박영사.

김요섭 역(2001), 마주르의 "한국어 개설", 『한국말글학』 18, 한국말글학회.

김요안(2005), 원순모음화의 통시적 연구, 홍익대 석사학위논문.

김용람(1993), [설근수축]과 15세기 국어 모음조화, 광운대 석사학위논문.

김용환(1988), 우리말 고유어에서 소리마디들이 결합되는 일반적 특성, 『조선어문』 70, 과학백과사전출판사.

김우불(1937), 한글如是觀, 『신흥』 6-1, 신흥사.

김원보(1999), 제주방언에서의 동사어미 -an/-ən 교체현상, 『음성·음운·형태론 연구』 5-1, 한국음운론학회.

김원우(1922), 『조선정음문전』, 조선도서주식회사·동창서옥.

김원중(1987), 예산지역어의 음운론적 연구, 충남대 석사학위논문.

김원회 외(2007), 고대 슬라브어 모음 체계의 통시적 변화와 'ᵬ(Jat´)', 『언어와 언어학』 39, 한국외대 언어연구소.

김유겸(2012), 인제 지역어의 음운론-방언 접촉 현상과 관련하여-, 『국어연구』 232, 서울대 국어연구회.

김유범(1995ㄱ), 국어 유음의 음운사적 연구, 고려대 석사학위논문.

김유범(1995ㄴ), 국어의 자질계층수형도-자음과 모음의 통합모델을 위한 모색-,『한국어학』 2, 한국어학회.

김유범(1998), 국어의 자음체계와 음절말 중화에 대한 통시적 조명,『어문논집』 38, 안암어문학회.

김유범(2001), 15세기 국어 문법형태소의 형태론과 음운론, 고려대 박사학위논문.

김유범(2006), 'ㅎ' 보유 한자어와 한자음,『국어사와 한자음』, 박이정.

김유범(2007), 형태론적 과정에 나타나는 음운론적 현상에 대하여,『한국어학』 37, 한국어학회.

김유범 외(2002), 'ㄴ'삽입 현상의 연구사적 검토,『어문논집』 46, 민족어문학회.

김유섭(2003), 국어 어간말 자음군의 형성과 변화에 대한 연구, 서강대 석사학위논문.

김유정(2010), 18세기 국어의 모음체계와 모음조화 연구, 영남대 석사학위논문.

김윤경(1925),『조선말본』, 유인본.

김윤경(1926), 조선말과 글에 바루잡을 것,『동광』 5, 수양동우회.

김윤경(1928), 조선말과 글,『한빛』 1~2, 한빛사.

김윤경(1932ㄱ), 조선말본,『배화』 4, 배화여자고등보통학교 교우회.

김윤경(1932ㄴ), 사이ㅅ 소리의 예와 이제,『한글』 3, 한글학회.

김윤경(1934ㄱ), 된소리,『한글』 15, 한글학회.

김윤경(1934ㄴ), 조선글 연혁,『한글』 15, 한글학회.

김윤경(1937), 한글 가로쓰기의 사적관찰,『한글』 42, 한글학회.

김윤경(1948ㄱ),『고급용 나라말본』, 동명사.

김윤경(1948ㄴ), 나랏 말본(2),『한글』 103, 한글학회.

김윤경(1956), 국어학 참고서 소개,『한글』 120, 한글학회.

김윤경(1957), 국어학사상으로 본 큰사전,『한글』 122, 한글학회.

김윤경(1965), 한글 반포 519 돌을 맞으면서,『한글』 135, 한글학회.

김윤학(1987), ㅎ 끝소리 자리바꾸기와 센소리되기에 대하여,『한글』 196, 한글학회.

김윤한(1979), "움라우트"란 용어 및 그 개념,『언어학』 4, 한국언어학회.

김은경(2010), 중국인 남성 화자의 한국어 단모음 [어]와 [오]의 발음 오류 분석,『한글』 289, 한글학회.

김은성 외(2007), 국어 문법 학습자의 음운에 대한 앎의 양상 연구,『언어과학연구』 42, 언어과학회.

김은영(1995), 영어 음절 구조에 있어서 자음군에 관한 연구, 전남대 석사학위논문.

김은주(2010), 서부경남방언의 음운현상에 대한 최적성이론적 분석-모음과 관련된 음운현상을 중심으로-,
    『문창어문논집』 47, 문창어문학회.

김일근(1974), 언간의 종합적 연구-국어문학·역사·민속학·서체와의 관련성에 입각하여-,『성곡논총』 5,
    성곡학술문화재단.

김일웅(1966), 음절 말음고-특히 'ㄹㄱ' 음을 중심해서-,『국어국문학』 5, 문창어문학회.

김재문(1978), 서부경남 방언의 음운 연구, 건국대 석사학위논문.

김재민(1972), 자음지속시간연구의 언어학적 의미,『어학연구』 8-1, 서울대 언어교육원.

김재민(1973), 조음기관으로서의 입술과 턱,『어학연구』 9-2, 서울대 언어교육원.

김재민(1977), 자음 지속시간과 조음운동,『언어』 2-2, 한국언어학회.

김재허(1989), 거제지역어의 움라우트 현상에 대하여, 경남대 석사학위논문.

김정대(1989), 단양지역어 연구-음운·어휘를 중심으로-, 동국대 석사학위논문.

김정수(1982), 한글의 개발을 위한 연구-한글 풀어쓰기와 한글 음성 기호-,『한글』 177, 한글학회.

김정수(1987), 한말 [韓語] 목청 터짐소리 /ㅎ/의 실존, 『한글』 198, 한글학회

김정수(1989), 한말 [韓語] 사잇소리 따위의 문법 기능, 『한글』 206, 한글학회.

김정숙(1996), 영어 변별자질의 계층적 구조와 자음동화, 숙명여대 박사학위논문.

김정숙 외(2005), 『외국인을 위한 한국어 문법 1』, 커뮤니케이션북스.

김정아(2004), 두음·말음 비대칭의 기능 음운론적 해석-유·무성 중화 및 동화를 중심으로-, 『음성·음운·
형태론 연구』 10-2, 한국음운론학회.

김정아(2013), 영어 차용어 음절말 폐쇄음의 발현 양상 및 한국어 대응음의 고찰, 『언어연구』 28-4, 한국현대
언어학회.

김정영(1992), 음운론에 나타나는 보상현상, 경희대 석사학위논문.

김정우(1984), 국어 음운론의 경계문제에 관한 연구, 『국어연구』 59, 서울대 국어연구회.

김정우(1994), 음운현상과 비음운론적 정보에 관한 연구, 서울대 박사학위논문.

김정우(1997), 조음 자질과 음향 자질-자음과 모음의 공통 자질 기술을 위한 시론-, 『국어학』 29, 국어학회.

김정우(2001), 음운 변화와 변별 자질 체계-구개음화와 관련된 자음 체계의 변화를 중심으로-, 『배달말』 29,
배달말학회.

김정우(2004), 합성어 내부 경계의 음운론적 의의-가휴지와 잠재 휴지-, 『배달말』 35, 배달말학회.

김정원(1995), 모음간 마찰음 /ㅅ, ㅆ/의 지속시간 연구, 『언어학연구』 27, 서울대 언어학과.

김정태(1989), 음운규칙의 공존성에 대한 연구, 충남대 석사학위논문.

김정태(1990), 경계의 기능에 대하여, 『한국언어문학』 28, 한국언어문학회.

김정태(1992), 과도음의 기능에 대하여, 『한글』 217, 한글학회.

김정태(1993), 후음 ㅎㅎ의 변화 고찰, 『어문연구』 24, 어문연구학회.

김정태(1996), 『국어 과도음 연구』, 박이정.

김정태(2002), 충남천안방언의 움라우트에 대하여, 『우리말글』 25, 우리말글학회.

김정태(2004), 음운 현상을 통한 기본형 설정(2), 『한글』 263, 한글학회.

김종규(1986), 중세국어 활용에 나타난 모음충돌 회피현상에 대하여-석보상절을 중심으로-, 『관악어문연구』 11,
서울대 국문과.

김종규(1989), 중세국어 모음의 연결제약과 음운현상, 『국어연구』 90, 서울대 국어연구회.

김종규(2003), 히아투스와 음절, 『한국문화』 31, 서울대 한국문화연구소.

김종규(2006), 음운현상의 수의성과 음장, 『어문학』 92, 한국어문학회.

김종규(2007), 동화에 의한 재구조화와 비자동적 교체, 『어문학』 98, 한국어문학회.

김종규(2008), 동화와 이화의 음운론적 성격, 『어문연구』 36-1, 한국어문교육연구회.

김종규(2010ㄱ), 이중모음의 운율구조와 음장, 『어문학』 110, 한국어문학회.

김종규(2010ㄴ), 이중모음의 음운론적 성격에 대하여, 『어문연구』 38-4, 한국어문교육연구회.

김종규(2013), 국어 파찰음의 음운론적 성격과 구개음화, 『우리말글』 58, 우리말글학회.

김종미(2003), 음성사전의 언어학적 표상, 『음성·음운·형태론 연구』 9-1, 한국음운론학회.

김종진(1989), 전북 익산지역어의 음운론적 연구, 전북대 석사학위논문.

김종택(1999), 고대국어 음절 말 자음의 음성 실현, 『한글』 245, 한글학회.

김종훈(1990), 『음절음운론』, 한신문화사.

김주원(1992), 모음체계와 모음조화, 『국어학』 22, 국어학회.

김주원(1994), 18세기 황해도 방언의 음운현상-보권염불문(홍률사판)의 분석을 통하여-, 『국어학』 24, 국어학회.

김주원(1997), 구개음화와 과도교정,『국어학』29, 국어학회.

김주필(1985), 구개음화에 대한 통시론적 연구,『국어연구』68, 서울대 국어연구회.

김주필(1993), 진주하씨 묘 출토 한글 필사 자료의 표기와 음운현상,『진단학보』75, 진단학회.

김주필(1994), 17·8세기 국어의 구개음화와 관련 음운현상에 대한 통시론적 연구, 서울대 박사학위논문.

김주필(1988), 중세국어 음절말 치음의 음성적 실현과 표기,『국어학』17, 국어학회.

김주필(1998), 음운변화와 표기의 대응관계,『국어학』32, 국어학회.

김주필(2001), ㅸ의 [순음성] 관련 현상과 ɦ로의 약화,『국어학』38, 국어학회.

김주필(2009), 근대국어 음운론의 쟁점,『국어사 연구』9, 국어사학회.

김준배(1977), 국어의 경음화 현상 연구(Ⅰ),『새국어교육』25, 한국국어교육학회.

김중록(1925),『글에 대한 문답』, 조선문정음부활회.

김중서(1995), 내파음(Implosive) 용어 고(攷),『새국어교육』51, 한국국어교육학회.

김중서(1997), 현대 한국어의 어두모음군 분석, 분류고-음성학적 관점을 기준으로-,『새국어교육』54, 한국국어교육학회.

김중진(1987), 근대국어 표기법 연구, 원광대 박사학위논문.

김중진(1989), 17세기 국어의 모음표기 일고찰,『국어문학』27, 국어문학회.

김지형(2005), 동국정운식 한자음에서의 '·'의 음가-중국 한자음과의 대비를 중심으로-,『어문연구』33-1, 한국어문교육연구회.

김지형(2007), 훈민정음의 창제 원리를 활용한 한국어 자모 및 발음 교육 방안,『국어국문학』147, 국어국문학회.

김지희(2008), 음운과정의 추상성과 음운이론의 발전과정에 관한 연구-규칙중심이론과 제약중심이론의 비교를 중심으로-, 숙명여대 석사학위논문.

김진규(1974), 음운의 설정법에 대하여,『새국어교육』18, 한국국어교육학회.

김진규(1986), 국어 경음의 변별적 기능에 대하여,『어문연구』14-1, 한국어문교육연구회.

김진규(1995), 훈몽자회 범례의 음소배열에 대하여,『즈믄 이철수교수 화갑기념논문집』, 태학사.

김진균(1990), 영어 음운론의 복선적 양상, 경희대 박사학위논문.

김진대(1989), 십구세기 국어 음절말자음의 표기와 음운현상, 성균관대 석사학위논문.

김진동(1935), 조선어문의 수난과 종성문제,『중명』권호 미상, 중명사.

김진식(1987), 제천방언의 자음변동,『어문연구』16, 어문연구학회.

김진식(1990), 청원지명의 음운론,『개신어문연구』7, 개신어문학회.

김진억(1947), 한글 횡철상 해결해야 할 제문제,『한글』102, 한글학회.

김진우 역(1959), 외래어의 한글화,『한글』124, 한글학회.

김진우(1970ㄱ), 소위 변격용언의 비변격성에 관하여,『한국언어문학』8·9, 한국언어문학회.

김진우(1970ㄴ), 음운론의 최근 문제들,『어학연구』6-2, 서울대 언어교육원.

김진우(1971), 국어음운론에 있어서의 공모성,『어문연구』7, 어문연구학회.

김진우(1976), 국어음운론에 있어서의 모음음장의 기능,『어문연구』9, 어문연구학회.

김진우(1984), 지각적 음운론 서론,『언어와 언어학』10, 한국외대 언어연구소.

김진우(1985),『언어-그 이론과 응용-』, 탑출판사.

김진우(2008), 국어 음절론,『한글』282, 한글학회.

김진원(1992), 노어와 국어 자음음소의 음성 음운적 대조,『이중언어학』9, 이중언어학회.

김진호(1927), 조선문은 복모를 쓰지 안을 것인가,『동광』12, 수양동우회.

김진호 외(1927), 우리글 표기예의 몇몇,『동광』9, 수양동우회.

김차균(1969), 전남 방언의 성조,『한글』144, 한글학회.

김차균(1970), 경남 방언의 성조 연구,『한글』145, 한글학회.

김차균(1971), 변칙 용언 연구,『한글』147, 한글학회.

김차균(1973), 국어 성조론과 서부 경남 방언의 성조,『한글』152, 한글학회.

김차균(1974), 국어의 자음 체계,『한글』153, 한글학회.

김차균(1975), 경상도 방언의 성조형,『어학연구』11-2, 서울대 언어교육원.

김차균(1976), 국어의 자음 접변,『언어학』1, 한국언어학회.

김차균(1977), 어절 성조 언어의 기술 방법,『언어학』2, 한국언어학회.

김차균(1978), 정도 자질과 국어의 음운 규칙,『한글』161, 한글학회.

김차균(1979), 평측법과 액센트 분석법,『언어학』4, 한국언어학회.

김차균(1982), 15세기 국어의 사이ㅅ의 음운론적 고찰,『어문연구』11, 어문연구학회.

김차균(1984ㄱ), 15세기 국어 병서의 음운론적 연구,『한글』183, 한글학회.

김차균(1984ㄴ), 현대 국어의 사이 ㅅ,『언어학』7, 한국언어학회.

김차균(1985), 음절구조 속에서 활음의 기능,『언어연구』2, 한국현대언어학회.

김차균(1986ㄱ), ≪월인천강지곡≫에 나타나는 표기 체계와 음운,『한글』194, 한글학회.

김차균(1986ㄴ), 현대 국어의 음소 체계와 변이음의 기술,『언어연구』3, 한국현대언어학회.

김차균(1987ㄱ), 중세 국어와 경남 방언의 성조의 대응 관계 연구,『한글』195, 한글학회.

김차균(1987ㄴ), 말끝 닿소리떼의 단순화,『한글』196, 한글학회.

김차균(1987ㄷ), 국어의 음절 구조와 음절핵 안에 일어나는 음운론적 과정,『말』12, 연세대 학국어학당.

김차균(1987ㄹ), 어말 자음군 단순화 원칙에 대한 연구,『한남어문학』13, 한남어문학회.

김차균(1988ㄱ), 성조 이론의 비판적 성찰,『애산 학보』6, 애산학회.

김차균(1988ㄴ), 재분석 표상과 그 표기,『어문연구』18, 어문연구학회.

김차균(1989), 국어 음운론에 있어서 강도와 축약,『한글』205, 한글학회.

김차균(1990ㄱ), 국어 음운론에서 강도의 기능,『언어』15, 한국언어학회.

김차균(1990ㄴ), 국어 한자어의 방점법과 성조의 대응관계,『어문연구』20, 어문연구학회.

김차균(1990ㄷ), 국어 음운론에서 강도의 기능,『언어연구』7, 한국현대언어학회.

김차균(1991ㄱ), 북한의 문화어 음운의 연구에 대하여,『한글』213, 한글학회.

김차균(1991ㄴ), 현대 국어의 사이ㅅ의 음운론,『어학연구』27-3, 서울대 언어교육원.

김차균(1992ㄱ), 사이ㅅ의 음운론,『국어학』22, 국어학회.

김차균(1992ㄴ), 창원 방언 개신형 남움직씨의 형태와 음운,『애산학보』13, 애산학회.

김차균(1992ㄷ), 우리말의 음소와 변별적인 자질,『어문연구』23, 어문연구학회.

김차균(1993ㄱ), 우리말 음소의 무게와 풀이씨 어간의 길이,『한글』220, 한글학회.

김차균(1993ㄴ), 범어 모음의 무게와 교체 현상,『어문연구』24, 어문연구학회.

김차균(1995), 혀 오그림과 우리말 홀소리 어울림의 어제와 오늘,『한글』229, 한글학회.

김차균(1998), 축약의 관점에서 본 현대 국어의 구개음화,『한글』242, 한글학회.

김차균(2001), 담양 방언의 운율,『한글』251, 한글학회.

김차균(2007), 음성학적 기술과 음운론적 처리에 있어 균형적인 사고,『한글』275, 한글학회.

김차균 외(2007), 영남 방언과 호남 방언의 운율 비교-대화체 월의 운율을 중심으로-,『어문연구』34, 어문연구학회.

김창섭(2013), '-적'의 두음 경음화와 2자어 3자어론,『국어학』68, 국어학회.

김창식(1990), 파생어 형성과 경음화,『어문론총』24, 경북어문학회.

김 철(2009), 전남 완도군 신지도 지역어의 음운론적 연구, 한국교원대 석사학위논문.

김철헌(1958), 동국정운 초성고,『국어국문학』19, 국어국문학회.

김철헌(1959), 동국정운 운모고,『국어국문학』21, 국어국문학회.

김철헌(1962), 계림유사 연구-30여 어휘를 중국어음운론적 각도에서 해독함-,『국어국문학』25, 국어국문학회.

김철헌(1963),「조선관역어」연구-중국어음운론적 각도에서 해독함-,『국어국문학』26, 국어국문학회.

김춘애(1978), 현대국어의 중모음연구,『국어국문학』15, 문창어문학회.

김춘자(2003), 중국 연변 용정지역 한국어의 음운현상에 대한 연구, 명지대 석사학위논문.

김춘자(2006), 함경남도 삼수지역어 어미의 기저형,『방언학』4, 한국방언학회.

김충회(1982), 충북 단양 방언 연구(Ⅰ)-음운론적 고찰을 중심으로-,『개신어문연구』2, 개신어문학회.

김충효(1987), <성경직희광익>과 <성경직희>의 국어학적 비교 고찰,『한국학논집』11, 한양대 한국학연구소.

김태경(2005),『국어의 음운 제약과 음운 변동 현상』, 한국학술정보.

김태한(1962), Discriptive Linguistics 의 과제,『어문론집』1, 경북어문학회.

김태현(2001), 국어의 모음추이에 대한 통시적 연구, 국민대 박사학위논문.

김택구(1997), 경남 사천시 서포 지역어의 음운 체계 고찰,『한말연구』3, 한말연구학회.

김필순(2000), 동래 지역어의 음운론적 연구, 경남대 박사학위논문.

김한곤(1968ㄱ), 음향음성학적 방법에 의한 언어합성,『어학연구』4-1, 서울대 언어교육원.

김한곤(1968ㄴ), <서평> Peter Ladefoged, Elements of Acoustic Phonetics,『어학연구』4-2, 서울대 언어교육원.

김한곤(1980), 제주방언 모음체계의 음향분석,『연암 현평효박사 회갑기념논총』, 형설출판사.

김한별(2011), 순경음 'ㅸ'에 대한 통시적 연구-'ㅂ' 약화 규칙의 어휘 확산을 중심으로-,『한국어연구』59, 서강대 한국어연구회.

김한별(2013), 중세 국어 고정적 상성 어간의 성조 변화-'ㅣ'(y) 말음 1음절 용언 어간을 중심으로-,『국어학』68, 국어학회.

김한수(1988), 경북상주방언의 음운론적 특징 연구, 경희대 석사학위논문.

김해정(1977), 전북 익산 방언의 음운론적 연구, 전북대 석사학위논문.

김해정(1988), 전북 선유도방언연구,『한국언어문학』26, 한국언어문학회.

김 현(1997), 15세기 국어 자음연쇄에 대한 연구,『국어연구』145, 서울대 국어연구회.

김 현(1999), 모음간 w 탈락과 w 삽입의 역사적 고찰,『애산학보』23, 애산학회.

김 현(2001ㄱ), 활용형의 재분석에 의한 용언 어간 재구조화-후음 말음 어간으로의 변화에 한하여-,『국어학』37, 국어학회.

김 현(2001ㄴ), 일본어 모어 화자의 한국어 장애음 오류 분석,『관악어문연구』26, 서울대 국문과.

김 현(2002), 활용형의 재분석에 의한 재구조화와 불명추론,『어학연구』38-1, 서울대 언어교육원.

김 현(2003), 음운규칙과 형태음운규칙의 구분에 대하여,『국어교육』112, 한국어교육학회.

김 현(2004), 모음추이의 원인과 음운 자질,『관악어문연구』29, 서울대 국문과.

김 현(2006),『활용의 형태음운론적 변화』, 태학사.

김 현(2007), 비원순모음화와 'ㅗ'의 저설화,『진단학보』103, 진단학회.

김 현(2008), /ㅓ/의 음성 실현과 그 실현 조건,『국어학』52, 국어학회.

김 현(2009), 국어 변별적 자질의 기술적 타당성,『국어교육』124, 한국어교육학회.

김　현(2010), 상향이중모음에 대한 논점들,『이중모음』, 태학사.

김　현(2011ㄱ), 경음화의 발생-비어두 무성무기음의 음소적 인식-,『국어학』62, 국어학회.

김　현(2011ㄴ), 공명도 및 관련 음운 현상에 대한 음성학적 접근,『어문연구』39-4, 한국어문교육연구회.

김　현(2012), 자유 변이의 공시론과 통시론,『형태론』14-1, 형태론 편집위원회.

김　현(2013), 장애음 뒤 경음화에 대한 통시론적 고찰,『국어연구』142, 한국어교육희학회.

김헌기(2009), 연변 소선속 방언 음성의 실험적 연구,『말소리와 음성과학』1-1, 한국음성학회.

김현정(2009), 'ㅎ' 탈락의 통시적 양상에 대한 고찰, 서울대 석사학위논문.

김형규(1946), 자음 동화의 연구,『한글』97, 한글학회.

김형규(1947), 훈민정음과 그 전의 우리 문자,『한글』99, 한글학회.

김형규(1948), 경양어의 연구(속),『한글』103, 한글학회.

김형규(1960), 경양사와 "가" 주격토 문제,『한글』126, 한글학회.

김형규(1961ㄱ), '-오/우)-' 삽입모음고,『朝鮮學報』21·22, 朝鮮學會.

김형규(1961ㄴ), 4293년도 중학교 교원 자격 시험 국어과 문제와 해답,『한글』128, 한글학회.

김형규(1962), 경양사 문제의 재론,『한글』129, 한글학회.

김형규(1963), ㅎ말음 체언고,『아세아연구』11, 고려대 아세아문제연구소.

김형규(1971), 전라남북도 방언 연구,『학술원 논문집』10, 대한민국 학술원.

김형규(1972), 충청남북도 방언 연구,『학술원 논문집』11, 대한민국 학술원.

김형규(1973), 경기·강원도 방언 연구,『학술원 논문집』12, 대한민국 학술원.

김형규(1991), '우리어문학회' 그리고 개정된 '한글맞춤법'에 대하여,『국어학』21, 국어학회.

김형기(1970), 우리말의 조음상 특징,『어문연구』6, 어문연구학회.

김형복(2004), 한국어 음운 변동 규칙의 교수·학습 순서 연구,『한국어 교육』15-3, 국제한국어교육학회.

김형엽(1994), 한국어에서의 겹받침 줄임에 대한 재고-최적선별이론을 중심으로 하여-,『우리어문연구』8, 우리어문학회.

김형엽(1998), 조화이론 중심의 한국어 중첩 현상 분석,『음성·음운·형태론 연구』4, 한국음운론학회.

김형엽(2004), 영어 발음교육에서의 음소인지 방법에 대한 고찰,『우리어문연구』24, 우리어문학회.

김형주(1961), 남해도 방언의 연구-그 음운론적 일면-,『국어국문학』3, 문창어문학회.

김형철(1994), 진주 방언의 음소 체계 연구,『한글』224, 한글학회.

김형춘(1987), 국어 경음화 규칙,『논문집』5, 창원전문대학.

김형춘(1991), 국어 음운의 변별적 자질,『논문집』9, 창원전문대학.

김형춘(1994), 진주방언의 음운 연구, 건국대 박사학위논문.

김혜림(2013), 15세기 종성 'ㅅ'의 기저형에 따른 음가 연구, 이화여대 석사학위논문.

김혜숙(1991), 현대국어의 사회적 표현실태를 통한 한국인의 의식구조에 관한 연구-간판언어가 국어생활에 미치는 영향을 중심으로-,『성곡논총』22, 성곡학술문화재단.

김혜영(1996), 국어 유음의 통시적 연구, 경남대 박사학위논문.

김혜영(1999), 국어 음운 동화의 통시적 연구, 경남대 박사학위논문.

김호정 외(2007), 문법 용어를 통한 문법 지식 체계 구조화 연구(1)-음운-,『국어교육학연구』28, 국어교육학회.

김효숙(1997), 모음간 예사소리, 된소리의 구분에 대한 실험음성학적 연구-자음의 폐쇄지속시간에 대한 청취실험을 중심으로-,『언어학연구』33, 서울대 언어학과.

김효숙 외(2000), 국어 파열연자음 유성음화에 관한 음향음성학적 고찰-운율구조와 관련하여-,『말소리』39,

대한음성학회.

김효숙 외(2002), 국어 낭독체 발화의 운율경계 예측,『말소리』43, 대한음성학회.

김효심(2009), 현대국어 음절말 /ㅎ/ 뒤 경음화와 비음화에 대한 연구, 한국교원대 석사학위논문.

김희상(1915),『조선어』, 신문사.

김희상(1911),『조선어전』, 보급서관.

김희상(1927),『울이글틀』, 영창서관.

김희섭(1990), 자질기하론(Feature Geometry)과 ㅂ변칙 용언,『국어국문학』27, 문창어문학회.

김희섭(1991), 히아투스와 미끄럼소리되기,『우리말연구』1, 우리말학회.

김희성(1998), 자질계층이론에 의한 음운현상 연구, 이화여대 석사학위논문.

나기연(1994), 영어와 한국어의 활음에 대한 연구,『언어학』2, 대한언어학회.

나애리(1994), 영어식 불어 발음에 관한 음성학적 연구,『말소리』27・28, 대한음성학회.

나진석(1958), 의문형 어미고,『한글』123, 한글학회.

나진석(1960), 송강가사의 분석-국어학 자료의 정리법 시론-,『한글』127, 한글학회.

나진석(1965), 국어 움직씨의 때매김 연구,『한글』134, 한글학회.

나진석(1977), 경남방언-말본-,『한글』159, 한글학회.

남광우(1953), 방점고,『국어국문학』7, 국어국문학회.

남광우(1954), 장단음고(상),『국어국문학』12, 국어국문학회.

남광우(1955ㄱ), 석보상절(釋譜詳節) 권6을 보고,『한글』113, 한글학회.

남광우(1955ㄴ), 장단음고(하),『국어국문학』13, 국어국문학회.

남광우(1957), 명사 곡용에 있어서의 ㄱ의 고찰,『일석 이희승선생 송수기념논총』, 일조각.

남광우(1959ㄱ), "석보상절" 권 11에 나타난 귀중어에 대하여,『한글』125, 한글학회.

남광우(1959ㄴ), ㅸ ㅿ 논고,『중앙대 논문집』4, 중앙대.

남광우(1960), 고가요에 나타난 난해어에 대하여-여요를 중심으로-,『한글』126, 한글학회.

남광우(1961ㄱ), 향약채취월령 해독 고찰,『문경』11, 중앙대 문리과대학.

남광우(1961ㄴ), 음운변천에 대하여,『문경』12, 중앙대 문리과대학.

남광우(1962), ㄱ시개 연구-河野六郎씨의「鋏語考」와 관련해서-,『국어국문학』25, 국어국문학회.

남광우(1971), 근세어 연구-낙선재문고 신자료를 중심으로-,『아세아연구』41, 고려대 아세아문제연구소.

남광우(1973),『조선(이조)한자음연구-임란전 현실한자음을 중심으로-』, 일조각.

남광우(1974), 원순모음화현상에 관한 연구-「-쁘다, -프다」적기를 중심으로-,『국어학』2, 국어학회.

남광우(1975), 단모음화・음성모음화 연구-「한국어의 발음연구」의 일환작업으로-,『동양학』5, 단국대 동양학연구소

남광우(1980), 표준발음의 검토-지나친 규제를 지양하고 현실발음을 존중하는 방향으로-,『어문연구』8-3,
　　　　　한국어문교육연구회.

남광우 외(1982), 표준국어발음사전 간행을 위한 조사연구,『어문연구』10-1, 한국어문교육연구회.

남궁억(1913),『조선 문법』, 필사본.

남기탁(2012), 국어 한자어 장단음의 발음 양상,『국어학』64, 국어학회.

남정식(1991), 전남 내륙 방언의 음운고-동부지역과 해안지역을 비교하여-, 수원대 석사학위논문.

남풍현(1967), 십오세기 국어의 혼성어(blend) 고,『국어국문학』34・35, 국어국문학회.

남풍현(1973), 「두시언해」주석문의 문법적 고찰,『동양학』3, 단국대 동양학연구소.

남풍현 외(1976), 구역인왕경의 구결연구(기일),『동양학』6, 단국대 동양학연구소.

노명희(2010), 혼성어 형성 방식에 대한 고찰,『국어학』58, 국어학회.

노병조 역(1935),『鮮羅譯本』, 덕원신학교.

노익형(1923),『最新實用 英語獨習』, 박문서관.

노채환(2007), 한국어 모음조화의 지배음운론적 연구-용언 어간과 어미 결합을 중심으로-, 한국외대 석사학위논문.

대한어문연구회(1954),『'한글간소화방안'에 대한 건의서』, 유인본.

도수희(1970), 모음조화의 오산 문제-체언과 격어미의 조화를 중심으로-,『국어국문학』49·50, 국어국문학회.

도수희(1971), 각자병서 연구,『기념논문집-한글학회 50돌-』, 한글학회.

도수희(1975), △음에 대한 수삼의 과제,『한국언어문학』13, 한국언어문학회.

도수희(1979), 이두어의 음운변화,『여천 서병국 박사 화갑기념 논문집』, 간행위원회.

도수희(1980ㄱ), 'ㄱ시개' 신고,『장암 지헌영선생 고희기념논총』, 어문연구회.

도수희(1980ㄴ), 백제지명 연구,『백제연구』11, 충남대 백제연구소.

도수희(1982), 용비어천가 국문가사의 한자음 문제,『어문연구』11, 어문연구회.

도수희(1983), 음운변화의 잠재기능에 대하여,『어문연구』13, 어문연구회.

도수희(1985ㄱ), 한국어 음운사에 있어서 부음 y에 대하여,『한글』179, 한글학회.

도수희(1985ㄴ), 애도문에 나타난 16세기 국어,『어문논지』4·5, 충남대 국문과.

도수희(1986), 백제의 국호에 관한 몇 문제,『백제연구』17, 충남대 백제연구소.

도수희(1987),『한국어 음운사 연구』, 탑출판사.

도수희(1990), 변한·진한어에 관한 연구(Ⅰ),『동양학』20, 단국대 동양학연구소.

도수희(2002), 합용병서에 관련된 몇 문제,『국어학』40, 국어학회.

도효근(1984), 천자문자음고,『한국언어문학』23, 한국언어문학회.

도효근(1990), 국어의 구개음화 연구, 원광대 박사학위논문.

레이레이·김영주(2010), 중국인 화자가 발화한 한국어 파찰음의 음향음성학적 특성,『음성·음운·형태론 연구』16-3, 한국음운론학회.

레프 콘체비치(2001), 세계 문자상으로 본 한글의 특이성,『말소리』특집호, 대한음성학회.

려증동(1977), [르]에 대하여,『성봉 김성배박사 회갑기념 논문집』, 형설출판사.

류기운(1984), 17세기 국어 받침의 표기법 연구-과도기적 특성을 중심으로, 한양대 석사학위논문.

류 렬(1992),『조선말력사(2)』, 사회과학출판사.

류영숙(1988), 단양 동북부 지역어의 음운론적 연구, 충북대 석사학위논문.

류해리(2015), 음운변동의 용어 비교 고찰-언어학과 언어병리학의 관점에서-, 충남대 석사학위논문.

리득춘(1993), 차자표기연구와 중국음운학,『한국문화』14, 서울대 한국문화연구소.

리득춘(1994ㄱ), 조선 학자들의 명·청 한어 음운 연구,『어학연구』30-3, 서울대 언어교육원.

리득춘(1994ㄴ), 한국어와 중국어의 음운 대비,『말소리』27·28, 대한음성학회.

리봉운(1897),『국문정리』, 개인 발행.

리의도(1981), 한국 의성어의 음운 통계 시론(Ⅰ),『국제어문』2, 국제어문학회.

리의도(1984), ≪훈민정음≫의 '중성'에 대한 새로운 해석,『한글』186, 한글학회.

리의도(1997), 한국 의성어의 음운 통계 시론(1),『우리말 음운 연구』, 박이정.

리의도(2005), 초등학교 국어과 발음 단원의 내용 연구,『한말연구』17, 한말연구학회.

리필수(1923),『졍음문젼』, 조선졍음부활회.

문경윤(1992), 판별적 특질 연구-대립이론을 중심으로-, 명지대 박사학위논문.

문곤섭(1981), 창녕방언의 모음체계 연구, 『경남어문』 5, 경남어문학회.

문교부(1952), 『들온말 적는 법』, 민중서관.

문교부(1954), 『한글간소화방안(원칙·이익편)』, 유인본.

문도열(1983), 음운론 규칙순 모형, 전북대 석사학위논문.

문삼평(1927), 동양문자의 종종, 『현대평론』 6, 현대평론사.

문선규(1964), 탁성음변화고, 『학술원 논문집』 4, 대한민국 학술원.

문선규(1969), 자음의 차청고, 『대동문화연구』 6, 성균관대 대동문화연구소.

문선규(1973), /jə/ 운모 자음의 현실, 『국어국문학』 62·63, 국어국문학회.

문선규(1980), 한자음의 이음고구-특히 아음의 성모에 대하여-, 『일산 김준영선생 화갑기념논총』, 형설출판사.

문선규(1986), 중국어(한어) 음운 「표기법」의 역사적 고찰, 『학술원 논문집』 25, 대한민국 학술원.

문순단(1990), 자음강도이론과 영어자음동화, 이화여대 석사학위논문.

문안나(2005), 그림법칙과 자음 연쇄추이, 『영어학의 최근 논점(1)-음운론-』, 한국문화사.

문양수(1974ㄱ), Phonological Problems of Korean, 『학술원 논문집』 13, 대한민국 학술원.

문양수(1974ㄴ), 역사 언어학, 『어학연구』 10-2, 서울대 언어교육원.

문양수(1977), 역사언어학, 『현대언어학』, 한신문화사.

문양수(1988), 음운론에서의 음절, 『언어학』 9, 한국언어학회.

문양수(1993), 프라그학파의 음운이론, 『언어학』 15, 한국언어학회.

문학준(1985), 국어 자음연결에서의 음운변동, 경북대 석사학위논문.

문학준(1987), '르' 음의 사적 고찰-중세어 '르ㅇ' 형의 음가와 현대국어 '르'의 자질모형을 중심으로-, 『언어연구』 5, 언어과학회.

문한종(1974), 발음상에 미치는 종성 'ㅈ, ㅊ, ㅋ, ㅌ' 음의 오류 조사 연구-종성 'ㅈ, ㅊ, ㅋ, ㅌ' 음이 연모음에 미치는 연음 발음의 오류-, 『새국어교육』 18, 한국국어교육학회.

문효근(1963), 방점 본질의 재검토-고저·장단의 주장-, 『동방학지』 7, 연세대 국학연구원.

문효근(1978), 훈민정음의 'ㅇ'와 'ㆀ' 음가에 관한 몇 가지 문제, 『한글』 162, 한글학회.

문효근(1987), ≪훈민정음≫의 "ㅇ聲淡而虛"는 기(氣)의 있음, 『한글』 196, 한글학회.

미승우(1988), 경성방언권의 음운변화에 관한 연구(1), 『어문연구』 16-1, 한국어문교육연구회.

민병준(1991), 한자음의 이표기, 『국어교육』 75, 한국어교육학회.

민병준(1995), 한자어의 음운론적 문제-현대 국어의 발음을 중심으로-, 『즈믄 이철수교수 화갑기념논문집』, 태학사.

민원식(1982), 문경 지역어의 음운론적 연구, 충남대 석사학위논문.

민현식(1982), 국어 맞춤법의 문제점에 대하여(1)-통일안(1933), 문교부 개정시안(1979), 한글학회안(1980)의 비교를 중심으로-, 『선청어문』 13, 서울대 국어교육과.

민현식(1991), 학교문법의 불규칙 활용 교육에 대하여, 『선청어문』 19, 서울대 국어교육과.

민현식(1996), 중세국어의 교체 현상 기술에 대한 재검토, 『이기문교수 정년퇴임기념논총』, 신구문화사.

박갑수(1978), 동언고략의 네 이본고, 『국어학』 7, 국어학회.

박갑수(1989), 양주 방언의 음운 변이, 『국어교육』 67, 한국어교육학회.

박경래(1984), 괴산방언의 음운에 대한 세대별 연구, 『국어연구』 57, 서울대 국어연구회.

박경래(2003), 충청북도 방언의 연구와 특징, 『한국어학』 21, 한국어학회.

박경래(2008), 제천방언의 음운체계에 대한 세대별 비교 고찰, 『우리말글』 42, 우리말글학회.

박기덕(2000), 한국어의 음운규칙,『언어와 언어학』25, 한국외대 언어연구소.

박기영(1995), 국어 유음에 대한 통시적 고찰,『국어연구』131, 서울대 국어연구회.

박기영(2005), 개화기 한국어의 음운 연구-일본에서 간행된 한국어 학습서를 중심으로-, 서울대 박사학위논문.

박기영(2010), 한국어 음운론과 한국어 발음 교육의 상관성에 대한 일고찰-자모 교육과 음운 변동 교육을
            중심으로-,『어문논집』43, 중앙어문학회.

박내아(2005), 국어 문법서에 나타난 음운 체계 고찰-근대국어학 시기의 문법서를 중심으로-, 고려대 석사학위논문.

박덕유(1997), 고등학교 문법 교과서의 문제점,『국어교육학연구』7, 국어교육학회.

박덕유(2007), 효율적인 음운교육의 학습방안 연구,『새국어교육』77, 한국국어교육학회.

박덕철(1993), 합천 지역어의 음운 연구, 동아대 석사학위논문.

박동규(1985),「ㅸ」과 비자모(非字母),『국어국문학』93, 국어국문학회.

박동규(1994),「秋察」의「察」을「술」로 읽어야 하는 이유,『국어국문학』112, 국어국문학회.

박동규(1995),『고대국어 음운연구 I 』, 전주대 출판부.

박동근(2000), 말머리에 나타나는 이유 없는 된소리 현상 연구,『언어학』27, 한국언어학회.

박명순(1987), 거창지역어의 음운연구, 성균관대 박사학위논문.

박명순(1988), 거창지역어의 보상적 장모음화,『반교어문연구』1, 반교어문학회.

박명순(2001), 제천지역어의 형태음소적 고찰,『반교어문연구』13, 반교어문학회.

박미영(2002), 발화 속도에 따른 국어 음운의 변화 연구-운율구 형성과 관련하여-, 고려대 석사학위논문.

박병식(1987), 초성합용병서고구-형성과정을 중심으로-, 동국대 석사학위논문.

박병채(1957), 파열음고,『국어국문학』17, 국어국문학회.

박병채(1958), 후두음고,『국문학』2, 국어국문학회.

박병채(1966), 고대 국어의 한자음연구(성류편),『아세아연구』22, 고려대 아세아문제연구소.

박병채(1968), 고대 삼국의 지명어휘고-삼국사기 지리지의 복수지명을 중심으로-,『백산학보』5, 백산학회.

박병채(1971ㄱ), 한국한자음의 모태론고,『백산학보』10, 백산학회.

박병채(1971ㄴ), 고대국어의 음운체계 재구시론-국어한자음의 분석을 중심으로-,『민족문화연구』5, 고려대
            민족문화연구소.

박병채(1971ㄷ),『고대국어의 연구-음운편-』, 고려대 출판부.

박병채(1974), 원본 홍무정운역훈의 결본 복원에 관한 연구,『아세아연구』51, 고려대 아세아문제연구소.

박병채(1976), 용비어천가 약본의 국어학적 고찰-원가와의 비교를 중심으로-,『민족문화연구』10, 고려대
            민족문화연구소.

박병채(1979), 고대 국어의 자음 음소체계에 대하여-SK.와 SV.의 비교를 중심으로-,『말』4, 연세대 한국어학당.

박병채(1980),「언문」에 관한 연구-성조를 중심으로-,『민족문화연구』15, 고려대 민족문화연구소.

박병채(1987ㄱ), 고대국어의 모음 음소체계에 대하여-SK.와 SV.의 비교를 중심으로-,『민족문화연구』20,
            고려대 민족문화연구소.

박병채(1987ㄴ), 고대국어의 모음 음소체계에 대하여(승전)-SK.와 SV.의 비교를 중심으로-,『한글』195, 한글학회.

박병채(1990), 중기국어의 성조 비교 연구-SK.와 SV-의 비교를 중심으로-,『민족문화연구』23, 고려대 민족문화연구소.

박병채(1991), 이중언어 교육상의 음운론적 대응 분석-한국어 교육을 중심으로-,『이중언어학』8, 이중언어학회.

박병철(2005), 체코인을 위한 한국어 발음교육 방안 연구,『이중언어학』28, 이중언어학회.

박병학(1989), SPE까지의 강세 이론에 관하여,『언어연구』6, 한국현대언어학회.

박병학(1992), 영어의 음절말 자음군에서 각 자음의 결합능력 관한 연구,『언어연구』8, 한국현대언어학회.

박보연(2005), 현대국어 음절축소형에 대한 연구, 『국어연구』 185, 서울대 국어연구회.

박상준(1932), 『개정철자준거 조선어법』, 동명서관.

박상호(1998), 음운단위로서의 영어음절 이론의 비교 분석, 경남대 석사학위논문.

박선근(2006), 경북 김천방언의 음운론적 연구, 충남대 석사학위논문.

박선우(1998), 현대국어 영어차용어의 음운론적 연구-최적성이론을 배경으로-, 고려대 석사학위논문.

박선우(2002), 현대국어 '르' 불규칙 활용에 대한 고찰, 『한말연구』 10, 한말연구학회.

박선우(2004), 국어의 음절화와 패러다임 통일성, 『한국어학』 22, 한국어학회.

박선우(2005), 불규칙활용의 불규칙성에 대한 검토, 『청람어문교육』 30, 청람어문교육학회.

박선우(2006ㄱ), 한국어 체언말 마찰음화의 유추적 분석, 『음성·음운·형태론 연구』 12-1, 한국음운론학회.

박선우(2006ㄴ), 국어의 유추적 음운현상에 대한 연구, 고려대 박사학위논문.

박선우(2007), 한국어 /nl/의 변이에 대한 분석, 『한국어학』 36, 한국어학회.

박선우(2008), 현대국어의 /의/는 이중모음인가?-/의/의 음향적·지각적 특성에 대한 검토-, 『우리말연구』 23, 우리말학회.

박선우(2013), 한국어의 음운현상과 음운론적 복잡도-모음충돌과 이중모음화 현상의 비교를 중심으로-, 『한국어학』 59, 한국어학회.

박성종(1988), 어두자음 /ㅋ/에 대한 한 연구, 『언어』 13-2, 한국언어학회.

박수진·전종호(2001), 미국영어 전이음의 비대칭적 분포, 『어학연구』 37-2, 서울대 언어교육원.

박숙희(1999), 영일 지역어의 형태음운론적 연구, 충남대 석사학위논문.

박숙희(2001), VV제약과 굴절의 음운 현상-성조 방언을 대상으로-, 『한국언어문학』 47, 한국언어문학회.

박숙희(2010), 굴절의 음운현상으로 본 충남 방언의 특징, 『어문학』 109, 한국어문학회.

박숙희(2011), 경남 방언 외래어의 성조형, 『한글』 291, 한글학회.

박숙희(2012), 강원 방언 외래어의 성조형, 『어문학』 118, 한국어문학회.

박승빈(1927), 'ㅎ'는 무엇인가?, 『현대평론』 8, 9, 10, 현대평론사.

박승빈(1931), 『조선어학강의요지』, 보성전문학교.

박승빈(1932), 'ㅎ'의 바팀과 격음에 관한 견해, 『동방평론』 1, 동방평론사.

박승빈(1935ㄱ), 『조선어학』, 조선어학연구회.

박승빈(1935ㄴ), 경음론, 『중명』 권호 미상, 중명사.

박승빈(1937), 『간이조선어문법』, 조선어학연구회.

박시균(1998), 영어 화자가 제대로 발음하지 못하는 한국어 음운과 한국어 음운 교육 개선 방안, 『한글』 242, 한글학회.

박시균(2004), 한국인 영어학습자의 발음 오류 원인 분석과 교육 방법 모색, 『언어학』 40, 한국언어학회.

박시균·권병로(2003), 남북한 언어에 대한 비교 연구-발음과 어휘를 중심으로-, 『국어문학』 38, 국어문학회.

박시균·권병로(2008), 외국어 화자에게 어려운 한국어 자음 분석 및 교육 방안 모색-영어 화자를 중심으로-, 『국어문학』 45, 국어문학회.

박영배(1981), 억양소의 형태와 기능-호주 영어 방언을 중심으로-, 『말소리』 2, 대한음성학회.

박영수(1981), 영어음(英語音)의 난역도(難易度), 『언어연구』 1, 언어과학회.

박영순(1983), 국어의 자음규칙에 대한 재고찰, 『말』 8, 연세대 한국어학당.

박영순(1985), 한국어복자음발음에 대한 사회언어학적 연구, 『어문논집』 24, 고려대 국어국문학 연구회.

박영환(1986), 대덕 지역어의 음운, 『언어연구』 3, 한국현대언어학회.

박옥줄(1985), 프랑스어의 한글 표기법-외래어표기법 재검토-,『성곡논총』16, 성곡학술문화재단.

박은용(1959ㄱ), Altai 어족에 나타난 모음상징에 대한 고찰,『어문학』4, 한국어문학회.

박은용(1959ㄴ), 곡용시에 나타나는 [ㄱ] [ㅎ]에 대하여 -(계통론을 위한 접미사 비교) -,『어문학』5, 한국어문학회.

박일삼(1907), 학문,『自新報』1호, 자강회.

박재양(1988), 한국어 이중모음의 형성요인,『어문연구』16-2, 한국어문교육연구회.

박재양(1995), ㄷ>ㅈ 현상 연구-한일어의 비교를 중심으로-,『어문연구』23-2, 한국어문교육연구회.

박재연(2010), 이형태 교체와 관련한 몇 문제,『국어학』58, 국어학회.

박재현 외(2007), 국어 문법 교육 용어 계량 연구(1): 음운,『새국어교육』76, 한국국어교육학회.

박정수(1999),『경남방언 분화연구』, 한국문화사.

박종덕(2000ㄱ), 안동 지역어의 홑홀소리 체계에 대한 사회언어학적 연구,『한말연구』7, 한말연구학회.

박종덕(2000ㄴ), 안동지역어의 특이한 음운 변동 현상 연구-현대 국어 표준어의 음운 변동 현상과의 차이를 중심으로-,『겨레어문학』25, 겨레어문학회.

박종덕(2003ㄱ), 15세기의 경상도 방언의 모음체계 연구,『겨레어문학』30, 겨레어문학회.

박종덕(2003ㄴ), /·/의 제1단계 변화 완료 시기 고찰-경상도 방언을 중심으로-,『겨레어문학』31, 겨레어문학회.

박종덕(2007),『한국어 교육을 위한 기초 음운론』, 박이정.

박종우(1946),『한글의 문법과 실제』, 대중사출판부.

박종희(1983ㄱ),『국어 음운론 연구』, 원광대 출판국.

박종희(1984), 관형격조사 'ㅣ'와 '이/의'의 관계성,『원광대 논문집』18, 원광대.

박종희(1985ㄱ), 국어의 비모음화 현상에 대하여,『국어학』14, 국어학회.

박종희(1985ㄴ), 모음조화의 붕괴 요인에 대하여,『선오당 김형기 선생 팔질기념 국어학논총』, 창학사.

박종희(1986), t계 구개음화의 통시적 연구,『원광대 논문집』20, 원광대.

박종희(1987), ㅎ말음 체언의 통시적 연구,『원광대 논문집』21-1, 원광대.

박종희(1988), 15세기 국어의 복합분절음(complex segment),『원광대 논문집』22-1, 원광대.

박종희(1989), 의미범주의 중첩과 음운현상,『원광대 논문집』23, 원광대.

박종희(1990), 모라(mora)의 의존관계와 하향이중모음의 통시적 발달에 대하여,『원광대 대학원논문집』6, 원광대.

박종희(1992), 자음군 단순화 현상,『원광대 논문집』26, 원광대.

박종희(1993ㄱ), 국어 음절구조의 통시적 고찰,『원광대 논문집』27, 원광대.

박종희(1993ㄴ),『국어 음운론 연구(Ⅱ)』, 원광대 출판국.

박종희(1995ㄱ), 중세국어 이중모음의 통시적 발달,『국어학』26, 국어학회.

박종희(1995ㄴ), 중세국어의 이중모음과 모음조화-교정청본「소학언해」(1588년 간)의 표기 예를 중심으로-,『국어국문학』114, 국어국문학회.

박종희(1997), 우리말 구개음화의 불투명성에 대하여,『언어』22-3, 한국언어학회.

박종희(1999), 구개음화의 불투명성과 유표성 제약,『한글』244, 한글학회.

박종희(2000), 원순모음화 현상의 음운사적 연구,『국어국문학』126, 국어국문학회.

박종희(2001), 오름 활음(onglide) 'j'의 음절 내부 위치,『언어』26-4, 한국언어학회.

박종희(2003), 전북방언 모음조화의 불투명성-부사형 어미 '-아/어'의 교체를 중심으로-,『국어국문학』134, 국어국문학회.

박종희(2004), '-으X'계 활용어미의 음운론적 고찰,『한글』264, 한글학회.

박종희(2006), 경구개 변이음의 발생과 파찰음화, 『한글』 272, 한글학회.

박종희·권병로(2010), 중세국어 사잇소리의 표기와 기능, 『국어문학』 48, 국어문학회.

박종희·권병로(2011), ㄱ 구개음화 현상의 인지적 고찰, 『한글』 291, 한글학회.

박중화(1914), 『日語大學』, 광동서국.

박지영(1987), 서반아어 자음에 대한 음성학적 연구-한국인의 서반아어 자음 습득과정을 중심으로-, 『말소리』 11~14, 대한음성학회.

박지홍(1975), 양산 방언의 음운-음소와 그 체계-, 『어문학』 33, 한국어문학회.

박지홍(1977), 부산의 방언, 『한글』 159, 한글학회.

박지홍(1981), ESPERANTO 의 음성과 음운, 『말소리』 3, 대한음성학회.

박진석(1999), 태백 방언 연구, 강릉대 석사학위논문.

박진호(2014), 언어유형론의 관점에서 본 한국어의 문법적 특징-지역유형론에 초점을 맞추어-, 『언어유형론 연구』 1-1, 한국 언어유형론 학회.

박진호(2015), 언어에서의 전염 현상, 『언어』 40-4, 한국언어학회.

박진혁(2014), 함북 경흥지역어의 성조론, 서강대 박사학위논문.

박창원(1982), 자음군 분류와 자음자질(Ⅰ)-자음접변을 중심으로-, 『관악어문연구』 7, 서울대 국문과.

박창원(1983), 고성지역어의 모음사에 대하여, 『국어연구』 54, 서울대 국어연구회.

박창원(1984), 중세 국어의 음절말 자음 체계, 『국어학』 13, 국어학회.

박창원(1985), 국어 유성장애음의 재구와 그 변화, 『국어국문학』 93, 국어국문학회.

박창원(1986), 음운교체와 재어휘화, 『어문논집』 2, 경남대 국어교육학회.

박창원(1987ㄱ), 15세기 국어의 음절경계-어중 ㅅ계 자음군을 중심으로-, 『진단학보』 64, 진단학회.

박창원(1987ㄴ), 표면음성제약과 음운현상-고성지역어의 음절구조를 중심으로-, 『국어학』 16, 국어학회.

박창원(1989), 통시음운론 연구사와 국어음운론 연구 30년, 『국어학』 19, 국어학회.

박창원(1990), 음운 규칙의 통시적 변화, 『강신항교수 회갑기념 국어학논문집』, 태학사.

박창원(1991), 국어 자음군 연구, 서울대 박사학위논문.

박창원(1996), 『중세국어 자음 연구』, 한국문화사.

박창원(1997), 사잇소리와 사이시옷(Ⅰ), 『이화어문논집』 15, 이화어문학회.

박창원(2002), 『고대국어 음운(1)』, 태학사.

박창해(1946), 『쉬운 조선말본』, 계몽사.

박창해(1963), 국어의 없침 음운에 관한 연구-Suprasegmental Phonemes-, 『동방학지』 6, 연세대 국학연구원.

박천배(1994), 모음 높이의 새로운 표기법에 대하여, 『말소리』 27·28, 대한음성학회.

박천배(1997), 최적성 이론과 말레이어 자음 음운론, 『음성·음운·형태론 연구』 3, 한국음운론학회.

박천배(1998), 영어의 모음전환에 의한 중첩현상에 대하여, 『언어학』 6-2, 대한언어학회.

박천배(2000), 최적성이론과 영어차용어의 음절말자음에 대하여, 『언어학』 8-3, 대한언어학회.

박철주(2006), PC 통신언어 명사의 음운론적 연구, 『국어연구』 119, 한국어교육학회.

박청수(2007), 고구려어의 규칙2: R2. p-Korean *mb→Kog. m-, 『일본언어문화』 10, 한국일본언어문화학회.

박충연(2012), 음변화 요인에 따른 후설저모음융합의 시동과 이행, 『인문언어』 14-1, 국제언어인문학회.

박태권(1968), 국어의 받침 표기에 대하여-ㄷ, ㅅ을 중심으로-, 『국어국문학』 7·8, 문창어문학회.

박태윤(1948), 『중등 국어문법 초급용』, 경성인서사.

박태화(1985), 한국어의 혼성복자음화에서 작용되는 "하"에 대하여, 『언어연구』 6, 경희대 언어정보연구소.

박팔회(1957), "ㅓ"음소고, 『어문학』 2, 한국어문학회.

박한상(2005), 동기관음의 스펙트럼 차이를 이용한 비강 특성 산출: 예비 연구, 『말소리』 53, 대한음성학회.

박한상(2007), 한국어 자음군의 후행모음에 나타난 발성유형의 음향음성학적 연구, 『말소리』 64, 대한음성학회.

박향규(2002), 국어 음운 변동의 혼란 양상 연구-모음조화, 구개음화, 두음법칙을 중심으로-, 공주대 석사학위논문.

박형달(1969), 표기법과 언어의 문제-15세기 국어문헌에 나타나는 특이표기법을 중심으로-, 『아세아연구』 34, 고려대 아세아문제연구소.

박혜정(2002), 중세국어모음연구-음성학적 측면을 중심으로-, 이화여대 석사학위논문.

박홍길(1961), 구개음화고-광의의 설립을 위하여, 『국어국문학』 3, 문창어문학회.

박홍길(1984), 음절 많아지기 현상의 원인별 갈래, 『두메 박지홍 스승 회갑 기념 논문집』, 문성출판사.

방종현(1940), 사견 이제, 『한글』 80, 한글학회.

방종현(1948), 용비어천가(3), 『한글』 103, 한글학회.

방종현(1955), 계림유사연구, 『동방학지』 2, 연세대 국학연구원.

배달말학회(1975), 배달말 학술용어(1), 『배달말』 1, 배달말학회.

배동식(1964), 체언말음 「ㅊ, ㅌ~ㅅ」 교체현상에 대하여, 『건국어문학』 3, 건국어문학회.

배문정(2003), 한국어 변별 자질의 지각적 표상구조, 서울대 박사학위논문.

배문정(2010), 한국어 자음에서 변별 자질들의 지각적 위계, 『말소리와 음성과학』 2-4, 한국음성학회.

배병인(1984), 산청방언의 음운론적 연구-음소체계와 용언활용시의 음운현상을 중심으로-, 고려대 석사학위논문.

배양서(1966), 한국어 개리 연접의 기계 측정, 『한글』 136, 한글학회.

배양서(1969ㄱ), 생성 변형 이론의 문젯점, 『한글』 143, 한글학회.

배양서(1969ㄴ), 형태소 "사이시옷"의 소리값, 『한글』 144, 한글학회.

배양서(1970), 한국 외래어에 관한 서설, 『한글』 146, 한글학회.

배양서(1971), 한국어 음운론의 논쟁점 몇 가지, 『기념논문집-한글학회 50돌-』, 한글학회.

배양서(1979), 소위 l~n 교체의 실상, 『언어』 4-2, 한국언어학회.

배영환(2005), 'ㅎ'-말음 어간의 재구조화 연구, 한국학중앙연구원 박사학위논문.

배영환(2007), 국어 음운론에서의 '패러다임'의 성격에 대하여, 『새국어교육』 78, 한국국어교육학회.

배영환(2009), 청주지역어에서의 고모음화와 중모음화, 『방언학』 10, 한국방언학회.

배주채(1989), 음절말자음과 어간말자음의 음운론, 『국어연구』 91, 서울대 국어연구회.

배주채(1991), 고흥방언의 음장과 음조, 『국어학』 21, 국어학회.

배주채(1992), 음절말 평폐쇄음화에 대하여, 『관악어문연구』 17, 서울대 국문과.

배주채(1996ㄱ), 『국어음운론 개설』, 신구문화사.

배주채(1996ㄴ), 번역 술어의 주변, 『국어학의 번역 술어 연구(Ⅱ)』, 국립국어연구원.

배주채(1998), 『고흥방언 음운론』, 태학사.

배주채(2001), 지정사 활용의 형태음운론, 『국어학』 37, 국어학회.

배주채(2003), 『한국어의 발음』, 삼경문화사.

배주채(2006), 표준발음법의 이상, 『어문연구』 34-3, 한국어문교육연구회.

배주채(2009), '달라, 다오'의 어휘론, 『국어학』 56, 국어학회.

배혜진(2009), 국어의 유기음과 유기음화에 관한 연구, 영남대 석사학위논문.

배혜진(2012), 대구지역 화자들의 모음 'ㅓ' 실현양상에 관한 연구, 『어문학』 116, 한국어문학회.

백두현(1982), 성조와 움라우트-성주, 금릉지역어를 중심으로-, 『어문론총』 16, 경북어문학회.

백두현(1983), 금릉지역어의 음운론적 연구, 경북대 석사학위논문.

백두현(1988), '♀, 오, 으, 우'의 대립관계와 원순모음화,『국어학』17, 국어학회.

백두현(1989), 두시언해 초간본과 중간본의 통시음운론적 비교,『어문학』50, 한국어문학회.

백두현(1992ㄱ), 원순모음화 '·>ㅗ'형의 분포와 통시성,『국어학』22, 국어학회.

백두현(1992ㄴ),『영남 문헌어의 음운사 연구』, 태학사.

백두현(1994), 이중모음 '·'의 통시적 변화와 한국어의 방언 분화,『어문론총』28, 경북어문학회.

백두현(1997), 19세기 국어의 음운사적 고찰-모음론-,『한국문화』20, 서울대 한국문화연구소.

백두현(2002),《조선관역어》의 미해독어 '則卜論咎'(寅時) 고찰,『국어학』40, 국어학회.

백두현(2004),『음식디미방』의 표기법과 자음변화 고찰,『국어사 연구』4, 국어사학회.

백두현 외(2013),『한국어 음운론』, 태학사.

백세명(1930), 한글 강좌,『농민』1권 7~8, 조선농민사.

백은아(2006), /ㄹ/과 관련된 전주방언의 음운현상과 연결제약, 전북대 석사학위논문.

백은아(2008), 전북 방언 [?]의 음운론적 처리,『한국언어문학』67, 한국언어문학회.

백은아(2013), 용언 어간 말 'ㅡ' 삽입 현상,『한글』299, 한글학회.

백응진(1999),『한국어 역사음운론』, 박이정.

변광수(1982), 스웨덴어 발음 교육상의 몇 가지 문제점-모음을 중심으로-,『말소리』4, 대한음성학회.

변광수(1983), 스웨덴어의 모음에 관한 고찰,『언어와 언어학』9, 한국외대 언어연구소.

변광수(1987ㄱ), 스웨덴어 발음 학습에 미치는 국어 음운 체계의 영향,『한글』197, 한글학회.

변광수(1987ㄴ), 중간언어 형성과 음운규칙의 역할-스웨덴어 학습의 경우-,『언어』12-1, 한국언어학회.

변군혁(2006), 러시아어 연자음의 변별자질 연구,『언어연구』23-2, 경희대 언어정보연구소.

변군혁(2007), 러시아어 파열음에 나타나는 연자음의 음향음성학적 연구,『말소리』61, 대한음성학회.

변영식(1977), 변별적 소성에 관한 연구, 경북대 석사학위논문.

변용우(2006), 국어 음운현상에 관여하는 형태 보존의 원리에 대한 연구, 동국대 박사학위논문.

변용우(2012), 유성자음 뒤의 경음화 현상에 대하여-'ㄷ' 첨가 규칙의 설정과 관련하여-,『한국어문학연구』59, 한국어문학연구학회.

서경원(1993), 음절음운론과 영어의 음운현상, 충남대 석사학위논문.

서명숙(1988), 음운론에서의 자연성 고찰-음운이론을 중심으로-, 동아대 석사학위논문.

서보월(1990), ㄴ 첨가에 대하여,『어문론총』24, 경북어문학회.

서보월(1992), 국어 자음 연계에서의 음운현상과 제약, 경북대 박사학위논문.

서상규·박석준(2005), 북한 국어학 용어 분류 체계에 관한 연구, 국립국어원.

서영석(1980), 중세국어의 후음연구,『한국문학연구』3, 동국대 한국문학연구소.

서영석(1981), 중세기 국어의 후음 연구(II)-'ㆀ'의 음가 추정을 중심으로-,『새국어교육』33, 한국국어교육학회.

서영석(1983), ㅎ음신고,『동악어문논집』17, 동악어문학회.

서영석(1993), 경음의 음운사적 연구,『동악어문논집』28, 동악어문학회.

서영석(1997), 연구개음의 음운론적 연구(2),『동악어문논집』32, 동악어문학회.

서영석(1998), 순음의 음운론적 연구-중세국어의 /p, pʰ/를 중심으로-,『국어국문학』122, 국어국문학회.

서울대 국어교육연구소(2002),『문법』, 두산.

서재극(1959), 경북방언「칸다」에 대한 숙제,『어문학』5, 한국어문학회.

서재극(1960), 국어 어두에 있어서의 단모음의 복모음화 현상에 대하여,『국어국문학』22, 국어국문학회.

서재극(1961), 어두 복모음화 이례의 분석-한가지 Drift를 중심으로-,『어문학』7, 한국어문학회.

서재극(1962), 경북 방언 연구-문헌상에 나타난 자료를 중심하여-,『어문학』8, 한국어문학회.

서재극(1964), 어두 /p/·/m/의 교체와 어사분화,『국어국문학』27, 국어국문학회.

서재극(1967), 사이ㅅ 연구,『국어국문학』37·38, 국어국문학회.

서재극(1970), 15세기 음운연구의 현황과 반성,『어문학』22, 한국어문학회.

시정목(1998), 영·독·한 음운체계에 있어서의 간섭현상,『언어과학연구』15, 언어과학회.

서정민(2007), 모음탈락과 강세현상에 관한 목표의 동질성,『언어연구』23-1, 한국현대언어학회.

서정민·조학행(2008), 영어의 명사강세와 불투명성-어말 긴장모음을 중심으로-,『언어학』16-2, 대한언어학회.

서정범(1982),『음운의 국어사적 연구』, 집문당.

서종학(1986),「구황촬요」와「신간구황촬요」에 관한 고찰,『국어학』15, 국어학회.

석종환(1996), 음운론적 지배와 음절 구조,『언어연구』13, 언어과학회.

석주연(1996), 중세국어 원순성동화 현상에 대한 일고찰-동화주가 원순모음인 경우를 중심으로-,『관악어문연구』21, 서울대 국문과.

성균관대 대동문화연구원(1985),『문법』, 대한교과서.

성균관대 대동문화연구원(1991),『문법』, 대한교과서.

성기옥(1989),《용비어천가》의 문학적 성격-훈민정음 창제와 관련된 국문시가로서의 역사적 의미를 중심으로-,『진단학보』68, 진단학회.

성광수(1972), 국어 소형문에 대한 검토,『한글』150, 한글학회.

성낙수(1987), 이른바 한국의 두음 법칙 연구,『한글』197, 한글학회.

성백인(1968), 만주어 모음조화-그 계열의 유별과 유별의 변별적 특성에 대하여-,『한글』141, 한글학회.

성백인(1976), 만주어 음운사연구를 위하여-청문계음 이시청자 연구(Ⅰ)-,『언어학』1, 한국언어학회.

성백인(1978ㄱ), 만주어 음운론의 몇가지 문제-모음 ū에 대하여-,『진단학보』45, 진단학회.

성백인(1978ㄴ), 만문 특수 문자의 로마자 표기법,『한글』161, 한글학회.

성백인(1978ㄷ), 한국어와 만주어의 비교 연구(1)-알타이 조어의 어두 파열음 체계 재구에 관한 문제점-,『언어학』3, 한국언어학회.

성백인(1981),『만주어 음운론 연구』, 명지대 출판부.

성백인(1983), 몽고어 다구르 방언의 음운체계 연구,『동방학지』40, 연세대 국학연구원.

성백인(1996), 한국어 계통연구의 현상과 과제,『한국 민족의 기원과 형성(하)』, 도서출판 소화.

성비락(2002), 몽골어와 한국어의 단모음 비교-실험음성학적 연구-,『한국어 교육』13-2, 국제한국어교육학회.

성원경(1978), 언양 방언의 풀이씨의 끝바꿈에 대하여,『한글』162, 한글학회.

성인출(1984), 창녕지역어의 음운론적 연구, 계명대 석사학위논문.

성인출(1998), 국어의 hiatus 회피 거부 현상,『한민족어문학』33, 한민족어문학회.

성철재(1995), 자질이론과 원소이론의 비교 연구,『말소리』29·30, 대한음성학회.

성철재(1996), 한국어 비음의 음향적 특성에 관한 실험음성학적 연구,『말소리』31·32, 대한음성학회.

성희제(1991), 체언말 설단자음의 ㅅ음화 현상에 대하여,『어문연구』22, 어문연구학회.

성희제(1995), 정도자질과 자질층위이론,『어문연구』26, 어문연구학회.

성희제(1998), 국어의 구개화에 의한 음운현상 연구, 충남대 박사학위논문.

성희제(2000), 충남방언 움라우트현상의 유형 연구,『어문학』71, 한국어문학회.

성희제(2001), 원순모음화현상 연구,『우리말글』23, 우리말글학회.

성희제(2003), 한국어 초기학습자를 위한 한국어음운 교육, 『한국언어문학』 50, 한국언어문학회.

성희제(2005), 영동(永同) 충청방언권의 음운적 특성 연구, 『어문연구』 49, 어문연구학회.

소강춘(1983), 남원지역어의 음운론적 연구, 전북대 석사학위논문.

소강춘(1988), 전북 방언의 모음조화 현상에 의한 공시적 언어분화에 대하여, 『국어국문학』 99, 국어국문학회.

소강춘(1989), 『방언분화의 음운론적 연구』, 한신문화사.

소강춘(1991ㄱ), 움라우트 현상에 의한 충남 서천지역어의 공시성과 통시성-19세기 말 20세기 초의 문헌자료와 현대 방언자료를 중심으로-, 『국어학』 21, 국어학회.

소강춘(1991ㄴ), 원순모음화 현상에 의한 모음체계의 통시성과 공시성, 『국어국문학』 105, 국어국문학회.

소강춘(1995), 판소리(唱)에 나타난 남원지역어의 움라우트, 『국어학』 26, 국어학회.

소강춘(1999), 연변 지역어의 음운론적 연구-두만강 유역어와 무주촌 지역어의 움라우트를 중심으로-, 『언어학』 7-2, 대한언어학회.

소신애(2002), 연변 훈춘지역 조선어의 진행중인 음변화 연구-구개음화 현상을 중심으로-, 『한국어연구』 39, 서강대 한국어연구회.

소신애(2003), 음변화의 진행 과정-연변 훈춘지역 조선어의 구개음화를 중심으로-, 『언어』 28-3, 한국언어학회.

소신애(2004), 어간 재구조화의 진행 과정(1)-훈춘지역 세대별 화자들의 활용 어간의 차이를 중심으로-, 『어문연구』 32-4, 한국어문교육연구회.

소신애(2005), 어간 재구조화의 진행 과정(2)-훈춘 지역 세대별 화자들의 활용 어간의 차이를 중심으로-, 『국어학』 45, 국어학회.

소신애(2006), 공시적 음운 변이와 통시적 음운 변화의 상관성-함북 육진 방언을 중심으로-, 서강대 박사학위논문.

소신애(2007ㄱ), 어기 및 접사 변화와 파생어의 재형성-사·피동 파생어를 중심으로-, 『국어학』 50, 국어학회.

소신애(2007ㄴ), 언어 변화 기제로서의 과도 교정, 『어문연구』 35-1, 한국어문교육연구회.

소신애(2008), 중세 국어 음절말 유음의 음가와 그 변화, 『국어학』 53, 국어학회.

소신애(2009), 음성적 요인에 기반한 통시적 음운 변화의 발생 층위, 『어문연구』 37-3, 한국어문교육연구회.

소신애(2010ㄱ), 파찰음 앞 /ㄴ/ 삽입에 관하여, 『국어국문학』 154, 국어국문학회.

소신애(2010ㄴ), 중자음에 의한 위치 동화에 대하여-함북 방언의 /ㅇ/→/ㄴ/ 현상을 중심으로-, 『어문연구』 38-4, 한국어문교육연구회.

소신애(2011), 국어의 'p/k 교체'에 대하여, 『국어국문학』 158, 국어국문학회.

소신애(2012), 점진적 음변화로서의 ㅅ>ㅿ-방언 반사형에 대한 해석을 중심으로-, 『국어국문학』 162, 국어국문학회.

소신애(2013), 개음절 뒤의 ㄴ 삽입 현상에 대하여, 『어문연구』 41-1, 한국어문교육연구회.

손명기(2008), 대전지역어의 음운현상에 대한 사회언어학적 연구, 대전대 박사학위논문.

손민정(2011), 삼분지 폐쇄음 발달 양상-13~20개월령 한국어 습득 유아에 관한 사례 연구-, 『언어』 36-3, 한국언어학회.

손상락(1987), 반치음 'ㅿ'고, 동국대 석사학위논문.

손용주(1987), 중세국어 성조이론의 검토와 이를 위한 전제관견, 『대구어문론총』 5, 대구어문학회.

손일권(1999), 한국어 음운현상에 있어 제약들의 위계, 『언어과학연구』 16, 언어과학회.

손일권(2004), 도약률(Sprung Rhythm)의 음운론적 분석, 『음성·음운·형태론 연구』 10-2, 한국음운론학회.

손창용(2005), 중세영어의 음량변화, 『영어학의 최근 논점(1)-음운론-』, 한국문화사.

손형숙(1994), 외래어의 음가 인식과 음운론적 구조 보존, 『언어연구』 11, 언어과학회.

손형숙(1996), 미명세이론과 설정음의 음운적 표시, 『언어연구』 13, 언어과학회.

손형숙(1997), 미명세이론의 음운론적 의미, 『언어』 22-1, 한국언어학회.

송경희(1981), 음운기술의 체계와 그 비판, 제주대 석사학위논문.

송광희(1983), 음운변화의 요인과 양상에 관한 연구-영어와 한국어 중심으로-, 동아대 석사학위논문.

송기중(1977), 두 편의 몽고어 연구서-「몽문만주실록상」(최학근)과 「몽한산서연구 I」(김형수)-, 『국어학』 5, 국어학회.

송기중(1991), 이론적 측면에서 본 15세기 국어의 /ㆍ/음, 모음체계, 모음조화, 『국어학』 21, 국어학회.

송기창(1995), 전북부안지역어의 음운론적 연구, 우석대 석사학위논문.

송 민(1984), 국어학과 일본어학 술어의 대비, 『국어학』 13, 국어학회.

송 민(1986), 『전기근대국어 음운론 연구』, 탑출판사.

송 민(1992), 근대어의 음운론적 인식, 『동양학』 22, 단국대 동양학연구소.

송 민(1995), 국어사의 시대구분-음운사 방면-, 『국어학』 25, 국어학회.

송철의(1977), 파생어형성과 음운현상, 『국어연구』 38, 서울대 국어연구회.

송철의(1982), 국어의 음절문제와 자음의 분포제약에 대하여, 『관악어문연구』 7, 서울대 국문과.

송철의(1983), 파생어 형성과 통시성의 문제, 『국어학』 12, 국어학회.

송철의(1987), 십오세기 국어의 표기법에 대한 음운론적 고찰-훈민정음 창제 초기문헌을 중심으로-, 『국어학』 16, 국어학회.

송철의(1991), 국어 음운론에 있어서 체언과 용언, 『국어학의 새로운 인식과 전개』, 민음사.

송철의(1993ㄱ), 준말에 대한 형태음운론적 고찰, 『동양학』 23, 단국대 동양학연구소.

송철의(1993ㄴ), 언어 변화와 언어의 화석, 『국어사 자료와 국어학의 연구』, 문학과지성사.

송철의(1995), 곡용과 활용의 불규칙에 대하여, 『진단학보』 80, 진단학회.

송철의(1996), 국어의 음운현상과 변별적 자질, 『이기문교수 정년퇴임 기념논문집』, 신구문화사.

송철의(2000), 형태론과 음운론, 『국어학』 35, 국어학회.

송철의(2008), 주시경의 '본음'에 대하여, 『이숭녕 현대국어학의 창시자』, 태학사.

송하균(1991), 고흥지역어의 이중모음연구, 서강대 석사학위논문.

송하진(1983), 삼국사기 지리지의 지명어 연구-음운 및 차자표기상의 특색 구명-, 전남대 석사학위논문.

송향근(1993), 몽골제어 모음조화에 대한 일고찰, 『우리어문연구』 6ㆍ7, 우리어문학회.

송향근(1999), 한국어와 중국내 알타이계 언어의 모음 체계 비교 연구, 『이중언어학』 16, 이중언어학회.

송헌석(1909), 『初等自解 日語文典』, 대한황성광학서포.

송헌석(1913), 『增訂改版 中等日文法』, 광동서국.

시정곤(1993), '음운적 단어'의 설정을 위한 시고, 『우리어문연구』 6ㆍ7, 우리어문학회.

신경철(1990), 한국어 교육과 덧음소 문제, 『이중언어학』 6, 이중언어학회.

신규철(1967), 국민학교 국어 교과서의 문법 요소의 분석과 그 지도, 『국어교육』 13, 한국어교육학회.

신기상(1977), 동부경남방언의 hiatus현상 연구-ㅎ, ㄴ, ㅇ의 약화탈락을 중심으로-, 『국어국문학』 76, 국어국문학회.

신기상(1987), 동부경남방언의 음운 연구, 성균관대학교 박사학위논문.

신기상(1990), 동부경남방언 용언어미의 고저장단, 『국어학』 20, 국어학회.

신기상(1993), 동부경남방언 피동사ㆍ사동사의 고저장단, 『국어학』 23, 국어학회.

신기상(2004), 동부경남방언 한자음 연구, 『국어학』 44, 국어학회.

신명균(1927ㄱ), 한자음문제에 대하야, 『한글』 1-2, 동인지.

신명균(1927ㄴ), 한자음에 대하야, 『한글』 1-5, 동인지.

신명균(1927ㄷ), 된시옷이란 무엇이냐, 『한글』 1-6~7, 동인지.

신명균(1928ㄱ), 문자 중의 패왕 한글, 『별건곤』 3-2, 개벽사.

신명균(1928ㄴ), 조선말 마침법, 『한글』 2-2, 동인지.

신명균(1929), 한글정리를 반대하는 곡해자에게, 『중외일보』 9/5~9/23, 중외일보사.

신명균(1932), 한글 철자법의 이론과 실제-맞침법의 합리화-, 『한글』 3, 한글학회.

신명균(1933ㄱ), 『조선어문법』, 삼문사서점.

신명균(1933ㄴ), 박승빈씨의 소위 경음이란-역사상 성음상 아무 근거가 없다-, 『한글』 8, 한글학회.

신명균(1934), 한자음, 『한글』 15, 한글학회.

신문자(1980), 경계와 음운규칙, 이화여대 석사학위논문.

신미경(2000), 음운과정과 필수굴곡원리의 역할, 숙명여대 석사학위논문.

신상진(1977), 형태음소의 변화양상에 대한 연구, 명지대 석사학위논문.

신성철(2005), 음절말 'ㅅ'과 'ㄷ'의 표기 변화에 대한 연구-16·17세기 국어를 중심으로-, 국민대 박사학위논문.

신수송·오례옥(1977), 생성음운론에 의한 현대독일어 Umlaut 연구, 『어학연구』 13-1, 서울대 언어교육원.

신승용(1995), 치음의 통시적 변화와 음운론적 해석, 『한국어연구』 31, 서강대 한국어 연구회.

신승용(1999), '-으X~-X'계 어미의 기저구조, 『국어학』 34, 국어학회.

신승용(2001), 고대국어의 음절구조, 『어문학』 73, 한국어문학회.

신승용(2002ㄱ), 표시층위 재론, 『어문학』 75, 한국어문학회.

신승용(2002ㄴ), 한국어의 음절구조, 『시학과 언어학』 4, 시학과 언어학회.

신승용(2003), 『음운 변화의 원인과 과정』, 태학사.

신승용(2004), 'ㅓ'(ㅔ) 원순모음화 현상 연구-경북방언을 대상으로-, 『국어학』 44, 국어학회.

신승용(2011), 공시태와 공시적 음운 기술의 대상으로서 진행 중인 변화, 『국어국문학』 157, 국어국문학회.

신승용(2013ㄱ), 단어 형성의 공시성·통시성과 음운 현상의 공시성·통시성, 『국어학』 67, 국어학회.

신승용(2013ㄴ), 『국어 음운론』, 역락.

신승원(1982), 의성지역어의 음운론적 연구, 영남대 석사학위논문.

신승원(2000), 『의성지역어의 음운론적 분화 연구』, 홍익출판사.

신연희(1991), 19세기 전기 국어의 표기법과 음운 변동에 관한 연구, 건국대 석사학위논문.

신용권(2003), ≪고금운회거요≫의 입성운과 관련된 몇 가지 문제에 대하여, 『언어학』 37, 한국언어학회.

신용권(2012), ≪번역노걸대,박통사≫의 한어음 표기와 관련된 몇 가지 문제에 대하여, 『언어학』 62, 한국언어학회.

신용태(1982), 한국어·일본어·중국어 상고음의 비교연구, 『어문연구』 10-3, 한국어문교육연구회.

신우봉(2010), 순행동시조음에 의한 원순화 현상 연구, 고려대 석사학위논문.

신우봉·신지영(2012), 제주 방언 단모음에 대한 음향 음성학적 연구, 『한국어학』 56, 한국어학회.

신익성(1968ㄱ), 격에 관하여, 『한글』 141, 한글학회.

신익성(1968ㄴ), "-이다"에 관하여, 『한글』 142, 한글학회.

신익성(1969), 'Glossematics'의 네 층에 관한 해설, 『한글』 144, 한글학회.

신정희(2007), 음운현상을 통해 본 자질의 타당성과 설정성 미명세에 대한 연구, 강릉대 석사학위논문.

신중진(2006), '고드름'의 방언 분화와 어원, 『국어학』 48, 국어학회.

신중진(2010), 문헌과 방언을 통해 본 '부스럼 [furuncle] '의 형태사, 『국어학』 57, 국어학회.

신지영(1998), 한국어 /ㄷ, ㄸ, ㅌ, ㅈ, ㅉ, ㅊ/의 조음적 특성에 관한 연구, 『국어학』 31, 국어학회.

신지영(1999), 한국어의 운율 단위와 경음화 현상, 『한국어학』 10, 한국어학회.

신지영(2000ㄱ), 『말소리의 이해-음성학·음운론 연구의 기초를 위하여-』, 한국문화사.

신지영(2000ㄴ), 국어 평음의 음성적 실현에 대한 음운론적 해석-평폐쇄음을 중심으로-, 『한글』 250, 한글학회.

신지영(2001), 한국어 무성모음화 현상의 실현 환경과 그 양상-낭독체 발화를 중심으로-, 『한국어학』 14, 한국어학회.

신지영·차재은(2003), 『우리말 소리의 체계-국어 음운론 연구의 기초를 위하여-』, 한국문화사.

신창순(1966), 15세기 국어의 보충법의 존대말, 『한글』 137, 한글학회.

신해영(1897), 한문자와 국문자의 손익여하, 『대조선독립협회회보』 15·16, 독립협회.

신호철(2003), 한국어 유음의 발음 교육에 대한 연구-중국어 모어 화자를 중심으로-, 『국어교육학연구』 16, 국어교육학회.

신홍예(1998), 중국 심약 지역의 평안북도 방언에 대한 음운론적 연구, 동덕여대 석사학위논문.

심민희(2012), 최적성 이론에 의한 중국인 학습자의 연음 오류 분석, 『어문학』 115, 한국어문학회.

심병기(1985), 임실지역어의 음운론적 연구, 전북대 석사학위논문.

심소희(1996), '한글음성문자(The Korean Phonetic Alphabet)'의 재고찰, 『말소리』 31·32, 대한음성학회.

심소희(1999), 한글-중국어 병음 체계의 연구, 『한글』 245, 한글학회.

심의린(1935), 독본낭독법에 대하야, 『한글』 29, 한글학회.

심의린(1936), 『중등학교 조선어문법』, 조선어연구회.

심의린(1949ㄱ), 『개편 국어문법』, 세기과학사.

심의린(1949ㄴ), 『국어교육의 기본인 음성언어의 교육』, 해동문화사.

안대현(2000), 15세기 국어의 홀소리체계에 대한 연구, 연세대 석사학위논문.

안명철(1990), 국어의 융합 현상, 『국어국문학』 103, 국어국문학회.

안병섭(2001), 현대 국어 활음의 음운론적 기능에 대한 연구-음절 구조와 제약을 중심으로-, 고려대 석사학위논문.

안병섭(2010), 『한국어 운율과 음운론』, 월인.

안병희(1959), 십오세기국어의 활용어간에 대한 형태론적 연구, 『국어연구』 7, 서울대 국어연구회.

안병희(1960), 여요 이제, 『한글』 127, 한글학회.

안병희(1961), 주체겸양법의 접미사 「-습-」에 대하여, 『진단학보』 22, 진단학회.

안병희(1986), 훈민정음해례본의 복원에 대하여, 『국어학신연구Ⅲ』, 탑출판사.

안병희(2003), 해례본의 팔종성에 대하여, 『국어학』 41, 국어학회.

안상철(1990), 새로운 자질이론의 정립을 위하여, 『언어연구』 9, 경희대 언어정보연구소.

안상철(1991), 모음표기와 미표시이론, 『동방학지』 71·72, 연세대 국학연구원.

안상철(1993), 음운현상에 있어서의 유표성, 『말』 18, 연세대 한국어학당.

안상철(1995), 음절 음운론, 『언어연구』 13, 경희대 언어정보연구소.

안상철·조성문(2003), 하향적 이중모음에 대한 통시적 고찰, 『언어』 28-4, 한국언어학회.

안수영(1977), 고대영어에서의 모음의 강화, 『영어영문학21』 12, 21세기 영어영문학회.

안수웅(1990), 영어 자음군 축소, 『언어』 15, 한국언어학회.

안우구(1985), 중세영어-Chaucer의 발음, 문법 및 운송에 관한 소개-, 『언어와 언어학』 11, 한국외대 언어연구소.

안주호(2002), ≪진언권공·삼단시식문 언해≫의 진언표기방식 연구, 『국어학』 40, 국어학회.

안주호(2003), 상원사본 <오대진언>의 표기법 연구,『언어학』 11-1, 대한언어학회.

안주호(2011), 한국어 문법용어의 영어 대역어에 대한 계량적 연구,『새국어교육』 89, 한국국어교육학회.

안지원(1994), 조음음성학적 변별자질 체계 분석, 명지대 박사학위논문.

안현기(2009), 한국인의 힌디어 폐쇄음 인식,『말소리와 음성과학』 1-3, 한국음성학회.

안현기 외(2000), 저해음의 비음화-음운론 및 음성학적 접근-,『언어학』 8-1, 대한언어학회.

안　확(1915), 조선어의 가치,『학지광』 3, 조선유학생학우회.

안　확(1922), 조선어원론,『조선문학사』, 한일서점.

안　확(1923),『수정 조선문법』, 회동서관.

안　확(1927), 병서불가론,『동광』 11, 수양동우회.

안　확(1928), 범어와 조선어와의 관계,『불교』 52~54, 불교사.

양동휘(1967),『영어음성학』, 범한서적주식회사.

양동휘(1975),『음향음성학』, 범한서적주식회사.

양병곤(1993), 한국어 이중모음의 음향학적 연구,『말소리』 25·26, 대한음성학회.

양병곤(1995), 합성한 한국어 단모음의 지각실험 연구,『언어』 20-3, 한국언어학회.

양순임(1995), 자리닮음과 자리바탕-입천장소리되기와 /ㅣ/ 치닮기를 중심으로-,『우리말연구』 5, 우리말학회.

양순임(1996), 현대국어의 사잇소리 덧나기와 된소리되기,『우리말연구』 6, 우리말학회.

양순임(1997), 설단성에 대한 음성·음운론적 고찰,『국어국문학』 34, 문창어문학회.

양순임(1998), 유기음의 'ㄱ'와 /ㅎ/에 대한 비교 고찰,『우리말연구』 8, 우리말학회.

양순임(2001ㄱ), 유기음과 성문 열림도,『우리말연구』 11, 우리말학회.

양순임(2001ㄴ), 음절말 자음 중화의 원인,『말소리』 41, 대한음성학회.

양순임(2002), 음절 말 자음의 음성 자질,『한글』 258, 한글학회.

양순임(2004), 한국어 음절 초성의 발음 교육 방안,『국어교육』 113, 한국어교육학회.

양순임(2005), 한국어 음절 종성의 발음 교육,『국어교육』 117, 한국어교육학회.

양순임(2007), 연음규칙 적용에 따른 오류 분석-중국인 학습자의 중간언어를 대상으로-,『한국어 교육』 18-3, 국제한국어교육학회.

양순임(2010), 한국어 발음 교육에서의 길이,『우리말연구』 26, 우리말학회.

양순임(2011), 한국어 중첩 비음의 길이에 대한 고찰,『한국어학』 51, 한국어학회.

양원석(1981), 한·일양국어의 성조 비교연구-특히 서부경남방언의 성조와 관련하여-,『일어일문학연구』 2, 한국일어일문학회.

양원석(1985), 일본어의 모음에 대하여,『일본어교육』 1, 한국일본어교육학회.

양원석(1993), 현행 고등학교 일본어교과서의 발음지도에 대한 문제점 분석,『일본어교육』 9, 한국일본어교육학회.

양주동(1939ㄱ), 어학적 약간의 통속문제-어학계에의 고언을 겸하야,『조광』 5-5, 조선일보사.

양주동(1939ㄴ), 향가주석산고-상대어법에 관한 약간의 기본적 견해-,『진단학보』 10, 진단학회.

양주동·유목상(1968),『새문법』, 대동문화사.

양하석(1990), 조선말 자음체계의 음향학적 특성,『조선어문』 78, 과학백과사전출판사.

양호연(1978), 한국감각어고,『朝鮮學報』 86, 朝鮮學會.

엄익상(2007), 중국어 음성학·음운론 관련 한국어 용어의 문제,『중국문학』 52, 한국중국어문학회.

엄태수(1988), 국어 표면음성제약의 상위원리,『서강어문』 6, 서강어문학회.

엄태수(1989), 현대국어의 자음동화와 음절구조에 대한 연구, 단국대 석사학위논문.

엄태수(1993), 비자동교체형의 선택원리, 『서강어문』 8, 서강어문학회.

엄태수(1994), 국어 기저형과 음운규칙에 대한 연구, 서강대 박사학위논문.

엄태수(1995), 복합어의 음운현상과 최적이론, 『어문연구』 23-4, 한국어문교육연구회.

엄태수(1996ㄱ), 현대국어의 이중모음화 현상에 대하여, 『언어』 21-1, 한국언어학회.

엄태수(1996ㄴ), 최적 이론(Optimality Theory)에 의한 현대국어 음운현상의 설명, 『음성·음운·형태론 연구』 2, 한국음운론학회.

엄태수(1999ㄱ), 유기음화 현상의 연구, 『국제어문』 20, 국제어문학회.

엄태수(1999ㄴ), 『한국어의 음운규칙 연구』, 국학자료원.

엄태수(2012ㄱ), 소위 복수기저형에 대한 재론, 『한국어학』 56, 한국어학회.

엄태수(2012ㄴ), 국어 음운부의 조직과 음운규칙의 분류, 『우리어문연구』 44, 우리어문학회.

여은지(2006), 병자일기의 표기와 음운 변화 연구, 전북대 석사학위논문.

오관영(1998), 영어 삼음절 이완 현상의 조화이론적 분석, 『음성·음운·형태론 연구』 4, 한국음운론학회.

오관영(2002), 음절후부에 대한 재분석, 『음성·음운·형태론 연구』 8-2, 한국음운론학회.

오광근(2005), 15·6세기 원순모음화와 비원순모음화 현상에 대한 연구, 성균관대 박사학위논문.

오대환(1999), 한국어 발음 교수를 위한 개괄, 『말』 23-2, 연세대 한국어학당.

오미라(1983), 음운규칙과 음절구조의 관계연구, 이화여대 석사학위논문.

오새내(2006), 현대 국어의 형태음운론적 변이 현상에 대한 사회언어학적 연구, 고려대 박사학위논문.

오선화(2010), 함북 부령지역어의 통시음운론, 서울대 박사학위논문.

오예슬(2013), /j/에 의한 모음의 동화 현상 연구, 인하대 석사학위논문.

오옥매(2008), 초창기 한국어 문법 용어에 대한 연구-1897~1937년 문법서를 중심으로-, 서울대 박사학위논문.

오원교(1979), 언어음의 표기, 『어문학』 38, 한국어문학회.

오원교(1999), ㄱㄷㅂ은 KTP가 아니다 KTP는 ㅋㅌㅍ가 아니다-언어음의 관여자질-, 『언어과학연구』 17, 언어과학회.

오은진(2012), 영어의 유무성 폐쇄음 앞 모음 길이 차이에 대한 몇 가지 문제들, 『말소리와 음성과학』 4-3, 한국음성학회.

오재혁·신지영(2007), 체언 말 자음의 교체 현상과 동음 충돌, 『한국어학』 34, 한국어학회.

오정란(1987), 어두자음군의 체계와 안정화 규칙, 『국어국문학』 97, 국어국문학회.

오정란(1990), 구개음화의 음운론적 위상, 『국어국문학』 103, 국어국문학회.

오정란(1991), 모음강화 현상으로서의 원순·전설모음화, 『국어학』 21, 국어학회.

오정란(1993ㄱ), 국어 'ㄹ' 음의 양음절성과 겹자음화, 『언어』 18-1, 한국언어학회.

오정란(1993ㄴ), 국어 음운현상에서의 지배관계, 『음성·음운·형태론 연구』 1, 한국음운론학회.

오정란(1995ㄱ), 비음화와 비음동화, 『국어학』 25, 국어학회.

오정란(1995ㄴ), 국어 'ㄹ'음의 특성과 결합적 제약, 『한국어학』 2, 한국어학회.

오정란(1996), 국어 격조사의 상보적 분포와 최적성 이론, 『국어학』 28, 국어학회.

오정란(1997), 국어 후두음화의 실체에 대하여, 『한국어학』 6, 한국어학회.

오정란(1999), 중세국어 설음과 치음의 불투명성에 대하여, 『국어학』 33, 국어학회.

오정란(2004), 훈민정음 재출자와 상합자의 거리와 재음절화, 『한국어학』 22, 한국어학회.

오종갑(1975), 신자전의 한자음 연구-특히 운모의 대응을 중심으로-, 『영남어문학』 2, 영남어문학회.

오종갑(1978ㄱ), 음운규칙의 통합과 모음조화의 파괴, 『어문학』 37, 한국어문학회.

오종갑(1978ㄴ), 16세기 국어의 Hiatus 회피현상-번역박통사·노걸대를 중심으로-,『영남어문학』5, 영남어문학회.

오종갑(1979ㄱ), 'ㅎ'의 음운사적 고찰,『한국언어문학』17·18, 한국언어문학회.

오종갑(1979ㄴ), 'ㅇ, ㅿ'의 음운사적 고찰,『영남어문학』6, 영남어문학회.

오종갑(1981), 국어 유성저해음의 변천-/b, d, z, g/를 중심으로-, 영남대 박사학위논문.

오종갑(1982),「칠대만법」에 나타난 경상도방언적 요소,『긍포 조규설교수 화갑기념 국어학논총』, 형설출판사.

오종갑(1983), ㅑ, ㅕ, ㅛ, ㅠ의 변천,『한국학논집』10, 계명대 한국학연구원.

오종갑(1984), 모음조화의 재검토-어간과 접미사의 조화를 중심으로-,『목천 유창균박사 환갑기념 논문집』, 계명대 출판부.

오종갑(1986ㄱ), 이중표기와 그 음가,『어문학』47, 한국어문학회.

오종갑(1986ㄴ), 폐음화와 그에 따른 음운현상-18세기 후기 국어를 중심으로-,『영남어문학』13, 영남어문학회.

오종갑(1987), 국어의 원순모음화 현상,『영남어문학』14, 영남어문학회.

오종갑(1988),『국어 음운의 통시적 연구』, 계명대 출판부.

오종갑(1996), 국어 어두 합용병서 표기의 변천,『국어국문학』117, 국어국문학회.

오종갑(1999), 'ㅣ'역행동화와 영남방언,『국어국문학』125, 국어국문학회.

오종갑(2000ㄱ), 영남 하위방언의 자음 음운현상 대조-포항, 상주, 산청, 양산 지역어를 중심으로-,『어문학』70, 한국어문학회.

오종갑(2000ㄴ), 양산 지역어의 자음 음운현상,『한민족어문학』36, 한민족어문학회.

오종갑(2003), 동해안 어촌 지역어의 음운론적 비교-영덕, 울진, 삼척, 강릉 어촌 지역어를 중심으로-,『어문학』82, 한국어문학회.

오종갑(2007), 부사형어미 '아X'의 음운론적 변화와 영남방언의 위상,『어문학』95, 한국어문학회.

왕문용(1982), '입성'의 기능에 대한 가설,『국어학』11, 국어학회.

우민섭(1995), 구개음화에 관련된 몇 가지 문제,『어문연구』23-4, 한국어문교육연구회.

우민섭(2000),『중세 국어 음운 연구』, 전주대 출판부.

우상도(1995), 모음축약의 비순환적 분석,『언어연구』11, 한국현대언어학회.

우정하(1981), 중국발음학 연구,『어문연구』9-1, 한국어문교육연구회.

원경식(1977), 음성학,『현대언어학』, 한신문화사.

원경식(1993),『생성음운론-새로운 이론을 중심으로-』, 탑출판사.

원종린(1925),『에쓰페란토獨習』, 문우사.

위 진(2002), 조선시대 한자학습서의 국어 음운 표기 연구, 전남대 박사학위논문.

위 진(2010), 전설모음화의 발생과 적용 조건,『한국언어문학』73, 한국언어문학회.

유구상(1971), 병천 지방말의 음운론적 고찰,『한글』147, 한글학회.

유구상(1974), 남해도 방언 연구-동사류 접미사에 대하여-,『한글』154, 한글학회.

유구상(1975), 남해도방언의 일반적 고찰,『어문논집』16, 고려대 국어국문학 연구회.

유길준(1904),『조선문전』, 유인본.

유길준(1909),『대한문전』, 융문관.

유라영(2008), 준말의 음운론적 고찰, 부산대 석사학위논문.

유만근(1970), J. R. Firth의 언어 이론 연구-Prosody 음운론에 중점을 두고-,『한글』145, 한글학회.

유만근(1980), 외래어의 국자표기와 그 발음,『어문연구』8-3, 한국어문교육연구회.

유만근(1985), 표준 한국어 정밀표음 로마자 맞춤법 연구,『언어』10-1, 한국언어학회.

유만근(1991), 국어와 영어에서 모음길이의 음성/음운학적 성격과 그 표기방식에 대하여, 『어문연구』 19-1, 한국어문교육연구회.

유만근(1993ㄱ), 표준말 발음과 그 보급문제, 『어문연구』 21-3, 한국어문교육연구회.

유만근(1993ㄴ), 발음중시 국어교육론-표준말 발음교육의 내용과 방법-, 『말』 18, 연세대 한국어학당.

유만근(1995), 우리말 동철이음어 발음고찰(2)-서울말/표준말발음 정밀표기안-, 『대동문화연구』 30, 성균관대 대동문화연구원.

유만근(1996), 우리말 동철이음어 구별표기안-IPA, 로마자, 한글표기를 나란히 견주어-, 『말소리』 31・32, 대한음성학회.

유만근(2001), 한국인의 영어 발음 학습상 문제점 개관, 『말소리』 42, 대한음성학회.

유목상(1970), 접속어에 대한 고찰, 『한글』 146, 한글학회.

유복순(1996), 자질 수형도에 대한 새로운 제안, 『언어연구』 12, 한국현대언어학회.

유복순(1997), 자질 기하 이론연구, 『언어학』 5-1, 대한언어학회.

유소연(2015), 현대국어 사잇소리 현상 연구, 충남대 석사학위논문.

유연숙(1995), CV 음운론 고찰, 『말』 20, 연세대 한국어학당.

유응호(1949), 『기초독일문전』, 동방문화사.

유재원(1985ㄱ), 현대 국어의 모음 충돌 회피 현상에 대하여, 『한글』 189, 한글학회.

유재원(1985ㄴ), 그리스어 음운체계의 변천에 대하여, 『어학연구』 21-1, 서울대 언어교육원.

유재원(1987), 고전 그리스어의 발음에 대하여-"현대 그리스어"식 발음과 "에라스무스"식의 발음 중 어느 것을 선택할 것인가?-, 『한글』 196, 한글학회.

유재원(1987ㄴ), 방송 언어의 음성학적 특성과 변천, 『방송언어 변천사』, 한국방송사업단.

유재원(1988), 현대국어의 악센트 규칙에 대한 연구, 『성곡논총』 19, 성곡학술문화재단.

유재원(1989), 현대 국어의 된소리와 거센소리에 대한 연구, 『한글』 203, 한글학회.

유재원(1997), 한국어 음소 결합 제약에 대한 계량언어학적 연구, 『한글』 238, 한글학회.

유재원(2003), 한국어 음성 인식을 위한 음운 규칙에 대한 연구, 『한글』 260, 한글학회.

유재헌(1947), 『국어 풀이씨 가름-표해식 국어문법-』, 국학사.

유제한(1955), 6.25 사변 이후 한글 학회의 걸어온 길(4), 『한글』 113, 한글학회.

유제한(1956), 6.25 사변 이후 한글 학회의 걸어온 길(7), 『한글』 117, 한글학회.

유창균(1959), 왜어류해 역음고-국어사의 입장에서-, 『어문학』 5, 한국어문학회.

유창균(1960), 고대 지명 표기의 모음 체계-삼국시기 지리지를 중심으로-, 『어문학』 6, 한국어문학회.

유창균(1963), 훈민정음 중성체계 구성의 근거, 『어문학』 10, 한국어문학회.

유창균(1965), 동국정운연구-기이, 구입일운의 성립과 그 배경-, 『진단학보』 28, 진단학회.

유창균(1966), 「象形而字倣古篆」에 대하여, 『진단학보』 29・30, 진단학회.

유창균(1968), 동국정운식 한자음의 기층에 대한 시론, 『진단학보』 31, 진단학회.

유창균(1971), 「東國正韻序」고, 『아세아연구』 41, 고려대 아세아문제연구소.

유창돈(1959ㄱ), "러 변칙" 용언의 검토, 『한글』 124, 한글학회.

유창돈(1959ㄴ), 첨가음고-접사와 대비하며-, 『동방학지』 4, 연세대 국학연구원.

유창돈(1961ㄱ), ㄱ>ㅇ 고구, 『朝鮮學報』 21・22, 朝鮮學會.

유창돈(1961ㄴ), 『국어변천사』, 통문관.

유창돈(1962), 15세기 국어의 음운체계, 『국어학』 1, 국어학회.

유창돈(1963ㄱ), 선행어미 "-가/거-, -아/어-, -나-" 고찰, 『한글』 132, 한글학회.

유창돈(1963ㄴ), [ㄷ] 첨가현상의 연구-사잇소리 현상고-, 『동방학지』 7, 연세대 국학연구원.

유창돈(1964), 『이조 국어사 연구』, 선명문화사.

유창돈(1965ㄱ), 경음사 고구, 『朝鮮學報』 36, 朝鮮學會.

유창돈(1965ㄴ), 이례어 고찰, 『한글』 135, 한글학회.

유창식(1956), 자음중복에 대하여, 『어문학』 1, 한국어문학회.

유춘선(2013), 한·일 양 언어의 발화스타일에 따른 음절구조와 지속시간의 변화에 의한 모음의 무성화, 『일본어교육연구』 27, 한국일어교육학회.

유필재(1994), 발화의 음운론적 분석에 대한 연구-단위 설정을 중심으로-, 『국어연구』 125, 서울대 국어연구회.

유필재(2000), 서울방언 용언 자음어간의 형태음운론, 『국어학』 35, 국어학회.

유필재(2004), '말다(勿)' 동사의 음운론과 형태론, 『국어학』 43, 국어학회.

유필재(2006), 『서울방언의 음운론』, 월인.

유필재(2012), 15세기 후반 국어 율동규칙의 변화-어말평성화의 확대-, 『국어학』 64, 국어학회.

육효창(1990), 중세국어 이중모음의 연구사적 고찰, 동국대 석사학위논문.

육효창(1995ㄱ), 중세국어 /ㅈ/의 음가에 대하여, 『동국어문학』 7, 동국어문학회.

육효창(1995ㄴ), 중세국어 음절말에서의 치음의 음가고, 『동악어문논집』 30, 동악어문학회.

육효창(1997), 치두·정치음의 해석에 대하여, 『동악어문논집』 32, 동악어문학회.

육효창(1998), 중세국어 치음의 음가 재고-전청음 'ㅈ, ㅅ'을 중심으로-, 『국어국문학』 121, 국어국문학회.

윤병택(1983), 선산방언의 제일부사형 어미 음운 연구, 대구대 석사학위논문.

윤병택(1986), 선산 방언의 움라우트 현상, 『대구어문론총』 4, 대구어문학회.

윤병택(1987), 선산방언의 변책 용언에 대한 연구, 『대구어문론총』 5, 대구어문학회.

윤은경(2011), 한국어와 영어 이중모음의 대조분석-활음의 음의 길이를 중심으로-, 『한국어 교육』 22-4, 국제한국어교육학회.

윤일승(1992), 끊김앞에서 보이는 서울말의 억양특징, 『말소리』 21~24, 대한음성학회.

윤종남(1987), 강릉방언의 초분절음소에 대한 고찰, 동국대 석사학위논문.

윤종선(1990), 독어음의 음성학적 고찰(2)-현대독어의 복모음에 관하여-, 『밀소리』 19·20, 대한음성학회.

윤창두(1934), 우리말은 우리글로-이 주장에 공명하는 나의 소감-, 『카톨릭청년』 2-11, 카톨릭청년사.

윤치호(1911), 『영어문법첩경』, 동양서원.

윤치호(1928), 『실용영어문법』, 창문당서점.

윤태헌(1913), 『英文典自通』, 박학서원.

윤혜영(2000), 음운과정의 공모현상에 관한 연구, 숙명여대 석사학위논문.

윤폐영(2001), 홍천 지역어의 음운론적 연구, 서울대 석사학위논문.

이 갑(1932), 철자법의 이론과 ㅎ, ㅆ의 종성문제, 『동아일보』 3/5~3/17, 동아일보사.

이 갑(1933), 철자법의 이론과 실제(하), 『한글』 7, 한글학회.

이 갑(1935), 한글의 세계적 자랑, 『한글』 29, 한글학회.

이강로(1956ㄱ), 훈민 정음 변천의 일단-특히 표기 예를 중심으로 창제에서 중종 전후까지-, 『한글』 119, 한글학회.

이강로(1956ㄴ), ㄹ 음의 본질에 대하여, 『국어국문학』 14, 국어국문학회.

이강로(1961), 국어 형태음운의 변동에 대하여, 『한글』 128, 한글학회.

이강로(1963), 형태어소 "어"의 연구, 『한글』 131, 한글학회.

이강로(1998), 1910년대 인천 지방의 땅이름 연구-덧나기 변동을 중심으로-, 『한글』 239, 한글학회.

이강훈(1982), 국어의 (복합) 명사에서의 경음화 현상, 『언어』 7-2, 한국언어학회.

이강훈(1984), 국어의 (복합) 명사에서의 경음화 현상(Ⅱ), 『언어』 9-1, 한국언어학회.

이경희(1993), 함양지역어의 음운론적 연구, 부산외대 석사학위논문.

이경희(2000ㄱ), 국어의 /ㅅ/는 평음인가 격음인가, 『국어학』 36, 국어학회.

이경희(2000ㄴ), 음절말 자음에 관련된 음소배열제약과 음운현상, 『한국어학』 12, 한국어학회.

이계순(1966), 부수음소(기이)-영어의 강음과 강음형-, 『어학연구』 2-1, 서울대 언어교육원.

이계순(1990), 영·한 음운 및 어휘의 대조분석, 『어학연구』 26-3, 서울대 언어교육원.

이광호(1977), i모음화의 음운론적 해석, 『어문학』 36, 한국어문학회.

이광호(1978), 경남방언의 이중모음에 대하여-진주방언을 중심으로-, 『국어학』 6, 국어학회.

이광호(1991), 중세국어 특이형태소 문제의 해결을 위한 시론, 『국어학』 21, 국어학회.

이규방(1922), 『조선어법』, 이문당.

이규백(1926), 언문의 발음과 기법, 『동광』 6, 수양동우회.

이규영(1913), 『말듬』, 필사본.

이규영(1920), 『현금 조선문전』, 신문관.

이규철(1984), 한국어와 아랍어의 음절 대조 연구, 『한글』 185, 한글학회.

이규철(1987), 아랍어의 음운 변화 연구, 『말소리』 11~14, 대한음성학회.

이극로(1932ㄱ), 말소리는 어디서 어떠케 나는가, 『한글』 1, 한글학회.

이극로(1932ㄴ), 조선말의 홋소리-조선어의 단음-, 『한글』 4, 한글학회.

이극로(1932ㄷ), 훈민정음의 독특한 성음관찰, 『한글』 5, 한글학회.

이극로(1933), 소리들이 만나면 어찌 되나-음의 상호 관계-, 『한글』 9, 한글학회.

이극로(1934), 조선말소리(조선어 성음), 『한글』 15, 한글학회.

이극로(1935), 한글 바루 쓰고 바루 읽는 법, 『조선일보』 10/11~10/17, 조선일보사.

이극로(1936ㄱ), 훈민정음과 용비어천가, 『신동아』 6-4, 동아일보사.

이극로(1936ㄴ), 한글통일운동의 사회적 의의, 『조광』 2-10, 조선일보사.

이극로(1937ㄱ), "·"의 음가에 대하여, 『한글』 48, 한글학회.

이극로(1937ㄴ), 동물계의 언어 현상, 『한글』 51, 한글학회.

이극로(1938), 훈민정음의 "중간ㅅ" 표기법, 『한글』 61, 한글학회.

이극로(1940), 핀란드 말의 음운과 명사의 격, 『한글』 80, 한글학회.

이극로(1941), "·" 음가를 밝힘, 『한글』 83, 한글학회.

이극로(1947), 『실험 도해 조선어 음성학』, 아문각.

이근규(1979), 중세국어의 비원진모음화에 대하여, 『한국언어문학』 17·18, 한국언어문학회.

이근규(1981), 15세기 국어의 모음 조화와 울림도 동화, 『한글』 171, 한글학회.

이근규(1983), 국어의 모음조화의 고찰에 대한 반성, 『어문연구』 12, 어문연구학회.

이근규(1985), 정음 초기 문헌의 음운사적 위치, 『선오당 김형기 선생 팔질기념 국어학논총』, 창학사.

이근규(1986), 『중세 국어 모음조화의 연구』, 창학사.

이근수(1985), 모음조화와 모음체계, 『어문논집』 24, 고려대 국어국문학 연구회.

이근열(1994), 경남 방언의 음운 현상과 음절 틀 맞추기, 『한글』 225, 한글학회.

이근열(1995), 경남 방언의 움라우트 현상 연구,『우리말연구』5, 우리말학회.

이근열(1996), 경남 방언의 음절 구조 제약,『우리말연구』6, 우리말학회.

이근열(1997ㄱ),『경남 방언의 음운론』, 세종출판사.

이근열(1997ㄴ), 기장 해안 지역의 음운 분화 연구,『우리말연구』7, 우리말학회.

이근열(2005), 경남 방언의 홀소리 체계 변화,『우리말연구』17, 우리말학회.

이근열(2008), 부산 방언 성조 변천 연구,『방언학』8, 한국방언학회.

이근영(1990), 국어 변동규칙의 통시적 연구, 건국대 박사학위논문.

이근영(1995), 18세기 전기 국어의 변동 규칙,『한글』227, 한글학회.

이근영(1998), 18세기 국어의 변동 규칙,『한말연구』4, 한말연구학회.

이근영(1999), 19세기 국어의 변동 규칙,『한글』246, 한글학회.

이금화(2006), 정주 지역어의 자음소동화에 대하여,『관악어문연구』31, 서울대 국문과.

이금화(2007), 평양지역어의 음운론적 연구, 서울대 박사학위논문.

이기동(1982), 전운옥편에 주기된 정속음에 대하여-전청자의 성모를 중심으로-,『어문논집』23, 고려대 국어국문학 연구회.

이기동(1986), 임실지역어의 모음교체,『어문논집』26, 고려대 국어국문학 연구회.

이기동(1987), 함경남도 북청방언의 음운론적 연구-자음과 관련된 현상을 중심하여-,『한국언어문학』25, 한국언어문학회.

이기동(1993),『북청방언의 음운론』, 고려대 민족문화연구소.

이기룡(1911),『중등영문전』, 보급서관.

이기문(1955), 어두 자음군의 생성 및 발달에 대하여,『진단학보』17, 진단학회.

이기문 역(1957), 조선어와 알타이어의 어휘 비교,『한글』121, 한글학회.

이기문(1958), 만주어 문법,『한글』123, 한글학회.

이기문(1960), "소학언해"에 대하여,『한글』127, 한글학회.

이기문(1961ㄱ),『국어사개설』, 민중서관.

이기문(1961ㄴ), 십오세기 표기법의 일특징,『국문학』5, 국어국문학회.

이기문(1962ㄱ), 십삼세기 중엽의 국어 자료-향약구급방의 가치-,『동아문화』1, 서울대 동아문화연구소.

이기문(1962ㄴ), 중세국어의 특수 어간 교체에 대하여,『진단학보』23, 진단학회.

이기문(1963ㄱ),『국어표기법의 역사적연구』, 한국연구원.

이기문(1963ㄴ), 십삼세기 중엽의 국어 자료-향약구급방의 가치-,『동아문화』1, 서울대 동아문화연구소.

이기문(1964), <몽어노걸대> 연구,『진단학보』25・26・27, 진단학회.

이기문(1968ㄱ), 중세국어 음운론의 제문제,『진단학보』31, 진단학회.

이기문(1968ㄴ), 계림유사의 재검토-주로 음운사의 관점에서-,『동아문화』8, 서울대 동아문화연구소.

이기문(1968ㄷ), 고구려의 언어와 그 특징,『백산학보』4, 백산학회.

이기문(1971), 모음조화의 이론,『어학연구』7-2, 서울대 언어교육원.

이기문(1972),『국어 음운사 연구』, 서울대 한국문화연구소.

이기문(1973), 십팔세기의 만주어 방언 자료,『진단학보』36, 진단학회.

이기문(1975), 금양잡록의 곡명에 대하여,『동양학』5, 단국대 동양학연구소.

이기문(1977ㄱ), 제주도 방언의 '♀'에 관련된 몇 문제,『이숭녕선생고희기념 국어국문학논총』, 탑출판사.

이기문(1977ㄴ), 한국어와 알타이제어의 어휘 비교에 대한 기초적 연구,『동아문화』14, 서울대 동아문화연구소.

이기문(1979), 중세국어 모음론의 현상과 과제,『동양학』9, 단국대 동양학연구소.

이기문 외(1984),『국어음운론』, 학연사.

이기백(1964), 국어의 Labialization에 대하여,『어문론총』2, 경북어문학회.

이기백(1991),『국어음운론』, 한국방송통신대학.

이기석(1992), 음절구조와 음운원리, 충남대 박사학위논문.

이길록·이철수(1979),『문법』, 삼화출판사.

이길재(2004ㄱ), 전라방언의 중방언권 설정을 위한 인문지리학적 접근-음운론적 측면에서-,『국어문학』39, 국어문학회.

이길재(2004ㄴ), 곡용과 활용의 어간재구조화에 대한 사회언어학적 연구-나주 지역어를 중심으로-,『사회언어학』12-1, 한국사회언어학회.

이남덕(1953), 어린이의 말-주로 그 발음의 발달에 대하여-,『국어국문학』6, 국어국문학회.

이남순(1986), '에게'의 대용형태 '한테, 더러, 보고'의 문법,『진단학보』61, 진단학회.

이남윤(2002), 운봉지역어의 음운연구, 공주대 석사학위논문.

이덕흥(1986), 철자법에서 본 음의 탈락에 대한 소고,『어문연구』14-4, 한국어문교육연구회.

이돈주(1965), 지명어사의 Morpheme alternants에 대하여-전남 지방의 지명을 중심으로-,『한국언어문학』3, 한국언어문학회.

이돈주 역(1966), 한국어 음소론,『한국언어문학』4, 한국언어문학회.

이돈주(1969), 전남방언에 대한 고찰-특히 도서지방의 방언연구를 위하여-,『어문학논집』5, 전남대 국어국문학회.

이돈주(1978), 중국 상고 한자음의 성모 체계,『한글』162, 한글학회.

이돈주(1979), 훈몽자회 한자음에서 발견된 중국음의 영향에 대하여,『국어문학』20, 국어문학회.

이돈주(1980), 한국 한자음의 특징고-훈몽자회 한자음을 중심으로-,『연암 현평효박사 회갑기념논총』, 형설출판사.

이돈주(1989),「번역노걸대·박통사」의 한음 조치에 대하여,『국어학』18, 국어학회.

이돈주(1995),『한자음운학의 이해』, 탑출판사.

이돈주(1997ㄱ),『전운옥편』의 정·속 한자음에 대한 연구,『국어학』30, 국어학회.

이돈주(1997ㄴ), 최 희수 지은 ≪조선 한자음 연구≫ 평설,『한글』237, 한글학회.

이돈주(2000), ≪화동정음 통석운고≫의 정·속음과 ≪전운옥편≫ 한자음의 비교 고찰,『한글』249, 한글학회.

이돈주 역(2001), 중국 상점한어(上占漢語)의 변천과 중고한어음,『구결연구』7, 구결학회.

이돈주(2002), 한국한자음 중 속음에 정음성에 대하여-『전운옥편』의 정·속음 표시를 대상으로-,『한국언어문학』48, 한국언어문학회.

이돈주(2004), 소옹의『황극경세성음창화도』와 송대한자음,『국어학』43, 국어학회.

이동국(2005), 고대영어의 파생어 연구,『영어학의 최근 논점(1)-음운론-』, 한국문화사.

이동림(1980), 언문과 훈민정음 체계-재인식된 가획원리를 중심으로-,『연암 현평효박사 회갑기념논총』, 형설출판사.

이동명(2003), 경남 방언 차용어 성조 연구,『언어』28-3, 한국언어학회.

이동석(1996), 국어 이중모음에 대한 통시적 연구, 고려대 석사학위논문.

이동석(2002), 국어 음운 현상의 소멸과 변화에 대한 연구, 고려대 박사학위논문.

이동석(2013), '음절의 끝소리 규칙'에 대한 비판적 검토,『새국어교육』94, 한국국어교육학회.

이동화(1984ㄱ), 안동지역어의 음운동화와 삭제, 영남대 석사학위논문.

이동화(1984ㄴ), 고령지역어의 모음순행동화,『영남어문학』11, 영남어문학회.

이동화(1987), 어간말음의 음운론적 강도,『영남어문학』14, 영남어문학회.

이동화(1988), 경북방언의 축약현상,『영남어문학』15, 영남어문학회.

이동화(1989), 국어 자립분절음운론의 연구 방향,『어문학』50, 한국어문학회.

이동화(1992), 경북 반촌어의 음운론적 특징-경주군 강동면 양동을 중심으로-,『어문학』53, 한국어문학회.

이등룡(1985), 청산별곡 후렴구-얄리얄리 얄라셩 얄라리 얄라-의 어휘적 의미연구,『대동문화연구』19, 성균관대 대동문화연구소.

이명권·이길록(1968),『문법』, 삼화출판사.

이명규(1997), 경기지명에 관한 음운·형태적 연구,『한양어문연구』15, 한양어문학회.

이명규(2000),『중세 및 근대 국어의 구개음화』, 한국문화사.

이문규(1996), 음운교체와 상징어의 어감 분화,『어문학』57, 한국어문학회.

이문규(1997), 경북 방언 {안+용언}의 성조 현상,『한글』238, 한글학회.

이문규(1998), 국어과 음운교육의 목표와 내용,『어문학』63, 한국어문학회.

이문규(1999), 음소 'ㅎ'과 유기음화,『언어과학연구』16, 언어과학회.

이문규(2002), 대구방언과 안동방언의 성조 비교 연구,『어문학』77, 한국어문학회.

이문규(2004),『국어 교육을 위한 현대 국어 음운론』, 한국문화사.

이문규(2005), 형태·통사적 구성체의 운율론적 결합도 분석,『언어과학연구』34, 언어과학회.

이문규(2011), 국어 방언 성조의 성격과 성조 체계 기술의 기본 단위,『국어학』60, 국어학회.

이미향(2006ㄱ), 발음 교수를 위한 한국어 교재의 음운 연구, 경북대 박사학위논문.

이미향(2006ㄴ), 한국어 발음 교수를 위한 한자어 음운현상 고찰,『어문학』92, 한국어문학회.

이범진(1997), 음절말 자음 탈락에의한 보상장음화 연구,『언어학』5-2, 대한언어학회.

이범진(2008), 음절말 자음탈락에 의한 보상 장모음화 연구,『언어학』16-4, 대한언어학회.

이병건(1974), 음운론에 있어서의 추상성 조건(Ⅰ)-현대 한국어의 모음을 증거로 하여,『어학연구』10-2, 서울대 언어교육원.

이병건(1976ㄱ),『현대 한국어의 생성 음운론』, 일지사.

이병건(1977ㄱ), 음운론의 측면에서 본 한글 맞춤법,『어학연구』13-2, 서울대 언어교육원.

이병건(1977ㄴ), 현대 한국어의 구개음화 규칙,『언어』2-1, 한국언어학회.

이병건(1978), 한국어의 음운 변천-주로 현대 한국어를 중심으로-,『언어학』3, 한국언어학회.

이병건(1979ㄱ), Elsewhere Condition을 고쳐 생각하다,『국어학』8, 국어학회.

이병건(1979ㄴ), 이른바 거꾸로 먹이기 순서,『언어』4-1, 한국언어학회.

이병건(1980), 구개음화 규칙과 그 이론적 함축,『성곡논총』11, 성곡학술문화재단.

이병근(1967ㄱ), 중부방언의 어간형태소 소고-구어상의 규칙성을 위하여-,『문리대학보』13, 서울대.

이병근(1967ㄴ), 국어의 도치현상 소고-Metathesis를 중심하여-,『학술원 논문집』6, 대한민국 학술원.

이병근(1970ㄱ), 19세기 후기 국어의 모음체계,『학술원 논문집』9, 대한민국 학술원.

이병근(1970ㄴ), 경기지역어의 모음체계와 비원순모음화,『동아문화』9, 서울대 동아문화연구소.

이병근(1971), 현대한국방언의 모음체계에 대하여,『어학연구』7-2, 서울대 언어교육원.

이병근(1973), 동해안방언의 이중모음에 대하여,『진단학보』36, 진단학회.

이병근(1975), 음운규칙과 비음운론적 제약,『국어학』3, 국어학회.

이병근(1976ㄱ), 파생어형성과 i역행동화규칙들,『진단학보』42, 진단학회.

이병근(1976ㄴ), 19세기 국어의 모음체계와 모음조화,『국어국문학』72·73, 국어국문학회.

이병근(1976ㄷ), 국어의 기저 음운, 『언어』 1-2, 한국언어학회.

이병근(1977), 자음동화의 제약과 방향, 『국어국문학논총(이숭녕선생고희기념)』, 탑출판사.

이병근(1978), 국어의 장모음화와 보상성, 『국어학』 6, 국어학회.

이병근(1979ㄱ), 주시경의 언어이론과 '늣씨', 『국어학』 8, 국어학회.

이병근(1979ㄴ), 『음운현상에 있어서의 제약』, 탑출판사.

이병근(1980ㄱ), 동시조음 규칙과 자음 체계, 『말소리』 1, 대한음성학회.

이병근(1980ㄴ), 「말의소리」에서 「조선말본」으로, 『연암 현평효박사 회갑기념논총』, 형설출판사.

이병근(1981), 유음탈락의 음운론과 형태론, 『한글』 173 · 174, 한글학회.

이병근(1982), 음운론 연구 30년사, 『국어국문학』 88, 국어국문학회.

이병근(1986), 발화에 있어서의 음장, 『국어학』 15, 국어학회.

이병근(1989), 국어사전과 음운론, 『애산 학보』 7, 애산학회.

이병근(1990), 음장의 사전적 기술, 『진단학보』 70, 진단학회.

이병근(2000), '노을(霞)'의 어휘사, 『관악어문연구』 25, 서울대 국문과.

이병근(2003), '올가미'의 어휘사, 『국어학』 41, 국어학회.

이병근 · 김봉국(2002), 강원도 정선 지역의 언어 연구, 『관악어문연구』 27, 서울대 국문과.

이병근 · 정승철(1989), 경기 · 충청 방언의 방언분화, 『국어국문학』 102, 국어국문학회.

이병근 · 최명옥(1997), 『국어음운론』, 한국방송대 출판부.

이병기(1926), 조선문법강좌, 『조선문단』, 조선문단사.

이병기(1929~1930), 조선문법강화, 『조선강단』 1-1(1929), 2-1/『대중공론』 2-2 · 2-5 · 2-6(1930),
　　　　조선강단사/대중공론사.

이병기(1933~1934), 조선어강화, 『가톨닉청년』 1-1~1-4 · 1-6(1933), 2-1(1934), 가톨닉청년사.

이병선(1965), 용언활용에서의 말음모음의 탈락현상고, 『국어국문학』 28, 국어국문학회.

이병선(1966), 어중에서의 비음발달에 대하여(기일), 『국어국문학』 33, 국어국문학회.

이병선(1967ㄱ), 어중에서의 비음발달에 대하여(기이), 『국어국문학』 34 · 35, 국어국문학회.

이병선(1967ㄴ), 비모음화 현상 고-경상도 방언을 중심으로-, 『국어국문학』 37 · 38, 국어국문학회.

이병선(1971), 경남방언에서의 모음조화현상, 『국어국문학』 54, 국어국문학회.

이병선(1985ㄱ), 고대국어 t의 파찰음화에 대하여, 『국어학』 14, 국어학회.

이병선(1985ㄴ), 고대 입성운미의 t와 r음화-고대국어 개음절 연구의 일환으로-, 『어문논집』 24, 고려대
　　　　국어국문학 연구회.

이병운(1993), 음절의 층위, 『우리말연구』 3, 우리말학회.

이병운(2000), 『중세국어의 음절과 표기법 연구』, 세종출판사.

이병운(2005), 한국 동남방언과 일본 이즈모방언의 의문문 억양에 대한 대조 연구, 『우리말연구』 17, 우리말학회.

이보림 외(1999), 한국어 화자의 영어 어말 폐쇄음 파열의 인지와 발음 연구, 『말소리』 38, 대한음성학회.

이복영(1948), 『羅典語文法』, 대건인쇄소.

이봉원(1995), 한국어 유음의 변이음 연구-조음/음향 특성에 따른 변이음 체계의 설정을 중심으로-, 고려대
　　　　석사학위논문.

이봉원(2002ㄱ), 음운 현상과 빈도 효과, 『한국어학』 15, 한국어학회.

이봉원(2002ㄴ), 현대국어 음성 · 음운 현상에 대한 사용 기반적 연구, 고려대 박사학위논문.

이봉형(2005), 음운론적 유표성, 『영어학의 최근 논점(1)-음운론-』, 한국문화사.

이봉형(2009), 차용어 적응의 확대 음절모형, 『언어연구』 25-2, 한국현대언어학회.

이봉형 외 역(2005), 『영어학의 최근 논점(1)-음운론-』, 한국문화사.

이상규(1984), 울주지역어의 음운, 『어문론총』 18, 경북어문학회.

이상규(1987), 규칙순위와 음소재구, 『어문론총』 21, 경북어문학회.

이상녀(2005), 강원도 영동 방언의 음운에 대한 사회 언어학적 연구, 강원대 박사학위논문.

이상신(1983), 장수지역어의 음운론적 연구, 전북대 석사학위논문.

이상신(1998), VyV 연쇄에 대한 통시론적 연구, 『국어연구』 155, 서울대 국어연구회.

이상신(2002), 반모음 y의 음절 구조적 지위와 음절화에 의한 방언분화, 『관악어문연구』 27, 서울대 국문과.

이상신(2007ㄱ), '아' 말음 처격형에 대한 음운론적 연구-경주지역어를 중심으로-, 『어문연구』 35-2, 한국어 문교육연구회.

이상신(2007ㄴ), 영암지역어의 활음소화 및 관련 음운현상, 『방언학』 6, 한국방언학회.

이상신(2008), 전남 영암지역어의 공시음운론, 서울대 박사학위논문.

이상신(2010), 이중모음 어간의 공시 음운론-반모음과 음운 현상의 적용 제약, 『어문학』 110, 한국어문학회.

이상신(2014), 국어 음운론에서의 기술 문법과 학교 문법, 『국어학』 69, 국어학회.

이상억(1979ㄱ), 국어 음운론에 있어서의 공모성에 대한 재론, 『한글』 165, 한글학회.

이상억(1979ㄴ), 음조배정규칙에 관한 두어 문제, 『국어학』 8, 국어학회.

이상억(1979ㄷ), 성조와 음장, 『어학연구』 15-2, 서울대 언어교육원.

이상억(1984), 언어학 술어의 도입과 정리, 『국어학』 13, 국어학회.

이상억(1987ㄱ), 고대국어 이전의 성조와 유성자음의 출몰, 『국어학』 16, 국어학회.

이상억(1987ㄴ), 현대 음운이론과 국어의 몇 문제, 『언어』 12-2, 한국언어학회.

이상억(1990), 현대국어 음변화 규칙의 기능부담량, 『어학연구』 26-3, 서울대 언어교육원.

이상직(1987), 한국어 액센트에 대한 재검토-운율 음운론을 중심으로-, 『말소리』 11~14, 대한음성학회.

이상직(1993), 한국어 음운론의 음보, 『말소리』 25·26, 대한음성학회.

이상직(2004), 구성원소 이론과 국어의 경음화 현상, 『음성·음운·형태론 연구』 10-3, 한국음운론학회.

이상직(2006), 구성원소 이론과 국어의 자음표시, 『언어학』 46, 한국언어학회.

이상직(2007), 파열음 폐쇄구간과 국어 경음의 기저구조, 『언어연구』 23-2, 한국현대언어학회.

이상직(2009), 모음 [i] 분포의 관점에서 본 경음의 기저구조, 『언어학』 53, 한국언어학회.

이상직·허 용(1998), 지배음운론에서 본 한국어의 음절 구조, 『한글』 240·241, 한글학회.

이상춘(1925), 『조선어문법』, 송남서관.

이상춘(1946), 『국어 문법』, 조선 국어 학회.

이상태(1976), 닿소리의 바뀜에 대하여, 『한글』 158, 한글학회.

이상태(1981), 말소리 지도에 대하여, 『배달말』 5, 배달말학회.

이석린(1965), "-이다"가 "임자씨의 풀이자리 줄기"가 아니다, 『한글』 134, 한글학회.

이석재(1995), 국어 음절말음의 조음간극에 대한 제약과 중화현상, 『언어』 20-4, 한국언어학회.

이석재(1999), 제약 Share Condition-자음의 조음간극과 위치동화 양상의 상관성-, 『어학연구』 35-3, 서울대 언어교육원.

이석재(2003), 폐쇄자음군의 폐쇄구간 축소에 따른 위치성 지각에 대한 재해석, 『말소리』 45, 대한음성학회.

이석재·최유경(2001), 영어차용어의 모음삽입에 대한 통계적 관찰과 그 의의, 『음성·음운·형태론 연구』 7-1, 한 국음운론학회.

이성민(2004), 러시아어 연음화 현상 분석, 『언어연구』 20, 경희대 언어정보연구소.

이성연(1984), 후음 'ㅇ'의 음가와 분포 원리,『한국언어문학』 23, 한국언어문학회.

이세창(2002), 유표성제약의 일반성-*VhV의 대안을 중심으로-,『언어』 27-1, 한국언어학회.

이세창(2004), 음운과정의 불투명성과 어휘부의 최적화-'ㄹ-불규칙용언'의 분석을 중심으로-,『언어』 29-1, 한국언어학회.

이세창(2010), 음운과정의 불투명성에 관한 연구-보상적 장음화에 대한 포괄적 재분석을 중심으로-,『언어』 35-1, 한국언어학회.

이세창(2011), 음운론적 불규칙성과 입력형의 설정에 관한 연구-'ㅅ-불규칙용언'과 'ㅎ-불규칙용언'의 통합적 분석을 중심으로-,『언어』 36-3, 한국언어학회.

이송열(2000),『독립신문』의 국어학적 연구-음운·형태를 중심으로-, 전북대 석사학위논문.

이숙주(2007), 음절과 운율구조의 최적이론적 분석, 계명대 박사학위논문.

이숙향(1984), 한국어 문미억양에 관한연구, 서울대 석사학위논문.

이숙향(1995), 한국어 연구개 연폐쇄음의 약화현상,『언어학』 3, 대한언어학회.

이숙향(1997), 한국어 자음약화현상과 인접모음의 고저성,『말소리』 33·34, 대한음성학회.

이숭녕(1931), 子音の同化作用(生きた朝鮮語の研究),『中等朝鮮語講座』 1, 朝鮮語研究會.

이숭녕(1932), 音の長短(生きた朝鮮語の研究),『中等朝鮮語講座』 6, 朝鮮語研究會.

이숭녕(1935ㄱ), Umlaut 현상을 통하여 본 모음 'ㆍ'의 음가고,『신흥』 8, 신흥사.

이숭녕(1935ㄴ), 어명잡고,『진단학보』 2, 진단학회.

이숭녕(1939ㄱ), 음운전위 현상에 대하여,『한글』 66, 한글학회.

이숭녕(1939ㄴ), 조선어 이화작용에 대하여,『진단학보』 11, 진단학회.

이숭녕(1940ㄱ), 'ㆍ'음고,『진단학보』 12, 진단학회.

이숭녕(1940ㄴ), 시간 어휘에 대하여(일),『한글』 77, 한글학회.

이숭녕(1946), 모음조화 수정론,『한글』 96, 한글학회.

이숭녕(1947ㄱ), 조선어의 Hiatus와 자음발달에 대하여,『진단학보』 15, 진단학회.

이숭녕(1947ㄴ), 훈민정음과 모음론,『한글』 100, 한글학회.

이숭녕(1949ㄱ),『고어의 음운과 문법』, 문화당.

이숭녕(1949ㄴ), 모음조화연구,『진단학보』 16, 진단학회.

이숭녕(1949ㄷ), '애, 에, 외'의 음가 변이론,『한글』 106, 한글학회.

이숭녕(1954ㄱ),『고전문법』, 을유문화사.

이숭녕(1954ㄴ),『국어음운론연구 제일집 'ㆍ'음고』, 을유문화사.

이숭녕(1954ㄷ), 15세기의 모음체계와 이중모음의 Kontraktion적 발달에 대하여,『동방학지』 1, 연세대 국학연구원.

이숭녕(1954ㄹ), 순음고-특히 순경음 'ㅸ'를 중심으로 하여-,『서울대학교 논문집』 1, 서울대.

이숭녕(1954ㅁ), 음성상징론,『문리대학보』 2-2, 서울대.

이숭녕(1954ㅂ),『국어학개설(상)』, 진문사.

이숭녕(1955ㄱ), 이조 초기의 l.r음 표기문제,『용제 백낙준박사 환갑기념 국학논총』, 사상계사.

이숭녕(1955ㄴ), 접미사 ~b(p)~ 계의 연구-상고어의 재구를 위한 형태론적 시고-,『진단학보』 17, 진단학회.

이숭녕(1955ㄷ), Ablaut연구,『한글』 111, 한글학회.

이숭녕(1955ㄹ), 동음생략과 상관속문제,『국어국문학』 13, 국어국문학회.

이숭녕(1956ㄱ),『중등 국어문법』, 을유문화사.

이숭녕(1956ㄴ),『고등 국어문법』, 을유문화사.

이숭녕(1956ㄷ),『새 문법체계의 태도론』, 을유문화사.

이숭녕(1956ㄹ), 악센트론(1~3),『한글』110~112, 한글학회.

이숭녕(1956ㅁ), △음고,『서울대학교 논문집』3, 서울대.

이숭녕(1959ㄱ), '‧‧' 음고재론,『학술원 논문집』1, 대한민국 학술원.

이숭녕(1959ㄴ), 현대 서울말의 accent의 고찰-특히 condition phonétique와 accent의 관계를 주로 하여,
　　　　　　『서울대학교 논문집』9, 서울대.

이숭녕(1959ㄷ), 홍무정운역훈의 연구,『진단학보』20, 진단학회.

이숭녕(1960ㄱ),『고등 국어문법』, 을유문화사.

이숭녕(1960ㄴ), 중기어의 이화작용의 고찰-특히 rVr>rV의 공식의 추출을 중심으로 하여,『학술원 논문집』2,
　　　　　　대한민국 학술원.

이숭녕(1960ㄷ), 15세기의 "어" 음가에 대하여,『한글』126, 한글학회.

이숭녕(1964), 십오세기의 활용에서의 성조의 고찰,『아세아연구』7-2, 고려대 아세아연구소.

이숭녕(1967), 성조체계의 붕괴과정의 고찰-주로 성종시대에서 16세기까지의 문헌의 성조변천을 중심으로 하여,
　　　　　　『진단학보』31, 진단학회.

이숭녕(1970), <황극경세서>의 이조후기 언어연구에의 영향,『진단학보』33, 진단학회.

이숭녕(1971), 17세기국어의 음운사적 고찰,『동양학』1, 단국대 동양학연구소.

이숭녕(1978),《동국신속삼강행실도》의 음운사적 고찰,『학술원 논문집』17, 대한민국 학술원.

이숭녕(1983), 백제어의 연구시고-주로「熊」자 지명과 인명의 경향에 대하여-,『백제연구』14, 충남대 백제연구소

이숭녕(1987), 용언어간의 조어론적 고찰,『진단학보』63, 진단학회.

이승교(1908), 국한문론,『서북학회월보』1, 서북학회.

이승욱(1975), 내향계 격형태소의 분화-대‧조‧처격의 재구에 대한 시고-,『동양학』5, 단국대 동양학연구소

이승욱(1981), 부동사의 허사화-주격접미사 {가}의 발달에 대하여-,『진단학보』51, 진단학회.

이승재(1977), 남부방언의 원순모음화와 모음체계-구례지역어의 'ㆍ>오'를 중심으로-,『관악어문연구』2,
　　　　　　서울대 국문과.

이승재(1980), 구례지역어의 음운체계,『국어연구』45, 서울대 국어연구회.

이승재(1983), 재구와 방언분화-어중 '-ㅅㅣ-'류 단어를 중심으로-,『국어학』12, 국어학회.

이승재(1996), 'ㄱ' 약화‧탈락의 통시적 고찰,『국어학』28, 국어학회.

이승환(1970), 생성 음운론과 방언 차이와 언어 변천,『한글』146, 한글학회.

이승환(1971), 유추(Analogy)의 생성음운론적 해석,『동방학지』12, 연세대 국학연구원.

이승환(1973), 구개음화 현상에 대한 생성 음운 규칙,『한글』152, 한글학회.

이시진(1991ㄱ), 활음화 현상에 대하여-경북 안동‧월성 지역어의 비교-,『영남어문학』19, 영남어문학회.

이시진(1991ㄴ), 모음조화 일고찰,『영남어문학』20, 영남어문학회.

이시진(1995), 계층적 자질이론에 의한 순음화 현상에 대하여,『한민족어문학』27, 한민족어문학회.

이영길(1976), 서부경남 방언 연구-진주 진양을 중심으로-, 동아대 석사학위논문.

이영길(1983),『영어 음운론』, 남영문화사.

이영길(1987), 억양 배형 곡선 모형,『말소리』11~14, 대한음성학회.

이영길(1992), 억양구의 비교 연구-국어와 영어를 중심으로-,『한글』215, 한글학회.

이영철(1948),『중등 국어 문법』, 을유문화사.

이영헌(1974), 영어 음운 변화의 몇가지 양상, 조선대 석사학위논문.

이영환(2013), 국어의 음소구조조건과 음운현상, 『국어연구』 238, 서울대 국어연구회.

이옥희(2014), 후기 근대국어 이중모음 'ㅚ'와 'ㅟ'의 사회적 변이 연구, 부산대 박사학위논문.

이완응(1929), 『중등교재 조선어문전』, 조선어연구회.

이용재(1978), 음운론의 언어계층 문제, 『언어』 3-2, 한국언어학회.

이용재(1995), 유표성 이론과 음질구조, 『우리어문연구』 9, 우리어문학회.

이용재(1998), 영어의 설정성 자음군과 필수굴곡원리, 『음성·음운·형태론 연구』 4, 한국음운론학회.

이용호(1985), 남원지역어의 모음음운현상, 계명대 석사학위논문.

이원식(1992), 개화기 국어음운이론 고찰, 성균관대 석사학위논문.

이원직(1996), 충남 방언 연구-충남 서부 방언의 모음 변화를 중심으로-, 『한국어학』 3, 한국어학회.

이유미(1985), 음절구조의 CV층 연구, 이화여대 석사학위논문.

이윤동(1983), 현대국어 유성음간 무성자음의 강화에 대하여, 『어문학』 43, 한국어문학회.

이윤동(1984), 국어의 유기음화 고찰, 『어문학』 44·45, 한국어문학회.

이윤동(1988), 이조중기설음성모에 관한 연구, 『어문학』 49, 한국어문학회.

이윤동 역(1991), 『자율분절음운론』, 한신문화사.

이윤동(1993), 중기 한국 한자음 운모고-지·심섭에 대하여-, 『어문학』 54, 한국어문학회.

이윤동(1996), 경산지역어의 움라우트 현상, 『어문학』 57, 한국어문학회.

이윤동(2002), <조선관역어> 종성 사음에 대하여, 『어문학』 76, 한국어문학회.

이윤재(1929), 한글 강의, 『신생』 9, 현대사.

이윤재(1932), 변격활용의 예, 『한글』 3, 한글학회.

이윤재(1933ㄱ), 한글 철자법, 『동아일보』 4/1~4/8, 동아일보사.

이윤재(1933ㄴ), 한글 마춤법 통일안 해설, 『조선일보』 11/11~12/30, 조선일보사.

이윤재(1934), 바침, 『한글』 15, 한글학회.

이윤재(1935), 물음과 대답, 『한글』 25, 한글학회.

이윤재(1936), 최현배씨의 '시골말캐기잡책', 『한글』 38, 한글학회.

이윤재(1937), 물음과 대답, 『한글』 42, 한글학회.

이윤희(1994), 현대 한국어 모음조화의 연구, 경기대 석사학위논문.

이은규(2003), <백병 구급 신방>의 표기와 음운 고찰, 『언어과학연구』 27, 언어과학회.

이은영(1983), 불어 모음체계에 대한 통시적 고찰, 『언어연구』 3, 언어과학회.

이은영(1995), 음성학에서의 실험 및 연구방법에 관한 소고, 『언어연구』 12, 언어과학회.

이은정(1968), 『우리문법』, 문천사.

이은정(1969), 교과서를 통해 본 학교 말본 통일 규칙에서의 문젯점, 『한글』 143, 한글학회.

이은정(1975), 중세 국어에서의 병서자의 소리값에 대하여, 『한글』 156, 한글학회.

이은정(1986), 8종성에서의 '-ㅅ'에 대하여, 『한글』 192, 한글학회.

이은정(2005), 『국어학·언어학 용어 사전』, 백산출판사.

이응백(1968), 국어 모음의 음가에 대하여, 『국어교육』 14, 한국어교육학회.

이응백(1986), '사이ㅅ'의 발음, 『미원 우인섭선생 화갑기념논문집』, 집문당.

이응호(1958), 고등학교 문법(1), 『국어교육』 1, 한국어교육학회.

이익섭(1963), 십오세기 국어의 표기법 연구, 『국어연구』 10, 서울대 국어연구회.

이익섭(1967), 복합명사의 액센트 고찰-구와 구형복합어를 구분시켜주는 marker를 찾기 위한 시교로서-, 『학술원 논문집』 6, 대한민국 학술원.

이익섭(1972), 강릉 방언의 형태음소론적 고찰, 『진단학보』 34, 진단학회.

이익섭(1986), 『국어학개설』, 학연사

이익섭(1987), 음절말 표기 'ㅅ'과 'ㄷ'의 사적 고찰, 『성곡논총』 18, 성곡학술문화재단.

이익섭·임홍빈(1983), 『국어문법론』, 학연사.

이인모(1949), 『재미 나고 쉬운 새 조선 말본』, 금룡도서주식회사.

이인모(1954), 음운 변화 원인 고찰의 일단, 『국어국문학』 11, 국어국문학회.

이인모(1968), 『새문법』, 영문사.

이인모(1982), 중세국어 시제 형태소의 발굴과 그 시제체계의 확립-동사의 서실법(indicative mood)의 경우를 중심으로-, 『성곡논총』 13, 성곡학술문화재단.

이장희(2002), 신라시대 한자음 성모체계의 통시적 연구, 경북대 박사학위논문.

이장희(2007), 고구려어 어말모음의 교체 원인, 『어문학』 95, 한국어문학회.

이재숙(1994), 영어 음운변화에 대한 통시적 연구-종속음운론적 접근-, 성균관대 박사학위논문.

이재영(1998), 영어의 모음교체 현상과 초분절음적 구조, 『음성·음운·형태론 연구』 4, 한국음운론학회.

이재영(2005), 영어에서의 음운론적 비대칭, 『영어학의 최근 논점(1)-음운론-』, 한국문화사.

이재오(1972), 경북안동 방언의 음운체계-특히 운소체계를 중심으로-, 고려대 석사학위논문.

이재일(2004), 단양 지역어의 음운론적 연구, 충북대 석사학위논문.

이정민·배영남(1987), 『개정증보판 언어학사전』, 박영사.

이정원(1994), 불어와 한국어의 음성학적 비교 연구-억양을 중심으로-, 『언어학』 16, 한국언어학회.

이정식(1994), 한글자음체계 개선연구, 『언어학』 2, 대한언어학회.

이정일(1999), 청도지역어의 성조 연구, 『동악어문논집』 35, 동악어문학회.

이조헌(1934), 『中語大全』, 한성도서주식회사.

이종대(1966), 중국어문의 특징-형태와 음성을 중심으로-, 『대동문화연구』 2, 성균관대 대동문화연구소.

이종철(1977), 일본 상대문헌에서 동음계로 추정되는 '菊, 宿, 筑'의 표사에 대하여, 『국어학』 5, 국어학회.

이주행(2002), 한국어의 발음 교육 방법-중국인 학습자를 대상으로-, 『이중언어학』 20, 이중언어학회.

이주행(2004), 남한과 북한의 규범 문법 비교 연구, 『국어교육』 113, 한국어교육학회.

이주행(2008), 한국어와 중국 조선어의 규범문법 비교 연구, 『국어교육』 125, 한국어교육학회.

이주호(1969), 국어의 특질과 국어 교육-국어과 교육의 방향을 찾기 위하여-, 『한글』 144, 한글학회.

이준환(2004), 한국한자음 복수음자의 전승 양상과 그 의미(1)-『화동정음통석운고』의 현실음계적 성격을 중심으로-, 『대동문화연구』 48, 성균관대 대동문화연구원.

이준환(2005), 근대 운서에 주기된 복수음자와 현대한자음, 『국어학』 46, 국어학회.

이준환(2008ㄱ), 한자음 유기음화의 탁음청화와의 관련성 재고와 유형별 분류, 『국어학』 53, 국어학회.

이준환(2008ㄴ), 근대국어 한자음의 체계와 변화-성모의 대응 양상을 중심으로-, 성균관대 박사학위논문.

이준환 역(2013), 중고 한어의 음운(2), 『구결연구』 31, 구결학회.

이진숙(2013), 고흥 지역어와 진도 지역어의 음운론적 대비 연구, 전남대 박사학위논문.

이진호(1997), 국어 어간말 자음군과 관련 현상에 대한 통시음운론, 『국어연구』 147, 서울대 국어연구회.

이진호(1998), 국어 유음화에 대한 종합적 고찰, 『국어학』 31, 국어학회.

이진호(1999), 중세국어 한자 학습서의 來母 초성 표기 양상, 『한국문화』 23, 서울대 한국문화연구소.

이진호(2001), 국어 비모음화와 관련된 이론적 문제,『국어학』 37, 국어학회.

이진호(2002), 음운 교체 양상의 변화와 공시론적 기술, 서울대 박사학위논문.

이진호(2003ㄱ), 국어 ㅎ-말음 어간의 음운론,『국어국문학』 132, 국어국문학회.

이진호(2003ㄴ), 음운론적 시각에서 본 중세국어 합성어의 긴밀성,『진단학보』 95, 진단학회.

이진호(2004), '샷(簞)'에 대한 국어사적 고찰,『국어학』 43, 국어학회.

이진호(2005ㄱ),『국이 음운론 강의』, 삼경문화사.

이진호(2005ㄴ), 국어의 음운론적 제약 체계,『어문연구』 33-2, 한국어문교육연구회.

이진호(2006), 음운 규칙의 공시성을 바라보는 시각,『국어학』 47, 국어학회.

이진호(2008ㄱ), '독립(獨立)'류 한자어의 음운론,『한국문화』 44, 서울대 규정각 한국학연구원.

이진호(2008ㄴ),『통시적 음운 변화의 공시적 기술』, 삼경문화사.

이진호(2009ㄱ),『국어 음운 교육 변천사』, 박이정.

이진호(2009ㄴ), '독립'류 한자어의 음운론,

이진호(2010), 국어 최소대립쌍의 설정에 대하여,『어문학』 107, 한국어문학회.

이진호(2011), 국어 반모음화에 따른 운소 변동의 통시적 고찰,『국어학』 60, 국어학회.

이진호(2012ㄱ),『한국어의 표준 발음과 현실 발음』, 아카넷.

이진호(2012ㄴ), 국어 PK-교체에 대한 종합적 고찰,『국어학』 63, 국어학회.

이진호(2013), 국어 평파열음과 비음의 상호 대응에 대한 통시적 고찰,『진단학보』 117, 진단학회.

이진호(2014ㄱ), 형태소 교체의 불규칙성에 대하여,『국어학』 69, 국어학회.

이진호(2014ㄴ),『(개정판) 국어 음운론 강의』, 삼경문화사.

이진호(2015ㄱ), '불규칙'의 개념과 용법에 대한 역사적 고찰,『한국학연구』 36-1, 인하대 한국학연구소.

이진호(2015ㄴ), 형태소의 교체 조건,『형태론』 17-1, 형태론 편집위원회.

이진호(2015ㄷ), 중세 국어의 성조 축약 양상과 제약,『국어학』 75, 국어학회.

이찬주(2006), 국어 자음동화에서의 제약,『문창어문논집』 43, 문창어문학회.

이창우(1979), 한일양국어의 닿소리 체계의 차이점과 음성교육에 있어서의 문제점,『일어일문학연구』 1, 한국일어일문학회.

이창우(1983), 음절경계에 관하여,『언어연구』 3, 언어과학회.

이철수(1980), 표준말의 발음표시-국어발음사전의 발음표기원칙-,『어문연구』 8-3, 한국어문교육연구회.

이철수 역(1981), 한국어 음소론,『어문연구』 9-1, 한국어문교육연구회.

이철수(1986), 현대국어의 발음경향에 대하여-모음상승경향을 중심으로-,『미원 우인섭선생 화갑기념논문집』, 집문당.

이철수(1994),『한국어 음운학(5판)』, 인하대 출판부.

이철수(1999), 발음교육론 서설,『선청어문』 27, 서울대 국어교육과.

이충익(1992), 음운강도이론과 영어의 동화 작용, 제주대 석사학위논문.

이 탁(1932), ㆆ ㅿ ◇을 다시 쓰자,『한글』 4, 한글학회.

이 탁(1947), 언어상으로 고찰한 선사 시대의 환하 문화의 관계(4),『한글』 100, 한글학회.

이 탁(1949), 언어상으로 고찰한 선사 시대의 환하 문화의 관계(6),『한글』 106, 한글학회.

이 탁(1956), 한국어와 중국어에 공통한 계통적 음운법칙 몇 가지(1),『한글』 117, 한글학회.

이 탁(1959), 언어상으로 고찰한 우리 고대 사회상의 편모,『한글』 124, 한글학회.

이 탁(1961), "·"음가의 새로운 고찰,『동방학지』 5, 연세대 국학연구원.

이 탁(1967), 국어 어원 풀이의 일단,『한글』 140, 한글학회.

이태극(1956), 거리의 한글 표정-우리 「한글」의 사용 실태의 일면-, 『한글』 119, 한글학회.

이태욱(1988), 소학언해에 나타나는 'ㄱ 탈락'에 대하여-15세기 국어와 번역소학과의 비교를 중심으로-, 『반교어문연구』 1, 반교어문학회.

이필수(1922), 『선문통해』, 한성도서주식회사.

이필수(1956), 『국문강의』, 조선정문회.

이하얀(2014), 국어 음운 규칙 변화 연구, 서강대 석사학위논문.

이학근(1977), △음고, 『국어국문학』 13·14, 문창어문학회.

이학문(1986), 영어음의 위계와 영어 동화, 『언어연구』 3, 한국현대언어학회.

이해봉(1995), 영어의 자질 수형도에 관한 연구, 『말소리』 29·30, 대한음성학회.

이해봉(1997), 자질 기하학과 측음화, 『말소리』 33·34, 대한음성학회.

이혁화(1999), 국어 자음의 음운론적 강도에 대하여, 『애산학보』 23, 애산학회.

이혁화(2002ㄱ), 국어 반모음 'ᴜ'의 음성학과 음운론, 『어학연구』 38-1, 서울대 언어교육원.

이혁화(2002ㄴ), 교체에 대하여, 『형태론』 4-1, 형태론 편집위원회.

이혁화(2005), 무주·영동·김천 방언의 음운론적 대비 연구, 서울대 박사학위논문.

이혁화(2012), 국어 음운론의 용어 '반모음, 이중모음, 중성'에 대한 검토, 『한글』 296, 한글학회.

이현규(1965), 전위에 의한 이형태, 『어문학』 13, 한국어문학회.

이현규(1969), 국어의 덧접사(Suprafix)설정시고-간음 'ㅅ'을 대상으로-, 『어문학』 20, 한국어문학회.

이현규(1995), 『국어 형태 변화의 원리』, 영남대 출판부.

이현복(1970), 현대 서울 말의 모음 음가, 『어학연구』 7-1, 서울대 언어교육원.

이현복(1971), 한글 음성 문자 시안, 『기념논문집-한글학회 50돌-』, 한글학회.

이현복(1974ㄱ), 국어의 말토막과 자음의 음가, 『한글』 154, 한글학회.

이현복(1974ㄴ), 서울말의 리듬과 억양, 『어학연구』 10-2, 서울대 언어교육원.

이현복(1979ㄱ), 표준말의 재사정에 따르는 문젯점, 『한글』 163, 한글학회.

이현복(1979ㄴ), 한글 맞춤법 개정 시안의 문제점, 『한글』 165, 한글학회.

이현복(1980), 전기 인공 구개도에 의한 우리말의 음성학적 연구와 언어 장애자 치료, 『한글』 170, 한글학회.

이헌복(1981), 한국인의 모음 청취 판단에 관한 연구, 『한글』 173·174, 한글학회.

이현복(1982), 예스페르센의 생애와 말소리의 연구, 『한글』 178, 한글학회.

이현복(1986), 한국어 음성의 합성과 인식에 관한 음성.언어학적 고찰, 『한글』 194, 한글학회.

이현복(1987), 국어사전에서의 발음표시, 『어학연구』 23-1, 서울대 언어교육원.

이현복(1989), 『한국어의 표준발음-음성학적 이론과 실제-』, 교육과학사.

이현복(1991), 북한의 우리말 음성학 연구 현황, 『한글』 213, 한글학회.

이현복(1992), 한글 음성 문자, 『말소리』 21~24, 대한음성학회.

이현복(1995ㄱ), '음성·음운 및 어휘' 분야에 대하여, 『한글』 230, 한글학회.

이현복(1995ㄴ), 남북한 음성언어의 실험음성학적 연구, 『말소리』 29·30, 대한음성학회.

이현복(1997), 강 진철 외 지은 ≪조선어 실험음성학 연구≫ 고찰, 『한글』 237, 한글학회.

이현복·김기섭 역(1983), 『음운학개설』, 탐구당.

이현정(2008), 산청 지역어의 음운론적 연구, 『국어연구』 205, 서울대 국어연구회.

이현주(2010), 아산 지역어의 활음 w탈락 현상 연구, 서울대 석사학위논문.

이현희(1982), 국어 종결어미의 발달에 대한 관견, 『국어학』 11, 국어학회.

이현희(1987), 중세국어 '둗겁-'의 형태론,『진단학보』63, 진단학회.

이현희(2005), 현대국어의 화석과 그 역사적 해석,『국어학』45, 국어학회.

이혜숙(1968), 구조주의와 변형 생성 이론에 있어서의 음운론,『한글』141, 한글학회.

이혜숙(1970), 변별 자질 [high]에 대한 고찰,『한글』146, 한글학회.

이혜숙(1980), 한국어의 겹받침,『언어』5-2, 한국언어학회.

이혜숙(1985), 경남방언 성조의 자립분절음운론직 연구,『언어』10-2, 한국언어학회.

이호성(1932), 한글 교수에 대하여-자모 중심주의일 것을 제창함-,『한글』1, 한글학회.

이호영(1991), 한국어의 억양 체계,『언어학』13, 한국언어학회.

이호영(1992), 한국어 변이음 규칙과 변이음의 결정 요인들,『말소리』21~24, 대한음성학회.

이호영 외(1993), 동시조음에 의한 변이음들의 음향적 특성,『한글』220, 한글학회.

이호영(1994), 한국어 문장 억양의 선택 과정,『한글』225, 한글학회.

이호영(1996),『국어음성학』, 태학사.

이호영(1998), 북한의 운율 연구,『한글』242, 한글학회.

이홍배(1971), 이행소(performative)와 국어 변형 문법(I),『한글』147, 한글학회.

이효근(1993), 독일어 음운 현상에 있어서 음절,『언어연구』9, 한국현대언어학회.

이효근(1994),『음운 이론과 현상』, 문경출판사.

이희승(1931), 조선어 '때의 조동사'에 대한 관견,『신흥』3-1, 신흥사.

이희승(1932), 일본 국자운동의 일별,『한글』3, 한글학회.

이희승(1933), 'ㅎ' 바침 문제,『한글』8, 한글학회.

이희승(1937ㄱ), 문자 이야기-지난 십이월 십칠일 라이도 방송-,『한글』44, 한글학회.

이희승(1937ㄴ), 사상 표현과 어감,『한글』48, 한글학회.

이희승(1938ㄱ), 한글 마춤법 통일안 강의(5),『한글』56, 한글학회.

이희승(1938ㄴ), 한글 마춤법 통일안 강의(7),『한글』58, 한글학회.

이희승(1938ㄷ), 한글 마춤법 통일안 강의(8),『한글』59, 한글학회.

이희승(1938ㄹ), 한글 마춤법 통일안 강의(9),『한글』60, 한글학회.

이희승(1938ㅁ), 한글 마춤법 통일안 강의(10),『한글』61, 한글학회.

이희승(1938ㅂ), 한글 마춤법 통일안 강의(11),『한글』62, 한글학회.

이희승(1939ㄱ), 한글 마춤법 통일안 강의(12),『한글』63, 한글학회.

이희승(1939ㄴ), 한글 마춤법 통일안 강의(13),『한글』64, 한글학회.

이희승(1939ㄷ), 한글 마춤법 통일안 강의(16),『한글』68, 한글학회.

이희승(1939ㄹ), 한글 마춤법 통일안 강의(18),『한글』70, 한글학회.

이희승(1939ㅁ), 조선 어학의 방법론 서설,『한글』71, 한글학회.

이희승(1940), 한글 마춤법 통일안 강의(20),『한글』76, 한글학회.

이희승(1941), 외래어 이야기,『춘추』2-3, 조선춘추사.

이희승(1946), 문자사상에 있어서 훈민정음의 지위,『한글』94, 한글학회.

이희승(1949),『초급 국어 문법』, 박문출판사.

이희승(1955),『국어학개설』, 민중서관.

이희승(1956),『중등 문법』, 박문출판사.

일치인(1937), 고서의 나타난 셋받침,『한글』47, 한글학회.

임　규(1909), 『日文譯法』, 신문관.

임　규(1912ㄱ), 『日本語學文典編』, 신문관.

임　규(1912ㄴ), 『日本語學音・語編』, 신문관.

임규홍(1997), '쉼'의 언어 기능에 대한 연구, 『한글』 235, 한글학회.

임동석(2004), 『四書集註』 반절음 연구-언해음과의 대비를 중심으로-, 『동방학지』 125, 연세대 국학연구원.

임미숙(1993), 평창 지역어의 음운 연구-모음의 변동을 중심으로-, 『청람어문학』 10, 청람어문학회.

임보선(2006), 어간말 자음군의 변화 요인에 대하여, 『반교어문연구』 21, 반교어문학회.

임석규(1999), 영주 지역어의 음운론적 연구, 『국어연구』 160, 서울대 국어연구회.

임석규(2002), 음운탈락과 관련된 몇 문제, 『국어학』 40, 국어학회.

임석규(2003), 동남방언의 성조소에 대한 검토, 『국어국문학』 135, 국어국문학회.

임석규(2004ㄱ), 동남방언 음운론 연구를 위한 몇 가지 제안, 『국어학』 43, 국어학회.

임석규(2004ㄴ), 음운규칙 간의 위계 검토, 『관악어문연구』 29, 서울대 국문과.

임석규(2007), 경북북부지역어의 음운론적 연구, 서울대 박사학위논문.

임석규(2013), 경음화, 남은 몇 문제, 『국어학』 67, 국어학회.

임성규(1988), 전북 방언의 음조와 강세, 『국어국문학』 100, 국어국문학회.

임성규(1990), 비성조 방언의 월 음조와 강세, 『어문연구』 20, 어문연구학회.

임용기(1986), 우리말 음절 짜임새의 역사적 변천 과정에 대하여, 『동방학지』 50, 연세대 국학연구원.

임용기(1987ㄱ), 우리말 소리갈 연구사-소리내는 틀의 기술을 중심으로-, 『한글』 196, 한글학회.

임용기(1987ㄴ), 「ㄹ」에 관련된 몇가지 문제, 『말』 12, 연세대 한국어학당.

임용기(1991), 외솔의 된소리와 관련 있는 글자들의 소리값 연구, 『동방학지』 71・72, 연세대 국학연구원.

임용기(2010), 초성, 중성, 종성의 자질과 훈민정음, 『국어학』 57, 국어학회.

임현열(2011), 동일 형태소의 자유 변이 현상에 대한 인지음운론적 연구, 중앙대 박사학위논문.

임홍빈(1981), 사이시옷 문제의 해결을 위하여, 『국어학』 10, 국어학회.

임홍빈・한재영(2003), 국어학 용어 분류 체계에 관한 연구, 국립국어연구원.

임　환(1959), 발음표기의 장래, 『국문학』 3, 국어국문학회.

작지 미상(1898), 국문한문론, 『황성신문』 1-20.

작자 미상(1907), 음향의 니야기, 『태극학보』 16, 태극학회.

장기성(2009), 관용적 이항구조의 어순 제약-특히 음성 및 음운론적 층위를 중심으로-, 『언어과학연구』 50, 언어과학회.

장미자(1988), 충북 영춘지역어의 음운론적 연구, 충북대 석사학위논문.

장승기(1981), 음성변화의 메커니즘, 경북대 석사학위논문.

장승익(2012), 전북방언의 핵억양 특징 연구-구술 발화 자료를 대상으로-, 『한국언어문학』 83, 한국언어문학회.

장영길(1985), 15세기 국어의 자음체계 연구-그 음소설정 문제를 중심으로-, 동국대 석사학위논문.

장영길(1994), 『15세기 국어 음운 체계 연구』, 홍문각.

장영길(1996), ≪염불보권문≫의 음운사적 고찰-예천 용문사본을 중심으로-, 『국어학』 28, 국어학회.

장영길(1997), /-ㅓ/의 음성자질 변천에 대한 고찰, 『동악어문논집』 32, 동악어문학회.

장영길(1998ㄱ), 비음화의 통시적 연구-경상방언을 중심으로-, 『어문학』 65, 한국어문학회.

장영길(1998ㄴ), 음운, 『동악어문논집』 33, 동악어문학회.

장영길(1999ㄱ), 국어 /ㅓ/의 음성자질에 대한 통시적 연구, 『동악어문논집』 34, 동악어문학회.

장영길(1999ㄴ), '이응태공 부인의 언간'에 대한 음운사적 고찰,『동악어문논집』35, 동악어문학회.

장영길(2001), 훈민정음 자소체계와 음성자질체계의 조응 관계,『동악어문논집』37, 동악어문학회.

장영해(1983),「산성일기」의 음운사적 고찰-장서각 해서체본을 중심으로-, 상명여대 석사학위논문.

장우혁·정윤자(2009), 몽골어 폐쇄음의 음향음성학적 고찰,『언어와 언어학』45, 한국외대 언어연구소.

장윤희(2002), 현대국어 르-말음 용어의 형태사,『어문연구』30-2, 한국어문교육연구회.

장지영(1930),『조선어철자법강좌』, 활문사.

장지영(1937),『조선어전』, 유인본.

장충덕(2010), 단양방언의 음운론적 고찰,『개신어문연구』32, 개신어문학회.

장태엽(2002), 음성인식을 이용한 음운규칙의 검증에 대한 연구-한국어 이완폐쇄음의 유성음화규칙을 중심으로-,『한국어학』17, 한국어학회.

장태진(1958), 방점의 기능-십오세기 국어운소 설정을 위한 시도-,『어문학』3, 한국어문학회.

장태진(1960), 대구방언의 운소분석,『어문학』6, 한국어문학회.

장태진(1961), 현대국어의 음소설정과 Prosody의 문제- [k, t, p] 를 중심으로-,『국어국문학』24, 국어국문학회.

장태진(1963ㄱ), 방점의 연구-특히 형태론적 과정에서-,『한글』132, 한글학회.

장태진(1963ㄴ), 국어의 음장과 MORA-현대어 음운설정을 위한 연구-,『어문학』9, 한국어문학회.

장태진(1969), 물고기 이름의 어휘 연구-어부 집단을 중심으로-,『한글』143, 한글학회.

장태진(1974), 국어의 사회언어학적 변이에 관한 음운론적 연구-표지자 (Q)를 중심으로-, 조선대 박사학위논문.

장태진(1976), 국어의 ARGOT 형성에 기능하는 음운론적 규칙에 대하여-segmental phoneme를 중심으로-,『한국어문논총(우촌강복수박사 회갑기념논문집)』, 형설출판사.

장태진·임영천(1973), 국어표준어의 변천에 관한 연구-모음의 전부추이를 중심으로-,『한국언어문학』11, 한국언어문학회.

장하일(1947),『중등 새말본』, 교재연구사.

장하일(1949),『표준말본』, 종로서관.

장하일 역(1958), 토이기어 문법(2),『한글』123, 한글학회.

장향실(2002), 중국어 모국어 화자의 한국어 학습시 나타나는 발음상의 오류와 그 교육 방안,『한국어학』15, 한국어학회.

장향실(2003), 중세국어시기 고유어 표기에 쓰인 ㅸ의 음가에 대하여,『어문논집』49, 민족어문학회.

장향실(2008), 외국인 학습자를 위한 한국어 음운 규칙의 제시 순서 연구,『한국어 교육』19-3, 국제한국어교육학회.

장향실(2009), 중국인 학습자의 한국어 음절 오류와 교육 방안,『우리어문연구』34, 우리어문학회.

전광진 역(2003), 중국어 상고음 연구(Ⅰ),『구결연구』11, 구결학회.

전광현(1967), 십칠세기 국어의 연구-특히 표기·음운·형태의 문제점에 대하여-,『국어연구』19, 서울대 국어연구회.

전광현(1976), 남원지역어의 어말-U형 어휘에 대한 통시음운론적 소고-이중모음의 사적 변화와 관련하여-,『국어학』4, 국어학회.

전광현(1979), 경남 함양지역어의 음운론적 고찰,『동양학』9, 단국대 동양학연구소.

전광현(1983), 영동·무주 접촉지역어의 음운론적 고찰,『동양학』13, 단국대 동양학연구소.

전광현(1997), 근대 국어 음운,『국어의 시대별 변천·실태 연구 2-근대 국어-』, 국립국어연구원.

전광현(2000), 충청남도 아산지역어의 음운론적 고찰,『국문학논집』17, 단국대 국문과.

전나영(1993), 외국인을 위한 한국어 발음지도,『말』18, 연세대 한국어학당.

전명선(1981), 노어자음의 음성학적 특성,『말소리』3, 대한음성학회.

전명선(1987ㄱ), 소쉬르의 또 하나의 공헌에 관하여-발트・슬라브의 악센트 연구에서-,『한글』196, 한글학회.

전명선(1987ㄴ), 러시아어의 악센트에 관하여,『말소리』11~14, 대한음성학회.

전몽수(1936), 자모 이름에 대하야,『한글』30, 한글학회.

전몽수(1937), 고어연구(하),『한글』48, 한글학회.

전몽수(1938), 어원고(일),『한글』55, 한글학회.

전몽수(1941ㄱ), 화곡 명고-"훈몽자회의 연구"일절-,『한글』87, 한글학회.

전몽수(1941ㄴ), 색채 어휘고(일)-훈몽자회의 연구의 일절-,『한글』88, 한글학회.

전병철(1996), 금산 지역어의 모음변이에 대한 세대별 비교 연구,『개신어문연구』13, 개신어문학회.

전상범(1975), 규칙재배열과 자유교체,『어학연구』11-2, 서울대 언어교육원.

전상범(1976ㄱ), 현대국어에 있어서의 된소리 현상,『언어』1-1, 한국언어학회.

전상범(1976ㄴ), 변이의 음운론적 해석,『언어와 언어학』4, 한국외대 언어연구소.

전상범(1977ㄱ), 음운론,『현대언어학』, 한신문화사.

전상범(1977ㄴ),『생성음운론』, 탑출판사.

전상범(1980), Lapsus linguae의 음운론적 해석,『언어』5-2, 한국언어학회.

전상범(1985ㄱ),『영어음성학』, 을유문화사.

전상범(1985ㄴ),「類聚名義抄」의 액센트 연구(Ⅰ),『언어』10-2, 한국언어학회.

전상범(1987), Kiparsky의 어휘음운론,『어학연구』23-3, 서울대 언어교육원.

전상범(2004),『음운론』, 서울대 출판부.

전상희(1987), 합천지역어의 음운론적 연구, 영남대 석사학위논문.

전순환(2001), 고대인도어에 반영된 원-인도유럽어의 후두음,『언어학』30, 한국언어학회.

전순환(2003), 모음교체와 원-인도유럽어의 곡용유형,『언어학』35, 한국언어학회.

전 은(1999), 구어영어 음운현상 연구-축소를 중심으로-,『음성・음운・형태론 연구』5-1, 한국음운론학회.

전재호(1963), 국어 문어에 나타난 확립동화(Established assimilation)과 우발동화(Accidental assimilation)-자음동화를
　　　　　 중심으로-,『어문학』10, 한국어문학회.

전재호(1966), 두시언해에 나타난 초・중간의 표기법 비교-제7・8권을 중심으로-,『국어국문학』32, 국어국문학회.

전재호(1989), 자음 체계의 차이에 따른 한미 2중언어 교육,『이중언어학』5, 이중언어학회.

전재호 역(1964), 한국어 문법,『어문론총』2, 경북어문학회.

전철웅(1979), 음소변동에 관한 일고찰-intervoiced k, t, p, s, c의 glottalization 의 일면에서-,『선청어문』10, 서울대
　　　　　 국어교육과.

전학석(1993),『함경도방언의 음조에 대한 연구-회령, 경성, 함주 지방말의 음조를 중심으로-』, 태학사.

전학석(1995), 중국의 현행 문법서에서 다룬 국어 표준어의 악센트는 어디에 기준을 둔 깃인가?,『말소리』29・30,
　　　　　 대한음성학회.

전학석(1996), 육진방언의 음운론적 특성-두만강 이북에 분포되어 있는 육진방언을 대상으로-,『말소리』31・32,
　　　　　 대한음성학회.

정경일(1987), 한국한자음의 속음화에 대한 일고,『어문논집』27, 고려대 국어국문학 연구회.

정경일(1990),「화동정음」의 성격과 초성체계에 대하여,『어문논집』29, 고려대 국어국문학 연구회.

정경일(1991), 훈곡(薰谷)의『화동음원(華東音源)』에 대하여,『민족문화연구』24, 고려대 민족문화연구원.

정경일(1994), 한자음을 통한 국어 음운 연구-박병채의『고대국어의 연구』를 중심으로-,『한국어학』1, 한국어학회.

정경일(2006), 교정전운옥편 속음의 유형별 고찰,『우리어문연구』27, 우리어문학회.

정경재(2015), 한국어 용언 활용 체계의 통시적 변화, 고려대 박사학위논문.

정경해(1953),『국어강의-철자법개정원리-』, 한국대학통신교육출판부.

정경해(1954),『한글 마춤법 개정안』, 한국대학통신교육출판부.

정 광(1995), '번역노박범례'의 ᅡ음·한음·언음에 대하여,『대동문화연구』30, 성균관대 대동문화연구원.

정 광(2004), 조선한자음의 성립과 변천,『국어사 연구』4, 국어사학회.

정 광(2009), 훈민정음의 중성과 파스파 문자의 모음자,『국어학』56, 국어학회.

정 국(1982), '실재적' 기저음운,『어학연구』18-2, 서울대 언어교육원.

정 국(1984), 음운규칙의 비중-발음규칙의 관점에서-,『어학연구』20-1, 서울대 언어교육원.

정 국(1994),『생성음운론의 이해-개념, 형식 및 분석 방법론-』, 한신문화사.

정규창(1938), 조선어 바팀의 본질,『비판』6-10, 비판사,

정길남(1984), 이수정역「마가복음」의 국어학적 고찰,『한국학논집』6, 한양대 한국학연구소.

정도상(1997), 핀어의 모음조화에 대한 통시적 연구,『언어학』20, 한국언어학회.

정렬모(1927ㄱ), 성음학상으로 본 정음,『한글』1-1, 동인지.

정렬모(1927ㄴ), 조선어 연구의 정체는 무엇?,『한글』1-2, 동인지.

정렬모(1927ㄷ), 조선어 문법론,『한글』1-4, 동인지.

정렬모(1927ㄹ), 언어와 문자,『한글』1-6, 동인지.

정렬모(1946),『신편고등국어문법』, 한글문화사.

정렬모(1948ㄱ),『초급 국어 문법 독본』, 고려서적주식회사.

정렬모(1948ㄴ),『고급 국어 문법 독본』, 고려서적주식회사.

정명숙(1995), 국어 /ㄹ/의 음절화를 위한 조건과 제약, 고려대 석사학위논문.

정명숙(1998), 국어 자음군 단순화 현상에 대한 상응 이론 설명,『한국어학』7, 한국어학회.

정명숙(2002ㄱ), 방송 언어에 나타난 말소리의 사적 변천,『국어학』39, 국어학회.

정명숙(2002ㄴ), 현대 국어 말소리의 통시적 변화-1950년대 이후 방송 자료를 중심으로-, 고려대 박사학위논문.

정명우 외 역(1973),『신언어학개론』, 한성출판사.

정상훈(2007), 한국어 음성 인지를 위한 음성학적 정보에 대한 고찰,『한국어문학연구』48, 한국어문학연구학회.

정수희(1999), 현대국어의 'ㅎ' 축약과 탈락현상의 제약 연구, 이화여대 석사학위논문.

정숙희(1995), 음절구조에 의한 음운현상, 동아대 석사학위논문.

정승철(1988), 제주도방언의 모음체계와 그에 관련된 음운현상,『국어연구』84, 서울대 국어연구회.

정승철(1995),『제주도 방언의 통시음운론』, 태학사.

정승철(2004ㄱ), 음운사 연구에서의 언어 변화 이론의 수용과 전개-'ᄋᆞ'의 음운사 연구를 중심으로-,『국어학』43, 국어학회.

정승철(2004ㄴ), j계 상향이중모음의 변화-형태소 내부를 중심으로-,『언어학연구』9-1, 제주언어학회.

정연찬(1960), 십오세기 국어의 TONE에 대한 연구,『국어연구』8, 서울대 국어연구회.

정연찬(1963), 15세기 국어의 활용어간의 성조에 대하여-특히 1음절 어간을 중심으로-,『충남대학교 논문집』3, 충남대.

정연찬(1968), 경남 방언의 모음체계-특히 고성·통영 부근을 중심으로-,『국문학논집』2, 단국대 국문과.

정연찬(1969ㄱ), <용비어천가> 방점 이동변,『진단학보』32, 진단학회.

정연찬(1969ㄴ), 국어성조의 기능부담량에 대하여,『김재원박사 회갑기념논총』, 을유문화사.

정연찬(1970ㄱ), 여음설전의,『학술원 논문집』9, 대한민국 학술원.

정연찬(1970ㄴ), 중세 국어 관형사형의 성조에 대하여,『한글』146, 한글학회.

정연찬(1970ㄷ), 주체겸양의 접미사 '숩'의 성조,『단국대학교 논문집』4, 단국대.

정연찬(1971), 중세성조와 경상도방언성조의 비교,『기념논문집-한글학회 50돌-』, 한글학회.

정연찬(1972), 중세 국어 성조의 변동과 기본형,『한글』150, 한글학회.

정연찬(1974), 소학언해 교정청본의 방점표기,『진단학보』37, 진단학회.

정연찬(1975), 성조형과 그 변화의 의미,『동양학』5, 단국대 동양학연구소.

정연찬(1976),『국어성조에 관한 연구』, 일조각.

정연찬(1977),『경상도방언성조연구』, 탑출판사.

정연찬(1980),『한국어음운론』, 개문사.

정연찬(1983), 근대국어 음운론의 몇 가지 문제,『동양학』11, 단국대 동양학연구소.

정연찬(1989), 십오세기 국어의 모음체계와 그것에 딸린 몇 가지 문제,『국어학』18, 국어학회.

정영숙(2003), 지명어에 나타난 잘못 돌이킴 현상에 대하여-구개음화와 관련하여,『어문연구』43, 어문연구학회.

정영인(1986), 십칠세기 국어의 표기체계와 음운현상, 전북대 석사학위논문.

정영인(1994), 근대국어 이중모음의 단모음화 연구,『국어문학』29, 국어문학회.

정영주(1985), 경기도 옹진군 영종도 방언의 음운현상-영종도의 낱말을 중심으로-,『건국어문학』9·10, 건국어문학회.

정영주(1987), 경상남도 창녕지역 방언의 세대차에 의한 음운 현상-창녕지역의 낱말을 중심으로-,『건국어문학』11·12, 건국어문학회.

정영호(1994), 권점법과 운율 기호에 대하여,『영남어문학』25, 영남어문학회.

정영호(2006), ㅎ말음의 변화와 어간 재구조화,『한민족어문학』49, 한민족어문학회.

정영호(2009), 현대국어의 모음상승과 원순모음화,『어문학』105, 한국어문학회.

정영호(2012), 상향이중모음 단모음화와 어간 활용형 축약의 원인,『언어과학연구』62, 언어과학회.

정용수(1983), 우리말 겹받침 발음의 실태와 그 문제점,『국어교육』44, 한국어교육학회.

정우영(1985), 15세기 국어의 초성합용병서론, 동국대 석사학위논문.

정우영(1996), 15세기 국어 문헌자료의 표기법 연구, 동국내 박사학위논문.

정우택(1987), 후기근대국어의 형태음소론적 고찰,『국어연구』79, 서울대 국어연구회.

정원수(1993), 영동 방언의 음운론,『언어연구』9, 한국현대언어학회.

정유진(2008), 음운과정의 불투명성에 관한 연구-규칙중심이론과 제약중심이론의 비교를 중심으로-, 숙명여대 석사학위논문.

정윤자(1990), 근대국어의 활용어간에 대한 형태음소론적 연구, 단국대 석사학위논문.

정은경(2005), 모음충돌에 대한 통시적 연구-모음충돌 현상과 그 변화 양상을 중심으로-, 중앙대 석사학위논문.

정의향(2008), 서북방언의 어미 '-아/어(Y)' 교체의 실현 양상에 대하여-철산지역어 자료를 중심으로-,『방언학』7, 한국방언학회.

정의향(2011), 중국 무순지역 한국어 단모음의 세대 간 차이에 대한 음향음성학적 연구,『한국언어문학』79, 한국언어문학회.

정인교(1986), 성조의 음성학적 고찰,『언어연구』4, 언어과학회.

정인상(1984), 제원지역어의 음운현상,『개신어문연구』3, 개신어문학회.

정인섭(1973),『국어 음성학 연구』, 휘문출판사.

정인승(1937), "ㅣ"의 역행동화 문제-그 원리와 처리방법-, 『한글』 41, 한글학회.

정인승(1938ㄱ), 물음과 대답, 『한글』 52, 한글학회.

정인승(1938ㄴ), 어감 표현상 조선어의 특징인 모음상대법칙과 자음가세법칙, 『한글』 60, 한글학회.

정인승(1940ㄱ), 고본 훈민정음의 연구, 『문장』 2-10, 문장사.

정인승(1940ㄴ), 고본 훈민정음의 연구, 『한글』 82, 한글학회.

정인승(1949ㄱ), 『표준 중등 말본』, 아문각.

정인승(1949ㄴ), 물음과 대답, 『한글』 105, 한글학회.

정인승(1949ㄷ), 물음과 대답, 『한글』 107, 한글학회.

정인승(1956ㄱ), 『표준 중등 말본』, 신구문화사.

정인승(1956ㄴ), 『표준 고등 말본』, 신구문화사.

정인승(1959), 용비어천가에 나타난 옛말의 변천, 『동방학지』 4, 연세대 국학연구원.

정인승(1962), 물음과 대답, 『한글』 129, 한글학회.

정인승(1963), 물음과 대답, 『한글』 132, 한글학회.

정인승・유열(1947), 『한글 소리본』, 정음사.

정인호(1995), 화순지역어의 음운론적 연구, 『국어연구』 134, 서울대 국어연구회.

정인호(1997), ㅂ-불규칙 용언 어간의 변화에 대하여-서남 방언을 중심으로-, 『애산학보』 20, 애산학회.

정인호(2003), 평북방언에서의 'ㅈ, ㅅ'의 음변화, 『한국문화』 31, 서울대 한국문화연구소.

정인호(2004ㄱ), 원평북방언과 전남방언의 음운론적 대조 연구-용천 지역어와 화순 지역어를 중심으로-, 서울대 박사학위논문.

정인호(2004ㄴ), 하강 이중모음과 부동 이중모음의 음변화, 『어문연구』 32-2, 한국어문교육연구회.

정인호(2004ㄷ), '자음-ㅎ' 연쇄에서의 음변화, 『한국문화』 34, 서울대 한국문화연구소.

정인호(2006), 제2음절 이하의 'ㆍ' 변화에 대한 일고찰, 『진단학보』 101, 진단학회.

정인호(2007), 소위 '비모음화' 현상의 지리적 분포와 그 성격, 『우리말글』 41, 우리말글학회.

정인호(2008), 심악 이숭녕 선생의 이중모음론, 『이숭녕 현대국어학의 개척자』, 태학사.

정인호(2013), 어감 표현과 전설모음화의 한 유형, 『우리말글』 57, 우리말글학회.

정재도(1952), 『ㅐ와 ㅔ, ㅚ와의 갈라보기』, 민족문화사.

정 철(1964), 국어의 음절에 대한 고찰, 『어문론총』 2, 경북어문학회.

정 철(1966), 내파음 p>, k>, t>의 음의 종속, 『어문론총』 3, 경북어문학회.

정 철(1975), 말의 속도에 따른 국어자음결합에 관한 연구, 『어문론총』 9, 경북어문학회.

정 철(1984), 음운체계의 비교연구 방법, 『어문론총』 18, 경북어문학회.

정 철(1985), 대구지역의 자음접변, 『어문론총』 19, 경북어문학회.

정 철(1990), 부사형어미 'ㅏ/ㅓ'의 사용-경북중부방언에서-, 『어문론총』 24, 경북어문학회.

정 철(1991), 『경북 중부지역어 연구』, 경북대 출판부.

정 철(1994), 의성방언의 축약과 운율소, 『어문론총』 28, 경북어문학회.

정철주(1990), 중세국어의 이중모음과 활음화-훈민정음 창제 초기 문헌을 중심으로-, 『계명어문학』 5, 계명어문학회.

정철주(1991), 근대국어 어간말 자음군의 연구-CV음운론적인 접근으로-, 『계명어문학』 6, 계명어문학회.

정철주(1993), 15세기 현실한자음과 음운체계, 『계명어문학』 8, 계명어문학회.

정철주(1995), 고대 국어의 음절말 자음과 음절구조, 『어문학』 56, 한국어문학회.

정철주(1996), 한음과 현실 한자음의 대응-15세기 현실 한자음의 치음을 중심으로-, 『어문학』 59, 한국어문학회.

정호완(1976), 강원도 홍천방언의 음운체계 연구-내면지방을 중심으로-, 충남대 석사학위논문.

정희성(1989), 단일화 문법의 형식논리에 의한 음운이론, 『어학연구』 25-1, 서울대 언어교육원.

조경하(1999), 15세기 국어의 이중모음 연구, 이화여대 석사학위논문.

조경하(2005), 현대국어의 사잇소리 현상, 『이화어문논집』 23, 이화어문학회.

조경하(2012), 『국어의 후두음 연구』, 지식산업사.

조규태(1979), 경상도 방언 /-uhta/ 무리에 대하여, 『배달말』 4, 배달말학회.

조규태(1998), 여린 비읍(ㅸ)에 대하여, 『한글』 240·241, 한글학회.

조규태(1999), '가위'의 어형 변화에 대하여, 『한글』 246, 한글학회.

조규태(2009), 낱말머리 "르" 표기의 바뀌어옴에 대하여, 『배달말』 45, 배달말학회.

조담옥(2002), 음운현상의 모라분석, 대구가톨릭대 박사학위논문.

조대하(2004), 고대 한일한자음의 대비연구-「斯」자의 고음을 중심으로-, 『일본어문학』 20, 한국일본어문학회.

조대하(2009), 자음가명(字音假名) 「기(奇), 의(宜), 의(義)」에 관한 고찰(考察)-고대일본어(古代日本語)의 모음체계(母音體系)와 관련(關聯)해서, 『일어일문학연구』 71-1, 한국일어일문학회.

조명숙(1959), 'ㄱ'은 과연 묵음화현상인가?-'옷·곳'의 국어사적 변천을 중심으로-, 『국문학』 3, 국어국문학회.

조선어연구회(1930), 『정선조선어문법』, 박문서관.

조선어학회(1933), 『한글 마춤법 통일안』, 조선어학회.

조선어학회(1934), 한글 마춤법 통일안 해설, 『한글』 18, 한글학회.

조선어학회(1941), 『외래어 표기법 통일안』, 조선어학회.

조선총독부(1912), 普通學校用諺文綴字法.

조선총독부(1921), 普通學校用諺文綴字法大要.

조선총독부(1930), 『普通學校 朝鮮語讀本卷一編纂趣意書』.

조성귀(1983), 옥천 방언 연구-특히 음운현상을 중심으로-, 충남대 석사학위논문.

조성문(1996), 유음동화의 거울영상성에 대한 고찰, 『한양어문연구』 14, 한양어문학회.

조성문(2000), 『국어 자음의 음운 현상에 대한 원리와 제약』, 한국문화사.

조성문(2001), 최적성이론에 의한 모음조화의 변화 분석, 『음성·음운·형태론 연구』 7-1, 한국음운론학회.

조성문(2002), 단양 방언의 음운적 특징에 대한 연구, 『언어연구』 19, 경희대 언어정보연구소.

조성문(2005), /-ㅢ/의 실현에 대한 최적성이론의 고찰, 『한국언어문화』 28, 한국언어문화학회.

조성미(1996), 보령 주포지역어의 음운론적 연구, 충남대 석사학위논문.

조성식 편(1990), 『영어학사전』, 신아사.

조세용(1979), 15세기 국어의 변칙곡용에 대한 연구-그 체계화를 위한 시론-, 『국어국문학』 81, 국어국문학회.

조세용(1981), 전설모음화 현상에 대한 통시적 연구, 『어문논집』 22, 고려대 국어국문학 연구회.

조신애(1986), 안동지역어의 음운론적 연구, 계명대 석사학위논문.

조오현(1995), 낱말 안에서의 'ㅎ'의 소리 변화, 『한말연구』 1, 한말연구학회.

조오현(1998), 15세기 'ㅣ'의 소리값에 대한 한 가설, 『한글』 242, 한글학회.

조오현(1999), 내림겹홀소리의 홑홀소리 되기 원인, 『건국어문학』 23·24, 건국어문학회.

조오현(2001), 'ㅣ'의 조음 특성에 관한 연구, 『한말연구』 9, 한말연구학회.

조오현(2005), 구개음화 현상에 대한 새로운 해석, 『한말연구』 16, 한말연구학회.

조오현(2006), ㄷ구개음화 발생의 역사적 전개 과정, 『동남어문논집』 22, 동남어문학회.

조용국(1981), 서반아어 발음학습상의 문제점-자음을 중심으로-, 『말소리』 2, 대한음성학회.

조의성(1997), 현대한국어의 단어결합에 대하여, 『朝鮮學報』 163, 朝鮮學會.

조진관(2003), 국제어로서의 영어 발음교육, 『음성·음운·형태론 연구』 9-1, 한국음운론학회.

조창규(1994), 'ㆍ'의 변화가 가져온 모음과 모음체계 변화-전남방언을 중심으로-, 『국어국문학』 112, 국어국문학회.

조창규(1997), 중세국어 모음조화에서 중성모음론 검토, 『한국언어문학』 39, 한국언어문학회.

조창규(2013), 국어 음운 교육의 한 방안-자, 모음의 분류 기준을 이용한 음운의 동화 교육을 중심으로-, 『언어학』 21-3, 대한언어학회.

조철규(1994), 여천 초도 지역어의 음운론적 연구, 한국교원대 석사학위논문.

조학행(1985), 음운구조의 범주론적 분석, 전북대 박사학위논문.

조항근(1980), 충북 청원지역 방언연구, 『어문학』 39, 한국어문학회.

조항근(1986), 청원 지역어의 구조에 관한 연구-음운체계를 중심으로-, 성균관대 박사학위논문.

조항근(1990), 한국어와 영어에 대한 음소 및 음운 현상의 대비적 연구, 『개신어문연구』 7, 개신어문학회.

조헌영(1934), 한글 통일안의 비판과 수정, 『조선중앙일보』 10/17~10/31, 조선중앙일보사.

조현관(2007ㄱ), 영어발음지도를 위한 음성분석프로그램의 효과: 유성파열음을 중심으로, 『언어학』 49, 한국언어학회.

조현관(2007ㄴ), 음성실험을 통한 영어 발음 연구-happy 긴장화를 중심으로-, 『언어연구』 23-3, 한국현대언어학회.

조현관(2010), 영어 schwa /ə/에 대한 음성분석, 『언어연구』 26-2, 한국현대언어학회.

조현숙(1985), 경북 방언의 운율 체계 연구-봉화 지역을 중심으로-, 『국어연구』 66, 서울대 국어연구회.

조현숙(1995), 중학생의 국어 발음 지도에 대하여, 『청람어문학』 14, 청람어문학회.

주상대(1976), 울진 방언의 음운 연구, 경북대 석사학위논문.

주상대(1990), 울진 지역어 모음의 음운현상 연구, 계명대 박사학위논문.

주상대(1998), 동남방언 파생어의 성조-명사파생을 중심으로-, 『어문학』 64, 한국어문학회.

주상대(1999), 동남방언 동사·형용사 파생의 성조, 『한국어학』 10, 한국어학회.

주시경(1897), 국문론, 『독립신문』 47·48, 독립협회.

주시경(1906), 『대한국어문법』, 유인본.

주시경(1907), 必尙自國文言, 『황성신문』 2442~2447.

주시경(1908ㄱ), 『말』, 필사본.

주시경(1908ㄴ), 『국어문전음학』, 박문서관.

주시경(1909), 『고등국어문전』, 유인본.

주시경(1910ㄱ), 『국어문법』, 박문서관.

주시경(1910ㄴ), 한 나라 말, 『普中親睦會報』 1, 普中親睦會.

주시경(1913ㄱ), 『조선어문법』, 신구서림·박문서관.

주시경(1913ㄴ), 『소리갈』, 유인본.

주시경(1914), 『말의 소리』, 신문관.

주시경 외(1907~1908), 『국문연구안』, 국문연구소.

주왕산(1948), 『말의 소리』, 동양사.

지석영(1905), 신정국문, 『관보』 3200호, 議政府官報課.

지석영(1907), 대한국문설, 『대한자강회월보』 11·13, 대한자강회.

지준모(1965), 한글의 로오마 문자 전사(transliteration)에 관한 사안-그 이론과 실제-, 『어문학』 13,

한국어문학회.

지준모(1969), 사전론-의미와 발음과 품사를 중심으로-,『어문학』20, 한국어문학회.

지준모(1970), 한국어의 형태론에서 본 민족성,『민족문화연구』4, 고려대 민족문화연구소.

지준모(1972), 국어 장모음의 처리방안-원래 tone language가 아니다,『어문학』26, 한국어문학회.

지춘수(1964), 종성팔자제한에 있어서「ㄷ, ㅅ」설정에 대한 고찰,『국어국문학』27, 국어국문학회.

지춘수(1968), 중세 국어의 음절에 대하여,『한글』141, 한글학회.

지춘수(1971), ㅅ 종성 재론,『한글』147, 한글학회.

진남택(2001), 한국어의 구개음화에 관한 일고찰-일본자료를 이용하여-,『말소리』특집호, 대한음성학회.

진남택(2004), 일본자료를 통해 본 ·의 변천과정,『국어학』44, 국어학회.

진단학회(1962) 십오세기 국어의 음운 체계(제일회 동양학 심포지움),『진단학보』23, 진단학회.

진문이(2000), 15세기 국어의 중성모음 'ㅣ' 연구, 이화여대 석사학위논문.

진태하(1980), 계림유사에 있어서 음절말 대음표기중 /ㅊ/종성,『국어국문학』84, 국어국문학회.

진태하(1990), 송대 한중 한자음 비교연구-계림유사의 고려역음을 위주로-,『이중언어학』6, 이중언어학회.

차익종(2014), 동국정운식 한자음 연구, 서울대 박사학위논문.

차재은(1995), 중세국어의 하향이중모음과 음절구조에 대하여,『한국어학』2, 한국어학회.

차재은(1997), 어말평성화를 다시 생각함,『한국어학』5, 한국어학회.

차재은(1999),『중세국어 성조론』, 월인.

차재은(2003), 우리말 음운 자질의 설정에 대하여,『한글』259, 한글학회.

차재은(2005), 15세기 중기 우리말의 음소 결합 제약,『한국어학』27, 한국어학회.

차재은 외(2003), 공명음 사이의 /ㅎ/의 실현에 대한 음성, 음운론적 고찰,『언어』28-4, 한국언어학회.

차현실(1967), 경북방언에 나타난 없힌 음운연구-특히 대구지구방언의 고저와 장단에 대하여-, 이화여대 석사학위논문.

채옥자(2005),『중국 연변지역 조선어의 음운연구』, 태학사.

천민자(1926), 모음의 연구-「본문의 신연구」에서 초록-,『동광』5, 수양동우회.

청람생(1938), 라마자안에 대히어,『한글』55, 한글학회.

초미희(2005), 조음장소 자음조화의 비대칭성에 대하여-사례연구-,『우리어문연구』25, 우리어문학회.

초미희(2009), 한국어에서 영어 차용어의 음운적 접근,『우리어문연구』35, 우리어문학회.

최갑순(1978), 영동 방언의 음운론적 고찰, 충남대 석사학위논문.

최경애(1982), 음운규칙의 범어적 적용순에 대한 고찰, 이화여대 석사학위논문.

최경애(1985), 영어의 재음절화와 중음절성에 대한 연구,『언어연구』6, 경희대 언어정보연구소.

최계자(1981), 발화실수의 음운론적 연구, 이화여대 석사학위논문.

최광옥(1908),『대한문전』, 안악면학회.

최남희(1994), 고대 국어 자료「叱」의 소리값과 기능,『한글』224, 한글학회.

최남희(1995), '사잇소리'에 대하여,『한말연구』1, 한말연구학회.

최남희(1999), 고대국어 표기 자료「尸」의 소릿값,『한말연구』5, 한말연구학회.

최돈국(1987), 태백방언의 음운론적 연구, 고려대 석사학위논문.

최명옥(1974), 경남 삼천포 방언의 음운론적 연구,『국어연구』32, 서울대 국어연구회.

최명옥(1976ㄱ), 현대국어의 의문법 연구-서남 경남 방언을 중심으로-,『학술원 논문집』15, 대한민국 학술원.

최명옥(1976ㄴ), 서남경남방언의 부사화접사 '-아'의 음운현상,『국어학』4, 국어학회.

최명옥(1978ㄱ), 주시경의 「소리갈」에 대하여, 『진단학보』 44, 진단학회.

최명옥(1978ㄴ), 동남방언의 세 음소, 『국어학』 7, 국어학회.

최명옥(1980), 『경북 동해안 방언연구-영덕군 영해면을 중심으로-』, 영남대 출판부.

최명옥(1982), 『월성 지역어의 음운론』, 영남대 출판부.

최명옥(1985), 변칙동사의 음운현상에 대하여-p-, s-, r-변칙동사를 중심으로-, 『국어학』 14, 국어학회.

최명옥(1987), 평북 의주지역어의 통시음운론-모음체계의 재구와 변화를 중심으로-, 『어학연구』 23-1,
　　　　　서울대 언어교육원.

최명옥(1988), 국어 UMLAUT의 연구사적 검토-공시성과 통시성의 문제를 중심으로-, 『진단학보』 65, 진단학회.

최명옥(1992ㄱ), 경상북도의 방언지리학-부사형어미 '-아X'의 모음조화를 중심으로-, 『진단학보』 73, 진단학회.

최명옥(1992ㄴ), 북한의 어음연구, 『어학연구』 28-3, 서울대 언어교육원.

최명옥(1994), 19세기 후기 국어의 자음음운론, 『진단학보』 78, 진단학회.

최명옥(1995), 경남 합천지역어의 음운론, 『대동문화』 30, 성균관대 대동문화연구원.

최명옥(1998), 현대국어의 성조소체계, 『국어학』 31, 국어학회.

최명옥(2000), 중국연변지역의 한국어 연구, 『한국문화』 25, 서울대 한국문화연구소.

최명옥(2004), 『국어음운론』, 태학사.

최명옥(2006ㄱ), 경북 상주지역어의 음운동화 연구, 『관악어문연구』 31, 서울대 국문과.

최명옥(2006ㄴ), 경북 상주지역어의 공시음운론, 『방언학』 4, 한국방언학회.

최명옥·한성우(2001), 충남방언 연구, 『국어국문학』 129, 국어국문학회.

최미현(2006), 한국 한자음의 이중음 연구-『전운옥편』의 복수 한자음을 중심으로-, 동의대 박사학위논문.

최범훈(1966), 변칙활용의 원인고찰, 『동악어문논집』 4, 동악어문학회.

최병선(1992), 어두자음군의 생성과 발전에 관하여, 『한양어문연구』 10, 한양어문학회.

최병선(1997), 중세 국어의 전이음 연구, 『한양어문연구』 15, 한양어문학회.

최병선(1998), 중세 국어의 모음 연구, 한양대 박사학위논문.

최보람(2013), 경북 방언의 용언 성조형 연구, 『국어연구』 240, 서울대 국어연구회.

최성원·전종호(1998), 한국어 경음·기음은 중복자음인가?-폐음절 모음의 단축화를 중심으로-, 『어학연구』 34-3,
　　　　　서울대 언어교육원.

최세화(1971), 국어의 중자음에 대하여, 『국어국문학』 53, 국어국문학회.

최세화(1978), 한국어 마찰음·파찰음의 조음 특질, 『국어국문학』 78, 국어국문학회.

최세화(1979), 중세국어의 파찰음고-구개음화와 관련하여-, 『국어국문학』 79·80, 국어국문학회.

최세화(1983), 초성 합용병서에 대한 재고, 『제26회 전국국어국문학연구발표대회초』, 국어국문학회.

최세화(1997), 『훈민정음』 낙장의 복원에 대하여-그 수정 보완을 위하여-, 『국어학』 29, 국어학회.

최영미(2001), 삼척지역어의 운소체계 연구, 건국대 석사학위논문.

최영미(2012), 정선방언 운율유형에 관한 연구, 『어문연구』 73, 어문연구학회.

최영선(2007), 국어 음절 관련 제약에 대한 통시적 고찰, 전남대 석사학위논문.

최영학(1983), 경남 밀양지역어의 움라우트 현상에 대하여, 연세대 석사학위논문.

최윤현(1966), 반모음 j고, 『한국언어문학』 4, 한국언어문학회.

최윤현(1979), 하강 이중모음과 음운 규칙, 『인문과학연구』 27, 강원대 인문과학연구소.

최윤현(1982), 십오세기 국어의 중모음 연구, 건국대 석사학위논문.

최윤현(1985), 용언의 활용과 음운 변동, 『국어국문학』 94, 국어국문학회.

최윤현(1987), 음절 구성의 원리, 『건국어문학』 11・12, 건국어문학회.

최윤현(1990), 국어의 하강이중모음에 대한 통시적 연구, 건국대 박사학위논문.

최윤현(1993), 『국어음운론』, 와이・제이물산.

최은하 외(2010), 중국인 학습자의 한국어와 중국어 유사발음 비교 분석 및 발음지도 연구-폐쇄음을 중심으로-, 『국어문학』 48, 국어문학회.

최응구(1984), 조선어학계에서 론의되고있는 몇가지 문제에 관하여, 『朝鮮學報』 111, 朝鮮學會.

최임식(1984), 19세기 후기 서북방언의 모음체계, 계명대 석사학위논문.

최임식(1986ㄱ), 십구사략언해의 음운론적 고찰, 『어문학』 47, 한국어문학회.

최임식(1986ㄴ), 사이「ㅅ」의 통시 음운론적 해석, 『어문학』 48, 한국어문학회.

최임식(1986ㄷ), 경계와 음운의 변화, 『계명어문학』 2, 계명어문학회.

최임식(1988), Corean Primer의 표기와 음운, 『어문학』 49, 한국어문학회.

최임식(1990ㄱ), 어간말자음의 내파화와 표기, 『어문학』 51, 한국어문학회.

최임식(1990ㄴ), 체언어간말 설단자음의 마찰음화, 『계명어문학』 5, 계명어문학회.

최임식(1990ㄷ), 국어 내파화에 대한 연구, 계명대 박사학위논문.

최임식(1991), 19세기 후기 남부방언자료의 표기와 음운현상, 『계명어문학』 6, 계명어문학회.

최임식(1992), 비모음화의 제약성, 『계명어문학』 7, 계명어문학회.

최임식(1994ㄱ), 유기음화의 음운과정, 『어문학』 55, 한국어문학회.

최임식(1994ㄴ), 『국어방언의 음운사적 연구』, 문창사.

최임식(1997), 체언 어간말 모음 '・ㅣ'의 방언 분화, 『어문학』 61, 한국어문학회.

최재익(1906), 『普通日本語典』, 日韓圖書印刷株式會社.

최전승(1975), 중세국어에서의 이화작용에 의한 원순성 자질의 소실에 대하여, 서울대 석사학위논문.

최전승(1978), 국어 i-Umlaut현상의 통시적 고찰, 『국어문학』 19, 국어문학회.

최전승(1979), 규칙재배렬에 관한 몇가지 문제-단모음화와 i-Umlaut-, 『국어문학』 20, 국어문학회.

최전승(1981), 국어의 통시적 음성변화와 공시적 구조, 『선청어문』 11, 서울대 국어교육과.

최전승(1983), 표면음성제약과 음성변화-어간말 이중모음 'iy'의 통시적 발달을 중심으로-, 『국어교육』 44, 한국어교육학회.

최전승(1985), 19세기 후기 전라방언의 모음체계-완판본고소설계열과 신재효의 「판소리사설」을 중심으로-, 『일산 김준영선생 정년기념논총』, 형설출판사.

최전승(1986), 『19세기 후기 전라방언의 음운현상과 그 역사성』, 한신문화사.

최전승(1989), 국어 i-umlaut 현상의 기원과 전파의 방향-19세기 후기와 20세기 전기 국어 방언을 중심으로-, 『한국언어문학』 27, 한국언어문학회.

최전승(1999), 원순모음화 현상의 내적 발달과 개별 방언 어휘적 특질, 『국어문학』 34, 국어문학회.

최전승(2004), 국어 움라우트 현상의 유추적 확대와 화용론, 『우리말글』 31, 우리말글학회.

최전승(2009), 19세기 후기 국어방언에서 진행 중인 음성변화와 과도교정(hypercorrection)의 개입에 대한 일 고찰, 『국어문학』 46, 국어문학회.

최정순(1987), 국어 음운 규칙의 단계적 적용에 대하여-탈락과 삽입을 중심으로-, 서강대 석사학위논문.

최정순(1995), 국어 통사음운론 연구-'비음운적 제약'의 '음운론적' 해석을 위하여-, 서강대 박사학위논문.

최중호(1984), 고성지역어의 음운론적 연구-모음을 중심으로-, 『경남어문』 13, 경남어문학회.

최중호(2005), 고려시대 음운 체계 연구-고려대장경 각성인 이표기를 중심으로-, 동의대 박사학위논문.

최중호(2008), 후음 /h/의 기원,『겨레어문학』40, 겨레어문학회.

최창원(2006), 용인 지역어의 음운론적 연구, 고려대 석사학위논문.

최태영(1974), /ㄴ/ 첨가고,『국어문학』16, 국어문학회.

최태영(1978), 전주방언 이중모음,『국어문학』19, 국어문학회.

최태영(1979), 모음조화론-중세국어 형태음소론적 연구의 일환으로-,『국어문학』20, 국어문학회.

최태영(1980), 모음조화와 모음체계 및 매개모음,『연암 현평효박사 회갑기념논총』, 형설출판사.

최태영(1983),『방언음운론-전주지역어를 중심으로-』, 형설출판사.

최태영(1989), 중세국어의 ㄱ~ㅇ 교체,『숭실어문』6, 숭실어문학회.

최태호(1957ㄱ),『중학 말본1』, 사조사.

최태호(1957ㄴ),『중학 말본2』, 사조사.

최태환(2013), 영어의 약모음 유형과 한국인 영어 학습자의 습득 패턴,『어학연구』49-3, 서울대 언어교육원.

최태환·한정임(2003), 한국어 화자의 영어 첨가음 발화에 관한 연구,『어학연구』39-3, 서울대 언어교육원.

최학근(1953), 반설음고,『국어국문학』8, 국어국문학회.

최학근(1954), 방언의 시대 차에 대한 일고찰(상),『국어국문학』11, 국어국문학회.

최학근(1958), 퉁구스 어군과 국어의 위치,『한글』123, 한글학회.

최학근(1959), 동사 "붓도도다"(培)의 어원론적 고찰-아울러 국어와 Altai 어족 사이에 존재하는 [p~f~h/x~o] 음운
대응에 대하여-,『한글』124, 한글학회.

최학근(1961), 경상도 방언 연구(1)-중간자음 현상에 대해서-,『한글』128, 한글학회.

최학근(1962ㄱ), 경상도 방언 연구(2)-중간자음 문제에 대해서-,『한글』129, 한글학회.

최학근(1962ㄴ), 경상도 방언 연구(3)-어중자음군현상과 어두자음 농음화 현상-,『한글』130, 한글학회.

최학근(1963), 경상도 방언 연구(4)-어두음자음의 농음화 현상과 어두자음군 발생에 대해서-,『한글』132,
한글학회.

최학근(1965), 어간말자음군「ㄹㅎ」의「ㅎ」음의 원음에 대해서,『국어국문학』30, 국어국문학회.

최학근(1975), Ablaut현상과 모음교체에 대해서,『어문학』33, 한국어문학회.

최학근(1976ㄱ), M. 푸젤로의「露韓辭典」에 대하여,『관악어문연구』1, 서울대 국문과.

최학근(1976ㄴ), 전라도방언 연구-음운편<모음>-,『국어국문학』70, 국어국문학회.

최한조(1985), 대구주변지역어의 완전동화에 대한 연구, 대구대 석사학위논문.

최한조(1986), 대구 지역어의 자음동화에 대하여,『대구어문론총』4, 대구어문학회.

최한조(1990), 대구 지역어의 움라우트 현상과 성조,『대구어문론총』8, 대구어문학회.

최한조(1991), 대구지역어의 경음화 현상과 성조,『대구어문론총』9, 대구어문학회.

최한조(1992), 움라우트와 성조-대구 지역어를 중심으로-,『대구어문론총』12, 대구어문학회.

최한조(1993), 대구 지역어의 음운 변동과 성조와의 관계 연구, 대구대 박사학위논문.

최한조(1997), 대구지역어 자음동화의 요인과 음운론적 강도,『어문학』61, 한국어문학회.

최한조(1998), 대구지역어의 파생어에 나타난 음운변동현상,『대구어문론총』16, 대구어문학회.

최현배(1927ㄱ), 우리 한글의 세계문자상 지위,『한글』1-1, 동인지.

최현배(1927ㄴ), 언어학상으로 본 조선어,『한글』1-4, 동인지.

최현배(1927ㄷ), 홀소리(모음)와 닿소리(자음)의 뜻,『한글』1-5, 동인지.

최현배(1927ㄹ), 조선말과 흐린 소리(탁음),『한글』1-6, 동인지.

최현배(1927ㅁ), 우리나라 말소리와 다른 나라 말소리와의 비교,『한글』1-7, 동인지.

최현배(1928ㄱ), 한글 글씨의 이름에 대하여,『한빛』 6, 한빛사.

최현배(1928ㄴ), 홀소리고룸(모음조화),『한글』 2-1, 동인지.

최현배(1929),『우리말본 첫째매』, 연희전문학교 출판부.

최현배(1932ㄱ), 새 받침에 관한 제 문제의 해결과 실례의 총람,『한글』 3, 한글학회.

최현배(1932ㄴ), 훈민정음의 글자의 모양과 벌림에 대하여-한글 제작의 기교적 고찰-,『한글』 5, 한글학회.

최현배(1933ㄱ), 풀이씨의 끝바꿈에 관한 논-용언의 활용론-,『한글』 7, 한글학회.

최현배(1933ㄴ), 풀이씨의 끝바꿈에 관한 논(승전)-용언의 활용론-,『한글』 8, 한글학회.

최현배(1934ㄱ), 조선어법의 술어론,『조선일보』 9/27~10/4, 조선일보사.

최현배(1934ㄴ), 조선말본 강의,『한글』 11, 한글학회.

최현배(1934ㄷ), 씨끝바꿈(어미활용),『한글』 15, 한글학회.

최현배(1934ㄹ), 중등 조선말본 길잡이,『한글』 16, 한글학회.

최현배(1934ㅁ), 중등 조선말본 길잡이(5),『한글』 17, 한글학회.

최현배(1935), 풀이씨의 으뜸꼴(원형)에 대하야,『한글』 25, 한글학회.

최현배(1936ㄱ), 토씨(조사)의 품사적 단위성에 대하야,『한글』 32, 한글학회.

최현배(1936ㄴ), 조선어 사전에서의 어휘 배열의 순서 문제,『한글』 36, 한글학회.

최현배(1937ㄱ),『우리말본』, 연희전문학교 출판부.

최현배(1937ㄴ),『한글의 바른 길』, 조선어학회.

최현배(1941), 한글의 비교연구-외래어 표기법 문제-,『문장』 3-4, 문장사.

최현배(1948),『중등 조선 말본』, 정음사.

최현배(1956ㄱ),『새판 중등 말본』, 정음사.

최현배(1956ㄴ), 안갖은 움직씨 "닫다"에 대하여-"닫아"와 "다가"의 변-,『한글』 118, 한글학회.

최현배(1956ㄷ), 우리말과 세계 말과의 관련에서 생긴 문제를 해결하는 길,『한글』 119, 한글학회.

최현배(1956ㄹ), 잡음씨의 세움-이론적, 사실적 및 비교 언어학적 논증-,『한글』 120, 한글학회.

최현배(1956ㅁ), 들온말 적는 법에 관한 물음에 대한 외국 어학자들의 대답,『한글』 120, 한글학회.

최현배((1957), 단기 4289 년도 고등 학교 국어과 교사 자격 검정 고시 문제와 그 해답,『한글』 121, 한글학회.

최현배(1959ㄱ), "·"자의 소리값 상고-배달말의 소리뭇(음운) 연구-,『동방학지』 4, 연세대 국학연구원.

최현배(1959ㄴ), "닫아"의 읽기에 대하여-한양 조선 초기의 ㄹ의 소리값 상고-,『학술원 논문집』 1, 대한민국학술원.

최현배(1959ㄷ), 고등학교 고사 자격 검정 고시 국어과 문제 및 해답,『한글』 124, 한글학회.

최현배(1960), 물음과 대답,『한글』 126, 한글학회.

최현배(1961ㄱ), 4293년 9월 시행한 고등 학교 교원 자격 검정 고시 국어 과 어학 문제 및 해답,『한글』 128, 한글학회.

최현배(1961ㄴ), 문교부 제정의 한글을 로오마자삼기(Romanization)와 로오마자의 한글삼기(Koreanization)에 대한 비평,『국어국문학』 24, 국어국문학회.

최현배(1965), 낱말에 대하여,『한글』 135, 한글학회.

최현배(1970), 옛글의 말본,『한글』 146, 한글학회.

최현정(2011), 구어에 나타나는 모음변이 양상-부산지역의 세대별 일상대화를 중심으로-,『문창어문논집』 48, 문창어문학회.

최　희(1936), 물음과 대답(된소리와 윈소리의 기사에 대하야),『한글』31, 한글학회.

팔대수(1930), 조선어의 음성,『신생』3-12, 현대사.

편집실(1938ㄱ), 물음과 대답,『한글』59, 한글학회.

편집실(1938ㄴ), 물음과 대답,『한글』61, 한글학회.

편집실(1938ㄷ), 개정된 만국음성기호를 소개함,『한글』61, 한글학회.

편집실(1939 ㅣ), 물음과 대답,『한글』64, 한글학회.

편집실(1939ㄴ), 물음과 대답,『한글』67, 한글학회.

편집실(1939ㄷ), 물음과 대답,『한글』70, 한글학회.

편집부(1963), "값어치"발음,『국어교육』7, 한국어교육학회.

표진이(1975), 한국어 폐색자음의 음향음성학적 양상,『한글』155, 한글학회.

하귀녀(2004), 보조사 '-곳/옷'과 '-ㅅ-',『국어학』43, 국어학회.

하세경(2006), 현대국어 사잇소리 현상의 형태론과 음운론, 서울대 박사학위논문.

하신영(2004), 'X{C, V}ㅣ Vst 아/어Y'의 음운론적 연구,『국어연구』175, 서울대 국어연구회.

하신영(2010), 전남 곡성지역어와 경남 창녕지역어의 음운론적 대비 연구, 서울대 박사학위논문.

한경남(1996), 소리매듭은 문장 발음의 주요 단위,『문화어학습』187, 사회과학출판사.

한국국어교육연구회(1964ㄱ),『중학 국문법』, 향문사.

한국국어교육연구회(1964ㄴ),『고등 국문법』, 향문사.

한글학회(1958),『개정한 한글 맞춤법 통일안-용어 수정판-』, 한글학회.

한글학회(1959), 외래어 표기 원칙,『한글』124, 한글학회.

한글학회(1968), 발음 독본 편찬 위원회의 결정 사항,『한글』141, 한글학회.

한문희(1979), 실험 음성학적인 면에서 본 현대 한국어 모음체계,『한글』166, 한글학회.

한선희(1993), 국어의 운율국조,『음성・음운・형태론 연구』1, 한국음운론학회.

한성우(1996), 당진 지역어의 음운론적 연구,『국어연구』141, 서울대 국어연구회.

한성우(2005ㄱ),「보통학교 조선어독본」음성자료에 대한 음운론적 연구,『어문연구』33-3, 한국어문교육연구회.

한성우(2005ㄴ), 의주방언과 구개음화,『어문연구』47, 어문연구학회.

한성우(2006),『평안북도 의주방언의 음운론』, 월인.

한성우(2008), 중국어권 학습자를 위한 맞춤형 한국어 발음 교육 방안,『우리말글』44, 우리말글학회.

한수정(2006), 우리말 /ㅎ/의 음운현상과 제약, 부산대 석사학위논문.

한수정(2007), 국어의 후두자질 제약,『우리말연구』20, 우리말학회.

한수정(2008), 형태론적 경계에 따른 삽입현상-파찰음화, ㄴ삽입을 중심으로-,『우리말연구』22, 우리말학회.

한수정(2014), 불규칙용언의 활용형 연구, 부산대 박사학위논문.

한영균(1980), 완주지역어의 움라우트 현상,『관악어문연구』5, 서울대 국문과.

한영균(1985ㄱ), 국어 음운사에 대한 지리언어학적 연구-이른바 g : Ø 대응의 해석을 중심으로-, 서울대
　　　　　석사학위논문.

한영균(1985ㄴ), 음운변화와 어휘부의 재구조화-순경음 'ㅸ'의 경우-,『관악어문연구』10, 서울대 국문과.

한영균(1990ㄱ), 모음조화의 붕괴와 'ㆍ'의 1단계 변화,『국어학』20, 국어학회.

한영균(1990ㄴ), 모음체계의 재정립과 'ㆍ'의 제2단계 변화,『애산 학보』10, 애산학회.

한영균(1991), 모음체계의 재정립과 현대국어의 비음절화,『진단학보』71・72, 진단학회.

한영목(2003), 이문구 소설의 방언 연구-모음 현상을 중심으로-,『어문연구』43, 어문연구학회.

한재영(1985), 중세국어 성조에 관한 일고찰-특히 피동사와 사동사의 파생을 중심으로-,『국어학』14, 국어학회.

한재영 외(2003),『한국어 발음 교육』, 한림출판사.

한태동(2003),『세종대의 음성학』, 연세대 출판부.

한택동(1998), 주시경의 음운이론 연구, 대구대 박사학위논문.

허남렬(1991), 국어의 어간말 자음군에 대한 연구,『경남어문』25, 경남어문학회

허만길(1967), 한국어 음소 설정의 새 검토-유기음 ㅊ, ㅋ, ㅌ, ㅍ에 대하여-,『한글』140, 한글학회.

허만길(1971), 역동 언어학 및 역동 유형 이론 구상,『한글』148, 한글학회.

허 벽(1978), 한자의 동자이음연구,『동방학지』20, 연세대 국학연구원.

허삼복(1990), 15세기 국어의 음절과 표기체계,『어문연구』20, 어문연구학회.

허삼복(1994), 중세국어 모음에서의 자질전파와 음운현상,『웅진어문학』2, 웅진어문학회.

허삼복(1996), 음성학과 음운론을 이용한 발음교정 시론,『웅진어문학』4, 웅진어문학회.

허영호(1931), 범파 양어의 발음법에서 본 조선어 발음법에 관한 일고찰,『불교』8-2, 불교사.

허 용(1990), 지배음운론에서 본 'ㅡ' 모음,『말소리』19·20, 대한음성학회.

허 용(1997), 특수 어간 교체어 재고-단일형일 가능성에 대한 탐구-,『국어학』30, 국어학회.

허 용(2004), 중간언어 음운론을 위한 모음 연구,『이중언어학』25, 이중언어학회.

허 용(2011), 한국어 자음 체계의 유형적 보편성 연구,『이중언어학』45, 이중언어학회.

허 용(2013), 한국어 모음체계의 유형적 특성 연구,『언어와 언어학』61, 한국외대 언어연구소.

허 웅(1952),「에 애 외 이」의 음가,『국어국문학』1, 국어국문학회.

허 웅(1954), 동방학지(제일집)를 읽고 이숭녕 선생님께 사뢰,『국어국문학』12, 국어국문학회.

허 웅(1955), 방점 연구-경상도 방언 성조와의 비교,『동방학지』2, 연세대 국학연구원.

허 웅(1958),『국어음운론』, 정음사.

허 웅(1959), 삽입 모음 재고-이 숭녕 박사의「의도설」에 대하여-,『한글』125, 한글학회.

허 웅(1961), 서기 15세기 국어의「존대법」과 그 변천,『한글』128, 한글학회.

허 웅(1964), 치음고,『국어국문학』27, 국어국문학회.

허 웅(1966), 서기 15세기 국어를 대상으로 한 조어법의 서술방법과 몇가지 문젯점,『동아문화』6, 서울대
    동아문화연구소.

허 웅(1968ㄱ),『(개고신판)국어음운학』, 정음사.

허 웅(1968ㄴ),『표준문법』, 신구문화사.

허 웅(1970ㄱ), 현대 국어의 동형어에 대한 연구-한자 폐지에서 일어나는 문제를 중심으로-,『한글』145, 한글학회.

허 웅(1970ㄴ), 우리말과 글의 내일을 위하여,『한글』146, 한글학회.

허 웅(1972), 15세기 국어의 토씨 연구,『한글』150, 한글학회.

허 웅(1984), 음성학과 음운학의 관련성,『말소리』7·8, 대한음성학회.

허 웅(1985ㄱ),『국어 음운학-우리말 소리의 오늘·어제-』, 샘문화사.

허 웅(1985ㄴ), 국어의 변동 규칙과 한글 맞춤법,『한글』187, 한글학회.

허 웅·박지홍(1971),『국어 국문학 사전』, 일지사.

허은애(1998), 자질계층이론에 의한 조음위치 자질동화현상 분석, 이화여대 석사학위논문.

현공렴(1911),『精選 日語通編』, 계산정사.

현우종(1987), 제주도 방언의 'ᄋ' 음가 고찰,『건국어문학』11·12, 건국대 국문과.

현우종(1988), 제주도 방언 'ㆍ' 음가의 음성학적 연구,『탐라문화』7, 제주대 탐라문화연구소.

643

현평효(1964), 제주도 방언의 단모음 설정,『한국언어문학』2, 한국언어문학회.

홍기문(1927), 조선문전요령,『현대평론』1-1~1-5, 현대평론사.

홍기문(1933), 혼란중의 철자법 그 정리의 일안,『조선일보』1/30~3/5, 조선일보사.

홍기문(1935), 현하 조선어의 중요논제인 'ㆆ'음에 대한 소론,『조선일보』10/23~11/1, 조선일보사.

홍기문(1947),『조선문법연구』, 서울신문사.

홍기문(1962), 조선에서의 한자 어휘에 대하여,『朝鮮學報』23, 朝鮮學會.

홍성훈(1996), 할하몽골어 모음조화의 최적성이론 분석,『언어』21-3, 한국언어학회.

홍순탁(1963),「전남방언」에 대하여,『어문학』9, 한국어문학회.

홍순탁(1979), '까상구'어고-전남 방언 접미사 연구 노트(1)-,『한글』163, 한글학회.

홍윤표(1985ㄱ), 구개음화에 대한 역사적 연구,『진단학보』60, 진단학회.

홍윤표(1985ㄴ),「역대천자문」과 서부 동남방언,『선오당 김형기 선생 팔질기념 국어학논총』, 창학사.

홍윤표(1986), 근대국어의 표기법 연구,『민족문화연구』19, 고려대 민족문화연구소.

홍윤표(1987), 근대국어의 어간말자음군 표기에 대하여,『국어학』16, 국어학회.

홍은영(2012), 한국어 전설고모음화 현상 연구, 서울대 석사학위논문.

황경수(2009), 한국어 발음 표기의 오류 실태-표준발음법을 중심으로-,『새국어교육』82, 한국국어교육학회.

황국정(2000), 음절말 'ㅅ'의 음가에 대한 역사적 연구, 고려대 석사학위논문.

황귀룡 역(1986),『음성학입문(제이판)』, 한신문화사.

황보영식(2005), 방언 간 성조변이와 방언 내 성조변이,『언어』30-3, 한국언어학회.

황선엽(2009), '명아주'(藜)의 어휘사,『국어학』55, 국어학회.

황인권(1985), 국어의 간극동화에 대한 연구(2),『한남어문학』11, 한남어문학회.

황인권(1987), 보령군 웅천 지역어의 자음변동에 대한 고찰,『한남어문학』13, 한남어문학회.

황인권(2000), 남북한 표준 발음법에 대한 음운현상 고찰(1),『한남어문학』24, 한남어문학회.

황화상(2011),『현대 국어 형태론』, 지식과교양.

황희영(1970), 음향 음성학적 분석에 의한 한국어 음운 연구-네째 부분 개요-,『한글』146, 한글학회.

황희영(1979),『한국어 음운 개설』, 이우출판사.

董同龢(1972),『漢語音韻學』, 廣文書局.

賴姸艷(2012), 서울지역 20대 화자의 음운 체계와 음운 현상, 서강대 석사학위논문.

劉振中(2013), 훈민정음 초성체계의 성운학적 연구, 가천대 박사학위논문.

魏國峰(2015), 고대 한국어 음운 체계 연구-전승 한자음을 대상으로-, 서강대 박사학위논문.

陳文備(2012), 근대 한국 한자음 /ㅅ/ 비구개음화 원인 연구, 한양대 석사학위논문.

崔金丹(2002), 중국어권 학습자에 대한 한국어 발음 교육,『이중언어학』20, 이중언어학회.

崔元萍(2006), 한·중 의성어의 형태적 음운적 특징,『한국언어문화』31, 한국언어문화학회.

姜信沆(1991), 王權と訓民正音の創製,『朝鮮學報』138, 朝鮮學會.

筧壽雄·今井邦彦(1971),『音韻論Ⅱ』, 大修館書店.

高橋 亨(1909),『韓語文典』, 博文館.

高木弘(1936),『言語學』, 三笠書房.

菅野裕臣(1965), 現代朝鮮語のリエーゾンについて,『朝鮮學報』36, 朝鮮學會.

菅野裕臣(1981), ≪朝鮮語の入門≫, 白水社.

菅野裕臣(1993ㄱ), R·I·아바네소프의 이론에 비추어 본 한국어 음운론,『朝鮮學報』147, 朝鮮學會.

菅野裕臣(1993ㄴ), 한글과 정서법, 『국어학』 23, 국어학회.

橋本萬太郎(1972), 音韻の性格, 『現代言語學(服部四郎先生停年退官記念論文集)』, 三省堂.

橋本萬太郎(1973ㄱ), 한국어 accent의 음운론-특히 경상도 방언의 accent를 중심으로-, 『한글』 151, 한글학회.

橋本萬太郎(1973ㄴ), 한국한자음과 중고중국어 고구개운미, 『어학연구』 9-1, 서울대 언어교육원.

橋本萬太郎(1974), 朝鮮漢字音と中古中國語高口蓋韻尾, 『アジア・アフリカ言語文化研究』 7, 東京外國語大 アジア・
　　　アフリカ言語文化研究所.

橋本萬太郎(1975), 梗攝諸韻の朝鮮漢字音, 『アジア・アフリカ語の計類研究』 1, 東京外國語大 アジア・アフリカ言語
　　　文化研究所.

橋本萬太郎(1977), 音韻の體系と構造, 『岩波講座日本語5-音韻-』, 岩波書店.

橋本進吉(1928), 波行子音の變遷について, 『岡倉先生記念論文集』, 岡倉先生還曆祝賀會.

橋本進吉(1932), 國語に於ける鼻母音, 『方言』 2-1, 春陽堂.

橋本進吉(1937), 古代國語の音韻に就いて, 神職講習會 講義錄.

橋本進吉(1938), 國語音韻の變遷, 『國語と國文學』 15-10, 東京帝國大學 國文學研究會.

橋本進吉(1942ㄱ), 國語の音節構造と母音の特性, 『國語と國文學』 19-2, 東京帝國大學 國文學研究會.

橋本進吉(1942ㄴ), 國語音韻變化の一傾向, 東京帝國大學 國文學研究會 主催 講演 原稿.

橋本進吉(1948), 國語の音節構造の特質について, 『國語學』 1, 國語學會.

橋本進吉(1950), 『國語音韻の研究』, 岩波書店.

國立國語研究所(1960), イントネ-ションのつかまえ方, 『話しことばの文型(1)』, 秀英出版.

宮田幸一(1927), 新しいアクセント觀とアクセント表記法, 『音聲の研究』 1, 音聲學協會.

龜井孝 外 編(1988), 『言語學大辭典 第1卷-世界言語編(上)-』, 三省堂.

龜井孝 外 編(1989), 『言語學大辭典 第2卷-世界言語編(中)-』, 三省堂.

龜井孝 外 編(1996), 『言語學大辭典 第6卷-術語編-』, 三省堂.

今西春秋(1958), 漢淸文鑑解說, 『朝鮮學報』 12, 朝鮮學會.

金善姬(1995), 後續母音のピッチにおよぼす影響からみた子音の分類, 『朝鮮學報』 156, 朝鮮學會.

金田一京助(1932), 『國語音韻論』, 刀江書院

金田一春彦(1965), 高さのアクセントはアクセントにあらず, 『言語研究』 48, 日本言語學會.

金田一春彦(1967), 『日本語音韻の研究』, 東京堂出版.

金澤庄三郎(1917~1918), 朝鮮語發音篇(一~八), 『朝鮮教育研究會雜誌』 22~27(1917), 29・33(1918), 朝鮮教育研究會.

金澤庄三郎(1951), 朝鮮研究と日本書紀, 『朝鮮學報』 1, 朝鮮學會.

金澤庄三郎(1956), 日鮮語比較雜考, 『朝鮮學報』 8, 朝鮮學會.

魯璣柱(1924), 『(再版)應用自在 朝鮮語法詳解』, 博文書館.

垣田邦子(1977), 發音の機構, 『岩波講座日本語5-音韻-』, 岩波書店.

大江孝男(1976), 大邱方言における「半敬語」について-朝鮮語方言調査報告(Ⅱ)-, 『朝鮮學報』 81, 朝鮮學會.

大江孝男(1991), 語學研修の方法について-朝鮮語教育の一環として-, 『朝鮮學報』 142, 朝鮮學會.

大橋保夫(1977), 音韻研究の歷史(2), 『岩波講座日本語5-音韻-』, 岩波書店.

大野晋(1977), 音韻の變遷(1), 『岩波講座日本語5-音韻-』, 岩波書店.

島井浩(1902), 『實用韓語學』, 誠文堂書店.

東條操(1965), 『國語學新講』, 筑摩書房.

藤崎博也・杉藤美大子(1977), 音聲の物理的性質, 『岩波講座日本語5-音韻-』, 岩波書店.

藤本幸夫(1992), 李朝訓讀攷(其一)-『牧牛子修心訣』を中心にして-, 『朝鮮學報』143, 朝鮮學會.

林榮一・間瀨英夫 譯(1978), 『音韻論 總攬』, 大修館書店.

梅田博之(1963), 朝鮮語諸方言の基礎語彙統計學的研究, 『朝鮮學報』27, 朝鮮學會.

梅田博之(1973), 朝鮮語と日本語, 『朝鮮學報』69, 朝鮮學會.

梅田博之(1980), 「구개음화」(Palatalization)에 대하여, 『연암 현평효박사 회갑기념논총』, 형설출판사.

梅田博之(1983), 『한국어의 음성학적 연구-일본어와의 대조를 중심으로-』, 형설출판사.

梅田博之(1989), 朝鮮語, 『言語學大辭典 第2卷 世界言語編(中)』, 三省堂

梅田博之(1999), 硬音再論, 『음성과학』6, 한국음성과학회.

梅田博之・金東俊(1966), 韓國語の文章中の母音の分析, 『朝鮮學報』37・38, 朝鮮學會.

牧野成一 譯(1970), 『言語と構造-言語學の基本概念』, 大修館書店.

木坂千秋・郡司利男 譯(1957), 『英語音韻論』, 研究社.

門脇誠一(1976), 中期朝鮮語における聲調交替について, 『朝鮮學報』79, 朝鮮學會.

門脇誠一(1981), 中期韓國語における母音調和の亂れについて-特に語基母音ㅗ/ㅜを中心に-, 『朝鮮學報』102, 朝鮮學會.

門脇誠一(1985), 中期韓國語の聲調の特徵-特に15世紀末の文獻を中心に-, 『朝鮮學報』116, 朝鮮學會.

門脇誠一(1986), 再び中期韓國語における母音調和の亂れについて-特に第Ⅲ語基母音a/əを中心に-, 『朝鮮學報』119・120, 朝鮮學會.

朴甲洙(1983), 『語錄解』解題, 『朝鮮學報』108, 朝鮮學會.

朴重華(1923), 『日本人之朝鮮語獨學』, 光東書局.

朴惠淑(1981), 韓國語の音節末內破音の喉頭調節-ファイバスコープおよび筋電圖による觀察, 『朝鮮學報』104, 朝鮮學會.

浜田敦(1965), 主格助詞가成立の過程, 『朝鮮學報』35, 朝鮮學會.

寶迫繁勝(1880a), 『韓語入門』, 著者藏板.

寶迫繁勝(1880b), 『日韓善隣通語』, 著者藏板.

服部四郎(1951), 『音聲學』, 岩波書店.

服部四郎(1954~5), 音韻論から見た國語のアクセント, 『國語研究』2・3, 國學院大學 國語研究會.

服部四郎(1955), 入門講座-音韻論(Ⅰ)-, 『國語學』22, 國語學會.

服部四郎(1973), 「音素」と「調素」と「アクセント素」, 『言語の科學』4, 東京言語研究所.

服部四郎 外(1956), 母音の鼻音化と鼻音, 『小林理學研究所報告』6-4, 小林理學研究所.

服部四郎 外(1957), 日本語の母音, 『小林理學研究所報告』7-1, 小林理學研究所.

服部四郎(1979), 「語音翻譯」を通して見た15世紀末の朝鮮語の發音, 『言語の科學』7, 東京言語研究所.

福井玲(1998), 전남 광양시 방언의 액센트 체계와 그 지리적 분포에 대하여, 『국어학』31, 국어학회.

北村甫(1980), 音聲と音韻, 『日本の言語學·第二卷 音韻』, 大修館書店

寺川喜四男(1950), 『音聲・音韻論(日本言語學・下卷)』, 法政大學 出版局.

山田美妙(1892), 日本音調論, 『日本大辭書』, 明法堂.

三根谷徹(1953), 安南語の聲調の體系について, 『金田一博士古稀記念言語民俗論叢』, 三省堂.

森田武(1977), 音韻の變遷(3), 『岩波講座日本語5-音韻』, 岩波書店.

桑原輝男・根間弘海 譯(1980), 『生成音韻論』, 研究社.

上村幸雄(1972), 現代の音韻, 『音韻史・文字史』, 大修館書店.

徐禎穆(1996), 現代韓國語'하오體語尾'の形態論的特徵, 『朝鮮學報』159, 朝鮮學會.

徐翰秀(1981), 韓日 閉鎖音の對照分析-音聲教育のために-,『일어일문학연구』2, 한국일어일문학회.

城生佰太郎(1977), 現代日本語の音韻,『岩波講座日本語5-音韻』, 岩波書店.

城田俊(2003), 日本語の閉鎖と開放の二重體系-外壓化の音聲組織の變革-,『일본언어문화』3, 한국일본언어문화학회.

小林英夫(1935),『言語學方法論考』, 三省堂.

小林英夫 譯(1940),『一般言語學講義』, 岩波書店.

小林智賀平(1952),『言語學初步』, 創元社.

小幡重一・豐島武彦(1932), 朝鮮語母音及び子音の性質,『日本數學物理學會誌』6-4, 日本數學物理學會.

小松英雄(1981),『日本語の音韻』, 中央公論社.

小倉進平(1915), 朝鮮語の子音同化,『藝文』6-8, 京都文學會.

小倉進平(1920),『國語及朝鮮語のため』, ウツボや書籍.

小倉進平(1923),『國語及朝鮮語 發音槪說』, 近澤印刷所出版部.

小倉進平(1924),『南部朝鮮の方言』, 朝鮮史學會.

小倉進平(1928), 朝鮮語の toin-siot,『岡倉先生記念論文集』, 岡倉先生還曆祝賀會.

小倉進平(1929ㄱ),『鄕歌及び吏讀の研究』, 京城帝國大學.

小倉進平(1929ㄴ),『平安南北道の方言』, 京城帝國大學 法文學部 研究調查冊子 1.

小倉進平(1931), 朝鮮語母音の記號表記法に就いて,『音聲の研究』4, 音響學協會.

小倉進平(1934ㄱ), 諺文のロ-マ字表記法,『小田先生頌壽記念朝鮮論集』, 大阪屋號書店.

小倉進平(1934ㄴ),『朝鮮語と日本語』, 明治書院.

小倉進平(1937), 朝鮮語 ［タ］・［チャ］ 行音中の變相,『音聲の研究』6, 音響學協會.

小倉進平(1953), 朝鮮語の喉頭破裂音,『言語研究』22・23, 日本言語學會.

小泉保・牧野勤(1971),『音韻論Ⅰ』, 大修館書店.

孫範基(2011), 現代日本語の母音連續回避のためのわたり音插入について-音聲・音韻的特徵を中心として-,『일어일문학연구』78-1, 한국일어일문학회.

孫範基(2013), 日本語と韓國語の對稱的母音融合について-首里方言と江陵方言を例として-,『일본언어문화』24, 한국일본언어문화학회.

柴田武(1962), 音韻,『方言學槪說』, 武藏野書院.

柴田武 外 編(1980),『日本の言語學 第二卷 音韻-』, 大修館書店.

市河三喜・河野六郎(1949),『言語學Ⅰ』, 法政大學 通信教育部 教材.

市河三喜・河野六郎(1951),『言語學Ⅱ』, 法政大學 通信教育部 教材.

神保格(1927), 國語の音聲上の特質,『國語と國文學』4-4, 東京大學 國語國文學會.

新庄順貞(1918),『鮮語階梯』, 朝鮮總督府.

新村出(1943),『言語學序說』, 星野書店.

安藤正次(1927),『言語學槪論』, 早稻田大學 出版部.

安泳中(1906),『韓語』, 松雲堂.

安田吉實(1968), 濟州道方言における接尾辭「-아기, -아지, -장이, -아치, -바치」の考察,『朝鮮學報』48, 朝鮮學會.

安田章(1978),「方言集釋」小考,『朝鮮學報』89, 朝鮮學會.

藥師寺知矓(1909),『文法註釋 韓語研究法』, 盛文堂.

梁昊淵(1970), 現代韓國語の服飾用語考,『朝鮮學報』55, 朝鮮學會.

塩田今日子(1985), 中期朝鮮語の接續語尾-거늘と-아/-어늘について,『朝鮮學報』114, 朝鮮學會.

奥山仙三(1928), 『朝鮮語大成』, 朝鮮教育會.

奥田一廣(1976), 朝鮮語の對格助詞「를(을)」について-とくに, その文法機能および意義素を中心に-, 『朝鮮學報』 78, 朝鮮學會.

奥村三雄(1972), 古代の音韻, 『音韻史・文字史』, 大修館書店.

奥村三雄(1977), 音韻の變遷(2), 『岩波講座日本語5-音韻』, 岩波書店.

外山映次(1972), 近代の音韻, 『音韻史・文字史』, 大修館書店.

勇康雄 譯(1959), 『言語(上)-構造言語學原論』, 研究社.

油谷幸利(1978), 批評と紹介-「語學研究」第13卷第1號(1977年6月)-, 『朝鮮學報』 88, 朝鮮學會.

油谷幸利(1981), マイクロコンピュータによる朝鮮語の入力と自動印字, 『朝鮮學報』 103, 朝鮮學會.

油谷幸利(1989), 朝鮮語の同形異語について, 『朝鮮學報』 133, 朝鮮學會.

油谷幸利(1994), 朝鮮語 CAIの研究, 『朝鮮學報』 153, 朝鮮學會.

油谷幸利(2005), 일본어권 문법 교육의 현황과 방향, 『국어교육연구』 16, 서울대 국어교육연구소.

有坂秀世(1931), 音聲の認識について, 『音聲の研究』 4, 音聲學協會.

有坂秀世(1940), 『音韻論』, 三省堂.

有坂秀世(1941), アクセントの形の本質について, 『言語研究』 7・8, 日本言語學會.

李康民(1993), 對馬宗家文庫所藏の『物名』について, 『朝鮮學報』 148, 朝鮮學會.

伊藤智ゆき(2007), 『朝鮮漢字音研究』, 汲古書院.

日本音聲學會 編(1976), 『音聲學大辭典』, 三修社.

李完應(1926), 『朝鮮語發音及文法』, 朝鮮語研究會.

日下部文夫(1962), 東京語の音節構成, 『音聲の研究』 10, 日本音聲學會.

長嶋善郎 譯(1980), 『音韻論の原理』, 岩波書店.

長田夏樹(1966), 朝鮮語―音節名詞の史的比較言語學的考察, 『朝鮮學報』 39・40, 朝鮮學會.

前間恭作(1909), 『韓語通』, 丸善株式會社.

前間恭作(1924), 『龍歌故語箋』, 東洋文庫.

前間恭作(1925), 『鷄林類事麗言攷』, 東洋文庫.

田中春美 外(1975), 『言語學入門』, 大修館書店.

鮎貝房之進(1956ㄱ), 借字攷(一), 『朝鮮學報』 7, 朝鮮學會.

鮎貝房之進(1956ㄴ), 借字攷(三), 『朝鮮學報』 9, 朝鮮學會.

鄭國采(1926), 『現行朝鮮語法』, 宮田大光堂.

朝鮮總督府(1917), 『朝鮮語法及會話書』, 朝鮮總督府.

朝鮮總督府 警察官講習所 編(1943), 『朝鮮語教科書』, 朝鮮總督府 警察官講習所.

趙義淵・井田勸衛(1910), 『日韓 韓日 言語集』, 日韓交友會出版所.

左久間鼎(1919), アクセントの型及び式, 『國語の發音とアクセント』, 同文館.

佐伯梅友(1959), 『國語槪說』, 秀英出版.

酒井改藏(1961), 音の轉化に依る朝鮮地名の考察, 『朝鮮學報』 20, 朝鮮學會.

竹林滋・横山一郎 譯(1970), 『記述言語學』, 大修館書店.

中田祝夫(1972), 總說, 『音韻史・文字史』, 大修館書店.

中村完(1961), 「朴通事 上」の漢字の表音について, 『朝鮮學報』 21・22, 朝鮮學會.

中村完(1962), 最近の朝鮮語辭典について(二), 『朝鮮學報』 25, 朝鮮學會.

中村完(1967), 諺文文獻史における英・正時代について,『朝鮮學報』43, 朝鮮學會.

中村完(1968), 訓民正音における文化の構造と意識について,『朝鮮學報』47, 朝鮮學會.

中村完(1969), 批評と紹介-Samuel E. Martin, Yang-Ha Lee, Sung-Un Chang：New Korean-English Dictionary-,『朝鮮學報』51, 朝鮮學會.

増山節夫 譯(1959),『言語(下)-比較言語學・歷史言語學原論-』, 研究社.

志部昭平(1972), 中期朝鮮語の疑問法語尾に就て,『朝鮮學報』62, 朝鮮學會.

志部昭平(1988), 陰德記 高麗詞之事について-文綠慶長の役における假名書き朝鮮語資料-,『朝鮮學報』128, 朝鮮學會.

志部昭平(1992), 宣祖時改譯の三綱行實について-主に壬辰之亂前古本について-,『朝鮮學報』145, 朝鮮學會.

泉井久之助(1928), 音韻法則上の問題,『藝文』19-11, 京都帝國大學 京都文學會.

泉井久之助 譯(1936),「音韻」は如何に記述すべきか,『方言』6-8, 春陽堂.

泉井久之助 譯(1937), 形態音韻學について,『方言』7-4, 春陽堂.

泉井久之助(1944),『言語學論攷』, 畝文館.

泉井久之助・羅鐘昔(1968), 中期朝鮮語の母音調和と母音交替,『言語研究』52, 日本言語學會.

青山秀夫(1956), 現代朝鮮語における母音調和と中性母音の有無,『朝鮮學報』9, 朝鮮學會.

青山秀夫(1960), 批評・紹介-宋枝學 編 朝鮮語小辭典-,『朝鮮學報』18, 朝鮮學會.

青山秀夫(1962), 同義語에 對한 一考察,『朝鮮學報』24, 朝鮮學會.

青山秀夫(1966), 朝鮮語の色彩形容詞に就いて,『朝鮮學報』39・40, 朝鮮學會.

青山秀夫(1968), 現代朝鮮語形容詞の形成について,『朝鮮學報』49, 朝鮮學會.

青山秀夫(1972), 現代朝鮮語の擬聲語,『朝鮮學報』65, 朝鮮學會.

青山秀夫(1976), 朝鮮語の特徵,『朝鮮學報』79, 朝鮮學會.

崔在翊(1918),『朝鮮語の先生』, 大阪屋號書店.

築島裕(1964),『國語學』, 東京大學 出版會.

太田朗(1959),『米語音素論-構造言語學序説-』, 研究社.

太田朗(1960),『構造言語學』, 研究社.

平野日出征(2001ㄱ), 韓國語の音韻變動とランキングの階層, ≪韓日語文學論叢≫, 대학사.

豊島武彦(1933), 朝鮮語母音及び子音の性質,『日本數學物理學會誌』7, 日本數學物理學會.

河野六郎(1939), 朝鮮漢字音の一特質,『言語研究』3, 日本言語學會.

河野六郎(1944), 滿洲國黑河地方に於ける滿洲語の一特色-朝鮮語及び滿洲語の比較研究の一報告-,『學叢』2, 京城帝國大學文學會.

河野六郎(1945),『朝鮮方言學試攷-「鋏」語考-』, 東都書籍.

河野六郎(1947), 新發見の訓民正音に就いて,『東洋學報』31-2, 東洋協會調査部.

河野六郎(1949), 日本語と朝鮮語の二三の類似,『人文科學の諸問題-共同研究「稻」-』, 關書院.

河野六郎(1951), 諺文古文獻の聲點に就いて,『朝鮮學報』1, 朝鮮學會.

河野六郎(1952),「伊路波」の諺文標記に就いて-朝鮮語史の立場から-,『國語國文』21-10, 京都大.

河野六郎(1953), 中期朝鮮語用言語幹の聲調に就いて,『金田一博士古稀記念言語民俗論叢』, 三省堂.

河野六郎(1955), 朝鮮語,『世界言語概説(下)』, 研究社.

河野六郎(1961), 古代朝鮮語に於ける母音間のㄷの變化,『朝鮮學報』21・22, 朝鮮學會.

河野六郎(1962), 中國語の朝鮮語に及ぼした影響,『言語生活』129, 筑摩書房.

河野六郎(1968), 『朝鮮漢字音の研究』, 天理時報社.

河野六郎(1971), 朝鮮語の系統と歴史, 『言語の系統と歴史』, 岩波書店.

幸田寧達(1941), 『朝鮮語文正體』, 德興書林

黒田巍 譯註(1958), 『英語の發音』, 大修館.

黒川新一 譯(1958), 『機能・構造・音韻變化-通時音韻論要說-』, 研究社.

Batkhishig, S.(2009), 17-18세기 몽골어의 음운론적 연구, 단국대 박사학위논문.

Carr, P.(2008), 『A Glossary of Phonology』, Edinburgh University Press.

Crystal, D.(1985), 『Dictionary of Linguistics and Phonetics(2nd edition)』, Basil Blackwell.

Erdenetuya, P.(2011), <몽어유해>의 음운론적 연구, 상지대 석사학위논문.

Kim-Renaud, Y.(1974), 『Korean Consonantal Phonology』, Hanshin Publishing Corporation.

Ramsey, S. R.(1974), 함경・경상 양방언의 액센트 연구, 『국어학』 2, 국어학회.

Dormels, R.(1999), 18세기 한국 한자음의 규범화 과정에 숨겨진 동기, 『국어학』 33, 국어학회.

Gordon, M.(2016), 『Phonological Typology』, Oxford University Press.

Haspelmath, M. & Sims, A. D.(2010), 『Understanding Morphology(2nd edition)』, Hodder Education.

Ladefoged, P. & I., Maddieson(1996), 『The Sounds of the World's Languages』, Basil Blackwell.

Laver, J.(1994), 『Principles of phonetics』, Cambridge University Press.

Martin, S. E.(1954), 『Korean Morphophonemics』, Linguistic Society of America.

Nellen, F. P.(1989), 음성학적인 문제에 관한 한국어와 독일어의 비교, 『한성어문학』 8, 한성어문학회.

Trask, R. L.(1996), 『A Dictionary of Phonetics and Phonology』, Routledge.

| 용어 찾아보기 |

'⟹' 오른쪽은 해당 용어가 나오는 표제항을 가리킨다.

가운데 닫침소리 ⇒ 미파음
가운데 닿소리 ⇒ 양음절성
가운데 모음 ⇒ 단모음¹, 중설 모음, 중앙 모음
가운데 소리 ⇒ 모음
가운데 홀소리 ⇒ 중모음², 중설 모음, 중성 모음
가운뎃소리 ⇒ 중성
가운모음 ⇒ 중설 모음
가음 ⇒ 첨가
가음절 자음 ⇒ 성절음
가이동적 중음 ⇒ 중모음¹
가장자리 ⇒ 음절
가점 ⇒ 방점
가중화 대립 ⇒ 대립
가첨 ⇒ 첨가
가청도 ⇒ 공명도
가휴지 ⇒ 휴지
각 ⇒ 음보
각운 ⇒ 운모, 음절
각음 ⇒ 종성
각자병서 ⇒ 각자병서
간격 동화 ⇒ 간극 동화, 간접 동화
간격 이화 ⇒ 이화
간경음 ⇒ 사잇소리 현상
간극 ⇒ 간극 동화, 개구도, 공명도
간극 닮음 ⇒ 간극 동화
간극 도수 ⇒ 개구도
간극 동화 ⇒ 간극 동화
간극 증대 ⇒ 약화
간극도 ⇒ 개구도, 공명도
간극의 동화 ⇒ 간극 동화
간극의 크기 ⇒ 이중 조음
간단화 ⇒ 규칙 단순화
간략 기호 ⇒ 간략 전사
간략 전사 ⇒ 간략 전사
간략 전사법 ⇒ 간략 전사
간략 표기 ⇒ 간략 전사
간략 표기법 ⇒ 간략 전사
간략식 어음 표기 ⇒ 간략 전사
간음 ⇒ 간음, 활음

간음화 ⇒ 간음, 간음화, 단모음화ⁱ
간이 표기 ⇒ 간략 전사
간이 표기법 ⇒ 간략 전사
간접 동화 ⇒ 간접 동화
간접 이화 ⇒ 이화
간접적 대립 ⇒ 최소 대립쌍
간헐색음 ⇒ 진동음
갈라짐 ⇒ 분열, 이중 모음화
갈리는 소리 ⇒ 마찰음
갈리소리 ⇒ 마찰음
갈림소리 ⇒ 마찰음
갈음 ⇒ 마찰음
갈이소리 ⇒ 마찰음
갈이소리 되기 ⇒ 마찰음화
감각량 ⇒ 공명도
감소 규칙 ⇒ 탈락
감염 ⇒ 감염
감음 ⇒ 탈락
감정적 강세 ⇒ 강약
갑상연골 ⇒ 짜내기 소리
갑성의 음 ⇒ 양성 모음
갑종 ⇒ 양성 모음
강 악센트 ⇒ 강약 악센트
강도 ⇒ 강약
강도 동화 ⇒ 위치 동화
강력 ⇒ 강약
강모음 ⇒ 양성 모음
강부 마찰 ⇒ 마찰음
강세 ⇒ 강약, 돋들림, 악센트
강세 악센트 ⇒ 강약 악센트
강세 음소 ⇒ 강약
강세 음절 ⇒ 음절
강세소 ⇒ 강약
강세소음 ⇒ 강약
강약 ⇒ 강약
강약 악센트 ⇒ 강약, 강약 악센트
강약 액슨트 ⇒ 강약 악센트
강약 역점 ⇒ 강약 악센트
강어조 ⇒ 굴곡조

강음 ⇒ 강약, 강음, 경음, 악센트, 유기음

강음소 ⇒ 강약

강음절 ⇒ 악센트, 음절, 중음절

강음조(强音調) ⇒ 경음화

강음조(降音調) ⇒ 굴곡조

강음화 ⇒ 경음화, 유기음화

강이중 모음 ⇒ 하향 이중 모음

강자음 ⇒ 강음, 경음

강작의 변작성 ⇒ 유기음화

강조 ⇒ 강약, 굴곡조, 돋들림

강조법 ⇒ 돋들림

강조성 ⇒ 돋들림

강조형 ⇒ 굴곡조

강합음 ⇒ 거듭소리

강화 ⇒ 강화

강화 작용 ⇒ 강화

갖갈이소리 ⇒ 마찰음

같은 글자 나란히 쓰기 ⇒ 각자병서

같은 기관 ⇒ 동기관적

같은 닿소리 이음 ⇒ 중복 자음

같은 닿소리끼리의 이음 ⇒ 중복 자음

같은 소리 부딪침 ⇒ 동음 충돌

같은 소리 없앰 ⇒ 동음 탈락

같은 홀소리 되기 ⇒ 모음 동화, 모음의 완전 순행 동화

같은 홀소리 없애기 ⇒ 동일 모음 탈락

같은 홀소리 탈락 ⇒ 동일 모음 탈락

개강도 ⇒ 개구도

개개음 ⇒ 분절음

개구 ⇒ 개구도

개구도 ⇒ 개구도

개구도 동화 ⇒ 간극 동화

개구모음 ⇒ 개모음

개구음 ⇒ 개구음, 개모음

개구호 ⇒ 개음

개리 연접 ⇒ 연접

개모 ⇒ 개음

개모음(開母音) ⇒ 개구음, 개모음, 개음절, 평순 모음

개모음(介母音) ⇒ 개음

개모음소 ⇒ 개모음

개방 ⇒ 파열음

개방 모음 ⇒ 개모음

개방 분절 ⇒ 외파음

개방 연접 ⇒ 연접

개방 음절 ⇒ 개음절

개방 이음새 ⇒ 연접

개방 이행 ⇒ 연접

개방 추이 ⇒ 연접

개방 폐쇄음 ⇒ 외파음

개방음 ⇒ 반모음, 외파음, 지속음

개방후 무성 기간 ⇒ 성대 진동 시작 시간

개별적 변동 ⇒ 교체

개별적 변화 ⇒ 소수 변화

개악도 ⇒ 개구도

개연접 ⇒ 연접

개요음 ⇒ 요음

개원음 ⇒ 개모음

개음(開音) ⇒ 개구음, 개모음, 외파음, 저모음, 폐쇄음, 후음

개음(介音) ⇒ 개음, 활음

개음(個音) ⇒ 음절, 홑소리

개음소 ⇒ 모음

개음절 ⇒ 개음절

개이행 ⇒ 연접

개입 모음 ⇒ 매개 모음

개입음 ⇒ 사잇소리 현상

개재 자음 ⇒ 개재 사음

개재음 ⇒ 개재 자음

개폐도 ⇒ 개구도

거꾸로 먹이기 순서 ⇒ 규칙순

거느림 소리 ⇒ 음절 주음

거듧 밧침 ⇒ 경음

거듧모음 ⇒ 중모음¹

거듭 닿소리 ⇒ 중복 자음

거듭 받침 ⇒ 받침

거듭 음운 ⇒ 거듭소리, 이중 모음

거듭끝소리 ⇒ 받침

거듭닿소리 ⇒ 중자음¹

거듭된 솔애 ⇒ 거듭소리

거듭된 홀소리 ⇒ 중모음¹

계립 관계 ⇒ 감염
계립적 관계 ⇒ 감염
계속 자음 ⇒ 지속음
계속 자질 ⇒ 변별적 자질
계속성 ⇒ 변별적 자질
계속음 → 변별적 자질, 지속음
계속음성 ⇒ 변별적 자질
계열 ⇒ 패러다임
계열 관계 ⇒ 감염
계열적 관계 ⇒ 감염
계열적 변화 ⇒ 무조건 변화
계열적 평준화 ⇒ 유추적 평준화
계열체 ⇒ 패러다임
계합 관계 ⇒ 감염
계합 관계의 단순화 ⇒ 유추적 평준화
계합적 관계 ⇒ 감염
고 악센트 ⇒ 고저 악센트
고계모음 ⇒ 고모음
고구개 ⇒ 구개
고구개음 ⇒ 경구개음
고나 ⇒ 음성
고단 모음 ⇒ 고모음
고단 소리 높이 ⇒ 고저
고단음 ⇒ 변별적 자질
고단중간모음 ⇒ 중모음²
고뎌 ⇒ 고저
고려 역음 ⇒ 동음
고룸소리 ⇒ 매개 모음, 활음조
고룸홀소리 ⇒ 매개 모음
고른 소리 ⇒ 악음
고름홀소리 ⇒ 매개 모음
고름소리 ⇒ 매개 모음
고립 대립 ⇒ 대립
고립 변화 ⇒ 무조건 변화
고립적 대립 ⇒ 대립
고립적 변화 ⇒ 무조건 변화
고모음 ⇒ 고모음, 음성 모음
고모음성 ⇒ 변별적 자질
고모음소 ⇒ 고모음

고모음화 ⇒ 고모음화
고부모음 ⇒ 고모음
고설모음 ⇒ 고모음
고설모음화 ⇒ 고모음화
고설성 ⇒ 변별적 자질
고설음 ⇒ 고모음
고설화 ⇒ 고모음화
고성 ⇒ 고저, 변별적 자질
고성조 ⇒ 고저
고원음 ⇒ 고모음
고위모음 ⇒ 고모음
고위성 ⇒ 변별적 자질
고음(高音) ⇒ 고저
고음(古音) ⇒ 본음
고음도 ⇒ 고저
고음성 ⇒ 변별적 자질
고음소 ⇒ 고저, 성조
고음적 ⇒ 변별적 자질
고음조 ⇒ 고저
고음질 ⇒ 변별적 자질
고자 ⇒ 장음
고저 ⇒ 고저, 성조, 악센트
고저 악센트 ⇒ 고저 악센트
고저 액센트 ⇒ 고저 악센트
고저 역점 ⇒ 고저 악센트
고저 음고 ⇒ 고저
고저 음소 ⇒ 성조
고정 대립 ⇒ 대립
고정 형태 ⇒ 기본형
고정부 ⇒ 조음부
고정부 조음 기관 ⇒ 조음부
고정적 발음 기관 ⇒ 조음부
고정적 상성 어간 ⇒ 단모음화²
고조 ⇒ 고저
고조 성조 ⇒ 고저
고조 액센트 ⇒ 고저 악센트
고조소 ⇒ 고저
고조의 삼중 기피 ⇒ 이화
고평성조 ⇒ 고저

고평조 ⇒ 고저

고평판조 ⇒ 고저

곡사형 ⇒ 굴곡조

곡선 성조 ⇒ 굴곡조

곡선 억양 조직 ⇒ 굴곡조

곡선 음조 ⇒ 굴곡조

곡선적 성조 ⇒ 굴곡조

곡선조 높이 ⇒ 굴곡조

곡선조 성조 ⇒ 굴곡조

곡설음 ⇒ 권설음

곡성조 ⇒ 굴곡조

곡음 ⇒ '이' 모음 역행 동화

곡음의 현상 ⇒ '이' 모음 역행 동화

곡음화 현상 ⇒ '이' 모음 역행 동화

곡절 성조 ⇒ 굴곡조

곤설음 ⇒ 진동음

공급 ⇒ 규칙순

공급 순서 ⇒ 규칙순

공급 순위 ⇒ 규칙순

공기길 ⇒ 개구도

공기의 터짐 ⇒ 파열음

공깃길 ⇒ 개구도, 공명도

공깃길 닮기 ⇒ 간극 동화

공깃길 닮음 ⇒ 간극 동화

공동 조음 ⇒ 동시 조음

공명 자음 ⇒ 공명음

공명도 ⇒ 공명도

공명빈율대 ⇒ 음형대

공명성 ⇒ 변별적 자질

공명음 ⇒ 공명음, 변별적 자질, 조음 방식

공명음대 ⇒ 음형대

공명음성 ⇒ 변별적 자질

공명음소 ⇒ 공명음

공명주파수대 ⇒ 음형대

공명집결음대 ⇒ 음형대

공모성 ⇒ 음절의 끝소리 규칙

공액적 동화 ⇒ 이중 동화

공조음 ⇒ 동시 조음

공진봉 ⇒ 음형대

공통 조어 ⇒ 재구

과교정 ⇒ 과도 교정

과도 ⇒ 활음

과도 교정 ⇒ 과도 교정

과도 교정형의 산출 ⇒ 과도 교정

과도 방언형 ⇒ 과도 교정

과도 분석 ⇒ 과도 교정

과도 수정 ⇒ 과도 교정

과도 오교정 ⇒ 과도 교정

과도 정확 ⇒ 과도 교정

과도부 ⇒ 활음

과도시 어법 ⇒ 과도 교정

과도운 ⇒ 활음

과도음 ⇒ 반모음, 접근음, 활음

과도음 되기 ⇒ 반모음화

과도음 삭제 ⇒ 반모음

과도음 첨가 ⇒ 반모음

과도음 탈락 ⇒ 반모음

과도음 형성 ⇒ 반모음화

과도음화 ⇒ 반모음화

과도적인 모음 ⇒ 중모음

과도한 도시화 ⇒ 과도 교정

과오 역행 ⇒ 과도 교정

과잉 교정 ⇒ 과도 교정

과잉 수정 ⇒ 과도 교정

과잉 순응 ⇒ 과도 교정

과잉 음운 ⇒ 자음군 단순화

과잉 자기 주장 ⇒ 과도 교정

과잉 정확 ⇒ 과도 교정

과정확 어법 ⇒ 과도 교정

관법 모음 ⇒ 모음 조화

관상성 ⇒ 변별적 자질

관성 양음 ⇒ 음성 모음

관습음 ⇒ 익음 소리

관식 표기법 ⇒ 간략 전사

관식 표음 ⇒ 간략 전사

관여적 특징 ⇒ 변별적 자질

관용음 ⇒ 속음

관용적 장단 ⇒ 장단

구부러진 소리 가락 ⇒ 굴곡조
구성소음 ⇒ 음형대
구속 모음 ⇒ 모음, 폐음절
구음 ⇒ 구강음, 음성
구음운 ⇒ 구강음
구자음 ⇒ 구강음
구장 ⇒ 단모음₁, 삼지적 상관속
구조 ⇒ 음운론
구조 기술 ⇒ 규칙 단순화
구축 ⇒ 단모음₁, 삼지적 상관속
구폐쇄음 ⇒ 파열음, 폐쇄음
국부 마찰 ⇒ 마찰음
굳은 소리 ⇒ 강음, 양성 모음
굳은입천장 ⇒ 경구개
굳은입천장소리 ⇒ 경구개음
굳은입천장소리 되기 ⇒ 구개음화
굴곡 분절음 ⇒ 거듭소리
굴곡 성조 ⇒ 굴곡조
굴곡 성조소 ⇒ 성조
굴곡 토님 ⇒ 굴곡조
굴곡조 ⇒ 고저, 굴곡조
굴러된 된소리 ⇒ 경음화
굴리는 소리 ⇒ 유음
굴리소리 ⇒ 유음
굴림된소리 ⇒ 설측음
굴림소리 ⇒ 유음, 진동음, 탄설음
굴림소리 되기 ⇒ 유음화
굴임소리 ⇒ 유음
굴절 ⇒ 모음 교체
굴절어 ⇒ 모음 교체
굴절표 ⇒ 패러다임
굽소리 현상 ⇒ '이' 모음 역행 동화
굽은소리 ⇒ '이' 모음 역행 동화
굽은소리 되기 ⇒ '이' 모음 역행 동화
굽은소리 현상 ⇒ '이' 모음 역행 동화
굽이치는 가락 ⇒ 굴곡조
권발 ⇒ 방점
권설 모음 ⇒ 권설음
권설성모 ⇒ 권설음

권설소리 ⇒ 권설음
권설음 ⇒ 권설음, 진동음, 탄설음
권설자음 ⇒ 권설음
권성 ⇒ 방점
권음 ⇒ 진동음
권점 ⇒ 방점
권표 ⇒ 방점
귀착 ⇒ 음절의 끝소리 규칙, 평파열음화
규범음 ⇒ 대표 변이음, 정음
규측 ⇒ 불규칙
규칙 ⇒ 불규칙
규칙 간단화 ⇒ 규칙 단순화
규칙 간소화 ⇒ 규칙 단순화
규칙 간편화 ⇒ 규칙 단순화
규칙 단순화 ⇒ 규칙 단순화
규칙 부가 ⇒ 규칙 첨가
규칙 삽입 ⇒ 규칙 첨가
규칙 상실 ⇒ 규칙 소멸
규칙 생성 ⇒ 규칙 첨가
규칙 소멸 ⇒ 규칙 소멸
규칙 소실 ⇒ 규칙 소멸
규칙 순서 ⇒ 규칙순
규칙 순서 역전 ⇒ 규칙순 재배열
규칙 순위 변경 ⇒ 규칙순 재배열
규칙 없는 ⇒ 불규칙
규칙 재배열 ⇒ 규칙순 재배열
규칙 재순위화 ⇒ 규칙순 재배열
규칙 적용 순서의 재배열 ⇒ 규칙순 재배열
규칙 적용 순위의 재순위화 ⇒ 규칙순 재배열
규칙 적용 환경의 변화 ⇒ 규칙 단순화
규칙 첨가 ⇒ 규칙 첨가
규칙 추가 ⇒ 규칙 첨가
규칙순 재배열 ⇒ 규칙순 재배열
규칙의 간결화 ⇒ 규칙 단순화
규칙의 간소화 ⇒ 규칙 단순화
규칙의 단순화 ⇒ 규칙 단순화
규칙의 도입 ⇒ 규칙 첨가
규칙의 발생 ⇒ 규칙 첨가
규칙의 부가 ⇒ 규칙 첨가

규칙의 상실 ⇒ 규칙 소멸
규칙의 소실 ⇒ 규칙 소멸
규칙의 순서 바뀜 ⇒ 규칙순 재배열
규칙의 순위 ⇒ 규칙순
규칙의 순위 변경 ⇒ 규칙순 재배열
규칙의 재순위화 ⇒ 규칙순 재배열
규칙의 첨가 ⇒ 규칙 첨가
규칙의 탈락 ⇒ 규칙 소멸
규칙적 ⇒ 불규칙
규칙적 연성 ⇒ 연성
균열 마찰음 ⇒ 마찰음
균형 대립 ⇒ 대립
균형적 대립 ⇒ 대립
그릇된 회귀 ⇒ 과도 교정
그릇분석 ⇒ 재분석
그밖에 조건 ⇒ 여타 조건
극단 ⇒ 장단
극장 ⇒ 장단
근모음 ⇒ 모음 교체
근본음 ⇒ 본음
근본형 ⇒ 기본형
근음 ⇒ 접근음
근접 이화 ⇒ 이화
근접음 ⇒ 접근음, 활음
근접점 ⇒ 조음부
근찰음 ⇒ 반모음, 접근음
근폐모음 ⇒ 폐모음
글라이드 ⇒ 활음
글라이드음 ⇒ 활음
글라이드화 ⇒ 반모음화
금속음 ⇒ 속음
급개음 ⇒ 외파음
급여 ⇒ 규칙순
급여 순서 ⇒ 규칙순
급여순 ⇒ 규칙순
급여하는 순서 ⇒ 규칙순
급외 ⇒ 규칙순
급외 관계 ⇒ 규칙순
급외 순서 ⇒ 규칙순

급입 ⇒ 규칙순
급입 관계 ⇒ 규칙순
급입 순서 ⇒ 규칙순
급입순 ⇒ 규칙순
급촉음 ⇒ 입성음
굿소리 ⇒ 종성
기 ⇒ 기식
기관 ⇒ 후두
기군 ⇒ 기식군
기능 부담 ⇒ 기능 부담량
기능 부담량 ⇒ 기능 부담량
기능 부하량 ⇒ 기능 부담량
기능 산출량 ⇒ 기능 부담량
기능 효율 ⇒ 기능 부담량
기능량 ⇒ 기능 부담량
기능적 변화 ⇒ 음운 현상
기능적 부담량 ⇒ 기능 부담량
기동 기관 ⇒ 발동부
기동부 ⇒ 발동부
기동체 ⇒ 발동부
기둥 ⇒ 음절 주음
기류 단절음 ⇒ 미파음
기류 지속음 ⇒ 지속음
기문음 ⇒ 후음
기복 성조 ⇒ 굴곡조
기복 성조 체계 ⇒ 굴곡조
기복 체계 ⇒ 굴곡조
기복식 ⇒ 굴곡조
기복형 ⇒ 굴곡조
기본 교체 형식 ⇒ 기본형
기본 교체형 ⇒ 기본형
기본 대표 형태 ⇒ 기본형
기본 모음 ⇒ 기본 모음, 단모음¹, 음절 주음
기본 변종 ⇒ 대표 변이음
기본 양음 ⇒ 단모음¹
기본 음가 ⇒ 대표 변이음
기본 음운 ⇒ 대표 변이음
기본 이음 ⇒ 대표 변이음
기본 형태 ⇒ 기본형

기본 형태소 ⇒ 기본형
기본 홀소리 ⇒ 기본 모음
기본음 ⇒ 대표 변이음
기본적 변이음 ⇒ 대표 변이음
기본적 이형태 ⇒ 기본형
기본적 형 ⇒ 기본형
기본형 ⇒ 기본형
기생 모음 ⇒ 첨가
기생음 ⇒ 매개 자음, 첨가
기생적 단모음 ⇒ 첨가
기성 ⇒ 기식, 유기음
기식 ⇒ 기식
기식 개방 ⇒ 파열음
기식 단락 ⇒ 기식군
기식 단위 ⇒ 기식군
기식 섞인 목소리 ⇒ 중앙음
기식 유성 장애음 ⇒ 중앙음
기식 유성음 ⇒ 중앙음
기식 자음 ⇒ 유기음
기식 집단 ⇒ 기식군
기식 폐쇄 ⇒ 미파화, 파열음
기식 폐쇄 시간 ⇒ 폐쇄 지속 시간
기식 휴지 동안 ⇒ 폐쇄 지속 시간
기식군 ⇒ 기식군
기식성 ⇒ 기식
기식음 ⇒ 기식, 속삭임, 유기음
기식음화 ⇒ 유기음화
기식의 위치 ⇒ 유기음
기식의 정도 ⇒ 유기음
기식절 ⇒ 기식군
기식화 ⇒ 유기음화
기억상의 관계 ⇒ 감염
기음 ⇒ 기식, 유기음
기음성 ⇒ 기식
기음화 ⇒ 유기음화
기저 어간 이형태 ⇒ 복수 기저형
기저 음소 ⇒ 음소, 형태 음운
기저 음소 표시 ⇒ 기저형
기저 음운 ⇒ 형태 음운

기저 음운 표시 ⇒ 기저형
기저 음절 ⇒ 연음, 음절
기저 이형태 ⇒ 복수 기저형
기저 표상 ⇒ 기저형
기저 표시 ⇒ 기저형
기저 표현형 ⇒ 기저형
기저 형식 ⇒ 기저형
기저 형태 ⇒ 기저형
기저 휴지 ⇒ 휴지
기저형 ⇒ 기저형
기저형 설정 조건 ⇒ 기저형
기준 모음 ⇒ 기본 모음
기체 형식 ⇒ 기본형
기체형 ⇒ 기본형
긴 모음 ⇒ 장모음
긴 음소 ⇒ 장단
긴 음장소 ⇒ 장모음
긴 크로님 ⇒ 장단
긴 홀소리 ⇒ 장모음
긴 닿소리 ⇒ 장자음
긴밀 연접 ⇒ 연접
긴밀 이음새 ⇒ 연접
긴밀 합성어 ⇒ 약화
긴밀도 ⇒ 경음화
긴소리 ⇒ 장단, 장음
긴소리 되기 ⇒ 장모음화
긴소리 음운 ⇒ 장단
긴음 ⇒ 긴장음, 장음
긴음 모음 ⇒ 긴장음
긴음성 ⇒ 변별적 자질
긴자음 ⇒ 장자음
긴장 ⇒ 긴장음, 활음
긴장 모음 ⇒ 긴장음, 장모음
긴장 음운 ⇒ 경음
긴장 자음 ⇒ 강음, 경음
긴장 홀소리 ⇒ 긴장음
긴장성 ⇒ 변별적 자질
긴장성 모음 ⇒ 긴장음
긴장성음 ⇒ 강음

긴장음 ⇒ 강음, 경음, 긴장음, 변별적 자질

긴장자음화 ⇒ 경음화

긴홀소리 되기 ⇒ 장모음화

긴후 모음 ⇒ 긴장음, 짜내기 소리

길고 자름 ⇒ 장단

길고 짜름 → 장단

길고 짤음 ⇒ 장단

길고 짧음 ⇒ 장단

길이 ⇒ 장단

길이 악센트 ⇒ 악센트

길이 운소 ⇒ 장단

길이의 운소 ⇒ 장단

길죽모음 ⇒ 평순 모음

길쭉모음 ⇒ 평순 모음

깊소리 ⇒ 장음

깊은 모음 ⇒ 후설 모음

깊은 혀뒷소리 ⇒ 후음

꺾임 ⇒ 분열

꼬리 ⇒ 종성

꼬리음 ⇒ 종성

꼬릿소리 ⇒ 받침

꼭닫이 ⇒ 경음

꽉닫이 ⇒ 유기음

꾸미는 요소 ⇒ 초분절음

끄는 사슬 ⇒ 음운 추이

끊기 ⇒ 휴지

끊김 ⇒ 휴지

끊어 내기 ⇒ 음절의 끝소리 규칙

끊어 읽기 ⇒ 절음

끊었다 이어 읽기 ⇒ 절음

끊음소리 ⇒ 절음

끊음소리 법칙 ⇒ 절음

끊임소리 ⇒ 절음

끌기 사슬 ⇒ 음운 추이

끌기 연쇄 ⇒ 음운 추이

끌어당기기 ⇒ 음운 추이

끌어당기기 추이 ⇒ 음운 추이

끗소리 ⇒ 종성

끝 단계 ⇒ 활음

끝남법 ⇒ 억양

끝닿소리 ⇒ 종성

끝닿소리의 달라짐 ⇒ 평파열음화

끝맺기 ⇒ 휴지

끝맺음 억양 ⇒ 억양

끝모음 → 단모음¹

끝소리 ⇒ 종성

끝소리 규칙 ⇒ 음절의 끝소리 규칙, 평파열음화

끝소리 되기 ⇒ 평파열음화

끝소리 법칙 ⇒ 음절의 끝소리 규칙

끝소리 자리 옮기기 ⇒ 위치 동화

끝소리의 겹소리 ⇒ 받침

끝소리의 달라짐 ⇒ 음절의 끝소리 규칙

끝소리의 바꾸임 ⇒ 자음 접변

끝소리의 자리 옮기기 ⇒ 위치 동화

끝소리의 첫소리 되기 현상 ⇒ 연음¹

끝소리의 탈락 ⇒ 자음군 단순화

끝위치 ⇒ 어말

끝자리 ⇒ 어말

끼리끼리 어울림 ⇒ 모음 조화

끼어 들어감 ⇒ 첨가

끼어드는 모음 ⇒ 첨가

끼우기 ⇒ 첨가

●●● ㄴ

'ㄴ' 끼우기 ⇒ 'ㄴ' 첨가

'ㄴ' 덧나기 ⇒ 'ㄴ' 첨가

'ㄴ' 삽입 ⇒ 'ㄴ' 첨가

'ㄴ' 설측음화 ⇒ 유음화

'ㄴ' 소리 덧나기 ⇒ 'ㄴ' 첨가

'ㄴ' 첨가 ⇒ 'ㄴ' 첨가

'ㄴ'의 'ㄹ' 되기 ⇒ 유음화

'ㄴ'의 설측음화 ⇒ 유음화

'ㄴ'이 'ㄹ'로 동화 ⇒ 유음화

'ㄴ'이 'ㄹ'로 바꾸임 ⇒ 유음화

'ㄴㄹ'의 비음화 ⇒ 'ㄹ'의 비음화

나가는 과도음 ⇒ 활음

나뉨 ⇒ 분열, 이중 모음화

662

나는 자리 ⇒ 조음 위치
나리닮음 ⇒ 순행 동화
나머지 소리 ⇒ 여음
나중소리 ⇒ 종성
나중소리의 달라짐 ⇒ 평파열음화
나즌조 ⇒ 단음
나즌조 ⇒ 성조
나즌모음 ⇒ 저모음
날갈이소리 ⇒ 마찰음
날름소리 ⇒ 탄설음
날미끄럼 ⇒ 활음
날미끄름 ⇒ 활음
날숨 ⇒ 무성음, 발동부, 흡착음
날숨소리 ⇒ 발동부, 중얼거림
날카로운 소리 ⇒ 강음
남성 모음 ⇒ 양성 모음
남은 소리 ⇒ 여음
낫내 ⇒ 음절
낭도 ⇒ 공명도
낭음(朗音) ⇒ 공명음
낭음(浪音) ⇒ 탄설음
낭음성 ⇒ 변별적 자질
낭음적 ⇒ 변별적 자질
낭음질 ⇒ 변별적 자질
낮은 가락 ⇒ 고저, 성조
낮은 모음 ⇒ 저모음
낮은 소리 ⇒ 고저
낮은 음도 ⇒ 고저
낮은 음조 ⇒ 고저
낮은 홀소리 ⇒ 저모음
낮음 ⇒ 변별적 자질
낯내 ⇒ 음절
낯소리 ⇒ 음절
낱꼴 ⇒ 음소
낱내 ⇒ 음절
낱내 버금 ⇒ 음절 부음
낱내 으뜸 ⇒ 음절 주음
낱말 음조 ⇒ 고저 악센트
낱말머리 ⇒ 어두

낱소리 ⇒ 변이음, 분절음, 홑소리
내개연접 ⇒ 연접
내건너감 ⇒ 활음
내는 법 ⇒ 조음 방식
내뜨림소리 ⇒ 방출음
내리 겹모음 ⇒ 하향 이중 모음
내리닮기 ⇒ 순행 동화
내리닮음 ⇒ 순행 동화
내리달라짐 ⇒ 이화
내리막 가락 ⇒ 고저, 굴곡조
내리막 변동조 ⇒ 굴곡조
내린 모음 ⇒ 저모음
내림 가락 ⇒ 굴곡조
내림 겹소리 ⇒ 하향 이중 모음
내림 겹홀소리 ⇒ 하향 이중 모음
내림 두겹홀소리 ⇒ 하향 이중 모음
내림 억양 ⇒ 굴곡조
내림 이중 모음 ⇒ 하향 이중 모음
내림류형 ⇒ 굴곡조
내림조 ⇒ 굴곡조
내림형 겹모음 ⇒ 하향 이중 모음
내부 개방 연접 ⇒ 연접
내부 굴절 ⇒ 모음 교체
내부 단어 경계 ⇒ 약화
내부 연성 ⇒ 연성
내부 연접 ⇒ 연접
내부 재건 ⇒ 재구
내부 조화 ⇒ 모음 조화
내부적 재구 ⇒ 재구
내뿜는 소리 ⇒ 방출음
내연성 ⇒ 연성
내재개접 ⇒ 연접
내재적 규칙순 ⇒ 규칙순
내적 개방 연접 ⇒ 연접
내적 개연접 ⇒ 연접
내적 연성 ⇒ 연성
내적 연접 ⇒ 연접
내적 연접소 ⇒ 연접
내적 재구 ⇒ 재구

내적 재구법 ⇒ 재구
내적 파생 ⇒ 음상
내적 폐쇄 연접 ⇒ 연접
내적 휴지 ⇒ 휴지
내종 소리 ⇒ 종성
내중소리 ⇒ 종성
내찰 ⇒ 외파음
내파 ⇒ 미파음, 미파화, 파열음
내파 폐쇄음 ⇒ 미파음
내파 현상 ⇒ 미파화
내파열 ⇒ 내파음, 미파음, 미파화
내파열음 ⇒ 내파음, 미파음
내파음 ⇒ 내파음, 미파음, 폐쇄음
내파음화 ⇒ 미파화, 평파열음화
내파음화 규칙 ⇒ 음절의 끝소리 규칙
내파폐쇄음 ⇒ 내파음
내파화 ⇒ 미파화, 평파열음화
내향 이중 모음 ⇒ 이중 모음
너무 돌이킴 ⇒ 과도 교정
넓은 모음 ⇒ 개모음
넓은소리 ⇒ 평순 모음
넓은홀소리 ⇒ 평순 모음
넙적함의 소리 ⇒ 평순 모음
녹아듦 ⇒ 축약
놉고 낮음 ⇒ 고저
놉흔주 ⇒ 장음
농음 ⇒ 경음, 양성 모음, 음성 모음
농음화 ⇒ 경음화
높고 낮음 ⇒ 고저
높낮이 ⇒ 고저
높낮이 악센트 ⇒ 고저 악센트
높낮이 액센트 ⇒ 고저 악센트
높어조 ⇒ 고저
높은 가락 ⇒ 고저
높은 모음 ⇒ 고모음
높은 소리 ⇒ 고저
높은 음도 ⇒ 고저
높은 음조 ⇒ 고저
높은 홀소리 ⇒ 고모음

높은 홀소리 되기 ⇒ 고모음화
높음 ⇒ 변별적 자질
높이 ⇒ 고저
높이 가락 ⇒ 고저 악센트
높이 마루 ⇒ 고저 악센트
높이 익센드 ⇒ 고저 악센트
높이 액센트 ⇒ 고저 악센트
뇌음 ⇒ 권설음
능동 조음 기관 ⇒ 조음부
능동 조음자 ⇒ 조음부
능동부 ⇒ 조음부
능동성 조음부 ⇒ 조음부
능동적 발음 기관 ⇒ 조음부
능동적 음성 기관 ⇒ 조음부
능동적 조음 기관 ⇒ 조음부
능동적 조음자 ⇒ 조음부
니몸 ⇒ 치조
니소리 ⇒ 치음
니쏘리 ⇒ 치음
니틀 ⇒ 치조
닙소리 ⇒ 구강음
닛소리 ⇒ 치음

●●● ㄷ

'ㄷ' 구개음화 ⇒ 구개음화
'ㄷ' 덧나기 ⇒ 사잇소리 현상
'ㄷ'음화 ⇒ 평파열음화
다그기 ⇒ 조음 방식
다기음 ⇒ 유기음
다른 글자 나란히 쓰기 ⇒ 합용병서
다른 소리 ⇒ 변이음
다른꼴 ⇒ 이형태
다름 현상 ⇒ 이화
다막음 ⇒ 폐쇄음
다막음소리 ⇒ 조음 방식, 폐쇄음
다면 대립 ⇒ 대립
다면적 대립 ⇒ 대립
다물음 ⇒ 파열음

다법 모음 ⇒ 모음 조화

다변적 대립 ⇒ 대립

다수 변화 ⇒ 성조, 소수 변화

다원 대립 ⇒ 대립

다원적 대립 ⇒ 대립

다음 한자 ⇒ 복수음자

다음자 ⇒ 복수음자

다중 기저형 ⇒ 복수 기저형

다차원적 대립 ⇒ 대립

다항 대립 ⇒ 대립

단 ⇒ 장단

단 활용설 ⇒ 기본형

단기 ⇒ 기식

단단모음소 ⇒ 단모음²

단단입천장 ⇒ 경구개

단단한 입천장 ⇒ 경구개

단모음(單母音) ⇒ 단모음¹

단모음(短母音) ⇒ 단모음²

단모음(短母音) 음소 ⇒ 단모음²

단모음소(單母音素) ⇒ 단모음¹

단모음소(短母音素) ⇒ 단모음²

단모음소화(單母音素化) ⇒ 단모음화¹

단모음소화(短母音素化) ⇒ 단모음화²

단모음화(單母音化) ⇒ 단모음화¹

단모음화(短母音化) ⇒ 단모음화²

단모화 ⇒ 단모음화¹

단밧팀 ⇒ 받침

단보음 ⇒ 성모

단성 ⇒ 단음

단수 기저형 ⇒ 기저형, 복수 기저형

단순 모음 ⇒ 단모음¹

단순 모음화 ⇒ 단모음화¹

단순 성모 ⇒ 성모

단순 억양소 ⇒ 억양

단순 음운 ⇒ 평음, 홑소리

단순 자음 ⇒ 단자음¹, 평음

단순음 ⇒ 모음, 평음, 홑소리

단순화 ⇒ 규칙 단순화, 동음 탈락, 유추적 평준화

단순화 규칙 ⇒ 자음군 단순화

단양음 ⇒ 단모음¹

단양절 ⇒ 단모음¹

단어 경계 ⇒ 약화

단어 구조 제약 ⇒ 두음 법칙

단어 성조 ⇒ 고저 악센트

단어 음조 ⇒ 고저 악센트

단어 적형 제약 ⇒ 두음 법칙

단어의 첫자리 ⇒ 어두

단운모 ⇒ 운모

단원음 ⇒ 단모음¹

단위 음소 ⇒ 홑소리

단음(短音) ⇒ 단음, 장단

단음(斷音) ⇒ 미파음, 파열음, 폐쇄음

단음(單音) ⇒ 개음절, 단모음¹, 단자음¹, 모음, 변이음,
　　　　　　　절음, 음성, 음소, 음운, 홑소리

단음 도막 ⇒ 분절음

단음소 ⇒ 분절음, 홑소리

단음장소 ⇒ 장단

단음절(短音節) ⇒ 단모음², 장단

단음절(單音節) ⇒ 단자음¹

단음절 복모음 ⇒ 이중 모음

단음절화(單音節化) ⇒ 단모음화¹

단음절화(短音節化) ⇒ 단모음화²

단음화(單音化) ⇒ 단모음화¹, 자음군 단순화,
　　　　　　　중복 자음

단음화(短音化) ⇒ 단모음화²

단 이중 모음소 ⇒ 이중 모음

단일 기저형 ⇒ 복수 기저형

단일 동화 ⇒ 동화

단일 모음 ⇒ 단모음¹

단일 모음화 ⇒ 단모음화¹

단일 음소 ⇒ 홑소리

단일 음운 ⇒ 홑소리

단일 자음 ⇒ 단자음¹

단일한 기저형 ⇒ 복수 기저형

단일화 ⇒ 유추적 평준화

단자음(單子音) ⇒ 단자음¹

단자음(短子音) ⇒ 단자음²

단자음화 ⇒ 완전 동화, 중복 자음

단전동음 ⇒ 탄설음
단전음 ⇒ 탄설음
단조 ⇒ 단음, 장단
단조화 ⇒ 단모음화
단종성 ⇒ 받침
단중모음 ⇒ 이중 모음
단중성 ⇒ 단모음
단지음 ⇒ 받침
단초성 ⇒ 단자음
단축 ⇒ 축약
단타음 ⇒ 탄설음
단형 기저형 ⇒ 복수 기저형
단화 작용 ⇒ 동음 탈락
단휴 ⇒ 휴지
닫긴 마디 ⇒ 폐음절
닫긴 소리마디 ⇒ 폐음절
닫는 소리마디 ⇒ 폐음절
닫소리 ⇒ 자음
닫소리씨 ⇒ 자음
닫은 소리 ⇒ 폐모음
닫은 홀소리 ⇒ 폐모음
닫음 ⇒ 파열음
닫음 바탕 되기 ⇒ 미파화
닫음 지속 시간 ⇒ 폐쇄 지속 시간
닫음소리 ⇒ 미파음, 폐쇄음
닫음소리 되기 ⇒ 미파화
닫침 소리 규칙 ⇒ 평파열음화
닫침 이음 ⇒ 연접
닫침소리 ⇒ 미파음, 비음
닫침소리 규칙 ⇒ 미파화
닫침소리 되기 ⇒ 미파화
닫홀소리 ⇒ 고모음, 폐모음
닫힌 가락 ⇒ 성조
닫힌 낱내 ⇒ 폐음절
닫힌 마디 ⇒ 폐음절
닫힌 모음 ⇒ 음성 모음, 폐모음
닫힌 소리 ⇒ 미파음
닫힌 소리마디 ⇒ 폐음절
닫힌 음절 ⇒ 폐음절

닫힌 이음 ⇒ 연접
닫힌 이음매 ⇒ 연접
닫힌 홀소리 ⇒ 폐모음
닫힘소리 ⇒ 미파음, 폐쇄음
닫힘소리 규칙 ⇒ 미파화
닫힘소리 되기 ⇒ 미파화
닫힘소리화 ⇒ 미파화
달라지기 ⇒ 이화
달라진 소리 ⇒ 변이음
달라짐 ⇒ 이화
닮기 ⇒ 동화
닮아 바뀜 ⇒ 동화
닮은바뀜 ⇒ 동화
닮음 ⇒ 동화
닮음소리 ⇒ 동화
담음 ⇒ 양성 모음, 음성 모음
닷소리 ⇒ 자음
닷소리의 잇어 박구임 ⇒ 자음 접변
닷소리의 접변 ⇒ 자음 접변
당기는 변화 ⇒ 음운 추이
당기는 사슬 ⇒ 음운 추이
당기는 연쇄 ⇒ 음운 추이
닿기 ⇒ 조음 방식
닿소리 ⇒ 자음
닿소리 닮음 ⇒ 자음 동화
닿소리 무리 ⇒ 자음군
닿소리 발음 법칙 ⇒ 미파화
닿소리 부딪힘 ⇒ 자음 충돌
닿소리 부딪힘 회피 ⇒ 자음 충돌
닿소리 이어 바꿈 ⇒ 자음 접변
닿소리 이어 바뀜 ⇒ 자음 접변
닿소리 접변 ⇒ 자음 접변
닿소리 중복 ⇒ 중복 자음
닿소리군 ⇒ 자음군
닿소리끼리의 닮음 ⇒ 자음 접변
닿소리떨기 ⇒ 자음군
닿소리떼 ⇒ 자음군
닿소리떼의 단순화 ⇒ 자음군 단순화
닿소리의 강도 동화 ⇒ 위치 동화

닿소리의 닮음 ⇒ 자음 동화
닿소리의 만나 바꾸임 ⇒ 자음 접변
닿소리의 연변 ⇒ 자음 접변
닿소리의 이어 바꿈 ⇒ 자음 접변
닿소리의 이어 바뀜 ⇒ 자음 접변
닿소리의 잇어 바꿈 ⇒ 자음 접변
닿소리의 접변 ⇒ 자음 접변
닿소리의 콧소리 되기 ⇒ 비음화
닿소리의 힘 ⇒ 음절의 끝소리 규칙
대각 이중 모음 ⇒ 이중 모음
대각선 이중 모음 ⇒ 이중 모음
대각음 ⇒ 개모음
대간극 모음 ⇒ 개모음
대개모음 ⇒ 개모음
대규칙 ⇒ 성조
대기 ⇒ 기식
대기 음운 ⇒ 유기음
대기음 ⇒ 유기음
대기음화 ⇒ 유기음화
대립 ⇒ 대립
대립 관계 ⇒ 감염
대립쌍 ⇒ 최소 대립쌍
대립의 쌍 ⇒ 최소 대립쌍
대모음 추이 ⇒ 음운 추이
대분절 ⇒ 기식군
대비 최소물 ⇒ 최소 대립쌍
대상 연장 ⇒ 장모음화
대상음 ⇒ 피동화음
대소 ⇒ 강약
대음 ⇒ 유성음
대음소 ⇒ 원음소
대찰음 ⇒ 파찰음
대체 ⇒ 대치
대치 ⇒ 동화
대치 현상 ⇒ 이형태
대칭적 분포 ⇒ 상보적 분포
대표 변이음 ⇒ 대표 변이음
대표 이음 ⇒ 대표 변이음
대표 이형태 ⇒ 기본형

대표 작용 ⇒ 평파열음화
대표 형태 ⇒ 기본형, 기저형
대표음 ⇒ 대표 변이음, 음절의 끝소리 규칙,
　　　　　자음군 단순화
대표음 발음 ⇒ 평파열음화
대표음 제약 ⇒ 평파열음화
대표적 단음 ⇒ 대표 변이음
대표적 변이음 ⇒ 대표 변이음
대표형 ⇒ 기본형
덛거듭 ⇒ 거듭소리
덜막음 ⇒ 지속음
덜막음소리 ⇒ 조음 방식, 지속음
덜음 규칙 ⇒ 탈락
덧거듭 ⇒ 거듭소리
덧거듭닿소리 ⇒ 거듭소리
덧거듭소리 ⇒ 거듭소리
덧겹닿소리 ⇒ 거듭소리
덧겹소리 ⇒ 거듭소리
덧나기 ⇒ 첨가
덧남 ⇒ 첨가
덧보탬 ⇒ 첨가
덧붙는 요소 ⇒ 초분절음
덧소리 ⇒ 거듭소리, 초분절음
덧씌움 음소 ⇒ 운소
덧음소 ⇒ 초분절음
덧하야 되는 복음 ⇒ 거듭소리
덧하여 거듭함 ⇒ 거듭소리
도입적 섭음 ⇒ 활음
도출 ⇒ 도출
도출 과정 ⇒ 도출
도출된 표시 ⇒ 중간형
도출형 ⇒ 도출, 표면형
도치 ⇒ 도치
도치 현상 ⇒ 도치
독립 변화 ⇒ 무조건 변화
독모음 ⇒ 양성 모음
독법 모음 ⇒ 모음 조화
돋들림 ⇒ 돋들림
돌림 ⇒ 방점

돌립 강세 ⇒ 돋들림

돌출 ⇒ 돋들림

돌출도 ⇒ 돋들림

돌출성 ⇒ 돋들림

돌출음 ⇒ 돋들림

동귀 ⇒ 평파열음

동근입술소리 되기 ⇒ 원순 모음화

동기관 ⇒ 동기관적

동기관성 ⇒ 동기관적

동기관음 ⇒ 동기관적

동기관음성 ⇒ 동기관적

동기관음적 ⇒ 동기관적

동기관의 ⇒ 동기관적

동기관적 ⇒ 동기관적

동기관적 비음화 ⇒ 동기관적

동기관적 이화 ⇒ 동기관적, 동음 탈락, 유음 탈락

동기관적 중화 ⇒ 동기관적

동기관적 중화 현상 ⇒ 평파열음화

동기관적 첨가 ⇒ 동기관적

동기관적 탈락 ⇒ 동기관적

동기관적 평파열음화 ⇒ 동기관적

동기성 ⇒ 동기관적

동기음 ⇒ 동기관적

동기음의 ⇒ 동기관적

동기음적 ⇒ 동기관적

동명자 ⇒ 자음j

동모음 ⇒ 이중 모음, 중모음j

동모음 삭제 ⇒ 동일 모음 탈락

동모음 생략 ⇒ 동일 모음 탈락

동모음 탈락 ⇒ 동일 모음 탈락

동모음화 ⇒ 모음의 완전 순행 동화

동상 규칙 ⇒ 거울 영상 규칙

동시 복음 ⇒ 거듭소리

동시 복합 분절음 ⇒ 거듭소리

동시 복합음 ⇒ 거듭소리

동시 조음 ⇒ 동시 조음

동시적 분포 ⇒ 상보적 분포

동안 ⇒ 장단

동위 ⇒ 동기관적

동위음 ⇒ 동기관적

동위적 ⇒ 동기관적

동위치 ⇒ 동기관적

동위치 파찰음 ⇒ 파찰음

동위치음 ⇒ 동기관적

동음 ⇒ 동음

동음 배열 ⇒ 동음 충돌

동음 삭제 ⇒ 동일 모음 탈락

동음 생략 ⇒ 동음 탈락

동음 생약 ⇒ 동음 탈락

동음 중복 ⇒ 동음 충돌, 중복 자음

동음 중출 ⇒ 동음 충돌

동음 축약 ⇒ 동일 모음 탈락

동음 충돌 ⇒ 동음 충돌, 동음 탈락

동음 탈락 ⇒ 동음 탈락, 동일 모음 탈락

동음어 ⇒ 최소 대립쌍

동음어 충돌 ⇒ 동음 탈락

동음위치적 ⇒ 동기관적

동음위치적 역행비음화 ⇒ 비음화

동음이의어 ⇒ 최소 대립쌍

동음자 ⇒ 직음

동음절 탈락 ⇒ 동음 탈락

동음화 ⇒ 동음 탈락

동일 구조 ⇒ 동기관적

동일 모음 삭제 ⇒ 동일 모음 탈락

동일 모음 탈락 ⇒ 동일 모음 탈락

동일 모음소 탈락 ⇒ 동일 모음 탈락

동일 자음 ⇒ 중복 자음

동일 조음점 ⇒ 동기관적

동일 조음점 규칙 ⇒ 위치 동화

동일음 삭제 ⇒ 동음 탈락

동일조음부 ⇒ 동기관적

동자 이음자 ⇒ 복수음자

동자병서 ⇒ 각자병서

동조 ⇒ 굴곡조

동조음 ⇒ 동시 조음

동조음 비음화 ⇒ 비음화

동조음기관적 ⇒ 동기관적

동조음적 ⇒ 동기관적

동조음점 ⇒ 동기관적
동형 이음자 ⇒ 복수음자
동형 충돌 ⇒ 동음 탈락
동형조 ⇒ 매개 모음
동화 ⇒ 동화, 완전 동화
동화 작용 ⇒ 동화
동화 전음 ⇒ 동화
동화 접변 ⇒ 동화
동화 촉발음 ⇒ 동화음
동화소 ⇒ 동화음
동화음 ⇒ 동화음, 자음 접변
동화음 법칙 ⇒ 동화
동화자 ⇒ 동화음
동화주 ⇒ 동화음
동화주음 ⇒ 동화음
되어짐 ⇒ 경음화
되인 음 ⇒ 경음
되인시옷 ⇒ 경음
된닿소리 ⇒ 경음, 경음화
된 말근 소리 ⇒ 경음
된맑은소리 ⇒ 경음
된바침 ⇒ 경음
된받침 ⇒ 경음
된ㅅ ⇒ 경음
된소리 ⇒ 강음, 거듭소리, 경음
된소리 되기 ⇒ 경음화
된소리 현상 ⇒ 경음화, 사잇소리 현상
된소리로 바뀜 ⇒ 경음화
된소리화 ⇒ 경음화
된시옷 ⇒ 경음
된음 ⇒ 경음
된음화 ⇒ 경음화
된이응 ⇒ 후두 파열음
된입천장 ⇒ 경구개
된흐름소리 ⇒ 설측음
된흐린소리 ⇒ 경음
두 음절에 걸친 ⇒ 양음절성
두각성 ⇒ 돋들림
두겹모음 ⇒ 이중 모음

두겹 홀소리 ⇒ 이중 모음
두겹 홀소리 되기 ⇒ 이중 모음화
두드러진 소리 ⇒ 돋들림
두드러짐 ⇒ 돋들림
두들김소리 ⇒ 탄설음
두련 ⇒ 초성
두루뽑소리 ⇒ 중성 모음
두부 ⇒ 초성
두위 ⇒ 어두
두위 결합 ⇒ 자음군
두음 ⇒ 성모, 어두, 초성
두음 강화 ⇒ 경음화
두음 경음화 ⇒ 경음화
두음 규칙 ⇒ 두음 법칙
두음 법칙 ⇒ 두음 법칙
두음 전환 ⇒ 도치
두음 제약 ⇒ 두음 법칙
두음 현상 ⇒ 두음 법칙
두음 회피 현상 ⇒ 두음 법칙
두입살소리 ⇒ 양순음
두입술 닿소리 ⇒ 양순음
두입술 홀소리 ⇒ 원순 모음
두입술소리 ⇒ 양순음
두입술소리 되기 ⇒ 원순 모음화
두자음 ⇒ 성모, 초성
두자음 연결 ⇒ 자음군
둔성성 ⇒ 변별적 자질
둔음성 ⇒ 변별적 자질
둔중성 ⇒ 변별적 자질
둔중질 ⇒ 변별적 자질
둘바침 ⇒ 받침
둘받침 ⇒ 받침
둘받침 줄이기 ⇒ 자음군 단순화
둘밧침 ⇒ 받침
둘합한 모음 ⇒ 이중 모음
둘합한 홀소리 ⇒ 이중 모음
둥굴음의 소리 ⇒ 원순 모음
둥근모음 ⇒ 원순 모음
둥근모음 되기 ⇒ 원순 모음화

669

둥근소리 ⇒ 원순 모음
둥근입술모음 ⇒ 원순 모음
둥근입술홀소리 ⇒ 원순 모음
둥근홀소리 ⇒ 원순 모음
둥근홀소리 되기 ⇒ 원순 모음화
뒤 혓소리 ⇒ 후설 모음
뒤닮음 ⇒ 역행 동화
뒤둥근홀소리 되기 ⇒ 원순 모음화
뒤모음 ⇒ 단모음, 후설 모음
뒤바꿈 ⇒ 도치
뒤ㅅ소리 ⇒ 후설 모음
뒤소리 닮기 ⇒ 역행 동화
뒤이동음 ⇒ 활음
뒤입천장소리 ⇒ 연구개음
뒤쪽모음 ⇒ 후설 모음
뒤혀 ⇒ 후설
뒤혀 홑홀소리 ⇒ 후설 모음
뒤혀모음 ⇒ 후설 모음
뒤혀소리 ⇒ 후설 모음
뒤혀홀소리 ⇒ 후설 모음
뒤혓바닥 ⇒ 후설
뒤혓소리 ⇒ 후설음
뒤홀소리 ⇒ 후설 모음
뒤홀소리 되기 ⇒ 전설 모음화
뒷모음 ⇒ 후설 모음
뒷입천장 소리 ⇒ 연구개음
뒷입천정 ⇒ 연구개
뒷전이음 ⇒ 활음
뒷천장 ⇒ 연구개
뒷혓바닥 ⇒ 후설
뒷홀소리 ⇒ 후설 모음
뒷자리의 소리 ⇒ 후설 모음
듕성 ⇒ 중성 모음
들림 ⇒ 공명도
들림성 ⇒ 공명도
들미끄럼 ⇒ 활음
들숨 ⇒ 발동부, 흡착음
들숨 목소리 ⇒ 내파음
들숨 입안 소리 ⇒ 흡착음

들숨 소리 ⇒ 발동부
등가적 대립 ⇒ 대립
등적 분포 ⇒ 상보적 분포
등차 대립 ⇒ 대립
등치 대립 ⇒ 대립
등치적 대립 ⇒ 대립
따로길이 ⇒ 장단
따르기 ⇒ 동화
딴 글자 갈바쓰기 ⇒ 합용병서
딴딴한 소리 ⇒ 경음
딴자 갈바쓰기 ⇒ 합용병서
딸림소리 ⇒ 음절 부음
때 ⇒ 장단
떠는 음 ⇒ 진동음
떠들소리 ⇒ 조음
떨림소리 ⇒ 유성음, 진동음
떨소리 ⇒ 진동음
떨어져 달라짐 ⇒ 이화
떨어져 닮음 ⇒ 간접 동화
떨음 ⇒ 진동음
떨음갈림소리 ⇒ 진동음
떨음소리 ⇒ 진동음
떼냄 ⇒ 탈락
똑똑함 ⇒ 공명도
뜨내기 소리 바탕 ⇒ 운소, 초분절음
뜻소리 ⇒ 음소, 음운

●●● ㄹ

‘ㄹ’ 비음화 ⇒ ‘ㄹ’의 비음화
‘ㄹ’ 삭제 ⇒ 유음 탈락
‘ㄹ’ 없애기 ⇒ 유음 탈락
‘ㄹ’ 탈락 ⇒ 유음 탈락
‘ㄹ’의 ‘ㄴ’ 되기 ⇒ ‘ㄹ’의 비음화
‘ㄹ’의 비음화 ⇒ ‘ㄹ’의 비음화
‘ㄹ’이 ‘ㄴ’으로 동화 ⇒ ‘ㄹ’의 비음화
‘ㄹ’이 ‘ㄴ’으로 바꾸임 ⇒ ‘ㄹ’의 비음화
라임 ⇒ 음절
량순음 ⇒ 양순음

련속 변조 ⇒ 연성
련접모음 ⇒ 매개 모음
류음 ⇒ 유음
리듬 패턴 ⇒ 강약

●●● □

마다 ⇒ 자음ᴵ
마디소리 ⇒ 성절음
마디집 ⇒ 조음부
마딧점 ⇒ 조음부
마모 과정 ⇒ 약화
마조길이 ⇒ 장단
마찰 자음 ⇒ 마찰음
마찰부파열음 ⇒ 파찰음
마찰음 ⇒ 마찰음, 조음 방식
마찰음 음소 ⇒ 마찰음
마찰음부파열음 ⇒ 파찰음
마찰음성 ⇒ 변별적 자질
마찰음소 ⇒ 마찰음
마찰음소화 ⇒ 마찰음화
마찰음운 ⇒ 마찰음
마찰음화 ⇒ 마찰음화
마침법 ⇒ 억양
마침부분 ⇒ 활음
막는 소리 ⇒ 파열음
막소리 ⇒ 조음
막았다가 좁히는 소리 ⇒ 파찰음
막음 ⇒ 파열음
막음 지속 ⇒ 폐쇄 지속 시간
막음성 ⇒ 변별적 자질
막음소리 ⇒ 미파음, 폐쇄음
막힘 ⇒ 파열음
막힘 소리 ⇒ 미파음, 장애음, 폐쇄음
막힘 소리마디 ⇒ 폐음절
말 첫머리 ⇒ 어두
말근소리 ⇒ 무성음
말꼬리 ⇒ 어말
말끄트머리 ⇒ 어말

말끝 ⇒ 어말
말마디 ⇒ 기식군
말머리 ⇒ 어두
말머리 닿소리 무리 ⇒ 자음군
말머리 된소리되기 ⇒ 경음화
말머리 소리 ⇒ 초성
말머리 자음군 ⇒ 자음군
말머리 제약 현상 ⇒ 두음 법칙
말머리의 겹닿소리 ⇒ 자음군
말미 어조 ⇒ 억양
말미 연접 ⇒ 연접
말미 음조 ⇒ 억양
말미 자음 ⇒ 종성
말미음 ⇒ 받침, 종성
말미조 ⇒ 억양
말소리 ⇒ 음성, 음운
말소리 가락 ⇒ 억양
말소리 끼우기 ⇒ 첨가
말소리 닮기 ⇒ 동화
말소리 바뀜 ⇒ 음운 현상
말소리 빠지기 ⇒ 탈락
말소리갈 ⇒ 음성학, 음운론
말소리의 끊음 ⇒ 절음
말소리의 빠지기 ⇒ 탈락
말소리의 이음 ⇒ 연음ᴵ
말실수 → 도치
말음 ⇒ 받침, 종성
말음 간소화 현상 ⇒ 자음군 단순화
말음 규칙 ⇒ 음절의 끝소리 규칙, 평파열음화
말음 모음 ⇒ 매개 모음
말음 법칙 ⇒ 말음 법칙, 음절의 끝소리 규칙,
　　　　　　 평파열음화
말음 중화 현상 ⇒ 평파열음화
말의 소리 ⇒ 음성
말의 첫머리 ⇒ 어두
말의 토막 ⇒ 기식군
말자음 ⇒ 종성
말자음군 단순화 ⇒ 자음군 단순화
말토막 ⇒ 기식군

맑은소리 ⇒ 무성음, 양성 모음, 중모음[1]

맑은 홀소리 ⇒ 무성음화

맑은소리가 흐린소리되기 ⇒ 유성음화

맞닿음 ⇒ 파열음

맞섬 ⇒ 대립

매개 달라짐 ⇒ 조건 변화

매개 모음 ⇒ 매개 모음

매개 모음소 ⇒ 매개 모음

매개 자음 ⇒ 개재 자음, 매개 자음

매개음 ⇒ 매개 모음

매몰 ⇒ 탈락

맥락 중화 ⇒ 중화

맺음 자음 ⇒ 종성

머리 ⇒ 초성

머리 자음 ⇒ 성모

머리닿소리 ⇒ 초성

머리말소리 ⇒ 어두

머리소리 ⇒ 초성

머리소리 규칙 ⇒ 두음 법칙

머리소리 법칙 ⇒ 두음 법칙

머리음 ⇒ 초성

머릿소리 ⇒ 두음 법칙, 어두, 초성

머릿소리 규칙 ⇒ 두음 법칙

머문소리 ⇒ 지속음

머물음 ⇒ 파열음

먹여 살리는 관계 ⇒ 규칙순

먹여 주는 순서 ⇒ 규칙순

먹이기 순서 ⇒ 규칙순

먹이기를 거슬리는 순서 ⇒ 규칙순

멈춤 ⇒ 미파화, 파열음, 휴지

멈춤닿소리 ⇒ 파열음

멈춤소리 ⇒ 미파음, 파열음

멈춰 있음 ⇒ 파열음

멎소리 ⇒ 내파음

면경상 규칙 ⇒ 거울 영상 규칙

명모음 ⇒ 음성 모음

명시적 순서 매김 ⇒ 규칙순

명음 ⇒ 공명음

명음도 ⇒ 공명도

명음성 ⇒ 변별적 자질

명향음 ⇒ 공명음

모 ⇒ 성모

모라 ⇒ 모라

모성 ⇒ 무음

모운 ⇒ 모음, 중성, 초성

모음 ⇒ 모음, 자음[1], 중성

모음 거듭 ⇒ 모음 충돌

모음 거듭의 꺼리기 ⇒ 모음 충돌 회피

모음 거듭의 피하기 ⇒ 모음 충돌 회피

모음 결합 ⇒ 모음 충돌

모음 교체 ⇒ '이' 모음 역행 동화, 모음 교체,
　　　　　　　음운 추이

모음 단축 ⇒ 단모음화[2]

모음 대응법 ⇒ 모음 교체, 모음 조화, 음상

모음 대추이 ⇒ 음운 추이

모음 동화 ⇒ '이' 모음 역행 동화, 모음 동화,
　　　　　　　모음 조화, 모음의 완전 순행 동화

모음 바꿈 ⇒ 모음 교체

모음 변이 ⇒ 모음 교체, 음운 추이, '이' 모음 역행 동화

모음 변이화 ⇒ '이' 모음 역행 동화

모음 변차 ⇒ 모음 교체

모음 병렬 ⇒ 모음 충돌

모음 병합 ⇒ 축약

모음 복합 ⇒ 모음 충돌

모음 분열 ⇒ 분열

모음 삭제 ⇒ 모음 탈락

모음 상대 법칙 ⇒ 음상

모음 상승 ⇒ 고모음화

모음 상징 ⇒ 모음 교체, 음상

모음 소거 ⇒ 모음 탈락

모음 수축 ⇒ 반모음화

모음 순행 동화 ⇒ 모음의 완전 순행 동화

모음 순환 ⇒ 음운 추이

모음 연결 ⇒ 모음 충돌

모음 연결 회피 ⇒ 모음 충돌 회피

모음 연속 ⇒ 모음 충돌

모음 연속 연결 ⇒ 모음 충돌

모음 연속 회피 ⇒ 모음 충돌 회피

모음 연쇄 ⇒ 모음 충돌
모음 연접 ⇒ 모음 충돌
모음 연접 회피 ⇒ 모음 충돌 회피
모음 완전 동화 ⇒ 모음의 완전 순행 동화
모음 완전 순행 동화 ⇒ 모음의 완전 순행 동화
모음 융합 ⇒ 축약
모음 음소 ⇒ 모음
모음 음운 ⇒ 모음
모음 인접 ⇒ 모음 충돌
모음 자질 ⇒ 변별적 자질
모음 장음화 ⇒ 장모음화
모음 전설화 ⇒ '이' 모음 역행 동화
모음 전이 ⇒ 모음 교체, 음운 추이
모음 전환 ⇒ 모음 교체, 음운 추이, '이' 모음 역행 동화
모음 접변 ⇒ 모음 충돌 회피
모음 접속 ⇒ 모음 충돌
모음 접속 해소 ⇒ 모음 충돌 회피
모음 접촉 ⇒ 모음 충돌
모음 조화 ⇒ 모음 조화
모음 중복 ⇒ 모음 충돌
모음 중첩 ⇒ 모음 충돌
모음 중출 ⇒ 모음 충돌
모음 추이 ⇒ 양성 모음, 음운 추이
모음 축약 ⇒ 반모음화
모음 충돌 ⇒ 모음 충돌
모음 충돌 기피 ⇒ 모음 충돌 회피
모음 충돌 해소 ⇒ 모음 충돌 회피
모음 충돌 회피 ⇒ 모음 충돌 회피
모음 치환 ⇒ 음운 추이
모음 탈락 ⇒ 모음 탈락
모음 하강 ⇒ 고모음화
모음 핵음 ⇒ 음절 주음
모음 협화 ⇒ 모음 조화
모음 회피 ⇒ 모음 충돌 회피
모음간 완전 순행 동화 ⇒ 모음의 완전 순행 동화
모음과 모음의 연결 ⇒ 모음 충돌
모음군 ⇒ 모음 충돌, 이중 모음
모음군 단순화 규칙 ⇒ 모음 충돌 회피
모음딴이 겹홀소리 ⇒ 이중 모음

모음류 ⇒ 모음
모음 비음화 ⇒ 비모음화
모음 상승화 ⇒ 고모음화
모음상음 ⇒ 모음
모음성 ⇒ 모음, 변별적 자질
모음소 ⇒ 모음
모음소 동화 ⇒ 모음 동화
모음소 탈락 ⇒ 모음 탈락
모음의 감음 ⇒ 모음 탈락
모음의 교체 ⇒ 모음 교체
모음의 꺼림 ⇒ 모음 충돌 회피
모음의 바꿈 ⇒ 모음 교체
모음의 변화 ⇒ 모음 충돌 회피
모음의 복합 ⇒ 모음 충돌
모음의 비음화 ⇒ 비모음화
모음의 상승 ⇒ 고모음화
모음의 생략 ⇒ 모음 탈락
모음의 어울림 ⇒ 모음 조화
모음의 연결 ⇒ 모음 충돌
모음의 연발 ⇒ 모음 충돌
모음의 연쇄 ⇒ 모음 충돌
모음의 연음 ⇒ 모음 충돌
모음의 연접 ⇒ 모음 충돌
모음의 완전 순행 동화 ⇒ 모음의 완전 순행 동화
모음의 전환 ⇒ 모음 교체
모음의 접변 ⇒ 모음 충돌 회피
모음의 접속 ⇒ 모음 충돌
모음의 조화 ⇒ 모음 조화
모음의 줄임 ⇒ 모음 탈락
모음의 축약 ⇒ 모음 탈락
모음의 충돌 ⇒ 모음 충돌
모음의 합음 ⇒ 반모음화
모음적 음운 교체 ⇒ 모음 교체
모음적인 소리 ⇒ 모음
모음전 ⇒ 음상
모음점 ⇒ 성절음, 음절 주음
모음조 ⇒ 모음 조화
모음질 ⇒ 변별적 자질
모임 ⇒ 파열음

모자 ⇒ 모음
목 갈리는 소리 ⇒ 짜내기 소리
목 닫침소리 ⇒ 후두 파열음
목 터짐소리 ⇒ 후두 파열음
목갈이소리 ⇒ 유기음
목구녁소리 ⇒ 후음
목구멍 닫침소리 ⇒ 후두 파열음
목구멍 막힘소리 ⇒ 후두 파열음
목구멍 터침소리 ⇒ 후두 파열음
목구멍머리 ⇒ 후두
목구멍소리 ⇒ 후음
목구역청 ⇒ 후두
목닿소리 ⇒ 자음
목소리 ⇒ 발동부, 방출음, 유성음, 음성, 후음
목안소리 ⇒ 후음
목에서 짜는 소리 ⇒ 짜내기 소리
목젓 ⇒ 연구개
목젖소리 ⇒ 연구개
목곁 ⇒ 후두
목청 ⇒ 후두
목청 긴장음 ⇒ 후두 파열음
목청 닫음소리 ⇒ 후두 파열음
목청 떨림 ⇒ 유성음
목청 떨림소리 ⇒ 유성음
목청 떨음 ⇒ 유성음
목청 떪 ⇒ 유성음
목청 소리 ⇒ 후음
목청 안울림 소리 ⇒ 무성음
목청 울림 ⇒ 유성음
목청 울림 없는 소리 ⇒ 무성음
목청 울림 있는 소리 ⇒ 유성음
목청 울림소리 ⇒ 유성음
목청 켱김소리 ⇒ 후두 파열음
목청 터짐소리 ⇒ 후두 파열음
목청 헤침소리 ⇒ 후두 파열음
목청문 닫힌소리 ⇒ 후두 파열음
목청문 닫힘소리 ⇒ 후두 파열음
목청문 소리 ⇒ 후음
목청문 터뜨림소리 ⇒ 후두 파열음

목청소리 ⇒ 유성음, 후음
목청소리를 띤 소리 ⇒ 유성음
목청소리를 아니띤 소리 ⇒ 무성음
목표음 ⇒ 피동화음
목홀소리 ⇒ 모음
몸체 ⇒ 음절
몸통 ⇒ 음절
몽수 ⇒ 연음
무강세 ⇒ 음보
무개방자음 ⇒ 미파음
무거운 반혀소리 ⇒ 설측음
무거운 반혓소리 ⇒ 설측음
무거운 음절 ⇒ 중음절
무거운 입술소리 ⇒ 순음
무관 모음 ⇒ 중성 모음
무규 ⇒ 불규칙
무규칙 ⇒ 불규칙
무기 경음 ⇒ 경음
무기 약음 ⇒ 평음
무기 연음 ⇒ 평음
무기 자음 ⇒ 유기음
무기음 ⇒ 기식, 유기음, 평음
무대기음 ⇒ 유기음
무른 입천장 ⇒ 연구개
무른천장소리 ⇒ 연구개음
무마찰음 ⇒ 공명음
무별성 ⇒ 음성
무성 단량음 ⇒ 중성 모음
무성 모음 ⇒ 무성음화, 후음
무성 모음화 ⇒ 무성음화
무성 무기 장애음 ⇒ 조음 방식
무성 무기음 ⇒ 삼지적 상관속
무성 미파음 ⇒ 대표 변이음
무성 외파음 ⇒ 대표 변이음
무성 유기 장애음 ⇒ 조음 방식
무성 유기음 ⇒ 삼지적 상관속
무성 음운 ⇒ 무성음
무성 자음 ⇒ 장애음
무성 평음 ⇒ 평음

무성음 ⇒ 무성음, 평음
무성음화 ⇒ 무성음화
무성의 동안 ⇒ 성대 진동 시작 시간
무성의 모음 ⇒ 무성음화
무성화 ⇒ 무성음화
무성화 기호 ⇒ 약음
무성화 모음 ⇒ 무성음화
무성화된 홀소리 ⇒ 무성음화
무성화음 ⇒ 무성음
무애음 ⇒ 공명음
무외파음 ⇒ 미파음
무음 개방 ⇒ 미파화
무음 외파 ⇒ 미파화
무음 휴지 ⇒ 휴지
무음의 동안 ⇒ 휴지
무음장 무성조 방언 ⇒ 초분절음
무음화 ⇒ 탈락
무장애음 ⇒ 공명음
무조건 변동 ⇒ 무조건 변이
무조건 변이음 ⇒ 변이음
무조건 변화 ⇒ 무조건 변화, 합류
무조건적 변화 ⇒ 무조건 변화
무조건적인 교체 ⇒ 무조건 변이
무찰 통음 ⇒ 반모음
무파열 ⇒ 미파화
무파열 폐쇄음 ⇒ 미파음
무파음 ⇒ 미파음
무파화 ⇒ 미파화
묵소리 ⇒ 후음
묵식 ⇒ 탈락
묵음 ⇒ '이' 모음 순행 동화, 탈락
묵음 현상 ⇒ 자음군 단순화
묵음화 ⇒ 자음군 단순화, 탈락
문 악센트 ⇒ 억양
문 음조 ⇒ 억양
문말 억양 ⇒ 억양
문말 연접 ⇒ 억양
문말 음조 ⇒ 억양
문맥 동화 ⇒ 동화

문맥 변이음 ⇒ 변이음
문맥 중화 ⇒ 중화
문맥적 변이 ⇒ 무조건 변이
문미 억양 ⇒ 억양
문장끝 억양 ⇒ 억양
문장의 음조 ⇒ 억양
문조 ⇒ 억양
문중 억양 ⇒ 억양
문지름소리 ⇒ 마찰음
문체 이음 ⇒ 변이음
문체론적 조건 ⇒ 교체
물렁입천장 ⇒ 연구개
뭇소리 ⇒ 음운
미개방 ⇒ 미파화
미구개음화 ⇒ 구개음화
미끄럼 ⇒ 활음
미끄럼소리 ⇒ 반모음, 활음
미끄럼소리 되기 ⇒ 반모음화
미끄럼음 ⇒ 활음
미끄름 ⇒ 활음
미끄름 소리 ⇒ 활음
미끄름음 ⇒ 활음
미끄름 홀소리 ⇒ 반모음
미는 변화 ⇒ 음운 추이
미는 사슬 ⇒ 음운 추이
미련 ⇒ 종성
미부 ⇒ 종성
미세 규칙 ⇒ 소수 변화
미약한 소규칙 ⇒ 소수 변화
미음 ⇒ 받침, 종성
미음조 ⇒ 활음조
미자음 ⇒ 종성
미자음군 ⇒ 자음군
미파 ⇒ 미파음, 미파화
미파 규칙 ⇒ 평파열음화
미파 작용 ⇒ 미파화
미파 폐쇄음 ⇒ 미파음
미파 현상 ⇒ 미파화
미파열 ⇒ 미파화

미파열 폐쇄음 ⇒ 미파음
미파열음 ⇒ 미파음
미파음 ⇒ 미파음
미파음화 ⇒ 미파화, 평파열음화
미파화 ⇒ 미파화, 평파열음화
밀기 사슬 ⇒ 음운 추이
밀기 연쇄 ⇒ 음운 추이
밀어내기 추이 ⇒ 음운 추이
밀폐 ⇒ 파열음
밀폐 통과음 ⇒ 비음
밀폐음 ⇒ 미파음, 비음, 파열음
밀폐음화 ⇒ 미파화, 평파열음화
밀폐통과음 ⇒ 비음
밋소리 ⇒ 본음
밑꼴 ⇒ 기본형, 기저형

●●● ㅂ

/ㅂ/ : /ㄱ/ 교체 ⇒ 이화
/ㅂ/ : /ㄱ/ 대응 ⇒ 이화
ㅂ>ㄱ 현상 ⇒ 이화
바꿔 놓음 ⇒ 도치
바뀐꼴 ⇒ 이형태
바뀜 ⇒ 교체
바로 이어 읽기 ⇒ 연음^1
바른 ⇒ 불규칙
바침 ⇒ 받침, 종성
바침 원리 ⇒ 말음 법칙
바침소리 ⇒ 종성
바탕 표시 ⇒ 기저형
바팀 ⇒ 받침, 종성
박 ⇒ 모라
밖으로 터짐소리 ⇒ 외파음
반 이중 모음 ⇒ 이중 모음
반개모음 ⇒ 반개모음, 중모음^2
반개모음소 ⇒ 반개모음
반개음 ⇒ 반개모음, 중모음^2
반경 ⇒ 거듭소리
반고모음 ⇒ 반폐모음, 중모음^2

반고설모음 ⇒ 중모음^2
반고원음 ⇒ 중모음^2
반과음 ⇒ 진동음
반광모음 ⇒ 반개모음
반급입 순서 ⇒ 규칙순
반낮은 모음 ⇒ 중모음^2
반낮은 홀소리 ⇒ 중모음^2
반내린 모음 ⇒ 중모음^2
반높은 모음 ⇒ 중모음^2
반높은 홀소리 ⇒ 중모음^2
반높은-반낮은 홀소리 ⇒ 중모음^2
반니소리 ⇒ 반치음
반니쏘리 ⇒ 반치음
반닛소리 ⇒ 반치음
반닫은 소리 ⇒ 반폐모음
반닫은 홀소리 ⇒ 반폐모음
반닫홀소리 ⇒ 반폐모음, 중모음^2
반닫힌 모음 ⇒ 반폐모음
반닫힌 홀소리 ⇒ 반폐모음
반닿소리 ⇒ 반모음
반마찰음 ⇒ 파찰음
반명음 ⇒ 자음^1
반모반ㅈ ⇒ 반모음
반모운 ⇒ 반모음
반모음 ⇒ 반모음, 이중 모음, 중모음^1, 활음
반모음 복합음 ⇒ 이중 모음
반모음 삽입 ⇒ 반모음
반모음 앞섬 겹모음 ⇒ 상향 이중 모음
반모음 첨가 ⇒ 반모음
반모음 탈락 ⇒ 반모음
반모음 형성 규칙 ⇒ 반모음화
반모음소 ⇒ 반모음
반모음소화 ⇒ 반모음화
반모음화 ⇒ 반모음화
반벌린 모음 ⇒ 중모음^2
반상설모음 ⇒ 중모음^2
반색음 ⇒ 파찰음
반설경음 ⇒ 설측음, 탄설음
반설음(反舌音) ⇒ 권설음

676

반설음(半舌音) ⇒ 반설음, 반치음
반설중음 ⇒ 반설음, 설측음, 탄설음
반시옷 ⇒ 반치음
반연소리 ⇒ 반개모음
반연홀소리 ⇒ 반개모음
반열린 모음 ⇒ 반개모음
반열린 소리마디 ⇒ 폐음절
반열린 홀소리 ⇒ 반개모음
반열홀소리 ⇒ 반개모음, 중모음²
반올린(내린) 모음 ⇒ 중모음²
반올린 모음 ⇒ 중모음²
반원음 ⇒ 반모음
반유성음 ⇒ 중얼거림
반음 ⇒ 반모음, 종성
반이소리 ⇒ 반치음
반입술소리 ⇒ 순치음
반잇소리 ⇒ 반치음
반자음 ⇒ 반모음
반자음소 ⇒ 반모음
반장 ⇒ 장단
반장모음 ⇒ 단모음화², 장모음
반장음 ⇒ 장단
반저모음 ⇒ 반개모음, 중모음²
반저원음 ⇒ 중모음²
반전 ⇒ 권설음
반전음 ⇒ 권설음
반전자음 ⇒ 권설음
반절 ⇒ 음절, 자음², 직음
반쯤 닫음의 소리 ⇒ 반폐모음
반쯤 열음의 소리 ⇒ 반개모음
반청 ⇒ 거듭소리
반청반탁 ⇒ 조음 방식
반청음 ⇒ 경음, 반탁음
반치음 ⇒ 반치음
반탁 ⇒ 거듭소리
반탁음 ⇒ 경음, 반탁음, 유성음
반폐구음 ⇒ 반폐모음
반폐모음 ⇒ 반폐모음, 중모음²
반폐모음소 ⇒ 반폐모음

반폐쇄음 ⇒ 파찰음
반폐음 ⇒ 반폐모음, 중모음²
반혀 개벼운 소리 ⇒ 탄설음
반혀소리 ⇒ 반설음
반혀쏘리 ⇒ 반설음
반혈음 ⇒ 반설음
반협모음 ⇒ 반폐모음
반혓소리 ⇒ 반설음
반홀소리 ⇒ 반모음
반홀소리 되기 ⇒ 반모음화
반홀소리 없애기 ⇒ 반모음
반홀소리 없앰 ⇒ 반모음
반홀소리 탈락 ⇒ 반모음
반홀소리 형성 ⇒ 반모음화
반후음 ⇒ 반치음
반흐린소리 ⇒ 경음
받친 낱내 ⇒ 폐음절
받침 ⇒ 받침, 종성
받침 규칙 ⇒ 음절의 끝소리 규칙, 평파열음화
받침 낱내 ⇒ 폐음절
받침 법칙 ⇒ 미파화, 음절의 끝소리 규칙, 평파열음화
받침 없는 낱내 ⇒ 개음절
받침소리 ⇒ 종성
받침소리 현상 ⇒ 미파화
받침의 넘어감 ⇒ 연음¹
받힘 ⇒ 받침, 종성
발단음 ⇒ 동화음
발동 기관 ⇒ 발동부
발동부 ⇒ 발동부, 초성
발생 기관 ⇒ 발성부
발성 ⇒ 자음¹
발성 개시 ⇒ 성대 진동 시작 시간
발성 개시 시간 ⇒ 성대 진동 시작 시간
발성 개시 시점 ⇒ 성대 진동 시작 시간
발성 기관 ⇒ 발성부
발성부 ⇒ 발성부
발성음 ⇒ 자음¹
발성체 ⇒ 발성부
발음 ⇒ 파열음

발음 규칙 ⇒ 음운 현상
발음 기관 ⇒ 조음부
발음 단락 ⇒ 기식군
발음 방법 ⇒ 조음 방식
발음 변화 ⇒ 음운 현상
발음 부위 ⇒ 조음 위치
발음 양식 ⇒ 조음 방식
발음 위치 ⇒ 조음 위치
발음 음절 ⇒ 음절
발음(撥音) ⇒ 모라, 음절
발음부 ⇒ 발성부, 조음부
발음상의 음절 ⇒ 음절
발음의 관습 ⇒ 익음 소리
발음학 ⇒ 음성학
발화 ⇒ 연접
발화구 ⇒ 기식군
발화말 억양 ⇒ 억양
발화형 ⇒ 표면형
밝은 모음 ⇒ 양성 모음
밝은 소리 ⇒ 양성 모음
밝은 홀소리 ⇒ 양성 모음
밧침 ⇒ 받침, 종성
밧팀 ⇒ 받침
밧힘 ⇒ 종성
방법 본위 ⇒ 조음 방식
방음 ⇒ 음절 부음
방점 ⇒ 방점
방출 자음 ⇒ 방출음
방출음 ⇒ 경음, 방출음, 폐쇄음
방향성 없는 규칙 ⇒ 거울 영상 규칙
밭은 소리 ⇒ 촉음
배기음 ⇒ 발동부
배면적 과정 ⇒ 약화
배상 연장 ⇒ 장모음화
배음 ⇒ 거듭소리
배타적 분포 ⇒ 상보적 분포
배타적 위치 ⇒ 상보적 분포
배타적인 배치 ⇒ 상보적 분포
버금 변이음 ⇒ 대표 변이음

버금 홀소리 ⇒ 반모음
버릇 바뀜 ⇒ 익음 소리
버릇 소리 ⇒ 익음 소리
버릇 소리 바꾸임 ⇒ 익음 소리
번갈이 ⇒ 교체
번설음 ⇒ 탄설음
벌린 모음 ⇒ 평순 모음
벌린입술 모음 ⇒ 평순 모음
벌린입술 소리 ⇒ 평순 모음
벌린입술 홀소리 ⇒ 평순 모음
벌림도 ⇒ 개구도
벌임소리 ⇒ 모음
벌임소리 고롬 ⇒ 모음 조화
벌임소리 ⇒ 모음
범렬 ⇒ 패러다임
범례 ⇒ 패러다임
범례 관계 ⇒ 감염
범열의 수평화 ⇒ 유추적 평준화
벗어난 ⇒ 불규칙
벗은 음절 ⇒ 음절
변격 ⇒ 불규칙
변동 ⇒ 교체
변동 규칙 ⇒ 음운 규칙, 음운 현상
변동 단음 ⇒ 기본형
변동조 ⇒ 굴곡조
변동형 ⇒ 이형태
변두리 ⇒ 음절 부음
변두리음 ⇒ 변자음
변량법 모음 ⇒ 모음 조화
변모음(變母音) ⇒ ‘이’ 모음 역행 동화, 전설 모음,
　　　　　　　　　　중모음¹
변모음화 ⇒ ‘이’ 모음 역행 동화
변방성 ⇒ 변별적 자질
변방음 ⇒ 변자음
변방음화 ⇒ 위치 동화
변별 바탕 ⇒ 변별적 자질
변별 소성 ⇒ 변별적 자질
변별 자질 ⇒ 변별적 자질
변별 특징 ⇒ 변별적 자질

변별 대립쌍 ⇒ 최소 대립쌍
변별적 바탕 ⇒ 변별적 자질
변별적 소리 바탕 ⇒ 변별적 자질
변별적 소성 ⇒ 변별적 자질
변별적 음성 자질 ⇒ 변별적 자질
변별적 자질 ⇒ 변별적 자질
변별적 장음 ⇒ 장음
변별적 특성 ⇒ 변별적 자질
변별적 특질 ⇒ 변별적 자질
변별적 특징 ⇒ 변별적 자질
변별적인 소리 바탕 ⇒ 변별적 자질
변별적인 자질 ⇒ 변별적 자질
변설고음 ⇒ 설측음
변설음 ⇒ 반설음
변설저음 ⇒ 탄설음
변성 ⇒ 설측음
변음(變音) ⇒ 본음, 변이음, 음운 현상, '이' 모음 역행
　　　　　동화, 자음 접변
변음(邊音) ⇒ 변자음, 설측음
변음 현상 ⇒ 음운 현상
변음성 ⇒ 변별적 자질
변음자 ⇒ 이중 모음
변음화 ⇒ 위치 동화
변이 ⇒ 대치, 변이음
변이 성조 ⇒ 변이음, 성조
변이 억양 ⇒ 변이음
변이 음소 ⇒ 형태 음운
변이 형태 ⇒ 이형태
변이 형태소 ⇒ 이형태
변이음 ⇒ 변이음
변이음 규칙 ⇒ 미파화, 음운 규칙
변이장운 ⇒ 장단
변이체 ⇒ 변이음, 이형태
변이크론 ⇒ 장단
변이형 ⇒ 기본형, 이형태
변자음 ⇒ 변자음
변자음(p∽k) 교체 ⇒ 이화
변자음화 ⇒ 위치 동화
변작성 ⇒ 자음 접변

변작음 ⇒ 자음ᴵ
변전음 ⇒ 자음 접변
변조 ⇒ 연성
변종 ⇒ 변이음
변종 변이음 ⇒ 변이음
변종음 ⇒ 변이음
변화 계열 ⇒ 패러다임
변화 계열 평준화 ⇒ 유추적 평준화
변화 요소 ⇒ 피동화음
변화소 ⇒ 피동화음
변화표 ⇒ 패러다임
별음 ⇒ 변이음
병렬 동화 ⇒ 동화, 직접 동화
병성중음 ⇒ 거듭소리
병성중자음 ⇒ 거듭소리
병음 ⇒ 경음, 중자음ᴵ
병합 ⇒ 축약, 합류
병합음 ⇒ 거듭소리
병행적 대립 ⇒ 대립
보상 연장 ⇒ 장모음화
보상 연장화 ⇒ 장모음화
보상 장음화 ⇒ 장모음화
보상성 장모음화 현상 ⇒ 장모음화
보상적 긴소리 되기 ⇒ 장모음화
보상적 장모음소화 ⇒ 장모음화
보상적 장모음화 ⇒ 징모옴회
보상적 장음화 ⇒ 장모음화
보상적인 긴 홀소리 되기 ⇒ 장모음화
보음 ⇒ 자음ᴵ
보음 중첩 ⇒ 중복 자음
보음성 ⇒ 변별적 자질
보조 모음 ⇒ 매개 모음, 첨가
보충 ⇒ 이형태
보충법 ⇒ 이형태
보충적 길이 되기 ⇒ 장모음화
보탬 ⇒ 첨가
보통 파열음 ⇒ 평파열음
보통소리 ⇒ 고저, 평음
보통순 ⇒ 평순 모음

보통음 ⇒ 단음

보통입술모음 ⇒ 평순 모음

보편적 교체 ⇒ 교체

보합 분포 ⇒ 상보적 분포

복두 자음 ⇒ 자음군

복량음 ⇒ 중모음

복모음 ⇒ 이중 모음, 중모음

복모음의 단모화 ⇒ 단모음화

복모음화 ⇒ 이중 모음화

복보음 ⇒ 성모, 양음절성, 자음군

복분절음 ⇒ 거듭소리

복성모 ⇒ 성모

복수 기저형 ⇒ 기저형, 복수 기저형

복수 한자음 ⇒ 복수음자

복수음자 ⇒ 복수음자

복식 상보적 분포 ⇒ 상보적 분포, 중화

복운모 ⇒ 운모

복원 ⇒ 규칙 소멸

복원음 ⇒ 중모음

복음(復音) ⇒ 요음

복음(復音) ⇒ 개음절, 거듭소리, 이중 모음, 자음군,
　　　　　　중모음, 폐음절

복음소 ⇒ 거듭소리

복음자 ⇒ 복수음자

복자병서 ⇒ 합용병서

복자음 ⇒ 거듭소리, 경음, 자음군, 중복 자음, 중자음

복자음 단순화 ⇒ 자음군 단순화

복자음 삭제 규칙 ⇒ 자음군 단순화

복자종성 ⇒ 받침

복종성 ⇒ 받침

복중모음 ⇒ 삼중 모음, 이중 모음

복중성 ⇒ 중모음

복지음 ⇒ 받침

복초성 ⇒ 자음군

복판 홀소리 ⇒ 중앙 모음

복판소리 ⇒ 중앙 모음

복합 ⇒ 이중 모음, 합류

복합 기저형 ⇒ 복수 기저형

복합 모음 ⇒ 모음 충돌, 중모음

복합 분절음 ⇒ 거듭소리

복합 성조 ⇒ 굴곡조

복합 성조 이화의 법칙 ⇒ 이화

복합 억양소 ⇒ 억양

복합 원음 ⇒ 숭모음

복합 음소 ⇒ 거듭소리

복합 음운 ⇒ 거듭소리, 이중 모음, 자음군

복합 자모 ⇒ 자음군

복합 자음 ⇒ 받침, 이중 조음, 자음군, 중자음

복합 자음 음운 ⇒ 자음군

복합 종성 ⇒ 받침

복합음 ⇒ 거듭소리, 이중 모음, 자음군, 동시 조음

본 없는 ⇒ 불규칙

본디소리 ⇒ 정음

본바탕 소리값 ⇒ 대표 변이음

본상 ⇒ 기본형

본원적 장단 ⇒ 장음

본음 ⇒ 본음

본자음 ⇒ 단자음, 평음

본질적 경음 ⇒ 경음

본체 ⇒ 음절

본테 ⇒ 본음

본형 ⇒ 기본형

부강세 ⇒ 강약, 음보

부규칙 ⇒ 소수 변화

부기준 모음 ⇒ 기본 모음

부동 이중 모음 ⇒ 수평 이중 모음

부동화 ⇒ 이화

부동화 작용 ⇒ 이화

부모음 ⇒ 개음, 반모음, 음절 부음, 활음

부발음 ⇒ 자음

부발음의 접변 ⇒ 자음 접변

부변이음 ⇒ 대표 변이음

부분 닮기 ⇒ 부분 동화

부분 닮음 ⇒ 부분 동화

부분 동화 ⇒ 부분 동화

부분 이화 ⇒ 이화

부분 합류 ⇒ 합류

부분적 동화 ⇒ 부분 동화

부세 ⇒ 강약
부수 음소 ⇒ 초분절음
부수 이음 ⇒ 대표 변이음
부아소리 ⇒ 발동부
부요소 ⇒ 음절 부음
부운(副韻) ⇒ 요음
부운(父韻) ⇒ 자음ᵢ
부음(副音) ⇒ 개음, 대표 변이음, 변이음, 음절 부음,
　　　　　　　자음군 단순화, 활음
부음(父音) ⇒ 자음ᵢ
부음소 ⇒ 초분절음
부음화 ⇒ 반모음화
부정 회귀 ⇒ 과도 교정
부차 규칙 ⇒ 소수 변화
부차 이음 ⇒ 대표 변이음
부차음 ⇒ 대표 변이음
부차적 규칙 ⇒ 소수 변화
부차적 모음 ⇒ 음절 부음
부차적 변이음 ⇒ 대표 변이음
부차적 장단 ⇒ 장음
부착 유음 ⇒ 설측음
분극화 ⇒ 분열, 유추적 확대
분기 ⇒ 분기
분류 음소론 ⇒ 음운론
분리 ⇒ 분기
분리적 순서 ⇒ 여타 조건
분열 ⇒ 분기, 분열, 이중 모음화
분음 ⇒ 이중 모음화
분절 ⇒ 음절화
분절 요소 ⇒ 분절음, 음소
분절 음운 ⇒ 분절음
분절법 ⇒ 음절화
분절소 ⇒ 분절음
분절음 ⇒ 분절음
분절음 연쇄 제약 ⇒ 음소 배열 제약
분절음 요소 ⇒ 분절음
분절적 음운 ⇒ 분절음
분절체 ⇒ 분절음
분절화 ⇒ 음절화

분지 ⇒ 분기
분철 ⇒ 음절화
분철법 ⇒ 음절화
분출음 ⇒ 방출음
분할 ⇒ 분기
분할 음소 ⇒ 분절음
분할 음운 ⇒ 분절음
분해 ⇒ 분열
분화 ⇒ 분기, 분열
불개방 폐쇄음 ⇒ 미파음
불개방음 ⇒ 미파음
불규측 ⇒ 불규칙
불규칙 ⇒ 불규칙
불규칙적 연성 ⇒ 연성
불대기음 ⇒ 유기음
불대음 ⇒ 무성음
불량음 ⇒ 자음ᵢ
불발음 ⇒ 미파음
불변 대립 ⇒ 대립
불변적 대립 ⇒ 대립
불분명모음 ⇒ 중앙 모음
불송기음 ⇒ 유기음
불연 동화 ⇒ 간접 동화
불완전 닮음 ⇒ 부분 동화
불완전 동화 ⇒ 부분 동화
불완전 이중 모음 ⇒ 이중 모음
불완전 중모음 ⇒ 이중 모음
불완전 터짐소리 ⇒ 미파음
불완전 파열 ⇒ 미파화
불완전 파열음 ⇒ 미파음
불완전 폐쇄음 ⇒ 미파음
불용음 ⇒ 중모음ᵢ
불원순원음 ⇒ 평순 모음
불청불탁 ⇒ 조음 방식
불쾌음조 ⇒ 활음조
불토기 ⇒ 유기음
불투명한 모음 ⇒ 중성 모음
불파 ⇒ 미파음, 미파화
불파 장애음 ⇒ 미파음

불파 저해음 중화 ⇒ 평파열음화
불파 폐쇄음 ⇒ 미파음
불파 현상 ⇒ 미파화
불파열 ⇒ 미파화
불파열 평폐쇄음 ⇒ 미파음
불파열 폐쇄음 ⇒ 미파음
불파열음 ⇒ 미파음
불파열음화 ⇒ 미파화
불파음 ⇒ 미파음
불파음화 ⇒ 미파화, 평파열음화
불파화 ⇒ 미파화, 평파열음화
불협화음 ⇒ 활음조
붙갈이소리 ⇒ 파찰음
붙어 달라짐 ⇒ 이화
붙어 닮음 ⇒ 직접 동화
붙음 ⇒ 음절 부음
붙음소리 ⇒ 자음¹
붙음소리의 이어서 박굼 ⇒ 자음 접변
붙음소리의 잇어 박구임 ⇒ 자음 접변
붙음소리의 접변 ⇒ 자음 접변
붙임 ⇒ 첨가
붙임 소리 ㅅ ⇒ 사잇소리 현상
비강 ⇒ 비음
비강 공명음화 ⇒ 비음화
비강 모음 ⇒ 비모음
비강 보음 ⇒ 비음
비강 음운 ⇒ 비음
비강 자음 ⇒ 비음
비강 파열음 ⇒ 비음
비강 폐쇄음 ⇒ 비음
비강모음화 ⇒ 비모음화
비강세 음절 ⇒ 음절
비강음 ⇒ 비음
비강음화 ⇒ 비음화
비강음화 모음 ⇒ 비모음
비강자음화 ⇒ 'ㄹ'의 비음화, 비음화
비개방 ⇒ 미파화
비개방 폐쇄음 ⇒ 미파음
비개방음 ⇒ 미파음

비개방음화 ⇒ 미파화
비격리음 ⇒ 미파음
비격음화 ⇒ 유기음화
비경음화 ⇒ 구개음화
비계속음 ⇒ 순간음, 폐쇄음
비공 ⇒ 비음
비공명 자음 ⇒ 장애음
비공명음(鼻共鳴音) ⇒ 비음
비공명음(非共鳴音) ⇒ 장애음, 조음
비관여적 모음 ⇒ 중성 모음
비교 방법 ⇒ 재구
비교 재건 ⇒ 재구
비교 재구 ⇒ 재구
비구강음 ⇒ 비음
비구개음화 ⇒ 구개음화
비권설음 ⇒ 탄설음
비기본 형태 ⇒ 기본형
비기식음 ⇒ 유기음
비긴장 원음 ⇒ 이완음
비긴장성 모음 ⇒ 이완음
비긴장음 ⇒ 약음, 이완음
비다기음 ⇒ 유기음
비단선 음운론 ⇒ 장단
비대기음 ⇒ 유기음
비대음 ⇒ 유기음
비된소리 ⇒ 약음
비례 대립 ⇒ 대립
비례적 대립 ⇒ 대립
비명음 ⇒ 장애음
비모음 ⇒ 비모음
비모음 조화 ⇒ 모음 조화
비모음류 ⇒ 모음, 자음
비모음화(非母音化) ⇒ 반모음화, 비음절화
비모음화(鼻母音化) ⇒ 비모음화
비발화말 억양 ⇒ 억양
비변방음 ⇒ 중자음²
비변자음 ⇒ 중자음²
비분절 음소 ⇒ 초분절음
비분절 음운 ⇒ 초분절음

비분절음 ⇒ 초분절음
비분절적 요소 ⇒ 초분절음
비분절적 음소 ⇒ 초분절음
비비음 ⇒ 구강음
비비음화 ⇒ 비음
비비음화 구모음 ⇒ 비모음
비비음화 모음 ⇒ 비모음
비비음화음 ⇒ 구강음
비설단음 ⇒ 변자음
비설정 자음 ⇒ 변자음
비설정성 자음 ⇒ 변자음
비설정음 ⇒ 변자음
비설정적 자음 ⇒ 변자음
비설측음 ⇒ 비설측음, 탄설음
비설측음화 ⇒ 'ㄹ'의 비음화
비성 ⇒ 비음
비성절 모음 ⇒ 반모음, 음절 부음
비성절 홀소리 ⇒ 반모음
비성절음 ⇒ 음절 부음
비성절적 모음 ⇒ 반모음
비성절적 모음류 ⇒ 반모음
비성절적 접근음 ⇒ 반모음
비성절화 ⇒ 비음절화
비속음 ⇒ 파열음
비순 모음화 ⇒ 비원순 모음화
비순음화 ⇒ 비원순 모음화
비악음 ⇒ 조음
비억지성 ⇒ 개음절
비연속음 ⇒ 순간음
비외파화 ⇒ 미파화
비운모 ⇒ 운모
비원모음 ⇒ 평순 모음
비원순 모음 ⇒ 평순 모음
비원순 모음소 ⇒ 평순 모음
비원순 모음소화 ⇒ 비원순 모음화
비원순 모음화 ⇒ 비원순 모음화
비원순음 ⇒ 평순 모음
비원순화 ⇒ 비원순 모음화
비유기음화 ⇒ 구개음화, 유기음화

비유기적 음 ⇒ 첨가
비유음화 ⇒ 'ㄹ'의 비음화
비음 ⇒ 비음
비음 동화 ⇒ 'ㄹ'의 비음화, 비음화, 위치 동화
비음 자음 ⇒ 비음
비음 파열음 ⇒ 비음
비음성 모음 ⇒ 비모음
비음소 ⇒ 비음
비음소 동화 ⇒ 비음화
비음소화 ⇒ 비음화
비음운 ⇒ 비음
비음운화 ⇒ 비음운화
비음의 변위 ⇒ 위치 동화
비음의 측음화 ⇒ 유음화
비음장 비성조 방언 ⇒ 초분절음
비음절적 모음 ⇒ 이중 모음
비음절화 ⇒ 반모음화, 비음절화
비음화(鼻音化) ⇒ 'ㄹ'의 비음화, 비모음화, 비음화
비음화(非音化) ⇒ 비음운화
비음화 모음 ⇒ 비모음
비음화 폐쇄음 ⇒ 비음
비음화된 모음 ⇒ 비모음
비음화음 ⇒ 비음
비음화한 모음 ⇒ 비모음
비읍 순경음 ⇒ 양순음
비인접 도치 ⇒ 도치
비인접 동화 ⇒ 간접 동화
비자동 교체 ⇒ 교체
비자동적 교체 ⇒ 교체
비자음 ⇒ 비음
비자음 동화 ⇒ 비음화
비자음화 ⇒ 'ㄹ'의 비음화, 비음화
비장애음 ⇒ 공명음
비전설 자음 ⇒ 변자음
비정지음 ⇒ 비음
비정칙 모음 ⇒ 기본 모음
비정칙 원음 ⇒ 기본 모음
비조음 ⇒ 공명음
비주변음 ⇒ 중자음²

비중립 모음 ⇒ 중성 모음
비중성 모음 ⇒ 중성 모음
비중화 규칙 ⇒ 중화
비지속음 ⇒ 폐쇄음
비출기음 ⇒ 유기음
비측음 ⇒ 비설측음, 중앙음
비측음적 유음 ⇒ 비설측음
비탁음 ⇒ 비음
비파열 ⇒ 미파음
비파열음 ⇒ 비음
비파음 ⇒ 미파음
비파화 ⇒ 미파화
비폐쇄음 ⇒ 비음
비폐쇄음절 ⇒ 개음절
비향명음 ⇒ 장애음
비향원리 ⇒ 비음화
비향음 ⇒ 비음
비활성음 ⇒ 활음조
비후두화 강음 ⇒ 유기음
비후두화 약음 ⇒ 평음
비후두화 연음 ⇒ 평음
비후두화음 ⇒ 삼지적 상관속, 유기음
비후설 모음 ⇒ 음운 추이
비후설 모음화 ⇒ 전설 모음화
비후설모음 ⇒ 전설 모음
붉은 벌임소리 ⇒ 양성 모음
붓침 ⇒ 종성
빠지기 ⇒ 탈락
빨아들임 소리 ⇒ 흡착음
뿌리 마디 ⇒ 매개 모음
삐걱거리는 소리 ⇒ 짜내기 소리
삐걱거리는 유성음 ⇒ 짜내기 소리

●●● ㅅ

ㅅ의 섭음 ⇒ 사잇소리 현상
사략음 ⇒ 탈락
사선적 조화 ⇒ 모음 조화
사성점 ⇒ 방점

사음 ⇒ 탈락
사음화 ⇒ 탈락
사이 닫침 소리 ⇒ 사잇소리 현상
사이 덧소리 ⇒ 사잇소리 현상
사이 된소리 ⇒ 사잇소리 현상
사이 음 ⇒ 간음
사이ㅅ ⇒ 사잇소리 현상
사이ㅅ 현상 ⇒ 사잇소리 현상
사이ㅅ소리 ⇒ 사잇소리 현상
사이소리 ⇒ 간음, 매개 모음
사이소리 되기 ⇒ 간음화
사이소리 현상 ⇒ 사잇소리 현상
사이시옷 ⇒ 사잇소리 현상, 자음군 단순화
사이시옷 첨가 ⇒ 사잇소리 현상
사이음 ⇒ 양음절성
사이홀소리 ⇒ 중설 모음
사잇소리 ⇒ 간음
사잇소리 되기 ⇒ 간음화
사잇소리 현상 ⇒ 사잇소리 현상, 절음
사잇시옷 ⇒ 사잇소리 현상
사적 동화 ⇒ 동화
사중어 ⇒ 쌍형어
사철자 ⇒ 음절
사측음 ⇒ 사잇소리 현상
사호 ⇒ 개음
삭제 ⇒ 탈락
산발 변화 ⇒ 무조건 변화
살몃닫이 ⇒ 평음
삼거런 기피 원칙 ⇒ 이화
3계열 상관물 ⇒ 삼지적 상관속
삼내 ⇒ 조음 위치
삼련모음 ⇒ 삼중 모음
삼분지 구조 ⇒ 음절
삼음장 ⇒ 장단
삼자음 간결화 ⇒ 자음군 단순화
삼중 동화 ⇒ 동화
삼중 모음 ⇒ 삼중 모음
삼중 복모음 ⇒ 삼중 모음
삼중 조직 ⇒ 삼지적 상관속

삼중 합성 양절 ⇒ 삼중 모음
삼중성 ⇒ 삼중 모음
삼중어 ⇒ 쌍형어
삼중적 조직 ⇒ 삼지적 상관속
삼지 상관속 ⇒ 삼지적 상관속
삼지적 대립 ⇒ 삼지적 상관속
삼지적 상관 ⇒ 삼지적 상관속
삼지적 상관 관계 ⇒ 삼지적 상관속
삼지적 상관속 ⇒ 삼지적 상관속
삼지적인 상관속 ⇒ 삼지적 상관속
삼지적인 세모꼴의 상관물 ⇒ 삼지적 상관속
삼지적인 자음 체계 ⇒ 삼지적 상관속
삼철자 ⇒ 음절
삼합 모음 ⇒ 삼중 모음
삼합원음 ⇒ 삼중 모음
삼합원음 복모음 ⇒ 삼중 모음
삼항 대립 ⇒ 삼지적 상관속
삼항 상관속 ⇒ 삼지적 상관속
삼항적 상관속 ⇒ 삼지적 상관속
삼항적인 자음 체계 ⇒ 삼지적 상관속
삽요음 ⇒ 사잇소리 현상
삽음 현상 ⇒ 첨가
삽입 ⇒ 첨가
삽입 모음 ⇒ 매개 모음
삽입 연계음 ⇒ 활음
삽입 자음 ⇒ 매개 자음, 사잇소리 현상
상가 분절소 ⇒ 초분절음
상가 음소 ⇒ 초분절음, 운소
상관 ⇒ 대립
상관 묶음 ⇒ 대립
상관 징표 ⇒ 대립
상관 표식 ⇒ 대립
상관못 ⇒ 대립
상관성 ⇒ 대립
상관속 ⇒ 대립
상관쌍 ⇒ 대립
상관적 쌍 ⇒ 대립
상대 동화 ⇒ 동화
상대적 장 ⇒ 장단

상모음 ⇒ 고모음
상보 배치 ⇒ 상보적 분포
상보 분포 ⇒ 상보적 분포
상보적 관계 ⇒ 상보적 분포
상보적 배분 ⇒ 상보적 분포
상보적 배치 ⇒ 상보적 분포
상보적 변이음 ⇒ 변이음
상보적 분포 ⇒ 상보적 분포
상보적 분포 관계 ⇒ 상보적 분포
상보적 장모음화 ⇒ 장모음화
상보적인 배치 ⇒ 상보적 분포
상보적인 분포 ⇒ 상보적 분포
상설모음 ⇒ 고모음
상성 ⇒ 방점
상승 겹모음 ⇒ 상향 이중 모음
상승 복모음 ⇒ 상향 이중 모음
상승 성조 ⇒ 굴곡조
상승 어조 ⇒ 굴곡조
상승 억양 ⇒ 굴곡조
상승 연접 ⇒ 연접
상승 음조 ⇒ 굴곡조
상승 이중 모음 ⇒ 상향 이중 모음
상승 자음 ⇒ 외파음
상승 작용 ⇒ 고모음화
상승 중모음 ⇒ 상향 이중 모음
상승모음화 ⇒ 고모음화
상승적 ⇒ 굴곡조
상승적 겹모음 ⇒ 상향 이중 모음
상승적 겹홀소리 ⇒ 상향 이중 모음
상승적 과도음 ⇒ 활음
상승적 두겹홀소리 ⇒ 상향 이중 모음
상승적 복원음 ⇒ 상향 이중 모음
상승적 음조 ⇒ 굴곡조
상승적 이중 모음 ⇒ 상향 이중 모음
상승적 중모음 ⇒ 상향 이중 모음
상승적 활음 ⇒ 활음
상승조 ⇒ 고저, 굴곡조
상승형 ⇒ 억양
상승형 겹모음 ⇒ 상향 이중 모음

상승화 규칙 ⇒ 고모음화
상악 ⇒ 경구개, 구개, 치조
상용 ⇒ 중모음₁
상용음 ⇒ 중모음₁
상음조 ⇒ 고저
상음하몽법 ⇒ 연음₁
상접변음 ⇒ 자음 접변
상징론 ⇒ 음상
상징음 ⇒ 음상
상치단 ⇒ 치조
상치은 ⇒ 치조
상치조 ⇒ 치조
상하용 ⇒ 중모음₁
상하용음 ⇒ 중모음₁
상향 삼중 모음 ⇒ 삼중 모음, 상향 이중 모음
상향 중모음 ⇒ 상향 이중 모음
상향성 이중 모음 ⇒ 상향 이중 모음
상향성 활음 ⇒ 활음
상향식 중모음 ⇒ 상향 이중 모음
상향적 이중 모음 ⇒ 상향 이중 모음
상호 급외 ⇒ 규칙순
상호 동화 ⇒ 상호 동화, 이중 동화, 축약
상호 동화 작용 ⇒ 상호 동화
상호 배타적 분포 ⇒ 상보적 분포
상호 배타적 위치 ⇒ 상보적 분포
상호 배타적인 환경 ⇒ 상보적 분포
상호 접변 ⇒ 상호 동화
상호 조음 ⇒ 동시 조음
상호 출혈 순서 ⇒ 규칙순
상환 ⇒ 도치
색성부대음후음 ⇒ 후두 파열음
색음 ⇒ 파열음
색찰음 ⇒ 파찰음
색치음 ⇒ 치조음
생략 ⇒ 축약, 탈락
생산성 ⇒ 규칙 소멸
생성 ⇒ 도출
생음 ⇒ 탈락
서쯔힘거듭소리 ⇒ 거듭소리

서로 닮기 ⇒ 상호 동화
서로 닮음 ⇒ 상호 동화
서로 배타적인 분포 ⇒ 상보적 분포
서로 피 보이는 순서 ⇒ 규칙순
서성 ⇒ 성조
서성운 ⇒ 성조, 운모
석이어 되는 복음 ⇒ 거듭소리
석임거듭소리 ⇒ 거듭소리
석임소리 ⇒ 거듭소리
섞김거듭 ⇒ 거듭소리
섞김거듭닿소리 ⇒ 거듭소리
섞김겹닿소리 ⇒ 거듭소리
섞여 바뀜 ⇒ 축약
섞음거듭소리 ⇒ 거듭소리
섞인겹소리 ⇒ 거듭소리
섞인바뀜 ⇒ 유기음화
섞임겹초성 ⇒ 합용병서
섞임거듭 ⇒ 거듭소리
섞임거듭소리 ⇒ 거듭소리
섞임겹닿소리 ⇒ 거듭소리
섞임소리 ⇒ 거듭소리, 유기음화
섞임소리 되기 ⇒ 유기음화
선률적 요소 ⇒ 초분절음
선언적 순서 짓기 ⇒ 여타 조건
선율 소리마루 ⇒ 고저 악센트
선율 악센트 ⇒ 고저 악센트
선저후고조 ⇒ 굴곡조
선조상의 관계 ⇒ 감염
선취 동화 ⇒ 순행 동화, 역행 동화
선취적 동화 ⇒ 역행 동화
선택 관계 ⇒ 감염
선택적 관계 ⇒ 감염
선파열성 비음 ⇒ 동기관적
선합음 ⇒ 거듭소리
선행 기식 ⇒ 기식
선행음의 후행음화 ⇒ 위치 동화
선행적 동화 ⇒ 역행 동화
설경음 ⇒ 중자음²
설관성 ⇒ 변별적 자질

설권음 ⇒ 진동음

설근 ⇒ 설근

설근 수축 ⇒ 모음 조화

설근 전진 ⇒ 모음 조화

설근 전진성 ⇒ 긴장음

설근 조화 ⇒ 모음 조화

설근음 ⇒ 설근음, 연구개음

설내음 ⇒ 전설음, 조음 위치

설단 ⇒ 설단

설단 자음 ⇒ 설단음, 중자음^2

설단 자음소 ⇒ 설단음

설단 중음 ⇒ 설단음

설단 치조음 ⇒ 설단음, 치조음

설단성 ⇒ 변별적 자질

설단성 자음 ⇒ 중자음^2

설단음 ⇒ 설단음, 중자음^2, 치조음

설단음화 ⇒ 구개음화

설단-전위경구개음 ⇒ 치조경구개음

설면 ⇒ 설단, 설면

설면 경구개음 ⇒ 설면음, 경구개음

설면 구개음화 ⇒ 구개음화

설면음 ⇒ 경구개음, 설면음

설면음화 ⇒ 구개음화

설면치조경구개음화 ⇒ 구개음화

설배 ⇒ 설배

설배 경구개음 ⇒ 설배음

설배 연구개음 ⇒ 설배음

설배음 ⇒ 설근음

설복 ⇒ 설배

설본음 ⇒ 아음

설상음 ⇒ 치음

설선 ⇒ 설단

설선음 ⇒ 설단음

설신 ⇒ 설배

설앙음 ⇒ 설단음

설연 ⇒ 설단

설엽 ⇒ 경구개치조음, 설단, 설면

설엽음 ⇒ 경구개치조음

설요음 ⇒ 치음

설요음화 ⇒ 구개음화

설음 ⇒ 권설음, 설음

설음계 자음 ⇒ 중자음^2

설전음 ⇒ 진동음

설정 ⇒ 변별적 자질, 설단

설정 자음 ⇒ 중자음^2

설정성 ⇒ 변별적 자질

설정성 자음 ⇒ 중자음^2

설정음 ⇒ 설단음, 중자음^2

설정음성 ⇒ 변별적 자질

설정자음 ⇒ 전설음

설정적 ⇒ 변별적 자질

설정적 닿소리 ⇒ 중자음^2

설정적 자음 ⇒ 중자음^2

설정질 ⇒ 변별적 자질

설정질음 ⇒ 중자음^2

설중 유음 ⇒ 비설측음

설첨 ⇒ 설단

설첨 치음 ⇒ 설단음, 치음

설첨경악음 ⇒ 권설음

설첨성 ⇒ 변별적 자질

설첨음 ⇒ 설단음, 설음, 중자음^2

설첨적 ⇒ 변별적 자질

설첨치은음 ⇒ 치조음

설첨후음 ⇒ 권설음

설체 ⇒ 설근, 설배, 중설

설측 공명음 ⇒ 설측음

설측 마찰음 ⇒ 중앙음

설측 유음 ⇒ 설측음

설측 음운 ⇒ 유음

설측 자음 ⇒ 설측음

설측 자음 음운 ⇒ 유음

설측 접근음 ⇒ 중앙음

설측음 ⇒ 설측음, 유음

설측음 동화 ⇒ 유음화

설측음 탈락 ⇒ 유음 탈락

설측음의 비음화 ⇒ 'ㄹ'의 비음화

설측음화 ⇒ 유음화

설측자음화 ⇒ 유음화

687

설치경음 ⇒ 치조음

설치음 ⇒ 치음

설칙음 ⇒ 설측음

설칙음화 ⇒ 유음화

설타음 ⇒ 탄설음, 흡착음

설단음 ⇒ 탄설음

설편 원리 ⇒ 전설 모음화

설후 합음 ⇒ 반치음

설후음 ⇒ 반치음, 후음

섬음 ⇒ 탄설음

섭 ⇒ 속삭임

섭음(囁音) ⇒ 속삭임

섭음(涉音) ⇒ 활음

성 ⇒ 성모, 성조, 운모, 유성음, 음성

성 시작 시간 ⇒ 성대 진동 시작 시간

성뉴 ⇒ 성모

성대 ⇒ 후두

성대 떨림 시작 시간 ⇒ 성대 진동 시작 시간

성대 떪 ⇒ 유성음

성대 성문 ⇒ 속삭임, 중얼거림

성대 울림 ⇒ 유성음

성대 진동 ⇒ 유성음

성대 진동 개방 시간 ⇒ 성대 진동 시작 시간

성대 진동 개시 ⇒ 성대 진동 시작 시간

성대 진동 개시 시간 ⇒ 성대 진동 시작 시간

성대 진동 시간 ⇒ 성대 진동 시작 시간

성대 진동 시기 ⇒ 성대 진동 시작 시간

성대 진동 시작 시 ⇒ 성대 진동 시작 시간

성대 진동 시작 시간 ⇒ 성대 진동 시작 시간, 유기음

성대 진동 시점 ⇒ 성대 진동 시작 시간

성대 진동 지연 시간 ⇒ 성대 진동 시작 시간

성대 진동이 없는 시간 ⇒ 성대 진동 시작 시간

성대 파열음 ⇒ 후두 파열음

성대 파장음 ⇒ 후두 파열음

성대 폐쇄음 ⇒ 후두 파열음

성대띠 ⇒ 후두

성대문 ⇒ 후두

성대음 ⇒ 후음

성대음 음소 ⇒ 후음

성대주름 ⇒ 후두

성도 ⇒ 변별적 자질

성류 ⇒ 성모

성모 ⇒ 성모, 초성

성문 ⇒ 후두

성문 긴장화음 ⇒ 경음

성문 단지음 ⇒ 후두 파열음

성문 소리 ⇒ 후음

성문 외파음 ⇒ 후두 파열음

성문 자음 음소 ⇒ 후음

성문 정지음 ⇒ 후두 파열음

성문 파열음 ⇒ 후두 파열음

성문 폐색음 ⇒ 후두 파열음

성문 폐쇄음 ⇒ 경음, 방출음, 후두 파열음

성문기류기작 ⇒ 발동부

성문단음 ⇒ 후두 파열음

성문소리 ⇒ 발동부

성문음 ⇒ 후음

성문음 축약 ⇒ 유기음화

성문음 탈락 ⇒ 후음 탈락

성문음소 ⇒ 후음

성문음소 탈락 ⇒ 후음 탈락

성문적 흡인 폐쇄음 ⇒ 내파음

성문적 흡착음 ⇒ 내파음

성문파음 ⇒ 후두 파열음

성문폐쇄 파열음 ⇒ 후두 파열음

성문화 자음 ⇒ 방출음

성문화 폐쇄음 ⇒ 방출음

성문화음 ⇒ 경음, 방출음

성부 ⇒ 방점

성소 ⇒ 변별적 자질, 성조

성소대 ⇒ 음형대

성숙음 ⇒ 자음

성시발 ⇒ 성대 진동 시작 시간

성역 성조 ⇒ 평판조

성역조 ⇒ 평판조

성음 ⇒ 음성, 음절

성음 계통 ⇒ 음운 체계

성음 탈락 ⇒ 탈락

성음 현상 ⇒ 음운 현상

성음절 ⇒ 성절음

성음절 모음 ⇒ 음절 주음

성음학 ⇒ 음성학, 음운론

성음화 ⇒ 경음화

성음화 저해음 ⇒ 경음

성절 닿소리 ⇒ 성절음

성절 모음 ⇒ 음절 주음

성절 자음 ⇒ 성절음

성절 자질 ⇒ 변별적 자질

성절 특성 ⇒ 변별적 자질

성절부 ⇒ 음절 주음

성절성 ⇒ 변별적 자질

성절성 공명음 ⇒ 성절음

성절성 분절음 ⇒ 성절음

성절성 자음 ⇒ 성절음

성절음 ⇒ 변별적 자질, 성절음, 음절 주음

성절적 분절음 ⇒ 성절음

성절적 자음 ⇒ 성절음

성절핵 ⇒ 음절 주음, 중성

성절화 ⇒ 음절화

성점 ⇒ 방점

성조 변동 ⇒ 연성

성조 ⇒ 고저, 성조

성조 결합 규칙 ⇒ 연성

성조 곡선 ⇒ 굴곡조

성조 교체 ⇒ 연성

성조 변동 규칙 ⇒ 연성

성조 변화 ⇒ 연성

성조 연성 ⇒ 성조

성조 이화 ⇒ 이화

성조 종류 ⇒ 성조

성조 중음 ⇒ 고저 악센트

성조값 ⇒ 성조

성조군 ⇒ 기식군

성조소 ⇒ 성조

성조음 ⇒ 활음조

성조의 연성 ⇒ 연성

성조점 ⇒ 방점

성조치 ⇒ 성조

성표 ⇒ 방점

성화 ⇒ 유성음화

세 가지 계열 ⇒ 삼지적 상관속

세 갈래 닿소리 ⇒ 삼지적 상관속

세 계열 상관속 ⇒ 삼지적 상관속

세거듭소리 ⇒ 삼중 모음

세겹 홀소리 ⇒ 삼중 모음

세겹모음 ⇒ 삼중 모음

세고 여림 ⇒ 강약

세기 ⇒ 강약

세기 마루 ⇒ 강약, 강약 악센트

세기 악센트 ⇒ 강약, 강약 악센트

세로 관계 ⇒ 감염

세모음 ⇒ 긴장음

세번 거듭홀소리 ⇒ 삼중 모음

세음 ⇒ 강음, 직음

세찬 소리 ⇒ 강음

센구개화 현상 ⇒ 구개음화

센소리 ⇒ 강약, 강음, 거듭소리, 경음, 유기음

센소리 되기 ⇒ 유기음화

센소리로 바꾸임 ⇒ 유기음화

센소리화 ⇒ 유기음화

센이붕 ⇒ 경구개

센이붕소리 ⇒ 경구개음

센입웅 ⇒ 경구개

센입웅소리 됨 ⇒ 구개음화

센입천장 ⇒ 경구개

센입천장소리 ⇒ 경구개음

센입천장소리 되기 ⇒ 구개음화

센입천정 ⇒ 경구개

센입천정소리 ⇒ 경구개음

센힘 ⇒ 강약

셋 합한 모음 ⇒ 삼중 모음

셋 합한 홀소리 ⇒ 삼중 모음

셜성 ⇒ 설음

소각음 ⇒ 폐모음

소간극 모음 ⇒ 폐모음

소개모음 ⇒ 폐모음

소거 ⇒ 탈락
소곤거림 ⇒ 속삭임
소곤소곤 ⇒ 속삭임
소규칙 ⇒ 소수 변화
소극적 중성 모음 ⇒ 중성 모음, 중성 모음
수근거리는 소리 ⇒ 속삭임
소근소근 ⇒ 속삭임
소리 ⇒ 유성음
소리 가락 ⇒ 성조
소리 겨레 ⇒ 음소
소리 겨레의 짜힘 ⇒ 음운 체계
소리 고루는 데 ⇒ 조음부
소리 고루는 홀소리 ⇒ 매개 모음
소리 구녁 ⇒ 후두
소리 규칙 ⇒ 음운 규칙
소리 길이 ⇒ 장단
소리 끊음 ⇒ 절음
소리 끼우기 ⇒ 첨가
소리 내는 데 ⇒ 발성부
소리 높임 ⇒ 성조
소리 높임 점 ⇒ 방점
소리 달라짐 ⇒ 이화
소리 닮기 ⇒ 동화
소리 돌기 ⇒ 돋들림
소리 마루 ⇒ 악센트
소리 매듭 ⇒ 기식군
소리 바뀜 ⇒ 음운 현상
소리 빠지기 ⇒ 탈락
소리 안뙨 소리 ⇒ 무성음
소리 옮김 ⇒ 음운 현상
소리 이음 ⇒ 연음ⁱ
소리 이음화 ⇒ 연음ⁱ
소리 토막 ⇒ 두음 법칙
소리갈 ⇒ 음성학, 음운론
소리겨레 ⇒ 음운
소리고룸 ⇒ 매개 모음
소리고름 소리 ⇒ 매개 모음
소리고춤 ⇒ 매개 모음
소리내는 자리 같음 ⇒ 동기관적

소리높이 ⇒ 고저
소리덩이 ⇒ 음절
소리뙨소리 ⇒ 유성음
소리마디 ⇒ 음절
소리머리 ⇒ 초성
소리문 소리 ⇒ 후음
소리뭇 ⇒ 변이음, 음운
소리뭇 짜힘 ⇒ 음운 체계
소리뭇갈 ⇒ 음운론
소리씨 ⇒ 음소
소리없는 쉼 ⇒ 휴지
소리의 닮아짐 ⇒ 음운 현상
소리의 가락 ⇒ 성조, 억양
소리의 고룸 ⇒ 연음²
소리의 끊음 ⇒ 절음
소리의 낱꼴 ⇒ 음소, 음운
소리의 높낮 ⇒ 고저
소리의 달라짐 ⇒ 음운 현상
소리의 닮음 ⇒ 동화
소리의 덧붙음 ⇒ 첨가
소리의 뒤바뀜 ⇒ 도치
소리의 떨어짐 ⇒ 탈락
소리의 바꾸임 ⇒ 음운 현상
소리의 바뀜 ⇒ 음운 현상
소리의 세여리 ⇒ 강약
소리의 엇바뀜 ⇒ 도치
소리의 옮음 ⇒ 연음ⁱ
소리의 이음 ⇒ 연음ⁱ
소리의 조직 ⇒ 음운 체계
소리의 줄임 ⇒ 탈락
소리주름 ⇒ 후두
소리청 ⇒ 후두
소멸 ⇒ 소실
소수 규칙 ⇒ 소수 변화
소수 변화 ⇒ 소수 변화
소실 ⇒ 소실, 탈락
소음(嘯音) ⇒ 경구개치조음
소음(素音) ⇒ 음성, 음소, 음운
소음(騷音) ⇒ 조음, 치찰음

소음 체계 ⇒ 음운 체계
소음성 ⇒ 변별적 자질
소음운 규칙 ⇒ 소수 변화
소음적 ⇒ 변별적 자질
소음적 자음 ⇒ 장애음
소음질 ⇒ 변별적 자질
소자음 ⇒ 장애음
소행 동화 ⇒ 역행 동화
속닙천장 ⇒ 연구개
속삭이는 소리 ⇒ 속삭임
속삭임 ⇒ 속삭임
속삭임 소리 ⇒ 속삭임
속살거림 ⇒ 속삭임
속소리 ⇒ 중성
속음 ⇒ 속음
속음성 ⇒ 변별적 자질
속음적 ⇒ 변별적 자질
속터짐 ⇒ 미파화
속터짐 소리 ⇒ 미파음
속터침 소리 ⇒ 내파음, 미파음
솔애 ⇒ 음성
송기음 ⇒ 유기음
송원음 ⇒ 이완음
수감 ⇒ 축약
수동 조음 기관 ⇒ 조음부
수동 조음자 ⇒ 조음부
수동부 ⇒ 조음부
수동성 조음부 ⇒ 조음부
수동적 조음 기관 ⇒ 조음부
수동적 조음자 ⇒ 조음부
수동적 조음체 ⇒ 조음부
수사적 강세 ⇒ 강약
수성 ⇒ 운모
수약 ⇒ 간음화, 축약
수약 작용 ⇒ 축약
수의 변이 ⇒ 무조건 변이
수의적 규칙 ⇒ 도출
수의적 변이 ⇒ 무조건 변이
수의적 변이음 ⇒ 변이음

수직 이중 모음 ⇒ 이중 모음
수직적 조화 ⇒ 모음 조화
수축 ⇒ 축약
수평 성조 ⇒ 평판조
수평 성조 체계 ⇒ 평판조
수평 이중 모음 ⇒ 수평 이중 모음
수평 조직 ⇒ 평판조
수평 체계 ⇒ 평판조
수평 토님 ⇒ 평판조
수평적 이중 모음 ⇒ 수평 이중 모음
수평적 조화 ⇒ 모음 조화
수평적 중모음 ⇒ 수평 이중 모음
수평조 ⇒ 평판조
수평조 높이 ⇒ 평판조
수평화 ⇒ 유추적 평준화
숙음 ⇒ 음절, 자음²
순간 개방 ⇒ 파찰음
순간 모음 ⇒ 반모음
순간 방출 ⇒ 파찰음
순간 접근음 ⇒ 반모음
순간소리 ⇒ 순간음
순간음 ⇒ 순간음, 지속음, 파열음, 폐쇄음
순경음 ⇒ 순음
순경음 비읍 ⇒ 양순음
순내음 ⇒ 연구개음, 조음 위치
순동화 ⇒ 순행 동화
순모음(純母音) ⇒ 단모음¹
순모음(脣母音) ⇒ 원순 모음
순모음 음소 ⇒ 단모음¹
순모음화 ⇒ 원순 모음화
순비음 ⇒ 비음
순서의 재배열 ⇒ 규칙순 재배열
순수 모음 ⇒ 단모음¹
순수 자음 ⇒ 순수 자음, 장애음
순수 자음소 ⇒ 순수 자음
순수 탁음 ⇒ 유성음
순수한 겹모음 ⇒ 이중 모음
순시음 ⇒ 순간음
순연구개음 ⇒ 이중 조음

691

순음(脣音) ⇒ 순음, 양순음
순음(順音) ⇒ 평음
순음(純音) ⇒ 유기음
순음 동화 ⇒ 원순 모음화
순음 전이음 ⇒ 반모음
순유성 ⇒ 변별적 자질
순음운 ⇒ 순음
순음화 ⇒ 원순 모음화, 위치 동화, 이중 조음
순이중 모음 ⇒ 이중 모음
순자음(純子音) ⇒ 순수 자음
순자음(脣子音) ⇒ 순음, 양순음
순적 모음 ⇒ 원순 모음
순적 조화 ⇒ 모음 조화
순정 모음 ⇒ 단모음
순정 자음 ⇒ 순수 자음
순중음 ⇒ 순음
순청 ⇒ 조음 방식
순치음 ⇒ 순음, 순치음
순탁 ⇒ 조음 방식
순탁음 ⇒ 반탁음, 유성음
순편 원리 ⇒ 원순 모음화
순한 소리 ⇒ 평음
순행 동화 ⇒ 순행 동화
순행 동화 구개음화 ⇒ 전설 모음화
순행 완전 동화 ⇒ 모음의 완전 순행 동화
순행 원순 모음화 ⇒ 원순 모음화
순행 이화 ⇒ 이화
순행적 구개음화 ⇒ 구개음화
순행적 동시 조음 ⇒ 동시 조음
순행적 비음화 ⇒ 'ㄹ'의 비음화
순행적 유기음화 ⇒ 유기음화
순행적 유음화 ⇒ 유음화
순행적인 완전 모음 동화 ⇒ 모음의 완전 순행 동화
순화 모음 ⇒ 이중 모음
순후음 ⇒ 후음
숨 쉬는 데 ⇒ 발동부
숨대 ⇒ 후두, 후두개
숨대머리 ⇒ 후두
숨덩이 ⇒ 기식군

숨띤 소리 ⇒ 유기음
숨띰 ⇒ 기식
숨마디 ⇒ 기식군
숨ㅅ대막애 ⇒ 후두개
숨ㅅ대머리 ⇒ 후두
숨소리 ⇒ 기식, 중앙음
숨소리 섞인 소리 ⇒ 중앙음
숨소리 섞인 음 ⇒ 중앙음
숨안띤 소리 ⇒ 유기음
숨의 단락 ⇒ 기식군
숨의 힘 ⇒ 기식
쉴짬 ⇒ 휴지
쉼 ⇒ 휴지
쉰성 ⇒ 순음
스치미 ⇒ 마찰음
스침소리 ⇒ 마찰음
습관 ⇒ 익음 소리
습관 변음 ⇒ 익음 소리
습관 변화 ⇒ 익음 소리
습관 소리 ⇒ 익음 소리
습관음 ⇒ 속음, 익음 소리
습관음의 전환 ⇒ 익음 소리
습관의 발음 ⇒ 익음 소리
습음화 ⇒ 구개음화
승강 성조 ⇒ 굴곡조
승강조 ⇒ 고저, 굴곡조
승강조 체계 ⇒ 굴곡조
승어조 ⇒ 굴곡조
승원음 ⇒ 고모음
승음조 ⇒ 굴곡조
승이중모음 ⇒ 상향 이중 모음
승조 ⇒ 굴곡조
승조형 ⇒ 굴곡조
시간 단위 불변의 법칙 ⇒ 장모음화
시끄러운 소리 ⇒ 조음
시끄런 소리 ⇒ 조음, 치찰음
시발음 ⇒ 초성
시발자 ⇒ 발동부
시속음 ⇒ 속음

시음(時音) ⇒ 속음
시음(始音) ⇒ 초성
시작 단계 ⇒ 활음
시작부 ⇒ 초성, 활음
시차 변별적 특질 ⇒ 변별적 자질
시차 특성 ⇒ 변별적 자질
시차 특징 ⇒ 변별적 자질
시차적 소성 ⇒ 변별적 자질
시차적 자질 ⇒ 변별적 자질
시차적 특성 ⇒ 변별적 자질
시차적 특징 ⇒ 변별적 자질
시차적 표식 ⇒ 변별적 자질
시활음 ⇒ 활음
식단락 ⇒ 기식군
식압 ⇒ 강약
식압 악센트 ⇒ 강약 악센트
신설음 ⇒ 동기관적
실담자기 ⇒ 자음¹
실사 ⇒ 절음
실제적 휴지 ⇒ 휴지
실험 음성학 ⇒ 음성학
싫소리 ⇒ 조음
심리적 강세 ⇒ 강약
심모음 ⇒ 양성 모음
심향 이중 모음 ⇒ 이중 모음
심후음 ⇒ 후음
쌍거듭 ⇒ 거듭소리
쌍겹닿소리 ⇒ 거듭소리
쌍글자 ⇒ 각자병서
쌍동화 ⇒ 상호 동화
쌍모음 ⇒ 장모음
쌍받침 ⇒ 받침
쌍밧팀 ⇒ 받침
쌍변 대립 ⇒ 대립
쌍복음 ⇒ 거듭소리
쌍복자음 ⇒ 거듭소리
쌍생어 ⇒ 쌍형어
씽생음 ⇒ 중복 자음
쌍서 ⇒ 각자병서

쌍성중자음 ⇒ 거듭소리
쌍소리 ⇒ 거듭소리
쌍순음 ⇒ 순음, 양순음
쌍음 ⇒ 거듭소리, 경음, 이중 모음, 중복 자음
쌍음 종성 ⇒ 받침
쌍자병서 ⇒ 각자병서
쌍자음 ⇒ 경음, 중복 자음
쌍종성 ⇒ 받침
쌍초성 ⇒ 각자병서, 거듭소리, 경음
쌍탁음 ⇒ 거듭소리
쌍합 ⇒ 거듭소리
쌍형 ⇒ 복수 기저형, 쌍형어
쌍형 기저형 ⇒ 복수 기저형
쌍형 어간 ⇒ 쌍형어
쌍형어 ⇒ 복수 기저형, 쌍형어
쌍형어사 ⇒ 쌍형어
쌍형의 형태소 ⇒ 복수 기저형
쌍형태 ⇒ 쌍형어
쓴 음절 ⇒ 음절

●●● ○

아동화 ⇒ 부분 동화
아들소리 ⇒ 자음¹
아래모음 ⇒ 저모음
아셤 ⇒ 아음
'아/어' 탈락 ⇒ 동일 모음 탈락
'아'의 교체 ⇒ 모음 조화
아은 ⇒ 치조
아음(我音) ⇒ 동음
아음(牙音) ⇒ 아음
아주 열음의 소리 ⇒ 개모음
아한음 ⇒ 동음
아후음 ⇒ 후음
악각 ⇒ 개구도
악각도 ⇒ 개구도
악간각 ⇒ 개구도
악도 ⇒ 개구도
악센트 ⇒ 악센트

693

악센트소 ⇒ 운소
악음(顎音) ⇒ 경구개음, 구개음
악음(樂音) ⇒ 공명음, 악음
악음소 ⇒ 운소
악음적 자음 ⇒ 공명음
악음조 ⇒ 활음조
악음화 ⇒ 구개음화
악적 모음 ⇒ 전설 모음화
악조 ⇒ 고저 악센트
악조 악센드 ⇒ 고저 악센트
악화 ⇒ 구개음화
안둥근 모음 ⇒ 평순 모음
안둥근 입술소리 ⇒ 평순 모음
안둥근 홀소리 ⇒ 평순 모음
안둥근 홀소리 되기 ⇒ 비원순 모음화
안열림소리 되기 ⇒ 미파화
안울린소리 ⇒ 무성음
안울림 홀소리 ⇒ 무성음화
안울림소리 ⇒ 무성음
안울림소리 되기 ⇒ 무성음화
안울림소리 됨 ⇒ 무성음화
안켕김 홀소리 ⇒ 이완음
안터뜨림 소리 ⇒ 미파음
안터짐 소리 ⇒ 미파음
알송달송한 소리 ⇒ 중앙 모음
알타이 어족 ⇒ 두음 법칙
암음성 ⇒ 변별적 자질
압 악센트 ⇒ 강약 악센트
압력 악센트 ⇒ 강약 악센트
압모음 ⇒ 전설 모음
압연쇄 ⇒ 음운 추이
압축 ⇒ 파열음
앙원음 ⇒ 중설 모음, 중앙 모음
앞 자리의 소리 ⇒ 전설 모음
앞가온대소리 ⇒ 단모음
앞·가운데소리 ⇒ 활음
앞높은 홀소리 되기 ⇒ 전설 모음화
앞닙천장 ⇒ 경구개
앞닮음 ⇒ 순행 동화

앞모음 ⇒ 단모음, 전설 모음
앞모음 닮기 ⇒ '이' 모음 역행 동화, 전설 모음화
앞모음소리 되기 ⇒ 전설 모음화
앞모음화 ⇒ '이' 모음 역행 동화
앞소리 ⇒ 전설 모음
앞소리 닮기 ⇒ 순행 동화
앞여린입천장소리 ⇒ 연구개음
앞이동음 ⇒ 활음
앞입웅 ⇒ 경구개
앞입천장 ⇒ 경구개
앞입천장소리 ⇒ 경구개음
앞자리 홀소리 되기 ⇒ 전설 모음화
앞전이음 ⇒ 활음
앞쪽 소리 ⇒ 변별적 자질
앞천장 ⇒ 경구개
앞혀 홑홀소리 ⇒ 전설 모음
앞혀모음 ⇒ 전설 모음
앞혀소리 ⇒ 전설 모음, 전설음
앞혀홀소리 ⇒ 전설 모음
앞혓바닥 ⇒ 전설
앞혓바닥소리 ⇒ 경구개음
앞혓소리 ⇒ 전설 모음
앞홀소리 ⇒ 전설 모음
앞홀소리 되기 ⇒ '이' 모음 역행 동화, 전설 모음화
애매 모음 ⇒ 중앙 모음
애매 이중 모음 ⇒ 이중 모음
애매음 ⇒ 중앙 모음
애매한 중설 모음 ⇒ 중앙 모음
애음 ⇒ 장애음
액선트 ⇒ 악센트
액센트 ⇒ 고저 악센트, 악센트, 운소
액슨트 ⇒ 악센트
약력 ⇒ 강약
약마찰음 ⇒ 반모음
약모음 ⇒ 음성 모음, 중앙 모음
약모음 탈락 ⇒ '으' 탈락
약생 ⇒ 축약
약세 음절 ⇒ 음절
약소 규칙 ⇒ 소수 변화

694

약음 법칙 ⇒ 탈락
약음(弱音) ⇒ 강약, 약음, 평음
약음(約音) ⇒ 모음 탈락, 축약, 탈락
약음소 ⇒ 중앙 모음
약음절 ⇒ 경음절, 음절
약음화 ⇒ 약화
약자음 ⇒ 약음
약정지음 ⇒ 평파열음
약축 ⇒ 축약
약한 소리 ⇒ 강약, 약음, 평음
약한 터짐소리 ⇒ 평파열음
약한 홀소리 ⇒ 중앙 모음
약화 ⇒ 약화
약화 모음 ⇒ 중앙 모음
양 ⇒ 고저 악센트
양극적 대립 ⇒ 대립
양도 ⇒ 공명도
양류 ⇒ 양성 모음
양립 모음 ⇒ 중성 모음
양면 대립 ⇒ 대립
양면적 대립 ⇒ 대립
양모음 ⇒ 양성 모음
양방향적 동화 ⇒ 이중 동화
양변적 대립 ⇒ 대립
양봉 보음 ⇒ 양음절성
양성 모음 ⇒ 양성 모음
양성 홀소리 ⇒ 양성 모음
양성운 ⇒ 운모
양성음군 ⇒ 양성 모음
양속 음절음 ⇒ 양음절성
양속음절 ⇒ 양음절성
양순 연구개 접근음 ⇒ 반모음
양순 연구개음 ⇒ 이중 조음
양순 자음 ⇒ 양순음
양순 전이음 ⇒ 반모음
양순음 ⇒ 양순음
양순음과 후두음의 교체 ⇒ 이화
양순음소 ⇒ 양순음
양순음화 ⇒ 위치 동화

양음(亮音) ⇒ 공명음
양음(陽音) ⇒ 모음, 양성 모음, 지금
양음(良音) ⇒ 모음
양음(量音) ⇒ 모음
양음(揚音) ⇒ 성조, 악센트, 억양
양음 악센트 ⇒ 고저 악센트
양음 현상 ⇒ '이' 모음 역행 동화
양음의 양성 원리 ⇒ 모음 조화
양음절 ⇒ 양음절성
양음절 현상 ⇒ 양음절성
양음절성 ⇒ 양음절성
양음절적 ⇒ 양음절성
양음절적 요소 ⇒ 양음절성
양입술소리 ⇒ 순음
양적 대등성 ⇒ 최소 대립쌍
양적 악센트 ⇒ 악센트
양절 ⇒ 모음
양중성 ⇒ 양성 모음
양측음 ⇒ 설측음
양측적 동화 ⇒ 이중 동화
양평성 ⇒ 성조
양합 원음 ⇒ 이중 모음
얕은 모음 ⇒ 전설 모음
'ㅓ' 없애기 ⇒ 동일 모음 탈락
어간 평준화 ⇒ 유추적 평준화
어간말 'h' 탈락 ⇒ 후음 탈락
어간말 'ㄹ' 탈락 ⇒ 유음 탈락
어간말 '아'나 '어' 탈락 ⇒ 동일 모음 탈락
어간말 'ㅎ' 삭제 ⇒ 후음 탈락
어간말 자음군 ⇒ 자음군
어간말 후음 탈락 ⇒ 후음 탈락
어감 변화 ⇒ 음상
어감의 바꿈 ⇒ 음상
어감의 분화 ⇒ 음상
어금니 소리 ⇒ 아음
어금닛소리 ⇒ 아음
어기형 ⇒ 기본형
어두 ⇒ 어두
어두 겹받소리 ⇒ 자음군

어두 경음화 현상 ⇒ 경음화
어두 기피 현상 ⇒ 두음 법칙
어두 된소리 현상 ⇒ 경음화
어두 복자음 ⇒ 자음군
어두 자음 ⇒ 성모
어두 자음 농음화 ⇒ 경음화
어두 자음 연속 ⇒ 자음군
어두 자음군 ⇒ 자음군
어두 자음소군 ⇒ 자음군
어두 제약 ⇒ 두음 법칙
어두 중자음 ⇒ 자음군
어두 첨가 ⇒ 첨가
어두 회피 제약 ⇒ 두음 법칙
어두운 모음 ⇒ 음성 모음
어두운 소리 ⇒ 음성 모음
어두운 홀소리 ⇒ 음성 모음
어두음 ⇒ 어두
어두음 법칙 ⇒ 두음 법칙
어두음 제약 ⇒ 두음 법칙
어두음 탈락 ⇒ 탈락
어둔 소리 ⇒ 음성 모음
어둡운 벌임소리 ⇒ 음성 모음
어말 ⇒ 어말
어말 겹닿소리 줄이기 ⇒ 자음군 단순화
어말 자음 ⇒ 종성
어말 자음 중화 ⇒ 평파열음화
어말 첨가 ⇒ 첨가
어말 평성화 ⇒ 어말
어말음 법칙 ⇒ 말음 법칙
어머니소리 ⇒ 모음
'어' 모음 삭제 규칙 ⇒ 동일 모음 탈락
어미 '아/어'의 교체 ⇒ 모음 조화
어미 ⇒ 어말
어미 변화표 ⇒ 패러다임
어미의 두 모음 동화 현상 ⇒ 모음의 완전 순행 동화
어법적 강세 ⇒ 강약
어사 성조 ⇒ 고저 악센트
어성조 ⇒ 고저 악센트
어성학 ⇒ 음성학

어세 ⇒ 돋들림
어음 ⇒ 음성, 음운, 음절
어음 변화 ⇒ 음운 현상
어음 체계 ⇒ 음운 체계
어음론 ⇒ 음운론
어음하 ⇒ 음성하
어절 ⇒ 기식군, 두음 법칙
어절 음조 ⇒ 고저 악센트
어조 ⇒ 고저, 악센트, 억양
어조경음 ⇒ 장단
어종 ⇒ 어말
어중 유사음 생략 ⇒ 동음 탈락
어중 자음군 현상 ⇒ 자음군 단순화
어중 첨가 ⇒ 첨가
어중음 탈락 ⇒ 탈락
어중 자음군 ⇒ 받침, 자음군
어초 ⇒ 어두
어형 변화 ⇒ 패러다임
어형 변화 계열 ⇒ 패러다임
어형 변화표 ⇒ 패러다임
어휘론적 조건 ⇒ 교체
어휘부 ⇒ 재구조화
어휘적 장음 ⇒ 장음
어휘적 재구조화 ⇒ 재구조화
어휘화 ⇒ 재구조화
어휘화된 교체형 ⇒ 복수 기저형
어휘화된 이형태 ⇒ 복수 기저형, 이형태
억 ⇒ 고저 악센트
억양 ⇒ 고저, 성조, 악센트, 억양
억양 단락 ⇒ 억양
억양구 ⇒ 억양
억양법 ⇒ 억양
억양소 ⇒ 억양
억음 ⇒ 변별적 자질, 성조, 억양
억음성 ⇒ 변별적 자질
억제 모음 ⇒ 모음, 폐음절
억지 모음 ⇒ 모음, 폐음절
억지 폐쇄음 ⇒ 미파음
억지성 ⇒ 폐음절

696

언어 발음 음절 ⇒ 음절
언어 보편적 음절 ⇒ 음절
언어 음절 ⇒ 음절
언어 자음 음절 ⇒ 음절
언어음 ⇒ 음성
언엽 조자 ⇒ 억양
언족 ⇒ 음운
얹침 음운 ⇒ 운소, 초분절음
얹힌 음소 ⇒ 초분절음
얹힘 음소 ⇒ 운소, 초분절음
얹힘 음운 ⇒ 운소, 초분절음
얹힘 현상 ⇒ 초분절음
얼치기 홀소리 ⇒ 중성 모음
엄니소리 ⇒ 아음
엄닛소리 ⇒ 아음
엄소리 ⇒ 아음
엄식 표음법 ⇒ 정밀 전사
엄쏘리 ⇒ 아음
업힌 음소 ⇒ 초분절음
없애기 ⇒ 탈락
없앰 ⇒ 탈락
엇남 ⇒ 이화
여는 소리마디 ⇒ 개음절
여린 닿소리 ⇒ 약음, 평음
여린 비음 ⇒ 양순음
여린 소리 ⇒ 강약, 약음, 음성 모음, 평음
여린 시옷 ⇒ 반치음
여린 이붕 ⇒ 연구개
여린 입웅 ⇒ 연구개
여린 입천장 ⇒ 연구개
여린 입천장 반홀소리 ⇒ 반모음
여린 입천정 ⇒ 연구개
여린 히웅 ⇒ 후두 파열음
여린 이붕소리 ⇒ 연구개음
여린 입천장소리 ⇒ 연구개음
여린 터짐소리 되기 ⇒ 평파열음화
여린힘 ⇒ 강약
여성 모음 ⇒ 음성 모음
여음 ⇒ 여음, 활음

여음 불발 ⇒ 미파화
여음 불발의 법칙 ⇒ 미파화
여음설 ⇒ 여음
여타 환경 조건 ⇒ 여타 조건
여타조건 ⇒ 여타 조건
역 ⇒ 강약
역고설 모음화 ⇒ 고모음화
역구개 모음화 ⇒ 과도 교정
역구개음화 ⇒ 구개음화
역급여 ⇒ 규칙순
역급여순 ⇒ 규칙순
역급외 ⇒ 규칙순
역급입 ⇒ 규칙순
역급입순 ⇒ 규칙순
역동화 ⇒ 역행 동화
역변화 ⇒ 과도 교정
역사 비교 언어학 ⇒ 재구
역사적 동화 ⇒ 동화
역움라우트 ⇒ 과도 교정
역유추 ⇒ 과도 교정
역음 ⇒ 흡착음
역자급순 ⇒ 규칙순
역적 악센트 ⇒ 강약 악센트
역점 ⇒ 악센트
역중음 ⇒ 강약 악센트
역추리 ⇒ 재분석
역출혈 ⇒ 규칙순
역출혈순 ⇒ 규칙순
역탈취 ⇒ 규칙순
역투여 ⇒ 규칙순
역표기 ⇒ 과도 교정
역행 동화 ⇒ 역행 동화
역행 원순 모음화 ⇒ 원순 모음화
역행 이화 ⇒ 이화
역행적 구개음화 ⇒ 구개음화
역행적 동시 조음 ⇒ 동시 조음
역행적 동화 ⇒ 역행 동화
역행적 유기음화 ⇒ 유기음화
역행적 유음화 ⇒ 유음화

역현상 ⇒ 과도 교정
역형성 ⇒ 재분석
연결 ⇒ 연음¹
연결 모음 ⇒ 매개 모음
연결 발음 ⇒ 연음¹
연경음 ⇒ 경음화
연골 성문 ⇒ 속삭임, 중얼거림
연구개 ⇒ 구개, 연구개
연구개 가모음 ⇒ 이중 모음
연구개 들숨 소리 ⇒ 흡착음
연구개 반모음 ⇒ 반모음
연구개 자음 ⇒ 연구개음
연구개 자음소 ⇒ 연구개음
연구개 폐쇄 ⇒ 연구개
연구개 활음 ⇒ 반모음
연구개기류기구 ⇒ 발동부
연구개기류기작 ⇒ 발동부
연구개단 ⇒ 연구개
연구개리 폐쇄 ⇒ 연구개
연구개소리 ⇒ 발동부
연구개음 ⇒ 연구개음
연구개음소 ⇒ 연구개음
연구개음화 ⇒ 위치 동화, 이중 조음
연독 ⇒ 연음¹
연립 관계 ⇒ 감염
연립적 관계 ⇒ 감염
연모음(連母音) ⇒ 모음 충돌, 연음¹
연모음(軟母音) ⇒ 약음, 음성 모음
연발 ⇒ 연음¹
연발음 ⇒ 연음¹
연변 ⇒ 연성
연성(軟聲) ⇒ 약음, 평음
연성(連聲) ⇒ 연성, 음운 현상, 연음¹, 연음²
연성 규칙 ⇒ 연성
연성 변화 ⇒ 연성
연성 자음 ⇒ 약음, 평음
연성법 ⇒ 연성
연소리 ⇒ 개모음
연속 동화 ⇒ 직접 동화

연속 변조 ⇒ 연성
연속 자음 ⇒ 자음군
연속성 ⇒ 변별적 자질
연속성 특징 ⇒ 변별적 자질
연속음 ⇒ 지속음
연쇄 관계 ⇒ 감염
연쇄 당김 ⇒ 음운 추이
연쇄 당김현상 ⇒ 음운 추이
연쇄 밀기 ⇒ 음운 추이
연쇄 밀기 현상 ⇒ 음운 추이
연쇄 변화 ⇒ 음운 추이
연쇄 복음 ⇒ 거듭소리
연쇄 복합 분절음 ⇒ 거듭소리
연쇄 분절음 ⇒ 거듭소리
연악 ⇒ 연구개
연악음 ⇒ 연구개음
연언적 순서 짓기 ⇒ 여타 조건
연음(連音) ⇒ 단음, 마찰음, 연성, 연음¹, 연음², 음절,
　　　　　　　　 자음 접변
연음(延音) ⇒ 분열
연음(軟音) ⇒ 약음, 이완음, 평음
연음 규칙 ⇒ 연성, 연음¹
연음 법칙 ⇒ 연음¹
연음 변독 ⇒ 연성
연음 변화 ⇒ 조건 변화
연음 파열음 ⇒ 평파열음
연음 현상 ⇒ 연음¹
연음법 ⇒ 연음¹
연음소 ⇒ 'ㅎ' 말음 체언
연음화(連音化) ⇒ 연음¹
연음화(軟音化) ⇒ 유성음화, 약음, 약화, 평음
연접 ⇒ 연성, 연접
연접 경음화 ⇒ 경음화
연접 변화 ⇒ 연성
연접 음소 ⇒ 연접
연접 적용 ⇒ 여타 조건
연접 탁음화 ⇒ 유성음화
연접 현상 ⇒ 자음 접변
연접소 ⇒ 연접

연접음 ⇒ 연접
연접적 순서 ⇒ 여타 조건
연접적 적용 ⇒ 여타 조건
연철 ⇒ 재음소화
연탁 ⇒ 유성음화, 음운 현상
연탁 현상 ⇒ 유성음화
연탁음 ⇒ 유성음화
연탄음 ⇒ 진동음
연파열음 ⇒ 평파열음
연파열음화 ⇒ 평파열음화
연폐쇄음 ⇒ 평파열음
연폐쇄음 ⇒ 평파열음
연한 소리 ⇒ 약음, 평음
연한 입천장 ⇒ 연구개
연한 입천정 ⇒ 연구개
연합 관계 ⇒ 감염
연합 동화 ⇒ 상호 동화
연합음 ⇒ 거듭소리
연합적 관계 ⇒ 감염
연홀소리 ⇒ 개모음
열단 ⇒ 개구도
열린 가락 ⇒ 성조
열린 낱내 ⇒ 개음절
열린 마디 ⇒ 개음절
열린 모음 ⇒ 개모음, 양성 모음
열린 소리 ⇒ 외파음
열린 소리마디 ⇒ 개음질
열린 음절 ⇒ 개음절
열린 이음매 ⇒ 연접
열린 홀소리 ⇒ 개모음
열림 ⇒ 파열음
열림도 ⇒ 개구도
열림도 동화 ⇒ 간극 동화
열림소리 ⇒ 외파음
열세 규칙 ⇒ 소수 변화
열소리 ⇒ 모음
열소리씨 ⇒ 모음
열은 소리 ⇒ 개모음
열홀소리 ⇒ 개모음, 저모음

열힌 낱내 ⇒ 개음절
영상 규칙 ⇒ 거울 영상 규칙
영이도 ⇒ 공명도
영파생 ⇒ 도치
영향적 경음 ⇒ 경음
옆갈리소리 ⇒ 마찰음
옆갈소리 ⇒ 설측음
옆갈이소리 ⇒ 설측음
옆소리 ⇒ 설측음
예견 동화 ⇒ 역행 동화
예기 동화 ⇒ 역행 동화
예기적 동화 ⇒ 역행 동화
예사 닿소리 ⇒ 평음
예사 맑은 소리 ⇒ 평음
예사 흐린소리 ⇒ 유성음
예사ㅅ소리 ⇒ 평음
예사소리 ⇒ 고저, 단음, 무성음, 성조, 약음, 장단,
　　　　　　평음, 평순 모음
예사입술홀소리 ⇒ 평순 모음
예사터짐소리 ⇒ 평파열음
예사터짐소리 되기 ⇒ 평파열음화
예사흐린소리 ⇒ 경음
예삿소리 ⇒ 평음
예성 양음 ⇒ 양성 모음
예습 ⇒ 익음 소리
예측 동화 ⇒ 역행 동화
'ㅗ' 선합 중모음 ⇒ 이중 모음
'ㅗ' 합음 ⇒ 이중 모음
오교정 ⇒ 과도 교정
오구음 ⇒ 저모음
오르막 가락 ⇒ 고저, 굴곡조
오르막 변동조 ⇒ 굴곡조
오른 겹소리 ⇒ 상향 이중 모음
오름 가락 ⇒ 굴곡조
오름 겹홀소리 ⇒ 상향 이중 모음
오름 두겹홀소리 ⇒ 상향 이중 모음
오름 억양 ⇒ 굴곡조
오름 이중 모음 ⇒ 상향 이중 모음
오름 활음 ⇒ 활음

오름조 ⇒ 굴곡조
오름형 겹모음 ⇒ 상향 이중 모음
오모음 ⇒ 후설 모음
오무린 모음 ⇒ 원순 모음
오분단 ⇒ 재분석
오분석 ⇒ 재분석
오설 ⇒ 설면, 후설
오설 모음 ⇒ 후설 모음
오설면 ⇒ 후설
오설부 ⇒ 후설
오십음도 ⇒ 반탁음
오악음 ⇒ 설면, 연구개음
오유추 ⇒ 과도 교정
오음 ⇒ 조음 위치
오철자 ⇒ 음절
오치경음 ⇒ 경구개치조음
오향 이중 모음 ⇒ 이중 모음
온설음 ⇒ 반설음, 설음
온음절 ⇒ 음절
온치음 ⇒ 반치음, 치음
올라가는 가락 ⇒ 굴곡조
올리 겹모음 ⇒ 상향 이중 모음
올리 닮기 ⇒ 역행 동화
올린 모음 ⇒ 고모음
올림 ⇒ 강약 악센트, 악센트
올림 가락 ⇒ 굴곡조
올림 겹모음 ⇒ 상향 이중 모음
올림류형 ⇒ 굴곡조
옮김 규칙 ⇒ 연음ᴸ
옮는 소리 ⇒ 활음
옹근 모음 ⇒ 반모음, 음절 주음
완순 모음 ⇒ 평순 모음
완음 ⇒ 이완음
완음 모음 ⇒ 이완음
완음 현상 ⇒ 약화
완음화 ⇒ 약화
완이 모음 ⇒ 이완음
완이음 ⇒ 약음
완전 교체 ⇒ 이형태

완전 내리 닮기 ⇒ 모음의 완전 순행 동화
완전 닮기 ⇒ 완전 동화
완전 닮음 ⇒ 완전 동화
완전 동화 ⇒ 모음의 완전 순행 동화, 완전 동화
완전 순행 동모화 ⇒ 모음의 완전 순행 동화
완전 순행 동화 ⇒ 모음의 완전 순행 동화
완전 이중 모음 ⇒ 이중 모음
완전 이화 ⇒ 이화
완전 합류 ⇒ 합류
완전파열음 ⇒ 외파음
외부 연성 ⇒ 연성
외연성 ⇒ 연성
외재적 규칙순 ⇒ 규칙순
외적 개방 연접 ⇒ 연접
외적 비교 ⇒ 재구
외적 순서 ⇒ 규칙순
외적 연성 ⇒ 연성
외적 연접 ⇒ 연접
외적 연접소 ⇒ 연접
외적 재구 ⇒ 재구
외적 폐쇄 연접 ⇒ 연접
외적 휴지 ⇒ 휴지
외찰 ⇒ 외파음
외파 ⇒ 미파음, 파열음
외파 자음 ⇒ 외파음
외파 폐쇄음 ⇒ 외파음
외파단 ⇒ 미파화
외파열 ⇒ 미파음
외파열음 ⇒ 외파음
외파음 ⇒ 외파음, 파열음, 활음
외피 ⇒ 음절
윈소리 ⇒ 단모음ᴸ
요개음 ⇒ 요음
요모음 ⇒ 요음, 이중 모음
요음 ⇒ 요음, 이중 모음
요음 부운 ⇒ 요음
요음 음절 ⇒ 요음
요음운 ⇒ 요음
요음절 ⇒ 요음

요음화 ⇒ '이' 모음 순행 동화

용례 ⇒ 패러다임

용합 ⇒ 축약

'ㅜ' 선합 중모음 ⇒ 이중 모음

'ㅜ' 합음 ⇒ 이중 모음

우독자 ⇒ 복수음자

우모성 ⇒ 중성

우므라우트 ⇒ '이' 모음 역행 동화

우믈라우뜨 ⇒ '이' 모음 역행 동화

우믈라우트 ⇒ '이' 모음 역행 동화

우발 동화 ⇒ 동화

우발적 변화 ⇒ 소수 변화

우분지 구조 ⇒ 운모, 음절

우생적 장단 ⇒ 장단

우세 ⇒ 돋들림

우세음 ⇒ 돋들림

우연 동화 ⇒ 동화

우음자 ⇒ 복수음자

우이틀 ⇒ 치조

운 ⇒ 운모

운 변이 형태 ⇒ 이형태

운각 ⇒ 운모, 음보

운두 ⇒ 개음, 운모

운두음 ⇒ 개음

운류 ⇒ 운모

운모 ⇒ 운모

운미 ⇒ 개음, 운모, 종성

운법 모음 ⇒ 모음 조화

운복 ⇒ 개음, 운모, 음절 주음

운소 ⇒ 운소, 초분절음

운율 ⇒ 운소

운율 단어 ⇒ 두음 법칙

운율 악센트 ⇒ 고저 악센트

운율 음소 ⇒ 운소

운율 음운 ⇒ 운소, 초분절음

운율 자질 ⇒ 초분절음

운율소 ⇒ 운소, 초분절음

운율어 ⇒ 두음 법칙

운율적 어휘 ⇒ 두음 법칙

운율적 요소 ⇒ 운소, 초분절음

운율적 음소 ⇒ 운소

운율적 음운 ⇒ 초분절음

운율적 자질 ⇒ 초분절음

운점 ⇒ 방점

온닞몸 ⇒ 치조

울대 ⇒ 후두

울대 ⇒ 후두개

울대마개 ⇒ 후두개

울대머리 ⇒ 후두, 후두개

울대머리소리 ⇒ 후음

울린 소리 ⇒ 유성음

울림 ⇒ 유성음

울림 닿소리 ⇒ 공명음

울림 시작 시간 ⇒ 성대 진동 시작 시간

울림 없는 소리 ⇒ 무성음

울림 있는 소리 ⇒ 유성음

울림도 ⇒ 공명도

울림소리 ⇒ 공명음, 유성음

울림소리 되기 ⇒ 유성음화

울음 ⇒ 유성음

울음 없는 소리 ⇒ 무성음

울음 있는 소리 ⇒ 유성음

울음소리 ⇒ 유성음

움라우트 ⇒ '이' 모음 역행 동화

움라우트 현상 ⇒ '이' 모음 역행 동화

움라우트화 현상 ⇒ '이' 모음 역행 동화

움라운 현상 ⇒ '이' 모음 역행 동화

움우라우트 ⇒ '이' 모음 역행 동화

웃니틀 ⇒ 치조

웃닞몸 소리 ⇒ 설음

웃이틀 ⇒ 치조

웃잇몸 ⇒ 치조

웅얼거리는 소리 ⇒ 중얼거림

원격 동화 ⇒ 간접 동화

원구 모음 ⇒ 원순 모음

원꼴 ⇒ 기본형

원단 ⇒ 기본형

원단 약음 ⇒ 기본형

원단 원음 ⇒ 기본형
원단음 ⇒ 기본형
원동기관 ⇒ 발동부
원모음(元母音) ⇒ 단모음¹
원모음(圓母音) ⇒ 원순 모음
원성조 ⇒ 중화
원순 모음 ⇒ 원순 모음
원순 모음 동화 ⇒ 원순 모음화
원순 모음소 ⇒ 원순 모음
원순 모음소화 ⇒ 원순 모음화
원순 모음화 ⇒ 원순 모음화
원순 모음화 현상 ⇒ 원순 모음화
원순 연구개 반모음 ⇒ 반모음
원순 원음 ⇒ 원순 모음
원순 자음 ⇒ 양순음
원순성 ⇒ 변별적 자질
원순성 동화 ⇒ 원순 모음화
원순성 반모음 ⇒ 반모음, 합구음
원순성 이중 모음 ⇒ 이중 모음
원순성 자음 ⇒ 양순음
원순성 활음 ⇒ 반모음
원순음 ⇒ 변별적 자질, 원순 모음
원순음소화 ⇒ 원순 모음화
원순음화 ⇒ 원순 모음화
원순자음 ⇒ 순음
원순적 ⇒ 변별적 자질
원순적 반모음화 ⇒ 반모음화
원순적 활음 ⇒ 반모음
원순홀소리 ⇒ 원순 모음
원순화 ⇒ 원순 모음화
원음(原音) ⇒ 기본형, 본음, 정음, 피동화음, 홀소리
원음(元音) ⇒ 모음
원음(圓音) ⇒ 원순 모음
원음 조해 ⇒ 모음 조화
원음성 ⇒ 변별적 자질
원음소 ⇒ 원음소, 형태 음운
원음운 ⇒ 원음소
원음운 ⇒ 형태 음운
원접 동화 ⇒ 간접 동화

원축음 ⇒ 원순 모음
원테 ⇒ 본음
원형 ⇒ 기본형, 기저형
원형어 ⇒ 기본형
원형음 ⇒ 본음
원형태 음소 ⇒ 원음소
월 가락 ⇒ 억양
월의 가락 ⇒ 억양
월인석보 ⇒ 치음
월타 동화 ⇒ '이' 모음 역행 동화, 간접 동화
위성 ⇒ 음절 부음
위치 동화 ⇒ 위치 동화
위치 변이음 ⇒ 변이음
위치 본위 ⇒ 조음 위치
위치 이음 ⇒ 변이음
위치 이중 모음 ⇒ 이중 모음
위치 전환 ⇒ 도치
윗이틀 ⇒ 치조
윗잇몸 ⇒ 치조
윗잇몸소리 ⇒ 치조음
유 ⇒ 성모
유규칙 ⇒ 불규칙
유기 ⇒ 기식
유기 경음 ⇒ 유기음
유기 자음 ⇒ 유기음
유기성 ⇒ 기식
유기음 ⇒ 기식, 유기음
유기음소 ⇒ 유기음
유기음소화 ⇒ 유기음화
유기음화 ⇒ 유기음화
유기화 ⇒ 유기음화
유도 ⇒ 도출
유도 과정 ⇒ 도출
유도된 형 ⇒ 표면형
유도형 ⇒ 도출
유동음 ⇒ 유음
유동적 상성 어간 ⇒ 단모음화²
유모음 ⇒ 요음
유무 대립 ⇒ 대립

유무적 대립 ⇒ 대립
유발음 ⇒ 동화음
유별성 ⇒ 음성
유비음화 ⇒ 'ㄹ'의 비음화
유사 중복 자음 ⇒ 중복 자음
유사음 ⇒ 접근음
유성 날숨 소리 ⇒ 중앙음
유성 동화 ⇒ 유성음화
유성 마찰음 ⇒ 대표 변이음, 조음 방식
유성 모음성 ⇒ 변별적 자질
유성 무기 장애음 ⇒ 조음 방식
유성 무기음 ⇒ 삼지적 상관속
유성 시발 시간 ⇒ 성대 진동 시작 시간
유성 외파음 ⇒ 대표 변이음
유성 유기음 ⇒ 삼지적 상관속, 중앙음
유성 음운 ⇒ 유성음
유성 음운화 ⇒ 비음화
유성 짜내기 소리 ⇒ 짜내기 소리
유성 후두 마찰음 ⇒ 'ㄱ' 약화
유성스침소리 ⇒ 반모음
유성음 ⇒ 공명음, 유성음
유성음화 ⇒ 비음화, 유성음화
유성화 ⇒ 유성음화
유성화음 ⇒ 유성음
유애음 ⇒ 장애음
유음 'ㄹ' 탈락 ⇒ 유음 탈락
유음(幽音) ⇒ 부성음
유음(類音) ⇒ 변이음
유음(柔音) ⇒ 약음
유음(流音) ⇒ 유음
유음 동화 ⇒ 유음화
유음 법칙 ⇒ 미파화
유음 비음화 ⇒ 'ㄹ'의 비음화
유음 삭제 ⇒ 유음 탈락
유음 생략 ⇒ 동음 탈락
유음 음소 ⇒ 유음
유음 측음 ⇒ 설측음
유음 탈락 ⇒ 유음 탈락
유음 휴지 ⇒ 휴지

유음소 ⇒ 유음
유음소 탈락 ⇒ 유음 탈락
유음소화 ⇒ 유음화
유음의 'ㄴ'화 ⇒ 'ㄹ'의 비음화
유음의 법칙 ⇒ 미파화
유음의 비음 동화 ⇒ 'ㄹ'의 비음화
유음의 비음화 ⇒ 'ㄹ'의 비음화
유음화 ⇒ 유음화
유일 기저형 ⇒ 복수 기저형
유자음 ⇒ 약음
유추 확장 ⇒ 유추적 확대
유추에 바탕을 둔 평준화 ⇒ 유추적 평준화
유추에 의한 단순화 ⇒ 유추적 평준화
유추에 의한 확대 ⇒ 유추적 확대
유추에 의한 확대화 ⇒ 유추적 확대
유추에 의한 확장 ⇒ 유추적 확대
유추적 수평화 ⇒ 유추적 평준화
유추적 평균화 ⇒ 유추적 평준화
유추적 평준화 ⇒ 유추적 평준화
유추적 확대 ⇒ 유추적 확대
유추적 확산 ⇒ 유추적 확대
유추적 확장 ⇒ 유추적 확대
유포니 ⇒ 활음조
유향 자음 ⇒ 공명음
유화 ⇒ 부분 동화, 완전 동화
윤음 ⇒ 진동음
율격 ⇒ 운모
율동 규칙 ⇒ 고저 악센트, 성조, 이화
율동 제약 ⇒ 축약
융음 ⇒ 축약
융합 ⇒ 중복 자음, 축약, 합류
융해 ⇒ 축약
'ㅡ' 모음의 'ㅜ' 모음화 ⇒ 원순 모음화
'ㅡ' 모음의 'ㅣ'모음화 ⇒ 전설 모음화
'ㅡ'가 'ㅣ'로 되기 ⇒ 전설 모음화
'ㅡ'의 전설 모음화 ⇒ 전설 모음화
으뜸 가닥 ⇒ 대표 변이음
으뜸 가닥소리 ⇒ 대표 변이음
으뜸 바뀐꼴 ⇒ 기본형

으뜸 변이음 ⇒ 대표 변이음
으뜸 조음 ⇒ 이중 조음
으뜸 홀소리 ⇒ 기본 모음, 단모음
으뜸꼴 ⇒ 기본형
으뜸소리 ⇒ 형태 음운
으뜸줄 ⇒ 기본형
'으' 삭제 ⇒ '으' 탈락
'으' 없애기 ⇒ '으' 탈락
'으' 탈락 ⇒ '으' 탈락
'으' 탈락 규칙 ⇒ '으' 탈락
을성의 음 ⇒ 음성 모음
을종 ⇒ 음성 모음
음 ⇒ 성모, 음절
음 갈라짐 ⇒ 분열
음 변함 ⇒ 음운 현상
음 변화 ⇒ 음운 현상
음 상징 ⇒ 음상
음 생략 ⇒ 탈락
음 첨화 ⇒ 첨가
음 추이 ⇒ 음운 추이
음 탈락 ⇒ 탈락
음감 ⇒ 음상
음감적 특징 ⇒ 음상
음강 ⇒ 강약
음격 ⇒ 단모음, 대립
음계학 ⇒ 음운론
음고 ⇒ 고저, 고저 악센트, 성조
음고 악센트 ⇒ 고저 악센트
음군 ⇒ 이중 모음
음군 간단화 규칙 ⇒ 자음군 단순화
음군 간소화 ⇒ 자음군 단순화
음군 간소화 규칙 ⇒ 자음군 단순화
음높이 ⇒ 고저
음단 ⇒ 음운
음도 ⇒ 고저
음도 강세 ⇒ 고저 악센트
음두 ⇒ 초성
음량 ⇒ 공명도, 장단
음량 음소 ⇒ 장단

음론 ⇒ 음성학, 음운론
음류 ⇒ 음성 모음
음모 변차 ⇒ 모음 교체
음모음 ⇒ 음성 모음
음모음화 ⇒ 음성 모음화
음미 ⇒ 종성
음박 ⇒ 모라
음변 ⇒ 음운 현상
음보 ⇒ 음보
음상 ⇒ 단모음, 대립, 음상
음상 변이어 ⇒ 음상
음상어 ⇒ 음상
음성 ⇒ 음성
음성 과정 ⇒ 미파화
음성 구동 시간 ⇒ 성대 진동 시작 시간
음성 규칙 ⇒ 미파화, 음운 규칙
음성 대립어 ⇒ 음상
음성 모음 ⇒ 음성 모음
음성 모음화 ⇒ 음성 모음화, 이화
음성 문장법 ⇒ 억양
음성 배열 순서의 제약 ⇒ 음소 배열 제약
음성 법칙 ⇒ 음운 규칙, 음운 현상
음성 상징 ⇒ 음상
음성 상징론 ⇒ 음상
음성 실현 ⇒ 표면형
음성 연결 제약 ⇒ 음소 배열 제약
음성 음절 ⇒ 음절
음성 전자 ⇒ 정밀 전사
음성 전환 ⇒ 도치
음성 조직 ⇒ 음운 체계
음성 추이 ⇒ 음운 추이
음성 탁립법 ⇒ 돋들림
음성 표면 형식 ⇒ 표면형
음성 표상 ⇒ 음상
음성 표시 ⇒ 표면형
음성 홀소리 ⇒ 음성 모음
음성론 ⇒ 음성학, 음운론
음성운 ⇒ 운모
음성음군 ⇒ 음성 모음

음성의 변이 ⇒ 음상

음성의 전변 ⇒ 음상

음성적 구개음화 ⇒ 구개음화

음성적 모음 ⇒ 모음

음성적 변동 ⇒ 변이음

음성적 유사성 ⇒ 상보적 분포

음성적 음절 ⇒ 음절

음성적 자음 ⇒ 자음

음성학 ⇒ 음성학, 음운론

음성학적 모음 ⇒ 모음

음성학적 음절 ⇒ 음절

음성학적 자음 ⇒ 자음

음성형 ⇒ 표면형

음성화 ⇒ 음성 모음화

음세 ⇒ 강약

음성 ⇒ 음절

음소 ⇒ 음소, 음운

음소 결합 제약 ⇒ 음소 배열 제약

음소 결합의 제약 ⇒ 음소 배열 제약

음소 구조 배열 제약 ⇒ 음소 배열 제약

음소 규칙 ⇒ 음운 규칙

음소 나열 제약 ⇒ 음소 배열 제약

음소 도치 ⇒ 도치

음소 배열 제약 ⇒ 음소 배열 제약

음소 배열적 제약 ⇒ 음소 배열 제약

음소 변동 ⇒ 음운 현상

음소 변동 규칙 ⇒ 음운 규칙

음소 변화 ⇒ 음운 현상

음소 속음 ⇒ 변이음

음소 연결 제약 ⇒ 음소 배열 제약

음소 연결 조건 ⇒ 음소 배열 제약

음소 연계 제약 ⇒ 음소 배열 제약

음소 연쇄 제약 ⇒ 음소 배열 제약

음소 전사 ⇒ 간략 전사

음소 체계 ⇒ 음운 체계

음소 표기 ⇒ 간략 전사

음소론 ⇒ 음운론

음소어 ⇒ 두음 법칙

음소적 구 ⇒ 기식군

음소적 구개음화 ⇒ 구개음화

음소적 어 ⇒ 두음 법칙

음소적 음절 ⇒ 음절

음소적 표기법 ⇒ 간략 전사

음소학 ⇒ 음운론

음소화 ⇒ 음운화

음시량 ⇒ 장단

음악 악센트 ⇒ 고저 악센트

음악적 악센트 ⇒ 고저 악센트

음양조 분열 ⇒ 성조

음역 성조 ⇒ 평판조

음운 ⇒ 운모, 음운

음운 ⇒ 중성

음운 강화 ⇒ 강화

음운 과정 ⇒ 음운 현상

음운 교체 ⇒ 대치, 음운 현상

음운 규칙 ⇒ 음운 규칙

음운 단어 ⇒ 두음 법칙

음운 도치 ⇒ 도치

음운 동화 ⇒ 동화

음운 발달 ⇒ 음운 현상

음운 배열 제약 ⇒ 음소 배열 제약

음운 법칙 ⇒ 음운 규칙, 음운 현상

음운 변동 ⇒ 음운 현상

음운 변이 ⇒ 음운 현상

음운 변이 규칙 ⇒ 미파화

음운 변전 ⇒ 음운 현상

음운 변천 ⇒ 음운 현상

음운 변화 ⇒ 음운 현상

음운 부류 ⇒ 자연 부류

음운 분화 ⇒ 분기

음운 생략 ⇒ 탈락

음운 소멸 ⇒ 소실

음운 소성 ⇒ 변별적 자질

음운 수약 ⇒ 축약

음운 연결 제약 ⇒ 음소 배열 제약

음운 연쇄 제약 ⇒ 음소 배열 제약

음운 연합 ⇒ 연음^2

음운 위주 동화 ⇒ 동화

음운 융합 ⇒ 축약
음운 음절 ⇒ 음절
음운 이화 ⇒ 이화
음운 자질 ⇒ 변별적 자질
음운 작용 ⇒ 음운 현상
음운 전도 ⇒ 도치
음운 전위 ⇒ 도치
음운 전환 ⇒ 도치
음운 조직 ⇒ 음운 체계
음운 첨가 ⇒ 첨가
음운 체계 ⇒ 음운 체계
음운 추이 ⇒ 음운 추이, 음운 현상
음운 축약 ⇒ 축약
음운 치환 ⇒ 도치
음운 탈락 ⇒ 탈락
음운 합동 ⇒ 축약
음운 현상 ⇒ 음운 현상
음운 현상의 촉발 ⇒ 강약
음운 환치 ⇒ 도치
음운론 ⇒ 음운론
음운론적 과정 ⇒ 음운 현상
음운론적 교체 ⇒ 교체
음운론적 구 ⇒ 기식군
음운론적 규칙 ⇒ 음운 규칙
음운론적 단어 ⇒ 기식군, 두음 법칙
음운론적 모음 ⇒ 음절 주음
음운론적 변동 ⇒ 음운 현상
음운론적 변동 과정 ⇒ 음운 현상
음운론적 어 ⇒ 두음 법칙
음운론적 음절 ⇒ 음절
음운론적 자음 ⇒ 음절 부음
음운론적 조건 ⇒ 교체, 유음 탈락
음운론적인 낱말 ⇒ 두음 법칙
음운론적인 단어 ⇒ 두음 법칙
음운어 ⇒ 두음 법칙
음운의 변동 ⇒ 음운 현상
음운의 변태 ⇒ 음운 현상
음운의 양도 ⇒ 공명도
음운의 조직 ⇒ 음운 체계

음운적 단어 ⇒ 두음 법칙
음운적 변동 ⇒ 음운 현상
음운적 변동 과정 ⇒ 음운 현상
음운적 음 변화 ⇒ 음운 현상
음운적 음절 ⇒ 음절
음운적 조건 ⇒ 교체
음운적 체계 ⇒ 음운 체계
음운학 ⇒ 음운론
음운화 ⇒ 음운화
음위 ⇒ 음소
음위 전도 ⇒ 도치
음위 전위 ⇒ 도치
음위 전환 ⇒ 도치
음음(陰音) ⇒ 모음, 요음, 음성 모음, 자음¹
음음의 변작성 ⇒ 자음 접변
음의 교전 ⇒ 음운 현상
음의 변화 ⇒ 음운 현상
음의 상징 ⇒ 음상
음의 이동 ⇒ 연음¹
음의 전변 ⇒ 음운 현상
음의 전화 ⇒ 음운 현상, 자음 접변
음의 접변 ⇒ 자음 접변
음의 첨가 ⇒ 첨가
음의 축약 ⇒ 축약, 탈락
음의 치환 ⇒ 도치
음장 ⇒ 장단
음장 음소 ⇒ 장단
음장소 ⇒ 장단, 장모음
음적 현상 ⇒ 음운 현상
음전 ⇒ 음상, 음운 현상
음전위 ⇒ 도치
음전치 ⇒ 도치
음전환 ⇒ 도치
음절(音節) ⇒ 음절
음절(陰切) ⇒ 자음¹
음절 간음 ⇒ 양음절성
음절 경계 ⇒ 연접
음절 경계 배정 ⇒ 음절화
음절 경계 재조정 규칙 ⇒ 재음절화

음절 경계의 배정 ⇒ 음절화

음절 경계화 규칙 ⇒ 재음절화

음절 구분 ⇒ 음절화

음절 구성 제약 ⇒ 음절

음절 구조 제약 ⇒ 두음 법칙, 음절

음절 구조 조건 ⇒ 음절

음절 구조 형성 규칙 ⇒ 음절화

음절 구조상의 제약 ⇒ 음절

음절 구조화 ⇒ 음절화

음절 꼬리 ⇒ 종성

음절 꼬리음 ⇒ 종성

음절 끄트머리 ⇒ 종성

음절 끝소리 ⇒ 종성

음절 끝소리 규칙 ⇒ 음절의 끝소리 규칙

음절 나누기 ⇒ 음절화

음절 두위치 ⇒ 초성

음절 두음 ⇒ 성모, 초성

음절 두자음 ⇒ 성모

음절 말미 ⇒ 종성

음절 말음 ⇒ 종성

음절 머리 ⇒ 초성

음절 머리음 ⇒ 초성

음절 미음 ⇒ 종성

음절 배열 제약 ⇒ 거울 영상 규칙, 음절

음절 부모음 ⇒ 음절 부음

음절 부음 ⇒ 음절 부음

음절 분계 ⇒ 음절화

음절 분단 ⇒ 음절화

음절 분리 ⇒ 비음절화, 음절화

음절 비정점 ⇒ 음절 부음

음절 생략 ⇒ 동음 탈락

음절 어두음 ⇒ 초성

음절 연결 제약 ⇒ 음절

음절 연결 조건 ⇒ 음절

음절 연계 제약 ⇒ 음절

음절 연쇄 제약 ⇒ 음절

음절 우위 ⇒ 돋들림

음절 음소 ⇒ 음절 주음

음절 음조 ⇒ 성조

음절 자위 ⇒ 음절 주음

음절 자음 ⇒ 성절음

음절 재구성 ⇒ 재음절화

음절 재구조 ⇒ 재음절화

음절 재조정 ⇒ 재음절화

음절 적형 제약 ⇒ 음절

음절 전부 ⇒ 초성

음절 절정 ⇒ 음절 주음

음절 정상 ⇒ 음절 주음

음절 정점 ⇒ 음절 주음, 중성

음절 조정 ⇒ 재음절화

음절 조정 규칙 ⇒ 연음¹

음절 주모음 ⇒ 음절 주음

음절 주음 ⇒ 성절음, 음절 주음

음절 주음성 ⇒ 변별적 자질

음절 주음적 자음 ⇒ 성절음

음절 줄이기 ⇒ 비음절화

음절 중핵 ⇒ 음절 주음

음절 첫머리 ⇒ 초성

음절 첫음 ⇒ 초성

음절 초두 ⇒ 초성

음절 초음 ⇒ 초성

음절 축약 ⇒ 반모음화, 비음절화

음절 핵모음 ⇒ 음절 주음

음절 핵음 ⇒ 음절 주음, 중성

음절 현저도 ⇒ 돋들림

음절 형성 규칙 ⇒ 음절화

음절 후부 ⇒ 종성

음절끝 ⇒ 종성

음절두 ⇒ 초성

음절두위 ⇒ 초성

음절두자음 ⇒ 초성

음절말 ⇒ 종성

음절말 겹닿소리 줄이기 ⇒ 자음군 단순화

음절말 위치 ⇒ 종성

음절말 자음 ⇒ 종성

음절말 자음 중화 ⇒ 평파열음화

음절말 자음군 ⇒ 자음군

음절말 자음군 단순화 ⇒ 자음군 단순화

‘ㅣ’ 닮은 소리 ⇒ ‘이’ 모음 역행 동화

‘ㅣ’ 먼저 섯근 모음 ⇒ 요음, 이중 모음

‘ㅣ’ 모음 동화 ⇒ ‘이’ 모음 순행 동화, 모음 동화

‘ㅣ’ 모음 순행 동화 ⇒ ‘이’ 모음 순행 동화

‘ㅣ’ 모음 첨가 ⇒ ‘이’ 모음 역행 동화

‘ㅣ’ 모음화 ⇒ ‘이’ 모음 순행 동화, 모음 동화

‘ㅣ’ 복 ⇒ 요음, 이중 모음

‘ㅣ’ 복모 ⇒ 요음, 이중 모음

‘ㅣ’ 선합 모음 ⇒ 요음

‘ㅣ’ 선합 중모음 ⇒ 요음, 이중 모음

‘ㅣ’ 선합모음 ⇒ 이중 모음

‘ㅣ’ 선합음 ⇒ 요음, 이중 모음

‘ㅣ’ 선행 복모음 ⇒ 이중 모음

‘ㅣ’ 선행 복모음 ⇒ 요음

‘ㅣ’ 선행 중모음 ⇒ 요음, 이중 모음

‘ㅣ’ 소리 순행 동화 ⇒ ‘이’ 모음 순행 동화

‘ㅣ’ 중모음 ⇒ 요음, 이중 모음

‘ㅣ’ 치닮기 ⇒ ‘이’ 모음 역행 동화

‘ㅣ’ 합음 ⇒ 요음, 이중 모음

‘ㅣ’ 홀소리 닮음 ⇒ ‘이’ 모음 순행 동화, 모음 동화

‘ㅣ’ 홀소리 치닮음 ⇒ ‘이’ 모음 역행 동화

‘ㅣ’ 후행 복모음 ⇒ 이중 모음

‘ㅣ’가 앞선 겹소리 ⇒ 요음, 이중 모음

‘ㅣ’를 앞세우는 ‘ㅣ’형 겹모음 ⇒ 요음, 이중 모음

‘ㅣ’의 음절화 ⇒ 비음절화

이격 동화 ⇒ 간접 동화

이격 이화 ⇒ 이화

이격 전도 ⇒ 도치

이기관적 ⇒ 동기관적

이기음 ⇒ 동기관적

이독자 ⇒ 복수음자

이동 ⇒ 음운 추이

이동 모음 ⇒ 중모음¹

이동 이중 모음 ⇒ 이중 모음

이동 자음 ⇒ 반모음, 접근음

이동부 ⇒ 조음부

이동음 ⇒ 반모음, 활음

이동음 형성 ⇒ 반모음화

이런모음 ⇒ 이중 모음

이론 기본형 ⇒ 기본형

이론적 기본 형태 ⇒ 기본형

이론적 기본형 ⇒ 기본형

이론적 음절 ⇒ 음절

‘이’ 닮음 ⇒ ‘이’ 모음 순행 동화, 모음 동화

‘이’ 동화 ⇒ ‘이’ 모음 순행 동화, 모음 동화

‘이’ 모음 동화 ⇒ ‘이’ 모음 순행 동화, ‘이’ 모음 역행 동화

‘이’ 모음 역행 동화 ⇒ ‘이’ 모음 역행 동화

‘이’ 모음의 동화 ⇒ 모음 동화, ‘이’ 모음 순행 동화

이몸 ⇒ 치조

이변음 ⇒ 익음 소리

이분석 ⇒ 재분석

이분지 구조 ⇒ 음절

이붕 ⇒ 구개

이붕소리 ⇒ 경구개음, 구개음

이붕소리 되기 ⇒ 구개음화, 전설 모음화

이빨소리 ⇒ 치음

이사소리 ⇒ 고저, 단음, 평음

‘이’ 선행 모음 ⇒ 요음, 이중 모음

‘이’ 소리 치닮음 ⇒ ‘이’ 모음 역행 동화

‘이’ 순행 동화 ⇒ ‘이’ 모음 순행 동화

이성조 ⇒ 변이음, 성조

이소리 ⇒ 치음

이순 모음 ⇒ 평순 모음

이어 ⇒ 속삭임

이어흐림 ⇒ 유성음화

이억양 ⇒ 변이음

‘이’ 역행 동화 ⇒ ‘이’ 모음 역행 동화

이완 ⇒ 약화, 이완음, 활음

이완 모음 ⇒ 단모음², 이완음

이완 자음 ⇒ 약음, 평음

이완 파열음 ⇒ 평파열음

이완 합성어 ⇒ 약화

이완 홀소리 ⇒ 이완음

이완음 ⇒ 약음, 이완음, 평음

이완폐쇄음 ⇒ 평파열음

이완화 규칙 ⇒ 단모음화²

‘이’ 움라우트 ⇒ ‘이’ 모음 역행 동화

입술 안둥근 홀소리 ⇒ 평순 모음
입술 펴진 홀소리 ⇒ 평순 모음
입술둥근소리 ⇒ 원순 모음
입술둥근홀소리 ⇒ 원순 모음
입술둥근홀소리 되기 ⇒ 원순 모음화
입술소리 ⇒ 순음, 양순음
입술소리 되기 ⇒ 원순 모음화
입술오므리는 소리 ⇒ 원순 모음
입술자음 ⇒ 순음
입술펴인소리 ⇒ 평순 모음
입술펴인홀소리 ⇒ 평순 모음
입술 가볍은 소리 ⇒ 순음
입술넙적홀소리 ⇒ 평순 모음
입술둥글홀소리 ⇒ 원순 모음
입술소리 ⇒ 순음
입시울 가벼운 소리 ⇒ 순음
입시울 개벼운 소리 ⇒ 순음
입시울소리 ⇒ 순음
입시울쏘리 ⇒ 순음
입안 ⇒ 구강음
입안 울림소리 ⇒ 유음
입안 천장 ⇒ 구개
입안소리 ⇒ 구강음, 발동부
입안울림통 ⇒ 구강음
입열기 ⇒ 개구도
입열림 ⇒ 개구도
입오므리는 소리 ⇒ 원순 모음
입오므림소리 ⇒ 원순 모음
입웅 ⇒ 구개
입웅소리 되기 ⇒ 구개음화
입의 벌림 ⇒ 개구도
입자 음운론 ⇒ 강화
입천장 ⇒ 경구개, 구개
입천장 끝 ⇒ 연구개
입천장 반홀소리 ⇒ 반모음
입천장소리 ⇒ 경구개음, 구개음
입천장소리 되기 ⇒ 구개음화
입천장소리화 ⇒ 구개음화
입천장-잇몸소리 ⇒ 경구개치조음

입천정 ⇒ 구개
입천정소리 ⇒ 구개음
입천정소리 되기 ⇒ 구개음화
입천정소리로 됨 ⇒ 구개음화
입쳔장 ⇒ 구개
입파 ⇒ 비파화
입파음 ⇒ 내파음, 미파음
입파음 ⇒ 활음
입홀소리 ⇒ 비모음
잇몸 ⇒ 치조
잇몸께소리 ⇒ 치조경구개음
잇몸뒤 ⇒ 치조
잇몸소리 ⇒ 치조음
잇몸-입천장소리 ⇒ 치조경구개음
잇사이소리 ⇒ 치음
잇살 ⇒ 치조
잇소리 ⇒ 치음
잇어 박구임 ⇒ 자음 접변
잉여음 ⇒ 첨가

●●● ㅈ

ㅈ-구개음화 ⇒ 구개음화
자급적 순서 ⇒ 규칙순
자동 교체 ⇒ 교체
자동적 교체 ⇒ 교체
자동적 변동 ⇒ 교체
자리 닮음 ⇒ 위치 동화
자리 동화 ⇒ 위치 동화
자리 바꾸기 ⇒ 도치
자리 바꿈 ⇒ 도치
자립 변화 ⇒ 무조건 변화
자립 분절 요소 ⇒ 초분절음
자립 분절 음소 ⇒ 초분절음
자립 분절 음운론 ⇒ 거듭소리, 초분절음
자립 분절적 요소 ⇒ 초분절음
자립 음소 ⇒ 성절음
자명음 ⇒ 공명음, 모음, 음절 주음
자명적 모음 ⇒ 이중 모음

재분절화 ⇒ 재음절화
재순위화 ⇒ 규칙순 재배열
재어휘화 ⇒ 재구조화
재운소화 ⇒ 재음소화
재음소화 ⇒ 재음소화, 재음운화
재음소화 표기 ⇒ 재음소화
재음운화 ⇒ 재음소화, 재음운화
재음절 형성 ⇒ 재음절화
재음절화 ⇒ 재음절화
재조직 ⇒ 재구조화
재해석 ⇒ 재분석
쟝단 ⇒ 장단
저고조 ⇒ 굴곡조
저단 모음 ⇒ 저모음
저단음 ⇒ 변별적 자질
저단중간모음 ⇒ 중모음²
저모음 ⇒ 저모음
저모음성 ⇒ 변별적 자질
저모음소 ⇒ 저모음
저모음화 ⇒ 고모음화
저부모음 ⇒ 저모음
저설모음 ⇒ 저모음
저설성 ⇒ 변별적 자질
저설음 ⇒ 저모음
저성 ⇒ 고저, 변별적 자질
저성조 ⇒ 고저
저원음 ⇒ 저모음
저위모음 ⇒ 저모음
저위성 ⇒ 변별적 자질
저음 ⇒ 고저, 성조
저음도 ⇒ 고저
저음성 ⇒ 변별적 자질
저음소 ⇒ 고저
저음적 ⇒ 변별적 자질
저음조 ⇒ 고저
저음조성 ⇒ 변별적 자질
저음질 ⇒ 변별적 자질
저의소리 ⇒ 본음
저자 ⇒ 단음

저조 ⇒ 고저
저조소 ⇒ 고저
저지음 ⇒ 장애음
저평성조 ⇒ 고저
저평조 ⇒ 고저
저평판조 ⇒ 고저
저해음 ⇒ 장애음
저해음 비개방 규칙 ⇒ 미파화
저해음 비개방화 ⇒ 평파열음화
저해음 중화 ⇒ 평파열음화
저해음의 비음화 ⇒ 비음화
적극적 중성 모음 ⇒ 중성 모음
적용 순서 ⇒ 규칙순
적용 환경 ⇒ 음운 현상
적응 ⇒ 동화
전 이중 모음 ⇒ 이중 모음, 이중 모음
前間씨 음운 법칙 ⇒ 'ㄱ' 약화
전강 마찰 ⇒ 마찰음
전강성 ⇒ 변별적 자질
전강형 ⇒ 굴곡조
전개 ⇒ 도출
전개모음 ⇒ 개모음
전경구개음 ⇒ 경구개치조음, 치조경구개음
전경악 ⇒ 경구개
전고모음 ⇒ 음성 모음
전구개 ⇒ 경구개
전구개음 ⇒ 경구개음
전구개음화 ⇒ 구개음화
전구개자음 ⇒ 경구개음
전기음 ⇒ 유기음
전단음 ⇒ 설단음
전대기 자음 ⇒ 유기음
진도 ⇒ 도치
전동음 ⇒ 유음, 진동음
전련 ⇒ 연음¹
전면성 ⇒ 변별적 자질
전면적 과정 ⇒ 강화
전모음 ⇒ 고모음
전모음(轉母音) ⇒ 모음 교체

715

전모음(前母音) ⇒ 전설 모음
전모음화 ⇒ '이' 모음 역행 동화
전방 모음 ⇒ 전설 모음
전방 자질 ⇒ 변별적 자질
전방성 ⇒ 변별적 자질
전방음 ⇒ 변별적 자질
전방적 ⇒ 변별적 자질
전방질 ⇒ 변별적 자질
전변방음화 ⇒ 위치 동화
전부 ⇒ 변별적 자질
전부 고모음화 ⇒ 전설 모음화
전부 동화 ⇒ 완전 동화
전부 모음 ⇒ 음성 모음, 전설 모음
전부 모음화 ⇒ '이' 모음 역행 동화, 단모음화¹,
　　　　　　전설 모음화
전부 변자음 ⇒ 변자음, 양순음, 위치 동화
전부 변자음화 ⇒ 위치 동화
전부 치음 ⇒ 치음
전부경구개음 ⇒ 경구개치조음
전부구개음 ⇒ 경구개치조음
전부성 ⇒ 변별적 자질
전부화 ⇒ '이' 모음 역행 동화
전설 ⇒ 설면, 전설
전설 고모음소화 ⇒ 전설 모음화
전설 고모음화 ⇒ 전설 모음화
전설 고모화 ⇒ 전설 모음화
전설 단모음화 ⇒ 단모음화¹
전설 모음 ⇒ 전설 모음
전설 모음소 ⇒ 전설 모음
전설 모음소화 ⇒ 전설 모음화
전설 모음화 ⇒ '이' 모음 역행 동화, 단모음화¹,
　　　　　　전설 모음화
전설 자음 ⇒ 중자음²
전설 자음화 ⇒ 구개음화
전설 평순 고모음소화 ⇒ 전설 모음화
전설 폐모음화 ⇒ 전설 모음화
전설면 ⇒ 설면, 전설
전설성 반모음 ⇒ 반모음
전설성 이중 모음 ⇒ 요음, 이중 모음

전설성 활음 ⇒ 반모음
전설엽 ⇒ 설단
전설음 ⇒ 유음
전설음(前舌音) ⇒ 전설 모음, 전설음, 중자음²
전설음(顫舌音) ⇒ 진동음
전설음(全舌音) ⇒ 반설음, 설음
전설음화 ⇒ '이' 모음 역행 동화, 전설 모음화
전설자음 ⇒ 경구개음, 전설음
전설적 반모음화 ⇒ 반모음화
전설적 활음 ⇒ 반모음
전설화 ⇒ '이' 모음 역행 동화
전설화 현상 ⇒ '이' 모음 역행 동화
전순 원음 ⇒ 평순 모음
전승형 ⇒ 굴곡조
전악음 ⇒ 구개음, 설면, 치조경구개음
전여음 ⇒ 활음
전연음 ⇒ 거듭소리
전열 원음 ⇒ 전설 모음
전염 ⇒ 감염
전원음 ⇒ 전설 모음
전위 ⇒ 도치
전위 현상 ⇒ 도치
전위음 ⇒ 전설 모음
전음 ⇒ '이' 모음 역행 동화
전음(前音) ⇒ 본음
전음(轉音) ⇒ 연음¹, 음운 현상, '이' 모음 역행 동화
전음(前音) ⇒ 전설 모음
전음(顫音) ⇒ 유음, 진동음
전이 규칙 ⇒ 연음¹
전이 모성 ⇒ 반모음
전이 모음 ⇒ 반모음, 이중 모음
전이음 ⇒ 반모음, 활음
전이음 삽입 ⇒ 반모음
전이음 형성 ⇒ 반모음화
전이음화 ⇒ 반모음화
전이조 ⇒ 굴곡조
전전이음 ⇒ 활음
전진 동화 ⇒ 순행 동화
전진 이화 ⇒ 이화

전진적 구개음화 ⇒ 구개음화
전진적 동화 ⇒ 순행 동화
전체 동화 ⇒ 완전 동화
전체적 동화 ⇒ 완전 동화
전치 ⇒ 도치
전치음 ⇒ 반치음, 치음
전탁음 ⇒ 경음
전하 ⇒ 연음¹
전향 복운모 ⇒ 운모
전향 이중 모음 ⇒ 이중 모음
전형적 음절 ⇒ 음절
전호음 ⇒ 음운 현상
전화된 된소리 ⇒ 경음화
전환 ⇒ 도치
절 종결 ⇒ 연접
절대 동화 ⇒ 동화
절대 중화 ⇒ 중화
절대 합류 ⇒ 합류
절대적 장 ⇒ 장단
절로 달라짐 ⇒ 무조건 변화
절음 ⇒ 미파음, 연음, 음절, 절음
절음 규칙 ⇒ 절음
절음 법칙 ⇒ 절음
절음 현상 ⇒ 절음
절음법 ⇒ 절음
절음화 ⇒ 미파화
절종결 ⇒ 억양
절편 ⇒ 분절음
점강 중모음 ⇒ 상향 이중 모음
점강음 ⇒ 점강음
점강적 복합원음 ⇒ 하향 이중 모음
짐강적 중모음 ⇒ 상향 이중 모음
점개음 ⇒ 점강음
점발 ⇒ 방점
점성조 ⇒ 평판조
점약 중모음 ⇒ 하향 이중 모음
점약음 ⇒ 미파음, 점약음
점약적 중모음 ⇒ 하향 이중 모음
점폐음 ⇒ 점약음

접근 소리 ⇒ 접근음
접근음 ⇒ 반모음, 접근음, 활음
접변 ⇒ 연성, 음운 현상, 자음 접변
접변음 ⇒ 자음 접변
접사 조화 ⇒ 모음 조화
접속 규칙 ⇒ 연성
접속적 순서 ⇒ 여타 조건
접촉 ⇒ 파열음
접촉음 ⇒ 조음 방식
접촉의 규칙 ⇒ 연성
접합 ⇒ 연접
접합음 ⇒ 매개 모음
접합적 순서 ⇒ 여타 조건
정격 ⇒ 불규칙
정규 ⇒ 불규칙
정돈 ⇒ 휴지
정량법 모음 ⇒ 모음 조화
정모음(靜母音) ⇒ 단모음¹
정모음(正母音) ⇒ 후설 모음
정밀 기호 ⇒ 정밀 전사
정밀 전사 ⇒ 정밀 전사
정밀 전사법 ⇒ 정밀 전사
정밀 표기 ⇒ 정밀 전사
정밀 표기법 ⇒ 정밀 전사
정밀 표음 ⇒ 정밀 전사
정보 부담량 ⇒ 기능 부담량
정상 ⇒ 불규칙
정성 ⇒ 운모, 정음
정운 ⇒ 직음
정위 이중 모음 ⇒ 이중 모음
정음 ⇒ 성모, 정음
정음절 ⇒ 음절
정자음 ⇒ 평음
정점 ⇒ 중성
정점음 ⇒ 중성
정조 ⇒ 평판조
정지 ⇒ 파열음
정지 모음 ⇒ 단모음¹
정지 파열음 ⇒ 파열음

정지음 ⇒ 미파음, 순간음, 파열음, 폐쇄음

정지음 동화 ⇒ 위치 동화

정지음 비음화 ⇒ 비음화

정지자음 ⇒ 파열음

정치음 ⇒ 치음

정칙 ⇒ 불규칙

정칙음 ⇒ 정음

정확 과잉 ⇒ 과도 교정

제3강세 ⇒ 강약

제몸받침 ⇒ 각자병서

제이 강세 ⇒ 강약, 음절

제이 변이음 ⇒ 대표 변이음

제이차 음소 ⇒ 초분절음

제일 강세 ⇒ 강약, 음절

제일차 조음 ⇒ 이중 조음

제치호 ⇒ 개음

조 악센트 ⇒ 고저 악센트

조건 변이 ⇒ 무조건 변이

조건 변이음 ⇒ 변이음

조건 변화 ⇒ 조건 변화, 합류

조건 이음 ⇒ 변이음

조건 지워진 음 변화 ⇒ 조건 변화

조건음 ⇒ 동화음

조건적 변화 ⇒ 조건 변화

조건적인 변이 ⇒ 무조건 변이

조략 전사 ⇒ 간략 전사

조류 ⇒ 성조

조모음 ⇒ 매개 모음

조선 어음 ⇒ 동음

조선 한자음 ⇒ 동음

조선음 ⇒ 동음

조성 ⇒ 매개 모음

조성 모음 ⇒ 매개 모음

조성 조사 ⇒ 매개 모음

조성관 ⇒ 구강음

조성부 ⇒ 발성부, 조음부

조소 ⇒ 성조

조연성 ⇒ 연성

조위 ⇒ 성조

조음(調音) ⇒ 매개 모음, 매개 자음, 활음조

조음(噪音) ⇒ 장애음, 조음, 치찰음

조음 간극 ⇒ 개구도

조음 개소 ⇒ 조음 위치, 조음부

조음 결합 ⇒ 동시 조음

조음 과정 ⇒ 조음부

조음 기관 ⇒ 조음부

조음 기관의 동작 ⇒ 조음 방식

조음 기구 ⇒ 조음부

조음 높이 ⇒ 개구도

조음 방법 ⇒ 조음 방식

조음 방식 ⇒ 조음 방식

조음법 ⇒ 조음 방식

조음부 ⇒ 매개 모음, 조음부

조음 부위 ⇒ 조음 위치

조음사 ⇒ 매개 모음

조음 사방 ⇒ 조음 방식

조음 상황 ⇒ 조음 방식

조음성 ⇒ 변별적 자질

조음소 ⇒ 'ㅎ' 말음 체언, 매개 모음, 활음조

조음 양식 ⇒ 조음 방식

조음 요소 ⇒ 매개 모음

조음 위치 ⇒ 조음 위치

조음 위치 닮기 ⇒ 위치 동화

조음 위치 동화 ⇒ 위치 동화

조음 음성학 ⇒ 음성학

조음 자리 ⇒ 조음 위치

조음 작용 ⇒ 조음 방식

조음 장소 ⇒ 조음 위치

조음 장소 동화 ⇒ 위치 동화

조음 폐쇄 기간 ⇒ 폐쇄 지속 시간

조음 휴지 ⇒ 휴지

조음의 장소 ⇒ 조음 위치

조음자 ⇒ 조음부

조음점 ⇒ 조음 위치, 조음부

조음점 동화 ⇒ 위치 동화

조음질 ⇒ 변별적 자질

조음처 동화 ⇒ 위치 동화

조음체 ⇒ 조음부

조자 ⇒ 성조
조절 모음 ⇒ 매개 모음
조절음 ⇒ 동화음, 장애음, 조음부
조정 형태소 ⇒ 모음 조화
조찰성 ⇒ 변별적 자질
조찰음 ⇒ 변별적 자질, 치찰음
조찰음성 ⇒ 변별적 자질
조치 ⇒ 성조
조합 이음 ⇒ 변이음
조해음 ⇒ 장애음
조화 ⇒ 모음 조화
조화 모음 ⇒ 중성 모음
조화군 ⇒ 모음 조화
좁히는 소리 ⇒ 마찰음
좁힘도 ⇒ 개구도
종결 자음 ⇒ 종성
종말 휴지 ⇒ 휴지
종말음 ⇒ 종성
종모음 ⇒ 음절 부음
종미음 ⇒ 종성
종성 ⇒ 받침, 종성
종성 간소화 현상 ⇒ 자음군 단순화
종성 규칙 ⇒ 음절의 끝소리 규칙
종성 법칙 ⇒ 말음 법칙, 음절의 끝소리 규칙,
             자음군 단순화, 평파열음화
종성 어미 ⇒ 매개 모음
종성 자음 ⇒ 종성
종성 자음의 전이 ⇒ 연음ʼ
종성 중자음 ⇒ 받침
종성 중화 ⇒ 평파열음화
종성부용초성 ⇒ 종성
종성의 전환 ⇒ 자음 접변
종성의 접변 ⇒ 자음 접변
종성의 중복음 ⇒ 받침
종성의 초성화 ⇒ 연음ʼ, 절음
종속 모음 ⇒ 연음ʼ, 첨가
종속적 변화 ⇒ 조건 변화
종음(從音) ⇒ 대표 변이음, 음절 부음
종음(終音) ⇒ 어말, 종성

종자음 ⇒ 받침
종지음 ⇒ 종성
좋소리 ⇒ 악음
좌모성 ⇒ 초성
좌분지 구조 ⇒ 음절
좌점 ⇒ 방점
좌측가점 ⇒ 방점
종성 ⇒ 종성
주강세 ⇒ 강약, 음보
주규칙 ⇒ 성조
주능동부 ⇒ 조음부
주모음 ⇒ 음절 주음
주변 음소 ⇒ 변자음, 음절 부음
주변 자음 ⇒ 변자음
주변성 자음 ⇒ 변자음
주변음 ⇒ 변자음, 음절 부음
주변이음 ⇒ 대표 변이음
주변적 ⇒ 변별적 자질
주변적 자음 ⇒ 변자음
주변체 ⇒ 음절 부음
주세 ⇒ 강약
주요 규칙 ⇒ 성조
주요 모음 ⇒ 음절 주음
주요 부류 ⇒ 변별적 자질
주요 원음 ⇒ 음절 주음
주요소 → 성절음, 음절 주음
주요음 ⇒ 대표 변이음
주음 ⇒ 대표 변이음, 음절 주음, 자음군 단순화
주음소 ⇒ 분절음
주음운 ⇒ 분절음
주장 ⇒ 음절 주음
주저 휴지 ⇒ 휴지
주조음 ⇒ 이중 조음
주파수 대역 ⇒ 음형대
준겹모음 ⇒ 이중 모음
준꼴 ⇒ 비음절화
준농음 ⇒ 중성 모음
준동음어 ⇒ 최소 대립쌍
준말 ⇒ 비음절화

중복 모음 ⇒ 중복음

중복 분절음 ⇒ 중복음

중복 분포 ⇒ 상보적 분포, 평파열음화

중복 자음 ⇒ 자음군, 장자음, 중복 자음, 중복음

중복 자음 결합군 ⇒ 중복 자음

중복 자음화 ⇒ 완전 동화, 중복 자음

중복 장애음 첨가 ⇒ 양음절성, 중복 자음

중복 장애음 탈락 ⇒ 동음 탈락, 양음절성, 중복 자음

중복음 ⇒ 거듭소리, 자음군, 중복 자음, 중복음

중복음 약음 ⇒ 동음 탈락

중복음 탈락 ⇒ 동음 탈락

중복적 분포 ⇒ 상보적 분포

중부 모음 ⇒ 중설 모음

중부음 ⇒ 거듭소리, 경음

중선적 ⇒ 중앙음

중설 ⇒ 중설

중설 모음 ⇒ 중설 모음, 중앙 모음

중설 반폐모음 ⇒ 중앙 모음

중설 반폐반개모음 ⇒ 중앙 모음

중설 애매 모음 ⇒ 중앙 모음

중설 이중 모음 ⇒ 이중 모음

중설 중간 모음 ⇒ 중앙 모음

중설 중앙 모음 ⇒ 중앙 모음

중설면 ⇒ 중설

중설모음 ⇒ 중모음^2

중설부 ⇒ 중설

중설음 ⇒ 중설 모음

중성(重聲) ⇒ 거듭소리, 경음

중성(中聲) ⇒ 모음, 중성, 중성 모음

중성 모음 ⇒ 중성 모음, 중앙 모음

중성 장애음 ⇒ 평음

중성 조화 법칙 ⇒ 모음 조화

중성 홑소리 ⇒ 중성 모음, 중앙 모음

중성음 조화의 법칙 ⇒ 모음 조화

중성음(中聲音) ⇒ 간음, 모음, 중성

중성음(中性音) ⇒ 중성 모음, 평순 모음

중성음의 조화 ⇒ 모음 조화

중성의 축약 ⇒ 모음 탈락

중성적 모음 ⇒ 중성 모음

중성조 ⇒ 고저

중성중복음 ⇒ 받침

중성 중성 ⇒ 중성 모음

중성화 ⇒ 중화

중성화형 ⇒ 원음소

중성 ⇒ 중성

중소간극 모음 ⇒ 반폐모음

중순음 ⇒ 순음, 양순음

중승원음 ⇒ 반개모음

중심 공명 ⇒ 음형대

중심 모음 ⇒ 음절 주음

중심 음소 ⇒ 음절 주음

중심형 ⇒ 기본형

중악음 ⇒ 경구개음, 구개음, 설면

중앙 모음 ⇒ 이중 모음, 중설 모음, 중앙 모음

중앙 원음 ⇒ 중앙 모음

중앙 음소 ⇒ 중자음^2

중앙 이중 모음 ⇒ 이중 모음

중앙 자음 ⇒ 중자음^2

중앙 집중 이중 모음 ⇒ 이중 모음

중앙음 ⇒ 중앙음, 중자음^2

중앙적 자음 ⇒ 중자음^2

중얼거리는 소리 ⇒ 중얼거림

중얼거림 ⇒ 중얼거림

중얼거림 소리 ⇒ 중얼거림

중원음 ⇒ 중모음^2

중위 모음 ⇒ 중앙 모음, 중모음^2

중위음 ⇒ 중설 모음

중음(重音)^1 ⇒ 강약, 거듭소리, 이중 모음, 중복 자음,
　　　　　　　　중복음, 중자음^2, 폐음절

중음(重音)^2 ⇒ 개구음, 개음절

중음(中音)^1 ⇒ 고저 악센트, 장단, 중모음, 중성,
　　　　　　　　중앙 모음

중음(中音)^2 ⇒ 약음

중음 생략 ⇒ 동음 탈락, 동일 모음 탈락

중음 탈락 ⇒ 동음 탈락

중음도 ⇒ 고저

중음성 ⇒ 변별적 자질

중음절 ⇒ 중음절

중음절성 ⇒ 양음절성

중음절화 ⇒ 양음절성

중음조 ⇒ 고저

중자음 ⇒ 경음, 양음절성, 자음군, 장자음, 중복 자음,
　　　　중자음¹, 중자음²

중자음 단순화 ⇒ 자음군 단순화

중자음군 ⇒ 자음군

중장음 ⇒ 장단

중저모음 ⇒ 반개모음, 중모음²

중절적 대립 ⇒ 대립

중조 ⇒ 고저

중조음 ⇒ 동시 조음

중종성 ⇒ 받침

중중성 ⇒ 이중 모음, 중모음¹

중중성음 ⇒ 중모음¹

중철 ⇒ 양음절성, 재음소화

중첩 단자음 ⇒ 경음

중첩 모음 ⇒ 모음의 완전 순행 동화

중첩 보음 ⇒ 양음절성

중첩 자음 ⇒ 자음군, 중복 자음

중첩음 ⇒ 중복 자음

중초성 ⇒ 경음

중탁음 ⇒ 경음

중평성조 ⇒ 고저

중평판조 ⇒ 고저

중폐모음 ⇒ 반폐모음

중향 복운모 ⇒ 운모

중향 이중 모음 ⇒ 이중 모음

중화 ⇒ 중화, 평파열음화

중화 가능 대립 ⇒ 대립

중화 규칙 ⇒ 중화, 평파열음화

중화 대립 ⇒ 대립

중화 모음 ⇒ 중성 모음, 중앙 모음

중화 성조 ⇒ 중화

중화 음소 ⇒ 원음소

중화 음운 ⇒ 원음소

중화 작용 ⇒ 중화

중화 현상 ⇒ 평파열음화

중화음 ⇒ 원음소, 음절의 끝소리 규칙

중화적 대립 ⇒ 대립

중셩 ⇒ 중성

증가 ⇒ 첨가

견설음 ⇒ 유음

지격 촉음 ⇒ 사잇소리 현상

지나 자음 ⇒ 화음

지나음 ⇒ 화음

지님 ⇒ 파열음

지배 음운론 ⇒ 이중 모음

지속 ⇒ 파열음

지속 모음 ⇒ 단모음¹

지속 방출 ⇒ 파찰음

지속 터뜨림 ⇒ 파열음

지속부 ⇒ 파열음

지속성 ⇒ 변별적 자질

지속성 동화 ⇒ 순행 동화

지속음 ⇒ 마찰음, 지속음

지속음화 ⇒ 마찰음화

지속적 ⇒ 변별적 자질

지속적 동화 ⇒ 순행 동화

지속질 ⇒ 변별적 자질

지연 ⇒ 파열음

지연 개방 ⇒ 파찰음

지연 동화 ⇒ 순행 동화

지연 방출 ⇒ 파찰음

지음(止音) ⇒ 미파음

지음(支音) ⇒ 변이음

지음(支音) ⇒ 받침, 종성

지음(地音) ⇒ 성모

'지, 치'로 되기 ⇒ 구개음화

직음 ⇒ 직음

직음 정운 ⇒ 직음

직음운 ⇒ 직음

직음절 ⇒ 요음

직접 동화 ⇒ 직접 동화

직접 이화 ⇒ 이화

진동수 ⇒ 고저

진동음 ⇒ 진동음

진입음 ⇒ 활음

최소어군 ⇒ 최소 대립쌍
최소의 대립쌍 ⇒ 최소 대립쌍
최소의 쌍 ⇒ 최소 대립쌍
최소의 짝 ⇒ 최소 대립쌍
최소의 짝말 ⇒ 최소 대립쌍
최소의 짝수패 ⇒ 최소 대립쌍
최소조 ⇒ 최소 대립쌍
최장자 ⇒ 방점, 장단
최정점 ⇒ 돋들림
최종 도출형 ⇒ 표면형
최청 ⇒ 조음 방식
최탁 ⇒ 조음 방식
추상성 ⇒ 원음소
추상적 기저형 ⇒ 기저형
추이 ⇒ 연접, 음운 추이
추이 모음 ⇒ 중모음
추이성 성조 ⇒ 굴곡조
추이음 ⇒ 활음
추진 연쇄 ⇒ 음운 추이
추진쇄 ⇒ 음운 추이
축 ⇒ 단모음
축구자 ⇒ 원순 모음
축략 ⇒ 축약
축설음 ⇒ 동기관적
축약 ⇒ 동음 탈락, 축약, 탈락, 합류
축약 모음 ⇒ 중앙 모음
축음 ⇒ 축약
축음 법칙 ⇒ 탈락
축합 ⇒ 축약
출과도 ⇒ 활음
출과도음 ⇒ 활음
출구음 ⇒ 구강음
출기 ⇒ 기식
출기 음운 ⇒ 유기음
출기음 ⇒ 유기음
출기화 ⇒ 유기음화
출력형 ⇒ 음운 현상, 중간형, 표면형
출비음 ⇒ 비음
출혈 ⇒ 규칙순

출혈 순서 ⇒ 규칙순
출혈 순위 ⇒ 규칙순
출혈순 ⇒ 규칙순
출혈하는 순서 ⇒ 규칙순
충당음 ⇒ 파열음
취음 ⇒ 마찰음
측면 공명음 ⇒ 설측음
측면 자음 ⇒ 설측음
측면음 ⇒ 설측음
측성 ⇒ 성조
측성운 ⇒ 운모
측음 ⇒ 설측음
측음 비음화 ⇒ 'ㄹ'의 비음화
측음의 비음화 ⇒ 'ㄹ'의 비음화
측음적 유음 ⇒ 설측음
측음화 ⇒ 유음화
치간음 ⇒ 치음
치경 ⇒ 치조
치경 자질 ⇒ 변별적 자질
치경경구개음 ⇒ 치조경구개음
치경구개음 ⇒ 치조경구개음, 평파열음화
치경부 ⇒ 치조
치경음 ⇒ 치조음
치경음소 ⇒ 치조음
치경음화 ⇒ 구개음화
치근음 ⇒ 치조음
치단 ⇒ 치조
치단음 ⇒ 치조음
치달라짐 ⇒ 이화
치닮기 ⇒ 역행 동화
치닮음 ⇒ 역행 동화
치두음 ⇒ 치음
치리음 ⇒ 치음, 치조음
치배 ⇒ 치조
치배음 ⇒ 치음
치상음 ⇒ 치음
치선음 ⇒ 치음
치성 ⇒ 치음
치순음 ⇒ 순치음

725

치아음 ⇒ 치음
치악음 ⇒ 경구개치조음
치은 ⇒ 치조
치은음 ⇒ 치조음
치음 ⇒ 치음, 치조음
치음소 ⇒ 치음
치음운 ⇒ 치음
치음의 구개음화 ⇒ 구개음화
치자음 ⇒ 치음
치조 ⇒ 치조
치조 돌기 ⇒ 치조
치조 돌기부 ⇒ 치조
치조 융기선 ⇒ 치조
치조 자음 ⇒ 치조음
치조경구개음 ⇒ 치조경구개음
치조경구개음화 ⇒ 구개음화
치조구개음 ⇒ 치조경구개음
치조비음화 ⇒ 'ㄹ'의 비음화
치조음 ⇒ 치조음
치조음소 ⇒ 치조음
치조음화 ⇒ 구개음화
치조폐쇄음화 ⇒ 평파열음화
치찰음 ⇒ 치찰음
치찰음화 ⇒ 전설 모음화
치환 ⇒ 도치, 무조건 변이
치후음 ⇒ 후음
칠종성 규칙 ⇒ 평파열음화
칠종성 법칙 ⇒ 평파열음화
칠종성화 ⇒ 평파열음화

●●● ㅋ

켱김 홀소리 ⇒ 긴장
코구녁 ⇒ 비음
코구멍 ⇒ 비음
코굴 ⇒ 비음
코로 빠짐 ⇒ 비음
코소리 ⇒ 비음
코소리 된 홀소리 ⇒ 비모음

코소리 모음 ⇒ 비모음
코소리 자음 ⇒ 비음
코소리 되기 ⇒ 비음화
코소리로 바꾸임 ⇒ 비음화
쿠안 ⇒ 비음
코안 울림소리 ⇒ 비음
코안소리 되기 ⇒ 비음화
코안울림통 ⇒ 비음
코트인단이 ⇒ 비음
코홀소리 ⇒ 비모음
코홀소리 되기 ⇒ 비모음화
콧소리 ⇒ 비음
콧소리 닮음 ⇒ 비음화
콧소리 되기 ⇒ 비음화
콧소리 모음 ⇒ 비모음
콧소리되기 ⇒ 비모음화
콩 소리 ⇒ 비음
크기 ⇒ 강약
크로님 ⇒ 장단
큰 소리 ⇒ 강약
큰벌림 모음 ⇒ 개모음

●●● ㅌ

타명음 ⇒ 음절 부음
타설음 ⇒ 흡착음
타음(他音) ⇒ 본음
타음(打音) ⇒ 탄설음
타향음 ⇒ 성절음
탁 ⇒ 조음 방식
탁립 ⇒ 돋들림
탁립 강조 ⇒ 돋들림
탁립도 ⇒ 돋들림
탁립법 ⇒ 돋들림
탁립성 ⇒ 돋들림
탁성 기음화 ⇒ 유기음화
탁월 ⇒ 돋들림
탁월도 ⇒ 돋들림
탁월성 ⇒ 돋들림

탁음(濁音) ⇒ 거듭소리, 공명음, 돋들림, 유성음,
　　　　　중모음

탁음(坼音) ⇒ 파열음

탁음 동화 ⇒ 유성음화

탁음 청화 ⇒ 유기음화

탁음화 ⇒ 유성음화

탁점 ⇒ 방점

탁평 기음화 ⇒ 유기음화

탁평의 유기음화 ⇒ 유기음화

탁합음 ⇒ 거듭소리

탁화 ⇒ 유성음화

탄설음 ⇒ 진동음, 탄설음

탄음 ⇒ 반탁음, 진동음, 탄설음

탄음 'r' ⇒ 탄설음

탈구강음화 ⇒ 약화

탈구개음화 ⇒ 과도 교정

탈락 ⇒ 탈락

탈락설 ⇒ 매개 모음

탈비모음화 현상 ⇒ 비모음화

탈비음화 ⇒ 비음

탈성화 ⇒ 무성음화

탈유성음화 ⇒ 무성음화

탈음운화 ⇒ 비음운화

탈음질화 ⇒ 비음절화

탈취 서열 관계 ⇒ 규칙순

탈취 순서 ⇒ 규칙순

탈취순 ⇒ 규칙순

탑설음 ⇒ 흡착음

탑취음 ⇒ 흡착음

터갈소리 ⇒ 파찰음

터갈이소리 ⇒ 파찰음

터뜨린 문지름소리 ⇒ 파찰음

터뜨림소리 ⇒ 외파음, 파열음

터스침소리 ⇒ 파찰음

터져갈리는소리 ⇒ 파찰음

터져갈리소리 ⇒ 파찰음

터져갈림소리 ⇒ 파찰음

터지는 소리 ⇒ 파열음

터지미 ⇒ 파열음

터지소리 ⇒ 파열음

터짐 ⇒ 파열음

터짐갈림소리 ⇒ 파찰음

터짐갈음 ⇒ 파찰음

터짐갈이 ⇒ 파찰음

터짐갈이소리 ⇒ 파찰음

터짐닿소리 ⇒ 파열음

터짐소리 ⇒ 외파음, 파열음

터침 ⇒ 파열음

터침갈이소리 ⇒ 파찰음

터침소리 ⇒ 파열음

턱반열린 홀소리 ⇒ 반개모음

턱반좁힌 홀소리 ⇒ 반폐모음

턱벌림 ⇒ 개구도

턱벌림 정도 ⇒ 개구도

턱열린 홀소리 ⇒ 개모음

턱좁힌 홀소리 ⇒ 폐모음

토기 ⇒ 유기음

토막소리 ⇒ 음절

토출 자음 ⇒ 방출음

토출음 ⇒ 방출음

통과 터침소리 ⇒ 비음

통구음 ⇒ 구강음

통비 동화 ⇒ 비음화

통비모음 ⇒ 비모음

통비음 ⇒ 비음

통비음화 ⇒ 비음화

통비음화 모음 ⇒ 비모음

통비자음 ⇒ 비음

통비폐쇄음 ⇒ 비음

통사론적 조건 ⇒ 교체

통용 한자음 ⇒ 속음

통용음 ⇒ 속음

통음 ⇒ 반모음, 음운, 접근음

통합 ⇒ 축약, 합류

통합 관계 ⇒ 감염

통합적 관계 ⇒ 감염

통합적 변화 ⇒ 조건 변화

통합적인 관계 ⇒ 감염

투덜대는 소리 ⇒ 중얼거림
투명 모음 ⇒ 중성 모음
투명성 ⇒ 규칙순 재배열, 중성 모음
투명한 모음 ⇒ 중성 모음
투여 서열 관계 ⇒ 규칙순
투여 순서 ⇒ 규칙순
튀김소리 ⇒ 탄설음
튕기는 음 ⇒ 탄설음
튕김소리 ⇒ 탄설음
트여스치미 ⇒ 파찰음
특별음 ⇒ 경음
특소 ⇒ 변별적 자질
특음 ⇒ 종성
특징 음역 ⇒ 음형대
틀 ⇒ 패러다임
틀리기 쉬운 소리 ⇒ 익음 소리
틀린 복귀 ⇒ 과도 교정
틈 ⇒ 개구도
틈 닮음 ⇒ 간극 동화

●●● ㅍ

파라다임 ⇒ 패러다임
파렬음 ⇒ 파열음
파생 ⇒ 도출
파생 과정 ⇒ 도출
파생적 장단 ⇒ 장음
파생형 ⇒ 표면형
파열 ⇒ 파열음
파열 음운 ⇒ 파열음
파열마찰음 ⇒ 파찰음
파열부마찰음 ⇒ 파찰음
파열비음화 ⇒ 비음화
파열연자음 ⇒ 평파열음
파열음 ⇒ 파열음, 폐쇄음
파열음 비음화 ⇒ 비음화
파열음소 ⇒ 파열음
파열찰음 ⇒ 파찰음
파음 ⇒ 파열음

파음 음소 ⇒ 파열음
파음자 ⇒ 복수음자
파장 마찰음 ⇒ 파찰음
파장음 ⇒ 파열음
파장음화 ⇒ 평파열음화
파찰음 ⇒ 파찰음
파찰음 음소 ⇒ 파찰음
파찰음소 ⇒ 파찰음
파찰음운 ⇒ 파찰음
파찰음화 ⇒ 구개음화
파찰자음 ⇒ 파찰음
패러다임 ⇒ 패러다임
패러다임 수평화 ⇒ 유추적 평준화
패러다임의 단순화 ⇒ 유추적 평준화
패러다임의 평준화 ⇒ 유추적 평준화
퍼진 입술 모음 ⇒ 평순 모음
편입술홀소리 ⇒ 평순 모음
편측음 ⇒ 설측음
평 이중 모음 ⇒ 수평 이중 모음
평 중모음 ⇒ 수평 이중 모음
평계조 ⇒ 평판조
평구 모음 ⇒ 평순 모음
평면 구조 ⇒ 음절
평상자 ⇒ 방점, 장단
평설음 ⇒ 중모음[1]
평성 ⇒ 고저, 방점
평성 모음 제약 ⇒ 축약
평성운 ⇒ 운모
평성조 ⇒ 평판조
평성화 ⇒ 단모음화[2]
평순 경구개 반모음 ⇒ 반모음
평순 모음 ⇒ 평순 모음
평순 모음소 ⇒ 평순 모음
평순 모음화 ⇒ 비원순 모음화
평순음 ⇒ 평순 모음
평운 ⇒ 운모
평음 ⇒ 개음절, 단음, 성조, 약음, 이완음, 장단,
　　　　평순 모음, 평음
평음소 ⇒ 평음

728

평음조 ⇒ 평판조
평음파열음 ⇒ 평파열음
평음화 ⇒ 평파열음화
평자음 ⇒ 평음
평자음소 ⇒ 평음
평장애음 ⇒ 평음, 후두 파열음
평저해음 ⇒ 평음
평조 ⇒ 평판조
평준화 ⇒ 유추적 평준화
평청음 ⇒ 평음
평탁음 ⇒ 경음, 공명음, 유성음
평탄 ⇒ 평순 모음
평탄 성조 ⇒ 평판조
평탄 연접 ⇒ 연접
평탄조 ⇒ 평판조
평탄형 ⇒ 억양
평파열음 ⇒ 평파열음
평파열음소 ⇒ 평파열음
평파열음소화 ⇒ 평파열음화
평파열음화 ⇒ 평파열음화
평판 성조 ⇒ 평판조
평판 성조소 ⇒ 성조
평판 음조 ⇒ 평판조
평판 이중 모음 ⇒ 수평 이중 모음
평판식 ⇒ 평판조
평판적 ⇒ 평판조
평판조 ⇒ 고저, 평판조
평판조 체계 ⇒ 평판조
평판형 ⇒ 평판조
평평한 가락 ⇒ 평판조
평폐쇄음 ⇒ 미파음, 평파열음
평폐쇄음화 ⇒ 평파열음화
평행 겹모음 ⇒ 수평 이중 모음
평행적 겹모음 ⇒ 수평 이중 모음
평행적 대립 ⇒ 대립
평행적 이중 모음 ⇒ 수평 이중 모음
평형화 ⇒ 유추적 평준화
폐강기류기구 ⇒ 발동부
폐구 조음 원칙 ⇒ 고모음화, 음절의 끝소리 규칙

폐구모음 ⇒ 폐모음
폐구음 ⇒ 폐모음
폐구조 모음화 ⇒ 고모음화
폐기류기구 ⇒ 발동부
폐날숨 목소리 ⇒ 방출음
폐모음 ⇒ 폐모음, 폐음절
폐모음소 ⇒ 폐모음
폐색 ⇒ 평파열음화
폐색 시간 ⇒ 폐쇄 지속 시간
폐색음 ⇒ 장애음, 폐쇄음
폐색자음 ⇒ 파열음
폐소리 ⇒ 발동부
폐쇄 ⇒ 파열음
폐쇄 개시 ⇒ 파열음
폐쇄 구간 ⇒ 파열음, 폐쇄 지속 시간
폐쇄 구간 길이 ⇒ 폐쇄 지속 시간
폐쇄 구간 시간 ⇒ 폐쇄 지속 시간
폐쇄 구간 지속 시간 ⇒ 폐쇄 지속 시간
폐쇄 기간 ⇒ 폐쇄 지속 시간
폐쇄 길이 ⇒ 폐쇄 지속 시간
폐쇄 비음 ⇒ 비음
폐쇄 시간 ⇒ 폐쇄 지속 시간
폐쇄 시작 ⇒ 파열음
폐쇄 연접 ⇒ 연접
폐쇄 유지 ⇒ 파열음
폐쇄 음절 ⇒ 폐음절
폐쇄 이행 ⇒ 연접
폐쇄 전 단계 ⇒ 파열음
폐쇄 지속 ⇒ 파열음
폐쇄 지속 기간 ⇒ 폐쇄 지속 시간
폐쇄 지속음 ⇒ 파열음
폐쇄 평음 ⇒ 평파열음
폐쇄 해제 ⇒ 파열음
폐쇄 해체 ⇒ 파열음
폐쇄 현상 ⇒ 음절의 끝소리 규칙
폐쇄구음 ⇒ 파열음
폐쇄분절 ⇒ 미파음
폐쇄음 ⇒ 미파음, 조음 방식, 파열음, 폐쇄음
폐쇄음 음소 ⇒ 파열음

폐쇄음소 ⇒ 파열음
폐쇄음운 ⇒ 폐쇄음
폐쇄음의 비음화 ⇒ 비음화
폐쇄음화 ⇒ 음절의 끝소리 규칙, 평파열음화
폐쇄자음 ⇒ 파열음, 폐쇄음
폐식 음질 ⇒ 폐음절
폐연접 ⇒ 연접
폐음 ⇒ 고모음, 미파음, 순음, 폐모음, 폐쇄음,
       폐음절
폐음소 ⇒ 자음¹
폐음절 ⇒ 폐음절
폐음화 ⇒ 'ㄹ'의 비음화, 미파화
폐이행 ⇒ 연접
폐장기류기작 ⇒ 발동부
폐전이음 ⇒ 활음
폐지음 ⇒ 폐쇄음
폐찰음 ⇒ 파찰음
포괄적 분포 ⇒ 상보적 분포
포르만트 ⇒ 음형대
포르먼트 ⇒ 음형대
포만트 ⇒ 음형대
포먼트 ⇒ 음형대
포오먼트 ⇒ 음형대
폭발음 ⇒ 파열음
폭찰음 ⇒ 파찰음
폴만트 ⇒ 음형대
표기 음절 ⇒ 음절
표기마디 ⇒ 음절
표기상의 음절 ⇒ 음절
표면 도출형 ⇒ 표면형
표면 음성 제약 ⇒ 음소 배열 제약
표면 음성형 ⇒ 표면형
표면 음소 ⇒ 음소
표면 음절 ⇒ 음절
표면 표상 ⇒ 표면형
표면 표시 ⇒ 표면형
표면 형태 ⇒ 표면형
표면 휴지 ⇒ 휴지
표면형 ⇒ 표면형

표점 성조 ⇒ 평판조
표준 모음 ⇒ 단모음¹
표준 원음 ⇒ 기본 모음
표준어 ⇒ '이' 모음 역행 동화
표층형 ⇒ 표면형
표태음 ⇒ 모음 조화, 음성 모음
표현적 장음 ⇒ 장단, 장음
풀어 놓음 ⇒ 파열음
풍류소리 ⇒ 악음
풍악소리 ⇒ 악음
프로미넌스 ⇒ 돋들림
플러스 연접 ⇒ 연접
피동적 발음 기관 ⇒ 조음부
피를 보는 규칙 ⇒ 규칙순
피열 연골 사이의 틈은
피이화음 ⇒ 이화
피조정 형태소 ⇒ 모음 조화
피치 ⇒ 고저
피치 악센트 ⇒ 고저 악센트

●●● ㅎ

'ㅎ' 곡용 명사 ⇒ 'ㅎ' 말음 체언
'ㅎ' 곡용 체언 ⇒ 'ㅎ' 말음 체언
'ㅎ' 곡용어 ⇒ 'ㅎ' 말음 체언
'ㅎ' 구개음화 ⇒ 구개음화
'ㅎ' 끝소리 명사 ⇒ 'ㅎ' 말음 체언
'ㅎ' 끝소리 체언 ⇒ 'ㅎ' 말음 체언
'ㅎ' 끝소리를 가진 임자씨 ⇒ 'ㅎ' 말음 체언
'ㅎ' 끝소리를 가진 체언 ⇒ 'ㅎ' 말음 체언
'ㅎ' 말음 명사 ⇒ 'ㅎ' 말음 체언
'ㅎ' 말음 어간 ⇒ 'ㅎ' 말음 체언
'ㅎ' 말음 체언 ⇒ 'ㅎ' 말음 체언, 유기음화
'ㅎ' 말음 탈락 ⇒ 후음 탈락
'ㅎ' 묵음화 ⇒ 후음 탈락
'ㅎ' 미명사 ⇒ 'ㅎ' 말음 체언
'ㅎ' 받침 명사 ⇒ 'ㅎ' 말음 체언
'ㅎ' 받침의 임자씨 ⇒ 'ㅎ' 말음 체언
'ㅎ' 보유어 ⇒ 'ㅎ' 말음 체언

731

732

혀말아올린 닿소리 ⇒ 권설음
혀말음소리 ⇒ 권설음
혀말이소리 ⇒ 권설음
혀몸 ⇒ 설배
혀몸통 ⇒ 설배
혀미끄러지는 음 ⇒ 권설음
혀바닥 ⇒ 설면
혀바닥소리 ⇒ 설면음
혀반올린 홀소리 ⇒ 중모음²
혀뿌리 ⇒ 설근
혀뿌리소리 ⇒ 설근음, 아음
혀센입천장소리 ⇒ 경구개음
혀소리 ⇒ 설음
혀쏘리 ⇒ 설음
혀앞 ⇒ 전설
혀앞 홀소리 ⇒ 전설 모음
혀앞등 ⇒ 전설
혀앞모음 ⇒ 전설 모음
혀앞바닥 ⇒ 설면, 전설
혀앞바닥소리 ⇒ 전설 모음
혀앞소리 ⇒ 설단음, 전설 모음, 전설음, 치조음
혀여린입천장소리 ⇒ 연구개음
혀옆굴림소리 ⇒ 설측음
혀옆날 소리 ⇒ 설측음
혀옆소리 ⇒ 설측음
혀옆소리 닮음 ⇒ 유음화
혀옆소리 되기 ⇒ 유음화
혀오므린 홀소리 ⇒ 후설 모음
혀올린 홀소리 ⇒ 고모음
혀움츠린 홀소리 ⇒ 후설 모음
혀잇몸소리 ⇒ 치조음
혀제자리 홀소리 ⇒ 중설 모음
혀중간소리 ⇒ 경구개음
혀차는 소리 ⇒ 흡착음
혀침소리 ⇒ 탄설음
혀튕김소리 ⇒ 탄설음
현실음 ⇒ 속음
현옹수 ⇒ 연구개
현옹수음 ⇒ 연구개

현저도 ⇒ 돋들림
현저성 ⇒ 돋들림
혈음 ⇒ 설음
협 이중 모음 ⇒ 이중 모음
협모음 ⇒ 긴장음, 폐모음
협모음화 ⇒ 고모음화
협운 ⇒ 모음 조화
협운법 ⇒ 모음 조화
협의적 표기법 ⇒ 정밀 전사
협장음 ⇒ 장단
협착음 ⇒ 마찰음, 장애음, 조음 방식, 지속음
협화음 ⇒ 자음¹
혓날 ⇒ 설단
혓등 ⇒ 설배
혓머리소리 ⇒ 변별적 자질
혓몸 ⇒ 설배
혓바닥 ⇒ 설면
혓바닥소리 ⇒ 설면음
혓소리 ⇒ 설음
형성소 ⇒ 음형대
형성음 ⇒ 음형대
형태 교체 ⇒ 교체
형태 음소 ⇒ 형태 음운
형태 음소론 ⇒ 형태 음운
형태 음소론적 음절 ⇒ 음절
형태 음운 ⇒ 형태 음운
형태 음운 규칙 ⇒ 음운 규칙
형태 음운론 ⇒ 형태 음운
형태 음운론적 ⇒ 형태 음운
형태 음운론적 교체 ⇒ 교체, 형태 음운
형태 음운론적 규칙 ⇒ 형태 음운
형태 음운론적 변동 ⇒ 형태 음운
형태 음운론적 변화 ⇒ 형태 음운
형태 음운법 ⇒ 형태 음운
형태 음운적 구개음화 ⇒ 구개음화
형태 음운학 ⇒ 형태 음운
형태 평형화 ⇒ 유추적 평준화
형태론적 조건 ⇒ 교체, 유음 탈락
형태론적 평준화 ⇒ 유추적 평준화

형태소 경계 ⇒ 약화
형태소 보존의 원리 ⇒ 동일 모음 탈락
형태소 조화 ⇒ 모음 조화
형태적 조건 ⇒ 교체
형몸 ⇒ 설배
호기 ⇒ 기식
호기 단락 ⇒ 기식군
호기 소절 ⇒ 기식군
호기 악센트 ⇒ 강약
호기 중음 ⇒ 강약 악센트
호기압 ⇒ 강약
호기음 ⇒ 발동부
호상 동화 ⇒ 상호 동화
호상 배타적인 위치 ⇒ 상보적 분포
호상 배타적인 환경 ⇒ 상보적 분포
호양적 분포 ⇒ 상보적 분포
호음 ⇒ 활음조
호음조 ⇒ 활음조
호흡 기관 ⇒ 발동부
호흡 단락 ⇒ 기식군
호흡 단위 ⇒ 기식군
호흡군 ⇒ 기식군
호흡덩이 ⇒ 기식군
호흡부 ⇒ 발동부
혹음 ⇒ 첨가
혼강 원리 ⇒ 유기음화
혼격 ⇒ 유기음화
혼교 ⇒ 감염
혼복음 ⇒ 거듭소리
혼성 ⇒ 감염
혼성 격음화 ⇒ 유기음화
혼성 모음 ⇒ 중설 모음, 중앙 모음
혼성 변화 ⇒ 축약
혼성 복자음화 ⇒ 유기음화
혼성 복자음 ⇒ 거듭소리
혼성 중음 ⇒ 거듭소리
혼성 중자음 ⇒ 거듭소리
혼원음 ⇒ 중설 모음
혼음 ⇒ 중설 모음, 중자음

혼음 법칙 ⇒ 유기음화
혼탁음 ⇒ 거듭소리
혼태 ⇒ 감염
혼합 ⇒ 거듭소리, 축약, 합류
혼합 모음 ⇒ 기본 모음, 중설 모음
혼합 복자음 ⇒ 중자음
혼합 접변 ⇒ 유기음화
혼합원음 ⇒ 중설 모음
혼합음 ⇒ 간음, 거듭소리
혼합탁음 ⇒ 거듭소리
혼혈 ⇒ 감염
혼화음 ⇒ 거듭소리
혼효 ⇒ 감염
홑바침 ⇒ 받침
홀소리 ⇒ 단자음, 모음, 중성, 홑소리
홀소리 고룸 ⇒ 모음 조화
홀소리 고름 ⇒ 모음 조화
홀소리 닮음 ⇒ 모음 동화
홀소리 마주침 ⇒ 모음 충돌
홀소리 맞우침 ⇒ 모음 충돌
홀소리 부딪음 ⇒ 모음 충돌
홀소리 부딪침 ⇒ 모음 충돌
홀소리 부딪침 회피 ⇒ 모음 충돌 회피
홀소리 부딪힘 ⇒ 모음 충돌
홀소리 빠짐 ⇒ 모음 탈락
홀소리 상승 규칙 ⇒ 고모음화
홀소리 어울림 ⇒ 모음 동화
홀소리 어울림 ⇒ 모음 조화
홀소리 없애기 ⇒ 모음 탈락
홀소리 없앰 ⇒ 모음 탈락
홀소리 연결 ⇒ 모음 충돌
홀소리 연속 ⇒ 모음 충돌
홀소리 완전 내리 닮기 ⇒ 모음의 완전 순행 동화
홀소리 완전 순행 동화 ⇒ 모음의 완전 순행 동화
홀소리 조화 법측 ⇒ 모음 조화
홀소리 추이 ⇒ 음운 추이
홀소리 충돌 ⇒ 모음 충돌
홀소리 충돌 회피 ⇒ 모음 충돌 회피
홀소리 치닮음 ⇒ '이' 모음 역행 동화

활음조 ⇒ 활음조
활음화 ⇒ 반모음화
활주음 ⇒ 활음
활탈음 ⇒ 활음
회염 ⇒ 후두개
회염 연골 ⇒ 후두개
횡진 이중 모음 ⇒ 수평 이중 모음
횡진적 이중 모음 ⇒ 수평 이중 모음
후강 ⇒ 후두
후강 파출음 ⇒ 후두 파열음
후강개 ⇒ 후두, 후두개
후강음 ⇒ 후음
후고모음 ⇒ 음성 모음
후구개 ⇒ 연구개
후구개음 ⇒ 연구개음
후굴설음 ⇒ 권설음
후굴음 ⇒ 권설음
후기음 ⇒ 유기음
후내음 ⇒ 연구개음, 조음 위치
후대기 자음 ⇒ 유기음
후두 ⇒ 후두
후두 과도음 ⇒ 후음
후두 긴장음 ⇒ 후두 파열음
후두 긴장화음 ⇒ 경음
후두 상위부 ⇒ 조음부
후두 음소 ⇒ 후음
후두 파열음 ⇒ 후두 파열음
후두 파열음 음소 ⇒ 후두 파열음
후두 폐쇄음 ⇒ 후두 파열음
후두 폐쇄음소 ⇒ 후두 파열음
후두 폭발음 ⇒ 후두 파열음
후두개 ⇒ 후두개
후두기류기구 ⇒ 발동부
후두덮개 ⇒ 후두개
후두부 ⇒ 발성부
후두소리 ⇒ 후음
후두음 ⇒ 짜내기 소리, 후음
후두음 음소 ⇒ 후음
후두음화 ⇒ 경음화

후두화음 ⇒ 경음, 삼지적 상관속, 유기음
후모음 ⇒ 저모음, 후설 모음
후방 모음 ⇒ 후설 모음
후방성 ⇒ 변별적 자질
후변방음화 ⇒ 위치 동화
후부 경구개음 ⇒ 연구개음
후부 구개음 ⇒ 연구개음
후부 모음 ⇒ 양성 모음, 후설 모음
후부 변자음 ⇒ 변자음, 연구개음, 위치 동화
후부 변자음화 ⇒ 위치 동화
후부 원음 ⇒ 후설 모음
후부 치음 ⇒ 치음
후부 치조음 ⇒ 경구개치조음
후부 파열음 ⇒ 후두 파열음
후색음 ⇒ 후두 파열음
후설 ⇒ 후설
후설 모음 ⇒ 후설 모음
후설 모음소 ⇒ 후설 모음
후설 모음화 ⇒ 원순 모음화, 전설 모음화, 중설 모음
후설 자음 ⇒ 후설음
후설면 ⇒ 설면, 후설
후설부 ⇒ 후설
후설성 ⇒ 변별적 자질
후설음 ⇒ 변별적 자질, 연구개음, 후설 모음, 후설음
후설적 활음 ⇒ 반모음
후성 ⇒ 변별적 자질
후성 ⇒ 종성, 후음
후악 ⇒ 연구개
후악음 ⇒ 구개음, 연구개음
후여음 ⇒ 활음
후원음 ⇒ 후설 모음
후위성 ⇒ 변별적 자질
후위음 ⇒ 후설 모음
후음 ⇒ 연구개음, 후설 모음, 후음
후음 삭제 ⇒ 후음 탈락
후음 탈락 ⇒ 후음 탈락
후음소 ⇒ 후음
후음적 ⇒ 변별적 자질
후음질 ⇒ 변별적 자질

후저모음 ⇒ 양성 모음

후전이음 ⇒ 활음

후진적 구개음화 ⇒ 구개음화

후진적 동화 ⇒ 역행 동화

후추이음 ⇒ 활음

후치경음 ⇒ 경구개치조음

후치조음 ⇒ 경구개치조음

후퇴 동화 ⇒ 역행 동화

후퇴 이화 ⇒ 이화

후합음 ⇒ 거듭소리

후행 기식 ⇒ 기식

후향 복운모 ⇒ 운모

후향 이중 모음 ⇒ 이중 모음

후활음 ⇒ 활음

휘파람 소리 ⇒ 경구개치조음

휴식 ⇒ 파열음, 휴지

휴지 ⇒ 연접, 파열음, 휴지

휴지 길이 ⇒ 폐쇄 지속 시간

휴지 음소 ⇒ 연접

흐르미 ⇒ 유음

흐름 ⇒ 유음

흐름소리 ⇒ 유음, 탄설음

흐름소리 되기 ⇒ 유음화

흐린소리 ⇒ 유성음, 중모음¹

흐린소리 되기 ⇒ 유성음화

흐린 시옷 ⇒ 반치음

흘러갈리소리 ⇒ 설측음

흘러갈림소리 ⇒ 설측음

흘림갈림 ⇒ 설측음

흘림소리 ⇒ 설측음, 유음

흘인소리 ⇒ 중모음¹

흡기 파열음 ⇒ 내파음

흡기음 ⇒ 발동부, 흡착음

흡입 파열음 ⇒ 내파음

흡입음 ⇒ 발동부, 흡착음

흡착음 ⇒ 외파음, 폐쇄음, 흡착음

히아투스 해소 ⇒ 모음 충돌 회피

히아투스 회피 ⇒ 모음 충돌 회피

힐음 ⇒ 경음

힘 ⇒ 강약

힘 주기 ⇒ 강약

힘올림 ⇒ 강약 악센트

힘의 악센트 ⇒ 강약, 강약 악센트

●●●a

ablaut ⇒ 모음 교체

abrupt tone ⇒ 성조

absolute merger ⇒ 합류

absolute neutralization ⇒ 중화

abstract underlying form ⇒ 기저형

accent ⇒ 악센트

accidental assimilation ⇒ 동화

accomodation ⇒ 부분 동화

acoustic phonetics ⇒ 음성학

active articulator ⇒ 조음부

addition ⇒ 첨가

advanced tongue root ⇒ 개모음, 긴장음, 모음 조화

affected sound ⇒ 피동화음

affricate ⇒ 파찰음

allomorph ⇒ 이형태

allomorphy ⇒ 교체

allophone ⇒ 변이음

allophonic assimilation ⇒ 동화

allotone ⇒ 변이음, 성조

alternant ⇒ 이형태

alternating form ⇒ 이형태

alternation ⇒ 교체, 대치

alveolar ⇒ 치조음

alveolar ridge ⇒ 치조

alveolum ⇒ 치조

alveo-palatal ⇒ 치조경구개음

ambi-syllabic ⇒ 양음절성

ambisyllabic element ⇒ 양음절성

ambi-syllabicity ⇒ 양음절성

analogical extension ⇒ 유추적 확대

analogical leveling ⇒ 유추적 평준화

anaptyxis ⇒ 첨가

anastrophe ⇒ 도치

angle of jaws ⇒ 개구도

Anlautgesetz ⇒ 두음 법칙

anterior ⇒ 변별적 자질

anticipatory assimilation ⇒ 역행 동화

aperture ⇒ 개구도

apex ⇒ 설단

aphaeresi ⇒ 탈락

apheresis ⇒ 탈락

apical ⇒ 설단음

apocope ⇒ 탈락

apophonie ⇒ 모음 교체

apophony ⇒ 모음 교체

aposiopesis ⇒ 탈락

apparent geminate ⇒ 중복 자음

approach ⇒ 파열음

approximant ⇒ 접근음

archiphoneme ⇒ 원음소

architoneme ⇒ 중화

articulator ⇒ 조음부

articulatory pause ⇒ 휴지

articulatory phonetics ⇒ 음성학

ascending diphthong ⇒ 상향 이중 모음

aspirate ⇒ 기식, 유기음

Aspirate현상 ⇒ 유기음화

aspiration ⇒ 기식

aspiration ⇒ 유기음화

aspiratization ⇒ 유기음화

assimilated sound ⇒ 피동화음

assimilating sound ⇒ 동화음

assimilation ⇒ 동화

assimilator ⇒ 동화음

auditory phonetics ⇒ 음성학

Auslautgesetz ⇒ 말음 법칙

automatic alternation ⇒ 교체

autonomous phonemics ⇒ 음운론

autosegmental phonology ⇒ 거듭소리, 초분절음

●●●b

back ⇒ 변별적 자질

back formation ⇒ 재분석

back tongue ⇒ 후설

back vowel ⇒ 후설 모음

basic allomorph ⇒ 기본형

basic alternant ⇒ 기본형

basic form ⇒ 기본형

basic variant ⇒ 대표 변이음

Bewegungsdiphthong ⇒ 이중 모음

bilabial ⇒ 양순음

bilabio-velars ⇒ 이중 조음

bi-lateral ⇒ 설측음

bilateral opposition ⇒ 대립

bind vowel ⇒ 매개 모음

Bindevokal ⇒ 매개 모음

bindings-s ⇒ 사잇소리 현상

bindings-s phenomena ⇒ 사잇소리 현상

bleeding ⇒ 규칙순

blending ⇒ 감염

body ⇒ 음절

boundary ⇒ 약음

break ⇒ 휴지

breaking ⇒ 분열, 이중 모음화

breaking of the hiatus ⇒ 모음 충돌 회피

breath group ⇒ 기식군

breathy voice ⇒ 중얼거림

breathy vowel ⇒ 짜내기 소리

broad transcription ⇒ 간략 전사

●●●c

cacophony ⇒ 활음조

cardinal vowel ⇒ 기본 모음

cartilaginous glottis ⇒ 속삭임

cavity friction ⇒ 마찰음

center ⇒ 중설

centering diphthong ⇒ 이중 모음

central ⇒ 중앙음, 중자음[2]

central liquid ⇒ 비설측음

central vowel ⇒ 중설 모음, 중앙 모음

cerebral ⇒ 권설음

chain relation ⇒ 감염

chain shift ⇒ 음운 추이

change ⇒ 대치

checked rhyme ⇒ 운모

checked syllable ⇒ 모음, 폐음절

checked vowel ⇒ 모음, 폐음절

checking ⇒ 절음

choice relation ⇒ 감염

chroneme ⇒ 장단

cleaving ⇒ 분열

click ⇒ 폐쇄음, 흡착음

close juncture ⇒ 연접

close vowel ⇒ 폐모음

closed syllable ⇒ 폐음절

closed vowel ⇒ 폐모음

close-mid vowel ⇒ 반폐모음

closure ⇒ 파열음

closure duration time ⇒ 폐쇄 지속 시간

coalescence ⇒ 축약, 합류

coalescent assimilation ⇒ 상호 동화

coarticulation ⇒ 동시 조음

coda ⇒ 음절, 종성

coda neutralization ⇒ 평파열음화

coincident distribution ⇒ 상보적 분포

combinative change ⇒ 조건 변화

combinatory variant ⇒ 변이음

comparative reconstruction ⇒ 재구

compensatory lengthening ⇒ 장모음화

complementary distribution ⇒ 상보적 분포

complete assimilation ⇒ 완전 동화

complete diphthong ⇒ 이중 모음

complete merger ⇒ 합류

complete plosive ⇒ 외파음

complex articulation ⇒ 이중 조음

complex consonant ⇒ 중자음

complex segment ⇒ 거듭소리

complex vowel ⇒ 이중 모음

compound consonant ⇒ 이중 조음

compound intoneme ⇒ 억양

compound primary phoneme ⇒ 거듭소리

compound sound ⇒ 거듭소리

compound vowel ⇒ 이중 모음, 중모음

conditioned allophone ⇒ 변이음

conditioned change ⇒ 조건 변화, 합류

conditioned merger ⇒ 합류

conditioning segment ⇒ 동화음

conditioning sound ⇒ 동화음

conjunctive ordering ⇒ 여타 조건

connecting vowel ⇒ 매개 모음

consonant ⇒ 자음

consonant assimilation ⇒ 자음 동화

consonant cluster ⇒ 자음군

consonant cluster reduction ⇒ 자음군 단순화

consonant cluster simplification ⇒ 자음군 단순화

consonant sandhi ⇒ 자음 접변

consonantal ⇒ 변별적 자질

consonantal assimilation ⇒ 자음 접변

consonant diphthong ⇒ 양음절성

conspiracy ⇒ 음절의 끝소리 규칙

constant opposition ⇒ 대립

constricted obstruent ⇒ 경음

constrictive ⇒ 마찰음

contact ⇒ 파열음

contagion ⇒ 감염

contamination ⇒ 감염

context-sensitive change ⇒ 조건 변화

contextual assimilation ⇒ 동화

contextual neutralization ⇒ 중화

contiguous assimilation ⇒ 직접 동화

continuant ⇒ 변별적 자질, 지속음

contoid ⇒ 자음

contour segment ⇒ 거듭소리

contour tone ⇒ 굴곡조

contraction ⇒ 축약

controlled morpheme ⇒ 모음 조화

controlling morpheme ⇒ 모음 조화

convergence ⇒ 합류

core syllabification ⇒ 재음절화

coronal ⇒ 변별적 자질, 중자음²

correlation ⇒ 대립

correlation bundle ⇒ 대립

correlation mark ⇒ 대립

correlative pair ⇒ 대립

counter-bleeding ⇒ 규칙순

counter-feeding ⇒ 규칙순

creaky voice ⇒ 짜내기 소리

creaky vowel ⇒ 짜내기 소리

crisendo ⇒ 점강음

●●●d

dark vowel ⇒ 음성 모음

decrisendo ⇒ 점약음

degemination ⇒ 완전 동화, 중복 자음

degree of aperture ⇒ 개구도

degree of openness ⇒ 개구도

delayed release ⇒ 파찰음

deletion ⇒ 탈락

denasalization ⇒ 비음

dental ⇒ 치음

deoralization ⇒ 약화

depalatalization ⇒ 구개음화

dephonologization ⇒ 비음운화

derivation ⇒ 도출

derived form ⇒ 도출

descending diphthong ⇒ 하향 이중 모음

desyllabification ⇒ 비음절화

determinant ⇒ 동화음

devocalization ⇒ 무성음화

devoicing ⇒ 무성음화

diaeresis ⇒ 이중 모음화

diagonal diphthong ⇒ 이중 모음

dieresis ⇒ 이중 모음화

differentiation ⇒ 분기

dilation ⇒ 간접 동화

dip ⇒ 억양

diphthong ⇒ 이중 모음

diphthongization ⇒ 이중 모음화

disjunctive ordering ⇒ 여타 조건

dissimilation ⇒ 이화

distant assimilation ⇒ 간접 동화

distinctive feature ⇒ 변별적 자질

divergence ⇒ 분기

doppelseitige Assimilation ⇒ 이중 동화

dorsal ⇒ 설면음, 설배음

dorsum ⇒ 설면, 설배, 후설

double articulation ⇒ 이중 조음

double assimilation ⇒ 이중 동화

double consonant ⇒ 양음절성, 중복 자음

doublet ⇒ 쌍형어

drag chain ⇒ 음운 추이

dropping ⇒ 탈락

duration ⇒ 장단

dynamic accent ⇒ 강약 악센트

●●●e

eastern pronunciation ⇒ 동음

egressive ⇒ 흡착음

egressive sound ⇒ 발동부

ejective ⇒ 방출음

ejective ⇒ 폐쇄음

elision ⇒ 탈락

elsewhere condition ⇒ 여타 조건

entphonologisierung ⇒ 비음운화

environment ⇒ 음운 현상

epenthesis ⇒ 첨가

epiglottis ⇒ 후두개

epithesis ⇒ 첨가

equipolant distribution ⇒ 상보적 분포

equipollent opposition ⇒ 대립

established assimilation ⇒ 동화

euphone ⇒ 활음조

euphonic vowel ⇒ 매개 모음

euphony ⇒ 활음조

exclusive distribution ⇒ 상보적 분포

excrescence ⇒ 첨가

excrescent ⇒ 첨가

experimental phonetics ⇒ 음성학

explosion ⇒ 파열음

explosive ⇒ 외파음, 파열음

extension ⇒ 유추적 확대

external juncture ⇒ 연접

external ordering ⇒ 규칙순

external reconstruction ⇒ 재구

external sandhi ⇒ 연성

●●● f

facultative variant ⇒ 변이음

fake geminate ⇒ 중복 자음

falling ⇒ 굴곡조

falling diphthong ⇒ 하향 이중 모음

false regression ⇒ 과도 교정

false step ⇒ 중간형

feature geometry ⇒ 매개 모음

feeding ⇒ 규칙순

final ⇒ 운모, 종성

final pause ⇒ 휴지

final pitch ⇒ 억양

fission ⇒ 분열

flap ⇒ 탄설음

flat vowel ⇒ 평순 모음

floating diphthong ⇒ 수평 이중 모음

focus ⇒ 피동화음

foot ⇒ 음보

force accent ⇒ 강약 악센트

foregrounding process ⇒ 강화

formant ⇒ 변별적 자질, 음형대

fortis ⇒ 강음, 경음

fortisization ⇒ 경음화

fortition ⇒ 강화, 경음화

forward assimilation ⇒ 순행 동화

fracture ⇒ 분열

free syllable ⇒ 개음절, 모음

free variant ⇒ 변이음

free variation ⇒ 무조건 변이

free vowel ⇒ 개음절, 모음

fricative ⇒ 마찰음

frictionless continuant ⇒ 반모음, 접근음

front vowel ⇒ 전설 모음

fronting ⇒ '이' 모음 역행 동화

fronting diphthong ⇒ 이중 모음

full diphthong ⇒ 이중 모음

function yield ⇒ 기능 부담량

functional burden ⇒ 기능 부담량

functional burdening ⇒ 기능 부담량

functional load ⇒ 기능 부담량

fusion ⇒ 중복 자음, 축약

●●● g

geminate ⇒ 장자음, 중복 자음, 중복음

geminate vowel ⇒ 중복음

geminated consonant ⇒ 중복 자음

gemination ⇒ 완전 동화, 중복 자음

generator ⇒ 발동부

gingival ⇒ 치조음

glide ⇒ 활음, 활음조

glide formation ⇒ 반모음화

glide 삭제 ⇒ 반모음

glide 현상 ⇒ '이' 모음 순행 동화, 반모음

Glide 형성 ⇒ 반모음화

Glide 형성 규칙 ⇒ 반모음화

Glide화 ⇒ 반모음화

gliding sound ⇒ 활음, 활음조

gliding tone ⇒ 굴곡조

gliding vocoid ⇒ 반모음

gliding vowel ⇒ 이중 모음

glottal ⇒ 후음

glottal catch ⇒ 후두 파열음

glottal explosive ⇒ 후두 파열음

741

glottal stop ⇒ 후두 파열음

glottalic airstream mechanism ⇒ 발동부

glottalic clicks ⇒ 내파음

glottalic suction stop ⇒ 내파음

glottalization ⇒ 경음화

glottalized sound ⇒ 경음

governmental phonology ⇒ 이중 모음

gradation ⇒ 모음 교체

gradual opposition ⇒ 대립

grave ⇒ 변별적 자질, 변자음

great vowel shift ⇒ 음운 추이

Grimm ⇒ '이' 모음 역행 동화

Grimm's Law ⇒ 음운 추이

grooved fricative ⇒ 마찰음

gum ⇒ 치조

gum ridge ⇒ 치조

guttur ⇒ 아음

guttural ⇒ 아음, 후음

●●● h

h 삭제 ⇒ 후음 탈락

h 약화 ⇒ 후음 탈락

h 없애기 ⇒ 후음 탈락

h 탈락 ⇒ 후음 탈락

h의 탈락 ⇒ 후음 탈락

h coalescence ⇒ 유기음화

h-deletion ⇒ 후음 탈락

u 반모음화 ⇒ 반모음화

half diphthong ⇒ 이중 모음

half voice ⇒ 중얼거림

half-close vowel ⇒ 반폐모음

half-open vowel ⇒ 반개모음

haplology ⇒ 동음 탈락

hard consonant ⇒ 강음

hard palate ⇒ 경구개

harmonic class ⇒ 모음 조화

harmonic vowel ⇒ 중성 모음

harmony ⇒ 모음 조화

heavily aspirated ⇒ 기식

heavy syllable ⇒ 중음절

held sound ⇒ 지속음

held vowel ⇒ 단모음[1]

hesitative pause ⇒ 휴지

heteroganic ⇒ 동기관적

heterorganic affricate ⇒ 파찰음

hiatus ⇒ 모음 충돌

hiatus resolution ⇒ 모음 충돌 회피

hiatus 기피 현상 ⇒ 모음 충돌 회피

hiatus 조정 ⇒ 모음 충돌 회피

hiatus 회피 ⇒ 모음 충돌 회피

high ⇒ 변별적 자질

high mid vowel ⇒ 중모음[2]

high pitch ⇒ 고저

high tone ⇒ 고저

high vowel ⇒ 고모음

high-vowelization ⇒ 고모음화

historical assimilation ⇒ 동화

hold ⇒ 파열음

homorganic ⇒ 동기관적

homorganic affricate ⇒ 파찰음

homorganicity ⇒ 동기관적

hormonic clash ⇒ 동음 탈락

hormonic collision ⇒ 동음 탈락

hushing sound ⇒ 경구개치조음

hyper-analysis ⇒ 과도 교정

hyperbaton ⇒ 도치

hyper-correction ⇒ 과도 교정

hyper-dialectalism ⇒ 과도 교정

hyper-form ⇒ 과도 교정

hyper-urbanism ⇒ 과도 교정

●●● i

i mutation ⇒ '이' 모음 역행 동화

i-umlaut ⇒ '이' 모음 역행 동화

i 모음 동화 ⇒ '이' 모음 역행 동화

i 모음 변이 ⇒ '이' 모음 역행 동화

i 모음 역행 동화 ⇒ '이' 모음 역행 동화

i 모음화 ⇒ 전설 모음화

i 역행 동화 ⇒ '이' 모음 역행 동화

i 예기 동화 ⇒ '이' 모음 역행 동화

i 움라우트 ⇒ '이' 모음 역행 동화

i 치닮기 ⇒ '이' 모음 역행 동화

i의 역행 동화 작용 ⇒ '이' 모음 역행 동화

i의 조화적 역행 동화 작용 ⇒ '이' 모음 역행 동화

i̥ deletion ⇒ '으' 탈락

i̥ 삭제 규칙 ⇒ '으' 탈락

i̥ 탈락 ⇒ '으' 탈락

i̥ 탈락 규칙 ⇒ '으' 탈락

implosion ⇒ 미파음, 파열음

implosive ⇒ 내파음, 미파음, 폐쇄음

including distribution ⇒ 상보적 분포

incomplete diphthong ⇒ 이중 모음

incomplete explosion ⇒ 미파화

incomplete plosive ⇒ 미파음

in-contiguous assimilation ⇒ 간접 동화

incorporating distribution ⇒ 상보적 분포

independent sound ⇒ 홑소리

individual sound ⇒ 홑소리

inetrnal reconstruction ⇒ 재구

inflection ⇒ 모음 교체

ingressive ⇒ 흡착음

ingressive sound ⇒ 발동부

ingressive stop ⇒ 내파음

initial ⇒ 성모, 초성

initiator ⇒ 발동부

inner rounding ⇒ 원순 모음

inorganic ⇒ 첨가

input ⇒ 음운 현상

insertion ⇒ 첨가

instantaneous release ⇒ 파찰음

instantaneous sound ⇒ 순간음

intensity ⇒ 강약

inter-dental ⇒ 치음

interlude ⇒ 양음절성

intermediate form ⇒ 중간형

internal juncture ⇒ 연접

internal ordering ⇒ 규칙순

internal sandhi ⇒ 연성

interval-s ⇒ 사잇소리 현상

interval-s phenomena ⇒ 사잇소리 현상

intervening consonant ⇒ 개재 자음

intonation ⇒ 억양

intonation group ⇒ 억양

intonational phrase ⇒ 억양

intoneme ⇒ 억양

intrusion ⇒ 첨가

inversion ⇒ 도치

irregular ⇒ 불규칙

isolated opposition ⇒ 대립

isolative change ⇒ 무조건 변화

●●●j

j계 상향 이중 모음 ⇒ 요음, 이중 모음

j계 이중 모음 ⇒ 요음, 이중 모음

j 끝 이중 모음소 ⇒ 하향 이중 모음

j 반모음화 ⇒ 반모음화

j 상승 모음 ⇒ 요음

j 상승 모음 ⇒ 이중 모음

j 신행 중모음 ⇒ 요음, 이중 모음

j/w 시작 이중 모음소 ⇒ 상향 이중 모음

juncture ⇒ 연접

juxtapositional assimilation ⇒ 동화, 직접 동화

●●●k

k의 탈락 ⇒ 'ㄱ' 약화

Khoisan 어족 ⇒ 흡착음

kinetic tone ⇒ 굴곡조

kinetic vowel ⇒ 이중 모음, 중모음¹

●●●l

l deletion ⇒ 유음 탈락

l nasalization ⇒ 'ㄹ'의 비음화

l 비음화 ⇒ 'ㄹ'의 비음화

l 삭제 ⇒ 유음 탈락

l 없애기 ⇒ 유음 탈락

l의 코소리화 ⇒ 'ㄹ'의 비음화

l의 탈락 ⇒ 유음 탈락

labial ⇒ 변별적 자질, 순음

labial velar ⇒ 이중 조음

labialization ⇒ 원순 모음화, 이중 조음

labio-dental ⇒ 순치음

lamina ⇒ 설단

laminal ⇒ 설단음

laminar ⇒ 설단음

larynx ⇒ 후두

lateral ⇒ 설측음

lateralization ⇒ 유음화

lateral assimilation ⇒ 유음화

liquidization ⇒ 유음화

law of initial sound ⇒ 두음 법칙

lax ⇒ 이완음

lax consonant ⇒ 약음

lax obstruent ⇒ 평음

lax sound ⇒ 평음

lax vowel ⇒ 이완음

length ⇒ 장단

lenis ⇒ 약음, 평음

lenis stop ⇒ 평파열음

lenition ⇒ 약화

level diphthong ⇒ 수평 이중 모음

level mixing ⇒ 연접

level tone ⇒ 평판조

leveling ⇒ 유추적 평준화

lexical restructuring ⇒ 재구조화

lexicalization ⇒ 재구조화

lexicalized alternant ⇒ 복수 기저형

lexicon ⇒ 재구조화

liaison ⇒ 연음¹

lift ⇒ 억양

light syllable ⇒ 경음절

light vowel ⇒ 양성 모음

lingual ⇒ 설음

lip normal ⇒ 평순 모음

lip spread ⇒ 평순 모음

liquid ⇒ 유음

local friction ⇒ 마찰음

long consonant ⇒ 장자음

long sound ⇒ 장음

long vowel ⇒ 장모음

loose compound ⇒ 약화

loss ⇒ 소실

low ⇒ 변별적 자질

low mid vowel ⇒ 중모음²

low pitch ⇒ 고저

low tone ⇒ 고저

low vowel ⇒ 저모음

●●●m

Maema's law ⇒ 'ㄱ' 약화

main stress ⇒ 강약

maintainable sound ⇒ 지속음

major class ⇒ 변별적 자질

major rule ⇒ 성조

major stress ⇒ 강약

margin ⇒ 음절

margin of tongue ⇒ 설단

margin, satellite ⇒ 음절 부음

marginal sound ⇒ 음절 부음

media ⇒ 약음

medial ⇒ 개음, 중성

medial consonant ⇒ 중자음²

medial phase ⇒ 활음

medial vowel ⇒ 개음

median ⇒ 중앙음

medio-palatal ⇒ 설면

merge ⇒ 합류

merger ⇒ 합류

merging ⇒ 합류

meta-analysis ⇒ 재분석

metaphony ⇒ 모음 교체

metathesis ⇒ 도치

mid sound ⇒ 간음

mid vowel ⇒ 중모음²

middle pitch ⇒ 고저

middle tone ⇒ 고저

minimal pair ⇒ 최소 대립쌍

minimal set ⇒ 최소 대립쌍

minor rule ⇒ 소수 변화

minor stress ⇒ 강약

mirror image rule ⇒ 거울 영상 규칙

mirror rule ⇒ 거울 영상 규칙

mixed sound ⇒ 간음

mixed vowel ⇒ 중설 모음, 중앙 모음

momental sound ⇒ 순간음

momentaneous sound ⇒ 순간음

momentary sound ⇒ 순간음

mono-lateral ⇒ 설측음

monophthong ⇒ 단모음¹

monophthongization ⇒ 단모음화¹

mora ⇒ 모라

morphological leveling ⇒ 유추적 평준화

morphophoneme ⇒ 형태 음운

morphophonemics ⇒ 형태 음운

morphophonology ⇒ 형태 음운

movement diphthong ⇒ 이중 모음

multilateral opposition ⇒ 대립

multiple complementary distribution ⇒ 상보적 분포

multiple underlying form ⇒ 복수 기저형

multi-underlying form ⇒ 복수 기저형

murmur ⇒ 중얼거림

musical accent ⇒ 고저 악센트

musical sound ⇒ 악음

mutation ⇒ '이' 모음 역행 동화

mutual bleeding ⇒ 규칙순

●●●n

n epenthesis ⇒ 'ㄴ' 첨가

n insertion ⇒ 'ㄴ' 첨가

n lateralization ⇒ 유음화

n 설측음화 ⇒ 유음화

n 측음화 ⇒ 유음화

n의 l 되기 ⇒ 유음화

narrow diphthong ⇒ 이중 모음

narrow transcription ⇒ 정밀 전사

narrow vowel ⇒ 긴장음, 폐모음

nasal ⇒ 비음

nasal stop ⇒ 비음

nasal vowel ⇒ 비모음

nasalization ⇒ 비음화, 이중 조음

nasalized vowel ⇒ 비모음

natural class ⇒ 자연 부류

natural generative phonology ⇒ 복수 기저형

natural vowel ⇒ 중앙 모음

neighborhood rule ⇒ 거울 영상 규칙

neutral ⇒ 평순 모음

neutral obstruent ⇒ 평음

neutral ordering ⇒ 규칙순

neutral position ⇒ 변별적 자질, 중설 모음

neutral vowel ⇒ 중성 모음, 중앙 모음

neutralizable opposition ⇒ 대립

neutralization ⇒ 중화

noise ⇒ 조음

non-adjacent assimilation ⇒ 간접 동화

non-automatic alternation ⇒ 교체

non-contiguous assimilation ⇒ 간접 동화

non-continuant ⇒ 순간음

non-coronal ⇒ 변자음

non-lateral ⇒ 중앙음

non-linear phonology ⇒ 장단

non-neutral vowel ⇒ 중성 모음

non-retroflex ⇒ 탄설음

non-sonorant ⇒ 장애음

nonsyllabic ⇒ 음절 부음

norm ⇒ 대표 변이음

normal rhyme ⇒ 운모

nucleus ⇒ 음절, 음절 주음

●●●o

obscuration ⇒ 약화

obscure vowel ⇒ 중앙 모음

obstruction ⇒ 파열음

obstruent ⇒ 장애음

obstruent unreleasing ⇒ 평파열음화

occasional assimilation ⇒ 동화

occlusion ⇒ 파열음, 폐쇄음

off glide ⇒ 반모음, 활음

off glide diphthong ⇒ 하향 이중 모음

offset ⇒ 종성

offset phase ⇒ 활음

on glide ⇒ 반모음, 활음

on glide diphthong ⇒ 상향 이중 모음

onset ⇒ 음절, 초성

onset phase ⇒ 활음

opaque ⇒ 중성 모음

open juncture ⇒ 연접

open syllable ⇒ 개음절

open vowel ⇒ 개모음, 개모음

open-mid vowel ⇒ 반개모음

opposition ⇒ 대립

optimality theory ⇒ 음소 배열 제약

oral ⇒ 구강음

oral sound ⇒ 구강음

oral stop ⇒ 파열음

oral vowel ⇒ 비모음

original segment ⇒ 피동화음

original sound ⇒ 피동화음

outer rounding ⇒ 원순 모음

output ⇒ 음운 현상

over-correction ⇒ 과도 교정

over-elegant variant ⇒ 과도 교정

overlapping distribution ⇒ 상보적 분포

●●●p

p~k 교체 ⇒ 이화

p/k 대체 ⇒ 이화

PK 교체 ⇒ 이화

PK 교환 ⇒ 이화

PK 대응 ⇒ 이화

P/K의 대응 ⇒ 이화

P : K 대응 ⇒ 이화

palatal ⇒ 경구개음, 설면음

palatalization ⇒ 구개음화, 이중 조음

palatalized sound ⇒ 구개음화

palate ⇒ 구개

palato-alveolar ⇒ 경구개치조음

paradigm ⇒ 패러다임

paradigmatic leveling ⇒ 유추적 평준화

paradigmatic relation ⇒ 감염

paragoge ⇒ 첨가

parasite sound ⇒ 첨가

partial assimilation ⇒ 부분 동화

partial diphthong ⇒ 이중 모음

partial merger ⇒ 합류

particle phonology ⇒ 강화

passive articulator ⇒ 조음부

patents ⇒ 폐쇄음

pause ⇒ 휴지

peak satellite ⇒ 음절 부음

perfect assimilation ⇒ 완전 동화

peripheral consonant ⇒ 변자음

peripheralization ⇒ 위치 동화

permanent assimilation ⇒ 동화

perseverative assimilation ⇒ 순행 동화

pharyngeal airstream mechanism ⇒ 발동부

pharynzealization ⇒ 이중 조음

phonator ⇒ 발성부

phone ⇒ 음성

phoneme ⇒ 음소, 음운

phonème croissant ⇒ 점강음

phonème décroissant ⇒ 점약음

phoneme system ⇒ 음운 체계

phonemics ⇒ 음운론

phonetic symbolism ⇒ 음상

phonetic variant ⇒ 변이음

phonetics ⇒ 음성학

phonic phase ⇒ 음상

phonological phenomena ⇒ 음운 현상

phonological process ⇒ 음운 현상

phonological rule ⇒ 음운 규칙

phonological system ⇒ 음운 체계

phonological word ⇒ 두음 법칙

phonologisierung ⇒ 음운화

phonology ⇒ 음운론

phonotactic condition ⇒ 음소 배열 제약

pitch ⇒ 고저

pitch accent ⇒ 고저 악센트

place assimilation ⇒ 위치 동화

place of articulation ⇒ 조음 위치

plain consonant ⇒ 평음

plain plosive ⇒ 평파열음

plosive ⇒ 파열음, 폐쇄음

plural underlying forms ⇒ 복수 기저형

plus juncture ⇒ 연접

point ⇒ 설단

point of articulation ⇒ 조음 위치, 조음부

polarization ⇒ 분열, 유추적 확대

positional diphthong ⇒ 이중 모음

post-alveolar ⇒ 경구개치조음

post-aspirated consonant ⇒ 유기음

post-aspiration ⇒ 기식

post-dental ⇒ 치음

post-palatal ⇒ 설면

postpalatal ⇒ 연구개음

post-stopped nasal ⇒ 비음

pre-aspirated consonant ⇒ 유기음

pre-aspiration ⇒ 기식

pre-dental ⇒ 치음

pre-palatal ⇒ 경구개치조음, 설면, 치조경구개음

pre-stopped nasal ⇒ 동기관적, 비음

primary articulation ⇒ 이중 조음

primary cardinal vowel ⇒ 기본 모음

primary phoneme ⇒ 분절음

primary split ⇒ 분기

principal member ⇒ 대표 변이음

principal sound ⇒ 음절 주음

principal variant ⇒ 대표 변이음

principle of close articulation ⇒ 음절의 끝소리 규칙

privative opposition ⇒ 대립

privilege ⇒ 돋들림

progressive assimilation ⇒ 순행 동화

prominence ⇒ 돋들림

proportional opposition ⇒ 대립

prosiopesis ⇒ 탈락

prosodeme ⇒ 운소

prosodeme allomorph ⇒ 이형태

prosodic phoneme ⇒ 운소

prosodic word ⇒ 두음 법칙

prosthesis ⇒ 첨가

prothesis ⇒ 첨가

pull chain ⇒ 음운 추이

pulmonic airstream mechanism ⇒ 발동부

punctual tone ⇒ 평판조

pure vowel ⇒ 단모음

push chain ⇒ 음운 추이

●●● q

quadruplet ⇒ 쌍형어

quantity ⇒ 장단

●●● r

r 음 ⇒ 비설측음

r 탈락 ⇒ 유음 탈락

radical ⇒ 설근음

radix ⇒ 설근

rasping sound ⇒ 조음

r-colored vowel ⇒ 권설음

reanalysis ⟹ 재분석

reciprocal assimilation ⟹ 상호 동화

reconstructed form ⟹ 재구

reconstruction ⟹ 재구

recutting ⟹ 재분석

reduction ⟹ 축약, 합류

register tone ⟹ 평판조

regressive assimilation ⟹ 역행 동화

regular syllable ⟹ 음절

reinforced consonant ⟹ 경음

reinforcement ⟹ 경음화

reinterpretation ⟹ 재분석

release ⟹ 파열음

relexicalization ⟹ 재구조화

relexification ⟹ 재구조화

reordering ⟹ 규칙순 재배열

rephonemicization ⟹ 재음소화

rephonologization ⟹ 재음운화

replacement ⟹ 대치

resonant ⟹ 공명음

restructuring ⟹ 재구조화

resyllabification ⟹ 재음절화

retracted tongue root ⟹ 모음 조화

retracting diphthong ⟹ 이중 모음

retroflex ⟹ 권설음

retroflexed vowel ⟹ 권설음

rhotics ⟹ 비설측음

rhyme ⟹ 운모, 음절

rhythm unit ⟹ 기식군

rim ⟹ 설단

rising ⟹ 굴곡조

rising diphthong ⟹ 상향 이중 모음

rising-falling ⟹ 굴곡조

roll ⟹ 진동음

rolled sound ⟹ 진동음

root node ⟹ 매개 모음

round ⟹ 변별적 자질

round vowel ⟹ 원순 모음

rounded vowel ⟹ 원순 모음

rule addition ⟹ 규칙 첨가

rule loss ⟹ 규칙 소멸

rule ordering ⟹ 규칙순

rule reordering ⟹ 규칙순 재배열

rule simplification ⟹ 규칙 단순화

●●● S

salience ⟹ 돋들림

sandhi ⟹ 연성

schwa ⟹ 중앙 모음

schwebende Diphthonge ⟹ 수평 이중 모음

secondary articulation ⟹ 이중 조음

secondary cardinal vowel ⟹ 기본 모음

secondary phoneme ⟹ 초분절음

secondary sound ⟹ 음절 부음

secondary split ⟹ 분기

secondary stress ⟹ 강약

secondary variant ⟹ 대표 변이음

segment ⟹ 분절음

segmental phoneme ⟹ 분절음

semi-consonant ⟹ 반모음

semi-vowel ⟹ 반모음

separate sound ⟹ 홑소리

shell ⟹ 음절

short consonant ⟹ 단자음[2]

short sound ⟹ 단음

short vowel ⟹ 단모음[2]

sibilant ⟹ 치찰음

simple intoneme ⟹ 억양

simple primary phoneme ⟹ 홑소리

simple vowel ⟹ 단모음[1]

simplex ⟹ 단자음[1]

single consonant ⟹ 단자음[1]

single sound ⟹ 홑소리

singleton ⟹ 단자음[1]

sino-Korean pronunciation ⟹ 동음

slightly aspirated ⟹ 기식

slit fricative ⟹ 마찰음

smoothing ⇒ 단모음화[1]

soft consonant ⇒ 약음

soft palate ⇒ 연구개

softening ⇒ 약화

sonorant ⇒ 공명음, 변별적 자질

sonority ⇒ 공명도

sound shift ⇒ 음운 추이

sound symbolism ⇒ 음상

spirant ⇒ 마찰음

spirantization ⇒ 마찰음화

split ⇒ 분기

spontaneous change ⇒ 무조건 변화

spoonerism ⇒ 도치

sporadic change ⇒ 소수 변화

spread ⇒ 평순 모음

spread vowel ⇒ 평순 모음

static tone ⇒ 평판조

static vowel ⇒ 단모음[1]

Stellungsdiphthong ⇒ 이중 모음

stop ⇒ 파열음, 폐쇄음

stop nasalization ⇒ 비음화

strengthening ⇒ 강화

stress ⇒ 강약

stress accent ⇒ 강약 악센트

strict compound ⇒ 약화

strident ⇒ 변별적 자질

strident ⇒ 치찰음

strone ⇒ 강약

stroneme ⇒ 강약

strong syllable ⇒ 음절, 중음절

structure ⇒ 음운론

submember ⇒ 대표 변이음

subsidiary member ⇒ 대표 변이음

subsimilation ⇒ 부분 동화

substitution ⇒ 대치

suction stop ⇒ 내파음

suppletion ⇒ 이형태

supra-dental ⇒ 권설음

supra-segment ⇒ 초분절음

suprasegmental phoneme ⇒ 초분절음

surface form ⇒ 표면형

surface representation ⇒ 표면형

syllabic ⇒ 변별적 자질, 음절 주음

syllabic consonant ⇒ 성절음

syllabic non-peak ⇒ 음절 부음

syllabic sound ⇒ 성절음

syllabication ⇒ 음절화

syllable ⇒ 음절

syllable final unreleasing ⇒ 평파열음화

syllable peak ⇒ 음절 주음

syllable subsidiary ⇒ 음절 부음

syncope ⇒ 탈락

syntagmatic relation ⇒ 감염

system ⇒ 음운론

systematic phoneme ⇒ 형태 음운

●●●t

tap ⇒ 탄설음

target ⇒ 피동화음

taxonomic phonemics ⇒ 음운론

teeth ridge ⇒ 치조

tenius ⇒ 강음

tense ⇒ 긴장음, 변별적 자질

tense consonant ⇒ 강음, 경음

tense sound ⇒ 경음

tense vowel ⇒ 긴장음

tensed consonant ⇒ 경음

tensification ⇒ 경음화

tensional consonant ⇒ 경음

tentative pause ⇒ 휴지

terminal contour ⇒ 억양, 연접

terminal juncture ⇒ 억양, 연접

Thai ⇒ 삼지적 상관속

tone ⇒ 성조

tone sandhi ⇒ 성조

toneme ⇒ 성조

tongue back ⇒ 후설

tongue blade ⇒ 설단

tongue body ⇒ 설배

tongue front ⇒ 전설

tongue mid ⇒ 중설

tongue root ⇒ 설근

tongue tip ⇒ 설단

tonic accent ⇒ 고저 악센트

total assimilation ⇒ 완전 동화

trachea ⇒ 후두

transition ⇒ 연접

transitional rule ⇒ 연음¹

transitional sound ⇒ 활음

transparency ⇒ 규칙순 재배열, 중성 모음

transparent ⇒ 중성 모음

transparent vowel ⇒ 중성 모음

transposition ⇒ 도치

trigger ⇒ 동화음

triggering segment ⇒ 동화음

trill ⇒ 진동음

triphthong ⇒ 삼중 모음

triple composition ⇒ 삼지적 상관속

triple correlation bundle ⇒ 삼지적 상관속

triplet ⇒ 쌍형어

Trubetzkoy ⇒ 평파열음화

true consonant ⇒ 순수 자음

true geminate ⇒ 중복 자음

type of articulation ⇒ 조음 방식

●●●U

u-umlaut ⇒ '이' 모음 역행 동화

umlaut ⇒ '이' 모음 역행 동화

umphonologisierung ⇒ 재음운화

unaspirate ⇒ 기식, 유기음

unchecked syllable ⇒ 개음절, 모음

unchecked vowel ⇒ 개음절

unconditioned allophone ⇒ 변이음

unconditioned change ⇒ 무조건 변화, 합류

unconditioned merger ⇒ 합류

unconditioned variation ⇒ 무조건 변이

undergoer ⇒ 피동화음

underlying form ⇒ 기저형

underlying phoncme ⇒ 형태 음운

underlying representation ⇒ 기저형

underlying stem allomorph ⇒ 복수 기저형

uni-lateral ⇒ 설측음

union vowel ⇒ 매개 모음

unique underlying form ⇒ 복수 기저형

unisyllabicity ⇒ 양음절성

unplosive ⇒ 미파음

unreleased sound ⇒ 미파음

unreleased stop ⇒ 미파음

unreleasing ⇒ 미파화

unrounded vowel ⇒ 평순 모음

unvoiced sound ⇒ 무성음

utterance ⇒ 연접

●●●V

variant ⇒ 이형태

velar ⇒ 연구개, 연구개음

velar sail ⇒ 연구개

velaric airstream mechanism ⇒ 발동부

velarization ⇒ 이중 조음

velum ⇒ 구강음, 연구개

vertical diphthong ⇒ 이중 모음

vocal chord ⇒ 후두

vocal glottis ⇒ 속삭임

vocal harmony ⇒ 모음 조화

vocal tract ⇒ 변별적 자질

vocalic ⇒ 변별적 자질

vocalic alternation ⇒ 모음 교체

vocoid ⇒ 모음

voice onset time ⇒ 성대 진동 시작 시간, 유기음

voiced ⇒ 유성음

voiced sound ⇒ 유성음

voiceless ⇒ 무성음

voicing ⇒ 유성음화

vowel ⇒ 모라

vowel assimilation ⇒ 모음 동화

vowel elision ⇒ 모음 탈락

vowel fronting ⇒ '이' 모음 역행 동화, 전설 모음화

vowel harmony ⇒ 모음 조화

vowel heightening ⇒ 고모음화

vowel lengthening ⇒ 장모음화

vowel nasalization ⇒ 비모음화

vowel raising ⇒ 고모음화

vowel rounding ⇒ 원순 모음화

vowel shift ⇒ 음운 추이

vowel shortening ⇒ 단모음화^2

vowel unrounding ⇒ 비원순 모음화

●●● w

w 반모음화 ⇒ 반모음화

weak syllable ⇒ 경음절, 음절

weakening ⇒ 약화

whisper ⇒ 속삭임

whispery voice ⇒ 중얼거림

wide diphthong ⇒ 이중 모음

wide vowel ⇒ 개모음, 이완음

word pitch ⇒ 고저 악센트

word-final ⇒ 어말

word-initial ⇒ 어두

●●● y

y-umlaut ⇒ '이' 모음 역행 동화

y 순행 겹침 규칙 ⇒ '이' 모음 순행 동화

y 순행 동화 ⇒ '이' 모음 순행 동화

y 역행 동화 ⇒ '이' 모음 역행 동화

●●● z

zero derivation ⇒ 도치

zero juncture ⇒ 연접

저자 **이진호**

1972년 부산에서 태어나 서울대학교 국어국문학과에서 문학사(1995년), 문학 석사(1997년), 문학 박사(2002년) 학위를 받았다. 전남대학교 국어국문학과 교수(2003~2017년)를 거쳐 현재 서울 대학교 국어국문학과 교수로 재직 중이다. 지금까지 지은 책으로는 『국어 음운론 강의』, 『통시 적 음운 변화의 공시적 기술』, 『국어 음운 교육 변천사』, 『한국어의 표준 발음과 현실 발음』, 『한국어 문법 총론 1·2』(공저), 『15세기 국어 활용형 사전』(공편) 등이 있으며, 『한국 한자음 연구』, 『한국어 방언 연구』를 비롯한 다수의 번역서가 있다.

국어 음운론 용어 사전

초판 1쇄 발행 2017년 2월 24일
초판 2쇄 발행 2018년 3월 8일

지은이 이진호
펴낸이 이대현
편 집 홍혜정
디자인 홍성권
펴낸곳 도서출판 역락
등 록 1999년 4월 19일 제303-2002-000014호

주 소 서울시 서초구 동광로46길 6-6 문창빌딩 2층
전 화 02-3409-2058, 2060 팩 스 02-3409-2059
이메일 youkrack@hanmail.net 역락블로그 http://blog.naver.com/youkrack3888

ISBN 979-11-5686-737-1 91710